COLLINS POCKET GERMAN DICTIONARY

GERMAN·ENGLISH ENGLISH·GERMAN

Collins
London and Glasgow

General Editor
R. H. Thomas

The text of this dictionary has been adapted from the Collins Gem German–English, English–German Dictionary

First published in this edition 1982
Sixth Reprint 1985

Editors
Veronika Schnorr, Ute Nicol, Peter Terrell

Assistant Editor
Anne Dickinson

ISBN 0 00 433202 4

Printed in Great Britain
Collins Clear-Type Press

VORWORT

Der Wörterbuchbenutzer, dem es darum geht, Englisch zu lesen und zu verstehen, findet in diesem Wörterbuch eine ausführliche Erfassung der englischen Gegenwartssprache mit zahlreichen gebräuchlichen Wendungen und Anwendungsbeispielen. Er findet in alphabetischen Listen auch die häufigsten geläufigen Abkürzungen, Kurzwörter und Ortsnamen.

Der Benutzer, der sich verständigen, also auf Englisch ausdrücken will, findet eine klare und ausführliche Behandlung aller Grundwörter mit zahlreichen Hinweisen für eine angebrachte Übersetzung und den korrekten Gebrauch.

INTRODUCTION

The user whose aim is to read and understand German will find a comprehensive and up-to-date wordlist including numerous phrases in current use. He will also find listed alphabetically the main irregular forms with a cross-reference to the basic form where a translation is given, as well as some of the most common abbreviations, acronyms and geographical names in separate alphabetical lists.

The user who wishes to communicate and to express himself in the foreign language will find clear and detailed treatment of all the basic words, with numerous indicators pointing to the appropriate translation, and helping him to use it correctly.

ABKÜRZUNGEN		**ABBREVIATIONS**
Adjektiv	**a**	adjective
Abkürzung	**abbr**	abbreviation
Akkusativ	**acc**	accusative
Adverb	**ad**	adverb
Landwirtschaft	**Agr**	agriculture
Anatomie	**Anat**	anatomy
Architektur	**Archit**	architecture
Artikel	**art**	article
Kunst	**Art**	art
Astrologie	**Astrol**	astrology
Astronomie	**Astron**	astronomy
attributiv	**attr**	attributive
Kraftfahrzeuge	**Aut**	automobiles
Hilfsverb	**aux**	auxiliary
Luftfahrt	**Aviat**	aviation
Biologie	**Biol**	biology
Botanik	**Bot**	botany
britisch	**Brit**	British
Kartenspiel	**Cards**	
Chemie	**Chem**	chemistry
Film	**Cine**	cinema
Konjunktion	**cj**	conjunction
umgangssprachlich	**col**	colloquial
Handel	**Comm**	commerce
Komparativ	**comp**	comparative
Kochen und Backen	**Cook**	cooking
zusammengesetztes Wort	**cpd**	compound
Dativ	**dat**	dative
kirchlich	**Eccl**	ecclesiastical
Elektrizität	**Elec**	electricity
besonders	**esp**	especially
und so weiter	**etc**	et cetera
etwas	**etw**	something
Euphemismus, Hüllwort	**euph**	euphemism
Femininum	**f**	feminine
übertragen	**fig**	figurative
Finanzwesen	**Fin**	finance
Genitiv	**gen**	genitive
Geographie	**Geog**	geography
Grammatik	**Gram**	grammar
Geschichte	**Hist**	history
unpersönlich	**impers**	impersonal
unbestimmt	**indef**	indefinite
nicht getrennt gebraucht	**insep**	inseparable
Interjektion, Ausruf	**interj**	interjection
interrogativ, fragend	**interrog**	interrogative
unveränderlich	**inv**	invariable
unregelmäßig	**irreg**	irregular
jemand	**jd**	somebody
jemandem	**jdm**	(to) somebody
jemanden	**jdn**	somebody
jemandes	**jds**	somebody's
Rechtswesen	**Jur**	law
Sprachwissenschaft	**Ling**	linguistics
wörtlich	**lit**	literal
literarisch	**liter**	literary

Literatur	**Liter**	of literature
Maskulinum	**m**	masculine
Mathematik	**Math**	mathematics
Medizin	**Med**	medicine
Meteorologie	**Met**	meteorology
militärisch	**Mil**	military
Bergbau	**Min**	mining
Musik	**Mus**	music
Substantiv, Hauptwort	**n**	noun
nautisch, Seefarht	**Naut**	nautical, naval
Nominativ	**nom**	nominative
Neutrum	**nt**	neuter
Zahlwort	**num**	numeral
Objekt	**obj**	object
veraltet	**old**	
sich	**o.s.**	oneself
Parlament	**Parl**	parliament
abschätzig	**pej**	pejorative
Photographie	**Phot**	photography
Physik	**Phys**	physics
Plural	**pl**	plural
Politik	**Pol**	politics
besitzanzeigend	**poss**	possessive
Präfix, Vorsilbe	**pref**	prefix
Präposition	**prep**	preposition
Presse	**Press**	
Typographie	**Print**	printing
Pronomen, Fürwort	**pron**	pronoun
Psychologie	**Psych**	psychology
1. Vergangenheit, Imperfekt	**pt**	past
Partizip Perfekt	**ptp**	past participle
Radio	**Rad**	radio
Eisenbahn	**Rail**	railways
Relativ-	**rel**	relative
Religion	**Rel**	religion
jemand (—en, —em)	**sb**	someone, somebody
Schulwesen	**Sch**	school
Naturwissenschaft	**Sci**	science
schottisch	**Scot**	Scottish
Singular, Einzahl	**sing**	singular
Skisport	**Ski**	skiing
etwas	**sth**	something
Suffix, Nachsilbe	**suff**	suffix
Superlativ	**superl**	superlative
Technik	**Tech**	technology
Nachrichtentechnik	**Tel**	telecommunications
Theater	**Theat**	theatre
Fernsehen	**TV**	television
Hochschulwesen	**Univ**	university
(nord)amerikanisch	**US**	(North) America
gewöhnlich	**usu**	usually
Verb	**v**	verb
intransitives Verb	**vi**	intransitive verb
reflexives Verb	**vr**	reflexive verb
transitives Verb	**vt**	transitive verb
Zoologie	**Zool**	zoology
zwischen zwei Sprechern	**~**	change of speaker
ungefähre Entsprechung	**≈**	cultural equivalent
eingetragenes Warenzeichen	**®**	registered trademark

Regular German noun endings

nom		*gen*	*pl*	*nom*		*gen*	*pl*
-ant	*m*	-anten	-anten	-ion	*f*	-ion	-ionen
-anz	*f*	-anz	-anzen	-ist	*m*	-isten	-isten
-ar	*m*	-ar(e)s	-are	-ium	*nt*	-iums	-ien
-chen	*nt*	-chens	-chen	-ius	*m*	-ius	-iusse
-ei	*f*	-ei	-eien	-ive	*f*	-ive	-iven
-elle	*f*	-elle	-ellen	-keit	*f*	-keit	-keiten
-ent	*m*	-enten	-enten	-lein	*nt*	-leins	-lein
-enz	*f*	-enz	-enzen	-ling	*m*	-lings	-linge
-ette	*f*	-ette	-etten	-ment	*nt*	-ments	-mente
-eur	*m*	-eurs	-eure	-mus	*m*	-mus	-men
-euse	*f*	-euse	-eusen	-schaft	*f*	-schaft	-schaften
-heit	*f*	-heit	-heiten	-tät	*f*	-tät	-täten
-ie	*f*	-ie	-ien	-tor	*m*	-tors	-toren
-ik	*f*	-ik	-iken	-ung	*f*	-ung	-ungen
-in	*f*	-in	-innen	-ur	*f*	-ur	-uren
-ine	*f*	-ine	-inen				

Phonetic symbols
Lautschrift

[ː] *length mark Längezeichen* [ˈ] *stress mark Betonung*
[ˀ] *glottal stop Knacklaut*

all vowel sounds are approximate only
alle Vokallaute sind nur ungefähre Entsprechungen

lie	[aɪ]	**weit**
now	[aʊ]	**Haut**
above	[ə]	**bitte**
green	[iː]	**viel**
pity	[ɪ]	**Bischof**
rot	[ɒ,ɔ]	**Post**
full	[ʊ]	**Pult**
bet	[b]	**Ball**
dim	[d]	**dann**
face	[f]	**Faß**
go	[g]	**Gast**
hit	[h]	**Herr**
you	[j]	**ja**
cat	[k]	**kalt**
lick	[l]	**Last**
must	[m]	**Mast**
nut	[n]	**Nuß**
bang	[ŋ]	**lang**
pepper	[p]	**Pakt**
sit	[s]	**Rasse**
shame	[ʃ]	**Schal**
tell	[t]	**Tal**
vine	[v]	**was**
loch	[x]	**Bach**
zero	[z]	**Hase**
leisure	[ʒ]	**Genie**
bat	[æ]	
farm	[ɑː]	**Bahn**
set	[e]	**Kette**

day	[eɪ]	
girl	[ɜː]	
board	[ɔː]	
root	[uː]	**Hut**
come	[ʌ]	**Butler**
salon	[ɔ̃]	**Champignon**
avant (garde)	[ɑ̃]	**Ensemble**
fair	[ɛə]	**mehr**
beer	[ɪə]	**Bier**
toy	[ɔɪ]	**Heu**
pure	[ʊə]	
wine	[w]	
thin	[θ]	
this	[ð]	
Hast	[a]	**mash**
Ensemble	[ã]	**avant (garde)**
Metall	[e]	**meths**
häßlich	[ɛ]	
Cousin	[ɛ̃]	
vital	[i]	
Moral	[o]	
Champignon	[õ]	**salon**
ökonomisch	[ø]	
gönnen	[œ]	
Heu	[ɔʏ]	**toy**
kulant	[u]	
physisch	[y]	
Müll	[ʏ]	
ich	[ç]	

[*] **r can be pronounced before a vowel; Bindungs-R**

DEUTSCH - ENGLISCH
GERMAN - ENGLISH

A

A, a [a:] *nt* A, a.
Aal [a:l] *m* **-(e)s, -e** eel.
Aas [a:s] *nt* **-es, -e** *or* **Äser** carrion; **~geier** *m* vulture.
ab [ap] *prep +dat* from; *ad* off; **links ~** to the left; **~ und zu** *or* **an** now and then *or* again; **von da ~** from then on; **der Knopf ist ~** the button has come off.
Abänderung ['ap'ɛndəruŋ] *f* alteration.
abarbeiten ['ap'arbaitən] *vr* wear o.s. out, slave away.
Abart ['ap'a:rt] *f* (*Biol*) variety; **a~ig** *a* abnormal.
Abbau ['apbau] *m* **-(e)s** dismantling; (*Verminderung*) reduction (*gen* in); (*Verfall*) decline (*gen* in); (*Min*) mining; quarrying; (*Chem*) decomposition; **a~en** *vt* dismantle; (*Min*) mine; quarry; (*verringern*) reduce; (*Chem*) break down.
abbeißen ['apbaisən] *vt irreg* bite off.
abberufen ['apbəru:fən] *vt irreg* recall.
Abberufung *f* recall.
abbestellen ['apbəʃtɛlən] *vt* cancel.
abbezahlen ['apbətsa:lən] *vt* pay off.
abbiegen ['apbi:gən] *irreg vi* turn off; (*Straße*) bend; *vt* bend; (*verhindern*) ward off.
Abbild ['apbilt] *nt* portrayal; (*einer Person*) image, likeness; **a~en** ['apbildən] *vt* portray; **~ung** *f* illustration.
Abbitte ['apbitə] *f*: **~ leisten** *or* **tun** make one's apologies (*bei* to).
abblasen ['apbla:zən] *vt irreg* blow off; (*fig*) call off.
abblenden ['apblɛndən] *vti* (*Aut*) dip, dim (*US*).
Abblendlicht *nt* dipped *or* dimmed (*US*) headlights *pl*.
abbrechen ['apbrɛçən] *vti irreg* break off; *Gebäude* pull down; *Zelt* take down; (*aufhören*) stop.
abbrennen ['apbrɛnən] *irreg vt* burn off; *Feuerwerk* let off; *vi* (*aux sein*) burn down; **abgebrannt sein** (*col*) be broke.
abbringen ['apbriŋən] *vt irreg*: **jdn von etw ~** dissuade sb from sth; **jdn vom Weg ~** divert sb; **ich bringe den Verschluß nicht ab** (*col*) I can't get the top off.
abbröckeln ['apbrœkəln] *vti* crumble off *or* away.
Abbruch ['apbrux] *m* (*von Verhandlungen etc*) breaking off; (*von Haus*) demolition; **jdm/etw ~ tun** harm sb/sth; **a~reif** *a* only fit for demolition.
abbrühen ['apbry:ən] *vt* scald; **abgebrüht** (*col*) hard-boiled.
abbuchen ['apbu:xən] *vt* debit.
abbürsten ['apbyrstən] *vt* brush off.
abdanken ['apdaŋkən] *vi* resign; (*König*) abdicate.
Abdankung *f* resignation; abdication.
abdecken ['apdɛkən] *vt* uncover; *Tisch* clear; *Loch* cover.
abdichten ['apdiçtən] *vt* seal; (*Naut*) caulk.
abdrängen ['apdrɛŋən] *vt* push off.
abdrehen ['apdre:ən] *vt Gas* turn off; *Licht* switch off; *Film* shoot; **jdm den Hals ~** wring sb's neck; *vi* (*Schiff*) change course.
abdrosseln ['apdrɔsəln] *vt* throttle; (*Aut*) stall; *Produktion* cut back.
Abdruck ['apdruk] *m* (*Nachdrucken*) reprinting; (*Gedrucktes*) reprint; (*Gips—, Wachs—*) impression; (*Finger—*) print; **a~en** *vt* print, publish.
abdrücken ['apdrykən] *vt* make an impression of; *Waffe* fire; *Person* hug, squeeze; **jdm die Luft ~** squeeze all the breath out of sb; *vr* leave imprints; (*abstoßen*) push o.s. away.
abebben ['ap'ɛbən] *vi* ebb away.
Abend ['a:bənt] *m* **-s, -e** evening; **zu ~ essen** have dinner *or* supper; **a~** *ad* evening; **~brot** *nt*, **~essen** *nt* supper; **a~füllend** taking up the whole evening; **~kurs** *m* evening classes *pl*; **~land** *nt* West; **a~lich** *a* evening; **~mahl** *nt* Holy Communion; **~rot** *nt* sunset; **a~s** *ad* in the evening.
Abenteuer ['a:bəntɔyər] *nt* **-s, -** adventure; **a~lich** *a* adventurous.
Abenteurer *m* **-s, -** adventurer; **~in** *f* adventuress.
aber ['a:bər] *cj* but; (*jedoch*) however; **das ist ~ schön** that's really nice; **nun ist ~ Schluß!** now that's enough!; *ad* **tausend und ~ tausend** thousands upon thousands; **A~** *nt* but; **A~glaube** *m* superstition; **~gläubisch** *a* superstitious.
aberkennen ['ap'ɛrkɛnən] *vt irreg*: **jdm etw ~** deprive sb of sth, take sth (away) from sb.
Aberkennung *f* taking away.
aber- *cpd*: **~malig** *a* repeated; **~mals** *ad* once again.
abfahren ['ap-fa:rən] *irreg vi* leave, depart; *vt* take *or* cart away; *Strecke* drive; *Reifen* wear; *Fahrkarte* use.
Abfahrt ['ap-fa:rt] *f* departure; (*Ski*) descent; (*Piste*) run; **~slauf** *m* (*Ski*) descent, run down; **~(s)-tag** *m* day of departure; **~szeit** *f* departure time.
Abfall ['ap-fal] *m* waste; (*von Speisen etc*) rubbish, garbage (*US*); (*Neigung*) slope; (*Verschlechterung*) decline; **~eimer** *m* rubbish bin, garbage can (*US*); **a~en** *vi irreg* (*lit, fig*) fall *or* drop off; (*Pol, vom*

Glauben) break away; (*sich neigen*) fall *or* drop away.
abfällig ['ap-fɛlɪç] *a* disparaging, deprecatory.
abfangen ['ap-faŋən] *vt irreg* intercept; *Person* catch; (*unter Kontrolle bringen*) check.
abfärben ['ap-fɛrbən] *vi* (*lit*) lose its colour; (*Wäsche*) run; (*fig*) rub off.
abfassen ['ap-fasən] *vt* write, draft.
abfertigen ['ap-fɛrtɪgən] *vt* prepare for dispatch, process; (*an der Grenze*) clear; *Kundschaft* attend to; **jdn kurz** ~ give sb short shrift.
Abfertigung *f* preparing for dispatch, processing; clearance.
abfeuern ['ap-fɔʏərn] *vt* fire.
abfinden ['ap-fɪndən] *irreg vt* pay off; *vr* come to terms; **sich mit jdm ~/nicht ~** put up with/not get on with sb.
Abfindung *f* (*von Gläubigern*) payment; (*Geld*) sum in settlement.
abflauen ['ap-flaʊən] *vi* (*Wind, Erregung*) die away, subside; (*Nachfrage, Geschäft*) fall *or* drop off.
abfliegen ['ap-fli:gən] *irreg vi* (*Flugzeug*) take off; (*Passagier auch*) fly; *vt Gebiet* fly over.
abfließen ['ap-fli:sən] *vi irreg* drain away.
Abflug ['ap-flu:k] *m* departure; (*Start*) take-off; **~zeit** *f* departure time.
Abfluß ['ap-flʊs] *m* draining away; (*Öffnung*) outlet.
abfragen ['ap-fra:gən] *vt* test; **jdn** *or* **jdm etw** ~ question sb on sth.
Abfuhr ['ap-fu:r] *f* **-, -en** removal; (*fig*) snub, rebuff.
Abführ- ['ap-fy:r] *cpd*: **a~en** *vt* lead away; *Gelder, Steuern* pay; *vi* (*Med*) have a laxative effect; **~mittel** *nt* laxative, purgative.
abfüllen ['ap-fʏlən] *vt* draw off; (*in Flaschen*) bottle.
Abgabe ['apga:bə] *f* handing in; (*von Ball*) pass; (*Steuer*) tax; (*eines Amtes*) giving up; (*einer Erklärung*) giving; **a~nfrei** *a* tax-free; **a~npflichtig** *a* liable to tax.
Abgang ['apgaŋ] *m* (*von Schule*) leaving; (*Theat*) exit; (*Med: Ausscheiden*) passing; (*Fehlgeburt*) miscarriage; (*Abfahrt*) departure; (*der Post, von Waren*) dispatch.
Abgas ['apga:s] *nt* waste gas; (*Aut*) exhaust.
abgeben ['apge:bən] *irreg vt Gegenstand* hand *or* give in; *Ball* pass; *Wärme* give off; *Amt* hand over; *Schuß* fire; *Erklärung, Urteil* give; (*darstellen, sein*) make; **jdm etw** ~ (*überlassen*) let sb have sth; *vr*: **sich mit jdm/etw** ~ associate with sb/bother with sth.
abgedroschen ['apgədrɔʃən] *a* hackneyed; *Witz* corny.
abgefeimt ['apgəfaɪmt] *a* cunning.
abgegriffen ['apgəgrɪfən] *a Buch* well-thumbed; *Redensart* hackneyed.
abgehen ['apge:ən] *irreg vi* go away, leave; (*Theat*) exit; (*Post*) go; (*Med*) be passed; (*Baby*) die; (*Knopf etc*) come off; (*abgezogen werden*) be taken off; (*Straße*) branch off; **etw geht jdm ab** (*fehlt*) sb lacks sth; *vt Strecke* go *or* walk along.
abgelegen ['apgəle:gən] *a* remote.
abgemacht ['apgəmaxt] *a* fixed; ~**!** done.
abgeneigt ['apgənaɪkt] *a* averse to, disinclined.
Abgeordnete(r) ['apgə'ɔrdnətə(r)] *mf* member of parliament; elected representative.
Abgesandte(r) ['apgəzantə(r)] *mf* delegate; (*Pol*) envoy.
abgeschmackt ['apgəʃmakt] *a* tasteless; **A~heit** *f* lack of taste; (*Bemerkung*) tasteless remark.
abgesehen ['apgəze:ən] *a*: **es auf jdn/etw ~ haben** be after sb/sth; ~ **von...** apart from...
abgespannt ['apgəʃpant] *a* tired out.
abgestanden ['apgəʃtandən] *a* stale; *Bier auch* flat.
abgestorben ['apgəʃtɔrbən] *a* numb; (*Biol, Med*) dead.
abgetakelt ['apgəta:kəlt] *a* (*col*) decrepit, past it.
abgetragen ['apgətra:gən] *a* shabby, worn out.
abgewinnen ['apgəvɪnən] *vt irreg*: **jdm Geld** ~ win money from sb; **einer Sache etw/Geschmack** ~ get sth/pleasure from sth.
abgewöhnen ['apgəvø:nən] *vt*: **jdm/sich etw** ~ cure sb of sth/give sth up.
abgleiten ['apglaɪtən] *vi irreg* slip, slide.
Abgott ['apgɔt] *m* idol.
abgöttisch ['apgœtɪʃ] *a*: ~ **lieben** idolize.
abgrenzen ['apgrɛntsən] *vt* (*lit, fig*) mark off; fence off.
Abgrund ['apgrʊnt] *m* (*lit, fig*) abyss.
abgründig ['apgrʏndɪç] *a* unfathomable; *Lächeln* cryptic.
abhacken ['aphakən] *vt* chop off.
abhaken ['apha:kən] *vt* tick off.
abhalten ['aphaltən] *vt irreg Versammlung* hold; **jdn von etw** ~ (*fernhalten*) keep sb away from sth; (*hindern*) keep sb from sth.
abhandeln ['aphandəln] *vt Thema* deal with; **jdm die Waren/8 Mark** ~ do a deal with sb for the goods/beat sb down 8 marks.
abhanden [ap'handən] *a*: ~ **kommen** get lost.
Abhandlung ['aphandlʊŋ] *f* treatise, discourse.
Abhang ['aphaŋ] *m* slope.
abhängen ['aphɛŋən] *irreg vt Bild* take down; *Anhänger* uncouple; *Verfolger* shake off; *vi* (*Fleisch*) hang; **von jdm/etw** ~ depend on sb/sth.
abhängig ['aphɛŋɪç] *a* dependent (*von* on); **A~keit** *f* dependence (*von* on).
abhärten ['aphɛrtən] *vtr* toughen (o.s.) up; **sich gegen etw** ~ inure o.s. to sth.
abhauen ['aphaʊən] *irreg vt* cut off; *Baum* cut down; *vi* (*col*) clear off *or* out.
abheben ['aphe:bən] *irreg vt* lift (up); *Karten* cut; *Masche* slip; *Geld* withdraw, take out; *vi* (*Flugzeug*) take off; (*Rakete*) lift off; (*Cards*) cut; *vr* stand out (*von* from), contrast (*von* with).

abhelfen ['aphɛlfən] *vi irreg* (+*dat*) remedy.
abhetzen ['aphɛtsən] *vr* wear *or* tire o.s. out.
Abhilfe ['aphɪlfə] *f* remedy; ~ **schaffen** put things right.
abholen ['apho:lən] *vt Gegenstand* fetch, collect; *Person* call for; (*am Bahnhof etc*) pick up, meet.
abhorchen ['aphɔrçən] *vt* (*Med*) auscultate, sound.
abhören ['aphø:rən] *vt Vokabeln* test; *Telefongespräch* tap; *Tonband etc* listen to.
Abhörgerät *nt* bug.
Abitur [abi'tu:r] *nt* **-s, -e** German school leaving examination; **~i'ent(in** *f*) *m* candidate for school leaving certificate.
abkämmen ['apkɛmən] *vt Gegend* comb, scour.
abkanzeln ['apkantsəln] *vt* (*col*) bawl out.
abkapseln ['apkapsəln] *vr* shut *or* cut o.s. off.
abkaufen ['apkaufən] *vt*: **jdm etw** ~ buy sth from sb.
abkehren ['apke:rən] *vt Blick* avert, turn away; *vr* turn away.
Abklatsch ['apklatʃ] *m* **-es, -e** (*fig*) (poor) copy.
abklingen ['apklɪŋən] *vi irreg* die away; (*Radio*) fade out.
abknöpfen ['apknœpfən] *vt* unbutton; **jdm etw** ~ (*col*) get sth off sb.
abkochen ['apkɔxən] *vt* boil.
abkommen ['apkɔmən] *vi irreg* get away; **von der Straße/von einem Plan** ~ leave the road/give up a plan; **A~** *nt* **-s, -** agreement.
abkömmlich ['apkœmlɪç] *a* available, free.
abkratzen ['apkratsən] *vt* scrape off; *vi* (*col*) kick the bucket.
abkühlen ['apky:lən] *vt* cool down; *vr* (*Mensch*) cool down *or* off; (*Wetter*) get cool; (*Zuneigung*) cool.
Abkunft ['apkʊnft] *f* **-** origin, birth.
abkürzen ['apkʏrtsən] *vt* shorten; *Wort auch* abbreviate; **den Weg** ~ take a short cut.
Abkürzung *f* (*Wort*) abbreviation; (*Weg*) short cut.
abladen ['apla:dən] *vt irreg* unload.
Ablage ['apla:gə] *f* **-, -n** (*für Akten*) tray; (*für Kleider*) cloakroom; **a~rn** *vt* deposit; *vr* be deposited; *vi* mature.
ablassen ['aplasən] *irreg vt Wasser, Dampf* let off; (*vom Preis*) knock off; *vi*: **von etw** ~ give sth up, abandon sth.
Ablauf ['aplauf] *m* (*Abfluß*) drain; (*von Ereignissen*) course; (*einer Frist, Zeit*) expiry; **a~en** *irreg vi* (*abfließen*) drain away; (*Ereignisse*) happen; (*Frist, Zeit, Paß*) expire; *vt Sohlen* wear (down *or* out); **jdm den Rang a~en** steal a march on sb.
ablegen ['aple:gən] *vt* put *or* lay down; *Kleider* take off; *Gewohnheit* get rid of; *Prüfung* take, sit; *Zeugnis* give.
Ableger *m* **-s, -** layer; (*fig*) branch, offshoot.
ablehnen ['aple:nən] *vt* reject; *Einladung* decline, refuse; *vi* decline, refuse.
Ablehnung *f* rejection; refusal.
ableiten ['aplaɪtən] *vt Wasser* divert; (*deduzieren*) deduce; *Wort* derive.
Ableitung *f* diversion; deduction; derivation; (*Wort*) derivative.
ablenken ['aplɛŋkən] *vt* turn away, deflect; (*zerstreuen*) distract; *vi* change the subject.
Ablenkung *f* distraction.
ablesen ['aple:zən] *vt irreg* read out; *Meßgeräte* read.
ableugnen ['aplɔʏgnən] *vt* deny.
ablichten ['aplɪçtən] *vt* photocopy; photograph.
abliefern ['apli:fərn] *vt* deliver; **etw bei jdm/einer Dienststelle** ~ hand sth over to sb/in at an office.
Ablieferung *f* delivery; **~sschein** *m* delivery note.
abliegen ['apli:gən] *vi irreg* be some distance away; (*fig*) be far removed.
ablisten ['aplɪstən] *vt*: **jdm etw** ~ trick *or* con sb out of sth.
ablösen ['aplø:zən] *vt* (*abtrennen*) take off, remove; (*in Amt*) take over from; *Wache* relieve.
Ablösung *f* removal; relieving.
abmachen ['apmaxən] *vt* take off; (*vereinbaren*) agree.
Abmachung *f* agreement.
abmagern ['apma:gərn] *vi* get thinner.
Abmagerungskur *f* diet; **eine** ~ **machen** go on a diet.
Abmarsch ['apmarʃ] *m* departure; **a~bereit** *a* ready to start; **a~ieren** *vi* march off.
abmelden ['apmɛldən] *vt Zeitungen* cancel; *Auto* take off the road; **jdn bei der Polizei** ~ register sb's departure with the police; *vr* give notice of one's departure; (*im Hotel*) check out.
abmessen ['apmɛsən] *vt irreg* measure.
Abmessung *f* measurement.
abmontieren ['apmɔnti:rən] *vt* take off.
abmühen ['apmy:ən] *vr* wear o.s. out.
Abnäher ['apnɛ:ər] *m* **-s, -** dart.
Abnahme ['apna:mə] *f* **-, -n** removal; (*Comm*) buying; (*Verringerung*) decrease (*gen* in).
abnehmen ['apne:mən] *irreg vt* take off, remove; *Führerschein* take away; *Geld* get (*jdm* out of sb); (*kaufen, col: glauben*) buy (*jdm* from sb); *Prüfung* hold; *Maschen* decrease; **jdm Arbeit** ~ take work off sb's shoulders; *vi* decrease; (*schlanker werden*) lose weight.
Abnehmer *m* **-s, -** purchaser, customer.
Abneigung ['apnaɪgʊŋ] *f* aversion, dislike.
abnorm [ap'nɔrm] *a* abnormal.
abnötigen ['apnø:tɪgən] *vt*: **jdm etw/Respekt** ~ force sth from sb/gain sb's respect.
abnutzen ['apnʊtsən] *vt* wear out.
Abnutzung *f* wear (and tear).
Abonnement [abɔn(ə)'mã:] *nt* **-s, -s** subscription.

Abonnent(in *f***)** [abɔ'nɛnt(ɪn)] *m* subscriber.
abonnieren [abɔ'ni:rən] *vt* subscribe to.
abordnen ['ap'ordnən] *vt* delegate.
Abordnung *f* delegation.
Abort [a'bɔrt] *m* **-(e)s, -e** lavatory.
abpacken ['appakən] *vt* pack.
abpassen ['appasən] *vt Person, Gelegenheit* wait for; (*in Größe*) *Stoff etc* adjust.
abpfeifen ['appfaɪfən] *vti irreg* (*Sport*) **(das Spiel)** ~ blow the whistle (for the end of the game).
Abpfiff ['appfɪf] *m* final whistle.
abplagen ['appla:gən] *vr* wear o.s. out.
Abprall ['appral] *m* rebound; (*von Kugel*) ricochet; **a~en** *vi* bounce off; ricochet.
abputzen ['apputsən] *vt* clean.
abquälen ['ap-kvɛ:lən] *vr* drive o.s. frantic; **sich mit etw** ~ struggle with sth.
abraten ['apra:tən] *vi irreg* advise, warn (*jdm von etw* sb against sth).
abräumen ['aprɔʏmən] *vt* clear up *or* away.
abreagieren ['apreagi:rən] *vt Zorn* work off (*an +dat* on); *vr* calm down.
abrechnen ['aprɛçnən] *vt* deduct, take off; *vi* (*lit*) settle up; (*fig*) get even.
Abrechnung *f* settlement; (*Rechnung*) bill.
Abrede ['apre:də] *f*: **etw in ~ stellen** deny *or* dispute sth.
abregen ['apre:gən] *vr* (*col*) calm *or* cool down.
abreiben ['apraɪbən] *vtr* irreg rub off; (*säubern*) wipe; **jdn mit einem Handtuch** ~ towel sb down.
Abreise ['apraɪzə] *f* departure; **a~n** *vi* leave, set off.
abreißen ['apraɪsən] *vt irreg Haus* tear down; *Blatt* tear off.
abrichten ['aprɪçtən] *vt* train.
abriegeln ['apri:gəln] *vt Tür* bolt; *Straße, Gebiet* seal off.
Abriß ['aprɪs] *m* **-sses, -sse** (*Übersicht*) outline.
Abruf ['apru:f] *m*: **auf** ~ on call; **a~en** *vt irreg Mensch* call away; (*Comm*) *Ware* request delivery of.
abrunden ['aprʊndən] *vt* round off.
abrüsten ['aprʏstən] *vi* disarm.
Abrüstung *f* disarmament.
abrutschen ['aprʊtʃən] *vi* slip; (*Aviat*) sideslip.
Absage ['apza:gə] *f* **-, -n** refusal; **a~n** *vt* cancel, call off; *Einladung* turn down; *vi* cry off; (*ablehnen*) decline.
absägen ['apzɛ:gən] *vt* saw off.
absahnen ['apza:nən] *vt* (*lit*) skim; **das beste für sich** ~ take the cream.
Absatz ['apzats] *m* (*Comm*) sales *pl*; (*Bodensatz*) deposit; (*neuer Abschnitt*) paragraph; (*Treppen—*) landing; (*Schuh—*) heel; **~flaute** *f* slump in the market; **~gebiet** *nt* (*Comm*) market.
abschaben ['ap-ʃa:bən] *vt* scrape off; *Möhren* scrape.
abschaffen ['ap-ʃafən] *vt* abolish, do away with.
Abschaffung *f* abolition.
abschalten ['ap-ʃaltən] *vti* (*lit, col*) switch off.
abschattieren ['ap-ʃati:rən] *vt* shade.
abschätzen ['ap-ʃɛtsən] *vt* estimate; *Lage* assess; *Person* size up.
abschätzig ['ap-ʃɛtsɪç] *a* disparaging, derogatory.
Abschaum ['ap-ʃaʊm] *m* **-(e)s** scum.
Abscheu ['ap-ʃɔʏ] *m* **-(e)s** loathing, repugnance; **a~erregend** *a* repulsive, loathsome; **a~lich** [ap'ʃɔʏlɪç] *a* abominable.
abschicken ['ap-ʃɪkən] *vt* send off.
abschieben ['ap-ʃi:bən] *vt irreg* push away; *Person* pack off.
Abschied ['ap-ʃi:t] *m* **-(e)s, -e** parting; (*von Armee*) discharge; ~ **nehmen** say good-bye (*von jdm* to sb), take one's leave (*von jdm* of sb); **seinen ~ nehmen** (*Mil*) apply for discharge; **zum** ~ on parting; **~sbrief** *m* farewell letter; **~sfeier** *f* farewell party.
abschießen [ap-ʃi:sən] *vt irreg Flugzeug* shoot down; *Geschoß* fire; (*col*) *Minister* get rid of.
abschirmen ['ap-ʃɪrmən] *vt* screen.
abschlagen ['ap-ʃla:gən] *vt irreg* (*abhacken, Comm*) knock off; (*ablehnen*) refuse; (*Mil*) repel.
abschlägig ['ap-ʃlɛ:gɪç] *a* negative.
Abschlagszahlung *f* interim payment.
abschleifen ['ap-ʃlaɪfən] *irreg vt* grind down; *Rost* polish off; *vr* wear off.
Abschlepp- ['ap-ʃlɛp] *cpd*: **~dienst** *m* (*Aut*) breakdown service; **a~en** *vt* take in tow; **~seil** *nt* towrope.
abschließen ['ap-ʃli:sən] *irreg vt Tür* lock; (*beenden*) conclude, finish; *Vertrag, Handel* conclude; *vr* (*sich isolieren*) cut o.s. off.
Abschluß ['ap-ʃlʊs] *m* (*Beendigung*) close, conclusion; (*Comm: Bilanz*) balancing; (*von Vertrag, Handel*) conclusion; **zum** ~ in conclusion; **~feier** *f* end-of-term party; **~rechnung** *f* final account.
abschmieren ['ap-ʃmi:rən] *vt* (*Aut*) grease, lubricate.
abschneiden ['ap-ʃnaɪdən] *irreg vt* cut off; *vi* do, come off.
Abschnitt ['ap-ʃnɪt] *m* section; (*Mil*) sector; (*Kontroll—*) counterfoil; (*Math*) segment; (*Zeit—*) period.
abschnüren ['ap-ʃny:rən] *vt* constrict.
abschöpfen ['ap-ʃœpfən] *vt* skim off.
abschrauben ['ap-ʃraʊbən] *vt* unscrew.
abschrecken ['ap-ʃrɛkən] *vt* deter, put off; (*mit kaltem Wasser*) plunge in cold water; **~d** *a* deterrent; **~des Beispiel** warning.
abschreiben ['ap-ʃraɪbən] *vt irreg* copy; (*verlorengeben*) write off; (*Comm*) deduct.
Abschreibung *f* (*Comm*) deduction; (*Wertverminderung*) depreciation.
Abschrift ['ap-ʃrɪft] *f* copy.
abschürfen ['ap-ʃʏrfən] *vt* graze.
Abschuß ['ap-ʃʊs] *m* (*eines Geschützes*) firing; (*Herunterschießen*) shooting down; (*Tötung*) shooting.
abschüssig ['ap-ʃʏsɪç] *a* steep.
abschütteln ['ap-ʃʏtəln] *vt* shake off.
abschwächen ['ap-ʃvɛçən] *vt* lessen;

Behauptung, Kritik tone down; *vr* lessen.
abschweifen ['ap-ʃvaɪfən] *vi* wander.
Abschweifung *f* digression.
abschwellen ['ap-ʃvɛlən] *vi irreg* (*Geschwulst*) go down; (*Lärm*) die down.
abschwenken ['ap-ʃvɛŋkən] *vi* turn away.
abschwören ['ap-ʃvø:rən] *vi irreg* (+*dat*) renounce.
abseh- ['apze:] *cpd*: **~bar** *a* foreseeable; **in ~barer Zeit** in the foreseeable future; **das Ende ist ~bar** the end is in sight; **~en** *irreg vt Ende, Folgen* foresee; **jdm etw ~en** (*erlernen*) copy sth from sb; *vi*: **von etw ~en** refrain from sth; (*nicht berücksichtigen*) leave sth out of consideration.
abseits ['apzaɪts] *ad* out of the way; *prep* +*gen* away from; **A~** *nt* (*Sport*) offside; **im A~ stehen** be offside.
Absend- ['apzɛnd] *cpd*: **a~en** *vt irreg* send off, dispatch; **~er** *m* **-s, -** sender; **~ung** *f* dispatch.
absetz- ['apzɛts] *cpd*: **~bar** *a Beamter* dismissible; *Waren* saleable; (*von Steuer*) deductible; **~en** *vt* (*niederstellen, aussteigen lassen*) put down; (*abnehmen*) take off; (*Comm: verkaufen*) sell; (*Fin: abziehen*) deduct; (*entlassen*) dismiss; *König* depose; (*streichen*) drop; (*hervorheben*) pick out; *vr* (*sich entfernen*) clear off; (*sich ablagern*) be deposited; **A~ung** *f* (*Fin: Abzug*) deduction; (*Entlassung*) dismissal; (*von König*) deposing; (*Streichung*) dropping.
absichern ['apzɪçərn] *vtr* make safe; (*schützen*) safeguard.
Absicht ['apzɪçt] *f* intention; **mit ~** on purpose; **a~lich** *a* intentional, deliberate; **a~slos** *a* unintentional.
absinken ['apzɪŋkən] *vi irreg* sink; (*Temperatur, Geschwindigkeit*) decrease.
absitzen ['apzɪtsən] *irreg vi* dismount; *vt Strafe* serve.
absolut [apzo'lu:t] *a* absolute; **A~ismus** [-'tɪsmʊs] *m* absolutism.
absolvieren [apzɔl'vi:rən] *vt* (*Sch*) complete.
absonder- ['apzɔndər] *cpd*: **~lich** [ap'zɔndərlɪç] *a* odd, strange; **~n** *vt* separate; (*ausscheiden*) give off, secrete; *vr* cut o.s. off; **A~ung** *f* separation; (*Med*) secretion.
abspalten ['ap-ʃpaltən] *vt* split off.
Abspannung ['ap-ʃpanʊŋ] *f* (*Ermüdung*) exhaustion.
absparen ['ap-ʃpa:rən] *vt*: **sich** (*dat*) **etw ~** scrimp and save for sth.
abspeisen ['ap-ʃpaɪzən] *vt* (*fig*) fob off.
abspenstig ['ap-ʃpɛnstɪç]: **~ machen** lure away (*jdm* from sb).
absperren ['ap-ʃpɛrən] *vt* block *or* close off; *Tür* lock.
Absperrung *f* (*Vorgang*) blocking *or* closing off; (*Sperre*) barricade.
abspielen ['ap-ʃpi:lən] *vt Platte, Tonband* play; (*Sport*) *Ball* pass; **vom Blatt ~** (*Mus*) sight-read; *vr* happen.
absplittern ['ap-ʃplɪtərn] *vt* chip off.
Absprache ['ap-ʃpra:xə] *f* arrangement.
absprechen ['ap-ʃprɛçən] *vt irreg* (*vereinbaren*) arrange; **jdm etw ~** deny sb sth.
abspringen ['ap-ʃprɪŋən] *vi irreg* jump down/off; (*Farbe, Lack*) flake off; (*Aviat*) bale out; (*sich distanzieren*) back out.
Absprung ['ap-ʃprʊŋ] *m* jump.
abspülen ['ap-ʃpy:lən] *vt* rinse; *Geschirr* wash up.
abstammen ['ap-ʃtamən] *vi* be descended; (*Wort*) be derived.
Abstammung *f* descent; derivation.
Abstand ['ap-ʃtant] *m* distance; (*zeitlich*) interval; **davon ~ nehmen, etw zu tun** refrain from doing sth; **~ halten** (*Aut*) keep one's distance; **mit ~ der beste** by far the best; **~ssumme** *f* compensation.
abstatten ['ap-ʃtatən] *vt Dank* give; *Besuch* pay.
abstauben ['ap-ʃtaʊbən] *vti* dust; (*col: stehlen*) pinch; **(den Ball) ~** (*Sport*) tuck the ball away.
abstechen ['ap-ʃtɛçən] *irreg vt* cut; *Tier* cut the throat of; *vi* contrast (*gegen, von* with).
Abstecher *m* **-s, -** detour.
abstecken ['ap-ʃtɛkən] *vt* (*losmachen*) unpin; *Fläche* mark out.
abstehen ['ap-ʃte:ən] *vi irreg* (*Ohren, Haare*) stick out; (*entfernt sein*) stand away.
absteigen ['ap-ʃtaɪgən] *vi irreg* (*vom Rad etc*) get off, dismount; (*in Gasthof*) put up (*in* +*dat* at); (*Sport*) be relegated (*in* +*acc* to).
abstellen ['ap-ʃtɛlən] *vt* (*niederstellen*) put down; (*entfernt stellen*) pull out; (*hinstellen*) *Auto* park; (*ausschalten*) turn *or* switch off; *Mißstand, Unsitte* stop; (*ausrichten*) gear (*auf* +*acc* to).
Abstellgleis *nt* siding.
abstempeln ['ap-ʃtɛmpəln] *vt* stamp.
absterben ['ap-ʃtɛrbən] *vi irreg* die; (*Körperteil*) go numb.
Abstieg ['ap-ʃti:k] *m* **-(e)s, -e** descent; (*Sport*) relegation; (*fig*) decline.
abstimmen ['ap-ʃtɪmən] *vi* vote; *vt Instrument* tune (*auf* +*acc* to); *Interessen* match (*auf* +*acc* with); *Termine, Ziele* fit in (*auf* +*acc* with); *vr* agree.
Abstimmung *f* vote.
abstinent [apsti'nɛnt] *a* abstemious; (*von Alkohol*) teetotal.
Abstinenz [apsti'nɛnts] *f* abstinence; teetotalism; **~ler** *m* **-s, -** teetotaller.
abstoßen ['ap-ʃto:sən] *vt irreg* push off *or* away; (*verkaufen*) unload; (*anekeln*) repel, repulse; **~d** *a* repulsive.
abstrahieren [apstra'hi:rən] *vti* abstract.
abstrakt [ap'strakt] *a* abstract; *ad* abstractly, in the abstract; **A~ion** [apstraktsi'o:n] *f* abstraction; **A~um** *nt* **-s, -kta** abstract concept/noun.
abstreiten ['ap-ʃtraɪtən] *vt irreg* deny.
Abstrich ['ap-ʃtrɪç] *m* (*Abzug*) cut; (*Med*) smear; **~e machen** lower one's sights.
abstufen ['ap-ʃtu:fən] *vt Hang* terrace; *Farben* shade; *Gehälter* grade.
abstumpfen ['ap-ʃtʊmpfən] *vt* (*lit, fig*) dull, blunt; *vi* (*lit, fig*) become dulled.
Absturz ['ap-ʃtʊrts] *m* fall; (*Aviat*) crash.
abstürzen ['ap-ʃtʏrtsən] *vi* fall; (*Aviat*) crash.

absuchen ['apzu:xən] *vt* scour, search.
absurd [ap'zʊrt] *a* absurd.
Abszeß [aps'tsεs] *m* **-sses, -sse** abscess.
Abt [apt] *m* **-(e)s, ⸚e** abbot.
abtasten ['aptastən] *vt* feel, probe.
abtauen ['aptauən] *vti* thaw.
Abtei [ap'taɪ] *f* **-, -en** abbey.
Abteil [ap'taɪl] *nt* **-(e)s, -e** compartment; **'a~en** *vt* divide up; (*abtrennen*) divide off; **~ung** *f* (*in Firma, Kaufhaus*) department; (*Mil*) unit; **~ungsleiter** *m* head of department.
abtönen ['aptø:nən] *vt* (*Phot*) tone down.
abtragen ['aptra:gən] *vt irreg Hügel, Erde* level down; *Essen* clear away; *Kleider* wear out; *Schulden* pay off.
abträglich ['aptrε:klɪç] *a* harmful (*dat* to).
abtransportieren ['aptranspɔrti:rən] *vt* take away, remove.
abtreiben ['aptraɪbən] *irreg vt Boot, Flugzeug* drive off course; *Kind* abort; *vi* be driven off course; abort.
Abtreibung *f* abortion; **~sversuch** *m* attempted abortion.
abtrennen ['aptrεnən] *vt* (*lostrennen*) detach; (*entfernen*) take off; (*abteilen*) separate off.
abtreten ['aptre:tən] *irreg vt* wear out; (*überlassen*) hand over, cede (*jdm* to sb); *vi* go off; (*zurücktreten*) step down.
Abtritt ['aptrɪt] *m* resignation.
abtrocknen ['aptrɔknən] *vti* dry.
abtrünnig ['aptrʏnɪç] *a* renegade.
abtun ['aptu:n] *vt irreg* take off; (*fig*) dismiss.
aburteilen ['ap'ʊrtaɪlən] *vt* condemn.
abverlangen ['ap-fεrlaŋən] *vt*: **jdm etw ~** demand sth from sb.
abwägen ['apvε:gən] *vt irreg* weigh up.
abwählen ['apvε:lən] *vt* vote out (of office).
abwandeln ['apvandəln] *vt* adapt.
abwandern ['apvandərn] *vi* move away.
abwarten ['apvartən] *vt* wait for; *vi* wait.
abwärts ['apvεrts] *ad* down.
Abwasch ['apvaʃ] *m* **-(e)s** washing-up; **a~en** *vt irreg Schmutz* wash off; *Geschirr* wash (up).
Abwasser ['apvasər] *nt* **-s, -wässer** sewage.
abwechseln ['apvεksəln] *vir* alternate; (*Personen*) take turns; **~d** *a* alternate.
Abweg ['apve:k] *m*: **auf ~e geraten/führen** go/lead astray; **a~ig** ['apve:gɪç] *a* wrong.
Abwehr ['apve:r] *f* **-** defence; (*Schutz*) protection; (*—dienst*) counter-intelligence (service); **a~en** *vt* ward off; *Ball* stop; **a~ende Geste** dismissive gesture.
abweichen ['apvaɪçən] *vi irreg* deviate; (*Meinung*) differ; **~d** *a* deviant; differing.
abweisen ['apvaɪzən] *vt irreg* turn away; *Antrag* turn down; **~d** *a Haltung* cold.
abwenden ['apvεndən] *irreg vt* avert; *vr* turn away.
abwerben ['apvεrbən] *vt irreg* woo away (*jdm* from sb).
abwerfen ['apvεrfən] *vt irreg* throw off; *Profit* yield; (*aus Flugzeug*) drop; *Spielkarte* discard.
abwerten ['apvεrtən] *vt* (*Fin*) devalue.
abwesend ['apve:zənt] *a* absent.
Abwesenheit ['apve:zənhaɪt] *f* absence.
abwickeln ['apvɪkəln] *vt* unwind; *Geschäft* wind up.
abwiegen ['apvi:gən] *vt irreg* weigh out.
abwimmeln ['apvɪməln] *vt* (*col*) *Person* get rid of; *Auftrag* get out of.
abwinken ['apvɪŋkən] *vi* wave it/him *etc* aside.
abwirtschaften ['apvɪrt-ʃaftən] *vi* go downhill.
abwischen ['apvɪʃən] *vt* wipe off *or* away; (*putzen*) wipe.
abwracken ['apvrakən] *vt Schiff* break (up); **abgewrackter Mensch** wreck of a person.
Abwurf ['apvʊrf] *m* throwing off; (*von Bomben etc*) dropping; (*von Reiter, Sport*) throw.
abwürgen ['apvʏrgən] *vt* (*col*) scotch; *Motor* stall.
abzahlen ['aptsa:lən] *vt* pay off.
abzählen ['aptsε:lən] *vti* count (up).
Abzahlung *f* repayment; **auf ~ kaufen** buy on hire purchase.
abzapfen ['aptsapfən] *vt* draw off; **jdm Blut/Geld ~** take blood from sb/bleed sb.
abzäunen ['aptsɔʏnən] *vt* fence off.
Abzeichen ['aptsaɪçən] *nt* badge; (*Orden*) decoration.
abzeichnen ['aptsaɪçnən] *vt* draw, copy; *Dokument* initial; *vr* stand out; (*fig: bevorstehen*) loom.
Abziehbild *nt* transfer.
abziehen ['aptsi:ən] *irreg vt* take off; *Tier* skin; *Bett* strip; *Truppen* withdraw; (*subtrahieren*) take away, subtract; (*kopieren*) run off; *vi* go away; (*Truppen*) withdraw.
abzielen ['aptsi:lən] *vi* be aimed (*auf +acc* at).
Abzug ['aptsu:k] *m* departure; (*von Truppen*) withdrawal; (*Kopie*) copy; (*Subtraktion*) subtraction; (*Betrag*) deduction; (*Rauch—*) flue; (*von Waffen*) trigger.
abzüglich ['aptsʏ:klɪç] *prep +gen* less.
abzweigen ['aptsvaɪgən] *vi* branch off; *vt* set aside.
Abzweigung *f* junction.
Accessoires [aksεso'a:rs] *pl* accessories *pl.*
ach [ax] *interj* oh; **mit A~ und Krach** by the skin of one's teeth.
Achse ['aksə] *f* **-, -n** axis; (*Aut*) axle; **auf ~ sein** be on the move.
Achsel ['aksəl] *f* **-, -n** shoulder; **~höhle** *f* armpit; **~zucken** *nt* shrug (of one's shoulders).
Achsenbruch *m* (*Aut*) broken axle.
Acht [axt] *f* **-** attention; (*Hist*) proscription; **sich in ~ nehmen** be careful (*vor +dat* of), watch out (*vor +dat* for); **etw außer a~ lassen** disregard sth; **~** *f* **-, -en, a~** *num* eight; **a~ Tage** a week; **a~bar** *a* worthy; **a~e(r,s)** *a* eighth; **~el** *num* eighth; **a~en** *vt* respect; *vi* pay attention

(*auf* +*acc* to); **darauf a~en, daß . . .** be careful that . . .
ächten ['ɛçtən] *vt* outlaw, ban.
Achter- *cpd*: **~bahn** *f* big dipper, roller coaster; **~deck** *nt* (*Naut*) afterdeck.
acht- *cpd*: **~fach** *a* eightfold; **~geben** *vi irreg* take care (*auf* +*acc* of); **~los** *a* careless; **~mal** *ad* eight times; **~sam** *a* attentive.
Achtung ['axtʊŋ] *f* attention; (*Ehrfurcht*) respect; *interj* look out!; (*Mil*) attention!; **~ Lebensgefahr/Stufe!** danger/mind the step!
acht- *cpd*: **~zehn** *num* eighteen; **~zig** *num* eighty; **A~ziger(in *f*)** *m* **-s, -** octogenarian; **A~zigerjahre** *pl* eighties *pl*.
ächzen ['ɛçtsən] *vi* groan (*vor* +*dat* with).
Acker ['akər] *m* **-s, ¨** field; **~bau** *m* agriculture; **a~n** *vti* plough; (*col*) slog away.
addieren [a'di:rən] *vt* add (up).
Addition [aditsi'o:n] *f* addition.
Ade [a'de:] *nt* **-s, -s, a~** *interj* farewell, adieu.
Adel ['a:dəl] *m* **-s** nobility; **a~ig, adlig** *a* noble.
Ader ['a:dər] *f* **-, -n** vein.
Adjektiv ['atjɛkti:f] *nt* **-s, -e** adjective.
Adler ['a:dlər] *m* **-s, -** eagle.
Admiral [atmi'ra:l] *m* **-s, -e** admiral; **~i'tät** *f* admiralty.
adopt- *cpd*: **~ieren** [adɔp'ti:rən] *vt* adopt; **A~ion** [adɔptsi'o:n] *f* adoption; **A~iveltern** [adɔp'ti:f-] *pl* adoptive parents *pl*; **A~ivkind** *nt* adopted child.
Adress- *cpd*: **~ant** [adre'sant] *m* sender; **~at** [adrɛ'sa:t] *m* **-en, -en** addressee; **~e** [a'drɛsə] *f* **-, -n** address; **a~ieren** [adrɛ'si:rən] *vt* address (*an* +*acc* to).
Advent [at'vɛnt] *m* **-(e)s, -e** Advent; **~skranz** *m* Advent wreath.
Adverb [at'vɛrp] *nt* adverb; **a~ial** [atverbi'a:l] *a* adverbial.
aero- [aero] *pref* aero-.
Affäre [a'fɛ:rə] *f* **-, -n** affair.
Affe ['afə] *m* **-n, -n** monkey.
affektiert [afɛk'ti:rt] *a* affected.
Affen- *cpd*: **a~artig** *a* like a monkey; **mit a~artiger Geschwindigkeit** like a flash; **~hitze** *f* (*col*) incredible heat; **~schande** *f* (*col*) crying shame.
affig ['afɪç] *a* affected.
After ['aftər] *m* **-s, -** anus.
Agent [a'gɛnt] *m* agent; **~ur** [-'tu:r] *f* agency.
Aggregat [agre'ga:t] *nt* **-(e)s, -e** aggregate; (*Tech*) unit; **~zustand** *m* (*Phys*) state.
Aggress- *cpd*: **~ion** [agrɛsi'o:n] *f* aggression; **a~iv** [agrɛ'si:f] *a* aggressive; **~ivität** [agrɛsivi'tɛ:t] *f* aggressiveness.
Agitation [agitatsi'o:n] *f* agitation.
Agrar- [a'gra:r] *cpd*: **~politik** *f* agricultural policy; **~staat** *m* agrarian state.
aha [a'ha:] *interj* aha.
Ahn [a:n] *m* **-en, -en** forebear.
ähneln ['ɛ:nəln] *vi* (+*dat*) be like, resemble; *vr* be alike *or* similar.
ahnen ['a:nən] *vt* suspect; *Tod, Gefahr* have a presentiment of; **du ahnst es nicht** you have no idea.
ähnlich ['ɛ:nlɪç] *a* similar (*dat* to); **Ä~keit** *f* similarity.
Ahnung ['a:nʊŋ] *f* idea, suspicion; presentiment; **a~slos** *a* unsuspecting.
Ahorn ['a:hɔrn] *m* **-s, -e** maple.
Ähre ['ɛ:rə] *f* **-, -n** ear.
Akademie [akade'mi:] *f* academy.
Akademiker(in *f*) [aka'de:mikər(ɪn)] *m* **-s, -** university graduate.
akademisch *a* academic.
akklimatisieren [aklimati'zi:rən] *vr* become acclimatized.
Akkord [a'kɔrt] *m* **-(e)s, -e** (*Mus*) chord; **im ~ arbeiten** do piecework; **~arbeit** *f* piecework; **~eon** [a'kɔrdeɔn] *nt* **-s, -s** accordion.
Akkusativ ['akuzati:f] *m* **-s, -e** accusative (case).
Akrobat(in *f*) [akro'ba:t(ɪn)] *m* **-en, -en** acrobat.
Akt [akt] *m* **-(e)s, -e** act; (*Art*) nude.
Akte ['aktə] *f* **-, -n** file; **etw zu den ~n legen** (*lit, fig*) file sth away; **a~nkundig** *a* on the files; **~nschrank** *m* filing cabinet; **~ntasche** *f* briefcase.
Aktie ['aktsiə] *f* **-, -n** share; **~ngesellschaft** *f* joint-stock company; **~nkurs** *m* share price.
Aktion [aktsi'o:n] *f* campaign; (*Polizei—, Such—*) action; **~är** ['nɛ:r] *m* **-s, -e** shareholder.
aktiv [ak'ti:f] *a* active; (*Mil*) regular; **A~** *nt* **-s** (*Gram*) active (voice); **A~a** [ak'ti:va] *pl* assets *pl*; **~ieren** [-'vi:rən] *vt* activate; **A~i'tät** *f* activity; **A~saldo** *m* (*Comm*) credit balance.
Aktualität [aktuali'tɛ:t] *f* topicality; (*einer Mode*) up-to-dateness.
aktuell [aktu'ɛl] *a* topical; up-to-date.
Akustik [a'kʊstɪk] *f* acoustics *pl*.
akut [a'ku:t] *a* acute.
Akzent [ak'tsɛnt] *m* accent; (*Betonung*) stress.
akzeptieren [aktsep'ti:rən] *vt* accept.
Alarm [a'larm] *m* **-(e)s, -e** alarm; **a~bereit** *a* standing by; **~bereitschaft** *f* stand-by; **a~ieren** [-'mi:rən] *vt* alarm.
albern ['albərn] *a* silly.
Album ['albʊm] *nt* **-s, Alben** album.
Algebra ['algebra] *f* **-** algebra.
alias ['a:lias] *ad* alias.
Alibi ['a:libi] *nt* **-s, -s** alibi.
Alimente [ali'mɛntə] *pl* alimony.
Alkohol ['alkohɔl] *m* **-s, -e** alcohol **a~frei** *a* non-alcoholic; **~iker(in *f*)** [alko'ho:likər(ɪn)] *m* **-s, -** alcoholic; **a~isch** *a* alcoholic; **~verbot** *nt* ban on alcohol.
All [al] *nt* **-s** universe; **a~'abendlich** *a* every evening; **a~bekannt** *a* universally known; **a~e(r,s)** *a* all; **wir a~e** all of us; **a~e beide** both of us/you *etc*; **a~e vier Jahre** every four years; *ad* (*col: zu Ende*) finished; **etw a~e machen** finish sth up.
Allee [a'le:] *f* **-, -n** avenue.
allein [a'laɪn] *ad* alone; (*ohne Hilfe*) on

one's own, by oneself; **nicht ~** (*nicht nur*) not only; *cj* but, only; **A~gang** *m*: **im A~gang** on one's own; **A~herrscher** *m* autocrat; **A~hersteller** *m* sole manufacturer; **~stehend** *a* single.

alle- *cpd*: **~mal** *ad* (*jedesmal*) always; (*ohne weiteres*) with no bother; **ein für ~mal** once and for all; **~nfalls** *ad* at all events; (*höchstens*) at most; **~rbeste(r,s)** *a* very best; **~rdings** *ad* (*zwar*) admittedly; (*gewiß*) certainly.

allerg- *cpd*: **~isch** [a'lɛrgɪʃ] *a* allergic; **A~ie** [-'gi:] *f* allergy.

aller- ['alər] *cpd*: **~hand** *a inv* (*col*) all sorts of; **das ist doch ~hand!** that's a bit thick; **~hand!** (*lobend*) good show!; **A~'heiligen** *nt* All Saints' Day; **~höchste(r,s)** *a* very highest; **~höchstens** *ad* at the very most; **~lei** *a inv* all sorts of; **~letzte(r,s)** *a* very last; **~seits** *ad* on all sides; **prost ~seits!** cheers everyone!; **~wenigste(r,s)** *a* very least.

alles *pron* everything; **~ in allem** all in all.

allgemein ['algə'maɪn] *a* general; **~gültig** *a* generally accepted; **A~heit** *f* (*Menschen*) general public; (*pl: Redensarten*) general remarks *pl.*

Alliierte(r) [ali'i:rtə(r)] *m* ally.

all- *cpd*: **~jährlich** *a* annual; **~mählich** *a* gradual; **A~tag** *m* everyday life; **~täglich** *a,ad* daily; (*gewöhnlich*) commonplace; **~tags** *ad* on weekdays; **~'wissend** *a* omniscient; **~zu** *ad* all too; **~zuoft** *ad* all too often; **~zuviel** *ad* too much.

Almosen ['almo:zən] *nt* **-s, -** alms *pl.*

Alpen ['alpən] *pl* Alps *pl*; **~blume** *f* alpine flower.

Alphabet [alfa'be:t] *nt* **-(e)s, -e** alphabet; **a~isch** *a* alphabetical.

Alptraum ['alptraum] *m* nightmare.

als [als] *cj* (*zeitlich*) when; (*comp*) than; (*Gleichheit*) as; **nichts ~** nothing but; **~ ob** as if.

also ['alzo:] *cj* so; (*folglich*) therefore; **ich komme ~ morgen** so I'll come tomorrow; **~ gut** *or* **schön!** okay then; **~, so was!** well really!; **na ~!** there you are then!

alt [alt] *a* old; **ich bin nicht mehr der ~e** I am not the man I was; **alles beim ~en lassen** leave everything as it was; **A~** *m* **-s, -e** (*Mus*) alto; **A~ar** [al'ta:r] *m* **-(e)s, -äre** altar; **~bekannt** *a* long-known; **A~'eisen** *nt* scrap iron.

Alter ['altər] *nt* **-s, -** age; (*hohes*) old age; **im ~ von** at the age of; **a~n** *vi* grow old, age; **~na'tive** *f* alternative; **~sgrenze** *f* age limit; **~sheim** *nt* old people's home; **~sversorgung** *f* old age pension; **~tum** *nt* antiquity.

alt- *cpd*: **~'hergebracht** *a* traditional; **~klug** *a* precocious; **~modisch** *a* old-fashioned; **A~papier** *nt* waste paper; **A~stadt** *f* old town; **A~stimme** *f* alto; **A~'weibersommer** *m* Indian summer.

Aluminium [alu'mi:nium] *nt* **-s** aluminium, aluminum (*US*); **~folie** *f* tinfoil.

am [am] = **an dem**; **~ Sterben** on the point of dying; **~ 15. März** on March 15th; **~ besten/schönsten** best/most beautiful.

Amalgam [amal'ga:m] *nt* **-s, -e** amalgam.

Amateur [ama'tø:r] *m* amateur.

Amboß ['ambɔs] *m* **-sses, -sse** anvil.

ambulant [ambu'lant] *a* outpatient.

Ameise ['a:maɪzə] *f* **-, -n** ant.

Ampel ['ampəl] *f* **-, -n** traffic lights *pl.*

amphibisch [am'fi:bɪʃ] *a* amphibious.

amputieren [ampu'ti:rən] *vt* amputate.

Amsel ['amzəl] *f* **-, -n** blackbird.

Amt [amt] *nt* **-(e)s, ¨er** office; (*Pflicht*) duty; (*Tel*) exchange; **a~ieren** [am'ti:rən] *vi* hold office; **a~lich** *a* official; **~sperson** *f* official; **~srichter** *m* district judge; **~sstunden** *pl* office hours *pl*; **~szeit** *f* period of office.

amüsant [amy'zant] *a* amusing.

Amüsement [amyzə'mã:] *nt* amusement.

amüsieren [amy'zi:rən] *vt* amuse; *vr* enjoy o.s.

an [an] *prep +dat* (*räumlich*) at; (*auf, bei*) on; (*nahe bei*) near; (*zeitlich*) on; *+acc* (*räumlich*) (on)to; **~ Ostern** at Easter; **~ diesem Ort/Tag** at this place/on this day; **~ und für sich** actually; *ad*: **von ... ~** from ... on; **~ die 5 DM** around 5 marks; **das Licht ist ~** the light is on.

analog [ana'lo:k] *a* analogous; **A~ie** [-'gi:] *f* analogy.

Analyse [ana'ly:zə] *f* **-, -n** analysis.

analysieren [analy'zi:rən] *vt* analyse.

Ananas ['ananas] *f* **-, -** *or* **-se** pineapple.

Anarchie [anar'çi:] *f* anarchy.

Anatomie [anato'mi:] *f* anatomy.

anbahnen ['anba:nən] *vtr* open up.

anbändeln ['anbɛndəln] *vi* (*col*) flirt.

Anbau ['anbau] *m* (*Agr*) cultivation; (*Gebäude*) extension; **a~en** *vt* (*Agr*) cultivate; *Gebäudeteil* build on.

anbehalten ['anbəhaltən] *vt irreg* keep on.

anbei [an'baɪ] *ad* enclosed.

anbeißen ['anbaɪsən] *irreg vt* bite into; *vi* (*lit*) bite; (*fig*) swallow the bait; **zum A~** (*col*) good enough to eat.

anbelangen ['anbəlaŋən] *vt* concern; **was mich anbelangt** as far as I am concerned.

anberaumen ['anbəraumən] *vt* fix.

anbeten ['anbe:tən] *vt* worship.

Anbetracht ['anbətraxt] *m*: **in ~** (*+gen*) in view of.

Anbetung *f* worship.

anbiedern ['anbi:dərn] *vr* make up (*bei* to).

anbieten ['anbi:tən] *irreg vt* offer; *vr* volunteer.

anbinden ['anbɪndən] *irreg vt* tie up; *vi*: **mit jdm ~** start something with sb; **kurz angebunden** (*fig*) curt.

Anblick ['anblɪk] *m* sight; **a~en** *vt* look at.

anbrechen ['anbrɛçən] *irreg vt* start; *Vorräte* break into; *vi* start; (*Tag*) break; (*Nacht*) fall.

anbrennen ['anbrɛnən] *vi irreg* catch fire; (*Cook*) burn.
anbringen ['anbrɪŋən] *vt irreg* bring; *Ware* sell; (*festmachen*) fasten.
Anbruch ['anbrʊx] *m* beginning; ~ **des Tages/der Nacht** dawn/nightfall.
anbrüllen ['anbrʏlən] *vt* roar at.
Andacht ['andaxt] *f* **-, -en** devotion; (*Gottesdienst*) prayers *pl*.
andächtig ['andɛçtɪç] *a* devout.
andauern ['andaʊərn] *vi* last, go on; ~**d** *a* continual.
Andenken ['andɛŋkən] *nt* **-s, -** memory; souvenir.
andere(r,s) ['andərə(r,z)] *a* other; (*verschieden*) different; **am ~n Tage** the next day; **ein ~s Mal** another time; **kein ~r** nobody else; **von etw ~m sprechen** talk about sth else; **~nteils, ~rseits** *ad* on the other hand.
ändern ['ɛndərn] *vt* alter, change; *vr* change.
ander- *cpd*: **~nfalls** *ad* otherwise; **~s** *ad* differently (*als* from); **wer ~s?** who else?; **jd/irgendwo ~s** sb/somewhere else; **~s aussehen/klingen** look/sound different; **~sartig** *a* different; **~seits** *ad* on the other hand; **~sfarbig** *a* of a different colour; **~sgläubig** *a* of a different faith; **~sherum** *ad* the other way round; **~swo** *ad* elsewhere; **~swoher** *ad* from elsewhere; **~swohin** *ad* elsewhere.
anderthalb ['andərt'halp] *a* one and a half.
Änderung ['ɛndərʊŋ] *f* alteration, change.
anderweitig ['andər'vaɪtɪç] *a* other; *ad* otherwise; (*anderswo*) elsewhere.
andeuten ['andɔʏtən] *vt* indicate; (*Wink geben*) hint at.
Andeutung *f* indication; hint.
Andrang ['andraŋ] *m* crush.
andrehen ['andre:ən] *vt* turn *or* switch on; (*col*) **jdm etw ~** unload sth onto sb.
androhen ['andro:ən] *vt*: **jdm etw ~** threaten sb with sth.
aneignen ['an'aɪgnən] *vt*: **sich** (*dat*) **etw ~** acquire sth; (*widerrechtlich*) appropriate sth.
aneinander [an'aɪ'nandər] *ad* at/on/to *etc* one another *or* each other; **~fügen** *vt* put together; **~geraten** *vi irreg* clash; **~legen** *vt* put together.
anekeln ['an'e:kəln] *vt* disgust.
Anemone [ane'mo:nə] *f* **-, -n** anemone.
anerkannt ['an'ɛrkant] *a* recognized, acknowledged.
anerkennen ['an'ɛrkɛnən] *vt irreg* recognize, acknowledge; (*würdigen*) appreciate; **~d** *a* appreciative; **~swert** *a* praiseworthy.
Anerkennung *f* recognition, acknowledgement; appreciation.
anfachen ['anfaxən] *vt* (*lit*) fan into flame; (*fig*) kindle.
anfahren ['anfa:rən] *irreg vt* deliver; (*fahren gegen*) hit; *Hafen* put into; (*fig*) bawl out; *vi* drive up; (*losfahren*) drive off.
Anfall ['anfal] *m* (*Med*) attack; **a~en** *irreg vt* attack; (*fig*) overcome; *vi* (*Arbeit*) come up; (*Produkt*) be obtained.
anfällig ['anfɛlɪç] *a* delicate; **~ für etw** prone to sth.
Anfang ['anfaŋ] *m* **-(e)s, -fänge** beginning, start; **von ~ an** right from the beginning; **zu ~** at the beginning; **~ Mai** at the beginning of May; **a~en** *vti irreg* begin, start; (*machen*) do.
Anfänger(in *f*) ['anfɛŋər(ɪn)] *m* **-s, -** beginner.
anfänglich ['anfɛŋlɪç] *a* initial.
anfangs *ad* at first; **A~buchstabe** *m* initial *or* first letter; **A~stadium** *nt* initial stages *pl*.
anfassen ['anfasən] *vt* handle; (*berühren*) touch; *vi* lend a hand; *vr* feel.
anfechten ['anfɛçtən] *vt irreg* dispute; (*beunruhigen*) trouble.
anfertigen ['anfɛrtɪgən] *vt* make.
anfeuern ['anfɔʏərn] *vt* (*fig*) spur on.
anflehen ['anfle:ən] *vt* implore.
anfliegen ['anfli:gən] *irreg vt* fly to; *vi* fly up.
Anflug ['anflu:k] *m* (*Aviat*) approach; (*Spur*) trace.
anfordern ['anfɔrdərn] *vt* demand.
Anforderung *f* demand (*gen* for).
Anfrage ['anfra:gə] *f* inquiry; **a~n** *vi* inquire.
anfreunden ['anfrɔʏndən] *vr* make friends.
anfügen ['anfy:gən] *vt* add; (*beifügen*) enclose.
anfühlen ['anfy:lən] *vtr* feel.
anführen ['anfy:rən] *vt* lead; (*zitieren*) quote; (*col: betrügen*) lead up the garden path.
Anführer *m* leader.
Anführung *f* leadership; (*Zitat*) quotation; **~sstriche, ~szeichen** *pl* quotation marks *pl*, inverted commas *pl*.
Angabe ['anga:bə] *f* statement; (*Tech*) specification; (*col: Prahlerei*) boasting; (*Sport*) service; **~n** *pl* (*Auskunft*) particulars *pl*.
angeben ['ange:bən] *irreg vt* give; (*anzeigen*) inform on; (*bestimmen*) set; *vi* (*col*) boast; (*Sport*) serve.
Angeber *m* **-s, -** (*col*) show-off; **~ei** [-'raɪ] *f* (*col*) showing off.
angeblich ['ange:plɪç] *a* alleged.
angeboren ['angəbo:rən] *a* inborn, innate (*jdm* in sb).
Angebot ['angəbo:t] *nt* offer; (*Comm*) supply (*an +dat* of).
angebracht ['angəbraxt] *a* appropriate, in order.
angegriffen ['angəgrɪfən] *a* exhausted.
angeheitert ['angəhaɪtərt] *a* tipsy.
angehen ['ange:ən] *irreg vt* concern; (*angreifen*) attack; (*bitten*) approach (*um* for); *vi* (*Feuer*) light; (*col: beginnen*) begin; **~d** *a* prospective; **er ist ein ~der Vierziger** he is approaching forty.
angehören ['angəhø:rən] *vi* belong (*dat* to).
Angehörige(r) *mf* relative.
Angeklagte(r) ['angəkla:ktə(r)] *mf* accused.

Angel ['aŋəl] *f* **-, -n** fishing rod; (*Tür—*) hinge.

Angelegenheit ['angəle:gənhaɪt] *f* affair, matter.

Angel- *cpd*: **~haken** *m* fish hook; **a~n** *vt* catch; *vi* fish; **~n** *nt* **-s** angling, fishing; **~rute** *f* fishing rod.

angemessen ['angəmɛsən] *a* appropriate, suitable.

angenehm ['angəne:m] *a* pleasant; **~!** (*bei Vorstellung*) pleased to meet you; **jdm ~ sein** be welcome.

angenommen ['angənɔmən] *a* assumed; **~, wir ...** assuming we....

angesehen ['angəze:ən] *a* respected.

angesichts ['angəzɪçts] *prep +gen* in view of, considering.

angespannt ['angəʃpant] *a Aufmerksamkeit* close; *Arbeit* hard.

Angestellte(r) ['angəʃtɛltə(r)] *mf* employee.

angetan ['angəta:n] *a*: **von jdm/etw ~ sein** be impressed by sb/sth; **es jdm ~ haben** appeal to sb.

angewiesen ['angəvi:zən] *a*: **auf jdn/etw ~ sein** be dependent on sb/sth.

angewöhnen ['angəvø:nən] *vt*: **jdm/sich etw ~** get sb/become accustomed to sth.

Angewohnheit ['angəvo:nhaɪt] *f* habit.

angleichen ['anglaɪçən] *vtr irreg* adjust (*dat* to).

Angler ['aŋlər] *m* **-s, -** angler.

angreifen ['angraɪfən] *vt irreg* attack; (*anfassen*) touch; *Arbeit* tackle; (*beschädigen*) damage.

Angreifer *m* **-s, -** attacker.

Angriff ['angrɪf] *m* attack; **etw in ~ nehmen** make a start on sth.

Angst [aŋst] *f* **-, ⸚e** fear; **~ haben** be afraid *or* scared (*vor +dat* of); **~ haben um jdn/etw** be worried about sb/sth; **nur keine ~!** don't be scared; **a~** *a*: **jdm ist a~** sb is afraid *or* scared; **jdm a~ machen** scare sb; **~hase** *m* (*col*) chicken, scaredy-cat.

ängst- [ɛŋst] *cpd*: **~igen** *vt* frighten; *vr* worry (o.s.) (*vor +dat, um* about); **~lich** *a* nervous; (*besorgt*) worried; **Ä~lichkeit** *f* nervousness.

anhaben ['anha:bən] *vt irreg* have on; **er kann mir nichts ~** he can't hurt me.

anhalt- ['anhalt] *cpd*: **~en** *irreg vt* stop; (*gegen etw halten*) hold up (*jdm* against sb); **jdn zur Arbeit/Höflichkeit ~en** make sb work/be polite; *vi* stop; (*andauern*) persist; **~end** *a* persistent; **A~er** *m* **-s, -** hitch-hiker; **per A~er fahren** hitch-hike; **A~spunkt** *m* clue.

anhand [an'hant] *prep +gen* with.

Anhang ['anhaŋ] *m* appendix; (*Leute*) family; supporters *pl*.

anhäng- ['anhɛŋ] *cpd*: **~en** *vt irreg* hang up; *Wagen* couple up; *Zusatz* add (on); **sich an jdn ~en** attach o.s. to sb; **A~er** *m* **-s, -** supporter; (*Aut*) trailer; (*am Koffer*) tag; (*Schmuck*) pendant; **A~erschaft** *f* supporters *pl*; **A~eschloß** *nt* padlock; **~ig** *a* (*Jur*) sub judice; **~ig machen** *Prozeß* bring; **~lich** *a* devoted; **A~lichkeit** *f* devotion; **A~sel** *nt* **-s, -** appendage.

Anhäufung ['anhɔʏfʊŋ] *f* accumulation.

anheben ['anhe:bən] *vt irreg* lift up; *Preise* raise.

anheimelnd ['anhaɪməlnt] *a* comfortable, cosy.

anheimstellen [an'haɪmʃtɛlən] *vt*: **jdm etw ~** leave sth up to sb.

Anhieb ['anhi:b] *m*: **auf ~** at the very first go; (*kurz entschlossen*) on the spur of the moment.

Anhöhe ['anhø:ə] *f* hill.

anhören ['anhø:rən] *vt* listen to; (*anmerken*) hear; *vr* sound.

animieren [ani'mi:rən] *vt* encourage, urge on.

Anis [a'ni:s] *m* **-es, -e** aniseed.

ankaufen ['ankaʊfən] *vt* purchase, buy.

Anker ['aŋkər] *m* **-s, -** anchor; **vor ~ gehen** drop anchor; **a~n** *vti* anchor; **~platz** *m* anchorage.

Anklage ['ankla:gə] *f* accusation; (*Jur*) charge; **~bank** *f* dock; **a~n** *vt* accuse; (*Jur*) charge (*gen* with).

Ankläger ['anklɛ:gər] *m* accuser.

Anklang ['anklaŋ] *m*: **bei jdm ~ finden** meet with sb's approval.

Ankleide- ['anklaɪdə] *cpd*: **~kabine** *f* changing cubicle; **a~n** *vtr* dress.

anklopfen ['anklɔpfən] *vi* knock.

anknüpfen ['anknʏpfən] *vt* fasten *or* tie on; (*fig*) start; *vi* (*anschließen*) refer (*an +acc* to).

ankommen ['ankɔmən] *vi irreg* arrive; (*näherkommen*) approach; (*Anklang finden*) go down (*bei* with); **es kommt darauf an** it depends; (*wichtig sein*) that (is what) matters; **es kommt auf ihn an** it depends on him; **es darauf ~ lassen** let things take their course; **gegen jdn/etw ~** cope with sb/sth.

ankündigen ['ankʏndɪgən] *vt* announce.

Ankündigung *f* announcement.

Ankunft ['ankʊnft] *f* **-, -künfte** arrival; **~szeit** *f* time of arrival.

ankurbeln ['ankʊrbəln] *vt* (*Aut*) crank; (*fig*) boost.

Anlage ['anla:gə] *f* disposition; (*Begabung*) talent; (*Park*) gardens *pl*; (*Beilage*) enclosure; (*Tech*) plant; (*Fin*) investment; (*Entwurf*) layout.

anlangen ['anlaŋən] *vi* arrive.

Anlaß ['anlas] *m* **-sses, -lässe** cause (*zu* for); (*Ereignis*) occasion; **aus ~** (*+gen*) on the occasion of; **~ zu etw geben** give rise to sth; **etw zum ~ nehmen** take the opportunity of sth.

anlassen *irreg vt* leave on; *Motor* start; *vr* (*col*) start off.

Anlasser *m* **-s, -** (*Aut*) starter.

anläßlich ['anlɛslɪç] *prep +gen* on the occasion of.

Anlauf ['anlaʊf] *m* run-up; **a~en** *irreg vi* begin; (*Film*) show; (*Sport*) run up; (*Fenster*) mist up; (*Metall*) tarnish; **rot a~en** colour; **gegen etw a~en** run into *or* up against sth; **angelaufen kommen** come running up; *vt* call at.

anläuten ['anlɔʏtən] *vi* ring.

anlegen ['anle:gən] *vt* put (*an +acc*

against/on); (*anziehen*) put on; (*gestalten*) lay out; *Geld* invest; *Gewehr* aim (*auf +acc* at); **es auf etw** (*acc*) ~ be out for sth/to do sth; **sich mit jdm** ~ (*col*) quarrel with sb; *vi* dock.

Anlegestelle *f*, **Anlegeplatz** *m* landing place.

anlehnen ['anle:nən] *vt* lean (*an +acc* against); *Tür* leave ajar; *vr* lean (*an +acc* on).

anleiten ['anlaɪtən] *vt* instruct.

Anleitung *f* instructions *pl*.

anlernen ['anlɛrnən] *vt* teach, instruct.

anliegen ['anli:gən] *vi irreg* (*Kleidung*) cling; **A**~ *nt* **-s, -** matter; (*Wunsch*) wish; ~**d** *a* adjacent; (*beigefügt*) enclosed.

Anlieger *m* **-s, -** resident.

anlügen ['anly:gən] *vt irreg* lie to.

anmachen ['anmaxən] *vt* attach; *Elektrisches* put on; *Salat* dress.

anmaßen ['anma:sən] *vt*: **sich** (*dat*) **etw** ~ lay claim to sth; ~**d** *a* arrogant.

Anmaßung *f* presumption.

Anmeld- ['anmɛld] *cpd*: ~**eformular** *nt* registration form; **a**~**en** *vt* announce; *vr* (*sich ankündigen*) make an appointment; (*polizeilich, für Kurs etc*) register; ~**ung** *f* announcement; appointment; registration.

anmerken ['anmɛrkən] *vt* observe; (*anstreichen*) mark; **jdm etw** ~ notice sb's sth; **sich** (*dat*) **nichts** ~ **lassen** not give anything away.

Anmerkung *f* note.

Anmut ['anmu:t] *f* **-** grace; **a**~**en** *vt* give a feeling; **a**~**ig** *a* charming.

annähen ['annɛ:ən] *vt* sew on.

annähern ['annɛ:ərn] *vr* get closer; ~**d** *a* approximate.

Annäherung *f* approach; ~**sversuch** *m* advances *pl*.

Annahme ['anna:mə] *f* **-, -n** acceptance; (*Vermutung*) assumption.

annehm- ['anne:m] *cpd*: ~**bar** *a* acceptable; ~**en** *irreg vt* accept; *Namen* take; *Kind* adopt; (*vermuten*) suppose, assume; **angenommen, das ist so** assuming that is so; *vr* take care (*gen* of); **A**~**lichkeit** *f* comfort.

annektieren [anɛk'ti:rən] *vt* annex.

Annonce [a'nõ:sə] *f* **-, -n** advertisement.

annoncieren [anõ'si:rən] *vti* advertise.

annullieren [anʊ'li:rən] *vt* annul.

Anode [a'no:də] *f* **-, -n** anode.

anöden ['an'ø:dən] *vt* (*col*) bore stiff.

anonym [ano'ny:m] *a* anonymous.

Anorak ['anorak] *m* **-s, -s** anorak.

anordnen ['an'ɔrdnən] *vt* arrange; (*befehlen*) order.

Anordnung *f* arrangement; order.

anorganisch ['an'ɔrga:nɪʃ] *a* inorganic.

anpacken ['anpakən] *vt* grasp; (*fig*) tackle; **mit** ~ lend a hand.

anpassen ['anpasən] *vt* fit (*jdm* on sb); (*fig*) adapt (*dat* to); *vr* adapt.

Anpassung *f* fitting; adaptation; **a**~**sfähig** *a* adaptable.

Anpfiff ['anpfɪf] *m* (*Sport*) (starting) whistle; kick-off; (*col*) rocket.

anpöbeln ['anpø:bəln] *vt* abuse.

Anprall ['anpral] *m* collision (*gegen, an +acc* with).

anprangern ['anpraŋərn] *vt* denounce.

anpreisen ['anpraɪzən] *vt irreg* extol.

Anprobe ['anpro:bə] *f* trying on.

anprobieren ['anprobi:rən] *vt* try on.

anrechnen ['anrɛçnən] *vt* charge; (*fig*) count; **jdm etw hoch** ~ value sb's sth greatly.

Anrecht ['anrɛçt] *nt* right (*auf +acc* to).

Anrede ['anre:də] *f* form of address; **a**~**n** *vt* address; (*belästigen*) accost.

anregen ['anre:gən] *vt* stimulate; **angeregte Unterhaltung** lively discussion; ~**d** *a* stimulating.

Anregung *f* stimulation; (*Vorschlag*) suggestion.

anreichern ['anraɪçərn] *vt* enrich.

Anreise ['anraɪzə] *f* journey; **a**~**n** *vi* arrive.

Anreiz ['anraɪts] *m* incentive.

Anrichte ['anrɪçtə] *f* **-, -n** sideboard; **a**~**n** *vt* serve up; **Unheil a**~**n** make mischief.

anrüchig ['anrʏçɪç] *a* dubious.

anrücken ['anrʏkən] *vi* approach; (*Mil*) advance.

Anruf ['anru:f] *m* call; **a**~**en** *vt irreg* call out to; (*bitten*) call on; (*Tel*) ring up, phone, call.

anrühren ['anry:rən] *vt* touch; (*mischen*) mix.

ans [ans] = **an das**.

Ansage ['anza:gə] *f* **-, -n** announcement; **a**~**n** *vt* announce; *vr* say one will come; ~**r(in** *f***)** *m* **-s, -** announcer.

ansammeln ['anzaməln] *vtr* collect.

Ansammlung *f* collection; (*Leute*) crowd.

ansässig ['anzɛsɪç] *a* resident.

Ansatz ['anzats] *m* start; (*Haar*—) hairline; (*Hals*—) base; (*Verlängerungsstück*) extension; (*Veranschlagung*) estimate; **die ersten Ansätze zu etw** the beginnings of sth; ~**punkt** *m* starting point.

anschaffen ['anʃafən] *vt* buy, purchase.

Anschaffung *f* purchase.

anschalten ['anʃaltən] *vt* switch on.

anschau- ['anʃau] *cpd*: ~**en** *vt* look at; ~**lich** *a* illustrative; **A**~**ung** *f* (*Meinung*) view; **aus eigener A**~**ung** from one's own experience; **A**~**ungsmaterial** *nt* illustrative material.

Anschein ['anʃaɪn] *m* appearance; **allem** ~ **nach** to all appearances; **den** ~ **haben** seem, appear; **a**~**end** *a* apparent.

Anschlag ['anʃla:k] *m* notice; (*Attentat*) attack; (*Comm*) estimate; (*auf Klavier*) touch; (*Schreibmaschine*) character; **a**~**en** ['anʃla:gən] *irreg vt* put up; (*beschädigen*) chip; *Akkord* strike; *Kosten* estimate; *vi* hit (*an +acc* against); (*wirken*) have an effect; (*Glocke*) ring; (*Hund*) bark; ~**zettel** *m* notice.

anschließen ['anʃli:sən] *irreg vt* connect up; *Sender* link up; *vir*: **(sich) an etw** (*acc*) ~ adjoin sth; (*zeitlich*) follow sth; *vr* join (*jdm/etw* sb/sth); (*beipflichten*) agree (*jdm/etw* with sb/sth); ~**d** *a* adjacent; (*zeitlich*) subsequent; *ad* **afterwards**; ~**d an** (*+acc*) following.

Anschluß ['anʃlʊs] *m* (*Elec, Rail*) connection; (*von Wasser etc*) supply; **im ~ an** (+*acc*) following; **~ finden** make friends.
anschmiegsam ['anʃmi:kza:m] *a* affectionate.
anschmieren ['anʃmi:rən] *vt* smear; (*col*) take in.
anschnallen ['anʃnalən] *vt* buckle on; *vr* fasten one's seat belt.
anschneiden ['anʃnaɪdən] *vt irreg* cut into; *Thema* broach.
Anschnitt ['anʃnɪt] *m* first slice.
anschreiben ['anʃraɪbən] *vt irreg* write (up); (*Comm*) charge up; (*benachrichtigen*) write to; **bei jdm gut/schlecht angeschrieben sein** be well/badly thought of by sb, be in sb's good/bad books.
anschreien ['anʃraɪən] *vt irreg* shout at.
Anschrift ['anʃrɪft] *f* address.
Anschuldigung ['anʃʊldɪgʊŋ] *f* accusation.
anschwellen ['anʃvɛlən] *vi irreg* swell (up).
anschwemmen ['anʃvɛmən] *vt* wash ashore.
anschwindeln ['anʃvɪndəln] *vt* lie to.
ansehen ['anze:ən] *vt irreg* look at; **jdm etw ~** see sth (from sb's face); **jdn/etw als etw ~** look on sb/sth as sth; **~ für** consider; **A~** *nt* **-s** respect; (*Ruf*) reputation.
ansehnlich ['anze:nlɪç] *a* fine-looking; (*beträchtlich*) considerable.
ansein ['anzaɪn] *vi irreg* (*col*) be on.
ansetzen ['anzɛtsən] *vt* (*anfügen*) fix on (*an +acc* to); (*anlegen, an Mund etc*) put (*an +acc* to); (*festlegen*) fix; (*entwickeln*) develop; *Fett* put on; *Blätter* grow; (*zubereiten*) prepare; **jdn/etw auf jdn/etw ~** set sb/sth on sb/sth; *vi* (*anfangen*) start, begin; (*Entwicklung*) set in; (*dick werden*) put on weight; **zu etw ~** prepare to do sth; *vr* (*Rost etc*) start to develop.
Ansicht ['anzɪçt] *f* (*Anblick*) sight; (*Meinung*) view, opinion; **zur ~** on approval; **meiner ~ nach** in my opinion; **~skarte** *f* picture postcard; **~ssache** *f* matter of opinion.
anspannen ['anʃpanən] *vt* harness; *Muskel* strain.
Anspannung *f* strain.
Anspiel ['anʃpi:l] *nt* (*Sport*) start; **a~en** *vi* (*Sport*) start play; **auf etw** (*acc*) **a~en** refer *or* allude to sth; **~ung** *f* reference, allusion (*auf +acc* to).
Ansporn ['anʃpɔrn] *m* **-(e)s** incentive.
Ansprache ['anʃpra:xə] *f* address.
ansprechen ['anʃprɛçən] *irreg vt* speak to; (*bitten, gefallen*) appeal to; **jdn auf etw** (*acc*) (**hin**) **~** ask sb about sth; **etw als etw ~** regard sth as sth; *vi* react (*auf +acc* to); **~d** *a* attractive.
anspringen ['anʃprɪŋən] *vi irreg* (*Aut*) start.
Anspruch ['anʃprʊx] *m* (*Recht*) claim (*auf +acc* to); **hohe Ansprüche stellen/haben** demand/ expect a lot; **jdn/etw in ~ nehmen** occupy sb/take up sth; **a~slos** *a* undemanding; **a~svoll** *a* demanding.
anspucken ['anʃpʊkən] *vt* spit at.
anstacheln ['anʃtaxəln] *vt* spur on.
Anstalt ['anʃtalt] *f* **-, -en** institution; **~en machen, etw zu tun** prepare to do sth.
Anstand ['anʃtant] *m* decency.
anständig ['anʃtɛndɪç] *a* decent; (*col*) proper; (*groß*) considerable; **A~keit** *f* propriety, decency.
anstandslos *ad* without any ado.
anstarren ['anʃtarən] *vt* stare at.
anstatt [an'ʃtat] *prep +gen* instead of; *cj*: **~ etw zu tun** instead of doing sth.
anstechen ['anʃtɛçən] *vt irreg* prick; *Faß* tap.
Ansteck- ['anʃtɛk] *cpd*: **a~en** *vt* pin on; (*Med*) infect; *Pfeife* light; *Haus* set fire to; *vr*: **ich habe mich bei ihm angesteckt** I caught it from him; *vi* (*fig*) be infectious; **a~end** *a* infectious; **~ung** *f* infection.
anstehen ['anʃte:ən] *vi irreg* queue (up), line up (*US*).
anstelle [an'ʃtɛlə] *prep +gen* in place of; **~n** ['an-] *vt* (*einschalten*) turn on; (*Arbeit geben*) employ; (*machen*) do; *vr* queue (up), line up (*US*); (*col*) act.
Anstellung *f* employment; (*Posten*) post, position.
Anstieg ['anʃti:k] *m* **-(e)s, -e** climb; (*fig: von Preisen etc*) increase (*gen* in).
anstift- ['anʃtɪft] *cpd*: **~en** *vt Unglück* cause; **jdn zu etw ~en** put sb up to sth; **A~er** *m* **-s,** instigator.
anstimmen ['anʃtɪmən] *vt Lied* strike up with; *Geschrei* set up; *vi* strike up.
Anstoß ['anʃto:s] *m* impetus; (*Ärgernis*) offence; (*Sport*) kick-off; **der erste ~** the initiative; **~ nehmen an** (+*dat*) take offence at; **a~en** *irreg vt* push; (*mit Fuß*) kick; *vi* knock, bump; (*mit der Zunge*) lisp; (*mit Gläsern*) drink (a toast) (*auf +acc* to); **an etw** (*acc*) **a~en** (*angrenzen*) adjoin sth.
anstößig ['anʃtø:sɪç] *a* offensive, indecent; **A~keit** *f* indecency, offensiveness.
anstreben ['anʃtre:bən] *vt* strive for.
anstreichen ['anʃtraɪçən] *vt irreg* paint.
Anstreicher *m* **-s, -** painter.
anstrengen ['anʃtrɛŋən] *vt* strain; (*Jur*) bring; *vr* make an effort; **angestrengt** *ad* as hard as one can; **~d** *a* tiring.
Anstrengung *f* effort.
Anstrich ['anʃtrɪç] *m* coat of paint.
Ansturm ['anʃtʊrm] *m* rush; (*Mil*) attack.
ansuchen ['anzu:xən] *vi*: **um etw ~** apply for sth; **A~** *nt* **-s,-** request.
Antagonismus [antago'nɪsmʊs] *m* antagonism.
antasten ['antastən] *vt* touch; *Recht* infringe upon; *Ehre* question.
Anteil ['antaɪl] *m* **-s, -e** share (*an +dat* in); (*Mitgefühl*) sympathy; **~ nehmen an** (+*dat*) share in; (*sich interessieren*) take an interest in; **~nahme** *f* **-** sympathy.
Antenne [an'tɛnə] *f* **-, -n** aerial; (*Zool*) antenna.
Anthrazit [antra'tsi:t] *m* **-s, -e** anthracite.
Anti- ['anti] *in cpds* anti; **~alko'holiker** *m*

teetotaller; **a~autori'tär** *a* anti-authoritarian; **~biotikum** [antibi'o:tikum] *nt* **-s, -ka** antibiotic.
antik [an'ti:k] *a* antique; **A~e** *f* **-, -n** (*Zeitalter*) ancient world; (*Kunstgegenstand*) antique.
Antikörper *m* antibody.
Antilope [anti'lo:pə] *f* **-, -n** antelope.
Antipathie [antipa'ti:] *f* antipathy.
Antiquariat [antikvari'a:t] *nt* **-(e)s, -e** secondhand bookshop.
Antiquitäten [antikvi'tɛ:tən] *pl* antiques *pl*; **~handel** *m* antique business; **~händler** *m* antique dealer.
Antrag ['antra:k] *m* **-(e)s, -träge** proposal; (*Parl*) motion; (*Gesuch*) application.
antreffen ['antrɛfən] *vt irreg* meet.
antreiben ['antraıbən] *irreg vt* drive on; *Motor* drive; (*anschwemmen*) wash up; *vi* be washed up.
antreten ['antre:tən] *irreg vt Amt* take up; *Erbschaft* come into; *Beweis* offer; *Reise* start, begin; *vi* (*Mil*) fall in; (*Sport*) line up; **gegen jdn ~** play/fight against sb.
Antrieb ['antri:p] *m* (*lit,fig*) drive; **aus eigenem ~** of one's own accord.
antrinken ['antrıŋkən] *vt irreg Flasche, Glas* start to drink from; **sich** (*dat*) **Mut/einen Rausch ~** give oneself Dutch courage/get drunk; **angetrunken sein** be tipsy.
Antritt ['antrıt] *m* beginning, commencement; (*eines Amts*) taking up.
antun ['antu:n] *vt irreg*: **jdm etw ~** do sth to sb; **sich** (*dat*) **Zwang ~** force o.s.
Antwort ['antvɔrt] *f* **-, -en** answer, reply; **um ~ wird gebeten** RSVP; **a~en** *vi* answer, reply.
anvertrauen ['anfertrauən] *vt*: **jdm etw ~** entrust sb with sth; **sich jdm ~** confide in sb.
anwachsen ['anvaksən] *vi irreg* grow; (*Pflanze*) take root.
Anwalt ['anvalt] *m* **-(e)s, -wälte, Anwältin** ['anvɛltın] *f* solicitor; lawyer; (*fig*) champion.
Anwandlung ['anvandluŋ] *f* caprice; **eine ~ von etw** a fit of sth.
Anwärter ['anvɛrtər] *m* candidate.
anweisen ['anvaızən] *vt irreg* instruct; (*zuteilen*) assign (*jdm etw* sth to sb).
Anweisung *f* instruction; (*Comm*) remittance; (*Post—, Zahlungs—*) money order.
anwend- ['anvɛnd] *cpd*: **~bar** ['anvɛnt-] *a* practicable, applicable; **~en** *vt irreg* use, employ; *Gesetz, Regel* apply; **A~ung** *f* use; application.
Anwesen- ['anve:zən] *cpd*: **a~d** *a* present; **die ~den** those present; **~heit** *f* presence; **~heitsliste** *f* attendance register.
anwidern ['anvi:dərn] *vt* disgust.
Anwuchs ['anvu:ks] *m* growth.
Anzahl ['antsa:l] *f* number (*an +dat* of); **a~en** *vt* pay on account; **~ung** *f* deposit, payment on account.
anzapfen ['antsapfən] *vt* tap; *Person* (*um Geld*) touch.
Anzeichen ['antsaıçən] *nt* sign, indication.
Anzeige ['antsaıgə] *f* **-, -n** (*Zeitungs—*) announcement; (*Werbung*) advertisement; (*bei Polizei*) report; **~ erstatten gegen jdn** report sb (to the police); **a~n** *vt* (*zu erkennen geben*) show; (*bekanntgeben*) announce; (*bei Polizei*) report; **~nteil** *m* advertisements *pl*; **~r** *m* indicator.
anzetteln ['antsɛtəln] *vt* (*col*) instigate.
anziehen ['antsi:ən] *irreg vt* attract; *Kleidung* put on; *Mensch* dress; *Schraube, Seil* pull tight; *Knie* draw up; *Feuchtigkeit* absorb; *vr* get dressed; **~d** *a* attractive.
Anziehung *f* (*Reiz*) attraction; **~skraft** *f* power of attraction; (*Phys*) force of gravitation.
Anzug ['antsu:k] *m* suit; **im ~ sein** be approaching.
anzüglich ['antsy:klıç] *a* personal; (*anstößig*) offensive; **A~keit** *f* offensiveness; (*Bemerkung*) personal remark.
anzünden ['antsʏndən] *vt* light.
Anzünder *m* lighter.
anzweifeln ['antsvaıfəln] *vt* doubt.
apart [a'part] *a* distinctive.
Apathie [apa'ti:] *f* apathy.
apathisch [a'pa:tıʃ] *a* apathetic.
Apfel ['apfəl] *m* **-s, ⸚** apple; **~saft** *m* apple juice; **~sine** [apfəl'zi:nə] *f* **-, -n** orange; **~wein** *m* cider.
Apostel [a'pɔstəl] *m* **-s, -** apostle.
Apostroph [apo'stro:f] *m* **-s, -e** apostrophe.
Apotheke [apo'te:kə] *f* **-, -n** chemist's (shop), drugstore (*US*); **~r(in** *f*) *m* **-s,-** chemist, druggist (*US*).
Apparat [apa'ra:t] *m* **-(e)s, -e** piece of apparatus; camera; telephone; (*Rad, TV*) set; **am ~ bleiben** hold the line; **~ur** [-'tu:r] *f* apparatus.
Appartement [apart[ə]'mã:] *nt* **-s, -s** flat.
Appell [a'pɛl] *m* **-s, -e** (*Mil*) muster, parade; (*fig*) appeal; **a~ieren** [apɛ'li:rən] *vi* appeal (*an +acc* to).
Appetit [ape'ti:t] *m* **-(e)s, -e** appetite; **guten ~** enjoy your meal; **a~lich** *a* appetizing; **~losigkeit** *f* lack of appetite.
Applaus [ap'laus] *m* **-es, -e** applause.
Appretur [apre'tu:r] *f* finish.
Aprikose [apri'ko:zə] *f* **-, -n** apricot.
April [a'prıl] *m* **-(s), -e** April; **~wetter** *nt* April showers *pl*.
Aquaplaning [akva'pla:nıŋ] *nt* **-(s)** aquaplaning.
Aquarell [akva'rɛl] *nt* **-s, -e** watercolour.
Aquarium [a'kva:rium] *nt* aquarium.
Äquator [ɛ'kva:tɔr] *m* **-s** equator.
Arbeit ['arbaıt] *f* **-, -en** work (*no art*); (*Stelle*) job; (*Erzeugnis*) piece of work; (*wissenschaftliche*) dissertation; (*Klassen—*) test; **das war eine ~** that was a hard job; **a~en** *vi* work; *vt* work, make; **~er(in** *f*) *m* **-s, -** worker; (*ungelernt*) labourer; **~erschaft** *f* workers *pl*, labour force; **~geber** *m* **-s, -** employer; **~nehmer** *m* **-s, -** employee; **a~sam** *a* industrious.
Arbeits- *in cpds* labour; **~amt** *nt* employment exchange; **a~fähig** *a* fit for work,

able-bodied; **~gang** *m* operation; **~gemeinschaft** *f* study group; **~kräfte** *pl* workers *pl*, *labour*; **a~los** *a* unemployed, out-of-work; **~losigkeit** *f* unemployment; **~platz** *m* job; place of work; **a~scheu** *a* work-shy; **~tag** *m* work(ing) day; **~teilung** *f* division of labour; **a~unfähig** *a* unfit for work; **~zeit** *f* working hours *pl*.

Archäologe [arçɛo'lo:gə] *m* **-n, -n** archaeologist.

Architekt(in *f***)** [arçi'tɛkt(ɪn)] *m* **-en, -en** architect; **~ur** [-'tu:r] *f* architecture.

Archiv [ar'çi:f] *nt* **-s, -e** archive.

arg [ark] *a* bad, awful; *ad* awfully, very.

Ärger ['ɛrgər] *m* **-s** (*Wut*) anger; (*Unannehmlichkeit*) trouble; **ä~lich** *a* (*zornig*) angry; (*lästig*) annoying, aggravating; **ä~n** *vt* annoy; *vr* get annoyed; **~nis** *nt* **-ses, -se** annoyance; **öffentliches ~nis erregen** be a public nuisance.

arg- *cpd*: **~listig** *a* cunning, insidious; **~los** *a* guileless, innocent; **A~losigkeit** *f* guilelessness, innocence; **A~ument** [argu'mɛnt] *nt* argument; **A~wohn** *m* suspicion; **~wöhnisch** *a* suspicious.

Arie ['a:riə] *f* **-, -n** aria.

Aristokrat [arɪsto'kra:t] *m* **-en,-en** aristocrat; **~ie** [-'ti:] *f* aristocracy; **a~isch** *a* aristocratic.

arithmetisch [arɪt'me:tɪʃ] *a* arithmetical.

arm [arm] *a* poor; **A~** *m* **-(e)s, -e** arm; (*Fluß—*) branch; **A~a'tur** *f* (*Elec*) armature; **A~a'turenbrett** *nt* instrument panel; (*Aut*) dashboard; **A~band** *nt* bracelet; **A~banduhr** *f* (wrist) watch; **A~e(r)** *mf* poor man/woman; **die A~en** the poor; **A~ee** [ar'me:] *f* **-, -n** army; **A~eekorps** *nt* army corps.

Ärmel ['ɛrməl] *m* **-s, -** sleeve; **etw aus dem ~ schütteln** (*fig*) produce sth just like that.

ärmlich ['ɛrmlɪç] *a* poor.

armselig *a* wretched, miserable.

Armut ['armu:t] *f* **-** poverty.

Aroma [a'ro:ma] *nt* **-s, Aromen** aroma; **a~tisch** [aro'ma:tɪʃ] *a* aromatic.

arrangieren [arã'ʒi:rən] *vt* arrange; *vr* come to an arrangement.

Arrest [a'rɛst] *m* **-(e)s, -e** detention.

arrogant [aro'gant] *a* arrogant.

Arroganz *f* arrogance.

Arsch [arʃ] *m* **-es, ¨-e** (*col*) arse, bum.

Art [a:rt] *f* **-, -en** (*Weise*) way; (*Sorte*) kind, sort; (*Biol*) species; **eine ~ (von) Frucht** a kind of fruit; **Häuser aller ~** houses of all kinds; **es ist nicht seine ~, das zu tun** it's not like him to do that; **ich mache das auf meine ~** I do that my (own) way; **nach ~ des Hauses** à la maison; **a~en** *vi*: **nach jdm a~en** take after sb; **der Mensch ist so geartet, daß . . .** human nature is such that . . .

Arterie [ar'te:riə] *f* artery; **~nverkalkung** *f* arteriosclerosis.

artig ['a:rtɪç] *a* good, well-behaved.

Artikel [ar'ti:kəl] *m* **-s, -** article.

Artillerie [artɪlə'ri:] *f* artillery.

Arznei [a:rts'naɪ] *f* medicine; **~mittel** *nt* medicine, medicament.

Arzt [a:rtst] *m* **-es, ¨-e, Ärztin** ['ɛ:rtstɪn] *f* doctor.

ärztlich ['ɛ:rtstlɪç] *a* medical.

As [as] *nt* **-ses, -se** ace.

Asbest [as'bɛst] *m* **-(e)s, -e** asbestos.

Asche ['aʃə] *f* **-, -n** ash, cinder; **~nbahn** *f* cinder track; **~nbecher** *m* ashtray; **~nbrödel** *nt* Cinderella; **~rmittwoch** *m* Ash Wednesday.

asozial ['azotsia:l] *a* antisocial; *Familien* asocial.

Aspekt [as'pɛkt] *m* **-(e)s, -e** aspect.

Asphalt [as'falt] *m* **-(e)s, -e** asphalt; **a~ieren** [-'ti:rən] *vt* asphalt; **~straße** *f* asphalt road.

Assistent(in *f***)** [asɪs'tɛnt(ɪn)] *m* assistant.

Assoziation [asotsiatsi'o:n] *f* association.

Ast [ast] *m* **-(e)s, ¨-e** bough, branch; **~er** *f* **-, -n** aster.

ästhetisch [ɛs'te:tɪʃ] *a* aesthetic.

Asthma ['astma] *nt* **-s** asthma; **~tiker(in** *f***)** [ast'ma:tikər(ɪn)] *m* **-s, -** asthmatic.

Astro- [astro] *cpd*: **~'loge** *m* **-n, -n** astrologer; **~lo'gie** *f* astrology; **~'naut** *m* **-en, -en** astronaut; **~'nautik** *f* astronautics; **~'nom** *m* **-en, -en** astronomer; **~no'mie** *f* astronomy.

Asyl [a'zy:l] *nt* **-s, -e** asylum; (*Heim*) home; (*Obdachlosen—*) shelter.

Atelier [atəli'e:] *nt* **-s, -s** studio.

Atem ['a:təm] *m* **-s** breath; **den ~ anhalten** hold one's breath; **außer ~** out of breath; **a~beraubend** *a* breath-taking; **a~los** *a* breathless; **~pause** *f* breather; **~zug** *m* breath.

Atheismus [ate'ɪsmus] *m* atheism.

Atheist *m* atheist; **a~isch** *a* atheistic.

Äther ['ɛ:tər] *m* **-s, -** ether.

Athlet [at'le:t] *m* **-en, -en** athlete; **~ik** *f* athletics.

Atlas ['atlas] *m* **-** *or* **-ses, -se** *or* **At'lanten** atlas.

atmen ['a:tmən] *vti* breathe.

Atmosphäre [atmo'sfɛ:rə] *f* **-, -n** atmosphere.

atmosphärisch *a* atmospheric.

Atmung ['a:tmuŋ] *f* respiration.

Atom [a'to:m] *nt* **-s, -e** atom; **a~ar** [ato'ma:r] *a* atomic; **~bombe** *f* atom bomb; **~energie** *f* atomic *or* nuclear energy; **~kern** *m* atomic nucleus; **~kernforschung** *f* nuclear research; **~kraftwerk** *nt* nuclear power station; **~krieg** *m* nuclear *or* atomic war; **~macht** *f* nuclear *or* atomic power; **~müll** *m* atomic waste; **~sperrvertrag** *m* (*Pol*) nuclear non-proliferation treaty; **~versuch** *m* atomic test; **~waffen** *pl* atomic weapons *pl*; **~zeitalter** *nt* atomic age.

Attentat [atɛn'ta:t] *nt* **-(e)s, -e** (attempted) assassination (*auf +acc* of).

Attentäter [atɛn'tɛ:tər] *m* (would-be) assassin.

Attest [a'tɛst] *nt* **-(e)s, -e** certificate.

attraktiv [atrak'ti:f] *a* attractive.

Attrappe [a'trapə] *f* **-, -n** dummy.

Attribut [atri'bu:t] *nt* **-(e)s, -e** (*Gram*) attribute.
ätzen ['ɛtsən] *vi* be caustic.
auch [aʊx] *cj* also, too, as well; (*selbst, sogar*) even; (*wirklich*) really; **oder ~** or; **~ das ist schön** that's nice too *or* as well; **das habe ich ~ nicht gemacht** I didn't do it either; **ich ~ nicht** nor I, me neither; **~ wenn das Wetter schlecht ist** even if the weather is bad; **wer/was ~** whoever/whatever; **so sieht es ~ aus** it looks like it too; **~ das noch!** not that as well!
auf [aʊf] *prep +acc or dat* (*räumlich*) on; (*hinauf*: *+acc*) up; (*in Richtung*: *+acc*) to; (*nach*) after; **~ der Reise** on the way; **~ der Post/dem Fest** at the post office/party; **~ das Land** into the country; **~ der Straße** on the road; **~ dem Land/der ganzen Welt** in the country/the whole world; **~ deutsch** in German; **~ Lebenszeit** for sb's lifetime; **bis ~ ihn** except for him; **~ einmal** at once; *ad*: **~ und ab** up and down; **~ und davon** up and away; **~!** (*los*) come on!; **~ sein** (*col*) (*Person*) be up; (*Tür*) be open; **von Kindheit ~** from childhood onwards; **~ daß** so that.
aufatmen ['aʊf'a:tmən] *vi* heave a sigh of relief.
aufbahren ['aʊfba:rən] *vt* lay out.
Aufbau ['aʊfbaʊ] *m* (*Bauen*) building, construction; (*Struktur*) structure; (*aufgebautes Teil*) superstructure; **a~en** *vt* erect, build (up); *Existenz* make; (*gestalten*) construct; (*gründen*) found, base (*auf +dat* on).
aufbäumen ['aʊfbɔymən] *vr* rear; (*fig*) revolt, rebel.
aufbauschen ['aʊfbaʊʃən] *vt* puff out; (*fig*) exaggerate.
aufbehalten ['aʊfbəhaltən] *vt irreg* keep on.
aufbekommen ['aʊfbəkɔmən] *vt irreg* (*öffnen*) get open; *Hausaufgaben* be given.
aufbessern ['aʊfbɛsərn] *vt Gehalt* increase.
aufbewahren ['aʊfbəva:rən] *vt* keep; *Gepäck* put in the left-luggage office.
Aufbewahrung *f* (safe)keeping; (*Gepäck—*) left-luggage office; **jdm etw zur ~ geben** give sb sth for safekeeping; **~sort** *m* storage place.
aufbieten ['aʊfbi:tən] *vt irreg Kraft* summon (up), exert; *Armee, Polizei* mobilize; *Brautpaar* publish the banns of.
aufblasen ['aʊfbla:zən] *irreg vt* blow up, inflate; *vr* (*col*) become big-headed.
aufbleiben ['aʊfblaɪbən] *vi irreg* (*Laden*) remain open; (*Person*) stay up.
aufblenden ['aʊfblɛndən] *vt Scheinwerfer* turn on full beam.
aufblicken ['aʊfblɪkən] *vi* (*lit, fig*) look up (*zu* (*lit*) at, (*fig*) to).
aufblühen ['aʊfbly:ən] *vi* blossom, flourish.
aufbrauchen ['aʊfbraʊxən] *vt* use up.
aufbrausen ['aʊfbraʊzən] *vi* (*fig*) flare up; **~d** *a* hot-tempered.
aufbrechen ['aʊfbrɛçən] *irreg vt* break *or* prize open; *vi* burst open; (*gehen*) start, set off.
aufbringen ['aʊfbrɪŋən] *vt irreg* (*öffnen*) open; (*in Mode*) bring into fashion; (*beschaffen*) procure; (*Fin*) raise; (*ärgern*) irritate; **Verständnis für etw ~** be able to understand sth.
Aufbruch ['aʊfbrʊx] *m* departure.
aufbrühen ['aʊfbry:ən] *vt Tee* make.
aufbürden ['aʊfbʏrdən] *vt* burden (*jdm etw* sb with sth).
aufdecken ['aʊfdɛkən] *vt* uncover.
aufdrängen ['aʊfdrɛŋən] *vt* force (*jdm* on sb); *vr* intrude (*jdm* on sb).
aufdringlich ['aʊfdrɪŋlɪç] *a* pushy.
aufeinander [aʊf'aɪ'nandər] *ad achten* after each other; *schießen* at each other; *vertrauen* each other; **A~folge** *f* succession, series; **~folgen** *vi* follow one another; **~folgend** *a* consecutive; **~legen** *vt* lay on top of one another; **~prallen** *vi* hit one another.
Aufenthalt ['aʊf'ɛnthalt] *m* stay; (*Verzögerung*) delay; (*Rail: Halten*) stop; (*Ort*) haunt; **~sgenehmigung** *f* residence permit.
auferlegen ['aʊf'ɛrle:gən] *vt* impose (*jdm etw* sth upon sb).
Auferstehung ['aʊf'ɛrʃte:ʊŋ] *f* resurrection.
aufessen ['aʊf'ɛsən] *vt irreg* eat up.
auffahr- ['aʊffa:r] *cpd*: **~en** *irreg vi* (*Auto*) run, crash (*auf +acc* into); (*herankommen*) draw up; (*hochfahren*) jump up; (*wütend werden*) flare up; (*in den Himmel*) ascend; *vt Kanonen, Geschütz* bring up; **~end** *a* hot-tempered; **A~t** *f* (*Haus—*) drive; (*Autobahn—*) slip road; **A~unfall** *m* pile-up.
auffallen ['aʊffalən] *vi irreg* be noticeable; **jdm ~** strike sb; **~d** *a* striking.
auffällig ['aʊffɛlɪç] *a* conspicuous, striking.
auffang- ['aʊffaŋ] *cpd*: **~en** *vt irreg* catch; *Funkspruch* intercept; *Preise* peg; **A~lager** *nt* refugee camp.
auffassen ['aʊffasən] *vt* understand, comprehend; (*auslegen*) see, view.
Auffassung *f* (*Meinung*) opinion; (*Auslegung*) view, concept; (*also* **~sgabe**) grasp.
auffindbar ['aʊffɪntba:r] *a* to be found.
auffordern ['aʊffɔrdərn] *vt* (*befehlen*) call upon, order; (*bitten*) ask.
Aufforderung *f* (*Befehl*) order; (*Einladung*) invitation.
auffrischen ['aʊffrɪʃən] *vt* freshen up; *Kenntnisse* brush up; *Erinnerungen* reawaken; *vi* (*Wind*) freshen.
aufführen ['aʊffy:rən] *vt* (*Theat*) perform; (*in einem Verzeichnis*) list, specify; *vr* (*sich benehmen*) behave.
Aufführung *f* (*Theat*) performance; (*Liste*) specification.
Aufgabe ['aʊfga:bə] *f* **-, -n** task; (*Sch*) exercise; (*Haus—*) homework; (*Verzicht*) giving up; (*von Gepäck*) registration; (*von Post*) posting; (*von Inserat*) insertion.
Aufgang ['aʊfgaŋ] *m* ascent; (*Sonnen—*) rise; (*Treppe*) staircase.
aufgeben ['aʊfge:bən] *irreg vt* (*verzichten*) give up; *Paket* send, post; *Gepäck* register;

Bestellung give; *Inserat* insert; *Rätsel, Problem* set; *vi* give up.
Aufgebot ['aufgəbo:t] *nt* supply; (*von Kräften*) utilization; (*Ehe—*) banns *pl.*
aufgedreht ['aufgədre:t] *a* (*col*) excited.
aufgedunsen ['aufgedunzən] *a* swollen, puffed up.
aufgehen ['aufge:ən] *vi irreg* (*Sonne, Teig*) rise; (*sich öffnen*) open; (*klarwerden*) become clear (*jdm* to sb); (*Math*) come out exactly; (*sich widmen*) be absorbed (*in +dat* in); **in Rauch/Flammen ~** go up in smoke/flames.
aufgeklärt ['aufgəklɛ:rt] *a* enlightened; (*sexuell*) knowing the facts of life.
aufgelegt ['aufgəle:kt] *a*: **gut/schlecht ~ sein** be in a good/bad mood; **zu etw ~ sein** be in the mood for sth.
aufgeregt ['aufgəre:kt] *a* excited.
aufgeschlossen ['aufgəʃlɔsən] *a* open, open-minded.
aufgeweckt ['aufgəvɛkt] *a* bright, intelligent.
aufgießen ['aufgi:sən] *vt irreg Wasser* pour over; *Tee* infuse.
aufgreifen ['aufgraifən] *vt irreg Thema* take up; *Verdächtige* pick up, seize.
aufgrund [auf'grunt] *prep +gen* on the basis of; (*wegen*) because of.
aufhaben ['aufha:bən] *vt irreg* have on; *Arbeit* have to do.
aufhalsen ['aufhalzən] *vt* (*col*) **jdm etw ~** saddle *or* lumber sb with sth.
aufhalten ['aufhaltən] *irreg vt Person* detain; *Entwicklung* check; *Tür, Hand* hold open; *Augen* keep open; *vr* (*wohnen*) live; (*bleiben*) stay; **sich über etw/jdn ~** go on about sth/sb; **sich mit etw ~** waste time over.
aufhängen ['aufhɛŋən] *irreg vt Wäsche* hang up; *Menschen* hang; *vr* hang o.s.
Aufhänger *m* **-s, -** (*am Mantel*) hook; (*fig*) peg.
aufheben ['aufhe:bən] *irreg vt* (*hochheben*) raise, lift; *Sitzung* wind up; *Urteil* annul; *Gesetz* repeal, abolish; (*aufbewahren*) keep; **bei jdm gut aufgehoben sein** be well looked after at sb's; *vr* cancel o.s. out; **viel A~(s) machen** make a fuss (*von* about).
aufheitern ['aufhaitərn] *vtr* (*Himmel, Miene*) brighten; *Mensch* cheer up.
aufhellen ['aufhɛlən] *vtr* clear up; *Farbe, Haare* lighten.
aufhetzen ['aufhɛtsən] *vt* stir up (*gegen* against).
aufholen ['aufho:lən] *vt* make up; *vi* catch up.
aufhorchen ['aufhɔrçən] *vi* prick up one's ears.
aufhören ['aufhø:rən] *vi* stop; **~ etw zu tun** stop doing sth.
aufklappen ['aufklapən] *vt* open.
aufklären ['aufklɛ:rən] *vt Geheimnis etc* clear up; *Person* enlighten; (*sexuell*) tell the facts of life to; (*Mil*) reconnoitre; *vr* clear up.
Aufklärung *f* (*von Geheimnis*) clearing up; (*Unterrichtung, Zeitalter*) enlightenment; (*sexuell*) sex education; (*Mil, Aviat*) reconnaissance.
aufkleben ['aufkle:bən] *vt* stick on.
Aufkleber *m* **-s, -** sticker.
aufknöpfen ['aufknœpfən] *vt* unbutton.
aufkommen ['aufkɔmən] *vi irreg* (*Wind*) come up; (*Zweifel, Gefühl*) arise; (*Mode*) start; **für jdn/etw ~** be liable *or* responsible for sb/sth.
aufladen ['aufla:dən] *vt irreg* load.
Auflage ['aufla:gə] *f* edition; (*Zeitung*) circulation; (*Bedingung*) condition; **jdm etw zur ~ machen** make sth a condition for sb.
auflassen ['auflasən] *vt irreg* (*offen*) leave open; (*aufgesetzt*) leave on.
auflauern ['auflauərn] *vi*: **jdm ~** lie in wait for sb.
Auflauf ['auflauf] *m* (*Cook*) pudding; (*Menschen—*) crowd.
aufleben ['aufle:bən] *vi* revive.
auflegen ['aufle:gən] *vt* put on; *Telefon* hang up; (*Print*) print.
auflehnen ['aufle:nən] *vt* lean on; *vr* rebel (*gegen* against).
Auflehnung *f* rebellion.
auflesen ['aufle:zən] *vt irreg* pick up.
aufleuchten ['auflɔyçtən] *vi* light up.
aufliegen ['aufli:gən] *vi irreg* lie on; (*Comm*) be available.
auflockern ['auflɔkərn] *vt* loosen; (*fig*) *Eintönigkeit etc* liven up.
auflösen ['auflø:zən] *vtr* dissolve; *Haare etc* loosen; *Mißverständnis* sort out; **(in Tränen) aufgelöst sein** be in tears.
Auflösung *f* dissolving; (*fig*) solution.
aufmachen ['aufmaxən] *vt* open; *Kleidung* undo; (*zurechtmachen*) do up; *vr* set out.
Aufmachung *f* (*Kleidung*) outfit, get-up; (*Gestaltung*) format.
aufmerksam ['aufmɛrkza:m] *a* attentive; **jdn auf etw** (*acc*) **~ machen** point sth out to sb; **A~keit** *f* attention, attentiveness.
aufmuntern ['aufmuntərn] *vt* (*ermutigen*) encourage; (*erheitern*) cheer up.
Aufnahme ['aufna:mə] *f* **-, -n** reception; (*Beginn*) beginning; (*in Verein etc*) admission; (*in Liste etc*) inclusion; (*Notieren*) taking down; (*Phot*) shot; (*auf Tonband etc*) recording; **a~fähig** *a* receptive; **~prüfung** *f* entrance test.
aufnehmen ['aufne:mən] *vt irreg* receive; (*hochheben*) pick up; (*beginnen*) take up; (*in Verein etc*) admit; (*in Liste etc*) include; (*fassen*) hold; (*notieren*) take down; (*photographieren*) photograph; (*auf Tonband, Platte*) record; (*Fin: leihen*) take out; **es mit jdm ~ können** be able to compete with sb.
aufopfern ['auf'ɔpfərn] *vtr* sacrifice; **~d** *a* selfless.
aufpassen ['aufpasən] *vi* (*aufmerksam sein*) pay attention; **auf jdn/etw ~** look after *or* watch sb/sth; **aufgepaßt!** look out!
Aufprall ['aufpral] *m* **-s, -e** impact; **a~en** *vi* hit, strike.
Aufpreis ['aufprais] *m* extra charge.
aufpumpen ['aufpumpən] *vt* pump up.
aufputschen ['aufputʃən] *vt* (*aufhetzen*)

inflame; (*erregen*) stimulate.
aufraffen ['aufrafən] *vr* rouse o.s.
aufräumen ['aufrɔymən] *vti Dinge* clear away; *Zimmer* tidy up.
aufrecht ['aufrɛçt] *a* (*lit, fig*) upright; **~erhalten** *vt irreg* maintain.
aufreg- ['aufre:g] *cpd*: **~en** *vt* excite; *vr* get excited; **~end** *a* exciting; **A~ung** *f* excitement.
aufreiben ['aufraibən] *vt irreg Haut* rub open; (*erschöpfen*) exhaust; **~d** *a* strenuous.
aufreißen ['aufraisən] *vt irreg Umschlag* tear open; *Augen* open wide; *Tür* throw open; *Straße* take up.
aufreizen ['aufraitsən] *vt* incite, stir up; **~d** *a* exciting, stimulating.
aufrichten ['aufrıçtən] *vt* put up, erect; (*moralisch*) console; *vr* rise; (*moralisch*) take heart (*an +dat* from).
aufrichtig ['aufrıçtıç] *a* sincere, honest; **A~keit** *f* sincerity.
aufrücken ['aufrʏkən] *vi* move up; (*beruflich*) be promoted.
Aufruf ['aufru:f] *m* summons; (*zur Hilfe*) call; (*des Namens*) calling out; **a~en** *vt irreg* (*auffordern*) call upon (*zu* for); *Namen* call out.
Aufruhr ['aufru:r] *m* **-(e)s, -e** uprising, revolt; **in ~ sein** be in uproar.
aufrührerisch ['aufry:rərıʃ] *a* rebellious.
aufrunden ['aufrundən] *vt Summe* round up.
Aufrüstung ['aufrʏstuŋ] *f* rearmament.
aufrütteln ['aufrʏtəln] *vt* (*lit, fig*) shake up.
aufs [aufs] = **auf das**.
aufsagen ['aufza:gən] *vt Gedicht* recite; *Freundschaft* put an end to.
aufsammeln ['aufzaməln] *vt* gather up.
aufsässig ['aufzɛsıç] *a* rebellious.
Aufsatz ['aufzats] *m* (*Geschriebenes*) essay; (*auf Schrank etc*) top.
aufsaugen ['aufzaugən] *vt irreg* soak up.
aufschauen ['aufʃauən] *vi* look up.
aufscheuchen ['aufʃɔʏçən] *vt* scare *or* frighten away.
aufschieben ['aufʃi:bən] *vt irreg* push open; (*verzögern*) put off, postpone.
Aufschlag ['aufʃla:k] *m* (*Ärmel—*) cuff; (*Jacken—*) lapel; (*Hosen—*) turn-up; (*Aufprall*) impact; (*Preis—*) surcharge; (*Tennis*) service; **a~en** *irreg vt* (*öffnen*) open; (*verwunden*) cut; (*hochschlagen*) turn up; (*aufbauen*) *Zelt, Lager* pitch, erect; *Wohnsitz* take up; *vi* (*aufprallen*) hit; (*teurer werden*) go up; (*Tennis*) serve.
aufschließen ['aufʃli:sən] *irreg vt* open up, unlock; *vi* (*aufrücken*) close up.
Aufschluß ['aufʃlus] *m* information; **a~reich** *a* informative, illuminating.
aufschnappen ['aufʃnapən] *vt* (*col*) pick up; *vi* fly open.
aufschneiden ['aufʃnaidən] *irreg vt Geschwür* cut open; *Brot* cut up; (*Med*) lance; *vi* brag.
Aufschneider *m* **-s, -** boaster, braggart.
Aufschnitt ['aufʃnıt] *m* (slices of) cold meat.
aufschnüren ['aufʃny:rən] *vt* unlace; *Paket* untie.
aufschrauben ['aufʃraubən] *vt* (*fest—*) screw on; (*lösen*) unscrew.
aufschrecken ['aufʃrɛkən] *vt* startle; *vi irreg* start up.
Aufschrei ['aufʃrai] *m* cry; **a~en** *vi irreg* cry out.
aufschreiben ['aufʃraibən] *vt irreg* write down.
Aufschrift ['aufʃrıft] *f* (*Inschrift*) inscription; (*auf Etikett*) label.
Aufschub ['aufʃu:p] *m* **-(e)s, -schübe** delay, postponement.
aufschwatzen ['aufʃvatsən] *vt*: **jdm etw ~** talk sb into (getting/having *etc*) sth.
Aufschwung ['aufʃvuŋ] *n* (*Elan*) boost; (*wirtschaftlich*) upturn, boom; (*Sport*) circle.
aufsehen ['aufze:ən] *vi irreg* (*lit, fig*) look up (*zu* (*lit*) at, (*fig*) to); **A~** *nt* **-s** sensation, stir; **~erregend** *a* sensational.
Aufseher(in *f***)** *m* **-s, -** guard; (*im Betrieb*) supervisor; (*Museums—*) attendant; (*Park—*) keeper.
aufsein ['aufzain] *vi irreg* (*col*) be open; (*Person*) be up.
aufsetzen ['aufzɛtsən] *vt* put on; *Flugzeug* put down; *Dokument* draw up; *vr* sit upright; *vi* (*Flugzeug*) touch down.
Aufsicht ['aufzıçt] *f* supervision; **die ~ haben** be in charge.
aufsitzen ['aufzıtsən] *vi irreg* (*aufrecht hinsitzen*) sit up; (*aufs Pferd, Motorrad*) mount, get on; (*Schiff*) run aground; **jdn ~ lassen** (*col*) stand sb up; **jdm ~** (*col*) be taken in by sb.
aufspalten ['aufʃpaltən] *vt* split.
aufsparen ['aufʃpa:rən] *vt* save (up).
aufsperren ['aufʃpɛrən] *vt* unlock; *Mund* open wide.
aufspielen ['aufʃpi:lən] *vr* show off; **sich als etw ~** try to come on as sth.
aufspießen ['aufʃpi:sən] *vt* spear.
aufspringen ['aufʃprıngən] *vi irreg* jump (*auf +acc* onto); (*hochspringen*) jump up; (*sich öffnen*) spring open; (*Hände, Lippen*) become chapped.
aufspüren ['aufʃpy:rən] *vt* track down, trace.
aufstacheln ['aufʃtaxəln] *vt* incite.
Aufstand ['aufʃtant] *m* insurrection, rebellion.
aufständisch ['aufʃtɛndıʃ] *a* rebellious, mutinous.
aufstechen ['aufʃtɛçən] *vt irreg* prick open, puncture.
aufstecken ['aufʃtɛkən] *vt* stick on, pin up; (*col*) give up.
aufstehen ['aufʃte:ən] *vi irreg* get up; (*Tür*) be open.
aufsteigen ['aufʃtaigən] *vi irreg* (*auf etw*) get onto; (*hochsteigen*) climb; (*Rauch*) rise.
aufstellen ['aufʃtɛlən] *vt* (*aufrecht stellen*) put up; (*aufreihen*) line up; (*nominieren*) put up; (*formulieren*) *Programm etc* draw up; (*leisten*) *Rekord* set up.
Aufstellung *f* (*Sport*) line-up; (*Liste*) list.
Aufstieg ['aufʃti:k] *m* **-(e)s, -e** (*auf Berg*)

ascent; (*Fortschritt*) rise; (*beruflich, Sport*) promotion.
aufstoßen ['aʊfʃto:sən] *irreg vt* push open; *vi* belch.
aufstrebend ['aʊfʃtre:bənd] *a* ambitious; *Land* up-and-coming.
Aufstrich ['aʊfʃtrɪç] *m* spread.
aufstülpen ['aʊfʃtʏlpən] *vt Ärmel* turn up; *Hut* put on.
aufstützen ['aʊfʃtʏtsən] *vr* lean (auf +*acc* on); *vt Körperteil* prop, lean; *Person* prop up.
aufsuchen ['aʊfzu:xən] *vt* (*besuchen*) visit; (*konsultieren*) consult.
auftakeln ['aʊfta:kəln] *vt* (*Naut*) rig (out); *vr* (*col*) deck o.s. out.
Auftakt ['aʊftakt] *m* (*Mus*) upbeat; (*fig*) prelude.
auftanken ['aʊftaŋkən] *vi* get petrol; *vt* refuel.
auftauchen ['aʊftaʊxən] *vi* appear; (*aus Wasser etc*) emerge; (*U-Boot*) surface; (*Zweifel*) arise.
auftauen ['aʊftaʊən] *vti* thaw; (*fig*) relax.
aufteilen ['aʊftaɪlən] *vt* divide up; *Raum* partition.
Aufteilung *f* division; partition.
auftischen ['aʊftɪʃən] *vt* serve (up); (*fig*) tell.
Auftrag ['aʊftra:k] *m* **-(e)s, -träge** order; (*Anweisung*) commission; (*Aufgabe*) mission; **im ~ von** on behalf of; **a~en** [-gən] *irreg vt Essen* serve; *Farbe* put on; *Kleidung* wear out; **jdm etw a~en** tell sb sth; *vi* (*dick machen*) make you/me *etc* look fat; **dick a~en** (*fig*) exaggerate; **~geber** *m* **-s, -** (*Comm*) purchaser, customer.
auftreiben ['aʊftraɪbən] *vt irreg* (*col: beschaffen*) raise.
auftreten ['aʊftre:tən] *irreg vt* kick open; *vi* appear; (*mit Füßen*) tread; (*sich verhalten*) behave; **A~** *nt* **-s** (*Vorkommen*) appearance; (*Benehmen*) behaviour.
Auftrieb ['aʊftri:p] *m* (*Phys*) buoyancy, lift; (*fig*) impetus.
Auftritt ['aʊftrɪt] *m* (*des Schauspielers*) entrance; (*lit, fig: Szene*) scene.
auftun ['aʊftu:n] *irreg vt* open; *vr* open up.
aufwachen ['aʊfvaxən] *vi* wake up.
aufwachsen ['aʊfvaksən] *vi irreg* grow up.
Aufwand ['aʊfvant] *m* **-(e)s** expenditure; (*Kosten auch*) expense; (*Luxus*) show; **bitte, keinen ~!** please don't go out of your way.
aufwärmen ['aʊfvɛrmən] *vt* warm up; *alte Geschichten* rake up.
aufwärts ['aʊfvɛrts] *ad* upwards; **A~entwicklung** *f* upward trend; **~gehen** *vi irreg* look up.
aufwecken ['aʊfvɛkən] *vt* wake(n) up.
aufweichen ['aʊfvaɪçən] *vt* soften, soak.
aufweisen ['aʊfvaɪzən] *vt irreg* show.
aufwenden ['aʊfvɛndən] *vt irreg* expend; *Geld* spend; *Sorgfalt* devote.
aufwendig *a* costly.
aufwerfen ['aʊfvɛrfən] *irreg vt Fenster etc* throw open; *Probleme* throw up, raise; *vr*: **sich zu etw ~** make o.s. out to be sth.
aufwerten ['aʊfvɛrtən] *vt* (*Fin*) revalue; (*fig*) raise in value.
aufwiegeln ['aʊfvi:gəln] *vt* stir up, incite.
aufwiegen ['aʊfvi:gən] *vt irreg* make up for.
Aufwind ['aʊfvɪnt] *m* up-current.
aufwirbeln ['aʊfvɪrbəln] *vt* whirl up; **Staub ~** (*fig*) create a stir.
aufwischen ['aʊfvɪʃən] *vt* wipe up.
aufzählen ['aʊftsɛ:lən] *vt* count out.
aufzeichnen ['aʊftsaɪçnən] *vt* sketch; (*schriftlich*) jot down; (*auf Band*) record.
Aufzeichnung *f* (*schriftlich*) note; (*Tonband—*) recording; (*Film—*) record.
aufzeigen ['aʊftsaɪgən] *vt* show, demonstrate.
aufziehen ['aʊftsi:ən] *vt irreg* (*hochziehen*) raise, draw up; (*öffnen*) pull open; *Uhr* wind; (*col: necken*) tease; (*großziehen*) *Kinder* raise, bring up; *Tiere* rear.
Aufzug ['aʊftsu:k] *m* (*Fahrstuhl*) lift, elevator; (*Aufmarsch*) procession, parade; (*Kleidung*) get-up; (*Theat*) act.
aufzwingen ['aʊftsvɪŋən] *vt irreg*: **jdm etw ~** force sth upon sb.
Aug- ['aʊg] *cpd*: **~apfel** *m* eyeball; (*fig*) apple of one's eye; **~e** *nt* **-s, -n** eye; (*Fett—*) globule of fat; **unter vier ~en** in private; **~enblick** *m* moment; **im ~enblick** at the moment; **a~enblicklich** *a* (*sofort*) instantaneous; (*gegenwärtig*) present; **~enbraue** *f* eyebrow; **a~enscheinlich** *a* obvious; **~enweide** *f* sight for sore eyes; **~enzeuge** *m* eye witness.
August [aʊ'gʊst] *m* **-(e)s** *or* **-, -e** August.
Auktion [aʊktsi'o:n] *f* auction; **~ator** [-'na:tɔr] *m* auctioneer.
Aula ['aʊla] *f* **-, Aulen** *or* **-s** assembly hall.
aus [aʊs] *prep* +*dat* out of; (*von . . . her*) from; (*Material*) made of; **~ ihr wird nie etwas** she'll never get anywhere; *ad* out; (*beendet*) finished, over; (*ausgezogen*) off; **~ und ein gehen** come and go; (*bei jdm*) visit frequently; **weder ~ noch ein wissen** be at sixes and sevens; **auf etw** (*acc*) **~ sein** be after sth; **vom Fenster ~** out of the window; **von Rom ~** from Rome; **von sich ~** of one's own accord; **A~** *nt* **-** outfield; **ins A~ gehen** go out.
ausarbeiten ['aʊs'arbaɪtən] *vt* work out.
ausarten ['aʊs'artən] *vi* degenerate; (*Kind*) become overexcited.
ausatmen ['aʊs'a:tmən] *vi* breathe out.
ausbaden ['aʊsba:dən] *vt*: **etw ~ müssen** (*col*) carry the can for sth.
Ausbau ['aʊsbaʊ] *m* extension, expansion; removal; **a~en** *vt* extend, expand; (*herausnehmen*) take out, remove; **a~fähig** *a* (*fig*) worth developing.
ausbedingen ['aʊsbədɪŋən] *vt irreg*: **sich** (*dat*) **etw ~** insist on sth.
ausbessern ['aʊsbɛsərn] *vt* mend, repair.
ausbeulen ['aʊsbɔʏlən] *vt* beat out.
Ausbeute ['aʊsbɔʏtə] *f* yield; (*Fische*) catch; **a~n** *vt* exploit; (*Min*) work.
ausbild- ['aʊsbɪld] *cpd*: **~en** *vt* educate; *Lehrling, Soldat* instruct, train; *Fähigkeiten* develop; *Geschmack* cultivate; **A~er** *m* **-s, -** instructor; **A~ung** *f* education; training,

instruction; development, cultivation.
ausbitten ['ausbɪtən] *vt irreg*: **sich** (*dat*) **etw ~** (*erbitten*) ask for sth; (*verlangen*) insist on sth.
ausbleiben ['ausblaɪbən] *vi irreg* (*Personen*) stay away, not come; (*Ereignisse*) fail to happen, not happen.
Ausblick ['ausblɪk] *m* (*lit, fig*) prospect, outlook, view.
ausbomben ['ausbɔmbən] *vt* bomb out.
ausbrechen ['ausbrɛçən] *irreg vi* break out; **in Tränen/Gelächter ~** burst into tears/out laughing; *vt* break off.
ausbreiten ['ausbraɪtən] *vt* spread (out); *Arme* stretch out; *vr* spread; (*über Thema*) expand, enlarge (*über +acc* on).
ausbrennen ['ausbrɛnən] *irreg vt* scorch; *Wunde* cauterize; *vi* burn out.
ausbringen ['ausbrɪŋən] *vt irreg ein Hoch* propose.
Ausbruch ['ausbrux] *m* outbreak; (*von Vulkan*) eruption; (*Gefühls—*) outburst; (*von Gefangenen*) escape.
ausbrüten ['ausbry:tən] *vt* (*lit, fig*) hatch.
Ausbuchtung ['ausbuxtuŋ] *f* bulge; (*Küste*) projection, protuberance.
ausbuhen ['ausbu:ən] *vt* boo.
ausbürsten ['ausbʏrstən] *vt* brush out.
Ausdauer ['ausdauər] *f* perseverance, stamina; **a~nd** *a* persevering.
ausdehnen ['ausde:nən] *vtr* (*räumlich*) expand; *Gummi* stretch; (*Nebel*) extend; (*zeitlich*) stretch; (*fig*) *Macht* extend.
ausdenken ['ausdɛŋkən] *vt irreg* (*zu Ende denken*) think through; **sich** (*dat*) **etw ~** think sth up.
ausdiskutieren ['ausdɪskuti:rən] *vt* talk out.
ausdrehen ['ausdre:ən] *vt* turn *or* switch off; *Licht auch* turn out.
Ausdruck ['ausdruk] *m* expression, phrase; (*Kundgabe, Gesichts—*) expression.
ausdrücken ['ausdrʏkən] *vt* (*also vr*: *formulieren, zeigen*) express; *Zigarette* put out; *Zitrone* squeeze.
ausdrücklich *a* express, explicit.
ausdrucks- *cpd*: **~los** *a* expressionless, blank; **~voll** *a* expressive; **A~weise** *f* mode of expression.
auseinander [aus'aɪ'nandər] *ad* (*getrennt*) apart; **~ schreiben** write as separate words; **~bringen** *vt irreg* separate; **~fallen** *vi irreg* fall apart; **~gehen** *vi irreg* (*Menschen*) separate; (*Meinungen*) differ; (*Gegenstand*) fall apart; (*col: dick werden*) put on weight; **~halten** *vt irreg* tell apart; **~nehmen** *vt irreg* take to pieces, dismantle; **~setzen** *vt* (*erklären*) set forth, explain; *vr* (*sich verständigen*) come to terms, settle; (*sich befassen*) concern o.s.; **A~setzung** *f* argument.
auserlesen ['aus'ɛrle:zən] *a* select, choice.
ausfahren ['ausfa:rən] *irreg vi* drive out; (*Naut*) put out (to sea); *vt* take out; (*Tech*) *Fahrwerk* drive out; **ausgefahrene Wege** rutted roads.
Ausfahrt *f* (*des Zuges etc*) leaving, departure; (*Autobahn—, Garagen—*) exit, way out; (*Spazierfahrt*) drive, excursion.
Ausfall ['ausfal] *m* loss; (*Nichtstattfinden*) cancellation; (*Mil*) sortie; (*Fechten*) lunge; (*radioaktiv*) fall-out; **a~en** *vi irreg* (*Zähne, Haare*) fall *or* come out; (*nicht stattfinden*) be cancelled; (*wegbleiben*) be omitted; (*Person*) drop out; (*Lohn*) be stopped; (*nicht funktionieren*) break down; (*Resultat haben*) turn out; **wie ist das Spiel ausgefallen?** what was the result of the game?; **a~end** *a* impertinent; **~straße** *f* arterial road.
ausfegen ['ausfe:gən] *vt* sweep out.
ausfeilen ['ausfaɪlən] *vt* file out; *Stil* polish up.
ausfertigen ['ausfɛrtɪgən] *vt* draw up; *Rechnung* make out; **doppelt ~** duplicate.
Ausfertigung *f* drawing up; making out; (*Exemplar*) copy.
ausfindig machen ['ausfɪndɪç maxən] *vt* discover.
ausfliegen ['ausfli:gən] *vti irreg* fly away; **sie sind ausgeflogen** (*col*) they're out.
ausflippen ['ausflɪpən] *vi* (*col*) freak out.
Ausflucht ['ausfluxt] *f* **-, -flüchte** excuse.
Ausflug ['ausflu:k] *m* excursion, outing.
Ausflügler ['ausfly:klər] *m* **-s, -** tripper.
Ausfluß ['ausflus] *m* outlet; (*Med*) discharge.
ausfragen ['ausfra:gən] *vt* interrogate, question.
ausfransen ['ausfranzən] *vi* fray.
ausfressen ['ausfrɛsən] *vt irreg* eat up; (*aushöhlen*) corrode; (*col: anstellen*) be up to.
Ausfuhr ['ausfu:r] *f* **-, -en** export, exportation; *in cpds* export.
ausführ- ['ausfy:r] *cpd*: **~bar** *a* feasible; (*Comm*) exportable; **~en** *vt* (*verwirklichen*) carry out; *Person* take out; *Hund* take for a walk; (*Comm*) export; (*erklären*) give details of; **~lich** *a* detailed; *ad* in detail; **A~lichkeit** *f* detail; **A~ung** *f* execution, performance; (*Durchführung*) completion; (*Herstellungsart*) version; (*Erklärung*) explanation.
ausfüllen ['ausfʏlən] *vt* fill up; *Fragebogen etc* fill in; (*Beruf*) be fulfilling for.
Ausgabe ['ausga:bə] *f* (*Geld*) expenditure, outlay; (*Aushändigung*) giving out; (*Gepäck—*) left-luggage office; (*Buch*) edition; (*Nummer*) issue.
Ausgang ['ausgaŋ] *m* way out, exit; (*Ende*) end; (*Ausgangspunkt*) starting point; (*Ergebnis*) result; (*Ausgehtag*) free time, time off; **kein ~** no exit; **~sbasis** *f*, **~spunkt** *m* starting point; **~ssperre** *f* curfew.
ausgeben ['ausge:bən] *irreg vt Geld* spend; (*austeilen*) issue, distribute; *vr*: **sich für etw/jdn ~** pass o.s. off as sth/sb.
ausgebucht ['ausgəbu:xt] *a* fully booked.
ausgedient ['ausgədi:nt] *a Soldat* discharged; (*verbraucht*) no longer in use; **~ haben** have done good service.
ausgefallen ['ausgəfalən] *a* (*ungewöhnlich*) exceptional.
ausgeglichen ['ausgəglɪçən] *a* (well-) balanced; **A~heit** *f* balance; (*von Mensch*) even-temperedness.
Ausgeh- ['ausge:] *cpd*: **~anzug** *m* good suit; **a~en** *vi irreg* go out; (*zu Ende gehen*)

come to an end; (*Benzin*) run out; (*Haare, Zähne*) fall *or* come out; (*Feuer, Ofen, Licht*) go out; (*Strom*) go off; (*Resultat haben*) turn out; **mir ging das Benzin aus** I ran out of petrol; **auf etw** (*acc*) **a~en** aim at sth; **von etw a~en** (*wegführen*) lead away from sth; (*herrühren*) come from sth; (*zugrunde legen*) proceed from sth; **wir können davon a~en, daß . . .** we can proceed from the assumption that . . ., we can take as our starting point that . . .; **leer a~en** get nothing; **schlecht a~en** turn out badly; **~verbot** *nt* curfew.

ausgelassen ['aʊsgəlasən] *a* boisterous, high-spirited; **A~heit** *f* boisterousness, high spirits *pl*, exuberance.

ausgelastet ['aʊsgəlastət] *a* fully occupied.

ausgelernt ['aʊsgəlɛrnt] *a* trained, qualified.

ausgemacht ['aʊsgəmaxt] *a* (*col*) settled; *Dummkopf etc* out-and-out, downright; **es gilt als ~, daß . . .** it is settled that . . .; **es war eine ~e Sache, daß . . .** it was a foregone conclusion that . . .

ausgenommen ['aʊsgənɔmən] *prep +gen or dat, cj* except; **Anwesende sind ~** present company excepted.

ausgeprägt ['aʊsgəprɛ:kt] *a* prominent.

ausgerechnet ['aʊsgərɛçnət] *ad* just, precisely; **~ du/heute** you of all people/today of all days.

ausgeschlossen ['aʊsgəʃlɔsən] *a* (*unmöglich*) impossible, out of the question; **es ist nicht ~, daß . . .** it cannot be ruled out that . . .

ausgeschnitten ['aʊsgəʃnɪtən] *a Kleid* low-necked.

ausgesprochen ['aʊsgəʃprɔxən] *a Faulheit, Lüge etc* out-and-out; (*unverkennbar*) marked; *ad* decidedly.

ausgezeichnet ['aʊsgətsaɪçnət] *a* excellent.

ausgiebig ['aʊsgi:bɪç] *a Gebrauch* thorough, good; *Essen* generous, lavish; **~ schlafen** have a good sleep.

Ausgleich ['aʊsglaɪç] *m* **-(e)s, -e** balance; (*Vermittlung*) reconciliation; (*Sport*) equalization; **zum ~** (*+gen*) in order to offset; **das ist ein guter ~** that's very relaxing; **a~en** *irreg vt* balance (out); reconcile; *Höhe* even up; *vi* (*Sport*) equalize; **~stor** *nt* equalizer.

ausgraben ['aʊsgra:bən] *vt irreg* dig up; *Leichen* exhume; (*fig*) unearth.

Ausgrabung *f* excavation; (*Ausgraben auch*) digging up.

Ausguß ['aʊsgʊs] *m* (*Spüle*) sink; (*Abfluß*) outlet; (*Tülle*) spout.

aushaben ['aʊsha:bən] *vt irreg* (*col*) *Kleidung* have taken off; *Buch* have finished.

aushalten ['aʊshaltən] *irreg vt* bear, stand; *Geliebte* keep; *vi* hold out; **das ist nicht zum A~** that is unbearable.

aushandeln ['aʊshandəln] *vt* negotiate.

aushändigen ['aʊshɛndɪgən] *vt*: **jdm etw ~** hand sth over to sb.

Aushang ['aʊshaŋ] *m* notice.

aushängen ['aʊshɛŋən] *irreg vt Meldung* put up; *Fenster* take off its hinges; *vi* be displayed; *vr* hang out.

Aushängeschild *nt* (shop) sign.

ausharren ['aʊsharən] *vi* hold out.

ausheben ['aʊshe:bən] *vt irreg Erde* lift out; *Grube* hollow out; *Tür* take off its hinges; *Diebesnest* clear out; (*Mil*) enlist.

aushecken ['aʊshɛkən] *vt* (*col*) concoct, think up.

aushelfen ['aʊshɛlfən] *vi irreg*: **jdm ~** help sb out.

Aushilfe ['aʊshɪlfə] *f* help, assistance; (*Person*) (temporary) worker.

Aushilfs- *cpd*: **~kraft** *f* temporary worker; **a~weise** *ad* temporarily, as a stopgap.

ausholen ['aʊsho:lən] *vi* swing one's arm back; (*zur Ohrfeige*) raise one's hand; (*beim Gehen*) take long strides; **weit ~** (*fig*) be expansive.

aushorchen ['aʊshɔrçən] *vt* sound out, pump.

aushungern ['aʊshʊŋərn] *vt* starve out.

auskennen ['aʊskɛnən] *vr irreg* know thoroughly; (*an einem Ort*) know one's way about; (*in Fragen etc*) be knowledgeable.

auskippen ['aʊskɪpən] *vt* empty.

ausklammern ['aʊsklamərn] *vt Thema* exclude, leave out.

Ausklang ['aʊsklaŋ] *m* end.

auskleiden ['aʊsklaɪdən] *vr* undress; *vt Wand* line.

ausklingen ['aʊsklɪŋən] *vi irreg* (*Ton, Lied*) die away; (*Fest*) peter out.

ausklopfen ['aʊsklɔpfən] *vt Teppich* beat; *Pfeife* knock out.

auskochen ['aʊskɔxən] *vt* boil; (*Med*) sterilize; **ausgekocht** (*fig*) out-and-out.

auskommen ['aʊskɔmən] *vi irreg*: **mit jdm ~** get on with sb; **mit etw ~** get by with sth; **A~** *nt* **-s**: **sein A~ haben** get by.

auskosten ['aʊskɔstən] *vt* enjoy to the full.

auskugeln ['aʊsku:gəln] *vt* (*col*) *Arm* dislocate.

auskundschaften ['aʊskʊnt-ʃaftən] *vt* spy out; *Gebiet* reconnoitre.

Auskunft ['aʊskʊnft] *f* **-, -künfte** information; (*nähere*) details *pl*, particulars *pl*; (*Stelle*) information office; (*Tel*) inquiries; **jdm ~ erteilen** give sb information.

auskuppeln ['aʊskʊpəln] *vi* disengage the clutch.

auslachen ['aʊslaxən] *vt* laugh at, mock.

ausladen ['aʊsla:dən] *irreg vt* unload; (*col*) *Gäste* cancel an invitation to; *vi* stick out.

Auslage ['aʊsla:gə] *f* shop window (display); **~n** *pl* outlay, expenditure.

Ausland ['aʊslant] *nt* foreign countries *pl*; **im/ins ~** abroad.

Ausländer(in *f*) ['aʊslɛndər(ɪn)] *m* **-s, -** foreigner.

ausländisch *a* foreign.

Auslands- *cpd*: **~gespräch** *nt* international call; **~korrespondent(in *f*)** *m* foreign correspondent; **~reise** *f* trip abroad.

auslassen ['aʊslasən] *irreg vt* leave out;

Wort etc auch omit; *Fett* melt; *Kleidungsstück* let out; *Wut, Ärger* vent (*an +dat* on); *vr*: **sich über etw** (*acc*) ~ speak one's mind about sth.
Auslassung *f* omission; ~**zeichen** *nt* apostrophe.
Auslauf ['auslauf] *m* (*für Tiere*) run; (*Ausfluß*) outflow, outlet; **a**~**en** *vi irreg* run out; (*Behälter*) leak; (*Naut*) put out (to sea); (*langsam aufhören*) run down.
Ausläufer ['ausloʏfər] *m* (*von Gebirge*) spur; (*Pflanze*) runner; (*Met*) (*von Hoch*) ridge; (*von Tief*) trough.
ausleeren ['ausle:rən] *vt* empty.
auslegen ['ausle:gən] *vt Waren* lay out; *Köder* put down; *Geld* lend; (*bedecken*) cover; *Text etc* interpret.
Auslegung *f* interpretation.
Ausleihe ['auslaɪə] *f* -, -**n** issuing; (*Stelle*) issue desk; **a**~**n** *vt irreg* (*verleihen*) lend; **sich** (*dat*) **etw a**~**en** borrow sth.
Auslese ['ausle:zə] *f* -, -**n** selection; (*Elite*) elite; (*Wein*) choice wine; **a**~**n** *vt irreg* select; (*col: zu Ende lesen*) finish.
ausliefern ['ausli:fərn] *vt* deliver (up), hand over; (*Comm*) deliver; **jdm/etw ausgeliefert sein** be at the mercy of sb/sth; *vr*: **sich jdm** ~ give o.s. up to sb.
auslöschen ['auslœʃən] *vt* extinguish; (*fig*) wipe out, obliterate.
auslosen ['auslo:zən] *vt* draw lots for.
auslösen ['ausløːzən] *vt Explosion, Schuß* set off; (*hervorrufen*) cause, produce; *Gefangene* ransom; *Pfand* redeem.
Auslöser *m* -**s**, - (*Phot*) release.
ausmachen ['ausmaxən] *vt Licht, Radio* turn off; *Feuer* put out; (*entdecken*) make out; (*vereinbaren*) agree; (*beilegen*) settle; (*Anteil darstellen, betragen*) represent; (*bedeuten*) matter; **das macht ihm nichts aus** it doesn't matter to him; **macht es Ihnen etwas aus, wenn . . .?** would you mind if . . .?
ausmalen ['ausma:lən] *vt* paint; (*fig*) describe; **sich** (*dat*) **etw** ~ imagine sth.
Ausmaß ['ausma:s] *nt* dimension; (*fig auch*) scale.
ausmerzen ['ausmɛrtsən] *vt* eliminate.
ausmessen ['ausmɛsən] *vt irreg* measure.
Ausnahme ['ausna:mə] *f* -, -**n** exception; **eine** ~ **machen** make an exception; ~**fall** *m* exceptional case; ~**zustand** *m* state of emergency.
ausnahms- *cpd*: ~**los** *ad* without exception; ~**weise** *ad* by way of exception, for once.
ausnehmen ['ausne:mən] *irreg vt* take out, remove; *Tier* gut; *Nest* rob; (*col: Geld abnehmen*) clean out; (*ausschließen*) make an exception of; *vr* look, appear; ~**d** *a* exceptional.
ausnützen ['ausnʏtsən] *vt Zeit, Gelegenheit* use, turn to good account; *Einfluß* use; *Mensch, Gutmütigkeit* exploit.
auspacken ['auspakən] *vt* unpack.
auspfeifen ['auspfaɪfən] *vt irreg* hiss/boo at.
ausplaudern ['ausplaudərn] *vt Geheimnis* blab.
ausprobieren ['ausprobi:rən] *vt* try (out).
Auspuff ['auspuf] *m* -**(e)s**, -**e** (*Tech*) exhaust; ~**rohr** *nt* exhaust (pipe); ~**topf** *m* (*Aut*) silencer.
ausradieren ['ausradi:rən] *vt* erase, rub out.
ausrangieren ['ausrãʒi:rən] *vt* (*col*) chuck out.
ausrauben ['ausraubən] *vt* rob.
ausräumen ['ausrɔʏmən] *vt Dinge* clear away; *Schrank, Zimmer* empty; *Bedenken* put aside.
ausrechnen ['ausrɛçnən] *vt* calculate, reckon.
Ausrechnung *f* calculation, reckoning.
Ausrede ['ausre:də] *f* excuse; **a**~**n** *vi* have one's say; *vt*: **jdm etw a**~**n** talk sb out of sth.
ausreichen ['ausraɪçən] *vi* suffice, be enough; ~**d** *a* sufficient, adequate; (*Sch*) adequate.
Ausreise ['ausraɪzə] *f* departure; **bei der** ~ when leaving the country; ~**erlaubnis** *f* exit visa; **a**~**n** *vi* leave the country.
ausreißen ['ausraɪsən] *irreg vt* tear *or* pull out; *vi* (*Riß bekommen*) tear; (*col*) make off, scram.
ausrenken ['ausrɛŋkən] *vt* dislocate.
ausrichten ['ausrɪçtən] *vt Botschaft* deliver; *Gruß* pass on; *Hochzeit etc* arrange; (*erreichen*) get anywhere (*bei* with); (*in gerade Linie bringen*) get in a straight line; (*angleichen*) bring into line; **jdm etw** ~ take a message for sb; **ich werde es ihm** ~ I'll tell him.
ausrotten ['ausrɔtən] *vt* stamp out, exterminate.
ausrücken ['ausrʏkən] *vi* (*Mil*) move off; (*Feuerwehr, Polizei*) be called out; (*col: weglaufen*) run away.
Ausruf ['ausru:f] *m* (*Schrei*) cry, exclamation; (*Verkünden*) proclamation; **a**~**en** *vt irreg* cry out, exclaim; call out; ~**ezeichen** *nt* exclamation mark.
ausruhen ['ausru:ən] *vtr* rest.
ausrüsten ['ausrʏstən] *vt* equip, fit out.
Ausrüstung *f* equipment.
ausrutschen ['ausrutʃən] *vi* slip.
Aussage ['ausza:gə] *f* -, -**n** (*Jur*) statement; **a**~**n** *vt* say, state; *vi* (*Jur*) give evidence.
ausschalten ['ausʃaltən] *vt* switch off; (*fig*) eliminate.
Ausschank ['ausʃaŋk] *m* -**(e)s**, -**schänke** dispensing, giving out; (*Comm*) selling; (*Theke*) bar.
Ausschau ['ausʃau] *f*: ~ **halten** look out, watch (*nach* for); **a**~**en** *vi* look out (*nach* for), be on the look-out.
ausscheiden ['ausʃaɪdən] *irreg vt* separate; (*Med*) give off, secrete; *vi* leave (*aus etw* sth); (*Sport*) be eliminated *or* knocked out; **er scheidet für den Posten aus** he can't be considered for the job.
Ausscheidung *f* separation; retiral; elimination.
ausschenken ['ausʃɛŋkən] *vt* pour out; (*Comm*) sell.

ausschimpfen ['ausʃimpfən] *vt* scold, tell off.
ausschlachten ['ausʃlaxtən] *vt Auto* cannibalize; (*fig*) make a meal of.
ausschlafen ['ausʃla:fən] *irreg vir* have a long lie (in); *vt* sleep off; **ich bin nicht ausgeschlafen** I didn't have *or* get enough sleep.
Ausschlag ['ausʃla:k] *m* (*Med*) rash; (*Pendel*—) swing; (*Nadel*) deflection; **den ~ geben** (*fig*) tip the balance; **a~en** [-gən] *irreg vt* knock out; (*auskleiden*) deck out; (*verweigern*) decline; *vi* (*Pferd*) kick out; (*Bot*) sprout; (*Zeiger*) be deflected; **a~gebend** *a* decisive.
ausschließen ['ausʃli:sən] *vt irreg* shut *or* lock out; (*fig*) exclude; **ich will mich nicht ~** myself not excepted.
ausschließlich *a, ad* exclusive(ly); *prep +gen* excluding, exclusive of.
Ausschluß ['ausʃlus] *m* exclusion.
ausschmücken ['ausʃmʏkən] *vt* decorate; (*fig*) embellish.
ausschneiden ['ausʃnaidən] *vt irreg* cut out; *Büsche* trim.
Ausschnitt ['ausʃnit] *m* (*Teil*) section; (*von Kleid*) neckline; (*Zeitungs*—) cutting; (*aus Film etc*) excerpt.
ausschreiben ['ausʃraibən] *vt irreg* (*ganz schreiben*) write out (in full); (*ausstellen*) write (out); *Stelle, Wettbewerb etc* announce, advertise.
Ausschreitung ['ausʃraituŋ] *f* excess.
Ausschuß ['ausʃus] *m* committee, board; (*Abfall*) waste, scraps *pl*; (*Comm: also* **~ware** *f*) reject.
ausschütten ['ausʃʏtən] *vt* pour out; *Eimer* empty; *Geld* pay; *vr* shake (with laughter).
ausschweifend ['ausʃvaifənt] *a Leben* dissipated, debauched; *Phantasie* extravagant.
Ausschweifung *f* excess.
ausschweigen ['ausʃvaigən] *vr irreg* keep silent.
ausschwitzen ['ausʃvitsən] *vt* exude; (*Mensch*) sweat out.
aussehen ['ausze:ən] *vi irreg* look; **das sieht nach nichts aus** that doesn't look anything special; **es sieht nach Regen aus** it looks like rain; **es sieht schlecht aus** things look bad; **A~** *nt* **-s** appearance.
aussein ['aussain] *vi irreg* (*col*) be out; (*zu Ende*) be over.
außen ['ausən] *ad* outside; (*nach* —) outwards; **~ ist es rot** it's red (on the) outside; **A~antenne** *f* outside aerial; **A~bordmotor** *m* outboard motor.
aussenden ['auszɛndən] *vt irreg* send out, emit.
Außen- *cpd*: **~dienst** *m* outside *or* field service; (*von Diplomat*) foreign service; **~handel** *m* foreign trade; **~minister** *m* foreign minister; **~ministerium** *nt* foreign office; **~politik** *f* foreign policy; **~seite** *f* outside; **~seiter** *m* **-s, -**, **~stehende(r)** *mf* outsider; **~welt** *f* outside world.
außer ['ausər] *prep +dat* (*räumlich*) out of; (*abgesehen von*) except; **~ Gefahr sein** be out of danger; **~ Zweifel** beyond any doubt; **~ Betrieb** out of order; **~ sich** (*dat*) **sein/geraten** be beside o.s.; **~ Dienst** retired; **~ Landes** abroad; *cj* (*ausgenommen*) except; **~ wenn** unless; **~ daß** except; **~amtlich** *a* unofficial, private; **~dem** *cj* besides, in addition; **~dienstlich** *a* unofficial.
äußere(r,s) ['ɔʏsərə(r,z)] *a* outer, external.
außer- *cpd*: **~ehelich** *a* extramarital; **~gewöhnlich** *a* unusual; **~halb** *prep +gen, ad* outside; **A~kraftsetzung** *f* putting out of action.
äußer- *cpd*: **~lich** *a, ad* external; **~n** *vt* utter, express; (*zeigen*) show; *vr* give one's opinion; (*sich zeigen*) show itself.
außer- *cpd*: **~ordentlich** *a* extraordinary; **~planmäßig** *a* unscheduled; **~'stande** *ad* not in a position, unable.
äußerst ['ɔʏsərst] *ad* extremely, most; **~e(r,s)** *a* utmost; (*räumlich*) farthest; *Termin* last possible; *Preis* highest; **~enfalls** *ad* if the worst comes to the worst.
aussetzen ['auszɛtsən] *vt Kind, Tier* abandon; *Boote* lower; *Belohnung* offer; *Urteil, Verfahren* postpone; **jdn/sich etw** (*dat*) **~** lay sb/o.s. open to sth; **jdm/etw ausgesetzt sein** be exposed to sb/sth; **an jdm/etw etwas ~** find fault with sb/sth; *vi* (*aufhören*) stop; (*Pause machen*) drop out.
Aussicht ['auszɪçt] *f* view; (*in Zukunft*) prospect; **in ~ sein** be in view; **etw in ~ haben** have sth in view; **a~slos** *a* hopeless; **~spunkt** *m* viewpoint; **a~sreich** *a* promising; **~sturm** *m* observation tower.
aussöhnen ['auszǿ:nən] *vt* reconcile; *vr* reconcile o.s., become reconciled.
Aussöhnung *f* reconciliation.
aussondern ['auszɔndərn] *vt* separate, select.
aussortieren ['auszɔrti:rən] *vt* sort out.
ausspannen ['ausʃpanən] *vt* spread *or* stretch out; *Pferd* unharness; (*col*) *Mädchen* steal (*jdm* from sb); *vi* relax.
aussparen ['ausʃpa:rən] *vt* leave open.
aussperren ['ausʃpɛrən] *vt* lock out.
ausspielen ['ausʃpi:lən] *vt Karte* lead; *Geldprämie* offer as a prize; **jdn gegen jdn ~** play sb off against sb; *vi* (*Cards*) lead; **ausgespielt haben** be finished.
Aussprache ['ausʃpra:xə] *f* pronunciation; (*Unterredung*) (frank) discussion.
aussprechen ['ausʃprɛçən] *irreg vt* pronounce; (*zu Ende sprechen*) speak; (*äußern*) say, express; *vr* (*sich äußern*) speak (*über +acc* about); (*sich anvertrauen*) unburden o.s.; (*diskutieren*) discuss; *vi* (*zu Ende sprechen*) finish speaking.
Ausspruch ['ausʃprux] *m* saying, remark.
ausspülen ['ausʃpy:lən] *vt* wash out; *Mund* rinse.
ausstaffieren ['ausʃtafi:rən] *vt* equip, kit out; *Zimmer* furnish.
Ausstand ['ausʃtant] *m* strike; **in den ~ treten** go on strike.
ausstatten ['ausʃtatən] *vt Zimmer etc*

furnish; **jdn mit etw ~** equip sb *or* kit sb out with sth.

Ausstattung *f* (*Ausstatten*) provision; (*Kleidung*) outfit; (*Aussteuer*) dowry; (*Aufmachung*) make-up; (*Einrichtung*) furnishing.

ausstechen ['ausʃtɛçən] *vt irreg Augen, Rasen, Graben* dig out; *Kekse* cut out; (*übertreffen*) outshine.

ausstehen ['ausʃte:ən] *irreg vt* stand, endure; *vi* (*noch nicht dasein*) be outstanding.

aussteigen ['ausʃtaigən] *vi irreg* get out, alight.

ausstellen ['ausʃtɛlən] *vt* exhibit, display; (*col: ausschalten*) switch off; *Rechnung etc* make out; *Paß, Zeugnis* issue.

Ausstellung *f* exhibition; (*Fin*) drawing up; (*einer Rechnung*) making out; (*eines Passes etc*) issuing.

aussterben ['ausʃtɛrbən] *vi irreg* die out.

Aussteuer ['ausʃtɔyər] *f* dowry.

ausstopfen ['ausʃtɔpfən] *vt* stuff.

ausstoßen ['ausʃto:sən] *vt irreg Luft, Rauch* give off, emit; (*aus Verein etc*) expel, exclude; *Auge* poke out.

ausstrahlen ['ausʃtra:lən] *vti* radiate; (*Rad*) broadcast.

Ausstrahlung *f* radiation; (*fig*) charisma.

ausstrecken ['ausʃtrɛkən] *vtr* stretch out.

ausstreichen ['ausʃtraiçən] *vt irreg* cross out; (*glätten*) smooth out.

ausströmen ['ausʃtrø:mən] *vi* (*Gas*) pour out, escape; *vt* give off; (*fig*) radiate.

aussuchen ['auszu:xən] *vt* select, pick out.

Austausch ['austauʃ] *m* exchange; **a~bar** *a* exchangeable; **a~en** *vt* exchange, swop; **~motor** *m* reconditioned engine.

austeilen ['austailən] *vt* distribute, give out.

Auster ['austər] *f* **-, -n** oyster.

austoben ['austo:bən] *vr* (*Kind*) run wild; (*Erwachsene*) sow one's wild oats.

austragen ['austra:gən] *vt irreg Post* deliver; *Streit etc* decide; *Wettkämpfe* hold.

Austräger ['austrɛ:gər] *m* delivery boy; (*Zeitungs—*) newspaper boy.

austreiben ['austraibən] *vt irreg* drive out, expel; *Geister* exorcize.

austreten ['austre:tən] *irreg vi* (*zur Toilette*) be excused; **aus etw ~** leave sth; *vt Feuer* tread out, trample; *Schuhe* wear out; *Treppe* wear down.

austrinken ['austrɪŋkən] *irreg vt Glas* drain; *Getränk* drink up; *vi* finish one's drink, drink up.

Austritt ['austrɪt] *m* emission; (*aus Verein, Partei etc*) retirement, withdrawal.

austrocknen ['austrɔknən] *vti* dry up.

ausüben ['aus'y:bən] *vt Beruf* practise, carry out; *Funktion* perform; *Einfluß* exert; *Reiz, Wirkung* exercise, have (*auf jdn* on sb).

Ausübung *f* practice, exercise.

Ausverkauf ['ausfɛrkauf] *m* sale; **a~en** *vt* sell out; *Geschäft* sell up; **a~t** *a Karten, Artikel* sold out; (*Theat*) *Haus* full.

Auswahl ['ausva:l] *f* selection, choice (*an +dat* of).

auswählen ['ausvɛ:lən] *vt* select, choose.

Auswander- ['ausvandər] *cpd*: **~er** *m* emigrant; **a~n** *vi* emigrate; **~ung** *f* emigration.

auswärtig ['ausvɛrtɪç] *a* (*nicht am/vom Ort*) out-of-town; (*ausländisch*) foreign; **A~e(s) Amt** *nt* Foreign Office, State Department (*US*).

auswärts ['ausvɛrts] *ad* outside; (*nach außen*) outwards; **~ essen** eat out; **A~spiel** *nt* away game.

auswechseln ['ausvɛksəln] *vt* change, substitute.

Ausweg ['ausve:k] *m* way out; **a~los** *a* hopeless.

ausweichen ['ausvaiçən] *vi irreg*: **jdm/etw ~** (*lit*) move aside *or* make way for sb/sth; (*fig*) side-step sb/sth; **~d** *a* evasive.

ausweinen ['ausvainən] *vr* have a (good) cry.

Ausweis ['ausvais] *m* **-es, -e** identity card, passport; (*Mitglieds—, Bibliotheks— etc*) card; **a~en** [-zən] *irreg vt* expel, banish; *vr* prove one's identity; **~karte** *f*, **~papiere** *pl* identity papers *pl*; **~ung** *f* expulsion.

ausweiten ['ausvaitən] *vt* stretch.

auswendig ['ausvɛndɪç] *ad* by heart; **~ lernen** *vt* learn by heart.

auswert- ['ausvɛrt] *cpd*: **~en** *vt* evaluate; **A~ung** *f* evaluation, analysis; (*Nutzung*) utilization.

auswirk- ['ausvɪrk] *cpd*: **~en** *vr* have an effect; **A~ung** *f* effect.

auswischen ['ausvɪʃən] *vt* wipe out; **jdm eins ~** (*col*) put one over on sb.

Auswuchs ['ausvu:ks] *m* (out)growth; (*fig*) product.

auswuchten ['ausvuxtən] *vt* (*Aut*) balance.

auszacken ['austsakən] *vt Stoff etc* pink.

auszahlen ['austsa:lən] *vt Lohn, Summe* pay out; *Arbeiter* pay off; *Miterbe* buy out; *vr* (*sich lohnen*) pay.

auszählen ['austsɛ:lən] *vt Stimmen* count; (*Boxen*) count out.

auszeichnen ['austsaiçnən] *vt* honour; (*Mil*) decorate; (*Comm*) price; *vr* distinguish o.s.

Auszeichnung *f* distinction; (*Comm*) pricing; (*Ehrung*) awarding of decoration; (*Ehre*) honour; (*Orden*) decoration; **mit ~** with distinction.

ausziehen ['austsi:ən] *irreg vt Kleidung* take off; *Haare, Zähne, Tisch etc* pull out; (*nachmalen*) trace; *vr* undress; *vi* (*aufbrechen*) leave; (*aus Wohnung*) move out.

Auszug ['austsu:k] *m* (*aus Wohnung*) removal; (*aus Buch etc*) extract; (*Konto—*) statement; (*Ausmarsch*) departure.

Auto ['auto] *nt* **-s, -s** (motor-)car; **~fahren** drive; **~bahn** *f* motorway; **~fahrer(in** *f*) *m* motorist, driver; **~fahrt** *f* drive; **a~gen** [-'ge:n] *a* autogenous; **~'gramm** *nt* autograph; **~'mat** *m* **-en, -en** machine; **a~'matisch** *a* automatic; **a~'nom** [-'no:m] *a* autonomous.

Autopsie [autɔ'psi:] *f* post-mortem, autopsy.

Autor ['autɔr] *m* **-s, -en, Autorin** [au'to:rɪn] *f* author.
Auto- *cpd*: **~radio** *nt* car radio; **~reifen** *m* car tyre; **~rennen** *nt* motor racing.
autoritär [autori'tɛ:r] *a* authoritarian.
Autorität *f* authority.
Auto- *cpd*: **~unfall** *m* car *or* motor accident; **~verleih** *m* car hire.
Axt [akst] *f* **-, ¨e** axe.

B

B, b [be:] *nt* B, b.
Baby ['be:bi] *nt* **-s, -s** baby; **~ausstattung** *f* layette; **~sitter** ['be:bizɪtər] *m* **-s, -** baby-sitter.
Bach [bax] *m* **-(e)s, ¨e** stream, brook.
Back- [bak] *cpd*: **~blech** *nt* baking tray; **~bord** *nt* **-(e)s, -e** (*Naut*) port; **~e** *f* **-, -n** cheek; **b~en** *vti irreg* bake; **~enbart** *m* sideboards *pl*; **~enzahn** *m* molar.
Bäcker ['bɛkər] *m* **-s, -** baker; **~ei** [-'raɪ] *f* bakery; (*—laden*) baker's (shop).
Back- *cpd*: **~form** *f* baking tin; **~hähnchen** *nt* roast chicken; **~obst** *nt* dried fruit; **~ofen** *m* oven; **~pflaume** *f* prune; **~pulver** *nt* baking powder; **~stein** *m* brick.
Bad [ba:t] *nt* **-(e)s, ¨er** bath; (*Schwimmen*) bathe; (*Ort*) spa.
Bade- ['ba:də] *cpd*: **~anstalt** *f* (swimming) baths *pl*; **~anzug** *m* bathing suit; **~hose** *f* bathing *or* swimming trunks *pl*; **~kappe** *f* bathing cap; **~mantel** *m* bath(ing) robe; **~meister** *m* baths attendant; **b~n** *vi* bathe, have a bath; *vt* bath; **~ort** *m* spa; **~tuch** *nt* bath towel; **~wanne** *f* bath (tub); **~zimmer** *nt* bathroom.
baff [baf] *a*: **~ sein** (*col*) be flabbergasted.
Bagatelle [baga'tɛlə] *f* **-, -n** trifle.
Bagger ['bagər] *m* **-s, -** excavator; (*Naut*) dredger; **b~n** *vti* excavate; (*Naut*) dredge.
Bahn [ba:n] *f* **-, -en** railway, railroad (*US*); (*Weg*) road, way; (*Spur*) lane; (*Renn—*) track; (*Astron*) orbit; (*Stoff—*) length; **b~brechend** *a* pioneering; **~damm** *m* railway embankment; **b~en** *vt*: **sich/jdm einen Weg b~en** clear a way/a way for sb; **~fahrt** *f* railway journey; **~hof** *m* station; **auf dem ~hof** at the station; **~hofshalle** *f* station concourse; **-hofsvorsteher** *m* station-master; **~hofswirtschaft** *f* station restaurant; **~linie** *f* (railway) line; **~steig** *m* platform; **~steigkarte** *f* platform ticket; **~strecke** *f* (railway) line; **~übergang** *m* level crossing, grade crossing (*US*); **~wärter** *m* signalman.
Bahre ['ba:rə] *f* **-, -n** stretcher.
Bajonett [bajo'nɛt] *nt* **-(e)s, -e** bayonett.
Bakelit® [bake'li:t] *nt* **-s** Bakelite®.
Bakterien [bak'te:riən] *pl* bacteria *pl*.
Balance [ba'lã:sə] *f* **-, -n** balance, equilibrium.
balan'cieren *vti* balance.
bald [balt] *ad* (*zeitlich*) soon; (*beinahe*) almost; **~...~...** now... now...; **~ig** ['baldɪç] *a* early, speedy; **~möglichst** *ad* as soon as possible.
Baldrian ['baldria:n] *m* **-s, -e** valerian.
Balken ['balkən] *m* **-s, -** beam; (*Trag—*) girder; (*Stütz—*) prop.
Balkon [bal'kõ:] *m* **-s, -s** *or* **-e** balcony; (*Theat*) (dress) circle.
Ball [bal] *m* **-(e)s, ¨e** ball; (*Tanz*) dance, ball.
Ballade [ba'la:də] *f* **-, -n** ballad.
Ballast ['balast] *m* **-(e)s, -e** ballast; (*fig*) weight, burden.
Ballen ['balən] *m* **-s, -** bale; (*Anat*) ball; **b~** *vt* (*formen*) make into a ball; *Faust* clench; *vr* build up; (*Menschen*) gather.
Ballett [ba'lɛt] *nt* **-(e)s, -e** ballet; **~(t)änzer(in** *f*) *m* ballet dancer.
Ball- *cpd*: **~junge** *m* ball boy; **~kleid** *nt* evening dress.
Ballon [ba'lõ:] *m* **-s, -s** *or* **-e** balloon.
Ballspiel *nt* ball game.
Ballung ['baluŋ] *f* concentration; (*von Energie*) build-up; **~sgebiet** *nt* conurbation.
Bambus ['bambus] *m* **-ses, -se** bamboo; **~rohr** *nt* bamboo cane.
Bammel ['baməl] *m* **-s** (*col*) **(einen) ~ haben vor jdm/etw** be scared of sb/sth.
banal [ba'na:l] *a* banal; **B~ität** [banali'tɛ:t] *f* banality.
Banane [ba'na:nə] *f* **-, -n** banana.
Banause [ba'nauzə] *m* **-n, -n** philistine.
Band [bant] *m* **-(e)s, ¨e** (*Buch—*) volume; *nt* **-(e)s, ¨er** (*Stoff—*) ribbon, tape; (*Fließ—*) production line; (*Faß—*) hoop; (*Ton—*) tape; (*Anat*) ligament; **etw auf ~ aufnehmen** tape sth; **am laufenden ~** (*col*) non-stop; *nt* **-(e)s, -e** (*Freundschafts— etc*) bond; [bɛnt] *f* **-, -s** band, group.
Bandage [ban'da:ʒə] *f* **-, -n** bandage.
banda'gieren *vt* bandage.
Bande ['bandə] *f* **-, -n** band; (*Straßen—*) gang.
bändigen ['bɛndɪgən] *vt Tier* tame; *Trieb, Leidenschaft* control, restrain.
Bandit [ban'di:t] *m* **-en, -en** bandit.
Band- *cpd*: **~maß** *nt* tape measure; **~säge** *f* band saw; **~scheibe** *f* (*Anat*) disc; **~wurm** *m* tapeworm.
bange ['baŋə] *a* scared; (*besorgt*) anxious; **jdm wird es ~** sb is becoming scared; **jdm ~ machen** scare sb; **B~macher** *m* **-s, -** scaremonger; **~n** *vi*: **um jdn/etw ~n** be anxious *or* worried about sb/sth.
Banjo ['banjo, 'bɛndʒo] *nt* **-s, -s** banjo.
Bank [baŋk] *f* **-, ¨e** (*Sitz—*) bench; (*Sand— etc*) (sand)bank *or* -bar; *f* **-, -en** (*Geld—*) bank; **~anweisung** *f* banker's order; **~beamte(r)** *m* bank clerk.
Bankett [baŋ'kɛt] *nt* **-(e)s, -e** (*Essen*) banquet; (*Straßenrand*) verge.
Bankier [baŋki'e:] *m* **-s, -s** banker.
Bank- *cpd*: **~konto** *m* bank account; **~note** *f* banknote; **~raub** *m* bank robbery.
Bankrott [baŋ'krɔt] *m* **-(e)s, -e** bankruptcy; **~ machen** go bankrupt; **b~** *a* bankrupt.

Bann [ban] *m* **-(e)s, -e** (*Hist*) ban; (*Kirchen—*) excommunication; (*fig*: *Zauber*) spell; **b~en** *vt Geister* exorcise; *Gefahr* avert; (*bezaubern*) enchant; (*Hist*) banish; **~er** *nt* **-s, -** banner, flag.

bar [ba:r] *a* (*unbedeckt*) bare; (*frei von*) lacking (*gen* in); (*offenkundig*) utter, sheer; **~e(s) Geld** cash; **etw (in) ~ bezahlen** pay sth (in) cash; **etw für ~e Münze nehmen** (*fig*) take sth at its face value; **B~** *f* **-, -s** bar.

Bär [bɛ:r] *m* **-en, -en** bear.

Baracke [ba'rakə] *f* **-, -n** hut, barrack.

barbarisch [bar'ba:rɪʃ] *a* barbaric, barbarous.

Bar- *cpd*: **~bestand** *m* money in hand; **b~fuß** *a* barefoot; **~geld** *nt* cash, ready money; **b~geldlos** *a* non-cash; **b~häuptig** *a* bareheaded; **~hocker** *m* bar stool; **~kauf** *m* cash purchase; **~keeper** ['ba:rki:pər] *m* **-s, -**, **~mann** *m* barman, bartender.

barmherzig [barm'hɛrtsɪç] *a* merciful, compassionate; **B~keit** *f* mercy, compassion.

Barometer [baro'me:tər] *nt* **-s, -** barometer.

Baron [ba'ro:n] *m* **-s, -e** baron; **~esse** [baro'nɛsə] *f* **-, -n**, **~in** *f* baroness.

Barren ['barən] *m* **-s, -** parallel bars *pl*; (*Gold—*) ingot.

Barriere [bari'ɛ:rə] *f* **-, -n** barrier.

Barrikade [bari'ka:də] *f* **-, -n** barricade.

Barsch [ba:rʃ] *m* **-(e)s, -e** perch; **b~** [barʃ] *a* brusque, gruff.

Bar- *cpd*: **~schaft** *f* ready money; **~scheck** *m* open *or* uncrossed cheque.

Bart [ba:rt] *m* **-(e)s, ¨e** beard; (*Schlüssel—*) bit.

bärtig ['bɛ:rtɪç] *a* bearded.

Barzahlung *f* cash payment.

Base ['ba:zə] *f* **-, -n** (*Chem*) base; (*Kusine*) cousin.

basieren [ba'zi:rən] *vt* base; *vi* be based.

Basis ['ba:zɪs] *f* **-, Basen** basis.

basisch ['ba:zɪʃ] *a* (*Chem*) alkaline.

Baß [bas] *m* **Basses, Bässe** bass; **~schlüssel** *m* bass clef; **~stimme** *f* bass voice.

Bassin [ba'sɛ̃:] *nt* **-s, -s** pool.

Bassist [ba'sɪst] *m* bass.

Bast [bast] *m* **-(e)s, -e** raffia; **b~eln** *vt* make; *vi* do handicrafts.

Bataillon [batal'jo:n] *nt* **-s, -e** battalion.

Batist [ba'tɪst] *m* **-(e)s, -e** batiste.

Batterie [batə'ri:] *f* battery.

Bau [baʊ] *m* **-(e)s** (*Bauen*) building, construction; (*Aufbau*) structure; (*Körper—*) frame; (*Baustelle*) building site; *pl* **~e** (*Tier—*) hole, burrow; (*Min*) working(s); *pl* **~ten** (*Gebäude*) building; **sich im ~ befinden** be under construction; **~arbeiter** *m* building worker.

Bauch [baʊx] *m* **-(e)s, Bäuche** belly; (*Anat auch*) stomach, abdomen; **~fell** *nt* peritoneum; **b~ig** *a* bulging; **~muskel** *m* abdominal muscle; **~redner** *m* ventriloquist; **~tanz** *m* belly dance; belly dancing; **~schmerzen** *pl*, **~weh** *nt* stomach-ache.

bauen ['baʊən] *vti* build; (*Tech*) construct; **auf jdn/etw ~** depend *or* count upon sb/sth.

Bauer ['baʊər] *m* **-n** *or* **-s, -n** farmer; (*Schach*) pawn; *nt or m* **-s, -** (*Vogel—*) cage.

Bäuerin ['bɔʏərɪn] *f* farmer; (*Frau des Bauers*) farmer's wife.

bäuerlich *a* rustic.

Bauern- *cpd*: **~brot** *nt* black bread; **~fänge'rei** *f* deception; **~haus** *nt* farmhouse; **~hof** *m* farm(yard); **~schaft** *f* farming community.

Bau- *cpd*: **b~fällig** *a* dilapidated; **~fälligkeit** *f* dilapidation; **~firma** *f* construction firm; **~führer** *m* site foreman; **~gelände** *f* building site; **~genehmigung** *f* building permit; **~herr** *m* purchaser; **~kasten** *m* box of bricks; **~kosten** *pl* construction costs *pl*; **~land** *nt* building land; **~leute** *pl* building workers *pl*; **b~lich** *a* structural.

Baum [baʊm] *m* **-(e)s, Bäume** tree.

baumeln ['baʊməln] *vi* dangle.

bäumen ['bɔʏmən] *vr* rear (up).

Baum- *cpd*: **~schule** *f* nursery; **~stamm** *m* tree trunk; **~stumpf** *m* tree stump; **~wolle** *f* cotton.

Bau- *cpd*: **~plan** *m* architect's plan; **~platz** *m* building site.

Bausch [baʊʃ] *m* **-(e)s, Bäusche** (*Watte—*) ball, wad; **in ~ und Bogen** (*fig*) lock, stock and barrel; **b~en** *vtir* puff out; **b~ig** *a* baggy, wide.

Bau- *cpd*: **b~sparen** *vi insep* save with a building society; **~sparkasse** *f* building society; **~stein** *m* building stone, freestone; **~stelle** *f* building site; **~teil** *nt* prefabricated part (of building); **~unternehmer** *m* contractor, builder; **~weise** *f* (method of) construction; **~werk** *nt* building; **~zaun** *m* hoarding.

Bazillus [ba'tsɪlʊs] *m* **-, Bazillen** bacillus.

beabsichtigen [bə''apzɪçtɪgən] *vt* intend.

beachten [bə''axtən] *vt* take note of; *Vorschrift* obey; *Vorfahrt* observe; **~swert** *a* noteworthy.

beachtlich *a* considerable.

Beachtung *f* notice, attention, observation.

Beamte(r) [bə''amtə(r)] *m* **-n, -n**, **Beamtin** *f* official, civil servant; (*Bank— etc*) employee.

beängstigend [bə''ɛŋstɪgənt] *a* alarming.

beanspruchen [bə''anʃprʊxən] *vt* claim; *Zeit, Platz* take up, occupy; *Mensch* take up sb's time.

beanstanden [bə''anʃtandən] *vt* complain about, object to.

Beanstandung *f* complaint.

beantragen [bə''antra:gən] *vt* apply for, ask for.

beantworten [bə''antvɔrtən] *vt* answer.

Beantwortung *f* reply (*gen* to).

bearbeiten [bə''arbaɪtən] *vt* work; *Material* process; *Thema* deal with; *Land* cultivate; (*Chem*) treat; *Buch* revise; (*col: beeinflussen wollen*) work on.

Bearbeitung *f* processing; treatment; cultivation; revision.

Beatmung [bə''a:tmuŋ] *f* respiration.
beaufsichtigen [bə''aufzıçtıgən] *vt* supervise.
Beaufsichtigung *f* supervision.
beauftragen [bə''auftra:gən] *vt* instruct; **jdn mit etw ~** entrust sb with sth.
bebauen [bə'bauən] *vt* build on; (*Agr*) cultivate.
beben ['be:bən] *vi* tremble, shake; **B~** *nt* **-s** - earthquake.
bebildern [bə'bıldərn] *vt* illustrate.
Becher ['bɛçər] *nt* **-s, -** mug; (*ohne Henkel*) tumbler.
Becken ['bɛkən] *nt* **-s, -** basin; (*Mus*) cymbal; (*Anat*) pelvis.
bedacht [bə'daxt] *a* thoughtful, careful; **auf etw** (*acc*) **~ sein** be concerned about sth.
bedächtig [bə'dɛçtıç] *a* (*umsichtig*) thoughtful, reflective; (*langsam*) slow, deliberate.
bedanken [bə'daŋkən] *vr* say thank you (*bei jdm* to sb).
Bedarf [bə'darf] *m* **-(e)s** need, requirement; (*Comm*) demand; supply; **je nach ~** according to demand; **bei ~** if necessary; **~ an etw** (*dat*) **haben** be in need of sth; **~sartikel** *m* requisite; **~sfall** *m* case of need; **~shaltestelle** *f* request stop.
bedauerlich [bə'dauərlıç] *a* regrettable.
bedauern [bə'dauərn] *vt* be sorry for; (*bemitleiden*) pity; **B~** *nt* **-s** regret; **~swert** *a Zustände* regrettable; *Mensch* pitiable, unfortunate.
bedecken [bə'dɛkən] *vt* cover.
bedeckt *a* covered; *Himmel* overcast.
bedenken [bə'dɛŋkən] *vt irreg* think (over), consider; **B~** *nt* **-s, -** (*Überlegen*) consideration; (*Zweifel*) doubt; (*Skrupel*) scruple.
bedenklich *a* doubtful; (*bedrohlich*) dangerous, risky.
Bedenkzeit *f* time for reflection.
bedeuten [bə'dɔytən] *vt* mean; signify; (*wichtig sein*) be of importance; **~d** *a* important; (*beträchtlich*) considerable.
Bedeutung *f* meaning; significance; (*Wichtigkeit*) importance; **b~slos** *a* insignificant, unimportant; **b~svoll** *a* momentous, significant.
bedienen [bə'di:nən] *vt* serve; *Maschine* work, operate; *vr* (*beim Essen*) help o.s.; (*gebrauchen*) make use (*gen* of).
Bedienung *f* service; (*Kellnerin*) waitress; (*Verkäuferin*) shop assistant; (*Zuschlag*) service (charge).
bedingen [bə'dıŋən] *vt* (*voraussetzen*) demand, involve; (*verursachen*) cause, occasion.
bedingt *a* limited, conditional; *Reflex* conditioned.
Bedingung *f* condition; (*Voraussetzung*) stipulation; **~sform** *f* (*Gram*) conditional; **b~slos** *a* unconditional.
bedrängen [bə'drɛŋən] *vt* pester, harass.
Bedrängung *f* trouble.
bedrohen [bə'dro:ən] *vt* threaten.
bedrohlich *a* ominous, threatening.
Bedrohung *f* threat, menace.
bedrucken [bə'drʊkən] *vt* print on.
bedrücken [bədrʏkən] *vt* oppress, trouble.
bedürf- [bə'dʏrf] *cpd*: **~en** *vi irreg +gen* need, require; **B~nis** *nt* **-ses, -se** need; **B~nis nach etw haben** need sth; **B~nisanstalt** *f* public convenience, comfort station (*US*); **~nislos** *a* frugal, modest; **~tig** *a* in need (*gen* of), poor, needy.
beehren [bə''e:rən] *vt* honour; **wir ~ uns** we have pleasure in.
beeilen [bə''aılən] *vt* hurry.
beeindrucken [bə''aındrʊkən] *vt* impress, make an impression on.
beeinflussen [bə''ainflʊsən] *vt* influence.
Beeinflussung *f* influence.
beeinträchtigen [bə''aıntrɛçtıgən] *vt* affect adversely; *Freiheit* infringe upon.
beend(ig)en [bə''ɛnd(ıg)ən] *vt* end, finish, terminate.
Beend(ig)ung *f* end(ing), finish(ing).
beengen [bə''ɛŋən] *vt* cramp; (*fig*) hamper, oppress.
beerben [bə''ɛrbən] *vt* inherit from.
beerdigen [bə''e:rdıgən] *vt* bury.
Beerdigung *f* funeral, burial; **~sunternehmer** *m* undertaker.
Beere ['be:rə] *f* **-, -n** berry; (*Trauben—*) grape.
Beet [be:t] *nt* **-(e)s, -e** bed.
befähigen [bə'fɛ:ıgən] *vt* enable.
befähigt *a* (*begabt*) talented; (*fähig*) capable (*für* of).
Befähigung *f* capability; (*Begabung*) talent, aptitude.
befahrbar [bə'fa:rba:r] *a* passable; (*Naut*) navigable.
befahren [bə'fa:rən] *vt irreg* use, drive over; (*Naut*) navigate; *a* used.
befallen [bə'falən] *vt irreg* come over.
befangen [bə'faŋən] *a* (*schüchtern*) shy, self-conscious; (*voreingenommen*) biased; **B~heit** *f* shyness; bias.
befassen [bə'fasən] *vr* concern o.s.
Befehl [bə'fe:l] *m* **-(e)s, -e** command, order; **b~en** *irreg vt* order; **jdm etw b~en** order sb to do sth; *vi* give orders; **b~igen** *vt* be in command of; **~sempfänger** *m* subordinate; **~sform** *f* (*Gram*) imperative; **~shaber** *m* **-s, -** commanding officer; **~sverweigerung** *f* insubordination.
befestigen [bə'fɛstıgən] *vt* fasten (*an +dat* to); (*stärken*) strengthen; (*Mil*) fortify.
Befestigung *f* fastening; strengthening; (*Mil*) fortification.
befeuchten [bə'fɔyçtən] *vt* damp(en), moisten.
befinden [bə'fındən] *irreg vr* be; (*sich fühlen*) feel; *vt*: **jdn/etw für** *or* **als etw ~** deem sb/sth to be sth; *vi* decide (*über +acc* on), adjudicate; **B~** *nt* **-s** health, condition; (*Meinung*) view, opinion.
befliegen [bə'fli:gən] *vt irreg* fly to.
befolgen [bə'fɔlgən] *vt* comply with, follow.
befördern [bə'fœrdərn] *vt* (*senden*) transport, send; (*beruflich*) promote.

Beförderung *f* transport, conveyance; promotion; **~skosten** *pl* transport costs *pl.*
befragen [bə'fra:gən] *vt* question.
befreien [bə'fraıən] *vt* set free; (*erlassen*) exempt.
Befreier *m* **-s, -** liberator.
Befreiung *f* liberation, release; (*Erlassen*) exemption.
befremden [bə'frɛmdən] *vt* surprise, disturb; **B~** *nt* **-s** surprise, astonishment.
befreunden [bə'frɔʏndən] *vr* make friends; (*mit Idee etc*) acquaint o.s.
befreundet *a* friendly.
befriedigen [bə'fri:dıgən] *vt* satisfy; **~d** *a* satisfactory.
Befriedigung *f* satisfaction, gratification.
befristet [bə'frıstət] *a* limited.
befruchten [bə'frʊxtən] *vt* fertilize; (*fig*) stimulate.
Befugnis [bə'fu:knıs] *f* **-, -se** authorization, powers *pl.*
befugt *a* authorized, entitled.
befühlen [bə'fy:lən] *vt* feel, touch.
Befund [bə'fʊnt] *m* **-(e)s, -e** findings *pl*; (*Med*) diagnosis.
befürchten [bə'fʏrçtən] *vt* fear.
Befürchtung *f* fear, apprehension.
befürwort- [bə'fy:rvɔrt] *cpd*: **~en** *vt* support, speak in favour of; **B~er** *m* **-s, -** supporter, advocate; **B~ung** *f* support(ing), favouring.
begabt [bə'ga:pt] *a* gifted.
Begabung [bə'ga:bʊŋ] *f* talent, gift.
begatten [bə'gatən] *vr* mate; *vt* mate *or* pair (with).
begeben [bə'ge:bən] *vr irreg* (*gehen*) proceed (*zu, nach* to); (*geschehen*) occur; **B~heit** *f* occurrence.
begegnen [bə'ge:gnən] *vi* meet (*jdm* sb); meet with (*etw* (*dat*) sth); (*behandeln*) treat (*jdm* sb); **Blicke ~ sich** eyes meet.
Begegnung *f* meeting.
begehen [bə'ge:ən] *vt irreg Straftat* commit; (*abschreiten*) cover; *Straße etc* use, negotiate; *Feier* celebrate.
begehren [bə'ge:rən] *vt* desire; **~swert** *a* desirable.
begehrt *a* in demand; *Junggeselle* eligible.
begeistern [bə'gaıstərn] *vt* fill with enthusiasm, inspire; *vr*: **sich für etw ~** get enthusiastic about sth.
begeistert *a* enthusiastic.
Begeisterung *f* enthusiasm.
Begierde [bə'gi:rdə] *f* **-, -n** desire, passion.
begierig [bə'gi:rıç] *a* eager, keen.
begießen [bə'gi:sən] *vt irreg* water; (*mit Alkohol*) drink to.
Beginn [bə'gın] *m* **-(e)s** beginning; **zu ~** at the beginning; **b~en** *vti irreg* start, begin.
beglaubigen [bə'glaʊbıgən] *vt* countersign.
Beglaubigung *f* countersignature; **~sschreiben** *nt* credentials *pl.*
begleichen [bə'glaıçən] *vt irreg* settle, pay.
Begleit- [bə'glaıt] *cpd*: **b~en** *vt* accompany; (*Mil*) escort; **~er** *m* **-s, -** companion; (*Freund*) escort; (*Mus*) accompanist; **~erscheinung** *f* concomitant (occurrence); **~musik** *f* accompaniment; **~schiff** *nt* escort vessel; **~schreiben** *nt* covering letter; **~umstände** *pl* concomitant circumstances *pl*; **~ung** *f* company; (*Mil*) escort; (*Mus*) accompaniment.
beglücken [bə'glʏkən] *vt* make happy, delight.
beglückwünschen [bə'glʏkvʏnʃən] *vt* congratulate (*zu* on).
Beglückwünschung *f* congratulation, good wishes *pl.*
begnadigen [bə'gna:dıgən] *vt* pardon.
Begnadigung *f* pardon, amnesty.
begnügen [bə'gny:gən] *vr* be satisfied, content o.s.
Begonie [bə'go:niə] *f* begonia.
begraben [bə'gra:bən] *vt irreg* bury.
Begräbnis [bə'grɛ:pnıs] *nt* **-ses, -se** burial, funeral.
begradigen [bə'gra:dıgən] *vt* straighten (out).
begreifen [bə'graıfən] *vt irreg* understand, comprehend.
begreiflich [bə'graıflıç] *a* understandable.
Begrenztheit [bə'grɛntsthaıt] *f* limitation, restriction; (*fig*) narrowness.
Begriff [bə'grıf] *m* **-(e)s, -e** concept, idea; **im ~ sein, etw zu tun** be about to do sth; **schwer von ~** (*col*) slow, dense; **~sbestimmung** *f* definition; **b~sstutzig** *a* dense, slow.
begründ- [bə'grʏnd] *cpd*: **~en** *vt* (*Gründe geben*) justify; **~et** *a* well-founded, justified; **B~ung** *f* justification, reason.
begrüßen [bə'gry:sən] *vt* greet, welcome; **~swert** *a* welcome.
Begrüßung *f* greeting, welcome.
begünstigen [bə'gʏnstıgən] *vt Person* favour; *Sache* further, promote.
begutachten [bə'gu:t'axtən] *vt* assess.
begütert [bə'gy:tərt] *a* wealthy, well-to-do.
behaart [bə'ha:rt] *a* hairy.
behäbig [bə'hɛ:bıç] *a* (*dick*) portly, stout; (*geruhsam*) comfortable.
behaftet [bə'haftət] *a*: **mit etw ~ sein** be afflicted by sth.
behagen [bə'ha:gən] *vi*: **das behagt ihm nicht** he does not like it; **B~** *nt* **-s** comfort, ease.
behaglich [bə'ha:klıç] *a* comfortable, cosy; **B~keit** *f* comfort, cosiness.
behalten [bə'haltən] *vt irreg* keep, retain; (*im Gedächtnis*) remember.
Behälter [bə'hɛltər] *m* **-s, -** container, receptacle.
behandeln [bə'handəln] *vt* treat; *Thema* deal with; *Maschine* handle.
Behandlung *f* treatment; (*von Maschine*) handling.
beharren [bə'harən] *vi*: **auf etw** (*dat*) **~** stick *or* keep to sth.
beharrlich [bə'harlıç] *a* (*ausdauernd*) steadfast, unwavering; (*hartnäckig*) tenacious, dogged; **B~keit** *f* steadfastness; tenacity.
behaupten [bə'haʊptən] *vt* claim, assert,

maintain; *sein Recht* defend; *vr* assert o.s.
Behauptung *f* claim, assertion.
Behausung [bə'haυzυŋ] *f* dwelling, abode; (*armselig*) hovel.
beheimatet [bə'haɪma:tət] *a* domiciled; *Tier, Pflanze* with its habitat in.
beheizen [bə'haɪtsən] *vt* heat.
Behelf [bə'hεlf] *m* **-(e)s, -e** expedient, makeshift; **b~en** *vr irreg*: **sich mit etw b~en** make do with sth; **b~smäßig** *a* improvised, makeshift; (*vorübergehend*) temporary.
behelligen [bə'hεlɪgən] *vt* trouble, bother.
Behendigkeit [bə'hεndɪçkaɪt] *f* agility, quickness.
beherbergen [bə'hεrbεrgən] *vt* put up, house.
beherrschen [bə'hεrʃən] *vt Volk* rule, govern; *Situation* control; *Sprache, Gefühle* master; *vr* control o.s.
beherrscht *a* controlled; **B~heit** *f* self-control.
Beherrschung *f* rule; control; mastery.
beherzigen [bə'hεrtsɪgən] *vt* take to heart.
beherzt *a* spirited, brave.
behilflich [bə'hɪlflɪç] *a* helpful; **jdm ~ sein** help sb (*bei* with).
behindern [bə'hɪndərn] *vt* hinder, impede.
Behinderte(r) *mf* disabled person.
Behinderung *f* hindrance; (*Körper—*) handicap.
Behörde [bə'hø:rdə] *f* **-, -n** authorities *pl.*
behördlich [bə'hø:rtlɪç] *a* official.
behüten [bə'hy:tən] *vt* guard; **jdn vor etw** (*dat*) **~** preserve sb from sth.
behutsam [bə'hu:tza:m] *a* cautious, careful; **B~keit** *f* caution, carefulness.
bei [baɪ] *prep +dat* (*örtlich*) near, by; (*zeitlich*) at, on; (*während*) during; **~m Friseur** at the hairdresser's; **~ uns** at our place; **~ einer Firma arbeiten** work for a firm; **~ Nacht** at night; **~ Nebel** in fog; **~ Regen** if it rains; **etw ~ sich haben** have sth on one; **jdn ~ sich haben** have sb with one; **~ Goethe** in Goethe; **~m Militär** in the army; **~m Fahren** while driving.
beibehalten ['baɪbəhaltən] *vt irreg* keep, retain.
Beibehaltung *f* keeping, retaining.
Beiblatt ['baɪblat] *nt* supplement.
beibringen ['baɪbrɪŋən] *vt irreg Beweis, Zeugen* bring forward; *Gründe* adduce; **jdm etw ~** (*zufügen*) inflict sth on sb; (*zu verstehen geben*) make sb understand sth; (*lehren*) teach sb sth.
Beichte ['baɪçtə] *f* **-, -n** confession; **b~n** *vt* confess; *vi* go to confession.
Beicht- *cpd*: **~geheimnis** *nt* secret of the confessional; **~stuhl** *m* confessional.
beide(s) ['baɪdə(z)] *pron, a* both; **meine ~n Brüder** my two brothers, both my brothers; **die ersten ~n** the first two; **wir ~** we two; **einer von ~n** one of the two; **alles ~s** both (of them); **~mal** *ad* both times; **~rlei** *a* of both; **~rseitig** *a* mutual, reciprocal; **~rseits** *ad* mutually; *prep +gen* on both sides of.
beidrehen [baɪdre:ən] *vi* heave to.
beieinander [baɪ'aɪ'nandər] *ad* together.
Beifahrer ['baɪfa:rər] *m* passenger; **~sitz** *m* passenger seat.
Beifall ['baɪfal] *m* **-(e)s** applause; (*Zustimmung*) approval.
beifällig ['baɪfεlɪç] *a* approving; *Kommentar* favourable.
Beifilm ['baɪfɪlm] *m* supporting film.
beifügen ['baɪfy:gən] *vt* enclose.
beige ['bε:ʒə] *a* beige, fawn.
beigeben ['baɪge:bən] *irreg vt* (*zufügen*) add; (*mitgeben*) give; *vi* (*nachgeben*) give in (*dat* to).
Beigeschmack ['baɪgeʃmak] *m* aftertaste.
Beihilfe ['baɪhɪlfə] *f* aid, assistance; (*Studien—*) grant; (*Jur*) aiding and abetting.
beikommen ['baɪkɔmən] *vi irreg* (+*dat*) get at; (*einem Problem*) deal with.
Beil [baɪl] *nt* **-(e)s, -e** axe, hatchet.
Beilage [baɪla:gə] *f* (*Buch— etc*) supplement; (*Cook*) vegetables and potatoes *pl.*
beiläufig ['baɪlɔyfɪç] *a* casual, incidental; *ad* casually, by the way.
beilegen ['baɪle:gən] *vt* (*hinzufügen*) enclose, add; (*beimessen*) attribute, ascribe; *Streit* settle.
beileibe [baɪ'laɪbə] : **~ nicht** *ad* by no means.
Beileid ['baɪlaɪt] *nt* condolence, sympathy; **herzliches ~** deepest sympathy.
beiliegend ['baɪli:gənt] *a* (*Comm*) enclosed.
beim [baɪm] = **bei dem**.
beimessen ['baɪmεsən] *vt irreg* attribute, ascribe (*dat* to).
Bein [baɪn] *nt* **-(e)s, -e** leg; **~bruch** *m* fracture of the leg.
beinah(e) ['baɪna:(ə)] *ad* almost, nearly.
beinhalten [bə''ɪnhaltən] *vt* contain.
beipflichten ['baɪpflɪçtən] *vi*: **jdm/etw ~** agree with sb/sth.
Beirat ['baɪra:t] *m* legal adviser; (*Körperschaft*) advisory council; (*Eltern—*) parents' council.
beirren [bə''ɪrən] *vt* confuse, muddle; **sich nicht ~ lassen** not let o.s. be confused.
beisammen [baɪ'zamən] *ad* together; **B~sein** *nt* **-s** get-together.
Beischlaf ['baɪʃla:f] *m* sexual intercourse.
Beisein ['baɪzaɪn] *nt* **-s** presence.
beiseite [baɪ'zaɪtə] *ad* to one side, aside; *stehen* on one side, aside; **etw ~ legen** (*sparen*) put sth by; **jdn/etw ~ schaffen** put sb/get sth out of the way.
beisetzen ['baɪzεtsən] *vt* bury.
Beisetzung *f* funeral.
Beisitzer ['baɪzɪtsər] *m* **-s, -** (*bei Prüfung*) assessor.
Beispiel ['baɪʃpi:l] *nt* **-(e)s, -e** example; **sich an jdm ein ~ nehmen** take sb as an example; **zum ~** for example; **b~haft** *a* exemplary; **b~los** *a* unprecedented, unexampled; **b~sweise** *ad* for instance *or* example.
beispringen ['baɪʃprɪŋən] *vi irreg*: **jdm ~** come to the aid of sb.
beißen ['baɪsən] *irreg vti* bite; (*stechen:*

Rauch, Säure) burn; *vr* (*Farben*) clash; **~d** *a* biting, caustic; (*fig auch*) sarcastic.
Beißzange ['baɪs-tsaŋə] *f* pliers *pl.*
Beistand ['baɪʃtant] *m* **-(e)s, ¨e** support, help; (*Jur*) adviser.
beistehen ['baɪʃteːən] *vi irreg*: **jdm ~** stand by sb.
beisteuern ['baɪʃtɔʏərn] *vt* contribute.
beistimmen ['baɪʃtɪmən] *vi* (+*dat*) agree with.
Beistrich ['baɪʃtrɪç] *m* comma.
Beitrag ['baɪtraːk] *m* **-(e)s, ¨e** contribution; (*Zahlung*) fee, subscription; (*Versicherungs—*) premium; **b~en** ['baɪtraːgən] *vt irreg* contribute (*zu* to); (*mithelfen*) help (*zu* with); **~szahlende(r)** *mf* fee-paying member.
beitreten ['baɪtreːtən] *vi irreg* join (*einem Verein* a club).
Beitritt ['baɪtrɪt] *m* joining, membership; **~serklärung** *f* declaration of membership.
Beiwagen ['baɪvaːgən] *m* (*Motorrad—*) sidecar; (*Straßenbahn—*) extra carriage.
beiwohnen ['baɪvoːnən] *vi*: **einer Sache** (*dat*) **~** attend *or* be present at sth.
Beiwort ['baɪvɔrt] *nt* adjective.
Beize ['baɪtsə] *f* **-, -n** (*Holz—*) stain; (*Cook*) marinade.
beizeiten [baɪ'tsaɪtən] *ad* in time.
bejahen [bə'jaːən] *vt Frage* say yes to, answer in the affirmative; (*gutheißen*) agree with.
bejahrt [bə'jaːrt] *a* aged, elderly.
bejammern [bə'jamərn] *vt* lament, bewail; **~swert** *a* lamentable.
bekämpfen [bə'kɛmpfən] *vt Gegner* fight; *Seuche* combat; *vr* fight.
Bekämpfung *f* fight *or* struggle against.
bekannt [bə'kant] *a* (well-)known; (*nicht fremd*) familiar; **mit jdm ~ sein** know sb; **jdn mit jdm ~ machen** introduce sb to sb; **sich mit etw ~ machen** familiarize o.s. with sth; **das ist mir ~** I know that; **es/sie kommt mir ~ vor** it/she seems familiar; **durch etw ~ werden** become famous because of sth; **B~e(r)** *mf* friend, acquaintance; **B~enkreis** *m* circle of friends; **B~gabe** *f* announcement; **~geben** *vt irreg* announce publicly; **~lich** *ad* as is well known, as you know; **~machen** *vt* announce; **B~machung** *f* publication; announcement; **B~schaft** *f* acquaintance.
bekehren [bə'keːrən] *vt* convert; *vr* become converted.
Bekehrung *f* conversion.
bekennen [bə'kɛnən] *vt irreg* confess; *Glauben* profess; **Farbe ~** (*col*) show where one stands.
Bekenntnis [bə'kɛntnɪs] *nt* **-ses, -se** admission, confession; (*Religion*) confession, denomination; **~schule** *f* denominational school.
beklagen [bə'klaːgən] *vt* deplore, lament; *vr* complain; **~swert** *a* lamentable, pathetic.
beklatschen [bə'klatʃən] *vt* applaud, clap.
bekleben [bə'kleːbən] *vt*: **etw mit Bildern ~** stick pictures onto sth.
bekleiden [bə'klaɪdən] *vt* clothe; *Amt* occupy, fill.
Bekleidung *f* clothing; **~sindustrie** *f* clothing industry, rag trade.
beklemmen [bə'klɛmən] *vt* oppress.
beklommen [bə'klɔmən] *a* anxious, uneasy; **B~heit** *f* anxiety, uneasiness.
bekommen [bə'kɔmən] *irreg vt* get, receive; *Kind* have; *Zug* catch, get; *vi*: **jdm ~** agree with sb.
bekömmlich [bə'kœmlɪç] *a* wholesome, easily digestible.
bekräftigen [bə'krɛftɪgən] *vt* confirm, corroborate.
Bekräftigung *f* corroboration.
bekreuzigen [bə'krɔʏtsɪgən] *vr* cross o.s.
bekritteln [bə'krɪtəln] *vt* criticize, pick holes in.
bekümmern [bə'kʏmərn] *vt* worry, trouble.
bekunden [bə'kʊndən] *vt* (*sagen*) state; (*zeigen*) show.
belächeln [bə'lɛçəln] *vt* laugh at.
beladen [bə'laːdən] *vt irreg* load.
Belag [bə'laːk] *m* **-(e)s, ¨e** covering, coating; (*Brot—*) spread; (*Zahn—*) tartar; (*auf Zunge*) fur; (*Brems—*) lining.
belagern [bə'laːgərn] *vt* besiege.
Belagerung *f* siege; **~szustand** *m* state of siege.
Belang [bə'laŋ] *m* **-(e)s** importance; **~e** *pl* interests *pl*, concerns *pl*; **b~en** *vt* (*Jur*) take to court; **b~los** *a* trivial, unimportant; **~losigkeit** *f* triviality.
belassen [bə'lasən] *vt irreg* (*in Zustand, Glauben*) leave; (*in Stellung*) retain; **es dabei ~** leave it at that.
belasten [bə'lastən] *vt* (*lit*) burden; (*fig: bedrücken*) trouble, worry; (*Comm*) *Konto* debit; (*Jur*) incriminate; *vr* weigh o.s. down; (*Jur*) incriminate o.s.; **~d** *a* (*Jur*) incriminating.
belästigen [bə'lɛstɪgən] *vt* annoy, pester.
Belästigung *f* annoyance, pestering.
Belastung [bə'lastʊŋ] *f* (*lit*) load; (*fig: Sorge etc*) weight; (*Comm*) charge, debit(ing); (*Jur*) incriminatory evidence; **~sprobe** *f* capacity test; (*fig*) test; **~szeuge** *m* witness for prosecution.
belaufen [bə'laufən] *vr irreg* amount (*auf* +*acc* to).
belauschen [bə'lauʃən] *vt* eavesdrop on.
belebt [bə'leːpt] *a Straße* crowded.
Beleg [bə'leːk] *m* **-(e)s, -e** (*Comm*) receipt; (*Beweis*) documentary evidence, proof; (*Beispiel*) example; **b~en** [bə'leːgən] *vt* cover; *Kuchen, Brot* spread; *Platz* reserve, book; *Kurs, Vorlesung* register for; (*beweisen*) verify, prove; (*Mil: mit Bomben*) bomb; **~schaft** *f* personnel, staff.
belehren [bə'leːrən] *vt* instruct, teach; **jdn eines Besseren ~** teach sb better.
Belehrung *f* instruction.
beleibt [bə'laɪpt] *a* stout, corpulent.
beleidigen [bə'laɪdɪgən] *vt* insult, offend.
Beleidigung *f* insult; (*Jur*) slander, libel.
belesen [bə'leːzən] *a* well-read.

beleuchten [bə'lɔʏçtən] *vt* light, illuminate; (*fig*) throw light on.
Beleuchtung *f* lighting, illumination.
belichten [bə'lɪçtən] *vt* expose.
Belichtung *f* exposure; **~smesser** *m* exposure meter.
Belieben [bə'li:bən] *nt*: **(ganz) nach ~** (just) as you wish.
beliebig [bə'li:bɪç] *a* any you like, as you like; **~ viel** as many as you like; **ein ~es Thema** any subject you like *or* want.
beliebt [bə'li:pt] *a* popular; **sich bei jdm ~ machen** make o.s. popular with sb; **B~heit** *f* popularity.
beliefern [bə'li:fərn] *vt* supply.
bellen ['bɛlən] *vi* bark.
belohnen [bə'lo:nən] *vt* reward.
Belohnung *f* reward.
belügen [bə'ly:gən] *vt irreg* lie to, deceive.
belustigen [bə'lʊstɪgən] *vt* amuse.
Belustigung *f* amusement.
bemächtigen [bə'mɛçtɪgən] *vr*: **sich einer Sache** (*gen*) **~** take possession of sth, seize sth.
bemalen [bə'ma:lən] *vt* paint.
bemängeln [bə'mɛŋəln] *vt* criticize.
bemannen [bə'manən] *vt* man.
Bemannung *f* manning; (*Naut, Aviat etc*) crew.
bemänteln [bə'mɛntəln] *vt* cloak, hide.
bemerk- [bə'mɛrk] *cpd*: **~bar** *a* perceptible, noticeable; **sich ~bar machen** (*Person*) make *or* get o.s. noticed; (*Unruhe*) become noticeable; **~en** *vt* (*wahrnehmen*) notice, observe; (*sagen*) say, mention; **~enswert** *a* remarkable, noteworthy; **B~ung** *f* remark; (*schriftlich auch*) note.
bemitleiden [bə'mɪtlaɪdən] *vt* pity.
bemühen [bə'my:ən] *vr* take trouble *or* pains.
Bemühung *f* trouble, pains *pl*, effort.
bemuttern [bə'mʊtərn] *vt* mother.
benachbart [bə'naxba:rt] *a* neighbouring.
benachrichtigen [bə'na:xrɪçtɪgən] *vt* inform.
Benachrichtigung *f* notification, information.
benachteiligen [bə'na:xtaɪlɪgən] *vt* (put at a) disadvantage, victimize.
benehmen [bə'ne:mən] *vr irreg* behave; **B~** *nt* **-s** behaviour.
beneiden [bə'naɪdən] *vt* envy; **~swert** *a* enviable.
benennen [bə'nɛnən] *vt irreg* name.
Bengel ['bɛŋəl] *m* **-s, -** (little) rascal *or* rogue.
benommen [bə'nɔmən] *a* dazed.
benötigen [bə'nø:tɪgən] *vt* need.
benutzen [bə'nʊtsən], **benützen** [bə'nʏtsən] *vt* use.
Benutzer *m* **-s, -** user.
Benutzung *f* utilization, use.
Benzin [bɛnt'si:n] *nt* **-s, -e** (*Aut*) petrol, gas(oline) (*US*); **~kanister** *m* petrol can; **~tank** *m* petrol tank; **~uhr** *f* petrol gauge.
beobacht- [bə''o:baxt] *cpd*: **~en** *vt* observe; **B~er** *m* **-s, -** observer; (*eines Unfalls*) witness; (*Press, TV*) correspondent; **B~ung** *f* observation.
bepacken [bə'pakən] *vt* load, pack.
bepflanzen [bə'pflantsən] *vt* plant.
bequem [bə'kve:m] *a* comfortable; *Ausrede* convenient; *Person* lazy, indolent; **~en** *vr* condescend (*zu* to); **B~lichkeit** *f* convenience, comfort; (*Faulheit*) laziness, indolence.
beraten [bə'ra:tən] *irreg vt* advise; (*besprechen*) discuss, debate; *vr* consult; **gut/schlecht ~ sein** be well/ill advised; **sich ~ lassen** get advice.
Berater *m* **-s, -** adviser.
beratschlagen [bə'ra:t-ʃla:gən] *vti* deliberate (on), confer (about).
Beratung *f* advice, consultation; (*Besprechung*) consultation; **~sstelle** *f* advice centre.
berauben [bə'raʊbən] *vt* rob.
berechenbar [bə'rɛçənba:r] *a* calculable.
berechnen [bə'rɛçnən] *vt* calculate; (*Comm: anrechnen*) charge; **~d** *a Mensch* calculating, scheming; **B~ung** *f* calculation; (*Comm*) charge.
berechtig- [bə'rɛçtɪg] *cpd*: **~en** *vt* entitle, authorize; (*fig*) justify; **~t** [bə'rɛçtɪçt] *a* justifiable, justified; **B~ung** *f* authorization; (*fig*) justification.
bereden [bə're:dən] *vtr* (*besprechen*) discuss; (*überreden*) persuade.
beredt [bə're:t] *a* eloquent.
Bereich [bə'raɪç] *m* **-(e)s, -e** (*Bezirk*) area; (*Phys*) range; (*Ressort, Gebiet*) sphere.
bereichern [bə'raɪçərn] *vt* enrich; *vr* get rich.
Bereifung [bə'raɪfʊŋ] *f* (set of) tyres *pl*; (*Vorgang*) fitting with tyres.
bereinigen [bə'raɪnɪgən] *vt* settle.
bereisen [bə'raɪzən] *vt* travel through.
bereit [bə'raɪt] *a* ready, prepared; **zu etw ~ sein** be ready for sth; **sich ~ erklären** declare o.s. willing; **~en** *vt* prepare, make ready; *Kummer, Freude* cause; **~halten** *vt irreg* keep in readiness; **~legen** *vt* lay out; **~machen** *vtr* prepare, get ready; **~s** *ad* already; **B~schaft** *f* readiness; (*Polizei*) alert; **in B~schaft sein** be on the alert *or* on stand-by; **B~schaftsdienst** *m* emergency service; **~stehen** *vi irreg* (*Person*) be prepared; (*Ding*) be ready; **~stellen** *vt Kisten, Pakete etc* put ready; *Geld etc* make available; *Truppen, Maschinen* put at the ready; **B~ung** *f* preparation; **~willig** *a* willing, ready; **B~willigkeit** *f* willingness, readiness.
bereuen [bə'rɔʏən] *vt* regret.
Berg [bɛrk] *m* **-(e)s, -e** mountain, hill; **b~ab** *ad* downhill; **b~an, b~auf** *ad* uphill; **~arbeiter** *m* miner; **~bahn** *f* mountain railway; **~bau** *m* mining; **b~en** ['bɛrgən] *vt irreg* (*retten*) rescue; *Ladung* salvage; (*enthalten*) contain; **~führer** *m* mountain guide; **~gipfel** *m* mountain top, peak, summit; **b~ig** ['bɛrgɪç] *a* mountainous, hilly; **~kamm** *m* crest, ridge; **~kette** *f* mountain range; **~mann** *m, pl* **~leute** miner; **~rutsch**

m landslide; **~schuh** *m* walking boot; **~steigen** *nt* mountaineering; **~steiger(in** *f*) *m* **-s, -** mountaineer, climber; **~ung** ['bɛrgʊŋ] *f* (*von Menschen*) rescue; (*von Material*) recovery; (*Naut*) salvage; **~wacht** *f* mountain rescue service; **~werk** *nt* mine.

Bericht [bə'rɪçt] *m* **-(e)s, -e** report, account; **b~en** *vti* report; **~erstatter** *m* **-s, -** reporter, (newspaper) correspondent; **~erstattung** *f* reporting.

berichtigen [bə'rɪçtɪgən] *vt* correct.

Berichtigung *f* correction.

beritten [bə'rɪtən] *a* mounted.

Bernstein ['bɛrnʃtaɪn] *m* amber.

bersten ['bɛrstən] *vi irreg* burst, split.

berüchtigt [bə'rʏçtɪçt] *a* notorious, infamous.

berücksichtigen [bə'rʏkzɪçtɪgən] *vt* consider, bear in mind.

Berücksichtigung *f* consideration.

Beruf [bə'ru:f] *m* **-(e)s, -e** occupation, profession; (*Gewerbe*) trade; **b~en** *irreg vt* (*in Amt*) appoint (*in +acc* to; *zu* as); *vr*: **sich auf jdn/etw b~en** refer *or* appeal to sb/sth; **b~en** *a* competent, qualified; **b~lich** *a* professional; **~sausbildung** *f* vocational *or* professional training; **~sberater** *m* careers adviser; **~sberatung** *f* vocational guidance; **~sbezeichnung** *f* job description; **~sgeheimnis** *nt* professional secret; **~skrankheit** *f* occupational disease; **~sleben** *nt* professional life; **b~smäßig** *a* professional; **~srisiko** *nt* occupational hazard; **~sschule** *f* vocational *or* trade school; **~ssoldat** *m* professional soldier, regular; **~ssportler** *m* professional (sportsman); **b~stätig** *a* employed; **~sverkehr** *m* commuter traffic; **~swahl** *f* choice of a job; **~ung** *f* vocation, calling; (*Ernennung*) appointment; (*Jur*) appeal; **~ung einlegen** appeal.

beruhen [bə'ru:ən] *vi*: **auf etw** (*dat*) **~** be based on sth; **etw auf sich ~ lassen** leave sth at that.

beruhigen [bə'ru:ɪgən] *vt* calm, pacify, soothe; *vr* (*Mensch*) calm (o.s.) down; (*Situation*) calm down.

Beruhigung *f* reassurance; (*der Nerven*) calming; **zu jds ~** to reassure sb; **~smittel** *nt* sedative; **~spille** *f* tranquillizer.

berühmt [bə'ry:mt] *a* famous; **B~heit** *f* (*Ruf*) fame; (*Mensch*) celebrity.

berühren [bə'ry:rən] *vt* touch; (*gefühlsmäßig bewegen*) affect; (*flüchtig erwähnen*) mention, touch on; *vr* meet, touch.

Berührung *f* contact; **~spunkt** *m* point of contact.

besagen [bə'za:gən] *vt* mean.

besagt *a Tag etc* in question.

besänftig- [bə'zɛnftɪg] *cpd*: **~en** *vt* soothe, calm; **~end** *a* soothing; **B~ung** *f* soothing, calming.

Besatz [bə'zats] *m* **-es, ⸚e** trimming, edging; **~ung** *f* garrison; (*Naut, Aviat*) crew; **~ungsmacht** *f* occupying power.

besaufen [bə'zaufən] *vr irreg* (*col*) get drunk *or* stoned.

beschädig- [bə'ʃɛ:dɪg] *cpd*: **~en** *vt* damage; **B~ung** *f* damage; (*Stelle*) damaged spot.

beschaffen [bə'ʃafən] *vt* get, acquire; *a* constituted; **B~heit** *f* constitution, nature.

Beschaffung *f* acquisition.

beschäftigen [bə'ʃɛftɪgən] *vt* occupy; (*beruflich*) employ; *vr* occupy *or* concern o.s.

beschäftigt *a* busy, occupied.

Beschäftigung *f* (*Beruf*) employment; (*Tätigkeit*) occupation; (*Befassen*) concern.

beschämen [bə'ʃɛ:mən] *vt* put to shame; **~d** *a* shameful; *Hilfsbereitschaft* shaming.

beschämt *a* ashamed.

beschatten [bə'ʃatən] *vt* shade; *Verdächtige* shadow.

beschaulich [bə'ʃaulɪç] *a* contemplative.

Bescheid [bə'ʃaɪt] *m* **-(e)s, -e** information; (*Weisung*) directions *pl*; **~ wissen** be well-informed (*über +acc* about); **ich weiß ~** I know; **jdm ~ geben** *or* **sagen** let sb know.

bescheiden [bə'ʃaɪdən] *vr irreg* content o.s.; *a* modest; **B~heit** *f* modesty.

bescheinen [bə'ʃaɪnən] *vt irreg* shine on.

bescheinigen [bə'ʃaɪnɪgən] *vt* certify; (*bestätigen*) acknowledge.

Bescheinigung *f* certificate; (*Quittung*) receipt.

bescheißen [bə'ʃaɪsən] *vt irreg* (*col*) cheat.

beschenken [bə'ʃɛŋkən] *vt* give presents to.

bescheren [bə'ʃe:rən] *vt*: **jdm etw ~** give sb sth as a present; **jdn ~** give presents to sb.

Bescherung *f* giving of presents; (*col*) mess.

beschildern [bə'ʃɪldərn] *vt* signpost.

beschimpfen [bə'ʃɪmpfən] *vt* abuse.

Beschimpfung *f* abuse, insult.

Beschiß [bə'ʃɪs] *m* **-sses** (*col*) **das ist ~** that is a swizz *or* a cheat.

Beschlag [bə'ʃla:k] *m* **-(e)s, ⸚e** (*Metallband*) fitting; (*auf Fenster*) condensation; (*auf Metall*) tarnish; finish; (*Hufeisen*) horseshoe; **jdn/etw in ~ nehmen** *or* **mit ~ belegen** monopolize sb/sth; **b~en** [bə'ʃla:gən] *irreg vt* cover; *Pferd* shoe; *Fenster, Metall* cover; **b~en sein** be well versed (*in or auf +dat* in); *vir* (*Fenster etc*) mist over; **b~nahmen** *vt* seize, confiscate; requisition; **~nahmung** *f* confiscation, sequestration.

beschleunigen [bə'ʃlɔʏnɪgən] *vt* accelerate, speed up; *vi* (*Aut*) accelerate.

Beschleunigung *f* acceleration.

beschließen [bə'ʃli:sən] *vt irreg* decide on; (*beenden*) end, close.

Beschluß [bə'ʃlʊs] *m* **-sses, -schlüsse** decision, conclusion; (*Ende*) close, end.

beschmutzen [bə'ʃmʊtsən] *vt* dirty, soil.

beschneiden [bə'ʃnaɪdən] *vt irreg* cut, prune, trim; (*Rel*) circumcise.

beschönigen [bə'ʃø:nɪgən] *vt* gloss over.

beschränken [bə'ʃrɛŋkən] *vt* limit, restrict (*auf +acc* to); *vr* restrict o.s.

beschrankt [bəˈʃraŋkt] *a Bahnübergang* with barrier.
beschränk- [bəˈʃrɛŋk] *cpd*: **~t** *a* confined, narrow; *Mensch* limited, narrow-minded; **B~theit** *f* narrowness; **B~ung** *f* limitation.
beschreiben [bəˈʃraɪbən] *vt irreg* describe; *Papier* write on.
Beschreibung *f* description.
beschriften [bəˈʃrɪftən] *vt* mark, label.
Beschriftung *f* lettering.
beschuldigen [bəˈʃʊldɪgən] *vt* accuse.
Beschuldigung *f* accusation.
beschummeln [bəˈʃʊməln] *vti* (*col*) cheat.
beschütz- [bəˈʃʏts] *cpd*: **~en** *vt* protect (*vor +dat* from); **B~er** *m* **-s, -** protector **B~ung** *f* protection.
Beschwerde [bəˈʃveːrdə] *f* **-, -n** complaint; (*Mühe*) hardship; (*pl: Leiden*) pain.
beschweren [bəˈʃveːrən] *vt* weight down; (*fig*) burden; *vr* complain.
beschwerlich *a* tiring, exhausting.
beschwichtigen [bəˈʃvɪçtɪgən] *vt* soothe, pacify.
Beschwichtigung *f* soothing, calming.
beschwindeln [bəˈʃvɪndəln] *vt* (*betrügen*) cheat; (*belügen*) fib to.
beschwingt [bəˈʃvɪŋt] *a* cheery, in high spirits.
beschwipst [bəˈʃvɪpst] *a* tipsy.
beschwören [bəˈʃvøːrən] *vt irreg Aussage* swear to; (*anflehen*) implore; *Geister* conjure up.
beseelen [bəˈzeːlən] *vt* inspire.
besehen [bəˈzeːən] *vt irreg* look at; **genau ~** examine closely.
beseitigen [bəˈzaɪtɪgən] *vt* remove.
Beseitigung *f* removal.
Besen [ˈbeːzən] *m* **-s, -** broom; **~stiel** *m* broomstick.
besessen [bəˈzɛsən] *a* possessed.
besetz- [bəˈzɛts] *cpd*: **~en** *vt Haus, Land* occupy; *Platz* take, fill; *Posten* fill; *Rolle* cast; (*mit Edelsteinen*) set; **~t** *a* full; (*Tel*) engaged, busy; *Platz* taken; *WC* engaged; **B~tzeichen** *nt* engaged tone; **B~ung** *f* occupation; filling; (*von Rolle*) casting; (*die Schauspieler*) cast.
besichtigen [bəˈzɪçtɪgən] *vt* visit, look at.
Besichtigung *f* visit.
Besied(e)lung [bəˈziːd(ə)lʊŋ] *f* population.
besiegeln [bəˈziːgəln] *vt* seal.
besiegen [bəˈziːgən] *vt* defeat, overcome.
Besiegte(r) [bəˈziːçtə(r)] *m* loser.
besinnen [bəˈzɪnən] *vr irreg* (*nachdenken*) think, reflect; (*erinnern*) remember; **sich anders ~** change one's mind.
besinnlich *a* contemplative.
Besinnung *f* consciousness; **zur ~ kommen** recover consciousness; (*fig*) come to one's senses; **b~slos** *a* unconscious.
Besitz [bəˈzɪts] *m* **-es** possession; (*Eigentum*) property; **b~anzeigend** *a* (*Gram*) possessive; **b~en** *vt irreg* possess, own; *Eigenschaft* have; **~er(in** *f***)** *m* **-s, -** owner, proprietor; **~ergreifung** *f*, **~nahme** *f* occupation, seizure.
besoffen [bəˈzɔfən] *a* (*col*) drunk, pissed.
besohlen [bəˈzoːlən] *vt* sole.
Besoldung [bəˈzɔldʊŋ] *f* salary, pay.
besondere(r,s) [bəˈzɔndərə(r,z)] *a* special; (*eigen*) particular; (*gesondert*) separate; (*eigentümlich*) peculiar.
Besonderheit [bəˈzɔndərhaɪt] *f* peculiarity.
besonders [bəˈzɔndərs] *ad* especially, particularly; (*getrennt*) separately.
besonnen [bəˈzɔnən] *a* sensible, levelheaded; **B~heit** *f* prudence.
besorg- [bəˈzɔrg] *cpd*: **~en** *vt* (*beschaffen*) acquire; (*kaufen auch*) purchase; (*erledigen*) *Geschäfte* deal with; (*sich kümmern um*) take care of; **es jdm ~en** (*col*) show sb what for; **B~nis** *f* **-, -se** anxiety, concern; **~t** [bəˈzɔrçt] *a* anxious, worried; **B~theit** *f* anxiety, worry; **B~ung** *f* acquisition; (*Kauf*) purchase.
bespielen [bəˈʃpiːlən] *vt* record.
bespitzeln [bəˈʃpɪtsəln] *vt* spy on.
besprechen [bəˈʃprɛçən] *irreg vt* discuss; *Tonband etc* record, speak onto; *Buch* review; *vr* discuss, consult.
Besprechung *f* meeting, discussion; (*von Buch*) review.
besser [ˈbɛsər] *a* better; **nur ein ~er . . .** just a glorified . . .; **~gehen** *vi irreg impers*: **es geht ihm ~** he feels better; **~n** *vt* make better, improve; *vr* improve; *Menschen* reform; **B~ung** *f* improvement; **gute B~ung!** get well soon; **B~wisser** *m* **-s, -** know-all.
Bestand [bəˈʃtant] *m* **-(e)s, ¨e** (*Fortbestehen*) duration, stability; (*Kassen—*) amount, balance; (*Vorrat*) stock; **eiserne(r) ~** iron rations *pl*; **~ haben, von ~ sein** last long, endure.
beständig [bəˈʃtɛndɪç] *a* (*ausdauernd*) constant (*auch fig*); *Wetter* settled; *Stoffe* resistant; *Klagen etc* continual.
Bestand- *cpd*: **~saufnahme** *f* stocktaking; **~teil** *m* part, component; (*Zutat*) ingredient.
bestärken [bəˈʃtɛrkən] *vt*: **jdn in etw** (*dat*) **~** strengthen *or* confirm sb in sth.
bestätigen [bəˈʃtɛːtɪgən] *vt* confirm; (*anerkennen, Comm*) acknowledge.
Bestätigung *f* confirmation; acknowledgement.
bestatt- [bəˈʃtat] *cpd*: **~en** *vt* bury; **B~er** *m* **-s, -** undertaker; **B~ung** *f* funeral.
bestäuben [bəˈʃtɔʏbən] *vt* powder, dust; *Pflanze* pollinate.
beste(r,s) [ˈbɛstə(r,z)] *a* best; **sie singt am ~n** she sings best; **so ist es am ~n** it's best that way; **am ~n gehst du gleich** you'd better go at once; **jdn zum ~n haben** pull sb's leg; **etw zum ~n geben** tell a joke/story *etc*; **aufs ~** in the best possible way; **zu jds B~n** for the benefit of sb.
bestechen [bəˈʃtɛçən] *vt irreg* bribe.
bestechlich *a* corruptible; **B~keit** *f* corruptibility.
Bestechung *f* bribery, corruption.
Besteck [bəˈʃtɛk] *nt* **-(e)s, -e** knife, fork and spoon, cutlery; (*Med*) set of instruments.

bestehen [bə'ʃte:ən] *irreg vi* be; exist; (*andauern*) last; *vt Kampf, Probe, Prüfung* pass; ~ **auf** (+*dat*) insist on; ~ **aus** consist of.

bestehlen [bə'ʃte:lən] *vt irreg* rob.

besteigen [bə'ʃtaigən] *vt irreg* climb, ascend; *Pferd* mount; *Thron* ascend.

Bestell- [bə'ʃtɛl] *cpd*: ~**buch** *nt* order book; **b**~**en** *vt* order; (*kommen lassen*) arrange to see; (*nominieren*) name; *Acker* cultivate; *Grüße, Auftrag* pass on; ~**schein** *m* order coupon; ~**ung** *f* (*Comm*) order; (*Bestellen*) ordering.

bestenfalls ['bɛstən'fals] *ad* at best.

bestens ['bɛstəns] *ad* very well.

besteuern [bə'ʃtɔyərn] *vt* tax.

Bestie ['bɛstiə] *f* (*lit, fig*) beast.

bestimm- [bə'ʃtɪm] *cpd*: ~**en** *vt Regeln* lay down; *Tag, Ort* fix; (*beherrschen*) characterize; (*ausersehen*) mean; (*ernennen*) appoint; (*definieren*) define; (*veranlassen*) induce; ~**t** *a* (*entschlossen*) firm; (*gewiß*) certain, definite; *Artikel* definite; *ad* (*gewiß*) definitely, for sure; **B**~**theit** *f* certainty; **B**~**ung** *f* (*Verordnung*) regulation; (*Festsetzen*) determining; (*Verwendungszweck*) purpose; (*Schicksal*) fate; (*Definition*) definition; **B**~**ungsort** *m* destination.

Best- *cpd*: ~**leistung** *f* best performance; **b**~**möglich** *a* best possible.

bestrafen [bə'ʃtra:fən] *vt* punish.

Bestrafung *f* punishment.

bestrahlen [bə'ʃtra:lən] *vt* shine on; (*Med*) treat with X-rays.

Bestrahlung *f* (*Med*) X-ray treatment, radiotherapy.

Bestreben [bə'ʃtre:bən] *nt* **-s**, **Bestrebung** [bə'ʃtre:bʊŋ] *f* endeavour, effort.

bestreichen [bə'ʃtraiçən] *vt irreg Brot* spread.

bestreiten [bə'ʃtraitən] *vt irreg* (*abstreiten*) dispute; (*finanzieren*) pay for, finance.

bestreuen [bə'ʃtrɔyən] *vt* sprinkle, dust; *Straße* (spread with) grit.

bestürmen [bə'ʃtʏrmən] *vt* (*mit Fragen, Bitten etc*) overwhelm, swamp.

bestürzen [bə'ʃtʏrtsən] *vt* dismay.

bestürzt *a* dismayed.

Bestürzung *f* consternation.

Besuch [bə'zu:x] *m* **-(e)s, -e** visit; (*Person*) visitor; **einen** ~ **machen bei jdm** pay sb a visit *or* call; ~ **haben** have visitors; **bei jdm auf** *or* **zu** ~ **sein** be visiting sb; **b**~**en** *vt* visit; (*Sch etc*) attend; **gut** ~**t** well-attended; ~**er(in** *f*) *m* **-s, -** visitor, guest; ~**serlaubnis** *f* permission to visit; ~**szeit** *f* visiting hours *pl*.

betagt [bə'ta:kt] *a* aged.

betasten [bə'tastən] *vt* touch, feel.

betätigen [bə'tɛ:tɪgən] *vt* (*bedienen*) work, operate; *vr* involve o.s.; **sich politisch** ~ be involved in politics; **sich als etw** ~ work as sth.

Betätigung *f* activity; (*beruflich*) occupation; (*Tech*) operation.

betäuben [bə'tɔybən] *vt* stun; (*fig*) *Gewissen* still; (*Med*) anaesthetize.

Betäubungsmittel *nt* anaesthetic.

Bete ['be:tə] *f* **-, -n**: **rote** ~ beetroot.

beteiligen [bə'tailɪgən] *vr* (*an* +*dat* in) take part *or* participate, share; (*an Geschäft: finanziell*) have a share; *vt*: **jdn** ~ give sb a share *or* interest (*an* +*dat* in).

Beteiligung *f* participation; (*Anteil*) share, interest; (*Besucherzahl*) attendance.

beten ['be:tən] *vti* pray.

beteuern [bə'tɔyərn] *vt* assert; *Unschuld* protest; **jdm etw** ~ assure sb of sth.

Beteuerung *f* assertion, protest(ation), assurance.

Beton [be'tõ:] *m* **-s, -s** concrete.

betonen [bə'to:nən] *vt* stress.

betonieren [beto'ni:rən] *vt* concrete.

Betonung *f* stress, emphasis.

betören [bə'tø:rən] *vt* beguile.

Betracht [bə'traxt] *m*: **in** ~ **kommen** be concerned *or* relevant; **nicht in** ~ **kommen** be out of the question; **etw in** ~ **ziehen** consider sth; **außer** ~ **bleiben** not be considered; **b**~**en** *vt* look at; (*fig auch*) consider; ~**er(in** *f*) *m* **-s, -** onlooker.

beträchtlich [bə'trɛçtlɪç] *a* considerable.

Betrachtung *f* (*Ansehen*) examination; (*Erwägung*) consideration.

Betrag [bə'tra:k] *m* **-(e)s, ⸚e** amount; **b**~**en** [bə'tra:gən] *irreg vt* amount to; *vr* behave; ~**en** *nt* **-s** behaviour.

betrauen [bə'trauən] *vt*: **jdn mit etw** ~ entrust sb with sth.

betreffen [bə'trɛfən] *vt irreg* concern, affect; **was mich betrifft** as for me; ~**d** *a* relevant, in question.

betreffs [bə'trɛfs] *prep* +*gen* concerning, regarding.

betreiben [bə'traibən] *vt irreg* (*ausüben*) practise; *Politik* follow; *Studien* pursue; (*vorantreiben*) push ahead; (*Tech: antreiben*) drive.

betreten [bə'tre:tən] *vt irreg* enter; *Bühne etc* step onto; **B**~ **verboten** keep off/out; *a* embarrassed.

Betrieb [bə'tri:p] *m* **-(e)s, -e** (*Firma*) firm, concern; (*Anlage*) plant; (*Tätigkeit*) operation; (*Treiben*) traffic; **außer** ~ **sein** be out of order; **in** ~ **sein** be in operation; ~**sausflug** *m* firm's outing; **b**~**sfähig** *a* in working order; ~**sferien** *pl* company holidays *pl*; ~**sklima** *nt* (working) atmosphere; ~**skosten** *pl* running costs *pl*; ~**srat** *m* workers' council; **b**~**ssicher** *a* safe, reliable; ~**sstoff** *m* fuel; ~**sstörung** *f* breakdown; ~**sunfall** *m* industrial accident; ~**swirtschaft** *f* economics.

betrinken [bə'trɪŋkən] *vr irreg* get drunk.

betroffen [bə'trɔfən] *a* (*bestürzt*) amazed, perplexed; **von etw** ~ **werden** *or* **sein** be affected by sth.

betrüben [bə'try:bən] *vt* grieve.

betrübt [bə'try:pt] *a* sorrowful, grieved.

Betrug [bə'tru:k] *m* **-(e)s** deception; (*Jur*) fraud.

betrügen [bə'try:gən] *irreg vt* cheat; (*Jur*) defraud; *Ehepartner* be unfaithful to; *vr* deceive o.s.

Betrüger *m* **-s, -** cheat, deceiver; **b~isch** *a* deceitful; (*Jur*) fraudulent.
betrunken [bə'truŋkən] *a* drunk.
Bett [bɛt] *nt* **-(e)s, -en** bed; **ins** *or* **zu ~ gehen** go to bed; **~bezug** *m* duvet cover; **~decke** *f* blanket; (*Daunen—*) quilt; (*Überwurf*) bedspread.
Bettel- ['bɛtəl] *cpd*: **b~arm** *a* very poor, destitute; **~ei** [bɛtə'laɪ] *f* begging; **b~n** *vi* beg.
Bett- *cpd*: **b~en** *vt* make a bed for; **b~lägerig** *a* bedridden; **~laken** *nt* sheet.
Bettler(in *f*) ['bɛtlər(ɪn)] *m* **-s, -** beggar.
Bett- *cpd*: **~nässer** *m* **-s, -** bedwetter; **~vorleger** *m* bedside rug; **~wäsche** *f*, **~zeug** *nt* bedclothes *pl*, bedding.
beugen ['bɔʏgən] *vt* bend; (*Gram*) inflect; *vr* (*sich fügen*) bow (*dat* to).
Beule ['bɔʏlə] *f* **-, -n** bump, swelling.
beunruhigen [bə''ʊnru:ɪgən] *vt* disturb, alarm; *vr* become worried.
Beunruhigung *f* worry, alarm.
beurkunden [bə''u:rkʊndən] *vt* attest, verify.
beurlauben [bə''u:rlaubən] *vt* give leave *or* holiday to.
beurteilen [bə''ʊrtaɪlən] *vt* judge; *Buch etc* review.
Beurteilung *f* judgement; review; (*Note*) mark.
Beute ['bɔʏtə] *f* **-** booty, loot; **~l** *m* **-s, -** bag; (*Geld—*) purse; (*Tabak—*) pouch.
bevölkern [bə'fœlkərn] *vt* populate.
Bevölkerung *f* population.
bevollmächtigen [bə'fɔlmɛçtɪgən] *vt* authorize.
Bevollmächtigte(r) *mf* authorized agent.
Bevollmächtigung *f* authorization.
bevor [bə'fo:r] *cj* before; **~munden** *vt insep* dominate; **~stehen** *vi irreg* be in store (*dat* for); **~stehend** *a* imminent, approaching; **~zugen** *vt insep* prefer; **B~zugung** *f* preference.
bewachen [bə'vaxən] *vt* watch, guard.
Bewachung *f* (*Bewachen*) guarding; (*Leute*) guard, watch.
bewaffnen [bə'vafnən] *vt* arm.
Bewaffnung *f* (*Vorgang*) arming; (*Ausrüstung*) armament, arms *pl*.
bewahren [bə'va:rən] *vt* keep; **jdn vor jdm/etw ~** save sb from sb/sth.
bewähren [bə'vɛ:rən] *vr* prove o.s.; (*Maschine*) prove its worth.
bewahrheiten [bə'va:rhaɪtən] *vr* come true.
bewährt *a* reliable.
Bewährung *f* (*Jur*) probation; **~sfrist** *f* (period of) probation.
bewaldet [bə'valdət] *a* wooded.
bewältigen [bə'vɛltɪgən] *vt* overcome; *Arbeit* finish; *Portion* manage.
bewandert [bə'vandərt] *a* expert, knowledgeable.
bewässern [bə'vɛsərn] *vt* irrigate.
Bewässerung *f* irrigation.
Beweg- [bə've:g] *cpd*: **b~en** *vtr* move; **jdn zu etw b~en** induce sb to (do) sth; **~grund** [bə've:k-] *m* motive; **b~lich** *a* movable, mobile; (*flink*) quick; **b~t** *a Leben* eventful; *Meer* rough; (*ergriffen*) touched; **~ung** *f* movement, motion; (*innere*) emotion; (*körperlich*) exercise; **sich** (*dat*) **~ung machen** take exercise; **~ungsfreiheit** *f* freedom of movement *or* action; **b~ungslos** *a* motionless.
Beweis [bə'vaɪs] *m* **-es, -e** proof; (*Zeichen*) sign; **b~bar** [bə'vaɪz-] *a* provable; **b~en** *vt irreg* prove; (*zeigen*) show; **~führung** *f* reasoning; **~kraft** *f* weight, conclusiveness; **b~kräftig** *a* convincing, conclusive; **~mittel** *nt* evidence.
bewenden [bə'vɛndən] *vi*: **etw dabei ~ lassen** leave sth at that.
Bewerb- [bə'vɛrb] *cpd*: **b~en** *vr irreg* apply (*um* for); **~er(in** *f*) *m* **-s, -** applicant; **~ung** *f* application.
bewerkstelligen [bə'vɛrkʃtɛlɪgən] *vt* manage, accomplish.
bewerten [bə've:rtən] *vt* assess.
bewilligen [bə'vɪlɪgən] *vt* grant, allow.
Bewilligung *f* granting.
bewirken [bə'vɪrkən] *vt* cause, bring about.
bewirten [bə'vɪrtən] *vt* entertain.
bewirtschaften [bə'vɪrt-ʃaftən] *vt* manage.
Bewirtung *f* hospitality.
bewohn- [bə'vo:n] *cpd*: **~bar** *a* inhabitable; **~en** *vt* inhabit, live in; **B~er(in** *f*) *m* **-s, -** inhabitant; (*von Haus*) resident.
bewölkt [bə'vœlkt] *a* cloudy, overcast.
Bewölkung *f* clouds *pl*.
Bewunder- [bə'vʊndər] *cpd*: **~er** *m* **-s, -** admirer; **b~n** *vt* admire; **b~nswert** *a* admirable, wonderful; **~ung** *f* admiration.
bewußt [bə'vʊst] *a* conscious; (*absichtlich*) deliberate; **sich** (*dat*) **einer Sache ~ sein** be aware of sth; **~los** *a* unconscious; **B~losigkeit** *f* unconsciousness; **~machen** *vt*: **jdm/sich etw ~machen** make sb/o.s. aware of sth; **B~sein** *nt* consciousness; **bei B~sein** conscious.
bezahlen [bə'tsa:lən] *vt* pay (for); **es macht sich bezahlt** it will pay.
Bezahlung *f* payment.
bezaubern [bə'tsaubərn] *vt* enchant, charm.
bezeichnen [bə'tsaɪçnən] *vt* (*kennzeichnen*) mark; (*nennen*) call; (*beschreiben*) describe; (*zeigen*) show, indicate; **~d** *a* characteristic, typical (*für* of).
Bezeichnung *f* (*Zeichen*) mark, sign; (*Beschreibung*) description.
bezeugen [bə'tsɔʏgən] *vt* testify to.
Bezichtigung [bə'tsɪçtɪgʊŋ] *f* accusation.
beziehen [bə'tsi:ən] *irreg vt* (*mit Überzug*) cover; *Bett* make; *Haus, Position* move into; *Standpunkt* take up; (*erhalten*) receive; *Zeitung* subscribe to, take; **etw auf jdn/etw ~** relate sth to sb/sth; *vr* refer (*auf +acc* to); (*Himmel*) cloud over.
Beziehung *f* (*Verbindung*) connection; (*Zusammenhang*) relation; (*Verhältnis*) relationship; (*Hinsicht*) respect; **~en**

haben (*vorteilhaft*) have connections *or* contacts; **b~sweise** *ad* or; (*genauer gesagt auch*) that is, or rather.

Bezirk [bə'tsırk] *m* **-(e)s, -e** district.

Bezug [bə'tsu:k] *m* **-(e)s, ⸚e** (*Hülle*) covering; (*Comm*) ordering; (*Gehalt*) income, salary; (*Beziehung*) relationship (*zu* to); **in b~ auf** (+*acc*) with reference to; **~ nehmen auf** (+*acc*) refer to.

bezüglich [bə'tsy:klıç] *prep +gen* concerning, referring to; *a* concerning; (*Gram*) relative.

Bezug- *cpd*: **~nahme** *f* reference (*auf* +*acc* to); **~spreis** *m* retail price; **~squelle** *f* source of supply.

bezwecken [bə'tsvɛkən] *vt* aim at.

bezweifeln [bə'tsvaıfəln] *vt* doubt, query.

Bibel ['bi:bəl] *f* **-, -n** Bible.

Biber ['bi:bər] *m* **-s, -** beaver.

Biblio- *cpd*: **~graphie** [bibliogra'fi:] *f* bibliography; **~thek** [biblio'te:k] *f* **-, -en** library; **~thekar(in** *f*) [bibliote'ka:r(ın)] *m* **-s, -e** librarian.

biblisch ['bi:blıʃ] *a* biblical.

bieder ['bi:dər] *a* upright, worthy; *Kleid etc* plain.

bieg- [bi:g] *cpd*: **~bar** *a* flexible; **~en** *irreg vtr* bend; *vi* turn; **~sam** ['bi:k-] *a* supple; **B~ung** *f* bend, curve.

Biene ['bi:nə] *f* **-, -n** bee; **~nhonig** *m* honey; **~nkorb** *m* beehive; **~nwachs** *nt* beeswax.

Bier [bi:r] *nt* **-(e)s, -e** beer; **~brauer** *m* brewer; **~deckel** *m*, **~filz** *m* beer mat; **~krug** *m*, **~seidel** *nt* beer mug.

bieten ['bi:tən] *irreg vt* offer; (*bei Versteigerung*) bid; *vr* (*Gelegenheit*) be open (*dat* to); **sich** (*dat*) **etw ~ lassen** put up with sth.

Bikini [bi'ki:ni] *m* **-s, -s** bikini.

Bilanz [bi'lants] *f* balance; (*fig*) outcome; **~ ziehen** take stock (*aus* of).

Bild [bılt] *nt* **-(e)s, -er** (*lit, fig*) picture; photo; (*Spiegel—*) reflection; **~bericht** *m* pictorial report.

bilden ['bıldən] *vt* form; (*erziehen*) educate; (*ausmachen*) constitute; *vr* arise; (*erziehen*) educate o.s.

Bilder- ['bıldər] *cpd*: **~buch** *nt* picture book; **~rahmen** *m* picture frame.

Bild- *cpd*: **~fläche** *f* screen; (*fig*) scene; **~hauer** *m* **-s, -** sculptor; **b~hübsch** *a* lovely, pretty as a picture; **b~lich** *a* figurative; pictorial; **~schirm** *m* television screen; **b~schön** *a* lovely; **~ung** ['bıldʊŋ] *f* formation; (*Wissen, Benehmen*) education; **~ungslücke** *f* gap in one's education; **~ungspolitik** *f* educational policy; **~weite** *f* (*Phot*) distance.

Billard ['bıljart] *nt* **-s, -e** billiards; **~ball** *m*, **~kugel** *f* billiard ball.

billig ['bılıç] *a* cheap; (*gerecht*) fair, reasonable; **~en** ['bılıgən] *vt* approve of; **B~ung** *f* approval.

Billion [bıli'o:n] *f* billion, trillion (*US*).

bimmeln ['bıməln] *vi* tinkle.

Binde ['bındə] *f* **-, -n** bandage; (*Arm—*) band; (*Med*) sanitary towel; **~glied** *nt* connecting link; **b~n** *vt irreg* bind, tie; **~strich** *m* hyphen; **~wort** *nt* conjunction.

Bind- *cpd*: **~faden** *m* string; **~ung** *f* bond, tie; (*Ski—*) binding.

binnen ['bınən] *prep +dat or gen* within; **B~hafen** *m* inland harbour; **B~handel** *m* internal trade.

Binse ['bınzə] *f* **-, -n** rush, reed; **~nwahrheit** *f* truism.

Bio- [bio] *cpd* bio-; **~graphie** [-gra'fi:] *f* biography; **~loge** [-'logə] *m* **-n, -n** biologist; **~logie** [-lo'gi:] *f* biology; **b~logisch** [-'lo:gıʃ] *a* biological.

Birke ['bırkə] *f* **-, -n** birch.

Birnbaum *m* pear tree.

Birne ['bırnə] *f* **-, -n** pear; (*Elec*) (light) bulb.

bis [bıs] *ad, prep +acc* (*räumlich: — zu/an +acc*) to, as far as; (*zeitlich*) till, until; **Sie haben ~ Dienstag Zeit** you have until *or* till Tuesday; **~ Dienstag muß es fertig sein** it must be ready by Tuesday; **~ hierher** this far; **~ in die Nacht** into the night; **~ auf weiteres** until further notice; **~bald/gleich** see you later/soon; **~ auf etw** (*acc*) (*einschließlich*) including sth; (*ausgeschlossen*) except sth; **~ zu** up to; *cj* (*mit Zahlen*) to; (*zeitlich*) until, till; **von ... ~ ...** from ... to ...

Bischof ['bıʃɔf] *m* **-s, ⸚e** bishop.

bischöflich ['bıʃø:flıç] *a* episcopal.

bisher [bıs'he:r] *ad*, **~ig** *a* till now, hitherto.

Biskuit [bıs'kvi:t] *m or nt* **-(e)s, -s** *or* **-e** biscuit; **~teig** *m* sponge mixture.

bislang [bıs'laŋ] *ad* hitherto.

Biß [bıs] *m* **-sses, -sse** bite.

bißchen ['bısçən] *a, ad* bit.

Bissen ['bısən] *m* **-s, -** bite, morsel.

bissig ['bısıç] *a Hund* snappy; *Bemerkung* cutting, biting.

Bistum ['bıstu:m] *nt* bishopric.

bisweilen [bıs'vaılən] *ad* at times, occasionally.

Bitte ['bıtə] *f* **-, -n** request; **b~** *interj* please; (*wie b—?*) (I beg your) pardon; (*als Antwort auf Dank*) you're welcome; **b~ schön!** it was a pleasure; **b~n** *vti irreg* ask (*um* for); **b~nd** *a* pleading, imploring.

bitter ['bıtər] *a* bitter; **~böse** *a* very angry; **B~keit** *f* bitterness; **~lich** *a* bitter.

blähen ['blɛ:ən] *vtr* swell, blow out.

Blähungen *pl* (*Med*) wind.

blam- *cpd*: **~abel** [bla'ma:bəl] *a* disgraceful; **B~age** [bla'ma:ʒə] *f* **-, -n** disgrace; **~ieren** [bla'mi:rən] *vr* make a fool of o.s., disgrace o.s.; *vt* let down, disgrace.

blank [blaŋk] *a* bright; (*unbedeckt*) bare; (*sauber*) clean, polished; (*col: ohne Geld*) broke; (*offensichtlich*) blatant.

blanko ['blaŋko] *ad* blank; **B~scheck** *m* blank cheque.

Bläschen ['blɛ:sçən] *nt* bubble; (*Med*) spot, blister.

Blase ['bla:zə] *f* **-, -n** bubble; (*Med*) blister; (*Anat*) bladder; **~balg** *m* bellows *pl*; **b~n** *vti irreg* blow.

Blas- *cpd*: **~instrument** *nt* brass *or* wind instrument; **~kapelle** *f* brass band.

blaß [blas] *a* pale.
Blässe ['blɛsə] *f* - paleness, palour.
Blatt [blat] *nt* **-(e)s, ⸚er** leaf; newspaper; (*von Papier*) sheet; (*Cards*) hand; **vom ~ singen/spielen** sight-read.
blättern ['blɛtərn] *vi*: **in etw** (*dat*) **~** leaf through sth.
Blätterteig *m* flaky *or* puff pastry.
blau [blaʊ] *a* blue; (*col*) drunk, stoned; (*Cook*) boiled; *Auge* black; **~er Fleck** bruise; **Fahrt ins B~e** mystery tour; **~äugig** *a* blue-eyed; **B~licht** *nt* flashing blue light; **~machen** *vi* (*col*) skive off work; **B~strumpf** *m* (*fig*) bluestocking.
Blech [blɛç] *nt* **-(e)s, -e** tin, sheet metal; (*Back—*) baking tray; **~büchse** *f*, **~dose** *f* tin, can; **b~en** *vti* (*col*) pay; **~schaden** *m* (*Aut*) damage to bodywork.
Blei [blaɪ] *nt* **-(e)s, -e** lead; **~be** *f* **-, -n** roof over one's head; **b~ben** *vi irreg* stay, remain, **b~benlassen** *vt irreg* leave (alone).
bleich [blaɪç] *a* faded, pale; **~en** *vt* bleach.
Blei- *cpd*: **b~ern** *a* leaden; **~stift** *m* pencil; **~stiftspitzer** *m* pencil sharpener.
Blende ['blɛndə] *f* **-, -n** (*Phot*) aperture; **b~n** *vt* blind, dazzle; (*fig*) hoodwink; **b~nd** *a* (*col*) grand; **b~nd aussehen** look smashing.
Blick [blɪk] *m* **-(e)s, -e** (*kurz*) glance, glimpse; (*Anschauen*) look, gaze; (*Aussicht*) view; **b~en** *vi* look; **sich b~en lassen** put in an appearance; **~fang** *m* eye-catching object; **~feld** *nt* range of vision (*auch fig*).
blind [blɪnt] *a* blind; *Glas etc* dull; **~er Passagier** stowaway; **B~darm** *m* appendix; **B~darmentzündung** *f* appendicitis; **B~enschrift** ['blɪndən-] *f* braille; **B~heit** *f* blindness; **~lings** *ad* blindly; **B~schleiche** *f* slow worm; **~schreiben** *vi irreg* touch-type.
blink- [blɪŋk] *cpd*: **~en** *vi* twinkle, sparkle; (*Licht*) flash, signal; (*Aut*) indicate; *vt* flash, signal; **B~er** *m* **-s, -**, **B~licht** *nt* (*Aut*) indicator.
blinzeln ['blɪntsəln] *vi* blink, wink.
Blitz [blɪts] *m* **-es, -e** (flash of) lightning; **~ableiter** *m* lightning conductor; **b~en** *vi* (*aufleuchten*) glint, shine; **es blitzt** (*Met*) there's a flash of lightning; **~licht** *nt* flashlight; **b~schnell** *a, ad* as quick as a flash.
Block [blɔk] *m* **-(e)s, ⸚e** (*lit, fig*) block; (*von Papier*) pad; **~ade** [blɔ'ka:də] *f* **-, -n** blockade; **~flöte** *f* recorder; **b~frei** *a* (*Pol*) unaligned; **b~ieren** [blɔ'ki:rən] *vt* block; *vi* (*Räder*) jam; **~schrift** *f* block letters *pl*.
blöd [blø:t] *a* silly, stupid; **~eln** ['blø:dəln] *vi* (*col*) fool around; **B~heit** *f* stupidity; **B~sinn** *m* nonsense; **~sinnig** *a* silly, idiotic.
blond [blɔnt] *a* blond, fair-haired.
bloß [blo:s] *a* (*unbedeckt*) bare; (*nackt*) naked; (*nur*) mere; *ad* only, merely; **laß das ~!** just don't do that!
Blöße ['blø:sə] *f* **-, -n** bareness; nakedness; (*fig*) weakness; **sich** (*dat*) **eine ~ geben** (*fig*) lay o.s. open to attack.
bloß- *cpd*: **~legen** *vt* expose; **~stellen** *vt* show up.
blühen ['bly:ən] *vi* (*lit*) bloom, be in bloom; (*fig*) flourish.
Blume ['blu:mə] *f* **-, -n** flower; (*von Wein*) bouquet; **~nkohl** *m* cauliflower; **~ntopf** *m* flowerpot; **~nzwiebel** *f* bulb.
Bluse ['blu:zə] *f* **-, -n** blouse.
Blut [blu:t] *nt* **-(e)s** blood; **b~arm** *a* anaemic; (*fig*) penniless; **b~befleckt** *a* bloodstained; **~buche** *f* copper beech; **~druck** *m* blood pressure.
Blüte ['bly:tə] *f* **-, -n** blossom; (*fig*) prime; **~zeit** *f* flowering period; (*fig*) prime.
Blut- *cpd*: **~egel** *m* leech; **b~en** *vi* bleed.
Blütenstaub *m* pollen.
Blut- *cpd*: **~er** *m* **-s, -** (*Med*) haemophiliac; **~erguß** *m* haemorrhage; (*auf Haut*) bruise; **~gruppe** *f* blood group; **b~ig** *a* bloody; **b~jung** *a* very young; **~probe** *f* blood test; **~schande** *f* incest; **~spender** *m* blood donor; **~übertragung** *f* blood transfusion; **~ung** *f* bleeding, haemorrhage; **~vergiftung** *f* blood poisoning; **~wurst** *f* black pudding.
Bö(e) ['bø:(ə)] *f* **-, -en** squall.
Bock [bɔk] *m* **-(e)s, ⸚e** buck, ram; (*Gestell*) trestle, support; (*Sport*) buck.
Boden ['bo:dən] *m* **-s, ⸚** ground; (*Fuß—*) floor; (*Meeres—, Faß—*) bottom; (*Speicher*) attic; **b~los** bottomless; (*col*) incredible; **~satz** *m* dregs *pl*, sediment; **~schätze** *pl* mineral wealth; **~turnen** *nt* floor exercises *pl*.
Bogen ['bo:gən] *m* **-s, -** (*Biegung*) curve; (*Archit*) arch; (*Waffe, Mus*) bow; (*Papier*) sheet; **~gang** *m* arcade; **~schütze** *m* archer.
Bohle ['bo:lə] *f* **-, -n** plank.
Bohne ['bo:nə] *f* **-, -n** bean; **~nkaffee** *m* pure coffee; **b~rn** *vt* wax, polish; **~rwachs** *nt* floor polish.
Bohr- ['bo:r] *cpd*: **b~en** *vt* bore; **~er** *m* **-s, -** drill; **~insel** *f* oil rig; **~maschine** *f* drill; **~turm** *m* derrick.
Boje ['bo:jə] *f* **-, -n** buoy.
Bolzen ['bɔltsən] *m* **-s, -** bolt.
Bomb- *cpd*: **b~ardieren** [bɔmbar'di:rən] *vt* bombard; (*aus der Luft*) bomb; **~e** ['bɔmbə] *f* **-, -n** bomb; **~enangriff** *m* bombing raid; **~enerfolg** *m* (*col*) huge success.
Bonbon [bõ'bõ:] *m or nt* **-s, -s** sweet.
Boot [bo:t] *nt* **-(e)s, -e** boat.
Bord [bɔrt] *m* **-(e)s, -e** (*Aviat, Naut*) board; **an ~** on board; *nt* (*Brett*) shelf; **~ell** [bɔr'dɛl] *nt* **-s, -e** brothel; **~funkanlage** *f* radio; **~stein** *m* kerb(stone).
borgen ['bɔrgən] *vt* borrow; **jdm etw ~** lend sb sth.
borniert [bɔr'ni:rt] *a* narrow-minded.
Börse ['bø:rzə] *f* **-, -n** stock exchange; (*Geld—*) purse.
Borste ['bɔrstə] *f* **-, -n** bristle.
Borte ['bɔrtə] *f* **-, -n** edging; (*Band*) trimming.
bös [bø:s] *a* bad, evil; (*zornig*) angry; **~artig** ['bø:z-] *a* malicious.

Böschung ['bœʃʊŋ] *f* slope; (*Ufer— etc*) embankment.
bos- ['bo:s] *cpd*: **~haft** *a* malicious, spiteful; **B~heit** *f* malice, spite.
böswillig ['bø:svılıç] *a* malicious.
Botanik [bo'ta:nık] *f* botany.
botanisch [bo'ta:nıʃ] *a* botanical.
Bot- ['bo:t] *cpd*: **~e** *m* **-n, -n** messenger; **~enjunge** *m* errand boy; **~schaft** *f* message, news; (*Pol*) embassy; **~schafter** *m* **-s, -** ambassador.
Bottich ['bɔtıç] *m* **-(e)s, -e** vat, tub.
Bouillon [bʊ'ljõ:] *f* **-, -s** consommé.
Bowle ['bo:lə] *f* **-, -n** punch.
Box- ['bɔks] *cpd*: **b~en** *vi* box; **~er** *m* **-s, -** boxer; **~handschuh** *m* boxing glove; **~kampf** *m* boxing match.
boykottieren [bɔYkɔ'ti:rən] *vt* boycott.
Branche ['brã:ʃə] *f* **-, -n** line of business; **~nverzeichnis** *nt* yellow pages *pl*.
Brand [brant] *m* **-(e)s, ⸚e** fire; (*Med*) gangrene; **b~en** [brandən] *vi* surge; (*Meer*) break; **b~marken** *vt* brand; (*fig*) stigmatize; **~salbe** *f* ointment for burns; **~stifter** *m* arsonist, fire-raiser; **~stiftung** *f* arson; **~ung** *f* surf; **~wunde** *f* burn.
Branntwein ['brantvaın] *m* brandy.
Brat- [bra:t] *cpd*: **~apfel** *m* baked apple; **b~en** *vt irreg* roast, fry; **~en** *m* **-s, -** roast, joint; **~huhn** *nt* roast chicken; **~kartoffeln** *pl* fried *or* roast potatoes *pl*; **~pfanne** *f* frying pan; **~rost** *m* grill.
Bratsche ['bra:tʃə] *f* **-, -n** viola.
Brat- *cpd*: **~spieß** *m* spit; **~wurst** *f* grilled sausage.
Brauch [braʊx] *m* **-(e)s, Bräuche** custom; **b~bar** *a* usable, serviceable; *Person* capable; **b~en** *vt* (*bedürfen*) need; (*müssen*) have to; (*verwenden*) use.
Braue ['braʊə] *f* **-, -n** brow; **b~n** *vt* brew; **~'rei** *f* brewery.
braun [braʊn] *a* brown; (*von Sonne auch*) tanned.
Bräune ['brɔYnə] *f* **-, -n** brownness; (*Sonnen—*) tan; **b~n** *vt* make brown; (*Sonne*) tan.
braungebrannt *a* tanned.
Brause ['braʊzə] *f* **-, -n** shower bath; (*von Gießkanne*) rose; (*Getränk*) lemonade; **b~n** *vi* roar; (*auch vr: duschen*) take a shower; **~pulver** *nt* lemonade powder.
Braut [braʊt] *f* **-, Bräute** bride; (*Verlobte*) fiancée.
Bräutigam ['brɔYtıgam] *m* **-s, -e** bridegroom; fiancé.
Braut- *cpd*: **~jungfer** *f* bridesmaid; **~paar** *nt* bride and bridegroom, bridal pair.
brav [bra:f] *a* (*artig*) good; (*ehrenhaft*) worthy, honest.
Brech- ['brɛç] *cpd*: **~eisen** *nt* crowbar; **b~en** *vti irreg* break; *Licht* refract; (*fig*) *Mensch* crush; (*speien*) vomit; **die Ehe b~en** commit adultery; **~reiz** *m* nausea, retching.
Brei [braı] *m* **-(e)s, -e** (*Masse*) pulp; (*Cook*) gruel; (*Hafer—*) porridge.
breit [braıt] *a* wide, broad; **B~e** *f* **-, -n** width; breadth; (*Geog*) latitude; **~en** *vt*: **etw über etw** (*acc*) **~en** spread sth over sth; **B~engrad** *m* degree of latitude; **~machen** *vr* spread o.s. out; **~schult(e)rig** *a* broad-shouldered; **~treten** *vt irreg* (*col*) enlarge upon; **B~wandfilm** *m* wide-screen film.
Brems- ['brɛmz] *cpd*: **~belag** *m* brake lining; **~e** *f* **-, -n** brake; (*Zool*) horsefly; **b~en** *vi* brake, apply the brakes; *vt Auto* brake; (*fig*) slow down; **~licht** *nt* brake light; **~pedal** *nt* brake pedal; **~schuh** *m* brake shoe; **~spur** *f* tyre marks *pl*; **~weg** *m* braking distance.
Brenn- ['brɛn] *cpd*: **b~bar** *a* inflammable; **b~en** *irreg vi* burn, be on fire; (*Licht, Kerze etc*) burn; *vt Holz etc* burn; *Ziegel, Ton* fire; *Kaffee* roast; **darauf b~en, etw zu tun** be dying to do sth; **~material** *nt* fuel; **~(n)essel** *f* nettle; **~spiritus** *m* methylated spirits; **~stoff** *m* liquid fuel.
brenzlig ['brɛntslıç] *a* smelling of burning, burnt; (*fig*) precarious.
Brett [brɛt] *nt* **-(e)s, -er** board, plank; (*Bord*) shelf; (*Spiel—*) board; **Schwarze(s) ~** notice board; **~er** *pl* (*Ski*) skis *pl*; (*Theat*) boards *pl*; **~erzaun** *m* wooden fence.
Brezel ['bre:tsəl] *f* **-, -n** bretzel, pretzel.
Brief [bri:f] *m* **-(e)s, -e** letter; **~beschwerer** *m* **-s, -** paperweight; **~kasten** *m* letterbox; **b~lich** *a,ad* by letter; **~marke** *f* postage stamp; **~öffner** *m* letter opener; **~papier** *nt* notepaper; **~tasche** *f* wallet; **~träger** *m* postman; **~umschlag** *m* envelope; **~wechsel** *m* correspondence.
Brikett [bri'kɛt] *nt* **-s, -s** briquette.
brillant [brıl'jant] *a* (*fig*) sparkling, brilliant; **B~** *m* **-en, -en** brilliant, diamond.
Brille ['brılə] *f* **-, -n** spectacles *pl*; (*Schutz—*) goggles pl; (*Toiletten—*) (toilet) seat.
bringen ['brıŋən] *vt irreg* bring; (*mitnehmen, begleiten*) take; (*einbringen*) *Profit* bring in; (*veröffentlichen*) publish; (*Theat, Cine*) show; (*Rad, TV*) broadcast; (*in einen Zustand versetzen*) get; (*col: tun können*) manage; **jdn dazu ~, etw zu tun** make sb do sth; **jdn nach Hause ~** take sb home; **jdn um etw ~** make sb lose sth; **jdn auf eine Idee ~** give sb an idea.
Brise ['bri:zə] *f* **-, -n** breeze.
bröckelig ['brœkəlıç] *a* crumbly.
Brocken ['brɔkən] *m* **-s, -** piece, bit; (*Fels—*) lump of rock.
brodeln ['bro:dəln] *vi* bubble.
Brokat [bro'ka:t] *m* **-(e)s, -e** brocade.
Brombeere ['brɔmbe:rə] *f* blackberry, bramble.
bronchial [brɔnçi'a:l] *a* bronchial.
Bronchien ['brɔnçiən] *pl* bronchia(l tubes) *pl*.
Bronze ['brõ:sə] *f* **-, -n** bronze.
Brosame ['bro:za:mə] *f* **-, -n** crumb.
Brosche ['brɔʃə] *f* **-, -n** brooch.
Broschüre [brɔ'ʃy:rə] *f* **-, -n** pamphlet.
Brot [bro:t] *nt* **-(e)s, -e** bread; (*—laib*) loaf.

Brötchen ['brø:tçən] *nt* roll.
brotlos ['bro:tlo:s] *a Person* unemployed; *Arbeit etc* unprofitable.
Bruch [brux] *m* **-(e)s, ¨e** breakage; (*zerbrochene Stelle*) break; (*fig*) split, breach; (*Med: Eingeweide—*) rupture, hernia; (*Bein— etc*) fracture; (*Math*) fraction; **~bude** *f* (*col*) shack.
brüchig ['brʏçıç] *a* brittle, fragile; *Haus* dilapidated.
Bruch- *cpd*: **~landung** *f* crash landing; **~strich** *m* (*Math*) line; **~stück** *nt* fragment; **~teil** *m* fraction.
Brücke ['brʏkə] *f* **-, -n** bridge; (*Teppich*) rug.
Bruder ['bru:dər] *m* **-s, ¨** brother.
Brüder- ['bry:dər] *cpd*: **b~lich** *a* brotherly; **~lichkeit** *f* fraternity; **~schaft** *f* brotherhood, fellowship; **~schaft trinken** fraternize, address each other as 'du'.
Brühe ['bry:ə] *f* **-, -n** broth, stock; (*pej*) muck.
brüllen ['brʏlən] *vi* bellow, scream.
Brumm- ['brʊm] *cpd*: **~bär** *m* grumbler; **b~eln** *vti* mumble; **b~en** *vi* (*Bär, Mensch etc*) growl; (*Insekt, Radio*) buzz; (*Motoren*) roar; (*murren*) grumble; *vt* growl; **jdm brummt der Kopf** sb's head is buzzing.
brünett [brʏ'nɛt] *a* brunette, dark-haired.
Brunnen ['brʊnən] *m* **-s, -** fountain; (*tief*) well; (*natürlich*) spring; **~kresse** *f* watercress.
brüsk [brʏsk] *a* abrupt, brusque.
Brust [brʊst] *f* **-, ¨e** breast; (*Männer—*) chest.
brüsten ['brʏstən] *vr* boast.
Brust- *cpd*: **~fellentzündung** *f* pleurisy; **~kasten** *m* chest; **~schwimmen** *nt* breast-stroke; **~warze** *f* nipple.
Brüstung ['brʏstʊŋ] *f* parapet.
Brut [bru:t] *f* **-, -en** brood; (*Brüten*) hatching; **b~al** [bru'ta:l] *a* brutal; **~alität** *f* brutality; **~apparat** *m*, **~kasten** *m* incubator.
brüten ['bry:tən] *vi* hatch, brood (*auch fig*).
brutto ['brʊto] *ad* gross; **B~einkommen** *nt*, **B~gehalt** *nt* gross salary; **B~gewicht** *nt* gross weight; **B~lohn** *m* gross wages *pl*.
Bub [bu:p] *m* **-en, -en** boy, lad; **~e** [bu:bə] *m* **-n, -n** (*Schurke*) rogue; (*Cards*) jack; **~ikopf** *m* bobbed hair, shingle.
Buch [bu:x] *nt* **-(e)s, ¨er** book; (*Comm*) account book; **~binder** *m* bookbinder; **~drucker** *m* printer; **~e** *f* **-, -n** beech tree; **b~en** *vt* book; *Betrag* enter.
Bücher- ['by:çər] *cpd*: **~brett** *nt* bookshelf; **~ei** [-'raı] *f* library; **~regal** *nt* bookshelves *pl*, bookcase; **~schrank** *m* bookcase.
Buch- *cpd*: **~fink** *m* chaffinch; **~führung** *f* book-keeping, accounting; **~halter(in *f*)** *m* **-s, -** book-keeper; **~handel** *m* book trade; **~händler(in *f*)** *m* bookseller; **~handlung** *f* bookshop.
Büchse ['bʏksə] *f* **-, -n** tin, can; (*Holz—*) box; (*Gewehr*) rifle; **~nfleisch** *nt* tinned meat; **~nöffner** *m* tin *or* can opener.
Buch- *cpd*: **~stabe** *m* **-ns, -n** letter (of the alphabet); **b~stabieren** [bu:xʃta'bi:rən] *vt* spell; **b~stäblich** ['bu:xʃtɛ:plıç] *a* literal.
Bucht ['bʊxt] *f* **-, -en** bay.
Buchung ['bu:xʊŋ] *f* booking; (*Comm*) entry.
Buckel ['bʊkəl] *m* **-s, -** hump.
bücken ['bʏkən] *vr* bend.
Bückling ['bʏklıŋ] *m* (*Fisch*) kipper; (*Verbeugung*) bow.
Bude ['bu:də] *f* **-, -n** booth, stall; (*col*) digs *pl*.
Budget [bʏ'dʒe:] *nt* **-s, -s** budget.
Büffel ['bʏfəl] *m* **-s, -** buffalo.
Büf(f)ett [bʏ'fe:] *nt* **-s, -s** (*Anrichte*) sideboard; (*Geschirrschrank*) dresser; **kaltes ~** cold buffet.
Bug [bu:k] *m* **-(e)s, -e** (*Naut*) bow; (*Aviat*) nose.
Bügel ['by:gəl] *m* **-s, -** (*Kleider—*) hanger; (*Steig—*) stirrup; (*Brillen—*) arm; **~brett** *nt* ironing board; **~eisen** *nt* iron; **~falte** *f* crease; **b~n** *vti* iron.
Bühne ['by:nə] *f* **-, -n** stage; **~nbild** *nt* set, scenery.
Buhruf ['bu:ru:f] *m* boo.
Bulette [bu'lɛtə] *f* meatball.
Bull- ['bʊl] *cpd*: **~dogge** *f* bulldog; **~dozer** ['bʊldo:zər] *m* **-s, -** bulldozer; **~e** *m* **-n, -n** bull.
Bummel ['bʊməl] *m* **-s, -** stroll; (*Schaufenster—*) window-shopping; **~ant** [-'lant] *m* slowcoach; **~ei** [-'laı] *f* wandering; dawdling; skiving; **b~n** *vi* wander, stroll; (*trödeln*) dawdle; (*faulenzen*) skive, loaf around; **~streik** *m* go-slow; **~zug** *m* slow train.
Bummler(in *f*) ['bʊmlər(ın)] *m* **-s, -** (*langsamer Mensch*) dawdler; (*Faulenzer*) idler, loafer.
Bund [bʊnt] *m* **-(e)s, ¨e** (*Freundschafts— etc*) bond; (*Organisation*) union; (*Pol*) confederacy; (*Hosen—, Rock—*) waistband; *nt* **-(e)s, -e** bunch; (*Stroh—*) bundle.
Bünd- ['bʏnd] *cpd*: **~chen** *nt* ribbing; (*Ärmel—*) cuff; **~el** *nt* **-s, -n** bundle, bale; **b~eln** *vt* bundle.
Bundes- ['bʊndəs] *in cpds* Federal (*esp* West German); **~bahn** *f* Federal Railways *pl*; **~hauptstadt** *f* Federal capital; **~kanzler** *m* Federal Chancellor; **~land** *nt* Land; **~präsident** *m* Federal President; **~rat** *m* upper house of West German Parliament; **~republik** *f* Federal Republic (of West Germany); **~staat** *m* Federal state; **~straße** *f* Federal Highway, 'A' road; **~tag** *m* West German Parliament; **~verfassungsgericht** *nt* Federal Constitutional Court; **~wehr** *f* West German Armed Forces *pl*.
Bünd- *cpd*: **b~ig** *a* (*kurz*) concise; **~nis** *nt* **-ses, -se** alliance.
Bunker ['bʊŋkər] *m* **-s, -** bunker.
bunt [bʊnt] *a* coloured; (*gemischt*) mixed; **jdm wird es zu ~** it's getting too much for sb; **B~stift** *m* coloured pencil, crayon.
Burg [bʊrk] *f* **-, -en** castle, fort.
Bürge ['bʏrgə] *m* **-n, -n** guarantor; **b~n** *vi* vouch; **~r(in *f*)** *m* **-s, -** citizen; member

of the middle class; **~rkrieg** *m* civil war; **b~rlich** *a Rechte* civil; *Klasse* middle-class; (*pej*) bourgeois; **gut b~rliche Küche** good home cooking; **~rmeister** *m* mayor; **~rrecht** *nt* civil rights *pl*; **~rschaft** *f* population, citizens *pl*; **~rsteig** *m* pavement; **~rtum** *nt* citizens *pl*.

Bürg- *cpd*: **~in** *f see* **Bürge**; **~schaft** *f* surety; **~schaft leisten** give security.

Büro [by'ro:] *nt* **-s, -s** office; **~angestellte(r)** *mf* office worker; **~klammer** *f* paper clip; **~krat** [byro'kra:t] *m* **-en, -en** bureaucrat; **~kra'tie** *f* bureaucracy; **b~'kratisch** *a* bureaucratic; **~kra'tismus** *m* red tape; **~schluß** *m* office closing time.

Bursch(e) [bʊrʃ(ə)] *m* **-en, -en** lad, fellow; (*Diener*) servant.

Bürste ['bʏrstə] *f* **-, -n** brush; **b~n** *vt* brush.

Bus [bʊs] *m* **-ses, -se** bus.

Busch [bʊʃ] *m* **-(e)s, ⸚e** bush, shrub.

Büschel ['bʏʃəl] *nt* **-s, -** tuft.

buschig *a* bushy.

Busen ['bu:zən] *m* **-s, -** bosom; (*Meer*) inlet, bay; **~freund(in *f*)** *m* bosom friend.

Buße ['bu:sə] *f* **-, -n** atonement, penance; (*Geld*) fine.

büßen ['by:sən] *vti* do penance (for), atone (for).

Büste ['bʏstə] *f* **-, -n** bust; **~nhalter** *m* bra.

Butter ['bʊtər] *f* **-** butter; **~blume** *f* buttercup; **~brot** *nt* (piece of) bread and butter; **~brotpapier** *nt* greaseproof paper; **~dose** *f* butter dish; **b~weich** *a* soft as butter; (*fig,col*) soft.

Butzen ['bʊtsən] *m* **-s, -** core.

C

(*see also under* K *and* Z; CH *under* SCH)

C, c [tse:] *nt* C, c.

Café [ka'fe:] *nt* **-s, -s** café.

Cafeteria [kafete'ri:a] *f* **-, -s** cafeteria.

Camp- [kɛmp] *cpd*: **c~en** *vi* camp; **~er(in *f*)** *m* **-s, -** camper; **~ing** *nt* **-s** camping; **~ingplatz** *m* camp(ing) site.

Caravan ['kɛrəvɛn] *m* **-s, -s** caravan.

Cellist [tʃɛ'lɪst] *m* cellist.

Cello ['tʃɛlo] *nt* **-s, -s** *or* **Celli** cello.

Chamäleon [ka'mɛ:leɔn] *nt* **-s, -s** chameleon.

Champagner [ʃam'panjər] *m* **-s, -** champagne.

Champignon ['ʃampɪnjõ] *m* **-s, -s** button mushroom.

Chance ['ʃã:s(ə)] *f* **-, -n** chance, opportunity.

Chaos ['ka:ɔs] *nt* **-s, -** chaos.

chaotisch [ka'o:tɪʃ] *a* chaotic.

Charakter [ka'raktər] *m* **-s, -e** [karak'te:rə] character; **c~fest** *a* of firm character; **c~i'sieren** *vt* characterize; **~istik** [karakte'rɪstɪk] *f* characterization; **c~istisch** [karakte'rɪstɪʃ] *a* characteristic, typical (*für* of); **c~los** *a* unprincipled; **~losigkeit** *f* lack of principle; **~schwäche** *f* weakness of character; **~stärke** *f* strength of character; **~zug** *m* characteristic, trait.

charmant [ʃar'mant] *a* charming.

Charme [ʃarm] *m* **-s** charm.

Chassis [ʃa'si:] *nt* **-, -** chassis.

Chauffeur [ʃɔ'fø:r] *m* chauffeur.

Chauvinismus [ʃovi'nɪsmʊs] *m* chauvinism, jingoism.

Chauvinist [ʃovi'nɪst] *m* chauvinist, jingoist.

Chef [ʃɛf] *m* **-s, -s** head; (*col*) boss; **~arzt** *m* head physician; **~in** *f* (*col*) boss.

Chemie [çe'mi:] *f* **-** chemistry; **~faser** *f* man-made fibre.

Chemikalie [çemi'ka:liə] *f* **-, -n** chemical.

Chemiker(in *f*) ['çe:mikər(ɪn)] *m* **-s, -** (industrial) chemist.

chemisch ['çe:mɪʃ] *a* chemical; **~e Reinigung** dry cleaning.

Chiffre ['ʃɪfər] *f* **-, -n** (*Geheimzeichen*) cipher; (*in Zeitung*) box number.

Chiffriermaschine [ʃɪfri:rmaʃi:nə] *f* cipher machine.

Chips [tʃɪps] *pl* crisps *pl*, chips *pl* (*US*).

Chirurg [çi'rʊrk] *m* **-en, -en** surgeon; **~ie** [-'gi:] *f* surgery; **c~isch** *a* surgical.

Chlor [klo:r] *nt* **-s** chlorine; **~o'form** *nt* **-s** chloroform; **c~ofor'mieren** *vt* chloroform; **~ophyll** [kloro'fʏl] *nt* **-s** chlorophyll.

Cholera ['ko:lera] *f* **-** cholera.

cholerisch [ko'le:rɪʃ] *a* choleric.

Chor [ko:r] *m* **-(e), -e** *or* **⸚e** choir; (*Musikstück, Theat*) chorus; **~al** [ko'ra:l] *m* **-s, -äle** chorale.

Choreograph [koreo'gra:f] *m* **-en, -en** choreographer; **~ie** [-'fi:] *f* choreography.

Chor- *cpd*: **~gestühl** *nt* choir stalls *pl*; **~knabe** *m* choirboy.

Christ ['krɪst] *m* **-en, -en** Christian; **~baum** *m* Christmas tree; **~enheit** *f* Christendom; **~entum** *nt* Christianity; **~in** *f* Christian; **~kind** *nt* ≈ Father Christmas; (*Jesus*) baby Jesus; **c~lich** *a* Christian; **~us** *m* **-** Christ.

Chrom [kro:m] *nt* **-s** (*Chem*) chromium; chrome; **~osom** [kromo'zo:m] *nt* **-s, -en** (*Biol*) chromosome.

Chron- ['kro:n] *cpd*: **~ik** *f* chronicle; **c~isch** *a* chronic; **~ologie** [-lo'gi:] *f* chronology; **c~ologisch** [-'lo:gɪʃ] *a* chronological.

Chrysantheme [kryzan'te:mə] *f* **-, -n** chrysanthemum.

circa ['tsɪrka] *ad* about, approximately.

Clown [klaʊn] *m* **-s, -s** clown.

Computer [kɔm'pju:tər] *m* **-s, -** computer.

Conférencier [kõferãsi'e:] *m* **-s, -s** compère.

Coupé [ku'pe:] *nt* **-s, -s** (*Aut*) coupé, sports version.

Coupon [ku'põ:] *m* **-s, -s** coupon; (*Stoff—*) length of cloth.

Cousin [ku'zɛ̃:] *m* **-s, -s** cousin; **~e** [ku'zi:nə] *f* **-, -n** cousin.

Creme [krɛ:m] *f* **-, -s** (*lit, fig*) cream; (*Schuh—*) polish; (*Zahn—*) paste; (*Cook*) mousse; **c~farben** *a* cream(-coloured).

Curry(pulver *nt*) ['kari(pulfər)] *m or nt* **-s** curry powder.

Cutter(in *f*) ['katər(ın)] *m* **-s, -** (*Cine*) editor.

D

D, d [de:] *nt* D, d.

da [da:] *ad* (*dort*) there; (*hier*) here; (*dann*) then; **~, wo** where; *cj* as; **~behalten** *vt irreg* keep.

dabei [da'baı] *ad* (*räumlich*) close to it; (*noch dazu*) besides; (*zusammen mit*) with them; (*zeitlich*) during this; (*obwohl doch*) but, however; **was ist schon ~?** what of it?; **es ist doch nichts ~, wenn . . .** it doesn't matter if . . .; **bleiben wir ~** let's leave it at that; **es soll nicht ~ bleiben** this isn't the end of it; **es bleibt ~** that's settled; **das Dumme/Schwierige ~** the stupid/difficult part of it; **er war gerade ~, zu gehen** he was just leaving; **~sein** *vi irreg* (*anwesend*) be present; (*beteiligt*) be involved; **~stehen** *vi irreg* stand around.

Dach [dax] *nt* **-(e)s, ¨er** roof; **~boden** *m* attic, loft; **~decker** *m* **-s, -** slater, tiler; **~fenster** *nt*, **~luke** *f* skylight; **~pappe** *f* roofing felt; **~rinne** *f* gutter; **~ziegel** *m* roof tile.

Dachs [daks] *m* **-es, -e** badger.

Dackel ['dakəl] *m* **-s, -** dachshund.

dadurch [da'durç] *ad* (*räumlich*) through it; (*durch diesen Umstand*) thereby, in that way; (*deshalb*) because of that, for that reason; *cj*: **~, daß** because.

dafür [da'fy:r] *ad* for it; (*anstatt*) instead; **er kann nichts ~** he can't help it; **er ist bekannt ~** he is well-known for that; **was bekomme ich ~?** what will I get for it?; **D~halten** *nt* **-s: nach meinem D~halten** in my opinion.

dagegen [da'ge:gən] *ad* against it; (*im Vergleich damit*) in comparison with it; (*bei Tausch*) to it; **ich habe nichts ~** I don't mind; **ich war ~** I was against it; **~ kann man nichts tun** one can't do anything about it; *cj* however; **~halten** *vt irreg* (*vergleichen*) compare with it; (*entgegnen*) object to it.

daheim [da'haım] *ad* at home; **D~** *nt* **-s** home.

daher [da'he:r] *ad* (*räumlich*) from there; (*Ursache*) from that; **~ kommt er auch** that's where he comes from too; *cj* (*deshalb*) that's why; **~ die Schwierigkeiten** that's what is causing the difficulties.

dahin [da'hın] *ad* (*räumlich*) there; (*zeitlich*) then; (*vergangen*) gone; **das tendiert ~** it is tending towards that; **er bringt es noch ~, daß ich . . .** he'll make me . . .; **~gegen** *cj* on the other hand; **~gehend** *ad* on this matter; **~gestellt** *ad*: **~gestellt bleiben** remain to be seen; **~gestellt sein lassen** leave sth open *or* undecided.

dahinten [da'hıntən] *ad* over there.

dahinter [da'hıntər] *ad* behind it; **~kommen** *vi irreg* get to the bottom of sth.

Dahlie ['da:liə] *f* **-, -n** dahlia.

dalassen ['da:lasən] *vt irreg* leave (behind).

damalig ['da:ma:lıç] *a* of that time, then.

damals ['da:ma:ls] *ad* at that time, then.

Damast [da'mast] *m* **-(e)s, -e** damask.

Dame ['da:mə] *f* **-, -n** lady; (*Schach, Cards*) queen; (*Spiel*) draughts; **d~nhaft** *a* ladylike; **~nwahl** *f* ladies' excuse-me; **~spiel** *nt* draughts.

damit [da'mıt] *ad* with it; (*begründend*) by that; **was meint er ~?** what does he mean by that?; **genug ~!** that's enough; **~ basta!** and that's that; **~ eilt es nicht** there's no hurry; *cj* in order that *or* to.

dämlich ['dɛ:mlıç] *a* (*col*) silly, stupid.

Damm [dam] *m* **-(e)s, ¨e** dyke; (*Stau—*) dam; (*Hafen—*) mole; (*Bahn—, Straßen—*) embankment.

Dämm- ['dɛm] *cpd*: **d~en** *vt Wasser* dam up; *Schmerzen* keep back; **d~erig** *a* dim, faint; **d~ern** *vi* (*Tag*) dawn; (*Abend*) fall; **~erung** *f* twilight; (*Morgen—*) dawn; (*Abend—*) dusk.

Dämon ['dɛ:mɔn] *m* **-s, -en** [dɛ'mo:nən] demon; **d~isch** [dɛ'mo:nıʃ] *a* demoniacal.

Dampf [dampf] *m* **-(e)s, ¨e** steam; (*Dunst*) vapour; **d~en** *vi* steam.

dämpfen ['dɛmpfən] *vt* (*Cook*) steam; (*bügeln auch*) iron with a damp cloth; (*fig*) dampen, subdue.

Dampf- *cpd*: **~er** *m* **-s, -** steamer; **~kochtopf** *m* pressure cooker; **~maschine** *f* steam engine; **~schiff** *nt* steamship; **~walze** *f* steamroller.

danach [da'na:x] *ad* after that; (*zeitlich auch*) afterwards; (*gemäß*) accordingly; according to which *or* that; **er sieht ~ aus** he looks it.

daneben [da'ne:bən] *ad* beside it; (*im Vergleich*) in comparison; **~benehmen** *vr irreg* misbehave; **~gehen** *vi irreg* miss; (*Plan*) fail.

Dank [daŋk] *m* **-(e)s** thanks *pl*; **vielen** *or* **schönen ~** many thanks; **jdm ~ sagen** thank sb; **d~** *prep +dat or gen* thanks to; **d~bar** *a* grateful; *Aufgabe* rewarding; **~barkeit** *f* gratitude; **d~e** *interj* thank you, thanks; **d~en** *vi* (*+dat*) thank; **d~enswert** *a Arbeit* worthwhile; rewarding; *Bemühung* kind; **d~sagen** *vi* express one's thanks.

dann [dan] *ad* then; **~ und wann** now and then.

daran [da'ran] *ad* on it; *stoßen* against it; **es liegt ~, daß . . .** the cause of it is that . . .; **gut/schlecht ~ sein** be well-/badly off; **das Beste/Dümmste ~** the best/stupidest thing about it; **ich war nahe ~, zu . . .** I was on the point of . . .; **er ist ~ gestorben** he died from *or* of it; **~gehen** *vi irreg* start; **~setzen** *vt* stake; **er hat alles ~gesetzt, von Glasgow wegzukommen** he has done his utmost to get away from Glasgow.

darauf [da'rauf] *ad* (*räumlich*) on it; (*zielgerichtet*) towards it; (*danach*) afterwards; **es kommt ganz ~ an, ob . . .** it depends whether . . .; **die Tage ~** the days following *or* thereafter; **am Tag ~** the next day; **~folgend** *a Tag, Jahr* next, following; **~hin** [-'hɪn] *ad* (*im Hinblick darauf*) in this respect; (*aus diesem Grund*) as a result; **~legen** *vt* lay *or* put on top.

daraus [da'raʊs] *ad* from it; **was ist ~ geworden?** what became of it?; **~ geht hervor, daß . . .** this means that . . .

Darbietung ['da:rbi:tʊŋ] *f* performance.

darin [da'rɪn] *ad* in (there), in it.

Dar- ['da:r] *cpd*: **d~legen** *vt* explain, expound, set forth; **~legung** *f* explanation; **~leh(e)n** *nt* **-s, -** loan.

Darm [darm] *m* **-(e)s, ¨-e** intestine; (*Wurst—*) skin; **~saite** *f* gut string.

Darstell- ['da:rʃtɛl] *cpd*: **d~en** *vt* (*abbilden, bedeuten*) represent; (*Theat*) act; (*beschreiben*) describe; *vr* appear to be; **~er(in** *f*) *m* **-s, -** actor/actress; **~ung** *f* portrayal, depiction.

darüber [da'ry:bər] *ad* (*räumlich*) over/above it; *fahren* over it; (*mehr*) more; (*währenddessen*) meanwhile; *sprechen, streiten* about it; **~ geht nichts** there's nothing like it; **seine Gedanken ~** his thoughts about *or* on it.

darum [da'rʊm] *ad* (*räumlich*) round it; **~ herum** round about (it); **er bittet ~** he is pleading for it; **es geht ~, daß . . .** the thing is that . . .; **er würde viel ~ geben, wenn . . .** he would give a lot to . . .; *cj* that's why; **ich tue es ~, weil . . .** I am doing it because . . .

darunter [da'rʊntər] *ad* (*räumlich*) under it; (*dazwischen*) among them; (*weniger*) less; **ein Stockwerk ~** one floor below (it); **was verstehen Sie ~?** what do you understand by that?; **~fallen** *vi irreg* be included; **~mischen** *vt Mehl* mix in; *vr* mingle.

das [das] *def art* the; *pron* that; **~ heißt** that is.

Dasein ['da:zaɪn] *nt* **-s** (*Leben*) life; (*Anwesenheit*) presence; (*Bestehen*) existence; **d~** *vi irreg* be there.

daß [das] *cj* that.

dasselbe [das'zɛlbə] *art, pron* the same.

dastehen ['da:ʃte:ən] *vi irreg* stand there.

Datenverarbeitung ['da:tənfɛr'arbaɪtʊŋ] *f* data processing.

datieren [da'ti:rən] *vt* date.

Dativ ['da:ti:f] *m* **-s, -e** dative.

Dattel ['datəl] *f* **-, -n** date.

Datum ['da:tʊm] *nt* **-s, Daten** date; (*pl: Angaben*) data *pl*; **das heutige ~** today's date.

Dauer ['daʊər] *f* **-, -n** duration; (*gewisse Zeitspanne*) length; (*Bestand, Fortbestehen*) permanence; **es war nur von kurzer ~** it didn't last long; **auf die ~** in the long run; (*auf längere Zeit*) indefinitely; **~auftrag** *m* standing order; **d~haft** *a* lasting, durable; **~haftigkeit** *f* durability; **~karte** *f* season ticket; **~lauf** *m* long-distance run; **d~n** *vi* last; **es hat sehr lang gedauert, bis er . . .** it took him a long time to . . .; **d~nd** *a* constant; **~regen** *m* continuous rain; **~welle** *f* perm(anent wave); **~wurst** *f* German salami; **~zustand** *m* permanent condition.

Daumen ['daʊmən] *m* **-s, -** thumb; **~lutscher** *m* thumb-sucker.

Daune ['daʊnə] *f* **-, -n** down; **~ndecke** *f* down duvet *or* quilt.

davon [da'fɔn] *ad* of it; (*räumlich*) away; (*weg von*) from it; (*Grund*) because of it; **das kommt ~!** that's what you get; **~ abgesehen** apart from that; **~ sprechen/wissen** talk/know of *or* about it; **was habe ich ~?** what's the point?; **~gehen** *vi irreg* leave, go away; **~kommen** *vi irreg* escape; **~laufen** *vi irreg* run away; **~tragen** *vt irreg* carry off; *Verletzung* receive.

davor [da'fo:r] *ad* (*räumlich*) in front of it; (*zeitlich*) before (that); **~ warnen** warn about it.

dazu [da'tsu:] *ad legen, stellen* by it; *essen, singen* with it; **und ~ noch** and in addition; **ein Beispiel/seine Gedanken ~** one example for/his thoughts on this; **wie komme ich denn ~?** why should I?; **~ fähig sein** be capable of it; **sich ~ äußern** say sth on it; **~gehören** *vi* belong to it; **~gehörig** *a* appropriate; **~kommen** *vi irreg* (*Ereignisse*) happen too; (*an einen Ort*) come along; **~mal** ['da:tsuma:l] *ad* in those days.

dazwischen [da'tsvɪʃən] *ad* in between; (*räumlich auch*) between (them); (*zusammen mit*) among them; **der Unterschied ~** the difference between them; **~kommen** *vi irreg* (*hineingeraten*) get caught in it; **es ist etwas ~gekommen** something cropped up; **~reden** *vi* (*unterbrechen*) interrupt; (*sich einmischen*) interfere; **~treten** *vi irreg* intervene.

Debatte [de'batə] *f* **-, -n** debate.

Deck [dɛk] *nt* **-(e)s, -s** *or* **-e** deck; **an ~ gehen** go on deck; **~e** *f* **-, -n** cover; (*Bett—*) blanket; (*Tisch—*) tablecloth; (*Zimmer—*) ceiling; **unter einer ~e stecken** be hand in glove; **~el** *m* **-s, -** lid; **d~en** *vt* cover; *vr* coincide; *vi* lay the table; **~mantel** *m*: **unter dem ~mantel von** under the guise of; **~name** *m* assumed name; **~ung** *f* (*Schützen*) covering; (*Schutz*) cover; (*Sport*) defence; (*Übereinstimmen*) agreement; **d~ungsgleich** *a* congruent.

Defekt [de'fɛkt] *m* **-(e)s, -e** fault, defect; **d~** *a* faulty.

defensiv [defɛn'si:f] *a* defensive.

definieren [defi'ni:rən] *vt* define.

Definition [definitsi'o:n] *f* definition.

definitiv [defini'ti:f] *a* definite.

Defizit ['de:fitsɪt] *nt* **-s, -e** deficit.

deftig ['dɛftɪç] *a Essen* large; *Witz* coarse.

Degen ['de:gən] *m* **-s, -** sword.

degenerieren [degene'ri:rən] *vi* degenerate.

degradieren [degra'di:rən] *vt* degrade.

Dehn- ['de:n] *cpd*: **d~bar** *a* elastic; (*fig*) *Begriff* loose; **~barkeit** *f* elasticity; looseness; **d~en** *vtr* stretch; **~ung** *f* stretching.

Deich [daɪç] *m* **-(e)s, -e** dyke.

Deichsel ['daiksəl] *f* **-, -n** shaft; **d~n** *vt* (*fig, col*) wangle.
dein [daın] *pron* (**D~** *in Briefen*) your; **~e(r,s)** yours; **~er** *pron gen of* **du** of you; **~erseits** *ad* on your part; **~esgleichen** *pron* people like you; **~etwegen, ~etwillen** *ad* (*für dich*) for your sake; (*wegen dir*) on your account; **~ige** *pron*: **der/die/das ~ige** yours.
dekadent [deka'dɛnt] *a* decadent.
Dekadenz *f* decadence.
Dekan [de'ka:n] *m* **-s, -e** dean.
Deklination [deklinatsi'o:n] *f* declension.
deklinieren [dekli'ni:rən] *vt* decline.
Dekolleté [dekɔl'te:] *nt* **-s, -s** low neckline.
Deko- [deko] *cpd*: **~rateur** [-ra'tø:r] *m* window dresser; **~ration** [-ratsi'o:n] *f* decoration; (*in Laden*) window dressing; **d~rativ** [-ra'ti:f] *a* decorative; **d~rieren** [-'ri:rən] *vt* decorate; *Schaufenster* dress.
Delegation [delegatsi'o:n] *f* delegation.
delikat [deli'ka:t] *a* (*zart, heikel*) delicate; (*köstlich*) delicious.
Delikatesse [delika'tɛsə] *f* **-, -n** delicacy; (*pl: Feinkost*) delicatessen *pl*; **~ngeschäft** *nt* delicatessen (shop).
Delikt [de'lıkt] *nt* **-(e)s, -e** (*Jur*) offence.
Delle ['dɛlə] *f* **-, -n** (*col*) dent.
Delphin [dɛl'fi:n] *m* **-s, -e** dolphin.
Delta ['dɛlta] *nt* **-s, -s** delta.
dem [de(:)m] *art dat of* **der**.
Demagoge [dema'go:gə] *m* **-n, -n** demagogue.
Demarkationslinie [demarkatsi'o:nzli:niə] *f* demarcation line.
dementieren [demɛn'ti:rən] *vt* deny.
dem- *cpd*: **~gemäß, ~nach** *ad* accordingly; **~nächst** *ad* shortly.
Demokrat [demo'kra:t] *m* **-en, -en** democrat; **~ie** [-'ti:] *f* democracy; **d~isch** *a* democratic; **d~isieren** [-i'si:rən] *vt* democratize.
demolieren [demo'li:rən] *vt* demolish.
Demon- [demɔn] *cpd*: **~strant(in** *f*) [-'strant(ın)] *m* demonstrator; **~stration** [-stratsi'o:n] *f* demonstration; **d~strativ** [-stra'ti:f] *a* demonstrative; *Protest* pointed; **d~strieren** [-'stri:rən] *vti* demonstrate.
Demoskopie [demosko'pi:] *f* public opinion research.
Demut ['de:mu:t] *f* **-** humility.
demütig ['de:my:tıç] *a* humble; **~en** ['de:my:tıgən] *vt* humiliate; **D~ung** *f* humiliation.
demzufolge ['de:mtsu'fɔlgə] *ad* accordingly.
den [de(:)n] *art acc of* **der**.
denen ['de:nən] *pron dat of* **diese**.
Denk- [dɛŋk] *cpd*: **~art** *f* mentality; **d~bar** *a* conceivable; **d~en** *vti irreg* think; **~en** *nt* **-s** thinking; **~er** *m* **-s, -** thinker; **~fähigkeit** *f* intelligence; **d~faul** *a* lazy; **~fehler** *m* logical error; **~mal** *nt* **-s, ¨er** monument; **d~würdig** *a* memorable; **~zettel** *m*: **jdm einen ~zettel verpassen** teach sb a lesson.
denn [dɛn] *cj* for; *ad* then; (*nach Komparativ*) than.
dennoch ['dɛn'nɔx] *cj* nevertheless.
Denunziant [denʊntsi'ant] *m* informer.
deponieren [depo'ni:rən] *vt* (*Comm*) deposit.
Depot [de'po:] *nt* **-s, -s** warehouse; (*Bus—, Rail*) depot; (*Bank—*) strongroom.
Depression [deprɛsi'o:n] *f* depression.
deprimieren [depri'mi:rən] *vt* depress.
der [de(:)r] *def art* the; *rel pron* that, which; (*jemand*) who; *demon pron* this one; **~art** *ad* so; (*solcher Art*) such; **~artig** *a* such, this sort of.
derb [dɛrp] *a* sturdy; *Kost* solid; (*grob*) coarse; **D~heit** *f* sturdiness; solidity; coarseness.
der- *cpd*: **'~'gleichen** *pron* such; **'~jenige** *pron* he; she; it; (*rel*) the one (who); that (which); **'~'maßen** *ad* to such an extent, so; **~'selbe** *art, pron* the same; **'~'weil(en)** *ad* in the meantime; **'~'zeitig** *a* present, current; (*damalig*) then.
des [dɛs] *art gen of* **der.**
Deserteur [dezɛr'tø:r] *m* deserter.
desertieren [dezɛr'ti:rən] *vi* desert.
desgleichen ['dɛs'glaıçən] *pron* the same.
deshalb ['dɛs'halp] *ad* therefore, that's why.
Desinfektion [dezınfɛktsi'o:n] *f* disinfection; **~smittel** *nt* disinfectant.
desinfizieren [dezınfi'tsi:rən] *vt* disinfect.
dessen ['dɛsən] *pron gen of* **der**, **das**; **~ungeachtet** *ad* nevertheless, regardless.
Dessert [de'sɛ:r] *nt* **-s, -s** dessert.
Destillation [dɛstılatsi'o:n] *f* distillation.
destillieren [dɛstı'li:rən] *vt* distil.
desto ['dɛsto] *ad* all *or* so much the; **~ besser** all the better.
deswegen ['dɛs've:gən] *cj* therefore, hence.
Detail [de'taı] *nt* **-s, -s** detail; **d~lieren** [deta'ji:rən] *vt* specify, give details of.
Detektiv [detɛk'ti:f] *m* **-s, -e** detective.
Detektor [de'tɛktɔr] *m* (*Tech*) detector.
deut- ['dɔyt] *cpd*: **~en** *vt* interpret, explain; *vi* point (*auf +acc* to *or* at); **~lich** *a* clear; *Unterschied* distinct; **D~lichkeit** *f* clarity; distinctness; **D~ung** *f* interpretation.
Devise [de'vi:zə] *f* **-, -n** motto, device; (*pl: Fin*) foreign currency *or* exchange.
Dezember [de'tsɛmbər] *m* **-(s), -** December.
dezent [de'tsɛnt] *a* discreet.
dezimal [detsi'ma:l] *a* decimal; **D~bruch** *m* decimal (fraction); **D~system** *nt* decimal system.
Dia ['di:a] *nt* **-s, -s** *see* **Diapositiv**; **~betes** [dia'be:tɛs] *m* **-, -** (*Med*) diabetes; **~gnose** [dia'gno:zə] *f* **-, -n** diagnosis; **d~gonal** [diago'na:l] *a* diagonal; **~gonale** *f* **-, -n** diagonal.
Dialekt [dia'lɛkt] *m* **-(e)s, -e** dialect; **~ausdruck** *m* dialect expression/word; **d~frei** *a* pure, standard; **d~isch** *a* dialectal; *Logik* dialectical.
Dialog [dia'lo:k] *m* **-(e)s, -e** dialogue.
Diamant [dia'mant] *m* diamond.

Diapositiv [diapozi'ti:f] *nt* **-s, -e** (*Phot*) slide, transparency.

Diät [di'ɛ:t] *f* **-** diet; **~en** *pl* (*Pol*) allowance.

dich [dıç] *pron acc of* **du** you; yourself.

dicht [dıçt] *a* dense; *Nebel* thick; *Gewebe* close; (*undurchlässig*) (water)tight; (*fig*) concise; *ad*: **~ an/bei** close to; **~bevölkert** *a* densely *or* heavily populated; **D~e** *f* **-, -n** density; thickness; closeness; (water)tightness; (*fig*) conciseness; **~en** *vt* (*dicht machen*) make watertight; seal; (*Naut*) caulk; *vti* (*Liter*) compose, write; **D~er(in** *f*) *m* **-s, -** poet; (*Autor*) writer; **~erisch** *a* poetical; **~halten** *vi irreg* (*col*) keep mum; **D~ung** *f* (*Tech*) washer; (*Aut*) gasket; (*Gedichte*) poetry; (*Prosa*) (piece of) writing.

dick [dık] *a* thick; (*fett*) fat; **durch ~ und dünn** through thick and thin; **D~e** *f* **-, -n** thickness; fatness; **~fellig** *a* thick-skinned; **~flüssig** *a* viscous; **D~icht** *nt* **-s, -e** thicket; **D~kopf** *m* mule; **D~milch** *f* soured milk.

die [di:] *def art see* **der**.

Dieb(in *f*) [di:p/di:bın] *m* **-(e)s, -e** thief; **d~isch** *a* thieving; (*col*) immense; **~stahl** *m* **-(e)s, ⸚e** theft.

Diele ['di:lə] *f* **-, -n** (*Brett*) board; (*Flur*) hall, lobby; (*Eis—*) ice-cream parlour; (*Tanz—*) dance hall.

dienen ['di:nən] *vi* serve (*jdm* sb).

Diener *m* **-s, -** servant; **~in** *f* (maid)-servant; **~schaft** *f* servants *pl*.

Dienst [di:nst] *m* **-(e)s, -e** service; **außer ~** retired; **~ haben** be on duty; **der öffentliche ~** the civil service; **~ag** *m* Tuesday; **d~ags** *ad* on Tuesdays; **~bote** *m* servant; **d~eifrig** *a* zealous; **d~frei** *a* off duty; **~geheimnis** *nt* professional secret; **~gespräch** *nt* business call; **~grad** *m* rank; **d~habend** *a Arzt* on duty; **d~lich** *a* official; **~mädchen** *nt* domestic servant; **~reise** *f* business trip; **~stelle** *f* office; **d~tuend** *a* on duty; **~vorschrift** *f* service regulations *pl*; **~weg** *m* official channels *pl*; **~zeit** *f* office hours *pl*; (*Mil*) period of service.

dies- [di:s] *cpd*: **~bezüglich** *a Frage* on this matter; **~e(r,s)** [di:zə(r,z)] *pron* this (one); **~elbe** [di:'zɛlbə] *pron, art* the same; **D~elöl** *nt* diesel oil; **~ig** *a* drizzly; **~jährig** *a* this year's; **~mal** *ad* this time; **~seits** *prep +gen* on this side; **D~seits** *nt* **-** this life.

Dietrich ['di:trıç] *m* **-s, -e** picklock.

differential [dıferɛntsi'a:l] *a* differential; **D~getriebe** *nt* differential gear; **D~rechnung** *f* differential calculus.

differenzieren [dıferɛn'tsi:rən] *vt* make differences in; **differenziert** complex.

Dikt- [dıkt] *cpd*: **~aphon** [-a'fo:n] *nt* dictaphone; **~at** [-'ta:t] *nt* **-(e)s, -e** dictation; **~ator** [-'ta:tɔr] *m* dictator; **d~atorisch** [-a'to:rıʃ] *a* dictatorial; **~atur** [-a'tu:r] *f* dictatorship; **d~ieren** [-'ti:rən] *vt* dictate.

Dilemma [di'lɛma] *nt* **-s, -s** *or* **-ta** dilemma.

Dilettant [dilɛ'tant] *m* dilettante, amateur; **d~isch** *a* amateurisch, dilettante.

Dimension [dimɛnzi'o:n] *f* dimension.

Ding [dıŋ] *nt* **-(e)s, -e** thing, object; **d~lich** *a* real, concrete; **~sbums** ['dıŋksbʊms] *nt* **-** (*col*) thingummybob.

Diözese [diø'tse:zə] *f* **-, -n** diocese.

Diphtherie [dıfte'ri:] *f* diphtheria.

Diplom [di'plo:m] *nt* **-(e)s, -e** diploma, certificate; **~at** [-'ma:t] *m* **-en, -en** diplomat; **~atie** [-a'ti:] *f* diplomacy; **d~atisch** [-'matıʃ] *a* diplomatic; **~ingenieur** *m* qualified engineer.

dir [di:r] *pron dat of* **du** (to) you.

direkt [di'rɛkt] *a* direct; **D~or** *m* director; (*Sch*) principal, headmaster; **D~orium** [-'to:rium] *nt* board of directors; **D~übertragung** *f* live broadcast.

Dirigent [diri'gɛnt] *m* conductor.

dirigieren [diri'gi:rən] *vt* direct; (*Mus*) conduct.

Dirne ['dırnə] *f* **-, -n** prostitute.

Diskont [dıs'kɔnt] *m* **-s, -e** discount; **~satz** *m* rate of discount.

Diskothek [dısko'te:k] *f* **-, -en** disco(theque).

Diskrepanz [dıskre'pants] *f* discrepancy.

diskret [dıs'kre:t] *a* discreet; **D~ion** [-tsi'o:n] *f* discretion.

Diskussion [dıskusi'o:n] *f* discussion; debate; **zur ~ stehen** be under discussion.

diskutabel [dısku'ta:bəl] *a* debatable.

diskutieren [dısku'ti:rən] *vti* discuss; debate.

Dissertation [dısɛrtatsi'o:n] *f* dissertation, doctoral thesis.

Distanz [dıs'tants] *f* distance.

Distel ['dıstəl] *f* **-, -n** thistle.

Disziplin [dıstsi'pli:n] *f* discipline.

divers [di'vɛrs] *a* various.

Dividende [divi'dɛndə] *f* **-, -n** dividend.

dividieren [divi'di:rən] *vt* divide (*durch* by).

doch [dɔx] *ad*: **das ist nicht wahr! ≈ ~!** that's not true! ≈ yes it is!; **nicht ~!** oh no!; **er kam ~ noch** he came after all; *cj* (*aber*) but; (*trotzdem*) all the same.

Docht [dɔxt] *m* **-(e)s, -e** wick.

Dock [dɔk] *nt* **-s, -s** *or* **-e** dock.

Dogge ['dɔgə] *f* **-, -n** bulldog.

Dogma ['dɔgma] *nt* **-s, -men** dogma; **d~tisch** [dɔ'gma:tıʃ] *a* dogmatic.

Doktor ['dɔktɔr] *m* **-s, -en** [-'to:rən] doctor; **~and** [-'rant] *m* **-en, -en** candidate for a doctorate; **~arbeit** *f* doctoral thesis; **~titel** *m* doctorate.

Dokument [doku'mɛnt] *nt* document; **~arbericht** [-'ta:rbərıçt] *m* documentary; **~arfilm** *m* documentary (film); **d~arisch** *a* documentary.

Dolch [dɔlç] *m* **-(e)s, -e** dagger.

dolmetschen ['dɔlmɛtʃən] *vti* interpret.

Dolmetscher(in *f*) *m* **-s, -** interpreter.

Dom [do:m] *m* **-(e)s, -e** cathedral.

dominieren [domi'ni:rən] *vt* dominate; *vi* predominate.

Dompfaff ['do:mpfaf] *m* bullfinch.

Dompteur [dɔmp'tø:r] *m*, **Dompteuse** [dɔmp'tø:zə] *f* (*Zirkus*) trainer.

Donner ['dɔnər] *m* **-s, -** thunder; **d~n** *vi impers* thunder; **~stag** *m* Thursday; **~wetter** *nt* thunderstorm; (*fig*) dressing-down; *interj* good heavens!
doof [do:f] *a* (*col*) daft, stupid.
Doppel ['dɔpəl] *nt* **-s, -** duplicate; (*Sport*) doubles; **~bett** *nt* double bed; **~fenster** *nt* double glazing; **~gänger** *m* **-s, -** double; **~punkt** *m* colon; **d~sinnig** *a* ambiguous; **~stecker** *m* two-way adaptor; **d~t** *a* double; **in d~ter Ausführung** in duplicate; **~verdiener** *pl* two-income family; **~zentner** *m* 100 kilograms; **~zimmer** *nt* double room.
Dorf [dɔrf] *nt* **-(e)s, ⸚er** village; **~bewohner** *m* villager.
Dorn [dɔrn] *m* **-(e)s, -en** (*Bot*) thorn; *pl* **-e** (*Schnallen—*) tongue, pin; **d~ig** *a* thorny; **~röschen** *nt* Sleeping Beauty.
dörren ['dœrən] *vt* dry.
Dörrobst ['dœro:pst] *nt* dried fruit.
Dorsch [dɔrʃ] *m* **-(e)s, -e** cod.
dort [dɔrt] *ad* there; **~ drüben** over there; **~her** from there; **~hin** (to) there; **~ig** *a* of that place; in that town.
Dose ['do:zə] *f* **-, -n** box; (*Blech—*) tin, can; **~nöffner** *m* tin *or* can opener.
dösen ['dø:zən] *vi* (*col*) doze.
Dosis ['do:zɪs] *f* **-, Dosen** dose.
Dotter ['dɔtər] *m* **-s, -** egg yolk.
Dozent [do'tsɛnt] *m* university lecturer.
Drache ['draxə] *m* **-n, -n** (*Tier*) dragon; **~n** *m* **-, -** kite.
Draht [dra:t] *m* **-(e)s, ⸚e** wire; **auf ~ sein** be on the ball; **~gitter** *nt* wire grating; **~seil** *nt* cable; **~seilbahn** *f* cable railway, funicular; **~zange** *f* pliers *pl.*
drall [dral] *a* strapping; *Frau* buxom.
Drama ['dra:ma] *nt* **-s, Dramen** drama, play; **~tiker** [-'ma:tikər] *m* **-s, -** dramatist; **d~tisch** [-'ma:tɪʃ] *a* dramatic.
dran [dran] *ad* (*col*) see **daran**.
Drang [draŋ] *m* **-(e)s, ⸚e** (*Trieb*) impulse, urge, desire (*nach* for); (*Druck*) pressure.
drängeln ['drɛŋəln] *vti* push, jostle.
drängen ['drɛŋən] *vt* (*schieben*) push, press; (*antreiben*) urge; *vi* (*eilig sein*) be urgent; (*Zeit*) press; **auf etw** (*acc*) **~** press for sth.
drastisch ['drastɪʃ] *a* drastic.
drauf [drauf] *ad* (*col*) see **darauf**; **D~gänger** *m* **-s, -** daredevil.
draußen ['drausən] *ad* outside, out-of-doors.
Dreck [drɛk] *m* **-(e)s** mud, dirt; **d~ig** *a* dirty, filthy.
Dreh- ['dre:] *cpd*: **~achse** *f* axis of rotation; **~arbeiten** *pl* (*Cine*) shooting; **~bank** *f* lathe; **d~bar** *a* revolving; **~buch** *nt* (*Cine*) script; **d~en** *vti* turn, rotate; *Zigaretten* roll; *Film* shoot; *vr* turn; (*handeln von*) be (*um* about); **~orgel** *f* barrel organ; **~tür** *f* revolving door; **~ung** *f* (*Rotation*) rotation; (*Um—, Wendung*) turn; **~wurm** *m* (*col*) **den ~wurm haben/bekommen** be/become dizzy; **~zahl** *f* rate of revolutions; **~zahlmesser** *m* rev(olution) counter.
drei [draɪ] *num* three; **D~eck** *nt* triangle; **~eckig** *a* triangular; **~einhalb** *num* three and a half; **D~einigkeit** [-''aɪnɪçkaɪt] *f*, **D~faltigkeit** [-'faltɪçkaɪt] *f* Trinity; **~erlei** *a inv* of three kinds; **~fach** *a,ad* triple, treble; **~hundert** *num* three hundred; **D~'königsfest** *nt* Epiphany; **~mal** *ad* three times, thrice; **~malig** *a* three times.
dreinreden ['draɪnre:dən] *vi*: **jdm ~** (*dazwischenreden*) interrupt sb; (*sich einmischen*) interfere with sb.
dreißig ['draɪsɪç] *num* thirty.
dreist [draɪst] *a* bold, audacious; **D~igkeit** *f* boldness, audacity.
drei- *cpd*: **~viertel** *num* three-quarters; **D~viertelstunde** *f* three-quarters of an hour; **~zehn** *num* thirteen.
dreschen ['drɛʃən] *vt irreg* thresh.
dressieren [drɛ'si:rən] *vt* train.
Drill- ['drɪl] *cpd*: **~bohrer** *m* light drill; **d~en** *vt* (*bohren*) drill, bore; (*Mil*) drill; (*fig*) train; **~ing** *m* triplet.
drin [drɪn] *ad* (*col*) see **darin**.
dringen ['drɪŋən] *vi irreg* (*Wasser, Licht, Kälte*) penetrate (*durch* through; *in +acc* into); **auf etw** (*acc*) **~** insist on sth; **in jdn ~** entreat sb.
dringend ['drɪŋənt], **dringlich** ['drɪŋlɪç] *a* urgent.
Dringlichkeit *f* urgency.
drinnen ['drɪnən] *ad* inside, indoors.
dritte(r,s) ['drɪtə(r,z)] *a* third; **D~l** *nt* **-s, -** third; **~ns** *ad* thirdly.
droben ['dro:bən] *ad* above, up there.
Droge ['dro:gə] *f* **-, -n** drug; **d~nabhängig** *a* addicted to drugs; **~rie** [-'ri:] *f* chemist's shop.
Drogist [dro'gɪst] *m* pharmacist, chemist.
drohen ['dro:ən] *vi* threaten (*jdm* sb).
dröhnen ['drø:nən] *vi* (*Motor*) roar; (*Stimme, Musik*) ring, resound.
Drohung ['dro:ʊŋ] *f* threat.
drollig ['drɔlɪç] *a* droll.
Droschke ['drɔʃkə] *f* **-, -n** cab; **~nkutscher** *m* cabman.
Drossel ['drɔsəl] *f* **-, -n** thrush.
drüben ['dry:bən] *ad* over there, on the other side.
drüber ['dry:bər] *ad* (*col*) see **darüber.**
Druck [drʊk] *m* **-(e)s, -e** (*Phys, Zwang*) pressure; (*Print*) (*Vorgang*) printing; (*Produkt*) print; (*fig: Belastung*) burden, weight; **~buchstabe** *m* block letter.
Drück- ['drʏk] *cpd*: **~eberger** *m* **-s, -** shirker, dodger; **d~en** *vti Knopf, Hand* press; (*zu eng sein*) pinch; (*fig*) *Preise* keep down; (*fig: belasten*) oppress, weigh down; **jdm etw in die Hand d~en** press sth into sb's hand; *vr*: **sich vor etw** (*dat*) **d~en** get out of (doing) sth; **d~end** *a* oppressive; **~er** *m* **-s, -** button; (*Tür—*) handle; (*Gewehr—*) trigger.
Druck- *cpd*: **~er** *m* **-s, -** printer; **~e'rei** *f* printing works, press; **~erschwärze** *f* printer's ink; **~fehler** *m* misprint; **~knopf** *m* press stud, snap fastener; **~mittel** *nt* leverage; **~sache** *f* printed matter; **~schrift** *f* block *or* printed letters *pl.*
drunten ['drʊntən] *ad* below, down there.
Drüse ['dry:zə] *f* **-, -n** gland.

Dschungel ['dʒʊŋəl] *m* **-s, -** jungle.
du [du:] *pron* (**D~** *in Briefen*) you.
ducken ['dʊkən] *vt Kopf, Person* duck; (*fig*) take down a peg or two; *vr* duck.
Duckmäuser ['dʊkmɔʏzər] *m* **-s, -** yes-man.
Dudelsack ['du:dəlzak] *m* bagpipes *pl*.
Duell [du'ɛl] *nt* **-s, -e** duel.
Duett [du'ɛt] *nt* **-(e)s, -e** duet.
Duft [dʊft] *m* **-(e)s, ¨e** scent, odour; **d~en** *vi* smell, be fragrant; **d~ig** *a Stoff, Kleid* delicate, diaphanous; *Muster* fine.
duld- ['dʊld] *cpd*: **~en** *vti* suffer; (*zulassen*) tolerate; **~sam** *a* tolerant.
dumm [dʊm] *a* stupid; **das wird mir zu ~** that's just too much; **der D~e sein** be the loser; **~dreist** *a* impudent; **~erweise** *ad* stupidly; **D~heit** *f* stupidity; (*Tat*) blunder, stupid mistake; **D~kopf** *m* blockhead.
dumpf [dʊmpf] *a Ton* hollow, dull; *Luft* close; *Erinnerung, Schmerz* vague; **D~heit** *f* hollowness, dullness; closeness; vagueness; **~ig** *a* musty.
Düne ['dy:nə] *f* **-, -n** dune.
Dung [dʊŋ] *m* **-(e)s** *see* **Dünger**.
düngen ['dʏŋən] *vt* manure.
Dünger *m* **-s, -** dung, manure; (*künstlich*) fertilizer.
dunkel ['dʊŋkəl] *a* dark; *Stimme* deep; *Ahnung* vague; (*rätselhaft*) obscure; (*verdächtig*) dubious, shady; **im ~n tappen** (*fig*) grope in the dark.
Dünkel ['dʏŋkəl] *m* **-s** self-conceit; **d~haft** *a* conceited.
Dunkel- *cpd*: **~heit** *f* darkness; (*fig*) obscurity; **~kammer** *f* (*Phot*) dark room; **d~n** *vi impers* grow dark; **~ziffer** *f* estimated number of unnotified cases.
dünn [dʏn] *a* thin; **~flüssig** *a* watery, thin; **~gesät** *a* scarce; **D~heit** *f* thinness.
Dunst [dʊnst] *m* **-es, ¨e** vapour; (*Wetter*) haze.
dünsten ['dʏnstən] *vt* steam.
dunstig [dʊnstɪç] *a* vaporous; *Wetter* hazy, misty.
Duplikat [dupli'ka:t] *nt* **-(e)s, -e** duplicate.
Dur [du:r] *nt* **-, -** (*Mus*) major.
durch [dʊrç] *prep +acc* through; (*Mittel, Ursache*) by; (*Zeit*) during; **den Sommer ~** during the summer; **8 Uhr ~** past 8 o'clock; **~ und ~** completely; **~arbeiten** *vti* work through; *vr* work one's way through; **~'aus** *ad* completely; (*unbedingt*) definitely; **~beißen** *irreg vt* bite through; *vr* (*fig*) battle on; **~blättern** *vt* leaf through.
Durchblick ['dʊrçblɪk] *m* view; (*fig*) comprehension; **d~en** *vi* look through; (*col: verstehen*) understand (*bei etw* sth); **etw d~en lassen** (*fig*) hint at sth.
durch'bohren *vt insep* bore through, pierce.
durchbrechen ['dʊrçbrɛçən] *vti irreg* break; [dʊrc'brɛçən] *vt irreg insep Schranken* break through; *Schallmauer* break; *Gewohnheit* break free from.
durch- ['dʊrç] *cpd*: **~brennen** *vi irreg* (*Draht, Sicherung*) burn through; (*col*) run away; **~bringen** *irreg vt* get through; *Geld* squander; *vr* make a living.
Durchbruch ['dʊrçbrʊx] *m* (*Öffnung*) opening; (*Mil*) breach; (*von Gefühlen etc*) eruption; (*der Zähne*) cutting; (*fig*) breakthrough; **zum ~ kommen** break through.
durch- *cpd*: **~dacht** [dʊrç'daxt] *a* well thought-out; **~'denken** *vt irreg insep* think out.
durch- ['dʊrç] *cpd*: **~diskutieren** *vt* talk over, discuss; **~drängen** *vr* force one's way through; **~drehen** *vt Fleisch* mince; *vi* (*col*) crack up.
durchdringen ['dʊrçdrɪŋən] *vi irreg* penetrate, get through; **mit etw ~** get one's way with sth; [dʊrç'drɪŋən] *vt irreg insep* penetrate.
durcheinander [dʊrç'aɪ'nandər] *ad* in a mess, in confusion; (*col: verwirrt*) confused; **~ trinken** mix one's drinks; **D~** *nt* **-s** (*Verwirrung*) confusion; (*Unordnung*) mess; **~bringen** *vt irreg* mess up; (*verwirren*) confuse; **~reden** *vi* talk at the same time.
durch- ['dʊrç] *cpd*: **D~fahrt** *f* transit; (*Verkehr*) thoroughfare; **D~fall** *m* (Med) diarrhoea; **~fallen** *vi irreg* fall through; (*in Prüfung*) fail; **~finden** *vr irreg* find one's way through.
durch'forschen *vt insep* explore.
durch- ['dʊrç] *cpd*: **~fressen** *vt irreg* eat through; **~fragen** *vr* find one's way by asking.
durchführ- ['dʊrçfy:r] *cpd*: **~bar** *a* feasible, practicable; **~en** *vt* carry out; **D~ung** *f* execution, performance.
Durchgang ['dʊrçgaŋ] *m* passage(way); (*bei Produktion, Versuch*) run; (*Sport*) round; (*bei Wahl*) ballot; **~ verboten** no thoroughfare; **~shandel** *m* transit trade; **~slager** *nt* transit camp; **~sstadium** *nt* transitory stage; **~sverkehr** *m* through traffic.
durchgefroren ['dʊrçgefro:rən] *a See* completely frozen; *Mensch* frozen stiff.
durchgehen ['dʊrçge:ən] *irreg vt* (*behandeln*) go over; *vi* go through; (*ausreißen: Pferd*) break loose; (*Mensch*) run away; **mein Temperament ging mit mir durch** my temper got the better of me; **jdm etw ~ lassen** let sb get away with sth; **~d** *a Zug* through; *Öffnungszeiten* continuous.
durch- ['dʊrç] *cpd*: **~greifen** *vi irreg* take strong action; **~halten** *irreg vi* last out; *vt* keep up; **~hecheln** *vt* (*col*) gossip about; **~kommen** *vi irreg* get through; (*überleben*) pull through.
durch'kreuzen *vt insep* thwart, frustrate.
durch ['dʊrç] *cpd*: **~lassen** *vt irreg Person* let through; *Wasser* let in; **~lässig** *a* leaky; **D~lauf(wasser)erhitzer** *m* **-s, -** (hot water) geyser.
durch- *cpd*: **~'leben** *vt insep* live *or* go through, experience; **'~lesen** *vt irreg* read through; **~'leuchten** *vt insep* X-ray; **~löchern** [-'lœçərn] *vt insep* perforate; (*mit Löchern*) punch holes in; (*mit Kugeln*) riddle; **'~machen** *vt* go through; **die Nacht ~machen** make a night of it.

Durch- ['dʊrç] *cpd*: **~marsch** *m* march through; **~messer** *m* **-s, -** diameter.
durch'nässen *vt insep* soak (through).
durch- ['dʊrç] *cpd*: **~nehmen** *vt irreg* go over; **~numerieren** *vt* number consecutively; **~pausen** *vt* trace; **~peitschen** *vt* (*lit*) whip soundly; (*fig*) *Gesetzentwurf, Reform* force through.
durchqueren [dʊrç'kve:rən] *vt insep* cross.
durch- ['dʊrç] *cpd*: **D~reiche** *f* **-, -n** (serving) hatch; **D~reise** *f* transit; **auf der D~reise** passing through; *Güter* in transit; **~ringen** *vr irreg* reach after a long struggle; **~rosten** *vi* rust through.
durchs [dʊrçs] = **durch das**.
Durchsage ['dʊrçza:gə] *f* **-, -n** intercom *or* radio announcement.
durchschauen ['dʊrçʃauən] *vi* (*lit*) look *or* see through; [dʊrç'ʃauən] *vt insep Person, Lüge* see through.
durchscheinen ['dʊrçʃaɪnən] *vi irreg* shine through; **~d** *a* translucent.
Durchschlag ['dʊrçʃla:k] *m* (*Doppel*) carbon copy; (*Sieb*) strainer; **d~en** *irreg vt* (*entzweischlagen*) split (in two); (*sieben*) sieve; *vi* (*zum Vorschein kommen*) emerge, come out; *vr* get by; **d~end** *a* resounding.
durch ['dʊrç] *cpd*: **~schlüpfen** *vi* slip through; **~schneiden** *vt irreg* cut through.
Durchschnitt ['dʊrçʃnɪt] *m* (*Mittelwert*) average; **über/unter dem ~** above/below average; **im ~** on average; **d~lich** *a* average; *ad* on average; **~sgeschwindigkeit** *f* average speed; **~smensch** *m* average man, man in the street; **~swert** *m* average.
durch- *cpd*: **'D~schrift** *f* copy; **~'schwimmen** *vt irreg insep* swim across; **'~sehen** *vt irreg* look through.
durchsetzen ['dʊrçzɛtsən] *vt* enforce; **seinen Kopf ~** get one's own way; *vr* (*Erfolg haben*) succeed; (*sich behaupten*) get one's way; [dʊrç'zɛstən] *vt insep* mix.
Durchsicht ['dʊrçzɪçt] *f* looking through, checking; **d~ig** *a* transparent; **~igkeit** *f* transparence.
durch- *cpd*: **'~sickern** *vi* seep through; (*fig*) leak out; **'~sieben** *vt* sieve; **'~sprechen** *vt irreg* talk over; **'~stehen** *vt irreg* live through; **~stöbern** [-'ʃtø:bərn] *vt insep* ransack, search through; **'~streichen** *vt irreg* cross out; **~'suchen** *vt insep* search; **D~'suchung** *f* search; **~'tränken** *vt insep* soak; **~trieben** [-'tri:bən] *a* cunning, wily; **~'wachsen** *a* (*lit*) *Speck* streaky; (*fig: mittelmäßig*) so-so.
durch- ['dʊrç] *cpd*: **~weg** *ad* throughout, completely; **~zählen** *vt* count; *vi* count off; **~ziehen** *irreg vt Faden* draw through; *vi* pass through.
durch- *cpd*: **~'zucken** *vt insep* shoot *or* flash through; **'D~zug** *m* (*Luft*) draught; (*von Truppen, Vögeln*) passage; **'~zwängen** *vtr* squeeze *or* force through.
dürfen ['dʏrfən] *vi irreg* be allowed; **darf ich?** may I?; **es darf geraucht werden** you may smoke; **was darf es sein?** what can I do for you?; **das darf nicht geschehen** that must not happen; **das ~ Sie mir glauben** you can believe me; **es dürfte Ihnen bekannt sein, daß . . .** as you will probably know ...
dürftig ['dʏrftɪç] *a* (*ärmlich*) needy, poor; (*unzulänglich*) inadequate.
dürr [dʏr] *a* dried-up; *Land* arid; (*mager*) skinny, gaunt; **D~e** *f* **-, -n** aridity; (*Zeit*) drought; (*Magerkeit*) skinniness.
Durst [dʊrst] *m* **-(e)s** thirst; **~ haben** be thirsty; **d~ig** *a* thirsty.
Dusche ['dʊʃə] *f* **-, -n** shower; **d~n** *vir* have a shower.
Düse ['dy:zə] *f* **-, -n** nozzle; (*Flugzeug—*) jet; **~nantrieb** *m* jet propulsion; **~nflugzeug** *nt* jet (plane); **~njäger** *m* jet fighter.
Dussel ['dʊsəl] *m* **-s, -** (*col*) twit.
düster ['dy:stər] *a* dark; *Gedanken, Zukunft* gloomy; **D~keit** *f* darkness, gloom; gloominess.
Dutzend ['dʊtsənt] *nt* **-s, -e** dozen; **d~(e)mal** *ad* a dozen times; **~mensch** *m* man in the street; **d~weise** *ad* by the dozen.
duzen ['du:tsən] *vtr* use the familiar form of address *or* 'du' (*jdn* to *or* with sb).
Dynamik [dy'na:mɪk] *f* (*Phys*) dynamics; (*fig: Schwung*) momentum; (*von Mensch*) dynamism.
dynamisch [dy'na:mɪʃ] *a* (*lit, fig*) dynamic.
Dynamit [dyna'mi:t] *nt* **-s** dynamite.
Dynamo [dy'na:mo] *m* **-s, -s** dynamo.
D-Zug ['de:tsu:k] *m* through train.

E

E, e [e:] *nt* E, e.
Ebbe ['ɛbə] *f* **-, -n** low tide.
eben ['e:bən] *a* level; (*glatt*) smooth; *ad* just; (*bestätigend*) exactly; **~ deswegen** just because of that; **~bürtig** *a*: **jdm ~bürtig sein** be sb's peer; **E~e** *f* **-, -n** plain; **~erdig** *a* at ground level; **~falls** *ad* likewise; **E~heit** *f* levelness; smoothness; **~so** *ad* just as; **~sogut** *ad* just as well; **~sooft** *ad* just as often; **~soviel** *ad* just as much; **~soweit** *ad* just as far; **~sowenig** *ad* just as little.
Eber ['e:bər] *m* **-s, -** boar; **~esche** *f* mountain ash, rowan.
ebnen ['e:bnən] *vt* level.
Echo ['ɛço] *nt* **-s, -s** echo.
echt [ɛçt] *a* genuine; (*typisch*) typical; **E~heit** *f* genuineness.
Eck- ['ɛk] *cpd*: **~ball** *m* corner (kick); **~e** *f* **-, -n** corner; (*Math*) angle; **e~ig** *a* angular; **~zahn** *m* eye tooth.
edel ['e:dəl] *a* noble; **E~metall** *nt* rare metal; **E~stein** *m* precious stone.
Efeu ['e:fɔʏ] *m* **-s** ivy.
Effekt- [ɛ'fɛkt] *cpd*: **~en** *pl* stocks *pl*; **~enbörse** *f* Stock Exchange; **~hasche'rei** *f* sensationalism; **e~iv** [-'ti:f] *a* effective, actual.
egal [e'ga:l] *a* all the same.
Ego- [ego] *cpd*: **~ismus** [-'ɪsmʊs] *m* selfishness, egoism; **~ist** [-'ɪst] *m* egoist;

e~istisch *a* selfish, egoistic; **e~zentrisch** [-'tsɛntrɪʃ] *a* egocentric, self-centred.

Ehe ['e:ə] *f* **-, -n** marriage; **e~** *cj* before; **~brecher** *m* **-s, -** adulterer; **~brecherin** *f* adulteress; **~bruch** *m* adultery; **~frau** *f* married woman; wife; **~leute** *pl* married people *pl*; **e~lich** *a* matrimonial; *Kind* legitimate; **e~malig** *a* former; **e~mals** *ad* formerly; **~mann** *m* married man; husband; **~paar** *nt* married couple.

eher ['e:ər] *ad* (*früher*) sooner; (*lieber*) rather, sooner; (*mehr*) more.

Ehe- *cpd*: **~ring** *m* wedding ring; **~scheidung** *f* divorce; **~schließung** *f* marriage.

eheste(r,s) ['e:əstə(r,z)] *a* (*früheste*) first, earliest; **am ~n** (*liebsten*) soonest; (*meist*) most; (*wahrscheinlichst*) most probably.

Ehr- ['e:r] *cpd*: **e~bar** *a* honourable, respectable; **~e** *f* **-, -n** honour; **e~en** *vt* honour; **~engast** *m* guest of honour; **e~enhaft** *a* honourable; **~enmann** *m* man of honour; **~enmitglied** *nt* honorary member; **~enplatz** *m* place of honour; **~enrechte** *pl* civic rights *pl*; **e~enrührig** *a* defamatory; **~enrunde** *f* lap of honour; **~ensache** *f* point of honour; **e~envoll** *a* honourable; **~enwort** *nt* word of honour; **e~erbietig** *a* respectful; **~furcht** *f* awe, deep respect; **~gefühl** *nt* sense of honour; **~geiz** *m* ambition; **e~geizig** *a* ambitious; **e~lich** *a* honest; **~lichkeit** *f* honesty; **e~los** *a* dishonourable; **~ung** *f* honour(ing); **e~würdig** *a* venerable.

Ei [aɪ] *nt* **-(e)s, -er** egg; **e~** *interj* well, well; (*beschwichtigend*) now, now.

Eich- ['aɪç] *cpd*: **~amt** *nt* Office of Weights and Measures; **~e** *f* **-, -n** oak (tree); **~el** *f* **-, -n** acorn; (*Cards*) club; **e~en** *vt* standardize; **~hörnchen** *nt* squirrel; **~maß** *nt* standard; **~ung** *f* standardization.

Eid ['aɪt] *m* **-(e)s, -e** oath; **~echse** ['aɪdɛksə] *f* **-, -n** lizard; **e~esstattliche Erklärung** affidavit; **~genosse** *m* Swiss; **e~lich** a (sworn) upon oath.

Ei- *cpd*: **~dotter** *nt* egg yolk; **~erbecher** *m* eggcup; **~erkuchen** *m* omelette; pancake; **~erschale** *f* eggshell; **~erstock** *m* ovary; **~eruhr** *f* egg timer.

Eifer ['aɪfər] *m* **-s** zeal, enthusiasm; **~sucht** *f* jealousy; **e~süchtig** *a* jealous (*auf +acc* of).

eifrig ['aɪfrɪç] *a* zealous, enthusiastic.

Eigelb ['aɪgɛlp] *nt* **-(e)s, -** egg yolk.

eigen ['aɪgən] *a* own; (*—artig*) peculiar; **mit der/dem ihm ~en ...** with that ... peculiar to him; **sich** (*dat*) **etw zu ~ machen** make sth one's own; **E~art** *f* peculiarity; characteristic; **~artig** *a* peculiar; **E~bedarf** *m* one's own requirements *pl*; **E~gewicht** *nt* dead weight; **~händig** *a* with one's own hand; **E~heim** *nt* owner-occupied house; **E~heit** *f* peculiarity; **E~lob** *nt* self-praise; **~mächtig** *a* high-handed; **E~name** *m* proper name; **~s** *ad* expressly, on purpose; **E~schaft** *f* quality, property, attribute; **E~schaftswort** *nt* adjective; **E~sinn** *m* obstinacy; **~sinnig** *a* obstinate; **~tlich** *a* actual, real; *ad* actually, really; **E~tor** *nt* own goal; **E~tum** *nt* property; **E~tümer(in** *f*) *m* **-s, -** owner, proprietor; **~tümlich** *a* peculiar; **E~tümlichkeit** *f* peculiarity; **E~tumswohnung** *f* freehold flat.

eignen ['aɪgnən] *vr* be suited.

Eignung *f* suitability.

Eil- ['aɪl] *cpd*: **~bote** *m* courier; **~brief** *m* express letter; **~e** *f* **-** haste; **es hat keine ~e** there's no hurry; **e~en** *vi* (*Mensch*) hurry; (*dringend sein*) be urgent; **e~ends** *ad* hastily; **e~fertig** *a* eager, solicitous; **~gut** *nt* express goods *pl*, fast freight (*US*); **e~ig** *a* hasty, hurried; (*dringlich*) urgent; **es e~ig haben** be in a hurry; **~zug** *m* semi-fast train, limited stop train.

Eimer ['aɪmər] *m* **-s, -** bucket, pail.

ein(e) [aɪn(ə)] *num* one; *indef art* a, an; *ad*: **nicht ~ noch aus wissen** not know what to do; **~e(r,s)** *pron* one; (*jemand*) someone.

einander [aɪ'nandər] *pron* one another, each other.

einarbeiten ['aɪnarbaɪtən] *vr* familiarize o.s. (*in +acc* with).

einarmig ['aɪn'armɪç] *a* one-armed.

einatmen ['aɪna:tmən] *vti* inhale, breathe in.

einäugig ['aɪn'ɔʏgɪç] *a* one-eyed.

Einbahnstraße ['aɪnba:nʃtrasə] *f* one-way street.

Einband ['aɪnbant] *m* binding, cover.

einbändig ['aɪnbɛndɪç] *a* one-volume.

einbau- ['aɪnbaʊ] *cpd*: **~en** *vt* build in; *Motor* install, fit; **E~möbel** *pl* built-in furniture.

einbe- ['aɪnbə] *cpd*: **~griffen** *a* included, inclusive; **~rufen** *vt irreg* convene; (*Mil*) call up; **E~rufung** *f* convocation; call-up.

einbett- ['aɪnbɛt] *cpd*: **~en** *vt* embed; **E~zimmer** *nt* single room.

einbeziehen ['aɪnbətsi:ən] *vt irreg* include.

einbiegen ['aɪnbi:gən] *vi irreg* turn.

einbilden ['aɪnbɪldən] *vt*: **sich** (*dat*) **etw ~** imagine sth.

Einbildung *f* imagination; (*Dünkel*) conceit; **~skraft** *f* imagination.

einbinden ['aɪnbɪndən] *vt irreg* bind (up).

einblenden ['aɪnblɛndən] *vt* fade in.

einbleuen ['aɪnblɔʏən] *vt* (*col*) **jdm etw ~** hammer sth into sb.

Einblick ['aɪnblɪk] *m* insight.

einbrechen ['aɪnbrɛçən] *vi irreg* (*in Haus*) break in; (*in Land etc*) invade; (*Nacht*) fall; (*Winter*) set in; (*durchbrechen*) break.

Einbrecher *m* **-s, -** burglar.

einbringen ['aɪnbrɪŋən] *vt irreg* bring in; *Geld, Vorteil* yield; (*mitbringen*) contribute.

Einbruch ['aɪnbrʊx] *m* (*Haus—*) break-in, burglary; (*Eindringen*) invasion; (*des Winters*) onset; (*Durchbrechen*) break; (*Met*) approach; (*Mil*) penetration; **~ der Nacht** nightfall; **e~ssicher** *a* burglar-proof.

einbürgern ['aɪnbʏrgərn] *vt* naturalize; *vr*

become adopted; **das hat sich so eingebürgert** that's become a custom.
Einbuße ['aɪnbu:sə] *f* loss, forfeiture.
einbüßen ['aɪnby:sən] *vt* lose, forfeit.
eindecken ['aɪndɛkən] *vr* lay in stocks (*mit* of).
eindeutig ['aɪndɔʏtɪç] *a* unequivocal.
eindring- ['aɪndrɪŋ] *cpd*: **~en** *vi irreg* (*in* +*acc*) force one's way in(to); (*in Haus*) break in(to); (*in Land*) invade; (*Gas, Wasser*) penetrate; (*mit Bitten*) pester (*auf jdn* sb); **~lich** *a* forcible, urgent; **E~ling** *m* intruder.
Eindruck ['aɪndrʊk] *m* impression; **e~sfähig** *a* impressionable; **e~svoll** *a* impressive.
eindrücken ['aɪndrʏkən] *vt* press in.
eineiig ['aɪn'aɪɪç] *a Zwillinge* identical.
eineinhalb ['aɪn'aɪn'halp] *num* one and a half.
einengen ['aɪn'ɛŋən] *vt* confine, restrict.
einer- ['aɪnər] *cpd*: **'E~'lei** *nt* **-s** sameness; **~lei** *a* (*gleichartig*) the same kind of; **es ist mir ~lei** it is all the same to me; **~seits** *ad* on one hand.
einfach ['aɪnfax] *a* simple; (*nicht mehrfach*) single; *ad* simply; **E~heit** *f* simplicity.
einfädeln ['aɪnfɛ:dəln] *vt Nadel* thread; (*fig*) contrive.
einfahren ['aɪnfa:rən] *irreg vt* bring in; *Barriere* knock down; *Auto* run in; *vi* drive in; (*Zug*) pull in; (*Min*) go down.
Einfahrt *f* (*Vorgang*) driving in; pulling in; (*Min*) descent; (*Ort*) entrance.
Einfall ['aɪnfal] *m* (*Idee*) idea, notion; (*Licht—*) incidence; (*Mil*) raid; **e~en** *vi irreg* (*Licht*) fall; (*Mil*) raid; (*einstimmen*) join in (*in* +*acc* with); (*einstürzen*) fall in, collapse; **etw fällt jdm ein** sth occurs to sb; **das fällt mir gar nicht ein** I wouldn't dream of it; **sich** (*dat*) **etwas e~en lassen** have a good idea.
einfältig ['aɪnfɛltɪç] *a* simple(-minded).
Einfamilienhaus [aɪnfa'mi:liənhaus] *nt* detached house.
einfangen ['aɪnfaŋən] *vt irreg* catch.
einfarbig ['aɪnfarbɪç] *a* all one colour; *Stoff etc* self-coloured.
einfass- ['aɪnfas] *cpd*: **~en** *vt* set; *Beet* enclose; *Stoff* edge, border; *Bier* barrel; **E~ung** *f* setting; enclosure; barrelling.
einfetten ['aɪnfɛtən] *vt* grease.
einfinden ['aɪnfɪndən] *vr irreg* come, turn up.
einfliegen ['aɪnfli:gən] *vt irreg* fly in.
einfließen ['aɪnfli:sən] *vi irreg* flow in.
einflößen ['aɪnflø:sən] *vt*: **jdm etw ~** (*lit*) give sb sth; (*fig*) instil sth in sb.
Einfluß ['aɪnflʊs] *m* influence; **~bereich** *m* sphere of influence; **e~reich** *a* influential.
einförmig ['aɪnfœrmɪç] *a* uniform; **E~keit** *f* uniformity.
einfrieren ['aɪnfri:rən] *irreg vi* freeze (in); *vt* freeze.
einfügen ['aɪnfy:gən] *vt* fit in; (*zusätzlich*) add.
Einfuhr ['aɪnfu:r] *f* - import; **~artikel** *m* imported article.
einführ- ['aɪnfy:r] *cpd*: **~en** *vt* bring in; *Mensch, Sitten* introduce; *Ware* import; **E~ung** *f* introduction; **E~ungspreis** *m* introductory price.
Eingabe ['aɪnga:bə] *f* petition; (*Daten—*) input.
Eingang ['aɪngaŋ] *m* entrance; (*Comm: Ankunft*) arrival; (*Sendung*) post; **e~s** *ad, prep* +*gen* at the outset (of); **~sbestätigung** *f* acknowledgement of receipt; **~shalle** *f* entrance hall.
eingeben ['aɪnge:bən] *vt irreg Arznei* give; *Daten etc* feed; *Gedanken* inspire.
eingebildet ['aɪngəbɪldət] *a* imaginary; (*eitel*) conceited.
Eingeborene(r) ['aɪngəbo:rənə(r)] *mf* native.
Eingebung *f* inspiration.
einge- ['aɪngə] *cpd*: **~denk** *prep* +*gen* bearing in mind; **~fallen** *a Gesicht* gaunt; **~fleischt** *a* inveterate; **~fleischter Junggeselle** confirmed bachelor; **~froren** *a* frozen.
eingehen ['aɪnge:ən] *irreg vi* (*Aufnahme finden*) come in; (*verständlich sein*) be comprehensible (*jdm* to sb); (*Sendung, Geld*) be received; (*Tier, Pflanze*) die; (*Firma*) fold; (*schrumpfen*) shrink; **auf etw** (*acc*) **~** go into sth; **auf jdn ~** respond to sb; *vt* enter into; *Wette* make; **~d** *a* exhaustive, thorough.
einge- ['aɪngə] *cpd*: **E~machte(s)** *nt* preserves *pl*; **~meinden** *vt* incorporate; **~nommen** *a* (*von*) fond (of), partial (to); (*gegen*) prejudiced; **~schrieben** *a* registered; **~sessen** *a* old-established; **~spielt** *a*: **aufeinander ~spielt sein** be in tune with each other; **E~ständnis** *nt* **-ses, -se** admission, confession; **~stehen** *vt irreg* confess; **~tragen** *a* (*Comm*) registered; **E~weide** *nt* **-s, -** innards *pl*, intestines *pl*; **E~weihte(r)** *mf* initiate; **~wöhnen** *vt* accustom.
eingießen ['aɪngi:sən] *vt irreg* pour (out).
eingleisig ['aɪnglaɪzɪç] *a* single-track.
eingraben ['aɪngra:bən] *irreg vt* dig in; *vr* dig o.s. in.
eingreifen ['aɪngraɪfən] *vi irreg* intervene, interfere; (*Zahnrad*) mesh.
Eingriff ['aɪngrɪf] *m* intervention, interference; (*Operation*) operation.
einhaken ['aɪnha:kən] *vt* hook in; *vr*: **sich bei jdm ~** link arms with sb; *vi* (*sich einmischen*) intervene.
Einhalt ['aɪnhalt] *m*: **~ gebieten** (+*dat*) put a stop to; **e~en** *irreg vt Regel* keep; *vi* stop.
einhändig ['aɪnhɛndɪç] *a* one-handed; **~en** [-dɪgən] *vt* hand in.
einhängen ['aɪnhɛŋən] *vt* hang; *Telefon* (*auch vi*) hang up; **sich bei jdm ~** link arms with sb.
einheim- ['aɪnhaɪm] *cpd*: **~isch** *a* native; **~sen** *vt* (*col*) bring home.
Einheit ['aɪnhaɪt] *f* unity; (*Maß, Mil*) unit; **e~lich** *a* uniform; **~spreis** *m* uniform price.
einhellig ['aɪnhɛlɪç] *a,ad* unanimous.

einholen ['aɪnho:lən] *vt Tau* haul in; *Fahne, Segel* lower; (*Vorsprung aufholen*) catch up with; *Verspätung* make up; *Rat, Erlaubnis* ask; *vi* (*einkaufen*) buy, shop.

Einhorn ['aɪnhɔrn] *nt* unicorn.

einhüllen ['aɪnhʏlən] *vt* wrap up.

einig ['aɪnɪç] *a* (*vereint*) united; **sich** (*dat*) ~ **sein** be in agreement; ~ **werden** agree; **~e** ['aɪnɪgə] *pl* some; (*mehrere*) several; **~e(r,s)** *a* some; **~emal** *ad* a few times; **~en** *vt* unite; *vr* agree (*auf +acc* on); **~ermaßen** *ad* somewhat; (*leidlich*) reasonably; **~es** *pron* something; **~gehen** *vi irreg* agree; **E~keit** *f* unity; (*Übereinstimmung*) agreement; **E~ung** *f* agreement; (*Vereinigung*) unification.

einimpfen ['aɪnɪmpfən] *vt* inoculate (*jdm etw* sb with sth); (*fig*) impress (*jdm etw* sth upon sb).

einjährig ['aɪnjɛ:rɪç] *a* of *or* for one year; (*Alter*) one-year-old; *Pflanze* annual.

einkalkulieren ['aɪnkalkuli:rən] *vt* take into account, allow for.

Einkauf ['aɪnkaʊf] *m* purchase; **e~en** *vt* buy; *vi* go shopping; **~sbummel** *m* shopping spree; **~snetz** *nt* string bag; **~spreis** *m* cost price.

einkerben ['aɪnkɛrbən] *vt* notch.

einklammern ['aɪnklamərn] *vt* put in brackets, bracket.

Einklang ['aɪnklaŋ] *m* harmony.

einkleiden ['aɪnklaɪdən] *vt* clothe; (*fig*) express.

einklemmen ['aɪnklɛmən] *vt* jam.

einknicken ['aɪnknɪkən] *vt* bend in; *Papier* fold; *vi* give way.

einkochen ['aɪnkɔxən] *vt* boil down; *Obst* preserve, bottle.

Einkommen ['aɪnkɔmən] *nt* **-s, -** income; **~(s)steuer** *f* income tax.

einkreisen ['aɪnkraɪzən] *vt* encircle.

Einkünfte ['aɪnkʏnftə] *pl* income, revenue.

einlad- ['aɪnla:d] *cpd*: **~en** *vt irreg Person* invite; *Gegenstände* load; **jdn ins Kino ~en** take sb to the cinema; **E~ung** *f* invitation.

Einlage ['aɪnla:gə] *f* (*Programm—*) interlude; (*Spar—*) deposit; (*Schuh—*) insole; (*Fußstütze*) support; (*Zahn—*) temporary filling; (*Cook*) noodles *pl*, vegetables *pl etc* in soup; **e~rn** *vt* store.

Einlaß ['aɪnlas] *m* **-sses, -lässe** admission.

einlassen *irreg vt* let in; (*einsetzen*) set in; *vr*: **sich mit jdm/auf etw** (*acc*) ~ get involved with sb/sth.

Einlauf ['aɪnlaʊf] *m* arrival; (*von Pferden*) finish; (*Med*) enema; **e~en** *irreg vi* arrive, come in; (*in Hafen*) enter; (*Sport*) finish; (*Wasser*) run in; (*Stoff*) shrink; *vt Schuhe* break in; **jdm das Haus e~en** invade sb's house; *vr* (*Sport*) warm up; (*Motor, Maschine*) run in.

einleben ['aɪnle:bən] *vr* settle down.

Einlege- ['aɪnle:gə] *cpd*: **~arbeit** *f* inlay; **e~n** *vt* (*einfügen*) *Blatt, Sohle* insert; (*Cook*) pickle; (*in Holz etc*) inlay; *Geld* deposit; *Pause* have; *Protest* make; *Veto* use; *Berufung* lodge; **ein gutes Wort bei jdm e~n** put in a good word with sb; **~sohle** *f* insole.

einleiten ['aɪnlaɪtən] *vt* introduce, start; *Geburt* induce.

Einleitung *f* introduction; induction.

einleuchten ['aɪnlɔʏçtən] *vi* be clear *or* evident (*jdm* to sb); **~d** *a* clear.

einliefern ['aɪnli:fərn] *vt* take (*in +acc* into).

einlösen ['aɪnlø:zən] *vt Scheck* cash; *Schuldschein, Pfand* redeem; *Versprechen* keep.

einmachen ['aɪnmaxən] *vt* preserve.

einmal ['aɪnma:l] *ad* once; (*erstens*) first; (*zukünftig*) sometime; **nehmen wir ~ an** just let's suppose; **noch ~** once more; **nicht ~** not even; **auf ~** all at once; **es war ~** once upon a time there was/were; **E~'eins** *nt* multiplication tables *pl*; **~ig** *a* unique; (*einmal geschehend*) single; (*prima*) fantastic.

Einmann- [aɪn'man] *cpd*: **~betrieb** *m* one-man business; **~bus** *m* one-man-operated bus.

Einmarsch ['aɪnmarʃ] *m* entry; (*Mil*) invasion; **e~ieren** *vi* march in.

einmengen ['aɪnmɛŋən], **einmischen** ['aɪnmɪʃən] *vr* interfere (*in +acc* with).

einmünden ['aɪnmʏndən] *vi* run (*in +acc* into), join.

einmütig ['aɪnmy:tɪç] *a* unanimous.

Einnahme ['aɪnna:mə] *f* **-, -n** (*Geld*) takings *pl*, revenue; (*von Medizin*) taking; (*Mil*) capture, taking; **~quelle** *f* source of income.

einnehmen ['aɪnne:mən] *vt irreg* take; *Stellung, Raum* take up; **~ für/gegen** persuade in favour of/against; **~d** *a* charming.

einnicken ['aɪnnɪkən] *vi* nod off.

einnisten ['aɪnnɪstən] *vr* nest; (*fig*) settle o.s.

Einöde ['aɪn'ø:də] *f* **-, -n** desert, wilderness.

einordnen ['aɪn'ɔrdnən] *vt* arrange, fit in; *vr* adapt; (*Aut*) get into lane.

einpacken ['aɪnpakən] *vt* pack (up).

einparken ['aɪnparkən] *vt* park.

einpendeln ['aɪnpɛndəln] *vr* even out.

einpferchen ['aɪnpfɛrçən] *vt* pen in, coop up.

einpflanzen ['aɪnpflantsən] *vt* plant; (*Med*) implant.

einplanen ['aɪnpla:nən] *vt* plan for.

einpräg- ['aɪnprɛ:g] *cpd*: **~en** *vt* impress, imprint; (*beibringen*) impress (*jdm* on sb); **sich** (*dat*) **etw ~en** memorize sth; **~sam** *a* easy to remember; *Melodie* catchy.

einrahmen ['aɪnra:mən] *vt* frame.

einrasten ['aɪnrastən] *vi* engage.

einräumen ['aɪnrɔʏmən] *vt* (*ordnend*) put away; (*überlassen*) *Platz* give up; (*zugestehen*) admit, concede.

einrechnen ['aɪnrɛçnən] *vt* include; (*berücksichtigen*) take into account.

einreden ['aɪnre:dən] *vt*: **jdm/sich etw ~** talk sb/o.s. into believing sth.

einreiben ['aɪnraɪbən] *vt irreg* rub in.

einreichen ['aınraıçən] *vt* hand in; *Antrag* submit.

Einreise ['aınraızə] *f* entry; **~bestimmungen** *pl* entry regulations *pl*; **~erlaubnis** *f*, **~genehmigung** *f* entry permit; **e~n** *vi* enter (*in ein Land* a country).

einreißen ['aınraısən] *vt irreg Papier* tear; *Gebäude* pull down; *vi* tear; (*Gewohnheit werden*) catch on.

einrichten ['aınrıçtən] *vt Haus* furnish; (*schaffen*) establish, set up; (*arrangieren*) arrange; (*möglich machen*) manage; *vr* (*in Haus*) furnish one's house; (*sich vorbereiten*) prepare o.s. (*auf +acc* for); (*sich anpassen*) adapt (*auf +acc* to).

Einrichtung *f* (*Wohnungs—*) furnishings *pl*; (*öffentliche Anstalt*) organization; (*Dienste*) service.

einrosten ['aınrɔstən] *vi* get rusty.

einrücken ['aınrʏkən] *vi* (*Mil*) (*Soldat*) join up; (*in Land*) move in; *vt Anzeige* insert; *Zeile* indent.

Eins [aıns] *f* **-, -en** one; **e~** *num* one; **es ist mir alles e~** it's all one to me.

einsalzen ['aınzaltsən] *vt* salt.

einsam ['aınza:m] *a* lonely, solitary; **E~keit** *f* loneliness, solitude.

einsammeln ['aınzaməln] *vt* collect.

Einsatz ['aınzats] *m* (*Teil*) inset; (*an Kleid*) insertion; (*Tisch*) leaf; (*Verwendung*) use, employment; (*Spiel—*) stake; (*Risiko*) risk; (*Mil*) operation; (*Mus*) entry; **im ~** in action; **e~bereit** *a* ready for action.

einschalten ['aınʃaltən] *vt* (*einfügen*) insert; *Pause* make; (*Elec*) switch on; (*Aut*) *Gang* engage; *Anwalt* bring in; *vr* (*dazwischentreten*) intervene.

einschärfen ['aınʃɛrfən] *vt* impress (*jdm etw* sth on sb).

einschätzen ['aınʃɛtsən] *vt* estimate, assess; *vr* rate o.s.

einschenken ['aınʃɛŋkən] *vt* pour out.

einschicken ['aınʃıkən] *vt* send in.

einschieben ['aınʃi:bən] *vt irreg* push in; (*zusätzlich*) insert.

einschiffen ['aınʃıfən] *vt* take on board; *vr* embark, go on board.

einschlafen ['aınʃla:fən] *vi irreg* fall asleep, go to sleep.

einschläfernd ['aınʃlɛ:fərnt] *a* (*Med*) soporific; (*langweilig*) boring; *Stimme* lulling.

Einschlag ['aınʃla:k] *m* impact; (*Aut*) lock; (*fig: Beimischung*) touch, hint; **e~en** *irreg vt* knock in; *Fenster* smash, break; *Zähne, Schädel* smash in; *Steuer* turn; (*kürzer machen*) take up; *Ware* pack, wrap up; *Weg, Richtung* take; *vi* hit (*in etw* (*acc*) sth, *auf jdn* sb); (*sich einigen*) agree; (*Anklang finden*) work, succeed.

einschlägig ['aınʃlɛ:gıç] *a* relevant.

einschleichen ['aınʃlaıçən] *vr irreg* (*in Haus, Fehler*) creep in, steal in; (*in Vertrauen*) worm one's way in.

einschließen ['aınʃli:sən] *irreg vt Kind* lock in; *Häftling* lock up; *Gegenstand* lock away; *Bergleute* cut off; (*umgeben*) surround; (*Mil*) encircle; (*fig*) include, comprise; *vr* lock o.s. in.

einschließlich *ad* inclusive; *prep +gen* inclusive of, including.

einschmeicheln ['aınʃmaıçəln] *vr* ingratiate o.s. (*bei* with).

einschnappen ['aınʃnapən] *vi* (*Tür*) click to; (*fig*) be touchy; **eingeschnappt sein** be in a huff.

einschneidend ['aınʃnaıdənt] *a* incisive.

Einschnitt ['aınʃnıt] *m* cutting; (*Med*) incision; (*Ereignis*) incident.

einschränken ['aınʃrɛŋkən] *vt* limit, restrict; *Kosten* cut down, reduce; *vr* cut down (on expenditure); **~d** *a* restrictive.

Einschränkung *f* restriction, limitation; reduction; (*von Behauptung*) qualification.

Einschreib- ['aınʃraıb] *cpd*: **~(e)brief** *m* recorded delivery letter; **e~en** *irreg vt* write in; *Post* send recorded delivery; *vr* register; (*Univ*) enrol; **~en** *nt* recorded delivery letter; **~(e)sendung** *f* recorded delivery packet.

einschreiten ['aınʃraıtən] *vi irreg* step in, intervene; **~ gegen** take action against.

Einschub ['aınʃu:p] *m* **-s, ⸚e** insertion.

einschüchtern ['aınʃʏçtərn] *vt* intimidate.

einsehen ['aınze:ən] *vt irreg* (*hineinsehen in*) realize; *Akten* have a look at; (*verstehen*) see; **E~** *nt* **-s** understanding; **ein E~ haben** show understanding.

einseifen ['aınzaıfən] *vt* soap, lather; (*fig*) take in, cheat.

einseitig ['aınzaıtıç] *a* one-sided; **E~keit** *f* one-sidedness.

Einsend- ['aınzɛnd] *cpd*: **e~en** *vt irreg* send in; **~er** *m* **-s, -** sender, contributor; **~ung** *f* sending in.

einsetzen ['aınzɛtsən] *vt* put (in); (*in Amt*) appoint, install; *Geld* stake; (*verwenden*) use; (*Mil*) employ; *vi* (*beginnen*) set in; (*Mus*) enter, come in; *vr* work hard; **sich für jdn/etw ~** support sb/sth.

Einsicht ['aınzıçt] *f* insight; (*in Akten*) look, inspection; **zu der ~ kommen, daß ...** come to the conclusion that ...; **e~ig** *a Mensch* judicious; **~nahme** *f* **-, -n** examination; **e~slos** *a* unreasonable; **e~svoll** *a* understanding.

Einsiedler ['aınzi:dlər] *m* hermit.

einsilbig ['aınzılbıç] *a* (*lit,fig*) monosyllabic; **E~keit** *f* (*fig*) taciturnity.

einsinken ['aınzıŋkən] *vi irreg* sink in.

Einsitzer ['aınzıtsər] *m* **-s, -** single-seater.

einspannen ['aınʃpanən] *vt Werkstück, Papier* put (in), insert; *Pferde* harness; (*col*) *Person* rope in.

einsperren ['aınʃpɛrən] *vt* lock up.

einspielen ['aınʃpi:lən] *vr* (*Sport*) warm up; **sich aufeinander ~** become attuned to each other; *vt* (*Film*) *Geld* bring in; *Instrument* play in; **gut eingespielt** smoothly running.

einspringen ['aınʃprıŋən] *vi irreg* (*aushelfen*) help out, step into the breach.

einspritzen ['aınʃprıtsən] *vt* inject.

Einspruch ['aınʃprux] *m* protest, objection; **~srecht** *nt* veto.

einspurig ['aınʃpu:rıç] *a* single-line.

einst [aınst] *ad* once; (*zukünftig*) one *or* some day.

Einstand ['aınʃtant] *m* (*Tennis*) deuce;

(*Antritt*) entrance (to office).
einstechen ['aınʃtɛçən] *vt irreg* stick in.
einstecken ['aınʃtɛkən] *vt* stick in, insert; *Brief* post; (*Elec*) *Stecker* plug in; *Geld* pocket; (*mitnehmen*) take; (*überlegen sein*) put in the shade; (*hinnehmen*) swallow.
einstehen ['aınʃte:ən] *vi irreg* guarantee (*für jdn/etw* sb/sth); (*verantworten*) answer (*für* for).
einsteigen ['aınʃtaıgən] *vi irreg* get in *or* on; (*in Schiff*) go on board; (*sich beteiligen*) come in; (*hineinklettern*) climb in.
einstell- ['aınʃtɛl] *cpd*: **~bar** *a* adjustable; **~en** *vti* (*aufhören*) stop; *Geräte* adjust; *Kamera etc* focus; *Sender, Radio* tune in; (*unterstellen*) put; (*in Firma*) employ, take on; *vr* (*anfangen*) set in; (*kommen*) arrive; **sich auf jdn/etw ~en** adapt to sb/prepare o.s. for sth; **E~ung** *f* (*Aufhören*) suspension, cessation; adjustment; focusing; (*von Arbeiter etc*) appointment; (*Haltung*) attitude.
Einstieg ['aınʃti:k] *m* **-(e)s, -e** entry; (*fig*) approach.
einstig ['aınstıç] *a* former.
einstimm- ['aınʃtım] *cpd*: **~en** *vi* join in; *vt* (*Mus*) tune; (*in Stimmung bringen*) put in the mood; **~ig** *a* unanimous; (*Mus*) for one voice; **E~igkeit** *f* unanimity.
einst- ['aınst] *cpd*: **~malig** *a* former; **~mals** *ad* once, formerly.
einstöckig ['aınʃtœkıç] *a* single-storeyed.
einstudieren ['aınʃtudi:rən] *vt* study, rehearse.
einstündig ['aınʃtʏndıç] *a* one-hour.
einstürmen ['aınʃtʏrmən] *vi*: **auf jdn ~** rush at sb; (*Eindrücke*) overwhelm sb.
Einsturz ['aınʃturts] *m* collapse; **~gefahr** *f* danger of collapse.
einstürzen ['aınʃtʏrtsən] *vi* fall in, collapse.
einst- ['aınst] *cpd*: **~weilen** *ad* meanwhile; (*vorläufig*) temporarily, for the time being; **~weilig** *a* temporary.
eintägig ['aıntɛ:gıç] *a* one-day.
eintauchen ['aıntauxən] *vt* immerse, dip in; *vi* dive.
eintauschen ['aıntauʃən] *vt* exchange.
eintausend ['aın'tauzənt] *num* one thousand.
einteil- ['aıntaıl] *cpd*: **~en** *vt* (*in Teile*) divide (up); *Menschen* assign; **~ig** *a* one-piece.
eintönig ['aıntø:nıç] *a* monotonous; **E~keit** *f* monotony.
Eintopf(gericht *nt*) ['aıntɔpf(gərıçt)] *m* stew.
Eintracht ['aıntraxt] *f* **-** concord, harmony.
einträchtig ['aıntrɛçtıç] *a* harmonious.
Eintrag ['aıntra:k] *m* **-(e)s, ¨e** entry; **amtlicher ~** entry in the register; **e~en** *irreg vt* (*in Buch*) enter; *Profit* yield; **jdm etw e~en** bring sb sth; *vr* put one's name down.
einträglich ['aıntrɛ:klıç] *a* profitable.
eintreffen ['aıntrɛfən] *vi irreg* happen; (*ankommen*) arrive.
eintreten ['aıntre:tən] *irreg vi* occur; (*hineingehen*) enter (*in etw* (*acc*) sth); (*sich einsetzen*) intercede; (*in Club, Partei*) join (*in etw* (*acc*) sth); (*in Stadium etc*) enter; *vt Tür* kick open.
Eintritt ['aıntrıt] *m* (*Betreten*) entrance; (*Anfang*) commencement; (*in Club etc*) joining; **~sgeld** *nt*, **~spreis** *m* charge for admission; **~skarte** *f* (admission) ticket.
eintrocknen ['aıntrɔknən] *vi* dry up.
einüben ['aın'y:bən] *vt* practise, drill.
einver- ['aınfɛr] *cpd*: **~leiben** *vt* incorporate; *Gebiet* annex; **sich** (*dat*) **etw ~leiben** (*fig*: *geistig*) acquire; **E~nehmen** *nt* **-s, -** agreement, understanding; **~standen** *interj* agreed; *a*: **~standen sein** agree, be agreed; **E~ständnis** *nt* understanding; (*gleiche Meinung*) agreement.
Einwand ['aınvant] *m* **-(e)s, ¨e** objection; **~erer** ['aınvandərər] *m* immigrant; **e~ern** *vi* immigrate; **~erung** *f* immigration; **e~frei** *a* perfect; *ad* absolutely.
einwärts ['aınvɛrts] *ad* inwards.
einwecken ['aınvɛkən] *vt* bottle, preserve.
Einwegflasche ['aınve:gflaʃə] *f* no-deposit bottle.
einweichen ['aınvaıçən] *vt* soak.
einweih- ['aınvaı] *cpd*: **~en** *vt Kirche* consecrate; *Brücke* open; *Gebäude* inaugurate; *Person* initiate (*in +acc* in); **E~ung** *f* consecration; opening; inauguration; initiation.
einweis- ['aınvaız] *cpd*: **~en** *vt irreg* (*in Amt*) install; (*in Arbeit*) introduce; (*in Anstalt*) send; **E~ung** *f* installation; introduction; sending.
einwenden ['aınvɛndən] *vt irreg* object, oppose (*gegen* to).
einwerfen ['aınvɛrfən] *vt irreg* throw in; *Brief* post; *Geld* put in, insert; *Fenster* smash; (*äußern*) interpose.
einwickeln ['aınvıkəln] *vt* wrap up; (*fig col*) outsmart.
einwillig- ['aınvılıg] *cpd*: **~en** *vi* consent, agree (*in +acc* to); **E~ung** *f* consent.
einwirk- ['aınvırk] *cpd*: **~en** *vi*: **auf jdn/etw ~en** influence sb/sth; **E~ung** *f* influence.
Einwohner ['aınvo:nər] *m* **-s, -** inhabitant; **~'meldeamt** *nt* registration office; **~schaft** *f* population, inhabitants *pl*.
Einwurf ['aınvʊrf] *m* (*Öffnung*) slot; (*Einwand*) objection; (*Sport*) throw-in.
Einzahl ['aıntsa:l] *f* singular; **e~en** *vt* pay in; **~ung** *f* paying in.
einzäunen ['aıntsɔʏnən] *vt* fence in.
einzeichnen ['aıntsaıçhən] *vt* draw in.
Einzel ['aıntsəl] *nt* **-s, -** (*Tennis*) singles; *in cpds* individual; single; **~bett** *nt* single bed; **~fall** *m* single instance, individual case; **~haft** *f* solitary confinement; **~heit** *f* particular, detail; **e~n** *a* single; (*vereinzelt*) the odd; *ad* singly; **e~n angeben** specify; **der/die e~ne** the individual; **das e~ne** the particular; **ins e~ne gehen** go into detail(s); **~teil** *nt* component (part); **~zimmer** *nt* single room.
einziehen ['aıntsi:ən] *irreg vt* draw in, take in; *Kopf* duck; *Fühler, Antenne, Fahrgestell*

retract; *Steuern, Erkundigungen* collect; (*Mil*) draft, call up; (*aus dem Verkehr ziehen*) withdraw; (*konfiszieren*) confiscate; *vi* move in(to); (*Friede, Ruhe*) come; (*Flüssigkeit*) penetrate.

einzig ['aıntsıç] *a* only; (*ohnegleichen*) unique; **das ~e** the only thing; **der/die ~e** the only one; **~artig** *a* unique.

Einzug ['aıntsu:k] *m* entry, moving in.

Eis [aıs] **-es, -** ice; (*Speise—*) ice cream; **~bahn** *f* ice *or* skating rink; **~bär** *m* polar bear; **~becher** *m* sundae; **~bein** *nt* pig's trotters *pl*; **~berg** *m* iceberg; **~blumen** *pl* ice fern; **~decke** *f* sheet of ice; **~diele** *f* ice-cream parlour.

Eisen ['aızən] *nt* **-s, -** iron; **~bahn** *f* railway, railroad (*US*); **~bahner** *m* **-s, -** railwayman, railway employee, railroader (*US*); **~bahnschaffner** *m* railway guard; **~bahnübergang** *m* level crossing, grade crossing (*US*); **~bahnwagen** *m* railway carriage; **~erz** *nt* iron ore; **e~haltig** *a* containing iron.

eisern ['aızərn] *a* iron; *Gesundheit* robust; *Energie* unrelenting; *Reserve* emergency.

Eis- *cpd*: **e~frei** *a* clear of ice; **~hockey** *nt* ice hockey; **e~ig** ['aızıç] *a* icy; **e~kalt** *a* icy cold; **~kunstlauf** *m* figure skating; **~laufen** *nt* ice skating; **~läufer(in *f*)** *m* ice-skater; **~pickel** *m* ice-axe; **~schießen** *nt* ≈ curling; **~schrank** *m* fridge, ice-box (*US*); **~zapfen** *m* icicle; **~zeit** *f* ice age.

eitel ['aıtəl] *a* vain; **E~keit** *f* vanity.

Eiter ['aıtər] *m* **-s** pus; **e~ig** *a* suppurating; **e~n** *vi* suppurate.

Ei- [aı] *cpd*: **~weiß** *nt* **-es, -e** white of an egg; **~zelle** *f* ovum.

Ekel ['e:kəl] *m* **-s** nausea, disgust; *nt* **-s, -** (*col: Mensch*) nauseating person; **e~erregend, e~haft, ek(e)lig** *a* nauseating, disgusting; **e~n** *vt* disgust; **es ekelt jdn** *or* **jdm** sb is disgusted; *vr* loathe, be disgusted (*vor +dat* at).

Ekstase [εk'sta:zə] *f* **-, -n** ecstasy.

Ekzem [εk'tse:m] *nt* **-s, -e** (*Med*) eczema.

Elan [e'lã:] *m* **-s** elan.

elastisch [e'lastıʃ] *a* elastic.

Elastizität [elastitsi'tε:t] *f* elasticity.

Elch [εlç] *m* **-(e)s, -e** elk.

Elefant [ele'fant] *m* elephant.

elegant [ele'gant] *a* elegant.

Eleganz [ele'gants] *f* elegance.

Elek- [e'lek] *cpd*: **~trifizierung** [-trifi'tsi:ruŋ] *f* electrification; **~triker** [-trikər] *m* **-s, -** electrician; **e~trisch** [-trıʃ] *a* electric; **e~trisieren** [-tri'zi:rən] *vt* (*lit, fig*) electrify; *Mensch* give an electric shock to; *vr* get an electric shock; **~trizität** [-tritsi'tεt] *f* electricity; **~trizitätswerk** *nt* electricity works, power plant.

Elektro- [e'lεktro] *cpd*: **~de** [elεk'tro:də] *f* **-, -n** electrode; **~herd** *m* electric cooker; **~lyse** [-'ly:zə] *f* **-, -n** electrolysis; **~n** [-ən] *nt* **-s, -en** electron; **~nen(ge)hirn** [elεk'tro:nən-] *nt* electronic brain; **~nenrechner** *m* computer; **e~nisch** *a* electronic; **~rasierer** *m* **-s, -** electric razor.

Element [ele'mεnt] *nt* **-s, -e** element; (*Elec*) cell, battery; **e~ar** [-'ta:r] *a* elementary; (*naturhaft*) elemental.

Elend ['e:lεnt] *nt* **-(e)s** misery; **e~** *a* miserable; **e~iglich** ['e:lεnd-] *ad* miserably; **~sviertel** *nt* slum.

elf [εlf] *num* eleven; **E~** *f* **-, -en** (*Sport*) eleven; **E~e** *f* **-, -n** elf; **E~enbein** *nt* ivory; **E~meter** *m* (*Sport*) penalty (kick).

eliminieren [elimi'ni:rən] *vt* eliminate.

Elite [e'li:tə] *f* **-, -n** elite.

Elixier [elı'ksi:r] *nt* **-s, -e** elixir.

Ell- *cpd*: **~e** ['εlə] *f* **-, -n** ell; (*Maß*) yard; **~(en)bogen** *m* elbow; **~ipse** [ε'lıpsə] *f* **-, -n** ellipse.

Elster ['εlstər] *f* **-, -n** magpie.

Elter- ['εltər] *cpd*: **e~lich** *a* parental; **~n** *pl* parents *pl*; **~nhaus** *nt* home; **e~nlos** *a* parentless.

Email [e'ma:j] *nt* **-s, -s** enamel; **e~lieren** [ema'ji:rən] *vt* enamel.

Emanzipation [emantsipatsi'o:n] *f* emancipation.

emanzi'pieren *vt* emancipate.

Embryo ['εmbryo] *m* **-s, -s** *or* **-nen** embryo.

Emi- [emi] *cpd*: **~grant** [-'grant] *m* emigrant; **~gration** [-gratsi'o:n] *f* emigration; **e~grieren** [-'gri:rən] *vi* emigrate.

Empfang [εm'pfaŋ] *m* **-(e)s, ¨e** reception; (*Erhalten*) receipt; **in ~ nehmen** receive; **e~en** *irreg vt* receive; *vi* (*schwanger werden*) conceive.

Empfäng- [εm'pfεŋ] *cpd*: **~er** *m* **-s, -** receiver; (*Comm*) addressee, consignee; **e~lich** *a* receptive, susceptible; **~nis** *f* **-, -se** conception; **~nisverhütung** *f* contraception.

Empfangs- *cpd*: **~bestätigung** *f* acknowledgement; **~dame** *f* receptionist; **~schein** *m* receipt; **~zimmer** *nt* reception room.

empfehlen [εm'pfe:lən] *irreg vt* recommend; *vr* take one's leave; **~swert** *a* recommendable.

Empfehlung *f* recommendation; **~sschreiben** *nt* letter of recommendation.

empfind- [εm'pfınt] *cpd*: **~en** [εm'pfındən] *vt irreg* feel; **~lich** *a* sensitive; *Stelle* sore; (*reizbar*) touchy; **E~lichkeit** *f* sensitiveness; (*Reizbarkeit*) touchiness; **~sam** *a* sentimental; **E~ung** *f* feeling, sentiment; **~ungslos** *a* unfeeling, insensitive.

empor [εm'po:r] *ad* up, upwards.

empören [εm'pø:rən] *vt* make indignant; shock; *vr* become indignant; **~d** *a* outrageous.

empor- *cpd*: **~kommen** *vi irreg* rise; succeed; **E~kömmling** *m* upstart, parvenu.

Empörung *f* indignation.

emsig ['εmzıç] *a* diligent, busy.

End- ['εnd] *in cpds* final; **~auswertung** *f* final analysis; **~bahnhof** ['εnt-] *m* terminus; **~e** *nt* **-s, -n** end; **am ~e** at the end; (*schließlich*) in the end; **am ~e sein** be at the end of one's tether; **~e Dezember** at the end of December; **zu**

~e sein be finished; **e~en** *vi* end; **e~gültig** *a* final, definite; **~ivie** [ɛn'di:viə] *f* endive; **e~lich** *a* final; (*Math*) finite; *ad* finally; **e~lich!** at last!; **e~los** *a* endless, infinite; **~spiel** *nt* final(s); **~spurt** *m* (*Sport*) final spurt; **~station** *f* terminus; **~ung** *f* ending.

Energie [enɛr'gi:] *f* energy; **e~los** *a* lacking in energy, weak; **~wirtschaft** *f* energy industry.

energisch [e'nɛrgɪʃ] *a* energetic.

eng [ɛŋ] *a* narrow; *Kleidung* tight; (*fig*) *Horizont auch* limited; *Freundschaft, Verhältnis* close; **~ an etw** (*dat*) close to sth.

Engagement [ãgaʒə'mã:] *nt* **-s, -s** engagement; (*Verpflichtung*) commitment.

engagieren [ãga'ʒi:rən] *vt* engage; **ein engagierter Schriftsteller** a committed writer; *vr* commit o.s.

Enge ['ɛŋə] *f* **-, -n** (*lit,fig*) narrowness; (*Land—*) defile; (*Meer—*) straits *pl*; **jdn in die ~ treiben** drive sb into a corner.

Engel ['ɛŋəl] *m* **-s, -** angel; **e~haft** *a* angelic; **~macher** *m* **-s, -** (*col*) backstreet abortionist.

eng- *cpd*: **~herzig** *a* petty; **E~paß** *m* defile, pass; (*fig, Verkehr*) bottleneck.

en gros [ã'gro] *ad* wholesale.

engstirnig ['ɛŋʃtɪrnɪç] *a* narrow-minded.

Enkel ['ɛŋkəl] *m* **-s, -** grandson; **~in** *f* granddaughter; **~kind** *nt* grandchild.

en masse [ã'mas] *ad* en masse.

enorm [e'nɔrm] *a* enormous.

Ensemble [ã'sãbəl] *nt* **-s, -s** company, ensemble.

entarten [ɛnt''a:rten] *vi* degenerate.

entbehr- [ɛnt'be:r] *cpd*: **~en** *vt* do without, dispense with; **~lich** *a* superfluous; **E~ung** *f* privation.

entbinden [ɛnt'bɪndən] *irreg vt* release (*gen* from); (*Med*) deliver; *vi* (*Med*) give birth.

Entbindung *f* release; (*Med*) confinement; **~sheim** *nt* maternity hospital.

entblößen [ɛnt'blø:sən] *vt* denude, uncover; (*berauben*) deprive (*gen* of).

entdeck- [ɛnt'dɛk] *cpd*: **~en** *vt* discover; **jdm etw ~en** disclose sth to sb; **E~er** *m* **-s, -** discoverer; **E~ung** *f* discovery.

Ente ['ɛntə] *f* **-, -n** duck; (*fig*) canard, false report.

entehren [ɛnt''e:rən] *vt* dishonour, disgrace.

enteignen [ɛnt''aɪgnən] *vt* expropriate; *Besitzer* dispossess.

enteisen [ɛnt''aɪzən] *vt* de-ice, defrost.

enterben [ɛnt''ɛrbən] *vt* disinherit.

entfachen [ɛnt'faxən] *vt* kindle.

entfallen [ɛnt'falən] *vi irreg* drop, fall; (*wegfallen*) be dropped; **jdm ~** (*vergessen*) slip sb's memory; **auf jdn ~** be allotted to sb.

entfalten [ɛnt'faltən] *vt* unfold; *Talente* develop; *vr* open; (*Mensch*) develop one's potential.

Entfaltung *f* unfolding; (*von Talenten*) development.

entfern- [ɛnt'fɛrn] *cpd*: **~en** *vt* remove; (*hinauswerfen*) expel; *vr* go away, retire, withdraw; **~t** *a* distant; **weit davon ~t sein, etw zu tun** be far from doing sth; **E~ung** *f* distance; (*Wegschaffen*) removal; **E~ungsmesser** *m* **-s, -** (*Phot*) rangefinder.

entfesseln [ɛnt'fɛsəln] *vt* (*fig*) arouse.

entfetten [ɛnt'fɛtən] *vt* take the fat from.

entfremd- [ɛnt'frɛmd] *cpd*: **~en** *vt* estrange, alienate; **E~ung** *f* alienation, estrangement.

entfrost- [ɛnt'frɔst] *cpd*: **~en** *vt* defrost; **E~er** *m* **-s, -** (*Aut*) defroster.

entführ- [ɛnt'fy:r] *cpd*: **~en** *vt* carry off, abduct; kidnap; **E~er** *m* kidnapper; **E~ung** *f* abduction; kidnapping.

entgegen [ɛnt'ge:gən] *prep* +*dat* contrary to, against; *ad* towards; **~bringen** *vt irreg* bring; (*fig*) show (*jdm etw* sb sth); **~gehen** *vi irreg* (+*dat*) go to meet, go towards; **~gesetzt** *a* opposite; (*widersprechend*) opposed; **~halten** *vt irreg* (*fig*) object; **~kommen** *vi irreg* approach; meet (*jdm* sb); (*fig*) accommodate (*jdm* sb); **E~kommen** *nt* obligingness; **~kommend** *a* obliging; **~laufen** *vi irreg* (+*dat*) run towards *or* to meet; (*fig*) run counter to; **~nehmen** *vt irreg* receive, accept; **~sehen** *vi irreg* (+*dat*) await; **~setzen** *vt* oppose (*dat* to); **~treten** *vi irreg* (+*dat*) (*lit*) step up to; (*fig*) oppose, counter; **~wirken** *vi* (+*dat*) counteract.

entgegnen [ɛnt'ge:gnən] *vt* reply, retort.

Entgegnung *f* reply, retort.

entgehen [ɛnt'ge:ən] *vi irreg* (*fig*) **jdm ~** escape sb's notice; **sich** (*dat*) **etw ~ lassen** miss sth.

entgeistert [ɛnt'gaɪstərt] *a* thunderstruck.

Entgelt [ɛnt'gɛlt] *nt* **-(e)s, -e** compensation, remuneration; **e~en** *vt irreg*: **jdm etw e~en** repay sb for sth.

entgleisen [ɛnt'glaɪzən] *vi* (Rail) be derailed; (*fig: Person*) misbehave; **~ lassen** derail.

Entgleisung *f* derailment; (*fig*) faux pas, gaffe.

entgleiten [ɛnt'glaɪtən] *vi irreg* slip (*jdm* from sb's hand).

entgräten [ent'grɛ:tən] *vt* fillet, bone.

Enthaarungsmittel [ɛnt'ha:ruŋsmitəl] *nt* depilatory.

enthalten [ɛnt'haltən] *irreg vt* contain; *vr* abstain, refrain (*gen* from).

enthaltsam [ɛnt'haltza:m] *a* abstinent, abstemious; **E~keit** *f* abstinence.

enthemmen [ɛnt'hɛmən] *vt*: **jdn ~** free sb from his inhibitions.

enthüllen [ɛnt'hʏlən] *vt* reveal, unveil.

Enthusiasmus [ɛntuzi'asmʊs] *m* enthusiasm.

entkernen [ɛnt'kɛrnən] *vt* stone; core.

entkommen [ɛnt'kɔmən] *vi irreg* get away, escape (*dat, aus* from).

entkorken [ɛnt'kɔrkən] *vt* uncork.

entkräften [ɛnt'krɛftən] *vt* weaken, exhaust; *Argument* refute.

entladen [ɛnt'la:dən] *irreg vt* unload; (*Elec*) discharge; *vr* (*Elec, Gewehr*) discharge; (*Ärger etc*) vent itself.

entlang [ɛnt'laŋ] *prep* +*acc or dat, ad* along; **~ dem Fluß, den Fluß ~** along the river; **~gehen** *vi irreg* walk along.

entlarven [ɛnt'larfən] *vt* unmask, expose.
entlassen [ɛnt'lasən] *vt irreg* discharge; *Arbeiter* dismiss.
Entlassung *f* discharge; dismissal.
entlasten [ɛnt'lastən] *vt* relieve; *Achse* relieve the load on; *Angeklagte* exonerate; *Konto* clear.
Entlastung *f* relief; (*Comm*) crediting; **~szeuge** *m* defence witness.
entledigen [ɛnt'le:dɪgən] *vr*: **sich jds/einer Sache ~** rid o.s. of sb/sth.
entleeren [ɛnt'le:rən] *vt* empty; evacuate.
entlegen [ɛnt'le:gən] *a* remote.
entlocken [ɛnt'lɔkən] *vt* elicit (*jdm etw* sth from sb).
entlüften [ɛnt'lʏftən] *vt* ventilate.
entmachten [ɛnt'maxtən] *vt* deprive of power.
entmenscht [ɛnt'mɛnʃt] *a* inhuman, bestial.
entmilitarisiert [ɛntmilitari'zi:rt] *a* demilitarized.
entmündigen [ɛnt'mʏndɪgən] *vt* certify.
entmutigen [ɛnt'mu:tɪgən] *vt* discourage.
Entnahme [ɛnt'na:mə] *f* **-, -n** removal, withdrawal.
entnehmen [ɛnt'ne:mən] *vt irreg* (*+dat*) take out (of), take (from); (*folgern*) infer (from).
entpuppen [ɛnt'pʊpən] *vr* (*fig*) reveal o.s., turn out (*als* to be).
entrahmen [ɛnt'ra:mən] *vt* skim.
entreißen [ɛnt'raɪsən] *vt irreg* snatch (away) (*jdm etw* sth from sb).
entrichten [ɛnt'rɪçtən] *vt* pay.
entrosten [ɛnt'rɔstən] *vt* derust.
entrüst- [ɛnt'rʏst] *cpd*: **~en** *vt* incense, outrage; *vr* be filled with indignation; **~et** *a* indignant, outraged; **E~ung** *f* indignation.
entsagen [ɛnt'za:gən] *vi* renounce (*dat* sth).
entschädigen [ɛnt'ʃɛ:dɪgən] *vt* compensate.
Entschädigung *f* compensation.
entschärfen [ɛnt'ʃɛrfən] *vt* defuse; *Kritik* tone down.
Entscheid [ɛnt'ʃaɪt] *m* **-(e)s, -e** decision; **e~en** *vtir irreg* decide; **e~end** *a* decisive; *Stimme* casting; **~ung** *f* decision; **~ungsspiel** *nt* play-off.
entschieden [ɛnt'ʃi:dən] *a* decided; (*entschlossen*) resolute; **E~heit** *f* firmness, determination.
entschließen [ɛnt'ʃli:sən] *vr irreg* decide.
entschlossen [ɛnt'ʃlɔsən] *a* determined, resolute; **E~heit** *f* determination.
Entschluß [ɛnt'ʃlʊs] *m* decision; **e~freudig** *a* decisive; **~kraft** *f* determination, decisiveness.
entschuld- [ɛnt'ʃʊld] *cpd*: **~bar** *a* excusable; **~igen** *vt* excuse; *vr* apologize; **E~igung** *f* apology; (*Grund*) excuse; **jdn um E~igung bitten** apologize to sb; **E~igung!** excuse me; (*Verzeihung*) sorry.
entschwinden [ɛnt'ʃvɪndən] *vi irreg* disappear.
entsetz- [ɛnt'zɛts] *cpd*: **~en** *vt* horrify; (*Mil*) relieve; *vr* be horrified *or* appalled; **E~en** *nt* **-s** horror, dismay; **~lich** *a* dreadful, appalling; **~t** *a* horrified.
entsichern [ɛnt'zɪçərn] *vt* release the safety catch of.
entsinnen [ɛnt'zɪnən] *vr irreg* remember (*gen* sth).
entspannen [ɛnt'ʃpanən] *vtr Körper* relax; (*Pol*) *Lage* ease.
Entspannung *f* relaxation, rest; (*Pol*) détente; **~spolitik** *f* policy of détente; **~sübungen** *pl* relaxation exercises *pl*.
entsprechen [ɛnt'ʃprɛçən] *vi irreg* (*+dat*) correspond to; *Anforderungen, Wünschen* meet, comply with; **~d** *a* appropriate; *ad* accordingly.
entspringen [ɛnt'ʃprɪŋən] *vi irreg* spring (from).
entstehen [ɛnt'ʃte:ən] *vi irreg* arise, result.
Entstehung *f* genesis, origin.
entstellen [ɛnt'ʃtɛlən] *vt* disfigure; *Wahrheit* distort.
entstören [ɛnt'ʃtø:rən] *vt* (*Rad*) eliminate interference from; (*Aut*) suppress.
enttäuschen [ɛnt'tɔʏʃən] *vt* disappoint.
Enttäuschung *f* disappointment.
entwaffnen [ɛnt'vafnən] *vt* (*lit,fig*) disarm.
Entwarnung [ɛnt'varnʊŋ] *f* all clear (signal).
entwässer- [ɛnt'vɛsər] *cpd*: **~n** *vt* drain; **E~ung** *f* drainage.
entweder ['ɛntve:dər] *cj* either.
entweichen [ɛnt'vaɪçən] *vi irreg* escape.
entweihen [ɛnt'vaɪən] *vt irreg* desecrate.
entwenden [ɛnt'vɛndən] *vt irreg* purloin, steal.
entwerfen [ɛnt'vɛrfən] *vt irreg Zeichnung* sketch; *Modell* design; *Vortrag, Gesetz etc* draft.
entwerten [ɛnt've:rtən] *vt* devalue; (*stempeln*) cancel.
entwickeln [ɛnt'vɪkəln] *vtr* develop (*auch Phot*); *Mut, Energie* show, display.
Entwickler *m* **-s, -** developer.
Entwicklung [ɛnt'vɪklʊŋ] *f* development; (*Phot*) developing; **~sabschnitt** *m* stage of development; **~shilfe** *f* aid for developing countries; **~sjahre** *pl* adolescence *sing*; **~sland** *nt* developing country.
entwirren [ɛnt'vɪrən] *vt* disentangle.
entwischen [ɛnt'vɪʃən] *vi* escape.
entwöhnen [ɛnt'vø:nən] *vt* wean; *Süchtige* cure (*dat, von* of).
Entwöhnung *f* weaning; cure, curing.
entwürdigend [ɛnt'vʏrdɪgənt] *a* degrading.
Entwurf [ɛnt'vʊrf] *m* outline, design; (*Vertrags—, Konzept*) draft.
entwurzeln [ɛnt'vʊrtsəln] *vt* uproot.
entziehen [ɛnt'tsi:ən] *irreg vt* withdraw, take away (*dat* from); *Flüssigkeit* draw, extract; *vr* escape (*dat* from); (*jds Kenntnis*) be outside; (*der Pflicht*) shirk.
Entziehung *f* withdrawal; **~sanstalt** *f* drug addiction/alcoholism treatment centre; **~skur** *f* treatment for drug addiction/alcoholism.

entziffern [ɛnt'tsɪfərn] *vt* decipher; decode.
entzücken [ɛnt'tsʏkən] *vt* delight; **E∼** *nt* **-s** delight; **∼d** *a* delightful, charming.
entzünden [ɛnt'tsʏndən] *vt* light, set light to; (*fig, Med*) inflame; *Streit* spark off; *vr* (*lit, fig*) catch fire; (*Streit*) start; (*Med*) become inflamed.
Entzündung *f* (*Med*) inflammation.
entzwei [ɛnt'tsvaɪ] *ad* broken; in two; **∼brechen** *vti irreg* break in two; **∼en** *vt* set at odds; *vr* fall out; **∼gehen** *vi irreg* break (in two).
Enzian ['ɛntsia:n] *m* **-s, -e** gentian.
Enzym [ɛn'tsy:m] *nt* **-s, -e** enzyme.
Epidemie [epide'mi:] *f* epidemic.
Epilepsie [epile'psi:] *f* epilepsy.
episch ['e:pɪʃ] *a* epic.
Episode [epi'zo:də] *f* **-, -n** episode.
Epoche [e'pɔxə] *f* **-, -n** epoch; **e∼machend** *a* epoch-making.
Epos ['e:pɔs] *nt* **-s, Epen** epic (poem).
er [e:r] *pron* he; it.
erachten [ɛr''axtən] *vt*: **∼ für** *or* **als** consider (to be); **meines E∼s** in my opinion.
erarbeiten [ɛr''arbaɪtən] *vt* (*auch* **sich** (*dat*) ∼) work for, acquire; *Theorie* work out.
erbarmen [ɛr'barmən] *vr* have pity *or* mercy (*gen* on); **E∼** *nt* **-s** pity.
erbärmlich [ɛr'bɛrmlɪç] *a* wretched, pitiful; **E∼keit** *f* wretchedness.
erbarmungs- [ɛr'barmʊŋs] *cpd*: **∼los** *a* pitiless, merciless; **∼voll** *a* compassionate; **∼würdig** *a* pitiable, wretched.
erbau- [ɛr'bau] *cpd*: **∼en** *vt* build, erect; (*fig*) edify; **E∼er** *m* **-s, -** builder; **∼lich** *a* edifying; **E∼ung** *f* construction; (*fig*) edification.
Erbe ['ɛrbə] *m* **-n, -n** heir; *nt* **-s** inheritance; (*fig*) heritage; **e∼n** *vt* inherit.
erbeuten [ɛr'bɔʏtən] *vt* carry off; (*Mil*) capture.
Erb- [ɛrb] *cpd*: **∼faktor** *m* gene; **∼fehler** *m* hereditary defect; **∼folge** *f* (line of) succession; **∼in** *f* heiress.
erbittern [ɛr'bɪtərn] *vt* embitter; (*erzürnen*) incense.
erbittert [ɛr'bɪtərt] *a Kampf* fierce, bitter.
erblassen [ɛr'blasən] *vi*, **erbleichen** [ɛr'blaɪçən] *vi irreg* (turn) pale.
erblich ['ɛrplɪç] *a* hereditary.
Erbmasse ['ɛrbmasə] *f* estate; (*Biol*) genotype.
erbosen [ɛr'bo:zən] *vt* anger; *vr* grow angry.
erbrechen [er'brɛçən] *vtr irreg* vomit.
Erb- *cpd*: **∼recht** *nt* right of succession, hereditary right; law of inheritance; **∼schaft** *f* inheritance, legacy.
Erbse ['ɛrpsə] *f* **-, -n** pea.
Erb- *cpd*: **∼stück** *nt* heirloom; **∼teil** *nt* inherited trait; (portion of) inheritance.
Erd- ['e:rd] *cpd*: **∼achse** *f* earth's axis; **∼atmosphäre** *f* earth's atmosphere; **∼bahn** *f* orbit of the earth; **∼beben** *nt* earthquake; **∼beere** *f* strawberry; **∼boden** *m* ground; **∼e** *f* **-, -n** earth; **zu ebener ∼e** at ground level; **e∼en** *vt* (*Elec*) earth.
erdenkbar [ɛr'dɛŋkba:r], **erdenklich** [-lɪç] *a* conceivable.
Erd- *cpd*: **∼gas** *nt* natural gas; **∼geschoß** *nt* ground floor; **∼kunde** *f* geography; **∼nuß** *f* peanut; **∼oberfläche** *f* surface of the earth; **∼öl** *nt* (mineral) oil.
erdreisten [ɛr'draɪstən] *vr* dare, have the audacity (to do sth).
erdrosseln [ɛr'drɔsəln] *vt* strangle, throttle.
erdrücken [ɛr'drʏkən] *vt* crush.
Erd- *cpd*: **∼rutsch** *m* landslide; **∼teil** *m* continent.
erdulden [ɛr'dʊldən] *vt* endure, suffer.
ereifern [ɛr''aɪfərn] *vr* get excited.
ereignen [ɛr''aɪgnən] *vr* happen.
Ereignis [ɛr''aɪgnɪs] *nt* **-ses, -se** event; **e∼reich** *a* eventful.
erfahren [ɛr'fa:rən] *vt irreg* learn, find out; (*erleben*) experience; *a* experienced.
Erfahrung *f* experience; **e∼sgemäß** *ad* according to experience.
erfassen [ɛr'fasən] *vt* seize; (*fig*) (*einbeziehen*) include, register; (*verstehen*) grasp.
erfind- [ɛr'fɪnd] *cpd*: **∼en** *vt irreg* invent; **E∼er** *m* **-s, -** inventor; **∼erisch** *a* inventive; **E∼ung** *f* invention; **E∼ungsgabe** *f* inventiveness.
Erfolg [ɛr'fɔlk] *m* **-(e)s, -e** success; (*Folge*) result; **e∼en** *vi* follow; (*sich ergeben*) result; (*stattfinden*) take place; (*Zahlung*) be effected; **e∼los** *a* unsuccessful; **∼losigkeit** *f* lack of success; **e∼reich** *a* successful; **e∼versprechend** *a* promising.
erforder- [ɛr'fɔrdər] *cpd*: **∼lich** *a* requisite, necessary; **∼n** *vt* require, demand; **E∼nis** *nt* **-ses,-se** requirement; prerequisite.
erforsch- [ɛr'fɔrʃ] *cpd*: **∼en** *vt Land* explore; *Problem* investigate; *Gewissen* search; **E∼er** *m* **-s, -** explorer; investigator; **E∼ung** *f* exploration; investigation; searching.
erfragen [ɛr'fra:gən] *vt* inquire after, ascertain.
erfreuen [ɛr'frɔʏən] *vr*: **sich ∼ an** (+*dat*) enjoy; **sich einer Sache** (*gen*) **∼** enjoy sth; *vt* delight.
erfreulich [ɛr'frɔʏlɪç] *a* pleasing, gratifying; **∼erweise** *ad* happily, luckily.
erfrieren [ɛr'fri:rən] *vi irreg* freeze (to death); (*Glieder*) get frostbitten; (*Pflanzen*) be killed by frost.
erfrischen [ɛr'frɪʃən] *vt* refresh.
Erfrischung *f* refreshment; **∼sraum** *m* snack bar, cafeteria.
erfüllen [ɛr'fʏlən] *vt Raum etc* fill; (*fig*) *Bitte etc* fulfil; *vr* come true.
ergänzen [ɛr'gɛntsən] *vt* supplement, complete; *vr* complement one another.
Ergänzung *f* completion; (*Zusatz*) supplement.
ergattern [ɛr'gatərn] *vt* (*col*) get hold of, hunt up.

ergaunern [ɛr'gaunərn] *vt* (*col*) **sich** (*dat*) **etw** ~ get hold of sth by underhand methods.
ergeben [ɛr'ge:bən] *irreg vt* yield, produce; *vr* surrender; (*sich hingeben*) give o.s. up, yield (*dat* to); (*folgen*) result; *a* devoted, humble; (*dem Trunk*) addicted (to); **E~heit** *f* devotion, humility.
Ergebnis [ɛr'ge:pnɪs] *nt* **-ses, -se** result; **e~los** *a* without result, fruitless.
ergehen [ɛr'ge:ən] *irreg vi* be issued, go out; **etw über sich ~ lassen** put up with sth; *vi impers*: **es ergeht ihm gut/schlecht** he's faring *or* getting on well/badly; *vr*: **sich in etw** (*dat*) ~ indulge in sth.
ergiebig [ɛr'gi:bɪç] *a* productive.
ergötzen [ɛr'gœtsən] *vt* amuse, delight.
ergreifen [ɛr'graɪfən] *vt irreg* (*lit, fig*) seize; *Beruf* take up; *Maßnahmen* resort to; (*rühren*) move; **~d** *a* moving, affecting.
ergriffen [ɛr'grɪfən] *a* deeply moved.
Erguß [ɛr'gʊs] *m* discharge; (*fig*) outpouring, effusion.
erhaben [ɛr'ha:bən] *a* (*lit*) raised, embossed; (*fig*) exalted, lofty; **über etw** (*acc*) **~ sein** be above sth.
erhalten [ɛr'haltən] *vt irreg* receive; (*bewahren*) preserve, maintain; **gut ~** in good condition.
erhältlich [ɛr'hɛltlɪç] *a* obtainable, available.
Erhaltung *f* maintenance, preservation.
erhängen [ɛr'hɛŋən] *vtr* hang.
erhärten [ɛr'hɛrtən] *vt* harden; *These* substantiate, corroborate.
erhaschen [ɛr'haʃən] *vt* catch.
erheben [ɛr'he:bən] *irreg vt* raise; *Protest, Forderungen* make; *Fakten* ascertain, establish; *vr* rise (up); **sich über etw** (*acc*) ~ rise above sth.
erheblich [ɛr'he:plɪç] *a* considerable.
erheitern [ɛr'haɪtərn] *vt* amuse, cheer (up).
Erheiterung *f* exhilaration; **zur allgemeinen ~** to everybody's amusement.
erhellen [ɛr'hɛlən] *vt* (*lit, fig*) illuminate; *Geheimnis* shed light on; *vr* brighten, light up.
erhitzen [ɛr'hɪtsən] *vt* heat; *vr* heat up; (*fig*) become heated *or* aroused.
erhoffen [ɛr'hɔfən] *vt* hope for.
erhöhen [ɛr'hø:ən] *vt* raise; (*verstärken*) increase.
erhol- [ɛr'ho:l] *cpd*: **~en** *vr* recover; (*entspannen*) have a rest; **~sam** *a* restful; **E~ung** *f* recovery; relaxation, rest; **~ungsbedürftig** *a* in need of a rest, rundown; **E~ungsheim** *nt* convalescent/rest home.
erhören [ɛr'hø:rən] *vt Gebet etc* hear; *Bitte etc* yield to.
Erika ['e:rika] ka] *f* **-, Eriken** heather.
erinnern [ɛr''ɪnərn] *vt* remind (*an +acc* of); *vr* remember (*an etw* (*acc*) sth).
Erinnerung *f* memory; (*Andenken*) reminder; **~stafel** *f* commemorative plaque.
erkalten [ɛr'kaltən] *vi* go cold, cool (down).
erkält- [ɛr'kɛlt] *cpd*: **~en** *vr* catch cold; **~et** *a* with a cold; **~et sein** have a cold; **E~ung** *f* cold.
erkenn- [ɛr'kɛn] *cpd*: **~bar** *a* recognizable; **~en** *vt irreg* recognize; (*sehen, verstehen*) see; **~tlich** *a*: **sich ~tlich zeigen** show one's appreciation; **E~tlichkeit** *f* gratitude; (*Geschenk*) token of one's gratitude; **E~tnis** *f* **-, -se** knowledge; (*das Erkennen*) recognition; (*Einsicht*) insight; **zur E~tnis kommen** realize; **E~ung** *f* recognition; **E~ungsmarke** *f* identity disc.
Erker ['ɛrkər] *m* **-s, -** bay; **~fenster** *nt* bay window.
erklär- [ɛr'klɛ:r] *cpd*: **~bar** *a* explicable; **~en** *vt* explain; **~lich** *a* explicable; (*verständlich*) understandable; **E~ung** *f* explanation; (*Aussage*) declaration.
erklecklich [ɛr'klɛklɪç] *a* considerable.
erklingen [ɛr'klɪŋən] *vi irreg* resound, ring out.
Erkrankung [ɛr'kraŋkʊŋ] *f* illness.
erkund- [ɛr'kʊnd] *cpd*: **~en** *vt* find out, ascertain; (*esp Mil*) reconnoitre, scout; **~igen** *vr* inquire (*nach* about); **E~igung** *f* inquiry; **E~ung** *f* reconnaissance, scouting.
erlahmen [ɛr'la:mən] *vi* tire; (*nachlassen*) flag, wane.
erlangen [ɛr'laŋən] *vt* attain, achieve.
Erlaß [ɛr'las] *m* **-sses, -lässe** decree; (*Aufhebung*) remission.
erlassen *vt irreg Verfügung* issue; *Gesetz* enact; *Strafe* remit; **jdm etw ~** release sb from sth.
erlauben [ɛr'laubən] *vt* allow, permit (*jdm etw* sb to do sth); *vr* permit o.s., venture.
Erlaubnis [ɛr'laupnɪs] *f* **-, -se** permission.
erläutern [ɛr'lɔytərn] *vt* explain.
Erläuterung *f* explanation.
Erle ['ɛrlə] *f* **-, -n** alder.
erleben [ɛr'le:bən] *vt* experience; *Zeit* live through; (*mit—*) witness; (*noch mit—*) live to see.
Erlebnis [ɛr'le:pnɪs] *nt* **-ses, -se** experience.
erledigen [ɛr'le:dɪgən] *vt* take care of, deal with; *Antrag etc* process; (*col: erschöpfen*) wear out; (*col: ruinieren*) finish; (*col: umbringen*) do in.
erlegen [ɛr'le:gən] *vt* kill.
erleichter- [ɛr'laɪçtər] *cpd*: **~n** *vt* make easier; (*fig*) *Last* lighten; (*lindern, beruhigen*) relieve; **~t** *a* relieved; **E~ung** *f* facilitation; lightening; relief.
erleiden [ɛr'laɪdən] *vt irreg* suffer, endure.
erlernbar *a* learnable.
erlernen [ɛr'lɛrnən] *vt* learn, acquire.
erlesen [ɛr'le:zən] *a* select, choice.
erleuchten [ɛr'lɔyçtən] *vt* illuminate; (*fig*) inspire.
Erleuchtung *f* (*Einfall*) inspiration.
erlogen [ɛr'lo:gən] *a* untrue, made-up.
Erlös [ɛr'lø:s] *m* **-es, -e** proceeds *pl*.
erlöschen [ɛr'lœʃən] *vi* (*Feuer*) go out;

(*Interesse*) cease, die; (*Vertrag, Recht*) expire.
erlösen [ɛr'lø:zən] *vt* redeem, save.
Erlösung *f* release; (*Rel*) redemption.
ermächtigen [ɛr'mɛçtɪgən] *vt* authorize, empower.
Ermächtigung *f* authorization; authority.
ermahnen [ɛr'ma:nən] *vt* exhort, admonish.
Ermahnung *f* admonition, exhortation.
ermäßigen [ɛr'mɛsɪgən] *vt* reduce.
Ermäßigung *f* reduction.
ermessen [ɛr'mɛsən] *vt irreg* estimate, gauge; **E~** *nt* **-s** estimation; discretion; **in jds E~ liegen** lie within sb's discretion.
ermitteln [ɛr'mɪtəln] *vt* determine; *Täter* trace; *vi*: **gegen jdn ~** investigate sb.
Ermittlung [ɛr'mɪtlʊŋ] *f* determination; (*Polizei—*) investigation.
ermöglichen [ɛr'mø:klɪçən] *vt* make possible (*dat* for).
ermord- [ɛr'mɔrd] *cpd*: **~en** *vt* murder; **E~ung** *f* murder.
ermüden [ɛr'my:dən] *vti* tire; (*Tech*) fatigue; **~d** *a* tiring; (*fig*) wearisome.
Ermüdung *f* fatigue; **~serscheinung** *f* sign of fatigue.
ermuntern [ɛr'mʊntərn] *vt* rouse; (*ermutigen*) encourage; (*beleben*) liven up; (*aufmuntern*) cheer up.
ermutigen [ɛr'mu:tɪgən] *vt* encourage.
ernähr- [ɛr'nɛ:r] *cpd*: **~en** *vt* feed, nourish; *Familie* support; *vr* support o.s., earn a living; **sich ~en von** live on; **E~er** *m* **-s, -** breadwinner; **E~ung** *f* nourishment; nutrition; (*Unterhalt*) maintenance.
ernennen [ɛr'nɛnən] *vt irreg* appoint.
Ernennung *f* appointment.
erneu- [ɛr'nɔʏ] *cpd*: **~ern** *vt* renew; restore; renovate; **E~erung** *f* renewal; restoration; renovation; **~t** *a* renewed, fresh; *ad* once more.
erniedrigen [ɛr'ni:drɪgən] *vt* humiliate, degrade.
Ernst [ɛrnst] *m* **-es** seriousness; **das ist mein ~** I'm quite serious; **im ~** in earnest; **~ machen mit etw** put sth into practice; **e~** *a* serious; **~fall** *m* emergency; **e~gemeint** *a* meant in earnest, serious; **e~haft** *a* serious; **~haftigkeit** *f* seriousness; **e~lich** *a* serious.
Ernte ['ɛrntə] *f* **-, -n** harvest; **~dankfest** *nt* harvest festival; **e~n** *vt* harvest; *Lob etc* earn.
ernüchtern [ɛr'nʏçtərn] *vt* sober up; (*fig*) bring down to earth.
Ernüchterung *f* sobering up; (*fig*) disillusionment.
Erober- [ɛr''obər] *cpd*: **~er** *m* **-s, -** conqueror; **e~n** *vt* conquer; **~ung** *f* conquest.
eröffnen [ɛr''œfnən] *vt* open; **jdm etw ~** disclose sth to sb; *vr* present itself.
Eröffnung *f* opening; **~sansprache** *f* inaugural *or* opening address.
erogen [ɛro'ge:n] *a* erogenous.
erörtern [ɛr''œrtərn] *vt* discuss.
Erörterung *f* discussion.
Erotik [e'ro:tɪk] *f* eroticism.
erotisch *a* erotic.
erpicht [ɛr'pɪçt] *a* eager, keen (*auf +acc* on).
erpress- [ɛr'prɛs] *cpd*: **~en** *vt Geld etc* extort; *Mensch* blackmail; **E~er** *m* **-s, -** blackmailer; **E~ung** *f* blackmail; extortion.
erproben [ɛr'pro:bən] *vt* test.
erraten [ɛr'ra:tən] *vt irreg* guess.
erreg- [ɛr're:k] *cpd*: **~bar** *a* excitable; (*reizbar*) irritable; **E~barkeit** *f* excitability; irritability; **~en** *vt* excite; (*ärgern*) infuriate; (*hervorrufen*) arouse, provoke; *vr* get excited *or* worked up; **E~er** *m* **-s, -** causative agent; **E~theit** *f* excitement; (*Beunruhigung*) agitation; **E~ung** *f* excitement.
erreichbar *a* accessible, within reach.
erreichen [ɛr'raɪçən] *vt* reach; *Zweck* achieve; *Zug* catch.
errichten [ɛr'rɪçtən] *vt* erect, put up; (*gründen*) establish, set up.
erringen [ɛr'rɪŋən] *vt irreg* gain, win.
erröten [ɛr'rø:tən] *vi* blush, flush.
Errungenschaft [ɛr'rʊŋənʃaft] *f* achievement; (*col: Anschaffung*) acquisition.
Ersatz [ɛr'zats] *m* **-es** substitute; replacement; (*Schaden—*) compensation; (*Mil*) reinforcements *pl*; **~befriedigung** *f* vicarious satisfaction; **~dienst** *m* (*Mil*) alternative service; **~mann** *m* replacement; (*Sport*) substitute; **e~pflichtig** *a* liable to pay compensation; **~reifen** *m* (*Aut*) spare tyre; **~teil** *nt* spare (part).
ersaufen [ɛr'zaʊfən] *vi irreg* (*col*) drown.
ersäufen [ɛr'zɔʏfən] *vt* drown.
erschaffen [ɛr'ʃafən] *vt irreg* create.
erscheinen [ɛr'ʃaɪnən] *vi irreg* appear.
Erscheinung *f* appearance; (*Geist*) apparition; (*Gegebenheit*) phenomenon; (*Gestalt*) figure.
erschießen [ɛr'ʃi:sən] *vt irreg* shoot (dead).
erschlaffen [ɛr'ʃlafən] *vi* go limp; (*Mensch*) become exhausted.
erschlagen [ɛr'ʃla:gən] *vt irreg* strike dead.
erschleichen [ɛr'ʃlaɪçən] *vt irreg* obtain by stealth *or* dubious methods.
erschöpf- [ɛrʃœpf] *cpd*: **~en** *vt* exhaust; **~end** *a* exhaustive, thorough; **~t** *a* exhausted; **E~ung** *f* exhaustion.
erschrecken [ɛr'ʃrɛkən] *vt* startle, frighten; *vi irreg* be frightened *or* startled; **~d** *a* alarming, frightening.
erschrocken [ɛr'ʃrɔkən] *a* frightened, startled.
erschüttern [ɛr'ʃʏtərn] *vt* shake; (*ergreifen*) move deeply.
Erschütterung *f* shaking; shock.
erschweren [ɛr'ʃve:rən] *vt* complicate.
erschwingen [ɛr'ʃvɪŋən] *vt irreg* afford.
erschwinglich *a* within one's means.
ersehen [ɛr'ze:ən] *vt irreg*: **aus etw ~, daß** gather from sth that.
ersetz- [ɛr'zɛts] *cpd*: **~bar** *a* replaceable; **~en** *vt* replace; **jdm Unkosten** *etc* **~en** pay sb's expenses *etc*.

ersichtlich [ɛr'zɪçtlɪç] *a* evident, obvious.
erspar- [ɛr'ʃpa:r] *cpd*: **~en** *vt Ärger etc* spare; *Geld* save: **E~nis** *f* **-, -se** saving.
ersprießlich [ɛr'ʃpri:slɪç] *a* profitable, useful; (*angenehm*) pleasant.
erst [e:rst] *ad* (at) first; (*nicht früher, nur*) only; (*nicht bis*) not till; **~ einmal** first.
erstarren [ɛr'ʃtarən] *vi* stiffen; (*vor Furcht*) grow rigid; (*Materie*) solidify.
erstatten [ɛr'ʃtatən] *vt Kosten* (re)pay; **Anzeige** *etc* **~** report sb; **Bericht ~** make a report.
Erstaufführung ['e:rstaʊffy:rʊŋ] *f* first performance.
erstaunen [ɛr'ʃtaʊnən] *vt* astonish; *vi* be astonished; **E~** *nt* **-s** astonishment.
erstaunlich *a* astonishing.
erst- ['e:rst] *cpd*: **E-ausgabe** *f* first edition; **~beste(r,s)** *a* first that comes along; **~e(r,s)** *a* first.
erstechen [ɛr'ʃtɛçən] *vt irreg* stab (to death).
erstehen [ɛr'ʃte:ən] *vt irreg* buy; *vi* (a)rise.
ersteigen [ɛr'ʃtaɪgən] *vt irreg* climb, ascend.
erstellen [ɛr'ʃtɛlən] *vt* erect, build.
erst- *cpd*: **~emal** *ad* (the) first time; **~ens** *ad* firstly, in the first place; **~ere(r,s)** *pron* (the) former.
ersticken [ɛr'ʃtɪkən] *vt* (*lit, fig*) stifle; *Mensch* suffocate; *Flammen* smother; *vi* (*Mensch*) suffocate; (*Feuer*) be smothered; **in Arbeit ~** be snowed under with work.
Erstickung *f* suffocation.
erst- *cpd*: **~klassig** *a* first-class; **E~kommunion** *f* first communion; **~malig** *a* first; **~mals** *ad* for the first time.
erstrebenswert [ɛr'ʃtre:bənsve:rt] *a* desirable, worthwhile.
erstrecken [ɛr'ʃtrɛkən] *vr* extend, stretch.
Ersttags- ['ɛrst-ta:gz] *cpd*: **~brief** *m* first-day cover; **~stempel** *m* first-day (date) stamp.
ersuchen [ɛr'zu:xən] *vt* request.
ertappen [ɛr'tapən] *vt* catch, detect.
erteilen [ɛr'taɪlən] *vt* give.
ertönen [ɛr'tø:nən] *vi* sound, ring out.
Ertrag [ɛr'tra:k] *m* **-(e)s, ⸚e** yield; (*Gewinn*) proceeds *pl*; **e~en** *vt irreg* bear, stand.
erträglich [ɛr'trɛ:klɪç] *a* tolerable, bearable.
ertränken [ɛr'trɛŋkən] *vt* drown.
erträumen [ɛr'trɔʏmən] *vt*: **sich** (*dat*) **etw ~** dream of sth, imagine sth.
ertrinken [ɛr'trɪŋkən] *vi irreg* drown; **E~** *nt* **-s** drowning.
erübrigen [ɛr''y:brɪgən] *vt* spare; *vr* be unnecessary.
erwachen [ɛr'vaxən] *vi* awake.
erwachsen [ɛr'vaksən] *a* grown-up; **E~e(r)** *mf* adult; **E~enbildung** *f* adult education.
erwägen [ɛr'vɛ:gən] *vt irreg* consider.
Erwägung *f* consideration.
erwähn- [ɛr'vɛ:n] *cpd*: **~en** *vt* mention; **~enswert** *a* worth mentioning; **E~ung** *f* mention.
erwärmen [ɛr'vɛrmən] *vt* warm, heat; *vr* get warm, warm up; **sich ~ für** warm to.
erwarten [ɛr'vartən] *vt* expect; (*warten auf*) wait for; **etw kaum ~ können** hardly be able to wait for sth.
Erwartung *f* expectation; **e~sgemäß** *ad* as expected; **e~svoll** *a* expectant.
erwecken [ɛr'vɛkən] *vt* rouse, awake; **den Anschein ~** give the impression.
erwehren [ɛr've:rən] *vr* fend, ward (*gen* off); (*des Lachens etc*) refrain (*gen* from).
erweichen [ɛr'vaɪçən] *vti* soften.
Erweis [ɛr'vaɪs] *m* **-es, -e** proof; **e~en** *irreg vt* prove; *Ehre, Dienst* do (*jdm* sb); *vr* prove (*als* to be).
Erwerb [ɛr'vɛrp] *m* **-(e)s, -e** acquisition; (*Beruf*) trade; **e~en** *vt irreg* acquire; **e~slos** *a* unemployed; **~squelle** *f* source of income; **e~stätig** *a* (gainfully) employed; **e~sunfähig** *a* unemployable.
erwidern [ɛr'vi:dərn] *vt reply*; (*vergelten*) return.
erwiesen [ɛr'vi:zən] *a* proven.
erwischen [ɛr'vɪʃən] *vt* (*col*) catch, get.
erwünscht [ɛr'vʏnʃt] *a* desired.
erwürgen [ɛr'vʏrgən] *vt* strangle.
Erz [e:rts] *nt* **-es, -e** ore.
erzähl- [ɛr'tsɛ:l] *cpd*: **~en** *vt* tell; **E~er** *m* **-s, -** narrator; **E~ung** *f* story, tale.
Erz- *cpd*: **~bischof** *m* archbishop; **~engel** *m* archangel.
erzeug- [ɛr'tsɔʏg] *cpd*: **~en** *vt* produce; *Strom* generate; **E~erpreis** *m* producer's price; **E~nis** *nt* **-ses, -se** product, produce; **E~ung** *f* production; generation.
erziehen [ɛr'tsi:ən] *vt irreg* bring up; (*bilden*) educate, train.
Erziehung *f* bringing up; (*Bildung*) education; **~sbeihilfe** *f* educational grant; **~sberechtigte(r)** *mf* parent; guardian; **~sheim** *nt* approved school.
erzielen [ɛr'tsi:lən] *vt* achieve, obtain; *Tor* score.
erzwingen [ɛr'tsvɪŋən] *vt irreg* force, obtain by force.
es [ɛs] *pron nom, acc* it.
Esche ['ɛʃə] *f* **-, -n** ash.
Esel ['e:zəl] *m* **-s, -** donkey, ass; **~sohr** *nt* dog-ear.
Eskalation [ɛskalatsi'o:n] *f* escalation.
eßbar ['ɛsba:r] *a* eatable, edible.
essen ['ɛsən] *vti irreg* eat; **E~** *nt* **-s, -** meal; food; **E~szeit** *f* mealtime; dinner time.
Essig ['ɛsɪç] *m* **-s, -e** vinegar; **~gurke** *f* gherkin.
Eß- ['ɛs] *cpd*: **~kastanie** *f* sweet chestnut; **~löffel** *m* tablespoon; **~tisch** *m* dining table; **~waren** *pl* victuals *pl*, food provisions *pl*; **~zimmer** *nt* dining room.
etablieren [eta'bli:rən] *vr* become established; set up business.
Etage [e'ta:ʒə] *f* **-, -n** floor, storey; **~nbetten** *pl* bunk beds *pl*; **~nwohnung** *f* flat.
Etappe [e'tapə] *f* **-, -n** stage.
Etat [e'ta:] *m* **-s, -s** budget; **~jahr** *nt* financial year; **~posten** *m* budget item.

etepetete [e:təpe'te:tə] *a* (*col*) fussy.
Ethik ['e:tɪk] *f* ethics *sing*.
ethisch ['e:tɪʃ] *a* ethical.
Etikett [eti'kɛt] *nt* **-(e)s, -e** label; tag; **~e** *f* etiquette, manners *pl*; **e~ieren** [-'ti:rən] *vt* label; tag.
etliche ['ɛtlıçə] *pron pl* some, quite a few; **~s** a thing or two.
Etui [ɛt'vi:] *nt* **-s, -s** case.
etwa ['ɛtva] *ad* (*ungefähr*) about; (*vielleicht*) perhaps; (*beispielsweise*) for instance; **nicht ~** by no means; **~ig** ['ɛtva-ɪç] *a* possible; **~s** *pron* something; anything; (*ein wenig*) a little; *ad* a little.
Etymologie [etymolo'gi:] *f* etymology.
euch [ɔʏç] *pron acc of* **ihr** you; yourselves; *dat of* **ihr** (to) you.
euer ['ɔʏər] *pron gen of* **ihr** of you; *pron* your; **~e(r,s)** yours.
Eule ['ɔʏlə] *f* **-, -n** owl.
eure(r,s) ['ɔʏrə(r,z)] *pron* your; yours; **-rseits** *ad* on your part; **~sgleichen** *pron* people like you; **~twegen, ~twillen** *ad* (*für euch*) for your sakes; (*wegen euch*) on your account.
eurige *pron*: **der/die/das ~** yours.
Euro- [ɔʏro] *cpd*: **~krat** [-'kra:t] *m* **-en, -en** eurocrat; **~pameister** [ɔʏ'ro:pa-] *m* European champion.
Euter ['ɔʏtər] *nt* **-s, -** udder.
evakuieren [evaku'i:rən] *vt* evacuate.
evangelisch [evaŋ'ge:lɪʃ] *a* Protestant.
Evangelium [evaŋ'ge:lium] *nt* gospel.
Eva(s)kostüm ['e:fa(s)kɔsty:m] *nt*: **im ~** in one's birthday suit.
eventuell [evɛntu'ɛl] *a* possible; *ad* possibly, perhaps.
EWG [e:ve:'ge:] *f* **-** EEC, Common Market.
ewig ['e:vɪç] *a* eternal; **E~keit** *f* eternity.
exakt [ɛ'ksakt] *a* exact.
Examen [ɛ'ksa:mən] *nt* **-s, -** *or* **Examina** examination.
Exempel [ɛ'ksɛmpəl] *nt* **-s, -** example.
Exemplar [ɛksɛm'pla:r] *nt* **-s, -e** specimen; (*Buch—*) copy; **e~isch** *a* exemplary.
exerzieren [ɛksɛr'tsi:rən] *vi* drill.
Exil [ɛ'ksi:l] *nt* **-s, -e** exile.
Existenz [ɛksɪs'tɛnts] *f* existence; (*Unterhalt*) livelihood, living; (*pej: Mensch*) character; **~kampf** *m* struggle for existence; **~minimum** *nt* **-s** subsistence level.
existieren [ɛksɪs'ti:rən] *vi* exist.
exklusiv [ɛksklu'zi:f] *a* exclusive; **~e** [-'zi:və] *ad, prep +gen* exclusive of, not including.
exorzieren [ɛksɔr'tsi:rən] *vt* exorcize.
exotisch [ɛ'kso:tɪʃ] *a* exotic.
Expansion [ɛkspanzi'o:n] *f* expansion.
Expedition [ɛkspeditsi'o:n] *f* expedition; (*Comm*) forwarding department.
Experiment [ɛksperi'mɛnt] *nt* experiment; **e~ell** [-'tɛl] *a* experimental; **e~ieren** [-'ti:rən] *vi* experiment.
Experte [ɛks'pɛrtə] *m* **-n, -n** expert, specialist.
explo- [ɛksplo] *cpd*: **~dieren** [-'di:rən] *vi* explode; **E~sion** [ɛksplozi'o:n] *f* explosion; **~siv** [-'zi:f] *a* explosive.
Exponent [ɛkspo'nɛnt] *m* exponent.
Export [ɛks'pɔrt] *m* **-(e)s, -e** export; **~eur** [-'tø:r] *m* exporter; **~handel** *m* export trade; **e~ieren** [-'ti:rən] *vt* export; **~land** *nt* exporting country.
Expreß- [ɛks'prɛs] *cpd*: **~gut** *nt* express goods *pl or* freight; **~zug** *m* express (train).
extra ['ɛkstra] *a inv* (*col: gesondert*) separate; (*besondere*) extra; *ad* (*gesondert*) separately; (*speziell*) specially; (*absichtlich*) on purpose; (*vor Adjektiven, zusätzlich*) extra; **E~** *nt* **-s, -s** extra; **E~ausgabe** *f*, **E~blatt** *nt* special edition.
Extrakt [ɛks'trakt] *m* **-(e)s, -e** extract.
extrem [ɛks'tre:m] *a* extreme; **~istisch** [-'mɪstɪʃ] *a* (*Pol*) extremist; **E~itäten** [-'tɛ:tən] *pl* extremities *pl*.
Exzellenz [ɛkstsɛ'lɛnts] *f* excellency.
exzentrisch [ɛks'tsɛntrɪʃ] *a* eccentric.
Exzeß [ɛks'tsɛs] *m* **-sses, -sse** excess.

F

F, f [ɛf] *nt* F, f.
Fabel ['fa:bəl] *f* **-, -n** fable; **f~haft** *a* fabulous, marvellous.
Fabrik [fa'bri:k] *f* factory; **~ant** [-'kant] *m* (*Hersteller*) manufacturer; (*Besitzer*) industrialist; **~arbeiter** *m* factory worker; **~at** [-'ka:t] *nt* **-(e)s, -e** manufacture, product; **~ation** [-atsi'o:n] *f* manufacture, production; **~besitzer** *m* factory owner; **~gelände** *nt* factory premises *pl*.
Fach [fax] *nt* **-(e)s, ¨er** compartment; (*Sachgebiet*) subject; **ein Mann vom ~** an expert; **~arbeiter** *m* skilled worker; **~arzt** *m* (medical) specialist; **~ausdruck** *m* technical term.
Fächer ['fɛçər] *m* **-s, -** fan.
Fach- *cpd*: **f~kundig** *a* expert, specialist; **f~lich** *a* professional; expert; **~mann** *m, pl* **-leute** specialist; **~schule** *f* technical college; **f~simpeln** *vi* talk shop; **~werk** *nt* timber frame.
Fackel ['fakəl] *f* **-, -n** torch; **f~n** *vi* (*col*) dither.
fad(e) ['fa:t, fa:də] *a* insipid; (*langweilig*) dull.
Faden ['fa:dən] *m* **-s, ¨** thread; **~nudeln** *pl* vermicelli *pl*; **f~scheinig** *a* (*lit, fig*) threadbare.
fähig ['fɛ:ɪç] *a* capable (*zu, gen* of); able; **F~keit** *f* ability.
Fähnchen ['fɛ:nçən] *nt* pennon, streamer.
fahnden ['fa:ndən] *vi*: **~ nach** search for.
Fahndung *f* search; **~sliste** *f* list of wanted criminals, wanted list.
Fahne ['fa:nə] *f* **-, -n** flag, standard; **eine ~ haben** (*col*) smell of drink; **~nflucht** *f* desertion.
Fahrbahn *f* carriageway (*Brit*), roadway.
Fähre ['fɛ:rə] *f* **-, -n** ferry.
fahren ['fa:rən] *irreg vt* drive; *Rad* ride; (*befördern*) drive, take; *Rennen* drive in; *vi* (*sich bewegen*) go; (*Schiff*) sail; (*abfahren*) leave; **mit dem Auto/Zug ~** go *or* travel by car/train; **mit der Hand ~ über**

(+*acc*) pass one's hand over.

Fahr- ['fa:r] *cpd*: **~er** *m* **-s, -** driver; **~erflucht** *f* hit-and-run; **~gast** *m* passenger; **~geld** *nt* fare; **~gestell** *nt* chassis; (*Aviat*) undercarriage; **~karte** *f* ticket; **~kartenausgabe** *f*, **~kartenschalter** *m* ticket office; **f~lässig** *a* negligent; **f~lässige Tötung** manslaughter; **~lässigkeit** *f* negligence; **~lehrer** *m* driving instructor; **~plan** *m* timetable; **f~planmäßig** *a* (*Rail*) scheduled; **~preis** *m* fare; **~prüfung** *f* driving test; **~rad** *nt* bicycle; **~schein** *m* ticket; **~schule** *f* driving school; **~schüler(in** *f*) *m* learner (driver); **~stuhl** *m* lift, elevator (*US*).

Fahrt [fa:rt] *f* **-, -en** journey; (*kurz*) trip; (*Aut*) drive; (*Geschwindigkeit*) speed.

Fährte ['fɛ:rtə] *f* **-, -n** track, trail.

Fahrt- *cpd*: **~kosten** *pl* travelling expenses *pl*; **~richtung** *f* course, direction.

Fahr- *cpd*: **~zeug** *nt* vehicle; **~zeughalter** *m* **-s, -** owner of a vehicle.

Fak- [fak] *cpd*: **f~tisch** *a* actual; **~tor** *m* factor; **~tum** *nt* **-s, -ten** fact; **~ul'tät** *f* faculty.

Falke ['falkə] *m* **-n, -n** falcon.

Fall [fal] *m* **-(e)s, ¨e** (*Sturz*) fall; (*Sachverhalt, Jur, Gram*) case; **auf jeden ~, auf alle ¨e** in any case; (*bestimmt*) definitely; **~e** *f* **-, -n** trap; **f~en** *vi irreg* fall; **etw f~en lassen** drop sth.

fällen ['fɛlən] *vt Baum* fell; *Urteil* pass.

fallenlassen *vt irreg Bemerkung* make; *Plan* abandon, drop.

fällig ['fɛlɪç] *a* due ; **F~keit** *f* (*Comm*) maturity.

Fall- *cpd*: **~obst** *nt* fallen fruit, windfall; **f~s** *ad* in case, if; **~schirm** *m* parachute; **~schirmjäger** *pl*, **~schirmtruppe** *f* paratroops *pl*; **~schirmspringer** *m* parachutist; **~tür** *f* trap door.

falsch [falʃ] *a* false; (*unrichtig*) wrong.

fälschen ['fɛlʃən] *vt* forge.

Fälscher *m* **-s, -** forger.

Falsch- *cpd*: **~geld** *nt* counterfeit money; **~heit** *f* falsity, falseness; (*Unrichtigkeit*) wrongness.

fälsch- *cpd*: **~lich** *a* false; **~licherweise** *ad* mistakenly; **F~ung** *f* forgery.

Fältchen ['fɛltçən] *nt* crease, wrinkle.

Falte ['faltə] *f* **-, -n** (*Knick*) fold, crease; (*Haut—*) wrinkle; (*Rock—*) pleat; **f~n** *vt* fold; *Stirn* wrinkle; **f~nlos** *a* without folds; without wrinkles.

familiär [famili'ɛ:r] *a* familiar.

Familie [fa'mi:liə] *f* family; **~nähnlichkeit** *f* family resemblance; **~nkreis** *m* family circle; **~nname** *m* surname; **~nstand** *m* marital status; **~nvater** *m* head of the family.

Fanatiker [fa'na:tikər] *m* **-s, -** fanatic.

fanatisch *a* fanatical.

Fanatismus [fana'tɪsmʊs] *m* fanaticism.

Fang [faŋ] *m* **-(e)s, ¨e** catch; (*Jagen*) hunting; (*Kralle*) talon, claw; **f~en** *irreg vt* catch; *vr* get caught; (*Flugzeug*) level out; (*Mensch: nicht fallen*) steady o.s.; (*fig*) compose o.s.; (*in Leistung*) get back on form.

Farb- ['farb] *cpd*: **~abzug** *m* coloured print; **~aufnahme** *f* colour photograph; **~band** *m* typewriter ribbon; **~e** *f* **-, -n** colour; (*zum Malen etc*) paint; (*Stoff—*) dye; **f~echt** *a* colourfast.

färben ['fɛrbən] *vt* colour; *Stoff, Haar* dye.

farben- ['farbən] *cpd*: **~blind** *a* colour-blind; **~froh, ~prächtig** *a* colourful, gay.

Farb- *cpd*: **~fernsehen** *nt* colour television; **~film** *m* colour film; **f~ig** *a* coloured; **~ige(r)** *mf* coloured; **~kasten** *m* paint-box; **f~los** *a* colourless; **~photographie** *f* colour photography; **~stift** *m* coloured pencil; **~stoff** *m* dye; **~ton** *m* hue, tone.

Färbung ['fɛrbʊŋ] *f* colouring; (*Tendenz*) bias.

Farn [farn] *m* **-(e)s, -e, ~kraut** *nt* fern; bracken.

Fasan [fa'za:n] *m* **-(e)s, -e(n)** pheasant.

Fasching ['faʃɪŋ] *m* **-s, -e** *or* **-s** carnival.

Faschismus [fa'ʃɪsmʊs] *m* fascism.

Faschist *m* fascist.

faseln ['fa:zəln] *vi* talk nonsense, drivel.

Faser ['fa:zər] *f* **-, -n** fibre; **f~n** *vi* fray.

Faß [fas] *nt* **-sses, Fässer** vat, barrel; (*Öl*) drum; **Bier vom ~** draught beer; **f~bar** *a* comprehensible; **~bier** *nt* draught beer.

fassen ['fasən] *vt* (*ergreifen*) grasp, take; (*inhaltlich*) hold; *Entschluß etc* take; (*verstehen*) understand; *Ring etc* set; (*formulieren*) formulate, phrase; **nicht zu ~** unbelievable; *vr* calm down.

faßlich ['faslɪç] *a* intelligible.

Fassung ['fasʊŋ] *f* (*Umrahmung*) mounting; (*Lampen—*) socket; (*Wortlaut*) version; (*Beherrschung*) composure; **jdn aus der ~ bringen** upset sb; **f~slos** *a* speechless; **~svermögen** *nt* capacity; (*Verständnis*) comprehension.

fast [fast] *ad* almost, nearly.

fasten ['fastən] *vi* fast; **F~** *nt* **-s** fasting; **F~zeit** *f* Lent.

Fastnacht *f* Shrove Tuesday; carnival.

fatal [fa'ta:l] *a* fatal; (*peinlich*) embarrassing.

faul [faʊl] *a* rotten; *Person* lazy; *Ausreden* lame; **daran ist etwas ~** there's sth fishy about it; **~en** *vi* rot; **~enzen** *vi* idle; **F~enzer** *m* **-s, -** idler, loafer; **F~heit** *f* laziness; **~ig** *a* putrid.

Fäulnis ['fɔylnɪs] *f* **-** decay, putrefaction.

Faust ['faʊst] *f* **-, Fäuste** fist; **~handschuh** *m* mitten.

Favorit [favo'ri:t] *m* **-en, -en** favourite.

Februar ['fe:brua:r] *m* **-(s), -e** February.

fechten ['fɛçtən] *vi irreg* fence.

Feder ['fe:dər] *f* **-, -n** feather; (*Schreib—*) pen nib; (*Tech*) spring; **~ball** *m* shuttlecock; **~ballspiel** *nt* badminton; **~bett** *nt* continental quilt; **~halter** *m* penholder, pen; **f~leicht** *a* light as a feather; **f~n** *vi* (*nachgeben*) be springy; (*sich bewegen*) bounce; *vt* spring; **~ung** *f* suspension; **~vieh** *nt* poultry.

Fee [fe:] *f* **-, -n** fairy; **f~nhaft** ['fe:ən-] *a* fairylike.

Fege- ['fe:gə] *cpd*: **~feuer** *nt* purgatory; **f~n** *vt* sweep.

fehl [fe:l] *a*: **~ am Platz** *or* **Ort** out of place; **~en** *vi* be wanting *or* missing; (*abwesend sein*) be absent; **etw fehlt jdm** sb lacks sth; **du fehlst mir** I miss you; **was fehlt ihm?** what's wrong with him?; **F~er** *m* **-s, -** mistake, error; (*Mangel, Schwäche*) fault; **~erfrei** *a* faultless; without any mistakes; **~erhaft** *a* incorrect; faulty; **F~geburt** *f* miscarriage; **~gehen** *vi irreg* go astray; **F~griff** *m* blunder; **F~konstruktion** *f* badly designed thing; **F~schlag** *m* failure; **~schlagen** *vi irreg* fail; **F~schluß** *m* wrong conclusion; **F~start** *m* (*Sport*) false start; **F~tritt** *m* false move; (*fig*) blunder, slip; **F~zündung** *f* (*Aut*) misfire, backfire.

Feier ['faıər] *f* **-, -n** celebration; **~abend** *m* time to stop work; **~abend machen** stop, knock off; **was machst du am ~abend?** what are you doing after work?; **jetzt ist ~abend!** that's enough!; **f~lich** *a* solemn; **~lichkeit** *f* solemnity; *pl* festivities *pl*; **f~n** *vti* celebrate; **~tag** *m* holiday.

feig(e) ['faıg(ə)] *a* cowardly; **F~e** *f* **-, -n** fig; **F~heit** *f* cowardice; **F~ling** *m* coward.

Feil- [faıl] *cpd*: **~e** *f* **-, -n** file; **f~en** *vti* file; **f~schen** *vi* haggle.

fein [faın] *a* fine; (*vornehm*) refined; *Gehör etc* keen; **~!** great!

Feind [faınt] *m* **-(e)s, -e** enemy; **f~lich** *a* hostile; **~schaft** *f* enmity; **f~selig** *a* hostile; **~seligkeit** *f* hostility.

Fein- *cpd*: **f~fühlend, f~fühlig** *a* sensitive; **~gefühl** *nt* delicacy, tact; **~heit** *f* fineness; refinement; keenness; **~kostgeschäft** *nt* delicatessen (shop); **~schmecker** *m* **-s, -** gourmet.

feist [faıst] *a* fat.

Feld [fɛlt] *nt* **-(e)s, -er** field; (*Schach*) square; (*Sport*) pitch; **~blume** *f* wild flower; **~herr** *m* commander; **~webel** *m* **-s, -** sergeant; **~weg** *m* path; **~zug** *m* (*lit, fig*) campaign.

Felge ['fɛlgə] *f* **-, -n** (wheel) rim; **~nbremse** *f* caliper brake.

Fell [fɛl] *nt* **-(e)s, -e** fur; coat; (*von Schaf*) fleece; (*von toten Tieren*) skin.

Fels [fɛls] *m* **-en, -en, Felsen** ['fɛlzən] *m* **-s, -** rock; (*von Dover etc*) cliff; **f~enfest** *a* firm; **~envorsprung** *m* ledge; **f~ig** *a* rocky; **~spalte** *f* crevice.

feminin [femi'ni:n] *a* feminine; (*pej*) effeminate.

Fenster ['fɛnstər] *nt* **-s, -** window; **~brett** *nt* windowsill; **~laden** *m* shutter; **~putzer** *m* **-s, -** window cleaner; **~scheibe** *f* windowpane; **~sims** *m* windowsill.

Ferien ['fe:riən] *pl* holidays *pl*, *vacation (US)*; **~ haben** be on holiday; **~kurs** *m* holiday course; **~reise** *f* holiday; **~zeit** *f* holiday period.

Ferkel ['fɛrkəl] *nt* **-s, -** piglet.

fern [fɛrn] *a,ad* far-off, distant; **~ von hier** a long way (away) from here; **F~amt** *nt* (*Tel*) exchange; **F~bedienung** *f* remote control; **F~e** *f* **-, -n** distance; **~er** *a,ad* further; (*weiterhin*) in future; **F~flug** *m* long-distance flight; **F~gespräch** *nt* trunk call; **F~glas** *nt* binoculars *pl*; **~halten** *vtr irreg* keep away; **F~lenkung** *f* remote control; **~liegen** *vi irreg*; **jdm ~liegen** be far from sb's mind; **F~rohr** *nt* telescope; **F~schreiber** *m* teleprinter; **~schriftlich** *a* by telex; **F~sehapparat** *m* television set; **~sehen** *vi irreg* watch television; **F~sehen** *nt* **-s** television; **im F~sehen** on television; **F~seher** *m* television; **F~sprecher** *m* telephone; **F~sprechzelle** *f* telephone box *or* booth (*US*).

Ferse ['fɛrzə] *f* **-, -n** heel.

fertig ['fɛrtıç] *a* (*bereit*) ready; (*beendet*) finished; (*gebrauchs—*) ready-made; **F~bau** *m* prefab(ricated house); **~bringen** *vt irreg* (*fähig sein*) manage, be capable of; (*beenden*) finish; **F~keit** *f* skill; **~machen** *vt* (*beenden*) finish; (*col*) *Person* finish; (*körperlich*) exhaust; (*moralisch*) get down; *vr* get ready; **~stellen** *vt* complete; **F~ware** *f* finished product.

Fessel ['fɛsəl] *f* **-, -n** fetter; **f~n** *vt* bind; (*mit Fesseln*) fetter; (*fig*) spellbind; **f~nd** *a* fascinating, captivating.

fest [fɛst] *a* firm; *Nahrung* solid; *Gehalt* regular; *ad schlafen* soundly; **F~** *nt* **-(e)s, -e** party; festival; **~angestellt** *a* permanently employed; **F~beleuchtung** *f* illumination; **~binden** *vt irreg* tie, fasten; **~bleiben** *vi irreg* stand firm; **F~essen** *nt* banquet; **~fahren** *vr irreg* get stuck; **~halten** *irreg vt* seize, hold fast; *Ereignis* record; *vr* hold on (*an +dat* to); **~igen** *vt* strengthen; **F~igkeit** *f* strength; **~klammern** *vr* cling on (*an +dat* to); **F~land** *nt* mainland; **~legen** *vt* fix; *vr* commit o.s.; **~lich** *a* festive; **~machen** *vt* fasten; *Termin etc* fix; **F~nahme** *f* **-, -n** capture; **~nehmen** *vt irreg* capture, arrest; **F~rede** *f* address; **~schnallen** *vt* strap down; *vr* fasten one's seat belt; **~setzen** *vt* fix, settle; **F~spiel** *nt* festival; **~stehen** *vi irreg* be certain; **~stellen** *vt* establish; (*sagen*) remark; **F~ung** *f* fortress.

Fett [fɛt] *nt* **-(e)s, -e** fat, grease; **f~** *a* fat; *Essen etc* greasy; **f~arm** *a* low fat; **f~en** *vt* grease; **~fleck** *m* grease spot *or* stain; **f~gedruckt** *a* bold-type; **~gehalt** *m* fat content; **f~ig** *a* greasy, fatty; **~näpfchen** *nt*: **ins ~näpfchen treten** put one's foot in it.

Fetzen ['fɛtsən] *m* **-s, -** scrap.

feucht [fɔʏçt] *a* damp; *Luft* humid; **F~igkeit** *f* dampness; humidity.

Feuer ['fɔʏər] *nt* **-s, -** fire; (*zum Rauchen*) a light; (*fig: Schwung*) spirit; **~alarm** *nt* fire alarm; **~eifer** *m* zeal; **f~fest** *a* fireproof; **~gefahr** *f* danger of fire; **f~gefährlich** *a* inflammable; **~leiter** *f* fire escape ladder; **~löscher** *m* **-s, -** fire extinguisher; **~melder** *m* **-s, -** fire alarm; **f~n** *vti* (*lit, fig*) fire; **f~sicher** *a* fireproof; **~stein** *m* flint; **~wehr** *f* **-, -en** fire brigade; **~werk** *nt* fireworks *pl*; **~zeug** *nt* (cigarette) lighter.

Fichte ['fɪçtə] *f* **-, -n** spruce, pine.

fidel [fi'de:l] *a* jolly.

Fieber ['fi:bər] *nt* **-s, -** fever, temperature; **f~haft** *a* feverish; **~messer** *m*, **~thermometer** *nt* thermometer.

fies [fi:s] *a* (*col*) nasty.

Figur [fi'gu:r] *f* **-, -en** figure; (*Schach—*) chessman, chess piece.

Filiale [fili'a:lə] *f* **-, -n** (*Comm*) branch.

Film [fɪlm] *m* **-(e)s, -e** film; **~aufnahme** *f* shooting; **f~en** *vti* film; **~kamera** *f* cine-camera; **~vorführgerät** *nt* cine-projector.

Filter ['fɪltər] *m* **-s, -** filter; **f~n** *vt* filter; **~mundstück** *nt* filter tip; **~papier** *nt* filter paper; **~zigarette** *f* tipped cigarette.

Filz [fɪlts] *m* **-es, -e** felt; **f~en** *vt* (*col*) frisk; *vi* (*Wolle*) mat.

Finale [fi'na:lə] *nt* **-s, -(s)** finale; (*Sport*) final(s).

Finanz [fi'nants] *f* finance; **~amt** *nt* Inland Revenue Office; **~beamte(r)** *m* revenue officer; **f~iell** [-tsi'ɛl] *a* financial; **f~ieren** [-'tsi:rən] *vt* finance; **~minister** *m* Chancellor of the Exchequer (*Brit*), Minister of Finance.

Find- ['find] *cpd*: **f~en** *irreg vt* find; (*meinen*) think; *vr* be (found); (*sich fassen*) compose o.s.; **ich finde nichts dabei, wenn . . .** I don't see what's wrong if . . .; **das wird sich f~en** things will work out; **~er** *m* **-s, -** finder; **~erlohn** *m* reward; **f~ig** *a* resourceful.

Finger ['fɪŋər] *m* **-s, -** finger,; **~abdruck** *m* fingerprint; **~handschuh** *m* glove; **~hut** *m* thimble; (*Bot*) foxglove; **~ring** *m* ring; **~spitze** *f* fingertip; **~zeig** *m* **-(e)s, -e** hint, pointer.

fingieren [fɪŋ'gi:rən] *vt* feign.

fingiert *a* made-up, fictitious.

Fink ['fɪŋk] *m* **-en, -en** finch.

finster ['fɪnstər] *a* dark, gloomy; (*verdächtig*) dubious; (*verdrossen*) grim; *Gedanke* dark; **F~nis** *f* **-** darkness, gloom.

Finte ['fɪntə] *f* **-, -n** feint, trick.

firm [fɪrm] *a* well-up; **F~a** *f* **-, -men** firm; **F~eninhaber** *m* owner of firm; **F~enschild** *nt* (shop) sign; **F~enzeichen** *nt* registered trademark.

Firnis ['fɪrnɪs] *m* **-ses, -se** varnish.

Fisch [fɪʃ] *m* **-(e)s, -e** fish; *pl* (*Astrol*) Pisces; **f~en** *vti* fish; **~er** *m* **-s, -** fisherman; **~e'rei** *f* fishing, fishery; **~fang** *m* fishing; **~geschäft** *nt* fishmonger's (shop); **~gräte** *f* fishbone; **~zug** *m* catch *or* draught of fish.

fix [fɪks] *a* fixed; *Person* alert, smart; **~ und fertig** finished; (*erschöpft*) done in; **~ieren** [fi'ksi:rən] *vt* fix; (*anstarren*) stare at.

flach [flax] *a* flat; *Gefäß* shallow.

Fläche ['flɛçə] *f* **-, -n** area; (*Ober—*) surface; **~ninhalt** *m* surface area.

Flach- *cpd*: **~heit** *f* flatness; shallowness; **~land** *nt* lowland.

flackern ['flakərn] *vi* flare, flicker.

Flagge ['flagə] *f* **-, -n** flag.

flagrant [fla'grant] *a* flagrant; **in ~i** red-handed.

Flamme ['flamə] *f* **-, -n** flame.

Flanell [fla'nɛl] *m* **-s, -e** flannel.

Flanke ['flaŋkə] *f* **-, -n** flank; (*Sport: Seite*) wing.

Flasche ['flaʃə] *f* **-, -n** bottle (*col: Versager*) wash-out; **~nbier** *nt* bottled beer; **~nöffner** *m* bottle opener; **~nzug** *m* pulley.

flatterhaft *a* flighty, fickle.

flattern ['flatərn] *vi* flutter.

flau [flaʊ] *a* weak, listless; *Nachfrage* slack; **jdm ist ~** sb feels queasy.

Flaum [flaʊm] *m* **-(e)s** (*Feder*) down; (*Haare*) fluff.

flauschig ['flaʊʃɪç] *a* fluffy.

Flausen ['flaʊzən] *pl* silly ideas *pl*; (*Ausflüchte*) weak excuses *pl*.

Flaute ['flaʊtə] *f* **-, -n** calm; (*Comm*) recession.

Flechte ['flɛçtə] *f* **-, -n** plait; (*Med*) dry scab; (*Bot*) lichen; **f~n** *vt irreg* plait; *Kranz* twine.

Fleck [flɛk] *m* **-(e)s, -e, Flecken** *m* **-s, -** spot; (*Schmutz—*) stain; (*Stoff—*) patch; (*Makel*) blemish; **nicht vom ~ kommen** (*lit, fig*) not get any further; **vom ~ weg** straight away; **f~enlos** *a* spotless; **~enmittel** *nt*, **~enwasser** *nt* stain remover; **f~ig** *a* spotted; stained.

Fledermaus ['fle:dərmaʊs] *f* bat.

Flegel ['fle:gəl] *m* **-s, -** flail; (*Person*) lout; **f~haft** *a* loutish, unmannerly; **~jahre** *pl* adolescence; **f~n** *vr* lounge about.

flehen ['fle:ən] *vi* implore; **~tlich** *a* imploring.

Fleisch ['flaɪʃ] *nt* **-(e)s** flesh; (*Essen*) meat; **~brühe** *f* beef tea, stock; **~er** *m* **-s, -** butcher; **~e'rei** *f* butcher's (shop); **f~ig** *a* fleshy; **f~lich** *a* carnal; **~pastete** *f* meat pie; **~wolf** *m* mincer; **~wunde** *f* flesh wound.

Fleiß ['flaɪs] *m* **-es** diligence, industry; **f~ig** *a* diligent, industrious.

flektieren [flɛk'ti:rən] *vt* inflect.

flennen ['flɛnən] *vi* (*col*) cry, blubber.

fletschen ['flɛtʃən] *vt* *Zähne* show.

flexibel [flɛ'ksi:bəl] *a* flexible.

Flicken ['flɪkən] *m* **-s, -** patch; **f~** *vt* mend.

Flieder ['fli:dər] *m* **-s, -** lilac.

Fliege ['fli:gə] *f* **-, -n** fly; (*Kleidung*) bow tie; **f~n** *vti irreg* fly; **auf jdn/etw f~en** (*col*) be mad about sb/sth; **~npilz** *m* toadstool; **~r** *m* **-s, -** flier, airman; **~ralarm** *m* air-raid warning.

fliehen ['fli:ən] *vi irreg* flee.

Fliese ['fli:zə] *f* **-, -n** tile.

Fließ- ['fli:s] *cpd*: **~arbeit** *f* production-line work; **~band** *nt* production *or* assembly line; **f~en** *vi irreg* flow; **f~end** *a* flowing; *Rede, Deutsch* fluent; *Übergänge* smooth; **-heck** *nt* fastback; **~papier** *nt* blotting paper.

flimmern ['flɪmərn] *vi* glimmer.

flink [flɪŋk] *a* nimble, lively; **F~heit** *f* nimbleness, liveliness.

Flinte ['flɪntə] *f* **-, -n** rifle; shotgun.

Flitter ['flɪtər] *m* **-s, -** spangle, tinsel; **~wochen** *pl* honeymoon.

flitzen ['flɪtsən] *vi* flit.

Flocke ['flɔkə] *f* **-, -n** flake.

flockig *a* flaky.

Floh ['flo:] *m* **-(e)s, ¨e** flea.

florieren [flo'rieren] *vi* flourish.

Floskel ['flɔskəl] *f* **-, -n** empty phrase.

Floß [flo:s] *nt* **-es, ¨e** raft, float.

Flosse ['flɔsə] *f* **-, -n** fin.

Flöte ['flø:tə] *f* **-, -n** flute; (*Block—*) recorder.

Flötist(in *f*) [flø'tɪst(ɪn)] *m* flautist.

flott [flɔt] *a* lively; (*elegant*) smart; (*Naut*) afloat; **F~e** *f* **-, -n** fleet, navy.

Flöz [flø:ts] *nt* **-es, -e** layer, seam.

Fluch [flu:x] *m* **-(e)s, ¨e** curse; **f~en** *vi* curse, swear.

Flucht [fluxt] *f* **-, -en** flight; (*Fenster—*) row; (*Reihe*) range; (*Zimmer—*) suite; **f~artig** *a* hasty.

flücht- ['flʏçt] *cpd*: **~en** *vir* flee, escape; **~ig** *a* fugitive; (*Chem*) volatile; (*vergänglich*) transitory; (*oberflächlich*) superficial; (*eilig*) fleeting; **F~igkeit** *f* transitoriness; volatility; superficiality; **F~igkeitsfehler** *m* careless slip; **F~ling** *m* fugitive, refugee.

Flug [flu:k] *m* **-(e)s, ¨e** flight; **im ~** airborne, in flight; **~abwehr** ['flu:g-] *f* anti-aircraft defence; **~blatt** *nt* pamphlet.

Flügel ['fly:gəl] *m* **-s, -** wing; (*Mus*) grand piano.

Fluggast *m* airline passenger.

flügge ['flʏgə] *a* (fully-)fledged.

Flug- *cpd*: **~geschwindigkeit** *f* flying *or* air speed; **~gesellschaft** *f* airline (company); **~hafen** *m* airport; **~höhe** *f* altitude (of flight); **~plan** *m* flight schedule; **~platz** *m* airport; (*klein*) airfield; **~post** *f* airmail; **f~s** [fluks] *ad* speedily; **~schrift** *f* pamphlet; **~strecke** *f* air route; **~verkehr** *m* air traffic; **~wesen** *nt* aviation; **~zeug** *nt* (aero)plane, airplane (*US*); **~zeugentführung** *f* hijacking of a plane; **~zeughalle** *f* hangar; **~zeugträger** *m* aircraft carrier.

Flunder ['flʊndər] *f* **-, -n** flounder.

flunkern ['flʊŋkərn] *vi* fib, tell stories.

Fluor ['flu:ɔr] *nt* **-s** fluorine.

Flur [flu:r] *m* **-(e)s, -e** hall; (*Treppen—*) staircase.

Fluß [flʊs] **-sses, ¨sse** river; (*Fließen*) flow; **im ~ sein** (*fig*) be in a state of flux.

flüssig ['flʏsɪç] *a* liquid; **~ machen** *vt Geld* make available; **F~keit** *f* liquid; (*Zustand*) liquidity.

flüster- ['flʏstər] *cpd*: **~n** *vti* whisper; **F~propaganda** *f* whispering campaign.

Flut [flu:t] *f* **-, -en** (*lit, fig*) flood; (*Gezeiten*) high tide; **f~en** *vi* flood; **~licht** *nt* floodlight.

Fohlen ['fo:lən] *nt* **-s, -** foal.

Föhn [fø:n] *m* **-(e)s, -e** foehn, warm south wind.

Föhre ['fø:rə] *f* **-, -n** Scots pine.

Folge ['fɔlgə] *f* **-, -n** series, sequence; (*Fortsetzung*) instalment; (*Auswirkung*) result; **in rascher ~** in quick succession; **etw zur ~ haben** result in sth; **~n haben** have consequences; **einer Sache ~ leisten** comply with sth; **f~n** *vi* follow (*jdm* sb); (*gehorchen*) obey (*jdm* sb); **jdm f~n können** (*fig*) follow *or* understand sb; **f~nd** *a* following; **f~ndermaßen** *ad* as follows, in the following way; **f~nreich, f~nschwer** *a* momentous; **f~richtig** *a* logical; **f~rn** *vt* conclude (*aus +dat* from); **~rung** *f* conclusion; **f~widrig** *a* illogical.

folg- *cpd*: **~lich** *ad* consequently; **~sam** *a* obedient.

Folie ['fo:liə] *f* **-, -n** foil.

Folter ['fɔltər] *f* **-, -n** torture; (*Gerät*) rack; **f~n** *vt* torture.

Fön® [fø:n] *m* **-(e)s, -e** hair-dryer; **f~en** *vt* (blow) dry.

Fontäne [fɔn'tɛ:nə] *f* **-, -n** fountain.

foppen ['fɔpən] *vt* tease.

Förder- ['fœrdər] *cpd*: **~band** *nt* conveyor belt; **~korb** *m* pit cage; **f~lich** *a* beneficial.

fordern ['fɔrdərn] *vt* demand.

Förder- *cpd*: **f~n** *vt* promote; (*unterstützen*) help; *Kohle* extract; **~ung** *f* promotion; help; extraction.

Forderung ['fɔrdərʊŋ] *f* demand.

Forelle [fo'rɛlə] *f* trout.

Form [fɔrm] *f* **-, -en** shape; (*Gestaltung*) form; (*Guß—*) mould; (*Back—*) baking tin; **in ~ sein** be in good form *or* shape; **in ~ von** in the shape of; **f~ali'sieren** *vt* formalize; **~ali'tät** *f* formality; **~at** [-'ma:t] *nt* **-(e)s, -e** format; (*fig*) distinction; **~ati'on** *f* formation; **f~bar** *a* malleable; **~el** *f* **-, -n** formula; **f~ell** [-'mɛl] *a* formal; **f~en** *vt* form, shape; **~fehler** *m* faux-pas, gaffe; (*Jur*) irregularity; **f~ieren** [-'mi:rən] *vt* form; *vr* form up.

förmlich ['fœrmlɪç] *a* formal; (*col*) real; **F~keit** *f* formality.

Form- *cpd*: **f~los** *a* shapeless; *Benehmen etc* informal; **~u'lar** *nt* **-s, -e** form; **f~u'lieren** *vt* formulate.

forsch [fɔrʃ] *a* energetic, vigorous; **~en** *vt* search (*nach* for); *vi* (*wissenschaftlich*) (do) research; **~end** *a* searching; **F~er** *m* **-s, -** research scientist; (*Natur—*) explorer.

Forschung ['fɔrʃʊŋ] *f* research; **~sreise** *f* scientific expedition.

Forst [fɔrst] *m* **-(e)s, -e** forest; **~arbeiter** *m* forestry worker; **~wesen** *nt*, **~wirtschaft** *f* forestry.

Förster ['fœrstər] *m* **-s, -** forester; (*für Wild*) gamekeeper.

fort [fɔrt] *ad* away; (*verschwunden*) gone; (*vorwärts*) on; **und so ~** and so on; **in einem ~** on and on; **~bestehen** *vi irreg* survive; **~bewegen** *vtr* move away; **~bilden** *vr* continue one's education; **~bleiben** *vi irreg* stay away; **~bringen** *vt irreg* take away; **F~dauer** *f* continuance; **~fahren** *vi irreg* depart; (*fort-*

setzen) go on, continue; **~führen** *vt* continue, carry on; **~gehen** *vi irreg* go away; **~geschritten** *a* advance; **~kommen** *vi irreg* get on; (*wegkommen*) get away; **~können** *vi irreg* be able to get away; **~müssen** *vi irreg* have to go; **~pflanzen** *vr* reproduce; **F~pflanzung** *f* reproduction; **~schaffen** *vt* remove; **~schreiten** *vi irreg* advance.

Fortschritt ['fɔrt-ʃrɪt] *m* advance; **~e machen** make progress; **f~lich** *ad* progressive.

fort- *cpd*: **~setzen** *vt* continue; **F~setzung** *f* continuation; (*folgender Teil*) instalment; **F~setzung folgt** to be continued; **~während** *a* incessant, continual; **~ziehen** *irreg vt* pull away; *vi* move on; (*umziehen*) move away.

Foto ['fo:to] *nt* **-s, -s** photo(graph); *m* **-s, -s** (*—apparat*) camera; **~'graf** *m* photographer; **~gra'phie** *f* photography; (*Bild*) photograph; **f~gra'phieren** *vt* photograph; *vi* take photographs.

Foul *nt* **-s, -s** foul.

Fracht [fraxt] *f* **-, -en** freight; (*Naut*) cargo; (*Preis*) carriage; **~er** *m* **-s, -** freighter, cargo boat; **~gut** *nt* freight.

Frack [frak] *m* **-(e)s, ¨e** tails *pl*.

Frage ['fra:gə] *f* **-, -n** question; **etw in ~ stellen** question sth; **jdm eine ~ stellen** ask sb a question, put a question to sb; **nicht in ~ kommen** be out of the question; **~bogen** *m* questionnaire; **f~n** *vti* ask; **~zeichen** *nt* question mark.

frag- *cpd*: **~lich** *a* questionable, doubtful; **~los** *ad* unquestionably.

Fragment [fra'gmɛnt] *nt* fragment; **f~arisch** [-'ta:rɪʃ] *a* fragmentary.

fragwürdig ['fra:kvʏrdɪç] *a* questionable, dubious.

Fraktion [fraktsi'o:n] *f* parliamentary party.

frank [fraŋk] *a* frank, candid; **~ieren** [-'ki:rən] *vt* stamp, frank; **~o** *ad* post-paid; carriage paid.

Franse ['franzə] *f* **-, -n** fringe; **f~n** *vi* fray.

Fratze ['fratsə] *f* **-, -n** grimace.

Frau [frau] *f* **-, -en** woman; (*Ehe—*) wife; (*Anrede*) Mrs; **~ Doktor** Doctor; **~enarzt** *m* gynaecologist; **~enbewegung** *f* feminist movement; **~enzimmer** *nt* female, broad (*US*).

Fräulein ['frɔʏlaɪn] *nt* young lady; (*Anrede*) Miss.

fraulich ['fraulɪç] *a* womanly.

frech [frɛç] *a* cheeky, impudent; **F~dachs** *m* cheeky monkey; **F~heit** *f* cheek, impudence.

Fregatte [fre'gatə] *f* frigate.

frei [fraɪ] *a* free; *Stelle, Sitzplatz auch* vacant; *Mitarbeiter* freelance; *Geld* available; (*unbekleidet*) bare; **sich** (*dat*) **einen Tag ~ nehmen** take a day off; **von etw ~ sein** be free of sth; **im F~en** in the open air; **~ sprechen** talk without notes; **F~bad** *nt* open-air swimming pool; **~bekommen** *vt irreg*: **jdn/einen Tag ~bekommen** get sb freed/get a day off; **F~er** *m* **-s, -** suitor; **~gebig** *a* generous; **F~gebigkeit** *f* generosity; **~halten** *vt irreg* keep free; **~händig** *ad fahren* with no hands; **F~heit** *f* freedom; **~heitlich** *a* liberal; **F~heitsstrafe** *f* prison sentence; **~heraus** *ad* frankly; **F~karte** *f* free ticket; **~kommen** *vi irreg* get free; **~lassen** *vt irreg* (set) free; **F~lauf** *m* freewheeling; **~legen** *vt* expose; **~lich** *ad* certainly, admittedly; **ja ~lich** yes of course; **F~lichtbühne** *f* open-air theatre; **~machen** *vt Post* frank; **Tage ~machen** take days off; *vr* arrange to be free; **~sinnig** *a* liberal; **~sprechen** *vt irreg* acquit (*von* of); **F~spruch** *m* acquittal; **~stellen** *vt*: **jdm etw ~stellen** leave sth (up) to sb; **F~stoß** *m* free kick; **F~tag** *m* Friday; **~tags** *ad* on Fridays; **F~übungen** *pl* (physical) exercises *pl*; **~willig** *a* voluntary; **F~willige(r)** *mf* volunteer; **F~zeit** *f* spare *or* free time; **~zügig** *a* liberal, broad-minded; (*mit Geld*) generous.

fremd [frɛmt] *a* (*unvertraut*) strange; (*ausländisch*) foreign; (*nicht eigen*) someone else's; **etw ist jdm ~** sth is foreign to sb; **~artig** *a* strange; **F~e(r)** ['frɛmdə(r)] *mf* stranger; (*Ausländer*) foreigner; **F~enführer** *m* (tourist) guide; **F~enlegion** *f* foreign legion; **F~enverkehr** *m* tourism; **F~enzimmer** *nt* guest room; **F~körper** *m* foreign body; **~ländisch** *a* foreign; **F~ling** *m* stranger; **F~sprache** *f* foreign language; **~sprachig** *a* foreign-language; **F~wort** *nt* foreign word.

Frequenz [fre'kvɛnts] *f* (*Rad*) frequency.

fressen ['frɛsən] *vti irreg* eat.

Freude ['frɔʏdə] *f* **-, -n** joy, delight.

freudig *a* joyful, happy.

freudlos *a* joyless.

freuen ['frɔʏən] *vt impers* make happy *or* pleased; *vr* be glad or happy; **sich auf etw** (*acc*) **~** look forward to sth; **sich über etw** (*acc*) **~** be pleased about sth.

Freund ['frɔʏnt] *m* **-(e)s, -e** friend; boyfriend; **~in** [-din] *f* friend; girlfriend; **f~lich** *a* kind, friendly; **f~licherweise** *ad* kindly; **~lichkeit** *f* friendliness, kindness; **~schaft** *f* friendship; **f~schaftlich** *a* friendly.

Frevel ['fre:fəl] *m* **-s, -** crime, offence (*an* +*dat* against); **f~haft** *a* wicked.

Frieden ['fri:dən] *m* **-s, -** peace; **im ~** in peacetime; **~sschluß** *m* peace agreement; **~sverhandlungen** *pl* peace negotiations *pl*; **~svertrag** *m* peace treaty; **~szeit** *f* peacetime.

fried- ['fri:t] *cpd*: **~fertig** *a* peaceable; **F~hof** *m* cemetery; **~lich** *a* peaceful.

frieren ['fri:rən] *vti irreg* freeze; **ich friere, es friert mich** I am freezing, I'm cold.

Fries [fri:s] *m* **-es, -e** (*Archit*) frieze.

frigid(e) [fri'gi:t, fri'gi:də] *a* frigid.

Frikadelle [frika'dɛlə] *f* meatball.

frisch [frɪʃ] *a* fresh; (*lebhaft*) lively; **~ gestrichen!** wet paint!; **sich ~ machen** freshen (o.s.) up; **F~e** *f* **-** freshness; liveliness.

Friseur [fri'zø:r] *m*, **Friseuse** [fri'zø:zə] *f* hairdresser.

Frisier- [fri'zi:r] *cpd*: **f~en** *vtr* do (one's hair); (*fig*) *Abrechnung* fiddle, doctor; **~salon** *m* hairdressing salon; **~tisch** *m* dressing table.
Frisör [fri'zø:r] *m* **-s, e** hairdresser.
Frist [frɪst] *f* **-, -en** period; (*Termin*) deadline; **f~en** *vt Dasein* lead; (*kümmerlich*) eke out; **f~los** *a Entlassung* instant.
Frisur [fri'zu:r] *f* hairdo, hairstyle.
fritieren [fri'ti:rən] *vt* deep fry.
frivol [fri'vo:l] *a* frivolous.
froh [fro:] *a* happy, cheerful; **ich bin ~, daß ...** I'm glad that ...
fröhlich ['frø:lɪç] *a* merry, happy; **F~keit** *f* merriness, gaiety.
froh- *cpd*: **~'locken** *vi* exult; (*pej*) gloat; **F~sinn** *m* cheerfulness.
fromm [frɔm] *a* pious, good; *Wunsch* idle.
Frömm- ['frœm] *cpd*: **~e'lei** *f* false piety; **~igkeit** *f* piety.
frönen ['frø:nən] *vi* indulge (*etw* (*dat*) in sth).
Fronleichnam [fro:n'laɪçna:m] *m* **-(e)s** Corpus Christi.
Front [frɔnt] *f* **-, -en** front; **f~al** [frɔn'ta:l] *a* frontal.
Frosch [frɔʃ] *m* **-(e)s, ⸚e** frog; (*Feuerwerk*) squib; **~mann** *m* frogman; **~schenkel** *m* frog's leg.
Frost [frɔst] *m* **-(e)s, ⸚e** frost; **~beule** *f* chilblain.
frösteln ['frœstəln] *vi* shiver.
Frost- *cpd*: **f~ig** *a* frosty; **~schutzmittel** *nt* anti-freeze.
Frottee [frɔ'te:] *nt or m* **-(s), -s** towelling.
frottieren [frɔ'ti:rən] *vt* rub, towel.
Frottier(hand)tuch *nt* towel.
Frucht [frʊxt] *f* **-, ⸚e** (*lit, fig*) fruit; (*Getreide*) corn; **f~bar, f~bringend** *a* fruitful, fertile; **~barkeit** *f* fertility; **f~en** *vi* be of use; **f~los** *a* fruitless; **~saft** *m* fruit juice.
früh [fry:] *a,ad* early; **heute ~** this morning; **F~aufsteher** *m* **-s, -** early riser; **F~e** *f* **-** early morning; **~er** *a* earlier; (*ehemalig*) former; *ad* formerly; **~er war das anders** that used to be different; **~estens** *ad* at the earliest; **F~geburt** *f* premature birth/baby; **F~jahr** *nt*, **F~ling** *m* spring; **~reif** *a* precocious; **F~stück** *nt* breakfast; **~stücken** *vi* (have) breakfast; **~zeitig** *a* early; (*pej*) untimely.
frustrieren [frʊs'tri:rən] *vt* frustrate.
Fuchs [fʊks] *m* **-es, ⸚e** fox; **f~en** (*col*) *vt* rile, annoy; *vr* be annoyed; **f~steufelswild** *a* hopping mad.
Füchsin ['fʏksɪn] *f* vixen.
fuchteln ['fʊxtəln] *vi* gesticulate wildly.
Fuge ['fu:gə] *f* **-, -n** joint; (*Mus*) fugue.
fügen ['fy:gən] *vt* place, join; *vr* be obedient (*in +acc* to); (*anpassen*) adapt oneself (*in +acc* to); *impers* happen.
fügsam ['fy:kza:m] *a* obedient.
fühl- ['fy:l] *cpd*: **~bar** *a* perceptible, noticeable; **~en** *vtir* feel; **F~er** *m* **-s, -** feeler.
führen ['fy:rən] *vt* lead; *Geschäft* run; *Name* bear; *Buch* keep; *vi* lead; *vr* behave.
Führer ['fy:rər] *m* **-s, -** leader; (*Fremden—*) guide; **~schein** *m* driving licence.
Fuhrmann ['fu:rman] *m, pl* **-leute** carter.
Führung ['fy:rʊŋ] *f* leadership; (*eines Unternehmens*) management; (*Mil*) command; (*Benehmen*) conduct; (*Museums—*) conducted tour; **~szeugnis** *nt* certificate of good conduct.
Fuhrwerk ['fu:rvɛrk] *nt* cart.
Fülle ['fʏlə] *f* **-** wealth, abundance; **f~n** *vtr* fill; (*Cook*) stuff; **~n** *nt* **-s, -** foal; **~r** *m* **-s, -, Füllfederhalter** *m* fountain pen.
Füllung *f* filling; (*Holz—*) panel.
fummeln ['fʊməln] *vi* (*col*) fumble.
Fund [fʊnt] *m* **-(e)s, -e** find; **~ament** [-da'mɛnt] *nt* foundation; **f~amen'tal** *a* fundamental; **~büro** *nt* lost property office, lost and found; **~grube** *f* (*fig*) treasure trove; **f~ieren** [-'di:rən] *vt* back up; **f~iert** *a* sound.
fünf [fynf] *num* five; **~hundert** *num* five hundred; **~te** *num* fifth; **F~tel** *nt* **-s, -** fifth; **~zehn** *num* fifteen; **~zig** *num* fifty.
fungieren [fʊŋ'gi:rən] *vi* function; (*Person*) act.
Funk [fʊŋk] *m* **-s** radio, wireless; **~e(n)** *m* **-ns, -n** (*lit, fig*) spark; **f~eln** *vi* sparkle; **f~en** *vt* radio; **~er** *m* **-s, -** radio operator; **~gerät** *nt* radio set; **~haus** *nt* broadcasting centre; **~spruch** *m* radio signal; **~station** *f* radio station.
Funktion [fʊŋktsi'o:n] *f* function; **f~ieren** [-'ni:rən] *vi* work, function.
für [fy:r] *prep +acc* for; **was ~** what kind *or* sort of; **das F~ und Wider** the pros and cons *pl*; **Schritt ~ Schritt** step by step; **F~bitte** *f* intercession.
Furche ['fʊrçə] *f* **-, -n** furrow; **f~n** *vt* furrow.
Furcht [fʊrçt] *f* **-** fear; **f~bar** *a* terrible, frightful.
fürcht- ['fʏrçt] *cpd*: **~en** *vt* be afraid of, fear; *vr* be afraid (*vor +dat* of); **~erlich** *a* awful.
furcht- *cpd*: **~los** *a* fearless; **~sam** *a* timid.
füreinander [fy:r'aɪ'nandər] *ad* for each other.
Furnier [fʊr'ni:r] *nt* **-s, -e** veneer.
fürs [fy:rs] = **für das**.
Fürsorge ['fy:rzɔrgə] *f* care; (*Sozial—*) welfare; **~amt** *nt* welfare office; **~r(in** *f*) *m* **-s, -** welfare worker; **~unterstützung** *f* social security, welfare benefit (*US*).
Für- *cpd*: **~sprache** *f* recommendation; (*um Gnade*) intercession; **~sprecher** *m* advocate.
Fürst [fʏrst] *m* **-en, -en** prince; **~in** *f* princess; **~entum** *nt* principality; **f~lich** *a* princely.
Furt [fʊrt] *f* **-, -en** ford.
Fürwort ['fy:rvɔrt] *nt* pronoun.
Fuß [fu:s] *m* **-es, ⸚e** foot; (*von Glas, Säule etc*) base; (*von Möbel*) leg; **zu ~** on foot; **~ball** *m* football; **~ballspiel** *nt* football match; **~ballspieler** *m* footballer; **~boden** *m* floor; **~bremse** *f* (*Aut*) footbrake; **f~en** *vi* rest, be based (*auf +dat* on); **~ende** *nt* foot; **~gänger(in)** *m* **-s, -**

pedestrian; ~**gängerzone** *f* pedestrian precinct; ~**note** *f* footnote; ~**pfleger(in** *f*) *m* chiropodist; ~**spur** *f* footprint; ~**tritt** *m* kick; (*Spur*) footstep; ~**weg** *m* footpath.
Futter ['fʊtər] *nt* **-s, -** fodder, feed; (*Stoff*) lining; ~**al** [-'ra:l] *nt* **-s, -e** case.
füttern ['fʏtərn] *vt* feed; *Kleidung* line.
Futur [fu'tu:r] *nt* **-s, -e** future.

G

G, g [ge:] *nt* G, g.
Gabe ['ga:bə] *f* **-, -n** gift.
Gabel ['ga:bəl] *f* **-, -n** fork; ~**frühstück** *nt* mid-morning snack; ~**ung** *f* fork.
gackern ['gakərn] *vi* cackle.
gaffen ['gafən] *vi* gape.
Gage ['ga:ʒə] *f* **-, -n** fee; salary.
gähnen ['gɛ:nən] *vi* yawn.
Gala ['gala] *f* **-** formal dress; ~**vorstellung** *f* (*Theat*) gala performance.
galant [ga'lant] *a* gallant, courteous.
Galerie [galə'ri:] *f* gallery.
Galgen ['galgən] *m* **-s, -** gallows *pl*; ~**frist** *f* respite; ~**humor** *m* macabre humour.
Galle ['galə] *f* **-, -n** gall; (*Organ*) gall-bladder.
Galopp [ga'lɔp] *m* **-s, -s** *or* **-e** gallop; **g**~**ieren** [-'pi:rən] *vi* gallop.
galvanisieren [galvani'zi:rən] *vt* galvanize.
Gamasche [ga'maʃə] *f* **-, -n** gaiter; (*kurz*) spat.
Gammler ['gamlər] *m* **-s, -** loafer, layabout.
Gang [gaŋ] *m* **-(e)s, ⸚e** walk; (*Boten—*) errand; (*—art*) gait; (*Abschnitt eines Vorgangs*) operation; (*Essens—, Ablauf*) course; (*Flur etc*) corridor; (*Durch—*) passage; (*Tech*) gear; **in ~ bringen** start up; (*fig*) get off the ground; **in ~ sein** be in operation; (*fig*) be underway; [gɛŋ] *f* **-, -s** gang; **g**~ *a*: **g**~ **und gäbe** usual, normal; **g**~**bar** *a* passable; *Methode* practicable.
Gängel- ['gɛŋəl] *cpd*: ~**band** *nt*: **jdn am** ~**band halten** (*fig*) spoonfeed sb; **g**~**n** *vt* spoonfeed.
gängig ['gɛŋɪç] *a* common, current; *Ware* in demand, selling well.
Ganove [ga'no:və] *m* **-n, -n** (*col*) crook.
Gans [gans] *f* **-, ⸚e** goose.
Gänse- ['gɛnzə] *cpd*: ~**blümchen** *nt* daisy; ~**braten** *m* roast goose; ~**füßchen** *pl* (*col*) inverted commas *pl* (*Brit*), quotes *pl*; ~**haut** *f* goose pimples *pl*; ~**marsch** *m*: **im** ~**marsch** in single file; ~**rich** *m* **-s, -e** gander.
ganz [gants] *a* whole; (*vollständig*) complete; ~ **Europa** all Europe; **sein** ~**es Geld** all his money; *ad* quite; (*völlig*) completely; ~ **und gar nicht** not at all; **es sieht ~ so aus** it really looks like it; **aufs G**~**e gehen** go for the lot.
gänzlich ['gɛntslɪç] *a,ad* complete(ly), entire(ly).
gar [ga:r] *a* cooked, done; *ad* quite; ~ **nicht/nichts/keiner** not/nothing/nobody at all; ~ **nicht schlecht** not bad at all.
Garage [ga'ra:ʒə] *f* **-, -n** garage.
Garantie [garan'ti:] *f* guarantee; **g**~**ren** *vt* guarantee.
Garbe ['garbə] *f* **-, -n** sheaf; (*Mil*) burst of fire.
Garde ['gardə] *f* **-, -n** guard(s); **die alte** ~ the old guard; ~**'robe** *f* **-, -n** wardrobe; (*Abgabe*) cloakroom; ~**'robenfrau** *f* cloakroom attendant; ~**'robenständer** *m* hallstand.
Gardine [gar'di:nə] *f* curtain.
gären ['gɛ:rən] *vi irreg* ferment.
Garn [garn] *nt* **-(e)s, -e** thread; yarn (*auch fig*).
Garnele [gar'ne:lə] *f* **-, -n** shrimp, prawn.
garnieren [gar'ni:rən] *vt* decorate; *Speisen* garnish.
Garnison [garni'zo:n] *f* **-, -en** garrison.
Garnitur [garni'tu:r] *f* (*Satz*) set; (*Unterwäsche*) set of (matching) underwear; (*fig*) **erste** ~ top rank; **zweite** ~ second rate.
garstig ['garstɪç] *a* nasty, horrid.
Garten ['gartən] *m* **-s, ⸚** garden; ~**arbeit** *f* gardening; ~**bau** *m* horticulture; ~**fest** *nt* garden party; ~**gerät** *nt* gardening tool; ~**haus** *nt* summerhouse; ~**kresse** *f* cress; ~**lokal** *nt* beer garden; ~**schere** *f* pruning shears *pl*; ~**tür** *f* garden gate.
Gärtner(in *f*) ['gɛrtnər(ɪn)] *m* **-s, -** gardener; ~**ei** [-'raɪ] *f* nursery; (*Gemüse-*) market garden (*Brit*), truck farm (*US*); **g**~**n** *vi* garden.
Gärung ['gɛ:rʊŋ] *f* fermentation.
Gas [ga:s] *nt* **-es, -e** gas; ~ **geben** (*Aut*) accelerate, step on the gas; **g**~**förmig** *a* gaseous; ~**herd** *m*, ~**kocher** *m* gas cooker; ~**leitung** *f* gas pipeline; ~**maske** *f* gasmask; ~**pedal** *nt* accelerator, gas pedal.
Gasse ['gasə] *f* **-, -n** lane, alley; ~**njunge** *m* street urchin.
Gast [gast] *m* **-es, ⸚e** guest; ~**arbeiter(in** *f*) *m* foreign worker.
Gästebuch ['gɛstəbu:x] *nt* visitors' book, guest book.
Gast- *cpd*: **g**~**freundlich** *a* hospitable; ~**geber** *m* **-s, -** host; ~**geberin** *f* hostess; ~**haus** *nt*, ~**hof** *m* hotel, inn; **g**~**ieren** [-'ti:rən] *vi* (*Theat*) (appear as a) guest; **g**~**lich** *a* hospitable; ~**lichkeit** *f* hospitality; ~**rolle** *f* guest role.
gastronomisch [gastro'no:mɪʃ] *a* gastronomic(al).
Gast- *cpd*: ~**spiel** *nt* (*Sport*) away game; ~**stätte** *f* restaurant; pub; ~**wirt** *m* innkeeper; ~**wirtschaft** *f* hotel, inn; ~**zimmer** *nt* (guest) room.
Gas- *cpd*: ~**vergiftung** *f* gas poisoning; ~**werk** *nt* gasworks *sing or pl*; ~**zähler** *m* gas meter.
Gatte ['gatə] *m* **-n, -n** husband, spouse; **die** ~**n** husband and wife.
Gatter ['gatər] *nt* **-s, -** railing, grating; (*Eingang*) gate.
Gattin *f* wife, spouse.

Gattung ['gatuŋ] *f* genus; kind.
Gaukler ['gauklər] *m* **-s, -** juggler, conjurer.
Gaul [gaul] *m* **-(e)s, Gäule** horse; nag.
Gaumen ['gaumən] *m* **-s, -** palate.
Gauner ['gaunər] *m* **-s, -** rogue; **~ei** [-'raɪ] *f* swindle.
Gaze ['ga:zə] *f* **-, -n** gauze.
Gebäck [gə'bɛk] *nt* **-(e)s, -e** pastry.
Gebälk [gə'bɛlk] *nt* **-(e)s** timberwork.
Gebärde [gə'bɛ:rdə] *f* **-, -n** gesture; **g~n** *vr* behave.
gebären [gə'bɛ:rən] *vt irreg* give birth to, bear.
Gebärmutter *f* uterus, womb.
Gebäude [gə'bɔʏdə] *nt* **-s, -** building; **~komplex** *m* (building) complex.
Gebein [gə'baɪn] *nt* **-(e)s, -e** bones *pl.*
Gebell [gə'bɛl] *nt* **-(e)s** barking.
geben ['ge:bən] *irreg vti* (*jdm etw*) give (sb sth *or* sth to sb); *Karten* deal; **ein Wort gab das andere** one angry word led to another; *v impers* **es gibt** there is/are; there will be; **gegeben** given; **zu gegebener Zeit** in good time; *vr* (*sich verhalten*) behave, act; (*aufhören*) abate; **sich geschlagen ~** admit defeat; **das wird sich schon ~** that'll soon sort itself out.
Gebet [gə'be:t] *nt* **-(e)s, -e** prayer.
Gebiet [gə'bi:t] *nt* **-(e)s, -e** area; (*Hoheits—*) territory; (*fig*) field; **g~en** *vt irreg* command, demand; **~er** *m* **-s, -** master; (*Herrscher*) ruler; **g~erisch** *a* imperious.
Gebilde [gə'bɪldə] *nt* **-s, -** object, structure; **g~t** *a* cultured, educated.
Gebimmel [gə'bɪməl] *nt* **-s** (continual) ringing.
Gebirge [gə'bɪrgə] *nt* **-s, -** mountain chain.
gebirgig *a* mountainous.
Gebirgszug [gə'bɪrkstsu:k] *m* mountain range.
Gebiß [gə'bɪs] *nt* **-sses, -sse** teeth *pl*; (*künstlich*) dentures *pl.*
geblümt [gə'bly:mt] *a* flowery.
Geblüt [gə'bly:t] *nt* **-(e)s** blood, race.
geboren [gə'bo:rən] *a* born; *Frau* née.
geborgen [gə'bɔrgən] *a* secure, safe.
Gebot [gə'bo:t] *nt* **-(e)s, -e** command(ment *Bibl*); (*bei Auktion*) bid.
Gebräu [gə'brɔʏ] *nt* **-(e)s, -e** brew, concoction.
Gebrauch [gə'braux] *m* **-(e)s, Gebräuche** use; (*Sitte*) custom; **g~en** *vt* use.
gebräuchlich [gə'brɔʏçlɪç] *a* usual, customary.
Gebrauchs- *cpd*: **~anweisung** *f* directions *pl* for use; **~artikel** *m* article of everyday use; **g~fertig** *a* ready for use; **~gegenstand** *m* commodity.
gebraucht [gə'brauxt] *a* used; **G~wagen** *m* secondhand *or* used car.
gebrechlich [gə'brɛçlɪç] *a* frail; **G~keit** *f* frailty.
Gebrüder [gə'bry:dər] *pl* brothers *pl.*
Gebrüll [gə'brʏl] *nt* **-(e)s** roaring.
Gebühr [gə'by:r] *f* **-, -en** charge, fee; **nach ~** fittingly; **über ~** unduly; **g~en** *vi*: **jdm g~en** be sb's due *or* due to sb; *vr* be fitting; **g~end** *a,ad* fitting(ly), appropriate(ly); **~enerlaß** *m* remission of fees; **~enermäßigung** *f* reduction of fees; **g~enfrei** *a* free of charge; **g~enpflichtig** *a* subject to charges.
Geburt [gə'bu:rt] *f* **-, -en** birth; **~enbeschränkung** *f*, **~enkontrolle** *f*, **~enreglung** *f* birth control; **~enziffer** *f* birth-rate.
gebürtig [gə'bʏrtɪç] *a* born in, native of; **~e Schweizerin** native of Switzerland, Swiss-born.
Geburts- *cpd*: **~anzeige** *f* birth notice; **~datum** *nt* date of birth; **~jahr** *nt* year of birth; **~ort** *m* birthplace; **~tag** *m* birthday; **~urkunde** *f* birth certificate.
Gebüsch [gə'bʏʃ] *nt* **-(e)s, -e** bushes *pl.*
Gedächtnis [gə'dɛçtnɪs] *nt* **-ses,-se** memory; **~feier** *f* commemoration; **~schwund** *m* loss of memory, failing memory; **~verlust** *m* amnesia.
Gedanke [gə'daŋkə] *m* **-ns, -n** thought; **sich über etw** (*acc*) **~n machen** think about sth; **~naustausch** *m* exchange of ideas; **g~nlos** *a* thoughtless; **~nlosigkeit** *f* thoughtlessness; **~nstrich** *m* dash; **~nübertragung** *f* thought transference, telepathy; **g~nverloren** *a* lost in thought; **g~nvoll** *a* thoughtful.
Gedärm [gə'dɛrm] *nt* **-(e)s, -e** intestines *pl*, bowels *pl.*
Gedeck [gə'dɛk] *nt* **-(e)s, -e** cover(ing); (*Speisenfolge*) menu; **ein ~ auflegen** lay a place.
gedeihen [gə'daɪən] *vi irreg* thrive, prosper.
gedenken [gə'dɛŋkən] *vi irreg* (*sich erinnern*) (*+gen*) remember; (*beabsichtigen*) intend.
Gedenk- *cpd*: **~feier** *f* commemoration; **~minute** *f* minute's silence; **~tag** *m* remembrance day.
Gedicht [gə'dɪçt] *nt* **-(e)s, -e** poem.
gediegen [gə'di:gən] *a* (good) quality; *Mensch* reliable, honest; **G~heit** *f* quality; reliability, honesty.
Gedränge [gə'drɛŋə] *nt* **-s** crush, crowd; **ins ~ kommen** (*fig*) get into difficulties.
gedrängt *a* compressed; **~ voll** packed.
gedrungen [gə'druŋən] *a* thickset, stocky.
Geduld [gə'dult] *f* **-** patience; **g~en** [gə'duldən] *vr* be patient; **g~ig** *a* patient, forbearing; **~sprobe** *f* trial of (one's) patience.
gedunsen [gə'dunzən] *a* bloated.
geeignet [gə''aɪgnət] *a* suitable.
Gefahr [gə'fa:r] *f* **-, -en** danger; **~ laufen, etw zu tun** run the risk of doing sth; **auf eigene ~** at one's own risk.
gefährden [gə'fɛ:rdən] *vt* endanger.
Gefahren- *cpd*: **~quelle** *f* source of danger; **~zulage** *f* danger money.
gefährlich [gə'fɛ:rlɪç] *a* dangerous.
Gefährte [gə'fɛ:rtə] *m* **-n, -n, Gefährtin** *f* companion.
Gefälle [gə'fɛlə] *nt* **-s, -** gradient, incline.
Gefallen [gə'falən] *m* **-s, -** favour; *nt* **-s** pleasure; **an etw** (*dat*) **~ finden** derive

pleasure from sth; **jdm etw zu ~ tun** do sth to please sb; **g~** *vi irreg*: **jdm g~** please sb; **er/es gefällt mir** I like him/it; **das gefällt mir an ihm** that's one thing I like about him; **sich** (*dat*) **etw g~ lassen** put up with sth; *ptp of* **fallen**.

gefällig [gə'fɛlıç] *a* (*hilfsbereit*) obliging; (*erfreulich*) pleasant; **G~keit** *f* favour; helpfulness; **etw aus G~keit tun** do sth as a favour.

gefälligst *ad* kindly.

gefallsüchtig *a* eager to please.

gefangen [gə'faŋən] *a* captured; (*fig*) captivated; **G~e(r)** *m* prisoner, captive; **G~enlager** *nt* prisoner-of-war camp; **~halten** *vt irreg* keep prisoner; **G~nahme** *f* **-, -n** capture; **G~schaft** *f* captivity.

Gefängnis [gə'fɛŋnıs] *nt* **-ses, -se** prison; **~strafe** *f* prison sentence; **~wärter** *m* prison warder.

Gefasel [gə'fa:zəl] *nt* **-s** twaddle, drivel.

Gefäß [gə'fɛ:s] *nt* **-es, -e** vessel (*auch Anat*), container.

gefaßt [gə'fast] *a* composed, calm; **auf etw** (*acc*) **~ sein** be prepared *or* ready for sth.

Gefecht [gə'fɛçt] *nt* **-(e)s, -e** fight; (*Mil*) engagement.

gefeit [gə'faıt] *a*: **gegen etw ~ sein** be immune to sth.

Gefieder [gə'fi:dər] *nt* **-s, -** plumage, feathers *pl*; **g~t** *a* feathered.

gefleckt [gə'flɛkt] *a* spotted, mottled.

geflissentlich [gə'flısəntlıç] *a,ad* intentional(ly).

Geflügel [gə'fly:gəl] *nt* **-s** poultry.

Gefolge [gə'fɔlgə] *nt* **-s, -** retinue.

Gefolg- *cpd*: **~schaft** *f* following; (*Arbeiter*) personnel; **~smann** *m* follower.

gefragt [ge'fra:kt] *a* in demand.

gefräßig [gə'frɛ:sıç] *a* voracious.

Gefreite(r) [gə'fraıtə(r)] *m* **-n, -n** lance corporal; (*Naut*) able seaman; (*Aviat*) aircraftman.

gefrieren [gə'fri:rən] *vi irreg* freeze.

Gefrier- *cpd*: **~fach** *nt* icebox; **~fleisch** *nt* frozen meat; **g~getrocknet** *a* freeze-dried; **~punkt** *m* freezing point; **~schutzmittel** *nt* antifreeze; **~truhe** *f* deep-freeze.

Gefüge [gə'fy:gə] *nt* **-s, -** structure.

gefügig *a* pliant; *Mensch* obedient.

Gefühl [gə'fy:l] *nt* **-(e)s, -e** feeling; **etw im ~ haben** have a feel for sth; **g~los** *a* unfeeling; **g~sbetont** *a* emotional; **~sduselei** [-zdu:zə'laı] *f* emotionalism; **g~smäßig** *a* instinctive.

gegebenenfalls [gə'ge:bənənfals] *ad* if need be.

gegen ['ge:gən] *prep* +*acc* against; (*in Richtung auf, jdn betreffend, kurz vor*) towards; (*im Austausch für*) (in return) for; (*ungefähr*) round about; **G~angriff** *m* counter-attack; **G~beweis** *m* counter-evidence.

Gegend ['ge:gənt] *f* **-, -en** area, district.

Gegen- *cpd*: **g~ei'nander** *ad* against one another; **~fahrbahn** *f* oncoming carriageway; **~frage** *f* counter-question; **~gewicht** *nt* counterbalance; **~gift** *nt* antidote; **~leistung** *f* service in return; **~lichtaufnahme** *f* contre-jour photograph; **~maßnahme** *f* counter-measure; **~probe** *f* cross-check; **~satz** *m* contrast; **~sätze überbrücken** overcome differences; **g~sätzlich** *a* contrary, opposite; (*widersprüchlich*) contradictory; **~schlag** *m* counter attack; **~seite** *f* opposite side; (*Rückseite*) reverse; **g~seitig** *a* mutual, reciprocal; **sich g~seitig helfen** help each other; **~seitigkeit** *f* reciprocity; **~spieler** *m* opponent; **~stand** *m* object; **g~ständlich** *a* objective, concrete; **~stimme** *f* vote against; **~stoß** *m* counterblow; **~stück** *nt* counterpart; **~teil** *nt* opposite; **im ~teil** on the contrary; **ins ~teil umschlagen** swing to the other extreme; **g~teilig** *a* opposite, contrary.

gegenüber [ge:gən''y:bər] *prep* +*dat* opposite; (*zu*) to(wards); (*angesichts*) in the face of; *ad* opposite; **G~** *nt* **-s, -** person opposite; **~liegen** *vr irreg* face each other; **~stehen** *vr irreg* be opposed (to each other); **~stellen** *vt* confront; (*fig*) contrast; **G~stellung** *f* confrontation; (*fig*) contrast; **~treten** *vi irreg* (+*dat*) face.

Gegen- *cpd*: **~verkehr** *m* oncoming traffic; **~vorschlag** *m* counterproposal; **~wart** *f* present; **g~wärtig** *a* present; **das ist mir nicht mehr g~wärtig** that has slipped my mind; *ad* at present; **~wert** *m* equivalent; **~wind** *m* headwind; **~wirkung** *f* reaction; **g~zeichnen** *vti* countersign; **~zug** *m* counter-move; (*Rail*) corresponding train in the other direction.

Gegner ['ge:gnər] *m* **-s, -** opponent; **g~isch** *a* opposing; **~schaft** *f* opposition.

Gehackte(s) [ge'haktə(z)] *nt* mince(d meat).

Gehalt [gə'halt] *m* **-(e)s, -e** content; *nt* **-(e)s, ¨er** salary; **~sempfänger** *m* salary earner; **~serhöhung** *f* salary increase; **~szulage** *f* salary increment.

geharnischt [gə'harnıʃt] *a* (*fig*) forceful, angry.

gehässig [gə'hɛsıç] *a* spiteful, nasty; **G~keit** *f* spite(fulness).

Gehäuse [gə'hɔʏzə] *nt* **-s, -** case; casing; (*von Apfel etc*) core.

Gehege [gə'he:gə] *nt* **-s, -** enclosure, preserve; **jdm ins ~ kommen** (*fig*) poach on sb's preserve.

geheim [gə'haım] *a* secret; **G~dienst** *m* secret service, intelligence service; **~halten** *vt irreg* keep secret; **G~nis** *nt* **-ses, -se** secret; mystery; **G~niskrämer** *m* secretive type; **~nisvoll** *a* mysterious; **G~polizei** *f* secret police; **G~schrift** *f* code, secret writing.

Geheiß [gə'haıs] *nt* **-es** command; **auf jds ~** at sb's behest.

gehen ['ge:ən] *irreg vti* go; (*zu Fuß —*) walk; **~ nach** (*Fenster*) face; *v impers*: **wie**

geht es (dir)? how are you *or* things?; **mir/ihm geht es gut** I'm/he's (doing) fine; **geht das?** is that possible?; **geht's noch?** can you manage?; **es geht** not too bad, O.K.; **das geht nicht** that's not on; **es geht um etw** sth is concerned, it's about sth.

geheuer [gə'hɔʏər] *a*: **nicht ~** eery; (*fragwürdig*) dubious.

Geheul [gə'hɔʏl] *nt* **-(e)s** howling.

Gehilfe [gə'hɪlfə] *m* **-n, -n, Gehilfin** *f* assistant.

Gehirn [gə'hɪrn] *nt* **-(e)s, -e** brain; **~erschütterung** *f* concussion; **~wäsche** *f* brainwashing.

Gehör [gə'hø:r] *nt* **-(e)s** hearing; **musikalisches ~** ear; **~ finden** gain a hearing; **jdm ~ schenken** give sb a hearing.

gehorchen [gə'hɔrçən] *vi* obey (*jdm* sb).

gehören [gə'hø:rən] *vi* belong; *vr impers* be right *or* proper.

gehörig *a* proper; **~ zu** *or* +*dat* belonging to; part of.

gehorsam [gə'ho:rza:m] *a* obedient; **G~** *m* **-s** obedience.

Gehsteig *m*, **Gehweg** *m* ['ge:-] pavement, sidewalk (*US*).

Geier ['gaɪər] *m* **-s, -** vulture.

geifern ['gaɪfərn] *vi* salivate; (*fig*) bitch.

Geige ['gaɪgə] *f* **-, -n** violin; **~r** *m* **-s, -** violinist; **~rzähler** *m* geiger counter.

geil [gaɪl] *a* randy, horny (*US*).

Geisel ['gaɪzəl] *f* **-, -n** hostage.

Geißel ['gaɪsəl] *f* **-, -n** scourge, whip; **g~n** *vt* scourge.

Geist [gaɪst] *m* **-(e)s, -er** spirit; (*Gespenst*) ghost; (*Verstand*) mind; **g~erhaft** *a* ghostly; **g~esabwesend** *a* absent-minded; **~esblitz** *m* brainwave; **~esgegenwart** *f* presence of mind; **~eshaltung** *f* mental attitude; **g~eskrank** *a* mentally ill; **~eskranke(r)** *mf* mentally ill person; **~eskrankheit** *f* mental illness; **~esstörung** *f* mental disturbance; **~eswissenschaften** *pl* arts (subjects) *pl*; **~eszustand** *m* state of mind; **g~ig** *a* intellectual; mental; *Getränke* alcoholic; **g~ig behindert** mentally handicapped; **g~lich** *a* spiritual, religious; clerical; **~liche(r)** *m* clergyman; **~lichkeit** *f* clergy; **g~los** *a* uninspired, dull; **g~reich** *a* clever; witty; **g~tötend** *a* soul-destroying; **g~voll** *a* intellectual; (*weise*) wise.

Geiz [gaɪts] *m* **-es** miserliness, meanness; **g~en** *vi* be miserly; **~hals** *m*, **~kragen** *m* miser; **g~ig** *a* miserly, mean.

Geklapper [gə'klapər] *nt* **-s** rattling.

geknickt [gə'knɪkt] *a* (*fig*) dejected.

gekonnt [gə'kɔnt] *a* skilful.

Gekritzel [gə'krɪtsəl] *nt* **-s** scrawl, scribble.

gekünstelt [ge'kʏnstəlt] *a* artificial, affected.

Gelächter [gə'lɛçtər] *nt* **-s, -** laughter.

geladen [ge'la:dən] *a* loaded; (*Elec*) live; (*fig*) furious.

Gelage [gə'la:gə] *nt* **-s, -** feast, banquet.

gelähmt [gə'lɛ:mt] *a* paralysed.

Gelände [gə'lɛndə] *nt* **-s, -** land, terrain; (*von Fabrik, Sport—*) grounds *pl*; (*Bau—*) site; **g~gängig** *a* able to go cross-country; **~lauf** *m* cross-country race.

Geländer [gə'lɛndər] *nt* **-s, -** railing; (*Treppen—*) banister(s).

gelangen [gə'laŋən] *vi* (*an* +*acc or zu*) reach; (*erwerben*) attain; **in jds Besitz ~** to come into sb's possession.

gelassen [gə'lasən] *a* calm, composed; **G~heit** *f* calmness, composure.

Gelatine [ʒela'ti:nə] *f* gelatine.

geläufig [gə'lɔʏfɪç] *a* (*üblich*) common; **das ist mir nicht ~** I'm not familiar with that; **G~keit** *f* commonness; familiarity.

gelaunt [gə'launt] *a*: **schlecht/gut ~** in a bad/good mood; **wie ist er ~?** what sort of mood is he in?

Geläut(e) [gə'lɔʏt(ə)] *nt* **-(e)s, -(e)** ringing; (*Läutwerk*) chime.

gelb [gɛlp] *a* yellow; (*Ampellicht*) amber; **~lich** *a* yellowish; **G~sucht** *f* jaundice.

Geld [gɛlt] *nt* **-(e)s, -er** money; **etw zu ~ machen** sell sth off; **~anlage** *f* investment; **~beutel** *m*, **~börse** *f* purse; **~einwurf** *m* slot; **~geber** *m* **-s, -** financial backer; **g~gierig** *a* avaricious; **~mittel** *pl* capital, means *pl*; **~schein** *m* banknote; **~schrank** *m* safe, strongbox; **~strafe** *f* fine; **~stück** *nt* coin; **~verlegenheit** *f*: **in ~verlegenheit sein/kommen** to be/run short of money; **~verleiher** *m* **-s, -** moneylender; **~wechsel** *m* exchange (of money).

Gelee [ʒe'le:] *nt or m* **-s, -s** jelly.

gelegen [gə'le:gən] *a* situated; (*passend*) convenient, opportune; **etw kommt jdm ~** sth is convenient for sb.

Gelegenheit [gə'le:gənhaɪt] *f* opportunity; (*Anlaß*) occasion; **bei jeder ~** at every opportunity; **~sarbeit** *f* casual work; **~sarbeiter** *m* casual worker; **~skauf** *m* bargain.

gelegentlich [gə'le:gəntlɪç] *a* occasional; *ad* occasionally; (*bei Gelegenheit*) some time (or other); *prep* +*gen* on the occasion of.

gelehrig [gə'le:rɪç] *a* quick to learn, intelligent.

gelehrt *a* learned; **G~e(r)** *mf* scholar; **G~heit** *f* scholarliness.

Geleise [gə'laɪzə] *nt* **-s, -** track; *see* **Gleis**.

Geleit [gə'laɪt] *nt* **-(e)s, -e** escort; **g~en** *vt* escort; **~schutz** *m* escort.

Gelenk [gə'lɛŋk] *nt* **-(e)s, -e** joint; **g~ig** *a* supple.

gelernt [gə'lɛrnt] *a* skilled.

Geliebte(r) [gə'li:ptə(r)] *mf* sweetheart, beloved.

gelind(e) [gə'lɪnt, gə'lɪndə] *a* mild, light; (*fig*) *Wut* fierce; **~e gesagt** to put it mildly.

gelingen [gə'lɪŋən] *vi irreg* succeed; **die Arbeit gelingt mir nicht** I'm not being very successful with this piece of work; **es ist mir gelungen, etw zu tun** I succeeded in doing sth.

gellen ['gɛlən] *vi* shrill.

geloben [gə'lo:bən] *vti* vow, swear.

gelten ['gɛltən] *irreg vt* (*wert sein*) be worth; **etw gilt bei jdm viel/wenig** sb values sth highly/sb doesn't value sth very highly; **jdm viel/wenig ~** mean a lot/not mean much to sb; **was gilt die Wette?** do you want to bet?; *vi* (*gültig sein*) be valid; (*erlaubt sein*) be allowed; **jdm ~** (*gemünzt sein auf*) be meant for *or* aimed at sb; **etw ~ lassen** accept sth; **als** *or* **für etw ~** be considered to be sth; **jdm** *or* **für jdn ~** (*betreffen*) apply to *or* for sb; *v impers* **es gilt, etw zu tun** it is necessary to do sth; **~d** *a* prevailing; **etw ~d machen** to assert sth; **sich ~d machen** make itself/o.s. felt.

Geltung ['gɛltʊŋ] *f*: **~ haben** have validity; **sich/etw** (*dat*) **verschaffen** establish oneself/sth; **etw zur ~ bringen** show sth to its best advantage; **zur ~ kommen** be seen/heard *etc* to its best advantage; **~sbedürfnis** *nt* desire for admiration.

Gelübde [gə'lʏpdə] *nt* **-s, -** vow.

gelungen [gə'lʊŋən] *a* successful.

gemächlich [gə'mɛ:çlɪç] *a* leisurely.

Gemahl [gə'ma:l] *m* **-(e)s, -e** husband; **~in** *f* wife.

Gemälde [gə'mɛ:ldə] *nt* **-s, -** picture, painting.

gemäß [gə'mɛ:s] *prep +dat* in accordance with; *a* appropriate (*dat* to); **~igt** *a* moderate; *Klima* temperate.

gemein [gə'maɪn] *a* common; (*niederträchtig*) mean; **etw ~ haben (mit)** have sth in common (with).

Gemeinde [gə'maɪndə] *f* **-, -n** district, community; (*Pfarr—*) parish; (*Kirchen—*) congregation; **~steuer** *f* local rates *pl*; **~verwaltung** *f* local administration; **~vorstand** *m* local council; **~wahl** *f* local election.

Gemein- *cpd*: **g~gefährlich** *a* dangerous to the public; **~gut** *nt* public property; **~heit** *f* commonness; mean thing to do/to say; **g~hin** *ad* generally; **~nutz** *m* public good; **~platz** *m* commonplace, platitude; **g~sam** *a* joint, common (*auch Math*); **g~same Sache mit jdm machen** be in cahoots with sb; *ad* together, jointly; **etw g~sam haben** have sth in common; **~samkeit** *f* community, having in common; **~schaft** *f* community; **in ~schaft mit** jointly *or* together with; **g~schaftlich** *a see* **g~sam**; **~schaftsarbeit** *f* teamwork; team effort; **~schaftserziehung** *f* coeducation; **~sinn** *m* public spirit; **g~verständlich** *a* generally comprehensible; **~wohl** *nt* common good.

Gemenge [gə'mɛŋə] *nt* **-s, -** mixture; (*Hand—*) scuffle.

gemessen [gə'mɛsən] *a* measured.

Gemetzel [gə'mɛtsəl] *nt* **-s, -** slaughter, carnage, butchery.

Gemisch [gə'mɪʃ] *nt* **-es, -e** mixture; **g~t** *a* mixed.

Gemse ['gɛmzə] *f* **-, -n** chamois.

Gemunkel [gə'mʊŋkəl] *nt* **-s** gossip.

Gemurmel [gə'mʊrməl] *nt* **-s** murmur(ing).

Gemüse [gə'my:zə] *nt* **-s, -** vegetables *pl*; **~garten** *m* vegetable garden; **~händler** *m* greengrocer.

Gemüt [gə'my:t] *nt* **-(e)s, -er** disposition, nature; person; **sich** (*dat*) **etw zu ~e führen** (*col*) indulge in sth; **die ~er erregen** arouse strong feelings; **g~lich** *a* comfortable, cosy; *Person* good-natured; **~lichkeit** *f* comfortableness, cosiness; amiability; **~sbewegung** *f* emotion; **~smensch** *m* sentimental person; **~sruhe** *f* composure; **~szustand** *m* state of mind; **g~voll** *a* warm, tender.

genau [gə'naʊ] *a,ad* exact(ly), precise(ly); **etw ~ nehmen** take sth seriously; **~genommen** *ad* strictly speaking; **G~igkeit** *f* exactness, accuracy.

genehm [gə'ne:m] *a* agreeable, acceptable; **~igen** *vt* approve, authorize; **sich** (*dat*) **etw ~igen** indulge in sth; **G~igung** *f* approval, authorization.

geneigt [gə'naɪkt] *a* well-disposed, willing; **~ sein, etw zu tun** be inclined to do sth.

General [gene'ra:l] *m* **-s, -e** *or* **¨e** general; **~direktor** *m* director general; **~konsulat** *nt* consulate general; **~probe** *f* dress rehearsal; **~stabskarte** *f* ordnance survey map; **~streik** *m* general strike; **g~überholen** *vt* thoroughly overhaul.

Generation [generatsi'o:n] *f* generation; **~skonflikt** *m* generation gap.

Generator [gene'ra:tɔr] *m* generator, dynamo.

genesen [ge'ne:zən] *vi irreg* convalesce, recover, get well; **G~de(r)** *mf* convalescent.

Genesung *f* recovery, convalescence.

genetisch [ge'ne:tɪʃ] *a* genetic.

genial [geni'a:l] *a* brilliant; **G~i'tät** *f* brilliance, genius.

Genick [gə'nɪk] *nt* **-(e)s, -e** (back of the) neck; **~starre** *f* stiff neck.

Genie [ʒe'ni:] *nt* **-s, -s** genius.

genieren [ʒe'ni:rən] *vt* bother; **geniert es Sie, wenn . . .?** do you mind if . . .?; *vr* feel awkward *or* self-conscious.

genießbar *a* edible; drinkable.

genießen [gə'ni:sən] *vt irreg* enjoy; eat; drink.

Genießer *m* **-s, -** epicure; pleasure lover; **g~isch** *a* appreciative; *ad* with relish.

Genosse [gə'nɔsə] *m* **-n, -n, Genossin** *f* comrade (*esp Pol*), companion; **~nschaft** *f* cooperative (association).

genug [gə'nu:k] *ad* enough.

Genüge [gə'ny:gə] *f* **-**: **jdm/etw ~ tun** *or* **leisten** satisfy sb/sth; **g~n** *vi* be enough, suffice; (*+dat*) satisfied; **g~nd** *a* sufficient.

genügsam [gə'ny:kza:m] *a* modest, easily satisfied; **G~keit** *f* moderation.

Genugtuung [gə'nu:ktu:ʊŋ] *f* satisfaction.

Genuß [gə'nʊs] *m* **-sses, ¨sse** pleasure; (*Zusichnehmen*) consumption; **in den ~ von etw kommen** receive the benefit of sth; **~mittel** *pl* (semi-)luxury items *pl*.

genüßlich [gə'nʏslɪç] *ad* with relish.

Geograph [geoˈgra:f] *m* **-en, -en** geographer; **~ie** [-ˈfi:] *f* geography; **g~isch** *a* geographical.
Geologe [geoˈlo:gə] *m* **-n, -n** geologist; **~gie** [-ˈgi:] *f* geology.
Geometrie [geomeˈtri:] *f* geometry.
Gepäck [gəˈpɛk] *nt* **-(e)s** luggage, baggage; **~abfertigung** *f*, **~annahme** *f*, **~ausgabe** *f* luggage desk/office; **~aufbewahrung** *f* left-luggage office, checkroom (*US*); **~netz** *nt* luggage-rack; **~träger** *m* porter; (*Fahrrad*) carrier; **~wagen** *m* luggage van, baggage car (*US*).
gepflegt [gəˈpfle:kt] *a* well-groomed; *Park etc* well looked after.
Gepflogenheit [gəˈpflo:ganhaıt] *f* custom.
Geplapper [gəˈplapər] *nt* **-s** chatter.
Geplauder [gəˈplaudər] *nt* **-s** chat(ting).
Gepolter [gəˈpɔltər] *nt* **-s** din.
gerade [gəˈra:də] *a* straight; *Zahl* even; *ad* (*genau*) exactly; (*örtlich*) straight; (*eben*) just; **warum ~ ich?** why me?; **~ weil** just *or* precisely because; **nicht ~ schön** not exactly nice; **das ist es ja ~** that's just it; **jetzt ~ nicht!** not now!; **~ noch** just; **~ neben** right next to; **G~** *f* **-n, -n** straight line; **~aus** *ad* straight ahead; **~heraus** *ad* straight out, bluntly; **~so** *ad* just so; **~so dumm** *etc* just as stupid *etc*; **~so wie** just as; **~zu** *ad* (*beinahe*) virtually, almost.
geradlinig *a* rectilinear.
Gerät [gəˈrɛ:t] *nt* **-(e)s, -e** device; (*Werkzeug*) tool; (*Sport*) apparatus; (*Zubehör*) equipment *no pl.*
geraten [gəˈra:tən] *vi irreg* (*gelingen*) turn out well (*jdm* for sb); (*gedeihen*) thrive; **gut/schlecht ~** turn out well/badly; **an jdn ~** come across sb; **in etw** (*acc*) **~** get into sth; **in Angst ~** get frightened; **nach jdm ~** take after sb.
Geratewohl [gəra:təˈvo:l] *nt*: **aufs ~** on the off chance; (*bei Wahl*) at random.
geraum [gəˈraum] *a*: **seit ~er Zeit** for some considerable time.
geräumig [gəˈrɔymıç] *a* roomy.
Geräusch [gəˈrɔyʃ] *nt* **-(e)s, -e** sound, noise; **g~los** *a* silent; **g~voll** *a* noisy.
gerben [ˈgɛrbən] *vt* tan.
Gerber *m* **-s, -** tanner; **~ei** [-ˈraı] *f* tannery.
gerecht [gəˈrɛçt] *a* just, fair; **jdm/etw ~ werden** do justice to sb/sth; **G~igkeit** *f* justice, fairness.
Gerede [gəˈre:də] *nt* **-s** talk, gossip.
gereizt [gəˈraıtst] *a* irritable; **G~heit** *f* irritation.
Gericht [gəˈrıçt] *nt* **-(e)s, -e** court; (*Essen*) dish; **mit jdm ins ~ gehen** (*fig*) judge sb harshly; **über jdn zu ~ sitzen** sit in judgement on sb; **das Letzte ~** the Last Judgement; **g~lich** *a,ad* judicial(ly), legal(ly); **~sbarkeit** *f* jurisdiction; **~shof** *m* court (of law); **~skosten** *pl* (legal) costs *pl*; **~ssaal** *m* courtroom; **~sverfahren** *nt* legal proceedings *pl*; **~sverhandlung** *f* court proceedings *pl*; **~svollzieher** *m* bailiff.
gerieben [gəˈri:bən] *a* grated; (*col: schlau*) smart, wily.
gering [gəˈrıŋ] *a* slight, small; (*niedrig*) low; *Zeit* short; **~achten** *vt* think little of; **~fügig** *a* slight, trivial; **~schätzig** *a* disparaging; **G~schätzung** *f* disdain; **~ste(r,s)** *a* slightest, least; **~stenfalls** *ad* at the very least.
gerinnen [gəˈrınən] *vi irreg* congeal; (*Blut*) clot; (*Milch*) curdle.
Gerinnsel [gəˈrınzəl] *nt* **-s, -** clot.
Gerippe [gəˈrıpə] *nt* **-s, -** skeleton.
gerissen [gəˈrısən] *a* wily, smart.
gern(e) [ˈgɛrn(ə)] *ad* willingly, gladly; **~ haben, ~ mögen** like; **etwas ~ tun** like doing something; **G~egroß** *m* **-, -e** show-off.
Geröll [gəˈrœl] *nt* **-(e)s, -e** scree.
Gerste [ˈgɛrstə] *f* **-, -n** barley; **~nkorn** *nt* (*im Auge*) stye.
Gerte [ˈgɛrtə] *f* **-, -n** switch, rod; **g~nschlank** *a* willowy.
Geruch [gəˈrux] *m* **-(e)s, ¨-e** smell, odour; **g~los** *a* odourless; **g~tilgend** *a* deodorant.
Gerücht [gəˈrʏçt] *nt* **-(e)s, -e** rumour.
geruhen [gəˈru:ən] *vi* deign.
Gerümpel [gəˈrʏmpəl] *nt* **-s** junk.
Gerüst [gəˈrʏst] *nt* **-(e)s, -e** (*Bau—*) scaffold(ing); frame.
gesamt [gəˈzamt] *a* whole, entire; *Kosten* total; *Werke* complete; **im ~en** all in all; **G~ausgabe** *f* complete edition; **~deutsch** *a* all-German; **G~eindruck** *m* general impression; **G~heit** *f* totality, whole.
Gesandte(r) [gəˈzantə(r)] *m* envoy.
Gesandtschaft [gəˈzant-ʃaft] *f* legation.
Gesang [gəˈzaŋ] *m* **-(e)s, ¨-e** song; (*Singen*) singing; **~buch** *nt* (*Rel*) hymn book; **~verein** *m* choral society.
Gesäß [gəˈzɛ:s] *nt* **-es, -e** seat, bottom.
Geschäft [gəˈʃɛft] *nt* **-(e)s, -e** business; (*Laden*) shop; (*—sabschluß*) deal; **~emacher** *m* **-s, -** profiteer; **g~ig** *a* active, busy; (*pej*) officious; **g~lich** *a* commercial; *ad* on business; **~sbericht** *m* financial report; **~sführer** *m* manager; (*Klub*) secretary; **~sjahr** *nt* financial year; **~slage** *f* business conditions *pl*; **~smann** *m* businessman; **g~smäßig** *a* businesslike; **~sreise** *f* business trip; **~sschluß** *m* closing time; **~ssinn** *m* business sense; **~sstelle** *f* office, place of business; **g~stüchtig** *a* efficient; **~sviertel** *nt* business quarter; shopping centre; **~swagen** *m* company car; **~szweig** *m* branch (of a business).
geschehen [gəˈʃe:ən] *vi irreg* happen; **es war um ihn ~** that was the end of him.
gescheit [gəˈʃaıt] *a* clever.
Geschenk [gəˈʃɛŋk] *nt* **-(e)s, -e** present, gift; **~packung** *f* gift pack.
Geschicht- [gəˈʃıçt] *cpd*: **~e** *f* **-, -n** story; (*Sache*) affair; (*Historie*) history; **~enerzähler** *m* storyteller; **g~lich** *a* historical; **~sschreiber** *m* historian.
Geschick [gəˈʃık] *nt* **-(e)s, -e** aptitude; (*Schicksal*) fate; **~lichkeit** *f* skill, dexterity; **g~t** *a* skilful.

geschieden [gəˈʃiːdən] *a* divorced.
Geschirr [gəˈʃɪr] *nt* **-(e)s, -e** crockery; pots and pans *pl*; (*Pferd*) harness; **~spülmaschine** *f* dishwashing machine; **~tuch** *nt* dish cloth.
Geschlecht [gəˈʃlɛçt] *nt* **-(e)s, -er** sex; (*Gram*) gender; (*Art*) species; family; **g~lich** *a* sexual; **~skrankheit** *f* venereal disease; **~steil** *nt or m* genitals *pl*; **~sverkehr** *m* sexual intercourse; **~swort** *nt* (*Gram*) article.
Geschmack [gəˈʃmak] *m* **-(e)s, ¨e** taste; **nach jds ~** to sb's taste; **~ finden an etw** (*dat*) (come to) like sth; **g~los** *a* tasteless; (*fig*) in bad taste; **~(s)sache** *f* matter of taste; **~sinn** *m* sense of taste; **g~voll** *a* tasteful.
Geschmeide [gəˈʃmaɪdə] *nt* **-s, -** jewellery.
geschmeidig *a* supple; (*formbar*) malleable.
Geschmeiß [gəˈʃmaɪs] *nt* vermin *pl*.
Geschmiere [gəˈʃmiːrə] *nt* **-s** scrawl; (*Bild*) daub.
Geschöpf [gəˈʃœpf] *nt* **-(e)s, -e** creature.
Geschoß [gəˈʃɔs] *nt* **-sses, -sse** (*Mil*) projectile, missile; (*Stockwerk*) floor.
geschraubt [gəˈʃraʊpt] *a* stilted, artificial.
Geschrei [gəˈʃraɪ] *nt* **-s** cries *pl*, shouting; (*fig*: *Aufhebens*) noise, fuss.
Geschütz [gəˈʃʏts] *nt* **-es, -e** gun, cannon; **ein schweres ~ auffahren** (*fig*) bring out the big guns; **~feuer** *nt* artillery fire, gunfire; **g~t** *a* protected.
Geschwader [gəˈʃvaːdər] *nt* **-s, -** (*Naut*) squadron; (*Aviat*) group.
Geschwafel [gəˈʃvaːfəl] *nt* **-s** silly talk.
Geschwätz [gəˈʃvɛts] *nt* **-es** chatter, gossip; **g~ig** *a* talkative; **~igkeit** *f* talkativeness.
geschweige [gəˈʃvaɪgə] *ad*: **~ (denn)** let alone, not to mention.
geschwind [gəˈʃvɪnt] *a* quick, swift; **G~igkeit** [-dɪçkaɪt] *f* speed, velocity; **G~igkeitsbegrenzung** *f* speed limit; **G~igkeitsmesser** *m* (*Aut*) speedometer; **G~igkeitsüberschreitung** *f* exceeding the speed limit.
Geschwister [gəˈʃvɪstər] *pl* brothers and sisters *pl*.
geschwollen [gəˈʃvɔlən] *a* pompous.
Geschworene(r) [gəˈʃvoːrənə(r)] *mf* juror; *pl* jury.
Geschwulst [gəˈʃvʊlst] *f* **-, ¨e** swelling; growth, tumour.
Geschwür [gəˈʃvyːr] *nt* **-(e)s, -e** ulcer.
Gesell- [gəˈzɛl] *cpd*: **~e** *m* **-n, -n** fellow; (*Handwerk—*) journeyman; **g~ig** *a* sociable; **~igkeit** *f* sociability; **~schaft** *f* society; (*Begleitung, Comm*) company; (*Abend—schaft etc*) party; **g~schaftlich** *a* social; **~schaftsanzug** *m* evening dress; **g~schaftsfähig** *a* socially acceptable; **~schaftsordnung** *f* social structure; **~schaftsreise** *f* group tour; **~schaftsschicht** *f* social stratum.
Gesetz [gəˈzɛts] *nt* **-es, -e** law; **~buch** *nt* statute book; **~entwurf** *m*, **~esvorlage** *f* bill; **g~gebend** *a* legislative; **~geber** *m* **-s, -** legislator; **~gebung** *f* legislation; **g~lich** *a* legal, lawful; **~lichkeit** *f* legality, lawfulness; **g~los** *a* lawless; **g~mäßig** *a* lawful; **g~t** *a Mensch* sedate; **g~tenfalls** *ad* supposing (that); **g~widrig** *a* illegal, unlawful.
Gesicht [gəˈzɪçt] *nt* **-(e)s, -er** face; **das zweite ~** second sight; **das ist mir nie zu ~ gekommen** I've never laid eyes on that; **~sausdruck** *m* (facial) expression; **~sfarbe** *f* complexion; **~spunkt** *m* point of view; **~szüge** *pl* features *pl*.
Gesindel [gəˈzɪndəl] *nt* **-s** rabble.
gesinnt [gəˈzɪnt] *a* disposed, minded.
Gesinnung [gəˈzɪnʊŋ] *f* disposition; (*Ansicht*) views *pl*; **~sgenosse** *m* like-minded person; **~slosigkeit** *f* lack of conviction; **~swandel** *m* change of opinion, volte-face.
gesittet [gəˈzɪtət] *a* well-mannered.
Gespann [gəˈʃpan] *nt* **-(e)s, -e** team; (*col*) couple; **g~t** *a* tense, strained; (*begierig*) eager; **ich bin g~t, ob** I wonder if *or* whether; **auf etw/jdn g~t sein** look forward to sth/meeting sb.
Gespenst [gəˈʃpɛnst] *nt* **-(e)s, -er** ghost, spectre; **g~erhaft** *a* ghostly.
Gespiele [gəˈʃpiːlə] *m* **-n, -n, Gespielin** *f* playmate.
Gespött [gəˈʃpœt] *nt* **-(e)s** mockery; **zum ~ werden** become a laughing stock.
Gespräch [gəˈʃprɛːç] *nt* **-(e)s, -e** conversation; discussion(s); (*Anruf*) call; **zum ~ werden** become a topic of conversation; **g~ig** *a* talkative; **~igkeit** *f* talkativeness; **~sthema** *nt* subject *or* topic (of conversation).
Gespür [gəˈʃpyːr] *nt* **-s** feeling.
Gestalt [gəˈʃtalt] *f* **-, -en** form, shape; (*Person*) figure; **in ~ von** in the form of; **~ annehmen** take shape; **g~en** *vt* (*formen*) shape, form; (*organisieren*) arrange, organize; *vr* turn out (*zu* to be); **~ung** *f* formation; organization.
geständig [gəˈʃtɛndɪç] *a*: **~ sein** have confessed.
Geständnis [gəˈʃtɛntnɪs] *nt* **-ses, -se** confession.
Gestank [gəˈʃtaŋk] *m* **-(e)s** stench.
gestatten [gəˈʃtatən] *vt* permit, allow; **~ Sie?** may I?; **sich** (*dat*) **~, etw zu tun** take the liberty of doing sth.
Geste [ˈgɛstə] *f* **-, -n** gesture.
gestehen [gəˈʃteːən] *vt irreg* confess.
Gestein [gəˈʃtaɪn] *nt* **-(e)s, -e** rock.
Gestell [gəˈʃtɛl] *nt* **-(e)s, -e** frame; (*Regal*) rack, stand.
gestern [ˈgɛstərn] *ad* yesterday; **~ abend/morgen** yesterday evening/morning.
gestikulieren [gɛstikuˈliːrən] *vi* gesticulate.
Gestirn [gəˈʃtɪrn] *nt* **-(e)s, -e** star; (*Sternbild*) constellation.
Gestöber [gəˈʃtøːbər] *nt* **-s, -** flurry, blizzard.
Gesträuch [gəˈʃtrɔʏç] *nt* **-(e)s, -e** shrubbery, bushes *pl*.
gestreift [gəˈʃtraɪft] *a* striped.
gestrig [ˈgɛstrɪç] *a* yesterday's.

Gestrüpp [gəˈʃtrʏp] *nt* **-(e)s, -e** undergrowth.
Gestüt [gəˈʃtyːt] *nt* **-(e)s, -e** stud farm.
Gesuch [gəˈzuːx] *nt* **-(e)s, -e** petition; (*Antrag*) application; **g~t** *a* (*Comm*) in demand; wanted; (*fig*) contrived.
gesund [gəˈzʊnt] *a* healthy; **wieder ~ werden** get better; **G~heit** *f* health(iness); **G~heit!** bless you!; **~heitlich** *a,ad* health *attr*, physical; **wie geht es Ihnen ~heitlich?** how's your health?; **~heitsschädlich** *a* unhealthy; **G~heitswesen** *nt* health service; **G~heitszustand** *m* state of health.
Getöse [gəˈtøːzə] *nt* **-s** din, racket.
Getränk [gəˈtrɛŋk] *nt* **-(e)s, -e** drink.
getrauen [gəˈtraʊən] *vr* dare, venture.
Getreide [gəˈtraɪdə] *nt* **-s, -** cereals *pl*, grain; **~speicher** *m* granary.
getrennt [gəˈtrɛnt] *a* separate.
getreu [gəˈtrɔʏ] *a* faithful.
Getriebe [gəˈtriːbə] *nt* **-s, -** (*Leute*) bustle; (*Aut*) gearbox; **~öl** *nt* transmission oil.
getrost [gəˈtroːst] *ad* without any bother; **~ sterben** die in peace.
Getue [gəˈtuːə] *nt* **-s** fuss.
geübt [gəˈyːpt] *a* experienced.
Gewächs [gəˈvɛks] *nt* **-es, -e** growth; (*Pflanze*) plant.
gewachsen [gəˈvaksən] *a*: **jdm/etw ~ sein** be sb's equal/equal to sth.
Gewächshaus *nt* greenhouse.
gewagt [gəˈvaːkt] *a* daring, risky.
gewählt [gəˈvɛːlt] *a* *Sprache* refined, elegant.
Gewähr [gəˈvɛːr] *f* **-** guarantee; **keine ~ übernehmen für** accept no responsibility for; **g~en** *vt* grant; (*geben*) provide; **g~leisten** *vt* guarantee.
Gewahrsam [gəˈvaːrzaːm] *m* **-s, -e** safekeeping; (*Polizei—*) custody.
Gewähr- *cpd*: **~smann** *m* informant, source; **~ung** *f* granting.
Gewalt [gəˈvalt] *f* **-, -en** power; (*große Kraft*) force; (*—taten*) violence; **mit aller ~** with all one's might; **~anwendung** *f* use of force; **~herrschaft** *f* tyranny; **g~ig** *a* tremendous; *Irrtum* huge; **~marsch** *m* forced march; **g~sam** *a* forcible; **g~tätig** *a* violent.
Gewand [gəˈvant] *nt* **-(e)s, ¨er** garment.
gewandt [gəˈvant] *a* deft, skilful; (*erfahren*) experienced; **G~heit** *f* dexterity, skill.
Gewässer [gəˈvɛsər] *nt* **-s, -** waters *pl*.
Gewebe [gəˈveːbə] *nt* **-s, -** (*Stoff*) fabric; (*Biol*) tissue.
Gewehr [gəˈveːr] *nt* **-(e)s, -e** gun; rifle; **~lauf** *m* rifle barrel.
Geweih [gəˈvaɪ] *nt* **-(e)s, -e** antlers *pl*.
Gewerb- [gəˈvɛrb] *cpd*: **~e** *nt* **-s, -** trade, occupation; **Handel und ~e** trade and industry; **~eschule** *f* technical school; **g~etreibend** *a* carrying on a trade; industrial; **g~lich** *a* industrial; trade *attr*; **g~smäßig** *a* professional; **~szweig** *m* line of trade.
Gewerkschaft [gəˈvɛrkʃaft] *f* trade union; **~ler** *m* **-s, -** trade unionist; **~sbund** *m* trade unions federation.
Gewicht [gəˈvɪçt] *nt* **-(e)s, -e** weight; (*fig*) importance; **g~ig** *a* weighty.
gewieft [gəˈviːft] *a*, **gewiegt** [gəˈviːkt] *a* shrewd, cunning.
gewillt [gəˈvɪlt] *a* willing, prepared.
Gewimmel [gəˈvɪməl] *nt* **-s** swarm.
Gewinde [gəˈvɪndə] *nt* **-s, -** (*Kranz*) wreath; (*von Schraube*) thread.
Gewinn [gəˈvɪn] *m* **-(e)s, -e** profit; (*bei Spiel*) winnings *pl*; **etw mit ~ verkaufen** sell sth at a profit; **~beteiligung** *f* profit-sharing; **g~bringend** *a* profitable; **g~en** *vt irreg* win; (*erwerben*) gain; *Kohle, Öl* extract; *vi* win; (*profitieren*) gain; **an etw** (*dat*) **g~en** gain in sth; **g~end** *a* winning, attractive; **~er(in *f*)** *m* **-s, -** winner; **~spanne** *f* profit margin; **~sucht** *f* love of gain; **~(n)ummer** *f* winning number; **~ung** *f* winning; gaining; (*von Kohle etc*) extraction.
Gewirr [gəˈvɪr] *nt* **-(e)s, -e** tangle; (*von Straßen*) maze.
gewiß [gəˈvɪs] *a,ad* certain(ly).
Gewissen [gəˈvɪsən] *nt* **-s, -** conscience; **g~haft** *a* conscientious; **~haftigkeit** *f* conscientiousness; **g~los** *a* unscrupulous; **~sbisse** *pl* pangs of conscience *pl*, qualms *pl*; **~sfrage** *f* matter of conscience; **~sfreiheit** *f* freedom of conscience; **~skonflikt** *m* moral conflict.
gewissermaßen [gəvɪsərˈmaːsən] *ad* more or less, in a way.
Gewiß- *cpd*: **~heit** *f* certainty; **g~lich** *ad* surely.
Gewitter [gəˈvɪtər] *nt* **-s, -** thunderstorm; **g~n** *vi impers*: **es gewittert** there's a thunderstorm; **g~schwül** *a* sultry and thundery.
gewitzigt [gəˈvɪtsɪçt] *a*: **~ sein** have learned by experience.
gewitzt [gəˈvɪtst] *a* shrewd, cunning.
gewogen [gəˈvoːgən] *a* well-disposed (+*dat* towards).
gewöhnen [gəˈvøːnən] *vt*: **jdn an etw** (*acc*) **~** accustom sb to sth; (*erziehen zu*) teach sb sth; *vr*: **sich an etw** (*acc*) **~** get used *or* accustomed to sth.
Gewohnheit [gəˈvoːnhaɪt] *f* habit; (*Brauch*) custom; **aus ~** from habit; **zur ~ werden** become a habit; **~s-** *in cpds* habitual; **~smensch** *m* creature of habit; **~srecht** *nt* common law; **~stier** *nt* (*col*) creature of habit.
gewöhnlich [gəˈvøːnlɪç] *a* usual; ordinary; (*pej*) common; **wie ~** as usual.
gewohnt [gəˈvoːnt] *a* usual; **etw ~ sein** be used to sth.
Gewöhnung *f* getting accustomed (*an* +*acc* to).
Gewölbe [gəˈvœlbə] *nt* **-s, -** vault.
Gewühl [gəˈvyːl] *nt* **-(e)s** throng.
Gewürz [gəˈvʏrts] *nt* **-es, -e** spice, seasoning; **~nelke** *f* clove.
gezähnt [gəˈtsɛːnt] *a* serrated, toothed.
Gezeiten [gəˈtsaɪtən] *pl* tides *pl*.
Gezeter [gəˈtseːtər] *nt* **-s** clamour, yelling.
gezielt [gəˈtsiːlt] *a* with a particular aim in mind, purposeful; *Kritik* pointed.

geziemen [gəˈtsi:mən] *vr impers* be fitting; **~d** *a* proper.
geziert [gəˈtsi:rt] *a* affected; **G~heit** *f* affectation.
Gezwitscher [gəˈtsvɪtʃər] *nt* **-s** twitter(ing), chirping.
gezwungen [gəˈtsvʊŋən] *a* forced; **~ermaßen** *ad* of necessity.
Gicht [ˈgɪçt] *f* **-** gout; **g~isch** *a* gouty.
Giebel [ˈgi:bəl] *m* **-s, -** gable; **~dach** *nt* gable(d) roof; **~fenster** *nt* gable window.
Gier [gi:r] *f* **-** greed; **g~ig** *a* greedy.
Gieß- [ˈgi:s] *cpd*: **~bach** *m* torrent; **g~en** *vt irreg* pour; *Blumen* water; *Metall* cast; *Wachs* mould; **~e'rei** *f* foundry; **~kanne** *f* watering can.
Gift [gɪft] *nt* **-(e)s, -e** poison; **g~ig** *a* poisonous; (*fig*: *boshaft*) venomous; **~zahn** *m* fang.
Gilde [ˈgɪldə] *f* **-, -n** guild.
Ginster [ˈgɪnstər] *m* **-s, -** broom.
Gipfel [ˈgɪpfəl] *m* **-s, -** summit, peak; (*fig*) height; **g~n** *vi* culminate; **~treffen** *nt* summit (meeting).
Gips [gɪps] *m* **-es, -e** plaster; (*Med*) plaster (of Paris); **~abdruck** *m* plaster cast; **g~en** *vt* plaster; **~figur** *f* plaster figure; **~verband** *m* plaster (cast).
Giraffe [giˈrafə] *f* **-, -n** giraffe.
Girlande [gɪrˈlandə] *f* **-, -n** garland.
Giro [ˈʒi:ro] *nt* **-s, -s** giro; **~konto** *nt* current account.
girren [ˈgɪrən] *vi* coo.
Gischt [gɪʃt] *m* **-(e)s, -e** spray, foam.
Gitarre [giˈtarə] *f* **-, -n** guitar.
Gitter [ˈgɪtər] *nt* **-s, -** grating, bars *pl*; (*für Pflanzen*) trellis; (*Zaun*) railing(s); **~bett** *nt* cot; **~fenster** *nt* barred window; **~zaun** *m* railing(s).
Glacéhandschuh [glaˈse:hant-ʃu:] *m* kid glove.
Gladiole [gladiˈo:lə] *f* **-, -n** gladiolus.
Glanz [glants] *m* **-es** shine, lustre; (*fig*) splendour.
glänzen [ˈglɛntsən] *vi* shine (*also fig*), gleam; *vt* polish; **~d** *a* shining; (*fig*) brilliant.
Glanz~ *cpd*: **~leistung** *f* brilliant achievement; **g~los** *a* dull; **~zeit** *f* heyday.
Glas [gla:s] *nt* **-es, ¨er** glass; **~bläser** *m* **-s, -** glass blower; **~er** *m* **-s, -** glazier; **g~ieren** [glaˈzi:rən] *vt* glaze; **g~ig** *a* glassy; **~scheibe** *f* pane; **~ur** [glaˈzu:r] *f* glaze; (*Cook*) icing.
glatt [glat] *a* smooth; (*rutschig*) slippery; *Absage* flat; *Lüge* downright; **G~eis** *nt* (black) ice; **jdn aufs G~eis führen** (*fig*) take sb for a ride.
Glätte [ˈglɛtə] *f* **-, -n** smoothness; slipperiness; **g~n** *vt* smooth out.
Glatze [ˈglatsə] *f* **-, -n** bald head; **eine ~ bekommen** go bald.
glatzköpfig *a* bald.
Glaube [ˈglaʊbə] *m* **-ns, -n** faith (*an +acc* in); belief (*an +acc* in); **g~n** *vti* believe (*an +acc* in, *jdm* sb); think; **~nsbekenntnis** *nt* creed.
glaubhaft [ˈglaʊbhaft] *a* credible; **G~igkeit** *f* credibility.
gläubig [ˈglɔʏbɪç] *a* (*Rel*) devout; (*vertrauensvoll*) trustful; **G~e(r)** *mf* believer; **die G~en** the faithful; **G~er** *m* **-s, -** creditor.
glaubwürdig [ˈglaʊbvʏrdɪç] *a* credible; *Mensch* trustworthy; **G~keit** *f* credibility; trustworthiness.
gleich [glaɪç] *a* equal; (*identisch*) (the) same, identical; **es ist mir ~** it's all the same to me; **2 mal 2 ~ 4** 2 times 2 is *or* equals 4; *ad* equally; (*sofort*) straight away; (*bald*) in a minute; **~ groß** the same size; **~ nach/an** right after/at; **~altrig** *a* of the same age; **~artig** *a* similar; **~bedeutend** *a* synonymous; **~berechtigt** *a* having equal rights; **G~berechtigung** *f* equal rights *pl*; **~bleibend** *a* constant; **~en** *vi irreg*: **jdm/etw ~en** be like sb/sth; *vr* be alike; **~ermaßen** *ad* equally; **~falls** *ad* likewise; **danke ~falls!** the same to you; **G~förmigkeit** *f* uniformity; **~gesinnt** *a* like-minded; **G~gewicht** *nt* equilibrium, balance; **~gültig** *a* indifferent; (*unbedeutend*) unimportant; **G~gültigkeit** *f* indifference; **G~heit** *f* equality; **~kommen** *vi irreg +dat* be equal to; **G~mache'rei** *f* egalitariansim; **~mäßig** *a* even, equal; **G~mut** *m* equanimity; **G~nis** *nt* **-ses, -se** parable; **~sam** *ad* as it were; **~sehen** *vi irreg* (*jdm*) be *or* look like (sb); **G~strom** *m* (*Elec*) direct current; **~tun** *vi irreg*: **es jdm ~tun** match sb; **G~ung** *f* equation; **~viel** *ad* no matter; **~wohl** *ad* nevertheless; **~zeitig** *a* simultaneous.
Gleis [glaɪs] *nt* **-es, -e** track, rails *pl*; (*Bahnsteig*) platform.
Gleit- [ˈglaɪt] *cpd*: gliding; sliding; **g~en** *vi irreg* glide; (*rutschen*) slide; **~flug** *m* glide; gliding.
Gletscher [ˈglɛtʃər] *m* **-s, -** glacier; **~spalte** *f* crevasse.
Glied [gli:t] *nt* **-(e)s, -er** member; (*Arm, Bein*) limb; (*von Kette*) link; (*Mil*) rank(s); **g~ern** *vt* organize, structure; **~erung** *f* structure, organization; **~maßen** *pl* limbs *pl*.
Glimm- [ˈglɪm] *cpd*: **g~en** *vi irreg* glow, gleam; **~er** *m* **-s, -** glow, gleam; (*Mineral*) mica; **~stengel** *m* (*col*) fag.
glimpflich [ˈglɪmpflɪç] *a* mild, lenient; **~ davonkommen** get off lightly.
glitzern [ˈglɪtsərn] *vi* glitter, twinkle.
Globus [ˈglo:bʊs] *m* **-** *or* **-ses, Globen** *or* **-se** globe.
Glöckchen [ˈglœkçən] *nt* (little) bell.
Glocke [ˈglɔkə] *f* **-, -n** bell; **etw an die große ~ hängen** (*fig*) shout sth from the rooftops; **~ngeläut** *nt* peal of bells; **~nspiel** *nt* chime(s); (*Mus*) glockenspiel.
Glorie [ˈglo:riə] *f* **-, -n** glory; (*von Heiligen*) halo.
Glosse [ˈglɔsə] *f* **-, -n** comment.
glotzen [ˈglɔtsən] *vi* (*col*) stare.
Glück [glʏk] *nt* **-(e)s** luck, fortune; (*Freude*) happiness; **~ haben** be lucky; **viel ~** good luck; **zum ~** fortunately;

g~en *vi* succeed; **es glückte ihm, es zu bekommen** he succeeded in getting it.
gluckern ['glʊkərn] *vi* glug.
Glück- *cpd*: **g~lich** *a* fortunate; (*froh*) happy; **g~licherweise** *ad* fortunately; **~sbringer** *m* **-s, -** lucky charm; **g~'selig** *a* blissful; **~sfall** *m* stroke of luck; **~skind** *nt* lucky person; **~ssache** *f* matter of luck; **~sspiel** *nt* game of chance; **~sstern** *m* lucky star; **g~strahlend** *a* radiant (with happiness); **~wunsch** *m* congratulations *pl*, best wishes *pl*.
Glüh- ['gly:] *cpd*: **~birne** *f* light bulb; **g~en** *vi* glow; **~wein** *m* mulled wine; **~würmchen** *nt* glow-worm.
Glut [glu:t] *f* **-, -en** (*Röte*) glow; (*Feuers—*) fire; (*Hitze*) heat; (*fig*) ardour.
Gnade ['gna:də] *f* **-, -n** (*Gunst*) favour; (*Erbarmen*) mercy; (*Milde*) clemency; **~nfrist** *f* reprieve, respite; **~ngesuch** *nt* petition for clemency; **~nstoß** *m* coup de grâce.
gnädig ['gnɛ:dɪç] *a* gracious; (*voll Erbarmen*) merciful.
Gold [gɔlt] *nt* **-(e)s** gold; **g~en** *a* golden; **~fisch** *m* goldfish; **~grube** *f* goldmine; **~regen** *m* laburnum; **~schnitt** *m* gilt edging; **~währung** *f* gold standard.
Golf [gɔlf] *m* **-(e)s, -e** gulf; *nt* **-s** golf; **~platz** *m* golf course; **~schläger** *m* golf club; **~spieler** *m* golfer; **~strom** *m* Gulf Stream.
Gondel ['gɔndəl] *f* **-, -n** gondola; (*Seilbahn*) cable-car.
gönnen ['gœnən] *vt*: **jdm etw ~** not begrudge sb sth; **sich** (*dat*) **etw ~** allow oneself sth.
Gönner *m* **-s, -** patron; **g~haft** *a* patronizing; **~miene** *f* patronizing air.
Gosse ['gɔsə] *f* **-, -n** gutter.
Gott [gɔt] *m* **-es, ⸚er** god; **um ~es Willen!** for heaven's sake!; **~ sei Dank!** thank God!; **~esdienst** *m* service; **~eshaus** *nt* place of worship; **~heit** *f* deity.
Gött- [gœt] *cpd*: **~in** *f* goddess; **g~lich** *a* divine.
Gott- *cpd*: **g~los** *a* godless; **~vertrauen** *nt* trust in God.
Götze ['gœtsə] *m* **-n, -n** idol.
Grab [gra:p] *nt* **-(e)s, ⸚er** grave; **g~en** ['gra:bən] *vt irreg* dig; **~en** *m* **-s, ⸚** ditch; (*Mil*) trench; **~rede** *f* funeral oration; **~stein** *m* gravestone.
Grad [gra:t] *m* **-(e)s, -e** degree; **~einteilung** *f* graduation; **g~weise** *ad* gradually.
Graf [gra:f] *m* **-en, -en** count, earl; **~schaft** *f* county.
Gräfin ['grɛ:fɪn] *f* countess.
Gram [gra:m] *m* **-(e)s** grief, sorrow.
grämen ['grɛ:mən] *vr* grieve.
Gramm [gram] *nt* **-s, -e** gram(me); **~atik** [-'matɪk] *f* grammar; **g~atisch** *a* grammatical; **~o'phon** *nt* **-s, -e** gramophone.
Granat [gra'na:t] *m* **-(e)s, -e** (*Stein*) garnet; **~apfel** *m* pomegranate; **~e** *f* **-, -n** (*Mil*) shell; (*Hand—*) grenade.
Granit [gra'ni:t] *m* **-s, -e** granite.
graphisch ['gra:fɪʃ] *a* graphic; **~e Darstellung** graph.
Gras [gra:s] *nt* **-es, ⸚er** grass; **g~en** *vi* graze; **~halm** *m* blade of grass; **g~ig** *a* grassy; **~narbe** *f* turf.
grassieren [gra'si:rən] *vi* be rampant, rage.
gräßlich ['grɛslɪç] *a* horrible.
Grat [gra:t] *m* **-(e)s, -e** ridge.
Gräte ['grɛ:tə] *f* **-, -n** fishbone.
gratis ['gra:tɪs] *a,ad* free (of charge); **G~probe** *f* free sample.
Gratulation [gratulatsi'o:n] *f* congratulation(s).
gratulieren [gratu'li:rən] *vi*: **jdm ~ (zu etw)** congratulate sb (on sth); **(ich) gratuliere!** congratulations!
grau [grau] *a* grey; **~en** *vi* (*Tag*) dawn; *vi impers*: **es graut jdm vor etw** sb dreads sth, sb is afraid of sth; *vr*: **sich ~en vor** dread, have a horror of; **G~en** *nt* **-s** horror; **~enhaft** *a* horrible; **~haarig** *a* grey-haired; **~meliert** *a* grey-flecked.
grausam ['grauza:m] *a* cruel; **G~keit** *f* cruelty.
Grausen ['grauzən] *nt* **-s** horror; **g~** *vi impers, vr see* **grauen**.
gravieren [gra'vi:rən] *vt* engrave; **~d** *a* grave.
Grazie ['gra:tsiə] *f* **-, -n** grace.
graziös [gratsi'ø:s] *a* graceful.
greif- [graɪf] *cpd*: **~bar** *a* tangible, concrete; **in ~barer Nähe** within reach; **~en** *vt irreg* seize; grip; **nach etw ~en** reach for sth; **um sich ~en** (*fig*) spread; **zu etw ~en** (*fig*) turn to sth.
Greis [graɪs] *m* **-es, -e** old man; **~enalter** *nt* old age; **g~enhaft** *a* senile.
grell [grɛl] *a* harsh.
Grenz- ['grɛnts] *cpd*: **~beamte(r)** *m* frontier official; **~e** *f* **-, -n** boundary; (*Staats—*) frontier; (*Schranke*) limit; **g~en** *vi* border (*an +acc* on); **g~enlos** *a* boundless; **~fall** *m* borderline case; **~linie** *f* boundary; **~übergang** *m* frontier crossing.
Greuel ['grɔʏəl] *m* **-s, -** horror, revulsion; **etw ist jdm ein ~** sb loathes sth; **~tat** *f* atrocity.
greulich ['grɔʏlɪç] *a* horrible.
griesgrämig ['gri:sgrɛ:mɪç] *a* grumpy.
Grieß [gri:s] *m* **-es, -e** (*Cook*) semolina.
Griff [grɪf] *m* **-(e)s, -e** grip; (*Vorrichtung*) handle; **g~bereit** *a* handy.
Griffel ['grɪfəl] *m* **-s, -** slate pencil; (*Bot*) style.
Grille ['grɪlə] *f* **-, -n** cricket; (*fig*) whim; **g~n** *vt* grill.
Grimasse [gri'masə] *f* **-, -n** grimace.
Grimm [grɪm] *m* **-(e)s** fury; **g~ig** *a* furious; (*heftig*) fierce, severe.
grinsen ['grɪnzən] *vi* grin.
Grippe ['grɪpə] *f* **-, -n** influenza, flu.
grob [gro:p] *a* coarse, gross; *Fehler, Verstoß* gross; **G~heit** *f* coarseness; coarse expression; **G~ian** ['gro:bia:n] *m* **-s, -e** ruffian; **~knochig** *a* large-boned.
Groll [grɔl] *m* **-(e)s** resentment; **g~en** *vi*

bear ill will (+*dat* or *mit* towards); (*Donner*) rumble.

groß [gro:s] *a* big, large; (*hoch*) tall; (*fig*) great; **im ~en und ganzen** on the whole; *ad* greatly; **~artig** *a* great, splendid; **G~aufnahme** *f* (*Cine*) close-up.

Größe ['grø:sə] *f* **-, -n** size; (*fig*) greatness; (*Länge*) height.

Groß- *cpd*: **~einkauf** *m* bulk purchase; **~eltern** *pl* grandparents *pl*; **g~enteils** *ad* mostly.

Größen- *cpd*: **~unterschied** *m* difference in size; **~wahn** *m* megalomania.

Groß- *cpd*: **~format** *nt* large size; **~handel** *m* wholesale trade; **~händler** *m* wholesaler; **g~herzig** *a* generous; **~macht** *f* great power; **~maul** *m* braggart; **~mut** *f* **-** magnanimity; **g~mütig** *a* magnanimous; **~mutter** *f* grandmother; **g~spurig** *a* pompous; **~stadt** *f* city, large town.

größte(r,s) [grø:stə(r,z)] *a superl of* **groß**; **~nteils** *ad* for the most part.

Groß- *cpd*: **~tuer** *m* **-s, -** boaster; **g~tun** *vi irreg* boast; **~vater** *m* grandfather; **g~ziehen** *vt irreg* raise; **g~zügig** *a* generous; *Planung* on a large scale.

grotesk [gro'tɛsk] *a* grotesque.

Grotte ['grɔtə] *f* **-, -n** grotto.

Grübchen ['gry:pçən] *nt* dimple.

Grube ['gru:bə] *f* **-, -n** pit; mine; **~narbeiter** *m* miner; **~ngas** *nt* firedamp.

grübeln ['gry:bəln] *vi* brood.

Grübler ['gry:blər] *m* **-s, -** brooder; **g~isch** *a* brooding, pensive.

Gruft [gruft] *f* **-, ⸚e** tomb, vault.

grün [gry:n] *a* green; **G~anlage** *f* park.

Grund [grunt] *m* ground; (*von See, Gefäß*) bottom; (*fig*) reason; **im ~e genommen** basically; **~ausbildung** *f* basic training; **~bedeutung** *f* basic meaning; **~bedingung** *f* fundamental condition; **~besitz** *m* land(ed property), real estate; **~buch** *nt* land register; **g~ehrlich** *a* thoroughly honest.

gründ- [grynd] *cpd*: **~en** *vt* found; **~en auf** (+*acc*) base on; *vr* be based (*auf* +*dat* on); **G~er** *m* **-s, -** founder; **~lich** *a* thorough; **G~ung** *f* foundation.

Grund- *cpd*: **g~falsch** *a* utterly wrong; **~gebühr** *f* basic charge; **~gedanke** *m* basic idea; **~gesetz** *nt* constitution; **~lage** *f* foundation; **g~legend** *a* fundamental; **g~los** *a* groundless; **~mauer** *f* foundation wall; **~regel** *f* basic rule; **~riß** *m* plan; (*fig*) outline; **~satz** *m* principle; **g~sätzlich** *a,ad* fundamental(ly); *Frage* of principle; (*prinzipiell*) on principle; **~schule** *f* elementary school; **~stein** *m* foundation stone; **~steuer** *f* rates *pl*; **~stück** *nt* estate; plot; **g~verschieden** *a* utterly different; **~zug** *m* characteristic.

Grün- *cpd*: **~e** *nt* **-n**: **im ~en** in the open air; **~kohl** *m* kale; **~schnabel** *m* greenhorn; **~span** *m* verdigris; **~streifen** *m* central reservation.

grunzen ['gruntsən] *vi* grunt.

Gruppe ['grupə] *f* **-, -n** group; **g~nweise** *ad* in groups.

gruppieren [gru'pi:rən] *vtr* group.

gruselig *a* creepy.

gruseln ['gru:zəln] *vi impers*: **es gruselt jdm vor etw** sth gives sb the creeps; *vr* have the creeps.

Gruß [gru:s] *m* **-es, ⸚e** greeting; (*Mil*) salute; **viele e** best wishes; **e an** (+*acc*) regards to.

grüßen ['gry:sən] *vt* greet; (*Mil*) salute; **jdn von jdm ~** give sb sb's regards; **jdn ~ lassen** send sb one's regards.

gucken ['gukən] *vi* look.

Gulasch ['gu:laʃ] *nt* **-(e)s, -e** goulash.

gültig ['gʏltɪç] *a* valid; **G~keit** *f* validity; **G~keitsdauer** *f* period of validity.

Gummi ['gumi] *nt or m* **-s, -s** rubber; (*—harze*) gum; (**~band** *nt*) rubber *or* elastic band; (*Hosen—*) elastic; **g~eren** [gu'mi:rən] *vt* gum; **~knüppel** *m* rubber truncheon; **~strumpf** *m* elastic stocking.

Gunst [gunst] *f* **-** favour.

günstig ['gʏnstɪç] *a* favourable.

Gurgel ['gurgəl] *f* **-, -n** throat; **g~n** *vi* gurgle; (*im Mund*) gargle.

Gurke ['gurkə] *f* **-, -n** cucumber; **saure ~** pickled cucumber, gherkin.

Gurt [gurt] *m* **-(e)s, -e, Gurte** *f* **-n -n** belt.

Gürtel ['gʏrtəl] *m* **-s, -** belt; (*Geog*) zone; **~reifen** *m* radial tyre.

Guß [gus] *m* **-sses, Güsse** casting; (*Regen—*) downpour; (*Cook*) glazing; **~eisen** *nt* cast iron.

Gut [gu:t] *nt* **-(e)s, ⸚er** (*Besitz*) possession; (*pl*: *Waren*) goods *pl*; **g~** *a* good; *ad* well; **laß es g~ sein** that'll do; **~achten** *nt* **-s, -** (expert) opinion; **~achter** *m* **-s, -** expert; **g~artig** *a* good-natured; (*Med*) benign; **g~bürgerlich** *a a Küche* (good) plain; **~dünken** *nt*: **nach ~dünken** at one's discretion.

Güte ['gy:tə] *f* **-** goodness, kindness; (*Qualität*) quality.

Güter- *cpd*: **~abfertigung** *f* (*Rail*) goods office; **~bahnhof** *m* goods station; **~wagen** *m* goods waggon, freight car (*US*); **~ zug** *m* goods train, freight train (*US*).

Gut- *cpd*: **g~gehen** *v impers irreg* work, come off; **es geht jdm g~** sb's doing fine; **g~gelaunt** *a* good-humoured, in a good mood; **g~gemeint** *a* well meant; **g~gläubig** *a* trusting; **~haben** *nt* **-s** credit; **g~heißen** *vt irreg* approve (of); **g~herzig** *a* kind(-hearted).

gütig ['gy:tɪç] *a* kind.

gütlich ['gy:tlɪç] *a* amicable.

Gut- *cpd*: **g~mütig** *a* good-natured; **~mütigkeit** *f* good nature; **~sbesitzer** *m* landowner; **~schein** *m* voucher; **g~schreiben** *vt irreg* credit; **~schrift** *f* credit; **~sherr** *m* squire; **g~tun** *vi irreg*: **jdm g~tun** do sb good; **g~willig** *a* willing.

Gymnasium [gʏm'na:zium] *nt* grammar school (*Brit*), high school (*US*).

Gymnastik [gʏm'nastɪk] *f* exercises *pl*, keep fit.

H

H, h [ha:] *nt* H, h.

Haar [ha:r] *nt* **-(e)s, -e** hair; **um ein ~** nearly; **~bürste** *f* hairbrush; **h~en** *vir* lose hair; **~esbreite** *f*: **um ~esbreite** by a hair's-breadth; **h~genau** *ad* precisely; **h~ig** *a* hairy; (*fig*) nasty; **~klemme** *f* hair grip; **h~los** *a* hairless; **~nadel** *f* hairpin; **h~scharf** *ad beobachten* very sharply; *daneben* by a hair's breadth; **~schnitt** *m* haircut; **~schopf** *m* head of hair; **~spalte'rei** *f* hair-splitting; **~spange** *f* hair slide; **h~sträubend** *a* hair-raising; **~teil** *nt* hairpiece; **~waschmittel** *nt* shampoo.

Habe ['ha:bə] *f* - property.

haben ['ha:bən] *vt, v aux irreg* have; **Hunger/Angst ~** be hungry/afraid; **woher hast du das?** where did you get that from?; **was hast du denn?** what's the matter (with you)?; **H~** *nt* **-s, -** credit.

Habgier *f* avarice; **h~ig** *a* avaricious.

Habicht ['ha:bıçt] *m* **-(e)s, -e** hawk.

Habseligkeiten *pl* belongings *pl.*

Hachse ['haksə] *f* **-, -n** (*Cook*) knuckle.

Hacke ['hakə] *f* **-, -n** hoe; (*Ferse*) heel; **h~n** *vt* hack, chop; *Erde* hoe.

Hackfleisch *nt* mince, minced meat.

Häcksel ['hɛksəl] *m or nt* **-s** chopped straw, chaff.

hadern ['ha:dərn] *vi* quarrel.

Hafen ['ha:fən] *m* **-s, ⸚** harbour, port; **~arbeiter** *m* docker; **~damm** *m* jetty, mole; **~stadt** *f* port.

Hafer ['ha:fər] *m* **-s, -** oats *pl*; **~brei** *m* porridge; **~flocken** *pl* porridge oats *pl*; **~schleim** *m* gruel.

Haft [haft] *f* - custody; **h~bar** *a* liable, responsible; **~befehl** *m* warrant (of arrest); **h~en** *vi* stick, cling; **h~en für** be liable *or* responsible for; **h~enbleiben** *vi irreg* stick (*an +dat* to); **~pflicht** *f* liability; **~pflichtversicherung** *f* third party insurance; **~schalen** *pl* contact lenses *pl*; **~ung** *f* liability.

Hage- ['ha:gə] *cpd*: **~butte** *f* **-, -n** rose hip; **~dorn** *m* hawthorn.

Hagel ['ha:gəl] *m* **-s** hail; **h~n** *vi impers* hail.

hager ['ha:gər] *a* gaunt.

Häher ['hɛ:ər] *m* **-s, -** jay.

Hahn [ha:n] *m* **-(e)s, ⸚e** cock; (*Wasser—*) tap, faucet (*US*).

Hähnchen ['hɛ:nçən] *nt* cockerel; (*Cook*) chicken.

Hai(fisch) ['haı(fıʃ)] *m* **-(e)s, -e** shark.

Häkchen ['hɛ:kçən] *nt* small hook.

Häkel- ['hɛ:kəl] *cpd*: **~arbeit** *f* crochet work; **h~n** *vt* crochet; **~nadel** *f* crochet hook.

Haken ['ha:kən] *m* **-s, -** hook; (*fig*) catch; **~kreuz** *nt* swastika; **~nase** *f* hooked nose.

halb [halp] *a* half; **~ eins** half past twelve; **ein ~es Dutzend** half a dozen; **H~dunkel** *nt* semi-darkness.

halber ['halbər] *prep +gen* (*wegen*) on account of; (*für*) for the sake of.

Halb- *cpd*: **~heit** *f* half-measure; **h~ieren** *vt* halve; **~insel** *f* peninsula; **h~jährlich** *a* half-yearly; **~kreis** *m* semicircle; **~kugel** *f* hemisphere; **h~laut** *a* in an undertone; **~links** *m* **-, -** (*Sport*) inside-left; **~mond** *m* half-moon; (*fig*) crescent; **h~offen** *a* half-open; **~rechts** *m* **-, -** (*Sport*) inside-right; **~schuh** *m* shoe; **~tagsarbeit** *f* part-time work; **h~wegs** *ad* half-way; **h~wegs besser** more or less better; **~wüchsige(r)** *mf* adolescent; **~zeit** *f* (*Sport*) half; (*Pause*) half-time.

Halde ['haldə] *f* **-, -n** tip; (*Schlacken—*) slag heap.

Hälfte ['hɛlftə] **-, -n** *f* half.

Halfter ['halftər] *f* **-, -n,** *or nt* **-s, -** halter; (*Pistolen—*) holster.

Hall [hal] *m* **-(e)s, -e** sound.

Halle ['halə] *f* **-, -n** hall; (*Aviat*) hangar; **h~n** *vi* echo, resound; **~nbad** *nt* indoor swimming pool.

hallo [ha'lo:] *interj* hallo.

Halluzination [halutsinatsi'o:n] *f* hallucination.

Halm ['halm] *m* **-(e)s, -e** blade, stalk.

Hals [hals] *m* **-es, ⸚e** neck; (*Kehle*) throat; **~ über Kopf** in a rush; **~kette** *f* necklace; **~krause** *f* ruff; **~-Nasen-Ohren-Arzt** *m* ear nose and throat specialist; **~schlagader** *f* carotid artery; **~schmerzen** *pl* sore throat; **h~starrig** *a* stubborn, obstinate; **~tuch** *nt* scarf; **~weh** *nt* sore throat; **~wirbel** *m* cervical vertebra.

Halt [halt] *m* **-(e)s, -e** stop; (*fester —*) hold; (*innerer —*) stability; **h~!** stop!, halt!; **h~bar** *a* durable; *Lebensmittel* non-perishable; (*Mil, fig*) tenable; **~barkeit** *f* durability; (non-)perishability; tenability.

halten ['haltən] *irreg vt* keep; (*fest—*) hold; **~ für** regard as; **~ von** think of; *vi* hold; (*frisch bleiben*) keep; (*stoppen*) stop; **an sich ~** restrain oneself; *vr* (*frisch bleiben*) keep; (*sich behaupten*) hold out; **sich rechts/links ~** keep to the right/left.

Halt- *cpd*: **~estelle** *f* stop; **h~los** *a* unstable; **~losigkeit** *f* instability; **h~machen** *vi* stop; **~ung** *f* posture; (*fig*) attitude; (*Selbstbeherrschung*) composure; **~verbot** *nt* ban on stopping.

Halunke [ha'lʊŋkə] *m* **-n, -n** rascal.

hämisch ['hɛ:mıʃ] *a* malicious.

Hammel ['haməl] *m* **-s, ⸚** *or* **-** wether; **~fleisch** *nt* mutton; **~keule** *f* leg of mutton.

Hammer ['hamər] *m* **-s, ⸚** hammer.

hämmern ['hɛmərn] *vti* hammer.

Hampelmann ['hampəlman] *m* (*lit, fig*) puppet.

Hamster ['hamstər] *m* **-s, -** hamster; **~ei** [-'raı] *f* hoarding; **~er** *m* **-s, -** hoarder; **h~n** *vi* hoard.

Hand [hant] *f* **-, ⸚e** hand; **~arbeit** *f* manual work; (*Nadelarbeit*) needlework; **~arbeiter** *m* manual worker; **~besen** *m* brush; **~bremse** *f* handbrake; **~buch** *nt* handbook, manual.

Hände- ['hɛndə] *cpd*: **~druck** *m* handshake; **~klatschen** *nt* clapping, applause.

Handel ['handəl] *m* **-s** trade; (*Geschäft*) transaction; **haben** quarrel.
handeln ['handəln] *vi* trade; act; ~ **von** be about; *vr impers*: **sich** ~ **um** be a question of, be about; **H**~ *nt* **-s** action.
Handels- *cpd*: ~**bilanz** *f* balance of trade; **h**~**einig** *a*: **mit jdm h**~**einig werden** conclude a deal with sb; ~**kammer** *f* chamber of commerce; ~**marine** *f* merchant navy; ~**recht** *nt* commercial law; ~**reisende(r)** *m* commercial traveller; ~**schule** *f* business school; ~**vertreter** *m* sales representative.
Hand- *cpd*: ~**feger** *m* **-s, -** brush; **h**~**fest** *a* hefty; **h**~**gearbeitet** *a* handmade; ~**gelenk** *nt* wrist; ~**gemenge** *nt* scuffle; ~**gepäck** *nt* hand-luggage; **h**~**geschrieben** *a* handwritten; **h**~**greiflich** *a* palpable; **h**~**greiflich werden** become violent; ~**griff** *m* flick of the wrist; **h**~**haben** *vt irreg insep* handle; ~**karren** *m* handcart; ~**kuß** *m* kiss on the hand.
Händler ['hɛndlər] *m* **-s, -** trader, dealer.
handlich ['hantlıç] *a* handy.
Handlung ['handlʊŋ] *f* **-, -en** act(ion); (*in Buch*) plot; (*Geschäft*) shop; ~**sbevollmächtige(r)** *mf* authorized agent; ~**sweise** *f* manner of dealing.
Hand- *cpd*: ~**pflege** *f* manicure; ~**schelle** *f* handcuff; ~**schlag** *m* handshake; ~**schrift** *f* handwriting; (*Text*) manuscript; ~**schuh** *m* glove; ~**tasche** *f* handbag; ~**tuch** *nt* towel; ~**werk** *nt* trade, craft; ~**werker** *m* **-s -** craftsman, artisan; ~**werkzeug** *nt* tools *pl*.
Hanf [hanf] *m* **-(e)s** hemp.
Hang [haŋ] *m* **-(e)s, ⸚e** inclination; (*Ab*—) slope.
Hänge- ['hɛŋə] *in cpds* hanging; ~**brücke** *f* suspension bridge; ~**matte** *f* hammock.
hängen ['hɛŋən] *irreg vi* hang; ~ **an** (*fig*) be attached to; *vt* hang (*an* +*acc* on(to)); **sich** ~ **an** (+*acc*) hang on to, cling to; ~**bleiben** *vi irreg* be caught (*an* +*dat* on); (*fig*) remain, stick.
Hängeschloß *nt* padlock.
hänseln ['hɛnzəln] *vt* tease.
hantieren [han'ti:rən] *vi* work, be busy; **mit etw** ~ handle sth.
hapern ['ha:pərn] *vi impers*: **es hapert an etw** (*dat*) sth leaves something to be desired.
Happen ['hapən] *m* **-s, -** mouthful.
Harfe ['harfə] *f* **-, -n** harp.
Harke ['harkə] *f* **-, -n** rake; **h**~**n** *vti* rake.
harmlos ['harmlo:s] *a* harmless; **H**~**igkeit** *f* harmlessness.
Harmonie [harmo'ni:] *f* harmony; **h**~**ren** *vi* harmonize.
Harmonika [har'mo:nika] *f* **-, -s** (*Zieh*—) concertina.
harmonisch [har'mo:nıʃ] *a* harmonious.
Harmonium [har'mo:nium] *nt* **-s, -nien** *or* **-s** harmonium.
Harn ['harn] *m* **-(e)s, -e** urine; ~**blase** *f* bladder.
Harnisch ['harnıʃ] *m* **-(e)s, -e** armour; **jdn in** ~ **bringen** infuriate sb; **in** ~ **geraten** become angry.
Harpune [har'pu:nə] *f* **-, -n** harpoon.
harren ['harən] *vi* wait (*auf* +*acc* for).
hart [hart] *a* hard; (*fig*) harsh.
Härte ['hɛrtə] *f* **-, -n** hardness; (*fig*) harshness; **h**~**n** *vtr* harden.
hart- *cpd*: ~**gekocht** *a* hard-boiled; ~**gesotten** *a* tough, hard-boiled; ~**herzig** *a* hard-hearted; ~**näckig** *a* stubborn; **H**~**näckigkeit** *f* stubbornness.
Harz [ha:rts] *nt* **-es, -e** resin.
Haschee [ha'ʃe:] *nt* **-s, -s** hash.
haschen ['haʃən] *vt* catch, snatch; *vi* (*col*) smoke hash.
Haschisch ['haʃıʃ] *nt* **-** hashish.
Hase ['ha:zə] *m* **-n, -n** hare.
Haselnuß ['ha:zəlnʊs] *f* hazelnut.
Hasen- *cpd*: ~**fuß** *m* coward; ~**scharte** *f* harelip.
Haspe ['haspə] *f* **-, -n** hinge; ~**l** *f* **-, -n** reel, bobbin; (*Winde*) winch.
Haß [has] *m* **-sses** hate, hatred.
hassen ['hasən] *vt* hate; ~**enswert** *a* hateful.
häßlich ['hɛslıç] *a* ugly; (*gemein*) nasty; **H**~**keit** *f* ugliness; nastiness.
Hast [hast] *f* **-** haste; **h**~**en** *vir* rush; **h**~**ig** *a* hasty.
hätscheln ['hɛtʃəln] *vt* pamper; (*zärtlich*) cuddle.
Haube ['haʊbə] *f* **-, -n** hood; (*Mütze*) cap; (*Aut*) bonnet, hood (*US*).
Hauch [haʊx] *m* **-(e)s, -e** breath; (*Luft*—) breeze; (*fig*) trace; **h**~**en** *vi* breathe; **h**~**fein** *a* very fine.
Haue ['haʊə] *f* **-, -n** hoe, pick; (*col*) hiding; **h**~**n** *vt irreg* hew, cut; (*col*) thrash.
Haufen ['haʊfən] *m* **-s, -** heap; (*Leute*) crowd; **ein** ~ **(x)** (*col*) loads *or* a lot (of x); **auf einem** ~ in one heap; **h**~**weise** *ad* in heaps; in droves; **etw h**~**weise haben** have piles of sth.
häufen ['hɔʏfən] *vt* pile up; *vr* accumulate.
häufig ['hɔʏfıç] *a,ad* frequent(ly); **H**~**keit** *f* frequency.
Haupt [haʊpt] *nt* **-(e)s, Häupter** head; (*Ober*—) chief; *in cpds* main; ~**bahnhof** *m* central station; **h**~**beruflich** *ad* as one's main occupation; ~**buch** *nt* (*Comm*) ledger; ~**darsteller(in *f*)** *m* leading actor/actress; ~**eingang** *m* main entrance; ~**fach** *nt* main subject; ~**film** *m* main film.
Häuptling ['hɔʏptlıŋ] *m* chief(tain).
Haupt- *cpd*: ~**mann** *m*, *pl* **-leute** (*Mil*) captain; ~**postamt** *nt* main post office; ~**quartier** *nt* headquarters *pl*; ~**rolle** *f* leading part; ~**sache** *f* main thing; **h**~**sächlich** *a,ad* chief(ly); ~**satz** *m* main clause; ~**schlagader** *f* aorta; ~**stadt** *f* capital; ~**straße** *f* main street; ~**wort** *nt* noun.
Haus [haʊs] *nt* **-es, Häuser** house; **nach** ~**e** home; **zu** ~**e** at home; ~**angestellte** *f* domestic servant; ~**arbeit** *f* housework; (*Sch*) homework; ~**arzt** *m* family doctor; ~**aufgabe** *f* (*Sch*) homework; ~**besitzer(in *f*)** *m*, ~**eigentümer(in *f*)** *m* house-owner.
hausen ['haʊzən] *vi* live (in poverty); (*pej*) wreak havoc.

Häuser- ['hɔʏzər] *cpd*: **~block** *m* block (of houses); **~makler** *m* estate agent.

Haus- *cpd*: **~frau** *f* housewife; **~freund** *m* family friend; (*col*) lover; **h~gemacht** *a* home-made; **~halt** *m* household; (*Pol*) budget; **h~halten** *vi irreg* keep house; (*sparen*) economize; **~hälterin** *f* housekeeper; **~haltsgeld** *nt* housekeeping (money); **~haltsgerät** *nt* domestic appliance; **~haltsplan** *m* budget; **~haltung** *f* housekeeping; **~herr** *m* host; (*Vermieter*) landlord; **h~hoch** *ad*: **h~hoch verlieren** lose by a mile.

hausieren [hau'zi:rən] *vi* hawk, peddle.

Hausierer *m* **-s, -** hawker, peddlar.

häuslich ['hɔʏslɪç] *a* domestic; **H~keit** *f* domesticity.

Haus- *cpd*: **~meister** *m* caretaker, janitor; **~ordnung** *f* house rules *pl*; **~putz** *m* house cleaning; **~schlüssel** *m* front-door key; **~schuh** *m* slipper; **~suchung** *f* police raid; **~tier** *nt* domestic animal; **~verwalter** *m* caretaker; **~wirt** *m* landlord; **~wirtschaft** *f* domestic science.

Haut [haut] *f* **-, Häute** skin; (*Tier—*) hide.

häuten ['hɔʏtən] *vt* skin; *vr* slough one's skin.

Haut- *cpd*: **h~eng** *a* skin-tight; **~farbe** *f* complexion.

Haxe ['haksə] *f* **-, -n** *see* **Hachse**.

Hebamme ['he:p'amə] *f* **-, -n** midwife.

Hebel ['he:bəl] *m* **-s, -** lever.

heben ['he:bən] *vt irreg* raise, lift.

hecheln ['hɛçəln] *vi* (*Hund*) pant.

Hecht [hɛçt] *m* **-(e)s, -e** pike.

Heck [hɛk] *nt* **-(e)s, -e** stern; (*von Auto*) rear.

Hecke ['hɛkə] *f* **-, -n** hedge; **~nrose** *f* dog rose; **~schütze** *m* sniper.

Heer [he:r] *nt* **-(e)s, -e** army.

Hefe ['he:fə] *f* **-, -n** yeast.

Heft ['hɛft] *nt* **-(e)s, -e** exercise book; (*Zeitschrift*) number; (*von Messer*) haft; **h~en** *vt* fasten (*an +acc* to); (*nähen*) tack; **~er** *m* **-s, -** folder.

heftig *a* fierce, violent; **H~keit** *f* fierceness, violence.

Heft- *cpd*: **~klammer** *f* paper clip; **~maschine** *f* stapling machine; **~pflaster** *nt* sticking plaster; **~zwecke** *f* drawing pin.

hegen ['he:gən] *vt* nurse; (*fig*) harbour, foster.

Hehl [he:l] *m or nt*: **kein(en) ~ aus etw** (*dat*) **machen** make no secret of sth; **~er** *m* **-s, -** receiver (of stolen goods), fence.

Heide ['haɪdə] *f* **-, -n** heath, moor; (*—kraut*) heather; *m* **-n, -n, Heidin** *f* heathen, pagan; **~kraut** *nt* heather; **~lbeere** *f* bilberry; **h~nmäßig** *a* (*col*) terrific; **~ntum** *nt* paganism.

heidnisch ['haɪdnɪʃ] *a* heathen, pagan.

heikel ['haɪkəl] *a* awkward, thorny; (*wählerisch*) fussy.

Heil [haɪl] *nt* **-(e)s** well-being; (*Seelen—*) salvation; **h~** *a* in one piece, intact; **h~** *interj* hail; **~and** *m* **-(e)s, -e** saviour; **h~bar** *a* curable; **h~en** *vt* cure; *vi* heal; **h~froh** *a* very relieved; **~gymnastin** *f* physiotherapist.

heilig ['haɪlɪç] *a* holy; **H~abend** *m* Christmas Eve; **H~e(r)** *mf* saint; **~en** *vt* sanctify, hallow; **H~enschein** *m* halo; **H~keit** *f* holiness; **~sprechen** *vt irreg* canonize; **H~tum** *nt* shrine; (*Gegenstand*) relic.

Heil- *cpd*: **h~los** *a* unholy; **~mittel** *nt* remedy; **h~sam** *a* (*fig*) salutary; **~sarmee** *f* Salvation Army; **~ung** *f* cure.

Heim [haɪm] *nt* **-(e), -e** home; **h~** *ad* home.

Heimat ['haɪma:t] *f* **-, -en** home (town/country *etc*); **~land** *nt* homeland; **h~lich** *a* native, home *attr*; *Gefühle* nostalgic; **h~los** *a* homeless; **~ort** *m* home town/area; **~vertriebene(r)** *mf* displaced person.

Heim- *cpd*: **h~begleiten** *vt* accompany home; **h~elig** *a* homely; **h~fahren** *vi irreg* drive/go home; **~fahrt** *f* journey home; **~gang** *m* return home; (*Tod*) decease; **h~gehen** *vi irreg* go home; (*sterben*) pass away; **h~isch** *a* (*gebürtig*) native; **sich h~isch fühlen** feel at home; **~kehr** *f* **-, -en** homecoming; **h~kehren** *vi* return home; **h~lich** *a* secret; **~lichkeit** *f* secrecy; **~reise** *f* journey home; **h~suchen** *vt* afflict; (*Geist*) haunt; **h~tückisch** *a* malicious; **h~wärts** *ad* homewards; **~weg** *m* way home; **~weh** *nt* homesickness; **~weh haben** be homesick; **h~zahlen** *vt*: **jdm etw h~zahlen** pay back sb for sth.

Heirat ['haɪra:t] *f* **-, -en** marriage; **h~en** *vti* marry; **~santrag** *m* proposal.

heiser ['haɪzər] *a* hoarse; **H~keit** *f* hoarseness.

heiß [haɪs] *a* hot; **~e(r) Draht** hot line; **~blütig** *a* hot-blooded.

heißen ['haɪsən] *irreg vi* be called; (*bedeuten*) mean; *vt* command; (*nennen*) name; *v impers* it says; it is said.

Heiß- *cpd*: **h~ersehnt** *a* longed for; **~hunger** *m* ravenous hunger; **h~laufen** *vir irreg* overheat.

heiter ['haɪtər] *a* cheerful; *Wetter* bright; **H~keit** *f* cheerfulness; (*Belustigung*) amusement.

Heiz- ['haɪts] *cpd*: **h~bar** *a* heated; *Raum* with heating; **leicht h~bar** easily heated; **~decke** *f* electric blanket; **h~en** *vt* heat; **~er** *m* **-s, -** stoker; **~körper** *m* radiator; **~öl** *nt* fuel oil; **~sonne** *f* electric fire; **~ung** *f* heating; **~ungsanlage** *f* heating system.

hektisch ['hɛktɪʃ] *a* hectic.

Held [hɛlt] *m* **-en, -en** hero; **~in** *f* heroine.

helfen ['hɛlfən] *irreg vi* help (*jdm* sb, *bei* with); (*nützen*) be of use; **sich** (*dat*) **zu ~ wissen** be resourceful; *v impers*: **es hilft nichts, du mußt . . .** it's no use, you have to . . .

Helfer *m* **-s, -** helper, assistant; **~shelfer** *m* accomplice.

hell [hɛl] *a* clear, bright; *Farbe* light; **~blau** *a* light blue; **~blond** *a* ash-blond;

H~e *f* - clearness, brightness; **H~er** *m* **-s,** - farthing; **~hörig** *a* keen of hearing; *Wand* poorly soundproofed; **H~igkeit** *f* clearness, brightness; lightness; **H~seher** *m* clairvoyant; **~wach** *a* wide-awake.

Helm ['hɛlm] *m* **-(e)s, -e** (*auf Kopf*) helmet.

Hemd [hɛmt] *nt* **-(e)s, -en** shirt; (*Unter—*) vest; **~bluse** *f* blouse; **~enknopf** *m* shirt button.

hemmen ['hɛmən] *vt* check, hold up; **gehemmt sein** be inhibited.

Hemmung *f* check; (*Psych*) inhibition; **h~slos** *a* unrestrained, without restraint.

Hengst [hɛŋst] *m* **-es, -e** stallion.

Henkel ['hɛŋkəl] *m* **-s,** - handle; **~krug** *m* jug.

henken ['hɛŋkən] *vt* hang.

Henker *m* **-s,** - hangman.

Henne ['hɛnə] *f* **-, -n** hen.

her [he:r] *ad* here; (*Zeit*) ago; **~ damit!** hand it over!

herab [hɛ'rap] *ad* down(ward(s)); **~hängen** *vi irreg* hang down; **~lassen** *irreg vt* let down; *vr* condescend; **H~lassung** *f* condescension; **~sehen** *vi irreg* look down (*auf +acc* on); **~setzen** *vt* lower, reduce; (*fig*) belittle, disparage; **H~setzung** *f* reduction; disparagement; **~würdigen** *vt* belittle, disparage.

heran [hɛ'ran] *ad*: **näher ~!** come up closer!; **~ zu mir!** come up to me!; **~bilden** *vt* train; **~bringen** *vt irreg* bring up (*an +acc* to); **~fahren** *vi irreg* drive up (*an +acc* to); **~kommen** *vi irreg* (*an +acc*) approach, come near; **~machen** *vr*: **sich an jdn ~machen** make up to sb; **~wachsen** *vi irreg* grow up; **~ziehen** *vt irreg* pull nearer; (*aufziehen*) raise; (*ausbilden*) train; **jdn zu etw ~ziehen** call upon sb to help in sth.

herauf [hɛ'rauf] *ad* up(ward(s)), up here; **~beschwören** *vt irreg* conjure up, evoke; **~bringen** *vt irreg* bring up; **~ziehen** *irreg vt* draw *or* pull up; *vi* approach; (*Sturm*) gather.

heraus [hɛ'raus] *ad* out; outside; from; **~arbeiten** *vt* work out; **~bekommen** *vt irreg* get out; (*fig*) find *or* figure out; **~bringen** *vt irreg* bring out; *Geheimnis* elicit; **~finden** *vt irreg* find out; **~fordern** *vt* challenge; **H~forderung** *f* challenge; provocation; **~geben** *vt irreg* give up, surrender; *Geld* give back; *Buch* edit; (*veröffentlichen*) publish; **~geber** *m* **-s,** - editor; (*Verleger*) publisher; **~gehen** *vi irreg*: **aus sich** (*dat*) **~gehen** come out of one's shell; **~halten** *vr irreg*: **sich aus etw ~halten** keep out of sth; **~hängen** *vti irreg* hang out; **~holen** *vt* get out (*aus* of); **~kommen** *vi irreg* come out; **dabei kommt nichts ~** nothing will come of it; **~nehmen** *vt irreg* take out; **sich** (*dat*) **Freiheiten ~nehmen** take liberties; **~reißen** *vt irreg* tear out; pull out; **~rücken** *vt Geld* fork out, hand over; **mit etw ~rücken** (*fig*) come out with sth; **~rutschen** *vi* slip out; **~schlagen** *vt irreg* knock out; (*fig*) obtain; **~stellen** *vr* turn out (*als* to be); **~wachsen** *vi irreg* grow out (*aus* of); **~ziehen** *vt irreg* pull out, extract.

herb [hɛrp] *a* (slightly) bitter, acid; *Wein* dry; (*fig*) (*schmerzlich*) bitter; (*streng*) stern, austere.

herbei [hɛr'baɪ] *ad* (over) here; **~führen** *vt* bring about; **~lassen** *vr irreg*: **sich ~lassen zu** condescend *or* deign to; **~schaffen** *vt* procure.

herbemühen ['hɛrbəmy:ən] *vr* take the trouble to come.

Herberge ['hɛrbɛrgə] *f* **-, -n** shelter; hostel, inn.

Herbergsmutter *f*, **Herbergsvater** *m* warden.

her- ['hɛr] *cpd*: **~bitten** *vt irreg* ask to come (here); **~bringen** *vt irreg* bring here.

Herbst [hɛrpst] *m* **-(e)s, -e** autumn, fall (*US*); **h~lich** *a* autumnal.

Herd [he:rt] *m* **-(e)s, -e** cooker; (*fig, Med*) focus, centre.

Herde ['he:rdə] *f* **-, -n** herd; (*Schaf—*) flock.

herein [hɛ'raɪn] *ad* in (here), here; **~!** come in!; **~bitten** *vt irreg* ask in; **~brechen** *vi irreg* set in; **~bringen** *vt irreg* bring in; **~dürfen** *vi irreg* have permission to enter; **H~fall** *m* letdown; **~fallen** *vi irreg* be caught, taken in; **~fallen auf** (*+acc*) fall for; **~kommen** *vi irreg* come in; **~lassen** *vt irreg* admit; **~legen** *vt*: **jdn ~legen** take sb in; **~platzen** *vi* burst in.

Her- ['hɛr] *cpd*: **~fahrt** *f* journey here; **h~fallen** *vi irreg*: **h~fallen über** fall upon; **~gang** *m* course of events, circumstances *pl*; **h~geben** *vt irreg* give, hand (over); **sich zu etw h~geben** lend one's name to sth; **h~gehen** *vi irreg*: **hinter jdm h~gehen** follow sb; **es geht hoch h~** there are a lot of goings-on; **h~halten** *vt irreg* hold out; **h~halten müssen** (*col*) have to suffer; **h~hören** *vi* listen; **hör mal h~!** listen here!

Hering ['he:rɪŋ] *m* **-s, -e** herring.

her- ['hɛr] *cpd*: **~kommen** *vi irreg* come; **komm mal ~!** come here!; **~kömmlich** *a* traditional; **H~kunft** *f* **-, -künfte** origin; **~laufen** *vi irreg*; **~laufen hinter** (*+dat*) run after; **~leiten** *vr* derive; **~machen** *vr*: **sich ~machen über** (*+acc*) set about *or* upon.

Hermelin [hɛrmə'li:n] *m or nt* **-s, -e** ermine.

hermetisch [hɛr'me:tɪʃ] *a,ad* hermetic(ally).

her- *cpd*: **~'nach** *ad* afterwards; **~'nieder** *ad* down.

heroisch [he'ro:ɪʃ] *a* heroic.

Herold ['he:rɔlt] *m* **-(e)s, -e** herald.

Herr [hɛr] *m* **-(e)n, -en** master; (*Mann*) gentleman; (*adliger, Rel*) Lord; (*vor Namen*) Mr.; **mein ~!** sir!; **meine ~en!** gentlemen!; **~enbekanntschaft** *f* gentleman friend; **~endoppel** *nt* men's doubles; **~eneinzel** *nt* men's singles; **~enhaus** *nt* mansion; **h~enlos** *a* ownerless.

herrichten ['hɛrrɪçtən] *vt* prepare.

Herr- *cpd*: **~in** *f* mistress; **h~isch** *a* domineering; **h~lich** *a* marvellous, splendid; **~lichkeit** *f* splendour, magnificence; **~schaft** *f* power, rule; (*Herr und Herrin*) master and mistress; **meine ~schaften!** ladies and gentlemen!

herrschen ['hɛrʃən] *vt* rule; (*bestehen*) prevail, be.

Herrscher(in *f*) *m* **-s, -** ruler.

Herrschsucht *f* domineering behaviour.

her- ['hɛr] *cpd*: **~rühren** *vi* arise, originate; **~sagen** *vt* recite; **~stammen** *vi* descend, come from; **~stellen** *vt* make, manufacture; **H~steller** *m* **-s, -** manufacturer; **H~stellung** *f* manufacture; **H~stellungskosten** *pl* manufacturing costs *pl*.

herüber [hɛ'ry:bər] *ad* over (here), across.

herum [hɛ'rʊm] *ad* about, (a)round; **um etw ~** around sth; **~ärgern** *vr* get annoyed (*mit* with); **~führen** *vt* show around; **~gehen** *vi irreg* walk *or* go round (*um etw* sth); walk about; **~irren** *vi* wander about; **~kriegen** *vt* bring *or* talk around; **~lungern** *vi* lounge about; **~sprechen** *vr irreg* get around, be spread; **~treiben** *vir irreg* drift about; **~ziehen** *vir irreg* wander about.

herunter [hɛ'rʊntər] *ad* downward(s), down (there); **~gekommen** *a* run-down; **~hängen** *vi irreg* hang down; **~holen** *vt* bring down; **~kommen** *vi irreg* come down; (*fig*) come down in the world; **~machen** *vt* take down; (*schimpfen*) abuse, criticise severely.

hervor [hɛr'fo:r] *ad* out, forth; **~brechen** *vi irreg* burst forth, break out; **~bringen** *vt irreg* produce; *Wort* utter; **~gehen** *vi irreg* emerge, result; **~heben** *vt irreg* stress; (*als Kontrast*) set off; **~ragend** *a* excellent; (*lit*) projecting; **~rufen** *vt irreg* cause, give rise to; **~treten** *vi irreg* come out.

Herz [hɛrts] *nt* **-ens, -en** heart; **~anfall** *m* heart attack; **h~en** *vt* caress, embrace; **~enslust** *f*: **nach ~enslust** to one's heart's content; **~fehler** *m* heart defect; **h~haft** *a* hearty; **~infarkt** *m* heart attack; **~klopfen** *nt* palpitation; **h~lich** *a* cordial; **h~lichen Glückwunsch** congratulations *pl*; **h~liche Grüße** best wishes; **~lichkeit** *f* cordiality; **h~los** *a* heartless; **~losigkeit** *f* heartlessness.

Herzog ['hɛrtso:k] *m* **-(e)s, ⸚e** duke; **~in** *f* duchess; **h~lich** *a* ducal; **~tum** *nt* duchy.

Herz- *cpd*: **~schlag** *m* heartbeat; (*Med*) heart attack; **h~zerreißend** *a* heart-rending.

heterogen [hetero'ge:n] *a* heterogeneous.

Hetze ['hɛtsə] *f* **-, -n** (*Eile*) rush; **h~n** *vt* hunt; (*verfolgen*) chase; **jdn/etw auf jdn/etw ~** set sb/sth on sb/sth; *vi* (*eilen*) rush; **h~n gegen** stir up feeling against; **h~n zu** agitate for; **~'rei** *f* agitation; (*Eile*) rush.

Heu [hɔʏ] *nt* **-(e)s** hay; **~boden** *m* hayloft.

Heuchelei [hɔʏçə'laɪ] *f* hypocrisy.

heucheln ['hɔʏçəln] *vt* pretend, feign; *vi* be hypocritical.

Heuchler(in *f*) [hɔʏçlər(ɪn)] *m* **-s, -** hypocrite; **h~isch** *a* hypocritical.

Heuer ['hɔʏər] *f* **-, -n** (*Naut*) pay; **h~** *ad* this year.

Heugabel *f* pitchfork.

heulen ['hɔʏlən] *vi* howl; cry; **das ~de Elend bekommen** get the blues.

heurig ['hɔʏrɪç] *a* this year's.

Heu- *cpd*: **~schnupfen** *m* hay fever; **~schrecke** *f* grasshopper, locust.

heute ['hɔʏtə] *ad* today; **~ abend/früh** this evening/morning; **das H~** today.

heutig ['hɔʏtɪç] *a* today's.

heutzutage ['hɔʏttsuta:gə] *ad* nowadays.

Hexe ['hɛksə] *f* **-, -n** witch; **h~n** *vi* practise withcraft; **ich kann doch nicht h~n** I can't work miracles; **~nkessel** *m* (*lit, fig*) cauldron; **~nmeister** *m* wizard; **~nschuß** *m* lumbago; **~'rei** *f* witchcraft.

Hieb [hi:p] *m* **-(e)s, -e** blow; (*Wunde*) cut, gash; (*Stichelei*) cutting remark; **~e bekommen** get a thrashing.

hier [hi:r] *ad* here; **~auf** *ad* thereupon; (*danach*) after that; **~behalten** *vt irreg* keep here; **~bei** *ad* herewith, enclosed; **~bleiben** *vi irreg* stay here; **~durch** *ad* by this means; (*örtlich*) through here; **~her** *ad* this way, here; **~lassen** *vt irreg* leave here; **~mit** *ad* hereby; **~nach** *ad* hereafter; **~von** *ad* about this, hereof; **~zulande** *ad* in this country.

hiesig ['hi:zɪç] *a* of this place, local.

Hilfe ['hɪlfə] *f* **-, -n** help; aid; **Erste ~** first aid; **~!** help!.

Hilf- *cpd*: **h~los** *a* helpless; **~losigkeit** *f* helplessness; **h~reich** *a* helpful; **~saktion** *f* relief measures *pl*; **~sarbeiter** *m* labourer; **h~sbedürftig** *a* needy; **h~sbereit** *a* ready to help; **~skraft** *f* assistant, helper; **~sschule** *f* school for backward children; **~szeitwort** *nt* auxiliary verb.

Himbeere ['hɪmbe:rə] *f* **-, -n** raspberry.

Himmel ['hɪməl] *m* **-s, -** sky; (*Rel, liter*) heaven; **h~angst** *a*: **es ist mir h~angst** I'm scared to death; **h~blau** *a* sky-blue; **~fahrt** *f* Ascension; **h~schreiend** *a* outrageous; **~srichtung** *f* direction.

himmlisch ['hɪmlɪʃ] *a* heavenly.

hin [hɪn] *ad* there; **~ und her** to and fro; **bis zur Mauer ~** up to the wall; **Geld ~, Geld her** money or no money; **mein Glück ist ~** my happiness has gone.

hinab [hɪ'nap] *ad* down; **~gehen** *vi irreg* go down; **~sehen** *vi irreg* look down.

hinauf [hɪ'naʊf] *ad* up; **~arbeiten** *vr* work one's way up; **~steigen** *vi irreg* climb.

hinaus [hɪ'naʊs] *ad* out; **~befördern** *vt* kick/throw out; **~gehen** *vi irreg* go out; **~gehen über** (+*acc*) exceed; **~laufen** *vi irreg* run out; **~laufen auf** (+*acc*) come to, amount to; **~schieben** *vt irreg* put off, postpone; **~werfen** *vt irreg* throw out; **~wollen** *vi* want to go out; **~wollen auf** (+*acc*) drive at, get at; **~ziehen** *irreg vt* draw out; *vr* be protracted.

Hinblick ['hɪnblɪk] *m*: **in** *or* **im ~ auf** (+*acc*) in view of.

hinder- ['hɪndər] *cpd*: **~lich** *a* awkward;

~n *vt* hinder, hamper; **jdn an etw** (*dat*) **~n** prevent sb from doing sth; **H~nis** *nt* **-ses, -se** obstacle.
hindeuten ['hındɔytən] *vi* point (*auf +acc* to).
hindurch [hın'dʊrç] *ad* through; across; (*zeitlich*) over.
hinein [hı'naın] *ad* in; **~fallen** *vi irreg* fall in; **~fallen in** (*+acc*) fall into; **~gehen** *vi irreg* go in; **~gehen in** (*+acc*) go into, enter; **~geraten** *vi irreg*: **~geraten in** (*+acc*) get into; **~passen** *vi* fit in; **~passen in** (*+acc*) fit into; **~reden** *vi*: **jdm ~reden** interfere in sb's affairs; **~steigern** *vr* get worked up; **~versetzen** *vr*: **sich ~versetzen in** (*+acc*) put oneself in the position of.
hin- ['hın] *cpd*: **~fahren** *irreg vi* go; drive; *vt* take; drive; **H~fahrt** *f* journey there; **~fallen** *vi irreg* fall down; **~fällig** *a* frail, decrepit; *Regel etc* unnecessary, otiose; **H~gabe** *f* devotion; **~geben** *vr irreg +dat* give oneself up to, devote oneself to; **~gehen** *vi irreg* go; (*Zeit*) pass; **~halten** *vt irreg* hold out; (*warten lassen*) put off, stall.
hinken ['hıŋkən] *vi* limp; (*Vergleich*) be unconvincing.
hin- ['hın] *cpd*: **~legen** *vt* put down; *vr* lie down; **~nehmen** *vt irreg* (*fig*) put up with, take; **~reichen** *vi* be adequate; *vt*: **jdm etw ~reichen** hand sb sth; **H~reise** *f* journey out; **~reißen** *vt irreg* carry away, enrapture; **sich ~reißen lassen, etw zu tun** get carried away and do sth; **~richten** *vt* execute; **H~richtung** *f* execution; **~sichtlich** *prep +gen* with regard to; **H~spiel** *nt* (*Sport*) first leg; **~stellen** *vt* put (down); *vr* place o.s.
hintanstellen [hınt''anʃtɛlən] *vt* (*fig*) ignore.
hinten ['hıntən] *ad* at the back; behind; **~herum** *ad* round the back; (*fig*) secretly.
hinter ['hıntər] *prep +dat or acc* behind; (*nach*) after; **~ jdm hersein** be after sb; **H~achse** *f* rear axle; **H~bein** *nt* hind leg; **sich auf die H~beine stellen** get tough; **H~bliebene(r)** *mf* surviving relative; **~drein** *ad* afterwards; **~e(r,s)** *a* rear, back; **~einander** *ad* one after the other; **H~gedanke** *m* ulterior motive; **~gehen** *vt irreg* deceive; **H~grund** *m* background; **H~halt** *m* ambush; **~hältig** *a* underhand, sneaky; **~her** *ad* afterwards, after; **H~hof** *m* backyard; **H~kopf** *m* back of one's head; **~'lassen** *vt irreg* leave; **H~'lassenschaft** *f* (testator's) estate; **~'legen** *vt* deposit; **H~list** *f* cunning, trickery; (*Handlung*) trick, dodge; **~listig** *a* cunning, crafty; **H~mann** *m, pl* **~männer** person behind; **H~rad** *nt* back wheel; **H~radantrieb** *m* (*Aut*) rear wheel drive; **~rücks** *ad* from behind; **H~teil** *nt* behind; **H~treffen** *nt*: **ins H~treffen kommen** lose ground; **~'treiben** *vt irreg* prevent, frustrate; **H~tür** *f* back door; (*fig*: *Ausweg*) escape, loophole; **~'ziehen** *vt irreg Steuern* evade (paying).
hinüber [hı'ny:bər] *ad* across, over; **~gehen** *vi irreg* go over *or* across.
hinunter [hı'nʊntər] *ad* down; **~bringen** *vt irreg* take down; **~schlucken** *vt* (*lit, fig*) swallow; **~steigen** *vi irreg* descend.
hin- ['hın] *cpd*: **H~weg** *m* journey out; **~'weghelfen** *vi irreg*: **jdm über etw** (*acc*) **~weghelfen** help sb to get over sth; **~'wegsetzen** *vr*: **sich ~wegsetzen über** (*+acc*) disregard; **H~weis** *m* **-es, -e** (*Andeutung*) hint; (*Anweisung*) instruction; (*Verweis*) reference; **~weisen** *vi irreg* (*auf +acc*) (*anzeigen*) point to; (*sagen*) point out, refer to; **~werfen** *vt irreg* throw down; **~ziehen** *vr irreg* (*fig*) drag on; **~zielen** *vi* aim (*auf +acc* at).
hinzu [hın'tsu:] *ad* in addition; **~fügen** *vt* add.
Hirn [hırn] *nt* **-(e)s, -e** brain(s); **~gespinst** *nt* **-(e)s, -e** fantasy; **h~verbrannt** *a* half-baked, crazy.
Hirsch [hırʃ] *m* **-(e)s, -e** stag.
Hirse ['hırzə] *f* **-, -n** millet.
Hirt ['hırt] *m* **-en, -en** herdsman; (*Schaf—, fig*) shepherd.
hissen ['hısən] *vt* hoist.
Historiker [hıs'to:rikər] *m* **-s, -** historian.
historisch [hıs'to:rıʃ] *a* historical.
Hitze ['hıtsə] *f* **-** heat; **h~beständig** *a* heat-resistant; **~welle** *f* heatwave.
hitzig *a* hot-tempered; *Debatte* heated.
Hitz- *cpd*: **~kopf** *m* hothead; **h~köpfig** *a* fiery, hotheaded; **~schlag** *m* heatstroke.
Hobel ['ho:bəl] *m* **-s, -** plane; **~bank** *f* carpenter's bench; **h~n** *vti* plane; **~späne** *pl* wood shavings *pl*.
hoch [ho:x] *a* high; **H~** *nt* **-s, -s** (*Ruf*) cheer; (*Met*) anticyclone; **~achten** *vt* respect; **H~achtung** *f* respect, esteem; **~achtungsvoll** *ad* yours faithfully; **H~amt** *nt* high mass; **~arbeiten** *vr* work one's way up; **~begabt** *a* extremely gifted; **~betagt** *a* very old, aged; **H~betrieb** *m* intense activity; (*Comm*) peak time; **~bringen** *vt irreg* bring up; **H~burg** *f* stronghold; **H~deutsch** *nt* High German; **~dotiert** *a* highly paid; **H~druck** *m* high pressure; **H~ebene** *f* plateau; **~erfreut** *a* highly delighted; **~fliegend** *a* (*fig*) high-flown; **H~form** *f* top form; **~gradig** *a* intense, extreme; **~halten** *vt irreg* hold up; (*fig*) uphold, cherish; **H~haus** *nt* multi-storey building; **~heben** *vt irreg* lift (up); **H~konjunktur** *f* boom; **H~land** *nt* highlands *pl*; **~leben** *vi*: **jdn ~leben lassen** give sb three cheers; **H~mut** *m* pride; **~mütig** *a* proud, haughty; **~näsig** *a* stuck-up, snooty; **H~ofen** *m* blast furnace; **~prozentig** *a Alkohol* strong; **H~rechnung** *f* projected result; **H~saison** *f* high season; **H~schätzung** *f* high esteem; **H~schule** *f* college; university; **H~sommer** *m* middle of summer; **H~spannung** *f* high tension; **H~sprache** *f* standard language; **~springen** *vi irreg* jump up, **H~sprung** *m* high jump.

höchst [hø:çst] *ad* highly, extremely; **~e(r,s)** *a highest; (äußerste)* extreme.
Hochstapler ['ho:xsta:plər] *m* **-s, -** swindler.
Höchst- *cpd*: **h~ens** *ad* at the most; **~geschwindigkeit** *f* maximum speed; **h~persönlich** *ad* in person; **~preis** *m* maximum price; **h~wahrscheinlich** *ad* most probably.
Hoch- *cpd* **h~trabend** *a* pompous; **~verrat** *m* high treason; **~wasser** *nt* high water; (*Überschwemmung*) floods *pl*; **h~wertig** *a* high-class, first-rate; **~würden** *m* Reverend; **~zahl** *f* (*Math*) exponent.
Hochzeit ['hɔxtsaɪt] *f* **-, -en** wedding; **~sreise** *f* honeymoon.
hocken ['hɔkən] *vir* squat, crouch.
Hocker *m* **-s, -** stool.
Höcker ['hœkər] *m* **-s, -** hump.
Hode ['ho:də] *m* **-n, -n** testicle.
Hof [ho:f] *m* **-(e)s, ¨e** (*Hinter—*) yard; (*Bauern—*) farm; (*Königs—*) court.
hoffen ['hɔfən] *vi* hope (*auf +acc* for); **~tlich** *ad* I hope, hopefully.
Hoffnung ['hɔfnʊŋ] *f* hope; **h~slos** *a* hopeless; **~slosigkeit** *f* hopelessness; **~sschimmer** *m* glimmer of hope; **h~svoll** *a* hopeful.
höflich ['hø:flɪç] *a* polite, courteous; **H~keit** *f* courtesy, politeness.
hohe(r,s) ['ho:ə(r,z)] *a see* **hoch**.
Höhe ['hø:ə] *f* **-, -n** height; (*An—*) hill.
Hoheit ['ho:haɪt] *f* (*Pol*) sovereignty; (*Titel*) Highness; **~sgebiet** *nt* sovereign territory; **~sgewässer** *nt* territorial waters *pl*; **~szeichen** *nt* national emblem.
Höhen- ['hø:ən] *cpd*: **~angabe** *f* altitude reading; (*auf Karte*) height marking; **~messer** *m* **-s, -** altimeter; **~sonne** *f* sun lamp; **~unterschied** *m* difference in altitude; **~zug** *m* mountain chain.
Höhepunkt *m* climax.
höher *a,ad* higher.
hohl [ho:l] *a* hollow.
Höhle ['hø:lə] *f* **-, -n** cave, hole; (*Mund—*) cavity; (*fig, Zool*) den.
Hohl- *cpd*: **~heit** *f* hollowness; **~maß** *nt* measure of volume; **~saum** *m* hemstitch.
Hohn [ho:n] *m* **-(e)s** scorn.
höhnen ['hø:nən] *vt* taunt, scoff at.
höhnisch *a* scornful, taunting.
hold [hɔlt] *a* charming, sweet.
holen ['ho:lən] *vt* get, fetch; *Atem* take; **jdn/etw ~ lassen** send for sb/sth.
Hölle ['hœlə] *f* **-, -n** hell; **~nangst** *f*: **eine ~nangst haben** be scared to death.
höllisch ['hœlɪʃ] *a* hellish, infernal.
holperig ['hɔlpərɪç] *a* rough, bumpy.
holpern ['hɔlpərn] *vi* jolt.
Holunder [ho'lʊndər] *m* **-s, -** elder.
Holz [hɔlts] *nt* **-es, ¨er** wood.
hölzern ['hœltsərn] *a* (*lit, fig*) wooden.
Holz- *cpd*: **~fäller** *m* **-s, -** lumberjack, woodcutter; **h~ig** *a* woody; **~klotz** *m* wooden block; **~kohle** *f* charcoal; **~scheit** *nt* log; **~schuh** *m* clog; **~weg** *m* (*fig*) wrong track; **~wolle** *f* fine wood shavings *pl*; **~wurm** *m* woodworm.
homosexuell [homozɛksu'ɛl] *a* homosexual.
Honig ['ho:nɪç] *m* **-s, -e** honey; **~wabe** *f* honeycomb.
Honorar [hono'ra:r] *nt* **-s, -e** fee.
honorieren [hono'ri:rən] *vt* remunerate; *Scheck* honour.
Hopfen ['hɔpfən] *m* **-s, -** hops *pl*.
hopsen ['hɔpsən] *vi* hop.
Hör- *cpd*: **~apparat** *m* hearing aid; **h~bar** *a* audible.
horch [hɔrç] *interj* listen; **~en** *vi* listen; (*pej*) eavesdrop; **H~er** *m* **-s, -** listener; eavesdropper.
Horde ['hɔrdə] *f* **-, -n** horde.
hören ['hø:rən] *vti* hear; **H~sagen** *nt*: **vom H~sagen** from hearsay.
Hörer *m* **-s, -** hearer; (*Rad*) listener; (*Univ*) student; (*Telefon—*) receiver.
Horizont [hori'tsɔnt] *m* **-(e)s, -e** horizon; **h~al** [-'ta:l] *a* horizontal.
Hormon [hɔr'mo:n] *nt* **-s, -e** hormone.
Hörmuschel *f* (*Tel*) earpiece.
Horn [hɔrn] *nt* **-(e)s, ¨er** horn; **~haut** *f* horny skin.
Hornisse [hɔr'nɪsə] *f* **-, -n** hornet.
Horoskop [horo'sko:p] *nt* **-s, -e** horoscope.
Hör- *cpd* **~rohr** *nt* ear trumpet; (*Med*) stethoscope; **~saal** *m* lecture room; **~spiel** *nt* radio play.
Hort [hɔrt] *m* **-(e)s, -e** hoard; (*Sch*) nursery school; **h~en** *vt* hoard.
Hose ['ho:ze] *f* **-, -n** trousers *pl*, pants (*US*) *pl*; **~nanzug** trouser suit; **~nrock** *m* culottes *pl*; **~ntasche** *f* (trouser) pocket; **~nträger** *m* braces *pl*, suspenders (*US*) *pl*.
Hostie ['hɔstiə] *f* (*Rel*) host.
Hotel [ho'tɛl] *nt* **-s, -s** hotel; **~ier** [hotɛli'e:] *m* **-s, -s** hotelkeeper, hotelier.
Hub [hu:p] *m* **-(e)s, ¨e** lift; (*Tech*) stroke.
hüben ['hy:bən] *ad* on this side, over here.
Hubraum *m* (*Aut*) cubic capacity.
hübsch [hʏpʃ] *a* pretty, nice.
Hubschrauber *m* **-s, -** helicopter.
hudeln ['hu:dəln] *vi* be sloppy.
Huf ['hu:f] *m* **-(e)s, -e** hoof; **~eisen** *nt* horseshoe; **~nagel** *m* horseshoe nail.
Hüft- ['hʏft] *cpd*: **~e** *f* **-, -n** hip; **~gürtel** *m*, **~halter** *m* **-s, -** girdle.
Hügel ['hy:gəl] *m* **-s, -** hill; **h~ig** *a* hilly.
Huhn [hu:n] *nt* **-(e)s, ¨er** hen; (*Cook*) chicken.
Hühner- ['hy:nər] *cpd*: **~auge** *nt* corn; **~brühe** *f* chicken broth.
Huld [hʊlt] *f* **-** favour; **h~igen** ['hʊldɪgən] *vi* pay homage (*jdm* to sb); **~igung** *f* homage.
Hülle ['hʏlə] *f* **-, -n** cover(ing); wrapping; **in ~ und Fülle** galore; **h~n** *vt* cover, wrap (*in +acc* with).
Hülse ['hʏlzə] *f* **-, -n** husk, shell; **~nfrucht** *f* legume.
human [hu'ma:n] *a* humane; **~i'tär** *a* humanitarian; **H~i'tät** *f* humanity.
Hummel ['hʊməl] *f* **-, -n** bumblebee.
Hummer ['hʊmər] *m* **-s, -** lobster.
Humor [hu'mo:r] *m* **-s, -e** humour; **~**

haben have a sense of humour; **~ist** [-'rɪst] *m* humorist; **h~istisch** *a*, **h~voll** *a* humorous.
humpeln ['hʊmpəln] *vi* hobble.
Humpen ['hʊmpən] *m* **-s, -** tankard.
Hund [hʊnt] *m* **-(e)s, -e** dog; **~ehütte** *f* (dog) kennel; **~ekuchen** *m* dog biscuit; **h~emüde** *a* (*col*) dog-tired.
hundert ['hʊndərt] *num* hundred; **H~-'jahrfeier** *f* centenary; **~prozentig** *a,ad* one hundred per cent.
Hündin ['hʏndɪn] *f* bitch.
Hunger ['hʊŋər] *m* **-s** hunger; **~ haben** be hungry; **~lohn** *m* starvation wages *pl*; **h~n** *vi* starve; **~snot** *f* famine; **~streik** *m* hunger strike.
hungrig ['hʊŋrɪç] *a* hungry.
Hupe ['hu:pə] *f* **-, -n** horn, hooter; **h~n** *vi* hoot, sound one's horn.
hüpfen ['hʏpfən] *vi* hop, jump.
Hürde ['hʏrdə] *f* **-, -n** hurdle; (*für Schafe*) pen; **~nlauf** *m* hurdling.
Hure ['hu:rə] *f* **-, -n** whore.
hurtig ['hʊrtɪç] *a,ad* brisk(ly), quick(ly).
huschen ['hʊʃən] *vi* flit, scurry.
Husten ['hu:stən] *m* **-s** cough; **h~** *vi* cough; **~anfall** *m* coughing fit; **~bonbon** *m or nt* cough drop; **~saft** *m* cough mixture.
Hut [hu:t] *m* **-(e)s, ¨e** hat; *f* - care; **auf der ~ sein** be on one's guard.
hüten ['hy:tən] *vt* guard; *vr* watch out; **sich ~, zu** take care not to; **sich ~ vor** beware of.
Hütte ['hʏtə] *f* **-, -n** hut, cottage; (*Eisen—*) forge; **~nwerk** *nt* foundry.
hutzelig ['hʊtsəlɪç] *a* shrivelled.
Hyäne [hy'ɛ:nə] *f* **-, -n** hyena.
Hyazinthe [hya'tsɪntə] *f* **-, -n** hyacinth.
Hydr- *cpd*: **~ant** [hy'drant] *m* hydrant; **h~aulisch** [hy'draʊlɪʃ] *a* hydraulic; **~ierung** [hy'dri:rʊŋ] *f* hydrogenation.
Hygiene [hygi'e:nə] *f* - hygiene.
hygienisch [hygi'e:nɪʃ] *a* hygienic.
Hymne ['hʏmnə] *f* **-, -n** hymn, anthem.
hyper- ['hypɛr] *pref* hyper-.
Hypno- [hʏp'no] *cpd*: **~se** *f* **-, -n** hypnosis; **h~tisch** *a* hypnotic; **~tiseur** [-ti'zø:r] hypnotist; **h~ti'sieren** *vt* hypnotize.
Hypothek [hypo'te:k] *f* **-, -en** mortgage.
Hypothese [hypo'te:zə] *f* **-, -n** hypothesis.
hypothetisch [hypo'te:tɪʃ] *a* hypothetical.
Hysterie [hʏste'ri:] *f* hysteria.
hysterisch [hʏs'te:rɪʃ] *a* hysterical.

I

I, i [i:] *nt* I, i.
ich [ɪç] *pron* I; **~ bin's!** it's me!; **I~** *nt* **-(s), -(s)** self; (*Psych*) ego.
Ideal [ide'a:l] *nt* **-s, -e** ideal; **i~** *a* ideal; **~ist** [-'lɪst] *m* idealist; **i~istisch** [-'lɪstɪʃ] *a* idealistic.
Idee [i'de:] *f* **-, -n** [i'de:ən] idea; **i~ll** [ide'ɛl] *a* ideal.
identi- [i'dɛnti] *cpd*: **~fizieren** [-fi'tsi:rən] *vt* identify; **~sch** *a* identical; **I~tät** [-'tɛ:t] *f* identity.
Ideo- [ideo] *cpd*: **~loge** [-'lo:gə] *m* **-n, -n** ideologist; **~logie** [-lo'gi:] *f* ideology; **i~logisch** [-'logɪʃ] *a* ideological.
idiomatisch [idio'matɪʃ] *a* idiomatic.
Idiot [idi'o:t] *m* **-en, -en** idiot; **i~isch** *a* idiotic.
idyllisch [i'dʏlɪʃ] *a* idyllic.
Igel ['i:gəl] *m* **-s, -** hedgehog.
ignorieren [ɪgno'ri:rən] *vt* ignore.
ihm [i:m] *pron dat of* **er, es** (to) him, (to) it.
ihn [i:n] *pron acc of* **er** him; it; **~en** *pron dat of* **sie** *pl* (to) them; **I~en** *pron dat of* **Sie** (to) you.
ihr [i:r] *pron nom pl* you; *dat of* **sie** *sing* (to) her; **~(e)** *poss pron sing* her; its; *pl* their; **I~(e)** *poss pron* your; **~e(r,s)** *poss pron sing* hers; its; *pl* theirs; **I~e(r,s)** *poss pron* yours; **~er** *pron gen of* **sie** *sing/pl* of her/them; **I~er** *pron gen of* **Sie** of you; **~erseits** *ad* for her/their part; **~esgleichen** *pron* people like her/them; (*von Dingen*) others like it; **~etwegen, ~etwillen** *ad* (*für sie*) for her/its/their sake; (*wegen ihr*) on her/its/their account; **~ige** *pron*: **der/die/das ~ige** hers; its; theirs.
Ikone [i'ko:nə] *f* **-, -n** icon.
illegal ['ɪlega:l] *a* illegal.
Illusion [ɪluzi'o:n] *f* illusion.
illusorisch [ɪlu'zo:rɪʃ] *a* illusory.
illustrieren [ɪlʊs'tri:rən] *vt* illustrate.
Illustrierte *f* **-n, -n** picture magazine.
Iltis ['ɪltɪs] *m* **-ses, -se** polecat.
im [ɪm] = **in dem**.
imaginär [imagi'nɛ:r] *a* imaginary.
Imbiß ['ɪmbɪs] *m* **-sses, -sse** snack; **~halle** *f*, **~stube** *f* snack bar.
imitieren [imi'ti:rən] *vt* imitate.
Imker ['ɪmkər] *m* **-s, -** beekeeper.
Immatrikulation [ɪmatrikulatsɪ'o:n] *f* (*Univ*) registration.
immatrikulieren [ɪmatriku'li:rən] *vi/r* register.
immer ['ɪmər] *ad* always; **~ wieder** again and again; **~ noch** still; **~ noch nicht** still not; **für ~** forever; **~ wenn ich ...** everytime I . . .; **~ schöner/trauriger** more and more beautiful/sadder and sadder; **was/wer (auch) ~** whatever/whoever; **~hin** *ad* all the same; **~zu** *ad* all the time.
Immobilien [ɪmo'bi:liən] *pl* real estate.
immun [ɪ'mu:n] *a* immune; **I~ität** [-i'tɛ:t] *f* immunity.
Imperativ ['ɪmperati:f] *m* **-s, -e** imperative.
Imperfekt ['ɪmpɛrfɛkt] *nt* **-s, -e** imperfect (tense).
Imperialist [ɪmperia'lɪst] *m* imperialist; **i~isch** *a* imperialistic.
Impf- [ɪmpf] *cpd*: **i~en** *vt* vaccinate; **~stoff** *m* vaccine; **~ung** *f* vaccination; **~zwang** *m* compulsory vaccination.
implizieren [ɪmpli'tsi:rən] *vt* imply (*mit* by).
imponieren [ɪmpo'ni:rən] *vi* impress (*jdm* sb).
Import [ɪm'pɔrt] *m* **-(e)s, -e** import; **i~ieren** [-'ti:rən] *vt* import.
imposant [ɪmpo'zant] *a* imposing.

impotent [ˈɪmpotɛnt] *a* impotent.
imprägnieren [ɪmprɛˈgniːrən] *vt* (water)proof.
Improvisation [ɪmprovizatsiˈoːn] *f* improvization.
improvisieren [ɪmproviˈziːrən] *vti* improvize.
Impuls [ɪmˈpʊls] *m* **-es, -e** impulse; **i~iv** [-ˈziːf] *a* impulsive.
imstande [ɪmˈʃtandə] *a*: ~ **sein** be in a position; (*fähig*) be able.
in [ɪn] *prep* +*acc* in(to); to; +*dat* in; ~ **der/die Stadt** in/into town; ~ **der/die Schule** at/to school.
Inanspruchnahme [ɪnˈˈanʃprʊxnaːmə] *f* **-, -n** demands *pl* (*gen* on).
Inbegriff [ˈɪnbəgrɪf] *m* embodiment, personification; **i~en** *ad* included.
inbrünstig [ˈɪnbrʏnstɪç] *a* ardent.
indem [ɪnˈdeːm] *cj* while; ~ **man etw macht** (*dadurch*) by doing sth.
indes(sen) [ɪnˈdɛs(ən)] *ad* meanwhile; *cj* while.
Indianer(in *f***)** [ɪndiˈaːnər(ɪn)] *m* **-s, -** Red Indian.
indianisch *a* Red Indian.
indigniert [ɪndɪˈgniːrt] *a* indignant.
Indikativ [ˈɪndikatiːf] *m* **-s, -e** indicative.
indirekt [ˈɪndirɛkt] *a* indirect.
indiskret [ˈɪndɪskreːt] *a* indiscreet; **I~ion** [ɪndɪskretsiˈoːn] *f* indiscretion.
indiskutabel [ˈɪndɪskutaːbəl] *a* out of the question.
Individu- [ɪndividu] *cpd*: **~alist** [-aˈlɪst] *m* individualist; **—alität** [-aliˈtɛt] *f* individuality; **i~ell** [-ˈɛl] *a* individual; **~um** [ɪndiˈviːduʊm] *nt* **-s, -en** individual.
Indiz [ɪnˈdiːts] *nt* **-es, -ien** sign (*für* of); (*Jur*) clue; **~ienbeweis** *m* circumstantial evidence.
indoktrinieren [ɪndɔktriˈniːrən] *vt* indoctrinate.
industrialisieren [ɪndʊstrialiˈzɪːrən] *vt* industrialize.
Industrie [ɪndʊsˈtriː] *f* industry; *in cpds* industrial; **~gebiet** *nt* industrial area; **i~ll** [ɪndʊstriˈɛl] *a* industrial; **~zweig** *m* branch of industry.
ineinander [ɪnˈaɪˈnandər] *ad* in(to) one another *or* each other.
Infanterie [ɪnfantəˈriː] *f* infantry.
Infarkt [ɪnˈfarkt] *m* **-(e)s, -e** coronary (thrombosis).
Infektion [ɪnfɛktsiˈoːn] *f* infection; **~skrankheit** *f* infectious disease.
Infinitiv [ˈɪnfinitiːf] *m* **-s, -e** infinitive.
infizieren [ɪnfiˈtsiːrən] *vt* infect; *vr* be infected (*bei* by).
Inflation [ɪnflatsiˈoːn] *f* inflation.
inflatorisch [ɪnflaˈtoːrɪʃ] *a* inflationary.
infolge [ɪnˈfɔlgə] *prep* +*gen* as a result of, owing to; **~dessen** [-ˈdɛsən] *ad* consequently.
Informatik [ɪnfɔrˈmaːtɪk] *f* information studies *pl*.
Information [ɪnfɔrmatsiˈoːn] *f* information *no pl*.
informieren [ɪnfɔrˈmiːrən] *vt* inform; *vr* find out (*über* +*acc* about).
Infusion [ɪnfuziˈoːn] *f* infusion.
Ingenieur [ɪnʒeniˈøːr] *m* engineer; **~schule** *f* school of engineering.
Ingwer [ˈɪŋvər] *m* **-s** ginger.
Inhaber(in *f***)** [ˈɪnhaːbər(ɪn)] *m* **-s, -** owner; (*Haus—*) occupier; (*Lizenz—*) licensee, holder; (*Fin*) bearer.
inhaftieren [ɪnhafˈtiːrən] *vt* take into custody.
inhalieren [ɪnhaˈliːrən] *vti* inhale.
Inhalt [ˈɪnhalt] *m* **-(e)s, -e** contents *pl*; (*eines Buchs etc*) content; (*Math*) area; volume; **i~lich** *a* as regards content; **~sangabe** *f* summary; **i~slos** *a* empty; **i~(s)reich** *a* full; **~sverzeichnis** *nt* table of contents.
inhuman [ˈɪnhumaːn] *a* inhuman.
Initiative [initsiaˈtiːvə] *f* initiative.
Injektion [ɪnjɛktsiˈoːn] *f* injection.
inklusive [ɪnkluˈziːvə] *prep, ad* inclusive (*gen* of).
inkognito [ɪnˈkɔgnito] *ad* incognito.
inkonsequent [ˈɪnkɔnzekvɛnt] *a* inconsistent.
inkorrekt [ˈɪnkɔrɛkt] *a* incorrect.
Inkrafttreten [ɪnˈkrafttreːtən] *nt* **-s** coming into force.
Inland [ˈɪnlant] *nt* **-(e)s** (*Geog*) inland; (*Pol, Comm*) home (country); **~sporto** *nt* inland postage.
inmitten [ɪnˈmɪtən] *prep* +*gen* in the middle of; ~ **von** amongst.
innehaben [ˈɪnəhaːbən] *vt irreg* hold.
innen [ˈɪnən] *ad* inside; **I~aufnahme** *f* indoor photograph; **I~einrichtung** *f* (interior) furnishings *pl*; **I~minister** *m* minister of the interior, Home Secretary (*Brit*); **I~politik** *f* domestic policy; **I~stadt** *f* town/city centre.
inner- [ˈɪnər] *cpd*: **~e(r,s)** *a* inner; (*im Körper, inländisch*) internal; **I~e(s)** *nt* inside; (*Mitte*) centre; (*fig*) heart; **I~eien** [-ˈraɪən] *pl* innards *pl*; **~halb** *ad, prep* +*gen* within; (*räumlich*) inside; **~lich** *a* internal; (*geistig*) inward; **I~ste(s)** *nt* heart; **~ste(r,s)** *a* innermost.
innig [ˈɪnɪç] *a* profound; *Freundschaft* intimate.
inoffiziell [ˈɪnˈofitsiɛl] *a* unofficial.
ins [ɪns] = **in das**.
Insasse [ˈɪnzasə] *m* **-n, -n** (*Anstalt*) inmate; (*Aut*) passenger.
insbesondere [ɪnsbəˈzɔndərə] *ad* (e)specially.
Inschrift [ˈɪnʃrɪft] *f* inscription.
Insekt [ɪnˈzɛkt] *nt* **-(e)s, -en** insect.
Insel [ˈɪnzəl] *f* **-, -n** island.
Inser- *cpd*: **~at** [ɪnzeˈraːt] *nt* **-(e)s, -e** advertisement; **~ent** [ɪnzeˈrɛnt] *m* advertiser; **i~ieren** [ɪnzeˈriːrən] *vti* advertise.
insgeheim [ɪnsgəˈhaɪm] *ad* secretly.
insgesamt [ɪnsgəˈzamt] *ad* altogether, all in all.
insofern [ˈɪnzoˈfɛrn], **insoweit** [ˈɪnzoˈvaɪt] *ad* in this respect; ~ **als** in so far as; *cj* if; (*deshalb*) (and) so.
Installateur [ɪnstalaˈtøːr] *m* electrician; plumber.
Instand- [ɪnˈʃtant] *cpd*: **~haltung** *f* main-

tenance; **~setzung** *f* overhaul; (*eines Gebäudes*) restoration.
Instanz [ɪn'stants] *f* authority; (*Jur*) court; **~enweg** *m* official channels *pl.*
Instinkt [ɪn'stɪŋkt] *m* **-(e)s, -e** instinct; **i~iv** [-'ti:f] *a* instinctive.
Institut [ɪnsti'tu:t] *nt* **-(e)s, -e** institute.
Instrument [ɪnstru'mɛnt] *nt* instrument.
inszenieren [ɪnstse'ni:rən] *vt* direct; (*fig*) stage-manage.
Intell- [ɪntɛl] *cpd*: **i~ektuell** [-ɛktu'ɛl] *a* intellectual; **i~igent** [-i'gɛnt] *a* intelligent; **~igenz** [-i'gɛnts] *f* intelligence; (*Leute*) intelligentsia *pl.*
Intendant [ɪntɛn'dant] *m* director.
intensiv [ɪntɛn'zi:f] *a* intensive.
Interess- *cpd*: **i~ant** [ɪnterɛ'sant] *a* interesting; **i~anterweise** *ad* interestingly enough; **~e** [ɪnte'rɛsə] *nt* **-s, -n** interest; **~e haben** be interested (*an +dat* in); **~ent** [ɪnterɛ'sɛnt] *m* interested party; **i~ieren** [ɪnterɛ'si:rən] *vt* interest; *vr* be interested (*für* in).
Inter- [ɪntɛr] *cpd*: **~nat** [-'na:t] *nt* **-(e)s, -e** boarding school; **i~national** [-natsio'na:l] *a* international; **i~nieren** [-'ni:rən] *vt* intern; **i~pretieren** [-pre'ti:rən] *vt* interpret; **~punktion** [-puŋktsi'o:n] *f* punctuation; **~vall** [-'val] *nt* **-s, -e** interval; **~view** [-'vju:] *nt* **-s, -s** interview; **i~viewen** [-'vju:əm] *vt* interview.
intim [ɪn'ti:m] *a* intimate; **I~ität** [ɪntimi'tɛ:t] *f* intimacy.
intolerant ['ɪntolerant] *a* intolerant.
intransitiv ['ɪntranziti:f] *a* (*Gram*) intransitive.
Intrige [ɪn'tri:gə] *f* **-, -n** intrigue, plot.
Invasion [ɪnvazi'o:n] *f* invasion.
Inventar [ɪnvɛn'ta:r] *nt* **-s, -e** inventory.
Inventur [ɪnvɛn'tu:r] *f* stocktaking; **~ machen** stocktake.
investieren [ɪnvɛs'ti:rən] *vt* invest.
inwiefern [ɪnvi'fɛrn], **inwieweit** [ɪnvi'vaɪt] *ad* how far, to what extent.
inzwischen [ɪn'tsvɪʃən] *ad* meanwhile.
irdisch ['ɪrdɪʃ] *a* earthly.
irgend ['ɪrgənt] *ad* at all; **wann/was/wer ~** whenever/whatever/whoever; **~ jemand/etwas** somebody/something; anybody/anything; **~ein(e,s)** *a* some, any; **~einmal** *ad* sometime or other; (*fragend*) ever; **~wann** *ad* sometime; **~wie** *ad* somehow; **~wo** *ad* somewhere; anywhere.
Ironie [iro'ni:] *f* irony.
ironisch [i'ro:nɪʃ] *a* ironic(al).
irre ['ɪrə] *a* crazy, mad; **I~(r)** *mf* lunatic; **~führen** *vt* mislead; **~machen** *vt* confuse; **~n** *vir* be mistaken; (*umher—*) wander, stray; **I~nanstalt** *f* lunatic asylum.
irrig ['ɪrɪç] *a* incorrect, wrong.
Irr- *cpd*: **i~sinnig** *a* mad, crazy; (*col*) terrific; **~tum** *m* **-s, -tümer** mistake, error; **i~tümlich** *a* mistaken.
Isolation [izolatsi'o:n] *f* isolation; (*Elec*) insulation.
Isolator [izo'la:tɔr] *m* insulator.
Isolier- [izo'li:r] *cpd*: **~band** *nt* insulating tape; **i~en** *vt* isolate; (*Elec*) insulate; **~station** *f* (*Med*) isolation ward; **~ung** *f* isolation; (*Elec*) insulation.

J

J, j [jɔt] *nt* J, j.
ja [ja:] *ad* yes; **tu das ~ nicht!** don't do that!
Jacht [jaxt] *f* **-, -en** yacht.
Jacke ['jakə] *f* **-, -n** jacket; (*Woll—*) cardigan.
Jackett [ʒa'kɛt] *nt* **-s, -s** *or* **-e** jacket.
Jagd [ja:kt] *f* **-, -en** hunt; (*Jagen*) hunting; **~beute** *f* kill; **~flugzeug** *nt* fighter; **~gewehr** *nt* sporting gun.
jagen ['ja:gən] *vi* hunt; (*eilen*) race; *vt* hunt; (*weg—*) drive (off); (*verfolgen*) chase.
Jäger ['jɛ:gər] *m* **-s, -** hunter.
jäh [jɛ:] *a* sudden, abrupt; (*steil*) steep, precipitous; **~lings** *ad* abruptly.
Jahr [ja:r] *nt* **-(e)s, -e** year; **j~elang** *ad* for years; **~esabonnement** *nt* annual subscription; **~esabschluß** *m* end of the year; (*Comm*) annual statement of account; **~esbericht** *m* annual report; **~eswechsel** *m* turn of the year; **~eszahl** *f* date, year; **~eszeit** *f* season; **~gang** *m* age group; (*von Wein*) vintage; **~'hundert** *nt* **-s, -e** century; **~'hundertfeier** *f* centenary.
jährlich ['jɛ:rlɪç] *a,ad* yearly.
Jahr- *cpd*: **~markt** *m* fair; **~'zehnt** *nt* decade.
Jähzorn ['jɛ:tsɔrn] *m* sudden anger; hot temper; **j~ig** *a* hot-tempered.
Jalousie [ʒalu'zi:] *f* venetian blind.
Jammer ['jamər] *m* **-s** misery; **es ist ein ~, daß ...** it is a crying shame that ...
jämmerlich ['jɛmərlɪç] *a* wretched, pathetic; **J~keit** *f* wretchedness.
jammer- *cpd*: **~n** *vi* wail; *vt impers*: **es jammert jdn** it makes sb feel sorry; **~schade** *a*: **es ist ~schade** it is a crying shame.
Januar ['janua:r] *m* **-s, -e** January.
Jargon [ʒar'gõ:] *m* **-s, -s** jargon.
jäten ['jɛ:tən] *vt*: **Unkraut ~** weed.
jauchzen ['jauxtsən] *vi* rejoice, shout (with joy).
Jauchzer *m* **-s, -** shout of joy.
jaulen ['jaulən] *vi* howl.
ja- *cpd*: **~'wohl** *ad* yes (of course); **J~wort** *nt* consent.
Jazz [dʒɛs] *m* **-** Jazz.
je [je:] *ad* ever; (*jeweils*) each; **~ nach** depending on; **~ nachdem** it depends; **~ ... desto** *or* **~** the ... the.
jede(r,s) ['je:də(r,z)] *a* every, each; *pron* everybody; (*— einzelne*) each; **ohne ~ x** without any x; **~nfalls** *ad* in any case; **~rmann** *pron* everone; **~rzeit** *ad* at any time; **~smal** *ad* every time, each time.
jedoch [je'dɔx] *ad* however.
jeher ['je:he:r] *ad*: **von ~** all along.
jemals ['je:ma:ls] *ad* ever.
jemand ['je:mant] *pron* somebody; anybody.
jene(r,s) ['je:nə(r,z)] *a* that; *pron* that one.
jenseits ['je:nzaɪts] *ad* on the other side;

prep +gen on the other side of, beyond; **das J~** the hereafter, the beyond.
jetzig ['jɛtsɪç] *a* present.
jetzt [jɛtst] *ad* now.
je~ *cpd*: **~weilig** *a* respective; **~weils** *ad* **~weils zwei zusammen** two at a time; **zu ~weils 5 DM** at 5 marks each; **~weils das erste** the first each time.
Joch [jɔx] *nt* **-(e)s, -e** yoke.
Jockei ['dʒɔke] *m* **-s, -s** jockey.
Jod [jo:t] *nt* **-(e)s** iodine.
jodeln ['jo:dəln] *vi* yodel.
Joghurt ['jo:gʊrt] *m or nt* **-s, -s** yogurt.
Johannisbeere [jo'hanɪsbe:rə] *f* redcurrant; **schwarze ~** blackcurrant.
johlen ['jo:lən] *vi* yell.
Jolle ['jɔlə] *f* **-, -n** dinghy.
jonglieren [ʒõ'gli:rən] *vi* juggle.
Joppe ['jɔpə] *f* **-, -n** jacket.
Journal- [ʒʊr'na:l] *cpd*: **~ismus** [-'lɪsmʊs] *m* journalism; **~ist(in** *f***)** [-'lɪst] *m* journalist; **j~istisch** *a* journalistic.
Jubel ['ju:bəl] *m* **-s** rejoicing; **j~n** *vi* rejoice.
Jubiläum [jubi'lɛ:ʊm] *nt* **-s, Jubiläen** anniversary, jubilee.
jucken ['jʊkən] *vi* itch; *vt* **es juckt mich am Arm** my arm is itching; **das juckt mich** that's itchy.
Juckreiz ['jʊkraɪts] *m* itch.
Jude ['ju:də] *m* **-n, -n** Jew; **~ntum** *nt* **-** Judaism; Jewry; **~nverfolgung** *f* persecution of the Jews.
Jüd- ['jy:d] *cpd*: **~in** *f* Jewess; **j~isch** *a* Jewish.
Judo ['ju:do] *nt* **-(s)** judo.
Jugend ['ju:gənt] *f* **-** youth; **~herberge** *f* youth hostel; **~kriminalität** *f* juvenile crime; **j~lich** *a* youthful; **~liche(r)** *mf* teenager, young person; **~richter** *m* juvenile court judge.
Juli ['ju:li] *m* **-(s), -s** July.
jung [jʊŋ] *a* young; **J~e** *m* **-n, -n** boy, lad; **J~e(s)** *nt* young animal; (*pl*) young *pl.*
Jünger ['jʏŋər] *m* **-s, -** disciple; **j~** *a* younger.
Jung- *cpd*: **~fer** *f* **-, -n**: **alte ~fer** old maid; **~fernfahrt** *f* maiden voyage; **~frau** *f* virgin; (*Astrol*) Virgo; **~geselle** *m* bachelor.
Jüngling ['jʏŋlɪŋ] *m* youth.
jüngst ['jʏŋst] *ad* lately, recently; **~e(r,s)** *a* youngest; (*neueste*) latest.
Juni ['ju:ni] *m* **-(s), -s** June.
Junior ['ju:niɔr] *m* **-s, -en** [-'o:rən] junior.
Jurist [ju'rɪst] *m* jurist, lawyer; **j~isch** *a* legal.
Justiz [jʊs'ti:ts] *f* **-** justice; **~beamte(r)** *m* judicial officer; **~irrtum** *m* miscarriage of justice.
Juwel [ju've:l] *nt or m* **-s, -en** jewel; **~ier** *m* [-'li:r] *m* **-s, -e** jeweller; **~iergeschäft** *nt* jeweller's (shop).
Jux [jʊks] *m* **-es, -e** joke, lark.

K

K, k [ka:] *nt* K, k.
Kabarett [kaba'rɛt] *nt* **-s, -e** *or* **-s** cabaret; **~ist** [-'tɪst] *m* cabaret artiste.
Kabel ['ka:bəl] *nt* **-s, -** (*Elec*) wire; (*stark*) cable; **~jau** [-jaʊ] *m* **-s, -e** *or* **-s** cod; **k~n** *vti* cable.
Kabine [ka'bi:nə] *f* cabin; (*Zelle*) cubicle.
Kabinett [kabi'nɛt] *nt* **-s, -e** (*Pol*) cabinet; small room.
Kachel ['kaxəl] *f* **-, -n** tile; **k~n** *vt* tile; **~ofen** *m* tiled stove.
Kadaver [ka'da:vər] *m* **-s, -** carcass.
Kadett [ka'dɛt] *m* **-en, -en** cadet.
Käfer ['kɛ:fər] *m* **-s, -** beetle.
Kaffee ['kafe] *m* **-s, -s** coffee; **~kanne** *f* coffeepot; **~klatsch** *m*, **~kränzchen** *nt* hen party; coffee morning; **~löffel** *m* coffee spoon; **~mühle** *f* coffee grinder; **~satz** *m* coffee grounds *pl.*
Käfig ['kɛ:fɪç] *m* **-s, -e** cage.
kahl [ka:l] *a* bald; **~fressen** *vt irreg* strip bare; **~geschoren** *a* shaven, shorn; **K~heit** *f* baldness; **~köpfig** *a* bald-headed.
Kahn [ka:n] *m* **-(e)s, ⸚e** boat, barge.
Kai [kaɪ] *m* **-s, -e** *or* **-s** quay.
Kaiser ['kaɪzər] *m* **-s, -** emperor; **~in** *f* empress; **k~lich** *a* imperial; **~reich** *nt* empire; **~schnitt** *m* (*Med*) Caesarian (section).
Kajüte [ka'jy:tə] *f* **-, -n** cabin.
Kakao [ka'ka:o] *m* **-s, -s** cocoa.
Kaktee [kak'te:(ə)] *f* **-, -n, Kaktus** ['kaktʊs] *m* **-, -se** cactus.
Kalb [kalp] *nt* **-(e)s, ⸚er** calf; **k~en** ['kalbən] *vi* calve; **~fleisch** *nt* veal; **~sleder** *nt* calf(skin).
Kalender [ka'lɛndər] *m* **-s, -** calendar; (*Taschen—*) diary.
Kali ['ka:li] *nt* **-s, -s** potash.
Kaliber [ka'li:bər] *nt* **-s, -** (*lit, fig*) calibre.
Kalk [kalk] *m* **-(e)s, -e** lime; (*Biol*) calcium; **~stein** *m* limestone.
Kalkulation [kalkulatsi'o:n] *f* calculation.
kalkulieren [kalku'li:rən] *vt* calculate.
Kalorie [kalo'ri:] *f* calorie.
kalt [kalt] *a* cold; **mir ist (es) ~** I am cold; **~bleiben** *vi irreg* be unmoved; **~blütig** *a* cold-blooded; (*ruhig*) cool; **K~blütigkeit** *f* cold-bloodedness; coolness.
Kälte ['kɛltə] *f* **-** cold; coldness; **~grad** *m* degree of frost *or* below zero; **~welle** *f* cold spell.
kalt- *cpd*: **~herzig** *a* cold-hearted; **~schnäuzig** *a* cold, unfeeling; **~stellen** *vt* chill; (*fig*) leave out in the cold.
Kamel [ka'me:l] *nt* **-(e)s, -e** camel.
Kamera ['kamera] *f* **-, -s** camera.
Kamerad [kamə'ra:t] *m* **-en, -en** comrade, friend; **~schaft** *f* comradeship; **k~schaftlich** *a* comradely.
Kamera- *cpd*: **~führung** *f* camera work; **~mann** *m* cameraman.
Kamille [ka'mɪlə] *f* **-, -n** camomile; **~ntee** *m* camomile tea.

Kamin [ka'mi:n] *m* **-s, -e** (*außen*) chimney; (*innen*) fireside, fireplace; **~feger, ~kehrer** *m* **-s, -** chimney sweep.
Kamm [kam] *m* **-(e)s, ⸚e** comb; (*Berg—*) ridge; (*Hahnen—*) crest.
kämmen ['kɛmən] *vt* comb.
Kammer ['kamər] *f* **-, -n** chamber; small bedroom; **~diener** *m* valet.
Kampf [kampf] *m* **-(e)s, ⸚e** fight, battle; (*Wettbewerb*) contest; (*fig: Anstrengung*) struggle; **k~bereit** *a* ready for action.
kämpfen ['kɛmpfən] *vi* fight.
Kämpfer *m* **-s, -** fighter, combatant.
Kampfer ['kampfər] *m* **-s** camphor.
Kampf- *cpd*: **~handlung** *f* action; **k~los** *a* without a fight; **k~lustig** *a* pugnacious; **~richter** *m* (*Sport*) referee; (*Tennis*) umpire.
Kanal [ka'na:l] *m* **-s, Kanäle** (*Fluß*) canal; (*Rinne, Ärmel—*) channel; (*für Abfluß*) drain; **~isation** [-izatsi'o:n] *f* sewage system; **k~isieren** [-i'zi:rən] *vt* provide with a sewage system.
Kanarienvogel [ka'na:riənfo:gəl] *m* canary.
Kandi- [kandi] *cpd*: **~dat** [-'da:t] *m* **-en, -en** candidate; **~datur** [-da'tu:r] *f* candidature, candidacy; **k~dieren** [-'di:rən] *vi* stand, run.
Kandis(zucker) ['kandɪs] *m* **-** candy.
Känguruh ['kɛŋguru] *nt* **-s, -s** kangaroo.
Kaninchen [ka'ni:nçən] *nt* rabbit.
Kanister [ka'nɪstər] *m* **-s, -** can, canister.
Kanne ['kanə] *f* **-, -n** (*Krug*) jug; (*Kaffee—*) pot; (*Milch—*) churn; (*Gieß—*) can.
Kanon ['ka:nɔn] *m* **-s, -s** canon.
Kanone [ka'no:nə] *f* **-, -n** gun; (*Hist*) cannon; (*fig: Mensch*) ace.
Kantate [kan'ta:tə] *f* **-, -n** cantata.
Kante ['kantə] *f* **-, -n** edge.
Kantine [kan'ti:nə] *f* canteen.
Kantor ['kantɔr] *m* choirmaster.
Kanu ['ka:nu] *nt* **-s, -s** canoe.
Kanzel ['kantsəl] *f* **-, -n** pulpit.
Kanzlei [kants'laɪ] *f* chancery; (*Büro*) chambers *pl*.
Kanzler ['kantslər] *m* **-s, -** chancellor.
Kap [kap] *nt* **-s, -s** cape.
Kapazität [kapatsi'tɛ:t] *f* capacity; (*Fachmann*) authority.
Kapelle [ka'pɛlə] *f* (*Gebäude*) chapel; (*Mus*) band.
Kaper ['ka:pər] *f* **-, -n** caper; **k~n** *vt* capture.
kapieren [ka'pi:rən] *vti* (*col*) understand.
Kapital [kapi'ta:l] *nt* **-s, -e** *or* **-ien** capital; **~anlage** *f* investment; **~ismus** [-'lɪsmʊs] *m* capitalism; **~ist** [-'lɪst] *m* capitalist; **k~kräftig** *a* wealthy; **~markt** *m* money market.
Kapitän [kapi'tɛ:n] *m* **-s, -e** captain.
Kapitel [ka'pɪtəl] *nt* **-s, -** chapter.
Kapitulation [kapitulatsi'o:n] *f* capitulation.
kapitulieren [kapitu'li:rən] *vi* capitulate.
Kaplan [ka'pla:n] *m* **-s, Kapläne** chaplain.
Kappe ['kapə] *f* **-, -n** cap; (*Kapuze*) hood; **k~n** *vt* cut.
Kapsel ['kapsəl] *f* **-, -n** capsule.
kaputt [ka'pʊt] *a* (*col*) smashed, broken; *Person* exhausted, finished; **~gehen** *vi irreg* break; (*Schuhe*) fall apart; (*Firma*) go bust; (*Stoff*) wear out; (*sterben*) cop it; **~lachen** *vr* laugh o.s. silly; **~machen** *vt* break; *Mensch* exhaust, wear out.
Kapuze [ka'pu:tsə] *f* **-, -n** hood.
Karaffe [ka'rafə] *f* **-, -n** caraffe; (*geschliffen*) decanter.
Karambolage [karambo'la:ʒə] *f* **-, -n** (*Zusammenstoß*) crash.
Karamel [kara'mɛl] *m* **-s** caramel; **~bonbon** *m or nt* toffee.
Karat [ka'ra:t] *nt* **-(e)s, -e** carat; **~e** *nt* **-s** karate.
Karawane [kara'va:nə] *f* **-, -n** caravan.
Kardinal [kardi'na:l] *m* **-s, Kardinäle** cardinal; **~zahl** *f* cardinal number.
Karfreitag [ka:r'fraɪta:k] *m* Good Friday.
karg [kark] *a* scanty, poor; *Mahlzeit auch* meagre; **~ mit Worten sein** use few words; **K~heit** *f* poverty, scantiness; meagreness.
kärglich ['kɛrklɪç] *a* poor, scanty.
kariert [ka'ri:rt] *a Stoff* checked; *Papier* squared.
Karies ['ka:riɛs] *f* **-** caries.
Karikatur [karika'tu:r] *f* caricature; **~ist** [-'rɪst] *m* cartoonist.
karikieren [kari'ki:rən] *vt* caricature.
Karneval ['karnəval] *m* **-s, -e** *or* **-s** carnival.
Karo ['ka:ro] *nt* **-s, -s** square; (*Cards*) diamonds; **~-As** *nt* ace of diamonds.
Karosse [ka'rɔsə] *f* **-, -n** coach, carriage; **~rie** [-'ri:] *f* (*Aut*) body(work).
Karotte [ka'rɔtə] *f* **-, -n** carrot.
Karpfen ['karpfən] *m* **-s, -** carp.
Karre ['karə] *f* **-, -n, ~n** *m* **-s, -** cart, barrow; **k~n** *vt* cart, transport.
Karriere [kari'ɛ:rə] *f* **-, -n** career; **~ machen** get on, get to the top; **~macher** *m* **-s, -** careerist.
Karte ['kartə] *f* **-, -n** card; (*Land—*) map; (*Speise—*) menu; (*Eintritts—, Fahr—*) ticket; **alles auf eine ~ setzen** put all one's eggs in one basket.
Kartei [kɔr'taɪ] *f* card index; **~karte** *f* index card.
Kartell [kar'tɛl] *nt* **-s, -e** cartel.
Karten- *cpd*: **~haus** *nt* (*lit, fig*) house of cards; **~spiel** *nt* card game; pack of cards.
Kartoffel [kar'tɔfəl] *f* **-, -n** potato; **~brei** *m*, **~püree** *nt* mashed potatoes *pl*; **~salat** *m* potato salad.
Karton [kar'tõ:] *m* **-s, -s** cardboard; (*Schachtel*) cardboard box; **k~iert** [karto'ni:rt] *a* hardback.
Karussell [karʊ'sɛl] *nt* **-s, -s** roundabout (*Brit*), merry-go-round.
Karwoche ['ka:rvɔxə] *f* Holy Week.
Kaschemme [ka'ʃɛmə] *f* **-, -n** dive.
Käse ['kɛ:zə] *m* **-s, -** cheese; **~blatt** *nt* (*col*) (local) rag; **~kuchen** *m* cheesecake.

Kaserne [ka'zɛrnə] *f* **-, -n** barracks *pl*; **~nhof** *m* parade ground.
Kasino [ka'zi:no] *nt* **-s, -s** club; (*Mil*) officers' mess; (*Spiel—*) casino.
Kasper ['kaspər] *m* **-s, -** Punch; (*fig*) clown.
Kasse ['kasə] *f* **-, -n** (*Geldkasten*) cashbox; (*in Geschäft*) till, cash register; (*Kino—, Theater— etc*) box office; ticket office; (*Kranken—*) health insurance; (*Spar—*) savings bank; **~ machen** count the money; **getrennte ~ führen** pay separately; **an der ~** (*in Geschäft*) at the desk; **gut bei ~ sein** be in the money; **~narzt** *m* panel doctor (*Brit*); **~nbestand** *m* cash balance; **~npatient** *m* panel patient (*Brit*); **~nprüfung** *f* audit; **~nsturz** *m*: **~nsturz machen** check one's money; **~nzettel** *m* receipt.
Kasserolle [kasə'rɔlə] *f* **-, -n** casserole.
Kassette [ka'sɛtə] *f* small box; (*Tonband, Phot*) cassette; (*Bücher—*) case; **~nrecorder** *m* **-s, -** cassette recorder.
kassieren [ka'si:rən] *vt* take; *vi*: **darf ich ~?** would you like to pay now?
Kassierer [ka'si:rər] *m* **-s, -** cashier; (*von Klub*) treasurer.
Kastanie [kas'ta:niə] *f* chestnut; **~nbaum** *m* chestnut tree.
Kästchen ['kɛstçən] *nt* small box, casket.
Kaste ['kastə] *f* **-, -n** caste.
Kasten ['kastən] *m* **-s, ⸚** box (*Sport auch*), case; (Truhe) chest; **~wagen** *m* van.
kastrieren [kas'tri:rən] *vt* castrate.
Katalog [kata'lo:k] *m* **-(e)s, -e** catalogue; **k~isieren** [katalogi'zi:rən] *vt* catalogue.
Katapult [kata'pult] *m or nt* **-(e)s, -e** catapult.
Katarrh [ka'tar] *m* **-s, -e** catarrh.
katastrophal [katastro'fa:l] *a* catastrophic.
Katastrophe [kata'stro:fə] *f* **-, -n** catastrophe, disaster.
Kategorie [katego'ri:] *f* category.
kategorisch [kate'go:rɪʃ] *a* categorical.
kategorisieren [kategori'zi:rən] *vt* categorize.
Kater ['ka:tər] *m* **-s, -** tomcat; (*col*) hangover.
Katheder [ka'te:dər] *nt* **-s, -** lecture desk.
Kathedrale [kate'dra:lə] *f* **-, -n** cathedral.
Kathode [ka'to:də] *f* **-, -n** cathode.
Katholik [kato'li:k] *m* **-en, -en** Catholic.
katholisch [ka'to:lɪʃ] *a* Catholic.
Katholizismus [katoli'tsɪsmus] *m* Catholicism.
Kätzchen ['kɛtsçən] *nt* kitten.
Katze ['katsə] *f* **-, -n** cat; **für die Katz** (*col*) in vain, for nothing; **~nauge** *nt* cat's eye: (*Fahrrad*) rear light; **~njammer** *m* (*col*) hangover; **~nsprung** *m* (*col*) stone's throw; short journey; **~nwäsche** *f* lick and a promise.
Kauderwelsch ['kaudərvɛlʃ] *nt* **-(s)** jargon; (*col*) double Dutch.
kauen ['kauən] *vti* chew.
kauern ['kauərn] *vi* crouch.
Kauf [kauf] *m* **-(e)s, Käufe** purchase, buy; (*Kaufen*) buying; **ein guter ~** a bargain; **etw in ~ nehmen** put up with sth; **k~en** *vt* buy.
Käufer(in *f*) ['kɔyfər(ɪn)] *m* **-s, -** buyer.
Kauf- *cpd*: **~haus** *nt* department store; **~kraft** *f* purchasing power; **~laden** *m* shop, store.
käuflich ['kɔyflɪç] *a,ad* purchasable, for sale; (*pej*) venal; **~ erwerben** purchase.
Kauf- *cpd*: **k~lustig** *a* interested in buying; **~mann** *m, pl* **-leute** businessman; shopkeeper; **k~männisch** *a* commercial; **~männischer Angestellter** clerk.
Kaugummi ['kaugumi] *m* chewing gum.
Kaulquappe ['kaulkvapə] *f* **-, -n** tadpole.
kaum [kaum] *ad* hardly, scarcely.
Kaution [kautsi'o:n] *f* deposit; (*Jur*) bail.
Kautschuk ['kautʃuk] *m* **-s, -e** india-rubber.
Kauz [kauts] *m* **-es, Käuze** owl; (*fig*) queer fellow.
Kavalier [kava'li:r] *m* **-s, -e** gentleman, cavalier; **~sdelikt** *nt* peccadillo.
Kavallerie [kavalə'ri:] *f* cavalry.
Kavallerist [kavalə'rɪst] *m* trooper, cavalryman.
Kaviar ['ka:viar] *m* caviar.
keck [kɛk] *a* daring, bold; **K~heit** *f* daring, boldness.
Kegel ['keg:əl] *m* **-s, -** skittle; (*Math*) cone; **~bahn** *f* skittle alley; bowling alley; **k~förmig** *a* conical; **k~n** *vi* play skittles.
Kehle ['ke:lə] *f* **-, -n** throat.
Kehl- *cpd*: **~kopf** *m* larynx; **~laut** *m* guttural.
Kehre ['ke:rə] *f* **-, -n** turn(ing), bend; **k~n** *vti* (*wenden*) turn; (*mit Besen*) sweep; **sich an etw** (*dat*) **nicht k~n** not heed sth.
Kehr- *cpd*: **~icht** *m* **-s** sweepings *pl*; **~maschine** *f* sweeper; **~reim** *m* refrain; **~seite** *f* reverse, other side; wrong side; bad side; **k~tmachen** *vi* turn about, about-turn.
keifen ['kaɪfən] *vi* scold, nag.
Keil ['kaɪl] *m* **-(e)s, -e** wedge; (*Mil*) arrowhead; **k~en** *vt* wedge; *vr* fight; **~e'rei** *f* (*col*) punch-up; **~riemen** *m* (*Aut*) fan belt.
Keim [kaɪm] *m* **-(e)s, -e** bud; (*Med, fig*) germ; **etw im ~ ersticken** nip sth in the bud; **k~en** *vi* germinate; **k~frei** *a* sterile; **k~tötend** *a* antiseptic, germicidal; **~zelle** *f* (*fig*) nucleus.
kein [kaɪn] *a* no, not any; **~e(r,s)** *pron* no one, nobody; none; **~esfalls** *ad* on no account; **~eswegs** *ad* by no means; **~mal** *ad* not once.
Keks [ke:ks] *m or nt* **-es, -e** biscuit.
Kelch [kɛlç] *m* **-(e)s, -e** cup, goblet, chalice.
Kelle ['kɛlə] *f* **-, -n** ladle; (*Maurer—*) trowel.
Keller ['kɛlər] *m* **-s, -** cellar; **~assel** *f* **-, -n** woodlouse; **~wohnung** *f* basement flat.
Kellner ['kɛlnər] *m* **-s, -** waiter; **~in** *f* waitress.
keltern ['kɛltərn] *vt* press.

kennen ['kɛnən] *vt irreg* know; **~lernen** *vt* get to know; **sich ~lernen** get to know each other; (*zum erstenmal*) meet.

Kenn- *cpd*: **~er** *m* **-s, -** connoisseur; **~karte** *f* identity card; **k~tlich** *a* distinguishable, discernible; **etw k~tlich machen** mark sth; **~tnis** *f* **-, -se** knowledge *no pl*; **etw zur ~tnis nehmen** note sth; **von etw ~tnis nehmen** take notice of sth; **jdn in ~tnis setzen** inform sb; **~zeichen** *nt* mark, characteristic; **k~zeichnen** *vt insep* characterize; **k~zeichnenderweise** *ad* characteristically; **~ziffer** *f* reference number.

kentern ['kɛntərn] *vi* capsize.

Keramik [ke'ra:mɪk] *f* **-, -en** ceramics *pl*, pottery.

Kerb- [kɛrb] *cpd*: **~e** *f* **-, -n** notch, groove; **~el** *m* **-s, -** chervil; **k~en** *vt* notch; **~holz** *nt*: **etw auf dem ~holz haben** have done sth wrong.

Kerker ['kɛrkər] *m* **-s, -** prison.

Kerl [kɛrl] *m* **-s, -e** chap, bloke (*Brit*), guy.

Kern [kɛrn] *m* **-(e)s, -e** (*Obst—*) pip, stone; (*Nuß—*) kernel; (*Atom—*) nucleus; (*fig*) heart, core; **~energie** *f* nuclear energy; **~forschung** *f* nuclear research; **~frage** *f* central issue; **~gehäuse** *nt* core; **k~gesund** *a* thoroughly healthy, fit as a fiddle; **k~ig** *a* robust; *Ausspruch* pithy; **~kraftwerk** *nt* nuclear power station; **k~los** *a* seedless, pipless; **~physik** *f* nuclear physics; **~reaktion** *f* nuclear reaction; **~spaltung** *f* nuclear fission; **~waffen** *pl* nuclear weapons *pl*.

Kerze ['kɛrtsə] *f* **-, -n** candle; (*Zünd—*) plug; **k~ngerade** *a* straight as a die; **~nständer** *m* candle holder.

keß [kɛs] *a* saucy.

Kessel ['kɛsəl] *m* **-s, -** kettle; (*von Lokomotive etc*) boiler; (*Geog*) depression; (*Mil*) encirclement; **~treiben** *nt* **-s, -** (*fig*) witch hunt.

Kette ['kɛtə] *f* **-, -n** chain; **k~n** *vt* chain; **~nhund** *m* watchdog; **~nladen** *m* chain store; **~nrauchen** *nt* chain smoking; **~nreaktion** *f* chain reaction.

Ketzer ['kɛtsər] *m* **-s, -** heretic; **k~isch** *a* heretical.

keuchen ['kɔʏçən] *vi* pant, gasp.

Keuchhusten *m* whooping cough.

Keule ['kɔʏlə] *f* **-, -n** club; (*Cook*) leg.

keusch [kɔʏʃ] *a* chaste; **K~heit** *f* chastity.

Kfz [ka:ɛftsɛt] *abbr of* **Kraftfahrzeug**.

kichern ['kɪçərn] *vi* giggle.

kidnappen ['kɪdnæpən] *vt* kidnap.

Kiebitz ['ki:bɪts] *m* **-es, -e** peewit.

Kiefer ['ki:fər] *m* **-s, -** jaw; *f* **-, -n** pine; **~nzapfen** *m* pine cone.

Kiel [ki:l] *m* **-(e)s, -e** (*Feder—*) quill; (*Naut*) keel; **k~holen** *vt Person* keelhaul; *Schiff* careen; **~wasser** *nt* wake.

Kieme ['ki:mə] *f* **-, -n** gill.

Kies [ki:s] *m* **-es, -e** gravel; **~el** [ki:zəl] *m* **-s, -** pebble; **~elstein** *m* pebble; **~grube** *f* gravel pit; **~weg** *m* gravel path.

Kilo ['ki:lo] kilo; **~gramm** [kilo'gram] *nt* **-s, -e** kilogram; **~meter** [kilo'me:tər] *m* kilometre; **~meterzähler** *m* ≈ milometer.

Kimme ['kɪmə] *f* **-, -n** notch; (*Gewehr*) backsight.

Kind [kɪnt] *nt* **-(e)s, -er** child; **von ~ auf** from childhood; **sich bei jdm lieb ~ machen** ingratiate o.s. with sb; **~erbett** ['kɪndərbɛt] *nt* cot; **~erei** [kɪndə'raɪ] *f* childishness; **~ergarten** *m* nursery school, playgroup; **~ergeld** *nt* family allowance; **~erlähmung** *f* poliomyelitis; **k~erleicht** *a* childishly easy; **k~erlos** *a* childless; **~ermädchen** *nt* nursemaid; **k~erreich** *a* with a lot of children; **~erspiel** *nt* child's play; **~erstube** *f*: **eine gute ~erstube haben** be well-mannered; **~erwagen** *m* pram, baby carriage (*US*); **~esalter** *nt* infancy; **~esbeine** *pl*: **von ~esbeinen an** from early childhood; **~heit** *f* childhood; **k~isch** *a* childish; **k~lich** *a* childlike; **k~sköpfig** *a* childish.

Kinn [kɪn] *nt* **-(e)s, -e** chin; **~haken** *m* (*Boxen*) uppercut; **~lade** *f* jaw.

Kino ['ki:no] *nt* **-s, -s** cinema; **~besucher** *m* cinema-goer; **~programm** *nt* film programme.

Kiosk [ki'ɔsk] *m* **-(e)s, -e** kiosk.

Kipp- ['kɪp] *cpd*: **~e** *f* **-, -n** cigarette end; (*col*) fag; **auf der ~e stehen** (*fig*) be touch and go; **k~en** *vi* topple over, overturn; *vt* tilt.

Kirch- ['kɪrç] *cpd*: **~e** *f* **-, -n** church; **~endiener** *m* churchwarden; **~enfest** *nt* church festival; **~enlied** *nt* hymn; **~gänger** *m* **-s, -** churchgoer; **~hof** *m* churchyard; **k~lich** *a* ecclesiastical; **~turm** *m* church tower, steeple.

Kirsche ['kɪrʃə] *f* **-, -n** cherry.

Kissen ['kɪsən] *nt* **-s, -** cushion; (*Kopf—*) pillow; **~bezug** *m* pillowslip.

Kiste ['kɪstə] *f* **-, -n** box; chest.

Kitsch [kɪtʃ] *m* **-(e)s** trash; **k~ig** *a* trashy.

Kitt [kɪt] *m* **-(e)s, -e** putty; **~chen** *nt* (*col*) clink; **~el** *m* **-s, -** overall, smock; **k~en** *vt* putty; (*fig*) *Ehe etc* cement.

Kitz [kɪts] *nt* **-es, -e** kid; (*Reh—*) fawn.

kitzel- ['kɪtsəl] *cpd*: **~ig** *a* (*lit, fig*) ticklish; **~n** *vi* tickle.

klaffen ['klafən] *vi* gape.

kläffen ['klɛfən] *vi* yelp.

Klage ['kla:gə] *f* **-, -n** complaint; (*Jur*) action; **k~n** *vi* (*weh—*) lament, wail; (*sich beschweren*) complain; (*Jur*) take legal action.

Kläger(in *f*) ['klɛ:gər(ɪn)] *m* **-s, -** plaintiff.

kläglich ['klɛ:klɪç] *a* wretched.

Klamm [klam] *f* **-, -en** ravine; **k~** *a Finger* numb; (*feucht*) damp.

Klammer ['klamər] *f* **-, -n** clamp; (*in Text*) bracket; (*Büro—*) clip; (*Wäsche—*) peg; (*Zahn—*) brace; **k~n** *vr* cling (*an* +*acc* to).

Klang [klaŋ] *m* **-(e)s, ⸚e** sound; **k~voll** *a* sonorous.

Klappe ['klapə] *f* **-, -n** valve; (*Ofen—*) damper; (*col: Mund*) trap; **k~n** *vi* (*Geräusch*) click; *vti Sitz etc tip; v impers* work.

Klapper ['klapər] *f* **-, -n** rattle; **k~ig** *a* run-down, worn-out; **k~n** *vi* clatter, rattle;

~schlange *f* rattlesnake; **~storch** *m* stork.

Klapp- *cpd*: **~messer** *nt* jack-knife; **~rad** *nt* collapsible bicycle; **~stuhl** *m* folding chair.

Klaps [klaps] *m* **-es, -e** slap; **k~en** *vt* slap.

klar [kla:r] *a* clear; (*Naut*) ready for sea; (*Mil*) ready for action; **sich** (*dat*) **im K~en sein über** (+*acc*) be clear about; **ins K~e kommen** get clear.

Klär- ['klɛ:r] *cpd*: **~anlage** *f* purification plant; **k~en** *vt Flüßigkeit* purify; *Probleme* clarify; *vr* clear (itself) up.

Klar- *cpd*: **~heit** *f* clarity; **~inette** [klari'nɛtə] *f* clarinet; **k~legen** *vt* clear up, explain; **k~machen** *vt Schiff* get ready for sea; **jdm etw k~machen** make sth clear to sb; **k~sehen** *vi irreg* see clearly; **~sichtfolie** *f* transparent film; **k~stellen** *vt* clarify.

Klärung ['klɛ:rʊŋ] *f* purification; clarification.

Klasse ['klasə] *f* **-, -n** class; (*Sch auch*) form; **k~** *a* (*col*) smashing; **~narbeit** *f* test; **~nbewußtsein** *nt* class consciousness; **~ngesellschaft** *f* class society; **~nkampf** *m* class conflict; **~nlehrer** *m* form master; **k~nlos** *a* classless; **~nsprecher(in** *f*) *m* form prefect; **~nzimmer** *nt* classroom.

klassifizieren [klasifi'tsi:rən] *vt* classify.

Klassifizierung *f* classification.

Klassik ['klasɪk] *f* (*Zeit*) classical period; (*Stil*) classicism; **~er** *m* **-s, -** classic.

klassisch *a* (*lit, fig*) classical.

Klatsch [klatʃ] *m* **-(e)s, -e** smack, crack; (*Gerede*) gossip; **~base** *f* gossip, scandalmonger; **~e** *f* **-, -n** (*col*) crib; **k~en** *vi* (*Geräusch*) clash; (*reden*) gossip; (*Beifall*) applaud, clap; **~mohn** *m* (corn) poppy; **k~naß** *a* soaking wet; **~spalte** *f* gossip column.

klauben ['klaubən] *vt*.pick.

Klaue ['klauə] *f* **-, -n** claw; (*col: Schrift*) scrawl; **k~n** *vt* claw; (*col*) pinch.

Klause ['klauzə] *f* **-, -n** cell; hermitage.

Klausel ['klauzəl] *f* **-, -n** clause.

Klausur [klau'zu:r] *f* seclusion; **~arbeit** *f* examination paper.

Klaviatur [klavia'tu:r] *f* keyboard.

Klavier [kla'vi:r] *nt* **-s, -e** piano.

Kleb- ['kle:b] *cpd*: **~emittel** *nt* glue; **k~en** *vt* stick (*an* +*acc* to); **k~rig** *a* sticky; **~stoff** *m* glue; **~streifen** *m* adhesive tape.

kleckern ['klɛkərn] *vi* slobber.

Klecks [klɛks] *m* **-es, -e** blot, stain; **k~en** *vi* blot; (*pej*) daub.

Klee [kle:] *m* **-s** clover; **~blatt** *nt* cloverleaf; (*fig*) trio.

Kleid [klaɪt] *nt* **-(e)s, -er** garment; (*Frauen—*) dress; *pl* clothes *pl*; **k~en** ['klaɪdən] *vt* clothe, dress; (*auch vi*) suit; *vr* dress; **~erbügel** *m* coat hanger; **~erbürste** *f* clothes brush; **~erschrank** *m* wardrobe; **k~sam** *a* becoming; **~ung** *f* clothing; **~ungsstück** *nt* garment.

Kleie ['klaɪə] *f* **-, -n** bran.

klein [klaɪn] *a* little, small; **K~bürgertum** *nt* petite bourgeoisie; **K~e(r,s)** little one; **K~format** *nt* small size; **im K~format** small-scale; **K~geld** *nt* small change; **~gläubig** *a* of little faith; **~hacken** *vt* chop up, mince; **K~holz** *nt* firewood; **K~holz aus jdm machen** make mincemeat of sb; **K~igkeit** *f* trifle; **K~kind** *nt* infant; **K~kram** *m* details *pl*; **~laut** *a* dejected, quiet; **~lich** *a* petty, paltry; **K~lichkeit** *f* pettiness, paltriness; **~mütig** *a* faint-hearted; **K~od** ['klaɪno:t] *nt* **-s, -odien** gem, jewel; treasure; **~schneiden** *vt irreg* chop up; **~städtisch** *a* provincial; **~stmöglich** *a* smallest possible.

Kleister ['klaɪstər] *m* **-s, -** paste; **k~n** *vt* paste.

Klemme ['klɛmə] *f* **-, -n** clip; (*Med*) clamp; (*fig*) jam; **k~n** *vt* (*festhalten*) jam; (*quetschen*) pinch, nip; *vr* catch o.s.; (*sich hineinzwängen*) squeeze o.s.; **sich hinter jdn/etw k~n** get on to sb/get down to sth; *vi* (*Tür*) stick, jam.

Klempner ['klɛmpnər] *m* **-s, -** plumber.

Kleptomanie [klɛptoma'ni:] *f* kleptomania.

Kleriker ['kle:rikər] *m* **-s, -** cleric.

Klerus ['kle:rʊs] *m* **-** clergy.

Klette ['klɛtə] *f* **-, -n** burr.

Kletter- ['klɛtər] *cpd*: **~er** *m* **-s, -** climber; **k~n** *vi* climb; **~pflanze** *f* creeper; **~seil** *nt* climbing rope.

klicken ['klɪkən] *vi* click.

Klient(in *f*) [kli'ɛnt(ɪn)] *m* client.

Klima ['kli:ma] *nt* **-s, -s** *or* **-te** [kli'ma:tə] climate; **~anlage** *f* air conditioning; **k~tisieren** [-i'zi:rən] *vt* air-condition; **~wechsel** *m* change of air.

klimpern ['klɪmpərn] *vi* tinkle; (*mit Gitarre*) strum.

Klinge ['klɪŋə] *f* **-, -n** blade, sword.

Klingel ['klɪŋəl] *f* **-, -n** bell; **~beutel** *m* collection bag; **k~n** *vi* ring.

klingen ['klɪŋən] *vi irreg* sound; (*Gläser*) clink.

Klinik ['kli:nɪk] *f* hospital, clinic.

klinisch ['kli:nɪʃ] *a* clinical.

Klinke ['klɪŋkə] *f* **-, -n** handle.

Klinker ['klɪŋkər] *m* **-s, -** clinker.

Klippe ['klɪpə] *f* **-, -n** cliff; (*im Meer*) reef; (*fig*) hurdle; **k~nreich** *a* rocky.

klipp und klar ['klɪp'ʊntkla:r] *a* clear and concise.

Klips [klɪps] *m* **-es, -e** clip; (*Ohr—*) earring.

klirren ['klɪrən] *vi* clank, jangle; (*Gläser*) clink; **~de Kälte** biting cold.

Klischee [klɪ'ʃe:] *nt* **-s, -s** (*Druckplatte*) plate, block; (*fig*) cliché; **~vorstellung** *f* stereotyped idea.

Klo [klo:] *nt* **-s, -s** (*col*) loo.

Kloake [klo'a:kə] *f* **-, -n** sewer.

klobig ['klo:bɪç] *a* clumsy.

klopfen ['klɔpfən] *vti* knock; (*Herz*) thump; **es klopft** sb's knocking; **jdm auf die Schulter ~** tap sb on the shoulder; *vt* beat.

Klopfer *m* **-s, -** (*Teppich—*) beater; (*Tür—*) knocker.

Klöppel ['klœpəl] *m* **-s, -** (*von Glocke*) clapper; **k~n** *vi* make lace.
Klops [klɔps] *m* **-es, -e** meatball.
Klosett [klo'zɛt] *nt* **-s, -e** *or* **-s** lavatory, toilet; **~papier** *nt* toilet paper.
Kloß [klo:s] *m* **-es, ¨e** (*Erd—*) clod; (*im Hals*) lump; (*Cook*) dumpling.
Kloster ['klo:stər] *nt* **-s, ¨** (*Männer—*) monastery; (*Frauen—*) convent.
klösterlich ['klø:stərlıc] *a* monastic; convent.
Klotz [klɔts] *m* **-es, ¨e** log; (*Hack—*) block; **ein ~ am Bein** (*fig*) drag, millstone round (sb's) neck.
Klub [klʊp] *m* **-s, -s** club; **~sessel** *m* easy chair.
Kluft [klʊft] *f* **-, ¨e** cleft, gap; (*Geol*) gorge, chasm.
klug [klu:k] *a* clever, intelligent; **K~heit** *f* cleverness, intelligence.
Klümpchen ['klʏmpçən] *nt* clot, blob.
Klumpen ['klʊmpən] *m* **-s, -** (*Erd—*) clod; (*Blut—*) lump, clot; (*Gold—*) nugget; (*Cook*) lump; **k~** *vi* go lumpy, clot.
Klumpfuß ['klʊmp-fu:s] *m* club-foot.
knabbern ['knabərn] *vti* nibble.
Knabe ['kna:bə] *m* **-n, -n** boy; **k~nhaft** *a* boyish.
Knäckebrot ['knɛkəbro:t] *nt* crispbread.
knacken ['knakən] *vti* (*lit, fig*) crack.
Knall [knal] *m* **-(e)s, -e** bang; (*Peitschen—*) crack; **~ und Fall** (*col*) unexpectedly; **~bonbon** *m* cracker; **~effekt** *m* surprise effect, spectacular effect; **k~en** *vi* bang; crack; **k~rot** *a* bright red.
knapp [knap] *a* tight; *Geld* scarce; *Sprache* concise; **K~e** *m* **-n, -n** (*Edelmann*) young knight; **~halten** *vt irreg* stint; **K~heit** *f* tightness; scarcity; conciseness.
knarren ['knarən] *vi* creak.
knattern ['knatərn] *vi* rattle; (*MG*) chatter.
Knäuel ['knɔʏəl] *m or nt* **-s, -** (*Woll—*) ball; (*Menschen—*) knot.
Knauf [knaʊf] *m* **-(e)s, Knäufe** knob; (*Schwert—*) pommel.
Knauser ['knaʊzər] *m* **-s, -** miser; **k~ig** *a* miserly; **k~n** *vi* be mean.
knautschen ['knaʊtʃən] *vti* crumple.
Knebel ['kne:bəl] *m* **-s, -** gag; **k~n** *vt* gag; (*Naut*) fasten.
Knecht [knɛçt] *m* **-(e)s, -e** farm labourer; servant; **k~en** *vt* enslave; **~schaft** *f* servitude.
kneifen ['knaıfən] *vti irreg* pinch; (*sich drücken*) back out; **vor etw ~** dodge sth.
Kneipe ['knaıpə] *f* **-, -n** (*col*) pub.
Knet- [knɛ:t] *cpd*: **k~en** *vt* knead; *Wachs* mould; **~masse** *f* Plasticine ®.
Knick [knık] *m* **-(e)s, -e** (*Sprung*) crack; (*Kurve*) bend; (*Falte*) fold; **k~en** *vti* (*springen*) crack; (*brechen*) break; *Papier* fold; **geknickt sein** be downcast.
Knicks [knıks] *m* **-es, -e** curtsey; **k~en** *vi* curtsey.
Knie [kni:] *nt* **-s, -** knee; **~beuge** *f* **-, -n** knee bend; **k~n** *vi* kneel; **~fall** *m* genuflection; **~gelenk** *nt* knee joint; **~kehle** *f* back of the knee; **~scheibe** *f* kneecap; **~strumpf** *m* knee-length sock.
Kniff [knıf] *m* **-(e)s, -e** (*Zwicken*) pinch; (*Falte*) fold; (*fig*) trick, knack; **k~elig** *a* tricky.
knipsen ['knıpsən] *vti Fahrkarte* punch; (*Phot*) take a snap (of), snap.
Knirps [knırps] *m* **-es, -e** little chap; ® (*Schirm*) telescopic umbrella.
knirschen ['knırʃən] *vi* crunch; **mit den Zähnen ~** grind one's teeth.
knistern ['knıstərn] *vi* crackle.
Knitter- ['knıtər] *cpd*: **~falte** *f* crease; **k~frei** *a* non-crease; **k~n** *vi* crease.
Knoblauch ['kno:plaʊx] *m* **-(e)s** garlic.
Knöchel ['knœçəl] *m* **-s, -** knuckle; (*Fuß—*) ankle.
Knochen ['knɔxən] *m* **-s, -** bone; **~bau** *m* bone structure; **~bruch** *m* fracture; **~gerüst** *nt* skeleton.
knöchern [knœçərn] *a* bone.
knochig ['knɔxıç] *a* bony.
Knödel ['knø:dəl] *m* **-s, -** dumpling.
Knolle ['knɔlə] *f* **-, -n** bulb.
Knopf [knɔpf] *m* **-(e)s, ¨e** button; (*Kragen—*) stud; **~loch** *nt* buttonhole.
knöpfen ['knœpfən] *vt* button.
Knorpel ['knɔrpəl] *m* **-s, -** cartilage, gristle; **k~ig** *a* gristly.
knorrig ['knɔrıç] *a* gnarled, knotted.
Knospe ['knɔspə] *f* **-, -n** bud; **k~n** *vi* bud.
Knoten ['kno:tən] *m* **-s, -** knot; (*Bot*) node; (*Med*) lump; **k~** *vt* knot; **~punkt** *m* junction.
knuffen ['knʊfən] *vt* (*col*) cuff.
Knüller ['knʏlər] *m* **-s, -** (*col*) hit; (*Reportage*) scoop.
knüpfen ['knʏpfən] *vt* tie; *Teppich* knot; *Freundschaft* form.
Knüppel ['knʏpəl] *m* **-s, -** cudgel; (*Polizei—*) baton, truncheon; (*Aviat*) (joy)stick; **~schaltung** *f* (*Aut*) floor-mounted gear change.
knurren ['knʊrən] *vi* (*Hund*) snarl, growl; (*Magen*) rumble; (*Mensch*) mutter.
knusperig ['knʊspərıç] *a* crisp; *Keks* crunchy.
Koalition [koalitsi'o:n] *f* coalition.
Kobalt ['ko:balt] *nt* **-s** cobalt.
Kobold ['ko:bɔlt] *m* **-(e)s, -e** goblin, imp.
Kobra ['ko:bra] *f* **-, -s** cobra.
Koch [kɔx] *m* **-(e)s, ¨e** cook; **~buch** *nt* cookery book; **k~en** *vti* cook; *Wasser* boil; **~er** *m* **-s, -** stove, cooker.
Köcher ['kœçər] *m* **-s, -** quiver.
Kochgelegenheit ['kɔxgəle:gənhaıt] *f* cooking facilities *pl*.
Köchin ['kœçın] *f* cook.
Koch- *cpd*: **~löffel** *m* kitchen spoon; **~nische** *f* kitchenette; **~platte** *f* boiling ring, hotplate; **~salz** *nt* cooking salt; **~topf** *m* saucepan, pot.
Köder ['kø:dər] *m* **-s, -** bait, lure; **k~n** *vt* lure, entice.
Koexistenz [koɛksıs'tɛnts] *f* coexistence.
Koffein [kɔfe'i:n] *nt* **-s** caffeine; **k~frei** *a* decaffeinated.
Koffer ['kɔfər] *m* **-s, -** suitcase; (*Schrank—*) trunk; **~radio** *nt* portable

radio; ~**raum** *m* (*Aut*) boot, trunk (*US*).
Kognak ['kɔnjak] *m* **-s, -s** brandy, cognac.
Kohl [ko:l] *m* **-(e)s, -e** cabbage.
Kohle ['ko:lə] *f* **-, -n** coal; (*Holz—*) charcoal; (*Chem*) carbon; ~**hydrat** *nt* **-(e)s, -e** carbohydrate; ~**ndioxyd** *nt* **-(e)s, -e** carbon dioxide; ~**ngrube** *f* coal pit, mine; ~**nhändler** *m* coal merchant, coalman; ~**nsäure** *f* carbon dioxide; ~**nstoff** *m* carbon; ~**papier** *nt* carbon paper; ~**stift** *m* charcoal pencil.
Köhler ['kø:lər] *m* **-s, -** charcoal burner.
Kohl- *cpd*: ~**rübe** *f* turnip; **k~schwarz** *a* coal-black.
Koje ['ko:jə] *f* **-, -n** cabin; (*Bett*) bunk.
Kokain [koka'i:n] *nt* **-s** cocaine.
kokett [ko'kɛt] *a* coquettish, flirtatious; ~**ieren** [-'ti:rən] *vi* flirt.
Kokosnuß ['ko:kɔsnʊs] *f* coconut.
Koks [ko:ks] *m* **-es, -e** coke.
Kolben ['kɔlbən] *m* **-s, -** (*Gewehr—*) rifle butt; (*Keule*) club; (*Chem*) flask; (*Tech*) piston; (*Mais—*) cob.
Kolchose [kɔl'ço:zə] *f* **-, -n** collective farm.
Kolik ['ko:lɪk] *f* colic, gripe.
Kollaps [kɔ'laps] *m* **-es, -e** collapse.
Kolleg [kɔl'e:k] *nt* **-s, -s** *or* **-ien** lecture course; ~**e** [kɔ'le:gə] *m* **-n, -n,** ~**in** *f* colleague; ~**ium** *nt* board; (*Sch*) staff.
Kollekte [kɔ'lɛktə] *f* **-, -n** (*Rel*) collection.
kollektiv [kɔlɛk'ti:f] *a* collective.
kollidieren [kɔli'di:rən] *vi* collide; (*zeitlich*) clash.
Kollision [kɔlizi'o:n] *f* collision; (*zeitlich*) clash.
kolonial [koloni'a:l] *a* colonial; **K~warenhändler** *m* grocer.
Kolonie [kolo'ni:] *f* colony.
kolonisieren [koloni'zi:rən] *vt* colonize.
Kolonist [kolo'nɪst] *m* colonist.
Kolonne [ko'lɔnə] *f* **-, -n** column; (*von Fahrzeugen*) convoy.
Koloß [ko'lɔs] *m* **-sses, -sse** colossus.
kolossal [kolɔ'sa:l] *a* colossal.
Kombi- ['kɔmbi] *cpd*: ~**nation** [-natsi'o:n] *f* combination; (*Vermutung*) conjecture; (*Hemdhose*) combinations *pl*; (*Aviat*) flying suit; **k~nieren** [-'ni:rən] *vt* combine; *vi* deduce, work out; (*vermuten*) guess; ~**wagen** *m* station wagon; ~**zange** *f* (pair of) pliers.
Komet [ko'me:t] *m* **-en, -en** comet.
Komfort [kɔm'fo:r] *m* **-s** luxury.
Komik ['ko:mɪk] *f* humour, comedy; ~**er** *m* **-s, -** comedian.
komisch ['ko:mɪʃ] *a* funny.
Komitee [komi'te:] *nt* **-s, -s** committee.
Komma ['kɔma] *nt* **-s, -s** *or* **-ta** comma.
Kommand- [kɔ'mand] *cpd*: ~**ant** [-'dant] *m* commander, commanding officer; ~**eur** [-'dø:r] *m* commanding officer; **k~ieren** [-'di:rən] *vti* command; ~**o** *nt* **-s, -s** command, order; (*Truppe*) detachment, squad; **auf ~o** to order.
kommen ['kɔmən] *vi irreg* come; (*näher —*) approach; (*passieren*) happen; (*gelangen, geraten*) get; (*Blumen, Zähne, Tränen etc*) appear; (*in die Schule, das Zuchthaus etc*) go; ~ **lassen** send for; **das kommt in den Schrank** that goes in the cupboard; **zu sich** ~ come round *or* to; **zu etw** ~ acquire sth; **um etw** ~ lose sth; **nichts auf jdn/etw** ~ **lassen** have nothing said against sb/sth; **jdm frech** ~ get cheeky with sb; **auf jeden vierten kommt ein Platz** there's one place to every fourth person; **wer kommt zuerst?** who's first?; **unter ein Auto** ~ be run over by a car; **wie hoch kommt das?** what does that cost?; **K~** *nt* **-s** coming.
Kommentar [kɔmɛn'ta:r] *m* commentary; **kein** ~ no comment; **k~los** *a* without comment.
Kommentator [kɔmɛn'ta:tɔr] *m* (*TV*) commentator.
kommentieren [kɔmɛn'ti:rən] *vt* comment on.
kommerziell [kɔmɛrtsi'ɛl] *a* commercial.
Kommilitone [kɔmili'to:nə] *m* **-n, -n** fellow student.
Kommiß [kɔ'mɪs] *m* **-sses** (life in the) army; ~**brot** *nt* army bread.
Kommissar [kɔmɪ'sa:r] *m* police inspector.
Kommission [kɔmɪsɪ'o:n] *f* (*Comm*) commission; (*Ausschuß*) committee.
Kommode [kɔ'mo:də] *f* **-, -n** (chest of) drawers.
Kommune [kɔ'mu:nə] *f* **-, -n** commune.
Kommunikation [kɔmunɪkatsɪ'o:n] *f* communication.
Kommunion [kɔmuni'o:n] *f* communion.
Kommuniqué [kɔmyni'ke:] *nt* **-s, -s** communiqué.
Kommunismus [kɔmu'nɪsmʊs] *m* communism.
Kommunist [kɔmu'nɪst] *m* communist; **k~isch** *a* communist.
kommunizieren [kɔmuni'tsi:rən] *vi* communicate; (*Eccl*) receive communion.
Komödiant [komødi'ant] *m* comedian; ~**in** *f* comedienne.
Komödie [ko'mø:diə] *f* comedy.
Kompagnon [kɔmpan'jõ:] *m* **-s, -s** (*Comm*) partner.
kompakt [kɔm'pakt] *a* compact.
Kompanie [kɔmpa'ni:] *f* company.
Komparativ ['kɔmparati:f] *m* **-s, -e** comparative.
Kompaß ['kɔmpas] *m* **-sses, -sse** compass.
kompetent [kɔmpe'tɛnt] *a* competent.
Kompetenz *f* competence, authority.
komplett [kɔm'plɛt] *a* complete.
Komplikation [kɔmplikatsi'o:n] *f* complication.
Kompliment [kɔmpli'mɛnt] *nt* compliment.
Komplize [kɔm'pli:tsə] *m* **-n, -n** accomplice.
komplizieren [kɔmpli'tsi:rən] *vt* complicate.
Komplott [kɔm'plɔt] *nt* **-(e)s, -e** plot.
komponieren [kɔmpo'ni:rən] *vt* compose.
Komponist [kɔmpo'nɪst] *m* composer.
Komposition [kɔmpozitsi'o:n] *f* composition.

Kompost [kɔm'pɔst] *m* **-(e)s, -e** compost; **~haufen** *m* compost heap.
Kompott [kɔm'pɔt] *nt* **-(e)s, -e** stewed fruit.
Kompresse [kɔm'prɛsə] *f* **-, -n** compress.
Kompressor [kɔm'prɛsɔr] *m* compressor.
Kompromiß [kɔmpro'mɪs] *m* **-sses, -sse** compromise; **k~bereit** *a* willing to compromise; **~lösung** *f* compromise solution.
kompromittieren [kɔmpromɪ'ti:rən] *vt* compromise.
Kondens- [kɔn'dɛns] *cpd*: **~ation** [kɔndɛnzatsi'o:n] *f* condensation; **~ator** [kɔndɛn'za:tɔr] *m* condenser; **k~ieren** [kɔndɛn'zi:rən] *vt* condense; **~milch** *f* condensed milk; **~streifen** *m* vapour trail.
Kondition- [kɔnditsi'o:n] *cpd*: **~alsatz** [kɔnditsio'na:lzats] *m* conditional clause; **~straining** *nt* fitness training.
Konditor [kɔn'di:tɔr] *m* pastrycook; **~ei** [kɔndɪto'raɪ] *f* café; cake shop.
kondolieren [kɔndo'li:rən] *vi* condole (*jdm* with sb).
Kondom [kɔn'do:m] *nt* **-s, -e** condom.
Konfektion [kɔnfɛktsi'o:n] *f* production of ready-made clothing; **~skleidung** *f* ready-made clothing.
Konferenz [kɔnfe'rɛnts] *f* conference, meeting.
konferieren [kɔnfe'ri:rən] *vi* confer, have a meeting.
Konfession [kɔnfɛsi'o:n] *f* religion; (*christlich*) denomination; **k~ell** [-'nɛl] *a* denominational; **k~slos** *a* non-denominational; **~sschule** *f* denominational school.
Konfetti [kɔn'fɛti] *nt* **-(s)** confetti.
Konfirmand [kɔnfɪr'mant] *m* candidate for confirmation.
Konfirmation [kɔnfɪrmatsi'o:n] *f* (*Eccl*) confirmation.
konfirmieren [kɔnfɪr'mi:rən] *vt* confirm.
konfiszieren [kɔnfɪs'tsi:rən] *vt* confiscate.
Konfitüre [kɔnfi'ty:rə] *f* **-, -n** jam.
Konflikt [kɔn'flɪkt] *m* **-(e)s, -e** conflict.
konform [kɔn'fɔrm] *a* concurring; **~ gehen** be in agreement.
konfrontieren [kɔnfrɔn'ti:rən] *vt* confront.
konfus [kɔn'fu:s] *a* confused.
Kongreß [kɔn'grɛs] *m* **-sses, -sse** congress.
Kongruenz [kɔngru'ɛnts] *f* agreement, congruence.
König ['kø:nɪç] *m* **-(e)s, -e** king; **~in** ['kø:nɪgɪn] *f* queen; **k~lich** *a* royal; **~reich** *nt* kingdom; **~tum** *nt* **-(e)s, -tümer** kingship.
konisch ['ko:nɪʃ] *a* conical.
Konjugation [kɔnjugatsi'o:n] *f* conjugation.
konjugieren [kɔnju'gi:rən] *vt* conjugate.
Konjunktion [kɔnjʊŋktsi'o:n] *f* conjunction.
Konjunktiv ['kɔnjʊnkti:f] *m* **-s, -e** subjunctive.
Konjunktur [kɔnjʊnk'tu:r] *f* economic situation; (*Hoch—*) boom.
konkav [kɔn'ka:f] *a* concave.
konkret [kɔn'kre:t] *a* concrete.
Konkurrent(in *f*) [kɔnku'rɛnt(ɪn)] *m* competitor.
Konkurrenz [kɔnkʊ'rɛnts] *f* competition; **k~fähig** *a* competitive; **~kampf** *m* competition; (*col*) rat race.
konkurrieren [kɔnkʊ'ri:rən] *vi* compete.
Konkurs [kɔn'kʊrs] *m* **-es, -e** bankruptcy.
können ['kœnən] *vti irreg* be able to, can; (*wissen*) know; **~ Sie Deutsch?** can you speak German?; **ich kann nicht . . .** I can't *or* cannot . . .; **kann ich gehen?** can I go?; **das kann sein** that's possible; **ich kann nicht mehr** I can't go on; **K~** *nt* **-s** ability.
konsequent [kɔnze'kvɛnt] *a* consistent.
Konsequenz [kɔnze'kvɛnts] *f* consistency; (*Folgerung*) conclusion.
Konserv- [kɔn'zɛrv] *cpd*: **k~ativ** [-a'ti:f] *a* conservative; **~atorium** [-a'to:riʊm] *nt* academy of music, conservatory; **~e** *f* **-, -n** tinned food; **~enbüchse** *f* tin, can; **k~ieren** [-'vi:rən] *vt* preserve; **~ierung** *f* preservation; **~ierungsmittel** *nt* preservative.
Konsonant [kɔnzo'nant] *m* consonant.
konstant [kɔn'stant] *a* constant.
Konstitution [kɔnstitutsi'o:n] *f* constitution; **k~ell** [-'nɛl] *a* constitutional.
konstruieren [kɔnstru'i:rən] *vt* construct.
Konstrukteur [kɔnstrʊk'tø:r] *m* engineer, designer.
Konstruktion [kɔnstrʊktsi'o:n] *f* construction.
konstruktiv [kɔnstrʊk'ti:f] *a* constructive.
Konsul ['kɔnzʊl] *m* **-s, -n** consul; **~at** [-'la:t] *nt* consulate.
konsultieren [kɔnzʊl'ti:rən] *vt* consult.
Konsum [kɔn'zu:m] *m* **-s** consumption; **~artikel** *m* consumer article; **~ent** [-'mɛnt] *m* consumer; **k~ieren** [-'mi:rən] *vt* consume.
Kontakt [kɔn'takt] *m* **-(e)s, -e** contact; **k~arm** *a* unsociable; **k~freudig** *a* sociable; **~linsen** *pl* contact lenses *pl*.
Konterfei ['kɔntəfaɪ] *nt* **-s, -s** picture.
kontern ['kɔntərn] *vti* counter.
Konterrevolution [kɔntərrevolutsio:n] *f* counter-revolution.
Kontinent ['kɔntinɛnt] *m* continent.
Kontingent [kɔntɪŋ'gɛnt] *nt* **-(e)s, -e** quota; (*Truppen—*) contingent.
kontinuierlich [kɔntinu'i:rlɪç] *a* continuous.
Kontinuität [kɔntinui'tɛ:t] *f* continuity.
Konto ['kɔnto] *nt* **-s, Konten** account; **~auszug** *m* statement (of account); **~inhaber(in *f*)** *m* account holder; **~r** [kɔn'to:r] *nt* **-s, -e** office; **~rist** [-'rɪst] *m* clerk, office worker; **~stand** *m* state of account.
Kontra ['kɔntra] *nt* **-s, -s** (*Cards*) double; **jdm ~ geben** (*fig*) contradict sb; **~baß** *m* double bass; **~hent** [-'hɛnt] *m* contracting party; **~punkt** *m* counterpoint.
Kontrast [kɔn'trast] *m* **-(e)s, -e** contrast.
Kontroll- [kɔn'trɔl] *cpd*: **~e** *f* **-, -n** control, supervision; (*Paß—*) passport control; **~eur** [-'lø:r] *m* inspector; **k~ieren**

[-ˈli:rən] *vt* control, supervise; (*nachprüfen*) check.
Kontur [kɔnˈtu:r] *f* contour.
Konvention [kɔnvɛntsiˈo:n] *f* convention; **k∼ell** [-ˈnɛl] *a* conventional.
Konversation [kɔnvɛrzatsiˈo:n] *f* conversation; **∼slexikon** *nt* encyclopaedia.
konvex [kɔnˈvɛks] *a* convex.
Konvoi [ˈkɔnvɔʏ] *m* **-s, -s** convoy.
Konzentration [kɔntsɛntratsiˈo:n] *f* concentration; **∼slager** *nt* concentration camp.
konzentrieren [kɔntsɛnˈtri:rən] *vtr* concentrate.
konzentriert *a* concentrated; *ad zuhören, arbeiten* intently.
Konzept [kɔnˈtsɛpt] *nt* **-(e)s, -e** rough draft; **jdn aus dem ∼ bringen** confuse sb.
Konzern [kɔnˈtsɛrn] *m* **-s, -e** combine.
Konzert [kɔnˈtsɛrt] *nt* **-(e)s, -e** concert; (*Stück*) concerto; **∼saal** *m* concert hall.
Konzession [kɔntsɛsiˈo:n] *f* licence; (*Zugeständnis*) concession; **k∼ieren** [-ˈni:rən] *vt* license.
Konzil [kɔnˈtsi:l] *nt* **-s, -e** *or* **-ien** council.
konzipieren [kɔntsiˈpi:rən] *vt* conceive.
Kopf [kɔpf] *m* **-(e)s, ⸚e** head; **∼bedeckung** *f* headgear.
köpfen [ˈkœpfən] *vt* behead; *Baum* lop; *Ei* take the top off; *Ball* head.
Kopf- *cpd*: **∼haut** *f* scalp; **∼hörer** *m* headphone; **∼kissen** *nt* pillow; **k∼los** *a* panic-stricken; **∼losigkeit** *f* panic; **k∼rechnen** *vi* do mental arithmetic; **∼salat** *m* lettuce; **∼schmerzen** *pl* headache; **∼sprung** *m* header, dive; **∼stand** *m* headstand; **∼tuch** *nt* headscarf; **k∼über** *ad* head over heels; **∼weh** *nt* headache; **∼zerbrechen** *nt*: **jdm ∼zerbrechen machen** give sb a lot of headaches.
Kopie [koˈpi:] *f* copy; **k∼ren** *vt* copy.
Koppel [ˈkɔpəl] *f* **-, -n** (*Weide*) enclosure; *nt* **-s, -** (*Gürtel*) belt; **k∼n** *vt* couple; **∼ung** *f* coupling; **∼ungsmanöver** *nt* docking manoeuvre.
Koralle [koˈralə] *f* **-, -n** coral; **∼nkette** *f* coral necklace; **∼nriff** *nt* coral reef.
Korb [kɔrp] *m* **-(e)s, ⸚e** basket; **jdm einen ∼ geben** (*fig*) turn sb down; **∼ball** *m* basketball; **∼stuhl** *m* wicker chair.
Kord [kɔrt] *m* **-(e)s, -e** corduroy.
Kordel [ˈkɔrdəl] *f* **-, -n** cord, string.
Kork [kɔrk] *m* **-(e)s, -e** cork; **∼en** *m* **-s, -** stopper, cork; **∼enzieher** *m* **-s, -** corkscrew.
Korn [kɔrn] *nt* **-(e)s, ⸚er** corn, grain; (*Gewehr*) sight; **∼blume** *f* cornflower; **∼kammer** *f* granary.
Körnchen [ˈkœrnçən] *nt* grain, granule.
Körper [ˈkœrper] *m* **-s, -** body; **∼bau** *m* build; **k∼behindert** *a* disabled; **∼gewicht** *nt* weight; **∼größe** *f* height; **∼haltung** *f* carriage, deportment; **k∼lich** *a* physical; **∼pflege** *f* personal hygiene; **∼schaft** *f* corporation; **∼teil** *m* part of the body.
Korps [ko:r] *nt* **-, -** (*Mil*) corps; students' club.
korpulent [kɔrpuˈlɛnt] *a* corpulent.
korrekt [kɔˈrɛkt] *a* correct; **K∼heit** *f* correctness; **K∼or** *m* proofreader; **K∼ur** [-ˈtu:r] *f* (*eines Textes*) proofreading; (*Text*) proof; (*Sch*) marking, correction.
Korrespond- [kɔrɛspɔnd] *cpd*: **∼ent(in *f*)** [-ˈdɛnt(ɪn)] *m* correspondent; **∼enz** [-ˈdɛnts] *f* correspondence; **k∼ieren** [-ˈdi:rən] *vi* correspond.
Korridor [ˈkɔrido:r] *m* **-s, -e** corridor.
korrigieren [kɔriˈgi:rən] *vt* correct.
korrumpieren [kɔrʊmˈpi:rən] *vt* corrupt.
Korruption [kɔrʊptsiˈo:n] *f* corruption.
Korsett [kɔrˈzɛt] *nt* **-(e)s, -e** corset.
Kose- [ˈko:zə] *cpd*: **∼form** *f* pet form; **k∼n** *vt* caress; *vi* bill and coo; **∼name** *m* pet name; **∼wort** *nt* term of endearment.
Kosmetik [kɔsˈme:tɪk] *f* cosmetics *pl*; **∼erin** *f* beautician.
kosmetisch *a* cosmetic; *Chirurgie* plastic.
kosmisch [ˈkɔsmɪʃ] *a* cosmic.
Kosmo- [kɔsmo] *cpd*: **∼naut** [-ˈnaut] *m* **-en, -en** cosmonaut; **∼polit** [-poˈli:t] *m* **-en, -en** cosmopolitan; **k∼politisch** [-poˈli:tɪʃ] *a* cosmopolitan; **∼s** *m* **-** cosmos.
Kost [kɔst] *f* **-** (*Nahrung*) food; (*Verpflegung*) board; **k∼bar** *a* precious; (*teuer*) costly, expensive; **∼barkeit** *f* preciousness; costliness, expensiveness; (*Wertstück*) valuable; **∼en** *pl* cost(s); (*Ausgaben*) expenses *pl*; **auf ∼ von** at the expense of; **k∼en** *vt* cost; *vti* (*versuchen*) taste; **∼enanschlag** *m* estimate; **k∼enlos** *a* free (of charge); **∼geld** *nt* board.
köstlich [ˈkœstlɪç] *a* precious; *Einfall* delightful; *Essen* delicious; **sich ∼ amüsieren** have a marvellous time.
Kost- *cpd*: **∼probe** *f* taste; (*fig*) sample; **k∼spielig** *a* expensive.
Kostüm [kɔsˈty:m] *nt* **-s, -e** costume; (*Damen—*) suit; **∼fest** *nt* fancy-dress party; **k∼ieren** [kɔstyˈmi:rən] *vtr* dress up; **∼verleih** *m* costume agency.
Kot [ko:t] *m* **-(e)s** excrement.
Kotelett [kotəˈlɛt] *nt* **-(e)s, -e** *or* **-s** cutlet, chop; **∼en** *pl* sideboards *pl*.
Köter [ˈkø:tər] *m* **-s, -** cur.
Kotflügel *m* (*Aut*) wing.
Krabbe [ˈkrabə] *f* **-, -n** shrimp; **k∼ln** *vi* crawl.
Krach [krax] *m* **-(e)s, -s** *or* **-e** crash; (*andauernd*) noise; (*col: Streit*) quarrel, row; **k∼en** *vi* crash; (*beim Brechen*) crack; *vr* (*col*) row, quarrel.
krächzen [ˈkrɛçtsən] *vi* croak.
Kraft [kraft] *f* **-, ⸚e** strength, power, force; (*Arbeits—*) worker; **in ∼ treten** come into effect; **k∼** *prep +gen* by virtue of; **∼ausdruck** *m* swearword; **∼fahrer** *m* motor driver; **∼fahrzeug** *nt* motor vehicle; **∼fahrzeugbrief** *m* logbook; **∼fahrzeugsteuer** *f* ≈ road tax.
kräftig [ˈkrɛftɪç] *a* strong; **∼en** [krɛftɪgən] *vt* strengthen.
Kraft- *cpd*: **k∼los** *a* weak; powerless; (*Jur*) invalid; **∼probe** *f* trial of strength; **∼rad** *nt* motorcycle; **k∼voll** *a* vigorous;

~**wagen** *m* motor vehicle; ~**werk** *nt* power station.

Kragen ['kra:gən] *m* **-s, -** collar; ~**weite** *f* collar size.

Krähe ['krɛ:ə] *f* **-, -n** crow; **k~n** *vi* crow.

krakeelen [kra'ke:lən] *vi* (*col*) make a din.

Kralle ['kralə] *f* **-, -n** claw; (*Vogel—*) talon; **k~n** *vt* clutch; (*krampfhaft*) claw.

Kram [kra:m] *m* **-(e)s** stuff, rubbish; **k~en** *vi* rummage; ~**laden** *m* (*pej*) small shop.

Krampf [krampf] *m* **-(e)s, ¨e** cramp; (*zuckend*) spasm; ~**ader** *f* varicose vein; **k~haft** *a* convulsive; (*fig*) *Versuche* desperate.

Kran [kra:n] *m* **-(e)s, ¨e** crane; (*Wasser—*) tap.

Kranich ['kra:nɪç] *m* **-s, -e** (*Zool*) crane.

krank [kraŋk] *a* ill, sick; **K~e(r)** *mf* sick person; invalid, patient.

kränkeln ['krɛŋkəln] *vi* be in bad health.

kranken ['kraŋkən] *vi*: **an etw** (*dat*) ~ (*fig*) suffer from sth.

kränken ['krɛŋkən] *vt* hurt.

Kranken- *cpd*: ~**bericht** *m* medical report; ~**geld** *nt* sick pay; ~**haus** *nt* hospital; ~**kasse** *f* health insurance; ~**pfleger** *m* nursing orderly; ~**schwester** *f* nurse; ~**versicherung** *f* health insurance; ~**wagen** *m* ambulance.

Krank- *cpd*: **k~haft** *a* diseased; *Angst etc* morbid; ~**heit** *f* illness, disease; ~**heitserreger** *m* disease-carrying agent.

kränk- ['krɛŋk] *cpd*: ~**lich** *a* sickly; **K~ung** *f* insult, offence.

Kranz [krants] *m* **-es, ¨e** wreath, garland.

Kränzchen ['krɛntsçən] *nt* small wreath; ladies' party.

Krapfen ['krapfən] *m* **-s, -** fritter; (*Berliner*) doughnut.

kraß [kras] *a* crass.

Krater ['kra:tər] *m* **-s, -** crater.

Kratz- ['krats] *cpd*: ~**bürste** *f* (*fig*) crosspatch; **k~en** *vti* scratch; ~**er** *m* **-s, -** scratch; (*Werkzeug*) scraper.

Kraul(schwimmen) ['kraul(ʃvɪmen)] *nt* **-s** crawl; **k~en** *vi* (*schwimmen*) do the crawl; *vt* (*streicheln*) tickle.

kraus [kraus] *a* crinkly; *Haar* frizzy; *Stirn* wrinkled; **K~e** ['krauzə] *f* **-, -n** frill, ruffle.

kräuseln ['krɔʏzəln] *vt Haar* make frizzy; *Stoff* gather; *Stirn* wrinkle; *vr* (*Haar*) go frizzy; (*Stirn*) wrinkle; (*Wasser*) ripple.

Kraut [kraut] *nt* **-(e)s, Kräuter** plant; (*Gewürz*) herb; (*Gemüse*) cabbage.

Krawall [kra'val] *m* **-s, -e** row, uproar.

Krawatte [kra'vatə] *f* **-, -n** tie.

kreativ [krea'ti:f] *a* creative.

Kreatur [krea'tu:r] *f* creature.

Krebs [kre:ps] *m* **-es, -e** crab; (*Med, Astrol*) cancer.

Kredit [kre'di:t] *m* **-(e)s, -e** credit.

Kreide ['kraɪdə] *f* **-, -n** chalk; **k~bleich** *a* as white as a sheet.

Kreis [kraɪs] *m* **-es, -e** circle; (*Stadt— etc*) district; **im ~ gehen** (*lit, fig*) go round in circles.

kreischen ['kraɪʃən] *vi* shriek, screech.

Kreis- *cpd*: ~**el** ['kraɪzəl] *m* **-s, -** top; (*Verkehrs—*) roundabout; **k~en** ['kraɪzən] *vi* spin; **k~förmig** *a* circular; ~**lauf** *m* (*Physiol*) circulation; (*fig: der Natur etc*) cycle; ~**säge** *f* circular saw; ~**stadt** *f* county town; ~**verkehr** *m* roundabout traffic.

Kreißsaal ['kraɪs-za:l] *m* delivery room.

Krem [kre:m] *f* **-, -s** cream, mousse.

Krematorium [krema'to:riʊm] *nt* crematorium.

Krempe ['krɛmpə] *f* **-, -n** brim; ~**l** *m* **-s** (*col*) rubbish.

krepieren [kre'pi:rən] *vi* (*col: sterben*) die, kick the bucket.

Krepp [krɛp] *m* **-s, -s** *or* **-e** crepe; ~**papier** *nt* crepe paper; ~**sohle** *f* crepe sole.

Kresse ['krɛsə] *f* **-, -n** cress.

Kreuz [krɔyts] *nt* **-es, -e** cross; (*Anat*) small of the back; (*Cards*) clubs; **k~en** *vtr* cross; *vi* (*Naut*) cruise; ~**er** *m* **-s, -** (*Schiff*) cruiser; ~**fahrt** *f* cruise; ~**feuer** *nt* (*fig*) **im ~feuer stehen** be caught in the crossfire; ~**gang** *m* cloisters *pl*; **k~igen** *vt* crucify; ~**igung** *f* crucifixion; ~**otter** *f* adder; ~**ung** *f* (*Verkehrs—*) crossing, junction; (*Züchten*) cross; ~**verhör** *nt* cross-examination; ~**weg** *m* crossroads; (*Rel*) Way of the Cross; ~**worträtsel** *nt* crossword puzzle; ~**zeichen** *nt* sign of the cross; ~**zug** *m* crusade.

Kriech- ['kri:ç] *cpd*: **k~en** *vi irreg* crawl, creep; (*pej*) grovel, crawl; ~**er** *m* **-s, -** crawler; ~**spur** *f* crawler lane; ~**tier** *nt* reptile.

Krieg [kri:k] *m* **-(e)s, -e** war; **k~en** ['kri:gən] *vt* (*col*) get; ~**er** *m* **-s, -** warrior; **k~erisch** warlike; ~**führung** *f* warfare; ~**sbemalung** *f* war paint; ~**serklärung** *f* declaration of war; ~**sfuß** *m*: **mit jdm/etw auf ~sfuß stehen** be at loggerheads with sb/not get on with sth; ~**sgefangene(r)** *m* prisoner of war; ~**sgefangenschaft** *f* captivity; ~**sgericht** *nt* court-martial; ~**sschiff** *nt* warship; ~**sschuld** *f* war guilt; ~**sverbrecher** *m* war criminal; ~**sversehrte(r)** *m* person disabled in the war; ~**szustand** *m* state of war.

Krimi ['kri:mi] *m* **-s, -s** (*col*) thriller; **k~nal** [-'na:l] *a* criminal; ~**'nalbeamte(r)** *m* detective; ~**nali'tät** *f* criminality; ~**'nalpolizei** *f* detective force, CID (*Brit*); ~**'nalroman** *m* detective story; **k~nell** [-'nɛl] *a* criminal; ~**'nelle(r)** *m* criminal.

Krippe ['krɪpə] *f* **-, -n** manger, crib; (*Kinder—*) crèche.

Krise ['kri:zə] *f* **-, -n** crisis; **k~ln** *vi*: **es kriselt** there's a crisis; ~**nherd** *m* trouble spot.

Kristall [krɪs'tal] *m* **-s, -e** crystal; *nt* **-s** (*Glas*) crystal.

Kriterium [kri'te:riʊm] *nt* criterion.

Kritik [kri'ti:k] *f* criticism; (*Zeitungs—*) review, write-up; ~**er** ['kri:tikər] *m* **-s, -** critic; **k~los** *a* uncritical.

kritisch ['kri:tɪʃ] *a* critical.

kritisieren [kriti'zi:rən] *vti* criticize.

kritteln ['krɪtəln] *vi* find fault, carp.
kritzeln ['krɪtsəln] *vti* scribble, scrawl.
Krokodil [kroko'di:l] *nt* **-s, -e** crocodile.
Krokus ['kro:kʊs] *m* **-, -** *or* **-se** crocus.
Krone ['kro:nə] *f* **-, -n** crown; (*Baum—*) top.
krönen ['krø:nən] *vt* crown.
Kron- *cpd*: **~korken** *m* bottle top; **~leuchter** *m* chandelier; **~prinz** *m* crown prince.
Krönung ['krø:nʊŋ] *f* coronation.
Kropf [krɔpf] *m* **-(e)s, ⸚e** (*Med*) goitre; (*im Vogel*) crop.
Kröte ['krø:tə] *f* **-, -n** toad.
Krücke ['krʏkə] *f* **-, -n** crutch.
Krug [kru:k] *m* **-(e)s, ⸚e** jug; (*Bier—*) mug.
Krümel ['kry:məl] *m* **-s, -** crumb; **k~n** *vti* crumble.
krumm [krʊm] *a* (*lit, fig*) crooked; (*kurvig*) curved; **~beinig** *a* bandy-legged.
krümm- ['krʏm] *cpd*: **~en** *vtr* curve, bend; **K~ung** *f* bend, curve.
krumm- *cpd*: **~lachen** *vr* (*col*) laugh o.s. silly; **~nehmen** *vt irreg* (*col*) **jdm etw ~nehmen** take sth amiss.
Krüppel ['krʏpəl] *m* **-s, -** cripple.
Kruste ['krʊstə] *f* **-, -n** crust.
Kruzifix [krutsi'fɪks] *nt* **-es, -e** crucifix.
Kübel ['ky:bəl] *m* **-s, -** tub; (*Eimer*) pail.
Küche ['kyçə] *f* **-, -n** kitchen; (*Kochen*) cooking, cuisine.
Kuchen ['ku:xən] *m* **-s, -** cake; **~blech** *nt* baking tray; **~form** *f* baking tin; **~gabel** *f* pastry fork; **~teig** *m* cake mixture.
Küchen- *cpd*: **~herd** *m* range; (*Gas, Elec*) cooker, stove; **~schabe** *f* cockroach; **~nschrank** *m* kitchen cabinet.
Kuckuck ['kʊkʊk] *m* **-s, -e** cuckoo.
Kufe ['ku:fə] *f* **-, -n** (*Faß*) vat; (*Schlitten—*) runner; (*Aviat*) skid.
Kugel ['ku:gəl] *f* **-, -n** ball; (*Math*) sphere; (*Mil*) bullet; (*Erd—*) globe; (*Sport*) shot; **k~förmig** *a* spherical; **~lager** *nt* ball bearing; **k~n** *vt* roll; (*Sport*) bowl; *vr* (*vor Lachen*) double up; **k~rund** *a Gegenstand* round; (*col*) *Person* tubby; **~schreiber** *m* ball-point (pen), biro ®; **k~sicher** *a* bulletproof; **~stoßen** *nt* **-s** shot-put.
Kuh [ku:] *f* **-, ⸚e** cow.
kühl [ky:l] *a* (*lit, fig*) cool; **K~anlage** *f* refrigerating plant; **K~e** *f* **-** coolness; **~en** *vt* cool; **K~er** *m* **-s, -** (*Aut*) radiator; **K~erhaube** (*Aut*) bonnet, hood (*US*); **K~raum** *m* cold-storage chamber; **K~schrank** *m* refrigerator; **K~truhe** *f* freezer; **K~ung** *f* cooling; **K~wagen** *m* (*Rail*) refrigerator van; **K~wasser** *nt* cooling water.
kühn [ky:n] *a* bold, daring; **K~heit** *f* boldness.
Küken ['ky:kən] *nt* **-s, -** chicken.
kulant [ku'lant] *a* obliging.
Kuli ['ku:li] *m* **-s, -s** coolie; (*col: Kugelschreiber*) biro ®.
Kulisse [ku'lɪsə] *f* **-, -n** scene.
kullern ['kʊlərn] *vi* roll.
Kult [kʊlt] *m* **-(e)s, -e** worship, cult; **mit etw ~ treiben** make a cult out of sth; **k~ivieren** [-i'vi:rən] *vt* cultivate; **k~iviert** *a* cultivated, refined; **~ur** [kʊl'tu:r] *f* culture; civilization; (*das Boden*) cultivation; **k~urell** [-u'rɛl] *a* cultural; **~urfilm** *m* documentary film.
Kümmel ['kʏməl] *m* **-s, -** caraway seed; (*Branntwein*) kümmel.
Kummer ['kʊmər] *m* **-s** grief, sorrow.
kümmer- ['kʏmər] *cpd*: **~lich** *a* miserable, wretched; **~n** *vr*: **sich um jdn ~n** look after sb; **sich um etw ~n** see to sth; *vt* concern; **das kümmert mich nicht** that doesn't worry me.
Kumpan [kʊm'pa:n] *m* **-s, -e** mate; (*pej*) accomplice.
Kumpel ['kʊmpəl] *m* **-s, -** (*col*) mate.
kündbar ['kʏntba:r] *a* redeemable, recallable; *Vertrag* terminable.
Kunde ['kʊndə] *m* **-n, -n, Kundin** *f* customer; *f* **-, -n** (*Botschaft*) news; **~ndienst** *m* after-sales service.
Kund- *cpd*: **~gabe** *f* announcement; **k~geben** *vt irreg* announce; **~gebung** *f* announcement; (*Versammlung*) rally; **k~ig** *a* expert, experienced.
Künd- ['kʏnd] *cpd*: **k~igen** *vi* give in one's notice; **jdm k~igen** give sb his notice; *vt* cancel; **(jdm) die Stellung/Wohnung ~** give (sb) notice; **~igung** *f* notice; **~igungsfrist** *f* period of notice.
Kundschaft *f* customers *pl*, clientele.
künftig ['kʏnftɪç] *a* future; *ad* in future.
Kunst [kʊnst] *f* **-, ⸚e** art; (*Können*) skill; **das ist doch keine ~** it's easy; **~akademie** *f* academy of art; **~dünger** *m* artificial manure; **~faser** *f* synthetic fibre; **~fertigkeit** *f* skilfulness; **~geschichte** *f* history of art; **~gewerbe** *nt* arts and crafts *pl*; **~griff** *m* trick, knack; **~händler** *m* art dealer; **~harz** *nt* artificial resin.
Künstler(in *f***)** ['kʏnstlər(ɪn)] *m* **-s, -** artist; **k~isch** *a* artistic; **~name** *m* stagename; pseudonym.
künstlich ['kʏnstlɪç] *a* artificial.
Kunst- *cpd*: **~sammler** *m* **-s, -** art collector; **~seide** *f* artificial silk; **~stoff** *m* synthetic material; **~stopfen** *nt* **-s** invisible mending; **~stück** *nt* trick; **~turnen** *nt* gymnastics; **k~voll** *a* ingenious, artistic; **~werk** *nt* work of art.
kunterbunt ['kʊntərbʊnt] *a* higgledy-piggledy.
Kupfer ['kʊpfər] *nt* **-s, -** copper; **~geld** *nt* coppers *pl*; **k~n** *a* copper; **~stich** *m* copperplate engraving.
Kuppe ['kʊpə] *f* **-, -n** (*Berg—*) top; (*Finger—*) tip; **~l** *f* **-, -n** cupola, dome; **~'lei** *f* (*Jur*) procuring; **k~ln** *vi* (*Jur*) procure; (*Aut*) declutch; *vt* join.
Kupp- ['kʊp] *cpd*: **~ler** *m* **-s, -** pimp; **~lerin** *f* matchmaker; **~lung** *f* coupling; (*Aut*) clutch.
Kur [ku:r] *f* **-, -en** cure, treatment.
Kür [ky:r] *f* **-, -en** (*Sport*) free skating/exercises *pl*.
Kurbel ['kʊrbəl] *f* **-, -n** crank, winch; (*Aut*) starting handle; **~welle** *f* crankshaft.
Kürbis ['kʏrbɪs] *m* **-ses, -se** pumpkin; (*exotisch*) gourd.
Kur- ['ku:r] *cpd*: **~gast** *m* visitor (to a

health resort); **k~ieren** [ku'ri:rən] *vt* cure; **k~ios** [kuri'o:s] *a* curious, odd; **~iosi'tät** *f* curiosity; **~ort** *m* health resort; **~pfuscher** *m* quack.

Kurs [kʊrs] *m* **-es, -e** course; (*Fin*) rate; **hoch im ~ stehen** (*fig*) be highly thought of; **~buch** *nt* timetable; **k~ieren** [kʊr'zi:rən] *vi* circulate; **k~iv** *ad* in italics; **~ive** [kʊr'zi:və] *f* **-, -n** italics *pl*; **~us** ['kʊrzʊs] *m* **-, Kurse** course; **~wagen** *m* (*Rail*) through carriage.

Kurve ['kʊrvə] *f* **-, -n** curve; (*Straßen— auch*) bend; **k~nreich, kurvig** *a Straße* bendy.

kurz [kʊrts] *a* short; **zu ~ kommen** come off badly; **den eren ziehen** get the worst of it; **K~arbeit** *f* short-time work; **~ärm(e)lig** *a* short-sleeved.

Kürze ['kʏrtsə] *f* **-, -n** shortness, brevity; **k~n** *vt* cut short; (*in der Länge*) shorten; *Gehalt* reduce.

kurz- *cpd*: **~erhand** *ad* on the spot; **K~fassung** *f* shortened version; **~fristig** *a* short-term; **~gefaßt** *a* concise; **K~geschichte** *f* short story; **~halten** *vt irreg* keep short; **~lebig** *a* shortlived.

kürzlich ['kʏrtslɪç] *ad* lately, recently.

Kurz- *cpd*: **~schluß** *m* (*Elec*) short circuit; **~schrift** *f* shorthand; **k~sichtig** *a* short-sighted; **~welle** *f* shortwave.

kuscheln ['kʊʃəln] *vr* snuggle up.

Kusine [ku'zi:nə] *f* cousin.

Kuß [kʊs] *m* **-sses, ¨sse** kiss.

küssen ['kʏsən] *vtr* kiss.

Küste ['kʏstə] *f* **-, -n** coast, shore; **~nwache** *f* coastguard (station).

Küster ['kʏstər] *m* **-s, -** sexton, verger.

Kutsche ['kʊtʃə] *f* **-, -n** coach, carriage; **~r** *m* **-s, -** coachman.

Kutte ['kʊtə] *f* **-, -n** cowl.

Kuvert [ku'vɛrt] *nt* **-s, -e** *or* **-s** envelope; cover.

Kybernetik [kybɛr'ne:tɪk] *f* cybernetics.

kybernetisch [kybɛr'ne:tɪʃ] *a* cybernetic.

L

L, l [ɛl] *nt* L, l.

laben ['la:bən] *vtr* refresh (o.s.); (*fig*) relish (*an etw* (*dat*) sth).

Labor [la'bo:r] *nt* **-s, -e** *or* **-s** lab; **~ant(in** *f*) [labo'rant(ɪn)] *m* lab(oratory) assistant; **~atorium** [labora'to:rium] *nt* laboratory.

Labyrinth [laby'rɪnt] *nt* **-s, -e** labyrinth.

Lache ['laxə] *f* **-, -n** (*Wasser*) pool, puddle; (*col: Gelächter*) laugh.

lächeln ['lɛçəln] *vi* smile; **L~** *nt* **-s** smile.

lachen ['laxən] *vi* laugh.

lächerlich ['lɛçərlɪç] *a* ridiculous; **L~keit** *f* absurdity.

Lach- *cpd*: **~gas** *nt* laughing gas; **l~haft** *a* laughable.

Lachs [laks] *m* **-es, -e** salmon.

Lack [lak] *m* **-(e)s, -e** lacquer, varnish; (*von Auto*) paint; **l~ieren** [la'ki:rən] *vt* varnish; *Auto* spray; **~ierer** [la'ki:rər] *m* **-s, -** varnisher; **~leder** *nt* patent leather.

Lackmus ['lakmʊs] *m or nt* **-** litmus.

Lade ['la:də] *f* **-, -n** box, chest; **~baum** *m* derrick; **~fähigkeit** *f* load capacity.

laden ['la:dən] *vt irreg Lasten* load; (*Jur*) summon; (*einladen*) invite.

Laden ['la:dən] *m* **-s, ¨** shop; (*Fenster—*) shutter; **~besitzer** *m* shopkeeper; **~dieb** *m* shoplifter; **~diebstahl** *m* shoplifting; **~hüter** *m* **-s, -** unsaleable item; **~preis** *m* retail price; **~schluß** *m* closing time; **~tisch** *m* counter.

Laderaum *m* (*Naut*) hold.

Ladung ['la:dʊŋ] *f* (*Last*) cargo, load; (*Beladen*) loading; (*Jur*) summons; (*Einladung*) invitation; (*Spreng—*) charge.

Lage ['la:gə] *f* **-, -n** position, situation; (*Schicht*) layer; **in der ~ sein** be in a position; **l~nweise** *ad* in layers.

Lager ['la:gər] *nt* **-s, -** camp; (*Comm*) warehouse; (*Schlaf—*) bed; (*von Tier*) lair; (*Tech*) bearing; **~arbeiter(in** *f*) *m* storehand; **~bestand** *m* stocks *pl*; **~geld** *nt* storage (charges *pl*); **~haus** *nt* warehouse, store.

lagern ['la:gərn] *vi* (*Dinge*) be stored; (*Menschen*) camp; (*auch vr: rasten*) lie down; *vt* store; (*betten*) lay down; *Maschine* bed.

Lager- *cpd*: **~schuppen** *m* store shed; **~stätte** *f* resting place; **~ung** *f* storage.

Lagune [la'gu:nə] *f* **-, -n** lagoon.

lahm [la:m] *a* lame; **~en** *vi* be lame, limp.

lähmen ['lɛ:mən] *vt* paralyse.

lahmlegen *vt* paralyse.

Lähmung *f* paralysis.

Laib [laɪp] *m* **-s, -e** loaf.

Laich [laɪç] *m* **-(e)s, -e** spawn; **l~en** *vi* spawn.

Laie ['laɪə] *m* **-n, -n** layman; **l~nhaft** *a* amateurish.

Lakai [la'kaɪ] *m* **-en, -en** lackey.

Laken ['la:kən] *nt* **-s, -** sheet.

Lakritze [la'krɪtsə] *f* **-, -n** liquorice.

lallen ['lalən] *vti* slur; (*Baby*) babble.

Lamelle [la'mɛlə] *f* lamella; (*Elec*) lamina; (*Tech*) plate.

lamentieren [lamɛn'ti:rən] *vi* lament.

Lametta [la'mɛta] *nt* **-s** tinsel.

Lamm [lam] *nt* **-(e)s, ¨er** lamb; **~fell** *nt* lambskin; **l~fromm** *a* like a lamb; **~wolle** *f* lambswool.

Lampe ['lampə] *f* **-, -n** lamp; **~nfieber** *nt* stage fright; **~nschirm** *m* lampshade.

Lampion [lãpi'õ:] *m* **-s, -s** Chinese lantern.

Land [lant] *nt* **-(e)s, ¨er** land; (*Nation, nicht Stadt*) country; (*Bundes—*) state; **auf dem ~(e)** in the country; **~arbeiter** *m* farm *or* agricultural worker; **~besitz** *m* landed property; **~besitzer** *m* landowner; **~ebahn** *f* runway; **l~einwärts** *ad* inland; **l~en** ['landən] *vti* land.

Ländereien [lɛndə'raɪən] *pl* estates *pl*.

Landes- ['landəz] *cpd*: **~farben** *pl* national colours *pl*; **~innere(s)** *nt* inland region; **~tracht** *f* national costume; **l~üblich** *a* customary; **~verrat** *m* high treason; **~verweisung** *f* banishment; **~währung** *f* national currency.

Land- *cpd*: **~gut** *nt* estate; **~haus** *nt*

country house; ~**karte** *f* map; ~**kreis** *m* administrative region; **l~läufig** *a* customary.
ländlich ['lɛntlɪç] *a* rural.
Land- *cpd*: ~**schaft** *f* countryside; (*Art*) landscape; **l~schaftlich** *a* scenic; regional; ~**smann** *m*, ~**smännin** *f*, *pl* **-sleute** compatriot, fellow countryman *or* countrywoman; ~**straße** *f* country road; ~**streicher** *m* **-s, -** tramp; ~**strich** *m* region; ~**tag** *m* (*Pol*) regional parliament.
Landung ['landʊŋ] *f* landing; ~**sboot** *nt* landing craft; ~**sbrücke** *f* jetty, pier; ~**sstelle** *f* landing place.
Land- *cpd*: ~**vermesser** *m* surveyor; ~**wirt** *m* farmer; ~**wirtschaft** *f* agriculture; ~**zunge** *f* spit.
lang [laŋ] *a* long; *Mensch* tall; ~**atmig** *a* long-winded; ~**e** *ad* for a long time; *dauern, brauchen* a long time.
Länge ['lɛŋə] *f* **-, -n** length; (*Geog*) longitude; ~**ngrad** *m* longitude; ~**nmaß** *nt* linear measure.
langen ['laŋən] *vi* (*ausreichen*) do, suffice; (*fassen*) reach (*nach* for); **es langt mir** I've had enough.
lang- *cpd*: **L~eweile** *f* boredom; ~**lebig** *a* long-lived.
länglich *a* longish.
lang- *cpd*: **L~mut** *f* forbearance, patience; ~**mütig** *a* forbearing.
längs [lɛŋs] *prep +gen or dat* along; *ad* lengthwise.
lang- *cpd*: ~**sam** *a* slow; **L~samkeit** *f* slowness; **L~schläfer(in** *f*) *m* late riser; **L~spielplatte** *f* long-playing record.
längst ['lɛŋst] *ad* **das ist ~ fertig** that was finished a long time ago, that has been finished for a long time; ~**e(r,s)** *a* longest.
lang- *cpd*: ~**weilig** *a* boring, tedious; **L~welle** *f* long wave; ~**wierig** *a* lengthy, long-drawn-out.
Lanze ['lantsə] *f* **-, -n** lance.
Lanzette [lan'tsɛtə] *f* lancet.
lapidar [lapi'da:r] *a* terse, pithy.
Lappalie [la'pa:liə] *f* trifle.
Lappen ['lapən] *m* **-s, -** cloth, rag; (*Anat*) lobe.
läppisch ['lɛpɪʃ] *a* foolish.
Lapsus ['lapsʊs] *m* **-, -** slip.
Lärche ['lɛrçə] *f* **-, -n** larch.
Lärm [lɛrm] *m* **-(e)s** noise; **l~en** *vi* be noisy, make a noise.
Larve ['larfə] *f* **-, -n** mask; (*Biol*) larva.
lasch [laʃ] *a* slack; *Geschmack* tasteless.
Lasche ['laʃə] *f* **-, -n** (*Schuh-*) tongue; (*Rail*) fishplate.
Laser ['leɪzə] *m* **-s, -** laser.
lassen ['lasən] *vti irreg* leave; (*erlauben*) let; (*aufhören mit*) stop; (*veranlassen*) make; **etw machen ~** to have sth done; **es läßt sich machen** it can be done; **es läßt sich öffnen** it can be opened, it opens.
lässig ['lɛsɪç] *a* casual; **L~keit** *f* casualness.
läßlich ['lɛslɪç] *a* pardonable, venial.
Last [last] *f* **-, -en** load, burden; (*Naut, Aviat*) cargo; (*usu pl: Gebühr*) charge; **jdm zur ~ fallen** be a burden to sb; ~**auto** *nt* lorry, truck; **l~en** *vi* (*auf +dat*) weigh on.
Laster ['lastər] *nt* **-s, -** vice.
Lästerer ['lɛstərər] *m* **-s, -** mocker; (*Gottes—*) blasphemer.
lasterhaft *a* immoral.
lästerlich *a* scandalous.
lästern ['lɛstərn] *vti Gott* blaspheme; (*schlecht sprechen*) mock.
Lästerung *f* jibe; (*Gottes—*) blasphemy.
lästig ['lɛstɪç] *a* troublesome, tiresome.
Last- *cpd*: ~**kahn** *m* barge; ~**kraftwagen** *m* heavy goods vehicle; ~**schrift** *f* debiting; debit item; ~**tier** *nt* beast of burden; ~**träger** *m* porter; ~**wagen** *m* lorry, truck.
latent [la'tɛnt] *a* latent.
Laterne [la'tɛrnə] *f* **-, -n** lantern; (*Straßen—*) lamp, light; ~**npfahl** *m* lamppost.
Latrine [la'tri:nə] *f* latrine.
Latsche ['latʃə] *f* **-, -n** dwarf pine; **l~n** ['la:tʃən] *vi* (*col*) (*gehen*) wander, go; (*lässig*) slouch.
Latte ['latə] *f* **-, -n** lath; (*Sport*) goalpost; (*quer*) crossbar; ~**nzaun** *m* lattice fence.
Latz [lats] *m* **-es, ⸚e** bib; (*Hosen—*) flies *pl*.
Lätzchen ['lɛtsçən] *nt* bib.
Latzhose *f* dungarees *pl*.
lau [laʊ] *a Nacht* balmy; *Wasser* lukewarm.
Laub [laʊp] *nt* **-(e)s** foliage; ~**baum** *m* deciduous tree; ~**e** ['laʊbə] *f* **-, -n** arbour; ~**frosch** *m* tree frog; ~**säge** *f* fretsaw.
Lauch [laʊx] *m* **-(e)s, -e** leek.
Lauer ['laʊər] *f*: **auf der ~ sein** *or* **liegen, l~n** *vi* lie in wait; (*Gefahr*) lurk.
Lauf [laʊf] *m* **-(e)s, Läufe** run; (*Wett—*) race; (*Entwicklung, Astron*) course; (*Gewehr*) barrel; **einer Sache ihren ~ lassen** let sth take its course; ~**bahn** *f* career; ~**bursche** *m* errand boy.
laufen ['laʊfən] *vti irreg* run; (*col: gehen*) walk; ~**d** *a* running; *Monat, Ausgaben* current; **auf dem ~den sein/halten** be/keep up to date; **am ~den Band** (*fig*) continuously; **~ lassen** *vt irreg* leave running; ~**lassen** *vt irreg Person* let go.
Läufer ['lɔʏfər] *m* **-s, -** (*Teppich, Sport*) runner; (*Fußball*) half-back; (*Schach*) bishop.
Lauf- *cpd*: ~**kundschaft** *f* passing trade; ~**masche** *f* run, ladder (*Brit*); **im ~schritt** at a run; ~**stall** *m* playpen; ~**steg** *m* dais; ~**zettel** *m* circular.
Lauge ['laʊgə] *f* **-, -n** soapy water; (*Chem*) alkaline solution.
Laune ['laʊnə] *f* **-, -n** mood, humour; (*Einfall*) caprice; (*schlechte*) temper; **l~nhaft** *a* capricious, changeable.
launisch *a* moody; bad-tempered.
Laus [laʊs] *f* **-, Läuse** louse; ~**bub** *m* rascal, imp.
lauschen ['laʊʃən] *vi* eavesdrop, listen in.
lauschig ['laʊʃɪç] *a* snug.
lausen ['laʊzən] *vt* delouse.
laut [laʊt] *a* loud; *ad* loudly; *lesen* aloud;

prep +gen or dat according to; **L~** *m* **-(e)s, -e** sound.
Laute ['lautə] *f* **-, -n** lute.
lauten ['lautən] *vi* say; (*Urteil*) be.
läuten ['lɔytən] *vti* ring, sound.
lauter ['lautər] *a Wasser* clear, pure; *Wahrheit, Charakter* honest; *inv Freude, Dummheit etc* sheer; (*mit pl*) nothing but, only; **L~keit** *f* purity; honesty, integrity.
läutern ['lɔytərn] *vt* purify.
Läuterung *f* purification.
laut- *cpd*: **~hals** *ad* at the top of one's voice; **~los** *a* noiseless, silent; **~malend** *a* onomatopoeic; **L~schrift** *f* phonetics *pl*; **L~sprecher** *m* loudspeaker; **L~sprecherwagen** *m* loudspeaker van; **~stark** *a* vociferous; **L~stärke** *f* (*Rad*) volume.
lauwarm ['lauvarm] *a* (*lit, fig*) lukewarm.
Lava ['la:va] *f* **-, Laven** lava.
Lavendel [la'vɛndəl] *m* **-s, -** lavender.
Lawine [la'vi:nə] *f* avalanche; **~ngefahr** *f* danger of avalanches.
lax [laks] *a* lax.
Lazarett [latsa'rɛt] *nt* **-(e)s, -e** (*Mil*) hospital, infirmary.
Lebe- *cpd*: **~hoch** *nt* three cheers *pl*; **~mann** *m, pl* **~männer** man about town.
leben ['le:bən] *vti* live; **L~** *nt* **-s, -** life; **~d** *a* living; **~dig** [le'bɛndɪç] *a* living, alive; (*lebhaft*) lively; **L~digkeit** *f* liveliness.
Lebens- *cpd*: **~alter** *nt* age; **~art** *f* way of life; **~erwartung** *f* life expectancy; **l~fähig** *a* able to live; **l~froh** *a* full of the joys of life; **~gefahr** *f*: **~gefahr!** danger!; **in ~gefahr** dangerously ill; **l~gefährlich** *a* dangerous; *Verletzung* critical; **~haltungskosten** *pl* cost of living *sing*; **~jahr** *nt* year of life; **~lage** *f* situation in life; **~lauf** *m* curriculum vitae; **l~lustig** *a* cheerful, lively; **~mittel** *pl* food *sing*; **~mittelgeschäft** *nt* grocer's; **l~müde** *a* tired of life; **~retter** *m* lifesaver; **~standard** *m* standard of living; **~stellung** *f* permanent post; **~unterhalt** *m* livelihood; **~versicherung** *f* life insurance; **~wandel** *m* way of life; **~weise** *f* way of life, habits *pl*; **~zeichen** *nt* sign of life; **~zeit** *f* lifetime.
Leber ['le:bər] *f* **-, -n** liver; **~fleck** *m* mole; **~tran** *m* cod-liver oil; **~wurst** *f* liver sausage.
Lebe- *cpd*: **~wesen** *nt* creature; **~wohl** *nt* farewell, goodbye.
leb- ['le:p] *cpd*: **~haft** *a* lively, vivacious; **L~haftigkeit** *f* liveliness, vivacity; **L~kuchen** *m* gingerbread; **~los** *a* lifeless.
lechzen ['lɛçtsən] *vi*: **nach etw ~** long for sth.
leck [lɛk] *a* leaky, leaking; **L~** *nt* **-(e)s, -e** leak; **~en** *vi* (*Loch haben*) leak; *vti* (*schlecken*) lick.
lecker ['lɛkər] *a* delicious, tasty; **L~bissen** *m* dainty morsel; **L~maul** *nt*: **ein L~maul sein** enjoy one's food.
Leder ['le:dər] *nt* **-s, -** leather; **l~n** *a* leather; **~waren** *pl* leather goods *pl*.
ledig ['le:dɪç] *a* single; **einer Sache ~ sein** be free of sth; **~lich** *ad* merely, solely.
leer [le:r] *a* empty; vacant; **L~e** *f* **-** emptiness; **~en** *vt* empty; *vr* become empty; **L~gewicht** *nt* weight when empty; **L~lauf** *m* neutral; **~stehend** *a* empty; **L~ung** *f* emptying; (*Post*) collection.
legal [le'ga:l] *a* legal, lawful; **~i'sieren** *vt* legalize; **L~i'tät** *f* legality.
legen ['le:gən] *vt* lay, put, place; *Ei* lay; *vr* lie down; (*fig*) subside.
Legende [le'gɛndə] *f* **-, -n** legend.
leger [le'ʒɛ:r] *a* casual.
legieren [le'gi:rən] *vt* alloy.
Legierung *f* alloy.
Legislative [legɪsla'ti:və] *f* legislature.
legitim [legi'ti:m] *a* legitimate; **L~ation** [-atsi'o:n] *f* legitimation; **~ieren** [-'mi:rən] *vt* legitimate; *vr* prove one's identity; **L~i'tät** *f* legitimacy.
Lehm [le:m] *m* **-(e)s, -e** loam; **l~ig** *a* loamy.
Lehne ['le:nə] *f* **-, -n** arm; back; **l~n** *vtr* lean.
Lehnstuhl *m* armchair.
Lehr- *cpd*: **~amt** *nt* teaching profession; **~brief** *m* indentures *pl*; **~buch** *nt* textbook.
Lehre ['le:rə] *f* **-, -n** teaching, doctrine; (*beruflich*) apprenticeship; (*moralisch*) lesson; (*Tech*) gauge; **l~n** *vt* teach; **~r(in** *f*) *m* **-s, -** teacher.
Lehr- *cpd*: **~gang** *m* course; **~jahre** *pl* apprenticeship; **~kraft** *f* teacher; **~ling** *m* apprentice; **~plan** *m* syllabus; **l~reich** *a* instructive; **~satz** *m* proposition; **~stelle** *f* apprenticeship; **~stuhl** *m* chair; **~zeit** *f* apprenticeship.
Leib [laɪp] *m* **-(e)s, -er** body; **halt ihn mir vom ~!** keep him away from me; **~eserziehung** ['laɪbəs-] *f* physical education; **~esübung** *f* physical exercise; **l~haftig** *a* personified; *Teufel* incarnate; **l~lich** *a* bodily; *Vater etc* own; **~wache** *f* bodyguard.
Leiche ['laɪçə] *f* **-, -n** corpse; **~nbeschauer** *m* **-s, -** doctor who makes out death certificate; **~nhemd** *nt* shroud; **~nträger** *m* bearer; **~nwagen** *m* hearse.
Leichnam ['laɪçna:m] *m* **-(e)s, -e** corpse.
leicht [laɪçt] *a* light; (*einfach*) easy; **L~athletik** *f* athletics *sing*; **~fallen** *vi irreg*: **jdm ~fallen** be easy for sb; **~fertig** *a* frivolous; **~gläubig** *a* gullible, credulous; **L~gläubigkeit** *f* gullibility, credulity; **~hin** *ad* lightly; **L~igkeit** *f* easiness; **mit L~igkeit** with ease; **~lebig** *a* easy-going; **~machen** *vt*: **es sich** (*dat*) **~machen** make things easy for oneself; **~nehmen** *vt irreg* take lightly; **L~sinn** *m* carelessness; **~sinnig** *a* careless.
Leid [laɪt] *nt* **-(e)s** grief, sorrow; **l~** *a*: **etw l~ haben** *or* **sein** be tired of sth; **es tut mir/ihm l~** I am/he is sorry; **er/das tut mir l~** I am sorry for him/it; **l~en** ['laɪdən] *irreg vt* suffer; (*erlauben*) permit; **jdn/etw nicht l~en können** not be able

to stand sb/sth; *vi* suffer; **~en** *nt* **-s, -** suffering; (*Krankheit*) complaint; **~enschaft** *f* passion; **l~enschaftlich** *a* passionate.
leider ['laɪdər] *ad* unfortunately; **ja, ~** yes, I'm afraid so; **~ nicht** I'm afraid not.
leidig ['laɪdɪç] *a* miserable, tiresome.
leidlich *a* tolerable; *ad* tolerably.
Leid- *cpd*: **~tragende(r)** *mf* bereaved; (*Benachteiligter*) one who suffers; **~wesen** *nt*: **zu jds ~wesen** to sb's dismay.
Leier ['laɪər] *f* **-, -n** lyre; (*fig*) old story; **~kasten** *m* barrel organ; **l~n** *vti Kurbel* turn; (*col*) *Gedicht* rattle off.
Leihbibliothek *f* lending library.
leihen ['laɪən] *vt irreg* lend; **sich** (*dat*) **etw ~** borrow sth.
Leih- *cpd*: **~gebühr** *f* hire charge; **~haus** *nt* pawnshop; **~schein** *m* pawn ticket; (*Buch— etc*) borrowing slip; **~wagen** *m* hired car.
Leim [laɪm] *m* **-(e)s, -e** glue; **l~en** *vt* glue.
Leine ['laɪnə] *f* **-, -n** line, cord; (*Hunde—*) leash, lead; **~n** *nt* **-s, -** linen; **l~n** *a* linen.
Lein- *cpd*: **~tuch** *nt* (*Bett—*) sheet; linen cloth; **~wand** *f* (*Art*) canvas; (*Cine*) screen.
leise ['laɪzə] *a* quiet; (*sanft*) soft, gentle.
Leiste ['laɪstə] *f* **-, -n** ledge; (*Zier—*) strip; (*Anat*) groin.
leisten ['laɪstən] *vt Arbeit* do; *Gesellschaft* keep; *Ersatz* supply; (*vollbringen*) achieve; **sich** (*dat*) **etw ~ können** be able to afford sth.
Leistung *f* performance; (*gute*) achievement; **~sdruck** *m* pressure; **l~sfähig** *a* efficient; **~sfähigkeit** *f* efficiency; **~szulage** *f* productivity bonus.
Leit- *cpd*: **~artikel** *m* leading article; **~bild** *nt* model.
leiten ['laɪtən] *vt* lead; *Firma* manage; (*in eine Richtung*) direct; (*Elec*) conduct.
Leiter ['laɪtər] *m* **-s, -** leader, head; (*Elec*) conductor; *f* **-, -n** ladder.
Leit- *cpd*: **~faden** *m* guide; **~fähigkeit** *f* conductivity; **~motiv** *nt* leitmotiv; **~planke** *f* **-, -n** crash barrier.
Leitung *f* (*Führung*) direction; (*Cine, Theat etc*) production; (*von Firma*) management; directors *pl*; (*Wasser—*) pipe; (*Kabel*) cable; **eine lange ~ haben** be slow on the uptake; **~sdraht** *m* wire; **~smast** *m* telegraph pole; **~srohr** *nt* pipe; **~swasser** *nt* tap water.
Lektion [lɛktsi'o:n] *f* lesson.
Lektor(in *f*) *m* ['lɛktɔr(ɪn)] (*Univ*) lector; (*Verlag*) editor.
Lektüre [lɛk'ty:rə] *f* **-, -n** (*Lesen*) reading; (*Lesestoff*) reading matter.
Lende ['lɛndə] *f* **-, -n** loin; **~nbraten** *m* roast sirloin; **~nstück** *nt* fillet.
lenk- ['lɛŋk] *cpd*: **~bar** *a Fahrzeug* steerable; *Kind* manageable; **~en** *vt* steer; *Kind* guide; *Blick, Aufmerksamkeit* direct (*auf +acc* at); **L~rad** *nt* steering wheel; **L~stange** *f* handlebars *pl*.
Lenz [lɛnts] *m* **-es, -e** (*liter*) spring.
Leopard [leo'part] *m* **-en, -en** leopard.
Lepra ['le:pra] *f* **-** leprosy.
Lerche ['lɛrçə] *f* **-, -n** lark.
lern- [lɛrn] *cpd*: **~begierig** *a* eager to learn; **~en** *vt* learn.
lesbar ['le:sba:r] *a* legible.
Lesbierin ['lɛsbiərɪn] *f* lesbian.
lesbisch ['lɛsbɪʃ] *a* lesbian.
Lese ['le:zə] *f* **-, -n** gleaning; (*Wein*) harvest; **~buch** *nt* reading book, reader; **l~n** *vti irreg* read; (*ernten*) gather, pick; **~r(in *f*)** *m* **-s, -** reader; **~rbrief** *m* reader's letter; **l~rlich** *a* legible; **~saal** *m* reading room; **~zeichen** *nt* bookmark.
Lesung ['le:zʊŋ] *f* (*Parl*) reading; (*Eccl*) lesson.
letzte(r, s) ['lɛtstə(r,z)] *a* last; (*neueste*) latest; **zum ~nmal** *ad* for the last time; **~ns** *ad* lately; **~re(r,s)** *a* latter.
Leuchte ['lɔʏçtə] *f* **-, -n** lamp, light; **l~n** *vi* shine, gleam; **~r** *m* **-s, -** candlestick.
Leucht- *cpd*: **~farbe** *f* fluorescent colour; **~feuer** *nt* beacon; **~käfer** *m* glow-worm; **~kugel** *f*, **~rakete** *f* flare; **~reklame** *f* neon sign; **~röhre** *f* strip light; **~turm** *m* lighthouse; **~zifferblatt** *nt* luminous dial.
leugnen ['lɔʏgnən] *vti* deny.
Leugnung *f* denial.
Leukämie [lɔʏkɛ'mi:] *f* leukaemia.
Leukoplast® [lɔʏko'plast] *nt* **-(e)s, -e** elastoplast ®.
Leumund ['lɔʏmʊnt] *m* **-(e)s, -e** reputation; **~szeugnis** *nt* character reference.
Leute ['lɔʏtə] *pl* people *pl*.
Leutnant ['lɔʏtnant] *m* **-s, -s** *or* **-e** lieutenant.
leutselig ['lɔʏtze:lɪç] *a* affable; **L~keit** *f* affability.
Lexikon ['lɛksikɔn] *nt* **-s, Lexiken** *or* **Lexika** dictionary.
Libelle [li'bɛlə] *f* **-, -n** dragonfly; (*Tech*) spirit level.
liberal [libe'ra:l] *a* liberal; **L~ismus** [libera'lɪsmʊs] *m* liberalism.
Libero ['li:bero] *m* **-s, -s** (*Fußball*) sweeper.
Licht [lɪçt] *nt* **-(e)s, -er** light; **l~** *a* light, bright; **~bild** *nt* photograph; (*Dia*) slide; **~blick** *m* cheering prospect; **l~empfindlich** *a* sensitive to light; **l~en** *vt* clear; *Anker* weigh; *vr* clear up; (*Haar*) thin; **l~erloh** *ad*: **l~erloh brennen** blaze; **~hupe** *f* flashing of headlights; **~jahr** *nt* light year; **~maschine** *f* dynamo; **~meß** *f* **-** Candlemas; **~schalter** *m* light switch.
Lichtung *f* clearing, glade.
Lid [li:t] *nt* **-(e)s, -er** eyelid; **~schatten** *m* eyeshadow.
lieb [li:p] *a* dear; **~äugeln** *vi insep* ogle (*mit jdm/etw* sb/sth).
Liebe ['li:bə] *f* **-, -n** love; **l~bedürftig** *a*: **l~bedürftig sein** need love; **~'lei** *f* flirtation; **l~n** *vt* love; like; **l~nswert** *a* loveable; **l~nswürdig** *a* kind; **l~nswürdigerweise** *ad* kindly; **~nswürdigkeit** *f* kindness.
lieber ['li:bər] *ad* rather, preferably; **ich**

gehe ~ nicht I'd rather not go; *see* **gern, lieb.**

Liebes- *cpd*: **~brief** *m* love letter; **~dienst** *m* good turn; **~kummer** *m*: **~kummer haben** be lovesick; **~paar** *nt* courting couple, lovers *pl.*

liebevoll *a* loving.

lieb- ['li:p] *cpd*: **~gewinnen** *vt irreg* get fond of; **~haben** *vt irreg* be fond of; **L~haber** *m* **-s, -** lover; **L~habe'rei** *f* hobby; **~kosen** [li:p'ko:zən] *vt insep* caress; **~lich** *a* lovely, charming; **L~ling** *m* darling; **L~lings-** *in cpds* favourite; **~los** *a* unloving; **L~schaft** *f* love affair.

Lied [li:t] *nt* **-(e)s, -er** song; (*Eccl*) hymn; **~erbuch** *nt* songbook; hymn book.

liederlich ['li:dərlıç] *a* slovenly; *Lebenswandel* loose, immoral; **L~keit** *f* slovenliness; immorality.

Lieferant [lifə'rant] *m* supplier.

liefern ['li:fərn] *vt* deliver; (*versorgen mit*) supply; *Beweis* produce.

Liefer- *cpd*: **~schein** *m* delivery note; **~termin** *m* delivery date; **~ung** *f* delivery; supply; **~wagen** *m* van.

Liege ['li:gə] *f* **-, -n** bed.

liegen ['li:gən] *vi irreg* lie; (*sich befinden*) be; **mir liegt nichts/viel daran** it doesn't matter to me/it matters a lot to me; **es liegt bei Ihnen, ob . . .** it rests with you whether . . .; **Sprachen ~ mir nicht** languages are not my line; **woran liegt es?** what's the cause?; **~bleiben** *vi irreg* (*Person*) stay in bed; stay lying down; (*Ding*) be left (behind); **~lassen** *vt irreg* (*vergessen*) leave behind; **L~schaft** *f* real estate.

Liege- *cpd*: **~sitz** *m* (*Aut*) reclining seat; **~stuhl** *m* deck chair; **~wagen** *m* (*Rail*) couchette.

Lift [lıft] *m* **-(e)s, -e** *or* **-s** lift.

Likör [li'kø:r] *m* **-s, -e** liqueur.

lila ['li:la] *a* purple, lilac; **L~** *nt* **-s, -s** (*Farbe*) purple, lilac.

Lilie ['li:liə] *f* lily.

Limonade [limo'na:də] *f* lemonade.

lind [lınt] *a* gentle, mild; **L~e** ['lındə] *f* **-, -n** lime tree, linden; **~ern** *vt* alleviate, soothe; **L~erung** *f* alleviation; **~grün** *a* lime green.

Lineal [line'a:l] *nt* **-s, -e** ruler.

Linie ['li:niə] *f* line; **~nblatt** *nt* ruled sheet; **~nflug** *m* scheduled flight; **~nrichter** *m* linesman.

liniieren [lini'i:rən] *vt* line.

Linke ['lıŋkə] *f* **-, -n** left side; left hand; (*Pol*) left; **l~(r,s)** *a* left; **l~ Masche** purl.

linkisch *a* awkward, gauche.

links [lıŋks] *ad* left; to *or* on the left; **~ von mir** on *or* to my left; **L~außen** [lıŋks"ausən] *m* **-s, -** (*Sport*) outside left; **L~händer(in** *f*) *m* **-s, -** left-handed person; **L~kurve** *f* left-hand bend; **L~verkehr** *m* traffic on the left.

Linoleum [li'no:leum] *nt* **-s** lino(leum).

Linse ['lınzə] *f* **-, -n** lentil; (*optisch*) lens.

Lippe ['lıpə] *f* **-, -n** lip; **~nstift** *m* lipstick.

liquidieren [likvi'di:rən] *vt* liquidate.

lispeln ['lıspəln] *vi* lisp.

List [lıst] *f* **-, -en** cunning; trick, ruse.

Liste ['lıstə] *f* **-, -n** list.

listig ['lıstıç] *a* cunning, sly.

Litanei [lita'naı] *f* litany.

Liter ['li:tər] *nt or m* **-s, -** litre.

literarisch [lıte'ra:rıʃ] *a* literary.

Literatur [lıtera'tu:r] *f* literature; **~preis** *m* award for literature.

Litfaßsäule ['lıtfaszɔylə] *f* advertising pillar.

Lithographie [litogra'fi:] *f* lithography.

Liturgie [litʊr'gi:] *f* liturgy.

liturgisch [li'tʊrgıʃ] *a* liturgical.

Litze ['lıtsə] *f* **-, -n** braid; (*Elec*) flex.

live [laıf] *ad* (*Rad, TV*) live.

Livree [li'vre:] *f* **-, -n** livery.

Lizenz [li'tsɛnts] *f* licence.

Lkw [ɛlka:'ve:] *m* **Lastkraftwagen.**

Lob [lo:p] *nt* **-(e)s** praise; **l~en** ['lo:bən] *vt* praise; **l~enswert** *a* praiseworthy.

löblich ['lø:plıç] *a* praiseworthy, laudable.

Lobrede *f* eulogy.

Loch [lɔx] *nt* **-(e)s, ⸚er** hole; **l~en** *vt* punch holes in; **~er** *m* **-s, -** punch.

löcherig ['lœçərıç] *a* full of holes.

Loch- *cpd*: **~karte** *f* punch card; **~streifen** *m* punch tape.

Locke ['lɔkə] *f* **-, -n** lock, curl; **l~n** *vt* entice; *Haare* curl; **~nwickler** *m* **-s, -** curler.

locker ['lɔkər] *a* loose; **~lassen** *vi irreg*: **nicht ~lassen** not let up; **~n** *vt* loosen.

lockig ['lɔkıç] *a* curly.

Lock- *cpd*: **~ruf** *m* call; **~ung** *f* enticement; **~vogel** *m* decoy, bait.

Lodenmantel ['lo:dənmantəl] *m* thick woollen coat.

lodern ['lo:dərn] *vi* blaze.

Löffel ['lœfəl] *m* **-s, -** spoon; **l~n** *vt* (eat with a) spoon; **l~weise** *ad* by spoonfuls.

Logarithmentafel [loga'rıtmənta:fəl] *f* log(arithm) tables *pl.*

Logarithmus [loga'rıtmʊs] *m* logarithm.

Loge ['lo:ʒə] *f* **-, -n** (*Theat*) box; (*Freimaurer*) (masonic) lodge; (*Pförtner—*) office.

logieren [lo'ʒi:rən] *vi* lodge, stay.

Logik ['lo:gık] *f* logic.

logisch ['lo:gıʃ] *a* logical.

Lohn [lo:n] *m* **-(e)s, ⸚e** reward; (*Arbeits—*) pay, wages *pl*; **~büro** *nt* wages office; **~empfänger** *m* wage earner.

lohnen ['lo:nən] *vt* (*liter*) reward (*jdm etw* sb for sth); *vr impers* be worth it; **~d** *a* worthwhile.

Lohn- *cpd*: **~steuer** *f* income tax; **~streifen** *m* pay slip; **~tüte** *f* pay packet.

lokal [lo'ka:l] *a* local; **L~** *nt* **-(e)s, -e** pub(lic house); **~i'sieren** *vt* localize; **L~i'sierung** *f* localization.

Lokomotive [lokomo'ti:və] *f* **-, -n** locomotive.

Lokomotivführer *m* engine driver.

Lorbeer ['lɔrbe:r] *m* **-s, -en** (*lit, fig*) laurel; **~blatt** *nt* (*Cook*) bay leaf.

Lore ['lo:rə] *f* **-, -n** (*Min*) truck.

Los [lo:s] *nt* **-es, -e** (*Schicksal*) lot, fate; lottery ticket.

los [lo:s] *a* loose; **~!** go on!; **etw ~ sein** be rid of sth; **was ist ~?** what's the matter?; **dort ist nichts/viel ~** there's nothing/a lot going on there; **etw ~ haben** (*col*) be clever; **~binden** *vt irreg* untie.

löschen ['lœʃən] *vt Feuer, Licht* put out, extinguish; *Durst* quench; (*Comm*) cancel; *Tonband* erase; *Fracht* unload; *vi* (*Feuerwehr*) put out a fire; (*Papier*) blot.

Lösch- *cpd*: **~fahrzeug** *nt* fire engine; fire boat; **~gerät** *nt* fire extinguisher; **~papier** *nt* blotting paper; **~ung** *f* extinguishing; (*Comm*) cancellation; (*Fracht*) unloading.

lose ['lo:zə] *a* loose.

Lösegeld *nt* ransom.

losen ['lo:zən] *vi* draw lots.

lösen ['lø:zən] *vt* loosen; *Rätsel etc* solve; *Verlobung* call off; (*Chem*) dissolve; *Partnerschaft* break up; *Fahrkarte* buy; *vr* (*aufgehen*) come loose; (*Zucker etc*) dissolve; (*Problem, Schwierigkeit*) (re)solve itself.

los- *cpd*: **~fahren** *vi irreg* leave; **~gehen** *vi irreg* set out; (*anfangen*) start; (*Bombe*) go off; **auf jdn ~gehen** go for sb; **~kaufen** *vt Gefangene, Geißeln* pay ransom for; **~kommen** *vi irreg*: **von etw ~kommen** get away from sth; **~lassen** *vt irreg Seil* let go of; *Schimpfe* let loose; **~laufen** *vi irreg* run off.

löslich ['lø:slıç] *a* soluble; **L~keit** *f* solubility.

los- *cpd*: **~lösen** *vtr* free; **~machen** *vt* loosen; *Boot* unmoor; *vr* get free; **~sagen** *vr* renounce (*von jdm/etw* sb/sth); **~schrauben** *vt* unscrew; **~sprechen** *vt irreg* absolve.

Losung ['lo:zʊŋ] *f* watchword, slogan.

Lösung ['lø:zʊŋ] *f* (*Lockermachen*) loosening); (*eines Rätsels, Chem*) solution; **~smittel** *nt* solvent.

los- *cpd*: **~werden** *vt irreg* get rid of; **~ziehen** *vi irreg* (*sich aufmachen*) set out; **gegen jdn ~ziehen** run sb down.

Lot [lo:t] *nt* **-(e)s, -e** plummet; **im ~** vertical; (*fig*) on an even keel; **l~en** *vti* plumb, sound.

löten [lø:tən] *vt* solder.

Lötkolben *m* soldering iron.

Lotse ['lo:tsə] *m* **-n, -n** pilot; (*Aviat*) air traffic controller; *see* **Schüler~**; **l~n** *vt* pilot; (*col*) lure.

Lotterie [lɔtə'ri:] *f* lottery.

Löwe ['lø:və] *m* **-n, -n** lion; (*Astrol*) Leo; **~nanteil** *m* lion's share; **~nmaul** *nt* snapdragon; **~nzahn** *m* dandelion.

Löwin ['lø:vın] *f* lioness.

loyal [loa'ja:l] *a* loyal; **L~i'tät** *f* loyalty.

Luchs ['lʊks] *m* **-es, -e** lynx.

Lücke ['lʏkə] *f* **-, -n** gap; **~nbüßer** *m* **-s, -** stopgap; **l~nhaft** *a* defective, full of gaps; **l~nlos** *a* complete.

Luder ['lu:dər] *nt* **-s, -** (*pej: Frau*) hussy; (*bedauernswert*) poor wretch.

Luft [lʊft] *f* **-, ¨e** air; (*Atem*) breath; **in der ~ liegen** be in the air; **jdn wie ~ behandeln** ignore sb; **~angriff** *m* air raid; **~ballon** *m* balloon; **~blase** *f* air bubble; **l~dicht** *a* airtight; **~druck** *m* atmospheric pressure.

lüften ['lʏftən] *vti* air; *Hut* lift, raise.

Luft- *cpd*: **~fahrt** *f* aviation; **l~gekühlt** *a* air-cooled; **l~ig** *a Ort* breezy; *Raum* airy; *Kleider* summery; **~kissenfahrzeug** *nt* hovercraft; **~krieg** *m* war in the air; aerial warfare; **~kurort** *m* health resort; **l~leer** *a*: **~leerer Raum** vacuum; **~linie** *f*: **in der ~linie** as the crow flies; **~loch** *nt* air-hole; (*Aviat*) air-pocket; **~matratze** *f* lilo ®, air mattress; **~pirat** *m* hijacker; **~post** *f* airmail; **~röhre** *f* (*Anat*) wind pipe; **~schlange** *f* streamer; **~schutz** *m* anti-aircraft defence; **~schutzkeller** *m* air-raid shelter; **~sprung** *m*: (*fig*) **einen ~sprung machen** jump for joy.

Lüftung ['lʏftʊŋ] *f* ventilation.

Luft- *cpd*: **~verkehr** *m* air traffic; **~waffe** *f* air force; **~zug** *m* draught.

Lüge ['ly:gə] *f* **-, -n** lie; **jdn/etw ~n strafen** give the lie to sb/sth; **l~n** *vi irreg* lie.

Lügner(in *f*) *m* **-s, -** liar.

Luke ['lu:kə] *f* **-, -n** dormer window, hatch.

Lümmel ['lʏməl] *m* **-s, -** lout; **l~n** *vr* lounge (about).

Lump [lʊmp] *m* **-en, -en** scamp, rascal.

Lumpen ['lʊmpən] *m* **-s, -** rag; **sich nicht l~ lassen** not be mean.

lumpig ['lʊmpıç] *a* shabby.

Lunge ['lʊŋə] *f* **-, -n** lung; **~nentzündung** *f* pneumonia; **l~nkrank** *a* consumptive.

lungern ['lʊŋərn] *vi* hang about.

Lunte ['lʊntə] *f* **-, -n** fuse; **~ riechen** smell a rat.

Lupe ['lu:pə] *f* **-, -n** magnifying glass; **unter die ~ nehmen** (*fig*) scrutinize.

Lupine [lu'pi:nə] *f* lupin.

Lust [lʊst] *f* **-, ¨e** joy, delight; (*Neigung*) desire; **~ haben zu** *or* **auf etw** (*acc*)**/etw zu tun** feel like sth/doing sth.

lüstern ['lʏstərn] *a* lustful, lecherous.

Lustgefühl *nt* pleasurable feeling.

lustig ['lʊstıç] *a* (*komisch*) amusing, funny; (*fröhlich*) cheerful.

Lüstling *m* lecher.

Lust- *cpd*: **l~los** *a* unenthusiastic; **~mord** *m* sex(ual) murder; **~spiel** *nt* comedy; **l~wandeln** *vi* stroll about.

lutschen ['lʊtʃən] *vti* suck; **am Daumen ~** suck one's thumb.

Lutscher *m* **-s, -** lollipop.

luxuriös [lʊksuri'ø:s] *a* luxurious.

Luxus ['lʊksʊs] *m* **-** luxury; **~artikel** *pl* luxury goods *pl*; **~hotel** *nt* luxury hotel; **~steuer** *f* tax on luxuries.

Lymphe ['lʏmfə] *f* **-, -n** lymph.

lynchen ['lʏnçən] *vt* lynch.

Lyrik ['ly:rık] *f* lyric poetry; **~er** *m* **-s, -** lyric poet.

lyrisch ['ly:rıʃ] *a* lyrical.

M

M, m [ɛm] *nt* M, m.

Mach- [max] *cpd*: **~art** *f* make; **m~bar** *a* feasible; **~e** *f* **-** (*col*) show, sham;

m~en *vt* make; (*tun*) do; (*col: reparieren*) fix; (*betragen*) be; **das macht nichts** that doesn't matter; **mach's gut!** good luck!; *vr* come along (nicely); **sich an etw** (*acc*) **m~en** set about sth; *vi*: **in etw** (*dat*) **m~en** (*Comm*) be *or* deal in sth.
Macht [maxt] *f* **-s, ⸚e** power; **~haber** *m* **-s, -** ruler.
mächtig ['mɛçtɪç] *a* powerful, mighty; (*col: ungeheuer*) enormous.
Macht- *cpd*: **m~los** *a* powerless; **~probe** *f* trial of strength; **~stellung** *f* position of power; **~wort** *nt*: **ein ~wort sprechen** lay down the law.
Machwerk *nt* work; (*schlechte Arbeit*) botched-up job.
Mädchen ['mɛ:tçən] *nt* girl; **m~haft** *a* girlish; **~name** *m* maiden name.
Made ['ma:də] *f* **-, -n** maggot.
madig ['ma:dɪç] *a* maggoty; **jdm etw ~ machen** spoil sth for sb.
Magazin [maga'tsi:n] *nt* **-s, -e** magazine.
Magd [ma:kt] *f* **-, ⸚e** maid(servant).
Magen ['ma:gən] *m* **-s, -** *or* **¨** stomach; **~schmerzen** *pl* stomachache.
mager ['ma:gər] *a* lean; (*dünn*) thin; **M~keit** *f* leanness; thinness.
Magie [ma'gi:] *f* magic; **~r** ['ma:giər] *m* **-s, -** magician.
magisch ['ma:gɪʃ] *a* magical.
Magnet [ma'gne:t] *m* **-s** *or* **-en, -en** magnet; **m~isch** *a* magnetic; **m~i'sieren** *vt* magnetize; **~nadel** *f* magnetic needle.
Mahagoni [maha'go:ni] *nt* **-s** mahogany.
mähen ['mɛ:ən] *vti* mow.
Mahl [ma:l] *nt* **-(e)s, -e** meal; **m~en** *vt irreg.* grind; **~stein** *m* grindstone; **~zeit** *f* meal; *interj* enjoy your meal.
Mahnbrief *m* remainder.
Mähne ['mɛ:nə] *f* **-, -n** mane.
Mahn- [ma:n] *cpd*: **m~en** *vt* remind; (*warnend*) warn; (*wegen Schuld*) demand payment from; **~ung** *f* reminder; admonition, warning.
Mähre ['mɛ:rə] *f* **-, -n** mare.
Mai [maɪ] *m* **-(e)s, -e** May; **~glöckchen** *nt* lily of the valley; **~käfer** *m* cockchafer.
Mais [maɪs] *m* **-es, -e** maize, corn (*US*); **~kolben** *m* corncob.
Majestät [majɛs'tɛ:t] *f* majesty; **m~isch** *a* majestic.
Major [ma'jo:r] *m* **-s, -e** (*Mil*) major; (*Aviat*) squadron leader.
Majoran [majo'ra:n] *m* **-s, -e** marjoram.
makaber [ma'ka:bər] *a* macabre.
Makel ['ma:kəl] *m* **-s, -** blemish; (*moralisch*) stain; **m~los** *a* immaculate, spotless.
mäkeln ['mɛ:kəln] *vi* find fault.
Makkaroni [maka'ro:ni] *pl* macaroni *sing.*
Makler ['ma:klər] *m* **-s, -** broker.
Makrele [ma'kre:lə] *f* **-, -n** mackerel.
Makrone [ma'kro:nə] *f* **-, -n** macaroon.
Mal [ma:l] *nt* **-(e)s, -e** mark, sign; (*Zeitpunkt*) time; **m~** *ad* times; (*col*) *see* **einmal**; **-m~** *suff* -times; **m~en** *vti* paint; **~er** *m* **-s, -** painter; **~e'rei** *f* painting; **m~erisch** *a* picturesque; **~kasten** *m* paintbox; **m~nehmen** *vti irreg* multiply.
Malz [malts] *nt* **-es** malt; **~bonbon** *nt* cough drop; **~kaffee** *m* malt coffee.
Mama ['mama:] *f* **-, -s, Mami** ['mami] *f* **-, -s** (*col*) mum(my).
Mammut ['mamʊt] *nt* **-s, -e** *or* **-s** mammoth.
man [man] *pron* one, people *pl*, you.
manche(r,s) ['mançə(r,z)] *a* many a; (*pl*) a number of; *pron* some; **~rlei** *a inv* various; *pron* a variety of things.
manchmal *ad* sometimes.
Mandant(in *f***)** [man'dant(ɪn)] *m* (*Jur*) client.
Mandarine [manda'ri:nə] *f* mandarin, tangerine.
Mandat [man'da:t] *nt* **-(e)s, -e** mandate.
Mandel ['mandəl] *f* **-, -n** almond; (*Anat*) tonsil.
Manege [ma'nɛ:ʒə] *f* **-, -n** ring, arena.
Mangel ['maŋəl] *f* **-, -n** mangle; *m* **-s, ¨** lack; (*Knappheit*) shortage (*an +dat* of); (*Fehler*) defect, fault; **~erscheinung** *f* deficiency symptom; **m~haft** *a* poor; (*fehlerhaft*) defective, faulty; **m~n** *vi impers*: **es mangelt jdm an etw** (*dat*) sb lacks sth; *vt Wäsche* mangle; **m~s** *prep +gen* for lack of.
Manie [ma'ni:] *f* mania.
Manier [ma'ni:r] *f* **-** manner; style; (*pej*) mannerism; **~en** *pl* manners *pl*; **m~iert** [mani'ri:rt] *a* mannered, affected; **m~lich** *a* well-mannered.
Manifest [mani'fɛst] *nt* **-es, -e** manifesto.
Maniküre [mani'ky:rə] *f* **-, -n** manicure; **m~n** *vt* manicure.
manipulieren [manipu'li:rən] *vt* manipulate.
Manko ['maŋko] *nt* **-s, -s** deficiency; (*Comm*) deficit.
Mann [man] *m* **-(e)s, ⸚er** man; (*Ehe—*) husband; (*Naut*) hand; **seinen ~ stehen** hold one's own.
Männchen ['mɛnçən] *nt* little man; (*Tier*) male.
Mannequin [manə'kɛ̃:] *nt* **-s, -s** fashion model.
mannigfaltig ['manɪçfaltɪç] *a* various, varied; **M~keit** *f* variety.
männlich ['mɛnlɪç] *a* (*Biol*) male; (*fig, Gram*) masculine.
Mann- *cpd*: **~schaft** *f* (*Sport, fig*) team; (*Naut, Aviat*) crew; (*Mil*) other ranks *pl*; **~sleute** *pl* (*col*) menfolk *pl*; **~weib** *nt* (*pej*) mannish woman.
Manöver [ma'nø:vər] *nt* **-s, -** manoeuvre.
manövrieren [manø'vri:rən] *vti* manoeuvre.
Mansarde [man'zardə] *f* **-, -n** attic.
Manschette [man'ʃɛtə] *f* cuff; (*Papier—*) paper frill; (*Tech*) collar; sleeve; **~nknopf** *m* cufflink.
Mantel ['mantəl] *m* **-s, ¨** coat; (*Tech*) casing, jacket.
Manuskript [manu'skrɪpt] *nt* **-(e)s, -e** manuscript.

Mappe ['mapə] *f* **-, -n** briefcase; (*Akten—*) folder.

Märchen ['mɛ:rçən] *nt* fairy tale; **m～haft** *a* fabulous; **～prinz** *m* prince charming.

Marder ['mardər] *m* **-s, -** marten.

Margarine [marga'ri:nə] *f* margarine.

Marienkäfer [ma'ri:ənkɛ:fər] *m* ladybird.

Marine [ma'ri:nə] *f* navy; **m～blau** *a* navy-blue.

marinieren [mari'ni:rən] *vt* marinate.

Marionette [mario'nɛtə] *f* puppet.

Mark [mark] *f* **-, -** (*Münze*) mark; *nt* **-(e)s** (*Knochen—*) marrow; **durch ～ und Bein gehen** go right through sb; **m～ant** [mar'kant] *a* striking.

Marke ['markə] *f* **-, -n** mark; (*Warensorte*) brand; (*Fabrikat*) make; (*Rabatt—, Brief—*) stamp; (*Essens—*) ticket; (*aus Metall etc*) token, disc.

Mark- *cpd*: **m～ieren** [mar'ki:rən] *vt* mark; *vti* (*col*) act; **～ierung** *f* marking; **m～ig** ['makıç] *a* (*fig*) pithy; **～ise** [mar'ki:zə] *f* **-, -n** awning; **～stück** *nt* one-mark piece.

Markt [markt] *m* **-(e)s, ¨-e** market; **～forschung** *f* market research; **～platz** *m* market place; **～wirtschaft** *f* market economy.

Marmelade [marmə'la:də] *f* **-, -n** jam.

Marmor ['marmɔr] *m* **-s, -e** marble; **m～ieren** [-'ri:rən] *vt* marble; **m～n** *a* marble.

Marone [ma'ro:nə] *f* **-, -n** *or* **Maroni** chestnut.

Marotte [ma'rɔtə] *f* **-, -n** fad, quirk.

Marsch [marʃ] *m* **-(e)s, ¨-e** march; **m～** *interj* march; *f* **-, -en** marsh; **～befehl** *m* marching orders *pl*; **m～bereit** *a* ready to move; **m～ieren** [mar'ʃi:rən] *vi* march.

Marter ['martər] *f* **-, -n** torment; **m～n** *vt* torture.

Märtyrer(in *f***)** ['mɛrtyrər(ın)] *m* **-s, -** martyr.

März [mɛrts] *m* **-(es), -e** March.

Marzipan [martsi'pa:n] *nt* **-s, -e** marzipan.

Masche ['maʃə] *f* **-, -n** mesh; (*Strick—*) stitch; **das ist die neueste ～** that's the latest dodge; **～ndraht** *m* wire mesh; **m～nfest** *a* runproof.

Maschine [ma'ʃi:nə] *f* machine; (*Motor*) engine; **m～ll** [maʃi'nɛl] *a* machine(-); mechanical; **～nbauer** *m* mechanical engineer; **～ngewehr** *nt* machine gun; **～npistole** *f* submachine gun; **～nschaden** *m* mechanical fault; **～nschlosser** *m* fitter; **～nschrift** *f* type-script; **m～schreiben** *vi irreg* type.

Maschinist [maʃi'nıst] *m* engineer.

Maser ['ma:zər] *f* **-, -n** grain; speckle; **～n** *pl* (*Med*) measles *sing*; **～ung** *f* grain(ing).

Maske ['maskə] *f* **-, -n** mask; **～nball** *m* fancy-dress ball; **～rade** [-'ra:də] *f* masquerade.

maskieren [mas'ki:rən] *vt* mask; (*verkleiden*) dress up; *vr* disguise o.s., dress up.

Maß [ma:s] *nt* **-es, -e** measure; (*Mäßigung*) moderation; (*Grad*) degree, extent; *f* **-, -(e)** litre of beer.

Massage [ma'sa:ʒə] *f* **-, -n** massage.

Maß- *cpd*: **～anzug** *m* made-to-measure suit; **～arbeit** *f* (*fig*) neat piece of work.

Masse ['masə] *f* **-, -n** mass; **～nartikel** *m* mass-produced article; **～ngrab** *nt* mass grave; **m～nhaft** *a* loads of; **～nmedien** *pl* mass media *pl*.

Mass- *cpd*: **～eur** [ma'sø:r] *m* masseur; **～euse** [ma'sø:zə] *f* masseuse.

maß- *cpd*: **～gebend** *a* authoritative; **～halten** *vi irreg* exercise moderation.

massieren [ma'si:rən] *vt* massage; (*Mil*) mass.

massig ['masıç] *a* massive; (*col*) massive amount of.

mäßig ['mɛ:sıç] *a* moderate; **～en** ['mɛ:sıgən] *vt* restrain, moderate; **M～keit** *f* moderation.

massiv [ma'si:f] *a* solid; (*fig*) heavy, rough; **M～** *nt* **-s, -e** massif.

Maß- *cpd*: **～krug** *m* tankard; **m～los** *a* extreme; **～nahme** *f* **-, -n** measure, step; **m～regeln** *vt insep* reprimand; **～stab** *m* rule, measure; (*fig*) standard; (*Geog*) scale; **m～voll** *a* moderate.

Mast ['mast] *m* **-(e)s, -e(n)** mast; (*Elec*) pylon.

mästen ['mɛstən] *vt* fatten.

Material [materi'a:l] *nt* **-s, -ien** material(s); **～fehler** *m* material defect; **～ismus** [-'lismʊs] *m* materialism; **～ist** [-'list] *m* materialist; **m～istisch** [-'lıstıʃ] *a* materialistic.

Materie [ma'te:riə] *f* matter, substance; **m～ll** [materi'ɛl] *a* material.

Mathematik [matema'ti:k] *f* mathematics *sing*; **～er(in** *f***)** [mate'ma:tikər(ın)] *m* **-s, -** mathematician.

mathematisch [mate'ma:tıʃ] *a* mathematical.

Matratze [ma'tratsə] *f* **-, -n** mattress.

Matrize [ma'tri:tsə] *f* **-, -n** matrix; (*zum Abziehen*) stencil.

Matrose [ma'tro:zə] *m* **-n, -n** sailor.

Matsch [matʃ] *m* **-(e)s** mud; (*Schnee—*) slush; **m～ig** *a* muddy; slushy.

matt [mat] *a* weak; (*glanzlos*) dull; (*Phot*) matt; (*Schach*) mate.

Matte ['matə] *f* **-, -n** mat.

Matt- *cpd*: **～igkeit** *f* weakness; dullness; **～scheibe** *f* (*TV*) screen; **～scheibe haben** (*col*) be not quite with it.

Mauer ['maʊər] *f* **-, -n** wall; **m～n** *vti* build; lay bricks; **～werk** *nt* brickwork; (*Stein*) masonry.

Maul [maʊl] *nt* **-(e)s, Mäuler** mouth; **m～en** *vi* (*col*) grumble; **～esel** *m* mule; **～korb** *m* muzzle; **～sperre** *f* lockjaw; **～tier** *nt* mule; **～wurf** *m* mole; **～wurfshaufen** *m* molehill.

Maurer ['maʊrər] *m* **-s, -** bricklayer.

Maus [maʊs] *f* **-, Mäuse** mouse.

mäuschenstill ['mɔʏsçən'ʃtıl] *a* very quiet.

Maus- [maʊz] *cpd*: **～efalle** *f* mousetrap; **m～en** *vt* (*col*) flinch; *vi* catch mice; **m～ern** *vr* moult; **m～(e)tot** *a* stone dead.

maximal [maksi'ma:l] *a* maximum.

Maxime [ma'ksi:mə] *f* **-, -n** maxim.
Mayonnaise [majɔ'nɛ:zə] *f* **-, -n** mayonnaise.
Mechan- [me'ça:n] *cpd*: **~ik** *f* mechanics *sing*; (*Getriebe*) mechanics *pl*; **~iker** *m* **-s, -** mechanic, engineer; **m~isch** *a* mechanical; **m~i'sieren** *vt* mechanize; **~i'sierung** *f* mechanization; **~ismus** [meça'nɪsmus] *m* mechanism.
meckern ['mɛkərn] *vi* bleat; (*col*) moan.
Medaille [me'daljə] *f* **-, -n** medal.
Medaillon [medal'jõ:] *nt* **-s, -s** (*Schmuck*) locket.
Medikament [medika'mɛnt] *nt* medicine.
meditieren [medi'ti:rən] *vi* meditate.
Medizin [medi'tsi:n] *f* **-, -en** medicine; **m~isch** *a* medical.
Meer [me:r] *nt* **-(e)s, -e** sea; **~busen** *m* bay, gulf; **~enge** *f* straits *pl*; **~esspiegel** *m* sea level; **~rettich** *m* horseradish; **~schweinchen** *nt* guinea-pig.
Megaphon [mega'fo:n] *nt* **-s, -e** megaphone.
Mehl ['me:l] *nt* **-(e)s, -e** flour; **m~ig** *a* floury.
mehr [me:r] *a,ad* more; **M~aufwand** *m* additional expenditure; **~deutig** *a* ambiguous; **~ere** *a* several; **~eres** *pron* several things; **~fach** *a* multiple; (*wiederholt*) repeated; **M~heit** *f* majority; **~malig** *a* repeated; **~mals** *ad* repeatedly; **~stimmig** *a* for several voices; **~stimmig singen** harmonize; **M~wertsteuer** *f* value added tax, VAT; **M~zahl** *f* majority; (*Gram*) plural.
meiden ['maɪdən] *vt irreg* avoid.
Meile ['maɪlə] *f* **-, -n** mile; **~nstein** *m* milestone; **m~nweit** *a* for miles.
mein [maɪn] *pron* my; **~e(r,s)** mine.
Meineid ['maɪn'aɪt] *m* perjury.
meinen ['maɪnən] *vti* think; (*sagen*) say; (*sagen wollen*) mean; **das will ich ~** I should think so.
mein- *cpd*: **~er** *pron gen of* **ich** of me; **~erseits** *ad* for my part; **~esgleichen** *pron* people like me; **~etwegen, ~etwillen** *ad* (*für mich*) for my sake; (*wegen mir*) on my account; (*von mir aus*) as far as I'm concerned; I don't care *or* mind; **~ige** *pron*: **der/die/das ~ige** mine.
Meinung ['maɪnʊŋ] *f* opinion; **jdm die ~ sagen** give sb a piece of one's mind; **~saustausch** *m* exchange of views; **~sumfrage** *f* opinion poll; **~sverschiedenheit** *f* difference of opinion.
Meise ['maɪzə] *f* **-, -n** tit(mouse).
Meißel ['maɪsəl] *m* **-s, -** chisel; **m~n** *vt* chisel.
meist ['maɪst] *a,ad* most(ly); **~ens** *ad* generally, usually.
Meister ['maɪstər] *m* **-s, -** master; (*Sport*) champion; **m~haft** *a* masterly; **m~n** *vt* master; **~schaft** *f* mastery; (*Sport*) championship; **~stück** *nt*, **~werk** *nt* masterpiece.
Melancholie [melaŋko'li:] *f* melancholy.
melancholisch [melaŋ'ko:lɪʃ] *a* melancholy.
Melde- ['mɛldə] *cpd*: **~frist** *f* registration period; **m~n** *vt* report; *vr* report (*bei* to); (*Sch*) put one's hand up; (*freiwillig*) volunteer; (*auf etw, am Telefon*) answer; **sich zu Wort m~n** ask to speak; **~pflicht** *f* obligation to register with the police; **~stelle** *f* registration office.
Meldung ['mɛldʊŋ] *f* announcement; (*Bericht*) report.
meliert [me'li:rt] *a* mottled, speckled.
melken ['mɛlkən] *vt irreg* milk.
Melodie [melo'di:] *f* melody, tune.
melodisch [me'lo:dɪʃ] *a* melodious, tuneful.
Melone [me'lo:nə] *f* **-, -n** melon; (*Hut*) bowler (hat).
Membran(e) [mem'bra:n(ə)] *f* **-, -en** (*Tech*) diaphragm.
Memoiren [memo'a:rən] *pl* memoirs *pl*.
Menge ['mɛŋə] *f* **-, -n** quantity; (*Menschen—*) crowd; (*große Anzahl*) lot (of); **m~n** *vt* mix; *vr*: **sich m~n in** (+*acc*) meddle with; **~nlehre** *f* (*Math*) set theory; **~nrabatt** *m* bulk discount.
Mensch [mɛnʃ] *m* **-en, -en** human being, man; person; **kein ~** nobody; *nt* **-(e)s, -er** hussy; **~enalter** *nt* generation; **~enfeind** *m* misanthrope; **m~enfreundlich** *a* philanthropical; **~enkenner** *m* **-s, -** judge of human nature; **~enliebe** *f* philanthropy; **m~enmöglich** *a* humanly possible; **~enrecht** *nt* human rights *pl*; **m~enscheu** *a* shy; **m~enunwürdig** *a* degrading; **~enverstand** *m*: **gesunder ~enverstand** common sense; **~heit** *f* humanity, mankind; **m~lich** *a* human; (*human*) humane; **~lichkeit** *f* humanity.
Menstruation [mɛnstruatsi'o:n] *f* menstruation.
Mentalität [mɛntali'tɛ:t] *f* mentality.
Menü [me'ny:] *nt* **-s, -s** menu.
Merk- [mɛrk] *cpd*: **~blatt** *nt* instruction sheet *or* leaflet; **m~en** *vt* notice; **sich** (*dat*) **etw m~en** remember sth; **m~lich** *a* noticeable; **~mal** *nt* sign, characteristic; **m~würdig** *a* odd.
Meß- [mɛs] *cpd*: **m~bar** *a* measurable; **~becher** *m* measuring cup; **~buch** *nt* missal.
Messe ['mɛsə] *f* **-, -n** fair; (*Eccl*) mass; (*Mil*) mess; **m~n** *irreg vt* measure; *vr* compete; **~r** *nt* **-s, -** knife; **~rspitze** *f* knife point; (*in Rezept*) pinch; **~stand** *m* exhibition stand.
Meß- *cpd*: **~gerät** *nt* measuring device, gauge; **~gewand** *nt* chasuble.
Messing ['mɛsɪŋ] *nt* **-s** brass.
Metall [me'tal] *nt* **-s, -e** metal; **m~en, m~isch** *a* metallic.
Metaphysik [metafy'zi:k] *f* metaphysics *sing*.
Metastase [meta'sta:zə] *f* **-, -n** (*Med*) secondary growth.
Meteor [mete'o:r] *nt* **-s, -e** meteor.
Meter ['me:tər] *nt or m* **-s, -** metre; **~maß** *nt* tape measure.
Methode [me'to:də] *f* **-, -n** method.
methodisch [me'to:dɪʃ] *a* methodical.

Metropole [metro'po:lə] *f* **-, -n** metropolis.

Metzger ['mɛtsgər] *m* **-s, -** butcher; **~ei** [-'raɪ] *f* butcher's (shop).

Meuchelmord ['mɔʏçəlmɔrt] *m* assassination.

Meute ['mɔʏtə] *f* **-, -n** pack; **~'rei** *f* mutiny; **~rer** *m* **-s, -** mutineer; **m~rn** *vi* mutiny.

miauen [mi'auən] *vi* miaow.

mich [mɪç] *pron acc of* **ich** me; myself.

Miene ['mi:nə] *f* **-, -n** look, expression.

mies [mi:s] *a* (*col*) lousy.

Miet- ['mi:t] *cpd*: **~auto** *nt* hired car; **~e** *f* **-, -n** rent; **zur ~e wohnen** live in rented accommodation; **m~en** *vt* rent; *Auto* hire; **~er(in *f*)** *m* **-s, -** tenant; **~shaus** *nt* tenement, block of flats; **~vertrag** *m* tenancy agreement.

Migräne [mi'grɛ:nə] *f* **-, -n** migraine.

Mikro- *cpd*: **~be** [mi'kro:bə] *f* **-, -n** microbe; **~fon, ~phon** [mikro'fo:n] *nt* **-s, -e** microphone; **~skop** [mikro'sko:p] *nt* **-s, -e** microscope; **m~skopisch** *a* microscopic.

Milch [mɪlç] *f* **-** milk; (*Fisch*—) milt, roe; **~glas** *nt* frosted glass; **m~ig** *a* milky; **~kaffee** *m* white coffee; **~pulver** *nt* powdered milk; **~straße** *f* Milky Way; **~zahn** *m* milk tooth.

mild [mɪlt] *a* mild; *Richter* lenient; (*freundlich*) kind, charitable; **M~e** ['mɪldə] *f* **-, -n** mildness; leniency; **~ern** *vt* mitigate, soften; *Schmerz* alleviate; **~ernde Umstände** extenuating circumstances.

Milieu [mili'ø] *nt* **-s, -s** background, environment; **m~geschädigt** *a* maladjusted.

Mili- [mili] *cpd*: **m~tant** [-'tant] *a* militant; **~tär** [-'tɛ:r] *nt* **-s** military, army; **~'tärgericht** *nt* military court; **m~'tärisch** *a* military; **~tarismus** [-ta'rɪsmʊs] *m* militarism; **m~ta'ristisch** *a* militaristic; **~'tärpflicht** *f* (compulsory) military service.

Milli- ['mɪli] *cpd*: **~ardär** [-ar'dɛ:r] *m* multimillionaire; **~arde** [-'ardə] *f* **-, -n** milliard; billion (*esp US*); **~meter** *m* millimetre; **~on** [-'o:n] *f* **-, -en** million; **~onär** [-o'nɛ:r] *m* millionaire.

Milz ['mɪlts] *f* **-, -en** spleen.

Mimik ['mi:mɪk] *f* mime.

Mimose [mi'mo:zə] *f* **-, -n** mimosa; (*fig*) sensitive person.

minder ['mɪndər] *a* inferior; *ad* less; **M~heit** *f* minority; **~jährig** *a* minor; **M~jährigkeit** *f* minority; **~n** *vtr* decrease, diminish; **M~ung** *f* decrease; **~wertig** *a* inferior; **M~wertigkeitsgefühl** *nt*, **M~wertigkeitskomplex** *m* inferiority complex.

Mindest- ['mɪndəst] *cpd*: **~alter** *nt* minimum age; **~betrag** *m* minimum amount; **m~e** *a* least; **m~ens, zum m~en** *ad* at least; **~lohn** *m* minimum wage; **~maß** *nt* minimum.

Mine ['mi:nə] *f* **-, -n** mine; (*Bleistift*—) lead; (*Kugelschreiber*—) refill; **~nfeld** *nt* minefield.

Mineral [mine'ra:l] *nt* **-s, -e** *or* **-ien** mineral; **m~isch** *a* mineral; **~wasser** *nt* mineral water.

Miniatur [minia'tu:r] *f* miniature.

minimal [mini'ma:l] *a* minimal.

Minister [mi'nɪstər] *m* **-s, -** minister; **m~iell** [minɪsteri'ɛl] *a* ministerial; **~ium** [minɪs'te:riʊm] *nt* ministry; **~präsident** *m* prime minister.

minus ['mi:nʊs] *ad* minus; **M~** *nt* **-, -** deficit; **M~pol** *m* negative pole; **M~zeichen** *nt* minus sign.

Minute [mi'nu:tə] *f* **-, -n** minute; **~nzeiger** *m* minute hand.

mir [mi:r] *pron dat of* **ich** (to) me; **~ nichts, dir nichts** just like that.

Misch- ['mɪʃ] *cpd*: **~ehe** *f* mixed marriage; **m~en** *vt* mix; **~ling** *m* half-caste; **~ung** *f* mixture.

Miß- ['mɪs] *cpd*: **m~'achten** *vt insep* disregard; **~'achtung** *f* disregard; **~behagen** *nt* discomfort, uneasiness; **~bildung** *f* deformity; **m~'billigen** *vt insep* disapprove of; **~billigung** *f* disapproval; **~brauch** *m* abuse; (*falscher Gebrauch*) misuse; **m~'brauchen** *vt insep* abuse; misuse (*zu* for); **m~'deuten** *vt insep* misinterpret; **~erfolg** *m* failure.

Misse- ['mɪsə] *cpd*: **~tat** *f* misdeed; **~täter(in *f*)** *m* criminal; (*col*) scoundrel.

Miß- *cpd*: **m~'fallen** *vi irreg insep* displease (*jdm* sb); **~fallen** *nt* **-s** displeasure; **~geburt** *f* freak; (*fig*) abortion; **~geschick** *nt* misfortune; **m~glücken** [mɪs'glʏkən] *vi insep* fail; **jdm m~glückt etw** sb does not succeed with sth; **~griff** *m* mistake; **~gunst** *f* envy; **m~günstig** *a* envious; **m~'handeln** *vt insep* ill-treat; **~'handlung** *f* ill-treatment; **~helligkeit** *f*: **~helligkeiten haben** be at variance.

Mission [mɪsi'o:n] *f* mission; **~ar** [mɪsio'na:r] *m* missionary.

Miß- *cpd*: **~klang** *m* discord; **~kredit** *m* discredit; **m~lingen** [mɪs'lɪŋən] *vi irreg insep* fail; **~'lingen** *nt* **-s** failure; **~mut** *nt* bad temper; **m~mutig** *a* cross; **m~'raten** *vi irreg insep* turn out badly; *a* ill-bred; **~stand** *m* state of affairs; abuse; **~stimmung** *f* ill-humour, discord; **m~'trauen** *vi insep* mistrust; **~trauen** *nt* **-s** distrust, suspicion (of); **~trauensantrag** *m* (*Pol*) motion of no confidence; **~trauensvotum** *nt* **-s, -voten** (*Pol*) vote of no confidence; **m~trauisch** *a* distrustful, suspicious; **~verhältnis** *nt* disproportion; **~verständnis** *nt* misunderstanding; **m~verstehen** *vt irreg insep* misunderstand.

Mist [mɪst] *m* **-(e)s** dung; dirt; (*col*) rubbish; **~el** *f* **-, -n** mistletoe; **~haufen** *m* dungheap.

mit [mɪt] *prep +dat* with; (*mittels*) by; **~ der Bahn** by train; **~ 10 Jahren** at the age of 10; *ad* along, too; **wollen Sie ~?** do you want to come along?

Mitarbeit ['mɪt'arbaɪt] *f* cooperation; **m~en** *vi* cooperate, collaborate; **~er(in *f*)** *m* collaborator; co-worker; *pl* staff.

Mit- *cpd*: **~bestimmung** *f* participation in decision-making; (*Pol*) determination;

m~bringen *vt irreg* bring along; **~bürger(in** *f*) *m* fellow citizen; **m~denken** *vi irreg* follow; **du hast ja m~gedacht!** good thinking!

miteinander [mɪt'aɪ'nandər] *ad* together, with one another.

Mit- *cpd*: **m~erleben** *vt* see, witness; **~esser** ['mɪt'ɛsər] *m* **-s, -** blackhead; **m~geben** *vt irreg* give; **~gefühl** *nt* sympathy; **m~gehen** *vi irreg* go/come along; **m~genommen** *a* done in, in a bad way; **~gift** *f* dowry.

Mitglied ['mɪtgli:t] *nt* member; **~sbeitrag** *m* membership fee; **~schaft** *f* membership.

Mit- *cpd*: **m~halten** *vi irreg* keep up; **~hilfe** *f* help, assistance; **m~hören** *vt* listen in to; **m~kommen** *vi irreg* come along; (*verstehen*) keep up, follow; **~läufer** *m* hanger-on; (*Pol*) fellow-traveller.

Mitleid *nt* sympathy; (*Erbarmen*) compassion; **~enschaft** *f*: **in ~enschaft ziehen** affect; **m~ig** *a* sympathetic; **m~slos** *a* pitiless, merciless.

Mit- *cpd*: **m~machen** *vt* join in, take part in; **~mensch** *m* fellow man; **m~nehmen** *vt irreg* take along/away; (*anstrengen*) wear out, exhaust.

mitsamt [mɪt'zamt] *prep +dat* together with.

Mitschuld *f* complicity; **m~ig** *a* also guilty (*an +dat* of); **~ige(r)** *mf* accomplice.

Mit- *cpd*: **~schüler(in** *f*) *m* schoolmate; **m~spielen** *vi* join in, take part; **~spieler(in** *f*) *m* partner; **~spracherecht** ['mɪtʃpra:xərɛçt] *nt* voice, say.

Mittag ['mɪta:k] *m* **-(e)s, -e** midday, lunchtime; **(zu) ~ essen** have lunch; **m~** *ad* at lunchtime *or* noon; **~essen** *nt* lunch, dinner; **m~s** *ad* at lunchtime *or* noon; **~spause** *f* lunch break; **~sschlaf** *m* early afternoon nap, siesta.

Mittäter(in *f*) [mɪttɛ:tər(ɪn)] *m* accomplice.

Mitte ['mɪtə] *f* **-, -n** middle; **aus unserer ~** from our midst.

mitteil- ['mɪttaɪl] *cpd*: **~en** *vt*: **jdm etw ~en** inform sb of sth, communicate sth to sb; **~sam** *a* communicative; **M~ung** *f* communication.

Mittel ['mɪtəl] *nt* **-s -** means; method; (*Math*) average; (*Med*) medicine; **ein ~ zum Zweck** a means to an end; **~alter** *nt* Middle Ages *pl*; **m~alterlich** *a* mediaeval; **m~bar** *a* indirect; **~ding** *nt* cross; **m~los** *a* without means; **m~mäßig** *a* mediocre, middling; **~mäßigkeit** *f* mediocrity; **~punkt** *m* centre; **m~s** *prep +gen* by means of; **~stand** *m* middle class; **~streifen** *m* central reservation; **~stürmer** *m* centre-forward; **~weg** *m* middle course; **~welle** *f* (*Rad*) medium wave; **~wert** *m* average value, mean.

mitten ['mɪtən] *ad* in the middle; **~ auf der Straße/in der Nacht** in the middle of the street/night; **~hindurch** *ad* [-hɪn'dʊrç] through the middle.

Mitternacht ['mɪtərnaxt] *f* midnight; **m~s** *ad* at midnight.

mittlere(r,s) ['mɪtlərə(r,z)] *a* middle; (*durchschnittlich*) medium, average.

mittlerweile ['mɪtlər'vaɪlə] *ad* meanwhile.

Mittwoch [mɪtvɔx] *m* **-(e)s, -e** Wednesday; **m~s** *ad* on Wednesdays.

mitunter [mɪt''ʊntər] *ad* occasionally, sometimes.

Mit- *cpd*: **m~verantwortlich** *a* also responsible; **~verschulden** ['mɪtfɛrʃʊldən] *nt* contributory negligence; **m~wirken** *vi* contribute (*bei* to); (*Theat*) take part (*bei* in); **~wirkung** *f* contribution; participation; **~wisser** ['mɪtvɪsər] *m* **-s, -** sb in the know.

Möbel ['mø:bəl] *nt* **-s, -** (piece of) furniture; **~wagen** *m* furniture *or* removal van.

mobil [mo'bi:l] *a* mobile; (*Mil*) mobilized; **M~iar** [mobili'a:r] *nt* **-s, -e** movable assets *pl*; **M~machung** *f* mobilization.

möblieren [mø'bli:rən] *vt* furnish; **möbliert wohnen** live in furnished accommodation.

Mode ['mo:də] *f* **-, -n** fashion.

Modell [mo'dɛl] *nt* **-s, -e** model; **m~ieren** [-'li:rən] *vt* model.

Mode- *cpd*: **~(n)schau** *f* fashion show; **m~rn** [mo'dɛrn] *a* modern; (*modisch*) fashionable; **m~rni'sieren** *vt* modernize; **~schmuck** *m* fashion jewellery; **~wort** *nt* fashionable word.

modisch ['mo:dɪʃ] *a* fashionable.

mogeln [mo:gəln] *vi* (*col*) cheat.

mögen ['mø:gən] *vti irreg* like; **ich möchte . . .** I would like . . .; **das mag wohl sein** that may well be so.

möglich ['mø:klɪç] *a* possible; **~erweise** *ad* possibly; **M~keit** *f* possibility; **nach M~keit** if possible; **~st** *ad* as . . . as possible.

Mohn [mo:n] *m* **-(e)s, -e** (*—blume*) poppy; (*—samen*) poppy seed.

Möhre ['mø:rə] *f* **-, -n, Mohrrübe** *f* carrot.

mokieren [mo'ki:rən] *vr* make fun (*über +acc* of).

Mole ['mo:lə] *f* **-, -n** (harbour) mole; **~kül** [mole'ky:l] *nt* **-s, -e** molecule.

Molkerei [mɔlkə'raɪ] *f* dairy.

Moll [mɔl] *nt* **-, -** (*Mus*) minor (key); **m~ig** *a* cosy; (*dicklich*) plump.

Moment [mo'mɛnt] *m* **-(e)s, -e** moment; **im ~** at the moment; *nt* factor, element; **m~an** [-'ta:n] *a* momentary; *ad* at the moment.

Monarch [mo'narç] *m* **-en, -en** monarch; **~ie** [monar'çi:] *f* monarchy.

Monat ['mo:nat] *m* **-(e)s, -e** month; **m~elang** *ad* for months; **m~lich** *a* monthly; **~skarte** *f* monthly ticket.

Mönch ['mœnç] *m* **-(e)s, -e** monk.

Mond [mo:nt] *m* **-(e)s, -e** moon; **~fähre** *f* lunar (excursion) module; **~finsternis** *f* eclipse of the moon; **m~hell** *a* moonlit; **~landung** *f* moon landing; **~schein** *m* moonlight; **~sonde** *f* moon probe.

Mono- [mono] *in cpds* mono; **~log** [-'lo:k] *m* **-s, -e** monologue; **~pol** [-'po:l] *nt* **-s, -e** monopoly; **m~polisieren** [-poli'zi:rən] *vt* monopolize; **m~ton** [-'to:n] *a* monotonous; **~tonie** [-to'ni:] *f* monotony.
Monsun [mɔn'zu:n] *m* **-s, -e** monsoon.
Montag ['mo:nta:k] *m* **-(e)s, -e** Monday; **m~s** *ad* on Mondays.
Montage ['mɔn'ta:ʒə] *f* **-, -n** (*Phot etc*) montage; (*Tech*) assembly; (*Einbauen*) fitting.
Monteur [mɔn'tø:r] *m* fitter, assembly man.
montieren [mɔn'ti:rən] *vt* assemble, set up.
Monument [monu'mɛnt] *nt* monument; **m~al** [-'ta:l] *a* monumental.
Moor [mo:r] *nt* **-(e)s, -e** moor.
Moos [mo:s] *nt* **-es, -e** moss.
Moped ['mo:pɛt] *nt* **-s, -s** moped.
Mops [mɔps] *m* **-es, ¨e** pug.
Moral [mo'ra:l] *f* **-, -en** morality; (*einer Geschichte*) moral; **m~isch** *a* moral.
Moräne [mo'rɛ:nə] *f* **-, -n** moraine.
Morast [mo'rast] *m* **-(e)s, -e** morass, mire; **m~ig** *a* boggy.
Mord [mɔrt] *m* **-(e)s, -e** murder; **~anschlag** *m* murder attempt.
Mörder ['mœrdər] *m* **-s, -** murderer; **~in** *f* murderess.
Mord- *cpd*: **~kommission** *f* murder squad; **~sglück** *nt* (*col*) amazing luck; **m~smäßig** *a* (*col*) terrific, enormous; **~sschreck** *m* (*col*) terrible fright; **~verdacht** *m* suspicion of murder; **~waffe** *f* murder weapon.
morgen ['mɔrgən] *ad*, **M~** *nt* tomorrow; **~ früh** tomorrow morning; **M~** *m* **-s, -** morning; **M~mantel** *m*, **M~rock** *m* dressing gown; **M~röte** *f* dawn; **~s** *ad* in the morning.
morgig ['mɔrgıç] *a* tomorrow's; **der ~e Tag** tomorrow.
Morphium ['mɔrfium] *nt* morphine.
morsch [mɔrʃ] *a* rotten.
Morse- ['mɔrzə] *cpd*: **~alphabet** *nt* Morse code; **m~n** *vi* send a message by morse code.
Mörtel ['mœrtəl] *m* **-s, -** mortar.
Mosaik [moza'i:k] *nt* **-s, -en** *or* **-e** mosaic.
Moschee [mɔ'ʃe:] *f* **-, -n** [mɔ'ʃe:ən] mosque.
Moskito [mɔs'ki:to] *m* **-s, -s** mosquito.
Most [mɔst] *m* **-(e)s, -e** (unfermented) fruit juice; (*Apfelwein*) cider.
Motel [mo'tel] *nt* **-s, -s** motel.
Motiv [mo'ti:f] *nt* **-s, -e** motive; (*Mus*) theme; **m~ieren** [moti'vi:rən] *vt* motivate; **~ierung** *f* motivation.
Motor ['mo:tɔr] *m* **-s, -en** [mo'to:rən] engine; (*esp Elec*) motor; **~boot** *nt* motorboat; **~enöl** *nt* motor oil; **m~isieren** [motori'zi:rən] *vt* motorize; **~rad** *nt* motorcycle; **~roller** *m* motor scooter; **~schaden** *m* engine trouble *or* failure.
Motte ['mɔtə] *f* **-, -n** moth; **~nkugel** *f*, **~npulver** *nt* mothball(s).
Motto ['mɔto] *nt* **-s, -s** motto.
Möwe ['mø:və] *f* **-, -n** seagull.
Mucke ['mukə] *f* **-, -n** (*usu pl*) caprice; (*von Ding*) snag, bug; **seine ~n haben** be temperamental.
Mücke ['mʏkə] *f* **-, -n** midge, gnat; **~nstich** *m* midge *or* gnat bite.
mucksen ['muksən] *vr* (*col*) budge; (*Laut geben*) open one's mouth.
müde ['my:də] *a* tired.
Müdigkeit ['my:dıçkaıt] *f* tiredness.
Muff [muf] *m* **-(e)s, -e** (*Handwärmer*) muff; **~el** *m* **-s, -** (*col*) killjoy, sourpuss; **m~ig** *a Luft* musty.
Mühe ['my:ə] *f* **-, -n** trouble, pains *pl*; **mit Müh und Not** with great difficulty; **sich** (*dat*) **~ geben** go to a lot of trouble; **m~los** *a* without trouble, easy.
muhen ['mu:ən] *vi* low, moo.
mühevoll *a* laborious, arduous.
Mühle ['my:lə] *f* **-, -n** mill; (*Kaffee—*) grinder.
Müh- *cpd*: **~sal** *f* **-, -e** hardship, tribulation; **m~sam** *a* arduous, troublesome; **m~selig** *a* arduous, laborious.
Mulatte [mu'latə] *m* **-, -n, Mulattin** *f* mulatto.
Mulde ['muldə] *f* **-, -n** hollow, depression.
Mull [mul] *m* **-(e)s, -e** thin muslin; **~binde** *f* gauze bandage.
Müll [mʏl] *m* **-(e)s** refuse; **~abfuhr** *f* rubbish disposal; (*Leute*) dustmen *pl*; **~abladeplatz** *m* rubbish dump; **~eimer** *m* dustbin, garbage can (*US*); **~er** *m* **-s, -** miller; **~haufen** *m* rubbish heap; **~schlucker** *m* **-s, -** garbage disposal unit; **~wagen** *m* dustcart, garbage truck (*US*).
mulmig ['mulmıç] *a* rotten; (*col*) dodgy; **jdm ist ~** sb feels funny.
multiplizieren [multipli'tsi:rən] *vt* multiply.
Mumie ['mu:miə] *f* mummy.
Mumm [mum] *m* **-s** (*col*) gumption, nerve.
Mund [munt] *m* **-(e)s, ¨er** ['myndər] mouth; **~art** *f* dialect.
Mündel ['mʏndəl] *nt* **-s, -** ward.
münden ['mʏndən] *vi* flow (*in +acc* into).
Mund- *cpd*: **m~faul**; *a* taciturn; **~fäule** *f* **-** (*Med*) ulcerative stomatitis; **~geruch** *m* bad breath; **~harmonika** *f* mouth organ.
mündig ['mʏndıç] *a* of age; **M~keit** *f* majority.
mündlich ['mʏntlıç] *a* oral.
Mund- *cpd*: **~stück** *nt* mouthpiece; (*Zigaretten—*) tip; **m~tot** *a*: **jdn m~tot machen** muzzle sb.
Mündung ['mʏnduŋ] *f* mouth; (*Gewehr*) muzzle.
Mund- *cpd*: **~wasser** *nt* mouthwash; **~werk** *nt*: **ein großes ~werk haben** have a big mouth; **~winkel** *m* corner of the mouth.
Munition [munitsi'o:n] *f* ammunition; **~slager** *nt* ammunition dump.
munkeln ['muŋkəln] *vi* whisper, mutter.
Münster ['mʏnstər] *nt* **-s, -** minster.
munter ['muntər] *a* lively; **M~keit** *f* liveliness.
Münze ['mʏntsə] *f* **-, -n** coin; **m~n** *vt* coin, mint; **auf jdn gemünzt sein** be aimed at sb.

Münzfernsprecher ['mʏntsfɛrnʃprɛçər] *m* callbox, pay phone (*US*).
mürb(e) ['mʏrb(ə)] *a Gestein* crumbly; *Holz* rotten; *Gebäck* crisp; **jdn ~ machen** wear sb down; **M~(e)teig** *m* shortcrust pastry.
murmeln ['mʊrməln] *vti* murmer, mutter.
Murmeltier ['mʊrməlti:r] *nt* marmot.
murren ['mʊrən] *vi* grumble, grouse.
mürrisch ['mʏrɪʃ] *a* sullen.
Mus [mu:s] *nt* **-es, -e** puree.
Muschel ['mʊʃəl] *f* **-, -n** mussel; (*—schale*) shell; (*Telefon—*) receiver.
Muse ['mu:zə] *f* **-, -n** muse.
Museum [mu'ze:ʊm] *nt* **-s, Museen** museum.
Musik [mu'zi:k] *f* music; (*Kapelle*) band; **m~alisch** [-'ka:lɪʃ] *a* musical; **~box** *f* jukebox; **~er** ['mu:zikər] *m* **-s, -** musician; **~hochschule** *f* music school; **~instrument** *nt* musical instrument; **~truhe** *f* radiogram.
musizieren [muzi'tsi:rən] *vi* make music.
Muskat [mʊs'ka:t] *m* **-(e)s, -e** nutmeg.
Muskel ['mʊskəl] *m* **-s, -n** muscle; **~kater** *m*: **einen ~kater haben** be stiff.
Muskulatur [mʊskula'tu:r] *f* muscular system.
muskulös [mʊsku'lø:s] *a* muscular.
Muß [mʊs] *nt* **-** necessity, must.
Muße ['mu:sə] *f* **-** leisure.
müssen ['mʏsən] *vi irreg* must, have to; **er hat gehen ~** he (has) had to go.
müßig ['my:sɪç] *a* idle; **M~gang** *m* idleness.
Muster ['mʊstər] *nt* **-s, -** model; (*Dessin*) pattern; (*Probe*) sample; **~ ohne Wert** free sample; **m~gültig** *a* exemplary; **m~n** *vt Tapete* pattern; (*fig, Mil*) examine; *Truppen* inspect; **~schüler** *m* model pupil; **~ung** *f* (*von Stoff*) pattern; (*Mil*) inspection.
Mut [mu:t] *m* courage; **nur ~!** cheer up!; **jdm ~ machen** encourage sb; **m~ig** *a* courageous; **m~los** *a* discouraged, despondent.
mutmaßlich ['mu:tma:slɪç] *a* presumed; *ad* probably.
Mutter ['mʊtər] *f* **-, ⸚** mother; *pl* **~n** (*Schrauben—*) nut; **~land** *nt* mother country.
mütterlich ['mʏtərlɪç] *a* motherly; **~erseits** *ad* on the mother's side.
Mutter- *cpd*: **~liebe** *f* motherly love; **~mal** *nt* birthmark, mole; **~schaft** *f* motherhood, maternity; **~schutz** *m* maternity regulations; **'m~'seelen-a'llein** *a* all alone; **~sprache** *f* native language; **~tag** *m* Mother's Day.
mutwillig ['mu:tvɪlɪç] *a* malicious, deliberate.
Mütze ['mʏtsə] *f* **-, -n** cap.
mysteriös [mʏsteri'ø:s] *a* mysterious.
Mystik ['mʏstɪk] *f* mysticism; **~er** *m* **-s, -** mystic.
Mythos ['my:tɔs] *m* **-, Mythen** myth.

N

N, n [ɛn] *nt* N, n.
na [na] *interj* well.
Nabel ['na:bəl] *m* **-s, -** navel; **~schnur** *f* umbilical cord.
nach [na:x] *prep +dat* after; (*in Richtung*) to; (*gemäß*) according to; **~ oben/hinten** up/back; **ihm ~!** after him!; **~ wie vor** still; **~ und ~** gradually; **dem Namen ~** judging by his name; **~äffen** *vt* ape; **~ahmen** *vt* imitate; **N~ahmung** *f* imitation.
Nachbar(in *f***)** ['naxba:r(ɪn)] *m* **-s, -n** neighbour; **~haus** *nt*: **im ~haus** next door; **n~lich** *a* neighbourly; **~schaft** *f* neighbourhood; **~staat** *m* neighbouring state.
nach- *cpd*: **~bestellen** *vt* order again; **N~bestellung** *f* (*Comm*) repeat order; **~bilden** *vt* copy; **N~bildung** imitation, copy; **~blicken** *vi* look *or* gaze after; **~datieren** *vt* postdate.
nachdem [na:x'de:m] *cj* after; (*weil*) since; **je ~ (ob)** it depends (whether).
nach- *cpd*: **~denken** *vi irreg* think (*über +acc* about); **N~denken** *nt* **-s** reflection, meditation; **~denklich** *a* thoughtful, pensive.
Nachdruck ['na:xdrʊk] *m* emphasis; (*Print*) reprint, reproduction.
nachdrücklich ['na:xdrʏklɪç] *a* emphatic.
nacheifern ['na:xaɪfərn] *vi* emulate (*jdm* sb).
nacheinander [na:x'aɪ'nandər] *ad* one after the other.
nachempfinden ['na:xɛmpfɪndən] *vt irreg*: **jdm etw ~** feel sth with sb.
Nacherzählung ['na:xɛrtsɛ:lʊŋ] *f* reproduction (of a story).
Nachfahr ['na:xfa:r] *m* **-s, -en** descendant.
Nachfolge ['na:xfɔlgə] *f* succession; **n~n** *vi* (*lit*) follow (*jdm/etw* sb/sth); **~r(in** *f***)** *m* **-s, -** successor.
nach- *cpd*: **~forschen** *vti* investigate; **N~forschung** *f* investigation.
Nachfrage ['na:xfra:gə] *f* inquiry; (*Comm*) demand; **n~n** *vi* inquire.
nach- *cpd*: **~fühlen** *vt* see **~empfinden**; **~füllen** *vt* refill; **~geben** *vi irreg* give way, yield.
Nach- *cpd*: **~gebühr** *f* surcharge; (*Post*) excess postage; **~geburt** *f* afterbirth.
nachgehen ['na:xge:ən] *vi irreg* follow (*jdm* sb); (*erforschen*) inquire (*einer Sache* into sth); (*Uhr*) be slow.
Nachgeschmack ['na:xgəʃmak] *m* after-taste.
nachgiebig ['na:xgi:bɪç] *a* soft, accommodating; **N~keit** *f* softness.
Nachhall ['na:xhal] *m* resonance; **n~en** *vi* resound.
nachhaltig ['na:xhaltɪç] *a* lasting; *Widerstand* persistent.
nachhelfen ['na:xhɛlfən] *vi irreg* assist, help (*jdm* sb).
nachher [na:x'he:r] *ad* afterwards.

Nachhilfeunterricht ['na:xhılfə-ʊntərrıçt] *m* extra tuition.
nachholen ['na:xho:lən] *vt* catch up with; *Versäumtes* make up for.
Nachkomme ['na:xkɔmə] *m* **-, -n** descendant; **n~n** *vi irreg* follow; *einer Verpflichtung* fulfil; **~nschaft** *f* descendants *pl*.
Nachkriegs- ['na:xkriks] *in cpds* postwar; **~zeit** *f* postwar period.
Nach- *cpd*: **~laß** *m* **-lasses, -lässe** (*Comm*) discount, rebate; (*Erbe*) estate; **n~lassen** *irreg vt Strafe* remit; *Summe* take off; *Schulden* cancel; *vi* decrease, ease off; (*Sturm auch*) die down; (*schlechter werden*) deteriorate; **er hat n~gelassen** he has got worse; **n~lässig** *a* negligent, careless; **~lässigkeit** *f* negligence, carelessness.
nachlaufen ['na:xlaʊfən] *vi irreg* run after, chase (*jdm* sb).
nachmachen ['na:xmaxən] *vt* imitate, copy (*jdm etw* sth from sb); (*fälschen*) counterfeit.
Nachmittag ['na:xmıta:k] *m* afternoon; **am ~, n~s** *ad* in the afternoon.
Nach- *cpd*: **~nahme** *f* **-, -n** cash on delivery; **per ~nahme** C.O.D.; **~name** *m* surname; **~porto** *nt* excess postage.
nachprüfen ['na:xpry:fən] *vt* check, verify.
nachrechnen ['na:xrɛçnən] *vt* check.
Nachrede ['na:xre:də] *f*: **üble ~** libel; slander.
Nachricht ['na:xrıçt] *f* **-, -en** (piece of) news; (*Mitteilung*) message; **~en** *pl* news; **~enagentur** *f* news agency; **~endienst** *m* (*Mil*) intelligence service; **~ensprecher(in** *f***)** *m* newsreader; **~entechnik** *f* telecommunications *sing*.
nachrücken ['na:xrʏkən] *vi* move up.
Nachruf ['na:xru:f] *m* obituary (notice).
nachsagen ['na:xza:gən] *vt* repeat; **jdm etw ~** say sth of sb.
nachschicken ['na:xʃıkən] *vt* forward.
Nachschlag- ['na:xʃla:g] *cpd*: **n~en** *vt irreg* look up; *vi*: **jdm n~en** take after sb; **~ewerk** *nt* reference boook.
Nach- *cpd*: **~schlüssel** *m* master key; **~schub** *m* supplies *pl*; (*Truppen*) reinforcements *pl*.
nachsehen ['na:xze:ən] *irreg vt* (*prüfen*) check; **jdm etw ~** forgive sb sth; *vi* look after (*jdm* sb); (*erforschen*) look and see; **das N~ haben** come off worst.
nachsenden ['na:xzɛndən] *vt irreg* send on, forward.
Nachsicht ['na:xzıçt] *f* **-** indulgence, leniency; **n~ig** *a* indulgent, lenient.
nachsitzen ['na:xzıtsən] *vi irreg* (*Sch*) be kept in.
Nachspeise ['na:xʃpaızə] *f* dessert, sweet, pudding.
Nachspiel ['na:xʃpi:l] *nt* epilogue; (*fig*) sequel.
nachsprechen ['na:xʃprɛçən] *vt irreg* repeat (*jdm* after sb).
nächst [nɛ:çst] *prep +dat* (*räumlich*) next to; (*außer*) apart from; **~beste(r,s)** *a* first that comes along; (*zweitbeste*) next best; **N~e(r)** *mf* neighbour; **~e(r,s)** next; (*nächstgelegen*) nearest; **N~enliebe** *f* love for one's fellow men; **~ens** *ad* shortly, soon; **~liegend** *a* (*lit*) nearest; (*fig*) obvious; **~möglich** *a* next possible.
nachsuchen ['na:xzu:xən] *vi*: **um etw ~** ask *or* apply for sth.
Nacht [naxt] *f* **-, ¨e** night.
Nachteil ['na:xtaıl] *m* disadvantage; **n~ig** *a* disadvantageous.
Nachthemd *nt* nightshirt; nightdress.
Nachtigall ['naxtıgal] *f* **-, -en** nightingale.
Nachtisch ['na:xtıʃ] *m see* **Nachspeise**.
nächtlich ['nɛçtlıç] *a* nightly.
Nach- *cpd*: **~trag** *m* **-(e)s, -träge** supplement; **n~tragen** *vt irreg* carry (*jdm* after sb); (*zufügen*) add; **jdm etw n~tragen** hold sth against sb; **n~tragend** *a* resentful; **n~träglich** *a,ad* later, subsequent(ly); additional(ly); **n~trauern** *vi*: **jdm/etw n~trauern** mourn the loss of sb/sth.
Nacht- *cpd*: **~ruhe** *f* sleep; **n~s** *ad* by night; **~schicht** *f* nightshift; **n~süber** *ad* during the night; **~tarif** *m* off-peak tariff; **~tisch** *m* bedside table; **~topf** *m* chamberpot; **~wächter** *m* night watchman.
Nach- *cpd*: **~untersuchung** *f* checkup; **n~wachsen** *vi irreg* grow again; **~wehen** *pl* afterpains *pl*; (*fig*) aftereffects *pl*.
Nachweis ['na:xvaıs] *m* **-es, -e** proof; **n~bar** *a* provable, demonstrable; **n~en** ['na:xvaızən] *vt irreg* prove; **jdm etw n~en** point sth out to sb; **n~lich** *a* evident, demonstrable.
nach- *cpd*: **~winken** *vi* wave (*jdm* after sb); **~wirken** *vi* have after-effects; **N~wirkung** *f* after-effect; **N~wort** *nt* appendix; **N~wuchs** *m* offspring; (*beruflich etc*) new recruits *pl*; **~zahlen** *vti* pay extra; **N~zahlung** *f* additional payment; (*zurückdatiert*) back pay; **~zählen** *vt* count again; **N~zügler** *m* **-s, -** straggler.
Nacken ['nakən] *m* **-s, -** nape of the neck.
nackt [nakt] *a* naked; *Tatsachen* plain, bare; **N~heit** *f* nakedness; **N~kultur** *f* nudism.
Nadel ['na:dəl] *f* **-, -n** needle; (*Steck—*) pin; **~kissen** *nt* pincushion; **~öhr** *nt* eye of a needle; **~wald** *m* coniferous forest.
Nagel ['na:gəl] *m* **-s, ¨** nail; **~feile** *f* nailfile; **~haut** *f* cuticle; **~lack** *m* nail varnish; **n~n** *vti* nail; **n~neu** *a* brand-new; **~schere** *f* nail scissors *pl*.
nagen ['na:gən] *vti* gnaw.
Nagetier ['na:gəti:r] *nt* rodent.
nah(e) ['na:(ə)] *a,ad* (*räumlich*) near(by); *Verwandte* near; *Freunde* close; (*zeitlich*) near, close; *prep +dat* near (to), close to; **N~aufnahme** *f* close-up.
Nähe ['nɛ:ə] *f* **-** nearness, proximity; (*Umgebung*) vicinity; **in der ~** close by; at hand; **aus der ~** from close to.
nahe- *cpd*: **~bei** *ad* nearby; **~gehen** *vi irreg* grieve (*jdm* sb); **~kommen** *vi irreg* get close (*jdm* to sb); **~legen** *vt*: **jdm etw ~legen** suggest sth to sb; **~liegen** *vi*

irreg be obvious; **~liegend** *a* obvious; **~n** *vir* approach, draw near.

Näh- ['nɛ:] *cpd*: **n~en** *vti* sew; **n~er** *a,ad* nearer; *Erklärung, Erkundigung* more detailed; **~ere(s)** *nt* details *pl*, particulars *pl*; **~erei** *f* sewing, needlework; **~erin** *f* seamstress; **n~erkommen** *vir irreg* get closer; **n~ern** *vr* approach; **~erungswert** *m* approximate value.

nahe- *cpd*: **~stehen** *vi irreg* be close (*jdm* to sb); **einer Sache ~stehen** sympathize with sth; **~stehend** *a* close; **~treten** *vi irreg*: **jdm (zu) ~treten** offend sb; **~zu** *ad* nearly.

Näh- *cpd*: **~garn** *nt* thread; **~kasten** *m* workbox; **~maschine** *f* sewing machine; **~nadel** *f* needle.

nähren ['nɛ:rən] *vtr* feed.

nahrhaft ['na:rhaft] *a* nourishing, nutritious.

Nähr- ['ne:r] *cpd*: **~gehalt** *m* nutritional value; **~stoffe** *pl* nutrients *pl*.

Nahrung [na:rʊŋ] *f* food; (*fig auch*) sustenance; **~smittel** *nt* foodstuffs *pl*; **~smittelindustrie** *f* food industry; **~ssuche** *f* search for food.

Nährwert *m* nutritional value.

Naht [na:t] *f* **-, ⸚e** seam; (*Med*) suture; (*Tech*) join; **n~los** *a* seamless; **n~los ineinander übergehen** follow without a gap.

Nah- *cpd*: **~verkehr** *m* local traffic; **~verkehrszug** *m* local train; **~ziel** *nt* immediate objective.

naiv [na'i:f] *a* naive; **N~ität** [naivi'tɛ:t] *f* naivety.

Name ['na:mə] *m* **-ns, -n** name; **im ~n von** on behalf of; **n~ns** *ad* by the name of; **n~ntlich** *a* by name; *ad* particularly, especially.

namhaft ['na:mhaft] *a* (*berühmt*) famed, renowned; (*beträchtlich*) considerable; **~ machen** name.

nämlich ['nɛ:mlɪç] *ad* that is to say, namely; (*denn*) since; **der/die/das ~e** the same.

Napf [napf] *m* **-(e)s, ⸚e** bowl, dish.

Narbe ['narbə] *f* **-, -n** scar.

narbig ['narbɪç] *a* scarred.

Narkose [nar'ko:ze] *f* **-, -n** anaesthetic.

Narr [nar] *m* **-en, -en** fool; **n~en** *vt* fool; **~heit** *f* foolishness.

Närr- ['nɛr] *cpd*: **~in** *f* fool; **n~isch** *a* foolish, crazy.

Narzisse [nar'tsɪsə] *f* **-, -n** narcissus; daffodil.

nasch- ['naʃ] *cpd*: **~en** *vti* nibble; eat secretly; **~haft** *a* sweet-toothed.

Nase ['na:zə] *f* **-, -n** nose; **~nbluten** *nt* **-s** nosebleed; **~nloch** *nt* nostril; **~nrücken** *m* bridge of the nose; **~ntropfen** *pl* nose drops *pl*; **n~weis** *a* pert, cheeky; (*neugierig*) nosey.

Nashorn ['na:shɔrn] *nt* rhinoceros.

naß [nas] *a* wet.

Nässe ['nɛsə] *f* **-** wetness; **n~n** *vt* wet.

Naß- *cpd*: **n~kalt** *a* wet and cold; **~rasur** *f* wet shave.

Nation [natsi'o:n] *f* nation.

national [natsio'na:l] *a* national; **N~hymne** *f* national anthem; **~isieren** [-i'zi:rən] *vt* nationalize; **N~i'sierung** *f* nationalization; **N~ismus** [-'lɪsmʊs] *m* nationalism; **~istisch** [-'lɪstɪʃ] *a* nationalistic; **N~i'tät** *f* nationality; **N~mannschaft** *f* national team; **N~sozialismus** *m* national socialism.

Natron ['na:trɔn] *nt* **-s** soda.

Natter ['natər] *f* **-, -n** adder.

Natur [na'tu:r] *f* nature; (*körperlich*) constitution; **~alien** [natu'ra:liən] *pl* natural produce; **in ~alien** in kind; **~a'lismus** *m* naturalism; **~erscheinung** *f* natural phenomenon *or* event; **n~farben** *a* natural coloured; **n~gemäß** *a* natural; **~geschichte** *f* natural history; **~gesetz** *nt* law of nature; **~katastrophe** *f* natural disaster.

natürlich [na'ty:rlɪç] *a* natural; *ad* naturally; **~erweise** *ad* naturally, of course; **N~keit** *f* naturalness.

Natur- *cpd*: **~produkt** *nt* natural product; **n~rein** *a* natural, pure; **~schutzgebiet** *nt* nature reserve; **~wissenschaft** *f* natural science; **~wissenschaftler(in *f*)** *m* scientist; **~zustand** *m* natural state.

nautisch ['naʊtɪʃ] *a* nautical.

Navelorange ['na:vəlorã:ʒə] *f* navel orange.

Navigation [navigatsi'o:n] *f* navigation; **~sfehler** *m* navigational error; **~sinstrumente** *pl* navigation instruments *pl*.

Nazi ['na:tsi] *m* **-s, -s** Nazi.

Nebel ['ne:bəl] *m* **-s, -** fog, mist; **n~ig** *a* foggy, misty; **~scheinwerfer** *m* foglamp.

neben ['ne:bən] *prep +acc or dat* next to; (*außer*) apart from, besides; **~an** [ne:bən''an] *ad* next door; **N~anschluß** *m* (*Tel*) extension; **~bei** [ne:bən'baɪ] *ad* at the same time; (*außerdem*) additionally; (*beiläufig*) incidentally; **N~beschäftigung** *f* sideline; **N~buhler(in *f*)** *m* **-s, -** rival; **~einander** [ne:bən'aɪ'nandər] *ad* side by side; **~einanderlegen** *vt* put next to each other; **N~eingang** *m* side entrance; **N~erscheinung** *f* side effect; **N~fach** *nt* subsidiary subject; **N~fluß** *m* tributary; **N~geräusch** *nt* (*Rad*) atmospherics *pl*, interference; **~her** [ne:bən'he:r] *ad* (*zusätzlich*) besides; (*gleichzeitig*) at the same time; (*daneben*) alongside; **~herfahren** *vi irreg* drive alongside; **N~kosten** *pl* extra charges *pl*, extras *pl*; **N~produkt** *nt* by-product; **N~rolle** *f* minor part; **N~sache** *f* trifle, side issue; **~sächlich** *a* minor, peripheral; **N~straße** *f* side street; **N~zimmer** *nt* adjoining room.

Necessaire [nesɛ'sɛ:r] *nt* **-s, -s** (*Näh—*) needlework box; (*Nagel—*) manicure case.

neck- ['nɛk] *cpd*: **~en** *vt* tease; **N~e'rei** *f* teasing; **~isch** *a* coy; *Einfall, Lied* amusing.

Neffe ['nɛfə] *m* **-n, -n** nephew.

negativ [nega'ti:f] *a* negative; **N~** *nt* **-s, -e** (*Phot*) negative.

Neger ['ne:gər] *m* **-s, -** negro; **~in** *f* negress.

negieren [ne'gi:rən] *vt* (*bestreiten*) deny; (*verneinen*) negate.

nehmen ['ne:mən] *vt irreg* take; **jdn zu sich ~** take sb in; **sich ernst ~** take o.s. seriously; **nimm dir noch einmal** help yourself.

Neid [naɪt] *m* **-(e)s** envy; **~er** *m* **-s, -** envier; **n~isch** *a* envious, jealous.

neigen ['naɪgən] *vt* incline, lean; *Kopf* bow; *vi*: **zu etw ~** tend to sth.

Neigung *f* (*des Geländes*) slope; (*Tendenz*) tendency, inclination; (*Vorliebe*) liking; (*Zuneigung*) affection; **~swinkel** *m* angle of inclination.

nein [naɪn] *ad* no.

Nelke ['nɛlkə] *f* **-, -n** carnation, pink; (*Gewürz*) clove.

Nenn- ['nɛn] *cpd*: **n~en** *vt irreg* name; (*mit Namen*) call; **n~enswert** *a* worth mentioning; **~er** *m* **-s, -** denominator; **~ung** *f* naming; **~wert** *m* nominal value; (*Comm*) par.

Neon ['ne:ɔn] *nt* **-s** neon; **~licht** *nt* neon light; **~röhre** *f* neon tube.

Nerv [nɛrf] *m* **-s, -en** nerve; **jdm auf die ~en gehen** get on sb's nerves; **n~enaufreibend** *a* nerve-racking; **~enbündel** *nt* bundel of nerves; **~enheilanstalt** *f* mental home; **n~enkrank** *a* mentally ill; **~enschwäche** *f* neurasthenia; **~ensystem** *nt* nervous system; **~enzusammenbruch** *m* nervous breakdown; **n~ös** [nɛr'vǿ:s] *a* nervous; **~osi'tät** *f* nervousness; **n~tötend** *a* nerve-racking; *Arbeit* soul-destroying.

Nerz [nɛrts] *m* **-es, -e** mink.

Nessel ['nɛsəl] *f* **-, -n** nettle.

Nest [nɛst] *nt* **-(e)s, -er** nest; (*col: Ort*) dump; **n~eln** *vi* fumble *or* fiddle about (*an +dat* with).

nett [nɛt] *a* nice; (*freundlich auch*) kind; **~erweise** *ad* kindly; **~o** *ad* net.

Netz [nɛts] *nt* **-es, -e** net; (*Gepäck—*) rack; (*Einkaufs—*) string bag; (*Spinnen—*) web; (*System*) network; **jdm ins ~ gehen** (*fig*) fall into sb's trap; **~anschluß** *m* mains connection; **~haut** *f* retina.

neu [nɔʏ] *a* new; *Sprache, Geschichte* modern; **seit ~estem** (since) recently; **~ schreiben** rewrite, write again; **N~anschaffung** *f* new purchase *or* acquisition; **~artig** *a* new kind of; **N~auflage** *f*, **N~ausgabe** *f* new edition; **N~bau** *m* **-s, -ten** new building; **~erdings** *ad* (*kürzlich*) (since) recently; (*von neuem*) again; **N~erung** *f* innovation, new departure; **N~gier** *f* curiosity; **~gierig** *a* curious; **N~heit** *f* newness; novelty; **N~igkeit** *f* news; **N~jahr** *nt* New Year; **~lich** *ad* recently, the other day; **N~ling** *m* novice; **N~mond** *m* new moon.

neun [nɔʏn] *num* nine; **~zehn** *num* nineteen; **~zig** *num* ninety.

neureich *a* nouveau riche; **N~e(r)** *mf* nouveau riche.

Neur- *cpd*: **~ose** [nɔʏ'ro:zə] *f* **-, -n** neurosis; **~otiker** [nɔʏ'ro:tikər] *m* **-s, -** neurotic; **n~otisch** *a* neurotic.

Neutr- *cpd*: **n~al** [nɔʏ'tra:l] *a* neutral; **~ali'tät** *f* neutrality; **n~ali'sieren** *vt* neutralize; **~on** ['nɔʏtrɔn] *nt* **-s, -en** neutron; **~um** ['nɔʏtrʊm] *nt* **-s, -a** *or* **-en** neuter.

Neu- *cpd*: **~wert** *m* purchase price; **~zeit** *f* modern age; **n~zeitlich** *a* modern, recent.

nicht [nɪçt] *ad* not; *pref* non-; **~ wahr?** isn't it/he?, don't you *etc*; **~ doch!** don't!; **~ berühren!** do not touch! **was du ~ sagst!** the things you say!; **N~achtung** *f* disregard; **N~angriffspakt** *m* non-aggression pact.

Nichte ['nɪçtə] *f* **-, -n** niece.

nichtig ['nɪçtɪç] *a* (*ungültig*) null, void; (*wertlos*) futile; **N~keit** *f* nullity, invalidity; (*Sinnlosigkeit*) futility.

Nicht- *cpd*: **~raucher(in *f*)** *m* non-smoker; **n~rostend** *a* stainless.

nichts [nɪçts] *pron* nothing; **für ~ und wieder ~** for nothing at all; **N~** *nt* **-s** nothingness; (*pej: Person*) nonentity; **~desto'weniger** *ad* nevertheless; **N~nutz** *m* **-es, -e** good-for-nothing; **~nutzig** *a* worthless, useless; **~sagend** *a* meaningless; **N~tun** *nt* **-s** idleness.

Nickel ['nɪkəl] *nt* **-s** nickel.

nicken ['nɪkən] *vi* nod.

Nickerchen ['nɪkərçən] *nt* nap.

nie [ni:] *ad* never; **~ wieder** *or* **mehr** never again; **~ und nimmer** never ever.

nieder ['ni:dər] low; (*gering*) inferior; *ad* down; **N~gang** *m* decline; **~gehen** *vi irreg* descend; (*Aviat*) come down; (*Regen*) fall; (*Boxer*) go down; **~geschlagen** *a* depressed, dejected; **N~geschlagenheit** *f* depression, dejection; **N~lage** *f* defeat; (*Lager*) depot; (*Filiale*) branch; **~lassen** *vr irreg* (*sich setzen*) sit down; (*an Ort*) settle (down); (*Arzt, Rechtsanwalt*) set up a practice; **N~lassung** *f* settlement; (*Comm*) branch; **~legen** *vt* lay down; *Arbeit* stop; *Amt* resign; **~machen** *vt* mow down; **N~schlag** *m* (*Chem*) precipitate, sediment; (*Met*) precipitation; rainfall; (*Boxen*) knockdown; **~schlagen** *irreg vt Gegner* beat down; *Gegenstand* knock down; *Augen* lower; (*Jur*) *Prozeß* dismiss; *Aufstand* put down; *vr* (*Chem*) precipitate; **N~schrift** *f* transcription; **~trächtig** *a* base, mean; **N~trächtigkeit** *f* meanness, baseness; outrage; **N~ung** *f* (*Geog*) depression; flats *pl*.

niedlich ['ni:tlɪç] *a* sweet, nice, cute.

niedrig ['ni:drɪç] *a* low; *Stand* lowly, humble; *Gesinnung* mean.

niemals ['ni:ma:ls] *ad* never.

niemand ['ni:mant] *pron* nobody, no one; **N~sland** *nt* no-man's land.

Niere ['ni:rə] *f* **-, -n** kidney; **~nentzündung** *f* kidney infection.

nieseln ['ni:zəln] *vi* drizzle.

niesen ['ni:zən] *vi* sneeze.

Niet ['ni:t] *m* **-(e)s, -e, ~e** *f* **-, -n** (*Tech*) rivet; (*Los*) blank; (*Reinfall*) flop; (*Mensch*) failure; **n~en** *vt* rivet.

Nihil- *cpd*: **~ismus** [nihi'lɪsmʊs] *m*

nihilism; **~ist** [nihi'lɪst] *m* nihilist; **n~istisch** *a* nihilistic.
Nikotin [niko'ti:n] *nt* **-s** nicotine.
Nilpferd ['ni:lpfe:rt] *nt* hippopotamus.
nimmersatt ['nɪmərzat] *a* insatiable; **N~** *m* **-(e)s, -e** glutton.
nippen ['nɪpən] *vti* sip.
Nippsachen ['nɪpzaxən] *pl* knick-knacks *pl.*
nirgends ['nɪrgənts], **nirgendwo** ['nɪrgəntvo:] *ad* nowhere.
Nische ['ni:ʃə] *f* **-, -n** niche.
nisten ['nɪstən] *vi* nest.
Nitrat [ni'tra:t] *nt* **-(e)s, -e** nitrate.
Niveau [ni'vo:] *nt* **-s, -s** level.
Nixe ['nɪksə] *f* **-, -n** water nymph.
noch [nɔx] *ad* still; (*in Zukunft*) still, yet; one day; (*außerdem*) else; *cj* nor; **~ nie** never (yet); **~ nicht** not yet; **immer ~** still; **~ heute** today; **~ vor einer Woche** only a week ago; **und wenn es ~ so schwer ist** however hard it is; **~ einmal** again; **~ dreimal** three more times; **~ und ~** heaps of; (*mit Verb*) again and again; **~mal(s)** *ad* again, once more; **~malig** *a* repeated.
Nockenwelle ['nɔkənvɛlə] *f* camshaft.
Nominativ ['no:minati:f] *m* **-s, -e** nominative.
nominell [nomi'nɛl] *a* nominal.
Nonne ['nɔnə] *f* **-, -n** nun; **~nkloster** *nt* convent.
Nord(en) ['nɔrd(ən)] *m* **-s** north; **n~isch** *a* northern; **n~ische Kombination** (*Ski*) nordic combination.
nördlich ['nœrtlɪç] *a* northerly, northern; **~ von, ~** *prep +gen* (to the) north of.
Nord- *cpd*: **~pol** *m* North Pole; **n~wärts** *ad* northwards.
Nörg- ['nœrg] *cpd*: **~e'lei** *f* grumbling; **n~eln** *vi* grumble; **~ler** *m* **-s, -** grumbler.
Norm [nɔrm] *f* **-, -en** norm; (*Größenvorschrift*) standard; **n~al** [nɔr'ma:l] *a* normal; **n~alerweise** *ad* normally; **n~ali'sieren** *vt* normalize; *vr* return to normal; **n~en** *vt* standardize.
Not [no:t] *f* **-, ¨-e** need; (*Mangel*) want; (*Mühe*) trouble; (*Zwang*) necessity; **zur ~** if necessary; (*gerade noch*) just about; **~ar** [no'ta:r] *m* **-s, -e** notary; **n~ari'ell** *a* notarial; **~ausgang** *m* emergency exit; **~behelf** *m* **-s, -e** makeshift; **~bremse** *f* emergency brake; **n~dürftig** *a* scanty; (*behelfsmäßig*) makeshift; **sich n~dürftig verständigen** just about understand each other.
Note ['no:tə] *f* **-, -n** note; (*Sch*) mark; **~nblatt** *nt* sheet of music; **~nschlüssel** *m* clef; **~nständer** *m* music stand.
Not- *cpd*: **~fall** *m* (case of) emergency; **n~falls** *ad* if need be; **n~gedrungen** *a* necessary, unavoidable; **etw n~gedrungen machen** be forced to do sth.
notieren [no'ti:rən] *vt* note; (*Comm*) quote.
Notierung *f* (*Comm*) quotation.
nötig ['nø:tɪç] *a* necessary; **etw ~ haben** need sth; **~en** *vt* compel, force; **~enfalls** *ad* if necessary.
Notiz [no'ti:ts] *f* **-, -en** note; (*Zeitungs—*) item; **~ nehmen** take notice; **~buch** *nt* notebook; **~zettel** *m* piece of paper.
Not- *cpd*: **~lage** *f* crisis, emergency; **n~landen** *vi* make a forced *or* emergency landing; **n~leidend** *a* needy; **~lösung** *f* temporary solution; **~lüge** *f* white lie.
notorisch [no'to:rɪʃ] *a* notorious.
Not- *cpd*: **~ruf** *m* emergency call; **~stand** *m* state of emergency; **~standsgesetz** *nt* emergency law; **~unterkunft** *f* emergency accommodation; **~verband** *m* emergency dressing; **~wehr** *f* **-** self-defence; **n~wendig** *a* necessary; **~wendigkeit** *f* necessity; **~zucht** *f* rape.
Novelle [no'vɛlə] *f* **-, -n** short story; (*Jur*) amendment.
November [no'vɛmbər] *m* **-(s), -** November.
Nu [nu:] *m*: **im ~** in an instant.
Nuance [ny'ã:sə] *f* **-, -n** nuance.
nüchtern ['nʏçtərn] *a* sober; *Magen* empty; *Urteil* prudent; **N~heit** *f* sobriety.
Nudel ['nu:dəl] *f* **-, -n** noodle.
Null [nʊl] *f* **-, -en** nought, zero; (*pej: Mensch*) washout; **n~** *num* zero; *Fehler* no; **n~ Uhr** midnight; **n~ und nichtig** null and void; **~punkt** *m* zero; **auf dem ~punkt** at zero.
numerieren [nume'ri:rən] *vt* number.
numerisch [nu'me:rɪʃ] *a* numerical.
Nummer ['nʊmər] *f* **-, -n** number; **~nscheibe** *f* telephone dial; **~nschild** *nt* (*Aut*) number *or* license (*US*) plate.
nun [nu:n] *ad* now; *interj* well.
nur [nu:r] *ad* just, only.
Nuß [nʊs] *f* **-, Nüsse** nut; **~baum** *m* walnut tree; hazelnut tree; **~knacker** *m* **-s, -** nutcracker.
Nüster ['ny:stər] *f* **-, -n** nostril.
Nutte ['nʊtə] *f* **-, -n** tart.
nutz [nʊts], **nütze** ['nʏtsə] *a*: **zu nichts ~ sein** be useless; **~bar** *a*: **~bar machen** utilize; **N~barmachung** *v* utilization; **~bringend** *a* profitable; **~en, nützen** *vt* use (*zu etw* for sth); *vi* be of use; **was nützt es?** what's the use?, what use is it?; **N~en** *m* **-s** usefulness; profit; **von N~en** useful.
nützlich ['nʏtslɪç] *a* useful; **N~keit** *f* usefulness.
Nutz- *cpd*: **n~los** *a* useless; **~losigkeit** *f* uselessness; **~nießer** *m* **-s, -** beneficiary.
Nymphe ['nʏmfə] *f* **-, -n** nymph.

O

O, o [o:] *nt* O, o.
Oase [o'a:zə] *f* **-, -n** oasis.
ob [ɔp] *cj* if, whether; **~ das wohl wahr ist?** can that be true?; **und ~!** you bet!
Obacht ['o:baxt] *f*: **~ geben** pay attention.
Obdach ['ɔpdax] *nt* **-(e)s** shelter, lodging; **o~los** *a* homeless; **~lose(r)** *mf* homeless person.
Obduktion [ɔpdʊktsi'o:n] *f* post-mortem.

obduzieren [ɔpdu'tsi:rən] *vt* do a post mortem on.
O-Beine ['o:baınə] *pl* bow *or* bandy legs *pl.*
oben ['o:bən] *ad* above; (*in Haus*) upstairs; **nach** ~ up; **von** ~ down; ~ **ohne** topless; **jdn von** ~ **bis unten ansehen** look sb up and down; **Befehl von** ~ orders from above; ~**an** *ad* at the top; ~**auf** *ad* up above, on the top; *a* (*munter*) in form; ~**drein** *ad* into the bargain; ~**erwähnt,** ~**genannt** *a* above-mentioned; ~**hin** *ad* cursorily, superficially.
Ober ['o:bər] *m* **-s,** - waiter; ~**arm** *m* upper arm; ~**arzt** *m* senior physician; ~**aufsicht** *f* supervision; ~**befehl** *m* supreme command; ~**befehlshaber** *m* commander-in-chief; ~**begriff** *m* generic term; ~**bekleidung** *f* outer clothing; ~**'bürgermeister** *m* lord mayor; ~**deck** *nt* upper *or* top deck; **o**~**e(r,s)** *a* upper; **die** ~**en** the bosses; (*Eccl*) the superiors; ~**fläche** *f* surface; **o**~**flächlich** *a* superficial; ~**geschoß** *nt* upper storey; **o**~**halb** *ad, prep +gen* above; ~**haupt** *nt* head, chief; ~**haus** *nt* upper house; House of Lords; ~**hemd** *nt* shirt; ~**herrschaft** *f* supremacy, sovereignty; ~**in** *f* matron; (*Eccl*) Mother Superior; **o**~**irdisch** *a* above ground; *Leitung* overhead; ~**kellner** *m* head waiter; ~**kiefer** *m* upper jaw; ~**kommando** *nt* supreme command; ~**körper** *m* trunk, upper part of body; ~**leitung** *f* direction; (*Elec*) overhead cable; ~**licht** *nt* skylight; ~**lippe** *f* upper lip; ~**prima** *f* **-, -primen** final year of secondary school; ~**schenkel** *m* thigh; ~**schicht** *f* upper classes *pl*; ~**schule** *f* grammar school (*Brit*), high school (*US*); ~**schwester** *f* (*Med*) matron; ~**sekunda** *f* **-, -sekunden** seventh year of secondary school.
Oberst ['o:bərst] *m* **-en** *or* **-s, -en** *or* **-e** colonel; **o**~**e(r,s)** *a* very top, topmost.
Ober- *cpd*: ~**stufe** *f* upper school; ~**teil** *nt* upper part; ~**tertia** [-tɛrtsia] *f* **-, -tertien** fifth year of secondary school; ~**wasser** *nt*: ~**wasser haben/bekommen** be/get on top (of things); ~**weite** *f* bust/chest measurement.
obgleich [ɔp'glaıç] *cj* although.
Obhut ['ɔphu:t] *f* - care, protection; **in jds** ~ **sein** be in sb's care.
obig ['o:bıç] *a* above.
Objekt [ɔp'jɛkt] *nt* **-(e)s, -e** object; ~**iv** [-'ti:f] *nt* **-s, -e** lens; **o**~**iv** *a* objective; ~**ivi'tät** *f* objectivity.
Oblate [o'bla:tə] *f* **-, -n** (*Gebäck*) wafer; (*Eccl*) host.
obligatorisch [obliga'to:rıʃ] *a* compulsory, obligatory.
Oboe [o'bo:ə] *f* **-, -n** oboe.
Obrigkeit ['o:brıçkaıt] *f* (*Behörden*) authorities *pl*, administration; (*Regierung*) government.
obschon [ɔp'ʃo:n] *cj* although.
Observatorium [ɔpzɛrva'to:riʊm] *nt* observatory.
obskur [ɔps'ku:r] *a* obscure; (*verdächtig*) dubious.
Obst [o:pst] *nt* **-(e)s** fruit; ~**bau** *m* fruit-growing; ~**baum** *m* fruit tree; ~**garten** *m* orchard; ~**händler** *m* fruiterer, fruit merchant; ~**kuchen** *m* fruit tart.
obszön [ɔps'tsø:n] *a* obscene; **O**~**i'tät** *f* obscenity.
obwohl [ɔp'vo:l] *cj* although.
Ochse ['ɔksə] *m* **-n, -n** ox; **o**~**n** *vti* (*col*) cram, swot; ~**nschwanzsuppe** *f* oxtail soup; ~**nzunge** *f* oxtongue.
öd(e) ['ø:d(ə)] *a Land* waste, barren; (*fig*) dull; **Ö**~**e** *f* **-, -n** desert, waste(land); (*fig*) tedium.
oder ['o:dər] *cj* or.
Ofen ['o:fən] *m* **-s,** ⸚ oven; (*Heiz—*) fire, heater; (*Kohle—*) stove; (*Hoch—*) furnace; (*Herd*) cooker, stove; ~**rohr** *nt* stovepipe.
offen ['ɔfən] *a* open; (*aufrichtig*) frank; *Stelle* vacant; ~ **gesagt** to be honest; ~**bar** *a* obvious; ~**baren** [ɔfən'ba:rən] *vt* reveal, manifest; **O**~**'barung** *f* (*Rel*) revelation; ~**bleiben** *vi irreg* (*Fenster*) stay open; (*Frage, Entscheidung*) remain open; ~**halten** *vt irreg* keep open; **O**~**heit** *f* candour, frankness; ~**herzig** *a* candid, frank; *Kleid* revealing; **O**~**herzigkeit** *f* frankness; ~**kundig** *a* well-known; (*klar*) evident; ~**lassen** *vt irreg* leave open; ~**sichtlich** *a* evident, obvious; ~**siv** [ɔfɛn'zi:f] *a* offensive; **O**~**'sive** *f* **-, -n** offensive; ~**stehen** *vi irreg* be open; (*Rechnung*) be unpaid; **es steht Ihnen** ~**, es zu tun** you are at liberty to do it.
öffentlich ['œfəntlıç] *a* public; **Ö**~**keit** *f* (*Leute*) public; (*einer Versammlung etc*) public nature; **in aller Ö**~**keit** in public; **an die Ö**~**keit dringen** reach the public ear.
offerieren [ɔfe'ri:rən] *vt* offer.
Offerte [ɔ'fɛrtə] *f* **-, -n** offer.
offiziell [ɔfitsi'ɛl] *a* official.
Offizier [ɔfi'tsi:r] *m* **-s, -e** officer; ~**skasino** *nt* officers' mess.
öffnen ['œfnən] *vtr* open; **jdm die Tür** ~ open the door for sb.
Öffner ['œfnər] *m* **-s,** - opener.
Öffnung ['œfnʊŋ] *f* opening; ~**szeiten** *pl* opening times *pl.*
oft [ɔft] *ad* often.
öfter ['œftər] *ad* more often *or* frequently; ~**s** *ad* often, frequently.
oftmals *ad* often, frequently.
ohne ['o:nə] *prep +acc, cj* without; **das ist nicht** ~ (*col*) it's not bad; ~ **weiteres** without a second thought; (*sofort*) immediately; ~**dies** [o:nə'di:s] *ad* anyway; ~**einander** [o:nə'aı'nandər] *ad* without each other; ~**gleichen** [o:nə'glaıçən] *a* unsurpassed, without equal; ~**hin** [o:nə'hın] *ad* anyway, in any case.
Ohnmacht ['o:nmaxt] *f* faint; (*fig*) impotence; **in** ~ **fallen** faint.
ohnmächtig ['o:nmɛçtıç] *a* in a faint, unconscious; (*fig*) weak, impotent; **sie ist** ~ she has fainted.
Ohr [o:r] *nt* **-(e)s, -en** ear; (*Gehör*) hearing.
Öhr [ø:r] *nt* **-(e)s, -e** eye.
Ohr- *cpd*: ~**enarzt** *m* ear specialist; **o**~**enbetäubend** *a* deafening; ~**en-**

schmalz *nt* earwax; **~enschmerzen** *pl* earache; **~enschützer** *m* **-s, -** earmuff; **~feige** *f* slap on the face; box on the ears; **o~feigen** *vt* slap sb's face; box sb's ears; **~läppchen** *nt* ear lobe; **~ringe** *pl* earrings *pl*; **~wurm** *m* earwig; (*Mus*) catchy tune.

okkupieren [ɔku'pi:rən] *vt* occupy.

ökonomisch [øko'no:mɪʃ] *a* economical.

Oktanzahl [ɔk'ta:ntsa:l] *f* (*bei Benzin*) octane.

Oktave [ɔk'ta:fə] *f* **-, -n** octave.

Oktober [ɔk'to:bər] *m* **-(s), -** October.

ökumenisch [øku'me:nɪʃ] *a* ecumenical.

Öl [ø:l] *nt* **-(e)s, -e** oil; **~baum** *m* olive tree; **ö~en** *vt* oil; (*Tech*) lubricate; **~farbe** *f* oil paint; **~feld** *nt* oilfield; **~film** *m* film of oil; **~heizung** *f* oil-fired central heating; **ö~ig** *a* oily.

oliv [o'li:f] *a* olive-green; **O~e** [o'li:və] *f* **-, -n** olive.

Öl- *cpd*: **~meßstab** *m* dipstick; **~pest** *f* oil pollution; **~sardine** *f* sardine; **~scheich** *m* oil sheik; **~standanzeiger** *m* (*Aut*) oil gauge; **~ung** *f* lubrication; oiling; (*Eccl*) anointment; **die Letzte ~ung** Extreme Unction; **~wechsel** *m* oil change; **~zeug** *nt* oilskins *pl*.

Olymp- [o'lʏmp] *cpd*: **~iade** [-i'a:də] *f* Olympic Games *pl*; **~iasieger(in** *f*) [-iazi:gər(ɪn)] *m* Olympic champion; **~iateilnehmer(in** *f*) *m*, **~ionike** [-io'ni:kə] *m*, **~io'nikin** *f* Olympic competitor; **o~isch** *a* Olympic.

Oma ['o:ma] *f* **-, -s** (*col*) granny.

Omelett [ɔm(ə)'lɛt] *nt* **-(e)s, -s, Omelette** *f* omlet(te).

Omen ['o:mɛn] *nt* **-s, -** *or* **Omina** omen.

Omnibus ['ɔmnibʊs] *m* (omni)bus.

Onanie [ona'ni:] *f* masturbation; **o~ren** *vi* masturbate.

Onkel ['ɔŋkəl] *m* **-s, -** uncle.

Opa ['o:pa] *m* **-s, -s** (*col*) grandpa.

Opal [o'pa:l] *m* **-s, -e** opal.

Oper ['o:pər] *f* **-, -n** opera; opera house; **~ation** [operatsi'o:n] *f* operation; **~ationssaal** *m* operating theatre; **~ette** [ope'rɛtə] *f* operetta; **o~ieren** [ope'ri:rən] *vti* operate; **~nglas** *nt* opera glasses *pl*; **~nhaus** *nt* opera house; **~nsänger(in** *f*) *m* operatic singer.

Opfer ['ɔpfər] *nt* **-s, -** sacrifice; (*Mensch*) victim; **o~n** *vt* sacrifice; **~stock** *m* (*Eccl*) offertory box; **~ung** *f* sacrifice.

Opium ['o:piʊm] *nt* **-s** opium.

opponieren [ɔpo'ni:rən] *vi* oppose (*gegen jdn/etw* sb/sth).

opportun [ɔpɔr'tu:n] *a* opportune; **O~ismus** [-'nɪsmʊs] *m* opportunism; **O~ist** [-'nɪst] *m* opportunist.

Opposition [ɔpozitsi'o:n] *f* opposition; **o~ell** [-'nɛl] *a* opposing.

Optik ['ɔptɪk] *f* optics *sing*; **~er** *m* **-s, -** optician.

optimal [ɔpti'ma:l] *a* optimal, optimum.

Optimismus [ɔpti'mɪsmʊs] *m* optimism.

Optimist [ɔpti'mɪst] *m* optimist; **o~isch** *a* optimistic.

optisch ['ɔptɪʃ] *a* optical.

Orakel [o'ra:kəl] *nt* **-s, -** oracle.

Orange [o'rã:ʒə] *f* **-, -n** orange; **o~** *a* orange; **~ade** [orã'ʒa:də] *f* orangeade; **~at** [orã'ʒa:t] *nt* **-s, -e** candied peel; **~nmarmelade** *f* marmelade; **~nschale** orange peel.

Orchester [ɔr'kɛstər] *nt* **-s, -** orchestra.

Orchidee [ɔrçi'de:ə] *f* **-, -n** orchid.

Orden ['ɔrdən] *m* **-s, -** (*Eccl*) order; (*Mil*) decoration; **~sschwester** *f* nun.

ordentlich ['ɔrdəntlɪç] *a* (*anständig*) decent, respectable; (*geordnet*) tidy, neat; (*col*: annehmbar) not bad; (*col*: *tüchtig*) real, proper; **~er Professor** (full) professor; *ad* properly; **O~keit** *f* respectability; tidiness, neatness.

Ordinalzahl [ɔrdi'na:ltsa:l] *f* ordinal number.

ordinär [ɔrdi'nɛ:r] *a* common, vulgar.

ordnen ['ɔrdnən] *vt* order, put in order.

Ordner *m* **-s, -** steward; (*Comm*) file.

Ordnung *f* order; (*Ordnen*) ordering; (*Geordnetsein*) tidiness; **o~sgemäß** *a* proper, according to the rules; **o~shalber** *ad* as a matter of form; **~sliebe** *f* tidiness, orderliness; **~sstrafe** *f* fine; **o~swidrig** *a* contrary to the rules, irregular; **~szahl** *f* ordinal number.

Organ [ɔr'ga:n] *nt* **-s, -e** organ; (*Stimme*) voice; **~isation** [-izatsi'o:n] *f* organisation; **~isationstalent** *nt* organizing ability; (*Person*) good organizer; **~isator** [-i'za:tɔr] *m* organizer; **o~isch** *a* organic; **o~isieren** [-i'zi:rən] *vt* organize, arrange; (*col: beschaffen*) acquire; *vr* organize; **~ismus** [-'nɪsmʊs] *m* organism; **~ist** [-'nɪst] *m* organist; **~verpflanzung** *f* transplantation (of organs).

Orgasmus [ɔr'gasmʊs] *m* orgasm.

Orgel ['ɔrgəl] *f* **-, -n** organ; **~pfeife** *f* organ pipe; **wie die ~pfeifen stehen** stand in order of height.

Orgie ['ɔrgiə] *f* orgy.

Orient ['o:riɛnt] *m* **-s** Orient, east; **~ale** [-'ta:lə] *m* **-n, -n** Oriental; **o~alisch** [-'ta:lɪʃ] *a* oriental; **o~ieren** [-'ti:rən] *vt* (*örtlich*) locate; (*fig*) inform; *vr* find one's way *or* bearings; inform oneself; **~ierung** [-'ti:rʊŋ] *f* orientation; (*fig*) information; **~ierungssinn** *m* sense of direction.

original [origi'na:l] *a* original; **O~** *nt* **-s, -e** original; **O~fassung** *f* original version; **O~i'tät** *f* originality.

originell [origi'nɛl] *a* original.

Orkan [ɔr'ka:n] *m* **-(e)s, -e** hurricane.

Ornament [ɔrna'mɛnt] *nt* decoration, ornament; **o~al** [-'ta:l] *a* decorative, ornamental.

Ort [ɔrt] *m* **-(e)s, -e** *or* **¨er** place; **an ~ und Stelle** on the spot; **o~en** *vt* locate.

ortho- [ɔrto] *cpd*: **~dox** [-'dɔks] *a* orthodox; **O~graphie** [-gra'fi:] *f* spelling, orthography; **~'graphisch** *a* orthographic; **O~päde** [-'pɛ:də] *m* **-n, -n** orthopaedic specialist, orthopaedist; **O~pädie** [-pɛ'di:] *f* orthopaedics *sing*; **~'pädisch** *a* orthopaedic.

örtlich ['œrtlɪç] *a* local; **Ö~keit** *f* locality.

Ort- *cpd*: **~sangabe** *f* (name of the) town; **o~sansässig** *a* local; **~schaft** *f* village, small town; **o~sfremd** *a* non-local;

~**sfremde(r)** *mf* stranger; ~**sgespräch** *nt* local (phone)call; ~**sname** *m* placename; ~**snetz** *nt* (*Tel*) local telephone exchange area; ~**ssinn** *m* sense of direction; ~**szeit** *f* local time; ~**ung** *f* locating.

Öse ['ø:zə] *f* **-, -n** loop, eye.

Ost- [ɔst] *cpd*: ~**block** *m* (*Pol*) Eastern bloc; ~**en** *m* **-s** east; **o**~**entativ** [ɔstɛnta'ti:f] *a* pointed, ostentatious.

Oster- ['o:stər] *cpd*: ~**ei** *nt* Easter egg; ~**fest** *nt* Easter; ~**glocke** *f* daffodil; ~**hase** *m* Easter bunny; ~**montag** *m* Easter Monday; ~**n** *nt* **-s, -** Easter; ~**sonntag** *m* Easter Day *or* Sunday.

östlich ['œstlɪç] *a* eastern, easterly.

Ost- *cpd*: ~**see** *f* Baltic Sea; **o**~**wärts** *ad* eastwards; ~**wind** *m* east wind.

oszillieren [ɔstsɪ'li:rən] *vi* oscillate.

Otter ['ɔtər] *m* **-s, -** otter; *f* **-, -n** (*Schlange*) adder.

Ouvertüre [uvɛr'ty:rə] *f* **-, -n** overture.

oval [o'va:l] *a* oval.

Ovation [ovatsi'o:n] *f* ovation.

Ovulation [ovulatsi'o:n] *f* ovulation.

Oxyd [ɔ'ksy:t] *nt* **-(e)s, -e** oxide; **o**~**ieren** [ɔksy'di:rən] *vti* oxidize; ~**ierung** *f* oxidization.

Ozean ['o:tsea:n] *m* **-s, -e** ocean; ~**dampfer** *m* (ocean-going) liner; **o**~**isch** [otse'a:nɪʃ] *a* oceanic.

Ozon [o'tso:n] *nt* **-s** ozone.

P

P, p [pe:] *nt* P, p.

Paar [pa:r] *nt* **-(e)s, -e** pair; (*Ehe*—) couple; **ein p**~ a few; **p**~**en** *vtr* couple; *Tiere* mate; ~**lauf** *m* pair skating; **p**~**mal** *ad*: **ein p**~**mal** a few times; ~**ung** *f* combination; mating; **p**~**weise** *ad* in pairs; in couples.

Pacht [paxt] *f* **-, -en** lease; **p**~**en** *vt* lease.

Pächter ['pɛçtər] *m* **-s, -** leaseholder, tenant.

Pack [pak] *m* **-(e)s, -e** *or* **¨e** bundle, pack; *nt* **-(e)s** (*pej*) mob, rabble.

Päckchen ['pɛkçən] *nt* small package; (*Zigaretten*) packet; (*Post*—) small parcel.

Pack- *cpd*: **p**~**en** *vt* pack; (*fassen*) grasp, seize; (*col: schaffen*) manage; (*fig: fesseln*) grip; ~**en** *m* **-s, -** bundle; (*fig: Menge*) heaps of; ~**esel** *m* (*lit, fig*) packhorse; ~**papier** *nt* brown paper, wrapping paper; ~**ung** *f* packet; (*Pralinen*—) box; (*Med*) compress.

Pädagog- [pɛda'go:g] *cpd*: ~**e** *m* **-n, -n** teacher; ~**ik** *f* education; **p**~**isch** *a* educational, pedagogical.

Paddel ['padəl] *nt* **-s, -** paddle; ~**boot** *nt* canoe; **p**~**n** *vi* paddle.

paffen ['pafən] *vti* puff.

Page ['pa:ʒə] *m* **-n, -n** page; ~**nkopf** *m* pageboy.

Paillette [paɪ'jɛtə] *f* sequin.

Paket [pa'ke:t] *nt* **-(e)s, -e** packet; (*Post*—) parcel; ~**karte** *f* dispatch note; ~**post** *f* parcel post; ~**schalter** *m* parcels counter.

Pakt [pakt] *m* **-(e)s, -e** pact.

Palast [pa'last] *m* **-es, Paläste** palace.

Palette [pa'lɛtə] *f* palette; (*Lade*—) pallet.

Palme ['palmə] *f* **-, -n** palm (tree).

Palmsonntag *m* Palm Sunday.

Pampelmuse ['pampəlmu:zə] *f* **-, -n** grapefruit.

pampig ['pampɪç] *a* (*col: frech*) fresh.

panieren [pa'ni:rən] *vt* (*Cook*) coat with egg and breadcrumbs.

Paniermehl [pa'ni:rme:l] *nt* breadcrumbs *pl*.

Panik ['pa:nɪk] *f* panic.

panisch ['pa:nɪʃ] *a* panic-stricken.

Panne ['panə] *f* **-, -n** (*Aut etc*) breakdown; (*Mißgeschick*) slip.

panschen ['panʃən] *vi* splash about; *vt* water down.

Panther ['pantər] *m* **-s, -** panther.

Pantoffel [pan'tɔfəl] *m* **-s, -n** slipper; ~**held** *m* (*col*) henpecked husband.

Pantomime [panto'mi:mə] *f* **-, -n** mime.

Panzer ['pantsər] *m* **-s, -** armour; (*Platte*) armour plate; (*Fahrzeug*) tank; ~**glas** *nt* bulletproof glass; **p**~**n** *vtr* armour; (*fig*) arm o.s.; ~**schrank** *m* strongbox.

Papa [pa'pa:] *m* **-s, -s** (*col*) dad, daddy; ~**gei** [-'gaɪ] *m* **-s, -en** parrot.

Papier [pa'pi:r] *nt* **-s, -e** paper; (*Wert*—) share; ~**fabrik** *f* paper mill; ~**geld** *nt* paper money; ~**korb** *m* wastepaper basket; ~**krieg** *m* red tape; angry correspondence; ~**tüte** *f* paper bag.

Papp- [pap] *cpd*: ~**deckel** *m*, ~**e** *f* **-, -n** cardboard; ~**einband** *m* pasteboard; ~**el** *f* **-, -n** poplar; **p**~**en** *vti* (*col*) stick; ~**enstiel** *m* (*col*): **keinen** ~**enstiel wert sein** not be worth a thing; **für einen** ~**enstiel bekommen** get for a song; **p**~**erlapapp** *interj* rubbish; **p**~**ig** *a* sticky; ~**maché** [-ma'ʃe:] *nt* **-s, -s** papier-mâché.

Paprika [paprika] *m* **-s, -s** (*Gewürz*) paprika; (—*schote*) pepper.

Papst [pa:pst] *m* **-(e)s, ¨e** pope.

päpstlich ['pɛ:pstlɪç] *a* papal.

Parabel [pa'ra:bəl] *f* **-, -n** parable; (*Math*) parabola.

Parade [pa'ra:də] *f* (*Mil*) parade, review; (*Sport*) parry; ~**marsch** *m* march-past; ~**schritt** *m* goose-step.

Paradies [para'di:s] *nt* **-es, -e** paradise; **p**~**isch** *a* heavenly.

paradox [para'dɔks] *a* paradoxical; **P**~ *nt* **-es, -e** paradox.

Paragraph [para'gra:f] *m* **-en, -en** paragraph; (*Jur*) section.

parallel [para'le:l] *a* parallel; **P**~**e** *f* parallel.

paramilitärisch [paramili'tɛ:rɪʃ] *a* paramilitary.

Paranuß ['pa:ranʊs] *f* Brazil nut.

paraphieren [para'fi:rən] *vt Vertrag* initial.

Parasit [para'zi:t] *m* **-en, -en** (*lit, fig*) parasite.

parat [pa'ra:t] *a* ready.

Pärchen ['pɛ:rçən] *nt* couple.

Parfüm [par'fy:m] *nt* **-s, -s** *or* **-e** perfume;

~erie [-ə'ri:] *f* perfumery; **~flasche** *f* scent bottle; **p~ieren** [-'mi:rən] *vt* scent, perfume.

parieren [pa'ri:rən] *vt* parry; *vi* (*col*) obey.

Parität [pari'tε:t] *f* parity.

Park [park] *m* **-s, -s** park; **~anlage** *f* park; (*um Gebäude*) grounds *pl*; **p~en** *vti* park; **~ett** [par'kεt] *nt* **-(e)s, -e** parquet (floor); (*Theat*) stalls *pl*; **~haus** *nt* multistorey car park; **~lücke** *f* parking space; **~platz** *m* parking place; car park, parking lot (*US*); **~scheibe** *f* parking disc; **~uhr** *f* parking meter; **~verbot** *nt* no parking.

Parlament [parla'mεnt] *nt* parliament; **~arier** [-'ta:riər] *m* **-s, -** parliamentarian; **p~arisch** [-'ta:rıʃ] *a* parliamentary; **~sbeschluß** *m* vote of parliament; **~smitglied** *nt* member of parliament; **~ssitzung** *f* sitting (of parliament).

Parodie [paro'di:] *f* parody; **p~ren** *vt* parody.

Parole [pa'ro:lə] *f* **-, -n** password; (*Wahlspruch*) motto.

Partei [par'taı] *f* party; **~ ergreifen für jdn** take sb's side; **~führung** *f* party leadership; **~genosse** *m* party member; **p~isch** *a* partial, biased; **p~los** *a* neutral; **~nahme** *f* **-, -n** support, taking the part of; **~tag** *m* party conference.

Parterre [par'tεr] *nt* **-s, -s** ground floor; (*Theat*) stalls *pl*.

Partie [par'ti:] *f* part; (*Spiel*) game; (*Ausflug*) outing; (*Mann, Frau*) catch; (*Comm*) lot; **mit von der ~ sein** join in.

Partikel [par'ti:kəl] *f* **-, -n** particle.

Partisan [parti'za:n] *m* **-s** *or* **-en, -en** partisan.

Partitur [parti'tu:r] *f* (*Mus*) score.

Partizip [parti'tsi:p] *nt* **-s, -ien** participle.

Partner(in *f*) ['partnər] *m* **-s, -** partner; **p~schaftlich** *a* as partners.

Party ['pa:rti] *f* **-, -s** *or* **Parties** party.

Parzelle [par'tsεlə] *f* plot, allotment.

Paß [pas] *m* **-sses, ⸗sse** pass; (*Ausweis*) passport.

Pass- *cpd*: **p~abel** [pa'sa:bəl] *a* passable, reasonable; **~age** [pa'sa:ʒə] *f* **-, -n** passage; **~agier** [pasa'ʒi:r] *m* **-s, -e** passenger; **~agierdampfer** *m* passenger steamer; **~agierflugzeug** *nt* airliner; **~ant** [pa'sant] *m* passer-by.

Paß- *cpd*: **~amt** *nt* passport office; **~bild** *nt* passport photograph.

passen ['pasən] *vi* fit; (*Farbe*) go (*zu* with); (*auf Frage, Cards, Sport*) pass; **das paßt mir nicht** that doesn't suit me; **er paßt nicht zu dir** he's not right for you; **~d** *a* suitable; (*zusammen-*) matching; (*angebracht*) fitting; *Zeit* convenient.

passier- [pa'si:r] *cpd*: **~bar** *a* passable; **~en** *vt* pass; (*durch Sieb*) strain; *vi* happen; **P~schein** *m* pass, permit.

Passion [pasi'o:n] *f* passion; **p~iert** [-'ni:rt] *a* enthusiastic, passionate; **~sspiel** *nt* Passion Play.

passiv ['pasi:f] *a* passive; **P~** *nt* **-s, -e** passive; **P~a** *pl* (*Comm*) liabilities *pl*; **P~i'tät** *f* passiveness.

Paß- *cpd*: **~kontrolle** *f* passport control; **~stelle** *f* passport office; **~straße** *f* (mountain) pass; **~zwang** *m* requirement to carry a passport.

Paste ['pastə] *f* **-, -n** paste.

Pastell [pas'tεl] *nt* **-(e)s, -e** pastel.

Pastete [pas'te:tə] *f* **-, -n** pie.

pasteurisieren [pastøri'zi:rən] *vt* pasteurize.

Pastor ['pastɔr] *m* vicar; pastor, minister.

Pate ['pa:tə] *m* **-n, -n** godfather; **~nkind** *nt* godchild.

Patent [pa'tεnt] *nt* **-(e)s, -e** patent; (*Mil*) commission; **p~** *a* clever; **~amt** *nt* patent office; **p~ieren** [-'ti:rən] *vt* patent; **~inhaber** *m* patentee; **~schutz** *m* patent right.

Pater ['pa:tər] *m* **-s, -** *or* **Patres** (*Eccl*) Father.

pathetisch [pa'te:tıʃ] *a* emotional; bombastic.

Pathologe [pato'lo:gə] *m* **-n, -n** pathologist.

pathologisch *a* pathological.

Pathos ['pa:tɔs] *nt* **-** emotiveness, emotionalism.

Patient(in *f*) [patsi'εnt(ın)] *m* patient.

Patin ['pa:tın] *f* godmother; **~a** ['pa:tina] *f* **-** patina.

Patriarch [patri'arç] *m* **-en, -en** patriarch; **p~alisch** [-'ça:lıʃ] *a* patriarchal.

Patriot [patri'o:t] *m* **-en, -en** patriot; **p~isch** *a* patriotic; **~ismus** [-'tısmus] *m* patriotism.

Patron [pa'tro:n] *m* **-s, -e** patron; (*pej*) beggar; **~e** *f* **-, -n** cartridge; **~enhülse** *f* cartridge case; **~in** *f* patroness.

Patrouille [pa'trulјə] *f* **-, -n** patrol.

patrouillieren [patrul'ji:rən] *vi* patrol.

patsch [patʃ] *interj* splash; **P~e** *f* **-, -n** (*col: Händchen*) paw; (*Fliegen—*) swat; (*Feuer—*) beater; (*Bedrängnis*) mess, jam; **~en** *vti* smack, slap; (*im Wasser*) splash; **~naß** *a* soaking wet.

patzig ['patsıç] *a* (*col*) cheeky, saucy.

Pauke ['paukə] *f* **-, -n** kettledrum; **auf die ~ hauen** live it up; **p~n** *vti* (*Sch*) swot, cram; **~r** *m* **-s, -** (*col*) teacher.

pausbäckig ['pausbεkıç] *a* chubby-cheeked.

pauschal [pau'ʃa:l] *a Kosten* inclusive; *Urteil* sweeping; **P~e** *f* **-, -n, P~gebühr** *f* flat rate; **P~preis** *m* all-in price; **P~reise** *f* package tour; **P~summe** *f* lump sum.

Pause ['pauzə] *f* **-, -n** break; (*Theat*) interval; (*Innehalten*) pause; (*Kopie*) tracing; **p~n** *vt* trace; **p~nlos** *a* nonstop; **~nzeichen** *nt* call sign; (*Mus*) rest.

pausieren [pau'zi:rən] *vi* make a break.

Pauspapier ['pauzpapi:r] *nt* tracing paper.

Pavian ['pa:via:n] *m* **-s, -e** baboon.

Pazifist [patsi'fıst] *m* pacifist; **p~isch** *a* pacifist.

Pech [pεç] *nt* **-s, -e** pitch; (*fig*) bad luck; **~ haben** be unlucky; **p~schwarz** *a* pitch-black; **~strähne** *m* (*col*) unlucky patch; **~vogel** *m* (*col*) unlucky person.

Pedal [pe'da:l] *nt* **-s, -e** pedal.
Pedant [pe'dant] *m* pedant; **~e'rie** *f* pedantry; **p~isch** *a* pedantic.
Peddigrohr ['pɛdɪçro:r] *nt* cane.
Pegel ['pe:gəl] *m* **-s, -** water gauge; **~stand** *m* water level.
peilen ['paɪlən] *vt* get a fix on.
Pein [paɪn] *f* **-** agony, pain; **p~igen** *vt* torture; (*plagen*) torment; **p~lich** *a* (*unangenehm*) embarrassing, awkward, painful; (*genau*) painstaking; **P~lichkeit** *f* painfulness, awkwardness; scrupulousness.
Peitsche ['paɪtʃə] *f* **-, -n** whip; **p~n** *vt* whip; (*Regen*) lash.
Pelikan ['pe:lika:n] *m* **-s, -e** pelican.
Pelle ['pɛlə] *f* **-, -n** skin; **p~n** *vt* skin, peel.
Pellkartoffeln *pl* jacket potatoes *pl*.
Pelz [pɛlts] *m* **-es, -e** fur.
Pendel ['pɛndəl] *nt* **-s, -** pendulum; **~verkehr** *m* shuttle traffic; (*für Pendler*) commuter traffic.
Pendler ['pɛndlər] *m* **-s, -** commuter.
penetrant [pene'trant] *a* sharp; *Person* pushing.
Penis ['pe:nɪs] *m* **-, -se** penis.
Pension [pɛnzi'o:n] *f* (*Geld*) pension; (*Ruhestand*) retirement; (*für Gäste*) boarding *or* guest-house; **halbe/volle ~** half/full board; **~är(in *f*)** [-'nɛr(ɪn)] *m* **-s, -e** pensioner; **~at** [-'na:t] *nt* **-(e)s, -e** boarding school; **p~ieren** [-'ni:rən] *vt* pension (off); **p~iert** *a* retired; **~ierung** *f* retirement; **~sgast** *m* boarder, paying guest.
Pensum ['pɛnzʊm] *nt* **-s, Pensen** quota; (*Sch*) curriculum.
per [pɛr] *prep +acc* by, per; (*pro*) per; (*bis*) by.
Perfekt ['pɛrfɛkt] *nt* **-(e)s, -e** perfect; **p~** [pɛr'fɛkt] *a* perfect; **~ionismus** [pɛrfɛktsio'nɪsmʊs] *m* perfectionism.
perforieren [pɛrfo'ri:rən] *vt* perforate.
Pergament [pɛrga'mɛnt] *nt* parchment; **~papier** *nt* greaseproof paper.
Periode [peri'o:də] *f* **-, -n** period.
periodisch [peri'o:dɪʃ] *a* periodic; (*dezimal*) recurring.
Peripherie [perife'ri:] *f* periphery; (*um Stadt*) outskirts *pl*; (*Math*) circumference.
Perle ['pɛrlə] *f* **-, -n** (*lit, fig*) pearl; **p~n** *vi* sparkle; (*Tropfen*) trickle.
Perlmutt ['pɛrlmʊt] *nt* **-s** mother-of-pearl.
perplex [pɛr'plɛks] *a* dumbfounded.
Persianer [pɛrzi'a:nər] *m* **-s, -** Persian lamb.
Person [pɛr'zo:n] *f* **-, -en** person; **ich für meine ~** personally I; **klein von ~** of small build; **~al** [-'na:l] *nt* **-s** personnel; (*Bedienung*) servants *pl*: **~alausweis** *m* identity card; **~alien** [-'na:liən] *pl* particulars *pl*; **~ali'tät** *f* personality; **~alpronomen** *nt* personal pronoun; **~enaufzug** *m* lift, elevator (*US*); **~enkraftwagen** *m* private motorcar; **~enkreis** *m* group of people; **~enschaden** *m* injury to persons; **~enwaage** *f* scales *pl*; **~enzug** *m* stopping train; passenger train; **p~ifizieren** [-ifi'tsi:rən] *vt* personify.
persönlich [pɛr'zø:nlɪç] *a* personal; *ad* in person; personally; **P~keit** *f* personality.
Perspektive [pɛrspɛk'ti:və] *f* perspective.
Perücke [pe'rʏkə] *f* **-, -n** wig.
pervers [pɛr'vɛrs] *a* perverse; **P~i'tät** *f* perversity.
Pessimismus [pɛsi'mɪsmʊs] *m* pessimism.
Pessimist [pɛsi'mɪst] *m* pessimist; **p~isch** *a* pessimistic.
Pest [pɛst] *f* **-** plague.
Petersilie [petər'zi:liə] *f* parsley.
Petroleum [pe'tro:leʊm] *nt* **-s** paraffin, kerosene (*US*).
petzen ['pɛtsən] *vi* (*col*) tell tales.
Pfad [pfa:t] *m* **-(e)s, -e** path; **~finder** *m* **-s, -** boy scout; **~finderin** *f* girl guide.
Pfahl [pfa:l] **-(e)s, ¨e** post, stake; **~bau** *m* pile dwelling.
Pfand [pfant] *nt* **-(e)s, ¨er** pledge, security; (*Flaschen—*) deposit; (*im Spiel*) forfeit; (*fig: der Liebe etc*) pledge; **~brief** *m* bond.
pfänden ['pfɛndən] *vt* seize, distrain.
Pfänderspiel *nt* game of forfeits.
Pfand- *cpd*: **~haus** *nt* pawnshop; **~leiher** *m* **-s, -** pawnbroker; **~schein** *m* pawn ticket.
Pfändung ['pfɛndʊŋ] *f* seizure, distraint.
Pfanne ['pfanə] *f* **-, -n** (frying) pan.
Pfannkuchen *m* pancake; (*Berliner*) doughnut.
Pfarr- ['pfar] *cpd*: **~ei** [-'raɪ] *f* parish; **~er** *m* **-s, -** priest; (*evangelisch*) vicar; minister; **~haus** *nt* vicarage; manse.
Pfau [pfaʊ] *m* **-(e)s, -en** peacock; **~enauge** *nt* peacock butterfly.
Pfeffer ['pfɛfər] *m* **-s, -** pepper; **~korn** *nt* peppercorn; **~kuchen** *m* gingerbread; **~minz** *nt* **-es, -e** peppermint; **~mühle** *f* pepper-mill; **p~n** *vt* pepper; (*col: werfen*) fling; **gepfefferte Preise/Witze** steep prices/spicy jokes.
Pfeife ['pfaɪfə] *f* **-, -n** whistle; (*Tabak—, Orgel—*) pipe; **p~n** *vti irreg* whistle; **~r** *m* **-s, -** piper.
Pfeil [pfaɪl] *m* **-(e)s, -e** arrow.
Pfeiler ['pfaɪlər] *m* **-s, -** pillar, prop; (*Brücken—*) pier.
Pfennig ['pfɛnɪç] *m* **-(e)s, -e** pfennig (*hundredth part of a mark*).
Pferd [pfe:rt] *nt* **-(e)s, -e** horse; **~erennen** *nt* horse-race; horse-racing; **~eschwanz** *m* (*Frisur*) ponytail; **~estall** *m* stable.
Pfiff [pfɪf] *m* **-(e)s, -e** whistle; (*Kniff*) trick; **~erling** ['pfɪfərlɪŋ] *m* yellow chanterelle; **keinen ~erling wert** not worth a thing; **p~ig** *a* sly, sharp.
Pfingsten ['pfɪŋstən] *nt* **-, -** Whitsun.
Pfingstrose ['pfɪŋstro:zə] *f* peony.
Pfirsich ['pfɪrzɪç] *m* **-s, -e** peach.
Pflanz- ['pflants] *cpd*: **~e** *f* **-, -n** plant; **p~en** *vt* plant; **~enfett** *nt* vegetable fat; **~er** *m* **-s, -** planter; **~ung** *f* plantation.
Pflaster ['pflastər] *nt* **-s, -** plaster; (*Straße*) pavement; **p~müde** *a* dead on one's feet; **p~n** *vt* pave; **~stein** *m* paving stone.

Pflaume ['pflaumə] *f* **-, -n** plum.
Pflege ['pfle:gə] *f* **-, -n** care; (*von Idee*) cultivation; (*Kranken—*) nursing; **in ~ sein** (*Kind*) be fostered out; **p~bedürftig** *a* needing care; **~eltern** *pl* foster parents *pl*; **~kind** *nt* foster child; **p~leicht** *a* easy-care; **~mutter** *f* foster mother; **p~n** *vt* look after; *Kranke* nurse; *Beziehungen* foster; **~r** *m* **-s, -** orderly; male nurse; **~rin** *f* nurse, attendant; **~vater** *m* foster father.
Pflicht [pflɪçt] *f* **-, -en** duty; (*Sport*) compulsory section; **p~bewußt** *a* conscientious; **~fach** *nt* (*Sch*) compulsory subject; **~gefühl** *nt* sense of duty; **p~gemäß** *a* dutiful; *ad* as in duty bound; **p~vergessen** *a* irresponsible; **~versicherung** *f* compulsory insurance.
Pflock [pflɔk] *m* **-(e)s, ¨e** peg; (*für Tiere*) stake.
pflücken ['pflʏkən] *vt* pick; *Blumen auch* pluck.
Pflug [pflu:k] *m* **-(e)s, ¨e** plough.
pflügen ['pfly:gən] *vt* plough.
Pforte ['pfɔrtə] *f* **-, -n** gate; door.
Pförtner ['pfœrtnər] *m* **-s, -** porter, doorkeeper, doorman.
Pfosten ['pfɔstən] *m* **-s, -** post.
Pfote ['pfo:tə] *f* **-, -n** paw; (*col: Schrift*) scrawl.
Pfropf [pfrɔpf] *m* **-(e)s, -e** (*Flaschen—*) stopper; (*Blut—*) clot; **p~en** *vt* (*stopfen*) cram; *Baum* graft; **P~en** *m* **-s, -e** *see* **Pfropf**.
pfui [pfʊi] *interj* ugh; (*na na*) tut tut.
Pfund [pfʊnt] *nt* **-(e)s, -e** pound; **p~ig** *a* (*col*) great; **p~weise** *ad* by the pound.
pfuschen ['pfʊʃən] *vi* (*col*) be sloppy; **jdm in etw** (*acc*) **~** interfere in sth.
Pfuscher ['pfʊʃər] *m* **-s, -** (*col*) sloppy worker; (*Kur—*) quack; **~ei** [-'raɪ] *f* (*col*) sloppy work; (*Kur—*) quackery.
Pfütze ['pfʏtsə] *f* **-, -n** puddle.
Phänomen [fɛno'me:n] *nt* **-s, -e** phenomenon; **p~al** [-'na:l] *a* phenomenal.
Phantasie [fanta'zi:] *f* imagination; **p~los** *a* unimaginative; **p~ren** *vi* fantasize; **p~voll** *a* imaginative.
phantastisch [fan'tastɪʃ] *a* fantastic.
Pharisäer [fari'zɛ:ər] *m* **-s, -** (*lit, fig*) pharisee.
Pharmazeut(in *f*) [farma'tsɔʏt(ɪn)] *m* **-en, -en** pharmacist.
Phase ['fa:zə] *f* **-, -n** phase.
Philanthrop [filan'tro:p] *m* **-en, -en** philanthropist; **p~isch** *a* philanthropic.
Philologe [filo'lo:gə] *m* **-n, -n** philologist.
Philologie [filolo'gi:] *f* philology.
Philosoph [filo'zo:f] *m* **-en, -en** philosopher; **~ie** [-'fi:] *f* philosophy; **p~isch** *a* philosophical.
Phlegma ['flɛgma] *nt* **-s** lethargy; **p~tisch** [flɛ'gma:tɪʃ] *a* lethargic.
Phonet- [fo'ne:t] *cpd*: **~ik** *f* phonetics *sing*; **p~isch** *a* phonetic.
Phosphor ['fɔsfɔr] *m* **-s** phosphorus; **p~eszieren** [fɔsforɛs'tsi:rən] *vt* phosphoresce.
Photo ['fo:to] *nt* **-s, -s** *etc see* **Foto**.
Phrase ['fra:zə] *f* **-, -n** phrase; (*pej*) hollow phrase.
Physik [fy'zi:k] *f* physics *sing*; **p~alisch** [-'ka:lɪʃ] *a* of physics; **~er(in** *f*) ['fy:zikər(ɪn)] *m* **-s, -** physicist.
Physiologe [fyzio'lo:gə] *m* **-n, -n** physiologist.
Physiologie [fyziolo'gi:] *f* physiology.
physisch ['fy:zɪʃ] *a* physical.
Pianist(in *f*) [pia'nɪst(ɪn)] *m* pianist.
picheln ['pɪçəln] *vi* (*col*) booze.
Pickel ['pɪkəl] *m* **-s, -** pimple; (*Werkzeug*) pickaxe; (*Berg—*) ice-axe; **p~ig** *a* pimply.
picken ['pɪkən] *vi* pick, peck.
Picknick ['pɪknɪk] *nt* **-s, -e** *or* **-s** picnic; **~ machen** have a picnic.
piepen ['pi:pən], **piepsen** ['pi:psən] *vi* chirp.
piesacken ['pi:zakən] *vt* (*col*) torment.
Pietät [pie'tɛ:t] *f* piety, reverence; **p~los** *a* impious, irreverent.
Pigment [pɪ'gmɛnt] *nt* pigment.
Pik [pi:k] *nt* **-s, -s** (*Cards*) spades; **einen ~ auf jdn haben** (*col*) have it in for sb; **p~ant** [pi'kant] *a* spicy, piquant; (*anzüglich*) suggestive; **p~iert** [pi'ki:rt] *a* offended.
Pilger ['pɪlgər] *m* **-s, -** pilgrim; **~fahrt** *f* pilgrimage.
Pille ['pɪlə] *f* **-, -n** pill.
Pilot [pi'lo:t] *m* **-en, -en** pilot.
Pilz [pɪlts] *m* **-es, -e** fungus; (*eßbar*) mushroom; (*giftig*) toadstool; **~krankheit** *f* fungal disease.
pingelig ['pɪŋəlɪç] *a* (*col*) fussy.
Pinguin [pɪŋgu'i:n] *m* **-s, -e** penguin.
Pinie ['pi:niə] *f* pine.
pinkeln ['pɪŋkəln] *vi* (*col*) pee.
Pinsel ['pɪnzəl] *m* **-s, -** paintbrush.
Pinzette [pɪn'tsɛtə] *f* tweezers *pl*.
Pionier [pio'ni:r] *m* **-s, -e** pioneer; (*Mil*) sapper, engineer.
Pirat [pi'ra:t] *m* **-en, -en** pirate; **~ensender** *m* pirate radio station.
Pirsch [pɪrʃ] *f* **-** stalking.
Piste ['pɪstə] *f* **-, -n** (*Ski*) run, piste; (*Aviat*) runway.
Pistole [pɪs'to:lə] *f* **-, -n** pistol.
Pizza ['pɪtsa] *f* **-, -s** pizza.
Pkw [pe:ka:ve:] *m* **-(s), -(s)** *see* **Personenkraftwagen**.
Plackerei [plakə'raɪ] *f* drudgery.
plädieren [plɛ'di:rən] *vi* plead.
Plädoyer [plɛdoa'je:] *nt* **-s, -s** speech for the defence; (*fig*) plea.
Plage ['pla:gə] *f* **-, -n** plague; (*Mühe*) nuisance; **~geist** *m* pest, nuisance; **p~n** *vt* torment; *vr* toil, slave.
Plakat [pla'ka:t] *nt* **-(e)s, -e** placard; poster.
Plan [pla:n] **-(e)s, ¨e** plan; (*Karte*) map; **~e** *f* **-, -n** tarpaulin; **p~en** *vt* plan; *Mord etc* plot; **~er** *m* **-s, -** planner; **~et** [pla'ne:t] *m* **-en -en** planet; **~etenbahn** *f* orbit (of a planet); **p~gemäß** according to schedule *or* plan; (*Rail*) on time; **p~ieren** [pla'ni:rən] *vt* plane, level; **~ierraupe** *f* bulldozer.
Planke ['plaŋkə] *f* **-, -n** plank.

Plänkelei [plɛŋkə'laɪ] *f* skirmish(ing).
plänkeln ['plɛŋkəln] *vi* skirmish.
Plankton ['plaŋktɔn] *nt* **-s** plankton.
Plan- *cpd*: **p~los** *a Vorgehen* unsystematic; *Umherlaufen* aimless; **p~mäßig** *a* according to plan; systematic; (*Rail*) scheduled.
Plansch- ['planʃ] *cpd*: **~becken** *nt* paddling pool; **p~en** *vi* splash.
Plan- *cpd*: **~soll** *nt* **-s** output target; **~stelle** *f* post.
Plantage [plan'ta:ʒə] *f* **-, -n** plantation.
Plan- *cpd*: **~ung** *f* planning; **~wagen** *m* covered wagon; **~wirtschaft** *f* planned economy.
plappern ['plapərn] *vi* chatter.
plärren ['plɛrən] *vi* (*Mensch*) cry, whine; (*Radio*) blare.
Plasma ['plasma] *nt* **-s, Plasmen** plasma.
Plastik ['plastɪk] *f* sculpture; *nt* **-s** (*Kunststoff*) plastic; **~folie** *f* plastic film.
Plastilin [plasti'li:n] *nt* **-s** plasticine.
plastisch ['plastɪʃ] *a* plastic; **stell dir das ~ vor!** just picture it!
Platane [pla'ta:nə] *f* **-, -n** plane (tree).
Platin [pla'ti:n] *nt* **-s** platinum.
Platitüde [plati'ty:də] *f* **-, -n** platitude.
platonisch [pla'to:nɪʃ] *a* platonic.
platsch [platʃ] *interj* splash; **~en** *vi* splash; **~naß** *a* drenched.
plätschern ['plɛtʃərn] *vi* babble.
platt [plat] *a* flat; (*col: überrascht*) flabbergasted; (*fig: geistlos*) flat, boring; **~deutsch** *a* low German; **P~e** *f* **-, -n** (*Speisen—, Phot, Tech*) plate; (*Stein—*) flag; (*Kachel*) tile; (*Schall—*) record.
Plätt- ['plɛt] *cpd*: **~eisen** *nt* iron; **p~en** *vti* iron.
Platt- *cpd*: **~enspieler** *m* record player; **~enteller** *m* turntable; **~fuß** *m* flat foot; (*Reifen*) flat tyre.
Platz [plats] *m* **-es, ⸚e** place; (*Sitz—*) seat; (*Raum*) space, room; (*in Stadt*) square; (*Sport—*) playing field; **jdm ~ machen** make room for sb; **~angst** *f* (*Med*) agoraphobia; (*col*) claustrophobia; **~anweiser(in** *f*) *m* **-s, -** usher(ette).
Plätzchen ['plɛtsçən] *nt* spot; (*Gebäck*) biscuit.
Platz- *cpd*: **p~en** *vi* burst; (*Bombe*) explode; **vor Wut p~en** (*col*) be bursting with anger; **~karte** *f* seat reservation; **~mangel** *m* lack of space; **~patrone** *f* blank cartridge; **~regen** *m* downpour; **~wunde** *f* cut.
Plauderei [plaudə'raɪ] *f* chat, conversation; (*Rad*) talk.
plaudern ['plaudərn] *vi* chat, talk.
plausibel [plau'zi:bəl] *a* plausible.
plazieren [pla'tsi:rən] *vt* place; *vr* (*Sport*) be placed; (*Tennis*) be seeded.
Plebejer [ple'be:jər] *m* **-s, -** plebeian.
plebejisch [ple'be:jɪʃ] *a* plebeian.
pleite ['plaɪtə] *a* (*col*) broke; **P~** *f* **-, -n** bankruptcy; (*col: Reinfall*) flop; **P~ machen** go bust.
Plenum ['ple:nʊm] *nt* **-s** plenum.
Pleuelstange ['plɔʏəlʃtaŋə] *f* connecting rod.
Plissee [plɪ'se:] *nt* **-s, -s** pleat.
Plombe ['plɔmbə] *f* **-, -n** lead seal; (*Zahn—*) filling.
plombieren [plɔm'bi:rən] *vt* seal; *Zahn* fill.
plötzlich ['plœtslɪç] *a* sudden; *ad* suddenly.
plump [plʊmp] *a* clumsy; *Hände* coarse; *Körper* shapeless; **~sen** *vi* (*col*) plump down, fall.
Plunder ['plʊndər] *m* **-s** rubbish.
plündern ['plʏndərn] *vti* plunder; *Stadt* sack.
Plünderung ['plʏndərʊŋ] *f* plundering, sack, pillage.
Plural ['plu:ra:l] *m* **-s, -e** plural; **p~istisch** [plura'lɪstɪʃ] *a* pluralistic.
Plus [plʊs] *nt* **-, -** plus; (*Fin*) profit; (*Vorteil*) advantage; **p~** *ad* plus.
Plüsch [ply:ʃ] *m* **-(e)s, -e** plush.
Plus- *cpd*: **~pol** *m* (*Elec*) positive pole; **~punkt** *m* point; (*fig*) point in sb's favour; **~quamperfekt** *nt* **-s, -e** pluperfect.
Po [po:] *m* **-s, -s** (*col*) bottom, bum.
Pöbel ['pø:bəl] *m* **-s** mob, rabble; **~ei** [-'laɪ] *f* vulgarity; **p~haft** *a* low, vulgar.
pochen ['pɔxən] *vi* knock; (*Herz*) pound; **auf etw** (*acc*) **~** (*fig*) insist on sth.
Pocken ['pɔkən] *pl* smallpox.
Podium ['po:diʊm] *nt* podium; **~sdiskussion** *f* panel discussion.
Poesie [poe'zi:] *f* poetry.
Poet [po'e:t] *m* **-en, -en** poet; **p~isch** *a* poetic.
Pointe [po'ɛ̃:tə] *f* **-, -n** point.
Pokal [po'ka:l] *m* **-s, -e** goblet; (*Sport*) cup; **~spiel** *nt* cup-tie.
Pökel- ['pø:kəl] *cpd*: **~fleisch** *nt* salt meat; **p~n** *vt* pickle, salt.
Pol [po:l] *m* **-s, -e** pole; **p~ar** [po'la:r] *a* polar; **~arkreis** *m* arctic circle.
Polemik [po'le:mɪk] *f* polemics.
polemisch *a* polemical.
polemisieren [polemi'zi:rən] *vi* polemicize.
Police [po'li:s(ə)] *f* **-, -n** insurance policy.
Polier [po'li:r] *m* **-s, -e** foreman; **p~en** *vt* polish.
Poliklinik [poli'kli:nɪk] *f* outpatients.
Politik [poli'ti:k] *f* politics *sing*; (*eine bestimmte*) policy; **~er(in** *f*) [po'li:tikər(ɪn)] *m* **-s, -** politician.
politisch [po'li:tɪʃ] *a* political.
politisieren [politi'zi:rən] *vi* talk politics; *vt* politicize.
Politur [poli'tu:r] *f* polish.
Polizei [poli'tsaɪ] *f* police; **~beamte(r)** *m* police officer; **p~lich** *a* police; **sich p~lich melden** register with the police; **~revier** *nt* police station; **~spitzel** *m* police spy, informer; **~staat** *m* police state; **~streife** *f* police patrol; **~stunde** *f* closing time; **p~widrig** *a* illegal.
Polizist [poli'tsɪst] *m* **-en, -en** policeman; **~in** *f* policewoman.
Pollen ['pɔlən] *m* **-s, -** pollen.
Polster ['pɔlstər] *nt* **-s, -** cushion; (*Polsterung*) upholstery; (*in Kleidung*) padding; (*fig: Geld*) reserves *pl*; **~er** *m* **-s,**

- upholsterer; **~möbel** *pl* upholstered furniture; **p~n** *vt* upholster; pad; **~ung** *f* upholstery.
Polter- ['pɔltər] *cpd*: **~abend** *m* party on eve of wedding; **p~n** *vi* (*Krach machen*) crash; (*schimpfen*) rant.
Polygamie [polyga'mi:] *f* polygamy.
Polyp [po'ly:p] *m* **-en -en** polyp; (*pl: Med*) adenoids *pl*; (*col*) cop.
Pomade [po'ma:də] *f* pomade.
Pommes frites [pɔm'frɪt] *pl* chips *pl*, French fried potatoes *pl*.
Pomp [pɔmp] *m* **-(e)s** pomp.
Pony ['pɔni] *m* **-s, -s** (*Frisur*) fringe; *nt* **-s, -s** (*Pferd*) pony.
Popo [po'po:] *m* **-s, -s** bottom, bum.
populär [popu'lɛ:r] *a* popular.
Popularität [populari'tɛ:t] *f* popularity.
Pore ['po:rə] *f* **-, -n** pore.
Pornographie [pɔrnogra'fi:] *f* pornography.
porös [po'rø:s] *a* porous.
Porree ['pɔre] *m* **-s, -s** leek.
Portal [pɔr'ta:l] *nt* **-s, -e** portal.
Portemonnaie [pɔrtmɔ'nɛ:] *nt* **-s, -s** purse.
Portier [pɔrti'e:] *m* **-s, -s** porter; *see* **Pförtner**.
Portion [pɔrtsi'o:n] *f* portion, helping; (*col: Anteil*) amount.
Porto ['pɔrto] *nt* **-s, -s** postage; **p~frei** *a* post-free, (postage) prepaid.
Porträt [pɔr'trɛ:] *nt* **-s, -s** portrait; **p~ieren** [pɔrtrɛ'ti:rən] *vt* paint, portray.
Porzellan [pɔrtsɛ'la:n] *nt* **-s, -e** china, porcelain; (*Geschirr*) china.
Posaune [po'zaʊnə] *f* **-, -n** trombone.
Pose ['po:zə] *f* **-, -n** pose.
posieren [po'zi:rən] *vi* pose.
Position [pozitsi'o:n] *f* position; **~slichter** *pl* (*Aviat*) position lights *pl*.
positiv ['po:ziti:f] *a* positive; **P~** *nt* **-s, -e** (*Phot*) positive.
Positur [pozi'tu:r] *f* posture, attitude.
possessiv ['pɔsɛsi:f] *a* possessive; **P~(pronomen)** *nt* **-s, -e** possessive pronoun.
possierlich [pɔ'si:rlɪç] *a* funny.
Post [pɔst] *f* **-, -en** post (office); (*Briefe*) mail; **~amt** *nt* post office; **~anweisung** *f* postal order, money order; **~bote** *m* postman; **~en** *m* **-s, -** post, position; (*Comm*) item; (*auf Liste*) entry; (*Mil*) sentry; (*Streik—*) picket; **~fach** *nt* post-office box; **~karte** *f* postcard; **p~lagernd** *ad* poste restante; **~leitzahl** *f* postal code; **~scheckkonto** *nt* postal giro account; **~sparkasse** *f* post office savings bank; **~stempel** *m* postmark; **p~wendend** *ad* by return (of post).
potent [po'tɛnt] *a* potent; (*fig*) high-powered.
Potential [potɛntsi'a:l] *nt* **-s, -e** potential.
potentiell [potɛntsi'ɛl] *a* potential.
Potenz [po'tɛnts] *f* power; (*eines Mannes*) potency.
Pracht [praxt] *f* **-** splendour, magnificence.
prächtig ['prɛçtɪç] *a* splendid.
Pracht- *cpd*: **~stück** *nt* showpiece; **p~voll** *a* splendid, magnificent.
Prädikat [prɛdi'ka:t] *nt* **-(e)s, -e** title; (*Gram*) predicate; (*Zensur*) distinction.
prägen ['prɛ:gən] *vt* stamp; *Münze* mint; *Ausdruck* coin; *Charakter* form.
prägnant [prɛ'gnant] *a* precise, terse.
Prägnanz [prɛ'gnants] *f* conciseness, terseness.
Prägung ['prɛgʊŋ] *f* minting; forming; (*Eigenart*) character, stamp.
prahlen ['pra:lən] *vi* boast, brag.
Prahlerei [pra:lə'raɪ] *f* boasting.
prahlerisch *a* boastful.
Praktik ['praktɪk] *f* practice; **p~abel** [-'ka:bəl] *a* practicable; **~ant(in** *f*) [-'kant(ɪn)] *m* trainee; **~um** *nt* **-s, Praktika** *or* **Praktiken** practical training.
praktisch ['praktɪʃ] *a* practical, handy; **~er Arzt** general practitioner.
praktizieren [prakti'tsi:rən] *vti* practise.
Praline [pra'li:nə] *f* chocolate.
prall [pral] *a* firmly rounded; *Segel* taut; *Arme* plump; *Sonne* blazing; **~en** *vi* bounce, rebound; (*Sonne*) blaze.
Prämie ['prɛ:miə] *f* premium; (*Belohnung*) award, prize; **p~ren** [prɛ'mi:rən] *vt* give an award to.
Pranger ['praŋər] *m* **-s, -** (*Hist*) pillory; **jdn an den ~ stellen** (*fig*) pillory sb.
Präparat [prɛpa'ra:t] *nt* **-(e)s, -e** (*Biol*) preparation; (*Med*) medicine.
Präposition [prɛpozitsi'o:n] *f* preposition.
Prärie [prɛ'ri:] *f* prairie.
Präsens ['prɛ:zɛns] *nt* **-** present tense.
präsentieren [prɛzɛn'ti:rən] *vt* present.
Präservativ [prɛzɛrva'ti:f] *nt* **-s, -e** contraceptive.
Präsident(in *f*) [prɛzi'dɛnt(ɪn)] *m* president; **~schaft** *f* presidency; **~schaftskandidat** *m* presidential candidate.
Präsidium [prɛ'zi:diʊm] *nt* presidency, chair(manship); (*Polizei—*) police headquarters *pl*.
prasseln ['prasəln] *vi* (*Feuer*) crackle; (*Hagel*) drum; (*Wörter*) rain down.
prassen ['prasən] *vi* live it up.
Präteritum [prɛ'te:ritʊm] *nt* **-s, Präterita** preterite.
Pratze ['pratsə] *f* **-, -n** paw.
Präventiv- [prɛvɛn'ti:f] *in cpds* preventive.
Praxis ['praksɪs] *f* **-, Praxen** practice; (*Behandlungsraum*) surgery; (*von Anwalt*) office.
Präzedenzfall [prɛtse:'dɛntsfal] *m* precedent.
präzis [prɛ'tsi:s] *a* precise; **P~ion** [prɛtsizi'o:n] *f* precision.
predigen ['pre:dɪgən] *vti* preach.
Prediger *m* **-s, -** preacher.
Predigt ['pre:dɪçt] *f* **-, -en** sermon.
Preis [praɪs] *m* **-es, -e** price; (*Sieges—*) prize; **um keinen ~** not at any price; **~elbeere** *f* cranberry; **p~en** [praɪzən] *vi irreg* praise; **p~geben** *vt irreg* abandon; (*opfern*) sacrifice; (*zeigen*) expose;

p~gekrönt *a* prize-winning; **~gericht** *nt* jury; **p~günstig** *a* inexpensive; **~lage** *f* price range; **p~lich** *a* price, in price; **~sturz** *m* slump; **~träger(in** *f*) *m* prize-winner; **p~wert** *a* inexpensive.
prekär [pre'kɛ:r] *a* precarious.
Prell- [prɛl] *cpd*: **~bock** *m* buffers *pl*; **p~en** *vt* bump; (*fig*) cheat, swindle; **~ung** *f* bruise.
Premiere [prəmi'ɛ:rə] *f* **-, -n** premiere.
Premierminister [prəmɪ'e:mɪnɪstər] *m* prime minister, premier.
Presse ['prɛsə] *f* **-, -n** press; **~freiheit** *f* freedom of the press; **~meldung** *f* press report; **p~n** *vt* press.
pressieren [prɛ'si:rən] *vi* (be in a) hurry.
Preß- ['prɛs] *cpd*: **~luft** *f* compressed air; **~luftbohrer** *m* pneumatic drill.
Prestige [prɛs'ti:ʒə] *nt* **-s** prestige.
prickeln ['prɪkəln] *vti* tingle, tickle.
Priester ['pri:stər] *m* **-s, -** priest.
prima ['pri:ma] *a* first-class, excellent; **P~** *f* **-, Primen** sixth form, top class.
primär [pri'mɛ:r] *a* primary.
Primel ['pri:məl] *f* **-, -n** primrose.
primitiv [primi'ti:f] *a* primitive.
Prinz [prɪnts] *m* **-en, -en** prince; **~essin** [prɪn'tsɛsɪn] *f* princess.
Prinzip [prɪn'tsi:p] *nt* **-s, -ien** principle; **p~iell** [-i'ɛl] *a,ad* on principle; **p~ienlos** *a* unprincipled.
Priorität [priori'tɛ:t] *f* priority.
Prise ['pri:zə] *f* **-, -n** pinch.
Prisma ['prɪsma] *nt* **-s, Prismen** prism.
privat [pri'va:t] *a* privat; **P~** *in cpds* private.
pro [pro:] *prep +acc* per; **P~** *nt* **-** pro.
Probe ['pro:bə] *f* **-, -n** test; (*Teststück*) sample; (*Theat*) rehearsal; **jdn auf die ~ stellen** put sb to the test; **~exemplar** *nt* specimen copy; **~fahrt** *f* test drive; **p~n** *vt* try; (*Theat*) rehearse; **p~weise** *ad* on approval; **~zeit** *f* probation period.
probieren [pro'bi:rən] *vti* try; *Wein, Speise* taste, sample.
Problem [pro'ble:m] *nt* **-s, -e** problem; **~atik** [-'ma:tɪk] *f* problem; **p~atisch** [-'ma:tɪʃ] *a* problematic; **p~los** *a* problem-free.
Produkt [pro'dʊkt] *nt* **-(e)s, -e** product; (*Agr*) produce *no pl*; **~ion** [prodʊktsi'o:n] *f* production; output; **p~iv** [-'ti:f] *a* productive; **~ivi'tät** *f* productivity.
Produzent [produ'tsɛnt] *m* manufacturer; (*Film*) producer.
produzieren [produ'tsi:rən] *vt* produce.
Professor [pro'fɛsɔr] *m* professor.
Professur [profɛ'su:r] *f* chair.
Profil [pro'fi:l] *nt* **-s, -e** profile; (*fig*) image; **p~ieren** [profi'li:rən] *vr* create an image for o.s.
Profit [pro'fi:t] *m* **-(e)s, -e** profit; **p~ieren** [profi'ti:rən] *vi* profit (*von* from).
Prognose [pro'gno:zə] *f* **-, -n** prediction, prognosis.
Programm [pro'gram] *nt* **-s, -e** programme; **p~(m)äßig** *a* according to plan; **p~ieren** [-'mi:rən] *vt* programme; **~ierer(in** *f*) *m* **-s, -** programmer.
progressiv [progrɛ'si:f] *a* progressive.
Projekt [pro'jɛkt] *nt* **-(e)s, -e** project; **~or** [pro'jɛktɔr] *m* projector.
projizieren [proji'tsi:rən] *vt* project.
proklamieren [prokla'mi:rən] *vt* proclaim.
Prolet [pro'le:t] *m* **-en, -en** prole, pleb; **~ariat** [-ari'a:t] *nt* **-(e)s, -e** proletariat; **~arier** [-'ta:riər] *m* **-s, -** proletarian.
Prolog [pro'lo:k] *m* **-(e)s, -e** prologue.
Promenade [promə'na:də] *f* promenade.
Promille [pro'mɪle] *nt* **-(s), -** alcohol level.
prominent [promi'nɛnt] *a* prominent.
Prominenz [promi'nɛnts] *f* VIPs *pl*.
Promotion [promotsi'o:n] *f* doctorate, Ph.D.
promovieren [promo'vi:rən] *vi* do a doctorate *or* Ph.D.
prompt [prɔmpt] *a* prompt.
Pronomen [pro'no:mɛn] *nt* **-s, -** pronoun.
Propaganda [propa'ganda] *f* **-** propaganda.
Propeller [pro'pɛlər] *m* **-s, -** propeller.
Prophet [pro'fe:t] *m* **-en, -en** prophet; **~in** *f* prophetess.
prophezeien [profe'tsaɪən] *vt* prophesy.
Prophezeiung *f* prophecy.
Proportion [proporsi'o:n] *f* proportion; **p~al** [-'na:l] *a* proportional.
Prosa ['pro:za] *f* **-** prose; **p~isch** [pro'za:ɪʃ] *a* prosaic.
prosit ['pro:zɪt] *interj* cheers.
Prospekt [pro'spɛkt] *m* **-(e)s, -e** leaflet, brochure.
prost [pro:st] *interj* cheers.
Prostituierte [prostitu'i:rtə] *f* **-n, -n** prostitute.
Prostitution [prostitutsi'o:n] *f* prostitution.
Protest [pro'tɛst] *m* **-(e)s, -e** protest; **~ant(in** *f*) [protɛs'tant] *m* Protestant; **p~antisch** [protɛs'tantɪʃ] *a* Protestant; **p~ieren** [protɛs'ti:rən] *vi* protest; **~kundgebung** *f* (protest) rally.
Prothese [pro'te:zə] *f* **-, -n** artificial limb; (*Zahn—*) dentures *pl*.
Protokoll [proto'kɔl] *nt* **-s, -e** register; (*von Sitzung*) minutes *pl*; (*diplomatisch*) protocol; (*Polizei—*) statement; **p~ieren** [-'li:rən] *vt* take down in the minutes.
Proton ['pro:tɔn] *nt* **-s, -en** proton.
Protz ['prɔts] *m* **-en, -e(n)** swank; **p~en** *vi* show off; **p~ig** *a* ostentatious.
Proviant [provi'ant] *m* **-s, -e** provisions *pl*, supplies *pl*.
Provinz [pro'vɪnts] *f* **-, -en** province; **p~i'ell** *a* provincial.
Provision [provizi'o:n] *f* (*Comm*) commission.
provisorisch [provi'zo:rɪʃ] *a* provisional.
Provokation [provokatsi'o:n] *f* provocation.
provozieren [provo'tsi:rən] *vt* provoke.
Prozedur [protse'du:r] *f* procedure; (*pej*) carry-on.
Prozent [pro'tsɛnt] *nt* **-(e)s, -e** per cent, percentage; **~rechnung** *f* percentage calculation; **~satz** *m* percentage; **p~ual**

[-u'a:l] *a* percentage; as a percentage.
Prozeß [pro'tsɛs] *m* **-sses, -sse** trial, case; **~kosten** *pl* (legal) costs *pl.*
prozessieren [protsɛ'si:rən] *vi* bring an action, go to law (*mit* against).
Prozession [protsɛsi'o:n] *f* procession.
prüde ['pry:də] *a* prudish; **P~rie** [-'ri:] *f* prudery.
Prüf- ['pry:f] *cpd*: **p~en** *vt* examine, test; (*nach—*) check; **~er** *m* **-s, -** examiner; **~ling** *m* examinee; **~stein** *m* touchstone; **~ung** *f* examination; checking; **~ungsausschuß** *m*, **~ungskommission** *f* examining board.
Prügel ['pry:gəl] *m* **-s, -** cudgel; *pl* beating; **~ei** [-'laɪ] *f* fight; **~knabe** *m* scapegoat; **p~n** *vt* beat; *vr* fight; **~strafe** *f* corporal punishment.
Prunk [prʊŋk] *m* **-(e)s** pomp, show; **p~voll** *a* splendid, magnificent.
Psalm [psalm] *m* **-s, -en** psalm.
pseudo- [psɔʏdo] *in cpds* pseudo.
Psych- ['psyç] *cpd*: **~iater** [-i'a:tər] *m* **-s, -** psychiatrist; **p~isch** *a* psychological; **~oanalyse** [-o'analy:zə] *f* psychoanalysis; **~ologe** [-o'lo:gə] *m* **-n, -n** psychologist; **~olo'gie** *f* psychology; **p~ologisch** *a* psychological.
Pubertät [pubɛr'tɛ:t] *f* puberty.
Publikum ['pu:blikʊm] *nt* **-s** audience; (*Sport*) crowd.
publizieren [publi'tsi:rən] *vt* publish, publicize.
Pudding ['pʊdɪŋ] *m* **-s, -e** *or* **-s** blancmange.
Pudel ['pu:dəl] *m* **-s** poodle.
Puder ['pu:dər] *m* **-s, -** powder; **~dose** *f* powder compact; **p~n** *vt* powder; **~zucker** *m* icing sugar.
Puff [pʊf] *m* **-s, -e** (*Wäsche—*) linen basket; (*Sitz—*) pouf; *pl* **¨e** (*col: Stoß*) push; *pl* **-s** (*col: Bordell*) brothel; **~er** *m* **-s, -** buffer; **~erstaat** *m* buffer state.
Pulli ['pʊli] *m* **-s, -s** (*col*), **Pullover** [pʊ'lo:vər] *m* **-s, -** pullover, jumper.
Puls [pʊls] *m* **-es, -e** pulse; **~ader** *f* artery; **p~ieren** [pʊl'zi:rən] *vi* throb, pulsate.
Pult [pʊlt] *nt* **-(e)s, -e** desk.
Pulver ['pʊlfər] *nt* **-s, -** powder; **p~ig** *a* powdery; **p~isieren** [pʊlveri'zi:rən] *vt* pulverize; **~schnee** *m* powdery snow.
pummelig ['pʊməlɪç] *a* chubby.
Pumpe ['pʊmpə] *f* **-, -n** pump; **p~n** *vt* pump; (*col*) lend; borrow.
Punkt [pʊŋkt] *m* **-(e)s, -e** point; (*bei Muster*) dot; (*Satzzeichen*) full stop; **p~ieren** [-'ti:rən] *vt* dot; (*Med*) aspirate.
pünktlich ['pʏŋktlɪç] *a* punctual; **P~keit** *f* punctuality.
Punkt- *cpd*: **~sieg** *m* victory on points; **~zahl** *f* score.
Punsch [pʊnʃ] *m* **-(e)s, -e** punch.
Pupille [pu'pɪlə] *f* **-, -n** pupil.
Puppe ['pʊpə] *f* **-, -n** doll; (*Marionette*) puppet; (*Insekten—*) pupa, chrysalis; **~nspieler** *m* puppeteer; **~nstube** *f* doll's house.
pur [pu:r] *a* pure; (*völlig*) sheer; *Whisky* neat.
Püree [py're:] *nt* **-s, -s** mashed potatoes *pl.*
Purzel- ['pʊrtsəl] *cpd*: **~baum** *m* somersault; **p~n** *vi* tumble.
Puste ['pu:stə] *f* **-** (*col*) puff; (*fig*) steam; **~l** ['pʊstəl] *f* **-, -n** pustule; **p~n** *vi* puff, blow.
Pute ['pu:tə] *f* **-, -n** turkey-hen; **~r** *m* **-s, -** turkey-cock.
Putsch [pʊtʃ] *m* **-(e)s, -e** revolt, putsch; **p~en** *vi* revolt; **~ist** [pʊ'tʃɪst] *m* rebel.
Putz [pʊts] *m* **-es** (*Mörtel*) plaster, roughcast; **p~en** *vt* clean; *Nase* wipe, blow; *vr* clean oneself; dress oneself up; **~frau** *f* charwoman; **p~ig** *a* quaint, funny; **~lappen** *m* cloth; **~tag** *m* cleaning day; **~zeug** *nt* cleaning things *pl.*
Puzzle ['pasəl] *nt* **-s, -s** jigsaw.
Pyjama [pi'dʒa:ma] *m* **-s, -s** pyjamas *pl.*
Pyramide [pyra'mi:də] *f* **-, -n** pyramid.

Q

Q, q [ku:] *nt* Q, q.
quabb(e)lig ['kvab(ə)lɪç] *a* wobbly; *Frosch* slimy.
Quacksalber ['kvakzalbər] *m* **-s, -** quack (doctor).
Quader ['kva:dər] *m* **-s, -** square stone; (*Math*) cuboid.
Quadrat [kva'dra:t] *nt* **-(e)s, -e** square; **q~isch** *a* square; **~meter** *m* square metre.
quadrieren [kva'dri:rən] *vt* square.
quaken ['kva:kən] *vi* croak; (*Ente*) quack.
quäken ['kvɛ:kən] *vi* screech; **~d** *a* screeching.
Qual [kva:l] *f* **-, -en** pain, agony; (*seelisch*) anguish.
Quäl- [kvɛ:l] *cpd*: **q~en** *vt* torment; *vr* struggle; (*geistig*) torment oneself; **~erei** [-ə'raɪ] *f* torture, torment; **~geist** *m* pest.
qualifizieren [kvalifi'tsi:rən] *vtr* qualify; (*einstufen*) label.
Qualität [kvali'tɛ:t] *f* quality; **~sware** *f* article of high quality.
Qualle ['kvalə] *f* **-, -n** jellyfish.
Qualm [kvalm] *m* **-(e)s** thick smoke; **q~en** *vti* smoke.
qualvoll ['kva:lfɔl] *a* excruciating, painful, agonizing.
Quant- ['kvant] *cpd*: **~entheorie** *f* quantum theory; **~ität** [-i'tɛ:t] *f* quantity; **q~itativ** [-ita'ti:f] *a* quantitative; **~um** *nt* **-s, Quanten** quantity, amount.
Quarantäne [karan'tɛ:nə] *f* **-, -n** quarantine.
Quark [kvark] *m* **-s** curd cheese; (*col*) rubbish.
Quarta ['kvarta] *f* **-, Quarten** third year of secondary school; **~l** [kvar'ta:l] *nt* **-s, -e** quarter (year).
Quartier [kvar'ti:r] *nt* **-s, -e** accommodation; (*Mil*) quarters *pl*; (*Stadt—*) district.
Quarz [kva:rts] *m* **-es, -e** quartz.
quasseln ['kvasəln] *vi* (*col*) natter.
Quatsch [kvatʃ] *m* **-es** rubbish; **q~en** *vi* chat, natter.
Quecksilber ['kvɛkzɪlbər] *nt* mercury.
Quelle ['kvɛlə] *f* **-, -n** spring; (*eines Flusses*)

source; **q~n** *vi* (*hervor—*) pour *or* gush forth; (*schwellen*) swell.

quengel- ['kvɛŋəl] *cpd*: **Q~ei** [-'laɪ] *f* (*col*) whining; **~ig** *a* (*col*) whining; **~n** *vi* (*col*) whine.

quer [kve:r] *ad* crossways, diagonally; (*rechtwinklig*) at right angles; **~ auf dem Bett** across the bed; **Q~balken** *m* crossbeam; **~feldein** *ad* across country; **Q~flöte** *f* flute; **Q~kopf** *m* awkward customer; **Q~schiff** *nt* transept; **Q~schnitt** *m* cross-section; **~schnittsgelähmt** *a* paralysed below the waist; **Q~straße** *f* intersecting road; **Q~treiber** *m* **-s, -** obstructionist; **Q~verbindung** *f* connection, link.

quetschen ['kvɛtʃən] *vt* squash, crush; (*Med*) bruise.

Quetschung *f* bruise, contusion.

quieken ['kvi:kən] *vi* squeak.

quietschen ['kvi:tʃən] *vi* squeak.

Quint- ['kvɪnt] *cpd*: **~a** *f* **-, -en** second form in secondary school; **~essenz** [-'ɛsɛnts] *f* quintessence; **~ett** [-'tɛt] *nt* **-(e)s, -e** quintet.

Quirl [kvɪrl] *m* **-(e)s, -e** whisk.

quitt [kvɪt] *a* quits, even; **Q~e** *f* **-, -n** quince; **~engelb** *a* sickly yellow; **~ieren** [-'ti:rən] *vt* give a receipt for; *Dienst* leave; **Q~ung** *f* receipt.

Quiz [kvɪs] *nt* **-, -** quiz.

Quote ['kvo:tə] *f* **-, -n** number, rate.

R

R, r [ɛr] *nt* R, r.

Rabatt [ra'bat] *m* **-(e)s, -e** discount; **~e** *f* **-, -n** flowerbed, border; **~marke** *f* trading stamp.

Rabe ['ra:bə] *m* **-n, -n** raven; **~nmutter** *f* bad mother.

rabiat [rabi'a:t] *a* furious.

Rache ['raxə] *f* **-** revenge, vengeance; **~n** *m* **-s, -** throat.

rächen ['rɛçən] *vt* avenge, revenge; *vr* take (one's) revenge; **das wird sich ~** you'll pay for that.

Rach- ['rax] *cpd*: **~itis** [ra'xi:tɪs] *f* **-** rickets *sing*; **~sucht** *f* vindictiveness; **r~süchtig** *a* vindictive.

Racker ['rakər] *m* **-s, -** rascal, scamp.

Rad [ra:t] *nt* **-(e)s, ¨er** wheel; (*Fahr—*) bike; **~ar** ['ra:da:r] *m or nt* **-s** radar; **~arkontrolle** *f* radar-controlled speed trap; **~au** [ra'daʊ] *m* **-s** (*col*) row; **~dampfer** *m* paddle steamer; **r~ebrechen** *vi insep*: **deutsch** *etc* **r~ebrechen** speak broken German *etc*; **r~eln** *vi*, **r~fahren** *vi irreg* cycle; **~fahrer(in** *f*) *m* cyclist; **~fahrweg** *m* cycle track *or* path.

Radier- [ra'di:r] *cpd*: **r~en** *vt* rub out, erase; *(Art)* etch; **~gummi** *m* rubber, eraser; **~ung** *f* etching.

Radieschen [ra'di:sçən] *nt* radish.

radikal [radi'ka:l] *a*, **R~e(r)** *mf* radical.

Radio ['ra:dio] *nt* **-s, -s** radio, wireless; **r~ak'tiv** *a* radioactive; **~aktivi'tät** *f* radioactivity; **~apparat** *m* radio, wireless set.

Radium ['ra:diʊm] *nt* **-s** radium.

Radius ['ra:diʊs] *m* **-, Radien** radius.

Rad- *cpd*: **~kappe** *f (Aut)* hub cap; **~ler(in** *f*) *m* **-s, -** cyclist; **~rennbahn** *f* cycling (race)track; **~rennen** *nt* cycle race; cycle racing; **~sport** *m* cycling.

raff- [raf] *cpd*: **~en** *vt* snatch, pick up; *Stoff* gather (up); *Geld* pile up, rake in; **R~inade** [-i'na:də] *f* refined sugar; **~inieren** [-i'ni:rən] *vt* refine; **~i'niert** *a* crafty, cunning; *Zucker* refined.

ragen ['ra:gən] *vi* tower, rise.

Rahm [ra:m] *m* **-s** cream; **~en** *m* **-s, -** frame(work); **im ~en des Möglichen** within the bounds of possibility; **r~en** *vt* frame; **r~ig** *a* creamy.

Rakete [ra'ke:tə] *f* **-, -n** rocket; **ferngelenkte ~** guided missile.

rammen ['ramən] *vt* ram.

Rampe ['rampə] *f* **-, -n** ramp; **~nlicht** *vt (Theat)* footlights *pl.*

ramponieren [rampo'ni:rən] *vt (col)* damage.

Ramsch [ramʃ] *m* **-(e)s, -e** junk.

ran [ran] *ad (col)* = **heran.**

Rand [rant] *m* **-(e)s, ¨er** edge; *(von Brille, Tasse etc)* rim; *(Hut—)* brim; *(auf Papier)* margin; *(Schmutz—, unter Augen)* ring; *(fig)* verge, brink; **außer ~ und Band** wild; **am ~e bemerkt** mentioned in passing; **r~alieren** [randa'li:rən] *vi* (go on the) rampage; **~bemerkung** *f* marginal note; *(fig)* odd comment; **~erscheinung** *f* unimportant side effect, marginal phenomenon.

Rang [raŋ] *m* **-(e)s, ¨e** rank; *(Stand)* standing; *(Wert)* quality; *(Theat)* circle; **~abzeichen** *nt* badge of rank; **~älteste(r)** *m* senior officer.

Rangier- [rã'ʒi:r] *cpd*: **~bahnhof** *m* marshalling yard; **r~en** *vt (Rail)* shunt, switch *(US)*; *vi* rank, be classed; **~gleis** *nt* siding.

Rang- *cpd*: **~ordnung** *f* hierarchy; *(Mil)* rank; **~unterschied** *m* social distinction; *(Mil)* difference in rank.

Ranke ['raŋkə] *f* **-, -n** tendril, shoot.

Ränke ['rɛŋkə] *pl* intrigues *pl*; **~schmied** *m* intriguer; **r~voll** *a* scheming.

Ranzen ['rantsən] *m* **-s, -** satchel; *(col: Bauch)* gut, belly.

ranzig ['rantsɪç] *a* rancid.

Rappe ['rapə] *m* **-n, -n** black horse.

Raps [raps] *m* **-es, -e** *(Bot)* rape.

rar [ra:r] *a* rare; **sich ~ machen** *(col)* keep oneself to oneself; **R~i'tät** *f* rarity; *(Sammelobjekt)* curio.

rasant [ra'zant] *a* quick, rapid.

rasch [raʃ] *a* quick; **~eln** *vi* rustle.

Rasen ['ra:zən] *m* **-s, -** lawn; grass; **r~** *vi* rave; *(schnell)* race; **r~d** *a* furious; **r~de Kopfschmerzen** a splitting head-ache; **~mäher** *m* **-s, -**, **~mähmaschine** *f* lawnmower; **~platz** *m* lawn.

Raserei [ra:zə'raɪ] *f* raving, ranting; *(Schnelle)* reckless speeding.

Rasier- [ra'zi:r] *cpd*: **~apparat** *m* shaver; **~creme** *f* shaving cream; **r~en** *vtr* shave; **~klinge** *f* razor blade; **~messer** *nt* razor; **~pinsel** *m* shaving brush;

~**seife** *f* shaving soap *or* stick; ~**wasser** *nt* shaving lotion.

Rasse ['rasə] *f* **-, -n** race; *(Tier—)* breed; ~**hund** *m* thoroughbred dog; ~**l** *f* **-, -n** rattle; **r~ln** *vi* rattle, clatter; ~**nhaß** *m* race *or* racial hatred; ~**ntrennung** *f* racial segregation.

Rast [rast] *f* **-, -en** rest; **r~en** *vi* rest; ~**haus** *nt (Aut)* service station; **r~los** *a* tireless; *(unruhig)* restless; ~**platz** *m (Aut)* layby.

Rasur [ra'zu:r] *f* shaving; *(Radieren)* erasure.

Rat [ra:t] *m* **-(e)s, ~schläge** (piece of) advice; **jdn zu ~e ziehen** consult sb; **keinen ~ wissen** not know what to do; ~**e** *f* **-, -n** instalment; **r~en** *vti irreg* guess; *(empfehlen)* advise *(jdm* sb); **r~enweise** *ad* by instalments; ~**enzahlung** *f* hire purchase; ~**geber** *m* **-s, -** adviser; ~**haus** *nt* town hall.

ratifizier- [ratifi'tsi:r] *cpd*: ~**en** *vt* ratify; **R~ung** *f* ratification.

Ration [ratsi'o:n] *f* ration; **r~al** [-'na:l] *a* rational; **r~ali'sieren** *vt* rationalize; **r~ell** [-'nɛl] *a* efficient; **r~ieren** [-'ni:rən] *vt* ration.

Rat- *cpd*: **r~los** *a* at a loss, helpless; ~**losigkeit** *f* helplessness; **r~sam** *a* advisable; ~**schlag** *m* (piece of) advice.

Rätsel ['rɛ:tsəl] *nt* **-s, -** puzzle; *(Wort—)* riddle; **r~haft** *a* mysterious; **es ist mir r~haft** it's a mystery to me.

Rats- *cpd*: ~**herr** *m* councillor; ~**keller** *m* town-hall restaurant.

Ratte ['ratə] *f* **-, -n** rat; ~**nfänger** *m* **-s, -** ratcatcher.

rattern ['ratərn] *vi* rattle, clatter.

Raub [raʊp] *m* **-(e)s** robbery; *(Beute)* loot, booty; ~**bau** *m* ruthless exploitation; **r~en** [raʊbən] *vt* rob; *Mensch* kidnap, abduct.

Räuber ['rɔʏbər] *m* **-s, -** robber; **r~isch** *a* thieving.

Raub- *cpd*: **r~gierig** *a* rapacious; ~**mord** *m* robbery with murder; ~**tier** *nt* predator; ~**überfall** *m* robbery with violence; ~**vogel** *m* bird of prey.

Rauch ['raʊx] *m* **-(e)s** smoke; **r~en** *vti* smoke; ~**er** *m* **-s, -** smoker; ~**erabteil** *nt (Rail)* smoker.

räuchern [rɔʏçərn] *vt* smoke, cure.

Rauch- *cpd*: ~**fahne** *f* smoke trail; ~**fleisch** *nt* smoked meat; **r~ig** *a* smoky.

räudig ['rɔʏdɪç] *a* mangy.

rauf [raʊf] *ad (col)* = **herauf**; **R~bold** *m* **-(e)s, -e** rowdy, hooligan; ~**en** *vt Haare* pull out; *vir* fight; **R~e'rei** *f* brawl, fight; ~**lustig** *a* spoiling for a fight, rowdy.

rauh [raʊ] *a* rough, coarse; *Wetter* harsh; ~**haarig** *a* wire-haired; **R~reif** *m* hoarfrost.

Raum [raʊm] *m* **-(e)s, Räume** space; *(Zimmer, Platz)* room; *(Gebiet)* area; ~**bild** *nt* 3D picture.

räumen ['rɔʏmən] *vt* clear; *Wohnung, Platz* vacate; (*wegbringen*) shift, move; (*in Schrank etc*) put away.

Raum- *cpd*: ~**fahrt** *f* space travel; ~**inhalt** *m* cubic capacity, volume.

räumlich ['rɔʏmlɪç] *a* spatial; **R~keiten** *pl* premises *pl.*

Raum- *cpd*: ~**mangel** *m* lack of space; ~**meter** *m* cubic metre; ~**pflegerin** *f* cleaner; ~**schiff** *nt* spaceship; ~**schiffahrt** *f* space travel; **r~sparend** *a* space-saving.

Räumung ['rɔʏmʊŋ] *f* vacating, evacuation; clearing (away); ~**sverkauf** *m* clearance sale.

raunen ['raʊnən] *vti* whisper mysteriously.

Raupe ['raʊpə] *f* **-, -n** caterpillar; *(—nkette)* (caterpillar) track; ~**n-schlepper** *m* caterpillar tractor.

raus [raʊs] *ad (col)* = **heraus, hinaus.**

Rausch [raʊʃ] *m* **-(e)s, Räusche** intoxication; **r~en** *vi* (*Wasser*) rush; (*Baum*) rustle; *(Radio etc)* hiss; *(Mensch)* sweep, sail; **r~end** *a Beifall* thunderous; *Fest* sumptuous; ~**gift** *nt* drug; ~**giftsüchtige(r)** *mf* drug addict.

räuspern ['rɔʏspərn] *vr* clear one's throat.

Raute ['raʊtə] *f* **-, -n** diamond; *(Math)* rhombus; **r~nförmig** *a* rhombic.

Razzia ['ratsia] *f* **-, Razzien** raid.

Reagenzglas [rea'gɛntsgla:s] *nt* test tube.

reagieren [rea'gi:rən] *vi* react *(auf +acc* to).

Reakt- *cpd*: ~**ion** [reaktsi'o:n] *f* reaction; **r~io'när** *a* reactionary; ~**ionsgeschwindigkeit** *f* speed of reaction; ~**or** [re'aktɔr] *m* reactor.

real [re'a:l] *a* real, material; **R~ismus** [-'lɪsmʊs] *m* realism; **R~ist** [-'lɪst] *m* realist; ~**istisch** *a* realistic.

Rebe ['re:bə] *f* **-, -n** vine.

Rebell [re'bɛl] *m* **-en, -en** rebel; ~**i'on** *f* rebellion; **r~isch** *a* rebellious.

Reb- *cpd*: ~**ensaft** *m* grape juice; ~**huhn** ['rɛphu:n] *nt* partridge; ~**stock** *m* vine.

Rechen ['rɛçən] *m* **-s, -** rake; **r~** *vti rake;* ~**aufgabe** *f* sum, mathematical problem; ~**fehler** *m* miscalculation; ~**maschine** *f* calculating machine; ~**schaft** *f* account; ~**schaftsbericht** *m* report; ~**schieber** *m* slide rule.

Rech- ['rɛç] *cpd*: **r~nen** *vti* calculate; **jdn/etw r~nen zu** *or* **unter** *(+acc)* count sb/sth among; **r~nen mit** reckon with; **r~nen auf** *(+acc)* count on; ~**ner** *m* **-s,** calculator; ~**nung** *f* calculation(s); *(Comm)* bill, check (*US*); **jdm/etw ~nung tragen** take sb/sth into account; ~**nungsbuch** *nt* account book; ~**nungsjahr** *nt* financial year; ~**nungsprüfer** *m* auditor; ~**nungsprüfung** *f* audit(ing).

recht [rɛçt] *a, ad* right; *(vor Adjektiv)* really, quite; **das ist mir ~** that suits me; **jetzt erst ~** now more than ever; **~ haben** be right; **jdm ~ geben** agree with sb; **R~** *nt* **-(e)s, -e** right; *(Jur)* law; **R~ sprechen** administer justice; **mit R~** rightly, justly; **von R~s wegen** by rights; **R~e** *f* **-n, -n** right (hand); *(Pol)* Right; ~**e(r,s)** *a* right; *(Pol)* right-wing; **R~e(r)** *mf* right person; **R~e(s)** *nt* right thing; **etwas/nichts R~es** something/nothing proper; **R~eck** *nt* **-s, -e** rectangle; **~eckig** *a* rectangular; **~fertigen** *vtr insep* justify (o.s.); **R~fertigung** *f* justification; **~haberisch** *a* dogmatic; **~lich** *a*, **~mäßig** *a* legal, lawful.

rechts [rɛçts] *ad* on/to the right; **R~anwalt** *m*, **R~anwältin** *f* lawyer, barrister; **R~'außen** *m* **-, -** (*Sport*) outside right; **R~beistand** *m* legal adviser.

Recht- *cpd*: **r~schaffen** *a* upright; **~schreibung** *f* spelling.

Rechts- *cpd*: **~drehung** *f* clockwise rotation; **~fall** *m* (law) case; **~frage** *f* legal question; **~händer** *m* **-s, -** right-handed person; **r~kräftig** *a* valid, legal; **~kurve** *f* right-hand bend; **~pflege** *f* administration of justice; **r~radikal** *a* *(Pol)* extreme right-wing; **~spruch** *m* verdict; **~verkehr** *m* driving on the right; **r~widrig** *a* illegal; **~wissenschaft** *f* jurisprudence.

recht- *cpd*: **~winklig** *a* right-angled; **~zeitig** *a* timely; *ad* in time.

Reck [rɛk] *nt* **-(e)s, -e** horizontal bar; **r~en** *vtr* stretch.

Redak- *cpd*: **~teur** [redak'tø:r] *m* editor; **~tion** [redaktsi'o:n] *f* editing; *(Leute)* editorial staff; *(Büro)* editorial office(s).

Rede ['re:də] *f* **-, -n** speech; *(Gespräch)* talk; **jdn zur ~ stellen** take sb to task; **~freiheit** *f* freedom of speech; **r~gewandt** *a* eloquent; **r~n** *vi* talk, speak; *vt* say; *Unsinn etc* talk; **~n** *nt* **-s** talking, speech; **~nsart** *f* set phrase; **~wendung** *f* expression, idiom.

red- *cpd*: **~lich** ['re:tlıç] *a* honest; **R~lichkeit** *f* honesty; **R~ner** *m* **-s, -** speaker, orator; **~selig** ['re:tze:lıç] *a* talkative, loquacious; **R~seligkeit** *f* talkativeness.

reduzieren [redu'tsi:rən] *vt* reduce.

Reede ['re:də] *f* **-, -n** protected anchorage; **~r** *m* **-s, -** shipowner; **~'rei** *f* shipping line *or* firm.

reell [re'ɛl] *a* fair, honest; *(Math)* real.

Refer- *cpd*: **~at** [refe'ra:t] *nt* **-(e)s, -e** report; (*Vortrag*) paper; (*Gebiet*) section; **~ent** [refe'rɛnt] *m* speaker; *(Berichterstatter)* reporter; *(Sachbearbeiter)* expert; **~enz** [refe'rɛnts] *f* reference; **r~ieren** [refe'ri:rən] *vi*: **r~ieren über** *(+acc)* speak *or* talk on.

reflektieren [reflek'ti:rən] *vti* reflect; **~ auf** *(+acc)* be interested in.

Reflex [re'flɛks] *m* **-es, -e** reflex; **~bewegung** *f* reflex action; **r~iv** [-'ksi:f] *a (Gram)* reflexive.

Reform [re'fɔrm] *f* **-, -en** reform; **~a-ti'on** *f* reformation; **~ator** [-'ma:tɔr] *m* reformer; **r~a'torisch** *a* reformatory, reforming; **~haus** *nt* health food shop; **r~ieren** [-'mi:rən] *vt* reform.

Refrain [rə'frɛ̃:] *m* **-s, -s** refrain, chorus.

Regal [re'ga:l] *nt* **-s, -e** (book)shelves *pl*, bookcase; stand, rack.

rege ['re:gə] *a* lively, active; *Geschäft* brisk.

Regel ['re:gəl] *f* **-, -n** rule; (*Med*) period; **r~los** *a* irregular, unsystematic; **r~mäßig** *a* regular; **~mäßigkeit** *f* regularity; **r~n** *vt* regulate, control; *Angelegenheit* settle; *vr*: **sich von selbst r~n** take care of itself; **r~recht** *a* regular, proper, thorough; **~ung** *f* regulation; settlement; **r~widrig** *a* irregular, against the rules.

regen ['re:gən] *vtr* move, stir; **R~** *m* **-s, -** rain; **R~bogen** *m* rainbow; **R~bogenhaut** *f (Anat)* iris; **R~guß** *m* downpour; **R~mantel** *m* raincoat, mac(kintosh); **R~menge** *f* rainfall; **R~schauer** *m* shower (of rain); **R~schirm** *m* umbrella.

Regent [re'gɛnt] *m* regent; **~schaft** *f* regency.

Regen- *cpd*: **~tag** *m* rainy day; **~wurm** *m* earthworm; **~zeit** *f* rainy season, rains *pl*.

Regie [re'ʒi:] *f (Film etc)* direction; *(Theat)* production; **r~ren** [re'gi:rən] *vti* govern, rule; **~rung** *f* government; *(Monarchie)* reign; **~rungswechsel** *m* change of government; **~rungszeit** *f* period in government; *(von König)* reign.

Regiment [regi'mɛnt] *nt* **-s, -er** regiment.

Region [regi'o:n] *f* region.

Regisseur [reʒı'sø:r] *m* director; *(Theat)* (stage) producer.

Register [re'gıstər] *nt* **-s, -** register; *(in Buch)* table of contents, index.

Registratur [regıs'tra:tu:r] *f* registry, record office.

registrieren [regıs'tri:rən] *vt* register.

reg- ['re:g] *cpd*: **R~ler** *m* **-s, -** regulator, governor; **~los** ['re:klo:s] *a* motionless; **~nen** *vi impers* rain; **~nerisch** *a* rainy; **~sam** ['re:kza:m] *a* active.

regulär [regu'lɛ:r] *a* regular.

regulieren [regu'li:rən] *vt* regulate; *(Comm)* settle.

Regung ['re:gʊŋ] *f* motion; *(Gefühl)* feeling, impulse; **r~slos** *a* motionless.

Reh [re:] *nt* **-(e)s, -e** deer, roe; **~bock** *m* roebuck; **~kalb** *nt*, **~kitz** *nt* fawn.

Reib- ['raıb] *cpd*: **~e** *f* **-, -n**, **~eisen** *nt* grater; **r~en** *vt irreg* rub; *(Cook)* grate; **~e'rei** *f* friction *no pl*; **~fläche** *f* rough surface; **~ung** *f* friction; **r~ungslos** *a* smooth.

reich [raıç] *a* rich; **R~** *nt* **-(e)s, -e** empire, kingdom; *(fig)* realm; **das Dritte R~** the Third Reich; **~en** *vi* reach; *(genügen)* be enough *or* sufficient (*jdm* for sb); *vt* hold out; *(geben)* pass, hand; *(anbieten)* offer; **~haltig** *a* ample, rich; **~lich** *a* ample, plenty of; **R~tum** *m* **-s, -tümer** wealth; **R~weite** *f* range.

reif [raıf] *a* ripe; *Mensch, Urteil* mature; **R~** *m* **-(e)s** hoarfrost; **-(e)s, -e** *(Ring)* ring, hoop; **R~e** *f* **-** ripeness; maturity; **~en** *vi* mature; ripen; **R~en** *m* **-s, -** ring, hoop; *(Fahrzeug—)* tyre; **R~enschaden** *m* puncture; **R~eprüfung** *f* school leaving exam; **R~ezeugnis** *nt* school leaving certificate.

Reihe ['raıə] *f* **-, -n** row; *(von Tagen etc, col: Anzahl)* series *sing*; **der ~ nach** in turn; **er ist an der ~** it's his turn; **an die ~ kommen** have one's turn; **r~n** *vt* set in a row; arrange in series; *Perlen* string;

~nfolge *f* sequence; **alphabetische ~nfolge** alphabetical order; **~nhaus** *nt* terraced house; **~r** *m* **-s, -** heron.

Reim [raım] *m* **-(e)s, -e** rhyme; **r~en** *vt* rhyme.

rein [raın] *ad (col)* = **herein, hinein**; *a, ad* pure(ly); *(sauber)* clean; **etw ins ~e schreiben** make a fair copy of sth; **etw ins ~e bringen** clear up sth; **R~** *in cpds (Comm)* net(t); **R~(e)machefrau** *f* charwoman; **R~fall** *m (col)* let-down; **R~gewinn** *m* net profit; **R~heit** *f* purity; cleanliness; **~igen** *vt* clean; *Wasser* purify; **R~igung** *f* cleaning; purification; *(Geschäft)* cleaners; **chemische R~igung** dry cleaning; dry cleaners; **~lich** *a* clean; **R~lichkeit** *f* cleanliness; **~rassig** *a* pedigree; **R~schrift** *f* fair copy; **~waschen** *vr irreg* clear oneself.

Reis [raı] *m* **-es, -e** rice; *nt* **-es, -er** twig, sprig.

Reise ['raızə] *f* **-, -n** journey; *(Schiff—)* voyage; **~n** *pl* travels *pl*; **~andenken** *nt* souvenir; **~büro** *nt* travel agency; **r~fertig** *a* ready to start; **~führer** *m* guide(book); *(Mensch)* travel guide; **~gepäck** *nt* luggage; **~gesellschaft** *f* party of travellers; **~kosten** *pl* travelling expenses *pl*; **~leiter** *m* courier; **~lektüre** *f* reading matter for the journey; **r~n** *vi* travel; go *(nach* to); **~nde(r)** *mf* traveller; **~paß** *m* passport; **~pläne** *pl* plans *pl* for a journey; **~proviant** *m* provisions *pl* for the journey; **~scheck** *m* traveller's cheque; **~tasche** *f* travelling bag *or* case; **~verkehr** *m* tourist/holiday traffic; **~wetter** *nt* holiday weather; **~ziel** *nt* destination.

Reisig ['raızıç] *nt* **-s** brushwood.

Reiß- [raıs'] *cpd*: **~aus nehmen** run away, flee; **~brett** *nt* drawing board; **r~en** *vti irreg* tear; *(ziehen)* pull, drag; *Witz* crack; **etw an sich r~en** snatch sth up; *(fig)* take over sth; **sich um etw r~en** scramble for sth; **r~end** *a Fluß* torrential; *(Comm)* rapid; **~er** *m* **-s, -** *(col)* thriller; **r~erisch** *a* sensationalistic; **~leine** *f (Aviat)* ripcord; **~nagel** *m* drawing pin, thumbtack *(US)*; **~schiene** *f* drawing rule, square; **~verschluß** *m* zip(per), zip fastener; **~zeug** *nt* geometry set; **~zwecke** *f* = **~nagel.**

Reit- ['raıt] *cpd*: **r~en** *vti irreg* ride; **~er(in** *f***)** *m* **-s, -** rider; *(Mil)* cavalryman, trooper; **~e'rei** *f* cavalry; **~hose** *f* riding breeches *pl*; **~pferd** *nt* saddle horse; **~stiefel** *m* riding boot; **~zeug** *nt* riding outfit.

Reiz [raıts] *m* **-es, -e** stimulus; *(angenehm)* charm; *(Verlockung)* attraction; **r~bar** *a* irritable; **~barkeit** *f* irritability; **r~en** *vt* stimulate; *(unangenehm)* irritate; *(verlocken)* appeal to, attract; **r~end** *a* charming; **r~los** *a* unattractive; **r~voll** *a* attractive; **~wäsche** *f* sexy underwear.

rekeln ['re:kəln] *vr* stretch out; *(lümmeln)* lounge *or* loll about.

Reklam- *cpd*: **~ation** [reklamatsi'o:n] *f* complaint; **~e** [re'kla:mə] *f* **-, -n** advertising; advertisement; **~e machen für etw** advertise sth; **r~ieren** [rekla'mi:rən] *vti* complain (about); *(zurückfordern)* reclaim.

rekon- [rekɔn] *cpd*: **~struieren** [stru'i:rən] *vt* reconstruct; **R~valeszenz** [-valɛs'tsɛnts] *f* convalescence.

Rekord [re'kɔrt] *m* **-(e)s, -e** record; **~leistung** *f* record performance.

Rekrut [re'kru:t] *m* **-en, -en** recruit; **r~ieren** [-'ti:rən] *vt* recruit; *vr* be recruited.

Rektor ['rɛktɔr] *m (Univ)* rector, vice-chancellor; *(Sch)* headmaster; **~at** [-'rat] *nt* **-(e)s, -e** rectorate, vice-chancellorship; headship; *(Zimmer)* rector's *etc* office.

Relais [rə'lɛ:] *nt* **-, -** relay.

relativ [rela'ti:f] *a* relative; **R~ität** [relativi'tɛ:t] *f* relativity.

relevant [rele'vant] *a* relevant.

Relief [reli'ɛf] *nt* **-s, -s** relief.

Religion [religi'o:n] *f* religion; **~slehre** *f*, **~sunterricht** *m* religious instruction.

religiös [religi'ø:s] *a* religious.

Relikt [re'lıkt] *nt* **-(e)s, -e** relic.

Reling ['re:lıŋ] *f* **-, -s** *(Naut)* rail.

Reliquie [re'li:kviə] *f* relic.

Reminiszenz [reminıs'tsɛnts] *f* reminiscence, recollection.

Remoulade [remu'la:də] *f* remoulade.

Ren [rɛn] *nt* **-s, -s** *or* **-e** reindeer.

Rendezvous [råde'vu:] *nt* **-, -** rendezvous.

Renn- ['rɛn] *cpd*: **~bahn** *f* racecourse; *(Aut)* circuit, race track; **r~en** *vti irreg* run, race; **R~en** *nt* **-s, -** running; *(Wettbewerb)* race; **~fahrer** *m* racing driver; **~pferd** *nt* racehorse; **~platz** *m* racecourse; **~wagen** *m* racing car.

renovier- [reno'vi:r] *cpd*: **~en** *vt* renovate; **R~ung** *f* renovation.

rentabel [rɛn'ta:bəl] *a* profitable, lucrative.

Rentabilität [rɛntabili'tɛ:t] *f* profitability.

Rente ['rɛntə] *f* **-, -n** pension; **~nempfänger** *m* pensioner.

Rentier ['rɛnti:r] *nt* reindeer.

rentieren [rɛn'ti:rən] *vr* pay, be profitable.

Rentner(in *f***)** ['rɛntnər(ın)] *m* **-s, -** pensioner.

Repar- [repa] *cpd*: **~ation** [-atsi'o:n] *f* reparation; **~atur** [-ra'tu:r] *f* repairing; repair; **r~a'turbedürftig** *a* in need of repair; **~a'turwerkstatt** *f* repair shop; *(Aut)* garage; **r~ieren** [-'ri:rən] *vt* repair.

Repertoire [repɛrto'a:r] *nt* **-s, -s** repertoire.

Report- *cpd*: **~age** [repɔr'ta:ʒə] *f* **-, -n** (on-the-spot) report; *(TV, Rad)* live commentary *or* coverage; **~er** [re'pɔrtər] *m* **-s, -** reporter, commentator.

Repräsent- *cpd*: **~ant** [reprɛzɛn'tant] *m* representative; **r~a'tiv** *a* representative; *Geschenk etc* prestigious; **r~ieren** [reprɛzɛn'ti:rən] *vti* represent.

Repressalien [reprɛ'sa:liən] *pl* reprisals *pl*.

Reproduktion [reproduktsi'o:n] *f* reproduction.

reproduzieren [reprodu'tsi:rən] *vt* reproduce.
Reptil [rɛp'ti:l] *nt* **-s, -ien** reptile.
Republik [repu'bli:k] *f* republic; **~aner** [-'ka:nər] *m* **-s, -** republican; **r~anisch** [-'ka:nɪʃ] *a* republican.
Reserv- *cpd*: **~at** [rezɛr'va:t] *nt* **-(e)s, -e** reservation; **~e** [re'zɛrvə] *f* **-, -n** reserve; **~erad** *nt (Aut)* spare wheel; **~espieler** *m* reserve; **~etank** *m* reserve tank; **r~ieren** [rezɛr'vi:rən] *vt* reserve; **~ist** [rezɛr'vɪst] *m* reservist; **~oir** [rezɛrvo'a:r] *nt* **-s, -e** reservoir.
Residenz [rezi'dɛnts] *f* residence, seat.
Resignation [rezɪgnatsi'o:n] *f* resignation.
resignieren [rezɪ'gni:rən] *vi* resign.
resolut [rezo'lu:t] *a* resolute; **R~ion** [rezolutsi'o:n] *f* resolution.
Resonanz [rezo'nants] *f (lit, fig)* resonance; **~boden** *m* sounding board; **~kasten** *m* resonance box.
Resopal ® [rezo'pa:l] *nt* **-s** formica ®.
Resozialisierung [rezotsiali'zi:rʊŋ] *f* rehabilitation.
Respekt [rɛ'spɛkt] *m* **-(e)s** respect; **r~abel** [-'ta:bəl] *a* respectable; **r~ieren** [-'ti:rən] *vt* respect; **r~los** *a* disrespectful; **~sperson** *f* person commanding respect; **r~voll** *a* respectful.
Ressort [rɛ'so:r] *nt* **-s, -s** department.
Rest [rɛst] *m* **-(e)s, -e** remainder, rest; *(Über—)* remains *pl*; **~er** *pl (Comm)* remnants *pl*.
Restaur- *cpd*: **~ant** [rɛsto'rã:] *nt* **-s, -s** restaurant; **~ation** [restauratsi'o:n] *f* restoration; **r~ieren** [restau'ri:rən] *vt* restore.
Rest- *cpd*: **~betrag** *m* remainder, outstanding sum; **r~lich** *a* remaining; **r~los** *a* complete.
Resultat [rezʊl'ta:t] *nt* **-(e)s, -e** result.
Retorte [re'tɔrtə] *f* **-, -n** retort.
retten ['rɛtən] *vt* save, rescue.
Retter *m* **-s, -** rescuer, saviour.
Rettich ['rɛtɪç] *m* **-s, -e** radish.
Rettung *f* rescue; *(Hilfe)* help; **seine letzte ~** his last hope; **~sboot** *nt* lifeboat; **~sgürtel** *m*, **~sring** *m* lifebelt, life preserver *(US)*; **r~slos** *a* hopeless.
retuschieren [retʊ'ʃi:rən] *vt (Phot)* retouch.
Reue ['rɔʏə] *f* **-** remorse; *(Bedauern)* regret; **r~n** *vt*: **es reut ihn** he regrets (it) *or* is sorry (about it).
reuig ['rɔʏɪç] *a* penitent.
Revanche [re'vã:ʃə] *f* **-, -n** revenge; *(Sport)* return match.
revanchieren [revã'ʃi:rən] *vr (sich rächen)* get one's own back, have one's revenge; *(erwidern)* reciprocate, return the compliment.
Revers [re've:r] *m or nt* **-, -** lapel.
revidieren [revi'di:rən] *vt* revise.
Revier [re'vi:r] *nt* **-s, -e** district; *(Jagd—)* preserve; police station/beat; *(Mil)* sick-bay.
Revision [revizi'o:n] *f* revision; *(Comm)* auditing; *(Jur)* appeal.
Revolte [re'vɔltə] *f* **-, -n** revolt.
Revolution [revolutsi'o:n] *f* revolution; **~är** [-'nɛ:r] *m* **-s, -e** revolutionary; **r~ieren** [-'ni:rən] *vt* revolutionize.
Revolver [re'vɔlvər] *m* **-s, -** revolver.
Rezen- [retsɛn] *cpd*: **~sent** [-'zɛnt] *m* reviewer, critic; **r~sieren** [-'zi:rən] *vt* review; **~sion** [-zi'o:n] *f* review, criticism.
Rezept [re'tsɛpt] *nt* **-(e)s, -e** recipe; *(Med)* prescription; **r~pflichtig** *a* available only on prescription.
rezitieren [retsi'ti:rən] *vt* recite.
Rhabarber [ra'barbər] *m* **-s** rhubarb.
Rhesusfaktor ['re:zusfaktɔr] *m* rhesus factor.
Rhetorik [re'to:rɪk] *f* rhetoric.
rhetorisch [re'to:rɪʃ] *a* rhetorical.
Rheuma ['rɔʏma] *nt* **-s, Rheumatismus** [rɔʏma'tɪsmʊs] *m* rheumatism.
Rhinozeros [ri'no:tserɔs] *nt* **-** *or* **-ses, -se** rhinoceros.
rhyth- ['rʏt] *cpd*: **~misch** *a* rythmical; **R~mus** *m* rhythm.
Richt- ['rɪçt] *cpd*: **r~en** *vt* direct *(an +acc* at; *(fig)* to); *Waffe* aim *(auf +acc* at); *(einstellen)* adjust; *(instand setzen)* repair; *(zurechtmachen)* prepare; *(bestrafen)* pass judgement on; *vr*: **sich r~en nach** go by; **~er(in** *f***)** *m* **-s, -** judge; **r~erlich** *a* judicial; **r~ig** *a* right, correct; *(echt)* proper; *ad (col: sehr)* really; **der/die ~ige** the right one/person; **das ~ige** the right thing; **~igkeit** *f* correctness; **~igstellung** *f* correction, rectification; **~preis** *m* recommended price; **~ung** *f* direction; tendency, orientation.
riechen ['ri:çən] *vti irreg* smell *(an etw (dat)* sth; *nach* of); **ich kann das/ihn nicht ~** *(col)* I can't stand it/him.
Ried [ri:t] *nt* **-(e)s, -e** reed; marsh.
Riege ['ri:gə] *f* **-, -n** team, squad.
Riegel ['ri:gəl] *m* **-s, -** bolt, bar.
Riemen ['ri:mən] *m* **-s, -** strap; *(Gürtel, Tech)* belt; *(Naut)* oar.
Riese ['ri:zə] *m* **-n, -n** giant; **r~ln** *vi* trickle; *(Schnee)* fall gently; **~nerfolg** *m* enormous success; **r~ngroß** *a*, **r~nhaft** *a* colossal, gigantic, huge.
ries- ['ri:z] *cpd*: **~ig** *a* enormous, huge, vast; **R~in** *f* giantess.
Riff [rɪf] *nt* **-(e)s, -e** reef.
Rille ['rɪlə] *f* **-, -n** groove.
Rind [rɪnt] *nt* **-(e)s, -er** ox; cow; cattle *pl*; *(Cook)* beef; **~e** *f* ['rɪndə] **-, -n** rind; *(Baum—)* bark; *(Brot—)* crust; **~fleisch** *nt* beef; **~sbraten** *m* roast beef; **~vieh** *nt* cattle *pl*; *(col)* blockhead, stupid oaf.
Ring [rɪŋ] *m* **-(e)s, -e** ring; **~buch** *nt* loose-leaf book; **~elnatter** *f* grass snake; **r~en** *vi irreg* wrestle; **~en** *nt* **-s** wrestling; **~finger** *m* ring finger; **r~förmig** *a* ring-shaped; **~kampf** *m* wrestling bout; **~richter** *m* referee; **r~s um** *ad* round; **r~sherum** *ad* round about; **~straße** *f* ring road; **r~sum(her)** *ad (rundherum)* round about; *(überall)* all round.
Rinn- ['rɪn] *cpd*: **~e** *f* **-, -n** gutter, drain; **r~en** *vi irreg* run, trickle; **~sal** *nt* **-s, -e** trickle of water; **~stein** *m* gutter.
Rippchen ['rɪpçən] *nt* small rib; cutlet.

Rippe ['rɪpə] *f* **-, -n** rib; **~nfellentzündung** *f* pleurisy.
Risiko ['ri:ziko] *nt* **-s, -s** *or* **Risiken** risk.
riskant [rɪs'kant] *a* risky, hazardous.
riskieren [rɪs'ki:rən] *vt* risk.
Riß [rɪs] *m* **-sses, -sse** tear; *(in Mauer, Tasse etc)* crack; (*in Haut)* scratch; *(Tech)* design.
rissig ['rɪsɪç] *a* torn; cracked; scratched.
Ritt [rɪt] *m* **-(e)s, -e** ride; **~er** *m* **-s, -** knight; **r~erlich** *a* chivalrous; **~erschlag** *m* knighting; **~ertum** *nt* **-s** chivalry; **~erzeit** *f* age of chivalry; **r~lings** *ad* astride.
Ritus ['ri:tʊs] *m* **-, Riten** rite.
Ritze ['rɪtsə] *f* **-, -n** crack, chink; **r~n** *vt* scratch.
Rivale [ri'va:lə] *m* **-n, -n** rival.
Rivalität [rivali'tɛ:t] *f* rivalry.
Rizinusöl ['ri:tsinʊsø:l] *nt* castor oil.
Robbe ['rɔbə] *f* **-, -n** seal.
Robe ['ro:bə] *f* **-, -n** robe.
Roboter ['rɔbɔtər] *m* **-s, -** robot.
röcheln ['rœçəln] *vi* wheeze.
Rock [rɔk] *m* **-(e)s, ⸚e** skirt; (*Jackett*) jacket; (*Uniform—*) tunic.
Rodel ['ro:dəl] *m* **-s, -** toboggan; **~bahn** *f* toboggan run; **r~n** *vi* toboggan.
roden ['ro:dən] *vti* clear.
Rogen ['ro:gən] *m* **-s, -** roe, spawn.
Roggen ['rɔgən] *m* **-s, -** rye; **~brot** *nt* rye bread, black bread.
roh [ro:] *a* raw; *Mensch* coarse, crude; **R~bau** *m* shell of a building; **R~eisen** *nt* pig iron; **R~ling** *m* ruffian; **R~material** *nt* raw material; **R~öl** *nt* crude oil.
Rohr ['ro:r] *nt* **-(e)s, -e** pipe, tube; *(Bot)* cane; *(Schilf)* reed; *(Gewehr—)* barrel; **~bruch** *m* burst pipe.
Röhre ['rø:rə] *f* **-, -n** tube, pipe; *(Rad etc)* valve; *(Back—)* oven.
Rohr- *cpd*: **~geflecht** *nt* wickerwork; **~leger** *m* **-s, -** plumber; **~leitung** *f* pipeline; **~post** *f* pneumatic post; **~stock** *m* cane; **~stuhl** *m* basket chair; **~zucker** *m* cane sugar.
Roh- *cpd*: **~seide** *f* raw silk; **~stoff** *m* raw material.
Rokoko ['rɔkoko] *nt* **-s** rococo.
Roll- ['rɔl] *cpd*: **~(l)aden** *m* shutter; **~bahn** *f*, **~feld** *nt* (*Aviat*) runway.
Rolle ['rɔlə] *f* **-, -n** roll; (*Theat, soziologisch*) role; (*Garn— etc*) reel, spool; (*Walze*) roller; (*Wäsche—*) mangle; **keine ~ spielen** not matter; **r~n** *vti* roll; (*Aviat*) taxi; *Wäsche* mangle; **~nbesetzung** *f* (*Theat*) cast; **~r** *m* **-s, -** scooter; (*Welle*) roller.
Roll- *cpd*: **~mops** *m* pickled herring; **~schuh** *m* roller skate; **~stuhl** *m* wheelchair; **~treppe** *f* escalator.
Roman [ro'ma:n] *m* **-s, -e** novel; **~schreiber** *m*, **~schriftsteller** *m* novelist; **~tik** [ro'mantɪk] *f* romanticism; **~tiker** [ro'mantikər] *m* **-s, -** romanticist; **r~tisch** [ro'mantɪʃ] *a* romantic; **~ze** [ro'mantsə] *f* **-, -n** romance.
Römer ['rø:mər] *m* **-s, -** wineglass; (*Mensch*) Roman.
röntgen ['rœntgən] *vt* X-ray; **R~aufnahme** *f*, **R~bild** *nt* X-ray; **R~strahlen** *pl* X-rays *pl.*
rosa ['ro:za] *a* pink, rose(-coloured).
Rose ['ro:zə] *f* **-, -n** rose; **~nkohl** *m* Brussels sprouts *pl*; **~nkranz** *m* rosary; **~nmontag** *m* Shrove Monday.
Rosette [ro'zɛtə] *f* rosette; rose window.
rosig ['ro:zɪç] *a* rosy.
Rosine [ro'zi:nə] *f* raisin, currant.
Roß [rɔs] *nt* **-sses, -sse** horse, steed; **~kastanie** *f* horse chestnut.
Rost [rɔst] *m* **-(e)s, -e** rust; (*Gitter*) grill, gridiron; (*Bett—*) springs *pl;* **~braten** *m* roast(ed) meat, joint; **r~en** *vi* rust.
rösten ['rø:stən] *vt* roast; toast; grill.
Rost- *cpd*: **r~frei** *a* rust-free; rustproof; stainless; **r~ig** *a* rusty; **~schutz** *m* rust-proofing.
rot [ro:t] *a* red; **R~ation** [rotatsi'o:n] *f* rotation; **~bäckig** *a* red-cheeked; **~blond** *a* strawberry blond.
Röte ['rø:tə] *f* **-** redness; **~ln** *pl* German measles *sing*; **r~n** *vtr* redden.
rot- *cpd*: **~haarig** *a* red-haired; **~ieren** [ro'ti:rən] *vi* rotate; **R~käppchen** *nt* Little Red Riding Hood; **R~kehlchen** *nt* robin; **R~stift** *m* red pencil; **R~wein** *m* red wine.
Rotz [rɔts] *m* **-es, -e** (*col*) snot.
Roulade [ru'la:də] *f* (*Cook*) beef olive.
Route ['ru:tə] *f* **-, -n** route.
Routine [ru'ti:nə] *f* experience; routine.
Rübe ['ry:bə] *f* **-, -n** turnip; **gelbe ~** carrot; **rote ~** beetroot; **~nzucker** *m* beet sugar.
Rubin [ru'bi:n] *m* **-s, -e** ruby.
Rubrik [ru'bri:k] *f* heading; (*Spalte*) column.
Ruck [rʊk] *m* **-(e)s, -e** jerk, jolt.
Rück- ['rʏk] *cpd*: **~antwort** *f* reply, answer; **r~bezüglich** *a* reflexive; **r~blenden** *vi* flash back; **r~blickend** *a* retrospective; **r~en** *vti* move; **~en** *m* **-s, -** back; (*Berg—*) ridge; **~endeckung** *f* backing; **~enlehne** *f* back (of chair); **~enmark** *nt* spinal cord; **~enschwimmen** *nt* backstroke; **~enwind** *m* following wind; **~erstattung** *f* return, restitution; **~fahrt** *f* return journey; **~fall** *m* relapse; **r~fällig** *a* relapsing; **r~fällig werden** relapse; **~flug** *m* return flight; **~frage** *f* question; **~gabe** *f* return; **~gang** *m* decline, fall; **r~gängig** *a*: **etw r~gängig machen** cancel sth; **~grat** *nt* **-(e)s, -e** spine, backbone; **~griff** *m* recourse; **~halt** *m* backing; reserve; **r~haltlos** *a* unreserved; **~kehr** *f* **-, -en** return; **~koppelung** *f* feedback; **~lage** *f* reserve, savings *pl*; **r~läufig** *a* declining, falling; **~licht** *nt* back light; **r~lings** *ad* from behind; backwards; **~nahme** *f* **-, -n** taking back; **~porto** *nt* return postage; **~reise** *f* return journey; (*Naut*) home voyage; **~ruf** *m* recall.
Rucksack ['rʊkzak] *m* rucksack.
Rück- *cpd*: **~schau** *f* reflection;

r~schauend *a, ad* retrospective, in retrospect; **~schluß** *m* conclusion; **~schritt** *m* retrogression; **r~schrittlich** *a* reactionary; retrograde; **~seite** *f* back; (*von Münze etc*) reverse; **~sicht** *f* consideration; **~sicht nehmen auf** (*+acc*) show consideration for; **r~sichtslos** *a* inconsiderate; *Fahren* reckless; (*unbarmherzig*) ruthless; **r~sichtsvoll** *a* considerate; **~sitz** *m* back seat; **~spiegel** *m* (*Aut*) rear-view mirror; **~spiel** *nt* return match; **~sprache** *f* further discussion *or* talk; **~stand** *m* arrears *pl*; **r~ständig** *a* backward, out-of-date; *Zahlungen* in arrears; **~stoß** *m* recoil; **~strahler** *m* **-s, -** rear reflector; **~tritt** *m* resignation; **~trittbremse** *f* pedal brake; **~vergütung** *f* repayment; (*Comm*) refund; **~versicherung** *f* reinsurance; **r~wärtig** *a* rear; **r~wärts** *ad* backward(s), back; **~wärtsgang** *m* (*Aut*) reverse gear; **~weg** *m* return journey, way back; **r~wirkend** *a* retroactive; **~wirkung** *f* reaction; retrospective effect; **~zahlung** *f* repayment; **~zug** *m* retreat.

Rüde ['ry:də] *m* **-n, -n** male dog/fox/wolf; **r~** *a* blunt, gruff.

Rudel ['ru:dəl] *nt* **-s, -** pack; herd.

Ruder ['ru:dər] *nt* **-s, -** oar; (*Steuer*) rudder; **~boot** *nt* rowing boat; **~er** *m* **-s, -** rower; **r~n** *vti* row.

Ruf [ru:f] *m* **-(e)s, -e** call, cry; (*Ansehen*) reputation; **r~en** *vti irreg* call; cry; **~name** *m* usual (first) name; **~nummer** *f* (tele)phone number; **~zeichen** *nt* (*Rad*) call sign; (*Tel*) ringing tone.

Rüge ['ry:gə] *f* **-, -n** reprimand, rebuke; **r~n** *vt* reprimand.

Ruhe ['ru:ə] *f* **-** rest; (*Ungestörtheit*) peace, quiet; (*Gelassenheit, Stille*) calm; (*Schweigen*) silence; **sich zur ~ setzen** retire; **~!** be quiet!, silence!; **r~los** *a* restless; **r~n** *vi* rest; **~pause** *f* break; **~platz** *m* resting place; **~stand** *m* retirement; **letzte ~stätte** *f* final resting place; **~störung** *f* breach of the peace; **~tag** *m* closing day.

ruhig ['ru:ıç] *a* quiet; (*bewegungslos*) still; *Hand* steady; (*gelassen, friedlich*) calm; *Gewissen* clear; **tu das ~** feel free to do that.

Ruhm [ru:m] *m* **-(e)s** fame, glory.

rühm- ['ry:m] *cpd*: **~en** *vt* praise; *vr* boast; **~lich** *a* laudable.

ruhm- *cpd*: **~los** *a* inglorious; **~reich** *a* glorious.

Ruhr ['ru:r] *f* **-** dysentery.

Rühr- ['ry:r] *cpd*: **~ei** *nt* scrambled egg; **r~en** *vtr* (*lit, fig*) move, stir (*auch Cook*); *vi*: **r~en von** come *or* stem from; **r~en an** (*+acc*) touch; (*fig*) touch on; **r~end** *a* touching, moving; **r~ig** *a* active, lively; **r~selig** *a* sentimental, emotional; **~ung** *f* emotion.

Ruin [ru'i:n] *m* **-s, ~e,** *f* **-, -n** ruin; **r~ieren** [rui'ni:rən] *vt* ruin.

rülpsen ['rYlpsən] *vi* burp, belch.

Rum [rʊm] *m* **-s, -s** rum.

Rummel ['rʊməl] *m* **-s** (*col*) hubbub; (*Jahrmarkt*) fair; **~platz** *m* fairground, fair.

rumoren [ru'mo:rən] *vi* be noisy, make a noise.

Rumpel- ['rʊmpəl] *cpd*: **~kammer** *f* junk room; **r~n** *vi* rumble; (*holpern*) jolt.

Rumpf [rʊmpf] *m* **-(e)s, ¨-e** trunk, torso; (*Aviat*) fuselage; (*Naut*) hull.

rümpfen ['rYmpfən] *vt Nase* turn up.

rund [rʊnt] *a* round; *ad* (*etwa*) around; **~ um etw** round sth; **R~bogen** *m* Norman *or* Romanesque arch; **R~brief** *m* circular; **R~e** ['rʊndə] *f* **-, -n** round; (*in Rennen*) lap; (*Gesellschaft*) circle; **~en** *vt* make round; *vr* (*fig*) take shape; **~erneuert** *a Reifen* remoulded; **R~fahrt** *f* (round) trip.

Rundfunk ['rʊntfʊŋk] *m* **-(e)s** broadcasting; (**~anstalt**) broadcasting service; **im ~** on the radio; **~empfang** *m* reception; **~gebühr** *f* licence; **~gerät** *nt* wireless set; **~sendung** *f* broadcast, radio programme.

Rund- *cpd*: **r~heraus** *ad* straight out, bluntly; **r~herum** *ad* round about; all round; **r~lich** *a* plump, rounded; **~reise** *f* round trip; **~schreiben** *nt* (*Comm*) circular; **~ung** *f* curve, roundness.

runter ['rʊntər] *ad* (*col*) = **herunter, hinunter.**

Runzel ['rʊntsəl] *f* **-, -n** wrinkle; **r~ig** *a* wrinkled; **r~n** *vt* wrinkle; **die Stirn r~n** frown.

Rüpel ['ry:pəl] *m* **-s, -** lout; **r~haft** *a* loutish.

rupfen ['rʊpfən] *vt* pluck; **R~** *m* **-s, -** sackcloth.

ruppig ['rʊpıç] *a* rough, gruff.

Rüsche ['ry:ʃə] *f* **-, -n** frill.

Ruß [ru:s] *m* **-es** soot; **r~en** *vi* smoke; (*Ofen*) be sooty; **r~ig** *a* sooty.

Rüssel ['rYsəl] *m* **-s, -** snout; (*Elefanten—*) trunk.

rüsten ['rYstən] *vtri* prepare; (*Mil*) arm.

rüstig ['rYstıç] *a* sprightly, vigorous; **R~keit** *f* sprightliness, vigour.

Rüstung ['rYstʊŋ] *f* preparation; arming; (*Ritter—*) armour; (*Waffen etc*) armaments *pl*; **~skontrolle** *f* armaments control.

Rüstzeug *nt* tools *pl*; (*fig*) capacity.

Rute ['ru:tə] *f* **-, -n** rod, switch.

Rutsch [rʊtʃ] *m* **-(e)s, -e** slide; (*Erd—*) landslide; **~bahn** *f* slide; **r~en** *vi* slide; (*ausr—en*) slip; **r~ig** *a* slippery.

rütteln ['rYtəln] *vti* shake, jolt.

S

S,s [ɛs] *nt* S,s.

Saal [za:l] *m* **-(e)s, Säle** hall; room.

Saat [za:t] *f* **-, -en** seed; (*Pflanzen*) crop; (*Säen*) sowing.

sabbern ['zabərn] *vi* (*col*) dribble.

Säbel ['zɛ:bəl] *m* **-s, -** sabre, sword.

Sabotage [zabo'ta:ʒə] *f* **-, -n** sabotage.

sabotieren [zabo'ti:rən] *vt* sabotage.

Sach- [zax] *cpd*: **~bearbeiter** *m* specialist; **s~dienlich** *a* relevant, helpful; **~e** *f* -, **-n** thing; *(Angelegenheit)* affair, business; *(Frage)* matter; *(Pflicht)* task; **zur ~e** to the point; **s~gemäß** *a* appropriate, suitable; **s~kundig** *a* expert; **~lage** *f* situation, state of affairs; **s~lich** *a* matter-of-fact, objective; *Irrtum, Angabe* factual.
sächlich ['zɛxlɪç] *a* neuter.
Sach- *cpd*: **~schaden** *m* material damage; **s~t(e)** *ad* softly, gently; **~verständige(r)** *mf* expert.
Sack [zak] *m* **-(e)s, ⸚e** sack; **s~en** *vi* sag, sink; **~gasse** *f* cul-de-sac, dead-end street *(US)*.
Sadismus [za'dɪsmʊs] *m* sadism.
Sadist [za'dɪst] *m* sadist; **s~isch** *a* sadistic.
säen ['zɛ:ən] *vti* sow.
Saft [zaft] *m* **-(e)s, ⸚e** juice; *(Bot)* sap; **s~ig** *a* juicy; **s~los** *a* dry.
Sage ['za:gə] *f* **-, -n** saga.
Säge ['zɛ:gə] *f* **-, -n** saw; **~mehl** *nt* sawdust; **s~n** *vti* saw.
sagen ['za:gən] *vti* say (*jdm* to sb), tell (*jdm* sb); **~haft** *a* legendary; *(col)* great, smashing.
Sägewerk *nt* sawmill.
Sahne ['za:nə] *f* - cream.
Saison [zɛ'zõ] *f* **-, -s** season; **~arbeiter** *m* seasonal worker.
Saite ['zaɪtə] *f* **-, -n** string; **~ninstrument** *nt* string instrument.
Sakko ['zako] *m or nt* **-s, -s** jacket.
Sakrament [zakramɛnt] *nt* sacrament.
Sakristei [zakrɪs'taɪ] *f* sacristy.
Salat [za'la:t] *m* **-(e)s, -e** salad; *(Kopfsalat)* lettuce; **~soße** *f* salad dressing.
Salb- ['zalb] *cpd*: **~e** *f* **-, -n** ointment; **~ei** [zal'baɪ] *m or f* **-s** *or* **-** sage; **s~en** *vt* anoint; **~ung** *f* anointing; **s~ungsvoll** *a* unctuous.
Saldo ['zaldo] *m* **-s, Salden** balance.
Salmiak [zalmi'ak] *m* **-s** sal ammoniac; **~geist** *m* liquid ammonia.
Salon [za'lõ:] *m* **-s, -s** salon.
salopp [za'lɔp] *a* casual.
Salpeter [zal'pe:tər] *m* **-s** saltpetre; **~säure** *f* nitric acid.
Salut [za'lu:t] *m* **-(e)s, -e** salute; **s~ieren** [-'ti:rən] *vi* salute.
Salve ['zalvə] *f* **-, -n** salvo.
Salz [zalts] *nt* **-es, -e** salt; **s~en** *vt irreg* salt; **s~ig** *a* salty; **~kartoffeln** *pl* boiled potatoes *pl*; **~säure** *f* hydrochloric acid.
Samen ['za:mən] *m* **-s, -** seed; *(Anat)* sperm.
Sammel- ['zaməl] *cpd*: **~band** *m* anthology; **~becken** *nt* reservoir; **~bestellung** *f* collective order; **s~n** *vt* collect; *vr* assemble, gather; *(konzentrieren)* concentrate; **~name** *m* collective term; **~surium** [-'zu:riʊm] *nt* hotchpotch.
Sammlung ['zamlʊŋ] *f* collection; assembly, gathering; concentration.
Samstag ['zamsta:k] *m* Saturday; **s~s** *ad* (on) Saturdays.
Samt [zamt] *m* **-(e)s, -e** velvet; **s~** *prep* *+dat* (along) with, together with; **s~ und sonders** each and every one (of them).
sämtlich ['zɛmtlɪç] *a* all (the), entire.
Sand [zant] *m* **-(e)s, -e** sand; **~ale** [zan'da:lə] *f* **-, -n** sandal; **~bank** *f* sandbank; **s~ig** ['zandɪç] *a* sandy; **~kasten** *m* sandpit; **~kuchen** *m* Madeira cake; **~papier** *nt* sandpaper; **~stein** *m* sandstone; **~uhr** *f* hourglass.
sanft [zanft] *a* soft, gentle; **~mütig** *a* gentle, meek.
Sänger(in *f*) ['zɛŋər(ɪn)] *m* **-s, -** singer.
Sani- *cpd*: **s~eren** [za'ni:rən] *vt* redevelop; *Betrieb* make financially sound; *vr* line one's pocket; become financially sound; **~erung** *f* redevelopment; making viable; **s~tär** [zani'tɛ:r] *a* sanitary; **s~täre Anlagen** sanitation; **~täter** [zani'tɛ:tər] *m* **-s, -** first-aid attendant; *(Mil)* (medical) orderly.
sanktionieren [zaŋktsio'ni:rən] *vt* sanction.
Saphir ['za:fi:r] *m* **-s, -e** sapphire.
Sardelle [zar'dɛlə] *f* anchovy.
Sardine [zar'di:nə] *f* sardine.
Sarg [zark] *m* **-(e)s, ⸚e** coffin.
Sarkasmus [zar'kasmʊs] *m* sarcasm.
sarkastisch [zar'kastɪʃ] *a* sarcastic.
Satan ['za:tan] *m* **-s, -e** Satan; devil.
Satellit [zatɛ'li:t] *m* **-en, -en** satellite.
Satire [za'ti:rə] *f* **-, -n** satire.
satirisch [za'ti:rɪʃ] *a* satirical.
satt [zat] *a* full; *Farbe* rich, deep; **jdn/etw ~ sein** *or* **haben** be fed up with sb/sth; **sich ~ hören/sehen an** *(+dat)* see/hear enough of; **sich ~ essen** eat one's fill; **~ machen** be filling.
Sattel ['zatəl] *m* **-s, ⸚** saddle; *(Berg)* ridge; **s~fest** *a (fig)* proficient; **s~n** *vt* saddle.
sättigen ['zɛtɪgən] *vt* satisfy; *(Chem)* saturate.
Satz [zats] *m* **-es, ⸚e** *(Gram)* sentence; *(Neben—, Adverbial—)* clause; *(Theorem)* theorem; *(Mus)* movement; *(Tennis, Briefmarken etc)* set; *(Kaffee)* grounds *pl*; *(Comm)* rate; *(Sprung)* jump; **~gegenstand** *m (Gram)* subject; **~lehre** *f* syntax; **~teil** *m* constituent (of a sentence); **~ung** *f* statute, rule; **s~ungsgemäß** *a* statutory; **~zeichen** *nt* punctuation mark.
Sau [zaʊ] *f* **-, Säue** sow; *(col)* dirty pig.
sauber ['zaʊbər] *a* clean; *(ironisch)* fine; **~halten** *vt irreg* keep clean; **S~keit** *f* cleanness; *(einer Person)* cleanliness.
säuber- ['zɔʏbər] *cpd*: **~lich** *ad* neatly; **~n** *vt* clean; *(Pol etc)* purge; **S~ung** *f* cleaning; purge.
Sauce ['zo:sə] *f* **-, -n** sauce, gravy.
sauer ['zaʊər] *a* sour; *(Chem)* acid; *(col)* cross.
Sauerei [zaʊə'raɪ] *f (col)* rotten state of affairs, scandal; *(Schmutz etc)* mess; *(Unanständigkeit)* obscenity.
säuerlich ['zɔʏərlɪç] *a* sourish, tart.
Sauer- *cpd*: **~milch** *f* sour milk; **~stoff** *m* oxygen; **~stoffgerät** *nt* breathing apparatus; **~teig** *m* leaven.
saufen ['zaʊfən] *vti irreg (col)* drink, booze.
Säufer ['zɔʏfər] *m* **-s, -** *(col)* boozer.

Sauferei [zaufə'raI] *f* drinking, boozing; booze-up.
saugen ['zaugən] *vti irreg* suck.
säugen ['zɔYgən] *vt* suckle.
Sauger [zaugər] *m* **-s, -** dummy, comforter *(US)*; *(auf Flasche)* teat; *(Staub—)* vacuum cleaner, hoover ®.
Säug- ['zɔYg] *cpd*: **~etier** *nt* mammal; **~ling** *m* infant, baby.
Säule ['zɔYlə] *f* **-, -n** column, pillar; **~ngang** *m* arcade.
Saum [zaum] *m* **-(e)s, Säume** hem; *(Naht)* seam.
säumen ['zɔYmən] *vt* hem; seam; *vi* delay, hesitate.
Sauna ['zauna] *f* **-, -s** sauna.
Säure ['zɔYrə] *f* **-, -n** acid; *(Geschmack)* sourness, acidity; **s~beständig** *a* acid-proof; **s~haltig** *a* acidic.
säuseln ['zɔYzəln] *vti* murmur, rustle.
sausen ['zauzən] *vi* blow; *(col: eilen)* rush; *(Ohren)* buzz; **etw ~ lassen** *(col)* give sth a miss.
Saustall ['zauʃtal] *m (col)* pigsty.
Saxophon [zakso'fo:n] *nt* **-s, -e** saxophone.
Schabe ['ʃa:bə] *f* **-, -n** cockroach; **s~n** *vt* scrape; **~rnack** ['ʃa:bərnak] *m* **-(e)s, -e** trick, prank.
schäbig ['ʃɛ:bɪç] *a* shabby; **S~keit** *f* shabbiness.
Schablone [ʃa'blo:nə] *f* **-, -n** stencil; *(Muster)* pattern; *(fig)* convention; **s~nhaft** *a* stereotyped, conventional.
Schach [ʃax] *nt* **-s, -s** chess; *(Stellung)* check; **~brett** *nt* chessboard; **~figur** *f* chessman; **'s~'matt** *a* checkmate; **~partie** *f*, **~spiel** *nt* game of chess.
Schacht [ʃaxt] *m* **-(e)s, ⸚e** shaft; **~el** *f* **-, -n** box; *(pej: Frau)* bag, cow.
schade ['ʃa:də] *a* a pity *or* shame; **sich** *(dat)* **zu ~ sein für etw** consider oneself too good for sth; *interj* (what a) pity *or* shame.
Schädel ['ʃɛdəl] *m* **-s, -** skull; **~bruch** *m* fractured skull.
Schaden ['ʃa:dən] *m* **-s, ⸚** damage; *(Verletzung)* injury; *(Nachteil)* disadvantage; **s~** *vi (+dat)* hurt; **einer Sache s~** damage sth; **~ersatz** *m* compensation, damages *pl*; **s~ersatzpflichtig** *a* liable for damages; **~freude** *f* malicious delight; **s~froh** *a* gloating, with malicious delight.
schadhaft ['ʃa:thaft] *a* faulty, damaged.
schäd- ['ʃɛ:t] *cpd*: **~igen** ['ʃɛdɪgən] *vt* damage; *Person* do harm to, harm; **S~igung** *f* damage; harm; **~lich** *a* harmful (*für* to); **S~lichkeit** *f* harmfulness; **S~ling** *m* pest; **S~lingsbekämpfungsmittel** *nt* pesticide.
schadlos ['ʃa:tlos] *a*: **sich ~ halten an** *(+dat)* take advantage of.
Schaf [ʃa:f] *nt* **-(e)s, -e** sheep; **~bock** *m* ram.
Schäfchen ['ʃɛ:fçən] *nt* lamb; **~wolken** *pl* cirrus clouds *pl*.
Schäfer ['ʃɛ:fər] *m* **-s, -e** shepherd; **~hund** *m* Alsatian; **~in** *f* shepherdess.
schaffen ['ʃafən] *vt irreg* create; *Platz* make; **sich** *(dat)* **etw ~** get o.s. sth; *vt (erreichen)* manage, do; *(erledigen)* finish; *Prüfung* pass; *(transportieren)* take; *vi (col: arbeiten)* work; **sich an etw** *(dat)* **zu ~ machen** busy oneself with sth; **S~** *nt* **-s** (creative) activity; **S~sdrang** *m* creative urge; energy; **S~skraft** *f* creativity.
Schaffner(in *f*) ['ʃafnər(ɪn)] *m* **-s, -** *(Bus)* conductor/conductress; *(Rail)* guard.
Schaft [ʃaft] *m* **-(e)s, ⸚e** shaft; *(von Gewehr)* stock; *(von Stiefel)* leg; *(Bot)* stalk; tree trunk; **~stiefel** *m* high boot.
Schakal [ʃa'ka:l] *m* **-s, -e** jackal.
Schäker ['ʃɛ:kər] *m* **-s, -** flirt; joker; **s~n** *vi* flirt; joke.
schal [ʃa:l] *a* flat; *(fig)* insipid; **S~** *m* **-s, -e** *or* **-s** scarf.
Schälchen ['ʃɛ:lçən] *nt* cup, bowl.
Schale ['ʃa:lə] *f* **-, -n** skin; *(abgeschält)* peel; *(Nuß—, Muschel—, Ei—)* shell; *(Geschirr)* dish, bowl.
schälen ['ʃɛ:lən] *vt* peel; shell; *vr* peel.
Schall [ʃal] *m* **-(e)s, -e** sound; **~dämpfer** *m* **-s, -** (*Aut*) silencer; **s~dicht** *a* soundproof; **s~en** *vi* (re)sound; **s~end** *a* resounding, loud; **~mauer** *f* sound barrier; **~platte** *f* (gramophone) record.
Schalt- ['ʃalt] *cpd*: **~bild** *nt* circuit diagram; **~brett** *nt* switchboard; **s~en** *vt* switch, turn; *vi (Aut)* change (gear); *(col: begreifen)* catch on; **s~en und walten** do as one pleases; **~er** *m* **-s, -** counter; *(an Gerät)* switch; **~erbeamte(r)** *m* counter clerk; **~hebel** *m* switch; *(Aut)* gear-lever; **~jahr** *nt* leap year; **~ung** *f* switching; *(Elec)* circuit; *(Aut)* gear change.
Scham [ʃa:m] *f* **-** shame; *(—gefühl)* modesty; *(Organe)* private parts *pl*.
schämen ['ʃɛ:mən] *vr* be ashamed.
Scham- *cpd*: **~haare** *pl* pubic hair; **s~haft** *a* modest, bashful; **s~los** *a* shameless.
Schande ['ʃandə] *f* **-** disgrace.
schändlich ['ʃɛntlɪç] *a* disgraceful, shameful; **S~keit** *f* disgracefulness.
Schandtat ['ʃantta:t] *f* *(col)* escapade, shenanigan.
Schändung ['ʃɛndʊŋ] *f* violation, defilement.
Schank- ['ʃaŋk] *cpd*: **~erlaubnis** *f*, **~konzession** *f* (publican's) licence; **~tisch** *m* bar.
Schanze ['ʃantsə] *f* **-, -n** (*Mil*) fieldwork, earthworks *pl*; *(Sprung—)* skijump.
Schar [ʃa:r] *f* **-, -en** band, company; *(Vögel)* flock; *(Menge)* crowd; **in ~en** in droves; **~ade** [ʃa'ra:də] *f* charade; **s~en** *vr* assemble, rally; **s~enweise** *ad* in droves.
scharf [ʃarf] *a* sharp; *Essen* hot; *Munition* live; **~ nachdenken** think hard; **auf etw** *(acc)* **~ sein** *(col)* be keen on sth; **S~blick** *m (fig)* penetration.
Schärf- ['ʃɛrf] *cpd*: **~e** *f* **-, -n** sharpness; *(Strenge)* rigour; **s~en** *vt* sharpen.
Scharf- *cpd*: **s~machen** *vt (col)* stir up; **~richter** *m* executioner; **~schießen** *nt* firing live ammunition; **~schütze** *m* marksman, sharpshooter; **~sinn** *m* penetration, astuteness; **s~sinnig** *a* astute, shrewd.

Scharmützel [ʃar'mʏtsəl] *nt* **-s, -** skirmish.
Scharnier [ʃar'ni:r] *nt* **-s, -e** hinge.
Schärpe ['ʃɛrpə] *f* **-, -n** sash.
scharren ['ʃarən] *vti* scrape, scratch.
Scharte ['ʃartə] *f* **-, -n** notch, nick; *(Berg)* wind gap.
schartig ['ʃartɪç] *a* jagged.
Schaschlik ['ʃaʃlɪk] *m or nt* **-s, -s** (shish) kebab.
Schatten ['ʃatən] *m* **-s, -** shadow; **~bild** *nt*, **~riß** *m* silhouette; **~seite** *f* shady side, dark side.
schattieren [ʃa'ti:rən] *vti* shade.
Schattierung *f* shading.
schattig ['ʃatɪç] *a* shady.
Schatulle [ʃa'tʊlə] *f* **-, -n** casket; *(Geld—)* coffer.
Schatz [ʃats] *m* **-es, ¨e** treasure; *(Person)* darling; **~amt** *nt* treasury.
schätz- ['ʃɛts] *cpd*: **~bar** *a* assessable; **S~chen** *nt* darling, love; **~en** *vt (abschätzen)* estimate; *Gegenstand* value; *(würdigen)* value, esteem; *(vermuten)* reckon; **~enlernen** *vt* learn to appreciate; **S~ung** *f* estimate; estimation; valuation; **nach meiner S~ung ...** I reckon that . . .; **~ungsweise** *ad* approximately; it is thought; **S~wert** *m* estimated value.
Schau [ʃaʊ] *f* **-** show; *(Ausstellung)* display, exhibition; **etw zur ~ stellen** make a show of sth, show sth off; **~bild** *nt* diagram.
Schauder ['ʃaʊdər] *m* **-s, -s** shudder; *(wegen Kälte)* shiver; **s~haft** *a* horrible; **s~n** *vi* shudder; shiver.
schauen ['ʃaʊən] *vi* look.
Schauer ['ʃaʊər] *m* **-s, -** *(Regen—)* shower; *(Schreck)* shudder; **~geschichte** *f* horror story; **s~lich** *a* horrific, spine-chilling.
Schaufel ['ʃaʊvəl] *f* **-, -n** shovel; *(Naut)* paddle; *(Tech)* scoop; **s~n** *vt* shovel, scoop.
Schau- *cpd*: **~fenster** *nt* shop window; **~fensterauslage** *f* window display; **~fensterbummel** *m* window shopping (expedition); **~fensterdekorateur** *m* window dresser; **~geschäft** *nt* show business; **~kasten** *m* showcase.
Schaukel ['ʃaʊkəl] *f* **-, -n** swing; **s~n** *vi* swing, rock; **~pferd** *nt* rocking horse; **~stuhl** *m* rocking chair.
Schaulustige(r) ['ʃaʊlʊstɪgə(r)] *mf* onlooker.
Schaum [ʃaʊm] *m* **-(e)s, Schäume** foam; *(Seifen—)* lather.
schäumen ['ʃɔʏmən] *vi* foam.
Schaum- *cpd*: **~gummi** *m* foam (rubber); **s~ig** *a* frothy, foamy; **~krone** *f* white crest; **~schläger** *m (fig)* windbag; **~wein** *m* sparkling wine.
Schau- *cpd*: **~platz** *m* scene; **s~rig** *a* horrific, dreadful; **~spiel** *nt* spectacle; *(Theat)* play; **~spieler** *m* actor; **~spielerin** *f* actress; **s~spielern** *vi insep* act.
Scheck [ʃɛk] *m* **-s, -s** cheque; **~buch** *nt* cheque book; **s~ig** *a* dappled, piebald.
scheel [ʃe:l] *a (col)* dirty; **jdn ~ ansehen** give sb a dirty look.
scheffeln ['ʃɛfəln] *vt* amass.
Scheibe ['ʃaɪbə] *f* **-, -n** disc; *(Brot etc)* slice; *(Glas—)* pane *(Mil)* target; **~nbremse** *f (Aut)* disc brake; **~nwaschanlage** *f (Aut)* windscreen washers *pl*; **~nwischer** *m (Aut)* windscreen wiper.
Scheich [ʃaɪç] *m* **-s, -e** *or* **-s** sheik(h).
Scheide ['ʃaɪdə] *f* **-, -n** sheath; *(Grenze)* boundary; *(Anat)* vagina; **s~n** *irreg vt* separate; *Ehe* dissolve; **sich s~n lassen** get a divorce; *vi* (de)part.
Scheidung *f (Ehe—)* divorce; **~sgrund** *m* grounds *pl* for divorce; **~sklage** *f* divorce suit.
Schein [ʃaɪn] *m* **-(e)s, -e** light; *(An—)* appearance; *(Geld)* (bank)note; *(Bescheinigung)* certificate; **zum ~** in pretence; **s~bar** *a* apparent; **s~en** *vi irreg* shine; *(Anschein haben)* seem; **s~heilig** *a* hypocritical; **~tod** *m* apparent death; **~werfer** *m* **-s, -** floodlight; spotlight; *(Such—)* searchlight; *(Aut)* headlamp.
Scheiß- ['ʃaɪs] *in cpds (col)* bloody; **~e** *f* **-** *(col)* shit.
Scheit [ʃaɪt] *nt* **-(e)s, -e** *or* **-er** log, billet.
Scheitel ['ʃaɪtəl] *m* **-s, -** top; *(Haar)* parting; **s~n** *vt* part; **~punkt** *m* zenith, apex.
scheitern ['ʃaɪtərn] *vi* fail.
Schelle ['ʃɛlə] *f* **-, -n** small bell; **s~n** *vi* ring.
Schellfisch ['ʃɛlfɪʃ] *m* haddock.
Schelm [ʃɛlm] *m* **-(e)s, -e** rogue; **s~isch** *a* mischievous, roguish.
Schelte ['ʃɛltə] *f* **-, -n** scolding; **s~n** *vt irreg* scold.
Schema ['ʃema] *nt* **-s, -s** *or* **-ta** scheme, plan; *(Darstellung)* schema; **nach ~** quite mechanically; **s~tisch** [ʃe'ma:tɪʃ] *a* schematic; *(pej)* mechanical.
Schemel ['ʃe:məl] *m* **-s, -** (foot)stool.
Schenkel ['ʃɛŋkəl] *m* **-s, -** thigh.
schenken ['ʃɛŋkən] *vt (lit, fig)* give; *Getränk* pour; **sich** *(dat)* **etw ~** *(col)* skip sth; **das ist geschenkt!** *(billig)* that's a giveaway!; *(nichts wert)* that's worthless!
Schenkung ['ʃɛŋkʊŋ] *f* gift; **~surkunde** *f* deed of gift.
Scherbe ['ʃɛrbə] *f* **-, -n** broken piece, fragment; *(archäologisch)* potsherd.
Schere ['ʃe:rə] *f* **-, -n** scissors *pl*; *(groß)* shears *pl*; **s~n** *vt irreg* cut; *Schaf* shear; *(sich kümmern)* bother; *vr* care; **scher dich (zum Teufel)!** get lost!; **~nschleifer** *m* **-s, -** knife-grinder; **~'rei** *f (col)* bother, trouble.
Scherflein ['ʃɛrflaɪn] *nt* mite, bit.
Scherz [ʃɛrts] *m* **-es, -e** joke; fun; **~frage** *f* conundrum; **s~haft** *a* joking, jocular.
scheu [ʃɔʏ] *a* shy; **S~** *f* **-** shyness; *(Angst)* fear *(vor +dat* of); *(Ehrfurcht)* awe; **S~che** *f* **-, -n** scarecrow; **~chen** *vt* scare (off); **~en** *vr*: **sich ~en vor** *(+dat)* be afraid of, shrink from; *vt* shun; *vi (Pferd)* shy.
Scheuer- ['ʃɔʏər] *cpd*: **~bürste** *f* scrubbing brush; **~lappen** *m* floorcloth;

~**leiste** *f* skirting board; **s~n** *vt* scour, scrub.
Scheuklappe *f* blinker.
Scheune ['ʃɔʏnə] *f* **-, -n** barn.
Scheusal ['ʃɔʏza:l] *nt* **-s, -e** monster.
scheußlich ['ʃɔʏslɪç] *a* dreadful, frightful; **S~keit** *f* dreadfulness.
Schi [ʃi:] *m see* **Ski.**
Schicht [ʃɪçt] *f* **-, -en** layer; *(Klasse)* class, level; *(in Fabrik etc)* shift; **~arbeit** *f* shift work; **s~en** *vt* layer, stack.
schick [ʃɪk] *a* stylish, chic; **~en** *vt* send; *vr* resign oneself (*in +acc* to); *v impers (anständig sein)* be fitting; **~lich** *a* proper, fitting; **S~sal** *nt* **-s, -e** fate; **~salsschlag** *m* great misfortune, blow.
Schieb- ['ʃi:b] *cpd*: **~edach** *nt (Aut)* sunshine roof; **s~en** *vti irreg* push; *Schuld* put (*auf jdn* on sb); **~er** *m* **-s, -** slide; *(Besteckteil)* pusher; *(Person)* profiteer; **~etür** *f* sliding door; **~lehre** *f (Math)* calliper rule; **~ung** *f* fiddle.
Schieds- ['ʃi:ts] *cpd*: **~gericht** *nt* court of arbitration; **~richter** *m* referee, umpire; *(Schlichter)* arbitrator; **s~richtern** *vti insep* referee, umpire; arbitrate; **~spruch** *m* (arbitration) award.
schief [ʃi:f] *a* crooked; *Ebene* sloping; *Turm* leaning; *Winkel* oblique; *Blick* funny; *Vergleich* distorted; *ad* crooked(ly); *ansehen* askance; **etw ~ stellen** slope sth.
Schiefer ['ʃi:fər] *m* **-s, -** slate; **~dach** *nt* slate roof; **~tafel** *f* (child's) slate.
schief- *cpd*: **~gehen** *vi irreg (col)* go wrong; **~lachen** *vr (col)* double up with laughter; **~liegen** *vi irreg (col)* be wrong.
schielen ['ʃi:lən] *vi* squint; **nach etw ~** *(fig)* eye sth.
Schienbein *nt* shinbone.
Schiene ['ʃi:nə] *f* **-, -n** rail; *(Med)* splint; **s~n** *vt* put in splints; **~nstrang** *m (Rail etc)* (section of) track.
schier [ʃi:r] *a* pure; *Fleisch* lean and boneless; *(fig)* sheer; *ad* nearly, almost.
Schieß- ['ʃi:s] *cpd*: **~bude** *f* shooting gallery; **~budenfigur** *f (col)* clown, ludicrous figure; **s~en** *vti irreg* shoot (*auf +acc* at); *(Salat etc)* run to seed; *Ball* kick; *Geschoß* fire; **~e'rei** *f* shooting incident, shoot-up; **~platz** *m* firing range; **~pulver** *nt* gunpowder; **~scharte** *f* embrasure; **~stand** *m* rifle *or* shooting range.
Schiff [ʃɪf] *nt* **-(e)s, -e** ship, vessel; *(Kirchen—)* nave; **s~bar** *a* navigable; **~bau** *m* shipbuilding; **~bruch** *m* shipwreck; **s~brüchig** *a* shipwrecked; **~chen** *nt* small boat; *(Weben)* shuttle; *(Mütze)* forage cap; **~er** *m* **-s, -** bargeman, boatman; **~(f)ahrt** *f* shipping; *(Reise)* voyage; **~(f)ahrtslinie** *f* shipping route; **~sjunge** *m* cabin boy; **~sladung** *f* cargo, shipload; **~splanke** *f* gangplank.
Schikane [ʃi'ka:nə] *f* **-, -n** harassment; dirty trick; **mit allen ~n** with all the trimmings.
schikanieren [ʃika'ni:rən] *vt* harass, torment.
Schild [ʃɪlt] *m* **-(e)s, -e** shield; *(Mützen—)* peak, visor; **etw im ~ führen** be up to sth; *nt* **-(e)s, -er** sign; nameplate; *(Etikett)* label; **~bürger** *m* duffer, blockhead; **~drüse** *f* thyroid gland; **s~ern** ['ʃɪldərn] *vt* depict, portray; **~erung** *f* description, portrayal; **~kröte** *f* tortoise; *(Wasser—)* turtle.
Schilf [ʃɪlf] *nt* **-(e)s, -e, ~rohr** *nt (Pflanze)* reed; *(Material)* reeds *pl,* rushes *pl.*
schillern ['ʃɪlərn] *vi* shimmer; **~d** *a* iridescent.
Schimmel ['ʃɪməl] *m* **-s, -** mould; *(Pferd)* white horse; **s~ig** *a* mouldy; **s~n** *vi* get mouldy.
Schimmer ['ʃɪmər] *m* **-s** glimmer; **s~n** *vi* glimmer, shimmer.
Schimpanse [ʃɪm'panzə] *m* **-n, -n** chimpanzee.
Schimpf [ʃɪmpf] *m* **-(e)s, -e** disgrace; **s~en** *vti* scold; *vi* curse, complain; **~wort** *nt* term of abuse.
Schind- ['ʃɪnd] *cpd:* **~el** *f* **-, -n** shingle; **s~en** *irreg vt* maltreat, drive too hard; *(col)* **Eindruck s~en** create an impression; *vr* sweat and strain, toil away (*mit* at); **~er** *m* **-s, -** knacker; *(fig)* slave driver; **~e'rei** *f* grind, drudgery; **~luder** *nt*: **~luder treiben mit** muck *or* mess about; *Vorrecht* abuse.
Schinken ['ʃɪŋkən] *m* **-s, -** ham.
Schippe ['ʃɪpə] *f* **-, -n** shovel; **s~n** *vt* shovel.
Schirm [ʃɪrm] *m* **-(e)s, -e** *(Regen—)* umbrella; *(Sonnen—)* parasol, sunshade; *(Wand—, Bild—)* screen; *(Lampen—)* (lamp)shade; *(Mützen—)* peak; *(Pilz—)* cap; **~bildaufnahme** *f* X-ray; **~herr** *m* patron, protector; **~mütze** *f* peaked cap; **~ständer** *m* umbrella stand.
schizophren [ʃɪtso'fre:n] *a* schizophrenic.
Schlacht [ʃlaxt] *f* **-, -en** battle; **s~en** *vt* slaughter, kill; **~enbummler** *m* football supporter; **~er** *m* **-s, -** butcher; **~feld** *nt* battlefield; **~haus** *nt,* **~hof** *m* slaughterhouse, abattoir; **~plan** *m (lit, fig)* battle plan; **~ruf** *m* battle cry, war cry; **~schiff** *nt* battle ship; **~vieh** *nt* animals kept for meat; beef cattle.
Schlacke ['ʃlakə] *f* **-, -n** slag.
Schlaf [ʃla:f] *m* **-(e)s** sleep; **~anzug** *m* pyjamas *pl.*
Schläf- ['ʃlɛ:f] *cpd:* **~chen** *nt* nap; **~e** *f* **-, -n** temple.
schlafen ['ʃa:fən] *vi irreg* sleep; **S~gehen** *nt* **-s** going to bed; **S~szeit** *f* bedtime.
Schläfer(in *f*) ['ʃlɛ:fər(ɪn)] *m* **-s, -** sleeper.
schlaff [ʃlaf] *a* slack; *(energielos)* limp; *(erschöpft)* exhausted; **S~heit** *f* slackness; limpness; exhaustion.
Schlaf- *cpd*: **~gelegenheit** *f* sleeping accommodation; **~lied** *nt* lullaby; **s~los** *a* sleepless; **~losigkeit** *f* sleeplessness, insomnia; **~mittel** *nt* soporific, sleeping pill.
schläfrig ['ʃlɛ:frɪç] *a* sleepy.
Schlaf- *cpd*: **~saal** *m* dormitory; **~sack** *m* sleeping bag; **~tablette** *f* sleeping pill; **s~trunken** *a* drowsy, half-asleep; **~wagen** *m* sleeping car, sleeper;

s~wandeln *vi insep* sleepwalk; **~zimmer** *nt* bedroom.

Schlag [ʃla:k] *m* **-(e)s, ¨e** *(lit, fig)* blow; stroke *(auch Med)*; *(Puls—, Herz—)* beat; *(pl: Tracht Prügel)* beating; *(Elec)* shock; *(Blitz—)* bolt, stroke; *(Autotür)* car door; *(col: Portion)* helping; *(Art)* kind, type; **mit einem ~** all at once; **~ auf ~** in rapid succession; **~ader** *f* artery; **~anfall** *m* stroke; **s~artig** *a* sudden, without warning; **~baum** *m* barrier; **s~en** ['ʃla:gən] *irreg vti* strike, hit; *(wiederholt —, besiegen)* beat; *(Glocke)* ring; *Stunde* strike; *Sahne* whip; *Schlacht* fight; *(einwickeln)* wrap; **nach jdm s~en** *(fig)* take after sb; *vr* fight; **sich gut s~en** *(fig)* do well; **s~end** *a Beweis* convincing; **s~ende Wetter** *(Min)* firedamp; **~er** ['ʃla:gər] *m* **-s, -** *(lit, fig)* hit; **~ersänger(in *f*)** *m* pop singer.

Schläg- ['ʃlɛ:g] *cpd*: **~er** *m* **-s, -** brawler; *(Sport)* bat; *(Tennis etc)* racket; (golf) club; hockey stick; *(Waffe)* rapier; **~e'rei** *f* fight, punch-up.

Schlag- *cpd*: **s~fertig** *a* quick-witted; **~fertigkeit** *f* ready wit, quickness of repartee; **~instrument** *nt* percussion instrument; **~loch** *nt* pothole; **~rahm** *m*, **~sahne** *f* (whipped) cream; **~seite** *f* *(Naut)* list; **~wort** *nt* slogan, catch phrase; **~zeile** *f* headline; **~zeug** *nt* percussion; drums *pl*; **~zeuger** *m* **-s, -** drummer.

Schlamassel [ʃla'masəl] *m* **-s, -** *(col)* mess.

Schlamm [ʃlam] *m* **-(e)s, -e** mud; **s~ig** *a* muddy.

Schlamp- ['ʃlamp] *cpd*: **~e** *f* **-, -n** *(col)* slattern, slut; **s~en** *vi (col)* be sloppy; **~e'rei** *f (col)* disorder, untidiness; sloppy work; **s~ig** *a (col)* slovenly, sloppy.

Schlange ['ʃlaŋə] *f* **-, -n** snake; *(Menschen—)* queue *(Brit)*, line-up *(US)*; **~ stehen** (form a) queue, line up.

schlängeln ['ʃlɛŋəln] *vr* twist, wind; *(Fluß)* meander.

Schlangen- *cpd*: **~biß** *m* snake bite; **~ngift** *nt* snake venom; **~linie** *f* wavy line.

schlank [ʃlank] *a* slim, slender; **S~heit** *f* slimness, slenderness; **S~heitskur** *f* diet.

schlapp [ʃlap] *a* limp; *(locker)* slack; **S~e** *f* **-, -n** *(col)* setback; **S~heit** *f* limpness; slackness; **S~hut** *m* slouch hat; **~machen** *vi (col)* wilt, droop.

Schlaraffenland [ʃla'rafənlant] *nt* land of milk and honey.

schlau [ʃlau] *a* crafty, cunning.

Schlauch [ʃlaux] *m* **-(e)s, Schläuche** hose; *(in Reifen)* inner tube; *(col: Anstrengung)* grind; **~boot** *nt* rubber dinghy; **s~en** *vt (col)* tell on, exhaust; **s~los** *a Reifen* tubeless.

Schlau- *cpd*: **~heit** *f*, **Schläue** ['ʃlɔʏə] *f* **-** cunning; **~kopf** *m* clever dick.

schlecht [ʃlɛçt] *a* bad; **~ und recht** after a fashion; **jdm ist ~** sb feels sick *or* bad; **~erdings** *ad* simply; **~gehen** *vi impers irreg*: **jdm geht es ~** sb is in a bad way; **S~heit** *f* badness; **'~'hin** *ad* simply; **der Dramatiker ~hin** THE playwright; **S~igkeit** *f* badness; bad deed; **~machen** *vt* run down; **etw ~ machen** do sth badly; **~weg** *ad* simply.

schlecken ['ʃlɛkən] *vti* lick.

Schlegel ['ʃle:gəl] *m* **-s, -** (drum)stick; *(Hammer)* mallet, hammer; *(Cook)* leg.

Schleie ['ʃlaɪə] *f* **-, -n** tench.

schleichen ['ʃlaɪçən] *vi irreg* creep, crawl; **~d** *a* gradual; creeping.

Schleier ['ʃlaɪər] *m* **-s, -** veil; **s~haft** *a (col)* **jdm s~haft sein** be a mystery to sb.

Schleif- ['ʃlaɪf] *cpd*: **~e** *f* **-, -n** loop; *(Band)* bow; **s~en** *vt* drag; *(Mil) Festung* raze; *vi* drag; *vt irreg* grind; *Edelstein* cut; *(Mil) Soldaten* drill; **~stein** *m* grindstone.

Schleim [ʃlaɪm] *m* **-(e)s, -e** slime; *(Med)* mucus; *(Cook)* gruel; **s~ig** *a* slimy.

Schlemm- ['ʃlɛm] *cpd*: **s~en** *vi* feast; **~er** *m* **-s, -** gourmet; **~e'rei** *f* gluttony, feasting.

schlendern ['ʃlɛndərn] *vi* stroll.

Schlendrian ['ʃlɛndria:n] *m* **-(e)s** sloppy way of working.

schlenkern ['ʃlɛŋkərn] *vti* swing, dangle.

Schlepp- ['ʃlɛp] *cpd*: **~e** *f* **-, -n** train; **s~en** *vt* drag; *Auto, Schiff* tow; *(tragen)* lug; **s~end** *a* dragging, slow; **~er** *m* **-s, -** tractor; *(Schiff)* tug; **~tau** *nt* towrope; **jdn ins ~tau nehmen** *(fig)* take sb in tow.

Schleuder ['ʃlɔʏdər] *f* **-, -n** catapult; *(Wäsche—)* spin-drier; *(Butter— etc)* centrifuge; **s~n** *vt* hurl; *Wäsche* spin-dry; *vi (Aut)* skid; **~preis** *m* give-away price; **~sitz** *m (Aviat)* ejector seat; *(fig)* hot seat; **~ware** *f* cheap *or* cut-price goods *pl*.

schleunig [ʃlɔʏnɪç] *a* quick, prompt; **~st** *ad* straight away.

Schleuse ['ʃlɔʏzə] *f* **-, -n** lock; *(—ntor)* sluice.

Schlich [ʃlɪç] *m* **-(e)s, -e** dodge, trick.

schlicht [ʃlɪçt] *a* simple, plain; **~en** *vt* smooth, dress; *Streit* settle; **S~er** *m* **-s, -** mediator, arbitrator; **S~ung** *f* settlement; arbitration.

Schlick [ʃlɪk] *m* **-(e)s, -e** mud; *(Öl—)* slick.

Schließ- ['ʃli:s] *cpd*: **~e** *f* **-, -n** fastener; **s~en** *irreg vtir* close, shut; *(beenden)* close; *Freundschaft, Bündnis, Ehe* enter into; *(folgern)* infer *(aus +dat* from); **etw in sich s~en** include sth; **~fach** *nt* locker; **s~lich** *ad* finally; *(— doch)* after all.

Schliff [ʃlɪf] *m* **-(e)s, -e** cut(ting); *(fig)* polish.

schlimm [ʃlɪm] *a* bad; **~er** *a* worse; **~ste(r,s)** *a* worst; **~stenfalls** *ad* at (the) worst.

Schling- ['ʃlɪŋ] *cpd*: **~e** *f* **-, -n** loop; *(esp Henkers—)* noose; *(Falle)* snare; *(Med)* sling; **~el** *m* **-s, -** rascal; **s~en** *irreg vt* wind; *vti (essen)* bolt (one's food), gobble; **s~ern** *vi* roll.

Schlips [ʃlɪps] *m* **-es, -e** tie.

Schlitten ['ʃlɪtən] *m* **-s, -** sledge, sleigh; **~bahn** *f* toboggan run; **~fahren** *nt* **-s** tobogganing.

schlittern ['ʃlɪtərn] *vi* slide.

Schlittschuh ['ʃlɪt-ʃu:] *m* skate; **~ laufen** skate; **~bahn** *f* skating rink; **~läufer(in *f*)** *m* skater.

Schlitz [ʃlɪts] *m* **-es, -e** slit; *(für Münze)*

slot; *(Hosen—)* flies *pl*; **s~äugig** *a* slant-eyed; **s~en** *vt* slit.

schlohweiß ['ʃlo:'vaɪs] *a* snow-white.

Schloß [ʃlɔs] *nt* **-sses, ¨sser** lock; *(an Schmuck etc)* clasp; *(Bau)* castle; chateau.

Schlosser ['ʃlɔsər] *m* **-s, -** *(Auto—)* fitter; *(für Schlüssel etc)* locksmith; **~ei** [-'raɪ] *f* metal (working) shop.

Schlot ['ʃlo:t] *m* **-(e)s, -e** chimney; *(Naut)* funnel.

schlottern ['ʃlɔtərn] *vi* shake, tremble; *(Kleidung)* be baggy.

Schlucht [ʃlʊxt] *f* **-, -en** gorge, ravine.

schluchzen ['ʃlʊxtsən] *vi* sob.

Schluck [ʃlʊk] *m* **-(e)s, -e** swallow; *(Menge)* drop; **~auf** *m* **-s, ~en** *m* **-s, -** hiccups *pl*; **s~en** *vti* swallow.

schludern ['ʃlu:dərn] *vi* skimp, do sloppy work.

Schlummer ['ʃlʊmər] *m* **-s** slumber; **s~n** *vi* slumber.

Schlund [ʃlʊnt] *m* **-(e)s, ¨e** gullet; *(fig)* jaw.

schlüpfen ['ʃlʏpfən] *vi* slip; (*Vogel etc*) hatch (out).

Schlüpfer ['ʃlʏpfər] *m* **-s, -** panties *pl*, knickers *pl*.

Schlupfloch ['ʃlʊpflɔx] *nt* hole; hide-out; *(fig)* loophole.

schlüpfrig ['ʃlʏpfrɪç] *a* slippery; *(fig)* lewd; **S~keit** *f* slipperiness; *(fig)* lewdness.

schlurfen ['ʃlʊrfən] *vi* shuffle.

schlürfen ['ʃlʏrfən] *vti* slurp.

Schluß [ʃlʊs] *m* **-sses, ¨sse** end; *(—folgerung)* conclusion; **am ~** at the end; **~ machen mit** finish with.

Schlüssel ['ʃlʏsəl] *m* **-s, -** *(lit, fig)* key; *(Schraub—)* spanner, wrench; *(Mus)* clef; **~bein** *nt* collarbone; **~blume** *f* cowslip, primrose; **~bund** *m* bunch of keys; **~kind** *nt* latchkey child; **~loch** *nt* keyhole; **~position** *f* key position; **~wort** *f* combination.

schlüssig ['ʃlʏsɪç] *a* conclusive.

Schluß- *cpd*: **~licht** *nt* taillight; *(fig)* tailender; **~strich** *m (fig)* final stroke; **~verkauf** *m* clearance sale; **~wort** *nt* concluding words *pl*.

Schmach [ʃma:x] *f* **-** disgrace, ignominy.

schmachten ['ʃma:xtən] *vi* languish; long (*nach* for).

schmächtig ['ʃmɛçtɪç] *a* slight.

schmachvoll *a* ignominious, humiliating.

schmackhaft ['ʃmakhaft] *a* tasty.

schmäh- ['ʃmɛ:] *cpd*: **~en** *vt* abuse, revile; **~lich** *a* ignominious, shameful; **S~ung** *f* abuse.

schmal [ʃma:l] *a* narrow; *Person, Buch etc* slender, slim; (*karg*) meagre.

schmälern ['ʃmɛ:lərn] *vt* diminish; *(fig)* belittle.

Schmal- *cpd*: **~film** *m* cine film; **~spur** *f* narrow gauge.

Schmalz [ʃmalts] *nt* **-es, -e** dripping, lard; *(fig)* sentiment, schmaltz; **s~ig** *a (fig)* schmaltzy, slushy.

schmarotzen [ʃma'rɔtsən] *vi* sponge; *(Bot)* be parasitic.

Schmarotzer *m* **-s, -** parasite; sponger.

Schmarren ['ʃmarən] *m* **-s, -** *(Aus)* small piece of pancake; *(fig)* rubbish, tripe.

schmatzen [ʃmatsən] *vi* smack one's lips; eat noisily.

Schmaus [ʃmaʊs] *m* **-es, Schmäuse** feast; **s~en** *vi* feast.

schmecken ['ʃmɛkən] *vti* taste; **es schmeckt ihm** he likes it.

Schmeichel- ['ʃmaɪçəl] *cpd*: **~ei** [-'laɪ] *f* flattery; **s~haft** *a* flattering; **s~n** *vi* flatter.

schmeißen ['ʃmaɪsən] *vt irreg (col)* throw, chuck.

Schmeißfliege *f* bluebottle.

Schmelz [ʃmɛlts] *m* **-es, -e** enamel; *(Glasur)* glaze; *(von Stimme)* melodiousness; **s~bar** *a* fusible; **s~en** *vti irreg* melt; *Erz* smelt; **~hütte** *f* smelting works *pl*; **~punkt** *m* melting point; **~wasser** *nt* melted snow.

Schmerz [ʃmɛrts] *m* **-es, -en** pain; *(Trauer)* grief; **s~empfindlich** *a* sensitive to pain; **s~en** *vti* hurt; **~ensgeld** *nt* compensation; **s~haft, s~lich** *a* painful; **s~los** *a* painless; **s~stillend** *a* soothing.

Schmetterling ['ʃmɛtərlɪŋ] *m* butterfly.

schmettern ['ʃmɛtərn] *vti* smash; *Melodie* sing loudly, bellow out; *(Trompete)* blare.

Schmied [ʃmi:t] *m* **-(e)s, -e** blacksmith; **~e** ['ʃmi:də] *f* **-, -n** smithy, forge; **~eeisen** *nt* wrought iron; **s~en** *vt* forge; *Pläne* devise, concoct.

schmiegen ['ʃmi:gən] *vt* press, nestle; *vr* cling, nestle (up) (*an +acc* to).

schmiegsam ['ʃmi:kza:m] *a* flexible, pliable.

Schmier- ['ʃmi:r] *cpd*: **~e** *f* **-, -n** grease; *(Theat)* greasepaint, make-up; **s~en** *vt* smear; *(ölen)* lubricate, grease; *(bestechen)* bribe; *vti (schreiben)* scrawl; **~fett** *nt* grease; **~fink** *m* messy person; **~geld** *nt* bribe; **s~ig** *a* greasy; **~mittel** *nt* lubricant; **~seife** *f* soft soap.

Schminke ['ʃmɪŋkə] *f* **-, -n** make-up; **s~n** *vtr* make up.

schmirgel- ['ʃmɪrgəl] *cpd*: **~n** *vt* sand (down); **S~papier** *nt* emery paper.

Schmöker ['ʃmø:kər] *m* **-s, -** *(col)* (trashy) old book; **s~n** *vi (col)* browse.

schmollen ['ʃmɔlən] *vi* sulk, pout; **~d** *a* sulky.

Schmor- ['ʃmo:r] *cpd*: **~braten** *m* stewed *or* braised meat; **s~en** *vt* stew, braise.

Schmuck [ʃmʊk] *m* **-(e)s, -e** jewellery; *(Verzierung)* decoration.

schmücken ['ʃmʏkən] *vt* decorate.

Schmuck- *cpd*: **s~los** *a* unadorned, plain; **~losigkeit** *f* simplicity; **~sachen** *pl* jewels *pl*, jewellery.

Schmuggel ['ʃmʊgəl] *m* **-s** smuggling; **s~n** *vti* smuggle.

Schmuggler *m* **-s, -** smuggler.

schmunzeln ['ʃmʊntsəln] *vi* smile benignly.

Schmutz [ʃmʊts] *m* **-es** dirt, filth; **s~en** *vi* get dirty; **~fink** *m* filthy creature; **~fleck** *m* stain; **s~ig** *a* dirty.

Schnabel ['ʃna:bəl] *m* **-s, ¨** beak, bill; *(Ausguß)* spout.

Schnake ['ʃna:kə] *f* **-, -n** cranefly; (*Stechmücke*) gnat.

Schnalle ['ʃnalə] *f* **-, -n** buckle, clasp; **s~n** *vt* buckle.
schnalzen ['ʃnaltsən] *vi* snap; *(mit Zunge)* click.
Schnapp- ['ʃnap] *cpd*: **s~en** *vt* grab, catch; *vi* snap; **~schloß** *nt* spring lock; **~schuß** *m (Phot)* snapshot.
Schnaps [ʃnaps] *m* **-es, ¨e** spirits *pl*; schnapps.
schnarchen ['ʃnarçən] *vi* snore.
schnattern ['ʃnatərn] *vi* chatter; *(zittern)* shiver.
schnauben ['ʃnaubən] *vi* snort; *vr* blow one's nose.
schnaufen ['ʃnaufən] *vi* puff, pant.
Schnauz- ['ʃnauts] *cpd*: **~bart** *m* moustache; **~e** *f* **-, -n** snout, muzzle; (*Ausguß*) spout; (*col*) gob.
Schnecke ['ʃnɛkə] *f* **-, -n** snail; **~nhaus** *nt* snail's shell.
Schnee ['ʃne:] *m* **-s** snow; (*Ei—*) beaten egg white; **~ball** *m* snowball; **~flocke** *f* snowflake; **~gestöber** *nt* snowstorm; **~glöckchen** *nt* snowdrop; **~kette** *f* (*Aut*) (snow) chain; **~pflug** *m* snowplough; **~schmelze** *f* **-, -n** thaw; **~wehe** *f* snowdrift; **~wittchen** *nt* Snow White.
Schneid [ʃnaɪt] *m* **-(e)s** (*col*) pluck; **~e** ['ʃnaɪdə] *f* **-, -n** edge; (*Klinge*) blade; **s~en** *vtr irreg* cut (o.s.); (*kreuzen*) cross, intersect; **s~end** *a* cutting; **~er** *m* **-s, -** tailor; **~erin** *f* dressmaker; **s~ern** *vt* make; *vi* be a tailor; **~ezahn** *m* incisor; **s~ig** *a* dashing; (*mutig*) plucky.
schneien ['ʃnaɪən] *vi* snow.
Schneise ['ʃnaɪzə] *f* **-, -n** clearing.
schnell [ʃnɛl] *a,ad* quick(ly), fast; **~en** *vi* shoot, fly; **S~hefter** *m* **-s, -** loose-leaf binder; **S~igkeit** *f* speed; **~stens** *ad* as quickly as possible; **S~straße** *f* expressway; **S~zug** *m* fast *or* express train.
schneuzen ['ʃnɔytsən] *vr* blow one's nose.
schnippisch ['ʃnɪpɪʃ] *a* sharp-tongued.
Schnitt [ʃnɪt] *m* **-(e)s, -e** cut(ting); (*—punkt*) intersection; (*Quer—*) (cross) section; (*Durch—*) average; (*—muster*) pattern; (*Ernte*) crop; (*an Buch*) edge; (*col: Gewinn*) profit; **~blumen** *pl* cut flowers *pl*; **~e** *f* **-, -n** slice; (*belegt*) sandwich; **~fläche** *f* section; **~lauch** *m* chive; **~muster** *nt* pattern; **~punkt** *m* (point of) intersection; **~wunde** *f* cut.
Schnitz- ['ʃnɪts] *cpd*: **~arbeit** *f* wood carving; **~el** *nt* **-s, -** chip; (*Cook*) escalope; **s~en** *vt* carve; **~er** *m* **-s, -** carver; (*col*) blunder; **~e'rei** *f* carving; carved woodwork.
schnodderig ['ʃnɔdərɪç] *a* (*col*) snotty.
schnöde ['ʃnø:də] *a* base, mean.
Schnorchel ['ʃnɔrçəl] *m* **-s, -** snorkel.
Schnörkel ['ʃnœrkəl] *m* **-s, -** flourish; (*Archit*) scroll.
schnorren ['ʃnɔrən] *vti* cadge.
schnüffeln ['ʃnʏfəln] *vi* sniff.
Schnüffler *m* **-s, -** snooper.
Schnuller ['ʃnʊlər] *m* **-s, -** dummy, comforter (*US*).
Schnupfen ['ʃnʊpfən] *m* **-s, -** cold.
schnuppern ['ʃnʊpərn] *vi* sniff.
Schnur [ʃnu:r] *f* **-, ¨e** string, cord; (*Elec*) flex; **s~gerade** *a* straight (as a die *or* arrow).
schnüren ['ʃny:rən] *vt* tie.
Schnurr- ['ʃnʊr] *cpd*: **~bart** *m* moustache; **s~en** *vi* purr; (*Kreisel*) hum.
Schnür- ['ʃny:r] *cpd*: **~schuh** *m* lace-up (shoe); **~senkel** *m* shoelace.
schnurstracks *ad* straight (away).
Schock [ʃɔk] *m* **-(e)s, -e** shock; **s~ieren** [ʃɔ'ki:rən] *vt* shock, outrage.
Schöffe ['ʃœfə] *m* **-n, -n** lay magistrate; **~ngericht** *nt* magistrates' court.
Schöffin *f* lay magistrate.
Schokolade [ʃoko'la:də] *f* **-, -n** chocolate.
Scholle ['ʃɔlə] *f* **-, -n** clod; *(Eis—)* ice floe; *(Fisch)* plaice.
schon [ʃo:n] *ad* already; (*zwar*) certainly; **warst du ~ einmal da?** have you ever been there?; **ich war ~ einmal da** I've been there before; **das ist ~ immer so** that has always been the case; **das wird ~ (noch) gut** that'll be OK; **wenn ich das ~ höre . . .** I only have to hear that . . .; **~ der Gedanke** the very thought.
schön [ʃø:n] *a* beautiful; *(nett)* nice; **~e Grüße** best wishes; **~en Dank** (many) thanks.
schonen ['ʃo:nən] *vt* look after; *vr* take it easy; **~d** *a* careful, gentle.
Schön- *cpd*: **~geist** *m* cultured person, aesthete; **~heit** *f* beauty; **~heitsfehler** *m* blemish, flaw; **~heitsoperation** *f* cosmetic plastic surgery; **s~machen** *vr* make oneself look nice.
Schon- *cpd*: **~ung** *f* good care; *(Nachsicht)* consideration; *(Forst)* plantation of young trees; **s~ungslos** *a* unsparing, harsh; **~zeit** *f* close season.
Schöpf- ['ʃœpf] *cpd*: **s~en** *vt* scoop, ladle; *Mut* summon up; *Luft* breath in; **~er** *m* **-s, -** creator; **s~erisch** *a* creative; **~kelle** *f* ladle; **~löffel** *m* skimmer, scoop; **~ung** *f* creation.
Schorf ['ʃɔrf] *m* **-(e)s, -e** scab.
Schornstein ['ʃɔrnʃtaɪn] *m* chimney; *(Naut)* funnel; **~feger** *m* **-s, -** chimney sweep.
Schoß [ʃo:s] *m* **-es, ¨e** lap; (*Rock—*) coat tail; **~hund** *m* pet dog, lapdog.
Schote ['ʃo:tə] *f* **-, -n** pod.
Schotter ['ʃɔtər] *m* **-s** broken stone, road metal; *(Rail)* ballast.
schraffieren [ʃra'fi:rən] *vt* hatch.
schräg [ʃrɛ:k] *a* slanting, not straight; **etw ~ stellen** put sth at an angle; **~ gegenüber** diagonally opposite; **S~e** *f* **-, -n** slant; **S~schrift** *f* italics *pl*; **S~streifen** *m* bias binding; **S~strich** *m* oblique stroke.
Schramme ['ʃramə] *f* **-, -n** scratch; **s~n** *vt* scratch.
Schrank [ʃraŋk] *m* **-(e)s, ¨e** cupboard; *(Kleider—)* wardrobe; **~e** *f* **-, -n** barrier; **s~enlos** *a* boundless; *(zügellos)* unrestrained; **~enwärter** *m (Rail)* level crossing attendant; **~koffer** *m* trunk.
Schraube ['ʃraubə] *f* **-, -n** screw; **s~n** *vt* screw; **~nschlüssel** *m* spanner; **~nzieher** *m* **-s, -** screwdriver.

Schraubstock ['ʃraubʃtɔk] *m (Tech)* vice.

Schrebergarten ['ʃre:bərgartən] *m* allotment.

Schreck [ʃrɛk] *m* **-(e)s, -e, ~en** *m* **-s, -** terror; fright; **s~en** *vt* frighten, scare; **~gespenst** *nt* spectre, nightmare; **s~haft** *a* jumpy, easily frightened; **s~lich** *a* terrible, dreadful; **~schuß** *m* shot fired in the air.

Schrei [ʃraɪ] *m* **-(e)s, -e** scream; *(Ruf)* shout.

Schreib- ['ʃraɪb] *cpd:* **~block** *m* writing pad; **s~en** *vti irreg* write; *(buchstabieren)* spell; **~en** *nt* **-s, -** letter, communication; **~er** *m* **-s, -** writer; *(Büro—)* clerk; **s~faul** *a* bad about writing letters; **~fehler** *m* spelling mistake; **~maschine** *f* typewriter; **~papier** *nt* notepaper; **~tisch** *m* desk; **~ung** *f* spelling; **~waren** *pl* stationery; **~weise** *f* spelling; way of writing; **~zeug** *nt* writing materials *pl.*

schreien ['ʃraɪən] *vti irreg* scream; *(rufen)* shout; **~d** *a (fig)* glaring; *Farbe* loud.

Schreiner ['ʃraɪnər] *m* **-s, -** joiner; *(Zimmermann)* carpenter; *(Möbel—)* cabinetmaker; **~ei** [-'raɪ] *f* joiner's workshop.

schreiten ['ʃraɪtən] *vi irreg* stride.

Schrift [ʃrɪft] *f* **-, -en** writing; handwriting; *(—art)* script; *(Gedrucktes)* pamphlet, work; **~deutsch** *nt* written German; **~führer** *m* secretary; **s~lich** *a* written; *ad* in writing; **~setzer** *m* compositor; **~sprache** *f* written language; **~steller(in** *f)* *m* **-s, -** writer; **~stück** *nt* document.

schrill [ʃrɪl] *a* shrill; **~en** *vi* sound *or* ring shrilly.

Schritt [ʃrɪt] *m* **-(e)s, -e** step; *(Gangart)* walk; *(Tempo)* pace; *(von Hose)* crutch; **~macher** *m* **-s,** pacemaker; **~(t)empo** *nt:* **im ~(t)empo** at a walking pace.

schroff [ʃrɔf] *a* steep; *(zackig)* jagged; *(fig)* brusque; (*ungeduldig*) abrupt.

schröpfen ['ʃrœpfən] *vt (fig)* fleece.

Schrot [ʃro:t] *m or nt* **-(e)s, -e** (*Blei*) (small) shot; *(Getreide)* coarsely ground grain, groats *pl*; **~flinte** *f* shotgun.

Schrott [ʃrɔt] *m* **-(e)s, -e** scrap metal; **~haufen** *m* scrap heap; **s~reif** *a* ready for the scrap heap.

schrubben ['ʃrubən] *vt* scrub.

Schrubber *m* **-s, -** scrubbing brush.

Schrulle ['ʃrulə] *f* **-, -n** eccentricity, queer idea/habit.

schrumpfen ['ʃrumpfən] *vi* shrink; *(Apfel)* shrivel.

Schub- ['ʃu:b] *cpd:* **~fach** *nt* drawer; **~karren** *m* wheelbarrow; **~lade** *f* drawer.

schüchtern ['ʃʏçtərn] *a* shy; **S~heit** *f* shyness.

Schuft [ʃuft] *m* **-(e)s, -e** scoundrel; **s~en** *vi (col)* graft, slave away.

Schuh [ʃu:] *m* **-(e)s, -e** shoe; **~band** *nt* shoelace; **~creme** *f* shoe polish; **~löffel** *m* shoehorn; **~macher** *m* **-s, -** shoemaker.

Schul- ['ʃu:l] *cpd:* **~aufgaben** *pl* homework; **~besuch** *m* school attendance.

Schuld [ʃult] *f* **-, -en** guilt; *(Fin)* debt; *(Verschulden)* fault; **s~** *a:* **s~ sein** *or* **haben** be to blame (*an +dat* for); **er ist** *or* **hat s~** it's his fault; **jdm s~ geben** blame sb; **s~en** ['ʃuldən] *vt* owe; **s~enfrei** *a* free from debt; **~gefühl** *nt* feeling of guilt; **s~ig** *a* guilty (*an +dat* of); *(gebührend)* due; **jdm etw s~ig sein** owe sb sth; **jdm etw s~ig bleiben** not provide sb with sth; **s~los** *a* innocent, without guilt; **~ner** *m* **-s, -** debtor; **~schein** *m* promissory note, IOU; **~spruch** *m* verdict of guilty.

Schule ['ʃu:lə] *f* **-, -n** school; **s~n** *vt* train, school.

Schüler(in *f)* ['ʃy:lər(ɪn)] *m* **-s, -** pupil.

Schul- ['ʃu:l] *cpd:* **~ferien** *pl* school holidays *pl*; **s~frei** *a:* **s~freier Tag** holiday; **s~frei sein** be a holiday; **~funk** *m* schools' broadcasts *pl*; **~geld** *nt* school fees *pl*; **~hof** *m* playground; **~jahr** *nt* school year; **~junge** *m* schoolboy; **~mädchen** *nt* schoolgirl; **s~pflichtig** *a* of school age; **~schiff** *nt* *(Naut)* training ship; **~stunde** *f* period, lesson; **~tasche** *f* satchel.

Schulter ['ʃultər] *f* **-, -n** shoulder; **~blatt** *nt* shoulder blade; **s~n** *vt* shoulder.

Schul- *cpd:* **~ung** *f* education, schooling; **~wesen** *nt* educational system; **~zeugnis** *nt* school report.

Schund [ʃunt] *m* **-(e)s** trash, garbage; **~roman** *m* trashy novel.

Schuppe ['ʃupə] *f* **-, -n** scale; *pl (Haar—)* dandruff; **s~n** *vt* scale; *vr* peel; **~n** *m* **-s, -** shed.

schuppig ['ʃupɪç] *a* scaly.

Schur [ʃu:r] *f* **-, -en** shearing.

Schür- ['ʃy:r] *cpd:* **~eisen** *nt* poker; **s~en** *vt* rake; *(fig)* stir up; **s~fen** ['ʃʏrfən] *vti* scrape, scratch; *(Min)* prospect, dig; **~fung** *f* abrasion; *(Min)* prospecting; **~haken** *m* poker.

Schurke ['ʃurkə] *m* **-n, -n** rogue.

Schurz [ʃurts] *m* **-es, -e, Schürze** ['ʃʏrtsə] *f* **-, -n** apron.

Schuß [ʃus] *m* **-sses, ¨sse** shot; *(Weben)* woof; **~bereich** *m* effective range.

Schüssel ['ʃʏsəl] *f* **-, -n** bowl.

Schuß- *cpd:* **~linie** *f* line of fire; **~verletzung** *f* bullet wound; **~waffe** *f* firearm; **~weite** *f* range (of fire).

Schuster ['ʃu:stər] *m* **-s, -** cobbler, shoemaker.

Schutt [ʃut] *m* **-(e)s** rubbish; *(Bau—)* rubble; **~abladeplatz** *m* refuse dump.

Schütt- ['ʃʏt] *cpd:* **~elfrost** *m* shivering; **s~eln** *vtr* shake; **s~en** *vt* pour; *(Zucker, Kies etc)* tip; *(ver—)* spill; *vi impers* pour (down); **s~er** *a Haare* sparse, thin.

Schutt- *cpd:* **~halde** *f* dump; **~haufen** *m* heap of rubble.

Schutz [ʃuts] *m* **-es** protection; *(Unterschlupf)* shelter; **jdn in ~ nehmen** stand up for sb; **~anzug** *m* overalls *pl*; **~befohlene(r)** *mf* charge; **~blech** *nt* mudguard; **~brille** *f* goggles *pl.*

Schütze ['ʃʏtsə] *m* **-n, -n** gunman;

(Gewehr—) rifleman; *(Scharf—, Sport—)* marksman; (*Astrol*) Sagittarius.
Schutz- *cpd*: **~engel** *m* guardian angel; **~gebiet** *nt* protectorate; *(Natur—)* reserve; **~haft** *f* protective custody; **~impfung** *f* immunisation; **s~los** *a* defenceless; **~mann** *m, pl* **-leute** *or* **-männer** policeman; **~maßnahme** *f* precaution; **~patron** *m* patron saint; **~umschlag** *m* (book) jacket; **~vorrichtung** *f* safety device.
schwach [ʃvax] *a* weak, feeble.
Schwäche [ˈʃvɛçə] *f* **-, -n** weakness; **s~n** *vt* weaken.
Schwach- *cpd*: **~heit** *f* weakness; **s~köpfig** *a* silly, lame-brained.
Schwäch- *cpd:* **s~lich** *a* weakly, delicate; **~ling** *m* weakling.
Schwach- *cpd*: **~sinn** *m* imbecility; **s~sinnig** *a* mentally deficient; *Idee* idiotic; **~strom** *m* weak current.
Schwächung [ˈʃvɛçʊŋ] *f* weakening.
Schwaden [ˈʃva:dən] *m* **-s, -** cloud.
schwafeln [ˈʃva:fəln] *vti* blather, drivel.
Schwager [ˈʃva:gər] *m* **-s, ⸚** brother-in-law.
Schwägerin [ˈʃvɛ:gərɪn] *f* sister-law.
Schwalbe [ˈʃvalbə] *f* **-, -n** swallow.
Schwall [ʃval] *m* **-(e)s, -e** surge; *(Worte)* flood, torrent.
Schwamm [ʃvam] *m* **-(e)s, ⸚e** sponge; *(Pilz)* fungus; **s~ig** *a* spongy; *Gesicht* puffy.
Schwan [ʃva:n] *m* **-(e)s, ⸚e** swan; **s~en** *vi impers:* **jdm schwant etw** sb has a foreboding of sth.
schwanger [ˈʃvangər] *a* pregnant.
schwängern [ˈʃvɛŋərn] *vt* make pregnant.
Schwangerschaft *f* pregnancy.
Schwank [ʃvaŋk] *m* **-(e)s, ⸚e** funny story; **s~en** *vi* sway; *(taumeln)* stagger, reel; *(Preise, Zahlen)* fluctuate; *(zögern)* hesitate, vacillate; **~ung** *f* fluctuation.
Schwanz [ʃvants] *m* **-es, ⸚e** tail.
schwänzen [ˈʃvɛntsən] *(col) vt* skip, cut; *vi* play truant.
Schwänzer [ˈʃvɛntsər] *m* **-s, -** *(col)* truant.
Schwarm [ʃvarm] *m* **-(e)s, ⸚e** swarm; *(col)* heart-throb, idol.
schwärm- [ʃvɛrm] *cpd*: **~en** *vi* swarm; **~en für** be mad *or* wild about; **S~erei** *f* [-əˈraɪ] *f* enthusiasm; **~erisch** *a* impassioned, effusive.
Schwarte [ˈʃva:rtə] *f* **-, -n** hard skin; *(Speck—)* rind.
schwarz [ʃvarts] *a* black; **ins S~e treffen** *(lit, fig)* hit the bull's eye; **S~arbeit** *f* illicit work, moonlighting; **S~brot** *nt* black bread.
Schwärze [ˈʃvɛrtsə] *f* **-, -n** blackness; *(Farbe)* blacking; *(Drucker—)* printer's ink; **s~n** *vt* blacken.
Schwarz- *cpd*: **s~fahren** *vi irreg* travel without paying; drive without a licence; **~handel** *m* black-market (trade); **s~hören** *vi* listen to the radio without a licence.
schwärzlich [ˈʃvɛrtslɪç] *a* blackish, darkish.
Schwarz- *cpd*: **~markt** *m* black market; **s~sehen** *vi irreg (col)* see the gloomy side of things; *(TV)* watch TV without a licence; **~seher** *m* pessimist; *(TV)* viewer without a licence; **s~weiß** *a* black and white.
schwatzen [ˈʃvatsən], **schwätzen** [ˈʃvɛtsən] *vi* chatter.
Schwätzer [ˈʃvɛtsər] *m* **-s, -** gasbag; **~in** *f* chatterbox, gossip.
schwatzhaft *a* talkative, gossipy.
Schwebe [ˈʃve:bə] *f*: **in der ~** *(fig)* in abeyance; **~bahn** *f* overhead railway; **~balken** *m (Sport)* beam; **s~n** *vi* drift, float; *(hoch)* soar; *(unentschieden sein)* be in the balance.
Schwefel [ˈʃve:fəl] *m* **-s** sulphur; **s~ig** *a* sulphurous; **~säure** *f* sulphuric acid.
Schweif [ʃvaɪf] *m* **-(e)s, -e** tail; **s~en** *vi* wander, roam.
Schweig- [ˈʃvaɪg] *cpd*: **~egeld** *nt* hush money; **s~en** *vi irreg* be silent; stop talking; **~en** *nt* **-s** silence; **s~sam** [ˈʃvaɪkza:m] *a* silent, taciturn; **~samkeit** *f* taciturnity, quietness.
Schwein [ʃvaɪn] *nt* **-(e)s, -e** pig; *(fig)* (good) luck; **~efleisch** *nt* pork; **~ehund** *m (col)* stinker, swine; **~erei** [-əˈraɪ] *f* mess; *(Gemeinheit)* dirty trick; **~estall** *m* pigsty; **s~isch** *a* filthy; **~sleder** *nt* pigskin.
Schweiß [ʃvaɪs] *m* **-es** sweat, perspiration; **s~en** *vti* weld; **~er** *m* **-s, -** welder; **~füße** *pl* sweaty feet *pl*; **~naht** *f* weld.
schwelen [ˈʃve:lən] *vi* smoulder.
schwelgen [ˈʃvɛlgən] *vi* indulge.
Schwelle [ˈʃvɛlə] *f* **-, -n** threshold (*auch fig)*; doorstep; *(Rail)* sleeper; **s~n** *vi irreg* swell.
Schwellung *f* swelling.
Schwengel [ˈʃvɛŋəl] *m* **-s, -** pump handle; (*Glocken-*) clapper.
Schwenk- [ˈʃvɛŋk] *cpd*: **s~bar** *a* swivel-mounted; **s~en** *vt* swing; *Fahne* wave; *(abspülen)* rinse; *vi* turn, swivel; (Mil) wheel; **~ung** *f* turn; wheel.
schwer [ʃve:r] *a* heavy; *(schwierig)* difficult, hard; *(schlimm)* serious, bad; *ad (sehr)* very (much); *verletzt etc* seriously, badly; **S~arbeiter** *m* manual worker, labourer; **S~e** *f* **-, -n** weight, heaviness; *(Phys)* gravity; **~elos** *a* weightless; *Kammer* zero-G; **S~enöter** *m* **-s, -** casanova, ladies' man; **~erziehbar** *a* difficult (to bring up); **~fallen** *vi irreg:* **jdm ~fallen** be difficult for sb; **~fällig** *a* ponderous; **S~gewicht** *nt* heavyweight; *(fig)* emphasis; **~hörig** *a* hard of hearing; **S~industrie** *f* heavy industry; **S~kraft** *f* gravity; **S~kranke(r)** *mf* person who is seriously ill; **~lich** *ad* hardly; **~machen** *vt*: **jdm/sich etw ~machen** make sth difficult for sb/o.s.; **S~metall** *nt* heavy metal; **~mütig** *a* melancholy; **~nehmen** *vt irreg* take to heart; **S~punkt** *m* centre of gravity; *(fig)* emphasis, crucial point.
Schwert [ʃve:rt] *nt* **-(e)s, -er** sword; **~lilie** *f* iris.
schwer- *cpd:* **~tun** *vi irreg:* **sich** *(dat or acc)* **~tun** have difficulties; **S~verbrecher(in** *f***)** *m* criminal, serious offender; **~verdaulich** *a* indigestible,

heavy; ~**verletzt** *a* badly injured; ~**verwundet** *a* seriously wounded; ~**wiegend** *a* weighty, important.
Schwester ['ʃvɛstər] *f* -, **-n** sister; *(Med)* nurse; s~**lich** *a* sisterly.
Schwieger- ['ʃviːgər] *cpd*: ~**eltern** *pl* parents-in-law *pl*; ~**mutter** *f* mother-in-law; ~**sohn** *m* son-in-law; ~**tochter** *f* daughter-in-law; ~**vater** *m* father-in-law.
Schwiele ['ʃviːlə] *f* -, **-n** callus.
schwierig ['ʃviːrɪç] *a* difficult, hard; **S~keit** *f* difficulty.
Schwimm- ['ʃvɪm] *cpd*: ~**bad** *nt* swimming baths *pl*; ~**becken** *nt* swimming pool; **s~en** *vi irreg* swim; *(treiben, nicht sinken)* float; (*fig: unsicher sein*) be all at sea; ~**er** *m* **-s, -** swimmer; *(Angeln)* float; ~**lehrer** *m* swimming instructor; ~**sport** *m* swimming; ~**weste** *f* life jacket.
Schwindel ['ʃvɪndəl] *m* **-s** giddiness; dizzy spell; *(Betrug)* swindle, fraud; *(Zeug)* stuff; **s~frei** *a* free from giddiness; **s~n** *vi (col: lügen)* fib; **jdm schwindelt es** sb feels giddy.
schwinden ['ʃvɪndən] *vi irreg* disappear; *(sich verringern)* decrease; *(Kräfte)* decline.
Schwind- [ʃvɪnd] *cpd*: ~**ler** *m* **-s, -** swindler; *(Lügner)* liar; **s~lig** *a* giddy; **mir ist s~lig** I feel giddy.
Schwing- ['ʃvɪŋ] *cpd*: **s~en** *vti irreg* swing; *Waffe etc* brandish; *(vibrieren)* vibrate; *(klingen)* sound; ~**er** *m* **-s, -** (*Boxen*) swing; ~**tür** *f* swing door(s); ~**ung** *f* vibration; *(Phys)* oscillation.
Schwips [ʃvɪps] *m* **-es, -e**: **einen ~ haben** be tipsy.
schwirren ['ʃvɪrən] *vi* buzz.
schwitzen ['ʃvɪtsən] *vi* sweat, perspire.
schwören ['ʃvøːrən] *vti irreg* swear.
schwul [ʃvuːl] *a (col)* gay, queer.
schwül [ʃvyːl] *a* sultry, close; **S~e** *f* - - sultriness, closeness.
Schwulst [ʃvʊlst] *f* **-(e)s, ¨e** bombast.
schwülstig ['ʃvʏlstɪç] *a* pompous.
Schwund [ʃvʊnt] *m* **-(e)s** loss; *(Schrumpfen)* shrinkage.
Schwung [ʃvʊŋ] *m* **-(e)s, ¨e** swing; *(Triebkraft)* momentum; (*fig: Energie*) verve, energy; (*col: Menge*) batch; **s~haft** *a* brisk, lively; ~**rad** *nt* flywheel; **s~voll** *a* vigorous.
Schwur [ʃvuːr] *m* **-(e)s, ¨e** oath; ~**gericht** *nt* court with a jury.
sechs [zɛks] *num* six; ~**hundert** *num* six hundred; ~**te(r,s)** *a* sixth; **S~tel** *nt* **-s -** sixth.
sechzehn ['zɛçtseːn] *num* sixteen.
sechzig ['zɛçtsɪç] *num* sixty.
See [zeː] *f* -, **-n** sea; *m* **-s, -n** lake; ~**bad** *nt* seaside resort; ~**fahrt** *f* seefaring; *(Reise)* voyage; ~**gang** *m* (motion of the) sea; ~**gras** *nt* seaweed; ~**hund** *m* seal; ~**igel** ['zeː'iːgəl] *m* sea urchin; **s~krank** *a* seasick; ~**krankheit** *f* seasickness; ~**lachs** *m* rock salmon.
Seel- ['zeːl] *cpd*: ~**e** *f* -, **-n** soul; ~**enfriede(n)** *m* peace of mind; **s~enruhig** *ad* calmly.
Seeleute ['zeːlɔʏtə] *pl* seamen *pl*.
Seel- *cpd*: **s~isch** *a* mental; ~**sorge** *f* pastoral duties *pl*; ~**sorger** *m* **-s, -** clergyman.
See- *cpd*: ~**macht** *f* naval power; ~**mann** *m*, *pl* **-leute** seaman, sailor; ~**meile** *f* nautical mile; ~**not** *f* distress; ~**pferd(chen)** *nt* sea horse; ~**räuber** *m* pirate; ~**rose** *f* water lily; ~**stern** *m* starfish; **s~tüchtig** *a* seaworthy: ~**weg** *m* sea route; **auf dem ~weg** by sea; ~**zunge** *f* sole.
Segel ['zeːgəl] *nt* **-s, -** sail; ~**boot** *nt* yacht; ~**fliegen** *nt* **-s** gliding; ~**flieger** *m* glider pilot; ~**flugzeug** *nt* glider; **s~n** *vti* sail; ~**schiff** *nt* sailing vessel; ~**sport** *m* sailing; ~**tuch** *nt* canvas.
Segen ['zeːgən] *m* **-s, -** blessing; **s~sreich** *a* beneficial.
Segler ['zeːglər] m **-s, -** sailor, yachtsman; *(Boot)* sailing boat.
segnen ['zeːgnən] *vt* bless.
Seh- [zeː] *cpd*: **s~en** *vti irreg* see; *(in bestimmte Richtung)* look; **s~enswert** *a* worth seeing; ~**enswürdigkeiten** *pl* sights *pl* (of a town); ~**er** *m* **-s, -** seer; ~**fehler** *m* sight defect.
Sehn- ['zeːn] *cpd*: ~**e** *f* -, **-n** sinew; *(an Bogen)* string; **s~en** *vr* long, yearn (*nach* for); **s~ig** *a* sinewy; **s~lich** *a* ardent; ~**sucht** *f* longing; **s~süchtig** *a* longing.
sehr [zeːr] *ad (vor a,ad)* very; *(mit Verben)* a lot, (very) much; **zu ~** too much.
seicht [zaɪçt] *a (lit, fig)* shallow.
Seide ['zaɪdə] *f* -, **-n** silk; ~**l** *nt* **-s, -** tankard, beer mug; **s~n** *a* silk; ~**npapier** *nt* tissue paper.
seidig ['zaɪdɪç] *a* silky.
Seife ['zaɪfə] *f* -, **-n** soap; ~**nlauge** *f* soapsuds *pl*; ~**nschale** *f* soap dish; ~**nschaum** *m* lather.
seifig ['zaɪfɪç] *a* soapy.
seihen ['zaɪən] *vt* strain, filter.
Seil [zaɪl] *nt* **-(e)s, -e** rope; cable; ~**bahn** *f* cable railway; ~**hüpfen** *nt* **-s**, ~**springen** *nt* **-s** skipping; ~**tänzer(in *f*)** *m* tightrope walker; ~**zug** *m* tackle.
sein [zaɪn] *vi irreg* be; **laß das ~!** leave that!; stop that!; **es ist an dir, zu . . .** it's up to you to . . .
sein [zaɪn] *pron* his; its; ~**e(r,s)** his; its; ~**er** *pron gen of* **er** of him; ~**erseits** *ad* for his part; ~**erzeit** *ad* in those days, formerly; ~**esgleichen** *pron* people like him; ~**etwegen,** ~**etwillen** *ad (für ihn)* for his sake; *(wegen ihm)* on his account; *(von ihm aus)* as far as he is concerned; ~**ige** *pron*: **der/die/das ~** his.
Seismograph [zaɪsmo'graːf] *m* **-en, -en** seismograph.
seit [zaɪt] *prep, cj* since; **er ist ~ einer Woche hier** he has been here for a week; **~ langem** for a long time; ~**dem** [zaɪt'deːm] *ad,cj* since.
Seite ['zaɪtə] *f* -, **-n** side; (*Buch-*, [illegible] flank; ~**nansicht** *f* side view; ~**n**[illegible] *(fig)* passing shot, dig; ~**nruder** *nt (Aviat)* rudder; **s~ns** *prep +gen* on the part of; ~**nschiff** *nt* aisle; ~**nsprung** *m* extramarital escapade; ~**nstechen** *nt* (a)

stitch; ~**nstraße** *f* side road; ~**nwagen** *m* sidecar; ~**nzahl** *f* page number; number of pages.

seit- *cpd*: ~**her** [zaɪt'he:r] *ad,cj* since (then); ~**lich** *a* on one *or* the side; side; ~**wärts** *ad* sidewards.

Sekretär [zekre'tɛ:r] *m* secretary; *(Möbel)* bureau; ~**in** *f* secretary.

Sekretariat [zekretari'a:t] *nt* **-(e)s, -e** secretary's office, secretariat.

Sekt [zɛkt] *m* **-(e)s, -e** champagne; ~**e** *f* **-, -n** sect.

sekundär [zekun'dɛ:r] *a* secondary.

Sekunde [ze'kʊndə] *f* **-, -n** second.

selber ['zɛlbər] = **selbst.**

selbst [zɛlpst] *pron* myself; itself; themselves *etc*; **von ~** by itself *etc*; *ad* even; **S~** *nt* **-** self; **S~achtung** *f* self-respect; ~**ändig** ['zɛlpʃtɛndɪç] *a* independent; **S~ändigkeit** *f* independence; **S~auslöser** *m* *(Phot)* delayed-action shutter release; **S~bedienung** *f* self-service; **S~befriedigung** *f* masturbation; **S~beherrschung** *f* self-control; ~**bewußt** *a* (self-)confident; **S~bewußtsein** *nt* self-confidence; **S~erhaltung** *f* self-preservation; **S~erkenntnis** *f* self-knowledge; ~**gefällig** *a* smug, self-satisfied; ~**gemacht** *a* home-made; **S~gespräch** *nt* conversation with oneself; **S~kostenpreis** *m* cost price; ~**los** *a* unselfish, selfless; **S~mord** *m* suicide; **S~mörder(in** *f***)** *m* suicide; ~**mörderisch** *a* suicidal; ~**sicher** *a* self-assured; ~**süchtig** *a* selfish; ~**tätig** *a* auto-matic; ~**verständlich** *a* obvious; *ad* naturally; **ich halte das für ~verständlich** I take that for granted; **S~vertrauen** *nt* self-confidence; **S~verwaltung** *f* autonomy, self-government; **S~zweck** *m* end in itself.

selig ['ze:lɪç] *a* happy, blissful; *(Rel)* blessed; (*tot*) late; **S~keit** *f* bliss.

Sellerie ['zɛləri:] *m* **-s, -(s)** *or f* **-, -n** celery.

selten ['zɛltən] *a* rare; *ad* seldom, rarely; **S~heit** *f* rarity.

Selterswasser ['zɛltərsvasər] *nt* soda water.

seltsam ['zɛltza:m] *a* strange, curious; ~**erweise** *ad* curiously, strangely; **S~keit** *f* strangeness.

Semester [ze'mɛstər] *nt* **-s, -** semester.

Semi- [zemi] *in cpds* semi-; ~**kolon** [-'ko:lɔn] *nt* **-s, -s** semicolon; ~**nar** [-'na:r] *nt* **-s, -e** seminary; *(Kurs)* seminar; *(Univ: Ort)* department building.

Semmel ['zɛməl] *f* **-, -n** roll.

Senat [ze'na:t] *m* **-(e)s, -e** senate, council.

Sende- ['zɛndə] *cpd*: ~**bereich** *m* range of transmission; ~**folge** *f (Serie)* series; **s~n** *vt irreg* send; *vti (Rad, TV)* transmit, broadcast; ~**r** *m* **-s, -** station; *(Anlage)* transmitter; ~**reihe** *f* series (of broadcasts); ~**station** *f*, ~**stelle** *f* transmitting station.

Sendung ['zɛndʊŋ] *f* consignment; *(Aufgabe)* mission; *(Rad, TV)* transmission; *(Programm)* programme.

Senf [zɛnf] *m* **-(e)s, -e** mustard.

sengen ['zɛŋən] *vt* singe; *vi* scorch.

Senk- ['zɛŋk] *cpd*: ~**blei** *nt* plumb; ~**e** *f* **-, -n** depression; ~**el** *m* **-s, -** (shoe)lace; **s~en** *vt* lower; *vr* sink, drop gradually; ~**fuß** *m* flat foot; **s~recht** *a* vertical, perpendicular; ~**rechte** *f* **-n, -n** perpendicular; ~**rechtstarter** m *(Aviat)* vertical take-off plane; *(fig)* high-flier.

Sensation [zenzatsi'o:n] *f* sensation; **s~ell** [-'nɛl] *a* sensational; ~**ssucht** *f* sensationalism.

Sense ['zɔnzə] *f* **-, -n** scythe.

sensibel [zɛn'zi:bəl] *a* sensitive.

Sensibilität [zɛnzibili'tɛ:t] *f* sensitivity.

sentimental [zentimɛn'ta:l] *a* sentimental; **S~i'tät** *f* sentimentality.

separat [zepa'ra:t] *a* separate.

September [zɛp'ɛmbər] *m* **-(s), -** September.

septisch ['zɛptɪʃ] *a* septic.

Serie ['ze:riə] *f* series; ~**nherstellung** *f* mass production; **s~nweise** *ad* in series.

seriös [zeri'ø:s] *a* serious, bona fide.

Serpentine [zɛrpɛn'ti:n(ə)] *f* hairpin (bend).

Serum ['ze:rʊm] *nt* **-s, Seren** serum.

Service [zɛr'vi:s] *nt* **-(s), -** set, service; ['zø:rvɪs] *m* **-, -s** service.

servieren [zɛr'vi:rən] *vti* serve.

Serviette [zɛrvi'ɛtə] *f* napkin, serviette.

Sessel ['zɛsəl] *m* **-s, -** armchair; ~**lift** *m* chairlift.

seßhaft ['zɛshaft] *a* settled; *(ansässig)* resident.

Sets [zɛts] *pl* tablemats *pl.*

setzen ['zɛtsən] *vt* put, set; *Baum etc* plant; *Segel*, (*Print*) set; *vr* settle; *(person)* sit down; *vi* leap.

Setz- [zɛts] *cpd*: ~**er** *m* **-s, -** (*Print*) compositor; ~**e'rei** *f* caseroom; ~**ling** *m* young plant; ~**maschine** *f* (*Print*) typesetting machine.

Seuche ['zɔʏçə] *f* **-, -n** epidemic; ~**ngebiet** *nt* infected area.

seufzen ['zɔʏftsən] *vti* sigh.

Seufzer ['zɔʏftsər] *m* **-s, -** sigh.

Sex [zɛks] *m* **-(es)** sex; ~**ualität** [-uali'tɛt] *f* sex, sexuality; **s~uell** [-u'ɛl] *a* sexual.

Sexta ['zɛksta] *f* **-, Sexten** first year of secondary school.

sezieren [ze'tsi:rən] *vt* dissect.

sich [zɪç] *pron* himself; herself; itself; oneself; yourself; yourselves; themselves; each other.

Sichel ['zɪçəl] *f* **-, -n** sickle; *(Mond—)* crescent.

sicher ['zɪçər] *a* safe *(vor +dat* from); *(gewiß)* certain (*+gen* of); *(zuverlässig)* secure, reliable, *(selbst—)* confident; ~**gehen** *vi irreg* make sure.

Sicherheit ['zɪçərhaɪt] *f* safety; security (*auch Fin*); *(Gewißheit)* certainty; *(Selbst—)* confidence; ~**sabstand** *m* safe distance; ~**sglas** *nt* safety glass; **s~shalber** *ad* for safety; to be on the safe side; ~**snadel** *f* safety pin; ~**sschloß** *nt* safety lock; ~**sverschluß** *m* safety clasp; ~**svorkehrung** *f* safety precaution.

sicher- *cpd*: **~lich** *ad* certainly, surely; **~n** *vt* secure; *(schützen)* protect; *Waffe* put the safety catch on; **jdm/sich etw ~n** secure sth for sb/(for o.s.); **~stellen** *vt* impound; **S~ung** *f (Sichern)* securing; *(Vorrichtung)* safety device; *(an Waffen)* safety catch; *(Elec)* fuse.

Sicht [zɪçt] *f* - sight; *(Aus—)* view; **auf** *or* **nach ~** *(Fin)* at sight; **auf lange ~** on a long-term basis; **s~bar** *a* visible; **~barkeit** *f* visibility; **s~en** *vt* sight; *(auswählen)* sort out; **s~lich** *a* evident, obvious; **~verhältnisse** *pl* visibility; **~vermerk** *m* visa; **~weite** *f* visibility.

sickern ['zɪkərn] *vi* trickle, seep.

Sie [zi:] *pron sing, pl, nom, acc* you.

sie [zi:] *pron sing nom* she; *acc* her; *pl nom* they; *acc* them.

Sieb [zi:p] *nt* **-(e)s, -e** sieve; (*Cook*) strainer; **s~en** ['zi:bən] *vt* sift; *Flüssigkeit* strain.

sieben ['zi:bən] *num* seven; **~hundert** *num* seven hundred; **S~sachen** *pl* belongings *pl*.

siebte(r,s) ['zi:ptə(r,z)] *a* seventh; **S~l** *nt* **-s, -** seventh.

siebzehn ['zi:ptse:n] *num* seventeen.

siebzig ['zi:ptsɪç] *num* seventy.

sied- [zi:d] *cpd*: **~eln** *vi* settle; **~en** *vti* boil, simmer; **S~epunkt** *m* boiling point; **S~ler** *m* **-s, -** settler; **S~lung** *f* settlement; *(Häuser—)* housing estate.

Sieg [zi:k] *m* **-(e)s, -e** victory; **~el** ['zi:gəl] *nt* **-s, -** seal; **~ellack** *m* sealing wax; **~elring** *m* signet ring; **s~en** *vi* be victorious; (*Sport*) win; **~er** *m* **-s, -** victor; *(Sport etc)* winner; **s~essicher** *a* sure of victory; **~eszug** *m* triumphal procession; **s~reich** *a* victorious.

siehe [zi:ə] (*Imperativ*) see; (— *da*) behold.

siezen ['zi:tsən] *vt* address as 'Sie'.

Signal [zɪ'gna:l] *nt* **-s, -e** signal.

Signatur [zɪgna'tu:r] *f* signature.

Silbe ['zɪlbə] *f* **-, -n** syllable.

Silber ['zɪlbər] *nt* **-s** silver; **~bergwerk** *nt* silver mine; **~blick** *m*: **einen ~blick haben** have a slight squint; **s~n** *a* silver; **~papier** *nt* silver paper.

Silhouette [zilu'ɛtə] *f* silhouette.

Silo ['zi:lo] *nt or m* **-s, -s** silo.

Silvester(abend *m)* [zɪl'vɛstər(a:bənt)] *nt* **-s, -** New Year's Eve, Hogmanay *(Scot)*.

simpel ['zɪmpəl] *a* simple; **S~** *m* **-s, -** *(col)* simpleton.

Sims [zɪms] *nt or m* **-es, -e** *(Kamin—)* mantlepiece; *(Fenster—)* (window)sill.

simulieren [zimu'li:rən] *vti* simulate; (*vortäuschen*) feign.

simultan [zimʊl'ta:n] *a* simultaneous.

Sinfonie [zɪnfo'ni:] *f* symphony.

singen ['zɪŋən] *vti irreg* sing.

Singular ['zɪŋgula:r] *m* singular.

Singvogel ['zɪŋfo:gəl] *m* songbird.

sinken ['zɪŋkən] *vi irreg* sink; *(Preise etc)* fall, go down.

Sinn [zɪn] *m* **-(e)s, -e** mind; *(Wahrnehmungs—)* sense; *(Bedeutung)* sense, meaning; **~ für etw** sense of sth; **von ~en sein** be out of one's mind; **~bild** *nt* symbol; **s~bildlich** *a* symbolic; **s~en** *vi irreg* ponder; **auf etw** *(acc)* **s~en** contemplate sth; **~enmensch** *m* sensualist; **~estäuschung** *f* illusion; **s~gemäß** *a* faithful; *Wiedergabe* in one's own words; **s~ig** *a* clever; **s~lich** *a* sensual, sensuous; *Wahrnehmung* sensory; **~lichkeit** *f* sensuality; **s~los** *a* senseless; meaningless; **~losigkeit** *f* senselessness; meaninglessness; **s~voll** *a* meaningful; *(vernünftig)* sensible.

Sintflut ['zɪntflu:t] *f* Flood.

Sinus ['zi:nʊs] *m* **-, -** *or* **-se** *(Anat)* sinus; *(Math)* sine.

Siphon [zi'fõ:] *m* **-s, -s** siphon.

Sippe ['zɪpə] *f* **-, -n** clan, kin.

Sippschaft ['zɪpʃaft] *f (pej)* relations *pl*, tribe; *(Bande)* gang.

Sirene [zi're:nə] *f* **-, -n** siren.

Sirup ['zi:rʊp] *m* **-s, -e** syrup.

Sitt- [zɪt] *cpd*: **~e** *f* **-, -n** custom; *pl* morals *pl*; **~enpolizei** *f* vice squad; **s~lich** *a* moral; **~lichkeit** *f* morality; **~lichkeitsverbrechen** *nt* sex offence; **s~sam** *a* modest, demure.

Situation [zituatsi'o:n] *f* situation.

Sitz [zɪts] *m* **-es, -e** seat; **der Anzug hat einen guten ~** the suit is a good fit; **s~en** *vi irreg* sit; *(Bemerkung, Schlag)* strike home, tell; *(Gelerntes)* have sunk in; **s~en bleiben** remain seated; **s~enbleiben** *vi irreg (Sch)* have to repeat a year; **auf etw** *(dat)* **s~enbleiben** be lumbered with sth; **s~end** *a Tätigkeit* sedentary; **s~enlassen** *vt irreg (Sch)* make (sb) repeat a year; *Mädchen* jilt; *Wartenden* stand up; **etw auf sich** *(dat)* **s~enlassen** take sth lying down; **~gelegenheit** *f* place to sit down; **~platz** *m* seat; **~streik** *m* sit-down strike; **~ung** *f* meeting.

Skala ['ska:la] *f* **-, Skalen** scale.

Skalpell [skal'pɛl] *nt* **-s, -e** scalpel.

Skandal [skan'da:l] *m* **-s, -e** scandal; **s~ös** [skanda'lø:s] *a* scandalous.

Skelett [ske'lɛt] *nt* **-(e)s, -e** skeleton.

Skepsis ['skɛpsɪs] *f* - scepticism.

skeptisch ['skɛptɪʃ] *a* sceptical.

Ski, Schi [ʃi:] *m* **-s, -er** ski; **~ laufen** *or* **fahren** ski; **~fahrer** *m*, **~läufer** *m* skier; **~lehrer** *m* ski instructor; **~lift** *m* ski-lift; **~springen** *nt* ski-jumping.

Skizze ['skɪtsə] *f* **-, -n** sketch.

skizzieren [skɪ'tsi:rən] *vti* sketch.

Sklave ['skla:və] *m* **-n, -n, Sklavin** *f* slave; **~'rei** *f* slavery.

Skonto ['skɔnto] *m or nt* **-s, -s** discount.

Skorpion [skɔrpi'o:n] *m* **-s, -e** scorpion; *(Astrol)* Scorpio.

Skrupel ['skru:pəl] *m* **-s, -** scruple; **s~los** *a* unscrupulous.

Slalom ['sla:lɔm] *m* **-s, -s** slalom.

Smaragd [sma'rakt] *m* **-(e)s, -e** emerald.

Smoking ['smo:kɪŋ] *m* **-s, -s** dinner jacket.

so [zo:] *ad* so; *(auf diese Weise)* like this; *(etwa)* roughly; **~ ein** such a; **~, das ist fertig** well, that's finished; **~ etwas!** well, well!; **~ . . . wie . . .** as . . . as . . .; **~ daß** so that, with the result that; *cj* so; *(vor a)* as.

Socke ['zɔkə] *f* **-, -n** sock.
Sockel ['zɔkəl] *m* **-s, -** pedestal, base.
Sodawasser ['zo:davasər] *nt* soda water.
Sodbrennen ['zo:tbrɛnən] *nt* **-s, -** heartburn.
soeben [zo''e:bən] *ad* just (now).
Sofa ['zo:fa] *nt* **-s, -s** sofa.
sofern [zo'fɛrn] *cj* if, provided (that).
sofort [zo'fɔrt] *ad* immediately, at once; **~ig** *a* immediate.
Sog [zo:k] *m* **-(e)s, -e** suction.
so- *cpd*: **~gar** [zo'ga:r] *ad* even; **~genannt** ['zo:gənant] *a* so-called; **~gleich** [zo'glaɪç] *ad* straight away, at once.
Sohle ['zo:lə] *f* **-, -n** sole; *(Tal— etc)* bottom; *(Min)* level.
Sohn [zo:n] *m* **-(e)s, ¨e** son.
solang(e) [zo'laŋ(ə)] *cj* as *or* so long as.
Solbad ['zo:lba:t] *nt* saltwater bath.
solch [zɔlç] *pron* such; **ein ~e(r,s) . . .** such a . . .
Sold [zɔlt] *m* **-(e)s, -e** pay; **~at** [zɔl'da:t] *m* **-en, -en** soldier; **s~atisch** *a* soldierly.
Söldner ['zœldnər] *m* **-s, -** mercenary.
solid(e) [zo'li:d(ə)] *a* solid; *Leben, Person* staid, respectable; **~arisch** [zoli'da:rɪʃ] *a* in/with solidarity; **sich ~arisch erklären** declare one's solidarity.
Solist(in *f*) [zo'lɪst(ɪn)] *m* soloist.
Soll [zɔl] *nt* **-(s), -(s)** *(Fin)* debit (side); *(Arbeitsmenge)* quota, target.
sollen ['zɔlən] *vi* be supposed to; *(Verpflichtung)* shall, ought to; **du hättest nicht gehen ~** you shouldn't have gone; **soll ich?** shall I?; **was soll das?** what's that supposed to mean?
Solo ['zo:lo] *nt* **-s, -s** *or* **Soli** solo.
somit [zo'mɪt] *cj* and so, therefore.
Sommer ['zɔmər] *m* **-s, -** summer; **s~lich** *a* summery; summer; **~sprossen** *pl* freckles *pl*.
Sonate [zo'na:tə] *f* **-, -n** sonata.
Sonde ['zɔndə] *f* **-, -n** probe.
Sonder- ['zɔndər] *in cpds* special; **~angebot** *nt* special offer; **s~bar** *a* strange, odd; **~fahrt** *f* special trip; **~fall** *m* special case; **s~gleichen** *a inv* without parallel, unparalleled; **s~lich** *a* particular; *(außergewöhnlich)* remarkable; *(eigenartig)* peculiar; **~ling** *m* eccentric; **s~n** *cj* but; **nicht nur . . ., s~n auch** not only . . ., but also; *vt* separate; **~zug** *m* special train.
sondieren [zɔn'di:rən] *vt* suss out; *Gelände* scout out.
Sonett [zo'nɛt] *nt* **-(e)s, -e** sonnet.
Sonnabend ['zɔn'a:bənt] *m* Saturday.
Sonne ['zɔnə] *f* **-, -n** sun; **s~n** *vt* put out in the sun; *vr* sun oneself; **~naufgang** *m* sunrise; **s~nbaden** *vi* sunbathe; **~nbrand** *m* sunburn; **~nbrille** *f* sunglasses *pl*; **~nfinsternis** *f* solar eclipse; **~nschein** *m* sunshine; **~nschirm** *m* parasol, sunshade; **~nstich** *m* sunstroke; **~nuhr** *f* sundial; **~nuntergang** *m* sunset; **~nwende** *f* solstice.
sonnig ['zɔnɪç] *a* sunny.
Sonntag ['zɔnta:k] *m* Sunday; **s~s** *ad* (on) Sundays.
sonst [zɔnst] *ad* otherwise *(auch cj)*; *(mit pron, in Fragen)* else; *(zu anderer Zeit)* at other times, normally; **~ noch etwas?** anything else?; **~ nichts** nothing else; **~ig** *a* other; **~jemand** *pron* anybody (at all); **~wo(hin)** *ad* somewhere else; **~woher** *ad* from somewhere else.
sooft [zo''ɔft] *cj* whenever.
Sopran [zo'pra:n] *m* **-s, -e** soprano; **~istin** [zopra'nɪstɪn] *f* soprano.
Sorge ['zɔrgə] *f* **-, -n** care, worry; **s~n** *vi*: **für jdn s~n** look after sb; **für etw s~n** take care of *or* see to sth; *vr* worry *(um* about); **s~nfrei** *a* carefree; **~nkind** *nt* problem child; **s~nvoll** *a* troubled, worried; **~recht** *nt* custody (of a child).
Sorg- [zɔrk] *cpd*: **~falt** *f* **-** care(fulness); **s~fältig** *a* careful; **s~los** *a* careless; *(ohne Sorgen)* carefree; **s~sam** *a* careful.
Sorte ['zɔrtə] *f* **-, -n** sort; *(Waren—)* brand; **~n** *pl (Fin)* foreign currency.
sortieren [zɔr'ti:rən] *vt* sort (out).
Sortiment [zɔrti'mɛnt] *nt* assortment.
sosehr [zo'ze:r] *cj* as much as.
Soße ['zo:sə] *f* **-, -n** sauce; *(Braten—)* gravy.
Souffleur [zu'flø:r] *m*, **Souffleuse** [zu'flø:zə] *f* prompter.
soufflieren [zu'fli:rən] *vti* prompt.
souverän [zuvə'rɛ:n] *a* sovereign; *(überlegen)* superior.
so- *cpd*: **~viel** [zo'fi:l] *cj* as far as; *pron* as much *(wie* as); **rede nicht ~viel** don't talk so much; **~weit** [zo'vaɪt] *cj* as far as; *a*: **~weit sein** be ready; **~weit wie** *or* **als möglich** as far as possible; **ich bin ~weit zufrieden** by and large I'm quite satisfied; **~wenig** [zo've:nɪç] *cj* little as; *pron* as little *(wie* as); **~wie** [zo'vi:] *cj (sobald)* as soon as; *(ebenso)* as well as; **~wieso** [zovi'zo:] *ad* anyway; **~wohl** [zo'vo:l] *cj*: **~wohl . . . als** *or* **wie auch** both . . . and.
sozial [zotsi'a:l] *a* social; **S~abgaben** *pl* national insurance contributions *pl*; **S~demokrat** *m* social democrat; **~i'sieren** *vt* socialize; **S~ismus** [-'lɪsmʊs] *m* socialism; **S~ist** [-'lɪst] *m* socialist; **~istisch** *a* socialist; **S~politik** *f* social welfare policy; **S~produkt** *nt* (gross/net) national product; **S~staat** *m* welfare state.
Sozio- [zotsio] *cpd*: **~loge** [-'lo:ge] *m* **-n, -n** sociologist; **~logie** [-lo'gi:] *f* sociology; **s~logisch** [-'lo:gɪʃ] *a* sociological.
Sozius ['zo:tsiʊs] *m* **-, -se** *(Comm)* partner; *(Motorrad)* pillion rider; **~sitz** *m* pillion (seat).
sozusagen [zotsu'za:gən] *ad* so to speak.
Spachtel ['ʃpaxtəl] *m* **-s, -** spatula.
spähen ['ʃpɛ:ən] *vi* peep, peek.
Spalier [ʃpa'li:r] *nt* **-s, -e** *(Gerüst)* trellis; *(Leute)* guard of honour.
Spalt [ʃpalt] *m* **-(e)s, -e** crack; *(Tür—)* chink; *(fig: Kluft)* split; **~e** *f* **-, -n** crack, fissure; *(Gletscher—)* crevasse; *(in Text)* column; **s~en** *vtr (lit, fig)* split; **~ung** *f* splitting.

Span [ʃpa:n] **-(e)s, ⸚e** shaving; **~ferkel** *nt* sucking-pig.
Spange [ˈʃpaŋə] *f* **-, -n** clasp; *(Haar—)* hair slide; *(Schnalle)* buckle; *(Armreif)* bangle.
Spann [ˈʃpan] *cpd*: **~beton** *m* pre-stressed concrete; **~e** *f* **-, -n** *(Zeit—)* space; *(Differenz)* gap; **s~en** *vt (straffen)* tighten, tauten; *(befestigen)* brace; *vi* be tight; **s~end** *a* exciting, gripping; **~kraft** *f* elasticity; *(fig)* energy; **~ung** *f* tension; *(Elec)* voltage; *(fig)* suspense; *(unangenehm)* tension.
Spar- [ˈʃpa:r] *cpd*: **~buch** *nt* savings book; **~büchse** *f* moneybox; **s~en** *vti* save; **sich** *(dat)* **etw s~en** save oneself sth; *Bemerkung* keep sth to oneself; **mit etw** *(dat)* **s~en** be sparing with sth; **an etw** *(dat)* **s~en** economize on sth; **~er** *m* **-s, -** saver.
Spargel [ˈʃpargəl] *m* **-s, -** asparagus.
Spar- *cpd*: **~kasse** *f* savings bank; **~konto** *nt* savings account.
spärlich [ˈʃpɛ:rlɪç] *a* meagre; *Bekleidung* scanty.
Spar- *cpd*: **~maßnahme** *f* economy measure, cut; **s~sam** *a* economical, thrifty; **~samkeit** *f* thrift, economizing; **~schwein** *nt* piggy bank.
Sparte [ˈʃpartə] *f* **-, -n** field; line of business; *(Press)* column.
Spaß [ʃpa:s] *m* **-es, ⸚e** joke; *(Freude)* fun; **jdm ~ machen** be fun (for sb); **s~en** *vi* joke; **mit ihm ist nicht zu s~en** you can't take liberties with him; **s~eshalber** *ad* for the fun of it; **s~haft, s~ig** *a* funny, droll; **~macher** *m* **-s, -** joker, funny man; **~verderber** *m* **-s, -** spoilsport.
spät [ʃpɛ:t] *a, ad* late; **~er** *a, ad* later; **~estens** *ad* at the latest.
Spaten [ˈʃpa:tən] *m* **-s, -** spade.
Spatz [ʃpats] *m* **-en, -en** sparrow.
spazier- [ʃpaˈtsi:r] *cpd*: **~en** *vi* stroll, walk; **~enfahren** *vi irreg* go for a drive; **~engehen** *vi irreg* go for a walk; **S~gang** *m* walk; **S~stock** *m* walking stick; **S~weg** *m* path, walk.
Specht [ʃpɛçt] *m* **-(e)s, -e** woodpecker.
Speck [ʃpɛk] *m* **-(e)s, -e** bacon.
Spediteur [ʃpediˈtø:r] *m* carrier; *(Möbel—)* furniture remover.
Spedition [ʃpeditsiˈo:n] *f* carriage; *(—sfirma)* road haulage contractor; removal firm.
Speer [ʃpe:r] *m* **-(e)s, -e** spear; *(Sport)* javelin.
Speiche [ˈʃpaiçə] *f* **-, -n** spoke.
Speichel [ˈʃpaiçəl] *m* **-s** saliva, spit(tle).
Speicher [ˈʃpaiçər] *m* **-s, -** storehouse; *(Dach—)* attic, loft; *(Korn—)* granary; *(Wasser—)* tank; *(Tech)* store; **s~n** *vt* store.
speien [ˈʃpaiən] *vti irreg* spit; *(erbrechen)* vomit; *(Vulkan)* spew.
Speise [ˈʃpaizə] *f* **-, -n** food; **~eis** [-ˈaɪs] *nt* ice-cream; **~kammer** *f* larder, pantry; **~karte** *f* menu; **s~n** *vt* feed; eat; *vi* dine; **~röhre** *f* gullet, oesophagus; **~saal** *m* dining room; **~wagen** *m* dining car; **~zettel** *m* menu.
Spektakel [ʃpɛkˈta:kəl] *m* **-s, -** *(col)* row; *nt* **-s, -** spectacle.
Speku- [ʃpeku] *cpd*: **~lant** [-ˈlant] *m* speculator; **~lation** [-latsiˈo:n] *f* speculation; **s~lieren** [-ˈli:rən] *vi (fig)* speculate; **auf etw** *(acc)* **s~lieren** have hopes of sth.
Spelunke [ʃpeˈlʊŋkə] *f* **-, -n** dive.
Spende [ˈʃpɛndə] *f* **-, -n** donation; **s~n** *vt* donate, give; **~r** *m* **-s, -** donor, donator.
spendieren [ʃpɛnˈdi:rən] *vt* pay for, buy; **jdm etw ~** treat sb to sth, stand sb sth.
Sperling [ˈʃpɛrlɪŋ] *m* sparrow.
Sperma [ˈspɛrma] *nt* **-s, Spermen** sperm.
Sperr- [ˈʃpɛr] *cpd*: **s~angelweit** [ˈ-ˈˈaŋəlˈvaɪt] *a* wide open; **~e** *f* **-, -n** barrier; *(Verbot)* ban; **s~en** *vt* block; *(Sport)* suspend, bar; *(vom Ball)* obstruct; *(einschließen)* lock; *(verbieten)* ban; *vr* baulk, jib(e); **~gebiet** *nt* prohibited area; **~holz** *nt* plywood; **s~ig** *a* bulky; **~müll** *m* bulky refuse; **~sitz** *m (Theat)* stalls *pl*; **~stunde** *f*, **~zeit** *f* closing time.
Spesen [ˈʃpe:zən] *pl* expenses *pl*.
Spezial- [ʃpetsiˈa:l] *in cpds* special; **s~i-ˈsieren** *vr* specialize; **~iˈsierung** *f* specialization; **~ist** [-ˈlɪst] *m* specialist; **~iˈtät** *f* speciality.
speziell [ʃpetsiˈɛl] *a* special.
spezifisch [ʃpeˈtsi:fɪʃ] *a* specific.
Sphäre [ˈsfɛ:rə] *f* **-, -n** sphere.
spicken [ˈʃpɪkən] *vt* lard; *vi (Sch)* copy, crib.
Spiegel [ˈʃpi:gəl] *m* **-s, -** mirror; *(Wasser—)* level; *(Mil)* tab; **~bild** *nt* reflection; **s~bildlich** *a* reversed; **~ei** [ˈ-ˈaɪ] *nt* fried egg; **~fechterei** [-fɛçtəˈraɪ] *f* shadow-boxing, bluff; **s~n** *vt* mirror, reflect; *vr* be reflected; *vi* gleam; *(wider—)* be reflective; **~schrift** *f* mirror-writing; **~ung** *f* reflection.
Spiel [ʃpi:l] *nt* **-(e)s, -e** game; *(Schau—)* play; *(Tätigkeit)* play(ing); *(Cards)* deck; *(Tech)* (free) play; **s~en** *vti* play; *(um Geld)* gamble; *(Theat)* perform, act; **s~end** *ad* easily; **~er** *m* **-s, -** player; *(um Geld)* gambler; **~eˈrei** *f* trifling pastime; **s~erisch** *a* playful; *Leichtigkeit* effortless; **s~erisches Können** skill as a player; acting ability; **~feld** *nt* pitch, field; **~film** *m* feature film; **~plan** *m (Theat)* programme; **~platz** *m* playground; **~raum** *m* room to manoeuvre, scope; **~sachen** *pl* toys *pl*; **~verderber** *m* **-s, -** spoilsport; **~waren** *pl*, **~zeug** *nt* toys *pl*.
Spieß [ʃpi:s] *m* **-es, -e** spear; *(Brat—)* spit; **~bürger** *m*, **~er** *m* **-s, -** bourgeois; **~rutenlaufen** *nt* running the gauntlet.
Spikes [spaɪks] *pl* spikes *pl*; *(Aut)* studs *pl*.
Spinat [ʃpiˈna:t] *m* **-(e)s, -e** spinach.
Spind [ʃpɪnt] *m or nt* **-(e)s, -e** locker.
Spinn- [ˈʃpɪn] *cpd*: **~e** *f* **-, -n** spider; **s~en** *vti irreg* spin; *(col)* talk rubbish; *(verrückt)* be crazy *or* mad; **~eˈrei** *f* spinning mill; **~(en)gewebe** *nt* cobweb; **~rad** *nt* spinning-wheel; **~webe** *f* cobweb.
Spion [ʃpiˈo:n] *m* **-s, -e** spy; *(in Tür)* spyhole; **~age** [ʃpioˈna:ʒə] *f* **-, -n** espionage; **s~ieren** [ʃpioˈni:rən] *vi* spy.
Spirale [ʃpiˈra:lə] *f* **-, -n** spiral.

Spirituosen [ʃpiritu'o:zən] *pl* spirits *pl.*

Spiritus ['spi:ritʊs] *m* **-, -se** (methylated) spirit.

Spital [ʃpi'ta:l] *nt* **-s, ¨-er** hospital.

spitz [ʃpɪts] *a* pointed; *Winkel* acute; *(fig) Zunge* sharp; *Bemerkung* caustic; **S~** *m* **-es, -e** spitz; **S~bogen** *m* pointed arch; **S~bube** *m* rogue; **S~e** *f* **-, -n** point, tip; *(Berg—)* peak; *(Bemerkung)* taunt, dig; (*erster Platz*) lead, top; (*usu pl*: *Gewebe*) lace; **S~el** *m* **-s, -** police informer; **~en** *vt* sharpen; **S~en-** *in cpds* top; **S~enleistung** *f* top performance; **S~enlohn** *m* top wages *pl*; **S~ensportler** *m* top-class sportsman; **~findig** *a* (over)subtle; **~ig** *a see* **spitz; S~name** *m* nickname.

Splitter ['ʃplɪtər] *m* **-s, -** splinter; **s~nackt** *a* stark naked.

spontan [ʃpɔn'ta:n] *a* spontaneous.

Sport ['ʃpɔrt] *m* **-(e)s, -e** sport; *(fig)* hobby; **~lehrer(in** *f***)** *m* games *or* P.E. teacher; **~ler(in** *f***)** *m* **-s, -** sportsman/woman; **s~lich** *a* sporting; *Mensch* sporty; **~platz** *m* playing *or* sports field; **~verein** *m* sports club; **~wagen** *m* sports car; **~zeug** *nt* sports gear.

Spott [ʃpɔt] *m* **-(e)s** mockery, ridicule; **s~billig** *a* dirt-cheap; **s~en** *vi* mock (*über +acc* at), ridicule.

spöttisch ['ʃpœtɪʃ] *a* mocking.

Sprach- ['ʃpra:x] *cpd*: **s~begabt** *a* good at languages; **~e** *f* **-, -n** language; **~fehler** *m* speech defect; **~fertigkeit** *f* fluency; **~führer** *m* phrasebook; **~gebrauch** *m* (linguistic) usage; **~gefühl** *nt* feeling for language; **s~lich** *a* linguistic; **s~los** *a* speechless; **~rohr** *nt* megaphone; *(fig)* mouthpiece.

Spray [spre:] *m or nt* **-s, -s** spray.

Sprech- ['ʃprɛç] *cpd*: **~anlage** *f* intercom; **s~en** *irreg vi* speak, talk (*mit* to); **das spricht für ihn** that's a point in his favour; *vt* say; *Sprache* speak; *Person* speak to; **~er(in** *f***)** *m* **-s, -** speaker; *(für Gruppe)* spokesman; *(Rad, TV)* announcer; **~stunde** *f* consultation (hour); (doctor's) surgery; **~stundenhilfe** *f* (doctor's) receptionist; **~zimmer** *nt* consulting room, surgery.

spreizen ['ʃpraɪtsən] *vt* spread; *vr* put on airs.

Spreng- ['ʃprɛŋ] *cpd*: **~arbeiten** *pl* blasting operations *pl*; **s~en** *vt* sprinkle; *(mit Sprengstoff)* blow up; *Gestein* blast; *Versammlung* break up; **~ladung** *f* explosive charge; **~stoff** *m* explosive(s).

Spreu [ʃprɔʏ] *f* **-** chaff.

Sprich- ['ʃprɪç] *cpd*: **~wort** *nt* proverb; **s~wörtlich** *a* proverbial.

Spring- ['ʃprɪŋ] *cpd*: **~brunnen** *m* fountain; **s~en** *vi irreg* jump; *(Glas)* crack; *(mit Kopfsprung)* dive; **~er** *m* **-s, -** jumper; (*Schach*) knight.

Sprit [ʃprɪt] *m* **-(e)s, -e** *(col)* petrol, fuel.

Spritz- ['ʃprɪts] *cpd*: **~e** *f* **-, -n** syringe; injection; *(an Schlauch)* nozzle; **s~en** *vt* spray; *(Med)* inject; *vi* splash; *(heraus—)* spurt; *(Med)* give injections; **~pistole** *f* spray gun.

spröde ['ʃprø:də] *a* brittle; *Person* reserved, coy.

Sproß [ʃprɔs] *m* **-sses, -sse** shoot; *(Kind)* scion.

Sprosse ['ʃprɔsə] *f* **-, -n** rung.

Sprößling ['ʃprœslɪŋ] *m* offspring *no pl.*

Spruch [ʃprʊx] *m* **-(e)s, ¨-e** saying, maxim; *(Jur)* judgement.

Sprudel ['ʃpru:dəl] *m* **-s, -** mineral water; lemonade; **s~n** *vi* bubble.

Sprüh- ['ʃpry:] *cpd*: **~dose** *f* aerosol (can); **s~en** *vti* spray; *(fig)* sparkle; **~regen** *m* drizzle.

Sprung [ʃprʊŋ] *m* **-(e)s, ¨-e** jump; *(Riß)* crack; **~brett** *nt* springboard; **s~haft** *a* erratic; *Aufstieg* rapid; **~schanze** *f* ski-jump.

Spucke ['ʃpʊkə] *f* **-** spit; **s~en** *vti* spit.

Spuk [ʃpu:k] *m* **-(e)s, -e** haunting; (*fig*) nightmare; **s~en** *vi (Geist)* walk; **hier spukt es** this place is haunted.

Spule ['ʃpu:lə] *f* **-, -n** spool; *(Elec)* coil.

Spül- ['ʃpy:l] *cpd*: **~e** *f* **-, -n** (kitchen) sink; **s~en** *vti* rinse; *Geschirr* wash up; *Toilette* flush; **~maschine** *f* dishwasher; **~stein** *m* sink; **~ung** *f* rinsing; flush; *(Med)* irrigation.

Spur [ʃpu:r] *f* **-, -en** trace; *(Fuß—, Rad—, Tonband—)* track; *(Fährte)* trail; *(Fahr—)* lane; **s~los** *ad* without (a) trace.

spür- ['ʃpy:r] *cpd*: **~bar** *a* noticeable, perceptible; **~en** *vt* feel; **S~hund** *m* tracker dog; *(fig)* sleuth.

Spurt [ʃpʊrt] *m* **-(e)s, -s** *or* **-e** spurt.

sputen ['ʃpu:tən] *vr* make haste.

Staat [ʃta:t] *m* **-(e)s, -en** state; *(Prunk)* show; *(Kleidung)* finery; **mit etw ~ machen** show off *or* parade sth; **s~enlos** *a* stateless; **s~lich** *a* state(-); state-run; **~sangehörigkeit** *f* nationality; **~sanwalt** *m* public prosecutor; **~sbürger** *m* citizen; **~sdienst** *m* civil service; **s~seigen** *a* state-owned; **~sexamen** *nt (Univ)* degree; **s~sfeindlich** *a* subversive; **~smann** *m, pl* **-männer** statesman; **~ssekretär** *m* secretary of state.

Stab [ʃta:p] *m* **-(e)s, ¨-e** rod; *(Gitter—)* bar; *(Menschen)* staff; **~hochsprung** *m* pole vault; **s~il** [ʃta'bi:l] *a* stable; *Möbel* sturdy; **s~ili'sieren** *vt* stabilize; **~reim** *m* alliteration.

Stachel ['ʃtaxəl] *m* **-s, -n** spike; *(von Tier)* spine; *(von Insekten)* sting; **~beere** *f* gooseberry; **~draht** *m* barbed wire; **s~ig** *a* prickly; **~schwein** *nt* porcupine.

Stadion ['ʃta:diɔn] *nt* **-s, Stadien** stadium.

Stadium ['ʃta:diʊm] *nt* stage, phase.

Stadt [ʃtat] *f* **-, ¨-e** town.

Städt- ['ʃtɛ:t] *cpd*: **~chen** *nt* small town; **~ebau** *m* town planning; **~er(in** *f***)** *m* **-s, -** town dweller; **s~isch** *a* municipal; *(nicht ländlich)* urban.

Stadt- *cpd*: **~mauer** *f* city wall(s); **~plan** *m* street map; **~rand** *m* outskirts *pl;* **~teil** *m* district, part of town.

Staffel ['ʃtafəl] *f* **-, -n** rung; *(Sport)* relay (team); *(Aviat)* squadron; **~ei** [-'laɪ] *f* easel; **s~n** *vt* graduate; **~ung** *f* graduation.

Stahl [ʃta:l] *m* **-(e)s, ⸚e** steel; **~helm** *m* steel helmet.

Stall [ʃtal] *m* **-(e)s, ⸚e** stable; *(Kaninchen—)* hutch; *(Schweine—)* sty; *(Hühner—)* hen-house.

Stamm [ʃtam] *m* **-(e)s, ⸚e** *(Baum—)* trunk; *(Menschen—)* tribe; *(Gram)* stem; **~baum** *m* family tree; *(von Tier)* pedigree; **s~eln** *vti* stammer; **s~en** *vi*: **s~en von** *or* **aus** come from; **~gast** *m* regular (customer); **~halter** *m* **-s, -** son and heir.

stämmig [ˈʃtɛmɪç] *a* sturdy; *Mensch* stocky; **S~keit** *f* sturdiness; stockiness.

stampfen [ˈʃtampfən] *vti* stamp; *(stapfen)* tramp; *(mit Werkzeug)* pound.

Stand [ʃtant] *m* **-(e)s, ⸚e** position; *(Wasser—, Benzin— etc)* level; *(Stehen)* standing position; *(Zustand)* state; *(Spiel—)* score; *(Messe— etc)* stand; *(Klasse)* class; *(Beruf)* profession.

Standard [ˈʃtandart] *m* **-s, -s** standard.

Ständ- [ˈʃtɛnd] *cpd*: **~chen** *nt* serenade; **~er** *m* **-s, -** stand.

Stand- [ˈʃtand] *cpd*: **~esamt** *nt* registry office; **~esbeamte(r)** *m* registrar; **~esbewußtsein** *nt* status consciousness; **s~esgemäß** *a,ad* according to one's social position; **~esunterschied** *m* social difference; **s~haft** *a* steadfast; **~haftigkeit** *f* steadfastness; **s~halten** *vi irreg* stand firm (*jdm/ etw* against sb/sth), resist (*jdm/ etw* sb/sth).

ständig [ˈʃtɛndɪç] *a* permanent; *(ununterbrochen)* constant, continual.

Stand- *cpd*: **~licht** *nt* sidelights *pl*, parking lights *pl (US)*; **~ort** *m* location; *(Mil)* garrison; **~punkt** *m* standpoint.

Stange [ˈʃtaŋə] *f* **-, -n** stick; *(Stab)* pole, bar; rod; *(Zigaretten)* carton; **von der ~** *(Comm)* off the peg; **eine ~ Geld** quite a packet.

Stanniol [ʃtaniˈo:l] *nt* **-s, -e** tinfoil.

Stanze [ˈʃtantsə] *f* **-, -n** stanza; *(Tech)* stamp; **s~n** *vt* stamp.

Stapel [ˈʃta:pəl] *m* **-s, -** pile; *(Naut)* stocks *pl*; **~lauf** *m* launch; **s~n** *vt* pile (up).

Star [ʃta:r] *m* **-(e)s, -e** starling; *(Med)* cataract; *m* **-s, -s** *(Film etc)* star.

stark [ʃtark] *a* strong; *(heftig, groß)* heavy; *(Maßangabe)* thick.

Stärke [ˈʃtɛrkə] *f* **-, -n** strength; heaviness; thickness; *(Cook, Wäsche—)* starch; **s~n** *vt* strengthen; *Wäsche* starch.

Starkstrom *m* heavy current.

Stärkung [ˈʃtɛrkʊŋ] *f* strengthening; *(Essen)* refreshment.

starr [ʃtar] *a* stiff; *(unnachgiebig)* rigid; *Blick* staring; **~en** *vi* stare; **~en vor** *or* **von** be covered in; *Waffen* be bristling with; **S~heit** *f* rigidity; **~köpfig** *a* stubborn; **S~sinn** *m* obstinacy.

Start [ʃtart] *m* **-(e)s, -e** start; *(Aviat)* take-off; **~automatik** *f (Aut)* automatic choke; **~bahn** *f* runway; **s~en** *vti* start; take off; **~er** *m* **-s, -** starter; **~erlaubnis** *f* takeoff clearance; **~zeichen** *nt* start signal.

Station [ʃtatsiˈo:n] *f* station; hospital ward; **s~ieren** [-ˈni:rən] *vt* station.

Statist [ʃtaˈtɪst] *m* extra, supernumerary; **~ik** *f* statistics; **~iker** *m* **-s, -** statistician; **s~isch** *a* statistical.

Stativ [ʃtaˈti:f] *nt* **-s, -e** tripod.

statt [ʃtat] *cj, prep +gen or dat* instead of; **S~** *f* **-** place.

Stätte [ˈʃtɛtə] *f* **-, -n** place.

statt- *cpd*: **~finden** *vi irreg* take place; **~haft** *a* admissible; **~lich** *a* imposing, handsome.

Statue [ˈʃta:tuə] *f* **-, n** statue.

Statur [ʃtaˈtu:r] *f* stature.

Status [ˈʃta:tʊs] *m* **-, -** status.

Stau [ʃtaʊ] *m* **-(e)s, -e** blockage; *(Verkehrs—)* (traffic) jam.

Staub [ʃtaʊp] *m* **-(e)s** dust; **s~en** [ˈʃtaʊbən] *vi* be dusty; **~faden** *m* stamen; **s~ig** *a* dusty; **~sauger** *m* vacuum cleaner; **~tuch** *nt* duster.

Staudamm *m* dam.

Staude [ˈʃtaʊdə] *f* **-, -n** shrub.

stauen [ˈʃtaʊən] *vt Wasser* dam up; *Blut* stop the flow of; *vr (Wasser)* become dammed up; *(Med, Verkehr)* become congested; *(Menschen)* collect together; *(Gefühle)* build up.

staunen [ˈʃtaʊnən] *vi* be astonished; **S~** *nt* **-s** amazement.

Stauung [ˈʃtaʊʊŋ] *f (von Wasser)* damming-up; *(von Blut, Verkehr)* congestion.

Stech- [ˈʃtɛç] *cpd*: **~becken** *nt* bedpan; **s~en** *vt irreg (mit Nadel etc)* prick; *(mit Messer)* stab; *(mit Finger)* poke; *(Biene etc)* sting; *(Mücke)* bite; *(Sonne)* burn; *(Cards)* take; *(Art)* engrave; *Torf, Spargel* cut; **in See s~en** put to sea; **~en** *nt* **-s, -** *(Sport)* play-off; jump-off; **s~end** *a* piercing, stabbing; *Geruch* pungent; **~ginster** *m* gorse; **~palme** *f* holly; **~uhr** *f* time clock.

Steck- [ʃtɛk] *cpd*: **~brief** *m* 'wanted' poster; **~dose** *f* (wall) socket; **s~en** *vt* put, insert; *Nadel* stick; *Pflanzen* plant; *(beim Nähen)* pin; *vi irreg* be; *(festsitzen)* be stuck; *(Nadeln)* stick; **s~enbleiben** *vi irreg* get stuck; **s~enlassen** *vt irreg* leave in; **~enpferd** *nt* hobby-horse; **~er** *m* **-s, -** plug; **~nadel** *f* pin; **~rübe** *f* swede, turnip; **~zwiebel** *f* bulb.

Steg [ʃte:k] *m* **-(e)s, -e** small bridge; *(Anlege—)* landing stage; **~reif** *m*: **aus dem ~reif** just like that.

stehen [ˈʃte:ən] *irreg vi* stand (*zu* by); *(sich befinden)* be; *(in Zeitung)* say; *(still—)* have stopped; **jdm ~** suit sb; *vi impers*: **es steht schlecht um** things are bad for; **wie steht's?** how are things?; *(Sport)* what's the score?; **~ bleiben** remain standing; **~bleiben** *vi irreg* (*Uhr*) stop; (*Fehler*) stay as it is; **~lassen** *vt irreg* leave; *Bart* grow.

stehlen [ˈʃte:lən] *vt irreg* steal.

steif [ʃtaɪf] *a* stiff; **S~heit** *f* stiffness.

Steig- [ʃtaɪk] *cpd*: **~bügel** *m* stirrup; **~e** [ˈʃtaɪgə] *f* **-, -n** *(Straße)* steep road; *(Kiste)* crate; **~eisen** *nt* crampon; **s~en** *vi irreg* rise; *(klettern)* climb; **s~en in** *(+acc)*/**auf** *(+acc)* get in/on; **s~ern** *vt* raise; (*Gram*) compare; *vi (Auktion)* bid; *vr* increase; **~erung** *f* raising; *(Gram)* comparison; **~ung** *f* incline, gradient, rise.

steil [ʃtaɪl] *a* steep.

Stein [ʃtaɪn] *m* **-(e)s, -e** stone; *(in Uhr)* jewel; **s~alt** *a* ancient; **~bock** *m (Astrol)* Capricorn; **~bruch** *m* quarry; **~butt** *m* **-s, -e** turbot; **s~ern** *a* (made of) stone; *(fig)* stony; **~gut** *nt* stoneware; **s~hart** *a* hard as stone; **s~ig** *a* stony; **s~igen** *vt* stone; **~kohle** *f* mineral coal; **~metz** *m* **-es, -e** stonemason.

Steiß [ʃtaɪs] *m* **-es, -e** rump.

Stell- ['ʃtɛl] *cpd*: **~dichein** *nt* **-(s), -(s)** rendezvous; **~e** *f* **-, -n** place; *(Arbeit)* post, job; *(Amt)* office; **s~en** *vt* put; *Uhr etc* set; *(zur Verfügung —)* supply; *(fassen) Dieb* apprehend; *vr (sich aufstellen)* stand; *(sich einfinden)* present oneself; *(bei Polizei)* give oneself up; *(vorgeben)* pretend (to be); **sich zu etw s~en** have an opinion of sth; **~enangebot** *nt* offer of a post; *(Zeitung)* vacancies; **~engesuch** *nt* application for a post; **~ennachweis** *m*, **~envermittlung** *f* employment agency; **~ung** *f* position; *(Mil)* line; **~ung nehmen zu** comment on; **~ungnahme** *f* **-, -n** comment; **s~vertretend** *a* deputy, acting; **~vertreter** *m* deputy; **~werk** *nt (Rail)* signal box.

Stelze ['ʃtɛltsə] *f* **-, -n** stilt.

Stemm- ['ʃtɛm] *cpd*: **~bogen** *m (Ski)* stem turn; **s~en** *vt* lift (up); *(drücken)* press; **sich s~en gegen** *(fig)* resist, oppose.

Stempel ['ʃtɛmpəl] *m* **-s, -** stamp; *(Bot)* pistil; **~kissen** *nt* inkpad; **s~n** *vt* stamp; *Briefmarke* cancel; **s~n gehen** *(col)* be/go on the dole.

Stengel ['ʃtɛŋəl] *m* **-s, -** stalk.

Steno- [ʃteno] *cpd*: **~gramm** [-'gram] *nt* shorthand report; **~graphie** [-gra'fi:] *f* shorthand; **s~graphieren** [-gra'fi:rən] *vti* write (in) shorthand; **~typist(in** *f*) [-ty'pɪst(ɪn)] *m* shorthand typist.

Stepp- ['ʃtɛp] *cpd*: **~decke** *f* quilt; **~e** *f* **-, -n** prairie; steppe; **s~en** *vt* stitch; *vi* tap-dance.

Sterb- ['ʃtɛrb] *cpd*: **~ebett** *nt* deathbed; **~efall** *m* death; **s~en** *vi irreg* die; **~eurkunde** *f* death certificate; **s~lich** ['ʃtɛrplɪç] *a* mortal; **~lichkeit** *f* mortality; **~lichkeitsziffer** *f* death rate.

stereo- ['ste:reo] *in cpds* stereo(-); **~typ** [stereo'ty:p] *a* stereotype.

steril [ʃte'ri:l] *a* sterile; **~i'sieren** *vt* sterilize; **S~i'sierung** *f* sterilization.

Stern [ʃtɛrn] *m* **-(e)s, -e** star; **~bild** *nt* constellation; **~chen** *nt* asterisk; **~schnuppe** *f* **-, -n** meteor, falling star; **~stunde** *f* historic moment.

stet [ʃte:t] *a* steady; **~ig** *a* constant, continual; **~s** *ad* continually, always.

Steuer ['ʃtɔʏər] *nt* **-s, -** *(Naut)* helm; *(—ruder)* rudder; *(Aut)* steering wheel; *f* **-, -n** tax; **~bord** *nt* starboard; **~erklärung** *f* tax return; **~klasse** *f* tax group; **~knüppel** *m* control column; *(Aviat)* joystick; **~mann** *m, pl* **-männer** *or* **-leute** helmsman; **s~n** *vti* steer; *Flugzeug* pilot; *Entwicklung, Tonstärke* control; **s~pflichtig** *a* taxable; *Person* liable to pay tax; **~rad** *nt* steering wheel; **~ung** *f* steering *(auch Aut)*; piloting; control; *(Vorrichtung)* controls *pl*; **~zahler** *m* **-s, -** taxpayer; **~zuschlag** *m* additional tax.

Steward ['stju:ərt] *m* **-s, -s** steward; **~eß** ['stju:ərdɛs] *f* **-, -essen** stewardess; air hostess.

stibitzen [ʃti'bɪtsən] *vt (col)* pilfer, steal.

Stich [ʃtɪç] *m* **-(e)s, -e** *(Insekten—)* sting; *(Messer—)* stab; *(beim Nähen)* stitch; *(Färbung)* tinge; *(Cards)* trick; *(Art)* engraving; **jdn im ~ lassen** leave sb in the lurch; **~el** *m* **-s, -** engraving tool, style; **~e'lei** *f* jibe, taunt; **s~eln** *vi (fig)* jibe; **s~haltig** *a* sound, tenable; **~probe** *f* spot check; **~wahl** *f* final ballot; **~wort** *nt* cue; *(in Wörterbuch)* headword; *(für Vortrag)* note; **~wortverzeichnis** *nt* index.

Stick- [ʃtɪk] *cpd*: **s~en** *vti* embroider; **~e'rei** *f* embroidery; **s~ig** *a* stuffy, close; **~stoff** *m* nitrogen.

Stiefel ['ʃti:fəl] *m* **-s, -** boot.

Stief- ['ʃti:f] *in cpds* step; **~kind** *nt* stepchild; *(fig)* Cinderella; **~mutter** *f* stepmother; **~mütterchen** *nt* pansy.

Stiege ['ʃti:gə] *f* **-, -n** staircase.

Stiel [ʃti:l] *m* **-(e)s, -e** handle; *(Bot)* stalk.

stier [ʃti:r] *a* staring, fixed; **S~** *m* **-(e)s, -e** bull; *(Astrol)* Taurus; **~en** *vi* stare.

Stift [ʃtɪft] *m* **-(e)s, -e** peg; *(Nagel)* tack; *(Farb—)* crayon; *(Blei—)* pencil; *nt* **-(e)s, -e** (charitable) foundation; *(Eccl)* religious institution; **s~en** *vt* found; *Unruhe* cause; *(spenden)* contribute; **~er(in** *f*) *m* **-s, -** founder; **~ung** *f* donation; *(Organisation)* foundation; **~zahn** *m* crown tooth.

Stil [ʃti:l] *m* **-(e)s, -e** style; **~blüte** *f* howler.

still [ʃtɪl] *a* quiet; *(unbewegt)* still; *(heimlich)* secret; **S~e** *f* **-, -n** stillness, quietness; **in aller S~e** quietly; **~en** *vt* stop; *(befriedigen)* satisfy; *Säugling* breast-feed; **~gestanden** *interj* attention; **~halten** *vi irreg* keep still; **~(l)egen** *vt* close down; **~schweigen** *vi irreg* be silent; **S~schweigen** *nt* silence; **~schweigend** *a,ad* silent(ly); *Einverständnis* tacit(ly); **S~stand** *m* standstill; **~stehen** *vi irreg* stand still.

Stimm- ['ʃtɪm] *cpd*: **~abgabe** *f* voting; **~bänder** *pl* vocal chords *pl*; **s~berechtigt** *a* entitled to vote; **~e** *f* **-, -n** voice; *(Wahl—)* vote; **s~en** *vt (Mus)* tune; **das stimmte ihn traurig** that made him feel sad; *vi* be right; **s~en für/gegen** vote for/against; **~enmehrheit** *f* majority (of votes); **~enthaltung** *f* abstention; **~gabel** *f* tuning fork; **s~haft** *a* voiced; **~lage** *f* register; **s~los** *a* voiceless; **~recht** *nt* right to vote; **~ung** *f* mood; atmosphere; **s~ungsvoll** *a* enjoyable; full of atmosphere; **~zettel** *m* ballot paper.

stinken ['ʃtɪŋkən] *vi irreg* stink.

Stipendium [ʃti'pɛndiʊm] *nt* grant.

Stirn ['ʃtɪrn] *f* **-, -en** forehead, brow; *(Frechheit)* impudence; **~höhle** *f* sinus; **~runzeln** *nt* **-s** frown(ing).

stöbern ['ʃtøbərn] *vi* rummage.

stochern ['stɔxərn] *vi* poke (about).

Stock [ʃtɔk] *m* **-(e)s, ¨e** stick; *(Bot)* stock; *pl*

-werke storey; **s~**-*in cpds vor a (col)* completely; **s~en** *vi* stop, pause; **s~end** *a* halting; **s~finster** *a (col)* pitch-dark; **s~taub** *a* stone-deaf; **~ung** *f* stoppage; **~werk** *nt* storey, floor.

Stoff [ʃtɔf] *m* **-(e)s, -e** *(Gewebe)* material, cloth; *(Materie)* matter; *(von Buch etc)* subject (matter); **s~lich** *a* material; with regard to subject matter; **~wechsel** *m* metabolism.

stöhnen ['ʃtø:nən] *vi* groan.

stoisch ['ʃto:ɪʃ] *a* stoical.

Stollen ['ʃtɔlən] *m* **-s, -** *(Min)* gallery; *(Cook) cake eaten at Christmas; (von Schuhen)* stud.

stolpern ['ʃtɔlpərn] *vi* stumble, trip.

Stolz [ʃtɔlts] *m* **-es** pride; **s~** *a* proud; **s~ieren** [ʃtɔl'tsi:rən] *vi* strut.

Stopf- ['ʃtɔpf] *cpd*: **s~en** *vt (hinein—)* stuff; *(voll—)* fill (up); *(nähen)* darn; *vi (Med)* cause constipation; **~garn** *nt* darning thread.

Stoppel ['ʃtɔpəl] *f* **-, -n** stubble.

Stopp- ['ʃtɔp] *cpd*: **s~en** *vti* stop; *(mit Uhr)* time; **~schild** *nt* stop sign; **~uhr** *f* stopwatch.

Stöpsel ['ʃtœpsəl] *m* **-s, -** plug; *(für Flaschen)* stopper.

Stör [ʃtø:r] *m* **-(e)s, -e** sturgeon.

Storch *m* **-(e)s, ⸚e** stork.

Stör- [ʃtø:r] *cpd:* **s~en** *vt* disturb; *(behindern, Rad)* interfere with; *vr* **sich an etw** *(dat)* **s~en** let sth bother one; **s~end** *a* disturbing, annoying; **~enfried** *m* **-(e)s, -e** troublemaker.

störrig ['ʃtœrɪç], **störrisch** ['ʃtœrɪʃ] *a* stubborn, perverse.

Stör- *cpd:* **~sender** *m* jammer; **~ung** *f* disturbance; interference.

Stoß [ʃto:s] *m* **-es, ⸚e** *(Schub)* push; *(Schlag)* blow; knock; *(mit Schwert)* thrust; *(mit Fuß)* kick; *(Erd—)* shock; *(Haufen)* pile; **~dämpfer** *m* **-s, -** shock absorber; **s~en** *irreg vt (mit Druck)* shove, push; *(mit Schlag)* knock, bump; *(mit Fuß)* kick; *Schwert etc* thrust; *(an—) Kopf etc* bump; *(zerkleinern)* pulverize; *vr* get a knock; **sich s~en an** *(+dat) (fig)* take exception to; *vi:* **s~en an** *or* **auf** *(+acc)* bump into; *(finden)* come across; *(angrenzen)* be next to; **~stange** *f (Aut)* bumper.

Stotterer ['ʃtɔtərər] *m* **-s, -** stutterer.

stottern ['ʃtɔtərn] *vti* stutter.

stracks [ʃtraks] *ad* straight.

Straf- ['ʃtra:f] *cpd:* **~anstalt** *f* penal institution; **~arbeit** *f (Sch)* punishment; lines *pl*; **s~bar** *a* punishable; **~barkeit** *f* criminal nature; **~e** *f* **-, -n** punishment; *(Jur)* penalty; *(Gefängnis—)* sentence; *(Geld—)* fine; **s~en** *vt* punish.

straff [ʃtraf] *a* tight; *(streng)* strict; *Stil etc* concise; *Haltung* erect; **~en** *vt* tighten, tauten.

Straf- *cpd:* **~gefangene(r)** *mf* prisoner, convict; **~gesetzbuch** *nt* penal code; **~kolonie** *f* penal colony.

Sträf- ['ʃtrɛ:f] *cpd:* **s~lich** *a* criminal; **~ling** *m* convict.

Straf- *cpd:* **~porto** *nt* excess postage (charge); **~predigt** *f* severe lecture; **~raum** *m (Sport)* penalty area; **~recht** *nt* criminal law; **~stoß** *m (Sport)* penalty (kick); **~tat** *f* punishable act; **~zettel** *m* ticket.

Strahl [ʃtra:l] *m* **-s, -en** ray, beam; *(Wasser—)* jet; **s~en** *vi* radiate; *(fig)* beam; **~enbehandlung, ~entherapie** *f* radiotherapy; **~ung** *f* radiation.

Strähne ['ʃtrɛ:nə] *f* **-, -n** strand.

stramm [ʃtram] *a* tight; *Haltung* erect; *Mensch* robust; **~stehen** *vi irreg (Mil)* stand to attention.

strampeln ['ʃtrampəln] *vi* kick (about), fidget.

Strand [ʃtrant] *m* **-(e)s, ⸚e** shore; *(mit Sand)* beach; **~bad** *nt* open-air swimming pool, lido; **s~en** ['ʃtrandən] *vi* run aground; *(fig: Mensch)* fail; **~gut** *nt* flotsam; **~korb** *m* beach chair.

Strang [ʃtraŋ] *m* **-(e)s, ⸚e** cord, rope; *(Bündel)* skein; *(Schienen—)* track; **über die e schlagen** *(col)* kick over the traces.

Strapaz- *cpd:* **~e** [ʃtra'pa:tsə] *f* **- -n** strain, exertion; **s~ieren** [ʃtrapa'tsi:rən] *vt Material* treat roughly, punish; *Mensch, Kräfte* wear out, exhaust; **s~ierfähig** *a* hard-wearing; **s~iös** [ʃtrapatsi'ø:s] *a* exhausting, tough.

Straße ['ʃtra:sə] *f* **-, -n** street, road; **~nbahn** *f* tram, streetcar *(US);* **~nbeleuchtung** *f* street lighting; **~nfeger, ~nkehrer** *m* **-s, -** roadsweeper; **~nsperre** *f* roadblock; **~nverkehrsordnung** *f* highway code.

Strateg- [ʃtra'te:g] *cpd:* **~e** *m* **-n, -n** strategist; **~ie** [ʃtrate'gi:] *f* strategy; **s~isch** *a* strategic.

Stratosphäre [ʃtrato'sfɛ:rə] *f* **-** stratosphere.

sträuben ['ʃtrɔʏbən] *vt* ruffle; *vr* bristle; *(Mensch)* resist *(gegen etw* sth).

Strauch [ʃtraʊx] *m* **-(e)s, Sträucher** bush, shrub; **s~eln** *vi* stumble, stagger.

Strauß [ʃtraʊs] *m* **-es, Sträuße** bunch; bouquet; *pl* **-e** ostrich.

Streb- ['ʃtre:b] *cpd:* **~e** *f* **-, -n** strut; **~ebalken** *m* buttress; **s~en** *vi* strive *(nach* for), endeavour; **s~en zu** *or* **nach** *(sich bewegen)* make for; **~er** *m* **-s, -** *(pej)* pusher, climber; *(Sch)* swot; **s~sam** *a* industrious; **~samkeit** *f* industry.

Strecke ['ʃtrɛkə] *f* **-, -n** stretch; *(Entfernung)* distance; *(Rail)* line; *(Math)* line; **s~n** *vt* stretch; *Waffen* lay down; *(Cook)* eke out; *vr* stretch (oneself); *vi (Sch)* put one's hand up.

Streich [ʃtraɪç] *m* **-(e)s, -e** trick, prank; *(Hieb)* blow; **s~eln** *vt* stroke; **s~en** *irreg vt (berühren)* stroke; *(auftragen)* spread; *(anmalen)* paint; *(durch—)* delete; *(nicht genehmigen)* cancel; *vi (berühren)* brush; *(schleichen)* prowl; **~holz** *nt* match; **~instrument** *nt* string instrument.

Streif- ['ʃtraɪf] *cpd:* **~band** *nt* wrapper; **~e** *f* **-, -n** patrol; **s~en** *vt (leicht berühren)* brush against, graze; *(Blick)* skim over; *Thema, Problem* touch on; *(ab—)* take off; *vi (gehen)* roam; **~en** *m* **-s, -** *(Linie)* stripe; *(Stück)* strip; *(Film)* film; **~endienst** *m* patrol duty; **~enwagen** *m* patrol car; **~schuß** *m* graze, grazing shot; **~zug** *m* scouting trip.

Streik [ʃtraɪk] *m* **-(e)s, -s** strike; **~brecher** *m* **-s, -** blackleg, strikebreaker; **s~en** *vi* strike; **~kasse** *f* strike fund; **~posten** *m* (strike) picket.

Streit [ʃtraɪt] *m* **-(e)s, -e** argument; dispute; **s~en** *vir irreg* argue; dispute; **~frage** *f* point at issue; **s~ig** *a*: **jdm etw s~ig machen** dispute sb's right to sth; **~igkeiten** *pl* quarrel, dispute; **~kräfte** *pl (Mil)* armed forces *pl*; **s~lustig** *a* quarrelsome; **~sucht** *f* quarrelsomeness.

streng [ʃtrɛŋ] *a* severe; *Lehrer, Maßnahme* strict; *Geruch etc* sharp; **S~e** *f* **-** severity; strictness; sharpness; **~genommen** *ad* strictly speaking; **~gläubig** *a* orthodox, strict.

Streu [ʃtrɔʏ] *f* **-, -en** litter, bed of straw; **s~en** *vt* strew, scatter, spread; **~ung** *f* dispersion.

Strich [ʃtrɪç] *m* **-(e)s, -e** *(Linie)* line; *(Feder—, Pinsel—)* stroke; *(von Geweben)* nap; *(von Fell)* pile; **auf den ~ gehen** *(col)* walk the streets; **jdm gegen den ~ gehen** rub sb up the wrong way; **einen ~ machen durch** *(lit)* cross out; *(fig)* foil; **~einteilung** *f* calibration; **~mädchen** *nt* streetwalker; **~punkt** *m* semicolon; **s~weise** *ad* here and there.

Strick [ʃtrɪk] *m* **-(e)s, -e** rope; *(col: Kind)* rascal; **s~en** *vti* knit; **~jacke** *f* cardigan; **~leiter** *f* rope ladder; **~nadel** *f* knitting needle; **~waren** *pl* knitwear.

Strieme ['ʃtri:mə] *f* **-, -n, Striemen** ['ʃtri:mən] *m* **-s, -** weal.

strikt ['strɪkt] *a* strict.

strittig ['ʃtrɪtɪç] *a* disputed, in dispute.

Stroh [ʃtro:] *nt* **-(e)s** straw; **~blume** *f* everlasting flower; **~dach** *nt* thatched roof; **~halm** *m* (drinking) straw; **~mann** *m, pl* **-männer** dummy, straw man; **~witwe** *f* grass widow.

Strolch [ʃtrɔlç] *m* **-(e)s, -e** layabout, bum.

Strom [ʃtro:m] *m* **-(e)s, ⸚e** river; *(fig)* stream; *(Elec)* current; **s~abwärts** [-'apvɛrts] *ad* downstream; **s~aufwärts** [-'aʊfvɛrts] *ad* upstream.

strömen ['ʃtrø:mən] *vi* stream, pour.

Strom- *cpd:* **~kreis** *m* circuit; **s~linienförmig** *a* streamlined; **~rechnung** *f* electricity bill; **~sperre** *f* power cut; **~stärke** *f* amperage.

Strömung ['ʃtrø:mʊŋ] *f* current.

Strophe ['ʃtro:fə] *f* **-, -n** verse.

strotzen ['ʃtrɔtsən] *vi:* **~vor** *or* **von** abound in, be full of.

Strudel ['ʃtru:dəl] *m* **-s, -** whirlpool, vortex; *(Cook)* strudel; **s~n** *vi* swirl, eddy.

Struktur [ʃtrʊk'tu:r] *f* structure; **s~ell** [-'rɛl] *a* structural.

Strumpf [ʃtrʊmpf] *m* **-(e)s, ⸚e** stocking; **~band** *nt* garter; **~hose** *f* (pair of) tights.

Strunk [ʃtrʊŋk] *m* **-(e)s, ⸚e** stump.

struppig ['ʃtrʊpɪç] *a* shaggy, unkempt.

Stube ['ʃtu:bə] *f* **-, -n** room; **~narrest** *m* confinement to one's room; *(Mil)* confinement to quarters; **~nhocker** *m* *(col)* stay-at-home; **s~nrein** *a* house-trained.

Stuck [ʃtʊk] *m* **-(e)s** stucco.

Stück [ʃtʏk] *nt* **-(e)s, -e** piece; *(etwas)* bit; *(Theat)* play; **~arbeit** *f* piecework; **~chen** *nt* little piece; **~lohn** *m* piecework wages *pl*; **s~weise** *ad* bit by bit, piecemeal; *(Comm)* individually; **~werk** *nt* bits and pieces *pl*.

Student(in *f***)** [ʃtu'dɛnt(ɪn)] *m* student; **s~isch** *a* student, academic.

Studie ['ʃtu:diə] *f* study.

studieren [ʃtu'di:rən] *vti* study.

Studio ['ʃtu:dio] *nt* **-s, -s** studio.

Studium ['ʃtu:diʊm] *nt* studies *pl*.

Stufe ['ʃtu:fə] *f* **-, -n** step; *(Entwicklungs—)* stage; **~nleiter** *f (fig)* ladder; **s~nweise** *ad* gradually.

Stuhl [ʃtu:l] *m* **-(e)s, ⸚e** chair; **~gang** *m* bowel movement.

stülpen ['ʃtʏlpən] *vt (umdrehen)* turn upside down; *(bedecken)* put.

stumm [ʃtʊm] *a* silent; *(Med)* dumb; **S~el** *m* **-s, -** stump; *(Zigaretten-)* stub; **S~film** *m* silent film; **S~heit** *f* silence; dumbness.

Stümper ['ʃtʏmpər] *m* **-s, -** incompetent, duffer; **s~haft** *a* bungling, incompetent; **s~n** *vi (col)* bungle.

stumpf [ʃtʊmpf] *a* blunt; *(teilnahmslos, glanzlos)* dull; *Winkel* obtuse; **S~** *m* **-(e)s, ⸚e** stump; **S~heit** *f* bluntness; dullness; **S~sinn** *m* tediousness; **~sinnig** *a* dull.

Stunde ['ʃtʊndə] *f* **-, -n** hour; **s~n** *vt:* **jdm etw s~en** give sb time to pay sth; **~ngeschwindigkeit** *f* average speed per hour; **~nkilometer** *pl* kilometres per hour; **s~nlang** *a* for hours; **~nlohn** *m* hourly wage; **~nplan** *m* timetable; **s~nweise** *a* by the hour; every hour.

stündlich ['ʃtʏntlɪç] *a* hourly.

Stups [ʃtʊps] *m* **-es, -e** *(col)* push; **~nase** *f* snub nose.

stur [ʃtu:r] *a* obstinate, pigheaded.

Sturm [ʃtʊrm] *m* **-(e)s, ⸚e** storm, gale; *(Mil etc)* attack, assault.

stürm- ['ʃtʏrm] *cpd:* **~en** *vi* *(Wind)* blow hard, rage; *(rennen)* storm; *vt (Mil, fig)* storm; *v impers* **es ~t** there's a gale blowing; **S~er** *m* **-s, -** *(Sport)* forward, striker; **~isch** *a* stormy.

Sturm- *cpd:* **~warnung** *f* gale warning; **~wind** *m* storm, gale.

Sturz [ʃtʊrts] *m* **-es, ⸚e** fall; *(Pol)* overthrow.

stürzen ['ʃtʏrtsən] *vt (werfen)* hurl; *(Pol)* overthrow; *(umkehren)* overturn; *vr* rush; *(hinein—)* plunge; *vi* fall; *(Aviat)* dive; *(rennen)* dash.

Sturz- *cpd:* **~flug** *m* nose-dive; **~helm** *m* crash helmet.

Stute ['ʃtu:tə] *f* **-, -n** mare.

Stütz- ['ʃtʏts] *cpd:* **~balken** *m* brace, joist; **~e** *f* **-, -n** support; help; **s~en** *vt (lit, fig)* support; *Ellbogen etc* prop up.

stutz- ['ʃtʊts] *cpd:* **~en** *vt* trim; *Ohr, Schwanz* dock; *Flügel* clip; *vi* hesitate; become suspicious; **~ig** *a* perplexed, puzzled; *(mißtrauisch)* suspicious.

Stütz- *cpd:* **~mauer** *f* supporting wall;

~**punkt** *m* point of support; *(von Hebel)* fulcrum; *(Mil, fig)* base.
Styropor ® [ʃtyro'po:r] *nt* **-s** polystyrene.
Subjekt [zʊp'jɛkt] *nt* **-(e)s, -e** subject; **s~iv** [-'ti:f] *a* subjective; ~**ivi'tät** *f* subjectivity.
Substantiv [zʊpstan'ti:f] *nt* **-s, -e** noun.
Substanz [zʊp'stants] *f* substance.
subtil [zʊp'ti:l] *a* subtle.
subtrahieren [zʊptra'hi:rən] *vt* subtract.
Subvention [zʊpvɛntsi'o:n] *f* subsidy; **s~ieren** [-'ni:rən] *vt* subsidize.
subversiv [zʊpvɛr'zi:f] *a* subversive.
Such- ['zu:x] *cpd:* ~**aktion** *f* search; ~**e** *f* **-, -n** search; **s~en** *vti* look (for), seek; *(ver—)* try; ~**er** *m* **-s, -** seeker, searcher; *(Phot)* viewfinder.
Sucht [zʊxt] *f* **-, ¨e** mania; *(Med)* addiction, craving.
süchtig ['zʏçtɪç] *a* addicted; **S~e(r)** *mf* addict.
Süd- [zy:t] *cpd:* ~**en** ['zy:dən] *m* **-s** south; ~**früchte** *pl* Mediterranean fruit; **s~lich** *a* southern; **s~lich von** (to the) south of; **s~wärts** *ad* southwards.
süff- *cpd:* ~**ig** ['zʏfɪç] *a Wein* pleasant to the taste; ~**isant** [sʏfi'zant] *a* smug.
suggerieren [zʊge'ri:rən] *vt* suggest *(jdm etw* sth to sb).
Sühne ['zy:nə] *f* **-, -n** atonement, expiation; **s~n** *vt* atone for, expiate.
Sulfonamid [zʊlfona'mi:t] *nt* **-(e)s, -e** *(Med)* sulphonamide.
Sultan ['zʊltan] *m* **-s, -e** sultan; ~**ine** [zʊlta'ni:nə] *f* sultana.
Sülze ['zʏltsə] *f* **-, -n** brawn.
Summ- [zʊm] *cpd:* **s~arisch** [zʊ'ma:rɪʃ] *a* summary; ~**e** *f* **-, -n** sum, total; **s~en** *vti* buzz; *Lied* hum; **s~ieren** [zʊ'mi:rən] *vtr* add up (to).
Sumpf [zʊmpf] *m* **-(e)s, ¨e** swamp, marsh; **s~ig** *a* marshy.
Sünde ['zʏndə] *f* **-, -n** sin; ~**nbock** *m (col)* scapegoat; ~**nfall** *m* Fall (of man); ~**r(in** *f***)** *m* **-s, -** sinner.
Super ['zu:pər] *nt* **-s** *(Benzin)* four star (petrol); ~**lativ** [-lati:f] *m* **-s, -e** superlative; ~**markt** *m* supermarket.
Suppe ['zʊpə] *f* **-, -n** soup.
surren ['zʊrən] *vi* buzz, hum.
Surrogat [zʊro'ga:t] *nt* **-(e)s, -e** substitute, surrogate.
suspekt [zʊs'pɛkt] *a* suspect.
süß [zy:s] *a* sweet; **S~e** *f* **-** sweetness; ~**en** *vt* sweeten; **S~igkeit** *f* sweetness; *(Bonbon etc)* sweet, candy *(US)*; ~**lich** *a* sweetish; *(fig)* sugary; **S~speise** *f* pudding, sweet; **S~stoff** *m* sweetening agent; **S~wasser** *nt* fresh water.
Sylvester [zʏl'vɛstər] *nt* **-s, -** *see* **Silvester.**
Symbol [zʏm'bo:l] *nt* **-s, -e** symbol; **s~isch** *a* symbolic(al).
Symmetrie [zʏme'tri:] *f* symmetry; ~**achse** *f* symmetric axis.
symmetrisch [zʏ'me:trɪʃ] *a* symmetrical.
Sympath- *cpd:* ~**ie** [zʏmpa'ti:] *f* liking, sympathy; **s~isch** [zʏm'pa:tɪʃ] *a* likeable, congenial; **er ist mir s~isch** I like him; **s~i'sieren** *vi* sympathize.
Symptom [zʏmp'to:m] *nt* **-s, -e** symptom; **s~atisch** [zʏmpto'ma:tɪʃ] *a* symptomatic.
Synagoge [zʏna'go:gə] *f* **-, -n** synagogue.
synchron [zʏn'kro:n] *a* synchronous; **S~getriebe** *nt* synchromesh (gears *pl*); ~**i'sieren** *vt* synchronize; *Film* dub.
Syndikat [zʏndi'ka:t] *nt* **-(e)s, -e** combine, syndicate.
Synonym [zyno'ny:m] *nt* **-s, -e** synonym; **s~** *a* synonymous.
Syntax ['zʏntaks] *f* **-, -en** syntax.
Synthese [zʏn'te:zə] *f* **-, -n** synthesis.
synthetisch [zʏn'te:tɪʃ] *a* synthetic.
Syphilis ['zyfilɪs] *f* **-** syphilis.
System [zʏs'te:m] *nt* **-s, -e** system; **s~atisch** [zʏste'ma:tɪʃ] *a* systematic; **s~ati'sieren** *vt* systematize.
Szene ['stse:nə] *f* **-, -n** scene; ~**rie** [stsenə'ri:] *f* scenery.
Szepter ['stsɛptər] *nt* **-s, -** sceptre.

T

T, t [te:] T, t.
Tabak ['ta:bak] *m* **-s, -e** tobacco.
Tabell- [ta'bɛl] *cpd:* **t~arisch** [tabɛ'la:rɪʃ] *a* tabular; ~**e** *f* table; ~**enführer** *m* top of the table, league leader.
Tabernakel [tabɛr'na:kəl] *m* **-s, -** tabernacle.
Tablette [ta'blɛtə] *f* tablet, pill.
Tachometer [taxo'me:tər] *m* **-s, -** *(Aut)* speedometer.
Tadel ['ta:dəl] *m* **-s, -** censure, scolding; *(Fehler)* fault, blemish; **t~los** *a* faultless, irreproachable; **t~n** *vt* scold; **t~nswert** *a* blameworthy.
Tafel ['ta:fəl] *f* **-, -n** table *(auch Math)*; (Anschlag—) board; *(Wand—)* blackboard; *(Schiefer—)* slate; *(Gedenk—)* plaque; *(Illustration)* plate; *(Schalt—)* panel; *(Schokolade etc)* bar.
Täfel- ['tɛ:fəl] *cpd:* **t~n** *vt* panel; ~**ung** *f* panelling.
Taft [taft] *m* **-(e)s, -e** tafetta.
Tag [ta:k] *m* **-(e)s, -e** day; daylight; **unter/über ~** *(Min)* underground/on the surface; **an den ~ kommen** come to light; **guten ~!** good morning/afternoon!; **t~aus, t~ein** *ad* day in, day out; ~**dienst** *m* day duty; ~**ebuch** ['ta:gəbu:x] *nt* diary, journal; ~**edieb** *m* idler; ~**egeld** *nt* daily allowance; **t~elang** *ad* for days; **t~en** *vi* sit, meet; *v impers:* **es tagt** dawn is breaking; ~**esablauf** *m* course of the day; ~**esanbruch** *m* dawn; ~**eslicht** *nt* daylight; ~**esordnung** *f* agenda; ~**essatz** *m* daily rate; ~**eszeit** *f* time of day; ~**eszeitung** *f* daily (paper).
täglich ['tɛ:klɪç] *a,ad* daily.
Tag- *cpd:* **t~süber** *ad* during the day; ~**ung** *f* conference.
Taille ['taljə] *f* **-, -n** waist.
Takel ['ta:kəl] *nt* **-s, -** tackle; **t~n** *vt* rig.
Takt [takt] *m* **-(e)s, -e** tact; *(Mus)* time; ~**gefühl** *nt* tact; ~**ik** *f* tactics *pl*; **t~isch** *a* tactical; **t~los** *a* tactless; ~**losigkeit** *f*

tactlessness; **~stock** *m* (conductor's) baton; **t~voll** *a* tactful.
Tal [ta:l] *nt* **-(e)s, ⸚er** valley.
Talar [ta'la:r] *m* **-s, -e** *(Jur)* robe; *(Univ)* gown.
Talent [ta'lɛnt] *nt* **-(e)s, -e** talent; **t~iert** [talɛn'ti:rt], **t~voll** *a* talented, gifted.
Taler ['ta:lər] *m* **-s, -** taler, florin.
Talg [talk] *m* **-(e)s, -e** tallow; **~drüse** *f* sebaceous gland.
Talisman ['ta:lɪsman] *m* **-s, -e** talisman.
Tal- *cpd*: **~sohle** *f* bottom of a valley; **~sperre** *f* dam.
Tamburin [tambu'ri:n] *nt* **-s, -e** tambourine.
Tampon ['tampɔn] *m* **-s, -s** tampon.
Tang [taŋ] *m* **-(e)s, -e** seaweed; **~ente** [taŋ'gɛntə] *f* **-, -n** tangent; **t~ieren** [taŋ'gi:rən] *vt* *(lit)* be tangent to; *(fig)* affect.
Tank [taŋk] *m* **-s, -s** tank; **t~en** *vi* fill up with petrol *or* gas *(US)*; *(Aviat)* (re)fuel; **~er** *m* **-s, -, ~schiff** *nt* tanker; **~stelle** *f* petrol *or* gas *(US)* station; **~wart** *m* petrol pump *or* gas station *(US)* attendant.
Tanne ['tanə] *f* **-, -n** fir; **~nbaum** *m* fir tree; **~nzapfen** *m* fir cone.
Tante ['tantə] *f* **-, -n** aunt.
Tanz [tants] *m* **-es, ⸚e** dance.
Tänz- ['tɛnts] *cpd*: **t~eln** *vi* dance along; **~er(in** *f*) *m* **-s, -** dancer.
Tanz- *cpd*: **t~en** *vti* dance; **~fläche** *f* (dance) floor; **~schule** *f* dancing school.
Tape- *cpd*: **~te** [ta'pe:tə] *f* **-, -n** wallpaper; **~tenwechsel** *m* *(fig)* change of scenery; **t~zieren** [tape'tsi:rən] *vt* (wall)paper; **~zierer** [tape'tsi:rər] *m* **-s, -** (interior) decorator.
tapfer ['tapfər] *a* brave; **T~keit** *f* courage, bravery.
tappen ['tapən] *vi* walk uncertainly *or* clumsily.
täppisch ['tɛpɪʃ] *a* clumsy.
Tarif [ta'ri:f] *m* **-s, -e** tariff, (scale of) fares/charges; **~lohn** *m* standard wage rate.
Tarn ['tarn] *cpd*: **t~en** *vt* camouflage; *Person, Absicht* disguise; **~farbe** *f* camouflage paint; **~ung** *f* camouflaging; disguising.
Tasche ['taʃə] *f* **-, -n** pocket; handbag; **~n** *in cpds* pocket; **~nbuch** *nt* paperback; **~ndieb** *m* pickpocket; **~ngeld** *nt* pocket money; **~nlampe** *f* (electric) torch, flashlight *(US)*; **~nmesser** *nt* penknife; **~nspieler** *m* conjurer; **~ntuch** *nt* handkerchief.
Tasse ['tasə] *f* **-, -n** cup.
Tast- ['tast] *cpd*: **~atur** [-a'tu:r] *f* keyboard; **~e** *f* **-, -n** push-button control; *(an Schreibmaschine)* key; **t~en** *vt* feel, touch; *vi* feel, grope; *vr* feel one's way; **~sinn** *m* sense of touch.
Tat [ta:t] *f* **-, -en** act, deed, action; **in der ~** indeed, as a matter of fact; **~bestand** *m* facts *pl* of the case; **t~enlos** *a* inactive.
Tät- ['tɛ:t] *cpd*: **~er(in** *f*) *m* **-s, -** perpetrator, culprit; **~erschaft** *f* guilt; **t~ig** *a* active; **in einer Firma t~ig sein** work for a firm; **T~igkeit** *f* activity; *(Beruf)* occupation; **t~lich** *a* violent; **~lichkeit** *f* violence; *pl* blows *pl*.
tätowieren [tɛto'vi:rən] *vt* tattoo.
Tat- *cpd*: **~sache** *f* fact; **t~sächlich** *a* actual; *ad* really.
Tatze ['tatsə] *f* **-, -n** paw.
Tau [taʊ] *nt* **-(e)s, -e** rope; *m* **-(e)s** dew.
taub [taʊp] *a* deaf; *Nuß* hollow; **T~heit** *f* deafness; **~stumm** *a* deaf-and-dumb.
Taube ['taʊbə] *f* **-, -n** dove; pigeon; **~nschlag** *m* dovecote.
Tauch- ['taʊx] *cpd*: **t~en** *vt* dip; *vi* dive; *(Naut)* submerge; **~er** *m* **-s, -** diver; **~eranzug** *m* diving suit; **~sieder** *m* **-s, -** portable immersion heater.
tauen ['taʊən] *vti, v impers* thaw.
Tauf- ['taʊf] *cpd*: **~becken** *nt* font; **~e** *f* **-, -n** baptism; **t~en** *vt* christen, baptize; **~name** *m* Christian name; **~pate** *m* godfather; **~patin** *f* godmother; **~schein** *m* certificate of baptism.
Taug- ['taʊg] *cpd*: **t~en** *vi* be of use; **t~en für** do *or* be good for; **nicht t~en** be no good *or* useless; **~enichts** *m* **-es, -e** good-for-nothing; **t~lich** ['taʊklɪç] *a* suitable; *(Mil)* fit (for service); **~lichkeit** *f* suitability; fitness.
Taumel ['taʊməl] *m* **-s** dizziness; *(fig)* frenzy; **t~ig** *a* giddy, reeling; **t~n** *vi* reel, stagger.
Tausch [taʊʃ] *m* **-(e)s, -e** exchange; **t~en** *vt* exchange, swap; **~handel** *m* barter.
täuschen ['tɔʏʃən] *vt* deceive; *vi* be deceptive; *vr* be wrong; **~d** *a* deceptive.
Täuschung *f* deception; *(optisch)* illusion.
tausend ['taʊzənt] *num* (a) thousand; **T~füßler** *m* **-s, -** centipede; millipede.
Tau- *cpd*: **~tropfen** *m* dew drop; **~wetter** *nt* thaw; **~ziehen** *nt* **-s, -** tug-of-war.
Taxi ['taksi] *nt* **-(s), -(s)** taxi; **~fahrer** *m* taxi driver.
Tech- ['tɛç] *cpd*: **~nik** *f* technology; *(Methode, Kunstfertigkeit)* technique; **~niker** *m* **-s,** technician; **t~nisch** *a* technical; **~nolo'gie** *f* technology; **t~no'logisch** *a* technological.
Tee [te:] *m* **-s, -s** tea; **~kanne** *f* teapot; **~löffel** *m* teaspoon.
Teer [te:r] *m* **-(e)s, -e** tar; **t~en** *vt* tar.
Tee- *cpd*: **~sieb** *nt* tea strainer; **~wagen** *m* tea trolley.
Teich [taɪç] *m* **-(e)s, -e** pond.
Teig [taɪk] *m* **-(e)s, -e** dough; **t~ig** *a* doughy; **~waren** *pl* pasta *sing*.
Teil [taɪl] *m or nt* **-(e)s, -e** part; *(An—)* share; *(Bestand—)* component; **zum ~** partly; **t~bar** *a* divisible; **~betrag** *m* instalment; **~chen** *nt* (atomic) particle; **t~en** *vtr* divide; *(mit jdm)* share; **t~haben** *vi irreg* share (*an +dat* in); **~haber** *m* **-s, -** partner; **~kaskoversicherung** *f* third party, fire and theft insurance; **~nahme** *f* **-, -n** participation; *(Mitleid)* sympathy; **t~nahmslos** *a* disinterested, apathetic; **t~nehmen** *vi irreg* take part (*an +dat* in); **~nehmer** *m* **-s, -** participant; **t~s** *ad* partly; **~ung** *f* division; **t~weise** *ad* partially, in part;

~**zahlung** *f* payment by instalments.
Teint [tɛ̃:] *m* **-s, -s** complexion.
Telefon [tele'fo:n] *nt* **-s, -e** telephone; ~**amt** *nt* telephone exchange; ~**anruf** *m,* ~**at** [telefo'na:t] *nt* **-(e)s, -e** (tele)-phone call; ~**buch** *nt* telephone directory; **t**~**ieren** [telefo'ni:rən] *vi* telephone; **t**~**isch** [-ɪʃ] *a* telephone; *Benachrichtigung* by telephone; ~**ist(in** *f***)** [telefo'nɪst(ɪn)] *m* telephonist; ~**nummer** *f* (tele)phone number; ~**verbindung** *f* telephone connection; ~**zelle** *f* telephone kiosk, call-box; ~**zentrale** *f* telephone exchange.
Telegraf [tele'gra:f] *m* **-en, -en** telegraph; ~**enleitung** *f* telegraph line; ~**enmast** *m* telegraph pole; ~**ie** [-'fi:] *f* telegraphy; **t**~**ieren** [-'fi:rən] *vti* telegraph, wire; **t**~**isch** *a* telegraphic.
Telegramm [tele'gram] *nt* **-s, -e** telegram, cable; ~**adresse** *f* telegraphic address; ~**formular** *nt* telegram form.
Tele- *cpd*: ~**graph** = ~**graf**; ~**kolleg** ['telekɔlek] *nt* university of the air; ~**objektiv** ['te:le'ɔpjɛkti:f] *nt* telephoto lens; ~**pathie** [telepa'ti:] *f* telepathy; **t**~**pathisch** [tele'pa:tɪʃ] *a* telepathic; ~**phon** = ~**fon;** ~**skop** [tele'sko:p] *nt* **-s, -e** telescope.
Teller ['tɛlər] *m* **-s, -** plate.
Tempel ['tɛmpəl] *m* **-s, -** temple.
Temperafarbe ['tɛmperafarbə] *f* distemper.
Temperament [tɛmpera'mɛnt] *nt* temperament; *(Schwung)* vivacity, liveliness; **t**~**los** *a* spiritless; **t**~**voll** *a* high-spirited, lively.
Temperatur [tɛmpera'tu:r] *f* temperature.
Tempo ['tɛmpo] *nt* **-s, -s** speed, pace; *pl* **Tempi** *(Mus)* tempo; ~**!** get a move on!; **t**~**rär** [-'rɛ:r] *a* temporary; ~**taschentuch** ® *nt* paper handkerchief.
Tendenz [tɛn'dɛnts] *f* tendency; *(Absicht)* intention; **t**~**iös** [-i'ǿ:s] *a* biased, tendentious.
tendieren [tɛn'di:rən] *vi* show a tendency, incline (*zu* to(wards)).
Tenne ['tɛnə] *f* **-, -n** threshing floor.
Tennis ['tɛnɪs] *nt* **-** tennis; ~**platz** *m* tennis court; ~**schläger** *m* tennis racket; ~**spieler(in** *f***)** *m* tennis player.
Tenor [te'no:r] *m* **-s, ¨-e** tenor.
Teppich ['tɛpɪç] *m* **-s, -e** carpet; ~**boden** *m* wall-to-wall carpeting; ~**kehrmaschine** *f* carpet sweeper; ~**klopfer** *m* carpet beater.
Termin [tɛr'mi:n] *m* **-s, -e** *(Zeitpunkt)* date; *(Frist)* time limit, deadline; *(Arzt— etc)* appointment; ~**kalender** *m* diary, appointments book; ~**ologie** [-olo'gi:] *f* terminology.
Termite [tɛr'mi:tə] *f* **-, -n** termite.
Terpentin [tɛrpɛn'ti:n] *nt* **-s, -e** turpentine, turps *sing.*
Terrasse [tɛ'rasə] *f* **-, -n** terrace.
Terrine [tɛ'ri:nə] *f* tureen.
territorial [tɛritori'a:l] *a* territorial.
Territorium [tɛri'to:riʊm] *nt* territory.
Terror ['tɛrɔr] *m* **-s** terror; reign of terror; **t**~**isieren** [tɛrori'zi:rən] *vt* terrorize; ~**ismus** [-'rɪsmʊs] *m* terrorism; ~**ist** [-'rɪst] *m* terrorist.
Terz [tɛrts] *f* **-, -en** *(Mus)* third; ~**ett** [tɛr'tsɛt] *nt* **-(e)s, -e** trio.
Tesafilm ® ['te:zafɪlm] *m* sellotape ®.
Testament [tɛsta'mɛnt] *nt* will, testament; *(Rel)* Testament; **t**~**arisch** [-'ta:rɪʃ] *a* testamentary; ~**svollstrecker** *m* executor (of a will).
Test- [tɛst] *cpd*: ~**at** [tɛs'ta:t] *nt* **-(e)s, -e** certificate; ~**ator** [tɛs'ta:tɔr] *m* testator; ~**bild** *nt (TV)* test card; **t**~**en** *vt* test.
Tetanus ['te:tanʊs] *m* **-** tetanus; ~**impfung** *f* (anti-)tetanus injection.
teuer ['tɔʏər] *a* dear, expensive; **T**~**ung** *f* increase in prices; **T**~**ungszulage** *f* cost of living bonus.
Teufel ['tɔʏfəl] *m* **-s, -** devil; ~**ei** [-'laɪ] *f* devilry; ~**saustreibung** *f* exorcism.
teuflisch ['tɔʏflɪʃ] *a* fiendish, diabolical.
Text [tɛkst] *m* **-(e)s, -e** text; *(Lieder—)* words *pl*; **t**~**en** *vi* write the words.
textil [tɛks'ti:l] *a* textile; **T**~**ien** *pl* textiles *pl*; **T**~**industrie** *f* textile industry; ~**waren** *pl* textiles *pl.*
Theater [te'a:tər] *nt* **-s, -** theatre; *(col)* fuss; ~ **spielen** *(lit, fig)* playact; ~**besucher** *m* playgoer; ~**kasse** *f* box office; ~**stück** *nt* (stage-)play.
theatralisch [tea'tra:lɪʃ] *a* theatrical.
Theke ['te:kə] *f* **-, -n** *(Schanktisch)* bar; *(Ladentisch)* counter.
Thema ['te:ma] *nt* **-s, Themen** *or* **-ta** theme, topic, subject.
Theo- [teo] *cpd*: ~**loge** [-'lo:gə] *m* **-n, -n** theologian; ~**logie** [-lo'gi:] *f* theology; **t**~**logisch** [-'lo:gɪʃ] *a* theological; ~**retiker** [-'re:tikər] *m* **-s, -** theorist; **t**~**retisch** [-'re:tɪʃ] *a* theoretical; ~**rie** [-'ri:] *f* theory.
Thera- [tera] *cpd*: ~**peut** [-'pɔyt] *m* **-en, -en** therapist; **t**~**peutisch** [-'pɔʏtɪʃ] *a* therapeutic; ~**pie** [-'pi:] *f* therapy.
Therm- *cpd*: ~**albad** [tɛrm'a:lba:t] *nt* thermal bath; thermal spa; ~**ometer** [tɛrmo'me:tər] *nt* **-s,** thermometer; ~**osflasche** ['tɛrmɔsflaʃə] *f* Thermos ® flask; ~**ostat** [tɛrmo'sta:t] *m* **-(e)s** *or* **-en, -e(n)** thermostat.
These ['te:zə] *f* **-, -n** thesis.
Thrombose [trɔm'bo:sə] *f* **-, -n** thrombosis.
Thron [tro:n] *m* **-(e)s, -e** throne; ~**besteigung** *f* accession (to the throne); ~**erbe** *m* heir to the throne; ~**folge** *f* succession (to the throne).
Thunfisch ['tu:nfɪʃ] *m* tuna.
Thymian ['ty:mia:n] *m* **-s, -e** thyme.
Tick [tɪk] *m* **-(e)s, -s** tic; *(Eigenart)* quirk; *(Fimmel)* craze; **t**~**en** *vi* tick.
tief [ti:f] *a* deep; *(tiefsinnig)* profound; *Ausschnitt, Ton* low; **T**~ *nt* **-s, -s** *(Met)* depression; **T**~**druck** *m* low pressure; **T**~**e** *f* **-, -n** depth; **T**~**ebene** *f* plain; **T**~**enpsychologie** *f* depth psychology; **T**~**enschärfe** *f (Phot)* depth of focus; ~**ernst** *a* very grave *or* solemn; **T**~**gang** *m (Naut)* draught; *(geistig)* depth; ~**gekühlt** *a* frozen; ~**greifend** *a* far-reaching; **T**~**kühlfach** *nt* deep-freeze

compartment; **T~kühltruhe** *f* deep-freeze, freezer; **T~land** *nt* lowlands *pl*; **T~punkt** *m* low point; (*fig*) low ebb; **T~schlag** *m* (*Boxen, fig*) blow below the belt; **~schürfend** *a* profound; **T~see** *f* deep sea; **T~sinn** *m* profundity; **~sinnig** *a* profound; melancholy; **T~stand** *m* low level; **~stapeln** *vi* be overmodest; **T~start** *m* *(Sport)* crouch start; **T~stwert** *m* minimum *or* lowest value.

Tiegel ['ti:gəl] *m* **-s, -** saucepan; *(Chem)* crucible.

Tier [ti:r] *nt* **-(e)s, -e** animal; **~arzt** *m* vet(erinary surgeon); **~garten** *m* zoo(logical gardens *pl*); **t~isch** *a* animal; *(lit, fig)* brutish; *(fig) Ernst etc* deadly; **~kreis** *m* zodiac; **~kunde** *f* zoology; **t~liebend** *a* fond of animals; **~quälerei** [-kvɛ:lə'raɪ] *f* cruelty to animals; **~schutzverein** *m* society for the prevention of cruelty to animals.

Tiger ['ti:gər] *m* **-s, -** tiger; **~in** *f* tigress.

tilgen ['tɪlgən] *vt* erase, expunge; *Sünden* expiate; *Schulden* pay off.

Tilgung *f* erasing, blotting out; expiation; repayment.

Tinktur [tɪŋk'tu:r] *f* tincture.

Tinte ['tɪntə] *f* **-, -n** ink; **~nfaß** *nt* inkwell; **~nfisch** *m* cuttlefish; **~nfleck** *m* ink stain, blot; **~nstift** *m* copying *or* indelible pencil.

tippen ['tɪpən] *vti* tap, touch; *(col: schreiben)* type; *(col: raten)* tip (*auf jdn* sb); *(im Lotto etc)* bet (on).

Tipp- [tɪp] *cpd*: **~fehler** *m (col)* typing error; **~se** *f* **-, -n** *(col)* typist; **t~topp** *a (col)* tip-top; **~zettel** *m* (pools) coupon.

Tisch [tɪʃ] *m* **-(e)s, -e** table; **bei ~** at table; **vor/nach ~** before/ after eating; **unter den ~ fallen** *(fig)* be dropped; **~decke** *f* tablecloth; **~ler** *m* **-s, -** carpenter, joiner; **~le'rei** *f* joiner's workshop; *(Arbeit)* carpentry, joinery; **t~lern** *vi* do carpentry *etc*; **~rede** *f* after-dinner speech; **~tennis** *nt* table tennis.

Titel ['ti:təl] *m* **-s, -** title; **~anwärter** *m (Sport)* challenger; **~bild** *nt* cover (picture); *(von Buch)* frontispiece; **~rolle** *f* title role; **~seite** *f* cover; *(Buch—)* title page; **~verteidiger** *m* defending champion, title holder.

titulieren [titu'li:rən] *vt* entitle; *(anreden)* address.

Toast [to:st] *m* **-(e)s, -s** *or* **-e** toast; **~er** *m* **-s, -** toaster.

tob- ['to:b] *cpd*: **~en** *vi* rage; *(Kinder)* romp about; **T~sucht** *f* raving madness; **~süchtig** *a* maniacal; **~suchtsanfall** *m* maniacal fit.

Tochter ['tɔxtər] *f* **-, ¨** daughter.

Tod [to:t] *m* **-(e)s, -e** death; **t~ernst** *a (col)* deadly serious; *ad* in dead earnest; **~esangst** ['to:dəsaŋst] *f* mortal fear; **~esanzeige** *f* obituary (notice); **~esfall** *m* death; **~eskampf** *m* throes *pl* of death; **~esstoß** *m* death-blow; **~esstrafe** *f* death penalty; **~estag** *m* anniversary of death; **~esursache** *f* cause of death; **~esurteil** *nt* death sentence; **~esverachtung** *f* utter disgust; **t~krank** *a* dangerously ill.

tödlich ['tø:tlɪç] *a* deadly, fatal.

tod- *cpd*: **~müde** *a* dead tired; **~schick** *a (col)* smart, classy; **~sicher** *a (col)* absolutely *or* dead certain; **T~sünde** *f* deadly sin.

Toilette [toa'lɛtə] *f* toilet, lavatory; *(Frisiertisch)* dressing table; *(Kleidung)* outfit; **~nartikel** *pl* toiletries *pl*, toilet articles *pl*; **~npapier** *nt* toilet paper; **~ntisch** *m* dressing table.

toi, toi, toi ['tɔʏ, 'tɔʏ, 'tɔʏ] *interj* touch wood.

tolerant [tole'rant] *a* tolerant.

Toleranz [tole'rants] *f* tolerance.

tolerieren [tole'ri:rən] *vt* tolerate.

toll [tɔl] *a* mad; *Treiben* wild; *(col)* terrific; **~en** *vi* romp; **T~heit** *f* madness, wildness; **T~kirsche** *f* deadly nightshade; **~kühn** *a* daring; **T~wut** *f* rabies.

Tölpel ['tœlpəl] *m* **-s, -** oaf, clod.

Tomate [to'ma:tə] *f* **-, -n** tomato; **~nmark** *nt* tomato puree.

Ton [to:n] *m* **-(e)s, -e** *(Erde)* clay; *pl* **¨e** *(Laut)* sound; *(Mus)* note; *(Redeweise)* tone; *(Farb—, Nuance)* shade; *(Betonung)* stress; **~abnehmer** *m* pick-up; **t~angebend** *a* leading; **~art** *f* (musical) key; **~band** *nt* tape; **~bandgerät** *nt* tape recorder.

tönen ['tø:nən] *vi* sound; *vt* shade; *Haare* tint.

tönern ['tø:nərn] *a* clay.

Ton- *cpd*: **~fall** *m* intonation; **~film** *m* sound film; **t~haltig** *a* clayey; **~höhe** *f* pitch; **~ika** *f* **-, -iken** *(Mus)*, **~ikum** *nt* **-s, -ika** *(Med)* tonic; **~künstler** *m* musician; **~leiter** *f (Mus)* scale; **t~los** *a* soundless.

Tonne ['tɔnə] *f* **-, -n** barrel; *(Maß)* ton.

Ton- *cpd*: **~spur** *f* soundtrack; **~taube** *f* clay pigeon; **~waren** *pl* pottery, earthenware.

Topf [tɔpf] *m* **-(e)s, ¨e** pot; **~blume** *f* pot plant.

Töpfer ['tœpfər] *m* **-s, -** potter; **~ei** [-'raɪ] *f* piece of pottery; potter's workshop; **~scheibe** *f* potter's wheel.

topographisch [topo'gra:fɪʃ] *a* topographic.

topp [tɔp] *interj* O.K.

Tor [to:r] *m* **-en, -en** fool; *nt* **-(e)s, -e** gate; *(Sport)* goal; **~bogen** *m* archway.

Torf [tɔrf] *m* **-(e)s** peat; **~stechen** *nt* peat-cutting.

Tor- *cpd*: **~heit** *f* foolishness; foolish deed; **~hüter** *m* **-s, -** goalkeeper.

töricht ['tørɪçt] *a* foolish.

torkeln ['tɔrkəln] *vi* stagger, reel.

torpedieren [tɔrpe'di:rən] *vt (lit, fig)* torpedo.

Torpedo [tɔr'pe:do] *m* **-s, -s** torpedo.

Torte ['tɔrtə] *f* **-, -n** cake; *(Obst—)* flan, tart.

Tortur [tɔr'tu:r] *f* ordeal.

Tor- *cpd*: **~verhältnis** *nt* goal average; **~wart** *m* **-(e)s, -e** goalkeeper.

tosen ['to:zən] *vi* roar.

tot [to:t] *a* dead; **einen ~en Punkt haben** be at one's lowest.

total [to'ta:l] *a* total; **~itär** [tɔtali'tɛ:r] *a* totalitarian; **T~schaden** *m (Aut)* complete write-off.

tot- *cpd*: **~arbeiten** *vr* work oneself to death; **~ärgern** *vr (col)* get really annoyed.

töten ['tøtən] *vti* kill.

Tot- *cpd*: **~enbett** *nt* death bed; **t~enblaß** *a* deathly pale, white as a sheet; **~engräber** *m* **-s, -** gravedigger; **~enhemd** *nt* shroud; **~enkopf** *m* skull; **~enschein** *m* death certificate; **~enstille** *f* deathly silence; **~entanz** *m* danse macabre; **~e(r)** *mf* dead person; **t~fahren** *vt irreg* run over; **t~geboren** *a* stillborn; **t~lachen** *vr (col)* laugh one's head off.

Toto ['to:to] *m or nt* **-s, -s** pools *pl*; **~schein** *m* pools coupon.

tot- *cpd*: **~sagen** *vt*: **jdn ~sagen** say that sb is dead; **~schlagen** *vt irreg (lit, fig)* kill; **T~schläger** *m* killer; *(Waffe)* cosh; **~schweigen** *vt irreg* hush up; **~stellen** *vr* pretend to be dead; **~treten** *vt irreg* trample to death.

Tötung ['tø:tʊŋ] *f* killing.

Toupet [tu'pe:] *nt* **-s, -s** toupee.

toupieren [tu'pi:rən] *vt* back-comb.

Tour [tu:r] *f* **-, -en** tour, trip; *(Umdrehung)* revolution; *(Verhaltensart)* way; **in einer ~** incessantly; **~enzahl** *f* number of revolutions; **~enzähler** *m* rev counter; **~ismus** [tu'rɪsmʊs] *m* tourism; **~ist** [tu'rɪst] *m* tourist; **~istenklasse** *f* tourist class; **~nee** [tʊr'ne:] *f* **-, -n** *(Theat etc)* tour; **auf ~nee gehen** go on tour.

Trab [tra:p] *m* **-(e)s** trot; **~ant** [tra'bant] *m* satellite; **~antenstadt** *f* satellite town; **t~en** *vi* trot.

Tracht [traxt] *f* **-, -en** *(Kleidung)* costume, dress; **eine ~ Prügel** a sound thrashing; **t~en** *vi* strive (*nach* for), endeavour; **jdm nach dem Leben t~en** seek to kill sb.

trächtig ['trɛçtɪç] *a Tier* pregnant; *(fig)* rich, fertile.

Tradition [traditsi'o:n] *f* tradition; **t~ell** [-'nɛl] *a* traditional.

Trag- [tra:g] *cpd*: **~bahre** *f* stretcher; **t~bar** *a Gerät* portable; *Kleidung* wearable; *(erträglich)* bearable.

träge ['trɛ:gə] *a* sluggish, slow; *(Phys)* inert.

tragen ['tra:gən] *irreg vt* carry; *Kleidung, Brille* wear; *Namen, Früchte* bear; *(erdulden)* endure; **sich mit einem Gedanken ~** have an idea in mind; *vi (schwanger sein)* be pregnant; *(Eis)* hold; **zum T~ kommen** have an effect.

Träger ['trɛ:gər] *m* **-s, -** carrier; wearer; bearer; *(Ordens—)* holder; *(an Kleidung)* (shoulder) strap; *(Körperschaft etc)* sponsor; **~rakete** *f* launch vehicle; **~rock** *m* skirt with shoulder straps.

Trag- ['tra:k] *cpd*: **~fähigkeit** *f* load-carrying capacity; **~fläche** *f (Aviat)* wing; **~flügelboot** *nt* hydrofoil.

Trägheit ['trɛ:khaɪt] *f* laziness; *(Phys)* inertia.

Tragi- ['tra:gɪ] *cpd*: **~k** *f* tragedy; **t~komish** *a* tragi-comic; **t~sch** *a* tragic.

Tragödie [tra'gø:diə] *f* tragedy.

Trag- ['tra:k] *cpd*: **~weite** *f* range; *(fig)* scope; **~werk** *nt* wing assembly.

Train- [trɛ:n] *cpd*: **~er** *m* **-s, -** *(Sport)* trainer, coach; *(Fußball)* manager; **t~ieren** [trɛ'ni:rən] *vti* train; *Mensch auch* coach; *Übung* practise; **Fußball t~ieren** do football practice; **~ing** *nt* **-s, -s** training; **~ingsanzug** *m* track suit.

Traktor ['traktɔr] *m* tractor.

trällern ['trɛlərn] *vti* trill, sing.

trampeln ['trampəln] *vti* trample, stamp.

trampen ['trampən] *vi* hitch-hike.

Tran [tra:n] *m* **-(e)s, -e** train oil, blubber.

tranchieren [trã'ʃi:rən] *vt* carve.

Tranchierbesteck [trã'ʃi:rbəʃtɛk] *nt* (pair of) carvers.

Träne ['trɛ:nə] *f* **-, -n** tear; **t~n** *vi* water; **~ngas** *nt* teargas.

Tränke ['trɛŋkə] *f* **-, -n** watering place; **t~n** *vt (naß machen)* soak; *Tiere* water.

Trans- *cpd*: **~formator** [transfɔr'ma:tɔr] *m* transformer; **~istor** [tran'zistɔr] *m* transistor; **t~itiv** ['tranziti:f] *a* transitive; **t~parent** [transpa'rɛnt] *a* transparent; **~parent** *nt* **-(e)s, -e** *(Bild)* transparency; *(Spruchband)* banner; **t~pirieren** [transpi'ri:rən] *vi* perspire; **~plantation** [transplantatsi'o:n] *f* transplantation; *(Haut—)* graft(ing); **~port** [trans'pɔrt] *m* **-(e)s, -e** transport; **t~portieren** [transpɔr'ti:rən] *vt* transport; **~portkosten** *pl* transport charges *pl*, carriage; **~portmittel** *nt* means of transportation; **~portunternehmen** *nt* carrier.

Trapez [tra'pe:ts] *nt* **-es, -e** trapeze; *(Math)* trapezium.

Traube ['traʊbə] *f* **-, -n** grape; bunch (of grapes); **~nlese** *f* vintage; **~nzucker** *m* glucose.

trauen ['traʊən] *vi*: **jdm/etw ~** trust sb/sth; *vr* dare; *vt* marry.

Trauer ['traʊər] *f* **-** sorrow; *(für Verstorbenen)* mourning; **~fall** *m* death, bereavement; **~marsch** *m* funeral march; **t~n** *vi* mourn (*um* for); **~rand** *m* black border; **~spiel** *nt* tragedy.

Traufe ['traʊfə] *f* **-, -n** eaves *pl*.

träufeln ['trɔʏfəln] *vti* drip.

traulich ['traʊlɪç] *a* cosy, intimate.

Traum [traʊm] *m* **-(e)s, Träume** dream; **~a** *nt* **-s, -men** trauma; **~bild** *nt* vision.

träum- ['trɔʏm] *cpd*: **t~en** *vti* dream; **T~er** *m* **-s, -** dreamer; **T~e'rei** *f* dreaming; **~erisch** *a* dreamy.

traumhaft *a* dreamlike; *(fig)* wonderful.

traurig ['traʊrɪç] *a* sad; **T~keit** *f* sadness.

Trau- ['traʊ] *cpd*: **~ring** *m* wedding ring; **~schein** *m* marriage certificate; **~ung** *f* wedding ceremony; **~zeuge** *m* witness (to a marriage).

treffen ['trɛfən] *irreg vti* strike, hit; *(Bemerkung)* hurt; *(begegnen)* meet; *Entscheidung etc* make; *Maßnahmen* take; **er hat es gut getroffen** he did well; **~ auf** (+ *acc*) come across, meet with; *vr* meet; **es traf sich, daß...** it so happened that...; **es trifft sich gut** it's convenient; **wie es so trifft** as these things happen;

T~ *nt* **-s, -** meeting; **~d** *a* pertinent, apposite.
Treff- *cpd*: **~er** *m* **-s, -** hit; *(Tor)* goal; *(Los)* winner; **t~lich** *a* excellent; **~punkt** *m* meeting place.
Treib- ['traɪb] *cpd*: **~eis** *nt* drift ice; **t~en** *irreg vt* drive; *Studien etc* pursue; *Sport* do, go in for; **Unsinn t~en** fool around; *vi (Schiff etc)* drift; *(Pflanzen)* sprout; *(Cook: aufgehen)* rise; *(Tee, Kaffee)* be diuretic; **~en** *nt* **-s** activity; **~haus** *nt* hothouse; **~stoff** *m* fuel.
trenn- ['trɛn] *cpd*: **~bar** *a* separable; **~en** *vt* separate; *(teilen)* divide; *vr* separate; **sich ~en von** part with; **T~schärfe** *f (Rad)* selectivity; **T~ung** *f* separation; **T~wand** *f* partition (wall).
Trepp- [trɛp] *cpd*: **t~ab** *ad* downstairs; **t~auf** *ad* upstairs; **~e** *f* **-, -n** stair(case); **~engeländer** *nt* banister; **~enhaus** *nt* staircase.
Tresor [tre'zo:r] *m* **-s, -e** safe.
treten ['tre:tən] *irreg vi* step; *(Tränen, Schweiß)* appear; **~ nach** kick at; **~ in** *(+acc)* step in(to); **in Verbindung ~** get in contact; **in Erscheinung ~** appear; *vt (mit Fußtritt)* kick; *(nieder—)* tread, trample.
treu [trɔʏ] *a* faithful, true; **T~e** *f* **-** loyalty, faithfulness; **T~händer** *m* **-s, -** trustee; **T~handgesellschaft** *f* trust company; **~herzig** *a* innocent; **~lich** *ad* faithfully; **~los** *a* faithless.
Tribüne [tri'by:nə] *f* **-, -n** grandstand; *(Redner—)* platform.
Tribut [tri'bu:t] *nt* **-(e)s, -e** tribute.
Trichter ['trɪçtər] *m* **-s, -** funnel; *(in Boden)* crater.
Trick [trɪk] *m* **-s, -e** *or* **-s** trick; **~film** *m* cartoon.
Trieb [tri:p] *m* **-(e)s, -e** urge, drive; *(Neigung)* inclination; *(an Baum etc)* shoot; **~feder** *f (fig)* motivating force; **t~haft** *a* impulsive; **~kraft** *f (fig)* drive; **~täter** *m* sex offender; **~wagen** *m (Rail)* diesel railcar; **~werk** *nt* engine.
triefen ['tri:fən] *vi* drip.
triftig ['trɪftɪç] *a* good, convincing.
Trigonometrie [trigonome'tri:] *f* trigonometry.
Trikot [tri'ko:] *nt* **-s, -s** vest; *(Sport)* shirt; *m* **-s, -s** *(Gewebe)* tricot.
Triller ['trɪlər] *m* **-s, -** *(Mus)* trill; **t~n** *vi* trill, warble; **~pfeife** *f* whistle.
Trimester [tri'mɛstər] *nt* **-s, -** term.
trink- ['trɪŋk] *cpd*: **~bar** *a* drinkable; **~en** *vti irreg* drink; **T~er** *m* **-s, -** drinker; **T~geld** *nt* tip; **T~halm** *m* (drinking) straw; **T~spruch** *m* toast; **T~wasser** *nt* drinking water.
trippeln ['trɪpəln] *vi* toddle.
Tripper ['trɪpər] *m* **-s, -** gonorrhoea.
Tritt [trɪt] *m* **-(e)s, -e** step; *(Fuß—)* kick; **~brett** *nt (Rail)* step; *(Aut)* running-board.
Triumph [tri'ʊmf] *m* **-(e)s, -e** triumph; **~bogen** *m* triumphal arch; **t~ieren** [-'fi:rən] *vi* triumph; *(jubeln)* exult.
trivial [trivi'a:l] *a* trivial.
trocken ['trɔkən] *a* dry; **T~dock** *nt* dry dock; **T~element** *nt* dry cell; **T~haube** *f* hair-dryer; **T~heit** *f* dryness; **~legen** *vt Sumpf* drain; *Kind* put a clean nappy on; **T~milch** *f* dried milk.
trocknen ['trɔknən] *vti* dry.
Troddel ['trɔdəl] *f* **-, -n** tassel.
Trödel ['trø:dəl] *m* **-s** *(col)* junk; **t~n** *vi (col)* dawdle.
Trödler ['trø:dlər] *m* **-s, -** secondhand dealer.
Trog [tro:k] **-(e)s, ⸚e** trough.
Trommel ['trɔməl] *f* **-, -n** drum; **~fell** *nt* eardrum; **t~n** *vti* drum; **~revolver** *m* revolver; **~waschmaschine** *f* tumble-action washing machine.
Trommler ['trɔmlər] *m* **-s, -** drummer.
Trompete [trɔm'pe:tə] *f* **-, -n** trumpet; **~r** *m* **-s, -** trumpeter.
Tropen ['tro:pən] *pl* tropics *pl*; **t~beständig** *a* suitable for the tropics; **~helm** *m* topee, sun helmet.
Tropf [trɔpf] *m* **-(e)s, ⸚e** *(col)* rogue; **armer ~** poor devil.
tröpfeln ['trœpfəln] *vi* drop, trickle.
Tropfen ['trɔpfən] *m* **-s, -** drop; **t~** *vti* drip; *v impers*: **es tropft** a few raindrops are falling; **t~weise** *ad* in drops.
Tropfsteinhöhle *f* stalactite cave.
tropisch ['tro:pɪʃ] *a* tropical.
Trost [tro:st] *m* **-es** consolation, comfort; **t~bedürftig** *a* in need of consolation.
tröst- ['trø:st] *cpd*: **~en** *vt* console, comfort; **T~er(in** *f***)** *m* **-s, -** comfort(er); **~lich** *a* comforting.
trost- *cpd*: **~los** *a* bleak; *Verhältnisse* wretched; **T~preis** *m* consolation prize; **~reich** *a* comforting.
Tröstung ['trø:stʊŋ] *f* comfort; consolation.
Trott [trɔt] *m* **-(e)s, -e** trot; *(Routine)* routine; **~el** *m* **-s, -** *(col)* fool, dope; **t~en** *vi* trot; **~oir** [trɔto'a:r] *nt* **-s, -s** *or* **-e** pavement, sidewalk *(US)*.
Trotz [trɔts] *m* **-es** pigheadedness; **etw aus ~ tun** do sth just to show them; **jdm zum ~** in defiance of sb; **t~** *prep +gen or dat* in spite of; **~alter** *nt* obstinate phase; **t~dem** *ad* nevertheless; *cj* although; **t~ig** *a* defiant, pig-headed; **~kopf** *m* obstinate child; **~reaktion** *f* fit of pique.
trüb [try:p] *a* dull; *Flüssigkeit, Glas* cloudy; *(fig)* gloomy; **~en** ['try:bən] *vt* cloud; *vr* become clouded; **T~heit** *f* dullness; cloudiness; gloom; **T~sal** *f* **-, -e** distress; **~selig** *a* sad, melancholy; **T~sinn** *m* depression; **~sinnig** *a* depressed, gloomy.
trudeln ['tru:dəln] *vi (Aviat)* (go into a) spin.
Trüffel ['trʏfəl] *f* **-, -n** truffle.
trüg- ['trʏ:g] *cpd*: **~en** *vt irreg* deceive; *vi* be deceptive; **~erisch** *a* deceptive.
Trugschluß ['tru:gʃlʊs] *m* false conclusion.
Truhe ['tru:ə] *f* **-, -n** chest.
Trümmer ['trʏmər] *pl* wreckage; *(Bau—)* ruins *pl*; **~haufen** *m* heap of rubble.
Trumpf [trʊmpf] *m* **-(e)s, ⸚e** *(lit, fig)* trump; **t~en** *vti* trump.
Trunk [trʊŋk] *m* **-(e)s, ⸚e** drink; **t~en** *a* intoxicated; **~enbold** *m* **-(e)s, -e** drunkard; **~enheit** *f* intoxication;

~**enheit am Steuer** drunken driving; ~**sucht** *f* alcoholism.
Trupp [trʊp] *m* **-s, -s** troop; ~**e** *f* **-, -n** troop; *(Waffengattung)* force; *(Schauspiel—)* troupe; ~**en** *pl* troops *pl*; ~**enführer** *m* (military) commander; ~**enteil** *m* unit; ~**enübungsplatz** *m* training area.
Truthahn ['tru:tha:n] *m* turkey.
Tube ['tu:bə] *f* **-, -n** tube.
Tuberkulose [tubɛrku'lo:zə] *f* **-, -n** tuberculosis.
Tuch [tu:x] *nt* **-(e)s, ⸚er** cloth; *(Hals—)* scarf; *(Kopf—)* headscarf; *(Hand—)* towel.
tüchtig ['tʏçtɪç] *a* efficient, (cap)able; *(col: kräftig)* good, sound; **T~keit** *f* efficiency, ability.
Tücke ['tʏkə] *f* **-, -n** *(Arglist)* malice; *(Trick)* trick; *(Schwierigkeit)* difficulty, problem; **seine ~n haben** be temperamental.
tückisch ['tʏkɪʃ] *a* treacherous; *(böswillig)* malicious.
Tugend ['tu:gənt] *f* **-, -en** virtue; **t~haft** *a* virtuous.
Tüll [tʏl] *m* **-s, -e** tulle; ~**e** *f* **-, -n** spout.
Tulpe ['tʊlpə] *f* **-, -n** tulip.
tummeln ['tʊməln] *vr* romp, gambol; *(sich beeilen)* hurry.
Tumor ['tu:mɔr] *m* **-s, -e** tumour.
Tümpel ['tʏmpəl] *m* **-s, -** pool, pond.
Tumult [tu'mʊlt] *m* **-(e)s, -e** tumult.
tun [tu:n] *irreg vt (machen)* do; *(legen)* put; **jdm etw ~** *(antun)* do sth to sb; **etw tut es auch** sth will do; **das tut nichts** that doesn't matter; **das tut nichts zur Sache** that's neither here nor there; *vi* act; **so ~, als ob** act as if; *vr*: **es tut sich etwas/viel** something/a lot is happening.
Tünche ['tʏnçə] *f* **-, -n** whitewash; **t~n** *vt* whitewash.
Tunke ['tʊŋkə] *f* **-, -n** sauce; **t~n** *vt* dip, dunk.
tunlichst ['tu:nlɪçst] *ad* if at all possible; **~ bald** as soon as possible.
Tunnel ['tʊnəl] *m* **-s, -s** *or* **-** tunnel.
Tüpfel ['tʏfəl] *m* **-s, -** dot, spot; ~**chen** *nt* (small) dot; **t~n** *vt* dot, spot.
tupfen ['tʊpfən] *vti* dab; *(mit Farbe)* dot; **T~** *m* **-s, -** dot, spot.
Tür [ty:r] *f* **-, -en** door.
Turbine [tʊr'bi:nə] *f* turbine.
Türkis [tʏr'ki:s] *m* **-es, -e** turquoise; **t~** *a* turquoise.
Turm [tʊrm] *m* **-(e)s, ⸚e** tower; *(Kirch—)* steeple; *(Sprung—)* diving platform; *(Schach)* castle, rook.
Türm- ['tʏrm] *cpd*: ~**chen** *nt* turret; **t~en** *vr* tower up; *vt* heap up; *vi (col)* scarper, bolt.
Turn- ['tʊrn] *cpd*: **t~en** *vi* do gymnastic exercises; *vt* perform; ~**en** *nt* **-s** gymnastics; *(Sch)* physical education, P.E.; ~**er(in** *f***)** *m* **-s, -** gymnast; ~**halle** *f* gym(nasium); ~**hose** *f* gym shorts *pl.*
Turnier [tʊr'ni:r] *nt* **-s, -e** tournament.
Turnus ['tʊrnʊs] *m* **-, -se** rota; **im ~** in rotation.
Turn- *cpd*: ~**verein** *m* gymnastics club; ~**zeug** *nt* gym things *pl.*
Tusche ['tʊʃə] *f* **-, -n** Indian ink.
tuscheln ['tʊʃəln] *vti* whisper.
Tuschkasten *m* paintbox.
Tüte ['ty:tə] *f* **-, -n** bag.
tuten ['tu:tən] *vi (Aut)* hoot.
TÜV [tʏf] *m* MOT.
Typ [ty:p] *m* **-s, -en** type; ~**e** *f* **-, -n** (Print) type.
Typhus ['ty:fʊs] *m* **-** typhoid (fever).
typisch ['ty:pɪʃ] *a* typical (*für* of).
Tyrann [ty'ran] *m* **-en, -en** tyrant; ~**ei** [-'naɪ] *f* tyranny; **t~isch** *a* tyrannical; **t~i'sieren** *vt* tyrannize.

U

U, u [u:] *nt* U, u.
U-Bahn ['u:ba:n] *f* underground, tube.
übel ['y:bəl] *a* bad; (*moralisch auch*) wicked; **jdm ist ~** sb feels sick; **Ü~** *nt* **-s, -** evil; *(Krankheit)* disease; ~**gelaunt** *a* bad-tempered, ill-humoured; **Ü~keit** *f* nausea; ~**nehmen** *vt irreg*: **jdm eine Bemerkung** *etc* ~**nehmen** be offended at sb's remark *etc*; **Ü~stand** *m* bad state of affairs, abuse; ~**wollend** *a* malevolent.
üben ['y:bən] *vti* exercise, practise.
über ['y:bər] *prep +dat or acc* over; (hoch — auch) above; *(quer — auch)* across; *(Route)* via; *(betreffend)* about; *ad* over; **den ganzen Tag ~** all day long; **jdm in etw** *(dat)* **~ sein** *(col)* be superior to sb in sth; **~ und ~** all over; ~**all** [y:bər''al] *ad* everywhere.
überanstrengen [y:bər''anʃtrɛŋən] *vtr insep* overexert (o.s.).
überantworten [y:bər''antvɔrtən] *vt insep* hand over, deliver (up).
überarbeiten [y:bər''arbaɪtən] *vt insep* revise, rework; *vr* overwork (o.s.).
überaus ['y:bər'aʊs] *ad* exceedingly.
überbelichten ['y:bərbəlɪçtən] *vt (Phot)* overexpose.
über'bieten *vt irreg insep* outbid; *(übertreffen)* surpass; *Rekord* break.
Überbleibsel ['y:bərblaɪpsəl] *nt* **-s, -** residue, remainder.
Überblick ['y:bərblɪk] *m* view; *(fig) (Darstellung)* survey, overview; *(Fähigkeit)* overall view, grasp (*über +acc* of); **ü~en** [-'blɪkən] *vt insep* survey.
überbring- [y:bər'brɪŋ] *cpd*: ~**en** *vt irreg insep* deliver, hand over; **Ü~er** *m* **-s, -** bearer; **Ü~ung** *f* delivery.
überbrücken [y:bər'brʏkən] *vt insep* bridge (over).
über'dauern *vt insep* outlast.
über'denken *vt irreg insep* think over.
überdies [y:bər'di:s] *ad* besides.
überdimensional ['y:bərdimɛnziona:l] *a* oversize.
Überdruß ['y:bərdrʊs] *m* **-sses** weariness; **bis zum ~** ad nauseam.
überdrüssig ['y:bərdrʏsɪç] *a* tired, sick (*gen* of).
übereifrig ['y:bəraɪfrɪç] *a* overkeen, overzealous.
übereilen [y:bər''aɪlən] *vt insep* hurry.
übereilt *a* (over)hasty, premature.

überein- [y:bər''aın] *cpd:* **~ander** [y:bər'aı'nandər] *ad* one upon the other; *sprechen* about each other; **~anderschlagen** *vt irreg* fold, cross; **~kommen** *vi irreg* agree; **Ü~kunft** *f* **-, -künfte** agreement; **~stimmen** *vi* agree; **Ü~stimmung** *f* agreement.

überempfindlich ['y:bərɛmpfıntlıc] *a* hypersensitive.

überfahren ['y:bərfa:rən] *irreg vt* take across; *vi* (go a)cross; [-'fa:rən] *vt insep (Aut)* run over; *(fig)* walk all over.

Überfahrt ['y:bərfa:rt] *f* crossing.

Überfall ['y:bərfal] *m (Bank—, Mil)* raid; (*auf jdn*) assault; **ü~en** [-'falən] *vt irreg insep* attack; *Bank* raid; *(besuchen)* surprise.

überfällig ['y:bərfɛlıç] *a* overdue.

über'fliegen *vt irreg insep* fly over, overfly; *Buch* skim through.

Überfluß ['y:bərflʊs] *m* (super)abundance, excess (*an +dat* of).

überflüssig ['y:bərflʏsıç] *a* superfluous.

über'fordern *vt insep* demand too much of; *Kräfte etc* overtax.

über'führen *vt insep Leiche etc* transport; *Täter* have convicted (*gen* of).

Über'führung *f* transport; conviction; *(Brücke)* bridge, overpass.

Übergabe ['y:bərga:bə] *f* handing over; *(Mil)* surrender.

Übergang ['y:bərgaŋ] *m* crossing; *(Wandel, Überleitung)* transition; **~serscheinung** *f* transitory phenomenon; **~slösung** *f* provisional solution, stopgap; **~sstadium** *nt* state of transition; **~szeit** *f* transitional period.

über'geben *irreg insep vt* hand over; *(Mil)* surrender; **dem Verkehr ~** open to traffic; *vr* be sick.

übergehen ['y:bərge:ən] *irreg vi (Besitz)* pass; *(zum Feind etc)* go over, defect; *(überleiten)* go on (*zu* to); (*sich verwandeln*) turn (*in +acc* into); [-'ge:ən] *vt insep* pass over, omit.

Übergewicht ['y:bərgəvıçt] *nt* excess weight; *(fig)* preponderance.

überglücklich ['y:bərglʏklıç] *a* overjoyed.

übergroß ['y:bərgro:s] *a* outsize, huge.

überhaben ['y:bərha:bən] *vt irreg (col)* be fed up with.

überhandnehmen [y:bər'hantne:mən] *vi irreg* gain the ascendancy.

überhängen ['y:bərhɛŋən] *vi irreg* overhang.

überhaupt [y:bər'haʊpt] *ad* at all; *(im allgemeinen)* in general; *(besonders)* especially; **~ nicht** not at all.

überheblich [y:bər'heplıç] *a* arrogant; **Ü~keit** *f* arrogance.

über'holen *vt insep* overtake; *(Tech)* overhaul.

überholt *a* out-of-date, obsolete.

über'hören *vt insep* not hear; *(absichtlich)* ignore.

überirdisch ['y:bər'ırdıʃ] *a* supernatural, unearthly.

überkompensieren ['y:bərkɔmpɛnzı:rən] *vt insep* overcompensate for.

über'laden *vt irreg insep* overload; *a (fig)* cluttered.

über'lassen *irreg insep vt:* **jdm etw ~** leave sth to sb; *vr:* **sich etw** *(dat)* **~** give o.s. over to sth.

über'lasten *vt insep* overload; *Mensch* overtax.

überlaufen ['y:bərlaufən] *irreg vi (Flüssigkeit)* flow over; *(zum Feind etc)* go over, defect; [-'laufən] *insep vt (Schauer etc)* come over; **~ sein** be inundated *or* besieged.

Überläufer ['y:bərlɔʏfər] *m* **-s, -** deserter.

über'leben *vt insep* survive; **Ü~de(r)** *mf* survivor.

über'legen *vt insep* consider; *a* superior; **Ü~heit** *f* superiority.

Überlegung *f* consideration, deliberation.

über'liefern *vt insep* hand down, transmit.

Überlieferung *f* tradition.

überlisten [y:bər'lıstən] *vt insep* outwit.

überm ['y:bərm] = **über dem.**

Übermacht ['y:bərmaxt] *f* superior force, superiority.

übermächtig ['y:bərmɛçtıç] *a* superior (in strength); *Gefühl etc* overwhelming.

übermannen [y:bər'manən] *vt insep* overcome.

Übermaß ['ybərma:s] *nt* excess (*an +dat* of).

übermäßig ['y:bərmɛ:sıç] *a* excessive.

Übermensch ['y:bərmɛnʃ] *m* superman; **ü~lich** *a* superhuman.

übermitteln [y:bər'mıtəln] *vt insep* convey.

übermorgen ['y:bərmɔrgən] *ad* the day after tomorrow.

Übermüdung [y:bər'my:dʊŋ] *f* fatigue, overtiredness.

Übermut ['y:bərmu:t] *m* exuberance.

übermütig ['y:bərmy:tıç] *a* exuberant, high-spirited; **~ werden** get overconfident.

übernachten [y:bər'naxtən] *vi insep* spend the night (*bei jdm* at sb's place).

übernächtigt [y:bər'nɛçtıçt] *a* tired, sleepy.

Übernahme ['y:bərna:mə] *f* **-, -n** taking over *or* on, acceptance.

über'nehmen *irreg insep vt* take on, accept; *Amt, Geschäft* take over; *vr* take on too much.

über'prüfen *vt insep* examine, check.

Überprüfung *f* examination.

überqueren [y:bər'kve:rən] *vt insep* cross.

überragen [y:bər'ra:gən] *vt insep* tower above; *(fig)* surpass; ['y:bərra:gən] *vi* project, stick out.

überraschen [y:bər'raʃən] *vt insep* surprise.

Überraschung *f* surprise.

überreden [y:bər're:dən] *vt insep* persuade.

überreich ['y:bərraıç] *a* very/too rich; **~en** [-'raıçən] *vt insep* present, hand over; **~lich** *a, ad* (more than) ample.

überreizt [y:bər'raıtst] *a* overwrought.

Überreste ['y:bərrɛstə] *pl* remains *pl*, remnants *pl*.
überrumpeln [y:bər'rʊmpəln] *vt insep* take by surprise.
überrunden [y:bər'rʊndən] *vt insep* lap.
übers ['y:bərs] = **über das.**
übersättigen [y:bər'zɛtɪgən] *vt insep* satiate.
Überschall- ['y:bərʃal] *cpd*: **~flugzeug** *nt* supersonic jet; **~geschwindigkeit** *f* supersonic speed.
über'schätzen *vtr insep* overestimate.
überschäumen ['y:bərʃɔʏmən] *vi* froth over; *(fig)* bubble over.
Überschlag ['y:bərʃla:k] *m (Fin)* estimate; *(Sport)* somersault; **ü~en** [-'ʃla:gən] *irreg insep vt (berechnen)* estimate; *(auslassen) Seite* omit; *vr* somersault; *(Stimme)* crack; *(Aviat)* loop the loop; *a* lukewarm, tepid; ['y:bərʃla:gən] *irreg vt Beine* cross; *vi (Wellen)* break over; *(Funken)* flash over.
überschnappen ['y:bərʃnapən] *vi (Stimme)* crack; *(col: Mensch)* flip one's lid.
über'schneiden *vr irreg insep (lit, fig)* overlap; *(Linien)* intersect.
über'schreiben *vt irreg insep* provide with a heading; **jdm etw ~** transfer *or* make over sth to sb.
über'schreiten *vt irreg insep* cross over; *(fig)* exceed; *(verletzen)* transgress.
Überschrift ['y:bərʃrɪft] *f* heading, title.
Überschuß ['y:bərʃʊs] *m* surplus *(an +dat* of).
überschüssig ['y:bərʃʏsɪç] *a* surplus, excess.
über'schütten *vt insep* **jdn/etw mit etw ~** *(lit)* pour sth over sb/sth; **jdn mit etw ~** *(fig)* shower sb with sth.
Überschwang ['y:bərʃvaŋ] *m* exuberance, excess.
überschwemmen [y:bər'ʃvɛmən] *vt insep* flood.
Überschwemmung *f* flood.
überschwenglich ['y:bərʃvɛŋlɪç] *a* effusive; **Ü~keit** *f* effusion.
Übersee ['y:bərze:] *f* **nach/in ~** overseas; **ü~isch** *a* overseas.
über'sehen *vt irreg insep* look (out) over; *(fig) Folgen* see, get an overall view of; *(nicht beachten)* overlook.
über'senden *vt irreg insep* send, forward.
übersetz- *cpd* **~en** [y:bər'zɛtsən] *vt insep* translate; ['y:bərzɛtsən] *vi* cross; **Ü~er(in** *f*) [-'zɛtsər(ɪn)] *m* **-s, -** translator; **Ü~ung** [-zɛtsʊŋ] translation; *(Tech)* gear ratio.
Übersicht ['y:bərzɪçt] *f* overall view; *(Darstellung)* survey; **ü~lich** *a* clear; *Gelände* open; **~lichkeit** *f* clarity, lucidity.
übersiedeln ['y:bərzi:dəln] *or* [y:bər'zi:dəln] *vi sep or insep* move.
über'spannen *vt insep (zu sehr spannen)* overstretch; *(überdecken)* cover.
überspannt *a* eccentric; *Idee* wild, crazy; **Ü~keit** *f* eccentricity.
überspitzt [y:bər'ʃpɪtst] *a* exaggerated.
über'springen *vt irreg insep* jump over; *(fig)* skip.
übersprudeln ['y:bərʃpru:dəln] *vi* bubble over.
überstehen [y:bər'ʃte:ən] *irreg vt insep* overcome, get over; *Winter etc* survive, get through; ['y:bərʃte:ən] *vi* project.
über'steigen *vt irreg insep* climb over; *(fig)* exceed.
über'stimmen *vt insep* outvote.
Überstunden ['y:bərʃtʊndən] *pl* overtime.
über'stürzen *insep vt* rush; *vr* follow (one another) in rapid succession.
überstürzt *a* (over)hasty.
übertölpen [y:bər'tœlpən] *vt insep* dupe.
über'tönen *vt insep* drown (out).
Übertrag ['y:bərtra:k] *m* **-(e)s, -träge** *(Comm)* amount brought forward; **ü~bar** [-'tra:kba:r] *a* transferable; *(Med)* infectious; **ü~en** [-'tra:gən] *irreg insep vt* transfer *(auf +acc* to); *(Rad)* broadcast; *(übersetzen)* render; *Krankheit* transmit; **jdm etw ü~en** assign sth to sb; *vr* spread *(auf +acc* to); *a* figurative; **~ung** [-'tra:gʊŋ] *f* transfer(ence); *(Rad)* broadcast; rendering; transmission.
über'treffen *vt irreg insep* surpass.
über'treiben *vt irreg insep* exaggerate.
Übertreibung *f* exaggeration.
übertreten [y:bər'tre:tən] *irreg vt insep* cross; *Gebot etc* break; ['y:bərtre:tən] *vi (über Linie, Gebiet)* step (over); *(Sport)* overstep; *(in andere Partei)* go over *(in +acc* to); *(zu anderem Glauben)* be converted.
Über'tretung *f* violation, transgression.
übertrieben [y:bər'tri:bən] *a* exaggerated, excessive.
übertrumpfen [y:bər'trʊmpfən] *vt insep* outdo; *(Cards)* overtrump.
übervölkert [y:bər'fœlkərt] *a* overpopulated.
übervoll ['y:bərfɔl] *a* overfull.
übervorteilen [y:bər'fɔrtaɪlən] *vt insep* dupe, cheat.
über'wachen *vt insep* supervise; *Verdächtigen* keep under surveillance.
Überwachung *f* supervision; surveillance.
überwältigen [y:bər'vɛltɪgən] *vt insep* overpower; **~d** *a* overwhelming.
überweisen [y:bər'vaɪzən] *vt irreg insep* transfer.
Überweisung *f* transfer.
über'wiegen *vi irreg insep* predominate; **~d** *a* predominant.
über'winden *irreg insep vt* overcome; *vr* make an effort, bring oneself (to do sth).
Überwindung *f* effort, strength of mind.
Überwurf ['y:bərvʊrf] *m* wrap, shawl.
Überzahl ['y:bərtsa:l] *f* superiority, superior numbers *pl*; **in der ~ sein** outnumber sb, be numerically superior.
überzählig ['y:bərtsɛ:lɪç] *a* surplus.
über'zeugen *vt insep* convince; **~d** *a* convincing.
Überzeugung *f* conviction; **~skraft** *f* power of persuasion.
überziehen ['y:bərtsi:ən] *irreg vt* put on [-'tsi:ən] *vt insep* cover; *Konto* overdraw.
Überzug ['y:bərtsu:k] *m* cover; *(Belag)* coating.
üblich ['y:plɪç] *a* usual.

U-Boot ['u:bo:t] *nt* submarine.

übrig ['y:brɪç] *a* remaining; **für jdn etwas ~ haben** *(col)* be fond of sb; **die ~en** ['y:brɪgən] the others; **das ~e** the rest; **im ~en** besides; **~bleiben** *vi irreg* remain, be left (over); **~ens** *ad* besides; (*nebenbei bemerkt*) by the way; **~lassen** *vt irreg* leave (over).

Übung ['y:bʊŋ] *f* practice; (*Turn-, Aufgabe etc*) exercise; **~ macht den Meister** practice makes perfect.

Ufer ['u:fər] *nt* **-s, -** bank; *(Meeres—)* shore; **~befestigung** *f* embankment.

Uhr [u:r] *f* **-, -en** clock; *(Armband—)* watch; **wieviel ~ ist es?** what time is it?; **1 ~** 1 o'clock; **20 ~** 8 o'clock, 20.00 (twenty hundred) hours; **~band** *nt* watch strap; **~(en)gehäuse** *nt* clock/ watch case; **~kette** *f* watch chain; **~macher** *m* **-s, -** watchmaker; **~werk** *nt* clockwork; works of a watch; **~zeiger** *m* hand; **~zeigersinn** *m*: **im ~zeigersinn** clockwise; **entgegen dem ~zeigersinn** anticlockwise; **~zeit** *f* time (of day).

Uhu ['u:hu] *m* **-s, -s** eagle owl.

UKW [u:ka:'ve:] *abbr* VHF.

Ulk [ʊlk] *m* **-s, -e** lark; **u~ig** *a* funny.

Ulme ['ʊlmə] *f* **-, -n** elm.

Ultimatum [ʊlti'ma:tʊm] *nt* **-s, Ultimaten** ultimatum.

Ultra- *cpd*: **~kurzwellen** [ʊltra-'kʊrtsvɛlən] *pl* very high frequency; **u~violett** ['ʊltra-] *a* ultraviolet.

um [ʊm] *prep +acc* (a)round; *(zeitlich)* at; *(mit Größenangabe)* by; *(für)* for; **er schlug ~ sich** he hit about him; **Stunde ~ Stunde** hour after hour; **Auge ~ Auge** an eye for an eye; **~ vieles (besser)** (better) by far; **~ nichts besser** not in the least better; **~ so besser** so much the better; **~ . . . willen** for the sake of; *cj (damit)* (in order) to; **zu klug, ~ zu . . .** clever to . . .; *ad (ungefähr)* about.

umadressieren ['ʊmadrɛsi:rən] *vt* readdress.

umänder- ['ʊm'ɛndər] *cpd*: **~n** *vt* alter; **U~ung** *f* alteration.

umarbeiten ['ʊm'arbaɪtən] *vt* remodel; *Buch etc* revise, rework.

umarmen [ʊm''armən] *vt insep* embrace.

Umbau ['ʊmbaʊ] *m* **-(e)s, -e** *or* **-ten** reconstruction, alteration(s); **u~en** *vt* rebuild, reconstruct.

umbenennen ['ʊmbənɛnən] *vt irreg* rename.

umbiegen ['ʊmbi:gən] *vt irreg* bend (over).

umbilden ['ʊmbɪldən] *vt* reorganize; *(Pol) Kabinett* reshuffle.

umbinden ['ʊmbɪndən] *vt irreg Krawatte etc* put on; [-'bɪndən] *vt irreg insep* tie (sth) round.

umblättern ['ʊmblɛtərn] *vt* turn over.

umblicken ['ʊmblɪkən] *vr* look around.

umbringen ['ʊmbrɪŋən] *vt irreg* kill.

Umbruch ['ʊmbrʊx] *m* radical change; *(Print)* make-up.

umbuchen ['ʊmbu:xən] *vti* change one's reservation/flight *etc.*

umdenken ['ʊmdɛŋkən] *vi irreg* adjust one's views.

um'drängen *vt insep* crowd round.

umdrehen ['ʊmdre:ən] *vtr* turn (round); *Hals* wring.

Um'drehung *f* revolution; rotation.

umeinander [ʊm'aɪ'nandər] *ad* round one another; *(für einander)* for one another.

umfahren ['ʊmfa:rən] *vt irreg* run over; [-'fa:rən] *insep* drive/sail round.

umfallen ['ʊmfalən] *vi irreg* fall down *or* over.

Umfang ['ʊmfaŋ] *m* extent; *(von Buch)* size; *(Reichweite)* range; *(Fläche)* area; *(Math)* circumference; **u~reich** *a* extensive; *Buch etc* voluminous.

um'fassen *vt insep* embrace; *(umgeben)* surround; *(enthalten)* include; **~d** *a* comprehensive, extensive.

umform- ['ʊmfɔrm] *cpd*: **~en** *vi* transform; **U~er** *m* **-s, -** *(Elec)* transformer, converter.

Umfrage ['ʊmfra:gə] *f* poll.

umfüllen ['ʊmfʏlən] *vt* transfer; *Wein* decant.

umfunktionieren ['ʊmfʊŋktsioni:rən] *vt* convert, transform.

Umgang ['ʊmgaŋ] *m* company; *(mit jdm)* dealings *pl*; (*Behandlung*) way of behaving.

umgänglich ['ʊmgɛŋlɪç] *a* sociable.

Umgangs- *cpd*: **~formen** *pl* manners *pl*; **~sprache** *f* colloquial language.

umgeb- [ʊm'ge:b] *cpd*: **~en** *vt irreg insep* surround; **U~ung** *f* surroundings *pl*; *(Milieu)* environment; *(Personen)* people in one's circle.

umgehen ['ʊmge:ən] *irreg vi* go (a)round; **im Schlosse ~** haunt the castle; **mit jdm grob** *etc* **~** treat sb roughly *etc*; **mit Geld sparsam ~** be careful with one's money; [-'ge:ən] *vt insep* bypass; *(Mil)* outflank; *Gesetz etc* circumvent; *(vermeiden)* avoid; **'~d** *a* immediate.

Um'gehung *f* bypassing; outflanking; circumvention; avoidance; **~sstraße** *f* bypass.

umgekehrt ['ʊmgəke:rt] *a* reverse(d); *(gegenteilig)* opposite; *ad* the other way around; **und ~** and vice versa.

umgraben ['ʊmgra:bən] *vt irreg* dig up.

umgruppieren ['ʊmgrʊpi:rən] *vt* regroup.

Umhang ['ʊmhaŋ] *m* wrap, cape.

umhängen ['ʊmhɛŋən] *vt Bild* hang somewhere else; **jdm etw ~** put sth on sb.

umhauen ['ʊmhaʊən] *vt* fell; *(fig)* bowl over.

umher [ʊm'he:r] *ad* about, around; **~gehen** *vi irreg* walk about; **~reisen** *vi* travel about; **~schweifen** *vi* roam about; **~ziehen** *vi irreg* wander from place to place.

umhinkönnen [ʊm'hɪnkœnən] *vi irreg* **ich kann nicht umhin, das zu tun** I can't help doing it.

umhören ['ʊmhø:rən] *vr* ask around.

Umkehr ['ʊmke:r] *f* **-** turning back; *(Änderung)* change; **u~en** *vi* turn back; *vt* turn round, reverse; *Tasche etc* turn inside out; *Gefäß etc* turn upside down.

umkippen ['ʊmkɪpən] *vt* tip over; *vi* overturn; *(fig: Meinung ändern)* change one's mind; *(col: Mensch)* keel over.

Umkleideraum ['ʊmklaɪdəraum] *m* changing *or* dressing room.
umkommen ['ʊmkɔmən] *vi irreg* die, perish; *(Lebensmittel)* go bad.
Umkreis ['ʊmkraɪs] *m* neighbourhood; *(Math)* circumcircle; **im ~ von** within a radius of; **u~en** [ʊm'kraɪzən] *vt insep* circle (round); *(Satellit)* orbit.
umladen ['ʊmla:dən] *vt irreg* transfer, reload.
Umlage ['ʊmla:gə] *f* share of the costs.
Umlauf ['ʊmlauf] *m (Geld—)* circulation; *(von Gestirn)* revolution; *(Schreiben)* circular; **~bahn** *f* orbit.
Umlaut ['ʊmlaut] *m* umlaut.
umlegen ['ʊmle:gən] *vt* put on; *(verlegen)* move, shift; *Kosten* share out; *(umkippen)* tip over; (*col*: *töten*) bump off.
umleiten ['ʊmlaɪtən] *vt* divert.
Umleitung *f* diversion.
umlernen ['ʊmlɛrnən] *vi* learn something new; adjust one's views.
umliegend ['ʊmli:gənt] *a* surrounding.
Umnachtung [ʊm'naxtʊŋ] *f* (mental) derangement.
um'rahmen *vt insep* frame.
um'randen *vt insep* border, edge.
umrechnen ['ʊmrɛçnən] *vt* convert.
Umrechnung *f* conversion; **~skurs** *m* rate of exchange.
um'reißen *vt irreg insep* outline, sketch.
um'ringen *vt insep* surround.
Umriß ['ʊmrɪs] *m* outline.
umrühren ['ʊmry:rən] *vti* stir.
ums [ʊms] = **um das.**
umsatteln ['ʊmzatəln] *vi (col)* change one's occupation; switch.
Umsatz ['ʊmzats] *m* turnover.
umschalten ['ʊmʃaltən] *vt* switch.
Umschau ['ʊmʃau] *f* look(ing) round; **~ halten nach** look around for; **u~en** *vr* look round.
Umschlag ['ʊmʃla:k] *m* cover; *(Buch— auch)* jacket; *(Med)* compress; *(Brief—)* envelope; (*Wechsel*) change; *(von Hose)* turn-up; **u~en** ['ʊmʃla:gən] *irreg vi* change; *(Naut)* capsize; *vt* knock over; *Ärmel* turn up; *Seite* turn over; *Waren* transfer; **~platz** *m (Comm)* distribution centre.
umschreiben *vt irreg* ['ʊmʃraɪbən] *(neu—)* rewrite; *(übertragen)* transfer (*auf +acc* to); [-'ʃraɪbən] *insep* paraphrase; *(abgrenzen)* circumscribe, define.
umschulen ['ʊmʃu:lən] *vt* retrain; *Kind* send to another school.
umschwärmen [ʊm'ʃvɛrmən] *vt insep* swarm round; *(fig)* surround, idolize.
Umschweife ['ʊmʃvaɪfə] *pl*: **ohne ~** without beating about the bush, straight out.
Umschwung ['ʊmʃvʊŋ] *m* change (around), revolution.
umsehen ['ʊmze:ən] *vr irreg* look around *or* about; *(suchen)* look out (*nach* for).
umseitig ['ʊmzaɪtɪç] *ad* overleaf.
Umsicht ['ʊmzɪçt] *f* prudence, caution; **u~ig** *a* cautious, prudent.
umsonst [ʊm'zɔnst] *ad* in vain; *(gratis)* for nothing.
umspringen ['ʊmʃprɪŋən] *vi irreg* change; *(Wind auch)* veer; **mit jdm ~** treat sb badly.
Umstand ['ʊmʃtant] *m* circumstance; **Umstände** *pl (fig: Schwierigkeiten)* fuss; **in anderen Umständen sein** be pregnant; **Umstände machen** go to a lot of trouble; **unter Umständen** possibly; **mildernde Umstände** *(Jur)* extenuating circumstances.
umständlich ['ʊmʃtɛntlɪç] *a,ad Methode* cumbersome, complicated; *Ausdrucksweise, Erklärung auch* long-winded; *Mensch* ponderous.
Umstands- *cpd*: **~kleid** *nt* maternity dress; **~wort** *nt* adverb.
Umstehende(n) ['ʊmʃte:əndə(n)] *pl* bystanders *pl.*
Umsteig- ['ʊmʃtaɪg] *cpd*: **~ekarte** *f* transfer ticket; **u~en** *vi irreg (Rail)* change.
umstellen ['ʊmʃtɛlən] *vt (an anderen Ort)* change round, rearrange; *(Tech)* convert; *vr* adapt o.s. (*auf +acc* to); [ʊm'ʃtɛlən] *vt insep* surround.
Umstellung ['ʊmʃtɛlʊŋ] *f* change; *(Umgewöhnung)* adjustment; *(Tech)* conversion.
umstimmen ['ʊmʃtɪmən] *vt* (*Mus*) retune; **jdn ~** make sb change his mind.
umstoßen ['ʊmʃto:sən] *vt irreg (lit)* overturn; *Plan etc* change, upset.
umstritten [ʊm'ʃtrɪtən] *a* disputed.
Umsturz ['ʊmʃtʊrts] *m* overthrow.
umstürzen ['ʊmʃtʏrtsən] *vt (umwerfen)* overturn; *vi* collapse, fall down; *Wagen* overturn.
umstürzlerisch *a* revolutionary.
Umtausch ['ʊmtauʃ] *m* exchange; **u~en** *vt* exchange.
Umtriebe ['ʊmtri:bə] *pl* machinations *pl*, intrigues *pl.*
umtun ['ʊmtu:n] *vr irreg* see; **sich nach etw ~** look for sth.
umwandeln ['ʊmvandəln] *vt* change, convert; *(Elec)* transform.
umwechseln ['ʊmvɛksəln] *vt* change.
Umweg ['ʊmve:k] *m* detour, roundabout way.
Umwelt ['ʊmvɛlt] *f* environment; **~verschmutzung** *f* environmental pollution.
umwenden ['ʊmvɛndən] *vtr irreg* turn (round).
um'werben *vt irreg insep* court, woo.
umwerfen ['ʊmvɛrfən] *vt irreg (lit)* upset, overturn; *Mantel* throw on; *(fig: erschüttern)* upset, throw.
umziehen ['ʊmtsi:ən] *irreg vtr* change; *vi* move.
umzingeln [ʊm'tsɪŋəln] *vt insep* surround, encircle.
Umzug ['ʊmtsu:k] *m* procession; *(Wohnungs—)* move, removal.
unab- ['ʊn'ap] *cpd*: **~'änderlich** *a* irreversible, unalterable; **~hängig** *a* independent; **U~hängigkeit** *f* independence; **~kömmlich** *a* indispensable; **zur Zeit ~kömmlich** not free at the moment; **~lässig** *a* incessant, constant; **~sehbar** *a* immeasurable; *Folgen* unfore-

seeable; *Kosten* incalculable; **~sichtlich** *a* unintentional; **~'wendbar** *a* inevitable.
unachtsam ['ʊn'axtza:m] *a* careless; **U~keit** *f* carelessness.
unan- ['ʊn'an] *cpd*: **~'fechtbar** *a* indisputable; **~gebracht** *a* uncalled-for; **~gemessen** *a* inadequate; **~genehm** *a* unpleasant; **U~nehmlichkeit** *f* inconvenience; *pl* trouble; **~sehnlich** *a* unsightly; **~ständig** *a* indecent, improper; **U~ständigkeit** *f* indecency, impropriety.
unappetitlich ['ʊn'apeti:tlɪç] *a* unsavoury.
Unart ['ʊn'a:rt] *f* bad manners *pl*; *(Angewohnheit)* bad habit; **u~ig** *a* naughty, badly behaved.
unauf- ['ʊn'aʊf] *cpd*: **~fällig** *a* unobtrusive; *Kleidung* inconspicuous; **~'findbar** *a* undiscoverable, not to be found; **~gefordert** *a* unasked; *ad* spontaneously; **~haltsam** *a* irresistible; **~'hörlich** *a* incessant, continuous; **~merksam** *a* inattentive; **~richtig** *a* insincere.
unaus- ['ʊn'aʊs] *cpd*: **~'bleiblich** *a* inevitable, unavoidable; **~geglichen** *a* volatile; **~'sprechlich** *a* inexpressible; **~'stehlich** *a* intolerable; **~'weichlich** *a* inescapable, ineluctable.
unbändig ['ʊbɛndɪç] *a* extreme, excessive.
unbarmherzig ['ʊnbarmhɛrtsɪç] *a* pitiless, merciless.
unbeabsichtigt ['ʊnbə'apzɪçtɪçt] *a* unintentional.
unbeachtet ['ʊnbə'axtət] *a* unnoticed, ignored.
unbedenklich ['ʊnbədɛŋklɪç] *a* unhesitating; *Plan* unobjectionable; *ad* without hesitation.
unbedeutend ['ʊnbədɔʏtənt] *a* insignificant, unimportant; *Fehler* slight.
unbedingt ['ʊnbədɪŋt] *a* unconditional; *ad* absolutely; **mußt du ~ gehen?** do you really have to go?
unbefangen ['ʊnbəfaŋən] *a* impartial, unprejudiced; *(ohne Hemmungen)* uninhibited; **U~heit** *f* impartiality; uninhibitedness.
unbefriedig- ['ʊnbəfri:dɪg] *cpd*: **~end** *a* unsatisfactory; **~t** [-dɪçt] *a* unsatisfied, dissatisfied.
unbefugt ['ʊnbəfu:kt] *a* unauthorized.
unbegabt ['ʊnbəga:pt] *a* untalented.
unbegreiflich [ʊnbə'graɪflɪç] *a* inconceivable.
unbegrenzt ['ʊnbəgrɛntst] *a* unlimited.
unbegründet ['ʊnbəgrʏndət] *a* unfounded.
Unbehag- ['ʊnbəha:g] *cpd*: **~en** *nt* discomfort; **u~lich** [-klɪç] *a* uncomfortable; *Gefühl* uneasy.
unbeholfen ['ʊnbəhɔlfən] *a* awkward, clumsy; **U~heit** *f* awkwardness, clumsiness.
unbeirrt ['ʊnbə'ɪrt] *a* imperturbable.
unbekannt ['ʊnbəkant] *a* unknown.
unbekümmert ['ʊnbəkʏmərt] *a* unconcerned.
unbeliebt ['ʊnbəli:pt] *a* unpopular; **U~heit** *f* unpopularity.
unbequem ['ʊnbəkve:m] *a* *Stuhl* uncomfortable; *Mensch* bothersome; *Regelung* inconvenient.
unberech- *cpd*: **~enbar** [ʊnbə'rɛçənba:r] *a* incalculable; *Mensch, Verhalten* unpredictable; **~tigt** ['ʊnbərɛçtɪçt] *a* unjustified; *(nicht erlaubt)* unauthorized.
unberufen [ʊnbə'ru:fən] *interj* touch wood.
unberührt ['ʊnbəry:rt] *a* untouched, intact; **sie ist noch ~** she is still a virgin.
unbescheiden ['ʊnbəʃaɪdən] *a* presumptuous.
unbeschreiblich [ʊnbə'ʃraɪplɪç] *a* indescribable.
unbesonnen ['ʊnbəzɔnən] *a* unwise, rash, imprudent.
unbeständig ['ʊnbəʃtɛndɪç] *a* *Mensch* inconstant; *Wetter* unsettled; *Lage* unstable.
unbestechlich [ʊnbə'ʃtɛçlɪç] *a* incorruptible.
unbestimmt ['ʊnbəʃtɪmt] *a* indefinite; *Zukunft auch* uncertain; **U~heit** *f* vagueness.
unbeteiligt [ʊnbə'taɪlɪçt] *a* unconcerned, indifferent.
unbeugsam ['ʊnbɔʏkza:m] *a* inflexible, stubborn; *Wille auch* unbending.
unbewacht ['ʊnbəvaxt] *a* unguarded, unwatched.
unbeweglich ['ʊnbəve:klɪç] *a* immovable.
unbewußt ['ʊnbəvʊst] *a* unconscious.
unbrauchbar ['ʊnbraʊxba:r] *a* *Arbeit* useless; *Gerät auch* unusable; **U~keit** *f* uselessness.
und [ʊnt] *cj* and; **~ so weiter** and so on.
Undank ['ʊdaŋk] *m* ingratitude; **u~bar** *a* ungrateful; **~barkeit** *f* ingratitude.
undefinierbar [ʊndefi'ni:rba:r] *a* indefinable.
undenkbar [ʊn'dɛŋkba:r] *a* inconceivable.
undeutlich ['ʊndɔʏtlɪç] *a* indistinct.
undicht ['ʊndɪçt] *a* leaky.
Unding ['ʊndɪŋ] *nt* absurdity.
unduldsam ['ʊnduldsa:m] *a* intolerant.
undurch- ['ʊndʊrç] *cpd*: **~führbar** [-'fy:rba:r] *a* impracticable; **~lässig** [-lɛsɪç] *a* waterproof, impermeable; **~sichtig** [-zɪçtɪç] *a* opaque; *(fig)* obscure.
uneben ['ʊn'e:bən] *a* uneven.
unehelich ['ʊn'e:əlɪç] *a* illegitimate.
uneigennützig ['ʊn'aɪgənnʏtsɪç] *a* unselfish.
uneinig ['ʊn'aɪnɪç] *a* divided; **~ sein** disagree; **U~keit** *f* discord, dissension.
uneins ['ʊn'aɪns] *a* at variance, at odds.
unempfindlich ['ʊn'ɛmpfɪntlɪç] *a* insensitive; **U~keit** *f* insensitivity.
unendlich [ʊn''ɛntlɪç] *a* infinite; **U~keit** *f* infinity.
unent- ['ʊn'ɛnt] *cpd*: **~behrlich** [-'be:rlɪç] *a* indispensable; **~geltlich** [-gɛltlɪç] *a* free (of charge); **~schieden** [-ʃi:dən] *a* undecided; **~schieden enden** *(Sport)* end in a draw; **~schlossen** [-ʃlɔsən] *a* undecided; irresolute; **~wegt** [-'ve:kt] *a* unswerving; *(unaufhörlich)* incessant.
uner- [ʊn'ɛr] *cpd*: **~bittlich** [-bɪtlɪç] *a* unyielding, inexorable; **~fahren** [-fa:rən] *a* inexperienced; **~freulich** [-frɔʏlɪç] *a*

unpleasant; ~**gründlich** [-ˈgryntlıç] *a* unfathomable; ~**heblich** [-he:plıç] *a* unimportant; ~**hört** [-hø:rt] *a* unheard-of; *Bitte* outrageous; ~**läßlich** [-ˈlɛslıç] *a* indispensable; ~**laubt** [-laʊpt] *a* unauthorized; ~**meßlich** [-ˈmɛslıç] *a* immeasurable, immense; ~**müdlich** [-ˈmy:tlıç] *a* indefatigable; ~**sättlich** [-ˈzɛtlıç] *a* insatiable; ~**schöpflich** [-ˈʃœpflıç] *a* inexhaustible; ~**schütterlich** [-ˈʃʏtərlıç] *a* unshakeable; ~**schwinglich** [-ˈʃvıŋlıç] *a Preis* exorbitant; too expensive; ~**träglich** [-ˈtrɛ:klıç] *a* unbearable; *Frechheit* insufferable; ~**wartet** [-vartət] *a* unexpected; ~**wünscht** [-vʏnʃt] *a* undesirable, unwelcome; ~**zogen** [-tso:gən] *a* ill-bred, rude.

unfähig [ˈʊnfɛ:ıç] *a* incapable (*zu* of); incompetent; **U~keit** *f* incapacity; incompetence.

unfair [ˈʊnfɛ:r] *a* unfair.

Unfall [ˈʊnfal] *m* accident; ~**flucht** *f* hit-and-run (driving); ~**stelle** *f* scene of the accident; ~**versicherung** *f* accident insurance.

unfaßbar [ʊnˈfasba:r] *a* inconceivable.

unfehlbar [ʊnˈfe:lba:r] *a* infallible; *ad* inevitably; **U~keit** *f* infallibility.

unflätig [ˈʊnflɛ:tıç] *a* rude.

unfolgsam [ˈʊnfɔlkza:m] *a* disobedient.

unfrankiert [ˈʊnfraŋki:rt] *a* unfranked.

unfrei [ˈʊnfraı] *a* not free, unfree; ~**willig** *a* involuntary, against one's will.

unfreundlich [ˈʊnfrɔʏntlıç] *a* unfriendly; **U~keit** *f* unfriendliness.

Unfriede(n) [ˈʊnfri:də(n)] *m* dissension, strife.

unfruchtbar [ˈʊnfrʊxtba:r] *a* infertile; *Gespräche* unfruitful; **U~keit** *f* infertility; unfruitfulness.

Unfug [ˈʊnfu:k] *m* **-s** *(Benehmen)* mischief; *(Unsinn)* nonsense; **grober ~** *(Jur)* gross misconduct; malicious damage.

ungeachtet [ˈʊngəˈaxtət] *prep +gen* notwithstanding.

ungeahnt [ˈʊngəˈa:nt] *a* unsuspected, undreamt-of.

ungebeten [ˈʊngəbe:tən] *a* uninvited.

ungebildet [ˈʊngəbıldət] *a* uneducated; uncultured.

ungebräuchlich [ˈʊngəbrɔʏçlıç] *a* unusual, uncommon.

ungedeckt [ˈʊngədɛkt] *a Scheck* uncovered.

Ungeduld [ˈʊngədʊlt] *f* impatience; **u~ig** [-dıç] *a* impatient.

ungeeignet [ˈʊngəˈaıgnət] *a* unsuitable.

ungefähr [ˈʊngəfɛ:r] *a* rough, approximate; **das kommt nicht von ~** that's hardly surprising; ~**lich** *a* not dangerous, harmless.

ungehalten [ˈʊngəhaltən] *a* indignant.

ungeheuer [ˈʊngəhɔʏər] *a* huge; *ad (col)* enormously; **U~** *nt* **-s, -** monster; ~**lich** [-ˈhɔʏərlıç] *a* monstrous.

ungehobelt [ˈʊngəho:bəlt] *a (fig)* uncouth.

ungehörig [ˈʊngəhø:rıç] *a* impertinent, improper; **U~keit** *f* impertinence.

ungehorsam [ˈʊngəho:rza:m] *a* disobedient; **U~** *m* disobedience.

ungeklärt [ˈʊngəklɛ:rt] *a* not cleared up; *Rätsel* unsolved; *Abwasser* untreated.

ungeladen [ˈʊngəla:dən] *a* not loaded; *(Elec)* uncharged; *Gast* uninvited.

ungelegen [ˈʊngəle:gən] *a* inconvenient.

ungelernt [ˈʊngəlɛrnt] *a* unskilled.

ungelogen [ˈʊngəlo:gən] *ad* really, honestly.

ungemein [ˈʊngəmaın] *a* uncommon.

ungemütlich [ˈʊngəmy:tlıç] *a* uncomfortable; *Person* disagreeable.

ungenau [ˈʊngənaʊ] *a* inaccurate; **U~igkeit** *f* inaccuracy.

ungeniert [ˈʊnʒeni:rt] *a* free and easy, unceremonious; *ad* without embarrassment, freely.

ungenießbar [ˈʊngəni:sba:r] *a* inedible; undrinkable; *(col)* unbearable.

ungenügend [ˈʊngəny:gənt] *a* insufficient, inadequate.

ungepflegt [ˈʊngəpfle:kt] *a Garten etc* untended; *Person* unkempt; *Hände* neglected.

ungerade [ˈʊngəra:də] *a* uneven, odd.

ungerecht [ˈʊngərɛçt] *a* unjust; ~**fertigt** *a* unjustified; **U~igkeit** *f* injustice, unfairness.

ungern [ˈʊngɛrn] *ad* unwillingly, reluctantly.

ungeschehen [ˈʊngəʃe:ən] *a*: **~ machen** undo.

Ungeschick- [ˈʊngəʃık] *cpd*: ~**lichkeit** *f* clumsiness; **u~t** *a* awkward, clumsy.

ungeschminkt [ˈʊngəʃmıŋkt] *a* without make-up; *(fig)* unvarnished.

ungesetzlich [ˈʊngəzɛtslıç] *a* illegal.

ungestempelt [ˈʊngəʃtɛmpəlt] *a Briefmarke* unfranked, uncancelled.

ungestört [ˈʊngəʃtø:rt] *a* undisturbed.

ungestraft [ˈʊngəʃtra:ft] *ad* with impunity.

ungestüm [ˈʊngəʃty:m] *a* impetuous; tempestuous; **U~** *nt* **-(e)s** impetuosity; passion.

ungesund [ˈʊngəzʊnt] *a* unhealthy.

ungetrübt [ˈʊngətry:pt] *a* clear; *(fig)* untroubled; *Freude* unalloyed.

Ungetüm [ˈʊngəty:m] *nt* **-(e)s, -e** monster.

ungewiß [ˈʊngəvıs] *a* uncertain; **U~heit** *f* uncertainty.

ungewöhnlich [ˈʊngəvø:nlıç] *a* unusual.

ungewohnt [ˈʊngəvo:nt] *a* unaccustomed.

Ungeziefer [ˈʊngətsi:fər] *nt* **-s** vermin.

ungezogen [ˈʊngətso:gən] *a* rude, impertinent; **U~heit** *f* rudeness, impertinence.

ungezwungen [ˈʊngətsvʊŋən] *a* natural, unconstrained.

ungläubig [ˈʊnglɔʏbıç] *a* unbelieving; **ein ~er Thomas** a doubting Thomas; **die U~en** the infidel(s).

unglaub- *cpd*: ~**lich** [ʊnˈglaʊplıç] *a* incredible; ~**würdig** [ˈʊnglaʊpvʏrdıç] *a* untrustworthy, unreliable; *Geschichte* improbable.

ungleich [ˈʊnglaıç] *a* dissimilar; unequal; *ad* incomparably; ~**artig** *a* different; **U~heit** *f* dissimilarity; inequality.

Unglück [ˈʊnglʏk] *nt* **-(e)s, -e** misfortune; *(Pech)* bad luck; *(—sfall)* calamity, disaster; *(Verkehrs—)* accident; **u~lich** *a* unhappy; *(erfolglos)* unlucky; *(unerfreulich)* unfortunate; **u~licherweise** [-'waɪzə] *ad* unfortunately; **u~selig** *a* calamitous; *Person* unfortunate; **~sfall** *m* accident, calamity.

ungültig ['ʊngʏltɪç] *a* invalid; **U~keit** *f* invalidity.

ungünstig ['ʊngʏnstɪç] *a* unfavourable.

ungut ['ʊngu:t] *a Gefühl* uneasy; **nichts für ~** no offence.

unhaltbar ['ʊnhaltba:r] *a* untenable.

Unheil ['ʊnhaɪl] *nt* evil; *(Unglück)* misfortune; **~ anrichten** cause mischief; **u~bar** *a* incurable; **u~bringend** *a* fatal, fateful; **u~voll** *a* disastrous.

unheimlich ['ʊnhaɪmlɪç] *a* weird, uncanny; *ad (col)* tremendously.

unhöflich ['ʊnhø:flɪç] *a* impolite; **U~keit** *f* impoliteness.

unhygienisch ['ʊnhygi'e:nɪʃ] *a* unhygienic.

Uni ['ʊni] *f* **-, -s** university; **u~** [ʏ'ni:] *a* self-coloured.

Uniform [uni'fɔrm] *f* uniform; **u~iert** [-'mi:rt] *a* uniformed.

uninteressant ['ʊn'ɪnterɛsant] *a* uninteresting.

Universität [univɛrzi'tɛ:t] *f* university.

unkenntlich ['ʊnkɛntlɪç] *a* unrecognizable.

Unkenntnis ['ʊnkɛntnɪs] *f* ignorance.

unklar ['ʊnkla:r] *a* unclear; **im ~en sein über** *(+acc)* be in the dark about; **U~heit** *f* unclarity; (*Unentschiedenheit*) uncertainty.

unklug ['ʊnklu:k] *a* unwise.

Unkosten ['ʊnkɔstən] *pl* expense(s).

Unkraut ['ʊnkraʊt] *nt* weed; weeds *pl.*

unlängst ['ʊnlɛŋst] *ad* not long ago.

unlauter ['ʊnlaʊtər] *a* unfair.

unleserlich ['ʊnle:zərlɪç] *a* illegible.

unlogisch ['ʊnlo:gɪʃ] *a* illogical.

unlösbar [ʊn'lø:sbar], **unlöslich** [ʊn'lø:slɪç] *a* insoluble.

Unlust ['ʊnlʊst] *f* lack of enthusiasm; **u~ig** *a* unenthusiastic.

unmäßig ['ʊnmɛ:sɪç] *a* immoderate.

Unmenge ['ʊnmɛŋə] *f* tremendous number, hundreds *pl.*

Unmensch ['ʊnmɛnʃ] *m* ogre, brute; **u~lich** *a* inhuman, brutal; *(ungeheuer)* awful.

unmerklich [ʊn'mɛrklɪç] *a* imperceptible.

unmißverständlich ['ʊnmɪsfɛrʃtɛntlɪç] *a* unmistakable.

unmittelbar ['ʊnmɪtəlba:r] *a* immediate.

unmöbliert ['ʊnmøbli:rt] *a* unfurnished.

unmöglich ['ʊnmø:klɪç] *a* impossible; **U~keit** *f* impossibility.

unmoralisch ['ʊnmora:lɪʃ] *a* immoral.

Unmut ['ʊnmu:t] *m* ill humour.

unnachgiebig ['ʊnna:xgi:bɪç] *a* unyielding.

unnahbar [ʊn'na:ba:r] *a* unapproachable.

unnötig ['ʊnnø:tɪç] *a* unnecessary; **~erweise** *ad* unnecessarily.

unnütz ['ʊnnʏts] *a* useless.

unordentlich ['ʊn'ɔrdəntlɪç] *a* untidy.

Unordnung ['ʊn'ɔrdnʊŋ] *f* disorder.

unparteiisch ['ʊnpartaɪɪʃ] *a* impartial; **U~e(r)** *m* umpire; (*Fußball*) referee.

unpassend ['ʊnpasənt] *a* inappropriate; *Zeit* inopportune.

unpäßlich ['ʊnpɛslɪç] *a* unwell.

unpersönlich ['ʊnpɛrzø:nlɪç] *a* impersonal.

unpolitisch ['ʊnpoli:tɪʃ] *a* apolitical.

unpraktisch ['ʊnpraktɪʃ] *a* unpractical.

unproduktiv ['ʊnprodʊkti:f] *a* unproductive.

unproportioniert ['ʊnpropɔrtsioni:rt] *a* out of proportion.

unpünktlich ['ʊnpʏnktlɪç] *a* unpunctual.

unrationell ['ʊnratsionɛl] *a* inefficient.

unrecht ['ʊnrɛçt] *a* wrong; **U~** *nt* wrong; **zu U~** wrongly; **U~ haben, im U~ sein** be wrong; **~mäßig** *a* unlawful, illegal.

unregelmäßig ['ʊnre:gəlmɛsɪç] *a* irregular; **U~keit** *f* irregularity.

unreif ['ʊnraɪf] *a Obst* unripe; *(fig)* immature.

unrentabel ['ʊnrɛnta:bəl] *a* unprofitable.

unrichtig ['ʊnrɪçtɪç] *a* incorrect, wrong.

Unruh ['ʊnru:] *f* **-, -en** *(von Uhr)* balance; **~e** *f* **-, -n** unrest; **~estifter** *m* troublemaker; **u~ig** *a* restless.

uns [ʊns] *pron acc, dat of* **wir** us; ourselves.

unsachlich ['ʊnzaxlɪç] *a* not to the point, irrelevant; *(persönlich)* personal.

unsagbar [ʊn'za:kba:r], **unsäglich** [ʊn'zɛ:klɪç] *a* indescribable.

unsanft ['ʊnzanft] *a* rough.

unsauber ['ʊnzaʊbər] *a* unclean, dirty; *(fig)* crooked; *(Mus)* fuzzy.

unschädlich ['ʊnʃɛ:tlɪç] *a* harmless; **jdn/etw ~ machen** render sb/sth harmless.

unscharf ['ʊnʃarf] *a* indistinct; *Bild etc* out of focus, blurred.

unscheinbar ['ʊnʃaɪnba:r] *a* insignificant; *Aussehen, Haus etc.* unprepossessing.

unschlagbar [ʊn'ʃla:kba:r] *a* invincible.

unschlüssig ['ʊnʃlʏsɪç] *a* undecided.

Unschuld ['ʊnʃʊlt] *f* innocence; **u~ig** [-dɪç] *a* innocent.

unselbständig ['ʊnzɛlpʃtɛndɪç] *a* dependent, over-reliant on others.

unser ['ʊnzər] *pron* our; *gen of* **wir** of us; **~e(r,s)** ours; **~einer, ~eins, ~esgleichen** *pron* people like us; **~erseits** *ad* on our part; **~twegen, ~twillen** *ad (für uns)* for our sake; *(wegen uns)* on our account; **~ige** *pron*: **der/die/das ~ige** ours.

unsicher ['ʊnzɪçər] *a* uncertain; *Mensch* insecure; **U~heit** *f* uncertainty; insecurity.

unsichtbar ['ʊnzɪçtba:r] *a* invisible; **U~keit** *f* invisibility.

Unsinn ['ʊnzɪn] *m* nonsense; **u~ig** *a* nonsensical.

Unsitte ['ʊnzɪtə] *f* deplorable habit.

unsittlich ['ʊnzɪtlɪç] *a* indecent; **U~keit** *f* indecency.

unsportlich ['ʊnʃpɔrtlɪç] *a* not sporty; unfit; *Verhalten* unsporting.

unsre ['ʊnzrə] = **unsere.**
unsrige ['ʊnzrɪgə] = **unserige.**
unsterblich ['ʊnʃtɛrplɪç] *a* immortal; **U~keit** *f* immortality.
Unstimmigkeit ['ʊnʃtɪmɪçkaɪt] *f* inconsistency; *(Streit)* disagreement.
unsympathisch ['ʊnzʏmpa:tɪʃ] *a* unpleasant; **er ist mir ~** I don't like him.
untätig ['ʊntɛ:tɪç] *a* idle.
untauglich ['ʊntaʊklɪç] *a* unsuitable; *(Mil)* unfit; **U~keit** *f* unsuitability; unfitness.
unteilbar [ʊn'taɪlba:r] *a* indivisible.
unten ['ʊntən] *ad* below; *(im Haus)* downstairs; *(an der Treppe etc)* at the bottom; **nach ~** down; **~ am Berg** *etc* at the bottom of the mountain *etc*; **ich bin bei ihm ~ durch** *(col)* he's through with me.
unter ['ʊntər] *prep +acc or dat* under, below; *(bei Menschen)* among; *(während)* during; *ad* under.
Unter- ['ʊntər] *cpd*: **~abteilung** *f* subdivision; **~arm** *m* forearm.
unterbe- ['ʊntərbə] *cpd*: **~lichten** *vt (Phot)* underexpose; **U~wußtsein** *nt* subconscious; **~zahlt** *a* underpaid.
unterbieten [ʊntər'bi:tən] *vt irreg insep (Comm)* undercut; *Rekord* lower, reduce.
unterbinden [ʊntər'bɪndən] *vt irreg insep* stop, call a halt to.
Unterbodenschutz [ʊntər'bo:dənʃʊts] *m (Aut)* underseal.
unterbrech- [ʊntər'brɛç] *cpd*: **~en** *vt irreg insep* interrupt; **U~ung** *f* interruption.
unterbringen ['ʊntərbrɪŋən] *vt irreg (in Koffer)* stow; *(in Zeitung)* place; *Person (in Hotel etc)* accommodate, put up; *(beruflich)* fix up (*auf, in* with).
unterdessen [ʊntər'dɛsən] *ad* meanwhile.
Unterdruck ['ʊntərdrʊk] *m* low pressure.
unterdrücken [ʊntər'drʏkən] *vt insep* suppress; *Leute* oppress.
untere(r,s) ['ʊntərə(r,z)] *a* lower.
untereinander [ʊntər'aɪ'nandər] *ad* with each other; among themselves *etc*.
unterentwickelt ['ʊntər'ɛntvɪkəlt] *a* underdeveloped.
unterernährt ['ʊntər'ɛrnɛ:rt] *a* undernourished, underfed.
Unterernährung *f* malnutrition.
Unter'führung *f* subway, underpass.
Untergang ['ʊntərgaŋ] *m* (down)-fall, decline; (*Naut*) sinking; (*von Gestirn)* setting.
unter'geben *a* subordinate.
untergehen ['ʊntərge:ən] *vi irreg* go down; *(Sonne auch)* set; *(Staat)* fall; *(Volk)* perish; (*Welt*) come to an end; *(im Lärm)* be drowned.
Untergeschoß ['ʊntərgəʃɔs] *nt* basement.
unter'gliedern *vt insep* subdivide.
Untergrund ['ʊntərgrʊnt] *m* foundation; *(Pol)* underground; **~bahn** *f* underground, tube, subway *(US)*; **~bewegung** *f* underground (movement).
unterhalb ['ʊntərhalp] *prep +gen, ad* below; **~ von** below.
Unterhalt ['ʊntərhalt] *m* maintenance; **u~en** [ʊntər'haltən] *irreg insep vt* maintain; *(belustigen)* entertain; *vr* talk; (*sich belustigen*) enjoy o.s.; **u~end** [ʊntər'haltənt] *a* entertaining; **~ung** *f* maintenance; *(Belustigung)* entertainment, amusement; *(Gespräch)* talk.
Unterhändler ['ʊntərhɛntlər] *m* negotiator.
Unterhemd ['ʊntərhɛmt] *nt* vest, undershirt *(US)*.
Unterhose ['ʊntərho:zə] *f* underpants *pl*.
unterirdisch ['ʊntər'ɪrdɪʃ] *a* underground.
Unterkiefer ['ʊntərki:fər] *m* lower jaw.
unterkommen ['ʊntərkɔmən] *vi irreg* find shelter; find work; **das ist mir noch nie untergekommen** I've never met with that.
Unterkunft ['ʊntərkʊnft] *f* **-, -künfte** accommodation.
Unterlage ['ʊntərla:gə] *f* foundation; *(Beleg)* document; *(Schreib— etc)* pad.
unter'lassen *vt irreg insep (versäumen)* fail (to do); *(sich enthalten)* refrain from.
unterlaufen [ʊntər'laʊfən] *vi irreg insep* happen; *a*: **mit Blut ~** suffused with blood; *(Augen)* bloodshot.
unterlegen ['ʊntərle:gən] *vt* lay *or* put under; [ʊntər'le:gən] *a* inferior (*dat* to); *(besiegt)* defeated.
Unterleib ['ʊntərlaɪp] *m* abdomen.
unter'liegen *vi irreg insep* be defeated *or* overcome (*jdm* by sb); *(unterworfen sein)* be subject to.
Untermiete ['ʊntərmi:tə] *f*: **zur ~ wohnen** be a subtenant *or* lodger; **~r(in** *f*) *m* subtenant, lodger.
unter'nehmen *vt irreg insep* undertake; **U~** *nt* **-s, -** undertaking, enterprise *(auch Comm)*; **~d** *a* enterprising, daring.
Unternehmer [ʊntər'ne:mər] *m* **-s, -** entrepreneur, businessman.
Unterprima ['ʊntərpri:ma] *f* **-, -primen** eighth year of secondary school.
Unterredung [ʊntər're:dʊŋ] *f* discussion, talk.
Unterricht ['ʊntərrɪçt] *m* **-(e)s, -e** instruction, lessons *pl*; **u~en** [ʊntər'rɪçtən] *insep vt* instruct; *(Sch)* teach; *vr* inform o.s. (*über +acc* about).
Unterrock [ʊŋtərrɔk] *m* petticoat, slip.
unter'sagen *vt insep* forbid (*jdm etw* sb to do sth).
unter'schätzen *vt insep* underestimate.
unter'scheiden *irreg insep vt* distinguish; *vr* differ.
Unter'scheidung *f* *(Unterschied)* distinction; *(Unterscheiden)* differentiation.
Unterschied ['ʊntərʃi:t] *m* **-(e)s, -e** difference, distinction; **im ~ zu** as distinct from; **u~lich** *a* varying, differing; *(diskriminierend)* discriminatory; **u~slos** *ad* indiscriminately.
unter'schlagen *vt irreg insep* embezzle; *(verheimlichen)* suppress.
Unter'schlagung *f* embezzlement.
Unterschlupf ['ʊntərʃlʊpf] *m* **-(e)s, -schlüpfe** refuge.
unter'schreiben *vt irreg insep* sign.
Unterschrift ['ʊntərʃrɪft] *f* signature.

Unterseeboot ['ʊntərze:bo:t] *nt* submarine.
Untersekunda ['ʊntərzekunda] *f* **-, -sekunden** sixth year of secondary school.
Untersetzer ['ʊntərzɛtsər] *m* tablemat; *(für Gläser)* coaster.
untersetzt [ʊntər'zɛtst] *a* stocky.
unterste(r,s) ['ʊntərstə(r,z)] *a* lowest, bottom.
unterstehen [ʊntər'ʃte:ən] *irreg vi insep* be under (*jdm* sb); *vr* dare; ['ʊntərʃte:ən] *vi* shelter.
unterstellen [ʊntər'ʃtɛlən] *vt insep* subordinate (*dat* to); *(fig)* impute (*jdm etw* sth to sb); ['ʊntərʃtɛlən] *vt Auto* garage, park; *vr* take shelter.
unter'streichen *vt irreg insep (lit, fig)* underline.
Unterstufe ['ʊntərʃtu:fə] *f* lower grade.
unter'stützen *vt insep* support.
Unter'stützung *f* support, assistance.
unter'suchen *vt insep (Med)* examine; *(Polizei)* investigate.
Unter'suchung *f* examination; investigation, inquiry; **~sausschuß** *m* committee of inquiry; **~shaft** *f* imprisonment on remand.
Untertan ['ʊntərta:n] *m* **-s, -en** subject.
untertänig ['ʊntərtɛ:nɪç] *a* submissive, humble.
Untertasse ['ʊntərtasə] *f* saucer.
untertauchen ['ʊntərtauxən] *vi* dive; *(fig)* disappear, go underground.
Unterteil ['ʊntərtaɪl] *nt or m* lower part, bottom; **u~en** [ʊntər'taɪlən] *vt insep* divide up.
Untertertia ['ʊntərtɛrtsia] *f* **-, -tertien** fourth year of secondary school.
Unterwäsche ['ʊntərvɛʃə] *f* underwear.
unterwegs [ʊntər've:ks] *ad* on the way.
unter'weisen *vt irreg insep* instruct.
unter'werfen *irreg insep vt* subject; *Volk* subjugate; *vr* submit (*dat* to).
unterwürfig [ʊntər'vʏrfɪç] *a* obsequious, servile.
unter'zeichnen *vt insep* sign.
unter'ziehen *irreg insep vt* subject (*dat* to); *vr* undergo (*etw (dat)* sth); *(einer Prüfung)* take.
untreu ['ʊntrɔʏ] *a* unfaithful; **U~e** *f* unfaithfulness.
untröstlich [ʊn'trø:stlɪç] *a* inconsolable.
Untugend ['ʊntu:gənt] *f* vice, failing.
unüber- [ʊn'y:bər] *cpd*: **~legt** [-le:kt] *a* ill-considered; *ad* without thinking; **~sehbar** [-'ze:ba:r] *a* incalculable.
unum- [ʊn'ʊm] *cpd*: **~gänglich** [-'gɛŋlɪç] *a* indispensable, vital; absolutely necessary; **~wunden** [-'vʊndən] *a* candid; *ad* straight out.
ununterbrochen ['ʊn'ʊntərbrɔxən] *a* uninterrupted.
unver- [ʊnfɛr] *cpd*: **~änderlich** [-''ɛndərlɪç] *a* unchangeable; **~antwortlich** [-''antvɔrtlɪç] *a* irresponsible; *(unentschuldbar)* inexcusable; **~äußerlich** [-'ɔʏsərlɪç] *a* inalienable; **~besserlich** [-'bɛsərlɪç] *a* incorrigible; **~bindlich** ['-bɪntlɪc] *a* not binding; *Antwort* curt; *ad (Comm)* without obligation; **~blümt** [-'bly:mt] *a,ad* plain(ly), blunt(ly); **~daulich** ['-daʊlɪç] *a* indigestible; **~dorben** ['-dɔrbən] *a* unspoilt; **~einbar** [-''aɪnba:r] *a* incompatible; **~fänglich** ['-fɛŋlɪç] *a* harmless; **~froren** ['-fro:rən] *a* impudent; **~hofft** ['-hɔft] *a* unexpected; **~kennbar** [-'kɛnba:r] *a* unmistakable; **~meidlich** [-'maɪtlɪç] *a* unavoidable; **~mutet** ['-mu:tət] *a* unexpected; **~nünftig** ['-nʏnftɪç] *a* foolish; **~schämt** ['-ʃɛ:mt] *a* impudent; **U~schämtheit** *f* impudence, insolence; **~sehens** ['-ze:əns] *ad* all of a sudden; **~sehrt** ['-ze:rt] *a* uninjured; **~söhnlich** ['-zø:nlɪç] *a* irreconcilable; **~ständlich** ['-ʃtɛntlɪç] *a* unintelligible; **~träglich** ['-trɛ:klɪç] *a* quarrelsome; *Meinungen, (Med)* incompatible; **~wüstlich** [-'vy:stlɪç] *a* indestructible; *Mensch* irrepressible; **~zeihlich** [-'tsaɪlɪç] *a* unpardonable; **~züglich** [-'tsy:klɪç] *a* immediate.
unvoll- ['ʊnfɔl] *cpd*: **~kommen** *a* imperfect; **~ständig** *a* incomplete.
unvor- ['ʊnfo:r] *cpd*: **~bereitet** *a* unprepared; **~eingenommen** *a* unbiased; **~hergesehen** [-he:rgəze:ən] *a* unforeseen; **~sichtig** [-zɪçtɪç] *a* careless, imprudent; **~stellbar** [-'ʃtɛlba:r] *a* inconceivable; **~teilhaft** [-taɪlhaft] *a* disadvantageous.
unwahr ['ʊnva:r] *a* untrue; **~haftig** *a* untruthful; **~scheinlich** *a* improbable, unlikely; *ad (col)* incredibly; **U~scheinlichkeit** *f* improbability, unlikelihood.
unweigerlich [ʊn'vaɪgərlɪç] *a* unquestioning; *ad* without fail.
Unwesen ['ʊnve:zən] *nt* nuisance; *(Unfug)* mischief; **sein ~ treiben** wreak havoc; **u~tlich** *a* inessential, unimportant; **u~tlich besser** marginally better.
Unwetter ['ʊnvɛtər] *nt* thunderstorm.
unwichtig ['ʊnvɪçtɪç] *a* unimportant.
unwider- [ʊnvi:dər] *cpd*: **~legbar** [-'le:kba:r] *a* irrefutable; **~ruflich** [-'ru:flɪç] *a* irrevocable; **~stehlich** [-'ʃte:lɪç] *a* irresistible.
unwill- ['ʊnvɪl] *cpd*: **U~e(n)** *m* indignation; **~ig** *a* indignant; *(widerwillig)* reluctant; **~kürlich** [-ky:rlɪç] *a* involuntary; *ad* instinctively; *lachen* involuntarily.
unwirklich ['ʊnvɪrklɪç] *a* unreal.
unwirsch ['ʊnvɪrʃ] *a* cross, surly.
unwirtlich ['ʊnvɪrtlɪç] *a* inhospitable.
unwirtschaftlich ['ʊnvɪrt-ʃaftlɪç] *a* uneconomical.
unwissen- ['ʊnvɪsən] *cpd*: **~d** *a* ignorant; **U~heit** *f* ignorance; **~schaftlich** *a* unscientific.
unwohl ['ʊnvo:l] *a* unwell, ill; **U~sein** *nt* **-s** indisposition.
unwürdig ['ʊnvʏrdɪç] *a* unworthy (*jds* of sb).
unzählig [ʊn'tsɛ:lɪç] *a* innumerable, countless.
unzer- [ʊntsɛr] *cpd*: **~brechlich** [-'brɛçlɪç] *a* unbreakable; **~reißbar**

[-'raɪsba:r] *a* untearable; **~störbar** [-'ʃtø:rba:r] *a* indestructible; **~trennlich** [-'trɛnlɪç] *a* inseparable.

Unzucht ['ʊntsʊxt] *f* sexual offence.

unzüchtig ['ʊntsʏçtɪç] *a* immoral; lewd.

unzu- ['ʊntsu] *cpd*: **~frieden** *a* dissatisfied; **U~friedenheit** *f* discontent; **~länglich** ['ʊntsu:lɛŋlɪç] *a* inadequate; **~lässig** ['ʊntsu:lɛsɪç] *a* inadmissible; **~rechnungsfähig** ['ʊntsu:rɛçnʊŋsfɛ:ɪç] *a* irresponsible; **~sammenhängend** *a* disconnected; *Äußerung* incoherent; **~treffend** ['ʊntsu:-] *a* incorrect; **~verlässig** ['ʊntsu:-] *a* unreliable.

unzweideutig ['ʊntsvaɪdɔʏtɪç] *adj* unambiguous.

üppig ['ʏpɪç] *adj Frau* curvaceous; *Busen* full, ample; *Essen* sumptuous, lavish; *Vegetation* luxuriant, lush.

uralt ['u:r'alt] *a* ancient, very old.

Uran [u'ra:n] *nt* **-s** uranium.

Ur- ['u:r] *in cpds* original; **~aufführung** *f* first performance; **~einwohner** *m* original inhabitant; **~eltern** *pl* ancestors *pl*; **~enkel(in** *f*) *m* great-grandchild; **~großmutter** *f* great-grandmother; **~großvater** *m* great-grandfather; **~heber** *m* **-s, -** originator; *(Autor)* author.

Urin [u'ri:n] *m* **-s, -e** urine.

ur- *cpd*: **~komisch** *a* incredibly funny; **U~kunde** *f* **-, -n** document, deed; **~kundlich** ['u:rkʊntlɪç] *a* documentary; **~laub** *m* **-(e)s, -e** holiday(s *pl*), vacation *(US)*; *(Mil etc)* leave; **~lauber** *m* **-s, -** holiday-maker, vacationist *(US)*; **~mensch** *m* primitive man.

Urne ['ʊrnə] *f* **-, -n** urn.

Ursache ['u:rzaxə] *f* cause.

Ursprung ['u:rʃprʊŋ] *m* origin, source; *(von Fluß)* source.

ursprünglich [u:rʃprʏŋlɪç] *a, ad* original(ly).

Urteil ['ʊrtaɪl] *nt* **-s, -e** opinion; *(Jur)* sentence, judgement; **u~en** *vi* judge; **~sspruch** *m* sentence, verdict.

Ur- *cpd*: **~wald** *m* jungle; **~zeit** *f* prehistoric times *pl*.

usw [u:ɛsve:] *abbr of* **und so weiter** etc.

Utensilien [utɛn'zi:liən] *pl* utensils *pl*.

Utopie [uto'pi:] *f* pipedream.

utopisch [u'to:pɪʃ] *a* utopian.

V

V, v [faʊ] *nt* V, v.

vag(e) [va:k, va:gə] *a* vague.

Vagina [va'gi:na] *f* **-, Vaginen** vagina.

Vakuum ['va:kuʊm] *nt* **-s, Vakua** *or* **Vakuen** vacuum.

Vanille [va'nɪljə] *f* **-** vanilla.

Variation [variatsi'o:n] *f* variation.

variieren [vari'i:rən] *vti* vary.

Vase ['va:zə] *f* **-, -n** vase.

Vater ['fa:tər] *m* **-s, ¨** father; **~land** *nt* native country; Fatherland; **~landsliebe** *f* patriotism.

väterlich ['fɛ:tərlɪç] *a* fatherly; **~erseits** *ad* on the father's side.

Vater- *cpd*: **~schaft** *f* paternity; **~unser** *nt* **-s, -** Lord's prayer.

Vegetarier(in *f*) [vege'ta:riər(ɪn)] *m* **-s, -** vegetarian.

Veilchen ['faɪlçən] *nt* violet.

Vene ['ve:nə] *f* **-, -n** vein.

Ventil [vɛn'ti:l] *nt* **-s, -e** valve; **~ator** [vɛnti'la:tɔr] *m* ventilator.

verab- [fɛr''ap] *cpd*: **~reden** *vt* agree, arrange; *vr* arrange to meet (*mit jdm* sb); **V~redung** *f* arrangement; *(Treffen)* appointment; **~scheuen** *vt* detest, abhor; **~schieden** *vt Gäste* say goodbye to; *(entlassen)* discharge; *Gesetz* pass; *vr* take one's leave (*von* of); **V~schiedung** *f* leave-taking; discharge; passing.

ver- [fɛr] *cpd*: **~achten** [-''axtən] *vt* despise; **~ächtlich** [-''ɛçtlɪç] *a* contemptuous; *(verachtenswert)* contemptible; **jdn ~ächtlich machen** run sb down; **V~achtung** *f* contempt.

verallgemein- [fɛr'algə'maɪn] *cpd*: **~ern** *vt* generalize; **V~erung** *f* generalization.

veralten [fɛr''altən] *vi* become obsolete *or* out-of-date.

Veranda [ve'randa] *f* **-, Veranden** veranda.

veränder- [fɛr''ɛndər] *cpd*: **~lich** *a* changeable; **V~lichkeit** *f* variability, instability; **~n** *vtr* change, alter; **V~ung** *f* change, alteration.

veran- [fɛr''an] *cpd*: **~lagt** *a* with a ... nature; **V~lagung** *f* disposition, aptitude; **~lassen** *vt* cause; **Maßnahmen ~lassen** take measures; **sich ~laßt sehen** feel prompted; **V~lassung** *f* cause; motive; **auf jds V~lassung (hin)** at the instance of sb; **~schaulichen** *vt* illustrate; **~schlagen** *vt* estimate; **~stalten** *vt* organize, arrange; **V~stalter** *m* **-s, -** organizer; **V~staltung** *f (Veranstalten)* organizing; *(Veranstaltetes)* event, function.

verantwort- [fɛr''antvɔrt] *cpd*: **~en** *vt* answer for; *vr* justify o.s.; **~lich** *a* responsible; **V~ung** *f* responsibility; **~ungsbewußt** *a* responsible; **~ungslos** *a* irresponsible.

verarbeiten [fɛr''arbaɪtən] *vt* process; (*geistig*) assimilate; **etw zu etw ~** make sth into sth.

Verarbeitung *f* processing; assimilation.

verärgern [fɛr''ɛrgərn] *vt* annoy.

verausgaben [fɛr''aʊsga:bən] *vr* run out of money; (*fig*) exhaust o.s.

veräußern [fɛr''ɔʏsərn] *vt* dispose of, sell.

Verb [vɛrp] *nt* **-s, -en** verb.

Verband [fɛr'bant] *m* **-(e)s, ¨e** (*Med*) bandage, dressing; *(Bund)* association, society; *(Mil)* unit; **~(s)kasten** *m* medicine chest, first-aid box; **~stoff** *m*, **~zeug** *nt* bandage, dressing material.

verbannen [fɛr'banən] *vt* banish.

Verbannung *f* exile.

verbergen [fɛr'bɛrgən] *vtr irreg* hide (*vor* +*dat* from).

verbessern [fɛr'bɛsərn] *vtr* improve; *(berichtigen)* correct (o.s.).

Verbesserung *f* improvement; correction.

verbeugen [fɛr'bɔʏgən] *vr* bow.
Verbeugung *f* bow.
ver'biegen *vi irreg* bend.
ver'bieten *vt irreg* forbid (*jdm etw* sb to do sth).
ver'binden *irreg vt* connect; *(kombinieren)* combine; *(Med)* bandage; **jdm die Augen ~** blindfold sb; *vr* combine *(auch Chem)*, join.
verbindlich [fɛr'bɪntlɪç] *a* binding; *(freundlich)* friendly: **V~keit** *f* obligation; *(Höflichkeit)* civility.
Ver'bindung *f* connection; *(Zusammensetzung)* combination; *(Chem)* compound; *(Univ)* club.
verbissen [fɛr'bɪsən] *a* grim, dogged; **V~heit** *f* grimness, doggedness.
ver'bitten *vt irreg*: **sich** *(dat)* **etw ~** not tolerate sth, not stand for sth.
verbittern [fɛr'bɪtərn] *vt* embitter; *vi* get bitter.
verblassen [fɛr'blasən] *vi* fade.
Verbleib [fɛ'blaɪp] *m* **-(e)s** whereabouts; **v~en** [fɛr'blaɪbən] *vi irreg* remain.
Verblendung [fɛr'blɛndʊŋ] *f (fig)* delusion.
verblöden [fɛr'blø:dən] *vi* get stupid.
verblüffen [fɛr'blʏfən] *vt* stagger, amaze.
Verblüffung *f* stupefaction.
ver'blühen *vi* wither, fade.
ver'bluten *vi* bleed to death.
verborgen [fɛr'bɔrgən] *a* hidden.
Verbot [fɛr'bo:t] *nt* **-(e)s, -e** prohibition, ban; **v~en** *a* forbidden; **Rauchen v~en!** no smoking; **v~enerweise** *ad* though it is forbidden; **~sschild** *nt* prohibitory sign.
Verbrauch [fɛr'braʊx] *m* **-(e)s** consumption; **v~en** *vt* use up; **~er** *m* **-s, -** consumer; **v~t** *a* used up, finished; *Luft* stale; *Mensch* worn-out.
Verbrechen [fɛr'brɛçən] *nt* **-s, -** crime; **v~** *vt irreg* perpetrate.
Verbrecher [fɛr'brɛçər] *m* **-s, -** criminal; **v~isch** *a* criminal; **~tum** *nt* **-s** criminality.
ver'breiten *vtr* spread; **sich über etw** *(acc)* **~** expound on sth.
verbreitern [fɛr'braɪtərn] *vt* broaden.
Verbreitung *f* spread(ing), propagation.
verbrenn- [fɛr'brɛn] *cpd*: **~bar** *a* combustible; **~en** *vt irreg* burn; *Leiche* cremate; **V~ung** *f* burning; (*in Motor*) combustion; *(von Leiche)* cremation; **V~ungsmotor** *m* internal combustion engine.
ver'bringen *vt irreg* spend.
Verbrüderung [fɛr'bry:dərʊŋ] *f* fraternization.
verbrühen [fɛr'bry:ən] *vt* scald.
verbuchen [fɛr'bu:xən] *vt* (*Fin*) register; *Erfolg* enjoy; *Mißerfolg* suffer.
verbunden [fɛr'bʊndən] *a* connected; **jdm ~ sein** be obliged *or* indebted to sb; **falsch ~** *(Tel)* wrong number; **V~heit** *f* bond, relationship.
verbünden [fɛr'bʏndən] *vr* ally o.s.
Verbündete(r) [fɛr'bʏndətə(r)] *mf* ally.
ver'bürgen *vr*: **sich ~ für** vouch for.
ver'büßen *vt*: **eine Strafe ~** serve a sentence.
verchromt [fɛr'kro:mt] *a* chromium-plated.
Verdacht [fɛr'daxt] *m* **-(e)s** suspicion.
verdächtig [fɛr'dɛçtɪç] *a* suspicious, suspect; **~en** [fɛr'dɛçtɪgən] *vt* suspect.
verdammen [fɛr'damən] *vt* damn, condemn.
Verdammnis [fɛr'damnɪs] *f* **-, -se** perdition, damnation.
ver'dampfen *vi* vaporize, evaporate.
ver'danken *vt*: **jdm etw ~** owe sb sth.
verdauen [fɛr'daʊən] *vt (lit, fig)* digest.
verdaulich [fɛr'daʊlɪç] *a* digestible; **das ist schwer ~** that is hard to digest.
Verdauung *f* digestion.
Verdeck [fɛr'dɛk] *nt* **-(e)s, -e** *(Aut)* hood; *(Naut)* deck; **v~en** *vt* cover (up); *(verbergen)* hide.
ver'denken *vt irreg*: **jdm etw ~** blame sb for sth, hold sth against sb.
Verderb- [fɛr'dɛrp] *cpd*: **~en** [fɛr'dɛrbən] *nt* **-s** ruin; **v~en** *irreg vt* spoil; *(schädigen)* ruin; *(moralisch)* corrupt; **es mit jdm v~en** get into sb's bad books; *vi (Essen)* spoil, rot; *(Mensch)* go to the bad; **v~lich** *a Einfluß* pernicious; *Lebensmittel* perishable; **v~t** *a* depraved; **~theit** *f* depravity.
verdeutlichen [fɛr'dɔʏtlɪçən] *vt* make clear.
ver'dichten *vtr* condense.
ver'dienen *vt* earn; *(moralisch)* deserve.
Ver'dienst *m* **-(e)s, -e** earnings *pl*; *nt* **-(e)s, -e** merit; *(Leistung)* service (*um* to).
verdient [fɛr'di:nt] *a* well-earned; *Person* deserving of esteem; **sich um etw ~ machen** do a lot for sth.
verdoppeln [fɛr'dɔpəln] *vt* double.
Verdopp(e)lung *f* doubling.
verdorben [fɛr'dɔrbən] *a* spoilt; *(geschädigt)* ruined; *(moralisch)* corrupt.
verdrängen [fɛr'drɛŋən] *vt* oust, displace *(auch Phys)*; *(Psych)* repress.
Verdrängung *f* displacement; *(Psych)* repression.
ver'drehen *vt (lit, fig)* twist; *Augen* roll; **jdm den Kopf ~** *(fig)* turn sb's head.
verdreifachen [fɛr'draɪfaxən] *vt* treble.
verdrießlich [fɛr'dri:slɪç] *a* peevish, annoyed.
verdrossen [fɛr'drɔsən] *a* cross, sulky.
ver'drücken *vt (col)* put away, eat; *vr (col)* disappear.
Verdruß [fɛr'drʊs] *m* **-sses, -sse** annoyance, worry.
ver'duften *vi* evaporate; *vir (col)* disappear.
verdummen [fɛr'dʊmən] *vt* make stupid; *vi* grow stupid.
verdunkeln [fɛr'dʊŋkəln] *vtr* darken; *(fig)* obscure.
Verdunk(e)lung *f* blackout; *(fig)* obscuring.
verdünnen [fɛr'dʏnən] *vt* dilute.
verdunsten [fɛr'dʊnstən] *vi* evaporate.
verdursten [fɛr'dʊrstən] *vi* die of thirst.
verdutzt [fɛr'dʊtst] *a* nonplussed, taken aback.
verehr- [fɛr''e:r] *cpd*: **~en** *vt* venerate,

worship *(auch Rel)*; **jdm etw ~ en** present sb with sth; **V~er(in *f*)** *m* **-s, -** admirer, worshipper *(auch Rel)*; **~t** *a* esteemed; **V~ung** *f* respect; *(Rel)* worship.
vereidigen [fɛr''aɪdɪgən] *vt* put on oath.
Vereidigung *f* swearing in.
Verein [fɛr''aɪn] *m* **-(e)s, -e** club, association; **v~bar** *a* compatible; **v~baren** [-ba:rən] *vt* agree upon; **~barung** *f* agreement; **v~fachen** [-faxən] *vt* simplify; **v~heitlichen** *vt* standardize; **v~igen** [-ɪgən] *vtr* unite; **~igung** *f* union; *(Verein)* association; **v~samen** [-za:mən] *vi* become lonely; **v~t** *a* united; **~zelt** *a* isolated.
vereisen [fɛr''aɪzən] *vi* freeze, ice over; *vt (Med)* freeze.
vereiteln [fɛr''aɪtəln] *vt* frustrate.
ver'eitern *vi* suppurate, fester.
verengen [fɛr''ɛŋən] *vr* narrow.
vererb- [fɛr'ɛrb] *cpd*: **~en** *vt* bequeath; *(Biol)* transmit; *vr* be hereditary; **~lich** [fɛr''ɛrplɪç] *a* hereditary; **V~ung** *f* bequeathing; *(Biol)* transmission; *(Lehre)* heredity.
verewigen [fɛr''e:vɪgən] *vt* immortalize; *vr (col)* leave one's name.
ver'fahren *irreg vi* act; **~ mit** deal with; *vr* get lost; *a* tangled; **V~** *nt* **-s, -** procedure; *(Tech)* process; *(Jur)* proceedings *pl*.
Verfall [fɛr'fal] *m* **-(e)s** decline; *(von Haus)* dilapidation; *(Fin)* expiry; **v~en** *vi irreg* decline; *(Haus)* be falling down; *(Fin)* lapse; **v~en in** *(+acc)* lapse into; **v~en auf** *(+acc)* hit upon; **einem Laster v~en sein** be addicted to a vice.
verfänglich [fɛr'fɛŋlɪç] *a* awkward, tricky.
ver'färben *vr* change colour.
Verfasser(in *f*) [fɛr'fasər(ɪn)] *m* **-s, -** author, writer.
Verfassung *f* constitution *(auch Pol)*; **~sgericht** *nt* constitutional court; **v~smäßig** *a* constitutional; **v~swidrig** *a* unconstitutional.
ver'faulen *vi* rot.
ver'fechten *vt irreg* advocate; defend.
Verfechter [fɛr'fɛçtər] *m* **-s, -** champion; defender.
ver'fehlen *vt* miss; **etw für verfehlt halten** regard sth as mistaken.
verfeinern [fɛr'faɪnərn] *vt* refine.
ver'fliegen *vi irreg* evaporate; *(Zeit)* pass, fly.
verflossen [fɛr'flɔsən] *a* past, former.
ver'fluchen *vt* curse.
verflüchtigen [fɛr'flʏçtigən] *vr* vaporize, evaporate; *(Geruch)* fade.
verflüssigen [fɛr'flʏsɪgən] *vr* become liquid.
verfolg- [fɛr'fɔlg] *cpd*: **~en** *vt* pursue; *(gerichtlich)* prosecute; *(grausam, esp Pol)* persecute; **V~er** *m* **-s, -** pursuer; **V~ung** *f* pursuit; prosecution; persecution; **V~ungswahn** *m* persecution mania.
verfremden [fɛr'frɛmdən] *vt* alienate, distance.
verfrüht [fɛr'fry:t] *a* premature.
verfüg- [fɛr'fʏ:g] *cpd*: **~bar** *a* available; **~en** *vt* direct, order; *vr* proceed; *vi*: **~en über** *(+acc)* have at one's disposal; **V~ung** *f* direction, order; **zur V~ung** at one's disposal; **jdm zur V~ung stehen** be available to sb.
verführ- [fɛr'fy:r] *cpd*: **~en** *vt* tempt; *(sexuell)* seduce; **V~er** *m* tempter; seducer; **~erisch** *a* seductive; **V~ung** *f* seduction; *(Versuchung)* temptation.
ver'gammeln *vi (col)* go to seed; *(Nahrung)* go off.
vergangen [fɛr'gaŋən] *a* past; **V~heit** *f* past.
vergänglich [fɛr'gɛŋlɪç] *a* transitory; **V~keit** *f* transitoriness, impermanence.
vergasen [fɛr'ga:zən] *vt* gasify; *(töten)* gas.
Vergaser *m* **-s, -** *(Aut)* carburettor.
vergeb- [fɛr'ge:b] *cpd*: **~en** *vt irreg* forgive *(jdm etw* sb for sth); *(weggeben)* give away; **~en sein** be occupied; *(col: Mädchen)* be spoken for; **~ens** *ad* in vain; **~lich** [fɛr'ge:plɪç] *ad* in vain; *a* vain, futile; **V~bung** *f* forgiveness.
vergegenwärtigen [fɛr'ge:gənvɛrtɪgən] *vr*: **sich** *(dat)* **etw ~** recall *or* visualize sth.
ver'gehen *irreg vi* pass by *or* away; **jdm vergeht etw** sb loses sth; *vr* commit an offence *(gegen etw* against sth); **sich an jdm ~** (sexually) assault sb; **V~** *nt* **-s, -** offence.
ver'gelten *vt irreg* pay back *(jdm etw* sb for sth), repay.
Ver'geltung *f* retaliation, reprisal; **~sschlag** *m (Mil)* reprisal.
vergessen [fɛr'gɛsən] *vt irreg* forget; **V~heit** *f* oblivion.
vergeßlich [fɛr'gɛslɪç] *a* forgetful; **V~heit** *f* forgetfulness.
vergeuden [fɛr'gɔʏdən] *vt* squander, waste.
vergewaltigen [fɛrgə'valtɪgən] *vt* rape; *(fig)* violate.
Vergewaltigung *f* rape.
vergewissern [fɛrgə'vɪsərn] *vr* make sure.
ver'gießen *vt irreg* shed.
vergiften [fɛr'gɪftən] *vt* poison.
Vergiftung *f* poisoning.
Vergißmeinnicht [fɛr'gɪsmaɪnnɪçt] *nt* **-(e)s, -e** forget-me-not.
verglasen [fɛr'gla:zən] *vt* glaze.
Vergleich [fɛr'glaɪç] *m* **-(e)s, -e** comparison; *(Jur)* settlement; **im ~ mit** *or* **zu** compared with *or* to; **v~bar** *a* comparable; **v~en** *irreg vt* compare; *vr* reach a settlement.
vergnügen [fɛr'gny:gən] *vr* enjoy *or* amuse o.s.; **V~** *nt* **-s, -** pleasure; **viel V~!** enjoy yourself!
vergnügt [fɛr'gny:kt] *a* cheerful.
Vergnügung *f* pleasure, amusement; **~spark** *m* amusement park; **v~ssüchtig** *a* pleasure-loving.
vergolden [fɛr'gɔldən] *vt* gild.
ver'gönnen *vt* grant.
vergöttern [fɛr'gœtərn] *vt* idolize.
ver'graben *vt* bury.

ver'greifen *vr irreg*: **sich an jdm ~** lay hands on sb; **sich an etw ~** misappropriate sth; **sich im Ton ~** say the wrong thing.
vergriffen [fɛr'grɪfən] *a Buch* out of print; *Ware* out of stock.
vergrößern [fɛr'grø:sərn] *vt* enlarge; *(mengenmäßig)* increase; *(Lupe)* magnify.
Vergrößerung *f* enlargement; increase; magnification; **~sglas** *nt* magnifying glass.
Vergünstigung [fɛr'gʏnstɪgʊŋ] *f* concession, privilege.
vergüten [fɛr'gy:tən] *vt*: **jdm etw ~** compensate sb for sth.
Vergütung *f* compensation.
verhaften [fɛr'haftən] *vt* arrest.
Verhaftete(r) *mf* prisoner.
Verhaftung *f* arrest; **~sbefehl** *m* warrant (for arrest).
ver'hallen *vi* die away.
ver'halten *irreg vr* be, stand; *(sich benehmen)* behave; *(Math)* be in proportion to; *vt* hold *or* keep back; *Schritt* check; **V~** *nt* **-s** behaviour; **V~sforschung** *f* behavioural science; **V~smaßregel** *f* rule of conduct.
Verhältnis [fɛr'hɛltnɪs] *nt* **-ses, -se** relationship; *(Math)* proportion, ratio; *pl (Umstände)* conditions *pl*; **über seine ~se leben** live beyond one's means; **v~mäßig** *a,ad* relative(ly), comparative(ly).
verhandeln [fɛr'handəln] *vi* negotiate (*über etw* (*acc*) sth); *(Jur)* hold proceedings; *vt* discuss; *(Jur)* hear.
Verhandlung *f* negotiation; *(Jur)* proceedings *pl.*
ver'hängen *vt (fig)* impose, inflict.
Verhängnis [fɛr'hɛŋnɪs] *nt* **-ses, -se** fate, doom; **jdm zum ~ werden** be sb's undoing; **v~voll** *a* fatal, disastrous.
verharmlosen [fɛr'harmlo:zən] *vt* make light of, play down.
verharren [fɛr'harən] *vi* remain; *(hartnäckig)* persist.
verhärten [fɛr'hɛrtən] *vr* harden.
verhaßt [fɛr'hast] *a* odious, hateful.
verheerend [fɛr'he:rənt] *a* disastrous, devastating.
verhehlen [fɛr'he:lən] *vt* conceal.
ver'heilen *vi* heal.
verheimlichen [fɛr'haɪmlɪçən] *vt* keep secret (*jdm* from sb).
verheiratet [fɛr'haɪra:tət] *a* married.
ver'heißen *vt irreg*: **jdm etw ~** promise sb sth.
ver'helfen *vi irreg*: **jdm ~ zu** help sb to get.
verherrlichen [fɛr'hɛrlɪçən] *vt* glorify.
ver'hexen *vt* bewitch; **es ist wie verhext** it's jinxed.
ver'hindern *vt* prevent; **verhindert sein** be unable to make it.
Ver'hinderung *f* prevention.
verhöhnen [fɛr'hønən] *vt* mock, sneer at.
Verhör [fɛr'hø:r] *nt* **-(e)s, -e** interrogation; *(gerichtlich)* (cross-)examination; **v~en** *vt* interrogate; (cross-)examine; *vr* misunderstand, mishear.
ver'hungern *vi* starve, die of hunger.
ver'hüten *vt* prevent, avert.
Ver'hütung *f* prevention; **~smittel** *nt* contraceptive.
verirren [fɛr''ɪrən] *vr* go astray.
ver'jagen *vt* drive away *or* out.
verjüngen [fɛr'jʏŋən] *vt* rejuvenate; *vr* taper.
verkalken [fɛr'kalkən] *vi* calcify; *(col)* become senile.
verkalkulieren [fɛrkalku'li:rən] *vr* miscalculate.
verkannt [fɛr'kant] *a* unappreciated.
Verkauf [fɛr'kauf] *m* sale; **v~en** *vt* sell.
Verkäufer(in *f***)** [fɛr'kɔʏfər(ɪn)] *m* **-s, -** seller; salesman; *(in Laden)* shop assistant.
verkäuflich [fɛr'kɔʏflɪç] *a* saleable.
Verkehr [fɛr'ke:r] *m* **-s, -e** traffic; *(Umgang, esp sexuell)* intercourse; *(Umlauf)* circulation; **v~en** *vi (Fahrzeug)* ply, run; *(besuchen)* visit regularly (*bei jdm* sb); **v~en mit** associate with; *vtr* turn, transform; **~sampel** *f* traffic lights *pl*; **~sdelikt** *nt* traffic offence; **~sinsel** *f* traffic island; **~sstockung** *f* traffic jam, stoppage; **~sunfall** *m* traffic accident; **v~swidrig** *a* contrary to traffic regulations; **~szeichen** *nt* traffic sign; **v~t** *a* wrong; *(umgekehrt)* the wrong way round.
ver'kennen *vt irreg* misjudge, not appreciate.
ver'klagen *vt* take to court.
verklären [fɛr'klɛ:rən] *vt* transfigure; **verklärt lächeln** smile radiantly.
ver'kleben *vt* glue up, stick; *vi* stick together.
verkleiden [fɛr'klaɪdən] *vtr* disguise (o.s.), dress up.
Verkleidung *f* disguise; *(Archit)* wainscoting.
verkleinern [fɛr'klaɪnərn] *vt* make smaller, reduce in size.
verklemmt [fɛr'klɛmt] *a (fig)* inhibited.
ver'klingen *vi irreg* die away.
ver'kneifen *vt (col)* : **sich** *(dat)* **etw ~** *Lachen* stifle; *Schmerz* hide; *(sich versagen)* do without.
verknüpfen [fɛr'knʏpfən] *vt* tie (up), knot; *(fig)* connect.
Verknüpfung *f* connection.
verkohlen [fɛr'ko:lən] *vti* carbonize; *vt (col)* fool.
ver'kommen *vi irreg* deteriorate, decay; *(Mensch)* go downhill, come down in the world; *a (moralisch)* dissolute, depraved; **V~heit** *f* depravity.
verkörpern [fɛr'kœrpərn] *vt* embody, personify.
verköstigen [fɛr'kœstɪgən] *vt* feed.
verkraften [fɛr'kraftən] *vt* cope with.
ver'kriechen *vr irreg* creep away, creep into a corner.
verkrümmt [fɛr'krʏmt] *a* crooked.
Verkrümmung *f* bend, warp; *(Anat)* curvature.
verkrüppelt [fɛr'krʏpəlt] *a* crippled.
verkrustet [fɛr'krʊstət] *a* encrusted.

ver'kühlen *vr* get a chill.
ver'kümmern *vi* waste away.
verkünden [fɛr'kʏndən] *vt* proclaim; *Urteil* pronounce.
verkürzen [fɛr'kʏrtsən] *vt* shorten; *Wort* abbreviate; **sich** *(dat)* **die Zeit** ~ while away the time.
Verkürzung *f* shortening; abbreviation.
ver'laden *vt irreg* load.
Verlag [fɛr'la:k] *m* **-(e)s, -e** publishing firm.
verlangen [fɛr'laŋən] *vt* demand; desire; ~ **Sie Herrn X** ask for Mr X; *vi* ~ **nach** ask for, desire; **V**~ *nt* **-s, -** desire (*nach* for); **auf jds V**~ **(hin)** at sb's request.
verlängern [fɛr'lɛŋərn] *vt* extend; *(länger machen)* lengthen.
Verlängerung *f* extension; *(Sport)* extra time; ~**sschnur** *f* extension cable.
verlangsamen [fɛr'laŋza:mən] *vtr* decelerate, slow down.
Verlaß [fɛr'las] *m*: **auf ihn/das ist kein** ~ he/it cannot be relied upon.
ver'lassen *irreg vt* leave; *vr* depend (*auf +acc* on); *a* desolate; *Mensch* abandoned; **V**~**heit** *f* loneliness.
verläßlich [fɛr'lɛslɪç] *a* reliable.
Verlauf [fɛr'lauf] *m* course; **v**~**en** *irreg vi (zeitlich)* pass; (*Farben*) run; *vr* get lost; (*Menschenmenge*) disperse.
ver'lauten *vi*: **etw** ~ **lassen** disclose sth; **wie verlautet** as reported.
ver'leben *vt* spend.
verlebt [fɛr'le:pt] *a* dissipated, worn out.
ver'legen *vt* move; *(verlieren)* mislay; *(abspielen lassen) Handlung* set (*nach* in); *Buch* publish; *vr*: **sich auf etw** *(acc)* ~ take up *or* to sth; *a* embarrassed; **nicht** ~ **um** never at a loss for; **V**~**heit** *f* embarrassment; *(Situation)* difficulty, scrape.
Verleger [fɛr'le:gər] *m* **-s, -** publisher.
Verleih [fɛr'laɪ] *m* **-(e)s, -e** hire service; **v**~**en** *vt irreg* lend; *Kraft, Anschein* confer, bestow; *Preis, Medaille* award; ~**ung** *f* lending; bestowal; award.
ver'leiten *vt* lead astray; ~ **zu** talk into, tempt into.
ver'lernen *vt* forget, unlearn.
ver'lesen *irreg vt* read out; *(aussondern)* sort out; *vr* make a mistake in reading.
verletz- [fɛr'lɛts] *cpd*: ~**bar** *a* vulnerable; ~**en** *vt (lit, fig)* injure, hurt; *Gesetz etc* violate; ~**end** *a (fig) Worte* hurtful; ~**lich** *a* vulnerable, sensitive; **V**~**te(r)** *mf* injured person; **V**~**ung** *f* injury; *(Verstoß)* violation, infringement.
verleugnen [fɛr'lɔʏgnən] *vt* deny; *Menschen* disown.
Verleugnung *f* denial.
verleumd- [fɛr'lɔʏmd] *cpd*: ~**en** *vt* slander; ~**erisch** *a* slanderous; **V**~**ung** *f* slander, libel.
ver'lieben *vr* fall in love (*in jdn* with sb).
verliebt [fɛr'li:pt] *a* in love; **V**~**heit** *f* being in love.
verlieren [fɛr'li:rən] *irreg vti* lose; *vr* get lost; *(verschwinden)* disappear.
verlob- [fɛr'lo:b] *cpd*: ~**en** *vr* get engaged (*mit* to); **V**~**te(r)** [fɛr'lo:ptə(r)] *mf* fiancé(e); **V**~**ung** *f* engagement.
ver'locken *vt* entice, lure.
Ver'lockung *f* temptation, attraction.
verlogen [fɛr'lo:gən] *a* untruthful; **V**~**heit** *f* untruthfulness.
verloren [fɛr'lo:rən] *a* lost; *Eier* poached; **der** ~**e Sohn** the prodigal son; **etw** ~ **geben** give sth up for lost; ~**gehen** *vi irreg* get lost.
verlosen [fɛr'lo:zən] *vt* raffle, draw lots for.
Verlosung *f* raffle, lottery.
verlottern [fɛr'lɔtərn], **verludern** [fɛr'lu:dərn] *vi (col)* go to the dogs.
Verlust [fɛr'lʊst] *m* **-(e)s, -e** loss; *(Mil)* casualty.
ver'machen *vt* bequeath, leave.
Vermächtnis [fɛr'mɛçtnɪs] *nt* **-ses, -se** legacy.
vermählen [fɛr'mɛ:lən] *vr* marry.
Vermählung *f* wedding, marriage.
vermehren [fɛr'me:rən] *vtr* multiply; *(Menge)* increase.
Vermehrung *f* multiplying; increase.
ver'meiden *vt irreg* avoid.
vermeintlich [fɛr'maɪntlɪç] *a* supposed.
vermengen [fɛr'mɛŋən] *vtr* mix; *(fig)* mix up, confuse.
Vermerk [fɛr'mɛrk] *m* **-(e)s, -e** note; *(in Ausweis)* endorsement; **v**~**en** *vt* note.
ver'messen *irreg vt* survey; *vr (falsch messen)* measure incorrectly; *a* presumptuous, bold; **V**~**heit** *f* presumptuousness; recklessness.
Ver'messung *f* survey(ing).
ver'mieten *vt* let, rent (out); *Auto* hire out, rent.
Ver'mieter(in *f*) *m* **-s, -** landlord/ landlady.
Ver'mietung *f* letting, renting (out); *(von Autos)* hiring (out).
vermindern [fɛr'mɪndərn] *vtr* lessen, decrease; *Preise* reduce.
Verminderung *f* reduction.
ver'mischen *vtr* mix, blend.
vermissen [fɛr'mɪsən] *vt* miss.
vermißt [fɛr'mɪst] *a* missing.
vermitteln [fɛr'mɪtəln] *vi* mediate; *vt Gespräch* connect; **jdm etw** ~ help sb to obtain sth.
Vermittler [fɛr'mɪtlər] *m* **-s, -** *(Schlichter)* agent, mediator.
Vermittlung *f* procurement; (*Stellen*—) agency; *(Tel)* exchange; *(Schlichtung)* mediation.
ver'mögen *vt irreg* be capable of; ~ **zu** be able to; **V**~ *nt* **-s, -** wealth; *(Fähigkeit)* ability; **ein V**~ **kosten** cost a fortune; ~**d** *a* wealthy.
vermuten [fɛr'mu:tən] *vt* suppose, guess; *(argwöhnen)* suspect.
vermutlich *a* supposed, presumed; *ad* probably.
Vermutung *f* supposition; suspicion.
vernachlässigen [fɛr'na:xlɛsɪgən] *vt* neglect.
vernarben [fɛr'narbən] *vi* heal up.
ver'nehmen *vt irreg* perceive, hear;

(erfahren) learn; *(Jur)* (cross-)examine; **dem V~ nach** from what I/we *etc* hear.
vernehmlich [fɛr'ne:mlɪç] *a* audible.
Vernehmung *f* (cross-)examination; **v~sfähig** *a* in a condition to be (cross-) examined.
verneigen [fɛr'naɪgən] *vr* bow.
verneinen [fɛr'naɪnən] *vt Frage* answer in the negative; *(ablehnen)* deny; *(Gram)* negate; **~d** *a* negative.
Verneinung *f* negation.
vernichten [fɛr'nɪçtən] *vt* annihilate, destroy; **~d** *a (fig)* crushing; *Blick* withering; *Kritik* scathing.
Vernichtung *f* destruction, annihilation.
verniedlichen [fɛr'ni:tlɪçən] *vt* play down.
Vernunft [fɛr'nʊnft] *f* **-** reason, understanding.
vernünftig [fɛr'nʏnftɪç] *a* sensible, reasonable.
veröden [fɛr''ø:dən] *vi* become desolate; *vt* (*Med*) remove.
veröffentlichen [fɛr''œfəntlɪçən] *vt* publish.
Veröffentlichung *f* publication.
verordnen [fɛr''ɔrdnən] *vt (Med)* prescribe.
Verordnung *f* order, decree; *(Med)* prescription.
ver'pachten *vt* lease (out).
ver'packen *vt* pack.
Ver'packung *f*, **~smaterial** *nt* packing, wrapping.
ver'passen *vt* miss; **jdm eine Ohrfeige ~** *(col)* give sb a clip round the ear.
verpesten [fɛr'pɛstən] *vt* pollute.
ver'pflanzen *vt* transplant.
Ver'pflanzung *f* transplant(ing).
ver'pflegen *vt* feed, cater for.
Ver'pflegung *f* feeding, catering; *(Kost)* food; (*in Hotel*) board.
verpflichten [fɛr'pflɪçtən] *vt* oblige, bind; *(anstellen)* engage; *vr* undertake; *(Mil)* sign on; vi carry obligations; **jdm zu Dank verpflichtet sein** be obliged to sb.
Verpflichtung *f* obligation, duty.
ver'pfuschen *vt (col)* bungle, make a mess of.
verplempern [fɛr'plɛmpərn] *vt (col)* waste.
verpönt [fɛr'pø:nt] *a* disapproved (of), taboo.
verprassen [fɛr'prasən] *vt* squander.
ver'prügeln *vt (col)* beat up, do over.
Verputz [fɛr'pʊts] *m* plaster, roughcast; **v~en** *vt* plaster; *(col) Essen* put away.
verquollen [fɛr'kvɔlən] *a* swollen; *Holz* warped.
verrammeln [fɛr'raməln] *vt* barricade.
Verrat [fɛr'ra:t] *m* **-(e)s** treachery; *(Pol)* treason; **v~en** *irreg vt* betray; *Geheimnis* divulge; *vr* give o.s. away.
Verräter [fɛr'rɛ:tər] *m* **-s, -** traitor; **~in** *f* traitress; **v~isch** *a* treacherous.
ver'rechnen *vt*: **~ mit** set off against; *vr* miscalculate.
Verrechnungsscheck [fɛr'rɛçnʊŋsʃɛk] *m* crossed cheque.
verregnet [fɛr're:gnət] *a* spoilt by rain, rainy.
ver'reisen *vi* go away (on a journey).
ver'reißen *vt irreg* pull to pieces.
verrenken [fɛr'rɛŋkən] *vt* contort; *(Med)* dislocate; **sich** (*dat*) **den Knöchel ~** sprain one's ankle.
Verrenkung *f* contortion; *(Med)* dislocation, sprain.
ver'richten *vt* do, perform.
verriegeln [fɛr'ri:gəln] *vt* bolt up, lock.
verringern [fɛr'rɪŋərn] *vt* reduce; *vr* diminish.
Verringerung *f* reduction; lessening.
ver'rinnen *vi irreg* run out *or* away; *(Zeit)* elapse.
ver'rosten *vi* rust.
verrotten [fɛr'rɔtən] *vi* rot.
ver'rücken *vt* move, shift.
verrückt [fɛr'rʏkt] *a* crazy, mad; **V~e(r)** *mf* lunatic; **V~heit** *f* madness, lunacy.
Verruf [fɛr'ru:f] *m*: **in ~ geraten/bringen** fall/bring into disrepute; **v~en** *a* notorious, disreputable.
Vers [fɛrs] *m* **-es, -e** verse.
ver'sagen *vt*: **jdm/sich** *(dat)* **etw ~** deny sb/o.s. sth; *vi* fail; **V~** *nt* **-s** failure.
Versager [fɛr'za:gər] *m* **-s, -** failure.
ver'salzen *vt irreg* put too much salt in; *(fig)* spoil.
ver'sammeln *vtr* assemble, gather.
Ver'sammlung *f* meeting, gathering.
Versand [fɛr'zant] *m* **-(e)s** forwarding; dispatch; *(—abteilung)* dispatch department; **~haus** *nt* mail-order firm.
versäumen [fɛr'zɔʏmən] *vt* miss; *(unterlassen)* neglect, fail.
Versäumnis *f* **-, -se** neglect; omission.
ver'schaffen *vt*: **jdm/sich etw ~** get *or* procure sth for sb/o.s. **verschämt** [fɛr'ʃɛ:mt] *a* bashful.
verschandeln [fɛr'ʃandəln] *vt (col)* spoil.
verschanzen [fɛr'ʃantsən] *vr*: **sich hinter etw** *(dat)* **~** dig in behind sth; *(fig)* take refuge behind.
verschärfen [fɛr'ʃɛrfən] *vtr* intensify; *Lage* aggravate.
ver'schätzen *vr* be out in one's reckoning.
ver'schenken *vt* give away.
verscherzen [fɛr'ʃɛrtsən] *vt*: **sich** *(dat)* **etw ~** lose sth, throw away sth.
verscheuchen [fɛr'ʃɔʏçən] *vt* frighten away.
ver'schicken *vt* send off; *Sträfling* transport, deport.
ver'schieben *vt irreg* shift; *(Rail)* shunt; *Termin* postpone; *(Comm)* push.
Ver'schiebung *f* shift, displacement; shunting; postponement.
verschieden [fɛr'ʃi:dən] *a* different; *(pl: mehrere)* various; **sie sind ~ groß** they are of different sizes; **~e** *pl* various people/things *pl*; **~es** *pron* various things *pl*; **etwas V~es** something different; **~artig** *a* various, of different kinds; **zwei so ~artige ...** two such differing ...; **V~heit** *f* difference; **~tlich** *ad* several times.

verschlafen [fɛr'ʃla:fən] *irreg vt* sleep through; *(fig: versäumen)* miss; *vir* oversleep; *a* sleepy.
Verschlag [fɛr'ʃla:k] *m* shed; **v~en** [fɛr'ʃla:gən] *vt irreg* board up; *(Tennis)* hit out of play; *Buchseite* lose; **jdm den Atem v~en** take sb's breath away; **an einen Ort v~en werden** wind up in a place; *a* cunning.
verschlampen [fɛr'ʃlampən] *vi* fall into neglect; *vt* lose, mislay.
verschlechtern [fɛr'ʃlɛçtərn] *vt* make worse; *vr* deteriorate, get worse.
Verschlechterung *f* deterioration.
Verschleierung [fɛr'ʃlaɪərʊŋ] *f* veiling; *(fig)* concealment; *(Mil)* screening; **~staktik** *f* smoke-screen tactics *pl.*
Verschleiß [fɛr'ʃlaɪs] *m* **-es, -e** wear and tear; *(Aus)* retail trade; **v~en** *irreg vt* wear out; retail; *vir* wear out.
ver'schleppen *vt* carry off, abduct; *(zeitlich)* drag out, delay.
ver'schleudern *vt* squander; *(Comm)* sell dirt-cheap.
verschließ- [fɛr'ʃli:s] *cpd:* **~bar** *a* lockable; **~en** *irreg vt* close; lock; *vr* **sich einer Sache ~en** close one's mind to sth.
verschlimmern [fɛr'ʃlɪmərn] *vt* make worse, aggravate; *vr* get worse, deteriorate.
Verschlimmerung *f* deterioration.
verschlingen [fɛr'ʃlɪŋən] *vt irreg* devour, swallow up; *Fäden* twist.
verschlossen [fɛr'ʃlɔsən] *a* locked; *(fig)* reserved; **V~heit** *f* reserve.
ver'schlucken *vt* swallow; *vr* choke.
Verschluß [fɛr'ʃlʊs] *m* lock; *(von Kleid etc)* fastener; *(Phot)* shutter; *(Stöpsel)* plug; **unter ~ halten** keep under lock and key.
verschlüsseln [fɛr'ʃlʏsəln] *vt* encode.
verschmähen [fɛr'ʃmɛ:ən] *vt* disdain, scorn.
ver'schmelzen *vti irreg* merge, blend.
verschmerzen [fɛr'ʃmɛrtsən] *vt* get over.
verschmutzen [fɛr'ʃmʊtsən] *vt* soil; *Umwelt* pollute.
verschneit [fɛr'ʃnaɪt] *a* snowed up, covered in snow.
verschnüren [fɛr'ʃny:rən] *vt* tie up.
verschollen [fɛr'ʃɔlən] *a* lost, missing.
ver'schonen *vt* spare (*jdn mit etw* sb sth).
verschönern [fɛr'ʃø:nərn] *vt* decorate; *(verbessern)* improve.
verschränken [fɛr'ʃrɛŋkən] *vt* cross, fold.
ver'schreiben *irreg vt Papier* use up; *(Med)* prescribe; *vr* make a mistake (in writing); **sich einer Sache ~** devote oneself to sth.
verschrien [fɛr'ʃri:ən] *a* notorious.
verschroben [fɛr'ʃro:bən] *a* eccentric, odd.
verschrotten [fɛr'ʃrɔtən] *vt* scrap.
verschüchtert [fɛr'ʃʏçtərt] *a* subdued, intimidated.
verschuld- [fɛr'ʃʊld] *cpd:* **~en** *vt* be guilty of; **V~en** *nt* **-s** fault, guilt; **~et** *a* in debt; **V~ung** *f* fault; *(Geld)* debts *pl.*
ver'schütten *vt* spill; *(zuschütten)* fill; *(unter Trümmer)* bury.
ver'schweigen *vt irreg* keep secret; **jdm etw ~** keep sth from sb.
verschwend- [fɛr'ʃvɛnd] *cpd:* **~en** *vt* squander; **V~er** *m* **-s, -** spendthrift; **~erisch** *a* wasteful, extravagant; **V~ung** *f* waste; extravagance.
verschwiegen [fɛr'ʃvi:gən] *a* discreet; *Ort* secluded; **V~heit** *f* discretion; seclusion.
ver'schwimmen *vi irreg* grow hazy, become blurred.
ver'schwinden *vi irreg* disappear, vanish; **V~** *nt* **-s** disappearance.
ver'schwitzen *vt* stain with sweat; *(col)* forget.
verschwommen [fɛr'ʃvɔmən] *a* hazy, vague.
verschwör- [fɛr'ʃvø:r] *cpd:* **~en** *vr irreg* plot, conspire; **V~er** *m* **-s, -** conspirator; **V~ung** *f* conspiracy, plot.
ver'sehen *irreg vt* supply, provide; *Pflicht* carry out; *Amt* fill; *Haushalt* keep; *vr (fig)* make a mistake; **ehe er (es) sich ~ hatte ...** before he knew it ...; **V~** *nt* **-s, -** oversight; **aus V~** by mistake; **~tlich** *ad* by mistake.
Versehrte(r) [fɛr'ze:rtə(r)] *mf* disabled person.
ver'senden *vt irreg* forward, dispatch.
ver'senken *vt* sink; *vr* become engrossed (*in +acc* in).
versessen [fɛr'zɛsən] *a:* **~ auf** *(+acc)* mad about.
ver'setzen *vt* transfer; *(verpfänden)* pawn; *(col)* stand up; **jdm einen Tritt/Schlag ~** kick/hit sb; **etw mit etw ~** mix sth with sth; **jdn in gute Laune ~** put sb in a good mood; *vr:* **sich in jdn** *or* **in jds Lage ~** put o.s. in sb's place.
Ver'setzung *f* transfer.
verseuchen [fɛr'zɔʏçən] *vt* contaminate.
versichern [fɛr'zɪçərn] *vt* assure; *(mit Geld)* insure; *vr* **sich ~** (*+gen*) make sure of.
Versicherung *f* assurance; insurance; **~spolice** *f* insurance policy.
versiegeln [fɛr'zi:gəln] *vt* seal (up).
ver'siegen *vi* dry up.
ver'sinken *vi irreg* sink.
versöhnen [fɛr'zø:nən] *vt* reconcile; *vr* become reconciled.
Versöhnung *f* reconciliation.
ver'sorgen *vt* provide, supply (*mit* with); *Familie etc* look after; *vr* look after o.s.
Ver'sorgung *f* provision; *(Unterhalt)* maintenance; *(Alters— etc)* benefit, assistance.
verspäten [fɛr'ʃpɛ:tən] *vr* be late.
Verspätung *f* delay; **~ haben** be late.
ver'sperren *vt* bar, obstruct.
Ver'sperrung *f* barrier.
ver'spielen *vti* lose.
verspielt [fɛr'ʃpi:lt] *a* playful; **bei jdm ~ haben** be in sb's bad books.
ver'spotten *vt* ridicule, scoff at.
ver'sprechen *irreg vt* promise; **sich** *(dat)* **etw von etw ~** expect sth from sth; **V~** *nt* **-s, -** promise.

verstaatlichen [fɛr'ʃta:tlɪçən] *vt* nationalize.
Verstand [fɛr'ʃtant] *m* intelligence; mind; **den ~ verlieren** go out of one's mind; **über jds ~ gehen** go beyond sb; **v~esmäßig** *a* rational; intellectual.
verständig [fɛr'ʃtɛndɪç] *a* sensible; **~en** [fɛr'ʃtɛndɪgən] *vt* inform; *vr* communicate; *(sich einigen)* come to an understanding; **V~keit** *f* good sense; **V~ung** *f* communication; *(Benachrichtigung)* informing; *(Einigung)* agreement.
verständ- [fɛr'ʃtɛnt] *cpd*: **~lich** *a* understandable, comprehensible; **V~lichkeit** *f* clarity, intelligibility; **V~nis** *nt* **-ses, -se** understanding; **~nislos** *a* uncomprehending; **~nisvoll** *a* understanding, sympathetic.
verstärk- [fɛr'ʃtɛrk] *cpd*: **~en** *vt* strengthen; *Ton* amplify; *(erhöhen)* intensify; *vr* intensify; **V~er** *m* **-s, -** amplifier; **V~ung** *f* strengthening; *(Hilfe)* reinforcements *pl*; *(von Ton)* amplification.
verstauchen [fɛr'ʃtaʊxən] *vt* sprain.
verstauen [fɛr'ʃtaʊən] *vt* stow away.
Versteck [fɛr'ʃtɛk] *nt* **-(e)s, -e** hiding (place); **v~en** *vtr* hide; **~spiel** *nt* hide-and-seek; **v~t** *a* hidden.
ver'stehen *irreg vt* understand; *vr* get on.
versteifen [fɛr'ʃtaɪfən] *vt* stiffen, brace; *vr (fig)* insist (*auf +acc* on).
versteigern [fɛr'ʃtaɪgərn] *vt* auction.
Versteigerung *f* auction.
verstell- [fɛr'ʃtɛl] *cpd*: **~bar** *a* adjustable, variable; **~en** *vt* move, shift; *Uhr* adjust; *(versperren)* block; *(fig)* disguise; *vr* pretend, put on an act; **V~ung** *f* pretence.
verstiegen [fɛr'ʃti:gən] *a* exaggerated.
verstimmt [fɛr'ʃtɪmt] *a* out of tune; *(fig)* cross, put out.
verstockt [fɛr'ʃtɔkt] *a* stubborn; **V~heit** *f* stubbornness.
verstohlen [fɛr'ʃto:lən] *a* stealthy.
ver'stopfen *vt* block, stop up; *(Med)* constipate.
Ver'stopfung *f* obstruction; *(Med)* constipation.
verstorben [fɛr'ʃtɔrbən] *a* deceased, late.
verstört [fɛr'ʃtø:rt] *a Mensch* distraught.
Verstoß [fɛr'ʃto:s] *m* infringement, violation (*gegen* of); **v~en** *irreg vt* disown, reject; *vi*: **v~en gegen** offend against.
ver'streichen *irreg vt* spread; *vi* elapse.
ver'streuen *vt* scatter (about).
ver'stricken *vt (fig)* entangle, ensnare; *vr* get entangled (*in +acc* in).
verstümmeln [fɛr'ʃtʏməln] *vt* maim, mutilate *(auch fig)*.
verstummen [fɛr'ʃtʊmən] *vi* go silent; *(Lärm)* die away.
Versuch [fɛr'zu:x] *m* **-(e)s, -e** attempt; *(Sci)* experiment; **v~en** *vt* try; *(verlocken)* tempt; *vr*: **sich an etw** *(dat)* **v~en** try one's hand at sth; **~skaninchen** *nt* guinea-pig; **v~sweise** *ad* tentatively; **~ung** *f* temptation.
versunken [fɛr'zʊŋkən] *a* sunken; **~ sein in** *(+acc)* be absorbed *or* engrossed in.
versüßen [fɛr'zy:sən] *vt*: **jdm etw ~** *(fig)* make sth more pleasant for sb.
vertagen [fɛr'ta:gən] *vti* adjourn.
Vertagung *f* adjournment.
ver'tauschen *vt* exchange; *(versehentlich)* mix up.
verteidig- [fɛr'taɪdɪg] *cpd*: **~en** *vt* defend; **V~er** *m* **-s, -** defender; *(Jur)* defence counsel; **V~ung** *f* defence.
ver'teilen *vt* distribute; *Rollen* assign; *Salbe* spread.
Verteilung *f* distribution, allotment.
verteufelt [fer'tɔʏfəlt] *a,ad (col)* awful(ly), devilish(ly).
vertiefen [fɛr'ti:fən] *vt* deepen; *vr*: **sich in etw** *(acc)* **~** become engrossed *or* absorbed in sth.
Vertiefung *f* depression.
vertikal [vɛrti'ka:l] *a* vertical.
vertilgen [fɛr'tɪlgən] *vt* exterminate; *(col)* eat up, consume.
vertippen [fɛr'tɪppən] *vr* make a typing mistake.
vertonen [fɛr'to:nən] *vt* set to music.
Vertrag [fɛr'tra:k] *m* **-(e)s, ⸚e** contract, agreement; *(Pol)* treaty; **v~en** [fɛr'tra:gən] *irreg vt* tolerate, stand; *vr* get along; *(sich aussöhnen)* become reconciled; **v~lich** *a* contractual.
verträglich [fɛr'trɛ:klɪç] *a* good-natured, sociable; *Speisen* easily digested; *(Med)* easily tolerated; **V~keit** *f* sociability; good nature; digestibility.
Vertrags- *cpd*: **~bruch** *m* breach of contract; **v~brüchig** *a* in breach of contract; **v~mäßig** *a,ad* stipulated, according to contract; **~partner** *m* party to a contract; **~spieler** *m* (*Sport*) contract professional; **v~widrig** *a* contrary to contract.
vertrauen [fɛr'traʊən] *vi* trust (*jdm* sb); **~ auf** *(+acc)* rely on; **V~** *nt* **-s** confidence; **~erweckend** *a* inspiring trust; **~sselig** *a* too trustful; **~svoll** *a* trustful; **~swürdig** *a* trustworthy.
vertraulich [fɛr'traʊlɪç] *a* familiar; (*geheim*) confidential; **V~keit** *f* familiarity; confidentiality.
vertraut [fɛr'traʊt] *a* familiar; **V~e(r)** *mf* confidant, close friend; **V~heit** *f* familiarity.
ver'treiben *vt irreg* drive away; *(aus Land)* expel; *(Comm)* sell; *Zeit* pass.
Ver'treibung *f* expulsion.
vertret- [fɛr'tre:t] *cpd*: **~en** *vt irreg* represent; *Ansicht* hold, advocate; **sich** (*dat*) **die Beine ~en** stretch one's legs; **V~er** *m* **-s, -** representative; *(Verfechter)* advocate; **V~ung** *f* representation; advocacy.
Vertrieb [fɛr'tri:p] *m* **-(e)s, -e** marketing.
ver'trocknen *vi* dry up.
ver'trödeln *vt (col)* fritter away.
ver'trösten *vt* put off.
vertun [fɛr'tu:n] *irreg vt (col)* waste; *vr* make a mistake.
vertuschen [fɛr'tʊʃən] *vt* hush *or* cover up.
verübeln [fɛr''y:bəln] *vt*: **jdm etw ~** be cross *or* offended with sb on account of sth.
verüben [fɛr''y:bən] *vt* commit.
verun- [fɛr''ʊn] *cpd*: **~glimpfen**

[-glɪmpfən] *vt* disparage; **~glücken** [-glʏkən] *vi* have an accident; **tödlich ~glücken** be killed in an accident; **~reinigen** *vt* soil; *Umwelt* pollute; **~sichern** *vt* rattle; **~stalten** [-ʃtaltən] *vt* disfigure; *Gebäude etc* deface; **~treuen** [-trɔʏən] *vt* embezzle.

verur- [fɛr''u:r] *cpd*: **~sachen** [-zaxən] *vt* cause; **~teilen** [-taɪlən] *vt* condemn; **V~teilung** *f* condemnation; *(Jur)* sentence.

verviel- [fɛr'fi:l] *cpd*: **~fachen** [-faxən] *vt* multiply; **~fältigen** [—fɛltɪgən] *vt* duplicate, copy; **V~fältigung** *f* duplication, copying.

vervoll- [fɛr'fɔl] *cpd*: **~kommnen** [-kɔmnən] *vt* perfect; **~ständigen** [-ʃtɛndɪgən] *vt* complete.

ver'wackeln *vt Photo* blur.

ver'wählen *vr (Tel)* dial the wrong number.

verwahr- [fɛr'va:r] **~en** *vt* keep, lock away; *vr* protest; **~losen** [-lo:zən] *vi* become neglected; *(moralisch)* go to the bad; **~lost** [-lo:st] *a* neglected; wayward.

verwaist [fɛr'vaɪst] *a* orphaned.

verwalt- [fɛr'valt] *cpd*: **~en** *vt* manage; administer; **V~er** *m* **-s, -** manager; *(Vermögens—)* trustee; **V~ung** *f* administration; management; **V~ungsbezirk** *m* administrative district.

ver'wandeln *vtr* change, transform.

Ver'wandlung *f* change, transformation.

verwandt [fɛr'vant] *a* related (*mit* to); **V~e(r)** *mf* relative, relation; **V~schaft** *f* relationship; *(Menschen)* relations *pl.*

ver'warnen *vt* caution.

Ver'warnung *f* caution.

ver'waschen *a* faded; *(fig)* vague.

verwässern [fɛr'vɛsərn] *vt* dilute, water down.

ver'wechseln *vt* confuse (*mit* with); mistake (*mit* for); **zum V~ ähnlich** as like as two peas.

Ver'wechslung *f* confusion, mixing up.

verwegen [fɛr've:gən] *a* daring, bold; **V~heit** *f* daring, audacity, boldness.

Verwehung [fɛr've:ʊŋ] *f* snow-/ sanddrift.

verweichlich- [fɛr'vaɪçlɪç] *cpd*: **~en** *vt* mollycoddle; **~t** *a* effeminate, soft.

ver'weigern *vt* refuse (*jdm etw* sb sth); **den Gehorsam/die Aussage ~** refuse to obey/testify.

Ver'weigerung *f* refusal.

verweilen [fɛr'vaɪlən] *vi* stay; *(fig)* dwell (*bei* on).

Verweis [fɛr'vaɪs] *m* **-es, -e** reprimand, rebuke; *(Hinweis)* reference; **v~en** [fɛr'vaɪzən] *vt irreg* refer; **jdm etw v~en** *(tadeln)* scold sb for sth; **jdn von der Schule v~en** expel sb (from school); **jdn des Landes v~en** deport *or* expel sb; **~ung** *f* reference; *(Tadel)* reprimand; *(Landes—)* deportation.

ver'welken *vi* fade.

ver'wenden *irreg vt* use; *Mühe, Zeit, Arbeit* spend; *vr* intercede.

Ver'wendung *f* use.

ver'werfen *vt irreg* reject.

verwerflich [fɛr'vɛrflɪç] *a* reprehensible.

ver'werten *vt* utilize.

Ver'wertung *f* utilization.

verwesen [fɛr've:zən] *vi* decay.

Verwesung *f* decomposition.

ver'wickeln *vt* tangle (up); *(fig)* involve (*in +acc* in); *vr* get tangled (up); **sich ~ in** *(+acc) (fig)* get involved in.

Verwicklung *f* complication, entanglement.

verwildern [fɛr'vɪldərn] *vi* run wild.

ver'winden *vt irreg* get over.

verwirklichen [fɛr'vɪrklɪçən] *vt* realize, put into effect.

Verwirklichung *f* realization.

verwirren [fɛr'vɪrən] *vt* tangle (up); *(fig)* confuse.

Verwirrung *f* confusion.

verwittern [fɛr'vɪtərn] *vi* weather.

verwitwet [fɛr'vɪtvət] *a* widowed.

verwöhnen [fɛr'vø:nən] *vt* spoil.

Verwöhnung *f* spoiling, pampering.

verworfen [fɛr'vɔrfən] *a* depraved; **V~heit** *f* depravity.

verworren [fɛr'vɔrən] *a* confused.

verwund- *cpd* **~bar** [fɛr'vʊntba:r] *a* vulnerable; **~en** [fɛr'vʊndən] *vt* wound; **~erlich** [fɛr'vʊndərlɪç] *a* surprising; **V~erung** [fɛr'vʊndərʊŋ] *f* astonishment; **V~ete(r)** *mf* injured (person); **V~ung** *f* wound, injury.

ver'wünschen *vt* curse.

verwüsten [fɛr'vy:stən] *vt* devastate.

Verwüstung *f* devastation.

verzagen [fɛr'tsa:gən] *vi* despair.

ver'zählen *vr* miscount.

verzehren [fɛr'tse:rən] *vt* consume.

ver'zeichnen *vt* list; *Niederlage, Verlust* register.

Verzeichnis [fɛr'tsaɪçnɪs] *nt* **-ses, -se** list, catalogue; *(in Buch)* index.

verzeih- [fɛr'tsaɪ] *cpd*: **~en** *vti irreg* forgive (*jdm etw* sb for sth); **~lich** *a* pardonable; **V~ung** *f* forgiveness, pardon; **V~ung!** sorry!, excuse me!

ver'zerren *vt* distort.

Verzicht [fɛr'tsɪçt] *m* **-(e)s, -e** renunciation (*auf +acc* of); **v~en** *vi* forgo, give up (*auf etw (acc)* sth).

ver'ziehen *irreg vi* move; *vt* put out of shape; *Kind* spoil; *Pflanzen* thin out; **das Gesicht ~** pull a face; *vr* go out of shape; *(Gesicht)* contort; *(verschwinden)* disappear.

verzieren [fɛr'tsi:rən] *vt* decorate, ornament.

verzinsen [fɛr'tsɪnzən] *vt* pay interest on.

ver'zögern *vt* delay.

Ver'zögerung *f* delay, time-lag; **~staktik** *f* delaying tactics *pl.*

verzollen [fɛr'tsɔlən] *vt* declare, pay duty on.

verzück- [fɛr'tsʏk] *cpd*: **~en** *vt* send into ecstasies, enrapture; **~t** *a* enraptured; **V~ung** *f* ecstasy.

verzweif- [fɛr'tsvaɪf] *cpd*: **~eln** *vi* despair; **~elt** *a* desperate; **V~lung** *f* despair.

verzweigen [fɛr'tsvaɪgən] *vr* branch out.

verzwickt [fɛr'tsvɪkt] *a (col)* awkward, complicated.
Veto ['ve:to] *nt* **-s, -s** veto.
Vetter ['fɛtər] *m* **-s, -n** cousin; **~nwirtschaft** *f* nepotism.
vibrieren [vi'bri:rən] *vi* vibrate.
Vieh [fi:] *nt* **-(e)s** cattle *pl;* **v~isch** *a* bestial.
viel [fi:l] *a* a lot of, much; **~e** *pl* a lot of, many; *ad* a lot, much; **~ zuwenig** much too little; **~erlei** *a* a great variety of; **~es** *a* a lot; **~fach** *a,ad* many times; **auf ~fachen Wunsch** at the request of many people; **V~falt** *f* - variety; **~fältig** *a* varied, many-sided.
vielleicht [fi'laɪçt] *ad* perhaps.
viel- *cpd*: **~mal(s)** *ad* many times; **danke ~mals** many thanks; **~mehr** *ad* rather, on the contrary; **~sagend** *a* significant; **~seitig** *a* many-sided; **~versprechend** *a* promising.
vier [fi:r] *num* four; **V~eck** *nt* **-(e)s, -e** four-sided figure; *(gleichseitig)* square; **~eckig** *a* four-sided; square; **V~taktmotor** *m* four-stroke engine; **~te(r,s)** ['fi:rtə(r,z)] *a* fourth; **~teilen** *vt* quarter; **V~tel** ['fɪrtəl] *nt* **-s, -** quarter; **~teljährlich** *a* quarterly; **V~telnote** *f* crotchet; **V~telstunde** [fɪrtəl'ʃtʊndə] *f* quarter of an hour; **~zehn** ['fɪrtse:n] *num* fourteen; **in ~zehn Tagen** in a fortnight; **~zehntägig** *a* fortnightly; **~zig** ['fɪrtsɪç] *num* forty.
Vikar [vi'ka:r] *m* **-s, -e** curate.
Villa ['vɪla] *f* **-, Villen** villa.
Villenviertel ['vɪlənfɪrtəl] *nt* (prosperous) residential area.
violett [vio'lɛt] *a* violet.
Violin- [vio'li:n] *cpd*: **~bogen** *m* violin bow; **~e** *f* **-, -n** violin; **~konzert** *nt* violin concerto; **~schlüssel** *m* treble clef.
Virus ['vi:rʊs] *m or nt* **-, Viren** virus.
Visier [vi'zi:r] *nt* **-s, -e** gunsight; *(am Helm)* visor.
Visite [vi'zi:tə] *f* **-, -n** *(Med)* visit; **~nkarte** *f* visiting card.
visuell [vizu'ɛl] *a* visual.
Visum ['vi:zʊm] *nt* **-s, Visa** *or* **Visen** visa.
vital [vi'ta:l] *a* lively, full of life, vital.
Vitamin [vita'mi:n] *nt* **-s, -e** vitamin.
Vogel ['fo:gəl] *m* **-s, ¨** bird; **einen ~ haben** *(col)* have bats in the belfry; **jdm den ~ zeigen** *(col)* tap one's forehead *(to indicate that one thinks sb stupid)*; **~bauer** *nt* birdcage; **~beerbaum** *m* rowan tree; **~schau** *f* bird's-eye view; **~scheuche** *f* **-, -n** scarecrow.
Vokab- *cpd*: **~el** [vo'ka:bəl] *f* **-, -n** word; **~ular** [vokabu'la:r] *nt* **-s, -e** vocabulary.
Vokal [vo'ka:l] *m* **-s, -e** vowel.
Volk [fɔlk] *nt* **-(e)s, ¨er** people; nation.
Völker- ['fœlkər] *cpd*: **~bund** *m* League of Nations; **~recht** *nt* international law; **v~rechtlich** *a* according to international law; **~verständigung** *f* international understanding; **~wanderung** *f* migration.
Volks- *cpd*: **~abstimmung** *f* referendum; **~hochschule** *f* adult education classes *pl*; **~lied** *nt* folksong; **~republik** *f* people's republic; **~schule** *f* elementary school; **~tanz** *m* folk dance; **v~tümlich** ['fɔlksty:mlɪç] *a* popular; **~wirtschaft** *f* economics.
voll [fɔl] *a* full; **~ und ganz** completely; **jdn für ~ nehmen** *(col)* take sb seriously; **~auf** [fɔl''aʊf] *ad* amply; **~blütig** *a* full-blooded; **~'bringen** *vt irreg insep* accomplish; **~'enden** *vt insep* finish, complete; **~ends** ['fɔlɛnts] *ad* completely; **V~'endung** *f* completion; **~er** *a* fuller; *(+gen)* full of; **V~eyball** ['vɔlibal] *m* volleyball; **V~gas** *nt*: **mit V~gas** at full throttle; **V~gas geben** step on it.
völlig ['fœlɪç] *a,ad* complete(ly).
voll- *cpd*: **~jährig** *a* of age; **V~kaskoversicherung** *f* fully comprehensive insurance; **~'kommen** *a* perfect; **V~'kommenheit** *f* perfection; **V~kornbrot** *nt* wholemeal bread; **~machen** *vt* fill (up); **V~macht** *f* **-, -en** authority, full powers *pl*; **V~mond** *m* full moon; **V~pension** *f* full board; **~ständig** *a* complete; **~'strecken** *vt insep* execute; **~tanken** *vti* fill up; **~zählig** *a* complete; in full number; **~'ziehen** *vt irreg insep* carry out; *vr* happen; **V~'zug** *m* execution.
Volt [vɔlt] *nt* **-** *or* **-(e)s, -** volt.
Volumen [vo'lu:mən] *nt* **-s, -** *or* **Volumina** volume.
vom [fɔm] = **von dem.**
von [fɔn] *prep +dat* from; *(statt Genitiv, bestehend aus)* of; *(im Passiv)* by; **ein Freund ~ mir** a friend of mine; **~ mir aus** *(col)* OK by me; **~ wegen!** no way!; **~ei'nander** *ad* from each other; **~statten** [fɔn'ʃtatən] *ad*: **~statten gehen** proceed, go.
vor [fo:r] *prep +dat or acc* before; *(räumlich)* in front of; **~ Wut/Liebe** with rage/love; **~ 2 Tagen** 2 days ago; **~ allem** above all; **V~abend** *m* evening before, eve.
voran [fo'ran] *ad* before, ahead; **~gehen** *vi irreg* go ahead; **einer Sache** *(dat)* **~gehen** precede sth; **~gehend** *a* previous; **~kommen** *vi irreg* come along, make progress.
Vor- ['fo:r] *cpd*: **~anschlag** *m* estimate; **~arbeiter** *m* foreman.
voraus [fo'raʊs] *ad* ahead; *(zeitlich)* in advance; **jdm ~ sein** be ahead of sb; **im ~** in advance; **~bezahlen** *vt* pay in advance; **~gehen** *vi irreg* go (on) ahead; *(fig)* precede; **~haben** *vt irreg*: **jdm etw ~haben** have the edge on sb in sth; **V~sage** *f* **-, -n** prediction; **~sagen** *vt* predict; **~sehen** *vt irreg* foresee; **~setzen** *vt* assume; **~gesetzt, daß . . .** provided that . . .; **V~setzung** *f* requirement, prerequisite; **V~sicht** *f* foresight; **aller V~sicht nach** in all probability; **in der V~sicht, daß . . .** anticipating that . . .; **~sichtlich** *ad* probably.
vorbauen ['fo:rbaʊən] *vt* build up in front; *vi* take precautions (*dat* against).
Vorbehalt ['fo:rbəhalt] *m* **-(e)s, -e** reservation, proviso; **v~en** *vt irreg*:

sich/jdm etw v~en reserve sth (to o.s.)/to sb; **v~los** *a,ad* unconditional(ly).
vorbei [fɔr'baı] *ad* by, past; **~gehen** *vi irreg* pass by, go past.
vorbe- *cpd*: **~lastet** ['fo:rbəlastət] *a (fig)* handicapped; **~reiten** ['fo:rbəraıtən] *vt* prepare; **V~reitung** *f* preparation; **~straft** ['fo:rbəʃtraft] *a* previously convicted, with a record.
vorbeugen ['fo:rbɔʏgən] *vtr* lean forward; *vi* prevent (*einer Sache* (*dat*) sth); **~d** *a* preventive.
Vorbeugung *f* prevention; **zur ~ gegen** for the prevention of.
Vorbild ['fo:rbılt] *nt* model; **sich** *(dat)* **jdn zum ~ nehmen** model o.s. on sb; **v~lich** *a* model, ideal.
vorbringen ['fo:rbrıŋən] *vt irreg* advance, state; *(col: nach vorne)* bring to the front.
Vorder- ['fɔrdər] *cpd*: **~achse** *f* front axle; **~ansicht** *f* front view; **v~e(r,s)** *a* front; **~grund** *m* foreground; **v~hand** *ad* for the present; **~mann** *m, pl* **-männer** man in front; **jdn auf ~mann bringen** *(col)* tell sb to pull his socks up; **~seite** *f* front (side); **v~ste(r,s)** *a* front.
vordrängen ['fo:rdrɛŋən] *vt* push to the front.
vorehelich ['fo:r'e:əlıç] *a* premarital.
voreilig ['fo:r'aılıç] *a* hasty, rash.
voreingenommen ['fo:r'aıngənɔmən] *a* biased; **V~heit** *f* bias.
vorenthalten ['fo:r'ɛnthaltən] *vt irreg*: **jdm etw ~** withhold sth from sb.
vorerst ['fo:r'e:rst] *ad* for the moment *or* present.
Vorfahr ['fo:rfa:r] *m* **-en, -en** ancestor; **v~en** *vi irreg* drive (on) ahead; *(vors Haus etc)* drive up; **~t** *f (Aut)* right of way; **~t achten!** give way!; **~tsregel** *f* right of way; **~tsschild** *nt* give way sign.
Vorfall ['fo:rfal] *m* incident; **v~en** *vi irreg* occur.
vorfinden ['fo:rfındən] *vt irreg* find.
vorführen ['fo:rfy:rən] *vt* show, display; **dem Gericht ~** bring before the court.
Vorgabe ['fo:rga:bə] *f (Sport)* start, handicap.
Vorgang ['fo:rgaŋ] *m* course of events; *(esp Sci)* process; **der ~ von etw** how sth happens.
Vorgänger(in *f*) ['fo:rgɛŋər(ın)] *m* **-s, -** predecessor.
vorgeben ['fo:rge:bən] *vt irreg* pretend, use as a pretext; *(Sport)* give an advantage *or* a start of.
vorge- ['fo:rgə] *cpd*: **~faßt** [-fast] *a* preconceived; **~fertigt** [-fɛrtıçt] *a* prefabricated; **V~fühl** [-fʏl] *nt* presentiment, anticipation.
vorgehen ['fo:rge:ən] *vi irreg (voraus)* go (on) ahead; *(nach vorn)* go up front; *(handeln)* act, proceed; (*Uhr*) be fast; *(Vorrang haben)* take precedence; *(passieren)* go on; **V~** *nt* **-s** action.
Vorgeschmack ['fo:rgəʃmak] *m* foretaste.
Vorgesetzte(r) ['fo:rgəzɛtstə(r)] *mf* superior.
vorgestern ['fo:rgɛstərn] *ad* the day before yesterday.
vorgreifen ['fo:rgraıfən] *vi irreg* anticipate, forestall.
vorhaben ['fo:rha:bən] *vt irreg* intend; **hast du schon was vor?** have you got anything on?; **V~** *nt* **-s, -** intention.
vorhalten ['fo:rhaltən] *irreg vt* hold *or* put up; *(fig)* reproach (*jdm etw* sb for sth); *vi* last.
Vorhaltung *f* reproach.
vorhanden [fo:r'handən] *a* existing, extant; *(erhältlich)* available; **V~sein** *nt* **-s** existence, presence.
Vorhang ['fo:rhaŋ] *m* curtain.
Vorhängeschloß ['fo:rhɛŋəʃlɔs] *nt* padlock.
Vorhaut ['fo:rhaut] *f (Med)* foreskin.
vorher [fo:r'he:r] *ad* before(hand); **~bestimmen** *vt Schicksal* preordain; **~gehen** *vi irreg* precede; **~ig** [fo:r'he:rıç] *a* previous.
Vorherrschaft ['fo:rhɛrʃaft] *f* predominance, supremacy.
vorherrschen ['fo:rhɛrʃən] *vi* predominate.
vorher- [fo:r'he:r] *cpd*: **V~sage** *f* **-, -n** forecast; **~sagen** *vt* forecast, predict; **~sehbar** *a* predictable; **~sehen** *vt irreg* foresee.
vorhin [fo:r'hın] *ad* not long ago, just now; **~ein** ['fo:rhınaın] *ad*: **im ~ein** beforehand.
vorig ['fo:rıç] *a* previous, last.
vorjährig ['fo:rjɛ:rıç] *a* of the previous year; last year's.
Vorkehrung ['fo:rke:rʊŋ] *f* precaution.
vorkommen ['fo:rkɔmən] *vi irreg* come forward; *(geschehen, sich finden)* occur; *(scheinen)* seem (to be); **sich** *(dat)* **dumm** *etc* **~** feel stupid *etc*; **V~** *nt* **-s, -** occurrence.
Vorkommnis ['fo:rkɔmnıs] *nt* **-ses, -se** occurrence.
Vorkriegs- ['fo:rkri:ks] *in cpds* prewar.
Vorladung ['fo:rla:dʊŋ] *f* summons.
Vorlage ['fo:rla:gə] *f* model, pattern; *(Gesetzes—)* bill; (*Sport*) pass.
vorlassen ['fo:rlasən] *vt irreg* admit; *(vorgehen lassen)* allow to go in front.
vorläufig ['forlɔʏfıç] *a* temporary, provisional.
vorlaut ['fo:rlaut] *a* impertinent, cheeky.
Vorleg- ['fo:rle:g] *cpd*: **v~en** *vt* put in front; *(fig)* produce, submit; **jdm etw v~en** put sth before sb; **~er** *m* **-s, -** mat.
vorlesen ['fo:rle:zən] *vt irreg* read (out).
Vorlesung *f (Univ)* lecture.
vorletzte(r, s) ['fo:rlɛtstə(r,s)] *a* last but one.
Vorliebe ['fo:rli:bə] *f* preference, partiality.
vorliebnehmen [fo:r'li:pne:mən] *vi irreg*: **~ mit** make do with.
vorliegen ['fo:rli:gən] *vi irreg* be (here); **etw liegt jdm vor** sb has sth; **~d** *a* present, at issue.
vormachen ['fo:rmaxən] *vt*: **jdm etw ~** show sb how to do sth; *(fig)* fool sb; have sb on.

Vormachtstellung ['fo:rmaxtʃtɛlʊŋ] *f* supremacy, hegemony.
Vormarsch ['fo:rmarʃ] *m* advance.
vormerken ['fo:rmɛrkən] *vt* book.
Vormittag ['fo:rmɪta:k] *m* morning; **v~s** *ad* in the morning, before noon.
Vormund ['fo:rmʊnt] *m* **-(e)s, -e** *or* **-münder** guardian.
vorn(e) ['fɔrn(ə)] *ad* in front; **von ~ anfangen** start at the beginning; **nach ~** to the front.
Vorname ['fo:rna:mə] *m* first or Christian name.
vornan [fɔrn''an] *ad* at the front.
vornehm ['fo:rne:m] *a* distinguished; refined; elegant; **~en** *vt irreg (fig)* carry out; **sich** *(dat)* **etw ~en** start on sth; *(beschließen)* decide to do sth; **sich** *(dat)* **jdn ~en** tell sb off; **~lich** *ad* chiefly, specially.
vornherein ['fɔrnhɛraɪn] *ad*: **von ~** from the start.
Vorort ['fo:r'ɔrt] *m* suburb; **~zug** *m* commuter train.
Vorrang ['fo:rraŋ] *m* precedence, priority; **v~ig** *a* of prime importance, primary.
Vorrat ['fo:rra:t] *m* stock, supply; **~skammer** *f* pantry.
vorrätig ['fo:rrɛ:tɪç] *a* in stock.
Vorrecht ['fo:rrɛçt] *nt* privilege.
Vorrichtung ['fo:rrɪçtʊŋ] *f* device, contrivance.
vorrücken ['fo:rrʏkən] *vi* advance; *vt* move forward.
vorsagen ['fo:rza:gən] *vt* recite, say out loud; *(Sch: zuflüstern)* tell secretly, prompt.
Vorsatz ['fo:rzats] *m* intention; *(Jur)* intent; **einen ~ fassen** make a resolution.
vorsätzlich ['fo:rzɛtslɪç] *a,ad* intentional(ly); *(Jur)* premeditated.
Vorschau ['fo:rʃaʊ] *f (Rad, TV)* (programme) preview; *(Film)* trailer.
vorschieben ['fo:rʃi:bən] *vt irreg* push forward; *(vor etw)* push across; *(fig)* put forward as an excuse; **jdn ~** use sb as a front.
Vorschlag ['fo:rʃla:k] *m* suggestion, proposal; **v~en** *vt irreg* suggest, propose.
vorschnell ['fo:rʃnɛl] *ad* hastily, too quickly.
vorschreiben ['fo:rʃraɪbən] *vt irreg* prescribe, specify.
Vorschrift ['fo:rʃrɪft] *f* regulation(s); rule(s); *(Anweisungen)* instruction(s); **Dienst nach ~** work-to-rule; **v~smäßig** *a* as per regulations/instructions.
Vorschuß ['fo:rʃʊs] *m* advance.
vorschweben ['fo:rʃve:bən] *vi*: **jdm schwebt etw vor** sb has sth in mind.
vorsehen ['fo:rze:ən] *irreg vt* provide for, plan; *vr* take care, be careful; *vi* be visible.
Vorsehung *f* providence.
vorsetzen ['fo:rzɛtsən] *vt* move forward; *(vor etw)* put in front; *(anbieten)* offer.
Vorsicht ['fo:rzɪçt] *f* caution, care; **~!** look out!, take care!; *(auf Schildern)* caution!, danger!; **~, Stufe!** mind the step!; **v~ig** *a* cautious, careful; **v~shalber** *ad* just in case.
Vorsilbe ['fo:rzɪlbə] *f* prefix.
Vorsitz ['fo:rzɪts] *m* chair(manship); **~ende(r)** *mf* chairman/-woman.
Vorsorge ['fo:rzɔrgə] *f* precaution(s), provision(s); **v~n** *vi*: **v~en für** make provision(s) for.
vorsorglich ['fo:rzɔrklɪç] *ad* as a precaution.
Vorspeise ['fo:rʃpaɪzə] *f* hors d'oeuvre, appetizer.
Vorspiel ['fo:rʃpi:l] *nt* prelude.
vorsprechen ['fo:rʃprɛçən] *irreg vt* say out loud, recite; *vi*: **bei jdm ~** call on sb.
Vorsprung ['fo:rʃprʊŋ] *m* projecrion, ledge; *(fig)* advantage, start.
Vorstadt ['fo:rʃtat] *f* suburbs *pl*.
Vorstand ['fo:rʃtant] *m* executive committee; *(Comm)* board (of directors); *(Person)* director, head.
vorstehen ['fo:rʃte:ən] *vi irreg* project; **etw** *(dat)* **~** *(fig)* be the head of sth.
vorstell- ['fo:rʃtɛl] *cpd*: **~bar** *a* conceivable; **~en** *vt* put forward; *(vor etw)* put in front; *(bekannt machen)* introduce; *(darstellen)* represent; **sich** *(dat)* **etw ~en** imagine sth; **V~ung** *f (Bekanntmachen)* introduction; *(Theat etc)* performance; *(Gedanke)* idea, thought.
Vorstoß ['fo:rʃto:s] *m* advance; **v~en** *vti irreg* push forward.
Vorstrafe ['fo:rʃtra:fə] *f* previous conviction.
vorstrecken [fo:rʃtrɛkən] *vt* stretch out; *Geld* advance.
Vorstufe ['fo:rʃtu:fə] *f* first step(s).
Vortag ['fo:rtak] *m* day before (*einer Sache* sth).
vortäuschen ['fo:rtɔʏʃən] *vt* feign, pretend.
Vorteil ['fɔrtaɪl] *m* **-s, -e** advantage (*gegenüber* over); **im ~ sein** have the advantage; **v~haft** *a* advantageous.
Vortrag ['fo:rtra:k] *m* **-(e)s, Vorträge** talk, lecture; *(—sart)* delivery, rendering; *(Comm)* balance carried forward; **v~en** *vt irreg* carry forward *(auch Comm)*; *(fig)* recite; *Rede* deliver; *Lied* perform; *Meinung etc* express.
vortrefflich [fo:rtrɛflɪç] *a* excellent.
vortreten ['fo:rtre:tən] *vi irreg* step forward; (*Augen etc*) protrude.
vorüber [fo'ry:bər] *ad* past, over; **~gehen** *vi irreg* pass (by); **~gehen an** (+*dat*) (fig) pass over; **~gehend** *a* temporary, passing.
Vorurteil ['fo:r'ʊrtaɪ] *nt* prejudice; **v~sfrei, v~slos** *a* unprejudiced, open-minded.
Vorverkauf ['fo:rfɛrkaʊf] *m* advance booking.
Vorwahl ['fo:rva:l] *f* preliminary election; *(Tel)* dialling code.
Vorwand ['fo:rvant] *m* **-(e)s, Vorwände** pretext.
vorwärts ['fo:rvɛrts] *ad* forward; **V~gang** *m (Aut etc)* forward gear; **~gehen** *vi irreg* progress; **~kommen** *vi irreg* get on, make progress.
vorweg [fo:r'vɛk] *ad* in advance; **V~nahme** *f* **-, -n** anticipation;

~**nehmen** *vt irreg* anticipate.
vorweisen ['fo:rvaɪzən] *vt irreg* show, produce.
vorwerfen ['fo:rvɛrfən] *vt irreg*: **jdm etw ~** reproach sb for sth, accuse sb of sth; **sich** *(dat)* **nichts vorzuwerfen haben** have nothing to reproach o.s. with.
vorwiegend ['fo:rvi:gənt] *a,ad* predominant(ly).
Vorwitz ['fo:rvɪts] *m* cheek; **v~ig** *a* saucy, cheeky.
Vorwort ['fo:rvɔrt] *nt* **-(e)s, -e** preface.
Vorwurf ['fo:rvʊrf] *m* reproach; **jdm/sich Vorwürfe machen** reproach sb/o.s.; **v~svoll** *a* reproachful.
vorzeigen ['fo:rtsaɪgən] *vt* show, produce.
vorzeitig ['fo:rtsaɪtɪç] *a* premature.
vorziehen ['fo:rtsi:ən] *vt irreg* pull forward; *Gardinen* draw; *(lieber haben)* prefer.
Vorzug ['fo:rtsu:k] *m* preference; *(gute Eigenschaft)* merit, good quality; *(Vorteil)* advantage; *(Rail)* relief train.
vorzüglich [fo:r'tsy:klɪç] *a* excellent, first-rate.
vulgär [vʊl'gɛ:r] *a* vulgar.
Vulkan [vʊl'ka:n] *m* **-s, -e** volcano; **v~i'sieren** *vt* vulcanize.

W

W, w [ve:] *nt* W, w.
Waage ['va:gə] *f* **-, -n** scales *pl*; *(Astrol)* Libra; **w~recht** *a* horizontal.
wabb(e)lig ['vab(ə)lɪç] *a* wobbly.
Wabe ['va:bə] *f* **-, -n** honeycomb.
wach [vax] *a* awake; *(fig)* alert; **W~e** *f* **-, -n** guard, watch; **W~e halten** keep watch; **W~e stehen** stand guard; **~en** *vi* be awake; *(W—e halten)* guard.
Wacholder [va'xɔldər] *m* **-s, -** juniper.
Wachs [vaks] *nt* **-es, -e** wax.
wachsam ['vaxza:m] *a* watchful, vigilant, alert; **W~keit** *f* vigilance.
Wachs- *cpd*: **w~en** *vi irreg* grow; *vt Skier* wax; **~tuch** *nt* oilcloth; **~tum** *nt* **-s** growth.
Wächter ['vɛçtər] *m* **-s, -** guard, warder, keeper; *(Parkplatz—)* attendant.
Wacht- [vaxt] *cpd*: **~meister** *m* officer; **~posten** *m* guard, sentry.
wackel- ['vakəl] *cpd*: **~ig** *a* shaky, wobbly; **W~kontakt** *m* loose connection; **~n** *vi* shake; *(fig: Position)* be shaky.
wacker ['vakər] *a* valiant, stout; *ad* well, bravely.
Wade ['va:də] *f* **-, -n** *(Anat)* calf.
Waffe ['vafə] *f* **-, -n** weapon; **~l** *f* **-, -n** waffle; wafer; **~nschein** *m* gun licence; **~nstillstand** *m* armistice, truce.
Wagemut ['va:gəmu:t] *m* daring.
wagen ['va:gən] *vt* venture, dare.
Wagen ['va:gən] *m* **-s, -** vehicle; *(Auto)* car; *(Rail)* carriage; *(Pferde—)* cart; **~führer** *m* driver; **~heber** *m* **-s, -** jack.
Waggon [va'gõ:] *m* **-s, -s** carriage; *(Güter—)* goods van, freight truck *(US)*.
waghalsig ['va:khalzɪç] *a* foolhardy.
Wagnis ['va:knɪs] *nt* **-ses, -se** risk.
Wahl ['va:l] *f* **-, -en** choice; *(Pol)* election; **zweite ~** seconds *pl*; **w~berechtigt** *a* entitled to vote.
wähl- ['vɛ:l] *cpd*: **~bar** *a* eligible; **~en** *vti* choose; *(Pol)* elect, vote (for); *(Tel)* dial; **W~er(in** *f*) *m* **-s,** voter; **~erisch** *a* fastidious, particular; **W~erschaft** *f* electorate.
Wahl- *cpd*: **~fach** *nt* optional subject; **~gang** *m* ballot; **~kabine** *f* polling booth; **~kampf** *m* election campaign; **~kreis** *m* constituency; **~liste** *f* electoral register; **~lokal** *nt* polling station; **w~los** *ad* at random; **~recht** *nt* franchise; **~spruch** *m* motto; **~urne** *f* ballot box.
Wahn [va:n] *m* **-(e)s** delusion; folly; **~sinn** *m* madness; **w~sinnig** *a* insane, mad; *ad (col)* incredibly.
wahr [va:r] *a* true; **~en** *vt* maintain, keep.
währen ['vɛ:rən] *vi* last; **~d** *prep +gen* during; *cj* while; **~ddessen** [vɛ:rənt'dɛsən] *ad* meanwhile.
wahr- *cpd*: **~haben** *vt irreg*: **etw nicht ~haben wollen** refuse to admit sth; **~haft** *ad (tatsächlich)* truly; **~haftig** [va:r'haftɪç] *a* true, real; *ad* really; **W~heit** *f* truth; **~nehmen** *vt irreg* perceive, observe; **W~nehmung** *f* perception; **~sagen** *vi* prophesy, tell fortunes; **W~sager(in** *f*) *m* **-s, -** fortune teller; **~scheinlich** [va:r'ʃaɪnlɪç] *a* probable; *ad* probably; **W~'scheinlichkeit** *f* probability; **aller W~scheinlichkeit nach** in all probabilty; **W~zeichen** *nt* emblem.
Währung ['vɛ:rʊŋ] *f* currency.
Waise ['vaɪzə] *f* **-, -n** orphan; **~nhaus** *nt* orphanage; **~nkind** *nt* orphan.
Wald [valt] *m* **-(e)s, ¨er** wood(s); *(groß)* forest; **w~ig** ['valdɪç] *a* wooded.
Wäldchen ['vɛltçən] *nt* copse, grove.
Wal(fisch) ['va:l(fɪʃ)] *m* **-(e)s, -e** whale.
Wall [val] *m* **-(e)s, ¨e** embankment; *(Bollwerk)* rampart; **w~fahren** *vi irreg insep* go on a pilgrimage; **~fahrer(in** *f*) *m* pilgrim; **~fahrt** *f* pilgrimage.
Wal- ['val] *cpd*: **~nuß** *f* walnut; **~roß** *nt* walrus.
Walze ['valtsə] *f* **-, -n** *(Gerät)* cylinder; *(Fahrzeug)* roller; **w~n** *vt* roll (out).
wälzen ['vɛltsən] *vt* roll (over); *Bücher* hunt through; *Probleme* deliberate on; *vr* wallow; *(vor Schmerzen)* roll about; *(im Bett)* toss and turn.
Walzer ['valtsər] *m* **-s, -** waltz.
Wälzer ['vɛltsər] *m* **-s, -** *(col)* tome.
Wand [vant] *f* **-, ¨e** wall; *(Trenn—)* partition; *(Berg—)* precipice.
Wandel ['vandəl] *m* **-s** change; **w~bar** *a* changeable, variable; **w~n** *vtr* change; *vi (gehen)* walk.
Wander- ['vandər] *cpd*: **~bühne** *f* travelling theatre; **~er** *m* **-s, -** hiker, rambler; **w~n** *vi* hike; *(Blick)* wander; *(Gedanken)* stray; **~preis** *m* challenge trophy; **~schaft** *f* travelling; **~ung** *f* walking tour, hike.
Wand- *cpd*: **~lung** *f* change, transformation; *(Rel)* transubstantiation; **~schirm** *m* (folding) screen; **~schrank**

m cupboard; **~teppich** *m* tapestry; **~verkleidung** *f* wainscoting.

Wange ['vaŋə] *f* **-, -n** cheek.

wankelmütig [vaŋkəlmy:tıç] *a* vacillating, inconstant.

wanken ['vankən] *vi* stagger; *(fig)* waver.

wann [van] *ad* when.

Wanne ['vanə] *f* **-, -n** tub.

Wanze ['vantsə] *f* **-, -n** bug.

Wappen ['vapən] *nt* **-s, -** coat of arms, crest; **~kunde** *f* heraldry.

Ware ['va:rə] *f* **-, -n** ware; **~nhaus** *nt* department store; **~nlager** *nt* stock, store; **~nprobe** *f* sample; **~nzeichen** *nt* trademark.

warm [varm] *a* warm; *Essen* hot.

Wärm- ['vɛrm] *cpd*: **~e** *f* **-, -n** warmth; **w~en** *vtr* warm, heat; **~flasche** *f* hot-water bottle.

warm- *cpd*: **~herzig** *a* warm-hearted; **~laufen** *vi irreg (Aut)* warm up; **W~'wassertank** *m* hot-water tank.

warnen ['varnən] *vt* warn.

Warnung *f* warning.

warten ['vartən] *vi* wait (*auf +acc* for); **auf sich ~ lassen** take a long time.

Wärter(in *f***)** ['vɛrtər(ın)] *m* **-s, -** attendant.

Warte- ['vartə] *cpd*: **~saal** *m (Rail)*, **~zimmer** *nt* waiting room.

Wartung *f* servicing; service.

warum [va'rum] *ad* why.

Warze [vartsə] *f* **-, -n** wart.

was [vas] *pron* what; *(col*: *etwas)* something.

Wasch- ['vaʃ] *cpd*: **w~bar** *a* washable; **~becken** *nt* washbasin; **w~echt** *a* colourfast; *(fig)* genuine.

Wäsche ['vɛʃə] *f* **-, -n** wash(ing); *(Bett—)* linen; *(Unter—)* underclothing; **~klammer** *f* clothes peg, clothespin *(US)*; **~leine** *f* washing line.

waschen ['vaʃən] *irreg vti* wash; *vr* (have a) wash; **sich** *(dat)* **die Hände ~** wash one's hands; **~ und legen** *Haare* shampoo and set.

Wäsche- *cpd*: **~'rei** *f* laundry; **~schleuder** *f* spin-drier.

Wasch- *cpd*: **~küche** *f* laundry room; **~lappen** *m* face flannel, washcloth *(US)*; *(col)* sissy; **~maschine** *f* washing machine; **~mittel** *nt*, **~pulver** *nt* detergent, washing powder; **~tisch** *m* washhand basin.

Wasser ['vasər] *nt* **-s, -** water; **w~dicht** *a* watertight, waterproof; **~fall** *m* waterfall; **~farbe** *f* watercolour; **w~gekühlt** *a (Aut)* water-cooled; **~hahn** *m* tap, faucet *(US)*.

wässerig ['vɛsərıç] *a* watery.

Wasser- *cpd*: **~kraftwerk** *nt* hydroelectric power station; **~leitung** *f* water pipe; **~mann** *n (Astrol)* Aquarius; **w~n** *vi* land on the water.

wässern ['vɛsərn] *vti* water.

Wasser- *cpd*: **w~scheu** *a* afraid of the water; **~schi** *nt* water-skiing; **~stand** *m* water level; **~stoff** *m* hydrogen; **~stoffbombe** *f* hydrogen bomb; **~waage** *f* spirit level; **~welle** *f* shampoo and set; **~zeichen** *nt* watermark.

waten ['va:tən] *vi* wade.

watscheln ['va:tʃəln] *vi* waddle.

Watt [vat] *nt* **-(e)s, -en** mud flats *pl*; *nt* **-s, -** *(Elec)* watt; **~e** *f* **-, -n** cotton wool, absorbent cotton *(US)*; **w~ieren** [va'ti:rən] *vt* pad.

Web- ['ve:b] *cpd*: **w~en** *vt irreg* weave; **~er** *m* **-s, -** weaver; **~e'rei** *f (Betrieb)* weaving mill; **~stuhl** *m* loom.

Wechsel ['vɛksəl] *m* **-s, -** change; *(Comm)* bill of exchange; **~beziehung** *f* correlation; **~geld** *nt* change; **w~haft** *a Wetter* variable; **~jahre** *pl* change of life; **~kurs** *m* rate of exchange; **w~n** *vt* change; *Blicke* exchange; *vi* change; vary; *(Geld —)* have change; **~strom** *m* alternating current; **~wirkung** *f* interaction.

wecken ['vɛkən] *vt* wake (up); call.

Wecker ['vɛkər] *m* **-s, -** alarm clock.

wedeln ['ve:dəln] *vi (mit Schwanz)* wag; *(mit Fächer)* fan; *(Ski)* wedeln.

weder ['ve:dər] *cj* neither; **~ . . . noch . . .** neither . . . nor . . .

weg [vɛk] *ad* away, off; **über etw** *(acc)* **~ sein** be over sth; **er war schon ~** he had already left; **Finger ~!** hands off!; **W~** ['ve:k] *m* **-(e)s, -e** way; *(Pfad)* path; *(Route)* route; **sich auf den W~ machen** be on one's way; **jdm aus dem W~ gehen** keep out of sb's way; **W~bereiter** *m* **-s, -** pioneer; **~blasen** *vt irreg* blow away; **~bleiben** *vi irreg* stay away.

wegen ['ve:gən] *prep +gen or (col) dat* because of.

weg- ['vɛk] *cpd*: **~fahren** *vi irreg* drive away; leave; **~fallen** *vi irreg* be left out; *(Ferien, Bezahlung)* be cancelled; *(aufhören)* cease; **~gehen** *vi irreg* go away; leave; **~jagen** *vt* chase away; **~lassen** *vt irreg* leave out; **~laufen** *vi irreg* run away *or* off; **~legen** *vt* put aside; **~machen** *vt (col)* get rid of; **~müssen** *vi irreg (col)* have to go; **~nehmen** *vt irreg* take away; **~räumen** *vt* clear away; **~schaffen** *vt* clear away; **~schnappen** *vt* snatch away (*jdm etw* sth from sb); **~tun** *vt irreg* put away; **W~weiser** ['ve:gvaızər] *m* **-s, -** road sign, signpost; **~werfen** *vt irreg* throw away; **~werfend** *a* disparaging; **~ziehen** *vi irreg* move away.

weh [ve:] *a* sore; **~ tun** hurt, be sore; **jdm/sich ~ tun** hurt sb/o.s.; **~(e)** *interj*: **~(e), wenn du . . .** woe betide you if . . .; **o ~!** oh dear!; **W~e** *f* **-, -n** drift; **~en** *vti* blow; *(Fahnen)* flutter; **W~en** *pl (Med)* labour pains *pl*; **~klagen** *vi insep* wail; **~leidig** *a* whiny, whining; **W~mut** *f* **-** melancholy; **~mütig** *a* melancholy.

Wehr [ve:r] *nt* **-(e)s, -e** weir; *f*: **sich zur ~ setzen** defend o.s.; **~dienst** *m* military service; **w~en** *vr* defend o.s.; **w~los** *a* defenceless; **~macht** *f* armed forces *pl*; **~pflicht** *f* compulsory military service; **w~pflichtig** *a* liable for military service.

Weib [vaıp] *nt* **-(e)s, -er** woman, female; wife; **~chen** *nt* female; **w~isch** ['vaıbıʃ] *a* sissyish; **w~lich** *a* feminine.

weich [vaıç] *a* soft; **W~e** *f* **-, -n** *(Rail)* points *pl*; **~en** *vi irreg* yield, give away; **W~ensteller** *m* **-s, -** pointsman; **W~heit** *f* softness; **~lich** *a* soft, namby-pamby; **W~ling** *m* weakling.

Weide ['vaıdə] *f* **-, -n** *(Baum)* willow; *(Gras)* pasture; **w~n** *vi* graze; *vr*: **sich an etw** *(dat)* **w~n** delight in sth.

weidlich ['vaıtlıç] *ad* thoroughly.

weigern ['vaıgərn] *vr* refuse.

Weigerung ['vaıgərʊŋ] *f* refusal.

Weih- ['vaı] *cpd*: **~e** *f* **-, -n** consecration; *(Priester—)* ordination; **w~en** *vt* consecrate; ordain; **~er** *m* **-s, -** pond; **~nacht** *f* **-, ~nachten** *nt* **-** Christmas; **w~nachtlich** *a* Christmas; **~nachtsabend** *m* Christmas Eve; **~nachtslied** *nt* Christmas carol; **~nachtsmann** *m* Father Christmas, Santa Claus; **zweiter ~nachtstag** *m* Boxing Day; **~rauch** *m* incense; **~wasser** *nt* holy water.

weil [vaıl] *cj* because.

Weile ['vaılə] *f* **-** while, short time.

Wein [vaın] *m* **-(e)s, -e** wine; *(Pflanze)* vine; **~bau** *m* cultivation of vines; **~beere** *f* grape; **~berg** *m* vineyard; **~bergschnecke** *f* snail; **~brand** *m* brandy; **w~en** *vti* cry; **das ist zum ~en** it's enough to make you cry *or* weep; **w~erlich** *a* tearful; **~geist** *m* spirits of wine; **~lese** *f* vintage; **~rebe** *f* vine; **~stein** *m* tartar; **~stock** *m* vine; **~traube** *f* grape.

weise ['vaızə] *a* wise; **W~(r)** *mf* wise old man/woman, sage.

Weise ['vaızə] *f* **-, -n** manner, way; *(Lied)* tune; **auf diese ~** in this way; **w~n** *vt irreg* show.

Weisheit ['vaıshaıt] *f* wisdom; **~szahn** *m* wisdom tooth.

weiß [vaıs] *a* white; **W~brot** *nt* white bread; **~en** *vt* whitewash; **W~glut** *f* *(Tech)* incandescence; **jdn bis zur W~glut bringen** *(fig)* make sb see red; **W~kohl** *m* (white) cabbage; **W~wein** *m* white wine.

Weisung ['vaızʊŋ] *f* instruction.

weit [vaıt] *a* wide; *Begriff* broad; *Reise, Wurf* long; **wie ~ ist es . . .?** how far is it . . .?; **in ~er Ferne** in the far distance; **das geht zu ~** that's going too far; *ad* far; **~aus** *ad* by far; **~blickend** *a* far-seeing; **W~e** *f* **-, -n** width; *(Raum)* space; *(von Entfernung)* distance; **~en** *vtr* widen.

weiter ['vaıtər] *a* wider; broader; farther (away); *(zusätzlich)* further; **ohne ~es** without further ado; just like that; *ad* further; **~ nichts/niemand** nothing/nobody else; **~arbeiten** *vi* go on working; **~bilden** *vr* continue one's studies; **~empfehlen** *vt irreg* recommend (to others); **W~fahrt** *f* continuation of the journey; **~gehen** *vi irreg* go on; **~hin** *ad*: **etw ~hin tun** go on doing sth; **~leiten** *vt* pass on; **~machen** *vti* continue; **~reisen** *vi* continue one's journey.

weit- *cpd*: **~gehend** *a* considerable; *ad* largely; **~läufig** *a Gebäude* spacious; *Erklärung* lengthy; *Verwandter* distant; **~schweifig** *a* long-winded; **~sichtig** *a* *(lit)* long-sighted; *(fig)* far-sighted; **W~sprung** *m* long jump; **~verbreitet** *a* widespread; **W~winkelobjektiv** *nt* *(Phot)* wide-angle lens.

Weizen ['vaıtsən] *m* **-s, -** wheat.

welch [vɛlç] *pron*: **~ ein(e) . . .** what a . . .; **~e** *indef pron (col: einige)* some; **~e(r,s)** *rel pron (für Personen)* who; *(für Sachen)* which; *interrog pron (adjektivisch)* which; *(substantivisch)* which one.

welk [vɛlk] *a* withered; **~en** *vi* wither.

Well- [vɛl] *cpd*: **~blech** *nt* corrugated iron; **~e** *f* **-, -n** wave; *(Tech)* shaft; **~enbereich** *m* waveband; **~enbrecher** *m* **-s, -** breakwater; **~enlänge** *f (lit, fig)* wavelength; **~enlinie** *f* wavy line; **~ensittich** *m* budgerigar; **~pappe** *f* corrugated cardboard.

Welt [vɛlt] *f* **-, -en** world; **~all** *nt* universe; **~anschauung** *f* philosophy of life; **w~berühmt** *a* world-famous; **w~fremd** *a* unworldly; **~krieg** *m* world war; **w~lich** *a* worldly; *(nicht kirchlich)* secular; **~macht** *f* world power; **w~männish** *a* sophisticated; **~meister** *m* world champion; **~raum** *m* space; **~reise** *f* trip round the world; **~stadt** *f* metropolis; **w~weit** *a* world-wide; **~wunder** *nt* wonder of the world.

wem [ve:m] *pron (dat)* to whom.

wen [ve:n] *pron (acc)* whom.

Wende ['vɛndə] *f* **-, -n** turn; *(Veränderung)* change; **~kreis** *m (Geog)* tropic; *(Aut)* turning circle; **~ltreppe** *f* spiral staircase; **w~n** *vtir irreg* turn; **sich an jdn w~n** go/come to sb; **~punkt** *m* turning point.

Wendung *f* turn; *(Rede—)* idiom.

wenig ['ve:nıç] *a,ad* little; **~e** ['ve:nıgə] *pl* few *pl*; **W~keit** *f* trifle; **meine W~keit** yours truly, little me; **~ste(r,s)** *a* least; **~stens** *ad* at least.

wenn [vɛn] *cj* if; *(zeitlich)* when; **~ auch ...** even if . . .; **~ ich doch . . .** if only I . . .; **~schon** *ad*: **na ~schon** so what?; **~schon, dennschon!** if a thing's worth doing, it's worth doing properly.

wer [ve:r] *pron* who.

Werbe- ['vɛrbə] *cpd*: **~fernsehen** *nt* commercial television; **~kampagne** *f* advertising campaign; **w~n** *irreg vt* win; *Mitglied* recruit; *vi* advertise; **um jdn/etw w~n** try to win sb/sth; **für jdn/etw w~n** promote sb/sth.

Werbung *f* advertising; *(von Mitgliedern)* recruitment; *(um jdn/etw)* promotion (*um* of).

Werdegang ['ve:rdəgaŋ] *m* development; *(beruflich)* career.

werden ['ve:rdən] *vi irreg* become; *v aux* *(Futur)* shall, will; *(Passiv)* be; **was ist aus ihm/aus der Sache geworden?** what became of him/it?; **es ist nichts/gut geworden** it came to nothing/turned out well; **mir wird kalt** I'm getting cold; **das muß anders ~** that will have to change; **zu Eis ~** turn to ice.

werfen ['vɛrfən] *vt irreg* throw.

Werft [vɛrft] *f* **-, -en** shipyard, dockyard.

Werk [verk] *nt* **-(e)s, -e** work; *(Tätigkeit)* job; *(Fabrik, Mechanismus)* works *pl*; **ans ~ gehen** set to work; **~statt** *f* **-, -stätten** workshop; *(Aut)* garage; **~student** *m* self-supporting student; **~tag** *m* working day; **w~tags** *ad* on working days; **w~tägig** *a* working; **~zeug** *nt* tool; **~zeugschrank** *m* tool chest.

Wermut ['ve:rmu:t] *m* **-(e)s** wormwood; *(Wein)* vermouth.

Wert [ve:rt] *m* **-(e)s, -e** worth; *(Fin)* value; **~ legen auf** *(+acc)* attach importance to; **es hat doch keinen ~** it's useless; **w~** *a* worth; *(geschätzt)* dear; worthy; **das ist nichts/viel w~** it's not worth anything/it's worth a lot; **das ist es/er mir w~** it's/he's worth that to me; **~angabe** *f* declaration of value; **w~en** *vt* rate; **~gegenstand** *m* article of value; **w~los** *a* worthless; **~losigkeit** *f* worthlessness; **~papier** *nt* security; **w~voll** *a* valuable; **~zuwachs** *m* appreciation.

Wesen ['ve:zən] *nt* **-s, -** *(Geschöpf)* being; *(Natur, Character)* nature; **w~tlich** *a* significant; *(beträchtlich)* considerable.

weshalb [vɛs'halp] *ad* why.

Wespe ['vɛspə] *f* **-, -n** wasp.

wessen ['vɛsən] *pron (gen)* whose.

West- [vɛst] *cpd*: **~e** *f* **-, -n** waistcoat, vest *(US)*; *(Woll—)* cardigan; **~en** *m* **-s** west; **w~lich** *a* western; *ad* to the west; **w~wärts** *ad* westwards.

weswegen [vɛs've:gən] *ad* why.

wett [vɛt] *a* even; **W~bewerb** *m* competition; **W~e** *f* **-, -n** bet, wager; **W~eifer** *m* rivalry; **~en** *vti* bet.

Wetter ['vɛtər] *nt* **-s, -** weather; **~bericht** *m* weather report; **~dienst** *m* meteorological service; **~lage** *f* (weather) situation; **~vorhersage** *f* weather forecast; **~warte** *f* **-, -n** weather station; **w~wendisch** *a* capricious.

Wett- *cpd*: **~kampf** *m* contest; **~lauf** *m* race; **w~laufen** *vi irreg* race; **w~machen** *vt* make good; **~spiel** *nt* match; **~streit** *m* contest.

wetzen ['vɛtsən] *vt* sharpen.

Wicht [vɪçt] *m* **-(e)s, -e** titch; *(pej)* worthless creature; **w~ig** *a* important; **~igkeit** *f* importance.

wickeln ['vɪkəln] *vt* wind; *Haare* set; *Kind* change; **jdn/etw in etw** *(acc)* **~** wrap sb/sth in sth.

Widder ['vɪdər] *m* **-s, -** ram; *(Astrol)* Aries.

wider ['vi:dər] *prep +acc* against; **~'fahren** *vi irreg* happen (*jdm* to sb); **~'legen** *vt* refute.

widerlich ['vi:dərlɪç] *a* disgusting, repulsive: **W~keit** *f* repulsiveness.

wider- ['vi:dər] *cpd*: **~rechtlich** *a* unlawful; **W~rede** *f* contradiction.

Widerruf ['vi:dərru:f] *m* retraction; countermanding; **w~en** [vi:dər'ru:fən] *vt irreg insep* retract; *Anordnung* revoke; *Befehl* countermand.

wider'setzen *vr insep* oppose (*jdm/etw* sb/sth).

widerspenstig ['vi:dərʃpɛnstɪç] *a* wilful; **W~keit** *f* wilfulness.

widerspiegeln ['vi:dərʃpi:gəln] *vt* reflect.

wider'sprechen *vi irreg insep* contradict (*jdm* sb); **~d** *a* contradictory.

Widerspruch ['vi:dərʃprux] *m* contradiction; **w~slos** *ad* without arguing.

Widerstand ['vi:dərʃtant] *m* resistance; **~sbewegung** *f* resistance (movement); **w~sfähig** *a* resistant, tough; **w~slos** *a* unresisting.

wider'stehen *vi irreg insep* withstand (*jdm/etw* sb/sth).

Wider- ['vi:dər] *cpd*: **~streit** *m* conflict; **w~wärtig** *a* nasty, horrid; **~wille** *m* aversion (*gegen* to); **w~willig** *a* unwilling, reluctant.

widmen ['vɪtmən] *vt* dedicate; *vtr* devote (o.s.).

Widmung *f* dedication.

widrig ['vi:drɪç] *a Umstände* adverse; *Mensch* repulsive.

wie [vi:] *ad* how; *cj* **~ ich schon sagte** as I said; **(so) schön ~ . . .** as beautiful as ...; **~ du** like you; **singen ~ ein . . .** sing like a . . .

wieder ['vi:dər] *ad* again; **~ da sein** be back (again); **gehst du schon ~?** are you off again?; **~ ein(e) . . .** another . . .; **W~aufbau** [-''aufbau] *m* rebuilding; **W~aufnahme** [-''aufna:mə] *f* resumption; **~aufnehmen** *vt irreg* resume; **~bekommen** *vt irreg* get back; **~bringen** *vt irreg* bring back; **~erkennen** *vt irreg* recognize; **W~erstattung** *f* reimbursement; **W~gabe** *f* reproduction; **~geben** *vt irreg (zurückgeben)* return; *Erzählung etc* repeat; *Gefühle etc* convey; **~gutmachen** [-'gu:tmaxən] *vt* make up for; *Fehler* put right; **W~'gutmachung** *f* reparation; **~'herstellen** *vt* restore; **~'holen** *vt insep* repeat; **W~'holung** *f* repetition; **W~hören** *nt* : **auf W~hören** *(Tel)* goodbye; **W~kehr** *f* **-** return; *(von Vorfall)* repetition, recurrence; **W~kunft** *f* **-, ⸚e** return; **~sehen** *vt irreg* see again; **auf W~sehen** goodbye; **~um** *ad* again; *(andererseits)* on the other hand; **~vereinigen** *vt* reunite; **W~wahl** *f* re-election.

Wiege ['vi:ge] *f* **-, -n** cradle; **w~n** *vt (schaukeln)* rock; *vti irreg (Gewicht)* weigh; **~nfest** *nt* birthday.

wiehern ['vi:ərn] *vi* neigh, whinny.

Wiese ['vi:zə] *f* **-, -n** meadow; **~l** *nt* **-s, -** weasel.

wieso [vi:'zo:] *ad* why.

wieviel [vi:'fi:l] *a* how much; **~ Menschen** how many people; **~mal** *ad* how often; **~te(r,s)** *a*: **zum ~ten Mal?** how many times?; **den W~ten haben wir?** what's the date?; **an ~ter Stelle?** in what place?; **der ~te Besucher war er?** how many visitors were there before him?

wieweit [vi:vaɪt] *ad* to what extent.

wild [vɪlt] *a* wild; **W~** *nt* **-(e)s** game; **~ern** ['vɪldərn] *vi* poach; **~fremd** *a (col)* quite strange *or* unknown; **W~heit f** wildness; **W~leder** *nt* suede; **W~nis** *f* **-, -se** wilderness; **W~schwein** *nt* (wild) boar.

Wille ['vɪlə] *m* **-ns, -n** will; **w~n** *prep +gen*: **um . . . w~n** for the sake of . . .; **w~nlos** *a* weak-willed; **w~nsstark** *a* strong-willed.

will- *cpd*: **~ig** *a* willing; **~kommen** [vɪl'kɔmən] *a* welcome; **jdn ~kommen heißen** welcome sb; **W~kommen** *nt* **-s, -** welcome; **~kürlich** *a* arbitrary; *Bewegung* voluntary.

wimmeln ['vɪməln] *vi* swarm (*von* with).

wimmern ['vɪmərn] *vi* whimper.

Wimper ['vɪmpər] *f* **-, -n** eyelash.

Wind [vɪnt] *m* **-(e)s, -e** wind; **~beutel** *m* cream puff; *(fig)* windbag; **~e** ['vɪndə] *f* **-, -n** *(Tech)* winch, windlass; *(Bot)* bindweed; **~el** ['vɪndəl] *f* **-, -n** nappy, diaper *(US)*; **w~en** ['vɪndən] *vi impers* be windy; *irreg vt* wind; *Kranz* weave; *(ent—)* twist; *vr* wind; *(Person)* writhe; **~hose** *f* whirlwind; **~hund** *m* greyhound; *(Mensch)* fly-by-night; **w~ig** ['vɪndɪç] *a* windy; *(fig)* dubious; **~mühle** *f* windmill; **~pocken** *pl* chickenpox; **~schutzscheibe** *f (Aut)* windscreen, windshield *(US)*; **~stärke** *f* wind force; **~stille** *f* calm; **~stoß** *m* gust of wind.

Wink [vɪŋk] *m* **-(e)s, -e** hint; *(mit Kopf)* nod; *(mit Hand)* wave.

Winkel ['vɪnkəl] *m* **-s, -** *(Math)* angle; *(Gerät)* set square; (*in Raum*) corner.

winken ['vɪŋkən] *vti* wave.

winseln ['vɪnzəln] *vi* whine.

Winter ['vɪntər] *m* **-s, -** winter; **w~lich** *a* wintry; **~sport** *m* winter sports *pl.*

Winzer ['vɪntsər] *m* **-s, -** vine grower.

winzig ['vɪntsɪç] *a* tiny.

Wipfel ['vɪpfəl] *m* **-s, -** treetop.

wir [vi:r] *pron* we; **~ alle** all of us, we all.

Wirbel ['vɪrbəl] *m* **-s, -** whirl, swirl; *(Trubel)* hurly-burly; *(Aufsehen)* fuss; *(Anat)* vertebra; **w~n** *vi* whirl, swirl; **~säule** *f* spine; **~tier** *nt* vertebrate; **~wind** *m* whirlwind.

wirken ['vɪrkən] *vi* have an effect; *(erfolgreich sein)* work; *(scheinen)* seem; *vt Wunder* work.

wirklich ['vɪrklɪç] *a* real; **W~keit** *f* reality.

wirksam ['vɪrkza:m] *a* effective; **W~keit** *f* effectiveness, efficacy.

Wirkung ['vɪrkʊŋ] *f* effect; **w~slos** *a* ineffective; **w~slos bleiben** have no effect; **w~svoll** *a* effective.

wirr [vɪr] *a* confused, wild; **W~en** *pl* disturbances *pl*; **W~warr** [-var] *m* **-s** disorder, chaos.

Wirsing(kohl) ['vɪrzɪŋ(ko:l)] *m* **-s** savoy cabbage.

Wirt [vɪrt] *m* **-(e)s, -e** landlord; **~in** *f* landlady; **~schaft** *f (Gaststätte)* pub; *(Haushalt)* housekeeping; *(eines Landes)* economy; *(col*: *Durcheinander)* mess; **w~schaftlich** *a* economical; *(Pol)* economic; **~schaftskrise** *f* economic crisis; **~schaftsprüfer** *m* chartered accountant; **~schaftswunder** *nt* economic miracle; **~shaus** *nt* inn.

Wisch [vɪʃ] *m* **-(e)s, -e** scrap of paper; **w~en** *vt* wipe; **~er** *m* **-s, -** *(Aut)* wiper.

wispern ['vɪspərn] *vti* whisper.

Wißbegier(de) ['vɪsbəgi:r(də)] *f* thirst for knowledge; **w~ig** *a* inquisitive, eager for knowledge.

wissen ['vɪsən] *vt irreg* know; **W~** *nt* **-s** knowledge; **W~schaft** *f* science; **W~schaftler(in** *f*) *m* **-s,** scientist; **~schaftlich** *a* scientific; **~swert** *a* worth knowing; **~tlich** *a* knowing.

wittern ['vɪtərn] *vt* scent; *(fig)* suspect.

Witterung *f* weather; *(Geruch)* scent.

Witwe ['vɪtvə] *f* **-, -n** widow; **~r** *m* **-s, -** widower.

Witz [vɪts] *m* **-(e)s, -e** joke; **~blatt** *nt* comic (paper); **~bold** *m* **-(e)s, -e** joker, wit; **w~eln** *vi* joke; **w~ig** *a* funny.

wo [vo:] *ad* where; *(col*: *irgendwo)* somewhere; **im Augenblick, ~ . . .** the moment (that) . . .; **die Zeit, ~ . . .** the time when ...; *cj (wenn)* if; **~anders** [vo:''andərs] *ad* elsewhere; **~bei** [vo:'baɪ] *ad (rel)* by/with which; *(interrog)* what . . . in/by/with.

Woche ['vɔxə] *f* **-, -n** week; **~nende** *nt* weekend; **w~nlang** *a,ad* for weeks; **~nschau** *f* newsreel.

wöchentlich ['vœçəntlɪç] *a,ad* weekly.

wo- *cpd*: **~durch** [vo:'dʊrç] *ad (rel)* through which; *(interrog)* what . . . through; **~für** [vo:'fy:r] *ad (rel)* for which; *(interrog)* what . . . for.

Woge ['vo:gə] *f* **-, -n** wave; **w~n** *vi* heave, surge.

wo- *cpd*: **~gegen** [vo:'ge:gən] *ad (rel)* against which; *(interrog)* what . . . against; **~her** [vo:'he:r] *ad* where . . . from; **~hin** [vo:'hɪn] *ad* where . . . to.

wohl [vo:l] *ad* well; *(behaglich)* at ease, comfortable; (*vermutlich*) I suppose, probably; *(gewiß)* certainly; **er weiß das ~** he knows that perfectly well; **W~** *nt* **-(e)s** welfare; **zum W~!** cheers!; **~auf** [vo:l''aʊf] *ad* well; **W~behagen** *nt* comfort; **~behalten** *ad* safe and sound; **W~fahrt** *f* welfare; **~habend** *a* wealthy; **~ig** *a* contented, comfortable; **W~klang** *m* melodious sound; **~schmeckend** *a* delicious; **W~stand** *m* prosperity; **W~standsgesellschaft** *f* affluent society; **W~tat** *f* relief; act of charity; **W~täter(in** *f*) *m* benefactor; **~tätig** *a* charitable; **~tun** *vi irreg* do good (*jdm* sb); **~verdient** *a* well-earned, well-deserved; **~weislich** *ad* prudently; **W~wollen** *nt* **-s** good will; **~wollend** *a* benevolent.

wohn- ['vo:n] *cpd*: **~en** *vi* live; **~haft** *a* resident; **~lich** *a* comfortable; **W~ort** *m* domicile; **W~sitz** place of residence; **W~ung** *f* house; *(Etagen—)* flat, apartment *(US)*; **W~ungsnot** *f* housing shortage; **W~wagen** *m* caravan; **W~zimmer** *nt* living room.

wölben ['vœlbən] *vtr* curve.

Wölbung *f* curve.

Wolf [vɔlf] *m* **-(e)s, ¨e** wolf.

Wölfin ['vœlfɪn] *f* she-wolf.

Wolke ['vɔlkə] *f* **-, -n** cloud; **~nkratzer** *m* skyscraper.

wolkig ['vɔlkɪç] *a* cloudy.

Wolle ['vɔlə] *f* **-, -n** wool; **w~n** *a* woollen.

wollen ['vɔlən] *vti* want.

wollüstig ['vɔlʏstɪç] *a* lusty, sensual.
wo- *cpd*: **~mit** [vo:'mɪt] *ad (rel)* with which; *(interrog)* what . . . with; **~möglich** [vo:'mø:klɪç] *ad* probably, I suppose; **~nach** [vo:'na:x] *ad (rel)* after/for which; *(interrog)* what . . . for/after.
Wonne ['vɔnə] *f* **-, -n** joy, bliss.
wo- *cpd*: **~ran** [vo:'ran] *ad (rel)* on/at which; *(interrog)* what . . . on/at; **~rauf** [vo:'raʊf] *ad (rel)* on which; *(interrog)* what . . . on; **~raus** [vo:'raʊs] *ad (rel)* from/out of which; *(interrog)* what . . . from/out of; **~rin** [vo:'rɪn] *ad (rel)* in which; *(interrog)* what . . . in.
Wort [vɔrt] *nt* **-(e)s, ¨er, -e** word; **jdn beim ~ nehmen** take sb at his word; **w~brüchig** *a* not true to one's word.
Wörterbuch ['vœrtərbu:x] *nt* dictionary.
Wort- *cpd*: **~führer** *m* spokesman; **w~getreu** *a* true to one's word; *Übersetzung* literal; **w~karg** *a* taciturn; **~laut** *m* wording.
wörtlich ['vœrtlɪç] *a* literal.
Wort- *cpd*: **w~los** *a* mute; **w~reich** *a* wordy, verbose; **~schatz** *m* vocabulary; **~spiel** *nt* play on words, pun; **~wechsel** *m* dispute.
wo- *cpd*: **~rüber** [vo:'ry:bər] *ad (rel)* over/about which; *(interrog)* what . . . over/about; **~rum** [vo:'rʊm] *ad (rel)* about/round which; *(interrog)* what . . . about/round; **~runter** [vo:'rʊntər] *ad (rel)* under which; *(interrog)* what . . . under; **~von** [vo:'fɔn] *ad (rel)* from which; *(interrog)* what . . . from; **~vor** [vo:'fɔ:r] *ad (rel)* in front of/before which; *(interrog)* in front of/before what; of what; **~zu** [vo:'tsu:] *ad (rel)* to/for which; *(interrog)* what . . . for/to; *(warum)* why.
Wrack [vrak] *nt* **-(e)s, -s** wreck.
wringen ['vrɪŋən] *vt irreg* wring.
Wucher ['vu:xər] *m* **-s** profiteering; **~er** *m* **-s, -** profiteer; **w~isch** *a* profiteering; **w~n** *vi (Pflanzen)* grow wild; **~ung** *f (Med)* growth, tumour.
Wuchs [vu:ks] *m* **-es** *(Wachstum)* growth; *(Statur)* build.
Wucht [vʊxt] *f* **-** force; **w~ig** *a* solid, massive.
wühlen ['vy:lən] *vi* scrabble; *(Tier)* root; *(Maulwurf)* burrow; *(col: arbeiten)* slave away; *vt* dig.
Wulst [vʊlst] **-es, ¨e** bulge; *(an Wunde)* swelling.
wund [vʊnt] *a* sore, raw; **W~e** ['vʊndə] *f* **-, -n** wound.
Wunder ['vʊndər] *nt* **-s, -** miracle; **es ist kein ~** it's no wonder; **w~bar** *a* wonderful, marvellous; **~kind** *nt* infant prodigy; **w~lich** *a* odd, peculiar; **w~n** *vr* be surprised (*über +acc* at); *vt* surprise; **w~schön** *a* beautiful; **w~voll** *a* wonderful.
Wundstarrkrampf ['vʊntʃtarkrampf] *m* tetanus, lockjaw.
Wunsch [vʊnʃ] *m* **-(e)s, ¨e** wish.
wünschen ['vʏnʃən] *vt* wish; **sich** *(dat)* **etw ~** want sth, wish for sth; **~swert** *a* desirable.
Würde ['vʏrdə] *f* **-, -n** dignity; *(Stellung)* honour; **~nträger** *m* dignitary; **w~voll** *a* dignified.
würdig ['vʏrdɪç] *a* worthy; *(würdevoll)* dignified; **~en** ['vʏrdɪgən] *vt* appreciate; **jdn keines Blickes ~en** not so much as look at sb.
Wurf [vʊrf] *m* **-s, ¨e** throw; *(Junge)* litter.
Würfel ['vʏrfəl] *m* **-s, -** dice; *(Math)* cube; **~becher** *m* (dice) cup; **w~n** *vi* play dice; *vt* dice; **~spiel** *nt* game of dice; **~zucker** *m* lump sugar.
würgen ['vʏrgən] *vti* choke.
Wurm [vʊrm] *m* **-(e)s, ¨er** worm; **w~en** *vt (col)* rile, nettle; **~fortsatz** *m* (*Med*) appendix; **w~ig** *a* worm-eaten; **~stichig** *a* worm-ridden.
Wurst [vʊrst] *f* **-, ¨e** sausage; **das ist mir ~** *(col)* I don't care, I don't give a damn.
Würze ['vʏrtsə] *f* **-, -n** seasoning, spice.
Wurzel ['vʊrtsəl] *f* **-, -n** root.
würz- ['vʏrts] *cpd*: **~en** *vt* season, spice; **~ig** *a* spicy.
wüst [vy:st] *a* untidy, messy; *(ausschweifend)* wild; *(öde)* waste; *(col: heftig)* terrible; **W~e** *f* **-, -n** desert; **W~ling** *m* rake.
Wut [vu:t] *f* **-** rage, fury; **~anfall** *m* fit of rage.
wüten ['vy:tən] *vi* rage; **~d** *a* furious, mad.

X

X,x [ɪks] *nt* X,x.
X-Beine ['ɪksbaɪnə] *pl* knock-knees *pl*.
x-beliebig [ɪksbə'li:bɪç] *a* any (whatever).
xerokopieren [kseroko'pi:rən] *vt* xerox, photocopy.
x-mal ['ɪksma:l] *ad* any number of times, n times.
Xylophon [ksylo'fo:n] *nt* **-s, -e** xylophone.

Y

Y,y ['ʏpsilɔn] *nt* Y,y.
Ypsilon *nt* **-(s), -s** the letter Y.

Z

Z,z [tsɛt] *nt* Z,z.
Zacke ['tsakə] *f* **-, -n** point; *(Berg—)* jagged peak; *(Gabel—)* prong; *(Kamm—)* tooth.
zackig ['tsakɪç] *a* jagged; *(col)* smart; *Tempo* brisk.
zaghaft ['tsa:khaft] *a* timid; **Z~igkeit** *f* timidity.
zäh [tsɛ:] *a* tough; *Mensch* tenacious; *Flüssigkeit* thick; *(schleppend)* sluggish; **Z~igkeit** *f* toughness; tenacity.
Zahl [tsa:l] *f* **-, -en** number; **z~bar** *a* payable; **z~en** *vti* pay; **z~en bitte!** the bill please!
zählen ['tsɛ:lən] *vti* count (*auf +acc* on); **~ zu** be numbered among.
Zahl- *cpd*: **z~enmäßig** *a* numerical; **~er** *m* **-s, -** payer.
Zähler ['tsɛ:lər] *m* **-s, -** *(Tech)* meter; *(Math)* numerator.
Zahl- *cpd*: **z~los** *a* countless; **z~reich** *a*

numerous; ~**tag** *m* payday; ~**ung** *f* payment; **z~ungsfähig** *a* solvent; ~**wort** *nt* numeral.
zahm [tsa:m] *a* tame.
zähmen ['tsɛ:mən] *vt* tame; *(fig)* curb.
Zahn [tsa:n] *m* **-(e)s, ¨e** tooth; ~**arzt** *m* dentist; ~**bürste** *f* toothbrush; **z~en** *vi* cut teeth; ~**fäule** *f* - tooth decay, caries; ~**fleisch** *nt* gums *pl*; ~**pasta,** ~**paste** *f* toothpaste; ~**rad** *nt* cog(wheel); ~**radbahn** *f* rack railway; ~**schmelz** *m* (tooth) enamel; ~**schmerzen** *pl* toothache; ~**stein** *m* tartar; ~**stocher** *m* **-s, -** toothpick.
Zange [tsaŋə] *f* **-, -n** pliers *pl*; *(Zucker– etc)* tongs *pl*; *(Beiß–, Zool)* pincers *pl*; *(Med)* forceps *pl*; ~**ngeburt** *f* forceps delivery.
Zank- [tsaŋk] *cpd*: ~**apfel** *m* bone of contention; **z~en** *vir* quarrel.
zänkisch ['tsɛŋkɪʃ] *a* quarrelsome.
Zäpfchen ['tsɛpfçən] *nt (Anat)* uvula; *(Med)* suppository.
Zapfen ['tsapfən] *m* **-s, -** plug; *(Bot)* cone; *(Eis–)* icicle; **z~** *vt* tap; ~**streich** *m (Mil)* tattoo.
zappelig ['tsapəlɪç] *a* wriggly; *(unruhig)* fidgety.
zappeln ['tsapəln] *vi* wriggle; fidget.
zart [tsart] *a (weich, leise)* soft; *Braten etc* tender; *(fein, schwächlich)* delicate; **Z~gefühl** *nt* tact; **Z~heit** *f* softness; tenderness; delicacy.
zärtlich ['tsɛ:rtlɪç] *a* tender, affectionate; **Z~keit** *f* tenderness; *pl* caresses *pl*.
Zauber ['tsaubər] *m* **-s, -** magic; *(–bann)* spell; ~**ei** [-'raɪ] *f* magic; ~**er** *m* **-s, -** magician; conjuror; **z~haft** *a* magical, enchanting; ~**künstler** *m* conjuror; **z~n** *vi* conjure, practise magic; ~**spruch** *m* (magic) spell.
zaudern ['tsaudərn] *vi* hesitate.
Zaum [tsaum] *m* **-(e)s, Zäume** bridle; **etw im ~ halten** keep sth in check.
Zaun [tsaun] *m* **-(e)s, Zäune** fence; **vom ~(e) brechen** *(fig)* start; ~**könig** *m* wren; ~**pfahl** *m*: **ein Wink mit dem ~pfahl** a broad hint.
Zeche ['tsɛçə] *f* **-, -n** bill; *(Bergbau)* mine.
Zecke ['tsɛkə] *f* **-, -n** tick.
Zehe [tse:ə] *f* **-, -n** toe; *(Knoblauch–)* clove.
zehn [tse:n] *num* ten; ~**te(r,s)** *a* tenth; **Z~tel** *nt* **-s, -** tenth (part).
Zeich- ['tsaɪç] *cpd*: ~**en** *nt* **-s, -** sign; **z~nen** *vti* draw; *(kenn–)* mark; *(unter–)* sign; ~**ner** *m* **-s, -** artist; **technischer ~ner** draughtsman; ~**nung** *f* drawing; *(Markierung)* markings *pl*.
Zeig- ['tsaɪg] *cpd*: ~**efinger** *m* index finger; **z~en** *vt* show; *vi* point (*auf +acc* to, at); *vr* show o.s.; **es wird sich z~en** time will tell; **es zeigte sich, daß . . .** it turned out that . . .; ~**er** *m* **-s, -** pointer; *(Uhr–)* hand.
Zeile ['tsaɪlə] *f* **-, -n** line; *(Häuser–)* row; ~**nabstand** *m* line spacing.
Zeit [tsaɪt] *f* **-, -en** time; *(Gram)* tense; **zur ~** at the moment; **sich** *(dat)* **~ lassen** take one's time; **von ~ zu ~** from time to time; ~**alter** *nt* age; **z~gemäß** *a* in keeping with the times; ~**genosse** *m* contemporary; **z~ig** *a* early; **z~'lebens** *ad* all one's life; **z~lich** *a* temporal; ~**lupe** *f* slow motion; ~**raffer** *m* **-s** time-lapse photography; **z~raubend** *a* time-consuming; ~**raum** *m* period; ~**rechnung** *f* time, era; **nach/vor unserer ~rechnung** A.D./B.C.; ~**schrift** *f* periodical; ~**ung** *f* newspaper; ~**verschwendung** *f* waste of time; ~**vertreib** *m* pastime, diversion; **z~weilig** *a* temporary; **z~weise** *ad* for a time; ~**wort** *nt* verb; ~**zeichen** *nt (Rad)* time signal; ~**zünder** *m* time fuse.
Zell- ['tsɛl] *cpd*: ~**e** *f* **-, -n** cell; *(Telefon–)* callbox; ~**kern** *m* cell, nucleus; ~**stoff** *m* cellulose; ~**teilung** *f* cell division.
Zelt [tsɛlt] *nt* **-(e)s, -e** tent; ~**bahn** *f* tarpaulin, groundsheet; **z~en** *vi* camp.
Zement [tse'mɛnt] *m* **-(e)s, -e** cement; **z~ieren** [-'ti:rən] *vt* cement.
zensieren [tsɛn'zi:rən] *vt* censor; *(Sch)* mark.
Zensur [tsɛn'zu:r] *f* censorship; *(Sch)* mark.
Zent- *cpd*: ~**imeter** [tsɛnti'me:tər] *m or nt* centimetre; ~**ner** ['tsɛntnər] *m* **-s, -** hundredweight.
zentral [tsɛn'tra:l] *a* central; **Z~e** *f* **-, -n** central office; *(Tel)* exchange; **Z~heizung** *f* central heating; ~**isieren** [tsɛntrali'zi:rən] *vt* centralize.
Zentri- [tsɛntri] *cpd*: ~**fugalkraft** [-fu'ga:lkraft] *f* centrifugal force; ~**fuge** [-'fu:gə] *f* **-, -n** centrifuge; *(für Wäsche)* spin-dryer.
Zentrum ['tsɛntrum] *nt* **-s, Zentren** centre.
Zepter ['tsɛptər] *nt* **-s, -** sceptre.
zerbrech- [tsɛr'brɛç] *cpd*: ~**en** *vti irreg* break; ~**lich** *a* fragile.
zerbröckeln [tsɛr'brœkəln] *vti* crumble (to pieces).
zer'drücken *vt* squash, crush; *Kartoffeln* mash.
Zeremonie [tseremo'ni:] *f* ceremony.
zer'fahren *a* scatterbrained, distracted.
Zerfall [tsɛr'fal] *m* decay; **z~en** *vi irreg* disintegrate, decay; *(sich gliedern)* fall (*in +acc* into).
zerfetzen [tsɛr'fɛtsən] *vt* tear to pieces.
zer'fließen *vi irreg* dissolve, melt away.
zer'gehen *vi irreg* melt, dissolve.
zerkleinern [tsɛr'klaɪnərn] *vt* reduce to small pieces.
zerleg- [tsɛr'le:g] *cpd*: ~**bar** *a* able to be dismantled; ~**en** *vt* take to pieces; *Fleisch* carve; *Satz* analyse.
zerlumpt [tsɛr'lumpt] *a* ragged.
zermalmen [tsɛr'malmən] *vt* crush.
zermürben [tsɛr'mʏrbən] *vt* wear down.
zer'platzen *vi* burst.
zerquetschen [tsɛr'kvɛtʃən] *vt* squash.
Zerrbild ['tsɛrbɪlt] *nt* caricature, distorted picture.
zer'reden *vt Problem* flog to death.
zer'reiben *vt irreg* grind down.
zer'reißen *irreg vt* tear to pieces; *vi* tear, rip.
zerren ['tsɛrən] *vt* drag; *vi* tug (*an +dat* at).

zer'rinnen *vi irreg* melt away.
zerrissen [tsɛr'rɪsən] *a* torn, tattered; **Z~heit** *f* tattered state; *(Pol)* disunion, discord; (*innere —*) disintegration.
zerrütten [tsɛr'rʏtən] *vt* wreck, destroy.
zerrüttet *a* wrecked, shattered.
zer'schießen *vt irreg* shoot to pieces.
zer'schlagen *irreg vt* shatter, smash; *vr* fall through.
zerschleißen [tsɛr'ʃlaɪsən] *vti irreg* wear out.
zer'schneiden *vt irreg* cut up.
zer'setzen *vtr* decompose, dissolve.
zersplittern [tsɛr'ʃplɪtərn] *vti* split (into pieces); (*Glas*) shatter.
zer'springen *vi irreg* shatter, burst.
zerstäub- [tsɛr'ʃtɔʏb] *cpd*: **~en** *vt* spray; **Z~er** *m* **-s, -** atomizer.
zerstör- [tsɛr'ʃtǿ:r] *cpd*: **~en** *vt* destroy; **Z~ung** *f* destruction.
zer'stoßen *vt irreg* pound, pulverize.
zer'streiten *vr irreg* fall out, break up.
zerstreu- [tsɛr'ʃtrɔʏ] *cpd*: **~en** *vtr* disperse, scatter; *(unterhalten)* divert; *Zweifel etc* dispel; **~t** *a* scattered; *Mensch* absent-minded; **Z~theit** *f* absent-mindedness; **Z~ung** *f* dispersion; *(Ablenkung)* diversion.
zerstückeln [tsər'ʃtʏkəln] *vt* cut into pieces.
zer'teilen *vt* divide into parts.
zer'treten *vt irreg* crush underfoot.
zertrümmern [tsɛr'trʏmərn] *vt* shatter; *Gebäude etc* demolish.
Zerwürfnis [tsɛr'vʏrfnɪs] *nt* **-ses, -se** dissension, quarrel.
zerzausen [tsɛr'tsaʊzən] *vt Haare* ruffle up, tousle.
zetern ['tse:tərn] *vi* shout, shriek.
Zettel ['tsɛtəl] *m* **-s, -** piece of paper, slip; *(Notiz—)* note; *(Formular)* form; **~kasten** *m* card index (box).
Zeug [tsɔʏk] *nt* **-(e)s, -e** *(col)* stuff; *(Ausrüstung)* gear; **dummes ~** (stupid) nonsense; **das ~ haben zu** have the makings of; **sich ins ~ legen** put one's shoulder to the wheel.
Zeuge ['tsɔʏgə] *m* **-n, -n, Zeugin** ['tsɔʏgɪn] *f* witness; **z~n** *vi* bear witness, testify; **es zeugt von . . .** it testifies to . . .; *vt Kind* father; **~naussage** *f* evidence; **~nstand** *m* witness box.
Zeugnis ['tsɔʏgnɪs] *nt* **-ses, -se** certificate; *(Sch)* report; *(Referenz)* reference; *(Aussage)* evidence, testimony; **~ geben von** be evidence of, testify to.
Zeugung ['tsɔʏgʊŋ] *f* procreation; **z~sunfähig** *a* sterile.
Zickzack ['tsɪktsak] *m* **-(e)s, -e** zigzag.
Ziege ['tsi:gə] *f* **-, -n** goat; **~nleder** *nt* kid.
Ziegel ['tsi:gəl] *m* **-s, -** brick; *(Dach—)* tile; **~ei** [-'laɪ] *f* brickworks.
ziehen ['tsi:ən] *irreg vt* draw; *(zerren)* pull; *(Schach etc)* move; *(züchten)* rear; **etw nach sich ~** lead to sth, entail sth; *vi* draw; *(um—, wandern)* move; *(Rauch, Wolke etc)* drift; *(reißen)* pull; *v impers*: **es zieht** there is a draught, it's draughty; *vr* *(Gummi)* stretch; *(Grenze etc)* run; *(Gespräche)* be drawn out.
Ziehharmonika ['tsi:harmo:nika] *f* concertina; accordion.
Ziehung ['tsi:ʊŋ] *f (Los—)* drawing.
Ziel [tsi:l] *nt* **-(e)s, -e** *(einer Reise)* destination; *(Sport)* finish; *(Mil)* target; *(Absicht)* goal, aim; **z~en** *vi* aim (*auf +acc* at); **~fernrohr** *nt* telescopic sight; **z~los** *a* aimless; **~scheibe** *f* target; **z~strebig** *a* purposeful.
ziemlich ['tsi:mlɪç] *a* quite a; fair; *ad* rather; quite a bit.
zieren ['tsi:rən] *vr* act coy.
Zier- [tsi:r] *cpd*: **z~lich** *a* dainty; **~lichkeit** *f* daintiness; **~strauch** *m* flowering shrub.
Ziffer [tsɪfər] *f* **-, -n** figure, digit; **~blatt** *nt* dial, clock-face.
zig [tsɪk] *a (col)* umpteen.
Zigarette [tsiga'rɛtə] *f* cigarette; **~nautomat** *m* cigarette machine; **~nschachtel** *f* cigarette packet; **~nspitze** *f* cigarette holder.
Zigarillo [tsiga'rɪlo] *nt or m* **-s, -s** cigarillo.
Zigarre [tsi'garə] *f* **-, -n** cigar.
Zigeuner(in *f***)** [tsi'gɔʏnər(ɪn)] *m* **-s, -** gipsy.
Zimmer ['tsɪmər] *nt* **-s, -** room; **~antenne** *f* indoor aerial; **~decke** *f* ceiling; **~herr** *m* lodger; **~lautstärke** *f* reasonable volume; **~mädchen** *nt* chambermaid; **~mann** *m* carpenter; **z~n** *vt* make, carpenter; **~pflanze** *f* indoor plant.
zimperlich ['tsɪmpərlɪç] *a* squeamish; *(pingelig)* fussy, finicky.
Zimt [tsɪmt] *m* **-(e)s, -e** cinnamon; **~stange** *f* cinnamon stick.
Zink ['tsɪŋk] *nt* **-(e)s** zinc; **~e** *f* **-, -n** (*Gabel—*) prong; *(Kamm—)* tooth; **z~en** *vt Karten* mark; **~salbe** *f* zinc ointment.
Zinn [tsɪn] *nt* **-(e)s** *(Element)* tin; *(in —waren)* pewter; **z~oberrot** [tsɪ'no:bərrot] *a* vermilion; **~soldat** *m* tin soldier; **~waren** *pl* pewter.
Zins [tsɪns] *m* **-es, -en** interest; **~eszins** *m* compound interest; **~fuß** *m,* **~satz** *m* rate of interest; **z~los** *a* interest-free.
Zipfel [tsɪpfəl] *m* **-s, -** corner; (*spitz*) tip; *(Hemd—)* tail; *(Wurst—)* end; **~mütze** *f* stocking cap; nightcap.
zirka ['tsɪrka] *ad* (round) about.
Zirkel ['tsɪrkəl] *m* **-s, -** circle; (*Math*) pair of compasses; **~kasten** *m* geometry set.
Zirkus ['tsɪrkʊs] *m* **-, -se** circus.
Zirrhose [tsɪ'ro:zə] *f* **-, -n** cirrhosis.
zischeln ['tsɪʃəln] *vti* whisper.
zischen ['tsɪʃən] *vi* hiss.
Zitat [tsi'ta:t] *nt* **-(e)s, -e** quotation, quote.
zitieren [tsi'ti:rən] *vt* quote.
Zitronat [tsitro'na:t] *nt* **-(e)s, -e** candied lemon peel.
Zitrone [tsi'tro:nə] *f* **-, -n** lemon; **~nlimonade** *f* lemonade; **~nsaft** *m* lemon juice; **~nscheibe** *f* lemon slice.
zittern ['tsɪtərn] *vi* tremble.
Zitze [tsɪtsə] *f* **-, -n** teat, dug.

zivil [tsi'vi:l] *a* civil; *Preis* moderate; **Z~** *nt* **-s** plain clothes *pl*; *(Mil)* civilian clothing; **Z~bevölkerung** *f* civilian population; **Z~courage** *f* courage of one's convictions; **Z~isation** [tsivilizatsi'o:n] *f* civilization; **Z~isationserscheinung** *f* phenomenon of civilization; **Z~isationskrankheit** *f* disease peculiar to civilization; **~i'sieren** *vt* civilize; **Z~ist** [tsivi'lɪst] *m* civilian; **Z~recht** *nt* civil law.

Zölibat [tsøli'ba:t] *nt or m* **-(e)s** celibacy.

Zoll [tsɔl] *m* **-(e)s, ⸚e** customs *pl*: *(Abgabe)* duty; **~abfertigung** *f* customs clearance; **~amt** *nt* customs office; **~beamte(r)** *m* customs official; **~erklärung** *f* customs declaration; **z~frei** *a* duty-free; **z~pflichtig** *a* liable to duty, dutiable.

Zone ['tso:nə] *f* **-, -n** zone.

Zoo [tso:] *m* **-s, -s** zoo; **~loge** [tsoo'logə] *m* **-n, -n** zoologist; **~lo'gie** *f* zoology; **z~'logisch** *a* zoological.

Zopf [tsɔpf] *m* **-(e)s, ⸚e** plait; pigtail; **alter ~** antiquated custom.

Zorn [tsɔrn] *m* **-(e)s** anger; **z~ig** *a* angry.

Zote [tso:tə] *f* **-, -n** smutty joke/remark.

zottig ['tsɔtɪç] *a* shaggy.

zu [tsu:] *(mit Infinitiv)* to; *prep +dat (bei Richtung, Vorgang)* to; *(bei Orts-, Zeit-, Preisangabe)* at; *(Zweck)* for; **~m Fenster herein** through the window; **~ meiner Zeit** in my time; *ad* too; *(in Richtung)* towards (sb/sth); *a (col)* shut.

zualler- [tsu''alər] *cpd:* **~erst** *ad* first of all; **~letzt** *ad* last of all.

Zubehör ['tsu:bəhø:r] *nt* **-(e)s, -e** accessories *pl*.

Zuber ['tsu:bər] *m* **-s, -** tub.

zubereiten ['tsu:bəraɪtən] *vt* prepare.

zubilligen ['tsu:bɪlɪgən] *vt* grant.

zubinden ['tsu:bɪndən] *vt irreg* tie up.

zubleiben ['tsu:blaɪbən] *vi irreg (col)* stay shut.

zubringen ['tsu:brɪŋən] *vt irreg* spend; *(col) Tür* get shut.

Zubringer *m* **-s, -** *(Tech)* feeder, conveyor; **~straße** *f* approach *or* slip road.

Zucht [tsʊxt] *f* **-, -en** *(von Tieren)* breed(ing); *(von Pflanzen)* cultivation; *(Rasse)* breed; *(Erziehung)* raising; *(Disziplin)* discipline.

züchten ['tsʏçtən] *vt Tiere* breed; *Pflanzen* cultivate, grow.

Züchter *m* **-s, -** breeder; grower.

Zucht- *cpd*: **~haus** *nt* prison, penitentiary *(US)*; **~hengst** *m* stallion, stud.

züchtig ['tsʏçtɪç] *a* modest, demure; **~en** ['tsʏçtɪgən] *vt* chastise; **Z~ung** *f* chastisement.

zucken ['tsʊkən] *vi* jerk, twitch; *(Strahl etc)* flicker; *vt* shrug.

zücken [tsʏkən] *vt Schwert* draw; *Geldbeutel* pull out.

Zucker ['tsʊkər] *m* **-s, -** sugar; *(Med)* diabetes; **~dose** *f* sugar bowl; **~guß** *m* icing; **z~krank** *a* diabetic; **z~n** *vt* sugar; **~rohr** *nt* sugar cane; **~rübe** *f* sugar beet.

Zuckung ['tsʊkʊŋ] *f* convulsion, spasm; *(leicht)* twitch.

zudecken ['tsu:dɛkən] *vt* cover (up).

zudem [tsu'de:m] *ad* in addition (to this).

zudrehen ['tsu:dre:ən] *vt* turn off.

zudringlich ['tsu:drɪŋlɪç] *a* forward, pushing, obtrusive; **Z~keit** *f* forwardness, obtrusiveness.

zudrücken ['tsu:drʏkən] *vt* close; **ein Auge ~** turn a blind eye.

zueinander [tsu'aɪ'nandər] *ad* to one other; *(in Verbverbindung)* together.

zuerkennen ['tsu:'ɛrkɛnən] *vt irreg* award (*jdm etw* sth to sb, sb sth).

zuerst [tsu''e:rst] *ad* first; *(zu Anfang)* at first; **~ einmal** first of all.

Zufahrt ['tsu:fa:rt] *f* approach; **~straße** *f* approach road; *(von Autobahn etc)* slip road.

Zufall ['tsu:fal] *m* chance; *(Ereignis)* coincidence; **durch ~** by accident; **so ein ~** what a coincidence; **z~en** *vi irreg* close, shut itself; *(Anteil, Aufgabe)* fall (*jdm* to sb).

zufällig ['tsu:fɛlɪç] *a* chance; *ad* by chance; *(in Frage)* by any chance.

Zuflucht ['tsu:flʊxt] *f* recourse; *(Ort)* refuge.

Zufluß ['tsu:flʊs] *m (Zufließen)* inflow, influx; *(Geog)* tributary; *(Comm)* supply.

zufolge [tsu'fɔlgə] *prep +dat or gen* judging by; *(laut)* according to.

zufrieden [tsu'fri:dən] *a* content(ed), satisfied; **Z~heit** *f* satisfaction, contentedness; **~stellen** *vt* satisfy.

zufrieren ['tsu:fri:rən] *vi irreg* freeze up *or* over.

zufügen ['tsu:fy:gən] *vt* add (*dat* to); *Leid etc* cause (*jdm etw* sth to sb).

Zufuhr ['tsu:fu:r] *f* **-, -en** *(Herbeibringen)* supplying; *(Met)* influx; *(Mil)* supplies *pl*.

zuführen ['tsu:fy:rən] *vt (leiten)* bring, conduct; *(transportieren)* convey to; *(versorgen)* supply; vi: **auf etw** *(acc)* **~** lead to sth.

Zug [tsu:k] *m* **-(e)s, ⸚e** *(Eisenbahn)* train; *(Luft—)* draught; (Ziehen) pull(ing); *(Gesichts—)* feature; *(Schach etc)* move; *(Klingel—)* pull; *(Schrift—)* stroke; *(Atem—)* breath; *(Charakter—)* trait; *(an Zigarette)* puff, pull, drag; *(Schluck)* gulp; *(Menschengruppe)* procession; *(von Vögeln)* flight; *(Mil)* platoon; **etw in vollen en genießen** enjoy sth to the full.

Zu- ['tsu:] *cpd*: **~gabe** *f* extra; *(in Konzert etc)* encore; **~gang** *m* access, approach; **z~gänglich** *a* accessible; *Mensch* approachable.

Zug- *cpd*: **~abteil** *nt* train compartment; **~brücke** *f* drawbridge.

zugeben ['tsu:ge:bən] *vt irreg (beifügen)* add, throw in; *(zugestehen)* admit; *(erlauben)* permit.

zugehen ['tsu:ge:ən] *vi irreg (schließen)* shut; *v impers (sich ereignen)* go on, proceed; **auf jdn/etw ~** walk towards sb/sth; **dem Ende ~** be finishing.

Zugehörigkeit ['tsu:gəhø:rɪçkaɪt] *f* membership (*zu* of), belonging (*zu* to); **~sgefühl** *nt* feeling of belonging.

zugeknöpft ['tsu:gəknœpft] *a (col)* reserved, stand-offish.

Zügel ['tsy:gəl] *m* **-s, -** rein(s); *(fig auch)*

curb; **z~los** *a* unrestrained, licentious; **~losigkeit** *f* lack of restraint, licentiousness; **z~n** *vt* curb; *Pferd auch* rein in.

zuge- ['tsu:gə] *cpd*: **~sellen** *vr* join (*jdm* up with); **Z~ständnis** *nt* **-ses, -se** concession; **~stehen** *vt irreg* admit; *Rechte* concede (*jdm* to sb).

Zug- *cpd*: **~führer** *m* (*Rail*) inspector; *(Mil)* platoon commander; **z~ig** *a* draughty.

zügig ['tsy:gıç] *a* speedy, swift.

Zug- *cpd*: **~luft** *f* draught; **~maschine** *f* traction engine, tractor.

zugreifen ['tsu:graıfən] *vi irreg* seize *or* grab it; *(helfen)* help; *(beim Essen)* help o.s.

zugrunde [tsu'grʊndə] *ad*: **~ gehen** collapse; *(Mensch)* perish; **einer Sache etw ~ legen** base sth on sth; **einer Sache ~ liegen** be based on sth; **~ richten** ruin, destroy.

zugunsten [tsu'gʊnstən] *prep +gen or dat* in favour of.

zugute [tsu'gu:tə] *ad*: **jdm etw ~ halten** concede sth; **jdm ~ kommen** be of assistance to sb.

Zug- *cpd*: **~verbindung** *f* train connection; **~vogel** *m* migratory bird.

zuhalten ['tsu:haltən] *irreg vt* hold shut; *vi*: **auf jdn/etw ~** make for sb/sth.

Zuhälter ['tsu:hɛltər] *m* **-s, -** pimp.

Zuhause [tsu'haʊsə] *nt* **-** home.

Zuhilfenahme [tsu'hılfəna:mə] *f*: **unter ~ von** with the help of.

zuhören ['tsu:hø:rən] *vi* listen (*dat* to).

Zuhörer *m* **-s, -** listener; **~schaft** *f* audience.

zujubeln ['tsu:ju:bəln] *vi* cheer (*jdm* sb).

zukleben ['tsu:kle:bən] *vt* paste up.

zuknöpfen ['tsu:knœpfən] *vt* button up, fasten.

zukommen ['tsu:kɔmən] *vi irreg* come up (*auf +acc* to); *(sich gehören)* be fitting (*jdm* for sb); *(Recht haben auf)* be entitled to; **jdm etw ~ lassen** give sb sth; **etw auf sich ~ lassen** wait and see.

Zukunft ['tsu:kʊnft] *f* **-, Zukünfte** future.

zukünftig [tsu:kʏnftıç] *a* future; **mein ~er Mann** my husband to be; *ad* in future.

Zukunfts- *cpd*: **~aussichten** *pl* future prospects *pl*; **~musik** *f (col)* wishful thinking; crystal ball gazing; **~roman** *m* science-fiction novel.

Zulage ['tsu:la:gə] *f* bonus, allowance.

zulassen ['tsu:lasən] *vt irreg (hereinlassen)* admit; *(erlauben)* permit; *Auto* license; *(col: nicht öffnen)* (keep) shut.

zulässig ['tsu:lɛsıç] *a* permissible, permitted.

zulaufen ['tsu:laʊfən] *vi irreg* run (*auf +acc* towards); *(Tier)* adopt (*jdm* sb); **spitz ~** come to a point.

zulegen ['tsu:le:gən] *vt* add; *Geld* put in; *Tempo* accelerate, quicken; *(schließen)* cover over; **sich** *(dat)* **etw ~** *(col)* get hold of sth.

zuleide [tsu'laıdə] *a*: **jdm etw ~ tun** hurt *or* harm sb.

zuleiten ['tsu:laıtən] *vt* direct (*dat* to); *(schicken) send.*

zuletzt [tsu'lɛtst] *ad* finally, at last.

zuliebe [tsu'li:bə] *ad*: **jdm ~** to please sb.

zum [tsum] **= zu dem**: **~ dritten Mal** for the third time; **~ Scherz** as a joke; **~ Trinken** for drinking.

zumachen ['tsu:maxən] *vt* shut; *Kleidung* do up, fasten; *vi* shut; (col) hurry up.

zumal [tsu'ma:l] *cj* especially (as).

zumeist [tsu'maıst] *ad* mostly.

zumindest [tsu'mındəst] *ad* at least.

zumut- *cpd*: **~bar** ['tsu:mu:tba:r] *a* reasonable; **~e wie ist ihm ~e?** how does he feel?; **~en** ['tsu:mu:tən] *vt* expect, ask (*jdm* of sb); **Z~ung** ['tsu:mu:tʊŋ] *f* unreasonable expectation *or* demand, impertinence.

zunächst [tsu'nɛ:çst] *ad* first of all; **~ einmal** to start with.

zunähen ['tsu:nɛ:ən] *vt* sew up.

Zunahme ['tsu:na:mə] *f* **-, -n** increase.

Zuname ['tsu:na:mə] *m* surname.

Zünd- [tsʏnd] *cpd*: **z~en** *vi (Feuer)* light, ignite; *(Motor)* fire; *(begeistern)* fire (with enthusiasm) (*bei jdm* sb); **z~end** *a* fiery; **~er** *m* **-s, -** fuse; *(Mil)* detonator; **~holz** ['tsʏnt-] *nt* match; **~kerze** *f (Aut)* spark(ing) plug; **~schlüssel** *m* ignition key; **~schnur** *f* fuse wire; **~stoff** *m* fuel; *(fig)* dynamite; **~ung** *f* ignition.

zunehmen ['tsu:ne:mən] *vi irreg* increase, grow; *(Mensch)* put on weight.

zuneigen ['tsu:naıgən] *vi* incline, lean; **sich dem Ende ~** draw to a close; **einer Auffassung ~** incline towards a view; **jdm zugeneigt sein** be attracted to sb.

Zuneigung *f* affection.

Zunft [tsʊnft] *f* **-, ⸚e** guild.

zünftig ['tsʏnftıç] *a* proper, real; *Handwerk* decent.

Zunge ['tsʊŋə] *f* **-, -n** tongue; *(Fisch)* sole; **z~nfertig** *a* glib.

zunichte [tsu'nıçtə] *ad*: **~ machen** ruin, destroy; **~ werden** come to nothing.

zunutze [tsu'nʊtsə] *ad*: **sich** *(dat)* **etw ~ machen** make use of sth.

zuoberst [tsu''o:bərst] *ad* at the top.

zupfen ['tsʊpfən] *vt* pull, pick, pluck; *Gitarre* pluck.

zur [tsu:r] **= zu der.**

zurech- ['tsu:rɛç] *cpd*: **~nungsfähig** *a* responsible, accountable; **Z~nungsfähigkeit** *f* responsibility, accountability.

zurecht- [tsu'rɛçt] *cpd*: **~finden** *vr irreg* find one's way (about); **~kommen** *vi irreg* (be able to) deal (*mit* with), manage; **~legen** *vt* get ready; *Ausrede etc* have ready; **~machen** *vt* prepare; *vr* get ready; **~weisen** *vt irreg* reprimand; **Z~weisung** *f* reprimand, rebuff.

zureden ['tsu:re:dən] *vi* persuade, urge (*jdm* sb).

zurichten ['tsu:rıçtən] *vt Essen* prepare; *(beschädigen)* batter, bash up.

zürnen ['tsʏrnən] *vi* be angry (*jdm* with sb).

zurück [tsu'rʏk] *ad* back; **~behalten** *vt irreg* keep back; **~bekommen** *vt irreg* get back; **~bezahlen** *vt* repay, pay back; **~bleiben** *vi irreg* (*Mensch*) remain behind; *(nicht nachkommen)* fall behind, lag; *(Schaden)* remain; ~**bringen** *vt irreg* bring back; ~**drängen** *vt Gefühle* repress; *Feind* push back; ~**drehen** *vt* turn back; ~**erobern** *vt* reconquer; ~**fahren** *irreg vi* travel back; (*vor Schreck)* recoil, start; *vt* drive back; ~**fallen** *vi irreg* fall back; *(in Laster)* relapse; ~**finden** *vi irreg* find one's way back; ~**fordern** *vt* demand back; ~**führen** *vt* lead back; **etw auf etw** *(acc)* ~**führen** trace sth back to sth; ~**geben** *vt irreg* give back; *(antworten)* retort with; ~**geblieben** *a* retarded; ~**gehen** *vi irreg* go back; *(zeitlich)* date back (*auf +acc* to); *(fallen)* go down, fall; ~**gezogen** *a* retired, withdrawn; ~**halten** *irreg vt* hold back; *Mensch* restrain; *(hindern)* prevent; *vr (reserviert sein)* be reserved; *(im Essen)* hold back; ~**haltend** *a* reserved; **Z~haltung** *f* reserve; ~**kehren** *vi* return; ~**kommen** *vi irreg* come back; **auf etw** *(acc)* ~**kommen** return to sth; ~**lassen** *vt irreg* leave behind; ~**legen** *vt* put back; *Geld* put by; *(reservieren)* keep back; *Strecke* cover; ~**nehmen** *vt irreg* take back; ~**rufen** *vti irreg* call back; **etw ins Gedächtnis** ~**rufen** recall sth; ~**schrecken** *vi* shrink (*vor +dat* from); ~**setzen** *vt* put back; *(im Preis)* reduce; *(benachteiligen)* put at a disadvantage; ~**stecken** *vt* put back; *vi (fig)* moderate (one's wishes); ~**stellen** *vt* put back, replace; *(aufschieben)* put off, postpone; *(Mil)* turn down; *Interessen* defer; *Ware* keep; ~**stoßen** *vt irreg* repulse; ~**treten** *vi irreg* step back; *(vom Amt)* retire; **gegenüber** *or* **hinter etw** ~**treten** diminish in importance in view of sth; ~**weisen** *vt irreg* turn down; *Mensch* reject; **Z~zahlung** *f* repayment; ~**ziehen** *irreg vt* pull back; *Angebot* withdraw; *vr* retire.

Zuruf ['tsu:ru:f] *m* shout, cry.

Zusage ['tsu:za:gə] *f* **-, -n** promise; *(Annahme)* consent; **z~n** *vt* promise; *vi* accept; **jdm z~n** *(gefallen)* agree with *or* please sb.

zusammen [tsu'zamən] *ad* together; **Z~arbeit** *f* cooperation; ~**arbeiten** *vi* cooperate; ~**beißen** *vt irreg Zähne* clench; ~**bleiben** *vi irreg* stay together; ~**brechen** *vi irreg* collapse; *(Mensch auch)* break down; ~**bringen** *vt irreg* bring *or* get together; *Geld* get; *Sätze* put together; **Z~bruch** *m* collapse; ~**fahren** *vi irreg* collide; *(erschrecken)* start; ~**fassen** *vt* summarize; *(vereinigen)* unite; ~**fassend** *a* summarizing; *ad* to summarize; **Z~fassung** *f* summary, résumé; ~**finden** *vir irreg* meet (together); ~**fließen** *vi irreg* flow together, meet; **Z~fluß** *m* confluence; ~**fügen** *vt* join (together), unite; ~**gehören** *vi* belong together; *(Paar)* match; ~**gesetzt** *a* compound, composite; ~**halten** *vi irreg* stick together; **Z~hang** *m* connection; **im/aus dem Z~hang** in/out of context; ~**hängen** *vi irreg* be connected *or* linked; ~**hang(s)los** *a* incoherent, disconnected; ~**klappbar** *a* folding, collapsible; ~**kommen** *vi irreg* meet, assemble; *(sich ereignen)* occur at once *or* together; **Z~kunft** *f* meeting; ~**laufen** *vi irreg* run *or* come together; *(Straßen, Flüsse etc)* converge, meet; *(Farben)* run into one another; ~**legen** *vt* put together; (*stapeln*) pile up; *(falten)* fold; *(verbinden)* combine, unite; *Termine, Fest* amalgamate; *Geld* collect; ~**nehmen** *irreg vt* summon up; **alles** ~**genommen** all in all; *vr* pull o.s. together; ~**passen** *vi* go well together, match; ~**prallen** *vi* collide; ~**schlagen** *vt irreg Mensch* beat up; *Dinge* smash up; *(falten)* fold; *Hände* clap; *Hacken* click; ~**schließen** *vtr irreg* join (together); **Z~schluß** *m* amalgamation; ~**schreiben** *vt irreg* write together; *Bericht* put together; ~**schrumpfen** *vi* shrink, shrivel up; **Z~sein** *nt* **-s** get-together; ~**setzen** *vt* put together; *vr* be composed of; **Z~setzung** *f* composition; ~**stellen** *vt* put together; compile; **Z~stellung** *f* list; *(Vorgang)* compilation; **Z~stoß** *m* collision; ~**stoßen** *vi irreg* collide; ~**treffen** *vi irreg* coincide; *Menschen* meet; **Z~treffen** *nt* meeting; coincidence; ~**wachsen** *vi irreg* grow together; ~**zählen** *vt* add up; ~**ziehen** *irreg vt (verengern)* draw together; *(vereinigen)* bring together; *(addieren)* add up; *vr* shrink; *(sich bilden)* form, develop.

Zusatz ['tsu:zats] *m* addition; ~**antrag** *m (Pol)* amendment.

zusätzlich ['tsu:zɛtslɪç] *a* additional.

zuschauen ['tsu:ʃauən] *vi* watch, look on.

Zuschauer *m* **-s, -** spectator; *pl (Theat)* audience.

zuschicken ['tsu:ʃɪkən] *vt* send, forward (*jdm etw* sth to sb).

zuschießen ['tsu:ʃi:sən] *irreg vt* fire (*dat* at); *Geld* put in; *vi:* ~ **auf** *(+acc)* rush towards.

Zuschlag ['tsu:ʃlak] *m* extra charge, surcharge; **z~en** ['tsu:ʃla:gən] *irreg vt Tür* slam; *Ball* hit (*jdm* to sb); *(bei Auktion)* knock down; *Steine etc* knock into shape; *vi (Fenster, Tür)* shut; *(Mensch)* hit, punch; ~**skarte** *f (Rail)* surcharge ticket; **z~spflichtig** *a* subject to surcharge.

zuschließen ['tsu:ʃli:sən] *vt irreg* lock (up).

zuschmeißen ['tsu:ʃmaɪsən] *vt irreg (col)* slam, bang shut.

zuschneiden ['tsu:ʃnaɪdən] *vt irreg* cut out *or* to size.

zuschnüren ['tsu:ʃny:rən] *vt* tie up.

zuschrauben ['tsu:ʃraubən] *vt* screw down *or* up.

zuschreiben ['tsu:ʃraɪbən] *vt irreg (fig)* ascribe, attribute; *(Comm)* credit.

Zuschrift ['tsu:ʃrɪft] *f* letter, reply.

zuschulden [tsu'ʃʊldən] *ad:* **sich** *(dat)* **etw** ~ **kommen lassen** make o.s. guilty of sth.

Zuschuß ['tsu:ʃʊs] *m* subsidy, allowance.

zuschütten ['tsu:ʃʏtən] *vt* fill up.

zusehen ['tsu:ze:ən] *vi irreg* watch (*jdm/etw* sb/sth); *(dafür sorgen)* take care; ~**ds** *ad* visibly.

zusenden ['tsu:zɛndən] *vt irreg* forward, send on (*jdm etw* sth to sb).

zusetzen ['tsu:zɛtsən] *vt (beifügen)* add; *Geld* lose; *vi*: **jdm ~** harass sb; *(Krankheit)* take a lot out of sb.
zusichern ['tsu:zɪçərn] *vt* assure (*jdm etw* sb of sth).
zusperren ['tsu:ʃpɛrən] *vt* bar.
zuspielen ['tsu:ʃpi:lən] *vti* pass (*jdm* to sb).
zuspitzen ['tsu:ʃpɪtsən] *vt* sharpen; *vr (Lage)* become critical.
zusprechen ['tsu:ʃprɛçən] *irreg vt (zuerkennen)* award (*jdm etw* sb sth, sth to sb); **jdm Trost ~** comfort sb; *vi* speak (*jdm* to sb); **dem Essen/Alkohol ~** eat/drink a lot.
Zuspruch ['tsu:ʃprʊx] *m* encouragement; *(Anklang)* appreciation, popularity.
Zustand ['tsu:ʃtant] *m* state, condition; **z~e** [tsu'ʃtandə] *ad*: **z~e bringen** *vt irreg* bring about; **z~e kommen** *vi irreg* come about.
zuständig ['tsu:ʃtɛndɪç] *a* competent, responsible; **Z~keit** *f* competence, responsibility.
zustehen ['tsu:ʃte:ən] *vi irreg*: **jdm ~** be sb's right.
zustellen ['tsu:ʃtɛlən] *vt (verstellen)* block; *Post etc* send.
zustimmen ['tsu:ʃtɪmən] *vi* agree (*dat* to).
Zustimmung *f* agreement, consent.
zustoßen ['tsu:ʃto:sən] *vi irreg (fig)* happen (*jdm* to sb).
zutage [tsu'ta:gə] *ad*: **~ bringen** bring to light; **~ treten** come to light.
Zutaten ['tsu:ta:tən] *pl* ingredients *pl.*
zuteilen ['tsu:taɪlən] *vt* allocate, assign.
zutiefst [tsu'ti:fst] *ad* deeply.
zutragen ['tsu:tra:gən] *irreg vt* bring (*jdm etw* sth to sb); *Klatsch* tell; *vr* happen.
zuträglich ['tsu:trɛ:klɪç] *a* beneficial.
zutrau- ['tsu:traʊ] *cpd*: **~en** *vt* credit (*jdm etw* sb with sth); **Z~en** *nt* **-s** trust (*zu* in); **~lich** *a* trusting, friendly; **Z~lichkeit** *f* trust.
zutreffen ['tsu:trɛfən] *vi irreg* be correct; apply; **Z~des bitte unterstreichen** please underline where applicable.
zutrinken ['tsu:trɪŋkən] *vi irreg* drink to (*jdm* sb).
Zutritt ['tsu:trɪt] *m* access, admittance.
Zutun ['tsu:tu:n] *nt* **-s** assistance; *vt irreg* add; *(schließen)* shut.
zuverlässig ['tsu:fɛrlɛsɪç] *a* reliable; **Z~keit** *f* reliability.
Zuversicht ['tsu:fɛrzɪçt] *f* **-** confidence; **z~lich** *a* confident; **~lichkeit** *f* confidence, hopefulness.
zuviel [tsu'fi:l] *ad* too much.
zuvor [tsu'fo:r] *ad* before, previously; **~kommen** *vi irreg* anticipate (*jdm* sb), beat (sb) to it; **~kommend** *a* obliging, courteous.
Zuwachs ['tsu:vaks] *m* **-es** increase, growth; *(col)* addition; **z~en** *vi irreg* become overgrown; *(Wunde)* heal (up).
zuwandern ['tsu:vandərn] *vi* immigrate.
zuwege [tsu've:gə] *ad*: **etw ~ bringen** accomplish sth; **mit etw ~ kommen** manage sth; **gut ~ sein** be (doing) well.
zuweilen [tsu'vaɪlən] *ad* at times, now and then.
zuweisen ['tsu:vaɪzən] *vt irreg* assign, allocate (*jdm* to sb).
zuwenden ['tsu:vɛndən] *irreg vt* turn (*dat* towards); **jdm seine Aufmerksamkeit ~** give sb one's attention; *vr* devote o.s., turn (*dat* to).
zuwenig [tsu've:nɪç] *ad* too little.
zuwerfen ['tsu:vɛrfən] *vt irreg* throw (*jdm* to sb).
zuwider [tsu'vi:dər] *ad*: **etw ist jdm ~** sb loathes sth, sb finds sth repugnant; *prep +dat* contrary to; **~handeln** *vi* act contrary (*dat* to); **einem Gesetz ~handeln** contravene a law; **Z~handlung** *f* contravention; **~laufen** *vi irreg* run counter (*dat* to).
zuziehen ['tsu:tsi:ən] *irreg vt (schließen) Vorhang* draw, close; *(herbeirufen) Experten* call in; **sich** *(dat)* **etw ~** *Krankheit* catch; *Zorn* incur; *vi* move in, come.
zuzüglich ['tsu:tsy:klɪç] *prep +gen* plus, with the addition of.
Zwang [tsvaŋ] *m* **-(e)s, ⸚e** compulsion, coercion.
zwängen ['tsvɛŋən] *vtr* squeeze.
Zwang- *cpd*: **z~los** *a* informal; **~losigkeit** *f* informality; **~sarbeit** *f* forced labour; *(Strafe)* hard labour; **~sjacke** *f* straightjacket; **~slage** *f* predicament, tight corner; **z~släufig** *a* necessary, inevitable; **~smaßnahme** *f* sanction, coercive measure; **z~sweise** *ad* compulsorily.
zwanzig ['tsvantsɪç] *num* twenty.
zwar [tsva:r] *ad* to be sure, indeed; **das ist ~ . . ., aber . . .** that may be . . . but . . .; **und ~ am Sonntag** on Sunday to be precise; **und ~ so schnell, daß . . .** in fact so quickly that . . .
Zweck ['tsvɛk] *m* **-(e)s, -e** purpose, aim; **z~dienlich** *a* practical; expedient; **~e** *f* **-, -n** hobnail; *(Heft—)* drawing pin, thumbtack *(US)*; **~entfremdung** *f* misuse; **z~los** *a* pointless; **z~mäßig** *a* suitable, appropriate; **~mäßigkeit** *f* suitability; **z~widrig** *a* unsuitable.
zwei [tsvaɪ] *num* two; **~deutig** *a* ambiguous; *(unanständig)* suggestive; **~erlei** *a*: **~erlei Stoff** two different kinds of material; **~erlei Meinung** of differing opinions; **~erlei zu tun haben** have two different things to do; **~fach** *a* double.
Zweifel ['tsvaɪfəl] *m* **-s, -** doubt; **z~haft** *a* doubtful, dubious; **z~los** *a* doubtless; **z~n** *vi* doubt (*an etw (dat)* sth); **~sfall** *m*: **im ~sfall** in case of doubt.
Zweig [tsvaɪk] *m* **-(e)s, -e** branch; **~geschäft** *nt (Comm)* branch; **~stelle** *f* branch (office).
zwei- *cpd*: **Z~heit** *f* duality; **~hundert** *num* two hundred; **Z~kampf** *m* duel; **~mal** *ad* twice; **~motorig** *a* twin-engined; **~reihig** *a (Anzug)* double-breasted; **~schneidig** *a (fig)* two-edged; **Z~sitzer** *m* **-s, -** two-seater; **~sprachig** *a* bilingual; **~spurig** *a (Aut)* two-lane; **~stimmig** *a* for two voices;

Z~taktmotor *m* two-stroke engine.
zweit- [tsvaɪt] *cpd*: **~ens** *ad* secondly; **~größte(r,s)** *a* second largest; **~klassig** *a* second-class; **~letzte(r,s)** *a* last but one, penultimate; **~rangig** *a* second-rate; **Z~wagen** *m* second car.
Zwerchfell ['tsvɛrçfɛl] *nt* diaphragm.
Zwerg [tsvɛrk] *m* **-(e)s, -e** dwarf.
Zwetsche ['tsvɛtʃə] *f* **-, -n** plum.
Zwickel ['tsvɪkəl] *m* **-s, -** gusset.
zwicken ['tsvɪkən] *vt* pinch, nip.
Zwieback ['tsvi:bak] *m* **-(e)s, -e** rusk.
Zwiebel ['tsvi:bəl] *f* **-, -n** onion; *(Blumen—)* bulb; **z~artig** *a* bulbous.
Zwie- ['tsvi:] *cpd*: **~gespräch** *vt* dialogue; **~licht** *nt* twilight; **z~lichtig** *a* shady, dubious; **~spalt** *m* conflict, split; **z~spältig** *a Gefühle* conflicting; *Charakter* contradictory; **~tracht** *f* discord, dissension.
Zwilling ['tsvɪlɪŋ] *m* **-s, -e** twin; *pl (Astrol)* Gemini.
zwingen ['tsvɪŋən] *vt irreg* force; **~nd** *a Grund etc* compelling.
zwinkern ['tsvɪŋkərn] *vi* blink; *(absichtlich)* wink.
Zwirn [tsvɪrn] *m* **-(e)s, -e** thread.
zwischen ['tsvɪʃən] *prep +acc or dat* between; **Z~bemerkung** *f* (incidental) remark; **~blenden** *vt (TV)* insert; **Z~ding** *nt* cross; **~durch** [-'dʊrç] *ad* in between; *(räumlich)* here and there; **Z~ergebnis** *nt* intermediate result; **Z~fall** *m* incident; **Z~frage** *f* question; **Z~gas** *nt*: **Z~gas geben** double-declutch; **Z~handel** *m* middlemen *pl*; middleman's trade; **Z~händler** *m* middleman, agent; **Z~landung** *f* stop, intermediate landing; **~menschlich** *a* interpersonal; **Z~raum** *m* space; **Z~ruf** *m* interjection, interruption; **Z~spiel** *nt* interlude; **~staatlich** *f* interstate; international; **Z~station** *f* intermediate station; **Z~stecker** *m* (*Elec*) adaptor; **Z~wand** *f* partition; **Z~zeit** *f* interval; **in der Z~zeit** in the interim, meanwhile.
Zwist [tsvɪst] *m* **-es, -e** dispute, feud.
zwitschern ['tsvɪtʃərn] *vti* twitter, chirp.
Zwitter ['tsvɪtər] *m* **-s, -** hermaphrodite.
zwölf [tsvœlf] *num* twelve.
Zyklus ['tsy:klʊs] *m* **-, Zyklen** cycle.
Zylinder [tsi'lɪndər] *m* **-s, -** cylinder; *(Hut)* top hat; **z~förmig** *a* cylindrical.
Zyniker ['tsy:nikər] *m* **-s, -** cynic.
zynisch ['tsy:nɪʃ] *a* cynical.
Zynismus [tsy'nɪsmʊs] *m* cynicism.
Zyste ['tsʏstə] *f* **-, -n** cyst.

ENGLISH - GERMAN
ENGLISCH - DEUTSCH

A

A, a [eɪ] *n* A *nt*, a *nt*.
a, an [eɪ, ə; æn, ən] *indef art* ein/eine/ein. **£1 a metre** 1£ pro *or* das Meter.
aback [ə'bæk] *ad*: **to be taken ~** verblüfft sein.
abandon [ə'bændən] *vt* (*give up*) aufgeben; (*desert*) verlassen; *n* Hingabe *f*.
abashed [ə'bæʃt] *a* verlegen.
abate [ə'beɪt] *vi* nachlassen, sich legen.
abattoir ['æbətwɑ:*] *n* Schlachthaus *nt*.
abbey ['æbɪ] *n* Abtei *f*.
abbot ['æbət] *n* Abt *m*.
abbreviate [ə'bri:vɪeɪt] *vt* abkürzen.
abbreviation [əbri:vɪ'eɪʃən] *n* Abkürzung *f*.
ABC ['eɪbi:'si:] *n* (*lit, fig*) Abc *nt*.
abdicate ['æbdɪkeɪt] *vt* aufgeben; *vi* abdanken.
abdication [æbdɪ'keɪʃən] *n* Abdankung *f*; (Amts)niederlegung *f*.
abdomen ['æbdəmən] *n* Unterleib *m*.
abdominal [æb'dɒmɪnl] *a* Unterleibs-.
abduct [æb'dʌkt] *vt* entführen; **~ion** [æb'dʌkʃən] Entführung *f*.
aberration [æbə'reɪʃən] *n* (geistige) Verwirrung *f*.
abet [ə'bet] *vt see* **aid** *vt*.
abeyance [ə'beɪəns] *n*: **in ~** in der Schwebe; (*disuse*) außer Kraft.
abhor [əb'hɔ:*] *vt* verabscheuen.
abhorrent [əb'hɒrənt] *a* verabscheuungswürdig.
abide [ə'baɪd] *vt* vertragen; leiden; **~ by** *vt* sich halten an (+*acc*).
ability [ə'bɪlɪtɪ] *n* (*power*) Fähigkeit *f*; (*skill*) Geschicklichkeit *f*.
abject ['æbdʒekt] *a liar* übel; *poverty* größte(r, s); *apology* zerknirscht.
ablaze [ə'bleɪz] *a* in Flammen; **~ with lights** hell erleuchtet.
able ['eɪbl] *a* geschickt, fähig; **to be ~ to do sth** etw tun können; **~-bodied** *a* kräftig; *seaman* Voll-; (*Mil*) wehrfähig.
ably ['eɪblɪ] *ad* geschickt.
abnormal [æb'nɔ:məl] *a* regelwidrig, abnorm; **~ity** [æbnɔ:'mælɪtɪ] Regelwidrigkeit *f*; (*Med*) krankhafte Erscheinung *f*.
aboard [ə'bɔ:d] *ad, prep* an Bord (+*gen*).
abode [ə'bəʊd] *n*: **of no fixed ~** ohne festen Wohnsitz.
abolish [ə'bɒlɪʃ] *vt* abschaffen.
abolition [æbə'lɪʃən] *n* Abschaffung *f*.
abominable *a*, **abominably** *ad* [ə'bɒmɪnəbl, -blɪ] scheußlich.
aborigine [æbə'rɪdʒɪni:] *n* Ureinwohner *m*.
abort [ə'bɔ:t] *vt* abtreiben; fehlgebären; **~ion** [ə'bɔ:ʃən] Abtreibung *f*; (*miscarriage*) Fehlgeburt *f*; **~ive** *a* mißlungen.
abound [ə'baʊnd] *vi* im Überfluß vorhanden sein; **to ~ in** Überfluß haben an (+*dat*).
about [ə'baʊt] *ad* (*nearby*) in der Nähe; (*roughly*) ungefähr; (*around*) umher, herum; *prep* (*topic*) über (+*acc*); (*place*) um, um . . . herum; **to be ~ to** im Begriff sein zu; **I was ~ to go out** ich wollte gerade weggehen.
above [ə'bʌv] *ad* oben; *prep* über; *a* obig; **~ all** vor allem; **~board** *a* offen, ehrlich.
abrasion [ə'breɪʒən] *n* Abschürfung *f*.
abrasive [ə'breɪzɪv] *n* Schleifmittel *nt*; *a* Abschleif-; *personality* zermürbend, aufreibend.
abreast [ə'brest] *ad* nebeneinander; **to keep ~ of** Schritt halten mit.
abridge [ə'brɪdʒ] *vt* (ab)kürzen.
abroad [ə'brɔ:d] *ad be* im Ausland; *go* ins Ausland.
abrupt [ə'brʌpt] *a* (*sudden*) abrupt, jäh; (*curt*) schroff.
abscess ['æbsɪs] *n* Geschwür *nt*.
abscond [əb'skɒnd] *vi* flüchten, sich davonmachen.
absence ['æbsəns] *n* Abwesenheit *f*.
absent ['æbsənt] *a* abwesend, nicht da; (*lost in thought*) geistesabwesend; **~ee** [æbsən'ti:] Abwesende(r) *m*; **~eeism** [æbsən'ti:ɪzəm] Fehlen *nt* (am Arbeitsplatz/in der Schule); **~-minded** *a* zerstreut.
absolute ['æbsəlu:t] *a* absolut; *power* unumschränkt; *rubbish* vollkommen, rein; **~ly** ['æbsəlu:tlɪ] *ad* absolut, vollkommen; **~!** ganz bestimmt!
absolve [əb'zɒlv] *vt* entbinden; freisprechen.
absorb [əb'zɔ:b] *vt* aufsaugen, absorbieren; (*fig*) ganz in Anspruch nehmen, fesseln; **~ent** *a* absorbierend; **~ent cotton** (*US*) Verbandwatte *f*; **~ing** *a* aufsaugend; (*fig*) packend.
abstain [əb'steɪn] *vi* (*in vote*) sich enthalten; **to ~ from** (*keep from*) sich enthalten (+*gen*).
abstemious [əb'sti:mɪəs] *a* mäßig, enthaltsam.
abstention [əb'stenʃən] *n* (*in vote*) (Stimm)enthaltung *f*.
abstinence ['æbstɪnəns] *n* Enthaltsamkeit *f*.
abstract ['æbstrækt] *a* abstrakt; *n* Abriß *m*; [æb'strækt] *vt* abstrahieren, aussondern.
abstruse [æb'stru:s] *a* verworren, abstrus.
absurd [əb'sɜ:d] *a* absurd; **~ity** Unsinnigkeit *f*, Absurdität *f*.
abundance [ə'bʌndəns] *n* Überfluß *m* (*of* an +*dat*).
abundant [ə'bʌndənt] *a* reichlich.

abuse [ə'bju:s] *n* (*rude language*) Beschimpfung *f*; (*ill usage*) Mißbrauch *m*; (*bad practice*) (Amts)mißbrauch *m*; [ə'bju:z] *vt* (*misuse*) mißbrauchen.
abusive [ə'bju:sɪv] *a* beleidigend, Schimpf-.
abysmal [ə'bɪzməl] *a* scheußlich; *ignorance* bodenlos.
abyss [ə'bɪs] *n* Abgrund *m*.
academic [ækə'demɪk] *a* akademisch; (*theoretical*) theoretisch.
academy [ə'kædəmɪ] *n* (*school*) Hochschule *f*; (*society*) Akademie *f*.
accede [æk'si:d] *vi*: ~ **to** *office* antreten; *throne* besteigen; *request* zustimmen (+*dat*).
accelerate [æk'seləreɪt] *vi* schneller werden; (*Aut*) Gas geben; *vt* beschleunigen.
acceleration [ækselə'reɪʃən] *n* Beschleunigung *f*.
accelerator [ək'seləreɪtə*] *n* Gas(pedal) *nt*.
accent ['æksent] *n* Akzent *m*, Tonfall *m*; (*mark*) Akzent *m*; (*stress*) Betonung *f*; ~**uate** [æk'sentjʊeɪt] *vt* betonen.
accept [ək'sept] *vt* (*take*) annehmen; (*agree to*) akzeptieren; ~**able** *a* annehmbar; ~**ance** Annahme *f*.
access ['ækses] *n* Zugang *m*; ~**ible** [æk'sesɪbl] *a* (*easy to approach*) zugänglich; (*within reach*) (leicht) erreichbar; ~**ion** [æk'seʃən] (*to throne*) Besteigung *f*; (*to office*) Antritt *m*.
accessory [æk'sesərɪ] *n* Zubehörteil *nt*; **accessories** *pl* Zubehör *nt*; **toilet accessories** *pl* Toilettenartikel *pl*.
accident ['æksɪdənt] *n* Unfall *m*; (*coincidence*) Zufall *m*; **by** ~ zufällig; ~**al** [æksɪ'dentl] *a* unbeabsichtigt; ~**ally** [æksɪ'dentəlɪ] *ad* zufällig; **to be** ~**-prone** zu Unfällen neigen.
acclaim [ə'kleɪm] *vt* zujubeln (+*dat*); *n* Beifall *m*.
acclimatize [ə'klaɪmətaɪz] *vt*: **to become** ~**d** sich gewöhnen (*to* an +*acc*), sich akklimatisieren.
accolade ['ækəleɪd] *n* Auszeichnung *f*.
accommodate [ə'kɒmədeɪt] *vt* unterbringen; (*hold*) Platz haben für; (*oblige*) (aus)helfen (+*dat*).
accommodating [ə'kɒmədeɪtɪŋ] *a* entgegenkommend.
accommodation [əkɒmə'deɪʃən] *n* Unterkunft *f*.
accompaniment [ə'kʌmpənɪmənt] *n* Begleitung *f*.
accompanist [ə'kʌmpənɪst] *n* Begleiter *m*.
accompany [ə'kʌmpənɪ] *vt* begleiten.
accomplice [ə'kʌmplɪs] *n* Helfershelfer *m*, Komplize *m*.
accomplish [ə'kʌmplɪʃ] *vt* (*fulfil*) durchführen; (*finish*) vollenden; *aim* erreichen; ~**ed** *a* vollendet, ausgezeichnet; ~**ment** (*skill*) Fähigkeit *f*; (*completion*) Vollendung *f*; (*feat*) Leistung *f*.
accord [ə'kɔ:d] *n* Übereinstimmung *f*; **of one's own** ~ freiwillig; *vt* gewähren; ~**ance**: **in** ~**ance with** in Übereinstimmung mit; ~**ing to** nach, laut (+*gen*); ~**ingly** *ad* danach, dementsprechend.
accordion [ə'kɔ:dɪən] *n* Ziehharmonika *f*, Akkordeon *nt*; ~**ist** Akkordeonspieler *m*.
accost [ə'kɒst] *vt* ansprechen.
account [ə'kaʊnt] *n* (*bill*) Rechnung *f*; (*narrative*) Bericht *m*; (*report*) Rechenschaftsbericht *m*; (*in bank*) Konto *nt*; (*importance*) Geltung *f*; **on** ~ auf Rechnung; **of no** ~ ohne Bedeutung; **on no** ~ keinesfalls; **on** ~ **of** wegen; **to take into** ~ berücksichtigen; ~ **for** *vt expenditure* Rechenschaft ablegen für; **how do you** ~ **for that?** wie erklären Sie (sich) das?; ~**able** *a* verantwortlich; ~**ancy** Buchhaltung *f*; ~**ant** Wirtschaftsprüfer(in *f*) *m*.
accoutrements [ə'ku:trəmənts] *npl* Ausrüstung *f*.
accredited [ə'kredɪtɪd] *a* beglaubigt, akkreditiert.
accretion [ə'kri:ʃən] *n* Zunahme *f*.
accrue [ə'kru:] *vi* erwachsen, sich ansammeln.
accumulate [ə'kju:mjʊleɪt] *vt* ansammeln; *vi* sich ansammeln.
accumulation [əkju:mjʊ'leɪʃən] *n* (*act*) Aufhäufung *f*; (*result*) Ansammlung *f*.
accuracy ['ækjʊrəsɪ] *n* Genauigkeit *f*.
accurate ['ækjʊrɪt] *a* genau; ~**ly** *ad* genau, richtig.
accursed, accurst [ə'kɜ:st] *a* verflucht.
accusation [ækju:'zeɪʃən] *n* Anklage *f*, Beschuldigung *f*.
accusative [ə'kju:zətɪv] *n* Akkusativ *m*, vierte(r) Fall *m*.
accuse [ə'kju:z] *vt* anklagen, beschuldigen; ~**d** Angeklagte(r) *mf*.
accustom [ə'kʌstəm] *vt* gewöhnen (*to* an +*acc*); ~**ed** *a* gewohnt.
ace [eɪs] *n* As *nt*; (*col*) As *nt*, Kanone *f*.
ache [eɪk] *n* Schmerz *m*; *vi* (*be sore*) schmerzen, weh tun; **I** ~ **all over** mir tut es überall weh.
achieve [ə'tʃi:v] *vt* zustande bringen; *aim* erreichen; ~**ment** Leistung *f*; (*act*) Erreichen *nt*.
acid ['æsɪd] *n* Säure *f*; *a* sauer, scharf; ~**ity** [ə'sɪdɪtɪ] Säuregehalt *m*; ~ **test** (*fig*) Nagelprobe *f*.
acknowledge [ək'nɒlɪdʒ] *vt receipt* bestätigen; (*admit*) zugeben; ~**ment** Anerkennung *f*; (*letter*) Empfangsbestätigung *f*.
acne ['æknɪ] *n* Akne *f*.
acorn ['eɪkɔ:n] *n* Eichel *f*.
acoustic [ə'ku:stɪk] *a* akustisch; ~**s** *pl* Akustik *f*.
acquaint [ə'kweɪnt] *vt* vertraut machen; ~**ance** (*person*) Bekannte(r) *m*; (*knowledge*) Kenntnis *f*.
acquiesce [ækwɪ'es] *vi* sich abfinden (*in* mit).
acquire [ə'kwaɪə*] *vt* erwerben.
acquisition [ækwɪ'zɪʃən] *n* Errungenschaft *f*; (*act*) Erwerb *m*.
acquisitive [ə'kwɪzɪtɪv] *a* gewinnsüchtig.
acquit [ə'kwɪt] *vt* (*free*) freisprechen; **to** ~ **o.s.** sich bewähren; ~**tal** Freispruch *m*.
acre ['eɪkə*] *n* Morgen *m*; ~**age** Fläche *f*.
acrimonious [ækrɪ'məʊnɪəs] *a* bitter.
acrobat ['ækrəbæt] *n* Akrobat *m*.

acrobatics [ækrə'bætɪks] *npl* akrobatische Kunststücke *pl.*

across [ə'krɒs] *prep* über (+*acc*); **he lives ~ the river** er wohnt auf der anderen Seite des Flusses; *ad* hinüber, herüber; **ten metres ~** zehn Meter breit; **he lives ~ from us** er wohnt uns gegenüber; **~-the-board** *a* pauschal.

act [ækt] *n* (*deed*) Tat *f*; (*Jur*) Gesetz *nt*; (*Theat*) Akt *m*; (*Theat: turn*) Nummer *f*; *vi* (*take action*) handeln; (*behave*) sich verhalten; (*pretend*) vorgeben; (*Theat*) spielen; *vt* (*in play*) spielen; **~ing** *a* stellvertretend; *n* Schauspielkunst *f*; (*performance*) Aufführung *f.*

action ['ækʃən] *n* (*deed*) Tat *f*; Handlung *f*; (*motion*) Bewegung *f*; (*way of working*) Funktionieren *nt*; (*battle*) Einsatz *m*, Gefecht *nt*; (*lawsuit*) Klage *f*, Prozeß *m*; **to take ~** etwas unternehmen.

activate ['æktɪveɪt] *vt* in Betrieb setzen, aktivieren.

active ['æktɪv] *a* (*brisk*) rege, tatkräftig; (*working*) aktiv; (*Gram*) aktiv, Tätigkeits-; **~ly** *ad* aktiv, tätig.

activist ['æktɪvɪst] *n* Aktivist *m.*

activity [æk'tɪvɪtɪ] *n* Aktivität *f*; (*doings*) Unternehmungen *pl*; (*occupation*) Tätigkeit *f.*

actor ['æktə*] *n* Schauspieler *m.*

actress ['æktrɪs] *n* Schauspielerin *f.*

actual ['æktjuəl] *a* wirklich; **~ly** *ad* tatsächlich; **~ly no** eigentlich nicht.

acumen ['ækjʊmen] *n* Scharfsinn *m.*

acupuncture ['ækjʊpʌŋktʃə*] *n* Akupunktur *f.*

acute [ə'kju:t] *a* (*severe*) heftig, akut; (*keen*) scharfsinnig; **~ly** *ad* akut, scharf.

ad [æd] *n abbr of* **advertisement**.

adage ['ædɪdʒ] *n* Sprichwort *nt.*

Adam ['ædəm] *n* Adam *m*; **~'s apple** Adamsapfel *m.*

adamant ['ædəmənt] *a* eisern; hartnäckig.

adapt [ə'dæpt] *vt* anpassen; *vi* sich anpassen (*to* an +*acc*); **~able** *a* anpassungsfähig; **~ation** [ædæp'teɪʃən] (*Theat etc*) Bearbeitung *f*; (*adjustment*) Anpassung *f*; **~er** (*Elec*) Zwischenstecker *m.*

add [æd] *vt* (*join*) hinzufügen; *numbers* addieren; **~ up** *vi* (*make sense*) stimmen; **~ up to** *vt* ausmachen.

addendum [ə'dendəm] *n* Zusatz *m.*

adder ['ædə*] *n* Kreuzotter *f*, Natter *f.*

addict ['ædɪkt] *n* Süchtige(r) *mf*; **~ed** *a* [ə'dɪktɪd] **~ed to** -süchtig; **~ion** [ə'dɪkʃən] Sucht *f.*

adding machine ['ædɪŋməʃi:n] *n* Addiermaschine *f.*

addition [ə'dɪʃən] *n* Anhang *m*, Addition *f*; (*Math*) Addition *f*, Zusammenzählen *nt*; **in ~** zusätzlich, außerdem; **~al** *a* zusätzlich, weiter.

additive ['ædɪtɪv] *n* Zusatz *m.*

addled ['ædld] *a* faul, schlecht; (*fig*) verwirrt.

address [ə'dres] *n* Adresse *f*; (*speech*) Ansprache *f*; **form of ~** Anredeform *f*; *vt letter* adressieren; (*speak to*) ansprechen; (*make speech to*) eine Ansprache halten an (+*acc*); **~ee** [ædre'si:] Empfänger(in *f*) *m*, Adressat *m.*

adenoids ['ædənɔɪdz] *npl* Polypen *pl.*

adept ['ædept] *a* geschickt; **to be ~ at** gut sein in (+*dat*).

adequacy ['ædɪkwəsɪ] *n* Angemessenheit *f.*

adequate ['ædɪkwɪt] *a* angemessen; **~ly** *ad* hinreichend.

adhere [əd'hɪə*] *vi*: **~ to** (*lit*) haften an (+*dat*); (*fig*) festhalten an (+*dat*).

adhesion [əd'hi:ʒən] *n* Festhaften *nt*; (*Phys*) Adhäsion *f.*

adhesive [əd'hi:zɪv] *a* klebend; Kleb(e)-; *n* Klebstoff *m.*

adieu [ə'dju:] *n* Adieu *nt*, Lebewohl *nt.*

adjacent [ə'dʒeɪsənt] *n* benachbart.

adjective ['ædʒəktɪv] *n* Adjektiv *nt*, Eigenschaftswort *nt.*

adjoining [ə'dʒɔɪnɪŋ] *a* benachbart, Neben-.

adjourn [ə'dʒɜ:n] *vt* vertagen; *vi* abbrechen.

adjudicate [ə'dʒu:dɪkeɪt] *vti* entscheiden, ein Urteil fällen.

adjudication [ədʒu:dɪ'keɪʃən] *n* Entscheidung *f.*

adjudicator [ə'dʒu:dɪkeɪtə*] *n* Schiedsrichter *m*, Preisrichter *m.*

adjust [ə'dʒʌst] *vt* (*alter*) anpassen; (*put right*) regulieren, richtig stellen; **~able** *a* verstellbar; **~ment** (*rearrangement*) Anpassung *f*; (*settlement*) Schlichtung *f.*

adjutant ['ædʒətənt] *n* Adjutant *m.*

ad-lib [æd'lɪb] *vi* improvisieren; *n* Improvisation *f*; *a, ad* improvisiert.

administer [æd'mɪnɪstə*] *vt* (*manage*) verwalten; (*dispense*) ausüben; *justice* sprechen; *medicine* geben.

administration [ədmɪnɪs'treɪʃən] *n* Verwaltung *f*; (*Pol*) Regierung *f.*

administrative [əd'mɪnɪstrətɪv] *a* Verwaltungs-.

administrator [əd'mɪnɪstreɪtə*] *n* Verwaltungsbeamte(r) *m.*

admirable ['ædmərəbl] *a* bewundernswert.

admiral ['ædmərəl] *n* Admiral *m*; **A~ty** Admiralität *f.*

admiration [ædmɪ'reɪʃən] *n* Bewunderung *f.*

admire [əd'maɪə*] *vt* (*respect*) bewundern; (*love*) verehren; **~r** Bewunderer *m.*

admission [əd'mɪʃən] *n* (*entrance*) Einlaß; (*fee*) Eintritt(spreis) *m*; (*confession*) Geständnis *nt.*

admit [əd'mɪt] *vt* (*let in*) einlassen; (*confess*) gestehen; (*accept*) anerkennen; **~tance** Zulassung *f*; **~tedly** *ad* zugegebenermaßen.

ado [ə'du:] *n*: **without more ~** ohne weitere Umstände.

adolescence [ædə'lesns] *n* Jugendalter *nt.*

adolescent [ædə'lesnt] *a* heranwachsend, jugendlich; *n* Jugendliche(r) *mf.*

adopt [ə'dɒpt] *vt child* adoptieren; *idea* übernehmen; **~ion** [ə'dɒpʃən] (*of child*) Adoption *f*; (*of idea*) Übernahme *f.*

adorable [ə'dɔ:rəbl] *a* anbetungswürdig; (*likeable*) entzückend.

adoration [ædɒ'reɪʃən] *n* Anbetung *f*; Verehrung *f*.
adore [ə'dɔ:*] *vt* anbeten; verehren.
adoring [ə'dɔ:rɪŋ] *a* verehrend.
adorn [ə'dɔ:n] *vt* schmücken.
adornment [ə'dɔ:nmənt] *n* Schmuck *m*, Verzierung *f*.
adrenalin [ə'drenəlɪn] *n* Adrenalin *nt*.
adrift [ə'drɪft] *ad* Wind und Wellen preisgegeben.
adroit [ə'drɔɪt] *a* gewandt.
adulation [ædju'leɪʃən] *n* Lobhudelei *f*.
adult ['ædʌlt] *a* erwachsen; *n* Erwachsene(r) *mf*.
adulterate [ə'dʌltəreɪt] *vt* verfälschen, mischen.
adultery [ə'dʌltərɪ] *n* Ehebruch *m*.
advance [əd'vɑ:ns] *n* (*progress*) Vorrücken *nt*; (*money*) Vorschuß *m*; *vt* (*move forward*) vorrücken; *money* vorschießen; *argument* vorbringen; *vi* vorwärtsgehen; **in ~** im voraus; **in ~ of** vor (+*dat*); **~ booking** Vorbestellung *f*, Vorverkauf *m*; **~d** *a* (*ahead*) vorgerückt; (*modern*) fortgeschritten; *study* für Fortgeschrittene; **~ment** Förderung *f*; (*promotion*) Beförderung *f*.
advantage [əd'vɑ:ntɪdʒ] *n* Vorteil *m*; **~ous** [ædvən'teɪdʒəs] *a* vorteilhaft; **to have an ~ over sb** jdm gegenüber im Vorteil sein; **to be of ~** von Nutzen sein; **to take ~ of** (*misuse*) ausnutzen; (*profit from*) Nutzen ziehen aus.
advent ['ædvent] *n* Ankunft *f*; **A~** Advent *m*.
adventure [əd'ventʃə*] *n* Abenteuer *nt*.
adventurous [əd'ventʃərəs] *a* abenteuerlich, waghalsig.
adverb ['ædvɜ:b] *n* Adverb *nt*, Umstandswort *nt*.
adversary ['ædvəsərɪ] *n* Gegner *m*.
adverse ['ædvɜ:s] *a* widrig.
adversity [əd'vɜ:sɪtɪ] *n* Widrigkeit *f*, Mißgeschick *nt*.
advert ['ædvɜ:t] *n* Anzeige *f*; **~ise** *vt* anzeigen; *vi* annoncieren; **~isement** [əd'vɜ:tɪsmənt] Anzeige *f*, Annonce *f*, Inserat *nt*; **~ising** Werbung *f*; **~ising campaign** Werbekampagne *f*.
advice [əd'vaɪs] *n* Rat(schlag) *m*.
advisable [əd'vaɪzəbl] *a* ratsam.
advise [əd'vaɪz] *vt* raten (+*dat*); **~r** Berater *m*.
advisory [əd'vaɪzərɪ] *a* beratend, Beratungs-.
advocate ['ædvəkeɪt] *vt* vertreten.
aegis ['i:dʒɪs] *n*: **under the ~ of** unter der Schirmherrschaft von.
aerial ['ɛərɪəl] *n* Antenne *f*; *a* Luft-.
aero- ['ɛərəʊ] *pref* Luft-.
aeroplane ['ɛərəpleɪn] *n* Flugzeug *nt*.
aerosol ['ɛərəsɒl] *n* Aerosol *nt*; Sprühdose *f*.
aesthetic [ɪs'θetɪk] *a* ästhetisch; **~s** Ästhetik *f*.
afar [ə'fɑ:*] *ad*: **from ~** aus der Ferne.
affable ['æfəbl] *a* umgänglich.
affair [ə'fɛə*] *n* (*concern*) Angelegenheit *f*; (*event*) Ereignis *nt*; (*love* —) (Liebes)verhältnis *nt*.
affect [ə'fekt] *vt* (*influence*) (ein)wirken auf (+*acc*); (*move deeply*) bewegen; **this change doesn't ~ us** diese Änderung betrifft uns nicht; **~ation** [æfek'teɪʃən] Affektiertheit *f*, Verstellung *f*; **~ed** *a* affektiert, gekünstelt; **~ion** [ə'fekʃən] Zuneigung *f*; **~ionate** [ə'fekʃənɪt] *a* liebevoll, lieb; **~ionately** [ə'fekʃənɪtlɪ] *ad* liebevoll; **~ionately yours** herzlichst Dein.
affiliated [ə'fɪlɪeɪtɪd] *a* angeschlossen (*to dat*).
affinity [ə'fɪnɪtɪ] *n* (*attraction*) gegenseitige Anziehung *f*; (*relationship*) Verwandtschaft *f*.
affirmation [æfə'meɪʃən] *n* Behauptung *f*.
affirmative [ə'fɜ:mətɪv] *a* bestätigend; *n*: **in the ~** (*Gram*) nicht verneint; **to answer in the ~** mit Ja antworten.
affix [ə'fɪks] *vt* aufkleben, anheften.
afflict [ə'flɪkt] *vt* quälen, heimsuchen; **~ion** [ə'flɪkʃən] Kummer *m*; (*illness*) Leiden *nt*.
affluence ['æfluəns] *n* (*wealth*) Wohlstand *m*.
affluent ['æfluənt] *a* wohlhabend, Wohlstands-.
afford [ə'fɔ:d] *vt* (sich) leisten, erschwingen; (*yield*) bieten, einbringen.
affront [ə'frʌnt] *n* Beleidigung *f*; **~ed** *a* beleidigt.
afield [ə'fi:ld] *ad*: **far ~** weit fort.
afloat [ə'fləʊt] *a*: **to be ~** schwimmen.
afoot [ə'fʊt] *ad* im Gang.
aforesaid [ə'fɔ:sed] *a* obengenannt.
afraid [ə'freɪd] *a* ängstlich; **to be ~ of** Angst haben vor (+*dat*); **to be ~ to** sich scheuen; **I am ~ I have...** ich habe leider...; **I'm ~ so/not** leider/leider nicht.
afresh [ə'freʃ] *ad* von neuem.
aft [ɑ:ft] *ad* achtern.
after ['ɑ:ftə*] *prep* nach; (*following, seeking*) hinter . . . (*dat*) . . . her; (*in imitation*) nach, im Stil von; *ad*: **soon ~** bald danach; **~ all** letzten Endes; **~-effects** *pl* Nachwirkungen *pl*; **~life** Leben *nt* nach dem Tode; **~math** Auswirkungen *pl*; **~noon** Nachmittag *m*; **good ~noon!** guten Tag!; **~-shave (lotion)** Rasierwasser *nt*; **~thought** nachträgliche(r) Einfall *m*; **~wards** *ad* danach, nachher.
again [ə'gen] *ad* wieder, noch einmal; (*besides*) außerdem, ferner; **~ and ~** immer wieder.
against [ə'genst] *prep* gegen.
age [eɪdʒ] *n* (*of person*) Alter *nt*; (*in history*) Zeitalter *nt*; *vi* altern, alt werden; *vt* älter machen; **to come of ~** mündig werden; **~d** *a* . . . Jahre alt, -jährig; ['eɪdʒɪd] (*elderly*) betagt; **the ~d** die Bejahrten *pl*; **~ group** Altersgruppe *f*, Jahrgang *m*; **~less** *a* zeitlos; **~ limit** Altersgrenze *f*.
agency ['eɪdʒənsɪ] *n* Agentur *f*; Vermittlung *f*; (*Chem*) Wirkung *f*.
agenda [ə'dʒendə] *n* Tagesordnung *f*.
agent ['eɪdʒənt] *n* (*Comm*) Vertreter *m*; (*spy*) Agent *m*.

aggravate ['ægrəveɪt] *vt* (*make worse*) verschlimmern; (*irritate*) reizen.
aggravating ['ægrəveɪtɪŋ] *a* verschlimmernd; ärgerlich.
aggravation [ægrə'veɪʃən] *n* Verschlimmerung *f*, Verärgerung *f*.
aggregate ['ægrɪgɪt] *n* Summe *f*.
aggression [ə'greʃən] *n* Aggression *f*.
aggressive *a*, **~ly** *ad* [ə'gresɪv, -lɪ] aggressiv; **~ness** Aggressivität *f*.
aggrieved [ə'gri:vd] *a* bedrückt, verletzt.
aghast [ə'gɑ:st] *a* entsetzt.
agile ['ædʒaɪl] *a* flink; agil; *mind* rege.
agitate ['ædʒɪteɪt] *vt* rütteln; *vi* agitieren; **~d** *a* aufgeregt.
agitator ['ædʒɪteɪtə*] *n* Agitator *m*; (*pej*) Hetzer *m*.
agnostic [æg'nɒstɪk] *n* Agnostiker (in *f*) *m*.
ago [ə'gəʊ] *ad*: **two days ~** vor zwei Tagen; **not long ~** vor kurzem; **it's so long ~** es ist schon so lange her.
agog [ə'gɒg] *a*, *ad* gespannt.
agonized ['ægənaɪzd] *a* gequält.
agonizing ['ægənaɪzɪŋ] *a* quälend.
agony ['ægənɪ] *n* Qual *f*.
agree [ə'gri:] *vt date* vereinbaren; *vi* (*have same opinion, correspond*) übereinstimmen (*with* mit); (*consent*) zustimmen; (*be in harmony*) sich vertragen; **to ~ to do sth** sich bereit erklären, etw zu tun; **garlic doesn't ~ with me** Knoblauch vertrage ich nicht; **I ~** einverstanden, ich stimme zu; **to ~ on sth** sich auf etw (*acc*) einigen; **~able** *a* (*pleasing*) liebenswürdig; (*willing to consent*) einverstanden; **~ably** *ad* angenehm; **~d** *a* vereinbart; **~ment** (*agreeing*) Übereinstimmung *f*; (*contract*) Vereinbarung *f*, Vertrag *m*.
agricultural [ægrɪ'kʌltʃərəl] *a* landwirtschaftlich, Landwirtschafts-.
agriculture ['ægrɪkʌltʃə*] *n* Landwirtschaft *f*.
aground [ə'graʊnd] *a*, *ad* auf Grund.
ahead [ə'hed] *ad* vorwärts; **to be ~** voraus sein.
ahoy [ə'hɔɪ] *interj* ahoi!
aid [eɪd] *n* (*assistance*) Hilfe *f*, Unterstützung *f*; (*person*) Hilfe *f*; (*thing*) Hilfsmittel *nt*; *vt* unterstützen, helfen (+*dat*); **~ and abet** *vti* Beihilfe leisten (*sb* jdm).
aide [eɪd] *n* (*person*) Gehilfe *m*; (*Mil*) Adjutant *m*.
ailing ['eɪlɪŋ] *a* kränkelnd.
ailment ['eɪlmənt] *n* Leiden *nt*.
aim [eɪm] *vt gun, camera* richten auf (+*acc*); **that was ~ed at you** das war auf dich gemünzt; *vi* (*with gun*) zielen; (*intend*) beabsichtigen; **to ~ at sth** etw anstreben; *n* (*intention*) Absicht *f*, Ziel *nt*; (*pointing*) Zielen *nt*, Richten *nt*; **to take ~** zielen; **~less** *a*, **~lessly** *ad* ziellos.
air [εə*] *n* Luft *f*, Atmosphäre *f*; (*manner*) Miene *f*, Anschein *m*; (*Mus*) Melodie *f*; *vt* lüften; (*fig*) an die Öffentlichkeit bringen; **~bed** Luftmatratze *f*; **~-conditioned** *a* mit Klimaanlage; **~-conditioning** Klimaanlage *f*; **~craft** Flugzeug *nt*, Maschine *f*; **~craft carrier** Flugzeugträger *m*; **~ force** Luftwaffe *f*; **~gun** Luftgewehr *nt*; **~ hostess** Stewardeß *f*; **~ily** *ad* leichtfertig; **~ letter** Luftpost(leicht)brief *m*; **~line** Luftverkehrsgesellschaft *f*; **~liner** Verkehrsflugzeug *nt*; **~lock** Luftblase *f*; **by ~mail** mit Luftpost; **~port** Flughafen *m*, Flugplatz *m*; **~ raid** Luftangriff *m*; **~sick** *a* luftkrank; **~strip** Landestreifen *m*; **~tight** *a* luftdicht; **~y** *a* luftig; *manner* leichtfertig.
aisle [aɪl] *n* Gang *m*.
ajar [ə'dʒɑ:*] *ad* angelehnt; ein Spalt offen.
alabaster ['æləbɑ:stə*] *n* Alabaster *m*.
à la carte [ælæ'kɑ:t] *a* nach der (Speise)karte, à la carte.
alacrity [ə'lækrɪtɪ] *n* Bereitwilligkeit *f*.
alarm [ə'lɑ:m] *n* (*warning*) Alarm *m*; (*bell etc*) Alarmanlage *f*; *vt* erschrecken; **~ clock** Wecker *m*; **~ing** *a* beängstigend; **~ist** Bangemacher *m*.
alas [ə'læs] *interj* ach.
album [ælbəm] *n* Album *nt*.
alcohol ['ælkəhɒl] *n* Alkohol *m*; **~ic** [ælkə'hɒlɪk] *a drink* alkoholisch; *n* Alkoholiker(in *f*) *m*; **~ism** Alkoholismus *m*.
alcove ['ælkəʊv] *n* Alkoven *m*.
alderman ['ɔ:ldəmən] *n* Stadtrat *m*.
ale [eɪl] *n* Ale *nt*.
alert [ə'lɜ:t] *a* wachsam; *n* Alarm *m*; **~ness** Wachsamkeit *f*.
algebra ['ældʒɪbrə] *n* Algebra *f*.
alias ['eɪlɪəs] *ad* alias; *n* Deckname *m*.
alibi ['ælɪbaɪ] *n* Alibi *nt*.
alien ['eɪlɪən] *n* Ausländer *m*; (*foreign*) ausländisch; (*strange*) fremd; **~ate** *vt* entfremden; **~ation** [eɪlɪə'neɪʃən] Entfremdung *f*.
alight [ə'laɪt] *a*, *ad* brennend; (*of building*) in Flammen; *vi* (*descend*) aussteigen; (*bird*) sich setzen.
align [ə'laɪn] *vt* ausrichten; **~ment** Ausrichtung *f*; Gruppierung *f*.
alike [ə'laɪk] *a* gleich, ähnlich; *ad* gleich, ebenso.
alimony ['ælɪmənɪ] *n* Unterhalt *m*, Alimente *pl*.
alive [ə'laɪv] *a* (*living*) lebend; (*lively*) lebendig, aufgeweckt; (*full of*) voll (*with* von), wimmelnd (*with* von).
alkali ['ælkəlaɪ] *n* Alkali *nt*.
all [ɔ:l] *a* (*every one of*) alle; *n* (*the whole*) alles, das Ganze; **~ of the books** alle Bücher; *ad* (*completely*) vollkommen, ganz; **it's ~ mine** das gehört alles mir; **it's ~ over** es ist alles aus *or* vorbei; **~ around the edge** rund um den Rand; **~ at once** auf einmal; **~ but** alle(s) außer; (*almost*) fast; **~ in ~** alles in allem; **~ over town** in der ganzen Stadt; **~ right** okay, in Ordnung; **not at ~** ganz und gar nicht; (*don't mention it*) bitte.
allay [ə'leɪ] *vt fears* beschwichtigen.
allegation [ælɪ'geɪʃən] *n* Behauptung *f*.
allege [ə'ledʒ] *vt* (*declare*) behaupten; (*falsely*) vorgeben; **~dly** [ə'ledʒɪdlɪ] *ad* angeblich.
allegiance [ə'li:dʒəns] *n* Treue *f*, Ergebenheit *f*.
allegory ['ælɪgərɪ] *n* Allegorie *f*.
all-embracing ['ɔ:lɪm'breɪsɪŋ] *a* allumfassend.

allergic [ə'lɜːdʒɪk] *a* allergisch (*to* gegen).
allergy ['ælədʒɪ] *n* Allergie *f.*
alleviate [ə'liːvɪeɪt] *vt* erleichtern, lindern.
alleviation [əliːvɪ'eɪʃən] *n* Erleichterung *f.*
alley ['ælɪ] *n* Gasse *f*, Durchgang *m.*
alliance [ə'laɪəns] *n* Bund *m*, Allianz *f.*
allied ['ælaɪd] *a* vereinigt; *powers* alliiert; verwandt (*to* mit).
alligator ['ælɪgeɪtə*] *n* Alligator *m.*
all-important ['ɔːlɪm'pɔːtənt] *a* äußerst wichtig.
all-in ['ɔːlɪn] *a, ad charge* alles inbegriffen, Gesamt-; (*exhausted*) erledigt, kaputt.
alliteration [əlɪtə'reɪʃən] *n* Alliteration *f*, Stabreim *m.*
all-night ['ɔːl'naɪt] *a café, cinema* die ganze Nacht geöffnet, Nacht-.
allocate ['æləkeɪt] *vt* zuweisen, zuteilen.
allocation [ælə'keɪʃən] *n* Zuteilung *f.*
allot [ə'lɒt] *vt* zuteilen; **~ment** (*share*) Anteil *m*; (*plot*) Schrebergarten *m.*
all-out ['ɔːl'aʊt] *a, ad* total.
allow [ə'laʊ] *vt* (*permit*) erlauben, gestatten (*sb* jdm); (*grant*) bewilligen; (*deduct*) abziehen; **~ for** *vt* berücksichtigen, einplanen; **~ance** Beihilfe *f*; **to make ~ances for** berücksichtigen.
alloy ['ælɔɪ] *n* Metallegierung *f.*
all-round ['ɔːl'raʊnd] *a sportsman* allseitig, Allround-.
all-rounder ['ɔːl'raʊndə*] *n* (*Sport*) vielseitige(r) Sportler; (*general*) Allerweltskerl *m.*
all-time ['ɔːl'taɪm] *a record, high* ... aller Zeiten, Höchst-.
allude [ə'luːd] *vi* hinweisen, anspielen (*to* auf +*acc*).
alluring [ə'ljʊərɪŋ] *a* verlockend.
allusion [ə'luːʒən] *n* Anspielung *f*, Andeutung *f.*
alluvium [ə'luːvɪəm] *n* Schwemmland *nt.*
ally ['ælaɪ] *n* Verbündete(r) *mf*; (*Pol*) Alliierte(r) *m.*
almanac ['ɔːlmənæk] *n* Kalender *m.*
almighty [ɔːl'maɪtɪ] *a* allmächtig; **the A~** der Allmächtige.
almond ['ɑːmənd] *n* Mandel *f.*
almost ['ɔːlməʊst] *ad* fast, beinahe.
alms [ɑːmz] *n* Almosen *nt.*
alone [ə'ləʊn] *a, ad* allein.
along [ə'lɒŋ] *prep* entlang, längs; *ad* (*onward*) vorwärts, weiter; **~ with** zusammen mit; **~side** *ad walk* nebenher; *come* nebendran; *be* daneben; *prep* (*walk, compared with*) neben (+*dat*); (*come*) neben (+*acc*); (*be*) entlang, neben (+*dat*); (*of ship*) längsseits (+*gen*); **~ the river** den Fluß entlang; **I knew all ~** ich wußte die ganze Zeit.
aloof [ə'luːf] *a* zurückhaltend; *ad* fern; **~ness** Zurückhaltung *f*, Sich-Fernhalten *nt.*
aloud [ə'laʊd] *ad* laut.
alphabet ['ælfəbet] *n* Alphabet *nt*; **~ical** [ælfə'betɪkl] *a* alphabetisch.
alpine ['ælpaɪn] *a* alpin, Alpen-.
already [ɔːl'redɪ] *ad* schon, bereits.
also ['ɔːlsəʊ] *ad* auch, außerdem.
altar ['ɔːltə*] *n* Altar *m.*
alter ['ɔːltə*] *vti* ändern; *dress* umändern; **~ation** [ɒltə'reɪʃən] Änderung *f*; Umänderung *f*; (*to building*) Umbau *m.*
alternate [ɒl'tɜːnɪt] *a* abwechselnd; [ɒltɜːneɪt] *vi* abwechseln (*with* mit); **~ly** *ad* abwechselnd, wechselweise.
alternative [ɒl'tɜːnətɪv] *a* andere(r, s); *n* (Aus)wahl *f*, Alternative *f*; **what's the ~?** welche Alternative gibt es?; **we have no ~** uns bleibt keine andere Wahl; **~ly** *ad* im anderen Falle.
although [ɔːl'ðəʊ] *cj* obwohl, wenn auch.
altitude ['æltɪtjuːd] *n* Höhe *f.*
alto ['æltoʊ] *n* Alt *m.*
altogether [ɔːltə'geðə*] *ad* (*on the whole*) im ganzen genommen; (*entirely*) ganz und gar.
altruistic [æltrʊ'ɪstɪk] *a* uneigennützig, altruistisch.
aluminium [ælјʊ'mɪnɪəm], (*US*) **aluminum** [ə'luːmɪnəm] *n* Aluminium *nt.*
always ['ɔːlweɪz] *ad* immer; **it was ~ that way** es war schon immer so.
amalgam [ə'mælgəm] *n* Amalgam *nt*; (*fig*) Mischung *f.*
amalgamate [ə'mælgəmeɪt] *vi* (*combine*) sich vereinigen; *vt* (*mix*) amalgamieren.
amalgamation [əmælgə'meɪʃən] *n* Verschmelzung *f*, Zusammenschluß *m.*
amass [ə'mæs] *vt* anhäufen.
amateur ['æmətɜː*] *n* Amateur *m*; (*pej*) Amateur *m*, Bastler *m*, Stümper *m*; *a* Amateur-, Bastler-; **~ish** *a* (*pej*) dilettantisch, stümperhaft.
amaze [ə'meɪz] *vt* erstaunen, in Staunen versetzen; **~ment** höchste(s) (Er)staunen *nt.*
amazing [ə'meɪzɪŋ] *a* höchst erstaunlich.
ambassador [æm'bæsədə*] *n* Botschafter *m.*
amber ['æmbə*] *n* Bernstein *m.*
ambidextrous [æmbɪ'dekstrəs] *a* beidhändig.
ambiguity [æmbɪ'gjʊɪtɪ] *n* Zweideutigkeit *f*, Unklarheit *f.*
ambiguous [æm'bɪgjʊəs] *a* zweideutig; (*not clear*) unklar.
ambition [æm'bɪʃən] *n* Ehrgeiz *m.*
ambitious [æm'bɪʃəs] *a* ehrgeizig.
ambivalent [æm'bɪvələnt] *n attitude* zwiespältig.
amble ['æmbl] *vi* schlendern.
ambulance ['æmbjʊləns] *n* Krankenwagen *m.*
ambush ['æmbʊʃ] *n* Hinterhalt *m*; *vt* aus dem Hinterhalt angreifen, überfallen.
ameliorate [ə'miːlɪəreɪt] *vt* verbessern.
amelioration [əmiːlɪə'reɪʃən] *n* Verbesserung *f.*
amen ['ɑː'men] *interj* amen.
amenable [ə'miːnəbl] *a* gefügig; (*to reason*) zugänglich (*to dat*); (*to flattery*) empfänglich (*to* für); (*to law*) unterworfen (*to dat*).
amend [ə'mend] *vt law etc* abändern, ergänzen; **to make ~s** etw wiedergutmachen; **~ment** Abänderung *f.*
amenity [ə'miːnɪtɪ] *n* (moderne) Einrichtung *f.*

Americanize [ə'merıkənaız] *vt* amerikanisieren.
amethyst ['æmıθıst] *n* Amethyst *m.*
amiable ['eımıəbl] *a* liebenswürdig, sympathisch.
amicable ['æmıkəbl] *a* freundschaftlich; *settlement* gütlich.
amid(st) [ə'mıd(st)] *prep* mitten in *or* unter (+*dat*).
amiss [ə'mıs] *a* verkehrt, nicht richtig; *ad* **to take sth ~** etw übelnehmen.
ammeter ['æmıtə*] *n* (*Aut*) Amperemeter *m.*
ammunition [æmjʊ'nıʃən] *n* Munition *f.*
amnesia [æm'ni:zıə] *n* Gedächtnisverlust *m.*
amnesty ['æmnıstı] *n* Amnestie *f.*
amock [ə'mɒk] *ad see* **amuck.**
amoeba [ə'mi:bə] *n* Amöbe *f.*
among(st) [ə'mʌŋ(st)] *prep* unter.
amoral [æ'mɒrəl] *a* unmoralisch.
amorous ['æmərəs] *a* verliebt.
amorphous [ə'mɔ:fəs] *a* formlos, gestaltlos.
amount [ə'maʊnt] *n* (*of money*) Betrag *m*; (*of time, energy*) Aufwand *m* (*of* an +*dat*); (*of water, sand*) Menge *f*; **no ~ of ...** kein(e) . . .; *vi*: **~ to** (*total*) sich belaufen auf (+*acc*); **this ~s to treachery** das kommt Verrat gleich; **it ~s to the same** es läuft aufs gleiche hinaus; **he won't ~ to much** aus ihm wird nie was.
amp [æmp] *n,* **ampere** ['æmpɜə*] *n* Ampere *nt.*
amphibious [æm'fıbıəs] *a* amphibisch, Amphibien-.
amphitheatre ['æmfıθıətə*] *n* Amphitheater *nt.*
ample ['æmpl] *a portion* reichlich; *dress* weit, groß; **~ time** genügend Zeit.
amplifier ['æmplıfaıə*] *n* Verstärker *m.*
amply ['æmplı] *ad* reichlich.
amputate ['æmpjʊteıt] *vt* amputieren, abnehmen.
amuck [ə'mʌk] *ad*: **to run ~** Amok laufen.
amuse [ə'mju:z] *vt* (*entertain*) unterhalten; (*make smile*) belustigen; (*occupy*) unterhalten; **I'm not ~d** das find' ich gar nicht lustig; **if that ~s you** wann es dir Spaß macht; **~ment** (*feeling*) Unterhaltung *f*; (*recreation*) Zeitvertreib *m.*
amusing [ə'mju:zıŋ] *a* amüsant, unterhaltend.
an [æn, ən] *indef art* ein(e).
anaemia [ə'ni:mıə] *n* Anämie *f.*
anaemic [ə'ni:mık] *a* blutarm.
anaesthetic [ænıs'θetık] *n* Betäubungsmittel *nt*; **under ~** unter Narkose.
anagram ['ænəgræm] *n* Anagramm *nt.*
analgesic [ænæl'dʒi:sık] *n* schmerzlindernde(s) Mittel *nt.*
analogous [ə'næləgəs] *a* analog.
analogy [ə'nælədʒı] *n* Analogie *f.*
analyse ['ænəlaız] *vt* analysieren.
analysis [ə'nælısıs] *n* Analyse *f.*
analytic [ænə'lıtık] *a* analytisch.
anarchist ['ænəkıst] *n* Anarchist(in *f*) *m.*
anarchy ['ænəkı] *n* Anarchie *f.*
anathema [ə'næθımə] *n* (*fig*) Greuel *nt.*
anatomical [ænə'tɒmıkəl] *a* anatomisch.
anatomy [ə'nætəmı] *n* (*structure*) anatomische(r) Aufbau *m*; (*study*) Anatomie *f.*
ancestor ['ænsestə*] *n* Vorfahr *m.*
ancestral [æn'sestrəl] *n* angestammt, Ahnen-.
ancestry ['ænsıstrı] *n* Abstammung *f*; Vorfahren *pl.*
anchor ['æŋkə*] *n* Anker *m*; *vi* ankern, vor Anker liegen; *vt* verankern; **~age** Ankerplatz *m.*
anchovy ['æntʃəvı] *n* Sardelle *f.*
ancient ['eınʃənt] *a* alt; *car etc* uralt.
and [ænd, ənd, ən] *cj* und.
anecdote ['ænıkdəʊt] *n* Anekdote *f.*
anemia [ə'ni:mıə] *n* (*US*) = **anaemia.**
anemone [ə'nemənı] *n* Anemone *f.*
anesthetic [ænıs'θetık] *n* (*US*) = **anaesthetic.**
anew [ə'nju:] *ad* von neuem.
angel ['eındʒəl] *n* Engel *m*; **~ic** [æn'dʒelık] *a* engelhaft.
anger ['æŋgə*] *n* Zorn *m*; *vt* ärgern.
angina [æn'dʒaınə] *n* Angina *f*, Halsentzündung *f.*
angle ['æŋgl] *n* Winkel *m*; (*point of view*) Standpunkt *m*; **at an ~** nicht gerade; *vt* stellen; **to ~ for** aussein auf (+*acc*); **~r** Angler *m.*
Anglican ['æŋglıkən] *a* anglikanisch; *n* Anglikaner(in *f*) *m.*
anglicize ['æŋglısaız] *vt* anglisieren.
angling ['æŋglıŋ] *n* Angeln *nt.*
Anglo- ['æŋgləʊ] *pref* Anglo-.
angrily ['æŋgrılı] *ad* ärgerlich, böse.
angry ['æŋgrı] *a* ärgerlich, ungehalten, böse; *wound* entzündet.
anguish ['æŋgwıʃ] *n* Qual *f.*
angular ['æŋgjʊlə*] *a* eckig, winkelförmig; *face* kantig.
animal ['ænıməl] *n* Tier *nt*; (*living creature*) Lebewesen *nt*; *a* tierisch, animalisch.
animate ['ænımeıt] *vt* beleben; ['ænımət] *a* lebhaft; **~d** *a* lebendig; *film* Zeichentrick-.
animation [ænı'meıʃən] *n* Lebhaftigkeit *f.*
animosity [ænı'mɒsıtı] *n* Feindseligkeit *f*, Abneigung *f.*
aniseed ['ænısi:d] *n* Anis *m.*
ankle ['æŋkl] *n* (Fuß)knöchel *m.*
annex ['æneks] *n* Anbau *m*; [ə'neks] *vt* anfügen; (*Pol*) annektieren, angliedern.
annihilate [ə'naıəleıt] *vt* vernichten.
anniversary [ænı'vɜ:sərı] *n* Jahrestag *m.*
annotate ['ænəteıt] *vt* kommentieren.
announce [ə'naʊns] *vt* ankündigen, anzeigen; **~ment** Ankündigung *f*; (*official*) Bekanntmachung *f*; **~r** Ansager(in *f*) *m.*
annoy [ə'nɔı] *vt* ärgern; **~ance** Ärgernis *nt*, Störung *f*; **~ing** *a* ärgerlich; *person* lästig.
annual ['ænjʊəl] *a* jährlich; *salary* Jahres-; *n* (*plant*) einjährige Pflanze *f*; (*book*) Jahrbuch *nt*; **~ly** *ad* jährlich.
annuity [ə'njʊıtı] *n* Jahresrente *f.*
annul [ə'nʌl] *vt* aufheben, annullieren; **~ment** Aufhebung *f*, Annullierung *f.*

anoint [ə'nɔɪnt] *vt* salben.
anomalous [ə'nɒmələs] *a* unregelmäßig, anomal.
anomaly [ə'nɒməlɪ] *n* Abweichung *f* von der Regel.
anon [ə'nɒn] *a* = **anonymous.**
anonymity [ænə'nɪmɪtɪ] *n* Anonymität *f.*
anonymous [ə'nɒnɪməs] *a* anonym.
anorak ['ænəræk] *n* Anorak *m,* Windjacke *f.*
another [ə'nʌðə*] *a, pron* (*different*) ein(e) andere(r, s); (*additional*) noch eine(r, s).
answer ['ɑ:nsə*] *n* Antwort *f*; *vi* antworten; (*on phone*) sich melden; *vt person* antworten (+*dat*); *letter, question* beantworten; *telephone* gehen an (+*acc*), abnehmen; *door* öffnen; **~able** *a* beantwortbar; (*responsible*) verantwortlich, haftbar; **~ back** *vi* frech sein; **to ~ for sth** für etw verantwortlich sein; **to ~ to the name of** auf den Namen ... hören.
ant [ænt] *n* Ameise *f.*
antagonism [æn'tægənɪzəm] *n* Antagonismus *m.*
antagonist [æn'tægənɪst] *n* Gegner *m,* Antagonist *m*; **~ic** [æntægə'nɪstɪk] *a* feindselig.
antagonize [æn'tægənaɪz] *vt* reizen.
anteater ['ænti:tə*] *n* Ameisenbär *m.*
antecedent [æntɪ'si:dənt] *n* Vorhergehende(s) *nt*; **~s** *pl* Vorleben *nt,* Vorgeschichte *f.*
antelope ['æntɪləʊp] *n* Antilope *f.*
antenatal [æntɪ'neɪtl] *a* vor der Geburt.
antenna [æn'tenə] *n* (*Biol*) Fühler *m*; (*Rad*) Antenne *f.*
anteroom ['æntɪrʊm] *n* Vorzimmer *nt.*
anthem ['ænθəm] *n* Hymne *f.*
anthology [æn'θɒlədʒɪ] *n* Gedichtsammlung *f,* Anthologie *f.*
anthropologist [ænθrə'pɒlədʒɪst] *n* Anthropologe *m.*
anthropology [ænθrə'pɒlədʒɪ] *n* Anthropologie *f.*
anti- ['æntɪ] *pref* Gegen-, Anti-.
anti-aircraft ['æntɪ'ɛəkrɑ:ft] *a* Flugabwehr-.
antibiotic ['æntɪbaɪ'ɒtɪk] *n* Antibiotikum *nt.*
anticipate [æn'tɪsɪpeɪt] *vt* (*expect*) *trouble, question* erwarten, rechnen mit; (*look forward to*) sich freuen auf (+*acc*); (*do first*) vorwegnehmen; (*foresee*) ahnen, vorhersehen.
anticipation [æntɪsɪ'peɪʃən] *n* Erwartung *f*; (*foreshadowing*) Vorwegnahme *f*; **that was good ~** das war gut vorausgesehen.
anticlimax ['æntɪ'klaɪmæks] *n* Ernüchterung *f.*
anticlockwise ['æntɪ'klɒkwaɪz] *a* entgegen dem Uhrzeigersinn.
antics ['æntɪks] *npl* Possen *pl.*
anticyclone ['æntɪ'saɪkləʊn] *n* Hoch *nt,* Hochdruckgebiet *nt.*
antidote ['æntɪdəʊt] *n* Gegenmittel *nt.*
antifreeze ['æntɪfri:z] *n* Frostschutzmittel *nt.*
antipathy [æn'tɪpəθɪ] *n* Abneigung *f,* Antipathie *f.*
antiquarian [æntɪ'kwɛərɪən] *a* altertümlich; *n* Antiquitätensammler *m.*
antiquated ['æntɪkweɪtɪd] *a* antiquiert.
antique [æn'ti:k] *n* Antiquität *f*; *a* antik; (*old-fashioned*) altmodisch.
antiquity [æn'tɪkwɪtɪ] *n* Antike *f,* Altertum *nt.*
antiseptic [æntɪ'septɪk] *n* Antiseptikum *nt*; *a* antiseptisch.
antisocial [æntɪ'səʊʃl] *a person* ungesellig; *law* unsozial.
antithesis [æn'tɪθɪsɪs] *n* Gegensatz *m,* Antithese *f.*
antlers ['æntləz] *npl* Geweih *nt.*
anus ['eɪnəs] *n* After *m.*
anvil ['ænvɪl] *n* Amboß *m.*
anxiety [æŋ'zaɪətɪ] *n* Angst *f*; (*worry*) Sorge *f.*
anxious ['æŋkʃəs] *a* ängstlich; (*worried*) besorgt; **~ly** *ad* besorgt; **to be ~ to do sth** etw unbedingt tun wollen.
any ['enɪ] *a*: **take ~ one** nimm irgendein(e,n,s)!; **do you want ~ apples?** willst du Äpfel (haben)?; **do you want ~?** willst du welche?; **not ~** keine; *ad*: **~ faster** schneller; **~body** *pron* irgend jemand; (*everybody*) jedermann; **~how** *ad* sowieso, ohnehin; (*carelessly*) einfach so; **~one** *pron* = **~body**; **~thing** *pron* irgend etwas; **~time** *ad* jederzeit; **~way** *ad* sowieso, ohnehin; **~way, let's stop** na ja *or* sei's drum, hören wir auf; **~where** *ad* irgendwo; (*everywhere*) überall.
apace [ə'peɪs] *ad* rasch.
apart [ə'pɑ:t] *ad* (*parted*) auseinander; (*away*) beiseite, abseits; **~ from** außer.
apartheid [ə'pɑ:teɪt] *n* Apartheid *f.*
apartment [ə'pɑ:tmənt] *n* (*US*) Wohnung *f*; **~s** *pl* (möblierte Miet)wohnung *f.*
apathetic [æpə'θetɪk] *a* teilnahmslos, apathisch.
apathy ['æpəθɪ] *n* Teilnahmslosigkeit *f,* Apathie *f.*
ape [eɪp] *n* (Menschen)affe *m*; *vt* nachahmen.
aperitif [ə'perɪtɪv] *n* Aperitif *m.*
aperture ['æpətjʊə*] *n* Öffnung *f*; (*Phot*) Blende *f.*
apex ['eɪpeks] *n* Spitze *f,* Scheitelpunkt *m.*
aphorism ['æfərɪzəm] *n* Aphorismus *m.*
aphrodisiac [æfrəʊ'dɪzɪæk] *n* Aphrodisiakum *nt.*
apiece [ə'pi:s] *ad* pro Stück; (*per person*) pro Kopf.
aplomb [ə'plɒm] *n* selbstbewußte(s) Auftreten *nt.*
apocryphal [ə'pɒkrɪfəl] *a* apokryph, unecht.
apologetic [əpɒlə'dʒetɪk] *a* entschuldigend; **to be ~** sich sehr entschuldigen.
apologize [ə'pɒlədʒaɪz] *vi* sich entschuldigen.
apology [ə'pɒlədʒɪ] *n* Entschuldigung *f.*
apoplexy ['æpəpleksɪ] *n* Schlaganfall *m.*
apostle [ə'pɒsl] *n* Apostel *m*; (*pioneer*) Vorkämpfer *m.*
apostrophe [ə'pɒstrəfɪ] *n* Apostroph *m.*

appal [əˈpɔːl] *vt* erschrecken; **~ling** *a* schrecklich.

apparatus [ˈæpəreɪtəs] *n* Apparat *m*, Gerät *nt*.

apparent [əˈpærənt] *a* offenbar; **~ly** *ad* anscheinend.

apparition [æpəˈrɪʃən] *n* (*ghost*) Erscheinung *f*, Geist *m*; (*appearance*) Erscheinen *nt*.

appeal [əˈpiːl] *vi* dringend ersuchen; dringend bitten (*for* um); sich wenden (*to* an *+acc*); (*to public*) appellieren (*to* an *+acc*); (*Jur*) Berufung einlegen; *n* Aufruf *m*; (*Jur*) Berufung *f*; **~ing** *a* ansprechend.

appear [əˈpɪə*] *vi* (*come into sight*) erscheinen; (*be seen*) auftauchen; (*seem*) scheinen; **~ance** (*coming into sight*) Erscheinen *nt*; (*outward show*) Äußere(s) *nt*; **to put in** *or* **make an ~ance** sich zeigen.

appease [əˈpiːz] *vt* beschwichtigen.

appendage [əˈpendɪdʒ] *n* Anhang *m*, Anhängsel *nt*.

appendicitis [əpendɪˈsaɪtɪs] *n* Blinddarmentzündung *f*.

appendix [əˈpendɪks] *n* (*in book*) Anhang *m*; (*Med*) Blinddarm *m*.

appetite [ˈæpɪtaɪt] *n* Appetit *m*; (*fig*) Lust *f*.

appetizing [ˈæpɪtaɪzɪŋ] *a* appetitanregend.

applaud [əˈplɔːd] *vti* Beifall klatschen (*+dat*), applaudieren.

applause [əˈplɔːz] *n* Beifall *m*, Applaus *m*.

apple [ˈæpl] *n* Apfel *m*; **~ tree** Apfelbaum *m*.

appliance [əˈplaɪəns] *n* Gerät *nt*.

applicable [əˈplɪkəbl] *a* anwendbar; (*in forms*) zutreffend.

applicant [ˈæplɪkənt] *n* Bewerber(in *f*) *m*.

application [æplɪˈkeɪʃən] *n* (*request*) Antrag *m*; (*for job*) Bewerbung *f*; (*putting into practice*) Anwendung *f*; (*hard work*) Fleiß *m*.

applied [əˈplaɪd] *a* angewandt.

apply [əˈplaɪ] *vi* (*ask*) sich wenden (*to* an *+acc*), sich melden; (*be suitable*) zutreffen; *vt* (*place on*) auflegen; *cream* auftragen; (*put into practice*) anwenden; (*devote o.s.*) sich widmen (*+dat*).

appoint [əˈpɔɪnt] *vt* (*to office*) ernennen, berufen; (*settle*) festsetzen; **~ment** (*meeting*) Verabredung *f*; (*at hairdresser etc*) Bestellung *f*; (*in business*) Termin *m*; (*choice for a position*) Ernennung *f*; (*Univ*) Berufung *f*.

apportion [əˈpɔːʃən] *vt* zuteilen.

appreciable [əˈpriːʃəbl] *a* (*perceptible*) merklich; (*able to be estimated*) abschätzbar.

appreciate [əˈpriːʃɪeɪt] *vt* (*value*) zu schätzen wissen; (*understand*) einsehen; *vi* (*increase in value*) im Wert steigen.

appreciation [əpriːʃɪˈeɪʃən] *n* Wertschätzung *f*; (*Comm*) Wertzuwachs *m*.

appreciative [əˈpriːʃɪətɪv] *a* (*showing thanks*) dankbar; (*showing liking*) anerkennend.

apprehend [æprɪˈhend] *vt* (*arrest*) festnehmen; (*understand*) erfassen.

apprehension [æprɪˈhenʃən] *n* Angst *f*.

apprehensive [æprɪˈhensɪv] *a* furchtsam.

apprentice [əˈprentɪs] *n* Lehrling *m*; **~ship** Lehrzeit *f*.

approach [əˈprəʊtʃ] *vi* sich nähern; *vt* herantreten an (*+acc*); *problem* herangehen an (*+acc*); *n* Annäherung *f*; (*to problem*) Ansatz *m*; (*path*) Zugang *m*, Zufahrt *f*; **~able** *a* zugänglich.

approbation [æprəˈbeɪʃən] *n* Billigung *f*.

appropriate [əˈprəʊprɪeɪt] *vt* (*take for o.s.*) sich aneignen; (*set apart*) bereitstellen; [əˈprəʊprɪət] *a* angemessen; *remark* angebracht; **~ly** [əˈprəʊprɪətlɪ] *ad* passend.

approval [əˈpruːvəl] *n* (*show of satisfaction*) Beifall *m*; (*permission*) Billigung *f*; (*Comm*) **on ~** bei Gefallen.

approve [əˈpruːv] *vti* billigen (*of acc*); **I don't ~ of it/him** ich halte nichts davon/von ihm.

approximate [əˈprɒksɪmɪt] *a* annähernd, ungefähr; [əˈprɒksɪmeɪt] *vt* nahekommen (*+dat*); **~ly** *ad* rund, ungefähr.

approximation [əprɒksɪˈmeɪʃən] *n* Annäherung *f*.

apricot [ˈeɪprɪkɒt] *n* Aprikose *f*.

April [ˈeɪprəl] *n* April *m*.

apron [ˈeɪprən] *n* Schürze *f*.

apt [æpt] *a* (*suitable*) passend; (*able*) begabt; (*likely*) geneigt.

aptitude [ˈæptɪtjuːd] *n* Begabung *f*.

aqualung [ˈækwəlʌŋ] *n* Unterwasseratmungsgerät *nt*.

aquarium [əˈkwɛərɪəm] *n* Aquarium *nt*.

Aquarius [əˈkwɛərɪəs] *n* Wassermann *m*.

aquatic [əˈkwætɪk] *a* Wasser-.

aqueduct [ˈækwɪdʌkt] *n* Aquädukt *nt*.

arable [ˈærəbl] *a* bebaubar, Kultur-.

arbiter [ˈɑːbɪtə*] *n* (Schieds)richter *m*.

arbitrary [ˈɑːbɪtrərɪ] *a* willkürlich.

arbitrate [ˈɑːbɪtreɪt] *vti* schlichten.

arbitration [ɑːbɪˈtreɪʃən] *n* Schlichtung *f*; **to go to ~** vor ein Schiedsgericht gehen.

arbitrator [ˈɑːbɪtreɪtə*] *n* Schiedsrichter *m*, Schlichter *m*.

arc [ɑːk] *n* Bogen *m*.

arcade [ɑːˈkeɪd] *n* Säulengang *m*.

arch [ɑːtʃ] *n* Bogen *m*; *vt* überwölben; *back* krumm machen; *vi* sich wölben; *a* durchtrieben; **~ enemy** Erzfeind *m*.

archaeologist [ɑːkɪˈɒlədʒɪst] *n* Archäologe *m*.

archaeology [ɑːkiˈɒlədʒɪ] *n* Archäologie *f*.

archaic [ɑːˈkeɪɪk] *a* altertümlich.

archbishop [ˈɑːtʃˈbɪʃəp] *n* Erzbischof *m*.

archer [ˈɑːtʃə*] *n* Bogenschütze *m*; **~y** Bogenschießen *nt*.

archipelago [ɑːkɪˈpelɪgəʊ] *n* Archipel *m*; (*sea*) Inselmeer *nt*.

architect [ˈɑːkɪtekt] *n* Architekt(in *f*) *m*; **~ural** [ɑːkɪˈtektʃərəl] *a* architektonisch; **~ure** Architektur *f*.

archives [ˈɑːkaɪvz] *npl* Archiv *nt*.

archivist [ˈɑːkɪvɪst] *n* Archivar *m*.

archway [ɑːtʃweɪ] *n* Bogen *m*.

ardent [ˈɑːdənt] *a* glühend.

ardour [ˈɑːdə*] *n* Eifer *m*.

arduous [ˈɑːdjʊəs] *a* mühsam.

are [ɑː*] *see* **be**.

area [ˈɛərɪə] *n* Fläche *f*; (*of land*) Gebiet *nt*;

(*part of sth*) Teil *m*, Abschnitt *m*.
arena [ə'ri:nə] *n* Arena *f*.
aren't [ɑ:nt] = **are not.**
arguable ['ɑ:gjʊəbl] *a* (*doubtful*) diskutabel; (*possible*) **it's ~ that...** man könnte argumentieren daß...
argue ['ɑ:gju:] *vt case* vertreten; *vi* diskutieren; (*angrily*) streiten; **don't ~!** keine Widerrede!; **to ~ with sb** sich mit jdm streiten.
argument ['ɑ:gjʊmənt] *n* (*theory*) Argument *nt*; (*reasoning*) Argumentation *f*; (*row*) Auseinandersetzung *f*, Streit *m*; **~ative** [ɑ:gjʊ'mentətɪv] *a* streitlustig; **to have an ~** sich streiten.
aria ['ɑ:rɪə] *n* Arie *f*.
arid ['ærɪd] *a* trocken; **~ity** [ə'rɪdɪtɪ] *n* Dürre *f*.
Aries ['ɛəri:z] *n* Widder *m*.
arise [ə'raɪz] *vi irreg* aufsteigen; (*get up*) aufstehen; (*difficulties etc*) entstehen; (*case*) vorkommen; **to ~ out of sth** herrühren von etw.
aristocracy [ærɪs'tɒkrəsɪ] *n* Adel *m*, Aristokratie *f*.
aristocrat ['ærɪstəkræt] *n* Adlige(r) *mf*, Aristokrat(in *f*) *m*; **~ic** [ærɪstə'krætɪk] *a* adlig, aristokratisch.
arithmetic [ə'rɪθmətɪk] *n* Rechnen *nt*, Arithmetik *f*.
ark [ɑ:k] *n*: **Noah's A~** die Arche Noah.
arm [ɑ:m] *n* Arm *m*; (*branch of military service*) Zweig *m*; *vt* bewaffnen; **~s** *pl* (*weapons*) Waffen *pl*; **~chair** Lehnstuhl *m*; **~ed** *a forces* Streit-, bewaffnet; *robbery* bewaffnet; **~ful** Armvoll *m*.
armistice ['ɑ:mɪstɪs] *n* Waffenstillstand *m*.
armour ['ɑ:mə*] *n* (*knight's*) Rüstung *f*; (*Mil*) Panzerplatte *f*; **~y** Waffenlager *nt*; (*factory*) Waffenfabrik *f*.
armpit ['ɑ:mpɪt] *n* Achselhöhle *f*.
army ['ɑ:mɪ] *n* Armee *f*, Heer *nt*; (*host*) Heer *nt*.
aroma [ə'rəʊmə] *n* Duft *m*, Aroma *nt*; **~tic** [ærə'mætɪk] *a* aromatisch, würzig.
around [ə'raʊnd] *ad* ringsherum; (*almost*) ungefähr; *prep* um ... herum; **is he ~?** ist er hier?
arouse [ə'raʊz] *vt* wecken.
arrange [ə'reɪndʒ] *vt time, meeting* festsetzen; *holidays* festlegen; *flowers, hair, objects* anordnen; **I ~d to meet him** ich habe mit ihm ausgemacht, ihn zu treffen; **it's all ~d** es ist alles arrangiert; **~ment** (*order*) Reihenfolge *f*; (*agreement*) Übereinkommen *nt*; (*plan*) Vereinbarung *f*.
array [ə'reɪ] *n* Aufstellung *f*.
arrears [ə'rɪəz] *npl* (*of debts*) Rückstand *m*; (*of work*) Unerledigte(s) *nt*; **in ~** im Rückstand.
arrest [ə'rest] *vt person* verhaften; (*stop*) aufhalten; *n* Verhaftung *f*; **under ~** in Haft; **you're under ~** Sie sind verhaftet.
arrival [ə'raɪvəl] *n* Ankunft *f*.
arrive [ə'raɪv] *vi* ankommen (*at* in *+dat*, bei); **to ~ at a decision** zu einer Entscheidung kommen.
arrogance ['ærəgəns] *n* Überheblichkeit *f*, Arroganz *f*.
arrogant ['ærəgənt] *a* anmaßend, arrogant.
arrow ['ærəʊ] *n* Pfeil *m*.
arse [ɑ:s] *n* (*col*) Arsch *m*.
arsenal ['ɑ:sɪnl] *n* Waffenlager *nt*, Zeughaus *nt*.
arsenic ['ɑ:snɪk] *n* Arsen *nt*.
arson ['ɑ:sn] *n* Brandstiftung *f*.
art [ɑ:t] *n* Kunst *f*; **~s** *pl* Geisteswissenschaften *pl*; **~ gallery** Kunstgalerie *f*.
artery ['ɑ:tərɪ] *n* Schlagader *f*, Arterie *f*.
artful [ɑ:tful] *a* verschlagen.
arthritis [ɑ:'θraɪtɪs] *n* Arthritis *f*.
artichoke ['ɑ:tɪtʃəʊk] *n* Artischocke *f*.
article ['ɑ:tɪkl] *n* (*Press, Gram*) Artikel *m*; (*thing*) Gegenstand *m*, Artikel *m*; (*clause*) Abschnitt *m*, Paragraph *m*.
articulate [ɑ:'tɪkjʊlɪt] *a* (*able to express o.s.*) redegewandt; (*speaking clearly*) deutlich, verständlich; **to be ~** sich gut ausdrücken können; [ɑ:'tɪkjʊleɪt] *vt* (*connect*) zusammenfügen, gliedern; **~d vehicle** Sattelschlepper *m*.
artifice ['ɑ:tɪfɪs] *n* (*skill*) Kunstgriff *m*; (*trick*) Kniff *m*, List *f*.
artificial [ɑ:tɪ'fɪʃəl] *a* künstlich, Kunst-; **~ respiration** künstliche Atmung *f*.
artillery [ɑ:'tɪlərɪ] *n* Artillerie *f*.
artisan ['ɑ:tɪsæn] *n* gelernte(r) Handwerker *m*.
artist ['ɑ:tɪst] *n* Künstler(in *f*) *m*; **~ic** [ɑ:'tɪstɪk] *a* künstlerisch; **~ry** künstlerische(s) Können *nt*.
artless ['ɑ:tlɪs] *a* ungekünstelt; *character* arglos.
arty ['ɑ:tɪ] *a*: **to be ~** auf Kunst machen.
as [æz] *ad, cj* (*since*) da, weil; (*while*) als; (*like*) wie; (*in role of*) als; **~ soon ~ he comes** sobald er kommt; **~ big ~** so groß wie; **~ well** auch; **~ well ~** und auch; **~ for him** was ihn anbetrifft; **~ if, ~ though** als ob; **~ it were** sozusagen; **old ~ he was** so alt er auch war.
asbestos [æz'bestəs] *n* Asbest *m*.
ascend [ə'send] *vi* aufsteigen; *vt* besteigen; **~ancy** Oberhand *f*.
ascension [ə'senʃən] *n* (*Eccl*) Himmelfahrt *f*.
ascent [ə'sent] *n* Aufstieg *m*; Besteigung *f*.
ascertain [æsə'teɪn] *vt* feststellen.
ascetic [ə'setɪk] *a* asketisch.
ascribe [əs'kraɪb] *vt* zuschreiben (*to dat*).
ash [æʃ] *n* (*dust*) Asche *f*; (*tree*) Esche *f*.
ashamed [ə'ʃeɪmd] *a* beschämt.
ashen [æʃən] *a* (*pale*) aschfahl.
ashore [ə'ʃɔ:*] *ad* an Land.
ashtray ['æʃtreɪ] *n* Aschenbecher *m*.
aside [ə'saɪd] *ad* beiseite; **~ from** (*US*) abgesehen von; *n* beiseite gesprochene Worte *pl*.
ask [ɑ:sk] *vti* fragen; *permission* bitten um; **~ him his name** frage ihn nach seinem Namen; **he ~ed to see you** er wollte dich sehen; **you ~ed for that!** da bist du selbst schuld.
askance [əs'kɑ:ns] *ad*: **to look ~ at s.o.** jdn schief ansehen.
askew [əs'kju:] *ad* schief.

asleep [ə'sli:p] *a, ad*: **to be ~** schlafen; **to fall ~** einschlafen.
asp [æsp] *n* Espe *f.*
asparagus [əs'pærəgəs] *n* Spargel *m.*
aspect ['æspekt] *n* (*appearance*) Aussehen *nt*; Aspekt *m.*
asphalt ['æsfælt] *n* Asphalt *m.*
asphyxiate [əs'fıksıeıt] *vt* ersticken.
asphyxiation [əsfıksı'eıʃən] *n* Erstickung *f.*
aspirate ['æspərıt] *n* Hauchlaut *m.*
aspiration [æspə'reıʃən] *n* Trachten *nt*; **to have ~s towards sth** etw anstreben.
aspire [əs'paıə*] *vi* streben (*to* nach).
aspirin ['æsprın] *n* Aspirin *nt.*
ass [æs] *n* (*lit, fig*) Esel *m.*
assailant [ə'seılənt] *n* Angreifer *m.*
assassin [ə'sæsın] *n* Attentäter(in *f*) *m*; **~ate** *vt* ermorden; **~ation** [əsæsı'neıʃən] Ermordung *f.*
assault [ə'sɔ:lt] *n* Angriff *m*; *vt* überfallen; *woman* herfallen über (+*acc*).
assemble [ə'sembl] *vt* versammeln; *parts* zusammensetzen; *vi* sich versammeln.
assembly [ə'semblı] *n* (*meeting*) Versammlung *f*; (*construction*) Zusammensetzung *f*, Montage *f*; **~ line** Fließband *nt.*
assent [ə'sent] *n* Zustimmung *f*; *vi* zustimmen (*to dat*).
assert [ə'sɜ:t] *vt* erklären; **~ion** [ə'sɜ:ʃən] Behauptung *f*; **~ive** *a* selbstsicher.
assess [ə'ses] *vt* schätzen; **~ment** Bewertung *f*, Einschätzung; **~or** Steuerberater *m.*
asset ['æset] *n* Vorteil *m*, Wert *m*; **~s** *pl* Vermögen *nt*; (*estate*) Nachlaß *m.*
assiduous [ə'sıdjuəs] *a* fleißig, aufmerksam.
assign [ə'saın] *vt* zuweisen.
assignment [ə'saınmənt] *n* Aufgabe *f*, Auftrag *m.*
assimilate [ə'sımıleıt] *vt* sich aneignen, aufnehmen.
assimilation [əsımı'leıʃən] *n* Assimilierung *f*, Aufnahme *f.*
assist [ə'sıst] *vt* beistehen (+*dat*); **~ance** Unterstützung *f*, Hilfe *f*; **~ant** Assistent(in *f*) *m*, Mitarbeiter(in *f*) *m*; (*in shop*) Verkäufer(in *f*) *m.*
assizes [ə'saızız] *npl* Landgericht *nt.*
associate [ə'səuʃııt] *n* (*partner*) Kollege *m*, Teilhaber *m*; (*member*) außerordentliche(s) Mitglied *nt*; [ə'səuʃıeıt] *vt* verbinden (*with* mit); *vi* (*keep company*) verkehren (*with* mit).
association [əsəusı'eıʃən] *n* Verband *m*, Verein *m*; (*Psych*) Assoziation *f*; (*link*) Verbindung *f*; **~ football** (*Brit*) Fußball *nt.*
assorted [ə'sɔ:tıd] *a* gemischt, verschieden.
assortment [ə'sɔ:tmənt] *n* Sammlung *f*; (*Comm*) Sortiment *nt* (*of* von), Auswahl *f* (*of* an +*dat*).
assume [ə'sju:m] *vt* (*take for granted*) annehmen; (*put on*) annehmen, sich geben; **~d name** Deckname *m.*
assumption [ə'sʌmpʃən] *n* Annahme *f.*
assurance [ə'ʃuərəns] *n* (*firm statement*) Versicherung *f*; (*confidence*) Selbstsicherheit *f*; (*insurance*) (Lebens)versicherung *f.*
assure [ə'ʃuə*] *vt* (*make sure*) sicherstellen; (*convince*) versichern (+*dat*); *life* versichern.
assuredly [ə'ʃuərıdlı] *ad* sicherlich.
asterisk ['æstərısk] *n* Sternchen *nt.*
astern [əs'tɜ:n] *ad* achtern.
asthma ['æsmə] *n* Asthma *nt*; **~tic** [æs'mætık] *a* asthmatisch; *n* Asthmatiker(in *f*) *m.*
astir [ə'stɜ:*] *ad* in Bewegung.
astonish [əs'tɒnıʃ] *vt* erstaunen; **~ing** *a* erstaunlich; **~ment** Erstaunen *nt.*
astound [əs'taund] *vt* verblüffen; **~ing** *a* verblüffend.
astray [əs'treı] *ad* in die Irre; auf Abwege; *a* irregehend.
astride [əs'traıd] *ad* rittlings; *prep* rittlings auf.
astringent [əs'trındʒənt] *a* (*Med*) zusammenziehend; (*severe*) streng.
astrologer [əs'trɒlədʒə*] *n* Astrologe *m*, Astrologin *f.*
astrology [əs'trɒlədʒı] *n* Astrologie *f.*
astronaut ['æstrənɔ:t] *n* Astronaut(in *f*) *m.*
astronomer [əs'trɒnəmə*] *n* Astronom *m.*
astronomical [æstrə'nɒmıkəl] *a* astronomisch; *numbers* astronomisch; *success* riesig.
astronomy [əs'trɒnəmı] *n* Astronomie *f.*
astute [əs'tju:t] *a* scharfsinnig; schlau, gerissen.
asunder [ə'sʌndə*] *ad* entzwei.
asylum [ə'saıləm] *n* (*home*) Heim *nt*; (*refuge*) Asyl *nt.*
at [æt] *prep* **~ home** zuhause; **~ John's** bei John; **~ table** bei Tisch; **~ school** in der Schule; **~ Easter** an Ostern; **~ 2 o'clock** um 2 Uhr; **~ (the age of) 16** mit 16; **~ £5** zu 5 Pfund; **~ 20 mph** mit 20 Meilen pro Stunde; **~ that** darauf; (*also*) dazu.
ate [et, eıt] *pt of* **eat**.
atheism ['eıθıızəm] *n* Atheismus *m.*
atheist ['eıθııst] *n* Atheist(in *f*) *m.*
athlete ['æθli:t] *n* Athlet *m*, Sportler *m.*
athletic [æθ'letık] *a* sportlich, athletisch; **~s** *pl* Leichtathletik *f.*
atlas ['ætləs] *n* Atlas *m.*
atmosphere ['ætməsfıə*] *n* Atmosphäre *f.*
atoll ['ætɒl] *n* Atoll *nt.*
atom ['ætəm] *n* Atom *nt*; (*fig*) bißchen *nt*; **~ic** [ə'tɒmık] *a* atomer, Atom-; **~(ic) bomb** Atombombe *f*; **~ic power** Atomkraft *f*; **~izer** Zerstäuber *m.*
atone [ə'təun] *vi* sühnen (*for acc*).
atrocious [ə'trəuʃəs] *a* gräßlich.
atrocity [ə'trɒsıtı] *n* Scheußlichkeit *f*; (*deed*) Greueltat *f.*
attach [ə'tætʃ] *vt* (*fasten*) befestigen; *importance etc* legen (*to* auf +acc), beimessen (*to dat*); **to be ~ed to sb/sth** an jdm/etw hängen; **~é** [ə'tæʃeı] *n* Attaché *m.*
attack [ə'tæk] *vti* angreifen; *n* Angriff *m*; (*Med*) Anfall *m.*
attain [ə'teın] *vt* erreichen; **~ment** Erreichung *f*; **~ments** *pl* Kenntnisse *pl.*

attempt [ə'tempt] *n* Versuch *m*; *vti* versuchen.
attend [ə'tend] *vt* (*go to*) teilnehmen (an +*dat*); *lectures* besuchen; *vi* (*pay attention*) aufmerksam sein; **to ~ to** *needs* nachkommen (+*dat*); *person* sich kümmern um; **~ance** (*presence*) Anwesenheit *f*; (*people present*) Besucherzahl *f*; **good ~ance** gute Teilnahme; **~ant** *n* (*companion*) Begleiter(in *f*) *m*; Gesellschafter(in *f*) *m*; (*in car park etc*) Wächter(in *f*) *m*; (*servant*) Bediente(r) *mf*; *a* begleitend; (*fig*) verbunden mit.
attention [ə'tenʃən] *n* Aufmerksamkeit *f*; (*care*) Fürsorge *f*; (*for machine etc*) Pflege *f*.
attentive *a*, **~ly** *ad* [ə'tentɪv, -lɪ] aufmerksam.
attenuate [ə'tenjʊeɪt] *vt* verdünnen.
attest [ə'test] *vt* bestätigen; **to ~ to** sich verbürgen für.
attic ['ætɪk] *n* Dachstube *f*, Mansarde *f*.
attire [ə'taɪə*] *n* Gewand *nt*.
attitude ['ætɪtju:d] *n* (*position*) Haltung *f*; (*mental*) Einstellung *f*.
attorney [ə'tɜ:nɪ] *n* (*solicitor*) Rechtsanwalt *m*; (*representative*) Bevollmächtigte(r) *mf*; **A~ General** Justizminister *m*.
attract [ə'trækt] *vt* anziehen; *attention* erregen; *employees* anlocken; **~ion** [ə'trækʃən] *n* Anziehungskraft *f*; (*thing*) Attraktion *f*; **~ive** *a* attraktiv; **the idea ~s me** ich finde die Idee attraktiv.
attribute ['ætrɪbju:t] *n* Eigenschaft *f*, Attribut *nt*; [ə'trɪbju:t] *vt* zuschreiben (*to dat*).
attrition [ə'trɪʃən] *n* Verschleiß *m*; **war of ~** Zermürbungskrieg *m*.
aubergine ['əʊbəʒi:n] *n* Aubergine *f*.
auburn ['ɔ:bən] *a* kastanienbraun.
auction ['ɔ:kʃən] *n* Versteigerung *f*, Auktion *f*; *vt* versteigern; **~eer** [ɔ:kʃə'nɪə*] Versteigerer *m*.
audacious [ɔ:'deɪʃəs] *a* (*daring*) verwegen; (*shameless*) unverfroren.
audacity [ɔ:'dæsɪtɪ] *n* (*boldness*) Wagemut *m*; (*impudence*) Unverfrorenheit *f*.
audible ['ɔ:dɪbl] *a* hörbar.
audience ['ɔ:dɪəns] *n* Zuhörer *pl*, Zuschauer *pl*; (*with king etc*) Audienz *f*.
audit ['ɔ:dɪt] *n* Bücherrevision *f*; *vt* prüfen.
audition [ɔ:'dɪʃən] *n* Probe *f*.
auditorium [ɔ:dɪ'tɔ:rɪəm] *n* Zuschauerraum *m*.
augment [ɔ:g'ment] *vt* vermehren; *vi* zunehmen.
augur ['ɔ:gə*] *vti* bedeuten, voraussagen; **this ~s well** das ist ein gutes Omen; **~y** ['ɔ:gjʊrɪ] Vorbedeutung *f*, Omen *nt*.
August ['ɔ:gəst] *n* August *m*.
august [ɔ:'gʌst] *a* erhaben.
aunt [ɑ:nt] *n* Tante *f*; **~y, ~ie** Tantchen *nt*.
au pair ['əʊ' pɛə*] *n* (*also* **~ girl**) Au-pair-Mädchen *nt*.
aura ['ɔ:rə] *n* Nimbus *m*.
auspices ['ɔ:spɪsɪz] *npl*: **under the ~ of** unter der Schirmherrschaft von.
auspicious [ɔ:s'pɪʃəs] *a* günstig; verheißungsvoll.
austere [ɒs'tɪə*] *a* streng; *room* nüchtern.
austerity [ɒs'terɪtɪ] *n* Strenge *f*; (*Pol*) wirtschaftliche Einschränkung *f*.
authentic [ɔ:'θentɪk] *a* echt, authentisch; **~ate** *vt* beglaubigen; **~ity** [ɔ:θen'tɪsɪtɪ] *n* Echtheit *f*.
author ['ɔ:θə*] *n* Autor *m*, Schriftsteller *m*; (*beginner*) Urheber *m*, Schöpfer *m*.
authoritarian [ɔ:θɒrɪ'tɛərɪən] *a* autoritär.
authoritative [ɔ:'θɒrɪtətɪv] *a* *account* maßgeblich; *manner* herrisch.
authority [ɔ:'θɒrɪtɪ] *n* (*power*) Autorität *f*; (*expert*) Autorität *f*, Fachmann *m*; **the authorities** *pl* die Behörden *pl*.
authorize ['ɔ:θəraɪz] *vt* bevollmächtigen; (*permit*) genehmigen.
auto ['ɔ:təʊ] *n* (*US*) Auto *nt*, Wagen *m*.
autobiographical [ɔ:təbaɪə'græfɪkəl] *a* autobiographisch.
autobiography [ɔ:təʊbaɪ'ɒgrəfɪ] *n* Autobiographie *f*.
autocracy [ɔ:'tɒkrəsɪ] *n* Autokratie *f*.
autocratic [ɔ:tə'krætɪk] *a* autokratisch.
autograph ['ɔ:təgrɑ:f] *n* (*of celebrity*) Autogramm *nt*; *vt* mit Autogramm versehen.
automate ['ɔ:təmeɪt] *vt* automatisieren, auf Automation umstellen.
automatic [ɔ:tə'mætɪk] *a* automatisch; *n* Selbstladepistole *f*; (*car*) Automatik *m*; **~ally** *ad* automatisch.
automation [ɔ:tə'meɪʃən] *n* Automation *f*.
automaton [ɔ:'tɒmətən] *n* Automat *m*, Roboter *m*.
automobile ['ɔ:təməbi:l] *n* (*US*) Auto(mobil) *nt*.
autonomous [ɔ:'tɒnəməs] *a* autonom.
autonomy [ɔ:'tɒnəmɪ] *n* Autonomie *f*, Selbstbestimmung *f*.
autopsy ['ɔ:tɒpsɪ] *n* Autopsie *f*.
autumn ['ɔ:təm] *n* Herbst *m*.
auxiliary [ɔ:g'zɪlɪərɪ] *a* Hilfs-; *n* Hilfskraft *f*; (*Gram*) Hilfsverb *nt*.
avail [ə'veɪl] *vt*: **~ o.s. of sth** sich einer Sache bedienen; *n*: **to no ~** nutzlos; **~ability** [əveɪlə'bɪlɪtɪ] Erhältlichkeit *f*, Vorhandensein *nt*; **~able** erhältlich; zur Verfügung stehend; *person* erreichbar, abkömmlich.
avalanche ['ævəlɑ:nʃ] *n* Lawine *f*.
avant-garde ['ævɑ̃ŋ'gɑ:d] *a* avantgardistisch; *n* Avantgarde *f*.
avarice ['ævərɪs] *n* Habsucht *f*, Geiz *m*.
avaricious [ævə'rɪʃəs] *a* geizig, habsüchtig.
avenge [ə'vendʒ] *vt* rächen, sühnen.
avenue ['ævənju:] *n* Allee *f*.
average ['ævərɪdʒ] *n* Durchschnitt *m*; *a* durchschnittlich, Durchschnitts-; *vt* *figures* den Durchschnitt nehmen von; (*perform*) durchschnittlich leisten; (*in car etc*) im Schnitt fahren; **on ~** durchschnittlich, im Durchschnitt.
averse [ə'vɜ:s] *a*: **to be ~ to** eine Abneigung haben gegen.
aversion [ə'vɜ:ʃən] *n* Abneigung *f*.
avert [ə'vɜ:t] *vt* (*turn away*) abkehren; (*prevent*) abwehren.
aviary ['eɪvɪərɪ] *n* Vogelhaus *nt*.

aviation [eɪvɪ'eɪʃən] *n* Luftfahrt *f*, Flugwesen *nt*.
aviator ['eɪvɪeɪtə*] *n* Flieger *m*.
avid ['ævɪd] *a* gierig (*for* auf +*acc*); **~ly** *ad* gierig.
avocado [ævə'kɑːdəʊ] *n* (*also* **~ pear**) Avocado(birne) *f*.
avoid [ə'vɔɪd] *vt* vermeiden; **~able** *a* vermeidbar; **~ance** Vermeidung *f*.
avowal [ə'vaʊəl] *n* Erklärung *f*.
await [ə'weɪt] *vt* erwarten, entgegensehen (+*dat*).
awake [ə'weɪk] *a* wach; *irreg vi* aufwachen; *vt* (auf)wecken; **~ning** Erwachen *nt*.
award [ə'wɔːd] *n* (*judgment*) Urteil *nt*; (*prize*) Preis *m*; *vt* zuerkennen.
aware [ə'wɛə*] *a* bewußt; **to be ~** sich bewußt sein (*of gen*); **~ness** Bewußtsein *nt*.
awash [ə'wɒʃ] *a* überflutet.
away [ə'weɪ] *ad* weg, fort.
awe [ɔː] *n* Ehrfurcht *f*; **~-inspiring, ~some** *a* ehrfurchtgebietend; **~-struck** *a* von Ehrfurcht ergriffen.
awful ['ɔːfʊl] *a* (*very bad*) furchtbar; **~ly** *ad* furchtbar, sehr.
awhile [ə'waɪl] *ad* eine kleine Weile, ein bißchen.
awkward ['ɔːkwəd] *a* (*clumsy*) ungeschickt, linkisch; (*embarrassing*) peinlich; **~ness** Ungeschicklichkeit *f*.
awning ['ɔːnɪŋ] *n* Markise *f*.
awry [ə'raɪ] *ad, a* schief; **to go ~** (*person*) fehlgehen; (*plans*) schiefgehen.
ax (*US*), **axe** [æks] *n* Axt *f*, Beil *nt*; *vt* (*to end suddenly*) streichen.
axiom ['æksɪəm] *n* Grundsatz *m*, Axiom *nt*; **~atic** [æksɪə'mætɪk] *a* axiomatisch.
axis ['æksɪs] *n* Achse *f*.
axle ['æksl] *n* Achse *f*.
ay(e) [aɪ] *interj* (*yes*) ja; **the ~es** *pl* die Jastimmen *pl*.
azure ['eɪʒə*] *a* himmelblau.

B

B, b [biː] *n* B *nt*, b *nt*.
babble ['bæbl] *vi* schwätzen; (*stream*) murmeln; *n* Geschwätz *nt*.
babe [beɪb] *n* Baby *nt*.
baboon [bə'buːn] *n* Pavian *m*.
baby ['beɪbɪ] *n* Baby *nt*, Säugling *m*; **~ carriage** (*US*) Kinderwagen *m*; **~ish** *a* kindisch; **~-sit** *vi irreg* Kinder hüten, babysitten; **~-sitter** Babysitter *m*.
bachelor ['bætʃələ*] *n* Junggeselle *m*; **B~ of Arts** Bakkalaureus *m* der philosophischen Fakultät; **B~ of Science** Bakkalaureus *m* der Naturwissenschaften.
back [bæk] *n* (*of person, horse*) Rücken *m*; (*of house*) Rückseite *f*; (*of train*) Ende *nt*; (*Ftbl*) Verteidiger *m*; *vt* (*support*) unterstützen; (*wager*) wetten auf (+*acc*); *car* rückwärts fahren; *vi* (*go backwards*) rückwärts gehen *or* fahren; *a* hinter(e, s); *ad* zurück; (*to the rear*) nach hinten; **~ down** *vi* zurückstecken; **~ out** *vi* sich zurückziehen; kneifen (*col*); **~biting** Verleumdung *f*; **~bone** Rückgrat *nt*; (*support*) Rückhalt *m*; **~cloth** Hintergrund *m*; **~er** Förderer *m*; **~fire** *vi* (*plan*) fehlschlagen; (*Tech*) fehlzünden; **~ground** Hintergrund *m*; (*information*) Hintergrund *m*, Umstände *pl*; (*person's education*) Vorbildung *f*; **~hand** (*Sport*) Rückhand *f*; *a* Rückhand-; **~handed** *a shot* Rückhand-; *compliment* zweifelhaft; **~ing** (*support*) Unterstützung *f*; **~lash** (*Tech*) tote(r) Gang *m*; (*fig*) Gegenschlag *m*; **~log** (*of work*) Rückstand *m*; **~ number** (*Press*) alte Nummer *f*; **~ pay** (Gehalts-, Lohn)nachzahlung *f*; **~side** (*col*) Hintern *m*; **~stroke** Rückenschwimmen *nt*; **~ward** *a* (*less developed*) zurückgeblieben; (*primitive*) rückständig; **~wardness** (*of child*) Unterentwicklung *f*; (*of country*) Rückständigkeit *f*; **~wards** *ad* (*in reverse*) rückwärts; (*towards the past*) zurück, rückwärts; **~water** (*fig*) Kaff *nt*; **cultural ~water** tiefste Provinz *f*; **~yard** Hinterhof *m*.
bacon ['beɪkən] *n* Schinkenspeck *m*.
bacteria [bæk'tɪərɪə] *npl* Bakterien *pl*.
bad [bæd] *a* schlecht, schlimm.
badge [bædʒ] *n* Abzeichen *nt*.
badger ['bædʒə*] *n* Dachs *m*; *vt* plagen.
badly ['bædlɪ] *ad* schlecht, schlimm; **~ off: he is ~ off** es geht ihm schlecht.
badminton ['bædmɪntən] *n* Federballspiel *nt*.
bad-tempered ['bæd'tempəd] *a* schlecht gelaunt.
baffle ['bæfl] *vt* (*puzzle*) verblüffen.
bag [bæg] *n* (*sack*) Beutel *m*; (*paper*) Tüte *f*; (*hand—*) Tasche *f*; (*suitcase*) Koffer *m*; (*booty*) Jagdbeute *f*; (*col: old woman*) alte Schachtel *f*; *vi* sich bauschen; *vt* (*put in sack*) in einen Sack stecken; (*hunting*) erlegen; **~ful** Sackvoll *m*; **~gage** ['bægɪdʒ] Gepäck *nt*; **~gy** *a* bauschig, sackartig; **~pipes** *pl* Dudelsack *m*.
bail [beɪl] *n* (*money*) Kaution *f*; *vt prisoner* gegen Kaution freilassen; (*also* **~ out**) *boat* ausschöpfen; *see* **bale**.
bailiff ['beɪlɪf] *n* Gerichtsvollzieher(in *f*) *m*.
bait [beɪt] *n* Köder *m*; *vt* mit einem Köder versehen; (*fig*) ködern.
bake [beɪk] *vti* backen; **~r** Bäcker *m*; **~ry** Bäckerei *f*; **~r's dozen** dreizehn.
baking ['beɪkɪŋ] *n* Backen *nt*; **~ powder** Backpulver *nt*.
balance ['bæləns] *n* (*scales*) Waage *f*; (*equilibrium*) Gleichgewicht *nt*; (*Fin: state of account*) Saldo *m*; (*difference*) Bilanz *f*; (*amount remaining*) Restbetrag *m*; *vt* (*weigh*) wägen; (*make equal*) ausgleichen; **~d** *a* ausgeglichen; **~ sheet** Bilanz *f*, Rechnungsabschluß *m*.
balcony ['bælkənɪ] *n* Balkon *m*.
bald [bɔːld] *a* kahl; *statement* knapp.
bale [beɪl] *n* Ballen *m*; **to ~** *or* **bail out** (*from a plane*) abspringen.
baleful ['beɪlfʊl] *a* (*sad*) unglückselig; (*evil*) böse.
balk [bɔːk] *vt* (*hinder*) vereiteln; *vi* scheuen (*at* vor +*dat*).
ball [bɔːl] *n* Ball *m*.
ballad ['bæləd] *n* Ballade *f*.
ballast ['bæləst] *n* Ballast *m*.

ball bearing ['bɔːl'bɛərɪŋ] *n* Kugellager *nt.*
ballerina [bælə'riːnə] *n* Ballerina *f.*
ballet ['bæleɪ] *n* Ballett *nt.*
ballistics [bə'lɪstɪks] *n* Ballistik *f.*
balloon [bə'luːn] *n* (Luft)ballon *m.*
ballot ['bælət] *n* (geheime) Abstimmung *f.*
ball-point (pen) ['bɔːlpɔɪnt('pen)] *n* Kugelschreiber *m.*
ballroom ['bɔːlrum] *n* Tanzsaal *m.*
balmy ['bɑːmɪ] *a* lindernd; mild.
balsa ['bɔːlsə] *n* (*also* ~ **wood**) Balsaholz *nt.*
balustrade [bæləs'treɪd] *n* Brüstung *f.*
bamboo [bæm'buː] *n* Bambus *m.*
bamboozle [bæm'buːzl] *vt* übers Ohr hauen.
ban [bæn] *n* Verbot *nt*; *vt* verbieten.
banal [bə'nɑːl] *a* banal.
banana [bə'nɑːnə] *n* Banane *f.*
band [bænd] *n* Band *nt*; (*group*) Gruppe *f*; (*of criminals*) Bande *f*; (*Mus*) Kapelle *f*, Band *f*; *vi* (+*together*) sich zusammentun; **~age** Verband *m*; (*elastic*) Bandage *f.*
bandit ['bændɪt] *n* Bandit *m.*
bandy ['bændɪ] *vt* wechseln; **~(-legged)** *a* o-beinig.
bang [bæŋ] *n* (*explosion*) Knall *m*; (*blow*) Hieb *m*; *vti* knallen.
bangle ['bæŋgl] *n* Armspange *f.*
banish ['bænɪʃ] *vt* verbannen.
banister(s) ['bænɪstə*(z)] *n*(*pl*) (Treppen)geländer *nt.*
banjo ['bændʒəu] *n* Banjo *nt.*
bank [bæŋk] *n* (*raised ground*) Erdwall *m*; (*of lake etc*) Ufer *nt*; (*Fin*) Bank *f*; *vt* (*tilt: Aviat*) in die Kurve bringen; *money* einzahlen; **to ~ on sth** mit etw rechnen; **~ account** Bankkonto *nt*; (*employee*) Bankbeamte(r) *m*; **~ holiday** gesetzliche(r) Feiertag *m*; **~ing** Bankwesen *nt*, Bankgeschäft *nt*; **~note** Banknote *f*; **~rupt** *n* Zahlungsunfähige(r) *mf*; *vt* bankrott machen; **to go ~rupt** Pleite machen; **~ruptcy** Bankrott *m.*
banner ['bænə*] *n* Banner *nt.*
banns [bænz] *npl* Aufgebot *nt.*
banquet ['bæŋkwɪt] *n* Bankett *nt*, Festessen *nt.*
banter ['bæntə*] *n* Neckerei *f.*
baptism ['bæptɪzəm] *n* Taufe *f.*
baptize [bæp'taɪz] *vt* taufen.
bar [bɑː*] *n* (*rod*) Stange *f*; (*obstacle*) Hindernis *nt*; (*of chocolate*) Tafel *f*; (*of soap*) Stück *nt*; (*for food, drink*) Buffet *nt*, Bar *f*; (*pub*) Wirtschaft *f*; (*Mus*) Takt(strich) *m*; *vt* (*fasten*) verriegeln; (*hinder*) versperren; (*exclude*) ausschließen; **the B~: to be called to the B~** als Anwalt zugelassen werden; **~ none** ohne Ausnahme.
barbarian [bɑː'bɛərɪən] *n* Barbar(in *f*) *m.*
barbaric [bɑː'bærɪk] *a* primitiv, unkultiviert.
barbarity [bɑː'bærɪtɪ] *n* Grausamkeit *f.*
barbarous ['bɑːbərəs] *a* grausam, barbarisch.
barbecue ['bɑːbɪkjuː] *n* Barbecue *nt.*
barbed wire ['bɑːbd'waɪə*] *n* Stacheldraht *m.*
barber ['bɑːbə*] *n* Herrenfriseur *m.*
barbiturate [bɑː'bɪtjurɪt] *n* Barbiturat *nt*, Schlafmittel *nt.*
bare [bɛə*] *a* nackt; *trees, country* kahl; (*mere*) bloß; *vt* entblößen; **~back** *ad* ungesattelt; **~faced** *a* unverfroren; **~foot** *a* barfuß; **~headed** *a* mit bloßem Kopf; **~ly** *ad* kaum, knapp; **~ness** Nacktheit *f*; Kahlheit *f.*
bargain ['bɑːgɪn] *n* (*sth cheap*) günstiger Kauf; (*agreement*) (*written*) Kaufvertrag *m*; (*oral*) Geschäft *nt*; **into the ~** obendrein; **~ for** *vt* rechnen mit.
barge [bɑːdʒ] *n* Lastkahn *m*; **~ in** *vi* hereinplatzen.
baritone ['bærɪtəun] *n* Bariton *m.*
bark [bɑːk] *n* (*of tree*) Rinde *f*; (*of dog*) Bellen *nt*; *vi* (*dog*) bellen.
barley ['bɑːlɪ] *n* Gerste *f.*
barmaid ['bɑːmeɪd] *n* Bardame *f.*
barman ['bɑːmən] *n* Barkellner *m.*
barn [bɑːn] *n* Scheune *f.*
barnacle ['bɑːnəkl] *n* Entenmuschel *f.*
barometer [bə'rɒmɪtə*] *n* Barometer *nt.*
baron ['bærən] *n* Baron *m*; **~ess** Baronin *f*; **~ial** [bə'rəunɪəl] *a* freiherrlich.
baroque [bə'rɒk] *a* barock.
barracks ['bærəks] *npl* Kaserne *f.*
barrage ['bærɑːʒ] *n* (*gunfire*) Sperrfeuer *nt*; (*dam*) Staudamm *m*; Talsperre *f.*
barrel ['bærəl] *n* Faß *nt*; (*of gun*) Lauf *m*; **~ organ** Drehorgel *f.*
barren ['bærən] *a* unfruchtbar.
barricade [bærɪ'keɪd] *n* Barrikade *f*; *vt* verbarrikadieren.
barrier ['bærɪə*] *n* (*obstruction*) Hindernis *nt*; (*fence*) Schranke *f.*
barrister ['bærɪstə*] *n* (*Brit*) Rechtsanwalt *m.*
barrow ['bærəu] *n* (*cart*) Schubkarren *m.*
bartender ['bɑːtendə*] *n* (*US*) Barmann *or* -kellner *m.*
barter ['bɑːtə*] *n* Tauschhandel *m*; *vi* Tauschhandel treiben.
base [beɪs] *n* (*bottom*) Boden *m*, Basis *f*; (*Mil*) Stützpunkt *m*; *vt* gründen; **to be ~d on** basieren auf (+*dat*); *a* (*low*) gemein; **~ball** Baseball *m*; **~less** *a* grundlos; **~ment** Kellergeschoß *nt.*
bash [bæʃ] *vt* (*col*) (heftig) schlagen.
bashful ['bæʃful] *a* schüchtern.
basic ['beɪsɪk] *a* grundlegend; **~ally** *ad* im Grunde.
basin ['beɪsn] *n* (*dish*) Schüssel *f*; (*for washing, also valley*) Becken *nt*; (*dock*) (Trocken)becken *nt.*
basis ['beɪsɪs] *n* Basis *f*, Grundlage *f.*
bask [bɑːsk] *vi* sich sonnen.
basket ['bɑːskɪt] *n* Korb *m*; **~ball** Basketball *m.*
bass [beɪs] *n* (*Mus, also instrument*) Baß *m*; (*voice*) Baßstimme *f*; **~ clef** Baßschlüssel *m.*
bassoon [bə'suːn] *n* Fagott *nt.*
bastard ['bɑːstəd] *n* Bastard *m*; Arschloch *nt.*
baste [beɪst] *vt meat* mit Fett begießen.
bastion ['bæstɪən] *n* (*lit, fig*) Bollwerk *nt.*
bat [bæt] *n* (*Sport*) Schlagholz *nt*; Schläger

m; (*Zool*) Fledermaus *f*; *vt*: **he didn't ~ an eyelid** er hat nicht mit der Wimper gezuckt; **off one's own ~** auf eigene Faust.

batch [bætʃ] *n* (*of letters*) Stoß *m*; (*of samples*) Satz *m*.

bated ['beɪtɪd] *a*: **with ~ breath** mit verhaltenem Atem.

bath [bɑ:θ] *n* Bad *nt*; (*tub*) Badewanne *f*; *vt* baden; **~s** [bɑ:ðz] *pl* (Schwimm)bad *nt*; **~chair** Rollstuhl *m*.

bathe [beɪð] *vti* baden; **~r** Badende(r) *mf*.

bathing ['beɪðɪŋ] *n* Baden *nt*; **~ cap** Badekappe *f*; **~ costume** Badeanzug *m*.

bathmat ['bɑ:θmæt] *n* Badevorleger *m*.

bathroom ['bɑ:θrʊm] *n* Bad(ezimmer) *nt*.

baths [bɑ:ðz] *npl see* **bath**.

bath towel ['bɑ:θtaʊəl] *n* Badetuch *nt*.

batman ['bætmən] *n* (Offiziers)bursche *m*.

baton ['bætən] *n* (*of police*) Gummiknüppel *m*; (*Mus*) Taktstock *m*.

battalion [bə'tælɪən] *n* Bataillon *nt*.

batter ['bætə*] *vt* verprügeln; *n* Schlagteig *m*; (*for cake*) Biskuitteig *m*.

battery ['bætərɪ] *n* (*Elec*) Batterie *f*; (*Mil*) Geschützbatterie *f*.

battle ['bætl] *n* Schlacht *f*; (*small*) Gefecht *nt*; *vi* kämpfen; **~-axe** (*col*) Xanthippe *f*; **~field** Schlachtfeld *nt*; **~ments** *pl* Zinnen *pl*; **~ship** Schlachtschiff *nt*.

batty ['bætɪ] *a* (*col*) plemplem.

bauble ['bɔ:bl] *n* Spielzeug *nt*.

bawdy ['bɔ:dɪ] *a* unflätig.

bawl [bɔ:l] *vi* brüllen; **to ~ sb out** jdn zur Schnecke machen.

bay [beɪ] *n* (*of sea*) Bucht *f*; **at ~** gestellt, in die Enge getrieben; **to keep at ~** unter Kontrolle halten.

bayonet ['beɪənet] *n* Bajonett *nt*.

bay window ['beɪ'wɪndəʊ] *n* Erkerfenster *nt*.

bazaar [bə'zɑ:*] *n* Basar *m*.

bazooka [bə'zu:kə] *n* Panzerfaust *f*.

be [bi:] *vi irreg* sein; (*become, for passive*) werden; (*be situated*) liegen, sein; **the book is 40p** das Buch kostet 40p; **he wants to ~ a teacher** er will Lehrer werden; **how long have you been here?** wie lange sind Sie schon da?; **have you been to Rome?** warst du schon einmal in Rom?, bist du schon einmal in Rom gewesen?; **his name is on the list** sein Name steht auf der Liste; **there is/are** es gibt.

beach [bi:tʃ] *n* Strand *m*; *vt ship* auf den Strand setzen; **~wear** Strandkleidung *f*.

beacon ['bi:kən] *n* (*signal*) Leuchtfeuer *nt*; (*traffic —*) Bake *f*.

bead [bi:d] *n* Perle *f*; (*drop*) Tropfen *m*.

beak [bi:k] *n* Schnabel *m*.

beaker ['bi:kə*] *n* Becher *m*.

beam [bi:m] *n* (*of wood*) Balken *m*; (*of light*) Strahl *m*; (*smile*) strahlende(s) Lächeln *nt*; *vi* strahlen.

bean [bi:n] *n* Bohne *f*.

bear [bɛə*] *vt irreg weight, crops* tragen; (*tolerate*) ertragen; *young* gebären; *n* Bär *m*; **~able** *a* erträglich; **to ~ on** relevant sein für.

beard [bɪəd] *n* Bart *m*; **~ed** *a* bärtig.

bearer ['bɛərə*] *n* Träger *m*.

bearing ['bɛərɪŋ] *n* (*posture*) Haltung *f*; (*relevance*) Relevanz *f*; (*relation*) Bedeutung *f*; (*Tech*) Kugellager *nt*; **~s** *pl* (*direction*) Orientierung *f*.

bearskin ['bɛəskɪn] *n* Bärenfellmütze *f*.

beast [bi:st] *n* Tier *nt*, Vieh *nt*; (*person*) Bestie *f*; (*nasty person*) Biest *nt*; **~ly** *ad* viehisch; (*col*) scheußlich; **~ of burden** Lasttier *nt*.

beat [bi:t] *n* (*stroke*) Schlag *m*; (*pulsation*) (Herz)schlag *m*; (*police round*) Runde *f*; Revier *nt*; (*Mus*) Takt *m*; Beat *m*; *vt irreg* schlagen; **to ~ about the bush** wie die Katze um den heißen Brei herumgehen; **to ~ time** den Takt schlagen; **~ off** *vt* abschlagen; **~ up** *vt* zusammenschlagen; **~en track** gebahnte(r) Weg *m*; (*fig*) herkömmliche Art und Weise; **off the ~en track** abgelegen; **~er** (*for eggs, cream*) Schneebesen *m*.

beautiful ['bju:tɪfʊl] *a* schön; **~ly** *ad* ausgezeichnet.

beautify ['bju:tɪfaɪ] *vt* verschönern.

beauty ['bju:tɪ] *n* Schönheit *f*.

beaver ['bi:və*] *n* Biber *m*.

becalm [bɪ'kɑ:m] *vt*: **to be ~ed** eine Flaute haben.

because [bɪ'kɒz] *ad, cj* weil; *prep*: **~ of** wegen (+*gen or* (*col*) *dat*).

beckon ['bekən] *vti* ein Zeichen geben (*sb* jdm).

become [bɪ'kʌm] *vt irreg* werden; (*clothes*) stehen (+*dat*).

becoming [bɪ'kʌmɪŋ] *a* (*suitable*) schicklich; *clothes* kleidsam.

bed [bed] *n* Bett *nt*; (*of river*) Flußbett *nt*; (*foundation*) Schicht *f*; (*in garden*) Beet *nt*; **~ and breakfast** Übernachtung *f* mit Frühstück; **~clothes** *pl* Bettwäsche *f*; **~ding** Bettzeug *nt*.

bedeck [bɪ'dek] *vt* schmücken.

bedlam ['bedləm] *n* (*uproar*) tolle(s) Durcheinander *nt*.

bedraggled [bɪ'drægld] *a* ramponiert.

bedridden ['bedrɪdn] *a* bettlägerig.

bedroom ['bedrʊm] *n* Schlafzimmer *nt*.

bedside ['bedsaɪd] *n*: **at the ~** am Bett.

bed-sitter ['bed'sɪtə*] *n* Einzimmerwohnung *f*, möblierte(s) Zimmer *nt*.

bedtime ['bedtaɪm] *n* Schlafenszeit *f*.

bee [bi:] *n* Biene *f*.

beech [bi:tʃ] *n* Buche *f*.

beef [bi:f] *n* Rindfleisch *nt*.

beehive ['bi:haɪv] *n* Bienenstock *m*.

beeline ['bi:laɪn] *n*: **to make a ~ for** schnurstracks zugehen auf (+*acc*).

beer [bɪə*] *n* Bier *nt*.

beetle ['bi:tl] *n* Käfer *m*.

beetroot ['bi:tru:t] *n* rote Bete *f*.

befall [bɪ'fɔ:l] *irreg vi* sich ereignen; *vt* zustoßen (+*dat*).

befit [bɪ'fɪt] *vt* sich schicken für.

before [bɪ'fɔ:*] *prep* vor; *cj* bevor; *ad* (*of time*) zuvor; früher; **I've done it ~** das hab' ich schon mal getan.

befriend [bɪ'frend] *vt* sich (jds) annehmen.

beg [beg] *vti* (*implore*) dringend bitten;

alms betteln; ~**gar** Bettler(in *f*) *m*.
begin [bɪ'gɪn] *vti irreg* anfangen, beginnen; (*found*) gründen; **to ~ with** zunächst (einmal); ~**ner** Anfänger *m*; ~**ning** Anfang *m*.
begrudge [bɪ'grʌdʒ] *vt* (be)neiden; **to ~ sb sth** jdm etw mißgönnen.
behalf [bɪ'hɑ:f] *n*: **on** *or* **in** (*US*) ~ **of** im Namen (+*gen*); **on my ~** für mich.
behave [bɪ'heɪv] *vi* sich benehmen.
behaviour, (*US*) **behavior** [bɪ'heɪvjə*] *n* Benehmen *nt*.
behead [bɪ'hed] *vt* enthaupten.
behind [bɪ'haɪnd] *prep* hinter; *ad* (*late*) im Rückstand; (*in the rear*) hinten; *n* (*col*) Hinterteil *nt*.
behold [bɪ'həʊld] *vt irreg* (*old*) erblicken.
beige [beɪʒ] *a* beige.
being ['bi:ɪŋ] *n* (*existence*) (Da)sein *nt*; (*person*) Wesen *nt*.
belch [beltʃ] *n* Rülpsen *nt*; *vi* rülpsen; *vt smoke* ausspeien.
belfry ['belfrɪ] *n* Glockenturm *m*.
belie [bɪ'laɪ] *vt* Lügen strafen (+*acc*).
belief [bɪ'li:f] *n* Glaube *m* (*in* an +*acc*); (*conviction*) Überzeugung *f*.
believable [bɪ'li:vəbl] *a* glaubhaft.
believe [bɪ'li:v] *vt* glauben (+*dat*); (*think*) glauben, meinen, denken; *vi* (*have faith*) glauben; ~**r** Gläubige(r) *mf*.
belittle [bɪ'lɪtl] *vt* herabsetzen.
bell [bel] *n* Glocke *f*.
belligerent [bɪ'lɪdʒərənt] *a person* streitsüchtig; *country* kriegsführend.
bellow ['beləʊ] *vti* brüllen; *n* Gebrüll *nt*.
bellows ['beləʊz] *npl* (*Tech*) Gebläse *nt*; (*for fire*) Blasebalg *m*.
belly ['belɪ] *n* Bauch *m*; *vi* sich ausbauchen.
belong [bɪ'lɒŋ] *vi* gehören (*to sb* jdm); (*to club*) angehören (+*dat*); **it does not ~ here** es gehört nicht hierher; ~**ings** *pl* Habe *f*.
beloved [bɪ'lʌvɪd] *a* innig geliebt; *n* Geliebte(r) *mf*.
below [bɪ'ləʊ] *prep* unter; *ad* unten.
belt [belt] *n* (*band*) Riemen *m*; (*round waist*) Gürtel *m*; *vt* (*fasten*) mit Riemen befestigen; (*col: beat*) schlagen; *vi* (*col: go fast*) rasen.
bench [bentʃ] *n* (*seat*) Bank *f*; (*workshop*) Werkbank *f*; (*judge's seat*) Richterbank *f*; (*judges*) Richterstand *m*.
bend [bend] *vt irreg* (*curve*) biegen; (*stoop*) beugen; *n* Biegung *f*; (*in road*) Kurve *f*.
beneath [bɪ'ni:θ] *prep* unter; *ad* darunter.
benefactor ['benɪfæktə*] *n* Wohltäter(in *f*) *m*.
beneficial [benɪ'fɪʃl] *a* vorteilhaft; (*to health*) heilsam.
beneficiary [benɪ'fɪʃərɪ] *n* Nutznießer(in *f*) *m*.
benefit ['benɪfɪt] *n* (*advantage*) Nutzen *m*; *vt* fördern; *vi* Nutzen ziehen (*from* aus).
benevolence [bɪ'nevələns] *n* Wohlwollen *nt*.
benevolent [bɪ'nevələnt] *a* wohlwollend.
benign [bɪ'naɪn] *a person* gütig; *climate* mild.
bent [bent] *n* (*inclination*) Neigung *f*; *a* (*col: dishonest*) unehrlich; **to be ~ on** versessen sein auf (+*acc*).
bequeath [bɪ'kwi:ð] *vt* vermachen.
bequest [bɪ'kwest] *n* Vermächtnis *nt*.
bereaved [bɪ'ri:vd] *n* (*person*) Hinterbliebene(r) *mf*.
bereavement [bɪ'ri:vmənt] *n* schmerzliche(r) Verlust *m*.
beret ['berɪ] *n* Baskenmütze *f*.
berry ['berɪ] *n* Beere *f*.
berserk [bə'sɜ:k] *a*: **to go ~** wild werden.
berth [bɜ:θ] *n* (*for ship*) Ankerplatz *m*; (*in ship*) Koje *f*; (*in train*) Bett *nt*; *vt* am Kai festmachen; *vi* anlegen.
beseech [bɪ'si:tʃ] *vt irreg* anflehen.
beset [bɪ'set] *vt irreg* bedrängen.
beside [bɪ'saɪd] *prep* neben, bei; (*except*) außer; **to be ~ o.s.** außer sich sein (*with* vor +*dat*).
besides [bɪ'saɪdz] *prep* außer, neben; *ad* zudem, überdies.
besiege [bɪ'si:dʒ] *vt* (*Mil*) belagern; (*surround*) umlagern, bedrängen.
besmirch [bɪ'smɜ:tʃ] *vt* besudeln.
bespectacled [bɪ'spektɪkld] *a* bebrillt.
bespoke tailor [bɪ'spəʊk'teɪlə*] *n* Maßschneider *m*.
best [best] *a* beste(r, s); *ad* am besten; **at ~** höchstens; **to make the ~ of it** das Beste daraus machen; **for the ~** zum Besten; ~ **man** Trauzeuge *m*.
bestial ['bestɪəl] *a* bestialisch.
bestow [bɪ'stəʊ] *vt* verleihen.
bestseller ['best'selə*] *n* Bestseller *m*, meistgekaufte(s) Buch *nt*.
bet [bet] *n* Wette *f*; *vti irreg* wetten.
betray [bɪ'treɪ] *vt* verraten; ~**al** Verrat *m*.
better ['betə*] *a*, *ad* besser; *vt* verbessern; *n*: **to get the ~ of sb** jdn überwinden; **he thought ~ of it** er hat sich eines Besseren besonnen; **you had ~ leave** Sie gehen jetzt wohl besser; ~ **off** *a* (*richer*) wohlhabender.
betting ['betɪŋ] *n* Wetten *nt*; ~ **shop** Wettbüro *nt*.
between [bɪ'twi:n] *prep* zwischen; (*among*) unter; *ad* dazwischen.
bevel ['bevəl] *n* Abschrägung *f*.
beverage ['bevərɪdʒ] *n* Getränk *nt*.
beware [bɪ'weə*] *vt* sich hüten vor (+*dat*); **'~ of the dog'** 'Vorsicht, bissiger Hund!'
bewildered [bɪ'wɪldəd] *a* verwirrt.
bewildering [bɪ'wɪldərɪŋ] *a* verwirrend.
bewitching [bɪ'wɪtʃɪŋ] *a* bestrickend.
beyond [bɪ'jɒnd] *prep* (*place*) jenseits (+*gen*); (*time*) über . . . hinaus; (*out of reach*) außerhalb (+*gen*); **it's ~ me** das geht über meinen Horizont; *ad* darüber hinaus.
bias ['baɪəs] *n* (*slant*) Neigung *f*; (*prejudice*) Vorurteil *nt*; ~**(s)ed** *a* voreingenommen.
bib [bɪb] *n* Latz *m*.
Bible ['baɪbl] *n* Bibel *f*.
biblical ['bɪblɪkəl] *a* biblisch.
bibliography [bɪblɪ'ɒgrəfɪ] *n* Bibliographie *f*.
bicentenary [baɪsen'ti:nərɪ] *n* Zweihundertjahrfeier *f*.
biceps ['baɪseps] *npl* Bizeps *m*.

bicker ['bɪkə*] *vi* zanken; **~ing** Gezänk *nt*, Gekeife *nt*.
bicycle ['baɪsɪkl] *n* Fahrrad *nt*.
bid [bɪd] *n* (*offer*) Gebot *nt*; (*attempt*) Versuch *m*; *vt irreg* (*offer*) bieten; **to ~ farewell** Lebewohl sagen; **~der** (*person*) Steigerer *m*; **~ding** (*command*) Geheiß *nt*.
bide [baɪd] *vt*: **~ one's time** abwarten.
big [bɪg] *a* groß.
bigamy ['bɪgəmɪ] *n* Bigamie *f*.
bigheaded ['bɪg'hedɪd] *a* eingebildet.
bigot ['bɪgət] *n* Frömmler *m*; **~ed** *a* bigott; **~ry** Bigotterie *f*.
bigwig ['bɪgwɪg] *n* (*col*) hohe(s) Tier *nt*.
bike [baɪk] *n* Rad *nt*.
bikini [bɪ'ki:nɪ] *n* Bikini *m*.
bilateral [baɪ'lætərəl] *a* bilateral.
bile [baɪl] *n* (*Biol*) Galle(nflüssigkeit) *f*.
bilge [bɪldʒ] *n* (*water*) Bilgenwasser *nt*.
bilingual [baɪ'lɪŋgwəl] *a* zweisprachig.
bilious ['bɪlɪəs] *a* (*sick*) gallenkrank; (*peevish*) verstimmt.
bill [bɪl] *n* (*account*) Rechnung *f*; (*Pol*) Gesetzentwurf *m*; (*US Fin*) Geldschein *m*; **~ of exchange** Wechsel *m*.
billet ['bɪlɪt] *n* Quartier *nt*.
billfold ['bɪlfəʊld] *n* (*US*) Geldscheintasche *f*.
billiards ['bɪlɪədz] *n* Billard *nt*.
billion ['bɪlɪən] *n* Billion *f*; (*US*) Milliarde *f*.
billy goat ['bɪlɪgəʊt] *n* Ziegenbock *m*.
bin [bɪn] *n* Kasten *m*; (*dust—*) (Abfall)eimer *m*.
bind [baɪnd] *vt irreg* (*tie*) binden; (*tie together*) zusammenbinden; (*oblige*) verpflichten; **~ing** (Buch)einband *m*; *a* verbindlich.
binge [bɪndʒ] *n* (*col*) Sauferei *f*.
bingo ['bɪŋgəʊ] *n* Bingo *nt*.
binoculars [bɪ'nɒkjʊləz] *npl* Fernglas *nt*.
biochemistry ['baɪəʊ'kemɪstrɪ] *n* Biochemie *f*.
biographer [baɪ'ɒgrəfə*] *n* Biograph *m*.
biographic(al) [baɪəʊ'græfɪk(l)] *a* biographisch.
biography [baɪ'ɒgrəfɪ] *n* Biographie *f*.
biological [baɪə'lɒdʒɪkəl] *a* biologisch.
biologist [baɪ'ɒlədʒɪst] *n* Biologe *m*.
biology [baɪ'ɒlədʒɪ] *n* Biologie *f*.
biped ['baɪped] *n* Zweifüßler *m*.
birch [bɜ:tʃ] *n* Birke *f*.
bird [bɜ:d] *n* Vogel *m*; (*col: girl*) Mädchen *nt*; **~'s-eye view** Vogelschau *f*.
birth [bɜ:θ] *n* Geburt *f*; **of good ~** aus gutem Hause; **~ certificate** Geburtsurkunde *f*; **~ control** Geburtenkontrolle *f*; **~day** Geburtstag *m*; **~place** Geburtsort *m*; **~ rate** Geburtenrate *f*.
biscuit ['bɪskɪt] *n* Keks *m*.
bisect [baɪ'sekt] *vt* halbieren.
bishop ['bɪʃəp] *n* Bischof *m*.
bit [bɪt] *n* bißchen, Stückchen *nt*; (*horse's*) Gebiß *nt*; **a ~ tired** etwas müde.
bitch [bɪtʃ] *n* (*dog*) Hündin *f*; (*unpleasant woman*) Weibsstück *nt*.
bite [baɪt] *vti irreg* beißen; *n* Biß *m*; (*mouthful*) Bissen *m*; **~ to eat** Happen *m*.
biting ['baɪtɪŋ] *a* beißend.
bitter ['bɪtə*] *a* bitter; *memory etc* schmerzlich; *person* verbittert; *n* (*beer*) dunkles Bier; **to the ~ end** bis zum bitteren Ende; **~ness** Bitterkeit *f*; **~sweet** bittersüß.
bivouac ['bɪvʊæk] *n* Biwak *nt*.
bizarre [bɪ'zɑ:*] *a* bizarr.
blab [blæb] *vi* klatschen; *vt* ausplaudern.
black [blæk] *a* schwarz; *night* finster; *vt* schwärzen; *shoes* wichsen; *eye* blau schlagen; (*industry*) boykottieren; **~ and blue** grün und blau; **~berry** Brombeere *f*; **~bird** Amsel *f*; **~board** (Wand)tafel *f*; **~currant** schwarze Johannisbeere *f*; **~guard** ['blægɑ:d] Schuft *m*; **~leg** Streikbrecher(in *f*) *m*; **~list** schwarze Liste *f*; **~mail** Erpressung *f*; *vt* erpressen; **~mailer** Erpresser(in *f*) *m*; **~ market** Schwarzmarkt *m*; **~ness** Schwärze *f*; **~out** Verdunklung *f*; (*Med*) **to have a ~out** bewußtlos werden; **~ sheep** schwarze(s) Schaf *nt*; **~smith** Schmied *m*.
bladder ['blædə*] *n* Blase *f*.
blade [bleɪd] *n* (*of weapon*) Klinge *f*; (*of grass*) Halm *m*; (*of oar*) Ruderblatt *nt*.
blame [bleɪm] *n* Tadel *m*, Schuld *f*; *vt* tadeln, Vorwürfe machen (+*dat*) **he is to ~** er ist daran schuld; **~less** *a* untadelig.
blanch [blɑ:ntʃ] *vi* bleich werden.
blancmange [blə'mɒnʒ] *n* Pudding *m*.
bland [blænd] *a* mild.
blank [blæŋk] *a* leer, unbeschrieben; *look* verdutzt; *cheque* Blanko-; *verse* Blank-; *n* (*space*) Lücke *f*; Zwischenraum *m*; (*cartridge*) Platzpatrone *f*.
blanket ['blæŋkɪt] *n* (Woll)decke *f*.
blankly ['blæŋklɪ] *ad* leer; *look* verdutzt.
blare [blɛə*] *vti* (*radio*) plärren; (*horn*) tuten; (*Mus*) schmettern; *n* Geplärr *nt*; Getute *nt*; Schmettern *nt*.
blasé ['blɑ:zeɪ] *a* blasiert.
blaspheme [blæs'fi:m] *vi* (Gott) lästern.
blasphemous ['blæsfɪməs] *a* lästernd, lästerlich.
blasphemy ['blæsfəmɪ] *n* (Gottes)-lästerung *f*, Blasphemie *f*.
blast [blɑ:st] *n* Explosion *f*; (*of wind*) Windstoß *m*; *vt* (*blow up*) sprengen; **~!** (*col*) verflixt!; **~ furnace** Hochofen *m*; **~-off** (*Space*) (Raketen)abschuß *m*.
blatant ['bleɪtənt] *a* offenkundig.
blaze [bleɪz] *n* (*fire*) lodernde(s) Feuer *nt*; *vi* lodern; *vt*: **~ a trail** Bahn brechen.
blazer ['bleɪzə*] *n* Klubjacke *f*, Blazer *m*.
bleach [bli:tʃ] *n* Bleichmittel *nt*; *vt* bleichen.
bleak [bli:k] *a* kahl, rauh; *future* trostlos.
bleary-eyed ['blɪərɪaɪd] *a* triefäugig; (*on waking up*) mit verschlafenen Augen.
bleat [bli:t] *n* (*of sheep*) Blöken *nt*; (*of goat*) Meckern *nt*; *vi* blöken; meckern.
bleed [bli:d] *irreg vi* bluten; *vt* (*draw blood*) Blut abnehmen; **to ~ to death** verbluten.
bleeding ['bli:dɪŋ] *a* blutend.
blemish ['blemɪʃ] *n* Makel *m*; *vt* verunstalten.
blench [blentʃ] *vi* zurückschrecken; *see* **blanch**.

blend [blend] *n* Mischung *f*; *vt* mischen; *vi* sich mischen.
bless [bles] *vt* segnen; (*give thanks*) preisen; (*make happy*) glücklich machen; ~ **you!** Gesundheit!; ~**ing** Segen *m*; (*at table*) Tischgebet *nt*; (*happiness*) Wohltat *f*; Segen *m*; (*good wish*) Glück *nt*.
blight [blaıt] *n* (*Bot*) Mehltau *m*; (*fig*) schädliche(r) Einfluß *m*; *vt* zunichte machen.
blimey ['blaımı] *interj* (*Brit col*) verflucht.
blind [blaınd] *a* blind; *corner* unübersichtlich; *n* (*for window*) Rouleau *nt*; *vt* blenden; ~ **alley** Sackgasse *f*; ~**fold** Augenbinde *f*; *a* mit verbundenen Augen; *vt* die Augen verbinden (*sb* jdm); ~**ly** *ad* blind; (*fig*) blindlings; ~**ness** Blindheit *f*; ~ **spot** (*Aut*) toter Winkel *m*; (*fig*) schwache(r) Punkt *m*.
blink [blıŋk] *vti* blinzeln; ~**ers** *pl* Scheuklappen *pl*.
bliss [blıs] *n* (Glück)seligkeit *f*; ~**fully** *ad* glückselig.
blister ['blıstə*] *n* Blase *f*; *vt* Blasen werfen auf (+*dat*); *vi* Blasen werfen.
blithe [blaıð] *a* munter; ~**ly** *ad* fröhlich.
blitz [blıts] *n* Luftkrieg *m*; *vt* bombardieren.
blizzard ['blızəd] *n* Schneesturm *m*.
bloated ['bləutıd] *a* aufgedunsen; (*col: full*) nudelsatt.
blob [blɒb] *n* Klümpchen *nt*.
bloc [blɒk] *n* (*Pol*) Block *m*.
block [blɒk] *n* (*of wood*) Block *m*, Klotz *m*; (*of houses*) Häuserblock *m*; *vt* hemmen; ~**ade** [blɒ'keıd] Blockade *f*; *vt* blockieren; ~**age** Verstopfung *f*.
bloke [bləuk] *n* (*col*) Kerl *m*, Typ *m*.
blonde [blɒnd] *a* blond; *n* Blondine *f*.
blood [blʌd] *n* Blut *nt*; ~ **donor** Blutspender *m*; ~ **group** Blutgruppe *f*; ~**less** *a* blutleer; ~ **poisoning** Blutvergiftung *f*; ~ **pressure** Blutdruck *m*; ~**shed** Blutvergießen *nt*; ~**shot** *a* blutunterlaufen; ~**stained** *a* blutbefleckt; ~**stream** Blut *n*, Blutkreislauf *m*; ~**thirsty** *a* blutrünstig; ~ **transfusion** Blutübertragung *f*; ~**y** *a* (*col*) verdammt, saumäßig; (*lit*) blutig; ~**y-minded** *a* stur.
bloom [blu:m] *n* Blüte *f*; (*freshness*) Glanz *m*; *vi* blühen; **in** ~ in Blüte.
blossom ['blɒsəm] *n* Blüte *f*; *vi* blühen.
blot [blɒt] *n* Klecks *m*; *vt* beklecksen; *ink* (ab)löschen; ~ **out** *vt* auslöschen.
blotchy ['blɒtʃı] *a* fleckig.
blotting paper ['blɒtıŋpeıpə*] *n* Löschpapier *nt*.
blouse [blauz] *n* Bluse *f*.
blow [bləu] *n* Schlag *m*; *irreg vt* blasen; *vi* (*wind*) wehen; **to** ~ **one's top** (vor Wut) explodieren; ~ **over** *vi* vorübergehen; ~ **up** *vi* explodieren; *vt* sprengen; ~**lamp** Lötlampe *f*; ~**-out** (*Aut*) geplatzte(r) Reifen *m*; ~**-up** (*Phot*) Vergrößerung *f*; ~**y** *a* windig.
blubber ['blʌbə*] *n* Walfischspeck *m*.
bludgeon ['blʌdʒən] *vt* (*fig*) zwingen.
blue [blu:] *a* blau; (*col: unhappy*) niedergeschlagen; (*obscene*) pornographisch; *joke* anzüglich; **to have the** ~**s** traurig sein; ~**bell** Glockenblume *f*; ~**-blooded** *a* blaublütig; ~**bottle** Schmeißfliege *f*; ~**print** (*fig*) Entwurf *m*; ~**s** *pl* (*Mus*) Blues *m*.
bluff [blʌf] *vt* bluffen, täuschen; *n* (*deception*) Bluff *m*; *a* gutmütig und derb.
bluish ['blu:ıʃ] *a* bläulich.
blunder ['blʌndə*] *n* grobe(r) Fehler *m*, Schnitzer *m*; *vi* einen groben Fehler machen.
blunt [blʌnt] *a knife* stumpf; *talk* unverblümt; *vt* abstumpfen; ~**ly** *ad* frei heraus; ~**ness** Stumpfheit *f*; (*fig*) Plumpheit *f*.
blur [blɜ:*] *n* Fleck *m*; *vi* verschwimmen; *vt* verschwommen machen.
blurb [blɜ:b] *n* Waschzettel *m*.
blurt [blɜ:t] *vt*: ~ **out** herausplatzen mit.
blush [blʌʃ] *vi* erröten; *n* (Scham)röte *f*; ~**ing** *a* errötend.
bluster ['blʌstə*] *vi* (*wind*) brausen; (*person*) darauf lospoltern, schwadronieren; ~**y** *a* sehr windig.
boa ['bəuə] *n* Boa *f*.
boar [bɔ:*] *n* Keiler *m*, Eber *m*.
board [bɔ:d] *n* (*of wood*) Brett *nt*; (*of card*) Pappe *f*; (*committee*) Ausschuß *m*; (*of firm*) Aufsichtsrat *m*; (*Sch*) Direktorium *nt*; *vt train* einsteigen in (+*acc*); *ship* an Bord gehen (+*gen*); ~ **and lodging** Unterkunft *f* und Verpflegung; **to go by the** ~ flachfallen, über Bord gehen; ~ **up** *vt* mit Brettern vernageln; ~**er** Kostgänger *m*; (*Sch*) Internatsschüler(in *f*) *m*; ~**ing house** Pension *f*; ~**ing school** Internat *nt*; ~ **room** Sitzungszimmer *nt*.
boast [bəust] *vi* prahlen; *n* Großtuerei *f*; Prahlerei *f*; ~**ful** *a* prahlerisch; ~**fulness** Überheblichkeit *f*.
boat [bəut] *n* Boot *nt*; (*ship*) Schiff *nt*; ~**er** (*hat*) Kreissäge *f*; ~**ing** Bootfahren *nt*; ~**swain** ['bəusn] = **bosun**; ~ **train** Zug *m* mit Schiffsanschluß.
bob [bɒb] *vi* sich auf und nieder bewegen.
bobbin ['bɒbın] *n* Spule *f*.
bobsleigh ['bɒbsleı] *n* Bob *m*.
bodice ['bɒdıs] *n* Mieder *nt*.
-bodied ['bɒdıd] *a* -gebaut.
bodily ['bɒdılı] *a*, *ad* körperlich.
body ['bɒdı] *n* Körper *m*; (*dead*) Leiche *f*; (*group*) Mannschaft *f*; (*Aut*) Karosserie *f*; (*trunk*) Rumpf *m*; **in a** ~ in einer Gruppe; **the main** ~ **of the work** der Hauptanteil der Arbeit; ~**guard** Leibwache *f*; ~**work** Karosserie *f*.
bog [bɒg] *n* Sumpf *m*; *vi*: **to get** ~**ged down** sich festfahren.
bogey ['bəugı] *n* Schreckgespenst *nt*.
boggle ['bɒgl] *vi* stutzen.
bogus ['bəugəs] *a* unecht, Schein-.
boil [bɔıl] *vti* kochen; *n* (*Med*) Geschwür *nt*; **to come to the** ~ zu kochen anfangen; ~**er** Boiler *m*; ~**ing point** Siedepunkt *m*.
boisterous ['bɔıstərəs] *a* ungestüm.
bold [bəuld] *a* (*fearless*) unerschrocken; *handwriting* fest und klar; ~**ly** *ad* keck; ~**ness** Kühnheit *f*; (*cheekiness*) Dreistigkeit *f*.
bollard ['bɒləd] *n* (*Naut*) Poller *m*; (*on road*) Pfosten *m*.

bolster ['bəʊlstə*] *n* Polster *nt*; ~ **up** *vt* unterstützen.
bolt [bəʊlt] *n* Bolzen *m*; (*lock*) Riegel *m*; *vt* verriegeln; (*swallow*) verschlingen; *vi* (*horse*) durchgehen.
bomb [bɒm] *n* Bombe *f*; *vt* bombardieren; ~**ard** [bɒm'bɑːd] *vt* bombardieren; ~**ardment** [bɒm'bɑːdmənt] Beschießung *f*; ~**er** Bomber *m*; ~**ing** Bombenangriff *m*; ~**shell** (*fig*) Bombe *f*.
bombastic [bɒm'bæstɪk] *a* bombastisch.
bona fide ['bəʊnə'faɪdɪ] *a* echt.
bond [bɒnd] *n* (*link*) Band *nt*; (*Fin*) Schuldverschreibung *f*.
bone [bəʊn] *n* Knochen *m*; (*of fish*) Gräte *f*; (*piece of* —) Knochensplitter *m*; ~ **of contention** Zankapfel *m*; *vt* die Knochen herausnehmen (+*dat*); *fish* entgräten; ~**-dry** *a* knochentrocken; ~**r** (*US col*) Schnitzer *m*.
bonfire ['bɒnfaɪə*] *n* Feuer *nt* im Freien.
bonnet ['bɒnɪt] *n* Haube *f*; (*for baby*) Häubchen *nt*; (*Brit Aut*) Motorhaube *f*.
bonny ['bɒnɪ] *a* (*Scot*) hübsch.
bonus ['bəʊnəs] *n* Bonus *m*; (*annual* —) Prämie *f*.
bony ['bəʊnɪ] *a* knochig, knochendürr.
boo [buː] *vt* auspfeifen.
book [bʊk] *n* Buch *nt*; *vt ticket etc* vorbestellen; *person* verwarnen; ~**able** *a* im Vorverkauf erhältlich; ~**case** Bücherregal *nt*, Bücherschrank *m*; ~**ing office** (*Rail*) Fahrkartenschalter *m*; (*Theat*) Vorverkaufsstelle *f*; ~**-keeping** Buchhaltung *f*; ~**let** Broschüre *f*; ~**maker** Buchmacher *m*; ~**seller** Buchhändler *m*; ~**shop** Buchhandlung *f*; ~**stall** Bücherstand *m*; (*Rail*) Bahnhofsbuchhandlung *f*; ~**worm** Bücherwurm *m*.
boom [buːm] *n* (*noise*) Dröhnen *nt*; (*busy period*) Hochkonjunktur *f*; *vi* dröhnen.
boomerang ['buːməræŋ] *n* Bumerang *m*.
boon [buːn] *n* Wohltat *f*, Segen *m*.
boorish ['bʊərɪʃ] *a* grob.
boost [buːst] *n* Auftrieb *m*; (*fig*) Reklame *f*; *vt* Auftrieb geben.
boot [buːt] *n* Stiefel *m*; (*Brit Aut*) Kofferraum *m*; *vt* (*kick*) einen Fußtritt geben; **to** ~ (*in addition*) obendrein.
booty ['buːtɪ] *n* Beute *f*.
booze [buːz] *n* (*col*) Alkohol *m*, Schnaps *m*; *vi* saufen.
border ['bɔːdə*] *n* Grenze *f*; (*edge*) Kante *f*; (*in garden*) (Blumen)rabatte *f*; ~ **on** *vt* grenzen an (+*acc*); ~**line** Grenze *f*.
bore [bɔː*] *vt* bohren; (*weary*) langweilen; *n* (*person*) langweilige(r) Mensch *m*; (*thing*) langweilige Sache *f*; (*of gun*) Kaliber *nt*; ~**dom** Langeweile *f*.
boring ['bɔːrɪŋ] *a* langweilig.
born [bɔːn]: **to be** ~ geboren werden.
borough ['bʌrə] *n* Stadt(gemeinde) *f*, Stadtbezirk *m*.
borrow ['bɒrəʊ] *vt* borgen; ~**ing** (*Fin*) Anleihe *f*.
bosom ['bʊzəm] *n* Busen *m*.
boss [bɒs] *n* Chef *m*, Boß *m*; *vt*: ~ **around** herumkommandieren; ~**y** *a* herrisch.
bosun ['bəʊsn] *n* Bootsmann *m*.
botanical [bə'tænɪkəl] *a* botanisch.
botanist ['bɒtənɪst] *n* Botaniker(in *f*) *m*.
botany ['bɒtənɪ] *n* Botanik *f*.
botch [bɒtʃ] *vt* verpfuschen.
both [bəʊθ] *a* beide(s); ~ **(of) the books** beide Bücher; **I like them** ~ ich mag (sie) beide; *pron* beide(s); *ad*: ~ **X and Y** sowohl X wie *or* als auch Y.
bother ['bɒðə*] *vt* (*pester*) quälen; *vi* (*fuss*) sich aufregen; (*take trouble*) sich Mühe machen; *n* Mühe *f*, Umstand *m*.
bottle ['bɒtl] *n* Flasche *f*; *vt* (in Flaschen) abfüllen; ~**neck** (*lit, fig*) Engpaß *m*.
bottom ['bɒtəm] *n* Boden *m*; (*of person*) Hintern *m*; (*riverbed*) Flußbett *nt*; **at** ~ im Grunde; *a* unterste(r, s); ~**less** *a* bodenlos.
bough [baʊ] *n* Zweig *m*, Ast *m*.
boulder ['bəʊldə*] *n* Felsbrocken *m*.
bounce [baʊns] *vi* (*ball*) hochspringen; (*person*) herumhüpfen; (*cheque*) platzen; *vt* (auf)springen lassen; *n* (*rebound*) Aufprall *m*; ~**r** Rausschmeißer *m*.
bound [baʊnd] *n* Grenze *f*; (*leap*) Sprung *m*; *vi* (*spring, leap*) (auf)springen; *a* gebunden, verpflichtet; **out of** ~**s** Zutritt verboten; **to be** ~ **to do sth** verpflichtet sein, etw zu tun, etw tun müssen; **it's** ~ **to happen** es muß so kommen; **to be** ~ **for** . . . nach . . . fahren; ~**ary** Grenze *f*, Grenzlinie *f*; ~**less** *a* grenzenlos.
bouquet [bʊ'keɪ] *n* Strauß *m*; (*of wine*) Blume *f*.
bourgeois ['bʊəʒwɑː] *a* kleinbürgerlich, bourgeois.
bout [baʊt] *n* (*of illness*) Anfall *m*; (*of contest*) Kampf *m*.
bow[1] [bəʊ] *n* (*ribbon*) Schleife *f*; (*weapon, Mus*) Bogen *m*.
bow[2] [baʊ] *vi* sich verbeugen; (*submit*) sich beugen (+*dat*); *n* Verbeugung *f*; (*of ship*) Bug *m*.
bowels ['baʊəlz] *npl* Darm *m*; (*centre*) Innere *nt*.
bowl [bəʊl] *n* (*basin*) Schüssel *f*; (*of pipe*) (Pfeifen)kopf *m*; (*wooden ball*) (Holz)kugel *f*; *vti* (die Kugel) rollen; ~**s** *pl* (*game*) Bowls-Spiel *nt*.
bow-legged ['bəʊlegɪd] *a* o-beinig.
bowler ['bəʊlə*] *n* Werfer *m*; (*hat*) Melone *f*.
bowling ['bəʊlɪŋ] *n* Kegeln *nt*; ~ **alley** Kegelbahn *f*; ~ **green** Rasen *m* zum Bowling-Spiel.
bow tie ['bəʊ'taɪ] *n* Fliege *f*.
box [bɒks] *n* Schachtel *f*; (*bigger*) Kasten *m*; (*Theat*) Loge *f*; *vt* einpacken; **to** ~ **sb's ears** jdm eine Ohrfeige geben; *vi* boxen; ~**er** Boxer *m*; ~ **in** *vt* einpferchen; ~**ing** (*Sport*) Boxen *nt*; **B**~**ing Day** zweiter Weihnachtsfeiertag; ~**ing ring** Boxring *m*; ~ **office** (Theater)kasse *f*; ~ **room** Rumpelkammer *f*.
boy [bɔɪ] *n* Junge *m*; ~ **scout** Pfadfinder *m*.
boycott ['bɔɪkɒt] *n* Boykott *m*; *vt* boykottieren.
boyfriend ['bɔɪfrend] *n* Freund *m*.
boyish ['bɔɪɪʃ] *a* jungenhaft.
bra [brɑː] *n* BH *m*.

brace [breɪs] *n* (*Tech*) Stütze *f*; (*Med*) Klammer *f*; *vt* stützen; **~s** *pl* Hosenträger *pl*.
bracelet ['breɪslɪt] *n* Armband *nt*.
bracing ['breɪsɪŋ] *a* kräftigend.
bracken ['brækən] *n* Farnkraut *nt*.
bracket ['brækɪt] *n* Halter *m*, Klammer *f*; (*in punctuation*) Klammer *f*; (*group*) Gruppe *f*; *vt* einklammern; (*fig*) in dieselbe Gruppe einordnen.
brag [bræg] *vi* sich rühmen.
braid [breɪd] *n* (*hair*) Flechte *f*; (*trim*) Borte *f*.
Braille [breɪl] *n* Blindenschrift *f*.
brain [breɪn] *n* (*Anat*) Gehirn *nt*; (*intellect*) Intelligenz *f*, Verstand *m*; (*person*) kluge(r) Kopf *m*; **~s** *pl* Verstand *m*; **~less** *a* dumm; **~storm** verrückte(r) Einfall *m*; **~wash** *vt* Gehirnwäsche *f* vornehmen bei; **~wave** gute(r) Einfall *m*, Geistesblitz *m*; **~y** gescheit.
braise [breɪz] *vt* schmoren.
brake [breɪk] *n* Bremse *f*; *vti* bremsen.
branch [brɑːntʃ] *n* Ast *m*; (*division*) Zweig *m*; *vi (road)* sich verzweigen.
brand [brænd] *n* (*Comm*) Marke *f*, Sorte *f*; (*on cattle*) Brandmal *nt*; *vt* brandmarken; (*Comm*) eine Schutzmarke geben (+*dat*).
brandish ['brændɪʃ] *vt* (drohend) schwingen.
brand-new ['brænd'njuː] *a* funkelnagelneu.
brandy ['brændɪ] *n* Weinbrand *m*, Kognak *m*.
brash [bræʃ] *a* unverschämt.
brass [brɑːs] *n* Messing *nt*; **~ band** Blaskapelle *f*.
brassière ['bræsɪə*] *n* Büstenhalter *m*.
brat [bræt] *n* ungezogene(s) Kind *nt*, Gör *nt*.
bravado [brə'vɑːdəʊ] *n* Tollkühnheit *f*.
brave [breɪv] *a* tapfer; *n* indianische(r) Krieger *m*; *vt* die Stirn bieten (+*dat*); **~ly** *ad* tapfer; **~ry** ['breɪvərɪ] Tapferkeit *f*.
bravo ['brɑː'vəʊ] *interj* bravo!
brawl [brɔːl] *n* Rauferei *f*; *vi* Krawall machen.
brawn [brɔːn] *n* (*Anat*) Muskeln *pl*; (*strength*) Muskelkraft *f*; **~y** *a* muskulös, stämmig.
bray [breɪ] *n* Eselsschrei *m*; *vi* schreien.
brazen ['breɪzn] *a* (*shameless*) unverschämt; *vt*: **~ it out** sich mit Lügen und Betrügen durchsetzen.
brazier ['breɪzɪə*] *n* (*of workmen*) offene(r) Kohlenofen *m*.
breach [briːtʃ] *n* (*gap*) Lücke *f*; (*Mil*) Durchbruch *m*; (*of discipline*) Verstoß *m* (gegen die Disziplin); (*of faith*) Vertrauensbruch *m*; *vt* durchbrechen; **~ of the peace** öffentliche Ruhestörung *f*.
bread [bred] *n* Brot *nt*; **~ and butter** Butterbrot *nt*; **~crumbs** *pl* Brotkrumen *pl*; (*Cook*) Paniermehl *nt*; **to be on the ~line** sich gerade so durchschlagen; **~winner** Ernährer *m*.
breadth [bretθ] *n* Breite *f*.
break [breɪk] *irreg vt* (*destroy*) (ab- *or* zer)brechen; *promise* brechen, nicht einhalten; *vi* (*fall apart*) auseinanderbrechen; (*collapse*) zusammenbrechen; (*of dawn*) anbrechen; *n* (*gap*) Lücke *f*; (*chance*) Chance *f*, Gelegenheit *f*; (*fracture*) Bruch *m*; (*rest*) Pause *f*; **~ down** *vi* (*car*) eine Panne haben; (*person*) zusammenbrechen; **to ~ free** *or* **loose** sich losreißen; **~ in** *vt animal* abrichten; *horse* zureiten; *vi* (*burglar*) einbrechen; **~ out** *vi* ausbrechen; **~ up** *vi* zerbrechen; (*fig*) sich zerstreuen; (*Sch*) in die Ferien gehen; *vt* brechen; **~able** *a* zerbrechlich; **~age** Bruch *m*, Beschädigung *f*; **~down** (*Tech*) Panne *f*; (*of nerves*) Zusammenbruch *m*; **~er** Brecher *m*; **~fast** ['brekfəst] Frühstück *nt*; **~through** Durchbruch *m*; **~water** Wellenbrecher *m*.
breast [brest] *n* Brust *f*; **~ stroke** Brustschwimmen *nt*.
breath [breθ] *n* Atem *m*; **out of ~** außer Atem; **under one's ~** flüsternd.
breathalize ['breθəlaɪz] *vt* blasen lassen.
breathe [briːð] *vti* atmen; **~r** Verschnaufpause *f*.
breathless ['breθlɪs] *a* atemlos.
breath-taking ['breθteɪkɪŋ] *a* atemberaubend.
breed [briːd] *irreg vi* sich vermehren; *vt* züchten; *n* (*race*) Rasse *f*, Zucht *f*; **~er** (*person*) Züchter *m*; **~ing** Züchtung *f*; (*upbringing*) Erziehung *f*; (*education*) Bildung *f*.
breeze [briːz] *n* Brise *f*.
breezy ['briːzɪ] *a* windig; *manner* munter.
brevity ['brevɪtɪ] *n* Kürze *f*.
brew [bruː] *vt* brauen; *plot* anzetteln; *vi* (*storm*) sich zusammenziehen; **~ery** Brauerei *f*.
bribe ['braɪb] *n* Bestechungsgeld *nt or* -geschenk *nt*; *vt* bestechen; **~ry** ['braɪbərɪ] Bestechung *f*.
bric-à-brac ['brɪkəbræk] *n* Nippes *pl*.
brick [brɪk] *n* Backstein *m*; **~layer** Maurer *m*; **~work** Mauerwerk *nt*; **~works** Ziegelei *f*.
bridal ['braɪdl] *a* Braut-, bräutlich.
bride [braɪd] *n* Braut *f*; **~groom** Bräutigam *m*; **~smaid** Brautjungfer *f*.
bridge [brɪdʒ] *n* Brücke *f*; (*Naut*) Kommandobrücke *f*; (*Cards*) Bridge *nt*; (*Anat*) Nasenrücken *m*; *vt* eine Brücke schlagen über (+*acc*); (*fig*) überbrücken.
bridle ['braɪdl] *n* Zaum *m*; *vt* (*fig*) zügeln; *horse* aufzäumen; **~ path** Saumpfad *m*.
brief [briːf] *a* kurz; *n* (*Jur*) Akten *pl*; *vt* instruieren; **~s** *pl* Schlüpfer *m*, Slip *m*; **~case** Aktentasche *f*; **~ing** (genaue) Anweisung *f*; **~ly** *ad* kurz; **~ness** Kürze *f*.
brigade [brɪ'geɪd] *n* Brigade *f*.
brigadier [brɪgə'dɪə*] *n* Brigadegeneral *m*.
bright [braɪt] *a* hell; (*cheerful*) heiter; *idea* klug; **~en up** *vt* aufhellen; *person* aufheitern; *vi* sich aufheitern; **~ly** *ad* hell; heiter.
brilliance ['brɪljəns] *n* Glanz *m*; (*of person*) Scharfsinn *m*.
brilliant *a*, **~ly** *ad* ['brɪlɪənt, -lɪ] glänzend.
brim [brɪm] *n* Rand *m*; *vi* voll sein; **~ful** *a* übervoll.

brine [braɪn] *n* Salzwasser *nt.*
bring [brɪŋ] *vt irreg* bringen; ~ **about** *vt* zustande bringen; ~ **off** *vt* davontragen; *success* erzielen; ~ **round** *or* **to** *vt* wieder zu sich bringen; ~ **up** *vt* aufziehen; *question* zur Sprache bringen.
brisk [brɪsk] *a* lebhaft.
bristle ['brɪsl] *n* Borste *f*; *vi* sich sträuben; **bristling with** strotzend vor (+*dat*).
brittle ['brɪtl] *a* spröde.
broach [brəʊtʃ] *vt subject* anschneiden.
broad [brɔ:d] *a* breit; *hint* deutlich; *daylight* hellicht; (*general*) allgemein; *accent* stark; ~**cast** *n* Rundfunkübertragung *f*; *vti irreg* übertragen, senden; ~**casting** Rundfunk *m*; ~**en** *vt* erweitern; *vi* sich erweitern; ~**ly** *ad* allgemein gesagt; ~**-minded** *a* tolerant.
brocade [brə'keɪd] *n* Brokat *m.*
broccoli ['brɒkəlɪ] *n* Spargelkohl *m*, Brokkoli *pl.*
brochure ['brəʊʃʊə*] *n* Broschüre *f.*
broiler ['brɔɪlə*] *n* Bratrost *m.*
broke [brəʊk] *a* (*col*) pleite.
broken-hearted ['brəʊkən'hɑ:tɪd] *a* untröstlich.
broker ['brəʊkə*] *n* Makler *m.*
bronchitis [brɒŋ'kaɪtɪs] *n* Bronchitis *f.*
bronze [brɒnz] *n* Bronze *f*; ~**d** *a* sonnengebräunt.
brooch [brəʊtʃ] *n* Brosche *f.*
brood [bru:d] *n* Brut *f*; *vi* brüten; ~**y** *a* brütend.
brook [brʊk] *n* Bach *m.*
broom [bru:m] *n* Besen *m*; ~**stick** Besenstiel *m.*
broth [brɒθ] *n* Suppe *f*, Fleischbrühe *f.*
brothel ['brɒθl] *n* Bordell *nt.*
brother ['brʌðə*] *n* Bruder *m*; ~**hood** Bruderschaft *f*; ~**-in-law** Schwager *m*; ~**ly** *a* brüderlich.
brow [braʊ] *n* (*eyebrow*) (Augen)braue *f*; (*forehead*) Stirn *f*; (*of hill*) Bergkuppe *f*; ~**beat** *vt irreg* einschüchtern.
brown [braʊn] *a* braun; *n* Braun *nt*; *vt* bräunen; ~**ie** Wichtel *m*; ~ **paper** Packpapier *nt.*
browse [braʊz] *vi* (*in books*) blättern; (*in shop*) schmökern, herumschauen.
bruise [bru:z] *n* Bluterguß *m*, blaue(r) Fleck *m*; *vti* einen blauen Fleck geben/bekommen.
brunette [brʊ'net] *n* Brünette *f.*
brunt [brʌnt] *n* volle Wucht *f.*
brush [brʌʃ] *n* Bürste *f*; (*for sweeping*) Handbesen *m*; (*for painting*) Pinsel *m*; (*fight*) kurze(r) Kampf *m*; (*Mil*) Scharmützel *nt*; (*fig*) Auseinandersetzung *f*; *vt* (*clean*) bürsten; (*sweep*) fegen; (*touch*) streifen; **give sb the ~-off** (*col*) jdm eine Abfuhr erteilen; ~ **aside** *vt* abtun; ~**wood** Gestrüpp *nt.*
brusque [bru:sk] *a* schroff.
Brussels sprout ['brʌslz'spraʊt] *n* Rosenkohl *m.*
brutal ['bru:tl] *a* brutal; ~**ity** [brʊ'tælɪtɪ] *n* Brutalität *f.*
brute [bru:t] *n* (*person*) Scheusal *nt*; ~ **force** rohe Kraft; (*violence*) nackte Gewalt *nt.*
brutish ['bru:tɪʃ] *a* tierisch.
bubble ['bʌbl] *n* (Luft)blase *f*; *vi* sprudeln; (*with joy*) übersprudeln.
buck [bʌk] *n* Bock *m*; (*US col*) Dollar *m*; *vi* bocken; ~ **up** *vi* (*col*) sich zusammenreißen.
bucket ['bʌkɪt] *n* Eimer *m.*
buckle ['bʌkl] *n* Schnalle *f*; *vt* (an- *or* zusammen)schnallen; *vi* (*bend*) sich verziehen.
bud [bʌd] *n* Knospe *f*; *vi* knospen, keimen.
Buddhism ['bʊdɪzəm] *n* Buddhismus *m.*
Buddhist ['bʊdɪst] *n* Buddhist(in *f*) *m*; *a* buddhistisch.
budding ['bʌdɪŋ] *a* angehend.
buddy ['bʌdɪ] *n* (*col*) Kumpel *m.*
budge [bʌdʒ] *vti* (sich) von der Stelle rühren.
budgerigar ['bʌdʒərɪgɑ:*] *n* Wellensittich *m.*
budget ['bʌdʒɪt] *n* Budget *nt*; (*Pol*) Haushalt *m*; *vi* haushalten.
budgie ['bʌdʒɪ] *n* = **budgerigar.**
buff [bʌf] *a colour* lederfarben; *n* (*enthusiast*) Fan *m.*
buffalo ['bʌfələʊ] *n* Büffel *m.*
buffer ['bʌfə*] *n* Puffer *m.*
buffet ['bʌfɪt] *n* (*blow*) Schlag *m*; ['bʊfeɪ] (*bar*) Imbißraum *m*, Erfrischungsraum *m*; (*food*) (kaltes) Büffet *nt*; *vt* ['bʌfɪt] (herum)stoßen.
buffoon [bʌ'fu:n] *n* Hanswurst *m.*
bug [bʌg] *n* (*lit, fig*) Wanze *f*; *vt* verwanzen; ~**bear** Schreckgespenst *nt.*
bugle ['bju:gl] *n* Jagd-, Bügelhorn *nt.*
build [bɪld] *vt irreg* bauen; *n* Körperbau *m*; ~**er** *n* Bauunternehmer *m*; ~**ing** Gebäude *nt*; ~**ing society** Baugenossenschaft *f*; ~**-up** Aufbau *m*; (*publicity*) Reklame *f.*
built [bɪlt]: **well-~** *a person* gut gebaut; ~**-in** *a cupboard* eingebaut; ~**-up area** Wohngebiet *nt.*
bulb [bʌlb] *n* (*Bot*) (Blumen)zwiebel *f*; (*Elec*) Glühlampe *f*, Birne *f*; ~**ous** *a* knollig.
bulge [bʌldʒ] *n* (Aus)bauchung *f*; *vi* sich (aus)bauchen.
bulk [bʌlk] *n* Größe *f*, Masse *f*; (*greater part*) Großteil *m*; ~**head** Schott *nt*; ~**y** *a* (sehr) umfangreich; *goods* sperrig.
bull [bʊl] *n* (*animal*) Bulle *m*; (*cattle*) Stier *m*; (*papal*) Bulle *f*; ~**dog** Bulldogge *f.*
bulldoze ['bʊldəʊz] *vt* planieren; (*fig*) durchboxen; ~**r** Planierraupe *f*, Bulldozer *m.*
bullet ['bʊlɪt] *n* Kugel *f.*
bulletin ['bʊlɪtɪn] *n* Bulletin *nt*, Bekanntmachung *f.*
bullfight ['bʊlfaɪt] *n* Stierkampf *m.*
bullion ['bʊlɪən] *n* Barren *m.*
bullock ['bʊlək] *n* Ochse *m.*
bull's-eye ['bʊlzaɪ] *n* das Schwarze *nt.*
bully ['bʊlɪ] *n* Raufbold *m*; *vt* einschüchtern.
bum [bʌm] *n* (*col: backside*) Hintern *m*; (*tramp*) Landstreicher *m*; (*nasty person*)

fieser Kerl *m*; ~ **around** *vi* herumgammeln.

bumblebee ['bʌmblbi:] *n* Hummel *f*.

bump [bʌmp] *n* (*blow*) Stoß *m*; (*swelling*) Beule *f*; *vti* stoßen, prallen; ~**er** (*Brit Aut*) Stoßstange *f*; *a edition* dick; *harvest* Rekord-.

bumptious ['bʌmpʃəs] *a* aufgeblasen.

bumpy ['bʌmpɪ] *a* holprig.

bun [bʌn] *n* Korinthenbrötchen *nt*.

bunch [bʌntʃ] *n* (*of flowers*) Strauß *m*; (*of keys*) Bund *m*; (*of people*) Haufen *m*.

bundle ['bʌndl] *n* Bündel *nt*; *vt* bündeln; ~ **off** *vt* fortschicken.

bung [bʌŋ] *n* Spund *m*; *vt* (*col: throw*) schleudern.

bungalow ['bʌŋgələʊ] *n* einstöckige(s) Haus *nt*, Bungalow *m*.

bungle ['bʌŋgl] *vt* verpfuschen.

bunion ['bʌnɪən] *n* entzündete(r) Fußballen *m*.

bunk [bʌŋk] *n* Schlafkoje *f*; ~ **bed** Etagenbett *nt*.

bunker ['bʌŋkə*] *n* (*coal store*) Kohlenbunker *m*; (*golf*) Sandloch *nt*.

bunny ['bʌnɪ] *n* Häschen *nt*.

Bunsen burner ['bʌnsn 'bɜ:nə*] *n* Bunsenbrenner *m*.

bunting ['bʌntɪŋ] *n* Fahnentuch *nt*.

buoy [bɔɪ] *n* Boje *f*; (*lifebuoy*) Rettungsboje *f*; ~**ancy** Schwimmkraft *f*; ~**ant** *a* (*floating*) schwimmend; (*fig*) heiter; ~ **up** *vt* Auftrieb geben (+*dat*).

burden ['bɜ:dn] *n* (*weight*) Ladung *f*, Last *f*; (*fig*) Bürde *f*; *vt* belasten.

bureau ['bju:rəʊ] *n* (*desk*) Sekretär *m*; (*for information etc*) Büro *nt*.

bureaucracy [bjʊ'rɒkrəsɪ] *n* Bürokratie *f*.

bureaucrat ['bju:rəkræt] *n* Bürokrat(in *f*) *m*; ~**ic** [bju:rə'krætɪk] *a* bürokratisch.

burglar ['bɜ:glə*] *n* Einbrecher *m*; ~ **alarm** Einbruchssicherung *f*; ~**ize** *vt* (*US*) einbrechen in (+*acc*); ~**y** Einbruch *m*.

burgle ['bɜ:gl] *vt* einbrechen in (+*acc*).

burial ['berɪəl] *n* Beerdigung *f*; ~ **ground** Friedhof *m*.

burlesque [bɜ:'lesk] *n* Burleske *f*.

burly ['bɜ:lɪ] *a* stämmig.

burn [bɜ:n] *irreg vt* verbrennen; *vi* brennen; *n* Brandwunde *f*; **to ~ one's fingers** sich die Finger verbrennen; ~**ing question** brennende Frage *f*.

burnish ['bɜ:nɪʃ] *vt* polieren.

burrow ['bʌrəʊ] *n* (*of fox*) Bau *m*; (*of rabbit*) Höhle *f*; *vi* sich eingraben; *vt* eingraben.

bursar ['bɜ:sə*] *n* Kassenverwalter *m*, Quästor *m*.

burst [bɜ:st] *irreg vt* zerbrechen; *vi* platzen; (*into tears*) ausbrechen; *n* Explosion *f*; (*outbreak*) Ausbruch *m*; (*in pipe*) Bruch(stelle *f*) *m*.

bury ['berɪ] *vt* vergraben; (*in grave*) beerdigen; **to ~ the hatchet** das Kriegsbeil begraben.

bus [bʌs] *n* (Auto)bus *m*, Omnibus *m*.

bush [bʊʃ] *n* Busch *m*.

bushel ['bʊʃl] *n* Scheffel *m*.

bushy ['bʊʃɪ] *a* buschig.

busily ['bɪzɪlɪ] *ad* geschäftig.

business ['bɪznɪs] *n* Geschäft *nt*; (*concern*) Angelegenheit *f*; **it's none of your ~** es geht dich nichts an; **to mean ~** es ernst meinen; ~**man** Geschäftsmann *m*.

bus-stop ['bʌsstɒp] *n* Bushaltestelle *f*.

bust [bʌst] *n* Büste *f*; *a* (*broken*) kaputt(gegangen); *business* pleite; **to go ~** pleite machen.

bustle ['bʌsl] *n* Getriebe *nt*; *vi* hasten.

bustling ['bʌslɪŋ] *a* geschäftig.

bust-up ['bʌstʌp] *n* (*col*) Krach *m*.

busy ['bɪzɪ] *a* beschäftigt; *road* belebt; *vt*: ~ **o.s.** sich beschäftigen; ~**body** Übereifrige(r) *mf*.

but [bʌt, bət] *cj* aber; **not this ~ that** nicht dies, sondern das; (*only*) nur; (*except*) außer.

butane ['bju:teɪn] *n* Butan *nt*.

butcher ['bʊtʃə*] *n* Metzger *m*; (*murderer*) Schlächter *m*; *vt* schlachten; (*kill*) abschlachten.

butler ['bʌtlə*] *n* Butler *m*.

butt [bʌt] *n* (*cask*) große(s) Faß *nt*; (*target*) Zielscheibe *f*; (*thick end*) dicke(s) Ende *nt*; (*of gun*) Kolben *m*; (*of cigarette*) Stummel *m*; *vt* (mit dem Kopf) stoßen.

butter ['bʌtə*] *n* Butter *f*; *vt* buttern; ~**fly** Schmetterling *m*.

buttocks ['bʌtəks] *npl* Gesäß *nt*.

button ['bʌtn] *n* Knopf *m*; *vti* zuknöpfen; ~**hole** Knopfloch *nt*; Blume *f* im Knopfloch; *vt* rankriegen.

buttress ['bʌtrɪs] *n* Strebepfeiler *m*; Stützbogen *m*.

buxom ['bʌksəm] *a* drall.

buy [baɪ] *vt irreg* kaufen; ~ **up** *vt* aufkaufen; ~**er** Käufer(in *f*) *m*.

buzz [bʌz] *n* Summen *nt*; *vi* summen.

buzzard ['bʌzəd] *n* Bussard *m*.

buzzer ['bʌzə*] *n* Summer *m*.

by [baɪ] *prep* (*near*) bei; (*via*) über (+*acc*); (*past*) an (+*dat*) . . . vorbei; (*before*) bis; ~ **day/night** tags/nachts; ~ **train/bus** mit dem Zug/Bus; **done ~ sb/sth** von jdm/durch etw gemacht; ~ **oneself** allein; ~ **and large** im großen und ganzen; ~**-election** Nachwahl *f*; ~**gone** *a* vergangen; *n*: **let ~gones be ~gones** laß(t) das Vergangene vergangen sein; ~**(e)-law** Verordnung *f*; ~**pass** Umgehungsstraße *f*; ~**product** Nebenprodukt *nt*; ~**stander** Zuschauer *m*; ~**word** Inbegriff *m*.

C

C, c [si:] *n* C *nt*, c *nt*.

cab [kæb] *n* Taxi *nt*; (*of train*) Führerstand *m*; (*of truck*) Führersitz *m*.

cabaret ['kæbəreɪ] *n* Kabarett *nt*.

cabbage ['kæbɪdʒ] *n* Kohl(kopf) *m*.

cabin ['kæbɪn] *n* Hütte *f*; (*Naut*) Kajüte *f*; (*Aviat*) Kabine *f*; ~ **cruiser** Motorjacht *f*.

cabinet ['kæbɪnɪt] *n* Schrank *m*; (*for china*) Vitrine *f*; (*Pol*) Kabinett *nt*; ~**maker** Kunsttischler *m*.

cable ['keɪbl] *n* Drahtseil *nt*, Tau *nt*; (*Tel*)

(Leitungs)kabel *nt*; (*telegram*) Kabel *nt*; *vti* kabeln, telegraphieren; **~-car** Seilbahn *f*; **~gram** (Übersee)telegramm *nt*; **~ railway** (Draht)seilbahn *f*.

cache [kæʃ] *n* Versteck *nt*; (*for ammunition*) geheimes Munitionslager *nt*; (*for food*) geheimes Proviantlager *nt*; (*supplies of ammunition*) Munitionsvorrat *m*; (*supplies of food*) Lebensmittelvorrat *m*.

cackle ['kækl] *n* Gegacker *nt*; *vi* gacken.

cactus ['kæktəs] *n* Kaktus *m*, Kaktee *f*.

caddie ['kædı] *n* Golfjunge *m*.

caddy ['kædı] *n* Teedose *f*.

cadence ['keıdəns] *n* Tonfall *m*; (*Mus*) Kadenz *f*.

cadet [kə'det] *n* Kadett *m*.

cadge [kædʒ] *vt* schmarotzen, nassauern.

Caesarean [si:'zɛərıən] *a*: **~ (section)** Kaiserschnitt *m*.

café ['kæfı] *n* Café *nt*, Restaurant *nt*.

cafeteria [kæfı'tıərıə] *n* Selbstbedienungsrestaurant *nt*.

caffein(e) ['kæfi:n] *n* Koffein *nt*.

cage [keıdʒ] *n* Käfig *m*; *vt* einsperren.

cagey ['keıdʒı] *a* geheimnistuerisch, zurückhaltend.

cajole [kə'dʒəʊl] *vt* überreden.

cake [keık] *n* Kuchen *m*; (*of soap*) Stück *nt*; **~d** *a* verkrustet.

calamine ['kæləmaın] *n* Galmei *m*.

calamitous [kə'læmıtəs] *a* katastrophal, unglückselig.

calamity [kə'læmıtı] *n* Unglück *nt*, (Schicksals)schlag *m*.

calcium ['kælsıəm] *n* Kalzium *nt*.

calculate ['kælkjʊleıt] *vt* berechnen, kalkulieren.

calculating ['kælkjʊleıtıŋ] *a* berechnend.

calculation [kælkjʊ'leıʃən] *n* Berechnung *f*.

calculator ['kælkjʊleıtə*] Rechner *m*.

calculus ['kælkjʊləs] *n* Rechenart *f*.

calendar ['kælındə*] *n* Kalender *m*.

calf [kɑ:f] *n* Kalb *nt*; (*leather*) Kalbsleder *nt*; (*Anat*) Wade *f*.

calibre, (*US*) caliber ['kælıbə*] *n* Kaliber *nt*.

call [kɔ:l] *vt* rufen; (*summon*) herbeirufen; (*name*) nennen; (*meeting*) einberufen; (*awaken*) wecken; (*Tel*) anrufen; *vi* (*for help*) rufen, schreien; (*visit*) vorbeikommen; *n* (*shout*) Schrei *m*, Ruf *m*; (*visit*) Besuch *m*; (*Tel*) Anruf *m*; **on ~** in Bereitschaft; **~box** Fernsprechzelle *f*; **~er** Besucher(in *f*) *m*; (*Tel*) Anrufer *m*; **~ girl** Call-Girl *nt*; **~ing** (*vocation*) Berufung *f*; **to be ~ed** heißen; **~ for** *vt* rufen (nach); (*fetch*) abholen; (*fig: require*) erfordern, verlangen; **~ off** *vt meeting* absagen; **~ on** *vt* besuchen, aufsuchen; (*request*) fragen; **~ up** *vt* (*Mil*) einziehen, einberufen.

callous *a*, **~ly** *ad* ['kæləs, -lı] herzlos; **~ness** Herzlosigkeit *f*.

callow ['kæləʊ] *a* unerfahren, noch nicht flügge.

calm [kɑ:m] *n* Stille *f*, Ruhe *f*; (*Naut*) Flaute *f*; *vt* beruhigen; *a* still, ruhig; *person* gelassen; **~ly** *ad* ruhig, still; **~ness** Stille *f*, Ruhe *f*; (*mental*) Gelassenheit *f*; **~ down** *vi* sich beruhigen; *vt* beruhigen, besänftigen.

calorie ['kælərı] *n* Kalorie *f*, Wärmeeinheit *f*.

calve [kɑ:v] *vi* kalben.

camber ['kæmbə*] *n* Wölbung *f*.

camel ['kæməl] *n* Kamel *nt*.

cameo ['kæmıəʊ] *n* Kamee *f*.

camera ['kæmərə] *n* Fotoapparat *m*, Kamera *f*; **in ~** unter Ausschluß der Öffentlichkeit; **~man** Kameramann *m*.

camomile ['kæməmaıl] *n*: **~ tea** Kamillentee *m*.

camouflage ['kæməflɑ:ʒ] *n* Tarnung *f*; *vt* tarnen; (*fig*) verschleiern, bemänteln.

camp [kæmp] *n* Lager *nt*, Camp *nt*; (*Mil*) Feldlager *nt*; (*permanent*) Kaserne *f*; (*camping place*) Zeltplatz *m*; *vi* zelten, campen.

campaign [kæm'peın] *n* Kampagne *f*; (*Mil*) Feldzug *m*; *vi* (*Mil*) Krieg führen; (*participate*) in den Krieg ziehen; (*fig*) werben, Propaganda machen; (*Pol*) den Wahlkampf führen; **electoral ~** Wahlkampf *m*.

campbed ['kæmp'bed] *n* Campingbett *nt*.

camper ['kæmpə*] *n* Zeltende(r) *mf*, Camper *m*.

camping ['kæmpıŋ] *n*: **to go ~** zelten, Camping machen.

campsite ['kæmpsaıt] *n* Zeltplatz *m*, Campingplatz *m*.

campus ['kæmpəs] *n* (*Sch*) Schulgelände *nt*; (*Univ*) Universitätsgelände *nt*, Campus *m*.

can [kæn] *v aux irreg* (*be able*) können, fähig sein; (*be allowed*) dürfen, können; *n* Büchse *f*, Dose *f*; (*for water*) Kanne *f*; *vt* konservieren, in Büchsen einmachen.

canal [kə'næl] *n* Kanal *m*.

canary [kə'nɛərı] *n* Kanarienvogel *m*; *a* hellgelb.

cancel ['kænsəl] *vt* (*delete*) durchstreichen; (*Math*) kürzen; *arrangement* aufheben; *meeting* absagen; *treaty* annullieren; *stamp* entwerten; **~lation** [kænsə'leıʃən] Aufhebung *f*; Absage *f*; Annullierung *f*; Entwertung *f*.

cancer ['kænsə*] *n* (*also Astrol* **C~**) Krebs *m*.

candid ['kændıd] *a* offen, ehrlich; **~ly** *ad* ehrlich.

candidate ['kændıdeıt] *n* Bewerber(in *f*) *m*; (*Pol*) Kandidat(in *f*) *m*.

candle ['kændl] *n* Kerze *f*; **~light** Kerzenlicht *nt*; **~stick** Kerzenleuchter *m*.

candour ['kændə*] *n* Offenheit *f*.

candy ['kændı] *n* Kandis(zucker) *m*; (*US*) Bonbons *pl*.

cane [keın] *n* (*Bot*) Rohr *nt*; (*for walking, Sch*) Stock *m*; *vt* schlagen.

canister ['kænıstə*] *n* Blechdose *f*.

cannabis ['kænəbıs] *n* Hanf *m*, Haschisch *nt*.

canned [kænd] *a* Büchsen-, eingemacht.

cannibal ['kænıbəl] *n* Menschenfresser *m*; **~ism** Kannibalismus *m*.

cannon ['kænən] *n* Kanone *f*.

cannot ['kænɒt] = **can not**.
canny ['kænı] *a* (*shrewd*) schlau, erfahren; (*cautious*) umsichtig, vorsichtig.
canoe [kə'nu:] *n* Paddelboot *nt*, Kanu *nt*; **~ing** Kanufahren *nt*; **~ist** Kanufahrer(in *f*) *m*.
canon ['kænən] *n* Domherr *m*; (*in church law*) Kanon *m*; (*standard*) Grundsatz *m*.
canonize ['kænənaız] *vt* heiligsprechen.
can opener ['kænəʊpnə*] *n* Büchsenöffner *m*.
canopy ['kænəpı] *n* Baldachin *m*.
can't [kænt] = **can not**.
cantankerous [kæn'tæŋkərəs] *a* zänkisch, mürrisch.
canteen [kæn'ti:n] *n* (*in factory*) Kantine *f*; (*case of cutlery*) Besteckkasten *m*.
canter ['kæntə*] *n* Kanter *m*, kurzer leichter Galopp *m*; *vi* in kurzem Galopp reiten.
cantilever ['kæntıli:və*] *n* Träger *m*, Ausleger *m*.
canvas ['kænvəs] *n* Segeltuch *nt*, Zeltstoff *m*; (*sail*) Segel *nt*; (*for painting*) Leinwand *f*; (*painting*) Ölgemälde *nt*; **under ~** (*people*) in Zelten; (*boat*) unter Segel.
canvass ['kænvəs] *vt* werben; **~er** Wahlwerber(in *f*) *m*.
canyon ['kænjən] *n* Felsenschlucht *f*.
cap [kæp] *n* Kappe *f*, Mütze *f*; (*lid*) (Verschluß)kappe *f*, Deckel *m*; *vt* verschließen; (*surpass*) übertreffen.
capability [keıpə'bılıtı] *n* Fähigkeit *f*.
capable ['keıpəbl] *a* fähig; **to be ~ of sth** zu etw fähig *or* imstande sein.
capacity [kə'pæsıtı] *n* Fassungsvermögen *nt*; (*ability*) Fähigkeit *f*; (*position*) Eigenschaft *f*.
cape [keıp] *n* (*garment*) Cape *nt*, Umhang *m*; (*Geog*) Kap *nt*.
caper ['keıpə*] *n* Kaper *f*.
capital ['kæpıtl] *n* (— *city*) Hauptstadt *f*; (*Fin*) Kapital *nt*; (— *letter*) Großbuchstabe *m*; **~ism** Kapitalismus *m*; **~ist** *a* kapitalistisch; *n* Kapitalist(in *f*) *m*; **~ punishment** Todesstrafe *f*.
capitulate [kə'pıtjʊleıt] *vi* kapitulieren.
capitulation [kəpıtjʊ'leıʃən] *n* Kapitulation *f*.
capricious [kə'prıʃəs] *a* launisch.
Capricorn ['kæprıkɔ:n] *n* Steinbock *m*.
capsize [kæp'saız] *vti* kentern.
capstan ['kæpstən] *n* Ankerwinde *f*, Poller *m*.
capsule ['kæpsju:l] *n* Kapsel *f*.
captain ['kæptın] *n* Führer *m*; (*Naut*) Kapitän *m*; (*Mil*) Hauptmann *m*; (*Sport*) (Mannschafts)kapitän *m*; *vt* anführen.
caption ['kæpʃən] *n* Unterschrift *f*, Text *m*.
captivate ['kæptıveıt] *vt* fesseln.
captive ['kæptıv] *n* Gefangene(r) *mf*; *a* gefangen(gehalten).
captivity [kæp'tıvıtı] *n* Gefangenschaft *f*.
capture ['kæptʃə*] *vt* fassen, gefangennehmen; *n* Gefangennahme *f*.
car [kɑ:*] *n* Auto *nt*, Wagen *m*.
carafe [kə'ræf] *n* Karaffe *f*.
caramel ['kærəməl] *n* Karamelle *f*.
carat ['kærət] *n* Karat *nt*.
caravan ['kærəvæn] *n* Wohnwagen *m*; (*in desert*) Karawane *f*.
caraway ['kærəweı] *n*: **~ seed** Kümmel *m*.
carbohydrate [kɑ:bəʊ'haıdreıt] *n* Kohlenhydrat *nt*.
carbon ['kɑ:bən] *n* Kohlenstoff *m*; (— *paper*) Kohlepapier *nt*; **~ copy** Durchschlag *m*.
carburettor ['kɑ:bjʊretə*] *n* Vergaser *m*.
carcass ['kɑ:kəs] *n* Kadaver *m*.
card [kɑ:d] *n* Karte *f*; **~board** Pappe *f*; **~board box** Pappschachtel *f*; **~ game** Kartenspiel *nt*.
cardiac ['kɑ:dıæk] *a* Herz-.
cardigan ['kɑ:dıgən] *n* Strickjacke *f*.
cardinal ['kɑ:dınl] *a*: **~ number** Kardinalzahl *f*.
care [kɛə*] *n* Sorge *f*, Mühe *f*; (*charge*) Obhut *f*, Fürsorge *f*; *vi*: **I don't ~** es ist mir egal; **to ~ about sb/sth** sich kümmern um jdn/etw; **to take ~** (*watch*) vorsichtig sein; (*take pains*) darauf achten; **take ~ of** *vt* sorgen für; **~ for** *vt* (*look after*) sorgen für; (*like*) mögen, gern haben.
career [kə'rıə*] *n* Karriere *f*, Laufbahn *f*; *vi* rasen.
carefree ['kɛəfri:] *a* sorgenfrei.
careful *a*, **~ly** *ad* ['kɛəfʊl, -fəlı] sorgfältig.
careless *a*, **~ly** *ad* ['kɛəlıs, -lı] unvorsichtig; **~ness** Unachtsamkeit *f*; (*neglect*) Nachlässigkeit *f*.
caress [kə'res] *n* Liebkosung *f*; *vt* liebkosen.
caretaker ['kɛəteıkə*] *n* Hausmeister *m*.
car-ferry ['kɑ:ferı] *n* Autofähre *f*.
cargo ['kɑ:gəʊ] *n* Kargo *m*, Schiffsladung *f*.
caricature ['kærıkətjʊə*] *n* Karikatur *f*; *vt* karikieren.
carnage ['kɑ:nıdʒ] *n* Blutbad *nt*.
carnal ['kɑ:nl] *a* fleischlich, sinnlich.
carnation [kɑ:'neıʃən] *n* Nelke *f*.
carnival ['kɑ:nıvəl] *n* Karneval *m*, Fastnacht *f*, Fasching *m*.
carnivorous [kɑ:'nıvərəs] *a* fleischfressend.
carol ['kærl] *n* (Weihnachts)lied *nt*.
carp [kɑ:p] *n* (*fish*) Karpfen *m*; **~ at** *vt* herumnörgeln an (+*dat*).
car park ['kɑ:pɑ:k] *n* Parkplatz *m*; Parkhaus *nt*.
carpenter ['kɑ:pıntə*] *n* Zimmermann *m*.
carpentry ['kɑ:pıntrı] *n* Zimmerei *f*.
carpet ['kɑ:pıt] *n* Teppich *m*; *vt* mit einem Teppich auslegen.
carping ['kɑ:pıŋ] *a* (*critical*) krittelnd, Mecker-.
carriage ['kærıdʒ] *n* Wagen *m*; (*of goods*) Beförderung *f*; (*bearing*) Haltung *f*; **~way** (*on road*) Fahrbahn *f*.
carrier ['kærıə*] *n* Träger(in *f*) *m*; (*Comm*) Spediteur *m*; **~ bag** Tragetasche *m*; **~ pigeon** Brieftaube *f*.
carrion ['kærıən] *n* Aas *nt*.
carrot ['kærət] *n* Möhre *f*, Mohrrübe *f*, Karotte *f*.
carry ['kærı] *vt* tragen; *vi* weit tragen, reichen; **~cot** Babytragetasche *f*; **to be**

carried away (*fig*) hingerissen sein; ~ **on** *vti* fortführen, weitermachen; ~ **out** *vt orders* ausführen.

cart [kɑ:t] *n* Wagen *m*, Karren *m*; *vt* schleppen.

cartilage ['kɑ:tılıdʒ] *n* Knorpel *m*.

cartographer [kɑ:'tɒgrəfə*] *n* Kartograph(in *f*) *m*.

carton ['kɑ:tən] *n* (Papp)karton *m*; (*of cigarettes*) Stange *f*.

cartoon [kɑ:'tu:n] *n* (*Press*) Karikatur *f*; (*Cine*) (Zeichen)trickfilm *m*.

cartridge ['kɑ:trıdʒ] *n* (*for gun*) Patrone *f*; (*film*) Rollfilm *m*; (*of record player*) Tonabnehmer *m*.

carve [kɑ:v] *vti wood* schnitzen; *stone* meißeln; *meat* (vor)schneiden.

carving ['kɑ:vıŋ] *n* (*in wood etc*) Schnitzerei *f*; ~ **knife** Tranchiermesser *nt*.

car wash ['kɑ:wɒʃ] *n* Autowäsche *f*.

cascade [kæs'keıd] *n* Wasserfall *m*; *vi* kaskadenartig herabfallen.

case [keıs] *n* (*box*) Kasten *m*, Kiste *f*; (*suit*—) Koffer *m*; (*Jur, matter*) Fall *m*; **in** ~ falls, im Falle; **in any** ~ jedenfalls, auf jeden Fall.

cash [kæʃ] *n* (Bar)geld *nt*; *vt* einlösen; ~ **desk** Kasse *f*; ~**ier** [kæ'ʃıə*] Kassierer(in *f*) *m*; ~ **on delivery** per Nachnahme; ~ **register** Registrierkasse *f*.

cashmere ['kæʃmıə*] *n* Kaschmirwolle *f*.

casing ['keısıŋ] *n* Gehäuse *nt*.

casino [kə'si:nəʊ] *n* Kasino *nt*.

cask [kɑ:sk] *n* Faß *nt*.

casket ['kɑ:skıt] *n* Kästchen *nt*; (*US: coffin*) Sarg *m*.

casserole ['kæsərəʊl] *n* Kasserole *f*; (*food*) Auflauf *m*.

cassock ['kæsək] *n* Soutane *f*, Talar *m*.

cast [kɑ:st] *irreg vt* werfen; *horns etc* verlieren; *metal* gießen; (*Theat*) besetzen; *roles* verteilen; *n* (*Theat*) Besetzung *f*; ~ **off** *vi* (*Naut*) losmachen; ~**-off clothing** abgelegte Kleidung.

castanets [kæstə'nets] *npl* Kastagnetten *pl*.

castaway ['kɑ:stəweı] *n* Schiffbrüchige(r) *mf*.

caste [kɑ:st] *n* Kaste *f*.

casting ['kɑ:stıŋ] *a*: ~ **vote** entscheidende Stimme *f*.

castiron ['kɑ:st'aıən] *n* Gußeisen *nt*; *a* gußeisern; *alibi* todsicher.

castle ['kɑ:sl] *n* Burg *f*; Schloß *nt*; (*country mansion*) Landschloß *nt*; (*chess*) Turm *m*.

castor ['kɑ:stə*] *n* (*wheel*) Laufrolle *f*; ~ **oil** Rizinusöl *nt*; ~ **sugar** Streuzucker *m*.

castrate [kæs'treıt] *vt* kastrieren.

casual ['kæʒjʊl] *a arrangement* beiläufig; *attitude* nachlässig; *dress* leger; *meeting* zufällig; ~**ly** *ad dress* zwanglos, leger; *remark* beiläufig.

casualty ['kæʒjʊltı] *n* Verletzte(r) *mf*; Tote(r) *mf*; (*department in hospital*) Unfallstation *f*.

cat [kæt] *n* Katze *f*.

catalog (*US*), **catalogue** ['kætəlɒg] *n* Katalog *m*; *vt* katalogisieren.

catalyst ['kætəlıst] *n* (*lit, fig*) Katalysator *m*.

catapult ['kætəpʌlt] *n* Katapult *nt*; Schleuder *f*.

cataract ['kætərækt] *n* Wasserfall *m*; (*Med*) graue(r) Star *m*.

catarrh [kə'tɑ:*] *n* Katarrh *m*.

catastrophe [kə'tæstrəfı] *n* Katastrophe *f*.

catastrophic [kætəs'trɒfık] *a* katastrophal.

catch [kætʃ] *vt irreg* fangen; *train etc* nehmen; erreichen; (*surprise*) ertappen; (*understand*) begreifen; *n* (*of lock*) Sperrhaken *m*; (*of fish*) Fang *m*; **to** ~ **a cold** sich erkälten.

catching ['kætʃıŋ] *a* (*Med, fig*) ansteckend.

catch phrase ['kætʃfreız] *n* Schlagwort *nt*, Slogan *m*.

catchy ['kætʃı] *a tune* eingängig.

catechism ['kætıkızəm] *n* Katechismus *m*.

categorical *a*, ~**ly** *ad* [kætə'gɒrıkl, -kəlı] kategorisch.

categorize ['kætıgəraız] *vt* kategorisieren.

category ['kætıgərı] *n* Kategorie *f*.

cater ['keıtə*] *vi* versorgen; ~**ing** Gastronomie *f*; Bewirtung *f*; ~ **for** *vt* (*lit*) *party* ausrichten; (*fig*) eingestellt sein auf (+*acc*); berücksichtigen.

caterpillar ['kætəpılə*] *n* Raupe *f*; ~ **track** Gleiskette *f*.

cathedral [kə'θi:drəl] *n* Kathedrale *f*, Dom *m*.

Catholic ['kæθəlık] *a* (*Rel*) katholisch; *n* Katholik(in *f*) *m*; **c**~ vielseitig.

cattle ['kætl] *npl* Vieh *nt*.

catty ['kætı] *a* gehässig.

cauliflower ['kɒlıflaʊə*] *n* Blumenkohl *m*.

cause [kɔ:z] *n* Ursache *f*; Grund *m*; (*purpose*) Sache *f*; **in a good** ~ zu einem guten Zweck; *vt* verursachen.

causeway ['kɔ:zweı] *n* Damm *m*.

caustic ['kɔ:stık] *a* ätzend; (*fig*) bissig.

cauterize ['kɔ:təraız] *vt* ätzen, ausbrennen.

caution ['kɔ:ʃən] *n* Vorsicht *f*; (*warning*) Warnung *f*; (*Jur*) Verwarnung *f*; *vt* (ver)warnen.

cautious *a*, ~**ly** *ad* ['kɔ:ʃəs, -lı] vorsichtig.

cavalcade [kævəl'keıd] *n* Kavalkade *f*.

cavalier [kævə'lıə*] *a* blasiert.

cavalry ['kævəlrı] *npl* Kavallerie *f*.

cave [keıv] *n* Höhle *f*; ~**man** Höhlenmensch *m*; ~ **in** *vi* einstürzen.

cavern ['kævən] *n* Höhle *f*; ~**ous** *a cheeks* hohl; *eyes* tiefliegend.

cavil ['kævıl] *vi* kritteln (*at* an +*dat*).

cavity ['kævıtı] *n* Höhlung *f*; (*in tooth*) Loch *nt*.

cavort [kə'vɔ:t] *vi* umherspringen.

cease [si:s] *vi* aufhören; *vt* beenden; ~**fire** Feuereinstellung *f*; ~**less** *a* unaufhörlich.

cedar ['si:də*] *n* Zeder *f*.

cede [si:d] *vt* abtreten.

ceiling ['si:lıŋ] *n* Decke *f*; (*fig*) Höchstgrenze *f*.

celebrate ['selıbreıt] *vt* feiern; *anniversary* begehen; *vi* feiern; ~**d** *a* gefeiert.

celebration [selı'breıʃən] *n* Feier *f*.

celebrity [sɪ'lebrɪtɪ] *n* gefeierte Persönlichkeit *f*.
celery ['selərɪ] *n* Sellerie *m or f*.
celestial [sɪ'lestɪəl] *a* himmlisch.
celibacy ['selɪbəsɪ] *n* Zölibat *nt or m*.
cell [sel] *n* Zelle *f*; (*Elec*) Element *nt*.
cellar ['selə*] *n* Keller *m*.
cellist ['tʃelɪst] *n* Cellist(in *f*) *m*.
cello ['tʃeləʊ] *n* Cello *nt*.
cellophane ® ['seləfeɪn] *n* Cellophan *nt*.
cellular ['seljʊlə*] *a* zellenförmig, zellular.
cellulose ['seljʊləʊs] *n* Zellulose *f*.
cement [sɪ'ment] *n* Zement *m*; *vt* (*lit*) zementieren; (*fig*) festigen.
cemetery ['semɪtrɪ] *n* Friedhof *m*.
cenotaph ['senətɑ:f] *n* Ehrenmal *nt*, Zenotaph *m*.
censor ['sensə*] *n* Zensor *m*; **~ship** Zensur *f*.
censure ['senʃə*] *vt* rügen.
census ['sensəs] *n* Volkszählung *f*.
centenary [sen'ti:nərɪ] *n* Jahrhundertfeier *f*.
center ['sentə*] *n* (*US*) = **centre**.
centigrade ['sentɪgreɪd] *a*: **10 (degrees) ~** 10 Grad Celsius.
centilitre, (*US*) **~liter** ['sentɪli:tə*] *n* Zentiliter *nt or m*.
centimetre, (*US*) **~meter** ['sentɪmi:tə*] *n* Zentimeter *nt*.
centipede ['sentɪpi:d] *n* Tausendfüßler *m*.
central ['sentrəl] *a* zentral ; **~ heating** Zentralheizung *f*; **~ize** *vt* zentralisieren.
centre ['sentə*] *n* Zentrum *nt*; **~ of gravity** Schwerpunkt *m*; **to ~ on** (sich) konzentrieren auf (+*acc*).
century ['sentjʊrɪ] *n* Jahrhundert *nt*.
ceramic [sɪ'ræmɪk] *a* keramisch.
cereal ['sɪərɪəl] *n* (*any grain*) Getreide *nt*; (*at breakfast*) Getreideflocken *pl*.
ceremonial [serɪ'məʊnɪəl] *a* zeremoniell.
ceremony ['serɪmənɪ] *n* Feierlichkeiten *pl*, Zeremonie *f*.
certain ['sɜ:tən] *a* sicher; (*particular*) gewiß; **for ~** ganz bestimmt; **~ly** *ad* sicher, bestimmt; **~ty** Gewißheit *f*.
certificate [sə'tɪfɪkɪt] *n* Bescheinigung *f*; (*Sch etc*) Zeugnis *nt*.
certify ['sɜ:tɪfaɪ] *vti* bescheinigen.
cessation [se'seɪʃən] *n* Einstellung *f*, Ende *nt*.
chafe [tʃeɪf] *vti* (wund)reiben, scheuern.
chaffinch ['tʃæfɪntʃ] *n* Buchfink *m*.
chain [tʃeɪn] *n* Kette *f*; *vt* (*also* **~ up**) anketten; mit Ketten fesseln; **~ reaction** Kettenreaktion *f*; **~ smoker** Kettenraucher(in *f*) *m*; **~ store** Kettenladen *m*.
chair [tʃɛə*] *n* Stuhl *m*; (*arm—*) Sessel *m*; (*Univ*) Lehrstuhl *m*; *vt*: **to ~ a meeting** in einer Versammlung den Vorsitz führen; **~lift** Sessellift *m*; **~man** Vorsitzende(r) *m*; (*of firm*) Präsident *m*.
chalet ['ʃæleɪ] *n* Chalet *nt*.
chalice ['tʃælɪs] *n* (Abendmahls)kelch *m*.
chalk ['tʃɔ:k] *n* Kreide *f*.
challenge ['tʃælɪndʒ] *n* Herausforderung *f*; *vt* auffordern; (*contest*) bestreiten; **~r** Herausforderer *m*.
challenging ['tʃælɪndʒɪŋ] *a statement* herausfordernd; *work* anspruchsvoll.
chamber ['tʃeɪmbə*] *n* Kammer *f*; **~ of commerce** Handelskammer *f*; **~maid** Zimmermädchen *nt*; **~ music** Kammermusik *f*; **~pot** Nachttopf *m*.
chameleon [kə'mi:lɪən] *n* Chamäleon *nt*.
chamois ['ʃæmwɑ:] *n* Gemse *f*; **~ leather** ['ʃæmɪ'leðə*] Sämischleder *nt*.
champagne [ʃæm'peɪn] *n* Champagner *m*, Sekt *m*.
champion ['tʃæmpɪən] *n* (*Sport*) Sieger(in *f*) *m*, Meister *m*; (*of cause*) Verfechter(in *f*) *m*; **~ship** Meisterschaft *f*.
chance [tʃɑ:ns] *n* (*luck, fate*) Zufall *m*; (*possibility*) Möglichkeit *f*; (*opportunity*) Gelegenheit *f*, Chance *f*; (*risk*) Risiko *nt*; *a* zufällig; *vt*: **to ~ it** es darauf ankommen lassen; **by ~** zufällig; **to take a ~** ein Risiko eingehen; **no ~** keine Chance.
chancel ['tʃɑ:nsəl] *n* Altarraum *m*, Chor *m*.
chancellor ['tʃɑ:nsələ*] *n* Kanzler *m*; **C~ of the Exchequer** Schatzkanzler *m*.
chancy ['tʃɑ:nsɪ] *a* (*col*) riskant.
chandelier [ʃændɪ'lɪə*] *n* Kronleuchter *m*.
change [tʃeɪndʒ] *vt* verandern; *money* wechseln; *vi* sich verändern; (*trains*) umsteigen; (*colour etc*) sich verwandeln; (*clothes*) sich umziehen; *n* Veränderung *f*; (*money*) Wechselgeld *nt*; (*coins*) Kleingeld *nt*; **~able** *a weather* wechselhaft; **~over** Umstellung *f*, Wechsel *m*.
changing ['tʃeɪndʒɪŋ] *a* veränderlich; **~ room** Umkleideraum *m*.
channel ['tʃænl] *n* (*stream*) Bachbett *nt*; (*Naut*) Straße *f*, Meerenge *f*; (*Rad, TV*) Kanal *m*; (*fig*) Weg *m*; *vt* (hindurch)leiten, lenken; **through official ~s** durch die Instanzen; **the (English) C~** der Ärmelkanal; **C~ Islands** Kanalinseln *pl*.
chant [tʃɑ:nt] *n* liturgische(r) Gesang *m*; Sprechgesang *m*, Sprechchor *m*; *vt* intonieren.
chaos ['keɪɒs] *n* Chaos *nt*, Durcheinander *nt*.
chaotic [keɪ'ɒtɪk] *a* chaotisch.
chap [tʃæp] *n* (*col*) Bursche *m*, Kerl *m*; *vt skin* rissig machen; *vi* (*hands etc*) aufspringen.
chapel ['tʃæpəl] *n* Kapelle *f*.
chaperon ['ʃæpərəʊn] *n* Anstandsdame *f*; *vt* begleiten.
chaplain ['tʃæplɪn] *n* Geistliche(r) *m*, Pfarrer *m*, Kaplan *m*.
chapter ['tʃæptə*] *n* Kapitel *nt*.
char [tʃɑ:*] *vt* (*burn*) verkohlen; *vi* (*cleaner*) putzen gehen.
character ['kærɪktə*] *n* Charakter *m*, Wesen *nt*; (*Liter*) Figur *f*, Gestalt *f*; (*Theat*) Person *f*, Rolle *f*; (*peculiar person*) Original *nt*; (*in writing*) Schriftzeichen *nt*; **~istic** [kærɪktə'rɪstɪk] *a* charakteristisch, bezeichnend (*of* für); *n* Kennzeichen *nt*, Eigenschaft *f*; **~ize** *vt* charakterisieren, kennzeichnen.
charade [ʃə'rɑ:d] *n* Scharade *f*.
charcoal ['tʃɑ:kəʊl] *n* Holzkohle *f*.
charge [tʃɑ:dʒ] *n* (*cost*) Preis *m*; (*Jur*) Anklage *f*; (*of gun*) Ladung *f*; (*attack*) Angriff *m*; *vt gun, battery* laden; *price* verlangen; (*Mil*) angreifen; *vi* (*rush*)

angreifen, (an)stürmen; **to be in ~ of** verantwortlich sein für; **to take ~** (die Verantwortung) übernehmen.
chariot ['tʃærɪət] *n* (Streit)wagen *m.*
charitable ['tʃærɪtəbl] *a* wohltätig; (*lenient*) nachsichtig.
charity ['tʃærɪtɪ] *n* (*institution*) Wohlfahrtseinrichtung *f*, Hilfswerk *nt*; (*attitude*) Nächstenliebe *f*, Wohltätigkeit *f.*
charlady ['tʃɑ:leɪdɪ] *n* Reinemachefrau *f*, Putzfrau *f.*
charlatan ['ʃɑ:lətən] *n* Scharlatan *m*, Schwindler(in *f*) *m.*
charm [tʃɑ:m] *n* Charme *m*, gewinnende(s) Wesen *nt*; (*in superstition*) Amulett *nt*; Talisman *m*; *vt* bezaubern; **~ing** *a* reizend, liebenswürdig, charmant.
chart [tʃɑ:t] *n* Tabelle *f*; (*Naut*) Seekarte *f.*
charter ['tʃɑ:tə*] *vt* (*Naut, Aviat*) chartern; *n* Schutzbrief *m*; (*cost*) Schiffsmiete *f*; **~ flight** Charterflug *m*; **~ed accountant** Wirtschaftsprüfer(in *f*) *m.*
charwoman ['tʃɑ:wʊmən] *n* Reinemachefrau *f*, Putzfrau *f.*
chary ['tʃɛərɪ] *a* zurückhaltend (*of sth* mit etw).
chase [tʃeɪs] *vt* jagen, verfolgen; *n* Jagd *f.*
chasm ['kæzəm] *n* Kluft *f.*
chassis ['ʃæsɪ] *n* Chassis *nt*, Fahrgestell *nt.*
chaste [tʃeɪst] *a* keusch.
chastity ['tʃæstɪtɪ] *n* Keuschheit *f.*
chat [tʃæt] *vi* plaudern, sich (zwanglos) unterhalten; *n* Plauderei *f.*
chatter ['tʃætə*] *vi* schwatzen; (*teeth*) klappern; *n* Geschwätz *nt*; **~box** Quasselstrippe *f.*
chatty ['tʃætɪ] *a* geschwätzig.
chauffeur ['ʃəʊfə*] *n* Chauffeur *m*, Fahrer *m.*
cheap [tʃi:p] *a* billig; *joke* schlecht; (*of poor quality*) minderwertig; **to ~en o.s.** sich herablassen; **~ly** *ad* billig.
cheat [tʃi:t] *vti* betrügen; (*Sch*) mogeln; *n* Betrüger(in *f*) *m*; **~ing** Betrug *m.*
check [tʃek] *vt* prüfen; (*look up, make sure*) nachsehen; (*control*) kontrollieren; (*restrain*) zügeln; (*stop*) anhalten; *n* (*examination, restraint*) Kontrolle *f*; (*restaurant bill*) Rechnung *f*; (*pattern*) Karo(muster) *nt*; (*US*) = **cheque**; **~ers** (*US*) Damespiel *nt*; **~list** Kontroll-liste *f*; **~mate** Schachmatt *nt*; **~point** Kontrollpunkt *m*; **~up** (Nach)prüfung *f*; (*Med*) (ärztliche) Untersuchung *f.*
cheek [tʃi:k] *n* Backe *f*, Wange *f*; (*fig*) Frechheit *f*, Unverschämtheit *f*; **~bone** Backenknochen *m*; **~y** *a* frech, übermütig.
cheep [tʃi:p] *n* Pieps(er) *nt.*
cheer [tʃɪə*] *n* Beifallsruf *m*, Hochruf *m*; **~s!** Prost!; *vt* zujubeln; (*encourage*) ermuntern, aufmuntern; *vi* jauchzen, Hochrufe ausbringen; **~ful** *a* fröhlich; **~fulness** Fröhlichkeit *f*, Munterkeit *f*; **~ing** Applaus *m*; *a* aufheiternd; **~io** *interj* tschüs!; **~less** *a prospect* trostlos; *person* verdrießlich; **~ up** *vt* ermuntern; *vi*: **~ up!** Kopf hoch!
cheese [tʃi:z] *n* Käse *m*; **~board** (gemischte) Käseplatte *f*; **~cake** Käsekuchen *m.*
cheetah ['tʃi:tə] *n* Gepard *m.*
chef [ʃef] *n* Küchenchef *m.*
chemical ['kemɪkəl] *a* chemisch.
chemist ['kemɪst] *n* (*Med*) Apotheker *m*, Drogist *m*; (*Chem*) Chemiker *m*; **~ry** Chemie *f*; **~'s (shop)** (*Med*) Apotheke *f*, Drogerie *f.*
cheque [tʃek] *n* Scheck *m*; **~book** Scheckbuch *nt*; **~ card** Scheckkarte *f.*
chequered ['tʃekəd] *a* (*fig*) bewegt.
cherish ['tʃerɪʃ] *vt person* lieben; *hope* hegen; *memory* bewahren.
cheroot [ʃə'ru:t] *n* Zigarillo *nt or m.*
cherry ['tʃerɪ] *n* Kirsche *f.*
chervil ['tʃɜ:vɪl] *n* Kerbel *m.*
chess [tʃes] *n* Schach *nt*; **~board** Schachbrett *nt*; **~man** Schachfigur *f*; **~player** Schachspieler(in *f*) *m.*
chest [tʃest] *n* Brust *f*, Brustkasten *m*; (*box*) Kiste *f*, Kasten *m*; **to get sth off one's ~** seinem Herzen Luft machen; **~ of drawers** Kommode *f.*
chestnut ['tʃesnʌt] *n* Kastanie *f*; **~ (tree)** Kastanienbaum *m.*
chew [tʃu:] *vti* kauen; **~ing gum** Kaugummi *m.*
chic [ʃi:k] *a* schick, elegant.
chicanery [ʃɪ'keɪnərɪ] *n* Schikane *f.*
chick [tʃɪk] *n* Küken *nt*; **~en** Huhn *nt*; (*food: roast*) Hähnchen *nt*; **~enpox** Windpocken *pl*; **~pea** Kichererbse *f.*
chicory ['tʃɪkərɪ] *n* Zichorie *f*; (*plant*) Chicorée *f.*
chief [tʃi:f] *n* (Ober)haupt *nt*; Anführer *m*; (*Comm*) Chef *m*; *a* höchst, Haupt-; **~ly** *ad* hauptsächlich.
chieftain ['tʃi:ftən] *n* Häuptling *m.*
chilblain ['tʃɪlbleɪn] *n* Frostbeule *f.*
child [tʃaɪld] *n* Kind *nt*; **~birth** Entbindung *f*; **~hood** Kindheit *f*; **~ish** *a* kindisch; **~like** *a* kindlich; **~ren** ['tʃɪldrn] *npl of* **child**; **~'s play** (*fig*) Kinderspiel *nt.*
chill [tʃɪl] *n* Kühle *f*; (*Med*) Erkältung *f*; **~y** *a* kühl, frostig.
chime [tʃaɪm] *n* Glockenschlag *m*, Glockenklang *m*; *vi* ertönen, (er)klingen.
chimney ['tʃɪmnɪ] *n* Schornstein *m*, Kamin *m.*
chimpanzee [tʃɪmpæn'zi:] *n* Schimpanse *m.*
chin [tʃɪn] *n* Kinn *nt.*
china ['tʃaɪnə] *n* Porzellan *nt.*
chink [tʃɪŋk] *n* (*opening*) Ritze *f*, Spalt *m*; (*noise*) Klirren *nt.*
chintz [tʃɪnts] *n* Kattun *m.*
chip [tʃɪp] *n* (*of wood etc*) Splitter *m*; (*potato*) **~s** *pl* Pommes frites *pl*; (*US: crisp*) Chip *m*; *vt* absplittern; **~ in** *vi* Zwischenbemerkungen machen.
chiropodist [kɪ'rɒpədɪst] *n* Fußpfleger(in *f*) *m.*
chirp [tʃɜ:p] *n* Zwitschern *nt*; *vi* zwitschern.
chisel ['tʃɪzl] *n* Meißel *m.*
chit [tʃɪt] *n* Notiz *f*; **~chat** Plauderei *f.*
chivalrous ['ʃɪvəlrəs] *a* ritterlich.
chivalry ['ʃɪvəlrɪ] *n* Ritterlichkeit *f*; (*honour*) Ritterschaft *f.*

chive [tʃaɪv] *n* Schnittlauch *m*.
chloride ['klɔ:raɪd] *n* Chlorid *nt*.
chlorine ['klɔ:ri:n] *n* Chlor *nt*.
chock [tʃɒk] *n* Keil *m*; **~-a-block** *a* vollgepfropft.
chocolate ['tʃɒklɪt] *n* Schokolade *f*.
choice [tʃɔɪs] *n* Wahl *f*; (*of goods*) Auswahl *f*; *a* auserlesen, Qualitäts-.
choir ['kwaɪə*] *n* Chor *m*; **~boy** Chorknabe *m*.
choke [tʃəʊk] *vi* ersticken; *vt* erdrosseln; (*block*) (ab)drosseln; *n* (*Aut*) Starterklappe *f*.
cholera ['kɒlərə] *n* Cholera *f*.
choose [tʃu:z] *vt irreg* wählen; (*decide*) beschließen.
chop [tʃɒp] *vt* (zer)hacken; *wood* spalten; *vi*: **to ~ and change** schwanken; *n* Hieb *m*; (*meat*) Kotelett *nt*; **~py** *a* bewegt; **~sticks** *pl* (Eß)stäbchen *pl*.
choral ['kɔ:rəl] *a* Chor-.
chord [kɔ:d] *n* Akkord *m*; (*string*) Saite *f*.
chore [tʃɔ:*] *n* Pflicht *f*; harte Arbeit *f*.
choreographer [kɔrɪ'ɒgrəfə*] *n* Choreograph(in *f*) *m*.
chorister ['kɒrɪstə*] *n* Chorsänger(in *f*) *m*.
chortle ['tʃɔ:tl] *vi* glucksen, tief lachen.
chorus ['kɔ:rəs] *n* Chor *m*; (*in song*) Refrain *m*.
chow [tʃaʊ] *n* (*dog*) Chow-Chow *m*.
Christ [kraɪst] *n* Christus *m*.
christen ['krɪsn] *vt* taufen; **~ing** Taufe *f*.
Christian ['krɪstɪən] *a* christlich; *n* Christ(in *f*) *m*; **~ name** Vorname *m*; **~ity** [krɪstɪ'ænɪtɪ] Christentum *nt*.
Christmas ['krɪsməs] *n* Weihnachten *pl*; **~ card** Weihnachtskarte *f*; **~ tree** Weihnachtsbaum *m*.
chrome [krəʊm] *n* = **chromium plating**.
chromium ['krəʊmɪəm] *n* Chrom *nt*; **~ plating** Verchromung *f*.
chronic ['krɒnɪk] *a* (*Med*) chronisch; (*terrible*) scheußlich.
chronicle ['krɒnɪkl] *n* Chronik *f*.
chronological [krɒnə'lɒdʒɪkəl] *a* chronologisch.
chrysalis ['krɪsəlɪs] *n* (Insekten)puppe *f*.
chrysanthemum [krɪs'ænθɪməm] *n* Chrysantheme *f*.
chubby ['tʃʌbɪ] *a child* pausbäckig; *adult* rundlich.
chuck [tʃʌk] *vt* werfen; *n* (*Tech*) Spannvorrichtung *f*.
chuckle ['tʃʌkl] *vi* in sich hineinlachen.
chum [tʃʌm] *n* (*child*) Spielkamerad *m*; (*adult*) Kumpel *m*.
chunk [tʃʌŋk] *n* Klumpen *m*; (*of food*) Brocken *m*.
church [tʃɜ:tʃ] *n* Kirche *f*; (*clergy*) Geistlichkeit *f*; **~yard** Kirchhof *m*.
churlish ['tʃɜ:lɪʃ] *a* grob.
churn [tʃɜ:n] *n* Butterfaß *nt*; (*for transport*) (große) Milchkanne *f*; **~ out** *vt* (*col*) produzieren.
chute [ʃu:t] *n* Rutsche *f*.
cicada [sɪ'kɑ:də] *n* Zikade *f*.
cider ['saɪdə*] *n* Apfelwein *m*.
cigar [sɪ'gɑ:*] *n* Zigarre *f*; **~ette** [sɪgə'ret] Zigarette *f*; **~ette case** Zigarettenetui *nt*; **~ette end** Zigarettenstummel *m*; **~ette holder** Zigarettenspitze *f*.
cinch [sɪntʃ] *n* (*col*) klare(r) Fall *m*; (*easy*) Kinderspiel *nt*.
cinder ['sɪndə*] *n* Zinder *m*.
Cinderella [sɪndə'relə] *n* Aschenbrödel *nt*.
cine ['sɪnɪ] *n*: **~-camera** Filmkamera *f*; **~ film** Schmalfilm *m*.
cinema ['sɪnəmə] *n* Kino *nt*.
cine-projector [sɪnɪprə'dʒektə*] *n* Filmvorführapparat *m*.
cinnamon ['sɪnəmən] *n* Zimt *m*.
cipher ['saɪfə*] *n* (*code*) Chiffre *f*; (*numeral*) Ziffer *f*.
circle ['sɜ:kl] *n* Kreis *m*; *vi* kreisen; *vt* umkreisen; (*attacking*) umzingeln.
circuit ['sɜ:kɪt] *n* Umlauf *m*; (*Elec*) Stromkreis *m*; **~ous** [sɜ:'kju:ɪtəs] *a* weitschweifig.
circular ['sɜ:kjʊlə*] *a* (kreis)rund, kreisförmig; *n* Rundschreiben *nt*.
circularize ['sɜ:kjʊləraɪz] *vt* (*inform*) benachrichtigen; *letter* herumschicken.
circulate ['sɜ:kjʊleɪt] *vi* zirkulieren; *vt* in Umlauf setzen.
circulation [sɜ:kjʊ'leɪʃən] *n* (*of blood*) Kreislauf *m*; (*of newspaper*) Auflage *f*; (*of money*) Umlauf *m*.
circumcise ['sɜ:kəmsaɪz] *vt* beschneiden.
circumference [sə'kʌmfərəns] *n* (Kreis)umfang *m*.
circumspect ['sɜ:kəmspekt] *a* umsichtig.
circumstances ['sɜ:kəmstənsəz] *npl* (*facts connected with sth*) Umstände *pl*; (*financial condition*) Verhältnisse *pl*.
circumvent [sɜ:kəm'vent] *vt* umgehen.
circus ['sɜ:kəs] *n* Zirkus *m*.
cissy ['sɪsɪ] *n* Weichling *m*.
cistern ['sɪstən] *n* Zisterne *f*; (*of W.C.*) Spülkasten *m*.
citation [saɪ'teɪʃən] *n* Zitat *nt*.
cite [saɪt] *vt* zitieren, anführen.
citizen ['sɪtɪzn] *n* Bürger(in *f*) *m*; (*of nation*) Staatsangehörige(r) *mf*; **~ship** Staatsangehörigkeit *f*.
citrus ['sɪtrəs] *adj*: **~ fruit** Zitrusfrucht *f*.
city ['sɪtɪ] *n* Großstadt *f*; (*centre*) Zentrum *nt*, City *f*.
civic ['sɪvɪk] *a* städtisch, Bürger-.
civil ['sɪvɪl] *a* (*of town*) Bürger-; (*of state*) staatsbürgerlich; (*not military*) zivil; (*polite*) höflich; **~ engineer** Bauingenieur *m*; **~ engineering** Hoch- und Tiefbau *m*; **~ian** [sɪ'vɪlɪən] *n* Zivilperson *f*; *a* zivil, Zivil-; **~ization** [sɪvɪlaɪ'zeɪʃən] *n* Zivilisation *f*, Kultur *f*; **~ized** *a* zivilisiert; Kultur-; **~ law** bürgerliche(s) Recht, Zivilrecht *nt*; **~ rights** *pl* Bürgerrechte *pl*; **~ servant** Staatsbeamte(r) *m*; **~ service** Staatsdienst *m*; **~ war** Bürgerkrieg *m*.
clad [klæd] *a* gekleidet; **~ in** gehüllt in (+*acc*).
claim [kleɪm] *vt* beanspruchen; (*have opinion*) behaupten; *n* (*demand*) Forderung *f*; (*right*) Anspruch *m*; Behauptung *f*; **~ant** Antragsteller(in *f*) *m*.

clairvoyant [klɛə'vɔɪənt] *n* Hellseher(in *f*) *m*; *a* hellseherisch.
clam [klæm] *n* Venusmuschel *f*.
clamber ['klæmbə*] *vi* kraxeln.
clammy ['klæmɪ] *a* feucht(kalt); klamm.
clamorous ['klæmərəs] *a* lärmend, laut.
clamp [klæmp] *n* Schraubzwinge *f*; *vt* einspannen.
clan [klæn] *n* Sippe *f*, Clan *m*.
clang [klæŋ] *n* Klang *m*; Scheppern *nt*; *vi* klingen; scheppern.
clap [klæp] *vi* klatschen; *vt* Beifall klatschen (+*dat*); **~ping** (Beifall)klatschen *nt*.
claret ['klærɪt] *n* rote(r) Bordeaux(wein) *m*.
clarification [klærɪfɪ'keɪʃən] *n* Erklärung *f*.
clarify ['klærɪfaɪ] *vt* klären, erklären.
clarinet [klærɪ'net] *n* Klarinette *f*.
clarity ['klærɪtɪ] *n* Klarheit *f*.
clash [klæʃ] *n* (*fig*) Konflikt *m*, Widerstreit *m*; (*sound*) Knall *m*; *vi* zusammenprallen; (*colours*) sich beißen; (*argue*) sich streiten.
clasp [klɑ:sp] *n* Klammer *f*, Haken *m*; (*on belt*) Schnalle *f*; *vt* umklammern.
class [klɑ:s] *n* Klasse *f*; *vt* einordnen, einstufen; **~-conscious** *a* klassenbewußt.
classic ['klæsɪk] *n* Klassiker(in *f*) *m*; *a* (*traditional*) klassisch; **~al** *a* klassisch.
classification [klæsɪfɪ'keɪʃən] *n* Klassifizierung *f*; Einteilung *f*.
classify ['klæsɪfaɪ] *vt* klassifizieren, einteilen.
classroom ['klɑ:srʊm] *n* Klassenzimmer *nt*.
classy ['klɑ:sɪ] *a* (*col*) todschick.
clatter ['klætə*] *n* Klappern *nt*, Rasseln *nt*; (*of feet*) Getrappel *nt*; *vi* klappern, rasseln; (*feet*) trappeln.
clause [klɔ:z] *n* (*Jur*) Klausel *f*; (*Gram*) Satz(teil) *m*, Satzglied *nt*.
claustrophobia [klɒstrə'fəʊbɪə] *n* Platzangst *f*, Klaustrophobie *f*.
claw [klɔ:] *n* Kralle *f*; *vt* (zer)kratzen.
clay [kleɪ] *n* Lehm *m*; (*for pots*) Ton *m*.
clean [kli:n] *a* sauber; (*fig*) schuldlos; *shape* ebenmäßig; *cut* glatt; *vt* saubermachen, reinigen, putzen; **~er** (*person*) Putzfrau *f*; (*for grease etc*) Scheuerpulver *nt*; **~ers** *pl* Chemische Reinigung *f*; **~ing** Reinigen *nt*, Säubern *nt*; **~liness** ['klenlɪnɪs] Sauberkeit *f*, Reinlichkeit *f*; **~ly** *ad* reinlich; **~se** [klenz] *vt* reinigen, säubern; **~-shaven** *a* glattrasiert; **~-up** Reinigung *f*; **~ out** *vt* gründlich putzen; **~ up** *vt* aufräumen.
clear ['klɪə*] *a water* klar; *glass* durchsichtig; *sound* deutlich, klar, hell; *meaning* genau, klar; (*certain*) klar, sicher; *road* frei; **to stand ~ of sth** etw frei halten; *vt road etc* freimachen; *vi* (*become clear*) klarwerden; **~ance** ['klɪərns] (*removal*) Räumung *f*; (*free space*) Lichtung *f*; (*permission*) Freigabe *f*; **~-cut** *a* scharf umrissen; *case* eindeutig; **~ing** Lichtung *f*; **~ly** *ad* klar, deutlich, zweifellos; **~way** (*Brit*) (Straße *f* mit) Halteverbot *nt*; **~ up** *vi* (*weather*) sich aufklären; *vt* reinigen, säubern; (*solve*) aufklären.
clef [klef] *n* Notenschlüssel *m*.
clench [klentʃ] *vt teeth* zusammenbeißen; *fist* ballen.
clergy ['klɜ:dʒɪ] *n* Geistliche(n) *pl*; **~man** Geistliche(r) *m*.
clerical ['klerɪkəl] *a* (*office*)Schreib-, Büro-; (*Eccl*) geistlich, Pfarr(er)-; **~ error** Schreibfehler *m*.
clerk [klɑ:k, *US* klɜ:k] *n* (*in office*) Büroangestellte(r) *mf*; (*US: salesman*) Verkäufer(in *f*) *m*.
clever *a*, **~ly** *ad* ['klevə*, -əli] klug, geschickt, gescheit.
cliché ['kli:ʃeɪ] *n* Klischee *nt*.
click [klɪk] *vi* klicken; *n* Klicken *nt*; (*of door*) Zuklinken *nt*.
client ['klaɪənt] *n* Klient(in *f*) *m*; **~ele** [kli:ɑ̃n'tel] Kundschaft *f*.
cliff [klɪf] *n* Klippe *f*.
climate ['klaɪmɪt] *n* Klima *nt*.
climatic [klaɪ'mætɪk] *a* klimatisch.
climax ['klaɪmæks] *n* Höhepunkt *m*.
climb [klaɪm] *vt* besteigen; *vi* steigen, klettern; *n* Aufstieg *m*; **~er** Bergsteiger *m*, Kletterer *m*; (*fig*) Streber *m*; **~ing** Bergsteigen *nt*, Klettern *nt*.
clinch [klɪntʃ] *vt* (*decide*) entscheiden; *deal* festmachen; *n* (*boxing*) Clinch *m*.
cling [klɪŋ] *vi irreg* anhaften, anhängen.
clinic ['klɪnɪk] *n* Klinik *f*; **~al** *a* klinisch.
clink [klɪŋk] *n* (*of coins*) Klimpern *nt*; (*of glasses*) Klirren *nt*; (*col: prison*) Knast *m*; *vi* klimpern; *vt* klimpern mit; *glasses* anstoßen.
clip [klɪp] *n* Spange *f*; **paper ~** (Büro-, Heft)klammer *f*; *vt papers* heften; *hair, hedge* stutzen; **~pers** *pl* (*instrument*) (*for hedge*) Heckenschere *f*; (*for hair*) Haarschneidemaschine *f*.
clique [kli:k] *n* Clique *f*, Gruppe *f*.
cloak [kləʊk] *n* lose(r) Mantel *m*, Umhang *m*; **~room** (*for coats*) Garderobe *f*; (*W.C.*) Toilette *f*.
clobber ['klɒbə*] *n* (*col*) Klamotten *pl*; *vt* schlagen.
clock [klɒk] *n* Uhr *f*; **~wise** *ad* im Uhrzeigersinn; **~work** Uhrwerk *nt*; **like ~work** wie am Schnürchen.
clog [klɒg] *n* Holzschuh *m*; *vt* verstopfen.
cloister ['klɔɪstə*] *n* Kreuzgang *m*.
close [kləʊs] *a* nahe; *march* geschlossen; *thorough* genau, gründlich; *weather* schwül; *ad* knapp; **~ly** *ad* gedrängt, dicht; **~ to** *prep* in der Nähe (+*gen*); **I had a ~ shave** das war knapp; **~-up** Nahaufnahme *f*.
close [kləʊz] *vt* schließen, abschließen; *vi* sich schließen; *n* (*end*) Ende *nt*, Schluß *m*; **to ~ with sb** jdn angreifen; **~ down** *vt* Geschäft aufgeben; *vi* eingehen; **~d** *a road* gesperrt; *shop etc* geschlossen; **~d shop** Gewerkschaftszwang *m*.
closet ['klɒzɪt] *n* Abstellraum *m*, Schrank *m*.
closure ['kləʊʒə*] *n* Schließung *f*.
clot [klɒt] *n* Klumpen *m*; (*of blood*) Blutgerinnsel *nt*; (*fool*) Blödmann *m*; *vi* gerinnen.
cloth [klɒθ] *n* (*material*) Stoff *m*, Tuch *nt*;

(*for washing etc*) Lappen *m*, Tuch *nt*.
clothe [kləuð] *vt* kleiden, bekleiden; **~s** *pl* Kleider *pl*, Kleidung *f*; *see* **bedclothes**; **~s brush** Kleiderbürste *f*; **~s line** Wäscheleine *f*; **~s peg** Wäscheklammer *f*.
clothing ['kləuðɪŋ] *n* = **clothes**.
cloud [klaud] *n* Wolke *f*; **~burst** Wolkenbruch *m*; **~y** *a* wolkig, bewölkt.
clout [klaut] (*col*) *n* Schlag *m*; *vt* hauen.
clove [kləuv] *n* Gewürznelke *f*; **~ of garlic** Knoblauchzehe *f*.
clover ['kləuvə*] *n* Klee *m*; **~leaf** Kleeblatt *nt*.
clown [klaun] *n* Clown *m*, Hanswurst *m*; *vi* kaspern, sich albern benehmen.
cloy [klɔɪ] *vi*: **it ~s** es übersättigt einen.
club [klʌb] *n* Knüppel *m*; (*society*) Klub *m*; (*golf*) Golfschläger *m*; (*Cards*) Kreuz *nt*; *vt* prügeln; **~ together** *vi* (*with money etc*) zusammenlegen; **~house** Klubhaus *nt*.
cluck [klʌk] *vi* glucken.
clue [klu:] *n* Anhaltspunkt *m*, Fingerzeig *m*, Spur *f*; **he hasn't a ~** er hat keine Ahnung.
clump [klʌmp] *n* Gebüsch *nt*.
clumsy ['klʌmzɪ] *a person* ungelenk, unbeholfen; *object, shape* unförmig.
cluster ['klʌstə*] *n* Traube *f*; (*of trees etc*) Gruppe *f*; **~ round** *vi* sich scharen um; umschwärmen.
clutch [klʌtʃ] *n* feste(r) Griff *m*; (*Aut*) Kupplung *f*; *vt* sich festklammern an (+*dat*); *book* an sich klammern.
clutter ['klʌtə*] *vt* vollpropfen; *desk etc* übersäen; *n* Unordnung *f*.
coach [kəutʃ] *n* Omnibus *m*, (Überland)bus *m*; (*old*) Kutsche *f*; (*Rail*) (Personen)-wagen *m*; (*trainer*) Trainer *m*; *vt* (*Sch*) Nachhilfeunterricht geben (+*dat*); (*Sport*) trainieren.
coagulate [kəu'ægjuleɪt] *vi* gerinnen.
coal [kəul] *n* Kohle *f*.
coalesce [kəuə'les] *vi* sich verbinden.
coal face ['kəulfeɪs] *n* (Abbau)sohle *f*, Streb *m*; **at the ~** vor Ort.
coalfield ['kəulfi:ld] *n* Kohlengebiet *nt*.
coalition [kəuə'lɪʃən] *n* Zusammenschluß *m*; (*Pol*) Koalition *f*.
coalmine ['kəulmaɪn] *n* Kohlenbergwerk *nt*; **~r** Bergarbeiter *m*.
coarse [kɔ:s] *a* (*lit*) grob; (*fig*) ordinär.
coast [kəust] *n* Küste *f*; **~al** *a* Küsten-; **~er** Küstenfahrer *m*; **~guard** Küstenwache *f*; **~line** Küste(nlinie) *f*.
coat [kəut] *n* Mantel *m*; (*on animals*) Fell *nt*, Pelz *m*; (*of paint*) Schicht *f*; *vt* überstreichen; (*cover*) bedecken; **~ of arms** Wappen *nt*; **~hanger** Kleiderbügel *m*; **~ing** Schicht *f*, Überzug *m*; (*of paint*) Schicht *f*.
coax [kəuks] *vt* beschwatzen.
cobble(stone)s ['kɒbl(stəun)z] *npl* Pflastersteine *pl*.
cobra ['kɒbrə] *n* Kobra *f*.
cobweb ['kɒbweb] *n* Spinnennetz *nt*.
cocaine [kə'keɪn] *n* Kokain *nt*.
cock [kɒk] *n* Hahn *m*; *vt ears* spitzen; *gun* den Hahn spannen; **~erel** junge(r) Hahn *m*; **~-eyed** *a* (*fig*) verrückt.
cockle ['kɒkl] *n* Herzmuschel *f*.
cockney ['kɒknɪ] *n* echte(r) Londoner *m*.
cockpit ['kɒkpɪt] *n* (*Aviat*) Pilotenkanzel *f*.
cockroach ['kɒkrəutʃ] *n* Küchenschabe *f*.
cocktail ['kɒkteɪl] *n* Cocktail *m*; **~ cabinet** Hausbar *f*; **~ party** Cocktailparty *f*; **~ shaker** Mixbecher *m*.
cocoa ['kəukəu] *n* Kakao *m*.
coconut ['kəukənʌt] *n* Kokosnuß *f*.
cocoon [kə'ku:n] *n* Puppe *f*, Kokon *m*.
cod [kɒd] *n* Kabeljau *m*.
code [kəud] *n* Kode *m*; (*Jur*) Kodex *m*; **in ~** verschlüsselt, in Kode.
codeine ['kəudi:n] *n* Kodein *nt*.
codify ['kəudɪfaɪ] *vt message* verschlüsseln; (*Jur*) kodifizieren.
coeducational [kəuedju'keɪʃənl] *a* koedukativ, gemischt.
coerce [kəu'ɜ:s] *vt* nötigen, zwingen.
coercion [kəu'ɜ:ʃən] *n* Zwang *m*, Nötigung *f*.
coexistence [kəuɪg'zɪstəns] *n* Koexistenz *f*.
coffee ['kɒfɪ] *n* Kaffee *m*; **~ bar** Kaffeeausschank *m*, Café *nt*.
coffin ['kɒfɪn] *n* Sarg *m*.
cog [kɒg] *n* (Rad)zahn *m*.
cogent ['kəudʒənt] *a* triftig, überzeugend, zwingend.
cognac ['kɒnjæk] *n* Kognak *m*.
coherent [kəu'hɪərnt] *a* zusammenhängend, einheitlich.
coil [kɔɪl] *n* Rolle *f*; (*Elec*) Spule *f*; *vt* aufrollen, aufwickeln.
coin [kɔɪn] *n* Münze *f*; *vt* prägen; **~age** (*word*) Prägung *f*.
coincide [kəuɪn'saɪd] *vi* (*happen together*) zusammenfallen; (*agree*) übereinstimmen; **~nce** [kəu'ɪnsɪdəns] Zufall *m*; **by a strange ~nce** merkwürdigerweise; **~ntal** [kəuɪnsɪ'dentl] *a* zufällig.
coke [kəuk] *n* Koks *m*.
colander ['kʌləndə*] *n* Durchschlag *m*.
cold [kəuld] *a* kalt; **I'm ~** mir ist kalt, ich friere; *n* Kälte *f*; (*illness*) Erkältung *f*; **to have ~ feet** (*fig*) kalte Füße haben, Angst haben; **to give sb the ~ shoulder** jdm die kalte Schulter zeigen; **~ly** *ad* kalt; (*fig*) gefühllos; **~ sore** Erkältungsbläschen *nt*.
coleslaw ['kəulslɔ:] *n* Krautsalat *m*.
colic ['kɒlɪk] *n* Kolik *f*.
collaborate [kə'læbəreɪt] *vi* zusammenarbeiten.
collaboration [kəlæbə'reɪʃən] *n* Zusammenarbeit *f*; (*Pol*) Kollaboration *f*.
collaborator [kə'læbəreɪtə*] *n* Mitarbeiter *m*; (*Pol*) Kollaborateur *m*.
collage [kɒ'lɑ:ʒ] *n* Collage *f*.
collapse [kə'læps] *vi* (*people*) zusammenbrechen; (*things*) einstürzen; *n* Zusammenbruch *m*, Einsturz *m*.
collapsible [kə'læpsəbl] *a* zusammenklappbar, Klapp-.
collar ['kɒlə*] *n* Kragen *m*; **~bone** Schlüsselbein *nt*.
collate [kɒ'leɪt] *vt* zusammenstellen und vergleichen.
colleague ['kɒli:g] *n* Kollege *m*, Kollegin *f*.

collect [kə'lekt] *vt* sammeln; (*fetch*) abholen; *vi* sich sammeln; ~ **call** (*US*) R-Gespräch *nt*; ~**ed** *a* gefaßt; ~**ion** [kə'lekʃən] Sammlung *f*; (*Eccl*) Kollekte *f*; ~**ive** *a* gemeinsam; (*Pol*) kollektiv; ~**or** Sammler *m*; (*tax —or*) (Steuer)einnehmer *m*.

college ['kɒlɪdʒ] *n* (*Univ*) College *nt*; (*Tech*) Fach-, Berufsschule *f*.

collide [kə'laɪd] *vi* zusammenstoßen; kollidieren, im Widerspruch stehen (*with* zu).

collie ['kɒlɪ] *n* schottische(r) Schäferhund *m*, Collie *m*.

colliery ['kɒlɪərɪ] *n* (Kohlen)bergwerk *nt*, Zeche *f*.

collision [kə'lɪʒən] *n* Zusammenstoß *m*; (*of opinions*) Konflikt *m*.

colloquial [kə'ləʊkwɪəl] *a* umgangssprachlich.

collusion [kə'lu:ʒən] *n* geheime(s) Einverständnis *nt*, Zusammenspiel *nt*.

colon ['kəʊlɒn] *n* Doppelpunkt *m*.

colonel ['kɜ:nl] *n* Oberst *m*.

colonial [kə'ləʊnɪəl] *a* Kolonial-.

colonize ['kɒlənaɪz] *vt* kolonisieren.

colonnade [kɒlə'neɪd] *n* Säulengang *m*.

colony ['kɒlənɪ] *n* Kolonie *f*.

color ['kʌlə*] (*US*) = **colour**.

Colorado beetle [kɒlə'rɑ:dəʊ 'bi:tl] *n* Kartoffelkäfer *m*.

colossal [kə'lɒsl] *a* kolossal, riesig.

colour ['kʌlə*] *n* Farbe *f*; **off** ~ nicht wohl; *vt* (*lit, fig*) färben; *vi* sich verfärben; ~**s** *pl* Fahne *f*; ~ **bar** Rassenschranke *f*; ~**-blind** *a* farbenblind; ~**ed** *a* farbig; ~**ed (wo)man** Farbige(r) *mf*; ~ **film** Farbfilm *m*; ~**ful** *a* bunt; ~ **scheme** Farbgebung *f*; ~ **television** Farbfernsehen *nt*.

colt [kəʊlt] *n* Fohlen *nt*.

column ['kɒləm] *n* Säule *f*; (*Mil*) Kolonne *f*; (*of print*) Spalte *f*; ~**ist** ['kɒləmnɪst] Kolumnist *m*.

coma ['kəʊmə] *n* Koma *nt*.

comb [kəʊm] *n* Kamm *m*; *vt* kämmen; (*search*) durchkämmen.

combat ['kɒmbæt] *n* Kampf *m*; *vt* bekämpfen.

combination [kɒmbɪ'neɪʃən] *n* Verbindung *f*, Kombination *f*.

combine [kəm'baɪn] *vt* verbinden; *vi* sich vereinigen; ['kɒmbaɪn] *n* (*Comm*) Konzern *m*, Verband *m*; ~ **harvester** Mähdrescher *m*.

combustible [kəm'bʌstɪbl] *a* brennbar, leicht entzündlich.

combustion [kəm'bʌstʃən] *n* Verbrennung *f*.

come [kʌm] *irreg vi* kommen; (*reach*) ankommen, gelangen; ~ **about** *vi* geschehen; ~ **across** *vt* (*find*) stoßen auf (+*acc*); ~ **away** *vi* (*person*) weggehen; (*handle etc*) abgehen; ~ **by** *vi* vorbeikommen; *vt* (*find*) zu etw kommen; ~ **down** *vi* (*price*) fallen; ~ **forward** *vi* (*volunteer*) sich melden; ~ **from** *vt* (*result*) kommen von; **where do you ~ from?** wo kommen Sie her?; **I ~ from London** ich komme aus London; ~ **in for** *vt* abkriegen; ~ **into** *vi* eintreten in (+*acc*); (*inherit*) erben; ~ **of** *vi*: **what came of it?** was ist daraus geworden?; ~ **off** *vi* (*handle*) abgehen; (*happen*) stattfinden; (*succeed*) klappen; ~ **off it!** laß den Quatsch!; ~ **on** *vi* (*progress*) vorankommen; **how's the book coming on?** was macht das Buch?; ~ **on!** komm!; (*hurry*) beeil dich!; (*encouraging*) los!; ~ **out** *vi* herauskommen; ~ **out with** *vt* herausrücken mit; ~ **round** *vi* (*visit*) vorbeikommen; (*Med*) wieder zu sich kommen; ~ **to** *vi* (*Med*) wieder zu sich kommen; (*bill*) sich belaufen auf; ~ **up** *vi* hochkommen; (*problem*) auftauchen ~ **upon** *vt* stoßen auf (+*acc*); ~ **up to** *vi* (*approach*) zukommen auf (+*acc*); (*water*) reichen bis; (*expectation*) entsprechen (+*dat*); **to** ~ **up with sth** sich etw einfallen lassen; ~**back** Wiederauftreten *nt*, Comeback *nt*.

comedian [kə'mi:dɪən] *n* Komiker *m*.

comedown ['kʌmdaʊn] *n* Abstieg *m*.

comedy ['kɒmədɪ] *n* Komödie *f*.

comet ['kɒmɪt] *n* Komet *m*.

comfort ['kʌmfət] *n* Bequemlichkeit *f*; (*of body*) Behaglichkeit *f*; (*of mind*) Trost *m*; *vt* trösten; ~**s** *pl* Annehmlichkeiten *pl*; ~**able** *a* bequem, gemütlich; ~ **station** (*US*) öffentliche Toilette *f*.

comic ['kɒmɪk] *n* Comic(heft) *nt*; (*comedian*) Komiker *m*; *a* (*also* ~**al**) komisch, humoristisch.

coming ['kʌmɪŋ] *n* Kommen *nt*, Ankunft *f*.

comma ['kɒmə] *n* Komma *nt*.

command [kə'mɑ:nd] *n* Befehl *m*; (*control*) Führung *f*; (*Mil*) Kommando *nt*, (Ober)befehl *m*; *vt* befehlen (+*dat*); (*Mil*) kommandieren, befehligen; (*be able to get*) verfügen über (+*acc*); *vi* befehlen; ~**eer** [kɒmən'dɪə*] *vt* (*Mil*) requirieren; ~**er** Befehlshaber *m*, Kommandant *m*; ~**ing officer** Kommandeur *m*; ~**ment** Gebot *nt*; ~**o** (Mitglied einer) Kommandotruppe *f*.

commemorate [kə'meməreɪt] *vt* gedenken (+*gen*).

commemoration [kəmemə'reɪʃən] *n*: **in ~ of** zum Gedächtnis *or* Andenken an (+*acc*).

commemorative [kə'memərətɪv] *a* Gedächtnis-; Gedenk-.

commence [kə'mens] *vti* beginnen; ~**ment** Beginn *m*.

commend [kə'mend] *vt* (*recommend*) empfehlen; (*praise*) loben; ~**able** *a* empfehlenswert, lobenswert; ~**ation** [kɒmen'deɪʃən] Empfehlung *f*; (*Sch*) Lob *nt*.

commensurate [kə'mensjʊrɪt] *a* vergleichbar, entsprechend (*with dat*).

comment ['kɒment] *n* (*remark*) Bemerkung *f*; (*note*) Anmerkung *f*; (*opinion*) Stellungnahme *f*; *vi* etw sagen (*on* zu); sich äußern (*on* zu); ~**ary** ['kɒməntrɪ] Kommentar *m*; Erläuterungen *pl*; ~**ator** ['kɒmənteɪtə*] Kommentator *m*.

commerce ['kɒmɜ:s] *n* Handel *m*.

commercial [kə'mɜ:ʃəl] *a* kommerziell, geschäftlich; *training* kaufmännisch; *n* (*TV*) Fernsehwerbung *f*; ~**ize** *vt*

kommerzialisieren; ~ **television** Werbefernsehen *nt*; ~ **vehicle** Lieferwagen *m*.
commiserate [kə'mɪzəreɪt] *vi* Mitleid haben.
commission [kə'mɪʃən] *n* Auftrag *m*; (*fee*) Provision *f*; (*Mil*) Offizierspatent *nt*; (*of offence*) Begehen *nt*; (*reporting body*) Kommission *f*; *vt* bevollmächtigen, beauftragen; **out of** ~ außer Betrieb; ~**aire** [kəmɪʃə'nɛə*] Portier *m*; ~**er** (Regierungs)bevollmächtigte(r) *m*.
commit [kə'mɪt] *vt crime* begehen; (*undertake*) sich verpflichten; (*entrust*) übergeben, anvertrauen; **I don't want to** ~ **myself** ich will mich nicht festlegen; ~**ment** Verpflichtung *f*.
committee [kə'mɪtɪ] *n* Ausschuß *m*, Komitee *nt*.
commodious [kə'məʊdɪəs] *a* geräumig.
commodity [kə'mɒdɪtɪ] *n* Ware *f*; (Handels-, Gebrauchs)artikel *m*.
commodore ['kɒmədɔ:*] *n* Flotillenadmiral *m*.
common ['kɒmən] *a cause* gemeinsam; (*public*) öffentlich, allgemein; *experience* allgemein, alltäglich; (*pej*) gewöhnlich; (*widespread*) üblich, häufig, gewöhnlich; *n* Gemeindeland *nt*; öffentliche Anlage *f*; ~**ly** *ad* im allgemeinen, gewöhnlich; **C**~ **Market** Gemeinsame(r) Markt *m*; ~**place** *a* alltäglich; *n* Gemeinplatz *m*; ~**room** Gemeinschaftsraum *m*; ~**sense** gesunde(r) Menschenverstand *m*; **the C**~**wealth** das Commonwealth.
commotion [kə'məʊʃən] *n* Aufsehen *nt*, Unruhe *f*.
communal ['kɒmju:nl] *a* Gemeinde-; Gemeinschafts-.
commune ['kɒmju:n] *n* Kommune *f*; *vi* sich mitteilen (*with dat*), vertraulich verkehren.
communicate [kə'mju:nɪkeɪt] *vt* (*transmit*) übertragen; *vi* (*be in touch*) in Verbindung stehen; (*make self understood*) sich verständlich machen.
communication [kəmju:nɪ'keɪʃən] *n* (*message*) Mitteilung *f*; (*Rad, TV etc*) Kommunikationsmittel *nt*; (*making understood*) Kommunikation *f*; ~**s** *pl* (*transport etc*) Verkehrswege *pl*; ~ **cord** Notbremse *f*.
communion [kə'mju:nɪən] *n* (*group*) Gemeinschaft *f*; (*Rel*) Religionsgemeinschaft *f*; **(Holy) C**~ Heilige(s) Abendmahl *nt*, Kommunion *f*.
communiqué [kə'mju:nɪkeɪ] *n* Kommuniqué *nt*, amtliche Verlautbarung *f*.
communism ['kɒmjʊnɪzəm] *n* Kommunismus *m*.
communist ['kɒmjʊnɪst] *n* Kommunist(in *f*) *m*; *a* kommunistisch.
community [kə'mju:nɪtɪ] *n* Gemeinschaft *f*; (*public*) Gemeinwesen *nt*; ~ **centre** Gemeinschaftszentrum *nt*; ~ **chest** (*US*) Wohltätigkeitsfonds *m*.
commutation ticket [kɒmjʊ'teɪʃən'tɪkɪt] *n* (*US*) Zeitkarte *f*.
commute [kə'mju:t] *vi* pendeln; ~**r** Pendler *m*.
compact [kəm'pækt] *a* kompakt, fest, dicht; ['kɒmpækt] *n* Pakt *m*, Vertrag *m*; (*for make-up*) Puderdose *f*.
companion [kəm'pænɪən] *n* Begleiter(in *f*) *m*; ~**ship** Gesellschaft *f*.
company ['kʌmpənɪ] *n* Gesellschaft *f*; (*Comm also*) Firma *f*; (*Mil*) Kompanie *f*; **to keep sb** ~ jdm Gesellschaft leisten.
comparable ['kɒmpərəbl] *a* vergleichbar.
comparative [kəm'pærətɪv] *a* (*relative*) verhältnismäßig, relativ; (*Gram*) steigernd; ~**ly** *ad* verhältnismäßig.
compare [kəm'pɛə*] *vt* vergleichen; *vi* sich vergleichen lassen.
comparison [kəm'pærɪsn] *n* Vergleich *m*; (*object*) Vergleichsgegenstand *m*; **in** ~ **(with)** im Vergleich (mit *or* zu).
compartment [kəm'pɑ:tmənt] *n* (*Rail*) Abteil *nt*; (*in drawer etc*) Fach *nt*.
compass ['kʌmpəs] *n* Kompaß *m*; ~**es** *pl* Zirkel *m*.
compassion [kəm'pæʃən] *n* Mitleid *nt*; ~**ate** *a* mitfühlend.
compatible [kəm'pætɪbl] *a* vereinbar, im Einklang; **we're not** ~ wir vertragen uns nicht.
compel [kəm'pel] *vt* zwingen; ~**ling** *a argument* zwingend.
compendium [kəm'pendɪəm] *n* Kompendium *nt*.
compensate ['kɒmpenseɪt] *vt* entschädigen; **to** ~ **for** Ersatz leisten für, kompensieren.
compensation [kɒmpen'seɪʃən] *n* Entschädigung *f*; (*money*) Schadenersatz *m*; Entschädigung *f*; (*Jur*) Abfindung *f*; (*Psych etc*) Kompensation *f*.
compère ['kɒmpɛə*] *n* Conférencier *m*.
compete [kəm'pi:t] *vi* sich bewerben; konkurrieren, sich messen mit.
competence ['kɒmpɪtəns] *n* Fähigkeit *f*; (*Jur*) Zuständigkeit *f*.
competent ['kɒmpɪtənt] *a* kompetent, fähig; (*Jur*) zuständig.
competition [kɒmpɪ'tɪʃən] *n* Wettbewerb *m*; (*Comm*) Konkurrenz *f*.
competitive [kəm'petɪtɪv] *a* Konkurrenz-; (*Comm*) konkurrenzfähig.
competitor [kəm'petɪtə*] *n* Mitbewerber(in *f*) *m*; (*Comm*) Konkurrent(in *f*) *m*; (*Sport*) Teilnehmer(in *f*) *m*.
compile [kəm'paɪl] *vt* zusammenstellen.
complacency [kəm'pleɪsnsɪ] *n* Selbstzufriedenheit *f*, Gleichgültigkeit *f*.
complacent [kəm'pleɪsnt] *a* selbstzufrieden, gleichgültig.
complain [kəm'pleɪn] *vi* sich beklagen, sich beschweren (*about* über +*acc*); ~**t** Beschwerde *f*; (*Med*) Leiden *nt*.
complement ['kɒmplɪmənt] *n* Ergänzung *f*; (*ship's crew etc*) Bemannung *f*; ~**ary** [kɒmplɪ'mentərɪ] *a* Komplementär-, (sich) ergänzend.
complete [kəm'pli:t] *a* vollständig, vollkommen, ganz; *vt* vervollständigen; (*finish*) beenden; ~**ly** *ad* vollständig, ganz.
completion [kəm'pli:ʃən] *n* Vervollständigung *f*; (*of building*) Fertigstellung *f*.
complex ['kɒmpleks] *a* kompliziert, verwickelt; *n* Komplex *m*.
complexion [kəm'plekʃən] *n* Gesichts-

farbe *f*, Teint *m*; (*fig*) Anstrich *m*, Aussehen *nt*.
complexity [kəm'pleksɪtɪ] *n* Verwicklung *f*, Kompliziertheit *f*.
compliance [kəm'plaɪəns] *n* Fügsamkeit *f*, Einwilligung *f*.
complicate ['kɒmplɪkeɪt] *vt* komplizieren, verwickeln; **~d** *a* kompliziert, verwickelt.
complication [kɒmplɪ'keɪʃən] *a* Komplikation *f*, Erschwerung *f*.
compliment ['kɒmplɪmənt] *n* Kompliment *nt*; ['kɒmplɪment] *vt* ein Kompliment machen (*sb* jdm); **~s** *pl* Grüße *pl*, Empfehlung *f*; **~ary** [kɒmplɪ'mentərɪ] *a* schmeichelhaft; (*free*) Frei-, Gratis-.
comply [kəm'plaɪ] *vi*: **~ with** erfüllen (+*acc*); entsprechen (+*dat*).
component [kəm'pəʊnənt] *a* Teil-; *n* Bestandteil *m*.
compose [kəm'pəʊz] *vt* (*arrange*) zusammensetzen; *music* komponieren; *poetry* schreiben; *thoughts* sammeln; *features* beherrschen; **~d** *a* ruhig, gefaßt; **to be ~d of** bestehen aus; **~r** Komponist(in *f*) *m*.
composite ['kɒmpəzɪt] *a* zusammengesetzt.
composition [kɒmpə'zɪʃən] *n* (*Mus*) Komposition *f*; (*Sch*) Aufsatz *m*; (*composing*) Zusammensetzung *f*, Gestaltung *f*; (*structure*) Zusammensetzung *f*, Aufbau *m*.
compositor [kəm'pɒzɪtə*] *n* Schriftsetzer *m*.
compos mentis ['kɒmpɒs'mentɪs] *a* klar im Kopf.
compost ['kɒmpɒst] *n* Kompost *m*; **~ heap** Komposthaufen *m*.
composure [kəm'pəʊʒə*] *n* Gelassenheit *f*, Fassung *f*.
compound ['kɒmpaʊnd] *n* (*Chem*) Verbindung *f*; (*mixture*) Gemisch *nt*; (*enclosure*) eingezäunte(s) Gelände *nt*; (*Ling*) Kompositum *nt*; *a* zusammengesetzt; **~ fracture** komplizierte(r) Bruch *m*; **~ interest** Zinseszinsen *pl*.
comprehend [kɒmprɪ'hend] *vt* begreifen; (*include*) umfassen, einschließen.
comprehension [kɒmprɪ'henʃən] *n* Fassungskraft *f*, Verständnis *nt*.
comprehensive [kɒmprɪ'hensɪv] *a* umfassend; **~ school** Gesamtschule *f*.
compress [kəm'pres] *vt* zusammendrücken, komprimieren; ['kɒmpres] *n* (*Med*) Kompresse *f*, Umschlag *m*; **~ion** [kəm'preʃən] Komprimieren *nt*.
comprise [kəm'praɪz] *vt* (*also* **be ~d of**) umfassen, bestehen aus.
compromise ['kɒmprəmaɪz] *n* Kompromiß *m*, Verständigung *f*; *vt reputation* kompromittieren; *vi* einen Kompromiß schließen.
compulsion [kəm'pʌlʃən] *n* Zwang *m*.
compulsive [kəm'pʌlsɪv] *a* Gewohnheits-.
compulsory [kəm'pʌlsərɪ] *a* (*obligatory*) obligatorisch, Pflicht-.
computer [kəm'pju:tə*] *n* Computer *m*, Rechner *m*.
comrade ['kɒmrɪd] *n* Kamerad *m*; (*Pol*) Genosse *m*; **~ship** Kameradschaft *f*.
concave ['kɒn'keɪv] *a* konkav, hohlgeschliffen.
conceal [kən'si:l] *vt secret* verschweigen; **to ~ o.s.** sich verbergen.
concede [kən'si:d] *vt* (*grant*) gewähren; *point* zugeben; *vi* (*admit*) zugeben.
conceit [kən'si:t] *n* Eitelkeit *f*, Einbildung *f*; **~ed** *a* eitel, eingebildet.
conceivable [kən'si:vəbl] *a* vorstellbar.
conceive [kən'si:v] *vt idea* ausdenken; *imagine* sich vorstellen; *vti baby* empfangen.
concentrate ['kɒnsəntreɪt] *vi* sich konzentrieren (*on* auf +*acc*); *vt* (*gather*) konzentrieren.
concentration [kɒnsən'treɪʃən] *n* Konzentration *f*; **~ camp** Konzentrationslager *nt*, KZ *nt*.
concentric [kɒn'sentrɪk] *a* konzentrisch.
concept ['kɒnsept] *n* Begriff *m*; **~ion** [kən'sepʃən] (*idea*) Vorstellung *f*; (*Physiol*) Empfängnis *f*.
concern [kən'sɜ:n] *n* (*affair*) Angelegenheit *f*; (*Comm*) Unternehmen *nt*, Konzern *m*; (*worry*) Sorge *f*, Unruhe *f*; *vt* (*interest*) angehen; (*be about*) handeln von; (*have connection with*) betreffen; **~ed** *a* (*anxious*) besorgt; **~ing** *prep* betreffend, hinsichtlich (+*gen*).
concert ['kɒnsət] *n* Konzert *nt*; **in ~ (with)** im Einverständnis (mit); **~ed** [kən'sɜ:tɪd] *a* gemeinsam; (*Fin*) konzertiert; **~ hall** Konzerthalle *f*.
concertina [kɒnsə'ti:nə] *n* Handharmonika *f*.
concerto [kən'tʃɜ:təʊ] *n* Konzert *nt*.
concession [kən'seʃən] *n* (*yielding*) Zugeständnis *nt*; (*right to do sth*) Genehmigung *f*.
conciliation [kənsɪlɪ'eɪʃən] *n* Versöhnung *f*; (*official*) Schlichtung *f*.
conciliatory [kən'sɪlɪətrɪ] *a* vermittelnd; versöhnlich.
concise [kən'saɪs] *a* knapp, gedrängt.
conclave ['kɒnkleɪv] *n* Konklave *nt*.
conclude [kən'klu:d] *vt* (*end*) beenden; *treaty* (ab)schließen; (*decide*) schließen, folgern; *vi* (*finish*) schließen.
conclusion [kən'klu:ʒən] *n* (Ab)schluß *m*; **in ~** zum Schluß, schließlich.
conclusive [kən'klu:sɪv] *a* überzeugend, schlüssig; **~ly** *ad* endgültig.
concoct [kən'kɒkt] *vt* zusammenbrauen.
concord ['kɒŋkɔ:d] *n* Eintracht *f*.
concourse ['kɒŋkɔ:s] *n* (Bahnhofs)halle *f*, Vorplatz *m*.
concrete ['kɒŋkri:t] *n* Beton *m*; *a* konkret.
concur [kən'kɜ:*] *vi* übereinstimmen.
concurrently [kən'kʌrəntlɪ] *ad* gleichzeitig.
concussion [kɒn'kʌʃən] *n* (Gehirn)erschütterung *f*.
condemn [kən'dem] *vt* verdammen; (*Jur*) verurteilen; *building* abbruchreif erklären; **~ation** [kɒndem'neɪʃən] Verurteilung *f*; (*of object*) Verwerfung *f*.
condensation [kɒnden'seɪʃən] *n* Kondensation *f*.
condense [kən'dens] *vi* (*Chem*) konden-

sieren; *vt* (*fig*) zusammendrängen; **~d milk** Kondensmilch *f*.
condescend [kɒndɪ'send] *vi* sich herablassen; **~ing** *a* herablassend.
condition [kən'dɪʃən] *n* (*state*) Zustand *m*, Verfassung *f*; (*presupposition*) Bedingung *f*; *vt hair etc* behandeln; (*regulate*) regeln; **on ~ that ...** unter der Bedingung, daß ...; **~ed to** gewöhnt an (+*acc*); **~ed reflex** bedingter Reflex; **~s** *pl* (*circumstances, weather*) Verhältnisse *f*; **~al** *a* bedingt; (*Gram*) Bedingungs-.
condolences [kən'dəʊlənsɪz] *npl* Beileid *nt*.
condone [kən'dəʊn] *vt* gutheißen.
conducive [kən'dju:sɪv] *a* dienlich (*to dat*).
conduct ['kɒndʌkt] *n* (*behaviour*) Verhalten *nt*; (*management*) Führung *f*; [kən'dʌkt] *vt* führen, leiten; (*Mus*) dirigieren; **~ed tour** Führung *f*; **~or** [kən'dʌktə*] (*of orchestra*) Dirigent *m*; (*in bus*) Schaffner *m*; **~ress** [kən'dʌktrɪs] (*in bus*) Schaffnerin *f*.
conduit ['kɒndɪt] *n* (*water*) Rohrleitung *f*; (*Elec*) Isolierrohr *nt*.
cone [kəʊn] *n* (*Math*) Kegel *m*; (*for ice cream*) (Waffel)tüte *f*; (*fir*) Tannenzapfen *m*.
confectioner [kən'fekʃənə*] *n* Konditor *m*; **~'s (shop)** Konditorei *f*; **~y** (*cakes*) Konfekt *nt*, Konditorwaren *pl*; (*sweets*) Süßigkeiten *pl*.
confederation [kənfedə'reɪʃən] *n* Bund *m*.
confer [kən'fɜ:*] *vt degree* verleihen; *vi* (*discuss*) konferieren, verhandeln; **~ence** ['kɒnfərəns] Konferenz *f*.
confess [kən'fes] *vti* gestehen; (*Eccl*) beichten; **~ion** [kən'feʃən] Geständnis *nt*; (*Eccl*) Beichte *f*; **~ional** [kən'feʃənl] Beichtstuhl *m*; **~or** (*Eccl*) Beichtvater *m*.
confetti [kən'fetɪ] *n* Konfetti *nt*.
confide [kən'faɪd] *vi*: **~ in** (sich) anvertrauen (+*dat*); (*trust*) vertrauen (+*dat*); **~nce** ['kɒnfɪdəns] Vertrauen *nt*; (*assurance*) Selbstvertrauen *nt*; (*secret*) vertrauliche Mitteilung *f*, Geheimnis *nt*; **~nce trick** ['kɒnfɪdənstrɪk] Schwindel *m*.
confident ['kɒnfɪdənt] *a* (*sure*) überzeugt; sicher; (*self-assured*) selbstsicher; **~ial** [kɒnfɪ'denʃəl] *a* (*secret*) vertraulich, geheim; (*trusted*) Vertrauens-.
confine [kən'faɪn] *vt* (*limit*) begrenzen, einschränken; (*lock up*) einsperren; **~s** ['kɒnfaɪnz] *pl* Grenze *f*; **~d** *a space* eng, begrenzt; **~ment** (*of room*) Beengtheit *f*; (*in prison*) Haft *f*; (*Med*) Wochenbett *nt*.
confirm [kən'fɜ:m] *vt* bestätigen; **~ation** [kɒnfə'meɪʃən] Bestätigung *f*; (*Rel*) Konfirmation *f*; **~ed** *a* unverbesserlich, hartnäckig; *bachelor* eingefleischt.
confiscate ['kɒnfɪskeɪt] *vt* beschlagnahmen, konfiszieren.
confiscation [kɒnfɪs'keɪʃən] *n* Beschlagnahme *f*.
conflagration [kɒnflə'greɪʃən] *n* Feuersbrunst *f*.
conflict ['kɒnflɪkt] *n* Kampf *m*; (*of words, opinions*) Konflikt *m*, Streit *m*; [kən'flɪkt] *vi* im Widerspruch stehen; **~ing** [kən'flɪktɪŋ] *a* gegensätzlich; *testimony* sich widersprechend.
conform [kən'fɔ:m] *vi* sich anpassen (*to dat*); (*to rules*) sich fügen (*to dat*); (*to general trends*) sich richten (*to* nach); **~ist** Konformist(in *f*) *m*.
confront [kən'frʌnt] *vt enemy* entgegentreten (+*dat*); *sb with sth* konfrontieren; *sb with sb* gegenüberstellen (*with dat*); **~ation** [kɒnfrən'teɪʃən] Gegenüberstellung *f*; (*quarrel*) Konfrontation *f*.
confuse [kən'fju:z] *vt* verwirren; (*sth with sth*) verwechseln.
confusing [kən'fju:zɪŋ] *a* verwirrend.
confusion [kən'fju:ʒən] *n* (*disorder*) Verwirrung *f*; (*tumult*) Aufruhr *m*; (*embarrassment*) Bestürzung *f*.
congeal [kən'dʒi:l] *vi* (*freeze*) gefrieren; (*clot*) gerinnen.
congenial [kən'dʒi:nɪəl] *a* (*agreeable*) angenehm.
congenital [kən'dʒenɪtəl] *a* angeboren.
conger eel ['kɒŋgər'i:l] *n* Meeraal *m*.
congested [kən'dʒestɪd] *a* überfüllt.
congestion [kən'dʒestʃən] *n* Stauung *f*; Stau *m*.
conglomeration [kənglɒmə'reɪʃən] *n* Anhäufung *f*.
congratulate [kən'grætjʊleɪt] *vt* beglückwünschen (*on* zu).
congratulations [kən'grætjʊ'leɪʃənz] *npl* Glückwünsche *pl*; **~!** gratuliere!, herzlichen Glückwunsch!
congregate ['kɒŋgrɪgeɪt] *vi* sich versammeln.
congregation [kɒŋgrɪ'geɪʃən] *n* Gemeinde *f*.
congress ['kɒŋgres] *n* Kongreß *m*; **~ional** [kən'greʃənl] *a* Kongreß-; **~man** (*US*) Mitglied *nt* des amerikanischen Repräsentantenhauses.
conical ['kɒnɪkəl] *a* kegelförmig, konisch.
conifer ['kɒnɪfə*] *n* Nadelbaum *m*; **~ous** [kə'nɪfərəs] *a* zapfentragend.
conjecture [kən'dʒektʃə*] *n* Vermutung *f*; *vti* vermuten.
conjugal ['kɒndʒʊgəl] *a* ehelich.
conjunction [kən'dʒʌŋkʃən] *n* Verbindung *f*; (*Gram*) Konjunktion *f*, Verbindungswort *nt*.
conjunctivitis [kəndʒʌŋktɪ'vaɪtɪs] *n* Bindehautentzündung *f*.
conjure ['kʌndʒə*] *vti* zaubern; **~ up** *vt* heraufbeschwören; **~r** Zauberer *m*; (*entertainer*) Zauberkünstler(in *f*) *m*.
conjuring ['kʌndʒərɪŋ] *n*: **~ trick** Zauberkunststück *nt*.
conk [kɒŋk]: **~ out** *vi* (*col*) stehenbleiben, streiken.
connect [kə'nekt] *vt* verbinden; *train* koppeln; **~ion** [kə'nekʃən] Verbindung *f*; (*relation*) Zusammenhang *m*; **in ~ion with** in Verbindung mit.
connexion [kə'nekʃən] *n* = **connection**.
connoisseur [kɒnɪ'sɜ:*] *n* Kenner *m*.
connotation [kɒnə'teɪʃən] *n* Konnotation *f*.
conquer ['kɒŋkə*] *vt* (*overcome*) überwinden, besiegen; (*Mil*) besiegen; *vi* siegen; **~or** Eroberer *m*.
conquest ['kɒŋkwest] *n* Eroberung *f*.
conscience ['kɒnʃəns] *n* Gewissen *nt*.

conscientious [kɒnʃɪ'enʃəs] *a* gewissenhaft; ~ **objector** Wehrdienstverweigerer *m* (aus Gewissensgründen).
conscious ['kɒnʃəs] *a* bewußt; (*Med*) bei Bewußtsein; ~**ness** Bewußtsein *nt*.
conscript ['kɒnskrɪpt] *n* Wehrpflichtige(r) *m*; ~**ion** [kən'skrɪpʃən] Wehrpflicht *f*.
consecrate ['kɒnsɪkreɪt] *vt* weihen.
consecutive [kən'sekjʊtɪv] *a* aufeinanderfolgend.
consensus [kən'sensəs] *n* allgemeine Übereinstimmung *f*.
consent [kən'sent] *n* Zustimmung *f*; *vi* zustimmen (*to dat*).
consequence ['kɒnsɪkwəns] *n* (*importance*) Bedeutung *f*, Konsequenz *f*; (*result, effect*) Wirkung *f*.
consequently ['kɒnsɪkwəntlɪ] *ad* folglich.
conservation [kɒnsə'veɪʃən] *n* Erhaltung *f*, Schutz *m*.
conservative [kən'sɜːvətɪv] *a* konservativ; (*cautious*) mäßig, vorsichtig; **C**~ *a party* konservativ; *n* Konservative(r) *mf*.
conservatory [kən'sɜːvətrɪ] *n* (*greenhouse*) Gewächshaus *nt*; (*room*) Wintergarten *m*.
conserve [kən'sɜːv] *vt* erhalten.
consider [kən'sɪdə*] *vt* überlegen; (*take into account*) in Betracht ziehen; (*regard*) halten für; ~**able** *a* beträchtlich; ~**ate** *a* rücksichtsvoll, aufmerksam; ~**ation** [kənsɪdə'reɪʃən] Rücksicht(nahme) *f*; (*thought*) Erwägung *f*; (*reward*) Entgelt *nt*; ~**ing** *prep* in Anbetracht (+*gen*); *cj* da; **on no** ~**ation** unter keinen Umständen.
consign [kən'saɪn] *vt* übergeben; ~**ment** (*of goods*) Sendung *f*, Lieferung *f*.
consist [kən'sɪst] *vi* bestehen (*of* aus).
consistency [kən'sɪstənsɪ] *n* (*of material*) Festigkeit *f*; (*of argument*) Folgerichtigkeit *f*; (*of person*) Konsequenz *f*.
consistent [kən'sɪstənt] *a* gleichbleibend, stetig; *argument* folgerichtig; **she's not** ~ sie ist nicht konsequent.
consolation [kɒnsə'leɪʃən] *n* Trost *m*; ~ **prize** Trostpreis *m*.
console [kən'səʊl] *vt* trösten.
consolidate [kən'sɒlɪdeɪt] *vt* festigen.
consommé [kən'sɒmeɪ] *n* Fleischbrühe *f*.
consonant ['kɒnsənənt] *n* Konsonant *m*, Mitlaut *m*.
consortium [kən'sɔːtɪəm] *n* Gruppe *f*, Konsortium *nt*.
conspicuous [kən'spɪkjʊəs] *a* (*prominent*) auffallend; (*visible*) deutlich, sichtbar.
conspiracy [kən'spɪrəsɪ] *n* Verschwörung *f*, Komplott *nt*.
conspire [kən'spaɪə*] *vi* sich verschwören.
constable ['kʌnstəbl] *n* Polizist(in *f*) *m*.
constabulary [kən'stæbjʊlərɪ] *n* Polizei *f*.
constancy ['kɒnstənsɪ] *n* Beständigkeit *f*, Treue *f*.
constant ['kɒnstənt] *a* dauernd; ~**ly** *ad* (*continually*) andauernd; (*faithfully*) treu, unwandelbar.
constellation [kɒnstə'leɪʃən] *n* (*temporary*) Konstellation *f*; (*permanent*) Sternbild *nt*.
consternation [kɒnstə'neɪʃən] *n* (*dismay*) Bestürzung *f*.
constipated ['kɒnstɪpeɪtəd] *a* verstopft.
constipation [kɒnstɪ'peɪʃən] *n* Verstopfung *f*.
constituency [kən'stɪtjʊənsɪ] *n* Wahlkreis *m*.
constituent [kən'stɪtjʊənt] *n* (*person*) Wähler *m*; (*part*) Bestandteil *m*.
constitute ['kɒnstɪtjuːt] *vt* ausmachen.
constitution [kɒnstɪ'tjuːʃən] *n* Verfassung *f*; ~**al** *a* Verfassungs-; *monarchy* konstitutionell.
constrain [kən'streɪn] *vt* zwingen; ~**t** Zwang *m*; (*Psych*) Befangenheit *f*.
constrict [kən'strɪkt] *vt* zusammenziehen; ~**ion** [kən'strɪkʃən] Zusammenziehung *f*; (*of chest*) Zusammenschnürung *f*, Beklemmung *f*.
construct [kən'strʌkt] *vt* bauen; ~**ion** [kən'strʌkʃən] (*action*) (Er)bauen *nt*, Konstruktion *f*; (*building*) Bau *m*; **under** ~**ion** im Bau befindlich; ~**ive** *a* konstruktiv.
construe [kən'struː] *vt* (*interpret*) deuten.
consul ['kɒnsl] *n* Konsul *m*; ~**ate** ['kɒnsjʊlət] Konsulat *nt*.
consult [kən'sʌlt] *vt* um Rat fragen; *doctor* konsultieren; *book* nachschlagen in (+*dat*); ~**ant** (*Med*) Facharzt *m*; (*other specialist*) Gutachter *m*; ~**ation** [kɒnsəl'teɪʃən] Beratung *f*; (*Med*) Konsultation *f*; ~**ing room** Sprechzimmer *nt*.
consume [kən'sjuːm] *vt* verbrauchen; *food* verzehren, konsumieren; ~**r** Verbraucher *m*.
consummate ['kɒnsʌmeɪt] *vt* vollenden; *marriage* vollziehen.
consumption [kən'sʌmpʃən] *n* Verbrauch *m*; (*of food*) Konsum *m*.
contact ['kɒntækt] *n* (*touch*) Berührung *f*; (*connection*) Verbindung *f*; (*person*) Kontakt *m*, Beziehung *f*; *vt* sich in Verbindung setzen mit; ~ **lenses** *pl* Kontaktlinsen *pl*.
contagious [kən'teɪdʒəs] *a* ansteckend.
contain [kən'teɪn] *vt* enthalten; **to** ~ **o.s.** sich zügeln; ~**er** Behälter *m*; (*transport*) Container *m*.
contaminate [kən'tæmɪneɪt] *vt* verunreinigen; (*germs*) infizieren.
contamination [kəntæmɪ'neɪʃən] *n* Verunreinigung *f*.
contemplate ['kɒntəmpleɪt] *vt* (nachdenklich) betrachten; (*think about*) überdenken; (*plan*) vorhaben.
contemplation [kɒntem'pleɪʃən] *n* Betrachtung *f*; (*Rel*) Meditation *f*.
contemporary [kən'tempərərɪ] *a* zeitgenössisch; *n* Zeitgenosse *m*.
contempt [kən'tempt] *n* Verachtung *f*; ~**ible** *a* verächtlich, nichtswürdig; ~**uous** *a* voller Verachtung (*of* für).
contend [kən'tend] *vt* (*fight*) kämpfen (um); (*argue*) behaupten; ~**er** (*for post*) Bewerber(in *f*) *m*; (*Sport*) Wettkämpfer(in *f*) *m*.
content [kən'tent] *a* zufrieden; *vt* befriedigen; ['kɒntent] *n* (*also* ~**s**) Inhalt *m*; ~**ed** *a* zufrieden.
contention [kən'tenʃən] *n* (*dispute*) Streit

m; (*argument*) Behauptung *f*.

contentment [kən'tentmənt] *n* Zufriedenheit *f*.

contest ['kɒntest] *n* (Wett)kampf *m*; [kən'test] *vt* (*dispute*) bestreiten; (*Pol*) kandidieren (*in dat*); **~ant** [kən'testənt] Bewerber(in *f*) *m*.

context ['kɒntekst] *n* Zusammenhang *m*.

continent ['kɒntɪnənt] *n* Kontinent *m*, Festland *nt*; **the C~** das europäische Festland, der Kontinent; **~al** [kɒntɪ'nentl] *a* kontinental; *n* Bewohner(in *f*) *m* des Kontinents.

contingency [kən'tɪndʒənsɪ] *n* Möglichkeit *f*.

contingent [kən'tɪndʒənt] *n* (*Mil*) Kontingent *nt*; *a* abhängig (*upon* von).

continual [kən'tɪnjʊəl] *a* (*endless*) fortwährend; (*repeated*) immer wiederkehrend; **~ly** *ad* immer wieder.

continuation [kəntɪnjʊ'eɪʃən] *n* Verlängerung *f*; Fortsetzung *f*.

continue [kən'tɪnju:] *vi* (*go on*) anhalten; (*last*) fortbestehen; **shall we ~?** wollen wir weitermachen?; **if this ~s** wenn das so weitergeht; **the rain ~d** es regnete weiter; *vt* fortsetzen; **to ~ doing sth** fortfahren, etw zu tun.

continuity [kɒntɪ'njuɪtɪ] *n* Kontinuität *nt*; (*wholeness*) Zusammenhang *m*.

continuous [kən'tɪnjʊəs] *a* ununterbrochen.

contort [kən'tɔ:t] *vt* verdrehen; **~ion** [kən'tɔ:ʃən] Verzerrung *f*; **~ionist** [kən'tɔ:ʃənɪst] Schlangenmensch *m*.

contour ['kɒntʊə*] *n* Umriß *m*; (*height*) Höhenlinie *f*.

contraband ['kɒntrəbænd] *n* Schmuggelware *f*.

contraception [kɒntrə'sepʃən] *n* Empfängnisverhütung *f*.

contraceptive [kɒntrə'septɪv] *n* empfängnisverhütende(s) Mittel *nt*; *a* empfängnisverhütend.

contract ['kɒntrækt] *n* (*agreement*) Vertrag *m*, Kontrakt *m*; [kən'trækt] *vi* (*to do sth*) sich vertraglich verpflichten; (*muscle*) sich zusammenziehen; (*become smaller*) schrumpfen; **~ion** [kən'trækʃən] (*shortening*) Verkürzung *f*; **~or** [kən'træktə*] Unternehmer *m*; (*supplier*) Lieferant *m*.

contradict [kɒntrə'dɪkt] *vt* widersprechen (+*dat*); **~ion** [kɒntrə'dikʃən] Widerspruch *m*.

contralto [kən'træltəʊ] *n* (tiefe) Altstimme *f*.

contraption [kən'træpʃən] *n* (*col*) komische Konstruktion *f*, komische(s) Ding *nt*.

contrary ['kɒntrərɪ] *a* entgegengesetzt; *wind* ungünstig, Gegen-; (*obstinate*) widerspenstig, eigensinnig; *n* Gegenteil *nt*; **on the ~** im Gegenteil.

contrast ['kɒntrɑ:st] *n* Kontrast *m*; [kən'trɑ:st] *vt* entgegensetzen; **~ing** [kən'trɑ:stɪŋ] *a* Kontrast-.

contravene [kɒntrə'vi:n] *vt* verstoßen gegen.

contribute [kən'trɪbju:t] *vti* beitragen; *money* spenden.

contribution [kɒntrɪ'bju:ʃən] *n* Beitrag *m*.

contributor [kən'trɪbjʊtə*] *n* Beitragende(r) *mf*.

contrite ['kɒntraɪt] *a* zerknirscht.

contrivance [kən'traɪvəns] *n* Vorrichtung *f*, Kniff *m*, Erfindung *f*.

contrive [kən'traɪv] *vt* zustande bringen; **to ~ to do sth** es schaffen, etw zu tun.

control [kən'trəʊl] *vt* (*direct, test*) kontrollieren; *n* Kontrolle *f*; (*business*) Leitung *f*; **~s** *pl* (*of vehicle*) Steuerung *f*; (*of engine*) Schalttafel *f*; **~ point** Kontrollstelle *f*; **out of ~** außer Kontrolle; **under ~** unter Kontrolle.

controversial [kɒntrə'vɜ:ʃəl] *a* umstritten, kontrovers.

controversy ['kɒntrəvɜ:sɪ] *n* Meinungsstreit *m*, Kontroverse *f*.

convalesce [kɒnvə'les] *vi* gesund werden; **~nce** Genesung *f*; **~nt** *a* auf dem Wege der Besserung; *n* Genesende(r) *mf*.

convector [kən'vektə*] *n* Heizlüfter *m*.

convene [kən'vi:n] *vt* zusammenrufen; *vi* sich versammeln.

convenience [kən'vi:nɪəns] *n* Annehmlichkeit *f*; (*thing*) bequeme Einrichtung *f*; *see* **public**.

convenient [kən'vi:nɪənt] *a* günstig.

convent ['kɒnvənt] *n* Kloster *nt*.

convention [kən'venʃən] *n* Versammlung *f*; (*Pol*) Übereinkunft *f*; (*custom*) Konvention *f*; **~al** *a* herkömmlich, konventionell.

converge [kən'vɜ:dʒ] *vi* zusammenlaufen.

conversant [kən'vɜ:sənt] *a* vertraut; (*in learning*) bewandert (*with* in +*dat*).

conversation [kɒnvə'seɪʃən] *n* Unterhaltung *f*; **~al** *a* Unterhaltungs-.

converse [kən'vɜ:s] *vi* sich unterhalten; ['kɒnvɜ:s] *a* gegenteilig; **~ly** [kɒn'vɜ:slɪ] *ad* umgekehrt.

conversion [kən'vɜ:ʃən] *n* Umwandlung *f*; (*esp Rel*) Bekehrung *f*; **~ table** Umrechnungstabelle *f*.

convert [kən'vɜ:t] *vt* (*change*) umwandeln; (*Rel*) bekehren; ['kɒnvɜ:t] *n* Bekehrte(r) *mf*; Konvertit(in *f*) *m*; **~ible** (*Aut*) Kabriolett *nt*; *a* umwandelbar; (*Fin*) konvertierbar.

convex ['kɒn'veks] *a* konvex.

convey [kən'veɪ] *vt* (*carry*) befördern; *feelings* vermitteln; **~or belt** Fließband *nt*.

convict [kən'vɪkt] *vt* verurteilen; ['kɒnvɪkt] *n* Häftling *m*; **~ion** [kən'vɪkʃən] (*verdict*) Verurteilung *f*; (*belief*) Überzeugung *f*.

convince [kən'vɪns] *vt* überzeugen.

convincing [kən'vɪnsɪŋ] *a* überzeugend.

convivial [kən'vɪvɪəl] *a* festlich, froh.

convoy ['kɒnvɔɪ] *n* (*of vehicles*) Kolonne *f*; (*protected*) Konvoi *m*.

convulse [kən'vʌls] *vt* zusammenzucken lassen; **to be ~d with laughter** sich vor Lachen krümmen.

convulsion [kən'vʌlʃən] *n* (*esp Med*) Zuckung *f*, Krampf *m*.

coo [ku:] *vi* (*dove*) gurren.

cook [kʊk] *vti* kochen; *n* Koch *m*, Köchin *f*;

~book Kochbuch *nt*; **~er** Herd *m*; **~ery** Kochkunst *f*; **~ery book** = **~book**; **~ie** (*US*) Plätzchen *nt*; **~ing** Kochen *nt*.

cool [ku:l] *a* kühl; *vti* (ab)kühlen; ~ **down** *vti* (*fig*) (sich) beruhigen; **~ing-tower** Kühlturm *m*; **~ness** Kühle *f*; (*of temperament*) kühle(r) Kopf.

coop [ku:p] *n* Hühnerstall *m*; *vt*: ~ **up** (*fig*) einpferchen.

co-op ['kəʊɒp] *n* = **cooperative**.

cooperate [kəʊ'ɒpəreɪt] *vi* zusammenarbeiten.

cooperation [kəʊɒpə'reɪʃən] *n* Zusammenarbeit *f*.

cooperative [kəʊ'ɒpərətɪv] *a* hilfsbereit; (*Comm*) genossenschaftlich; *n* (*of farmers*) Genossenschaft *f*; (— *store*) Konsumladen *m*.

coordinate [kəʊ'ɔ:dɪneɪt] *vt* koordinieren.

coordination [kəʊɔ:dɪ'neɪʃən] *n* Koordination *f*.

coot [ku:t] *n* Wasserhuhn *nt*.

cop [kɒp] *n* (*col*) Polyp *m*, Bulle *m*.

cope [kəʊp] *vi* fertig werden, schaffen (*with acc*).

co-pilot ['kəʊ'paɪlət] *n* Kopilot *m*.

copious ['kəʊpɪəs] *a* reichhaltig.

copper ['kɒpə*] *n* Kupfer *nt*; Kupfermünze *f*; (*col: policeman*) Polyp *m*, Bulle *m*.

coppice ['kɒpɪs], **copse** [kɒps] *n* Unterholz *nt*.

copulate ['kɒpjʊleɪt] *vi* sich paaren.

copy ['kɒpɪ] *n* (*imitation*) Nachahmung *f*; (*of book etc*) Exemplar *nt*; (*of newspaper*) Nummer *f*; *vt* kopieren, abschreiben; **~cat** Nachäffer *m*; **~right** Copyright *nt*; **~right reserved** alle Rechte vorbehalten, Nachdruck verboten.

coral ['kɒrəl] *n* Koralle *f*; ~ **reef** Korallenriff *nt*.

cord [kɔ:d] *n* Schnur *f*, Kordel *f*; *see* **vocal**.

cordial ['kɔ:dɪəl] *a* herzlich; *n* Fruchtsaft *m*; **~ly** *ad* herzlich.

cordon ['kɔ:dn] *n* Absperrkette *f*.

corduroy ['kɔ:dərɔɪ] *n* Kord(samt) *m*.

core [kɔ:*] *n* Kern *m*; *vt* entkernen.

cork [kɔ:k] *n* (*bark*) Korkrinde *f*; (*stopper*) Korken *m*; **~age** Korkengeld *nt*; **~screw** Korkenzieher *m*.

corm [kɔ:m] *n* Knolle *f*.

cormorant ['kɔ:mərənt] *n* Kormoran *m*.

corn [kɔ:n] *n* Getreide *nt*, Korn *nt*; (*US: maize*) Mais *m*; (*on foot*) Hühnerauge *nt*.

cornea ['kɔ:nɪə] *n* Hornhaut *f*.

corned beef ['kɔ:nd'bi:f] *n* Corned Beef *nt*.

corner ['kɔ:nə*] *n* Ecke *f*; (*nook*) Winkel *m*; (*on road*) Kurve *f*; *vt* in die Enge treiben; *vi* (*Aut*) in die Kurve gehen; ~ **flag** Eckfahne *f*; ~ **kick** Eckball *m*; **~stone** Eckstein *m*.

cornet ['kɔ:nɪt] *n* (*Mus*) Kornett *nt*; (*for ice cream*) Eistüte *f*.

cornflour ['kɔ:nflaʊə*] *n* Maizena ® *nt*, Maismehl *nt*.

cornice ['kɔ:nɪs] *n* Gesims *nt*.

cornstarch ['kɔ:nstɑ:tʃ] *n* (*US*) = **cornflour**.

cornucopia [kɔ:nju'kəʊpɪə] *n* Füllhorn *nt*.

corny ['kɔ:nɪ] *a joke* blöd(e).

corollary [kə'rɒlərɪ] *n* Folgesatz *m*.

coronary ['kɒrənərɪ] *a* (*Med*) Koronar-; *n* Herzinfarkt *m*; ~ **thrombosis** Koronarthrombose *f*.

coronation [kɒrə'neɪʃən] *n* Krönung *f*.

coroner ['kɒrənə*] *n* Untersuchungsrichter *m* und Leichenbeschauer *m*.

coronet ['kɒrənɪt] *n* Adelskrone *f*.

corporal ['kɔ:pərəl] *n* Obergefreite(r) *m*; *a*: ~ **punishment** Prügelstrafe *f*.

corporate ['kɔ:pərɪt] *a* gemeinschaftlich, korporativ.

corporation [kɔ:pə'reɪʃən] *n* Gemeinde *f*, Stadt *f*; (*esp business*) Körperschaft *f*, Aktiengesellschaft *f*.

corps [kɔ:*] *n* (Armee)korps *nt*.

corpse [kɔ:ps] *n* Leiche *f*.

corpulent ['kɔ:pjʊlənt] *a* korpulent.

Corpus Christi ['kɔ:pəs'krɪstɪ] *n* Fronleichnamsfest *nt*.

corpuscle ['kɔ:pʌsl] *n* Blutkörperchen *nt*.

corral [kə'rɑ:l] *n* Pferch *m*, Korral *m*.

correct [kə'rekt] *a* (*accurate*) richtig; (*proper*) korrekt; *vt mistake* berichtigen; *pupil* tadeln; **~ion** [kə'rekʃən] Berichtigung *f*; **~ly** *ad* richtig; korrekt.

correlate ['kɒrɪleɪt] *vt* aufeinander beziehen; *vi* korrelieren.

correlation [kɒrɪ'leɪʃən] *n* Wechselbeziehung *f*.

correspond [kɒrɪs'pɒnd] *vi* übereinstimmen; (*exchange letters*) korrespondieren; **~ence** (*similarity*) Entsprechung *f*; Briefwechsel *m*, Korrespondenz *f*; **~ence course** Fernkurs *m*; **~ent** (*Press*) Berichterstatter *m*; **~ing** *a* entsprechend, gemäß (*to dat*).

corridor ['kɒrɪdɔ:*] *n* Gang *m*.

corroborate [kə'rɒbəreɪt] *vt* bestätigen, erhärten.

corroboration [kərɒbə'reɪʃən] *n* Bekräftigung *f*.

corrode [kə'rəʊd] *vt* zerfressen; *vi* rosten.

corrosion [kə'rəʊʒən] *n* Rost *m*, Korrosion *f*.

corrugated ['kɒrəgeɪtɪd] *a* gewellt; ~ **cardboard** Wellpappe *f*; ~ **iron** Wellblech *nt*.

corrupt [kə'rʌpt] *a* korrupt; *vt* verderben; (*bribe*) bestechen; **~ion** [kə'rʌpʃən] (*of society*) Verdorbenheit *f*; (*bribery*) Bestechung *f*.

corset ['kɔ:sɪt] *n* Korsett *nt*.

cortège [kɔ:'te:ʒ] *n* Zug *m*; (*of funeral*) Leichenzug *m*.

cortisone ['kɔ:tɪzəʊn] *n* Kortison *nt*.

cosh [kɒʃ] *n* Totschläger *m*; *vt* über den Schädel hauen.

cosignatory ['kəʊ'sɪgnətərɪ] *n* Mitunterzeichner(in *f*) *m*.

cosine ['kəʊsaɪn] *n* Kosinus *m*.

cosiness ['kəʊzɪnɪs] *n* Gemütlichkeit *f*.

cosmetic [kɒz'metɪk] *n* Schönheitsmittel *nt*, kosmetische(s) Mittel *nt*; *a* kosmetisch.

cosmic ['kɒzmɪk] *a* kosmisch.

cosmonaut ['kɒzmənɔ:t] *n* Kosmonaut(in *f*) *m*.

cosmopolitan [kɒzmə'pɒlɪtən] *a* international; *city* Welt-.
cosmos ['kɒzmɒs] *n* Weltall *nt*, Kosmos *m*.
cost [kɒst] *n* Kosten *pl*, Preis *m*; *vt irreg* kosten; **it ~ him his life/job** es kostete ihm sein Leben/seine Stelle; **at all ~s** um jeden Preis; **~ of living** Lebenshaltungskosten *pl*.
co-star ['kəʊstɑ:*] *n* zweite(r) *or* weitere(r) Hauptdarsteller(in *f*) *m*.
costing ['kɒstɪŋ] *n* Kostenberechnung *f*.
costly ['kɒstlɪ] *a* kostspielig.
cost price ['kɒst'praɪs] *n* Selbstkostenpreis *m*.
costume ['kɒstju:m] *n* Kostüm *nt*; (*fancy dress*) Maskenkostüm *nt*; (*for bathing*) Badeanzug *m*; **~ jewellery** Modeschmuck *m*.
cosy ['kəʊzɪ] *a* behaglich, gemütlich.
cot [kɒt] *n* Kinderbett(chen) *nt*.
cottage ['kɒtɪdʒ] *n* kleine(s) Haus *nt* (auf dem Land); **~ cheese** Hüttenkäse *m*.
cotton ['kɒtn] *n* (*material*) Baumwollstoff *m*; *a dress etc* Baumwoll-, Kattun-; **~ wool** Watte *f*.
couch [kaʊtʃ] *n* Couch *f*; *vt* (in Worte) fassen, formulieren.
cougar ['ku:gə*] *n* Puma *m*.
cough [kɒf] *vi* husten; *n* Husten *m*; **~ drop** Hustenbonbon *nt*.
could [kʊd] *pt of* **can**; **~n't = could not**.
council ['kaʊnsl] *n* (*of town*) Stadtrat *m*; **~ estate/house** Siedlung *f*/Haus *nt* des sozialen Wohnungsbaus; **~lor** ['kaʊnsɪlə*] Stadtrat *m*.
counsel ['kaʊnsl] *n* (*barrister*) Anwalt *m*, Rechtsbeistand *m*; (*advice*) Rat(schlag) *m*; **~lor** Berater *m*.
count [kaʊnt] *vti* zählen; *vi* (*be important*) zählen, gelten; *n* (*reckoning*) Abrechnung *f*; (*nobleman*) Graf *m*; **~down** Countdown *m*; **~ on** *vt* zählen auf (+*acc*); **~ up** *vt* zusammenzählen.
counter ['kaʊntə*] *n* (*in shop*) Ladentisch *m*; (*in café*) Tresen *m*, Theke *f*; (*in bank, post office*) Schalter *m*; *vt* entgegnen; *ad* entgegen; **~act** [kaʊntə'rækt] *vt* entgegenwirken (+*dat*); **~-attack** Gegenangriff *m*; **~balance** *vt* aufwiegen; **~-clockwise** *ad* entgegen dem Uhrzeigersinn; **~-espionage** Spionageabwehr *f*; **~feit** Fälschung *f*; *vt* fälschen; *a* gefälscht, unecht; **~foil** (Kontroll)abschnitt *m*; **~part** (*object*) Gegenstück *nt*; (*person*) Gegenüber *nt*.
countess ['kaʊntɪs] *n* Gräfin *f*.
countless ['kaʊntlɪs] *a* zahllos, unzählig.
countrified ['kʌntrɪfaɪd] *a* ländlich.
country ['kʌntrɪ] *n* Land *nt*; **in the ~** auf dem Land(e); **~ dancing** Volkstanztanzen *nt*; **~ house** Landhaus *nt*; **~man** (*national*) Landsmann *m*; (*rural*) Bauer *m*; **~side** Landschaft *f*.
county ['kaʊntɪ] *n* Landkreis *m*; (*Brit*) Grafschaft *f*; **~ town** Kreisstadt *f*.
coup [ku:] *n* Coup *m*; **~ d'état** Staatsstreich *m*, Putsch *m*.
coupé [ku:'peɪ] *n* (*Aut*) Coupé *nt*.
couple ['kʌpl] *n* Paar *nt*; **a ~ of** ein paar; *vt* koppeln.
couplet ['kʌplɪt] *n* Reimpaar *nt*.
coupling ['kʌplɪŋ] *n* Kupplung *f*.
coupon ['ku:pɒn] *n* Gutschein *m*.
courage ['kʌrɪdʒ] *n* Mut *m*; **~ous** [kə'reɪdʒəs] *a* mutig.
courier ['kʊrɪə*] *n* (*for holiday*) Reiseleiter *m*; (*messenger*) Kurier *m*, Eilbote *m*.
course [kɔ:s] *n* (*race*) Strecke *f*, Bahn *f*; (*of stream*) Lauf *m*; (*of action*) Richtung *f*; (*of lectures*) Vortragsreihe *f*; (*of study*) Studiengang *m*; **summer ~** Sommerkurs *m*; (*Naut*) Kurs *m*; (*in meal*) Gang *m*; **of ~** natürlich; **in the ~ of** im Laufe (+*gen*); **in due ~** zu gegebener Zeit; *see* **golf**.
court [kɔ:t] *n* (*royal*) Hof *m*; (*Jur*) Gericht *nt*; *vt* gehen mit; *see* **tennis**.
courteous ['kɜ:tɪəs] *a* höflich, zuvorkommend.
courtesan [kɔ:tɪ'zæn] *n* Kurtisane *f*.
courtesy ['kɜ:təsɪ] *n* Höflichkeit *f*.
courthouse ['kɔ:thaʊs] *n* (*US*) Gerichtsgebäude *nt*.
courtier ['kɔ:tɪə*] *n* Höfling *m*.
court-martial ['kɔ:t'mɑ:ʃəl] *n* Kriegsgericht *nt*; *vt* vor ein Kriegsgericht stellen.
courtroom ['kɔ:trʊm] *n* Gerichtssaal *m*.
courtyard ['kɔ:tjɑ:d] *n* Hof *m*.
cousin ['kʌzn] *n* Cousin *m*, Vetter *m*; Kusine *f*.
cove [kəʊv] *n* kleine Bucht *f*.
covenant ['kʌvənənt] *n* feierliche(s) Abkommen *nt*.
cover ['kʌvə*] *vt* (*spread over*) bedecken; (*shield*) abschirmen; (*include*) sich erstrecken über (+*acc*); (*protect*) decken; *n* (*lid*) Deckel *m*; (*for bed*) Decke *f*; (*Mil*) Bedeckung *f*; **~age** ['kʌvrɪdʒ] (*Press*) (*reports*) Berichterstattung *f*; (*distribution*) Verbreitung *f*; **~ charge** Bedienungsgeld *nt*; **~ing** Bedeckung *f*; **~ing letter** Begleitbrief *m*.
covet ['kʌvɪt] *vt* begehren.
covetous ['kʌvɪtəs] *a* begehrlich.
cow [kaʊ] *n* Kuh *f*.
coward ['kaʊəd] *n* Feigling *m*; **~ice** ['kaʊədɪs] Feigheit *f*; **~ly** *a* feige.
cowboy ['kaʊbɔɪ] *n* Cowboy *m*.
cower ['kaʊə*] *vi* kauern; (*movement*) sich kauern.
co-worker ['kəʊ'wɜ:kə*] *n* Mitarbeiter(in *f*) *m*.
cowshed ['kaʊʃed] *n* Kuhstall *m*.
coxswain ['kɒksn] *n* (*abbr* **cox**) Steuermann *m*.
coy [kɔɪ] *a* schüchtern; *girl* spröde.
coyote [kɒɪ'əʊtɪ] *n* Präriewolf *m*.
crab [kræb] *n* Krebs *m*; **~apple** Holzapfel *m*.
crack [kræk] *n* Riß *m*, Sprung *m*; (*noise*) Knall *m*; *vt* (*break*) springen lassen; *joke* reißen; *vi* (*noise*) krachen, knallen; *a* erstklassig; *troops* Elite-; **~er** (*firework*) Knallkörper *m*, Kracher *m*; (*biscuit*) Keks *m*; (*Christmas* —) Knallbonbon *m*; **~ up** *vi* (*fig*) zusammenbrechen.
crackle ['krækl] *vi* knistern; (*fire*) prasseln.
crackling ['kræklɪŋ] *n* Knistern *n*; (*rind*) Kruste *f* (des Schweinebratens).

cradle ['kreɪdl] *n* Wiege *f*.
craft [krɑ:ft] *n* (*skill*) (Hand- *or* Kunst)-fertigkeit *f*; (*trade*) Handwerk *nt*; (*cunning*) Verschlagenheit *f*; (*Naut*) Fahrzeug *nt*, Schiff *nt*; **~sman** gelernte(r) Handwerker *m*; **~smanship** (*quality*) handwerkliche Ausführung *f*; (*ability*) handwerkliche(s) Können *nt*; **~y** *a* schlau, gerieben.
crag [kræg] *n* Klippe *f*; **~gy** *a* schroff, felsig.
cram [kræm] *vt* vollstopfen; (*col*) (*teach*) einpauken; *vi* (*learn*) pauken.
cramp [kræmp] *n* Krampf *m*; *vt* (*hinder*) einengen, hemmen.
crampon ['kræmpən] *n* Steigeisen *nt*.
cranberry ['krænbərɪ] *n* Preiselbeere *f*.
crane [kreɪn] *n* (*machine*) Kran *m*; (*bird*) Kranich *m*.
cranium ['kreɪnɪəm] *n* Schädel *m*.
crank [kræŋk] *n* (*lever*) Kurbel *f*; (*person*) Spinner *m*; *vt* ankurbeln; **~shaft** Kurbelwelle *f*.
cranky ['kræŋkɪ] *a* verschroben.
cranny ['krænɪ] *n* Ritze *f*.
crap [kræp] *n* (*col*) Mist *m*, Scheiße *f*.
craps [kræps] *n* (*US*) Würfelspiel *nt*.
crash [kræʃ] *n* (*noise*) Krachen *nt*; (*with cars*) Zusammenstoß *m*; (*with plane*) Absturz *m*; *vi* stürzen; (*cars*) zusammenstoßen; (*plane*) abstürzen; (*economy*) zusammenbrechen; (*noise*) knallen; *a course* Schnell-; **~ helmet** Sturzhelm *m*; **~ landing** Bruchlandung *f*.
crass [kræs] *a* kraß.
crate [kreɪt] *n* (*lit, fig*) Kiste *f*.
crater ['kreɪtə*] *n* Krater *m*.
cravat(e) [krə'væt] *n* Krawatte *f*.
crave [kreɪv] *vi* verlangen (*for* nach).
craving ['kreɪvɪŋ] *n* Verlangen *nt*.
crawl [krɔ:l] *vi* kriechen; (*baby*) krabbeln; *n* Kriechen *nt*; (*swim*) Kraul *nt*.
crayon ['kreɪən] *n* Buntstift *m*.
craze [kreɪz] *n* Fimmel *m*.
crazy ['kreɪzɪ] *a* (*foolish*) verrückt; (*insane*) wahnsinnig; (*eager for*) versessen (auf +*acc*); **~ paving** Mosaikpflaster *nt*.
creak [kri:k] *n* Knarren *nt*; *vi* quietschen, knarren.
cream [kri:m] *n* (*from milk*) Rahm *m*, Sahne *f*; (*polish, cosmetic*) Creme *f*; (*colour*) Cremefarbe *f*; (*fig*: *people*) Elite *f*; **~ cake** (*small*) Sahnetörtchen *nt*; (*big*) Sahnekuchen *m*; **~ cheese** Rahmquark *m*; **~ery** Molkerei *f*; **~y** *a* sahnig.
crease [kri:s] *n* Falte *f*; *vt* falten; (*untidy*) zerknittern.
create [krɪ'eɪt] *vt* erschaffen; (*cause*) verursachen.
creation [krɪ'eɪʃən] *n* Schöpfung *f*.
creative [krɪ'eɪtɪv] *a* schöpferisch, kreativ.
creator [krɪ'eɪtə*] *n* Schöpfer *m*.
creature ['kri:tʃə*] *n* Geschöpf *nt*.
credence ['kri:dəns] *n* Glauben *m*.
credentials [krɪ'denʃəlz] *npl* Beglaubigungsschreiben *nt*.
credibility [kredɪ'bɪlɪtɪ] *n* Glaubwürdigkeit *f*.
credible ['kredɪbl] *a person* glaubwürdig; *story* glaubhaft.
credit ['kredɪt] *n* (*Comm*) Kredit *m*; Guthaben *nt*; *vt* Glauben schenken (+*dat*); **to sb's ~** zu jds Ehre; **~s** *pl* (*of film*) die Mitwirkenden; **~able** *a* rühmlich; **~ card** Kreditkarte *m*; **~or** Gläubiger *m*.
credulity [krɪ'dju:lɪtɪ] *n* Leichtgläubigkeit *f*.
creed [kri:d] *n* Glaubensbekenntnis *nt*.
creek [kri:k] *n* (*inlet*) kleine Bucht *f*; (*US: river*) kleine(r) Wasserlauf *m*.
creep [kri:p] *vi irreg* kriechen; **~er** Kletterpflanze *f*; **~y** *a* (*frightening*) gruselig.
cremate [krɪ'meɪt] *vt* einäschern.
cremation [krɪ'meɪʃən] *n* Einäscherung *f*.
crematorium [kremə'tɔ:rɪəm] *n* Krematorium *nt*.
creosote ['krɪəsəʊt] *n* Kreosot *nt*.
crepe [kreɪp] *n* Krepp *m*; **~ bandage** Elastikbinde *f*.
crescent ['kresnt] *n* (*of moon*) Halbmond *m*.
cress [kres] *n* Kresse *f*.
crest [krest] *n* (*of cock*) Kamm *m*; (*of wave*) Wellenkamm *m*; (*coat of arms*) Wappen *nt*; **~fallen** *a* niedergeschlagen.
cretin ['kretɪn] *n* Idiot *m*.
crevasse [krɪ'væs] *n* Gletscherspalte *f*.
crevice ['krevɪs] *n* Riß *m*; (*in rock*) Felsspalte *f*.
crew [kru:] *n* Besatzung *f*, Mannschaft *f*; **~-cut** Bürstenschnitt *m*; **~-neck** runde(r) Ausschnitt *m*.
crib [krɪb] *n* (*bed*) Krippe *f*; (*translation*) wortwörtliche Übersetzung *f*, Klatsche *f*.
crick [krɪk] *n* Muskelkrampf *m*.
cricket ['krɪkɪt] *n* (*insect*) Grille *f*; (*game*) Kricket *nt*; **~er** Kricketspieler *m*.
crime [kraɪm] *n* Verbrechen *nt*.
criminal ['krɪmɪnl] *n* Verbrecher *m*; *a* kriminell, strafbar.
crimp [krɪmp] *vt hair* drehen.
crimson ['krɪmzn] *n* Karmesin *nt*; *a* leuchtend rot.
cringe [krɪndʒ] *vi* sich ducken.
crinkle ['krɪŋkl] *vt* zerknittern; *vi* knittern.
crinkly ['krɪŋklɪ] *a hair* kraus.
cripple ['krɪpl] *n* Krüppel *m*; *vt* lahmlegen; (*Med*) lähmen, verkrüppeln.
crisis ['kraɪsɪs] *n* Krise *f*.
crisp [krɪsp] *a* knusprig; *n* Chip *m*.
criss-cross ['krɪskrɒs] *a* gekreuzt, Kreuz-.
criterion [kraɪ'tɪərɪən] *n* Kriterium *nt*.
critic ['krɪtɪk] *n* Kritiker(in *f*) *m*; **~al** *a* kritisch; **~ally** *ad* kritisch; *ill* gefährlich; **~ism** ['krɪtɪsɪzəm] Kritik *f*; **~ize** ['krɪtɪsaɪz] *vt* kritisieren; (*comment*) beurteilen.
croak [krəʊk] *vi* krächzen; (*frog*) quaken; *n* Krächzen *nt*; Quaken *nt*.
crochet ['krəʊʃeɪ] *n* Häkelei *f*.
crockery ['krɒkərɪ] *n* Geschirr *nt*.
crocodile ['krɒkədaɪl] *n* Krokodil *nt*.
crocus ['krəʊkəs] *n* Krokus *m*.
croft [krɒft] *n* kleine(s) Pachtgut *nt*; **~er** Kleinbauer *m*.
crony ['krəʊnɪ] *n* (*col*) Kumpel *m*.

crook [krʊk] *n* (*criminal*) Gauner *m*, Schwindler *m*; (*stick*) Hirtenstab *m*; **~ed** ['krʊkɪd] *a* krumm.
crop [krɒp] *n* (*harvest*) Ernte *f*; (*col: series*) Haufen *m*; **~ up** *vi* auftauchen; (*thing*) passieren.
croquet ['krəʊkeɪ] *n* Krocket *nt*.
croquette [krə'ket] *n* Krokette *f*.
cross [krɒs] *n* Kreuz *nt*; (*Biol*) Kreuzung *f*; *vt road* überqueren; *legs* übereinander legen; (*write*) einen Querstrich ziehen; (*Biol*) kreuzen; *cheque* als Verrechnungsscheck kennzeichnen; *a* (*annoyed*) ärgerlich, böse; **~bar** Querstange *f*; **~breed** Kreuzung *f*; **~-country (race)** Geländelauf *m*; **~-examination** Kreuzverhör *nt*; **~-examine** *vt* ins Kreuzverhör nehmen; **~-eyed** *a*: **to be ~-eyed** schielen; **~ing** (*crossroads*) (Straßen)kreuzung *f*; (*of ship*) Überfahrt *f*; (*for pedestrians*) Fußgängerüberweg *m*; **~ out** *vt* streichen; **to be at ~ purposes** von verschiedenen Dingen reden; **~-reference** Querverweis *m*; **~roads** Straßenkreuzung *f*; (*fig*) Scheideweg *m*; **~ section** Querschnitt *m*; **~wind** Seitenwind *m*; **~word (puzzle)** Kreuzworträtsel *nt*.
crotch [krɒtʃ] *n* Zwickel *m*; (*Anat*) Unterleib *nt*.
crotchet ['krɒtʃɪt] *n* Viertelnote *f*.
crotchety ['krɒtʃɪtɪ] *a person* launenhaft.
crouch [kraʊtʃ] *vi* hocken.
crouton ['kru:tɔ̃n] *n* geröstete(r) Brotwürfel *m*.
crow [krəʊ] *n* Krähen *nt*; *vi* krähen.
crowbar ['krəʊbɑ:*] *n* Stemmeisen *nt*.
crowd [kraʊd] *n* Menge *f*, Gedränge *nt*; *vt* (*fill*) überfüllen; *vi* drängen; **~ed** *a* überfüllt.
crown [kraʊn] *n* Krone *f*; (*of head, hat*) Kopf *m*; *vt* krönen; **~ jewels** *pl* Kronjuwelen *pl*; **~ prince** Kronprinz *m*.
crow's-nest ['krəʊznest] *n* Krähennest *nt*, Ausguck *m*.
crucial ['kru:ʃəl] *a* entscheidend.
crucifix ['kru:sɪfɪks] *n* Kruzifix *nt*; **~ion** [kru:sɪ'fɪkʃən] Kreuzigung *f*.
crucify ['kru:sɪfaɪ] *vt* kreuzigen.
crude [kru:d] *a* (*raw*) roh; *humour, behaviour* grob, unfein; **~ly** *ad* grob; **~ness** Roheit *f*.
crudity ['kru:dɪtɪ] *n* = **crudeness**.
cruel ['krʊəl] *a* grausam; (*distressing*) schwer; (*hard-hearted*) hart, gefühllos; **~ty** Grausamkeit *f*.
cruet ['kru:ɪt] *n* Gewürzständer *m*, Menage *f*.
cruise [kru:z] *n* Kreuzfahrt *f*; *vi* kreuzen; **~r** (*Mil*) Kreuzer *m*.
cruising-speed ['kru:zɪŋspi:d] *n* Reisegeschwindigkeit *f*.
crumb [krʌm] *n* Krume *f*; (*fig*) Bröckchen *nt*.
crumble ['krʌmbl] *vti* zerbröckeln.
crumbly ['krʌmblɪ] *a* krümelig.
crumpet ['krʌmpɪt] *n* Tee(pfann)kuchen *m*.
crumple ['krʌmpl] *vt* zerknittern.
crunch [krʌntʃ] *n* Knirschen *nt*; (*fig*) der entscheidende Punkt; *vt* knirschen; **~y** *a* knusprig.
crusade [kru:'seɪd] *n* Kreuzzug *m*; **~r** Kreuzfahrer *m*.
crush [krʌʃ] *n* Gedränge *nt*; *vt* zerdrücken; (*rebellion*) unterdrücken, niederwerfen; *vi* (*material*) knittern; **~ing** *a* überwältigend.
crust [krʌst] *n* (*of bread*) Rinde *f*, Kruste *f*; (*Med*) Schorf *m*.
crutch [krʌtʃ] *n* Krücke *f*; *see also* **crotch**.
crux [krʌks] *n* (*crucial point*) der springende Punkt, Haken *m* (*col*).
cry [kraɪ] *vi* (*call*) ausrufen; (*shout*) schreien; (*weep*) weinen; *n* (*call*) Schrei *m*; **~ing** *a* (*fig*) himmelschreiend; **~ off** *vi* (plötzlich) absagen.
crypt [krɪpt] *n* Krypta *f*.
cryptic ['krɪptɪk] *a* (*secret*) geheim; (*mysterious*) rätselhaft.
crystal ['krɪstl] *n* Kristall *m*; (*glass*) Kristallglas *nt*; (*mineral*) Bergkristall *m*; **~-clear** *a* kristallklar; **~lize** *vti* (*lit*) kristallisieren; (*fig*) klären.
cub [kʌb] *n* Junge(s) *nt*; (*young Boy Scout*) Wölfling *m*.
cubbyhole ['kʌbɪhəʊl] *n* Eckchen *nt*.
cube [kju:b] *n* Würfel *m*; (*Math*) Kubikzahl *f*.
cubic ['kju:bɪk] *a* würfelförmig; *centimetre etc* Kubik-.
cubicle ['kju:bɪkl] *n* Kabine *f*.
cubism ['kju:bɪzəm] *n* Kubismus *m*.
cuckoo ['kʊku:] *n* Kuckuck *m*; **~ clock** Kuckucksuhr *f*.
cucumber ['kju:kʌmbə*] *n* Gurke *f*.
cuddle ['kʌdl] *vti* herzen, drücken (*col*); *n* enge Umarmung *f*.
cuddly ['kʌdlɪ] *a* anschmiegsam; *teddy* zum Drücken.
cudgel ['kʌdʒəl] *n* Knüppel *m*.
cue [kju:] *n* Wink *m*; (*Theat*) Stichwort *nt*; Billardstock *m*.
cuff [kʌf] *n* (*of shirt, coat etc*) Manschette *f*; Aufschlag *m*; (*US*) = **turn-up**; **~link** Manschettenknopf *m*.
cuisine [kwɪ'zi:n] *n* Kochkunst *f*, Küche *f*.
cul-de-sac ['kʌldəsæk] *n* Sackgasse *f*.
culinary ['kʌlɪnərɪ] *a* Koch-.
culminate ['kʌlmɪneɪt] *vi* gipfeln.
culmination [kʌlmɪ'neɪʃən] *n* Höhepunkt *m*.
culpable ['kʌlpəbl] *a* strafbar, schuldhaft.
culprit ['kʌlprɪt] *n* Täter *m*.
cult [kʌlt] *n* Kult *m*.
cultivate ['kʌltɪveɪt] *vt* (*Agr*) bebauen; *mind* bilden; **~d** *a* (*Agr*) bebaut; (*cultured*) kultiviert.
cultivation [kʌltɪ'veɪʃən] *n* (*Agr*) Bebauung *f*; (*of person*) Bildung *f*.
cultural ['kʌltʃərəl] *a* kulturell, Kultur-.
culture ['kʌltʃə*] *n* (*refinement*) Kultur *f*, Bildung *f*; (*of community*) Kultur *f*; **~d** *a* gebildet, kultiviert.
cumbersome ['kʌmbəsəm] *a task* beschwerlich; *object* schwer zu handhaben.
cummberbund ['kʌməbʌnd] *n* Kummerbund *m*.

cumulative ['kju:mjulətɪv] *a* gehäuft; **to be ~** sich häufen.
cunning ['kʌnɪŋ] *n* Verschlagenheit *f*; *a* schlau.
cup [kʌp] *n* Tasse *f*; (*prize*) Pokal *m*; **~board** ['kʌbəd] Schrank *m*; **~ final** Meisterschaftsspiel *nt*; **~ful** Tasse(voll) *f*.
cupola ['kju:pələ] *n* Kuppel *f*.
curable ['kjurəbəl] *a* heilbar.
curator [kju'reɪtə*] *n* Kustos *m*.
curb [kɜ:b] *vt* zügeln; *n* Zaum *m*; (*on spending etc*) Einschränkung *f*.
cure [kjuə*] *n* Heilmittel *nt*; (*process*) Heilverfahren *nt*; **there's no ~ for ...** es gibt kein Mittel gegen ...; *vt* heilen.
curfew ['kɜ:fju:] *n* Ausgangssperre *f*; Sperrstunde *f*.
curiosity [kjuərɪ'ɒsɪtɪ] *n* Neugier *f*; (*for knowledge*) Wißbegierde *f*; (*object*) Merkwürdigkeit *f*.
curious ['kjuərɪəs] *a* neugierig; (*strange*) seltsam; **~ly** *ad* besonders.
curl [kɜ:l] *n* Locke *f*; *vti* locken; **~er** Lockenwickler *m*.
curlew ['kɜ:lju:] *n* Brachvogel *m*.
curly ['kɜ:lɪ] *a* lockig.
currant ['kʌrənt] *n* Korinthe *f*; Johannisbeere *f*.
currency ['kʌrənsɪ] *n* Währung *f*; (*of ideas*) Geläufigkeit *f*.
current ['kʌrənt] *n* Strömung *f*; *a expression* gängig, üblich; *issue* neueste; **~ account** Girokonto *nt*; **~ affairs** *pl* Zeitgeschehen *nt*; **~ly** *ad* zur Zeit.
curriculum [kə'rɪkjuləm] *n* Lehrplan *m*; **~ vitae** Lebenslauf *m*.
curry ['kʌrɪ] *n* Currygericht *nt*; **~ powder** Curry(pulver) *nt*.
curse [kɜ:s] *vi* (*swear*) fluchen (*at* auf +*acc*); *vt* (*insult*) verwünschen; *n* Fluch *m*.
cursory ['kɜ:sərɪ] *a* flüchtig.
curt [kɜ:t] *a* schroff.
curtail [kɜ:'teɪl] *vt* abkürzen; *rights* einschränken.
curtain ['kɜ:tn] *n* Vorhang *m*, Gardine *f*; (*Theat*) Vorhang *m*.
curtsy ['kɜ:tsɪ] *n* Knicks *m*; *vi* knicksen.
cushion ['kuʃən] *n* Kissen *nt*; *vt* polstern.
custard ['kʌstəd] *n* Vanillesoße *f*.
custodian [kʌs'təudɪən] *n* Kustos *m*, Verwalter(in *f*) *m*.
custody ['kʌstədɪ] *n* Aufsicht *f*; (*police*) Polizeigewahrsam *m*.
custom ['kʌstəm] *n* (*tradition*) Brauch *m*; (*business dealing*) Kundschaft *f*; **~s** (*taxes*) Einfuhrzoll *m*; **C~s** Zollamt *nt*; **~ary** *a* üblich; **~er** Kunde *m*, Kundin *f*; **~-made** *a* speziell angefertigt; **C~s officer** Zollbeamte(r) *mf*.
cut [kʌt] *vt irreg* schneiden; *wages* kürzen; *prices* heruntersetzen; **I ~ my hand** ich habe mir in die Hand geschnitten; *n* Schnitt *m*; (*wound*) Schnittwunde *f*; (*in book, income etc*) Kürzung *f*; (*share*) Anteil *m*.
cute [kju:t] *a* reizend, niedlich.
cuticle ['kju:tɪkl] *n* (*on nail*) Nagelhaut *f*.
cutlery ['kʌtlərɪ] *n* Besteck *nt*.
cutlet ['kʌtlɪt] *n* (*pork*) Kotelett *nt*; (*veal*) Schnitzel *nt*.
cutout ['kʌtaut] *n* (*Elec*) Sicherung *f*.
cut-price ['kʌtpraɪs] *a* verbilligt.
cutting ['kʌtɪŋ] *a* schneidend; *n* (*from paper*) Ausschnitt *m*.
cyanide ['saɪənaɪd] *n* Zyankali *nt*.
cybernetics [saɪbə'netɪks] *n* Kybernetik *f*.
cyclamen ['sɪkləmən] *n* Alpenveilchen *nt*.
cycle ['saɪkl] *n* Fahrrad *nt*; (*series*) Reihe *f*; (*of songs*) Zyklus *m*; *vi* radfahren.
cycling ['saɪklɪŋ] *n* Radfahren *nt*; (*Sport*) Radsport *m*.
cyclist ['saɪklɪst] *n* Radfahrer(in *f*) *m*.
cyclone ['saɪkləun] *n* Zyklon *m*.
cygnet ['sɪgnɪt] *n* junge(r) Schwan *m*.
cylinder ['sɪlɪndə*] *n* Zylinder *m*; (*Tech*) Walze *f*; **~ block** Zylinderblock *m*; **~ capacity** Zylindervolumen *nt*, Zylinderinhalt *m*; **~ head** Zylinderkopf *m*.
cymbals ['sɪmbəlz] *npl* Becken *nt*.
cynic ['sɪnɪk] *n* Zyniker(in *f*) *m*; **~al** *a* zynisch; **~ism** Zynismus *m*.
cypress ['saɪprɪs] *n* Zypresse *f*.
cyst [sɪst] *n* Zyste *f*.
czar [zɑ:*] *n* Zar *m*; **~ina** [zɑ'ri:nə] Zarin *f*.

D

D, d [di:] *n* D *nt*, d *nt*.
dab [dæb] *vt wound, paint* betupfen; *n* (*little bit*) bißchen *nt*; (*of paint*) Tupfer *m*; (*smear*) Klecks *m*.
dabble ['dæbl] *vi* (*splash*) plätschern; (*fig*) **to ~ in sth** in etw (*dat*) machen.
dachshund ['dækshund] *n* Dackel *m*.
dad(dy) [dæd, -ɪ] *n* Papa *m*, Vati *m*; **daddy-long-legs** Weberknecht *m*.
daffodil ['dæfədɪl] *n* Osterglocke *f*.
daft [dɑ:ft] *a* (*col*) blöd(e), doof.
dagger ['dægə*] *n* Dolch *m*.
dahlia ['deɪlɪə] *n* Dahlie *f*.
daily ['deɪlɪ] *a* täglich; *n* (*Press*) Tageszeitung *f*; (*woman*) Haushaltshilfe *f*.
dainty ['deɪntɪ] *a* zierlich; (*attractive*) reizend.
dairy ['deərɪ] *n* (*shop*) Milchgeschäft *nt*; (*on farm*) Molkerei *f*; *a* Milch-.
daisy ['deɪzɪ] *n* Gänseblümchen *nt*.
dally ['dælɪ] *vi* tändeln.
dam [dæm] *n* (Stau)damm *m*; *vt* stauen.
damage ['dæmɪdʒ] *n* Schaden *m*; *vt* beschädigen; **~s** (*Jur*) Schaden(s)ersatz *m*.
dame [deɪm] *n* Dame *f*; (*col*) Weibsbild *nt*.
damn [dæm] *vt* verdammen, verwünschen; *a* (*col*) verdammt; **~ it!** verflucht!; **~ing** *a* vernichtend.
damp [dæmp] *a* feucht; *n* Feuchtigkeit *f*; *vt* (*also* **~en**) befeuchten; (*discourage*) dämpfen; **~ness** Feuchtigkeit *f*.
damson ['dæmzən] *n* Damaszenerpflaume *f*.
dance [dɑ:ns] *n* Tanz *m*; (*party*) Tanz(abend) *m*; *vi* tanzen; **~ hall** Tanzlokal *nt*; **~r** Tänzer *m*.
dancing ['dɑ:nsɪŋ] *n* Tanzen *nt*.
dandelion ['dændɪlaɪən] *n* Löwenzahn *m*.
dandruff ['dændrəf] *n* (Kopf)schuppen *pl*.

dandy ['dændɪ] *n* Dandy *m*.
danger ['deɪndʒə*] *n* Gefahr *f*; ~! (*sign*) Achtung!; **in** ~ in Gefahr; **on the** ~**-list** in Lebensgefahr; ~**ous** *a*, ~**ously** *ad* gefährlich.
dangle ['dæŋgl] *vi* baumeln; *vt* herabhängen lassen.
dapper ['dæpə*] *a* elegant.
dare [dɛə*] *vt* herausfordern; *vi*: ~ **(to) do sth** es wagen, etw zu tun; **I** ~ **say** ich würde sagen.
daring ['dɛərɪŋ] *a* (*audacious*) verwegen; (*bold*) wagemutig; *dress* gewagt; *n* Mut *m*.
dark [dɑ:k] *a* dunkel; (*fig*) düster, trübe; (*deep colour*) dunkel-; *n* Dunkelheit *f*; **after** ~ nach Anbruch der Dunkelheit; **D**~ **Ages** (finsteres) Mittelalter *nt*; ~**en** *vti* verdunkeln; ~**ness** Finsternis *nt*; ~ **room** Dunkelkammer *f*.
darling ['dɑ:lɪŋ] *n* Liebling *m*; *a* lieb.
darn [dɑ:n] *n* Gestopfte(s) *nt*; *vt* stopfen.
dart [dɑ:t] *n* (*leap*) Satz *m*; (*weapon*) Pfeil *m*; *vi* sausen; ~**s** (*game*) Pfeilwerfen *nt*; ~**board** Zielscheibe *f*.
dash [dæʃ] *n* Sprung *m*; (*mark*) (Gedanken)strich *m*; *vt* (*lit*) schmeißen; *vi* stürzen; ~**board** Armaturenbrett *nt*; ~**ing** *a* schneidig.
data ['deɪtə] *npl* Einzelheiten *pl*, Daten *pl*; ~ **processing** Datenverarbeitung *f*.
date [deɪt] *n* Datum *nt*; (*for meeting etc*) Termin *m*; (*with person*) Verabredung *f*; (*fruit*) Dattel *f*; *vt letter etc* datieren; *person* gehen mit; ~**d** *a* altmodisch; ~**-line** Datumsgrenze *f*.
dative ['deɪtɪv] *n* Dativ *m*; *a* Dativ-.
daub [dɔ:b] *vt* beschmieren; *paint* schmieren.
daughter ['dɔ:tə*] *n* Tochter *f*; ~**-in-law** Schwiegertochter *f*.
daunt [dɔ:nt] *vt* entmutigen.
davenport ['dævnpɔ:t] *n* Sekretär *m*; (*US: sofa*) Sofa *nt*.
dawdle ['dɔ:dl] *vi* trödeln.
dawn [dɔ:n] *n* Morgendämmerung *f*; *vi* dämmern; (*fig*) dämmern (*on dat*).
day [deɪ] *n* Tag *m*; (*daylight*) Tageslicht *nt*; ~ **by** ~ Tag für Tag, täglich; **one** ~ eines Tages; ~**break** Tagesanbruch *m*; ~**dream** *n* Wachtraum *m*, Träumerei *f*; *vi irreg* (mit offenen Augen) träumen; ~**light** Tageslicht *nt*; ~**time** Tageszeit *f*.
daze [deɪz] *vt* betäuben; *n* Betäubung *f*; ~**d** *a* benommen.
dazzle ['dæzl] *vt* blenden; *n* Blenden *nt*.
deacon ['di:kən] *n* Diakon *m*; Kirchenvorsteher *m*.
dead [ded] *a* tot, gestorben; (*without feeling*) gefühllos; (*without movement*) leer, verlassen; ~ **centre** genau in der Mitte; *ad* völlig; **the** ~ *pl* die Toten *pl*; ~**en** *vt pain* abtöten; *sound* ersticken; ~ **end** Sackgasse *f*; ~ **heat** tote(s) Rennen *nt*; ~**line** Frist(ablauf) *m*, Stichtag *m*; ~**lock** Stillstand *m*; ~**ly** *a* tödlich; ~**pan** *a* undurchdringlich.
deaf [def] *a* taub; ~**-aid** Hörgerät *nt*; ~**en** *vt* taub machen; ~**ening** *a* ohrenbetäubend; ~**ness** Taubheit *f*; ~**-mute** Taubstumme(r) *m*.
deal [di:l] *n* Geschäft *nt*; *vti irreg* austeilen; **a great** ~ **of** sehr viel; **to** ~ **with** *person* behandeln; *department* sich befassen mit; ~**er** (*Comm*) Händler *m*; (*Cards*) Kartengeber *m*; ~**ings** *pl* (*Fin*) Geschäfte *pl*; (*relations*) Beziehungen *pl*, Geschäftsverkehr *m*.
dean [di:n] *n* (*Protestant*) Superintendent *m*; (*Catholic*) Dechant *m*; (*Univ*) Dekan *m*.
dear [dɪə*] *a* lieb; (*expensive*) teuer; *n* Liebling *m*; ~ **me!** du liebe Zeit!; **D**~ **Sir** Sehr geehrter Herr!; **D**~ **John** Lieber John!; ~**ly** *ad love* herzlich; *pay* teuer.
dearth [dɜ:θ] *n* Mangel *m* (*of* an +*dat*).
death [deθ] *n* Tod *m*; (*end*) Ende *nt*; (*statistic*) Sterbefall *m*; ~**bed** Sterbebett *nt*; ~ **certificate** Totenschein *m*; ~ **duties** (*Brit*) Erbschaftssteuer *f*; ~**ly** *a* totenähnlich, Toten-; ~ **penalty** Todesstrafe *f*; ~ **rate** Sterblichkeitsziffer *f*.
debar [dɪ'bɑ:*] *vt* ausschließen.
debase [dɪ'beɪs] *vt* entwerten.
debatable [dɪ'beɪtəbl] *a* anfechtbar.
debate [dɪ'beɪt] *n* Debatte *f*, Diskussion *f*; *vt* debattieren, diskutieren; (*consider*) überlegen.
debauched [dɪ'bɔ:tʃt] *a* ausschweifend.
debauchery [dɪ'bɔ:tʃərɪ] *n* Ausschweifungen *pl*.
debit ['debɪt] *n* Schuldposten *m*; *vt* belasten.
debris ['debri:] *n* Trümmer *pl*.
debt [det] *n* Schuld *f*; **to be in** ~ verschuldet sein; ~**or** Schuldner *m*.
début ['deɪbu:] *n* Debüt *nt*.
decade ['dekeɪd] *n* Jahrzehnt *nt*.
decadence ['dekədəns] *n* Verfall *m*, Dekadenz *f*.
decadent ['dekədənt] *a* dekadent.
decanter [dɪ'kæntə*] *n* Karaffe *f*.
decarbonize [di:'kɑ:bənaɪz] *vt* entkohlen.
decay [dɪ'keɪ] *n* Verfall *m*; *vi* verfallen; *teeth, meat etc* faulen; *leaves etc* verrotten.
decease [dɪ'si:s] *n* Hinscheiden *nt*; ~**d** verstorben.
deceit [dɪ'si:t] *n* Betrug *m*; ~**ful** *a* falsch.
deceive [dɪ'si:v] *vt* täuschen.
decelerate [di:'seləreɪt] *vti* (sich) verlangsamen, die Geschwindigkeit verringern.
December [dɪ'sembə*] *n* Dezember *m*.
decency ['di:sənsɪ] *n* Anstand *m*.
decent [di:sənt] *a* (*respectable*) anständig; (*pleasant*) annehmbar.
decentralization [di:sentrəlaɪ'zeɪʃən] *n* Dezentralisierung *f*.
deception [dɪ'sepʃən] *n* Betrug *m*.
deceptive [dɪ'septɪv] *a* täuschend, irreführend.
decibel ['desɪbel] *n* Dezibel *nt*.
decide [dɪ'saɪd] *vt* entscheiden; *vi* sich entscheiden; **to** ~ **on sth** etw beschließen; ~**d** *a* bestimmt, entschieden; ~**dly** *ad* entschieden.
deciduous [dɪ'sɪdjuəs] *a* jedes Jahr abfallend, Laub-.
decimal ['desɪməl] *a* dezimal; *n* Dezimalzahl *f*; ~ **point** Komma *nt* (eines

Dezimalbruches); ~ **system** Dezimalsystem *nt.*
decimate ['desɪmeɪt] *vt* dezimieren.
decipher [dɪ'saɪfə*] *vt* entziffern.
decision [dɪ'sɪʒən] *n* Entscheidung *f,* Entschluß *m.*
decisive [dɪ'saɪsɪv] *a* entscheidend, ausschlaggebend.
deck [dek] *n* (*Naut*) Deck *nt*; (*of cards*) Pack *m*; ~**chair** Liegestuhl *m*; ~**hand** Matrose *m.*
declaration [deklə'reɪʃən] *n* Erklärung *f.*
declare [dɪ'klɛə*] *vt* (*state*) behaupten; *war* erklären; (*Customs*) verzollen.
decline [dɪ'klaɪn] *n* (*decay*) Verfall *m*; (*lessening*) Rückgang *m,* Niedergang *m*; *vt invitation* ausschlagen, ablehnen; *vi* (*of strength*) nachlassen; (*say no*) ablehnen.
declutch ['diː'klʌtʃ] *vi* auskuppeln.
decode ['diː'kəʊd] *vt* entschlüsseln.
decompose [diːkəm'pəʊz] *vi* (sich) zersetzen.
decomposition [diːkɒmpə'zɪʃən] *n* Zersetzung *f.*
decontaminate [diːkən'tæmɪneɪt] *vt* entgiften.
décor ['deɪkɔː*] *n* Ausstattung *f.*
decorate ['dekəreɪt] *vt room* tapezieren; streichen; (*adorn*) (aus)schmücken; *cake* verzieren; (*honour*) auszeichnen.
decoration [dekə'reɪʃən] *n* (*of house*) (Wand)dekoration *f*; (*medal*) Orden *m.*
decorative [dekərətɪv] *a* dekorativ, Schmuck-.
decorator ['dekəreɪtə*] *n* Maler *m,* Anstreicher *m.*
decorum [dɪ'kɔːrəm] *n* Anstand *m.*
decoy ['diːkɔɪ] *n* (*lit, fig*) Lockvogel *m.*
decrease [diː'kriːs] *n* Abnahme *f*; *vt* vermindern; *vi* abnehmen.
decree [dɪ'kriː] *n* Verfügung *f,* Erlaß *m.*
decrepit [dɪ'krepɪt] *a* hinfällig.
dedicate ['dedɪkeɪt] *vt* (*to God*) weihen; *book* widmen.
dedication [dedɪ'keɪʃən] *n* (*devotion*) Ergebenheit *f.*
deduce [dɪ'djuːs] *vt* ableiten, schließen (*from* aus).
deduct [dɪ'dʌkt] *vt* abziehen; ~**ion** [dɪ'dʌkʃən] (*of money*) Abzug *m*; (*conclusion*) (Schluß)folgerung *f.*
deed [diːd] *n* Tat *f*; (*document*) Urkunde *f.*
deep [diːp] *a* tief; ~**en** *vt* vertiefen; ~**-freeze** Tiefkühlung *f*; ~**-seated** *a* tiefsitzend; ~**-set** *a* tiefliegend.
deer [dɪə*] *n* Reh *nt*; (*with antlers*) Hirsch *m.*
deface [dɪ'feɪs] *vt* entstellen.
defamation [defə'meɪʃən] *n* Verleumdung *f.*
default [dɪ'fɔːlt] *n* Versäumnis *nt*; *vi* versäumen; **by** ~ durch Nichterscheinen *nt*; ~**er** Schuldner *m,* Zahlungsunfähige(r) *m.*
defeat [dɪ'fiːt] *n* (*overthrow*) Vernichtung *f*; (*battle*) Niederlage *f*; *vt* schlagen, zu Fall bringen; ~**ist** *a* defätistisch.
defect ['diːfekt] *n* Defekt *m,* Fehler *m*; [dɪ'fekt] *vi* überlaufen; ~**ive** [dɪ'fektɪv] *a* fehlerhaft, schadhaft.
defence [dɪ'fens] *n* (*Mil, Sport*) Verteidigung *f*; (*excuse*) Rechtfertigung *f*; ~**less** *a* wehrlos.
defend [dɪ'fend] *vt* verteidigen; ~**ant** Angeklagte(r) *m*; ~**er** Verteidiger *m.*
defensive [dɪ'fensɪv] *a* defensiv, Schutz-.
defer [dɪ'fɜː*] *vt* verschieben; ~**ence** ['defərəns] Hochachtung *f,* Rücksichtnahme *f*; ~**ential** [defə'renʃəl] *a* ehrerbietig.
defiance [dɪ'faɪəns] *n* Trotz *m,* Unnachgiebigkeit *f*; **in ~ of the order** dem Befehl zum Trotz.
defiant [dɪ'faɪənt] *a* trotzig, unnachgiebig.
deficiency [dɪ'fɪʃənsɪ] *n* Unzulänglichkeit *f,* Mangel *m.*
deficient [dɪ'fɪʃənt] *a* unzureichend.
deficit ['defɪsɪt] *n* Defizit *nt,* Fehlbetrag *m.*
defile [dɪ'faɪl] *vt* beschmutzen; *n* ['diːfaɪl] Schlucht *f.*
define [dɪ'faɪn] *vt* bestimmen; (*explain*) definieren.
definite ['defɪnɪt] *a* bestimmt; (*clear*) klar, eindeutig; ~**ly** *ad* bestimmt.
definition [defɪ'nɪʃən] *n* Definition *f*; (*Phot*) Schärfe *f.*
definitive [dɪ'fɪnɪtɪv] *a* definitiv, endgültig.
deflate [diː'fleɪt] *vt* die Luft ablassen aus.
deflation [diː'fleɪʃən] *n* (*Fin*) Deflation *f.*
deflect [dɪ'flekt] *vt* ablenken.
deform [dɪ'fɔːm] *vt* deformieren, entstellen; ~**ed** *a* deformiert; ~**ity** Verunstaltung *f,* Mißbildung *f.*
defraud [dɪ'frɔːd] *vt* betrügen.
defray [dɪ'freɪ] *vt* bestreiten.
defrost [diː'frɒst] *vt fridge* abtauen; *food* auftauen.
deft [deft] *a* geschickt.
defunct [dɪ'fʌŋkt] *a* verstorben.
defy [dɪ'faɪ] *vt* (*challenge*) sich widersetzen (+*dat*); (*resist*) trotzen (+*dat*), sich stellen gegen.
degenerate [dɪ'dʒenəreɪt] *vi* degenerieren; [dɪ'dʒenərɪt] *a* degeneriert.
degradation [degrə'deɪʃən] *n* Erniedrigung *f.*
degrading [dɪ'greɪdɪŋ] *a* erniedrigend.
degree [dɪ'griː] *n* Grad *m*; (*Univ*) akademische(r) Grad *m*; **by ~s** allmählich; **to take one's ~** sein Examen machen.
dehydrated [diːhaɪ'dreɪtɪd] *a* getrocknet, Trocken-.
de-ice [diː'aɪs] *vt* enteisen, auftauen.
deign [deɪn] *vi* sich herablassen.
deity ['diːɪtɪ] *n* Gottheit *f.*
dejected [dɪ'dʒektɪd] niedergeschlagen.
dejection [dɪ'dʒekʃən] *n* Niedergeschlagenheit *f.*
delay [dɪ'leɪ] *vt* (*hold back*) aufschieben; **the flight was ~ed** die Maschine hatte Verspätung; *vi* (*linger*) sich aufhalten, zögern; *n* Aufschub *m,* Verzögerung *f*; **without ~** unverzüglich; ~**ed** *a action* verzögert.
delegate ['delɪgɪt] *n* Delegierte(r) *mf,* Abgeordnete(r) *mf*; ['delɪgeɪt] *vt* delegieren.

delegation [delɪ'geɪʃən] *n* Abordnung *f*; (*foreign*) Delegation *f*.
delete [dɪ'li:t] *vt* (aus)streichen.
deliberate [dɪ'lɪbərɪt] *a* (*intentional*) bewußt, überlegt; (*slow*) bedächtig; [dɪ'lɪbəreɪt] *vi* (*consider*) überlegen; (*debate*) sich beraten; **~ly** *ad* vorsätzlich.
deliberation [dɪlɪbə'reɪʃən] *n* Überlegung *f*, Beratung *f*.
delicacy ['delɪkəsɪ] *n* Zartheit *f*; (*weakness*) Anfälligkeit *f*; (*tact*) Zartgefühl *nt*; (*food*) Delikatesse *f*.
delicate ['delɪkɪt] *a* (*fine*) fein; (*fragile*) zart; (*situation*) heikel; (*Med*) empfindlich; **~ly** *ad* bedenklich.
delicatessen [delɪkə'tesn] *n* Feinkostgeschäft *nt*.
delicious [dɪ'lɪʃəs] *a* köstlich, lecker, delikat.
delight [dɪ'laɪt] *n* Wonne *f*; *vt* entzücken; **~ful** *a* entzückend, herrlich.
delinquency [dɪ'lɪŋkwənsɪ] *n* Straffälligkeit *f*, Delinquenz *f*.
delinquent [dɪ'lɪŋkwənt] *n* Straffällige(r) *mf*; *a* straffällig.
delirious [dɪ'lɪrɪəs] *a* irre, im Fieberwahn.
delirium [dɪ'lɪrɪəm] *n* Fieberwahn *m*, Delirium *nt*.
deliver [dɪ'lɪvə*] *vt goods* (ab)liefern; *letter* bringen, zustellen; *verdict* aussprechen; *speech* halten; **~y** (Ab)lieferung *f*; (*of letter*) Zustellung *f*; (*of speech*) Vortragsweise *f*; **~y van** Lieferwagen *m*.
delouse ['di:'laʊs] *vt* entlausen.
delta ['deltə] *n* Delta *nt*.
delude [dɪ'lu:d] *vt* täuschen.
deluge ['delju:dʒ] *n* Überschwemmung *f*; (*fig*) Flut *f*; *vt* (*fig*) überfluten.
delusion [dɪ'lu:ʒən] *n* (Selbst)täuschung *f*.
de luxe [dɪ'lʌks] *a* Luxus-.
demand [dɪ'mɑ:nd] *vt* verlangen; *n* (*request*) Verlangen *nt*; (*Comm*) Nachfrage *f*; **in ~** begehrt, gesucht; **on ~** auf Verlangen; **~ing** *a* anspruchsvoll.
demarcation [di:mɑ:'keɪʃən] *n* Abgrenzung *f*.
demeanour [dɪ'mi:nə*] *n* Benehmen *nt*.
demented [dɪ'mentɪd] *a* wahnsinnig.
demi- ['demɪ] *pref* halb-.
demise [dɪ'maɪz] *n* Ableben *nt*.
demobilization ['di:məʊbɪlaɪ'zeɪʃən] *n* Demobilisierung *f*.
democracy [dɪ'mɒkrəsɪ] *n* Demokratie *f*.
democrat ['deməkræt] *n* Demokrat *m*; **~ic** *a*, **~ically** *ad* [demə'krætɪk, -lɪ] demokratisch.
demolish [dɪ'mɒlɪʃ] *vt* (*lit*) abreißen; (*destroy*) zerstören; (*fig*) vernichten.
demolition [demə'lɪʃən] *n* Abbruch *m*.
demon ['di:mən] *n* Dämon *m*.
demonstrate ['demənstreɪt] *vti* demonstrieren.
demonstration [demən'streɪʃən] *n* Demonstration *f*; (*proof*) Beweisführung *f*.
demonstrative [dɪ'mɒnstrətɪv] *a* demonstrativ.
demonstrator ['demənstreɪtə*] *n* (*Pol*) Demonstrant(in *f*) *m*.
demoralize [dɪ'mɒrəlaɪz] *vt* demoralisieren.
demote [dɪ'məʊt] *vt* degradieren.
demure [dɪ'mjʊə*] *a* ernst.
den [den] *n* (*of animal*) Höhle *f*, Bau *m*; Bude *f*; **~ of vice** Lasterhöhle *f*.
denationalize [di:'næʃnəlaɪz] *vt* reprivatisieren.
denial [dɪ'naɪəl] *n* Leugnung *f*; **official ~** Dementi *nt*.
denigrate ['denɪgreɪt] *vt* verunglimpfen.
denim ['denɪm] *a* Denim-; **~s** *pl* Denim-Jeans.
denomination [dɪnɒmɪ'neɪʃən] *n* (*Eccl*) Bekenntnis *nt*; (*type*) Klasse *f*; (*Fin*) Wert *m*.
denominator [dɪ'nɒmɪneɪtə*] *n* Nenner; **common ~** gemeinsame(r) Nenner *m*.
denote [dɪ'nəʊt] *vt* bedeuten.
denounce [dɪ'naʊns] *vt* brandmarken.
dense [dens] *a* dicht, dick; (*stupid*) schwer von Begriff; **~ly** *ad* dicht.
density ['densɪtɪ] *n* Dichte *f*.
dent [dent] *n* Delle *f*; *vt* einbeulen.
dental ['dentl] *a* Zahn-; **~ surgeon** = **dentist**.
dentifrice ['dentɪfrɪs] *n* Zahnputzmittel *nt*.
dentist ['dentɪst] *n* Zahnarzt *m*/-ärztin *f*; **~ry** Zahnmedizin *f*.
denture ['dentʃə*] *n* künstliche(s) Gebiß *nt*.
denude [dɪ'nju:d] *vt* entblößen.
deny [dɪ'naɪ] *vt* leugnen; *rumour* widersprechen (+*dat*); *knowledge* verleugnen; *help* abschlagen; **to ~ o.s. sth** sich etw versagen.
deodorant [di:'əʊdərənt] *n* Desodorans *nt*.
depart [dɪ'pɑ:t] *vi* abfahren.
department [dɪ'pɑ:tmənt] *n* (*Comm*) Abteilung *f*, Sparte *f*; (*Univ*, *Sch*) Fachbereich *m*; (*Pol*) Ministerium *nt*, Ressort *nt*; **~al** [di:pɑ:t'mentl] *a* Fach-; **~ store** Warenhaus *nt*.
departure [dɪ'pɑ:tʃə*] *n* (*of person*) Weggang *m*; (*on journey*) Abreise *f*; (*of train*) Abfahrt *f*; (*of plane*) Abflug *m*; **new ~** Neuerung *f*.
depend [dɪ'pend] *vi*: **it ~s** es kommt darauf an; **~ on** *vt* abhängen von; *parents etc* angewiesen sein auf (+*acc*); **~able** *a* zuverlässig; **~ence** Abhängigkeit *f*; **~ent** *n* (*person*) Familienangehörige(r) *mf*; *a* bedingt (*on* durch).
depict [dɪ'pɪkt] *vt* schildern.
depleted [dɪ'pli:tɪd] *a* aufgebraucht.
deplorable [dɪ'plɔ:rəbl] *a* bedauerlich.
deplore [dɪ'plɔ:*] *vt* mißbilligen.
deploy [dɪ'plɔɪ] *vt* einsetzen.
depopulation ['di:pɒpjʊ'leɪʃən] *n* Entvölkerung *f*.
deport [dɪ'pɔ:t] *vt* deportieren; **~ation** [di:pɔ:'teɪʃən] Abschiebung *f*; **~ation order** Ausweisung *f*; **~ment** Betragen *nt*.
depose [dɪ'pəʊz] *vt* absetzen.
deposit [dɪ'pɒzɪt] *n* (*in bank*) Guthaben *nt*; (*down payment*) Anzahlung *f*; (*security*) Kaution *f*; (*Chem*) Niederschlag *m*; *vt* (*in bank*) deponieren; (*put down*) niederlegen;

~ account Sparkonto *nt*; **~or** Kontoinhaber *m*.
depot ['depəʊ] *n* Depot *nt*.
deprave [dɪ'preɪv] *vt* (moralisch) verderben; **~d** *a* verworfen.
depravity [dɪ'prævɪtɪ] *n* Verworfenheit *f*.
deprecate ['deprɪkeɪt] *vt* mißbilligen.
depreciate [dɪ'pri:ʃɪeɪt] *vi* im Wert sinken.
depreciation [dɪpri:ʃɪ'eɪʃən] *n* Wertminderung *f*.
depress [dɪ'pres] *vt* (*press down*) niederdrücken; (*in mood*) deprimieren; **~ed** *a person* niedergeschlagen, deprimiert; **~ed area** Notstandsgebiet *nt*; **~ing** *a* deprimierend; **~ion** [dɪ'preʃən] (*mood*) Depression *f*; (*in trade*) Wirtschaftskrise *f*; (*hollow*) Vertiefung *f*; (*Met*) Tief(druckgebiet) *nt*.
deprivation [deprɪ'veɪʃən] *n* Entbehrung *f*, Not *f*.
deprive [dɪ'praɪv] *vt* berauben (*of +gen*); **~d** *a child* sozial benachteiligt; *area* unterentwickelt.
depth [depθ] *n* Tiefe *f*; **in the ~s of despair** in tiefster Verzweiflung; **to be out of one's ~** den Boden unter den Füßen verloren haben; **~ charge** Wasserbombe *f*.
deputation [depjʊ'teɪʃən] *n* Abordnung *f*.
deputize ['depjʊtaɪz] *vi* vertreten (*for +acc*).
deputy ['depjʊtɪ] *a* stellvertretend; *n* (Stell)vertreter *m*.
derail [dɪ'reɪl] *vt* entgleisen lassen; **to be ~ed** entgleisen; **~ment** Entgleisung *f*.
deranged [dɪ'reɪndʒd] *a* irr, verrückt.
derby ['dɑ:bɪ] *n* (*US*) Melone *f*.
derelict ['derɪlɪkt] *a* verlassen; *building* baufällig.
deride [dɪ'raɪd] *vt* auslachen.
derision [dɪ'rɪʒən] *n* Hohn *m*, Spott *m*.
derisory [dɪ'raɪsərɪ] *a* spöttisch.
derivation [derɪ'veɪʃən] *n* Ableitung *f*.
derivative [dɪ'rɪvətɪv] *n* Abgeleitete(s) *nt*; *a* abgeleitet.
derive [dɪ'raɪv] *vt* (*get*) gewinnen; (*deduce*) ableiten; *vi* (*come from*) abstammen.
dermatitis [dɜ:mə'taɪtɪs] *n* Hautentzündung *f*.
derogatory [dɪ'rɒgətərɪ] *a* geringschätzig.
derrick ['derɪk] *n* Drehkran *m*.
desalination [di:sælɪ'neɪʃən] *n* Entsalzung *f*.
descend [dɪ'send] *vti* hinuntersteigen; **to ~ from** abstammen von; **~ant** Nachkomme *m*.
descent [dɪ'sent] *n* (*coming down*) Abstieg *m*; (*origin*) Abstammung *f*.
describe [dɪs'kraɪb] *vt* beschreiben.
description [dɪs'krɪpʃən] *n* Beschreibung *f*; (*sort*) Art *f*.
descriptive [dɪs'krɪptɪv] *a* beschreibend; *word* anschaulich.
desecrate ['desɪkreɪt] *vt* schänden.
desegregation [di:segrə'geɪʃən] *n* Aufhebung *f* der Rassentrennung.
desert[1] ['dezət] *n* Wüste *f*.
desert[2] [dɪ'zɜ:t] *vt* verlassen; (*temporarily*) im Stich lassen; *vi* (*Mil*) desertieren; **~er** Deserteur *m*; **~ion** [dɪ'zɜ:ʃən] (*of wife*) böswillige(s) Verlassen *nt*; (*Mil*) Fahnenflucht *f*.
deserve [dɪ'zɜ:v] *vt* verdienen.
deserving [dɪ'zɜ:vɪŋ] *a person* würdig; *action* verdienstvoll.
design [dɪ'zaɪn] *n* (*plan*) Entwurf; (*drawing*) Zeichnung *f*; (*planning*) Gestaltung *f*, Design *nt*; *vt* entwerfen; (*intend*) bezwecken; **to have ~s on sb/sth** es auf jdn/etw abgesehen haben.
designate ['dezɪgneɪt] *vt* bestimmen; ['dezɪgnɪt] *a* designiert.
designation [dezɪg'neɪʃən] *n* Bezeichnung *f*.
designer [dɪ'zaɪnə*] *n* Designer *m*; (*Theat*) Bühnenbildner(in *f*) *m*.
desirability [dɪzaɪərə'bɪlɪtɪ] *n* Erwünschtheit *f*.
desirable [dɪ'zaɪərəbl] *n* wünschenswert; *woman* begehrenswert.
desire [dɪ'zaɪə*] *n* Wunsch *m*, Verlangen *nt*; *vt* (*lust*) begehren, wünschen; (*ask for*) verlangen, wollen.
desirous [dɪ'zaɪərəs] *a* begierig (*of* auf *+acc*).
desist [dɪ'zɪst] *vi* Abstand nehmen, aufhören.
desk [desk] *n* Schreibtisch *m*.
desolate ['desəlɪt] *a öde; (sad)* trostlos.
desolation [desə'leɪʃən] *n* Trostlosigkeit *f*.
despair [dɪs'pɛə*] *n* Verzweiflung *f*; *vi* verzweifeln (*of* an *+dat*).
despatch [dɪs'pætʃ] = **dispatch**.
desperate ['despərɪt] *a* verzweifelt; *situation* hoffnungslos; **to be ~ for sth** etw unbedingt brauchen; **~ly** *ad* verzweifelt.
desperation [despə'reɪʃən] *n* Verzweiflung *f*.
despicable [dɪs'pɪkəbl] *a* abscheulich.
despise [dɪs'paɪz] *vt* verachten.
despite [dɪs'paɪt] *prep* trotz (*+gen*).
despondent [dɪs'pɒndənt] *a* mutlos.
dessert [dɪ'zɜ:t] *n* Nachtisch *m*; **~spoon** Dessertlöffel *m*.
destination [destɪ'neɪʃən] *n* (*of person*) (Reise)ziel *nt*; (*of goods*) Bestimmungsort *m*.
destine ['destɪn] *vt* (*set apart*) bestimmen.
destiny ['destɪnɪ] *n* Schicksal *nt*.
destitute ['destɪtju:t] *a* notleidend.
destitution [destɪtju:ʃən] *n* Elend *f*.
destroy [dɪs'trɔɪ] *vt* zerstören; **~er** (*Naut*) Zerstörer *m*.
destruction [dɪs'trʌkʃən] *n* Zerstörung *f*.
destructive [dɪs'trʌktɪv] *a* zerstörend.
detach [dɪ'tætʃ] *vt* loslösen; **~able** *a* abtrennbar; **~ed** *a attitude* distanziert, objektiv; *house* Einzel-; **~ment** (*Mil*) Abteilung *f*, Sonderkommando *nt*; (*fig*) Abstand *m*, Unvoreingenommenheit *f*.
detail ['di:teɪl] *n* Einzelheit *f*, Detail *nt*; (*minor part*) unwichtige Einzelheit *f*; *vt* (*relate*) ausführlich berichten; (*appoint*) abkommandieren; **in ~** ausführlichst, bis ins kleinste.

detain [dɪ'teɪn] *vt* aufhalten; (*imprison*) in Haft halten.
detect [dɪ'tekt] *vt* entdecken; **~ion** [dɪ'tekʃən] Aufdeckung *f*; **~ive** Detektiv *m*; **~ive story** Krimi(nalgeschichte *f*) *m*; **~or** Detektor *m*.
détente ['deɪtɑ̃:nt] *n* Entspannung *f*.
detention [dɪ'tenʃən] *n* Haft *f*; (*Sch*) Nachsitzen *nt*.
deter [dɪ'tɜ:*] *vt* abschrecken.
detergent [dɪ'tɜ:dʒənt] *n* Waschmittel *nt*; Reinigungsmittel *nt*.
deteriorate [dɪ'tɪərɪəreɪt] *vi* sich verschlechtern.
deterioration [dɪtɪərɪə'reɪʃən] *n* Verschlechterung *f*.
determination [dɪtɜ:mɪ'neɪʃən] *n* Entschlossenheit *f*.
determine [dɪ'tɜ:mɪn] *vt* bestimmen; **~d** *a* entschlossen.
deterrent [dɪ'terənt] *n* Abschreckungsmittel *nt*; *a* abschreckend.
detest [dɪ'test] *vt* verabscheuen; **~able** *a* abscheulich.
dethrone [di:'θrəʊn] *vt* entthronen.
detonate ['detəneɪt] *vt* detonieren.
detonator ['detəneɪtə*] *n* Sprengkapsel *f*.
detour ['deɪtʊə*] *n* Umweg *m*; (*on road sign*) Umleitung *f*.
detract [dɪ'trækt] *vi* schmälern (*from acc*).
detriment ['detrɪmənt] *n*: **to the ~ of** zum Schaden (*+gen*); **~al** [detrɪ'mentl] *a* schädlich.
deuce [dju:s] *n* (*tennis*) Einstand *m*.
devaluation [dɪvælju'eɪʃən] *n* Abwertung *f*.
devalue ['di:'vælju:] *vt* abwerten.
devastate ['devəsteɪt] *vt* verwüsten.
devastating ['devəsteɪtɪŋ] *a* verheerend.
develop [dɪ'veləp] *vt* entwickeln; *resources* erschließen; *vi* sich entwickeln; **~er** (*Phot*) Entwickler *m*; (*of land*) Bauunternehmer *m*; **~ing** *a country* Entwicklungs-; **~ment** Entwicklung *f*.
deviant ['di:vɪənt] *a* abweichend; *n* Abweichler *m*.
deviate ['di:vɪeɪt] *vi* abweichen.
deviation [di:vɪ'eɪʃən] *n* Abweichung *f*.
device [dɪ'vaɪs] *n* Vorrichtung *f*, Gerät *nt*.
devil ['devl] *n* Teufel *m*; **~ish** *a* teuflisch.
devious ['di:vɪəs] *a route* gewunden; *means* krumm; *person* verschlagen.
devise [dɪ'vaɪz] *vt* entwickeln.
devoid [dɪ'vɔɪd] *a*: **~ of** ohne, bar (*+gen*).
devolution [di:və'lu:ʃən] *n* Dezentralisierung *f*.
devote [dɪ'vəʊt] *vt* widmen (*to dat*); **~d** *a* ergeben; **~e** [devəʊ'ti:] Anhänger(in *f*) *m*, Verehrer(in *f*) *m*.
devotion [dɪ'vəʊʃən] *n* (*piety*) Andacht *f*; (*loyalty*) Ergebenheit *f*, Hingabe *f*.
devour [dɪ'vaʊə*] *vt* verschlingen.
devout [dɪ'vaʊt] *a* andächtig.
dew [dju:] *n* Tau *m*.
dexterity [deks'terɪtɪ] *n* Geschicklichkeit *f*.
diabetes [daɪə'bi:ti:z] *n* Zuckerkrankheit *f*.
diabetic [daɪə'betɪk] *a* zuckerkrank; *n* Diabetiker *m*.
diagnose ['daɪəgnəʊz] *vt* (*Med*) diagnostizieren; feststellen.
diagnosis [daɪəg'nəʊsɪs] *n* Diagnose *f*.
diagonal [daɪ'ægənl] *a* diagonal, schräg; *n* Diagonale *f*.
diagram ['daɪəgræm] *n* Diagramm *nt*, Schaubild *nt*.
dial ['daɪəl] *n* (*Tel*) Wählscheibe *f*; (*of clock*) Zifferblatt *nt*; *vt* wählen; **~ling tone** Amtszeichen *nt*.
dialect ['daɪəlekt] *n* Dialekt *m*.
dialogue ['daɪəlɒg] *n* Gespräch *nt*; (*Liter*) Dialog *m*.
diameter [daɪ'æmɪtə*] *n* Durchmesser *m*.
diametrically [daɪə'metrɪkəlɪ] *ad*: **~ opposed to** genau entgegengesetzt (*+dat*).
diamond ['daɪəmənd] *n* Diamant *m*; (*Cards*) Karo *nt*.
diaper ['daɪəpə*] *n* (*US*) Windel *f*.
diaphragm ['daɪəfræm] *n* Zwerchfell *nt*.
diarrhoea [daɪə'ri:ə] *n* Durchfall *m*.
diary ['daɪərɪ] *n* Taschenkalender *m*; (*account*) Tagebuch *nt*.
dice [daɪs] *n* Würfel *pl*; *vt* (*Cook*) in Würfel schneiden.
dicey ['daɪsɪ] *a* (*col*) riskant.
dichotomy [dɪ'kɒtəmɪ] *n* Kluft *f*.
dictate [dɪk'teɪt] *vt* diktieren; (*of circumstances*) gebieten; ['dɪkteɪt] *n* Mahnung *f*, Gebot *nt*.
dictation [dɪk'teɪʃən] *n* Diktat *nt*.
dictator [dɪk'teɪtə*] *n* Diktator *m*.
dictatorship [dɪk'teɪtəʃɪp] *n* Diktatur *f*.
diction ['dɪkʃən] *n* Ausdrucksweise *f*.
dictionary ['dɪkʃənrɪ] *n* Wörterbuch *nt*.
diddle ['dɪdl] *vt* (*col*) übers Ohr hauen.
didn't ['dɪdənt] = **did not**.
die [daɪ] *vi* sterben; (*end*) aufhören; **~ away** *vi* schwächer werden; **~ down** *vi* nachlassen; **~ out** *vi* aussterben; (*fig*) nachlassen.
diesel ['di:zəl]: **~ engine** Dieselmotor *m*.
diet ['daɪət] *n* Nahrung *f*, Kost *f*; (*special food*) Diät *f*; (*slimming*) Abmagerungskur *f*; *vi* eine Abmagerungskur machen.
differ ['dɪfə*] *vi* sich unterscheiden; (*disagree*) anderer Meinung sein; **we ~** wir sind unterschiedlicher Meinung; **~ence** Unterschied *m*; (*disagreement*) (Meinungs)unterschied *m*; **~ent** *a* verschieden; **that's ~ent** das ist anders; **~ential** [dɪfə'renʃəl] (*Aut*) Differentialgetriebe *nt*; (*in wages*) Lohnstufe *f*; **~entiate** [dɪfə'renʃɪeɪt] *vti* unterscheiden; **~ently** *ad* verschieden, unterschiedlich.
difficult ['dɪfɪkəlt] *a* schwierig; **~y** Schwierigkeit *f*; **with ~y** nur schwer.
diffidence ['dɪfɪdəns] *n* mangelnde(s) Selbstvertrauen *nt*.
diffident ['dɪfɪdənt] *a* schüchtern.
diffuse [dɪ'fju:s] *a* langatmig; [dɪ'fju:z] *vt* verbreiten.
dig [dɪg] *vti irreg hole* graben; *garden* (um)graben; *claws* senken; *n* (*prod*) Stoß *m*; **~ in** *vi* (*Mil*) sich eingraben; (*to food*) sich hermachen über (*+acc*); **~ in!** greif zu!; **~ up** *vt* ausgraben; (*fig*) aufgabeln.
digest [daɪ'dʒest] *vt* (*lit, fig*) verdauen;

['daɪdʒest] *n* Auslese *f*; **~ible** *a* verdaulich; **~ion** Verdauung *f*.
digit ['dɪdʒɪt] *n* einstellige Zahl *f*; (*Anat*) Finger *m*; Zehe *f*; **~al computer** Einzahlencomputer *m*.
dignified ['dɪgnɪfaɪd] *a* würdevoll.
dignify ['dɪgnɪfaɪ] *vt* Würde verleihen (+*dat*).
dignitary ['dɪgnɪtərɪ] *n* Würdenträger *m*.
dignity ['dɪgnɪtɪ] *n* Würde *f*.
digress [daɪ'gres] *vi* abschweifen; **~ion** [daɪ'greʃən] Abschweifung *f*.
digs [dɪgz] *npl* (*Brit col*) Bude *f*.
dilapidated [dɪ'læpɪdeɪtɪd] *a* baufällig.
dilate [daɪ'leɪt] *vti* (sich) weiten.
dilatory ['dɪlətərɪ] *a* hinhaltend.
dilemma [daɪ'lemə] *n* Dilemma *nt*.
dilettante [dɪlɪ'tæntɪ] *n* Dilettant *m*.
diligence ['dɪlɪdʒəns] *n* Fleiß *m*.
diligent ['dɪlɪdʒənt] *a* fleißig.
dill [dɪl] *n* Dill *m*.
dilly-dally ['dɪlɪdælɪ] *vi* (*col*) herumtrödeln.
dilute [daɪ'lu:t] *vt* verdünnen; *a* verdünnt.
dim [dɪm] *a* trübe, matt; (*stupid*) schwer von Begriff; **to take a ~ view of sth** etw mißbilligen; *vt* verdunkeln.
dime [daɪm] (*US*) Zehncentstück *nt*.
dimension [dɪ'menʃən] *n* Dimension *f*; **~s** *pl* Maße *pl*.
diminish [dɪ'mɪnɪʃ] *vti* verringern.
diminutive [dɪ'mɪnjʊtɪv] *a* winzig; *n* Verkleinerungsform *f*.
dimly ['dɪmlɪ] *ad* trübe.
dimple ['dɪmpl] *n* Grübchen *nt*.
dim-witted ['dɪm'wɪtɪd] *a* (*col*) dämlich.
din [dɪn] *n* Getöse *nt*.
dine [daɪn] *vi* speisen; **~r** Tischgast *m*; (*Rail*) Speisewagen *m*.
dinghy ['dɪŋgɪ] *n* kleine(s) Ruderboot *nt*; Dinghy *nt*.
dingy ['dɪndʒɪ] *a* armselig.
dining car ['daɪnɪŋkɑ:*] *n* Speisewagen *m*.
dining room ['daɪnɪŋrʊm] *n* Eßzimmer *nt*; (*in hotel*) Speisezimmer *nt*.
dinner ['dɪnə*] *n* Mittagessen *nt*, Abendessen *nt*; (*public*) Festessen *nt*; **~ jacket** Smoking *m*; **~ party** Tischgesellschaft *f*; **~ time** Tischzeit *f*.
dinosaur ['daɪnəsɔ:*] *n* Dinosaurier *m*.
diocese ['daɪəsɪs] *n* Diözese *f*, Sprengel *m*.
dip [dɪp] *n* (*hollow*) Senkung *f*; (*bathe*) kurze(s) Bad(en) *nt*; *vt* eintauchen; (*Aut*) abblenden; *vi* (*slope*) sich senken, abfallen.
diphtheria [dɪf'θɪərɪə] *n* Diphterie *f*.
diphthong ['dɪfθɒŋ] *n* Diphthong *m*.
diploma [dɪ'pləʊmə] *n* Urkunde *f*, Diplom *nt*.
diplomat ['dɪpləmæt] *n* Diplomat(in *f*) *m*; **~ic** [dɪplə'mætɪk] *a* diplomatisch; **~ic corps** diplomatische(s) Korps *nt*.
dipstick ['dɪpstɪk] *n* Ölmeßstab *m*.
dire [daɪə*] *a* schrecklich.
direct [daɪ'rekt] *a* direkt; *vt* leiten; *film* die Regie führen (+*gen*); *jury* anweisen; (*aim*) richten, lenken; (*tell way*) den Weg erklären (+*dat*); (*order*) anweisen; **~ current** Gleichstrom *m*; **~ hit** Volltreffer *m*; **~ion** [dɪ'rekʃən] Führung *f*, Leitung *f*; (*course*) Richtung *f*; (*Cine*) Regie *f*; **~ions** *pl* (*for use*) Gebrauchsanleitung *f*; (*orders*) Anweisungen *pl*; **~ional** [dɪ'rekʃənl] *a* Richt-; **~ive** Direktive *f*; **~ly** *ad* (*in straight line*) gerade, direkt; (*at once*) unmittelbar, sofort; **~or** Direktor *m*, Leiter *m*; (*of film*) Regisseur *m*; **~ory** Adreßbuch *nt*; (*Tel*) Telefonbuch *nt*.
dirt [dɜ:t] *n* Schmutz *m*, Dreck *m*; **~ road** unbefestigte Straße; **~y** *a* schmutzig, dreckig; gemein; *vt* beschmutzen; **~ cheap** *a* spottbillig.
disability [dɪsə'bɪlɪtɪ] *n* Körperbehinderung *f*.
disabled [dɪs'eɪbld] *a* körperbehindert.
disabuse [dɪsə'bju:z] *vt* befreien.
disadvantage [dɪsəd'vɑ:ntɪdʒ] *n* Nachteil *m*; **~ous** [dɪsædvɑ:n'teɪdʒəs] *a* ungünstig.
disagree [dɪsə'gri:] *vi* nicht übereinstimmen; (*quarrel*) (sich) streiten; (*food*) nicht bekommen (*with dat*); **~able** *a person* widerlich; *task* unangenehm; **~ment** (*between persons*) Streit *m*; (*between things*) Widerspruch *m*.
disallow [dɪsə'laʊ] *vt* nicht zulassen.
disappear [dɪsə'pɪə*] *vi* verschwinden; **~ance** Verschwinden *nt*.
disappoint [dɪsə'pɔɪnt] *vt* enttäuschen; **~ing** *a* enttäuschend; **~ment** Enttäuschung *f*.
disapproval [dɪsə'pru:vəl] *n* Mißbilligung *f*.
disapprove [dɪsə'pru:v] *vi* mißbilligen (*of acc*); **she ~s** sie mißbilligt es.
disarm [dɪs'ɑ:m] *vt* entwaffnen; (*Pol*) abrüsten; **~ament** Abrüstung *f*.
disaster [dɪ'zɑ:stə*] *n* Unglück *nt*; Katastrophe *f*.
disastrous [dɪ'zɑ:strəs] *a* verhängnisvoll.
disband [dɪs'bænd] *vt* auflösen.
disbelief ['dɪsbə'li:f] *n* Ungläubigkeit *f*.
disc [dɪsk] *n* Scheibe *f*; (*record*) (Schall)platte *f*.
discard ['dɪskɑ:d] *vt* ablegen.
disc brake ['dɪsk breɪk] *n* Scheibenbremse *f*.
discern [dɪ'sɜ:n] *vt* unterscheiden (können), erkennen; **~ing** *a* scharfsinnig.
discharge [dɪs'tʃɑ:dʒ] *vt ship* entladen; *duties* nachkommen (+*dat*); (*dismiss*) entlassen; *gun* abschießen; *n* (*of ship*) Entladung *f*; ['dɪstʃɑ:dʒ] (*Med*) Ausfluß *m*.
disciple [dɪ'saɪpl] *n* Jünger *m*.
disciplinary ['dɪsɪplɪnərɪ] *a* disziplinarisch.
discipline ['dɪsɪplɪn] *n* Disziplin *f*; *vt* (*train*) schulen; (*punish*) bestrafen.
disc jockey ['dɪskdʒɒkɪ] *n* Diskjockey *m*.
disclaim [dɪs'kleɪm] *vt* nicht anerkennen; (*Pol*) dementieren.
disclose [dɪs'kləʊz] *vt* enthüllen.
disclosure [dɪs'kləʊʒə*] *n* Enthüllung *f*.
disco ['dɪskəʊ] *n abbr of* **discotheque**.
discoloured [dɪs'kʌləd] *a* verfärbt, verschossen.
discomfort [dɪs'kʌmfət] *n* Unbehagen *nt*; (*embarrassment*) Verlegenheit *f*.
disconcert [dɪskən'sɜ:t] *vt* aus der

Fassung bringen; (*puzzle*) verstimmen.
disconnect ['dɪskə'nekt] *vt* abtrennen.
discontent ['dɪskən'tent] *n* Unzufriedenheit *f*; **~ed** *a* unzufrieden.
discontinue ['dɪskən'tɪnju:] *vt* einstellen; *vi* aufhören.
discord ['dɪskɔ:d] *n* Zwietracht *f*; (*noise*) Dissonanz *f*; **~ant** [dɪs'kɔ:dənt] *a* uneinig; *noise* mißtönend.
discotheque ['dɪskəʊtek] *n* Diskothek *f*.
discount ['dɪskaʊnt] *n* Rabatt *m*; [dɪs'kaʊnt] *vt* außer acht lassen.
discourage [dɪs'kʌrɪdʒ] *vt* entmutigen; (*prevent*) abraten, abhalten.
discouraging [dɪs'kʌrɪdʒɪŋ] *a* entmutigend.
discourteous [dɪs'kɜ:tɪəs] *a* unhöflich.
discover [dɪs'kʌvə*] *vt* entdecken; **~y** Entdeckung *f*.
discredit [dɪs'kredɪt] *vt* in Verruf bringen.
discreet *a*, **~ly** *ad* [dɪskri:t, -lɪ] taktvoll, diskret.
discrepancy [dɪs'krepənsɪ] *n* Unstimmigkeit *f*, Diskrepanz *f*.
discretion [dɪs'kreʃən] *n* Takt *m*, Diskretion *f*; (*decision*) Gutdünken *nt*; **to leave sth to sb's ~** etw jds Gutdünken überlassen.
discriminate [dɪs'krɪmɪneɪt] *vi* unterscheiden; **to ~ against** diskriminieren.
discriminating [dɪs'krɪmɪneɪtɪŋ] *a* klug; *taste* anspruchsvoll.
discrimination [dɪskrɪmɪ'neɪʃən] *n* Urteilsvermögen *nt*; (*pej*) Diskriminierung *f*.
discus ['dɪskəs] *n* Diskus *m*.
discuss [dɪs'kʌs] *vt* diskutieren, besprechen; **~ion** [dɪs'kʌʃən] Diskussion *f*, Besprechung *f*.
disdain [dɪs'deɪn] *vt* verachten, für unter seiner Würde halten; *n* Verachtung *f*; **~ful** *a* geringschätzig.
disease [dɪ'zi:z] *n* Krankheit *f*; **~d** *a* erkrankt.
disembark [dɪsɪm'bɑ:k] *vt* aussteigen lassen; *vi* von Bord gehen.
disenchanted ['dɪsɪn'tʃɑ:ntɪd] *a* desillusioniert.
disengage [dɪsɪn'geɪdʒ] *vt* (*Aut*) auskuppeln.
disentangle ['dɪsɪn'tæŋgl] *vt* entwirren.
disfavour [dɪs'feɪvə*] *n* Ungunst *f*.
disfigure [dɪs'fɪgə*] *vt* entstellen.
disgrace [dɪs'greɪs] *n* Schande *f*; (*thing*) Schandfleck *m*; *vt* Schande bringen über (+*acc*); (*less strong*) blamieren; **~ful** *a* schändlich, unerhört; **it's ~ful** es ist eine Schande.
disgruntled [dɪs'grʌntld] *a* verärgert.
disguise [dɪs'gaɪz] *vt* verkleiden; *feelings* verhehlen; *voice* verstellen; *n* Verkleidung *f*; **in ~** verkleidet, maskiert.
disgust [dɪs'gʌst] *n* Abscheu *f*; *vt* anwidern; **~ing** *a* abscheulich; (*terrible*) gemein.
dish [dɪʃ] *n* Schüssel *f*; (*food*) Gericht *nt*; **~ up** *vt* auftischen; **~ cloth** Spüllappen *m*.
dishearten [dɪs'hɑ:tn] *vt* entmutigen.
dishevelled [dɪ'ʃevəld] *a hair* zerzaust; *clothing* ungepflegt.
dishonest [dɪs'ɒnɪst] *a* unehrlich; **~y** Unehrlichkeit *f*.
dishonour [dɪs'ɒnə*] *n* Unehre *f*; *vt cheque* nicht einlösen; **~able** *a* unehrenhaft.
dishwasher ['dɪʃwɒʃə*] *n* Geschirrspülmaschine *f*.
disillusion [dɪsɪ'lu:ʒən] *vt* enttäuschen, desillusionieren.
disinfect [dɪsɪn'fekt] *vt* desinfizieren; **~ant** Desinfektionsmittel *nt*.
disingenuous [dɪsɪn'dʒenjʊəs] *a* unehrlich.
disinherit ['dɪsɪn'herɪt] *vt* enterben.
disintegrate [dɪs'ɪntɪgreɪt] *vi* sich auflösen.
disinterested [dɪs'ɪntrɪstɪd] *a* uneigennützig; (*col*) uninteressiert.
disjointed [dɪs'dʒɒɪntɪd] *a* unzusammenhängend.
disk [dɪsk] *n* = **disc**.
dislike [dɪs'laɪk] *n* Abneigung *f*; *vt* nicht leiden können.
dislocate ['dɪsləʊkeɪt] *vt* auskugeln; (*upset*) in Verwirrung bringen.
dislodge [dɪs'lɒdʒ] *vt* verschieben; (*Mil*) aus der Stellung werfen.
disloyal ['dɪs'lɔɪəl] *a* treulos.
dismal ['dɪzməl] *a* trostlos, trübe.
dismantle [dɪs'mæntl] *vt* demontieren.
dismay [dɪs'meɪ] *n* Bestürzung *f*; *vt* bestürzen.
dismiss [dɪs'mɪs] *vt employee* entlassen; *idea* von sich weisen; (*send away*) wegschicken; (*Jur*) *complaint* abweisen; **~al** Entlassung *f*.
disobedience [dɪsə'bi:dɪəns] *n* Ungehorsam *m*.
disobedient [dɪsə'bi:dɪənt] *a* ungehorsam.
disobey ['dɪsə'beɪ] *vt* nicht gehorchen (+*dat*).
disorder [dɪs'ɔ:də*] *n* (*confusion*) Verwirrung *f*; (*commotion*) Aufruhr *m*; (*Med*) Erkrankung *f*.
disorderly [dɪs'ɔ:dəlɪ] *a* (*untidy*) unordentlich; (*unruly*) ordnungswidrig.
disorganized [dɪs'ɔ:gənaɪzd] *a* unordentlich.
disown [dɪs'əʊn] *vt son* verstoßen; **I ~ you** ich will nichts mehr mit dir zu tun haben.
disparaging [dɪs'pærɪdʒɪŋ] *a* geringschätzig.
disparity [dɪs'pærɪtɪ] *n* Verschiedenheit *f*.
dispassionate [dɪs'pæʃnɪt] *a* gelassen, unparteiisch.
dispatch [dɪs'pætʃ] *vt goods* abschicken, abfertigen; *n* Absendung *f*; (*esp Mil*) Meldung *f*.
dispel [dɪs'pel] *vt* zerstreuen.
dispensable [dɪs'pensəbl] *a* entbehrlich.
dispensary [dɪs'pensərɪ] *n* Apotheke *f*.
dispensation [dɪspen'seɪʃən] *n* (*Eccl*) Befreiung *f*.
dispense [dɪs'pens]: **~ with** *vt* verzichten auf (+*acc*); **~r** (*container*) Spender *m*.
dispensing [dɪs'pensɪŋ] *a*: **~ chemist** Apotheker *m*.
dispersal [dɪs'pɜ:səl] *n* Zerstreuung *f*.
disperse [dɪs'pɜ:s] *vt* zerstreuen; *vi* sich verteilen.

dispirited [dɪs'pɪrɪtɪd] *a* niedergeschlagen.
displace [dɪs'pleɪs] *vt* verschieben; **~d** *a*: **~ person** Verschleppte(r) *mf*.
display [dɪs'pleɪ] *n* (*of goods*) Auslage *f*; (*of feeling*) Zurschaustellung *f*; (*Mil*) Entfaltung *f*; *vt* zeigen, entfalten.
displease [dɪs'pli:z] *vt* mißfallen (+*dat*).
displeasure [dɪs'pleʒə*] *n* Mißfallen *nt*.
disposable [dɪs'pəʊzəbl] *a container etc* Wegwerf-.
disposal [dɪs'pəʊzəl] *n* (*of property*) Verkauf *m*; (*throwing away*) Beseitigung *f*; **to be at one's ~** einem zur Verfügung stehen.
dispose [dɪs'pəʊz]: **~ of** *vt* loswerden.
disposed [dɪs'pəʊzd] *a* geneigt.
disposition [dɪspə'zɪʃən] *n* Wesen *nt*, Natur *f*.
disproportionate [dɪsprə'pɔ:ʃnɪt] *a* unverhältnismäßig.
disprove [dɪs'pru:v] *vt* widerlegen.
dispute [dɪs'pju:t] *n* Streit *m*; *vt* bestreiten.
disqualification [dɪskwɒlɪfɪ'keɪʃən] *n* Disqualifizierung *f*.
disqualify [dɪs'kwɒlɪfaɪ] *vt* disqualifizieren.
disquiet [dɪs'kwaɪət] *n* Unruhe *f*.
disregard [dɪsrɪ'gɑ:d] *vt* nicht (be)achten.
disreputable [dɪs'repjʊtəbl] *a* verrufen.
disrepute ['dɪsrɪ'pju:t] *n* Verruf *m*.
disrespectful [dɪsrɪs'pektful] *a* respektlos.
disrupt [dɪs'rʌpt] *vt* stören; *programme* unterbrechen; **~ion** [dɪs'rʌpʃən] Störung *f*, Unterbrechung *f*.
dissatisfaction ['dɪssætɪs'fækʃən] *n* Unzufriedenheit *f*.
dissatisfied ['dɪs'sætɪsfaɪd] *a* unzufrieden.
dissect [dɪ'sekt] *vt* zerlegen, sezieren.
disseminate [dɪ'semɪneɪt] *vt* verbreiten.
dissent [dɪ'sent] *n* abweichende Meinung *f*; *vi* nicht übereinstimmen.
dissident ['dɪsɪdənt] *a* andersdenkend; *n* Dissident *m*.
dissimilar ['dɪ'sɪmɪlə*] *a* unähnlich (*to dat*).
dissipate ['dɪsɪpeɪt] *vt* (*waste*) verschwenden; (*scatter*) zerstreuen; **~d** *a* ausschweifend.
dissipation [dɪsɪ'peɪʃən] *n* Ausschweifung *f*.
dissociate [dɪ'səʊʃɪeɪt] *vt* trennen.
dissolute ['dɪsəlu:t] *a* liederlich.
dissolve [dɪ'zɒlv] *vt* auflösen; *vi* sich auflösen.
dissuade [dɪ'sweɪd] *vt* abraten (+*dat*).
distance ['dɪstəns] *n* Entfernung *f*; **in the ~** in der Ferne.
distant ['dɪstənt] *a* entfernt, fern; (*with time*) fern; (*formal*) distanziert.
distaste ['dɪs'teɪst] *n* Abneigung *f*; **~ful** *a* widerlich.
distemper [dɪs'tempə*] *n* (*paint*) Temperafarbe *f*; (*Med*) Staupe *f*.
distend [dɪs'tend] *vti* (sich) ausdehnen.
distil [dɪs'tɪl] *vt* destillieren; **~lery** Brennerei *f*.
distinct [dɪs'tɪŋkt] *a* (*separate*) getrennt; (*clear*) klar, deutlich; **~ion** [dɪs'tɪŋkʃən] Unterscheidung *f*; (*eminence*) Berühmtheit *f*; (*in exam*) Auszeichnung *f*; **~ive** *a* bezeichnend; **~ly** *ad* deutlich.
distinguish [dɪs'tɪŋgwɪʃ] *vt* unterscheiden; **~ed** *a* (*eminent*) berühmt; **~ing** *a* unterscheidend, bezeichnend.
distort [dɪs'tɔ:t] *vt* verdrehen; (*misrepresent*) entstellen; **~ion** [dɪs'tɔ:ʃən] Verzerrung *f*.
distract [dɪs'trækt] *vt* ablenken; (*bewilder*) verwirren; **~ing** *a* verwirrend; **~ion** [dɪs'trækʃən] Zerstreutheit *f*; (*distress*) Raserei *f*; (*diversion*) Zerstreuung *f*.
distraught [dɪs'trɔ:t] *a* bestürzt.
distress [dɪs'tres] *n* Not *f*; (*suffering*) Qual *f*; *vt* quälen; **~ing** *a* erschütternd; **~ signal** Notsignal *nt*.
distribute [dɪs'trɪbju:t] *vt* verteilen.
distribution [dɪstrɪ'bju:ʃən] *n* Verteilung *f*.
distributor [dɪs'trɪbjʊtə*] *n* Verteiler *m*.
district ['dɪstrɪkt] *n* (*of country*) Kreis *m*; (*of town*) Bezirk *m*; **~ attorney** (*US*) Oberstaatsanwalt *m*; **~ nurse** (*Brit*) Kreiskrankenschwester *f*.
distrust [dɪs'trʌst] *n* Mißtrauen *nt*; *vt* mißtrauen (+*dat*).
disturb [dɪs'tɜ:b] *vt* stören; (*agitate*) erregen; **~ance** Störung *f*; **~ing** *a* beunruhigend.
disuse ['dɪs'ju:s] *n* Nichtgebrauch *m*; **to fall into ~** außer Gebrauch kommen.
disused ['dɪs'ju:zd] *a* aufgegeben, außer Gebrauch.
ditch [dɪtʃ] *n* Graben *m*; *vt* im Stich lassen.
dither ['dɪðə*] *vi* verdattert sein.
ditto ['dɪtəʊ] *n* dito, ebenfalls.
divan [dɪ'væn] *n* Liegesofa *nt*.
dive [daɪv] *n* (*into water*) Kopfsprung *m*; (*Aviat*) Sturzflug *m*; *vi* tauchen; **~r** Taucher *m*.
diverge [daɪ'vɜ:dʒ] *vi* auseinandergehen.
diverse [daɪ'vɜ:s] *a* verschieden.
diversification [daɪvɜ:sɪfɪ'keɪʃən] *n* Verzweigung *f*.
diversify [daɪ'vɜ:sɪfaɪ] *vt* (ver)ändern; *vi* variieren.
diversion [daɪ'vɜ:ʃən] *n* Ablenkung *f*; (*traffic*) Umleitung *f*.
diversity [daɪ'vɜ:sɪtɪ] *n* Verschiedenheit *f*; (*variety*) Mannigfaltigkeit *f*.
divert [daɪ'vɜ:t] *vt* ablenken; *traffic* umleiten.
divide [dɪ'vaɪd] *vt* teilen; *vi* sich teilen.
dividend ['dɪvɪdend] *n* Dividende *f*; (*fig*) Gewinn *m*.
divine [dɪ'vaɪn] *a* göttlich; *vt* erraten.
diving board ['daɪvɪŋbɔ:d] *n* Sprungbrett *nt*.
divinity [dɪ'vɪnɪtɪ] *n* Gottheit *f*, Gott *m*; (*subject*) Religion *f*.
divisible [dɪ'vɪzəbl] *a* teilbar.
division [dɪ'vɪʒən] *n* Teilung *f*; (*Math*) Division *f*, Teilung *f*; (*Mil*) Division *f*; (*part*) Teil *m*, Abteilung *f*; (*in opinion*) Uneinigkeit *f*.
divorce [dɪ'vɔ:s] *n* (Ehe)scheidung *f*; *vt* scheiden; **~d** *a* geschieden; **to get ~d** sich scheiden lassen; **~e** [dɪvɔ:'si:] Geschiedene(r) *mf*.

divulge [daɪ'vʌldʒ] *vt* preisgeben.
dizziness ['dɪzɪnəs] *n* Schwindelgefühl *nt*.
dizzy ['dɪzɪ] *a* schwindlig.
do [du:] *irreg vt* tun, machen; *vi* (*proceed*) vorangehen; (*be suitable*) passen; (*be enough*) genügen; *n* (*party*) Party *f*; **how ~ you ~?** guten Tag! *etc*.
docile ['dəʊsaɪl] *a* gefügig; *dog* gutmütig.
dock [dɒk] *n* Dock *nt*; (*Jur*) Anklagebank *f*; *vi* ins Dock gehen; **~er** Hafenarbeiter *m*.
docket ['dɒkɪt] *n* Inhaltsvermerk *m*.
dockyard ['dɒkjɑ:d] *n* Werft *f*.
doctor ['dɒktə*] *n* Arzt *m*, Ärztin *f*; (*Univ*) Doktor *m*.
doctrinaire [dɒktrɪ'nɛə*] *a* doktrinär.
doctrine ['dɒktrɪn] *n* Doktrin *f*.
document ['dɒkjʊmənt] *n* Dokument *nt*; **~ary** [dɒkjʊ'mentərɪ] Dokumentarbericht *m*; (*film*) Dokumentarfilm *m*; *a* dokumentarisch; **~ation** [dɒkjʊmen'teɪʃən] dokumentarische(r) Nachweis *m*.
doddering ['dɒdərɪŋ], **doddery** ['dɒdərɪ] *a* zittrig.
dodge [dɒdʒ] *n* Kniff *m*; *vt* umgehen; ausweichen (+*dat*); **~m** Boxauto *nt*.
dodo ['dəʊdəʊ] *n* Dronte *f*: **as dead as the ~** von Anno dazumal.
dog [dɒg] *n* Hund *m*; **~ biscuit** Hundekuchen *m*; **~ collar** Hundehalsband *nt*; (*Eccl*) Kragen *m* des Geistlichen; **~-eared** *a* mit Eselsohren; **~fish** Hundsfisch *m*; **~ food** Hundefutter *nt*.
dogged ['dɒgɪd] *a* hartnäckig.
dogma ['dɒgmə] *n* Dogma *nt*; **~tic** [dɒg'mætɪk] *a* dogmatisch.
doings ['du:ɪŋz] *npl* (*activities*) Treiben *nt*.
do-it-yourself ['du:ɪtjə'self] *n* Do-it-yourself *nt*; *a* zum Selbermachen.
doldrums ['dɒldrəmz] *npl*: **to be in the ~** Flaute haben; (*person*) deprimiert sein.
dole [dəʊl] *n* (*Brit*) Stempelgeld *nt*; **to be on the ~** stempeln gehen; **~ out** *vt* ausgeben, austeilen.
doleful ['dəʊlfʊl] *a* traurig.
doll [dɒl] *n* Puppe *f*; *vt*: **~ o.s. up** sich aufdonnern.
dollar ['dɒlə*] *n* Dollar *m*.
dollop ['dɒləp] *n* Brocken *m*.
dolphin ['dɒlfɪn] *n* Delphin *m*, Tümmler *m*.
domain [dəʊ'meɪn] *n* Sphäre *f*, Bereich *m*.
dome [dəʊm] *n* Kuppel *f*.
domestic [də'mestɪk] *a* häuslich; (*within country*) Innen-, Binnen-; *animal* Haus-; **~ated** *a person* häuslich; *animal* zahm.
domicile ['dɒmɪsaɪl] *n* (ständiger) Wohnsitz *m*.
dominant ['dɒmɪnənt] *a* vorherrschend.
dominate ['dɒmɪneɪt] *vt* beherrschen.
domination [dɒmɪ'neɪʃən] *n* (Vor)herrschaft *f*.
domineering [dɒmɪ'nɪərɪŋ] *a* herrisch, überheblich.
dominion [də'mɪnɪən] *n* (*rule*) Regierungsgewalt *f*; (*land*) Staatsgebiet *nt* mit Selbstverwaltung.
dominoes ['dɒmɪnəʊz] *n* Domino(spiel) *nt*.
don [dɒn] *n* akademische(r) Lehrer *m*.
donate [dəʊ'neɪt] *vt* (*blood, little money*) spenden; (*lot of money*) stiften.
donation [dəʊ'neɪʃən] *n* Spende *f*.
donkey ['dɒŋkɪ] *n* Esel *m*.
donor ['dəʊnə*] *n* Spender *m*.
don't [dəʊnt] = **do not**.
doom [du:m] *n* böse(s) Geschick *nt*; (*downfall*) Verderben *nt*; *vt*: **to be ~ed** zum Untergang verurteilt sein.
door [dɔ:*] *n* Tür *f*; **~bell** Türklingel *f*; **~-handle** Türklinke *f*; **~man** Türsteher *m*; **~mat** Fußmatte *f*; **~step** Türstufe *f*; **~way** Türöffnung *f*.
dope [dəʊp] *n* (*drug*) Aufputschmittel *nt*.
dopey ['dəʊpɪ] *a* (*col*) bekloppt.
dormant ['dɔ:mənt] *a* schlafend, latent.
dormitory ['dɔ:mɪtrɪ] *n* Schlafsaal *m*.
dormouse ['dɔ:maʊs] *n* Haselmaus *f*.
dosage ['dəʊsɪdʒ] *n* Dosierung *f*.
dose [dəʊs] *n* Dosis *f*; *vt* dosieren.
dossier ['dɒsɪeɪ] *n* Dossier *m*, Aktenbündel *nt*.
dot [dɒt] *n* Punkt *m*; **on the ~** pünktlich.
dote [dəʊt]: **~ on** *vt* vernarrt sein in (+*acc*).
double ['dʌbl] *a, ad* doppelt; *n* Doppelgänger *m*; *vt* verdoppeln; (*fold*) zusammenfalten; *vi* (*in amount*) sich verdoppeln; **at the ~** im Laufschritt; **~s** (*tennis*) Doppel *nt*; **~ bass** Kontrabaß *m*; **~ bed** Doppelbett *nt*; **~-breasted** *a* zweireihig; **~cross** *n* Betrug *m*; *vt* hintergehen; **~decker** Doppeldecker *m*; **~ room** Doppelzimmer *nt*.
doubly ['dʌblɪ] *ad* doppelt.
doubt [daʊt] *n* Zweifel *m*; *vi* zweifeln; *vt* bezweifeln; **without ~** zweifellos; **~ful** *a* zweifelhaft, fraglich; **~less** *ad* ohne Zweifel, sicherlich.
dough [dəʊ] *n* Teig *m*; **~nut** Krapfen *m*, Pfannkuchen *m*.
dove [dʌv] *n* Taube *f*; **~tail** *n* Schwalbenschwanz *m*, Zinke *f*; *vt* verzahnen, verzinken.
dowdy ['daʊdɪ] *a* unmodern, schlampig.
down [daʊn] *n* (*fluff*) Flaum *m*; (*hill*) Hügel *m*; *ad* unten; (*motion*) herunter; hinunter; *prep* **he came ~ the street** er kam die Straße herunter; **to go ~ the street** die Straße hinuntergehen; **he lives ~ the street** er wohnt unten an der Straße; *vt* niederschlagen; **~ with X!** nieder mit X!; **~-and-out** *a* abgerissen; *n* Tramp *m*; **~-at-heel** *a* schäbig; **~cast** *a* niedergeschlagen; **~fall** Sturz *m*; **~-hearted** *a* niedergeschlagen, mutlos; **~hill** *ad* bergab; **~pour** Platzregen *m*; **~right** *a* völlig, ausgesprochen; **~stairs** *ad* unten; (*motion*) nach unten; *a* untere(r, s); **~stream** *ad* flußabwärts; **~town** *ad* in die/der Innenstadt; *a* (*US*) im Geschäftsviertel, City-; **~ward** *a* sinkend, Abwärts-; **~wards** *ad* abwärts, nach unten.
dowry ['daʊrɪ] *n* Mitgift *f*.
doze [dəʊz] *vi* dösen; *n* Schläfchen *nt*, Nickerchen *nt*.
dozen ['dʌzn] *n* Dutzend *nt*.
drab [dræb] *a* düster, eintönig.
draft [drɑ:ft] *n* Skizze *f*, Entwurf *m*; (*Fin*) Wechsel *m*; (*US Mil*) Einberufung *f*; *vt* skizzieren.
drag [dræg] *vt* schleifen, schleppen; *river*

mit einem Schleppnetz absuchen; *vi* sich (dahin)schleppen; *n* (*bore*) etwas Blödes; (*hindrance*) Klotz *m* am Bein; **in** ~ als Tunte; ~ **on** *vi* sich in die Länge ziehen.

dragon ['drægən] *n* Drache *m*; ~**fly** Libelle *f*.

drain [dreın] *n* (*lit*) Abfluß *m*; (*ditch*) Abflußgraben *m*; (*fig: burden*) Belastung *f*; *vt* ableiten; (*exhaust*) erschöpfen; *vi* (*of water*) abfließen; ~**age** Kanalisation *f*; ~**pipe** Abflußrohr *nt*.

drama ['drɑ:mə] *n* (*lit, fig*) Drama *nt*; ~**tic** [drə'mætık] *a* dramatisch; ~**tist** Dramatiker *m*.

drape [dreıp] *vt* drapieren; *npl*: ~**s** (*US*) Vorhänge *pl*; ~**r** Tuchhändler *m*.

drastic ['dræstık] *a* drastisch.

draught [drɑ:ft] *n* Zug *m*; (*Naut*) Tiefgang *m*; ~**s** Damespiel *nt*; (*beer*) **on** ~ vom Faß; ~**board** Zeichenbrett *nt*; ~**sman** technische(r) Zeichner *m*; ~**y** *a* zugig.

draw [drɔ:] *irreg vt* ziehen; *crowd* anlocken; *picture* zeichnen; *money* abheben; *water* schöpfen; *vi* (*Sport*) unentschieden spielen; *n* (*Sport*) Unentschieden *nt*; (*lottery*) Ziehung *f*; **to** ~ **to a close** (*speech*) zu Ende kommen; (*year*) zu Ende gehen; ~ **out** *vi* (*train*) ausfahren; (*lengthen*) sich hinziehen; *vt money* abheben; ~ **up** *vi* (*stop*) halten; *vt document* aufsetzen; ~**back** (*disadvantage*) Nachteil *m*; (*obstacle*) Haken *m*; ~**bridge** Zugbrücke *f*; ~**er** Schublade *f*; ~**ing** Zeichnung *f*; Zeichnen *nt*; ~**ing pin** Reißzwecke *f*; ~**ing room** Salon *m*.

drawl [drɔ:l] *n* schleppende Sprechweise *f*; *vi* gedehnt sprechen.

drawn [drɔ:n] *a game* unentschieden; *face* besorgt.

dread [dred] *n* Furcht *f*, Grauen *nt*; *vt* fürchten; sich grauen vor (+*dat*); ~**ful** *a* furchtbar.

dream [dri:m] *n* Traum *m*; (*fancy*) Wunschtraum *m*; *vti irreg* träumen (*about* von); *a house etc* Traum-; ~**er** Träumer *m*; ~ **world** Traumwelt *f*; ~**y** *a* verträumt.

dreary ['drıərı] *a* trostlos, öde.

dredge [dredʒ] *vt* ausbaggern; (*with flour etc*) mit Mehl *etc* bestreuen; ~**r** Baggerschiff *nt*; (*for flour etc*) (Mehl *etc*)streuer *m*.

dregs [dregz] *npl* Bodensatz *m*; (*fig*) Abschaum *m*.

drench [drentʃ] *vt* durchnässen.

dress [dres] *n* Kleidung *f*; (*garment*) Kleid *nt*; *vt* anziehen; (*Med*) verbinden; (*Agr*) düngen; *food* anrichten; **to get** ~**ed** sich anziehen; ~ **up** *vi* sich fein machen; ~ **circle** erste(r) Rang *m*; ~**er** (*furniture*) Anrichte *f*, Geschirrschrank *m*; **she's a smart** ~**er** sie zieht sich elegant an; ~**ing** (*Med*) Verband *m*; (*Cook*) Soße *f*; ~**ing gown** Morgenrock *m*; ~**ing room** (*Theat*) Garderobe *f*; (*Sport*) Umkleideraum *m*; ~**ing table** Toilettentisch *m*; ~**maker** Schneiderin *f*; ~**making** Schneidern *nt*; ~ **rehearsal** Generalprobe *f*; ~ **shirt** Frackhemd *nt*.

dribble ['drıbl] *vi* tröpfeln; *vt* sabbern.

drift [drıft] *n* Trift *f*, Strömung *f*; (*snow*—) Schneewehe *f*; (*fig*) Richtung *f*; *vi* getrieben werden; (*aimlessly*) sich treiben lassen; ~**wood** Treibholz *nt*.

drill [drıl] *n* Bohrer *m*; (*Mil*) Drill *m*; *vt* bohren; (*Mil*) ausbilden; *vi* (*Mil*) exerzieren; bohren (*for* nach); ~**ing** Bohren *nt*; (*hole*) Bohrloch *nt*; (*Mil*) Exerzieren *nt*.

drink [drıŋk] *n* Getränk *nt*; (*spirits*) Drink *m*; *vti irreg* trinken; ~**able** *a* trinkbar; ~**er** Trinker *m*; ~**ing water** Trinkwasser *nt*.

drip [drıp] *n* Tropfen *m*; (*dripping*) Tröpfeln *nt*; *vi* tropfen; ~**-dry** *a* bügelfrei; ~**ping** Bratenfett *nt*; ~**ping wet** *a* triefend.

drive [draıv] *n* Fahrt *f*; (*road*) Einfahrt *f*; (*campaign*) Aktion *f*; (*energy*) Schwung *m*, Tatkraft *f*; (*Sport*) Schlag *m*; *irreg vt car* fahren; *animals* treiben; *nail* einschlagen; *ball* schlagen; (*power*) antreiben; (*force*) treiben; *vi* fahren; **to** ~ **sb mad** jdn verrückt machen; **what are you driving at?** worauf willst du hinaus?; ~**-in** *a* Drive-in-.

drivel ['drıvl] *n* Faselei *f*.

driver ['draıvə*] *n* Fahrer *m*; ~**'s license** (*US*) Führerschein *m*.

driving ['draıvıŋ] *a rain* stürmisch; ~ **instructor** Fahrlehrer *m*; ~ **lesson** Fahrstunde *f*; ~ **licence** (*Brit*) Führerschein *m*; ~ **school** Fahrschule *f*; ~ **test** Fahrprüfung *f*.

drizzle ['drızl] *n* Nieselregen *m*; *vi* nieseln.

droll [drəʊl] *a* drollig.

dromedary ['drɒmıdərı] *n* Dromedar *nt*.

drone [drəʊn] *n* (*sound*) Brummen *nt*; (*bee*) Drohne *f*.

drool [dru:l] *vi* sabbern.

droop [dru:p] *vi* (schlaff) herabhängen.

drop [drɒp] *n* (*of liquid*) Tropfen *m*; (*fall*) Fall *m*; *vt* fallen lassen; (*lower*) senken; (*abandon*) fallenlassen; *vi* (*fall*) herunterfallen; ~ **off** *vi* (*sleep*) einschlafen; ~ **out** *vi* (*withdraw*) ausscheiden; ~**out** Ausgeflippte(r) *mf*, Drop-out *mf*.

dross [drɒs] *n* Unrat *m*.

drought [draʊt] *n* Dürre *f*.

drove [drəʊv] *n* (*crowd*) Herde *f*.

drown [draʊn] *vt* ertränken; *sound* übertönen; *vi* ertrinken.

drowsy ['draʊzı] *a* schläfrig.

drudge [drʌdʒ] *n* Kuli *m*; ~**ry** ['drʌdʒərı] Plackerei *f*.

drug [drʌg] *n* (*Med*) Arznei *f*; (*narcotic*) Rauschgift *nt*; *vt* betäuben; ~ **addict** Rauschgiftsüchtige(r) *mf*; ~**gist** (*US*) Drogist *m*; ~**store** (*US*) Drogerie *f*.

drum [drʌm] *n* Trommel *f*; ~**mer** Trommler *m*.

drunk [drʌŋk] *a* betrunken; *n* Betrunkene(r) *m*; Trinker(in *f*) *m*; ~**ard** Trunkenbold *m*; ~**en** *a* betrunken; ~**enness** Betrunkenheit *f*.

dry [draı] *a* trocken; *vt* (ab)trocknen; *vi* trocknen, trocken werden; ~ **up** *vi* austrocknen; (*dishes*) abtrocknen; ~**-clean** *vt* chemisch reinigen; ~**-cleaning** chemische Reinigung *f*; ~**er** Trockner *m*;

~ness Trockenheit *f*; **~ rot** Hausschwamm *m*.
dual ['djuəl] *a* doppelt; **~ carriageway** zweispurige Fahrbahn *f*; **~ nationality** doppelte Staatsangehörigkeit *f*; **~-purpose** *a* Mehrzweck-.
dubbed [dʌbd] *a film* synchronisiert.
dubious ['dju:bɪəs] *a* zweifelhaft.
duchess ['dʌtʃɪs] *n* Herzogin *f*.
duck [dʌk] *n* Ente *f*; *vt* (ein)tauchen; *vi* sich ducken; **~ling** Entchen *nt*.
duct [dʌkt] *n* Röhre *f*.
dud [dʌd] *n* Niete *f*; *a* wertlos, miserabel; *cheque* ungedeckt.
due [dju:] *a* fällig; (*fitting*) angemessen; **the train is ~** der Zug soll ankommen; *n* Gebühr *f*; (*right*) Recht *nt*; *ad south etc* genau, gerade; **~ to** infolge (+*gen*), wegen (+*gen*).
duel ['djuəl] *n* Duell *nt*.
duet [dju:'et] *n* Duett *nt*.
duke [dju:k] *n* Herzog *m*.
dull [dʌl] *a colour, weather* trübe; (*stupid*) schwer von Begriff; (*boring*) langweilig; *vt* (*soften, weaken*) abstumpfen.
duly ['dju:lɪ] *ad* ordnungsgemäß, richtig; (*on time*) pünktlich.
dumb [dʌm] *a* (*lit*) stumm; (*col: stupid*) doof, blöde.
dummy ['dʌmɪ] *n* Schneiderpuppe *f*; (*substitute*) Attrappe *f*; (*teat*) Schnuller *m*; *a* Schein-.
dump [dʌmp] *n* Abfallhaufen *m*; (*Mil*) Stapelplatz *m*; (*col: place*) Nest *nt*; *vt* abladen, auskippen; **~ing** (*Comm*) Schleuderexport *m*; (*of rubbish*) Schuttabladen *nt*.
dumpling ['dʌmplɪŋ] *n* Kloß *m*, Knödel *m*.
dunce [dʌns] *n* Dummkopf *m*.
dune [dju:n] *n* Düne *f*.
dung [dʌŋ] *n* Mist *m*; (*Agr*) Dünger *m*.
dungarees [dʌŋgə'ri:z] *npl* Arbeitsanzug *m*, Arbeitskleidung *f*.
dungeon ['dʌndʒən] *n* Kerker *m*.
dupe [dju:p] *n* Gefoppte(r) *m*; *vt* hintergehen, anführen.
duplicate ['dju:plɪkɪt] *a* doppelt; *n* Duplikat *nt*; ['dju:plɪkeɪt] *vt* verdoppeln; (*make copies*) kopieren; **in ~** in doppelter Ausführung.
duplicator ['dju:plɪkeɪtə*] *n* Vervielfältigungsapparat *m*.
durability [djuərə'bɪlɪtɪ] *n* Haltbarkeit *f*.
durable ['djuərəbl] *a* haltbar.
duration [djuə'reɪʃən] *n* Dauer *f*.
during ['djuərɪŋ] *prep* während (+*gen*).
dusk [dʌsk] *n* Abenddämmerung *f*.
dust [dʌst] *n* Staub *m*; *vt* abstauben; (*sprinkle*) bestäuben; **~bin** (*Brit*) Mülleimer *m*; **~er** Staubtuch *nt*; **~man** (*Brit*) Müllmann *m*; **~ storm** Staubsturm *m*; **~y** *a* staubig.
dutiable ['dju:tɪəbl] *a* zollpflichtig.
duty ['dju:tɪ] *n* Pflicht *f*; (*job*) Aufgabe *f*; (*tax*) Einfuhrzoll *m*; **on ~** im Dienst, diensthabend; **~-free** *a* zollfrei; **~-free articles** zollfreie Waren *pl*.
dwarf [dwɔ:f] *n* Zwerg *m*.
dwell [dwel] *vi irreg* wohnen; **~ on** *vt* verweilen bei; **~ing** Wohnung *f*.
dwindle ['dwɪndl] *vi* schwinden.
dye [daɪ] *n* Farbstoff *m*; *vt* färben.
dying ['daɪɪŋ] *a person* sterbend; *moments* letzt.
dynamic [daɪ'næmɪk] *a* dynamisch; **~s** Dynamik *f*.
dynamite ['daɪnəmaɪt] *n* Dynamit *nt*.
dynamo ['daɪnəməu] *n* Dynamo *m*.
dynasty ['dɪnəstɪ] *n* Dynastie *f*.
dysentery ['dɪsntrɪ] *n* Ruhr *f*.
dyspepsia [dɪs'pepsɪə] *n* Verdauungsstörung *f*.

E

E, e [i:] *n* E *nt*, e *nt*.
each [i:tʃ] *a* jeder/jede/jedes; *pron* (ein) jeder/(eine) jede/(ein) jedes; **~ other** einander, sich.
eager *a*, **~ly** *ad* ['i:gə*, -lɪ] eifrig; **~ness** Eifer *m*; Ungeduld *f*.
eagle ['i:gl] *n* Adler *m*.
ear [ɪə*] *n* Ohr *nt*; (*of corn*) Ähre *f*; **~ache** Ohrenschmerzen *pl*; **~drum** Trommelfell *nt*.
earl [ɜ:l] *n* Graf *m*.
early ['ɜ:lɪ] *a, ad* früh; **you're ~** du bist früh dran.
earmark ['ɪəmɑ:k] *vt* vorsehen.
earn [ɜ:n] *vt* verdienen.
earnest ['ɜ:nɪst] *a* ernst; **in ~** im Ernst.
earnings ['ɜ:nɪŋz] *npl* Verdienst *m*.
earphones ['ɪəfəunz] *npl* Kopfhörer *pl*.
earplug ['ɪəplʌg] *n* Ohropax ® *nt*.
earring ['ɪərɪŋ] *n* Ohrring *m*.
earshot ['ɪəʃɒt] *n* Hörweite *f*.
earth [ɜ:θ] *n* Erde *f*; (*Elec*) Erdung *f*; *vt* erden; **~enware** Steingut *nt*; **~quake** Erdbeben *nt*.
earthy ['ɜ:θɪ] *a* roh; (*sensual*) sinnlich.
earwig ['ɪəwɪg] *n* Ohrwurm *m*.
ease [i:z] *n* (*simplicity*) Leichtigkeit *f*; (*social*) Ungezwungenheit *f*; *vt pain* lindern; *burden* erleichtern; **at ~** ungezwungen; (*Mil*) rührt euch!; **to feel at ~** sich wohl fühlen; **~ off** *or* **up** *vi* nachlassen.
easel ['i:zl] *n* Staffelei *f*.
easily ['i:zɪlɪ] *ad* leicht.
east [i:st] *n* Osten *m*; *a* östlich; *ad* nach Osten.
Easter ['i:stə*] *n* Ostern *nt*.
eastern ['i:stən] *a* östlich; orientalisch.
eastward(s) ['i:stwəd(z)] *ad* ostwärts.
easy ['i:zɪ] *a task* einfach; *life* bequem; *manner* ungezwungen, natürlich; *ad* leicht.
eat [i:t] *vt irreg* essen; (*animals*) fressen; (*destroy*) (zer)fressen; **~ away** *vt* (*corrode*) zerfressen; **~able** *a* genießbar.
eaves [i:vz] *npl* (überstehender) Dachrand *m*.
eavesdrop ['i:vzdrɒp] *vi* horchen, lauschen; **to ~ on sb** jdn belauschen.
ebb [eb] *n* Ebbe *f*; *vi* ebben.
ebony ['ebənɪ] *n* Ebenholz *nt*.
ebullient [ɪ'bʌlɪənt] *a* sprudelnd, temperamentvoll.
eccentric [ɪk'sentrɪk] *a* exzentrisch, über-

spannt; *n* exzentrische(r) Mensch *m*.
ecclesiastical [ɪkliːzɪ'æstɪkəl] *a* kirchlich, geistlich.
echo ['ekəʊ] *n* Echo *nt*; *vt* zurückwerfen; (*fig*) nachbeten; *vi* widerhallen.
eclipse [ɪ'klɪps] *n* Verfinsterung *f*, Finsternis *f*; *vt* verfinstern.
ecology [ɪ'kɒlədʒɪ] *n* Ökologie *f*.
economic [iːkə'nɒmɪk] *a* (volks)wirtschaftlich, ökonomisch; **~al** *a* wirtschaftlich; *person* sparsam; **~s** Volkswirtschaft *f*.
economist [ɪ'kɒnəmɪst] *n* Volkswirt(schaftler) *m*.
economize [ɪ'kɒnəmaɪz] *vi* sparen (*on* an +*dat*).
economy [ɪ'kɒnəmɪ] *n* (*thrift*) Sparsamkeit *f*; (*of country*) Wirtschaft *f*.
ecstasy ['ekstəsɪ] *n* Ekstase *f*.
ecstatic [eks'tætɪk] *a* hingerissen.
ecumenical [iːkjʊ'menɪkəl] *a* ökumenisch.
eczema ['eksɪmə] *n* Ekzem *nt*.
Eden ['iːdn] *n* (Garten *m*) Eden *nt*.
edge [edʒ] *n* Rand *m*; (*of knife*) Schneide *f*; **on ~** nervös; (*nerves*) überreizt.
edging ['edʒɪŋ] *n* Einfassung *f*.
edgy ['edʒɪ] *a* nervös.
edible ['edɪbl] *a* eßbar.
edict ['iːdɪkt] *n* Erlaß *m*.
edifice ['edɪfɪs] *n* Gebäude *nt*.
edit ['edɪt] *vt* edieren, redigieren; **~ion** [ɪ'dɪʃən] Ausgabe *f*; **~or** (*of newspaper*) Redakteur *m*; (*of book*) Lektor *m*; **~orial** [edɪ'tɔːrɪəl] *a* Redaktions-; *n* Leitartikel *m*.
educate ['edjʊkeɪt] *vt* erziehen, (aus)bilden.
education [edjʊ'keɪʃən] *n* (*teaching*) Unterricht *m*; (*system*) Schulwesen *nt*; (*schooling*) Erziehung *f*; Bildung *f*; **~al** *a* pädagogisch.
eel [iːl] *n* Aal *m*.
eerie ['ɪərɪ] *a* unheimlich.
efface [ɪ'feɪs] *vt* auslöschen.
effect [ɪ'fekt] *n* Wirkung *f*; *vt* bewirken; **in ~** in der Tat; **~s** *pl* (*sound, visual*) Effekte *pl*; **~ive** *a* wirksam, effektiv.
effeminate [ɪ'femɪnɪt] *a* weibisch.
effervescent [efə'vesnt] *a* (*lit, fig*) sprudelnd.
efficiency [ɪ'fɪʃənsɪ] *n* Leistungsfähigkeit *f*.
efficient *a*, **~ly** *ad* [ɪ'fɪʃənt, -lɪ] tüchtig; (*Tech*) leistungsfähig; *method* wirksam.
effigy ['efɪdʒɪ] *n* Abbild *nt*.
effort ['efət] *n* Anstrengung *f*; **to make an ~** sich anstrengen; **~less** *a* mühelos.
effrontery [ɪ'frʌntərɪ] *n* Unverfrorenheit *f*.
egalitarian [ɪgælɪ'teərɪən] *a* Gleichheits-, egalitär.
egg [eg] *n* Ei *nt*; **~ on** *vt* anstacheln; **~cup** Eierbecher *m*; **~plant** Aubergine *f*; **~shell** Eierschale *f*.
ego ['iːgəʊ] *n* Ich *nt*, Selbst *nt*.
egotism ['egəʊtɪzəm] *n* Ichbezogenheit *f*.
egotist ['egəʊtɪst] *n* Egozentriker *m*.
eiderdown ['aɪdədaʊn] *n* Daunendecke *f*.
eight [eɪt] *num* acht; **~een** *num* achtzehn; **~h** [eɪtθ] *a* achte(r,s); *n* Achtel *nt*; **~y** *num* achtzig.
either ['aɪðə*] *cj* **~ ... or** entweder ... oder; *pron* **~ of the two** eine(r,s) von beiden; **I don't want ~** ich will keins von beiden; *a* **on ~ side** auf beiden Seiten; *ad* **I don't ~** ich auch nicht.
eject [ɪ'dʒekt] *vt* ausstoßen, vertreiben; **~or seat** Schleudersitz *m*.
elaborate [ɪ'læbərɪt] *a* sorgfältig ausgearbeitet, ausführlich; [ɪ'læbəreɪt] *vt* sorgfältig ausarbeiten; **~ly** *ad* genau, ausführlich.
elaboration [ɪlæbə'reɪʃən] *n* Ausarbeitung *f*.
elapse [ɪ'læps] *vi* vergehen.
elastic [ɪ'læstɪk] *n* Gummiband *nt*; *a* elastisch; **~ band** Gummiband *nt*.
elated [ɪ'leɪtɪd] *a* froh, in gehobener Stimmung.
elation [ɪ'leɪʃən] *n* gehobene Stimmung *f*.
elbow ['elbəʊ] *n* Ellbogen *m*.
elder ['eldə*] *a* älter; *n* Ältere(r) *mf*; **~ly** *a* ältere(r,s).
elect [ɪ'lekt] *vt* wählen; *a* zukünftig; **~ion** Wahl *f*; **~ioneering** [ɪlekʃə'nɪərɪŋ] Wahlpropaganda *f*; **~or** Wähler *m*; **~oral** *a* Wahl-; **~orate** Wähler *pl*, Wählerschaft *f*.
electric [ɪ'lektrɪk] *a* elektrisch, Elektro-; **~al** *a* elektrisch; **~ blanket** Heizdecke *f*; **~ chair** elektrische(r) Stuhl *m*; **~ cooker** Elektroherd *m*; **~ current** elektrische(r) Strom *m*; **~ fire** elektrische(r) Heizofen *m*; **~ian** [ɪlek'trɪʃən] Elektriker *m*; **~ity** [ɪlek'trɪsɪtɪ] Elektrizität *f*.
electrification [ɪ'lektrɪfɪ'keɪʃən] *n* Elektrifizierung *f*.
electrify [ɪ'lektrɪfaɪ] *vt* elektrifizieren; (*fig*) elektrisieren.
electro- [ɪ'lektrəʊ] *pref* Elektro-.
electrocute [ɪ'lektrəʊkjuːt] *vt* elektrisieren; durch elektrischen Strom töten.
electrode [ɪ'lektrəʊd] *n* Elektrode *f*.
electron [ɪ'lektrɒn] *n* Elektron *nt*.
electronic [ɪlek'trɒnɪk] *a* elektronisch, Elektronen-; **~s** Elektronik *f*.
elegance ['elɪgəns] *n* Eleganz *f*.
elegant ['elɪgənt] *a* elegant.
elegy ['elɪdʒɪ] *n* Elegie *f*.
element ['elɪmənt] *n* Element *nt*; (*fig*) Körnchen *nt*; **~ary** [elɪ'mentərɪ] *a* einfach; (*primary*) grundlegend, Anfangs-.
elephant ['elɪfənt] *n* Elefant *m*.
elevate ['elɪveɪt] *vt* emporheben.
elevation [elɪ'veɪʃən] *n* (*height*) Erhebung *f*; (*of style*) Niveau *nt*; (*Archit*) (Quer)schnitt *m*.
elevator ['elɪveɪtə*] *n* (*US*) Fahrstuhl *m*, Aufzug *m*.
eleven [ɪ'levn] *num* elf; *n* (*team*) Elf *f*.
elf [elf] *n* Elfe *f*.
elicit [ɪ'lɪsɪt] *vt* herausbekommen.
eligible ['elɪdʒəbl] *a* wählbar; **he's not ~** er kommt nicht in Frage; **to be ~ for a pension/competition** pensions-/teilnahmeberechtigt sein; **~ bachelor** gute Partie *f*.
eliminate [ɪ'lɪmɪneɪt] *vt* ausschalten; beseitigen.
elimination [ɪlɪmɪ'neɪʃən] *n* Ausschaltung *f*; Beseitigung *f*.
elite [eɪ'liːt] *n* Elite *f*.
elm [elm] *n* Ulme *f*.

elocution [elə'kju:ʃən] *n* Sprecherziehung *f*; (*clarity*) Artikulation *f*.
elongated ['i:lɒŋgeɪtɪd] *a* verlängert.
elope [ɪ'ləʊp] *vi* entlaufen; **~ment** Entlaufen *nt*.
eloquence ['eləkwəns] *n* Beredsamkeit *f*.
eloquent *a*, **~ly** *ad* ['eləkwənt, -lɪ] redegewandt.
else [els] *ad* sonst; **~where** *ad* anderswo, woanders; **who ~?** wer sonst?; **sb ~** jd anders; **or ~** sonst.
elucidate [ɪ'lu:sɪdeɪt] *vt* erläutern.
elude [ɪ'lu:d] *vt* entgehen (+*dat*).
elusive [ɪ'lu:sɪv] *a* schwer faßbar.
emaciated [ɪ'meɪsɪeɪtɪd] *a* abgezehrt.
emanate ['eməneɪt] *vi* ausströmen (*from* aus).
emancipate [ɪ'mænsɪpeɪt] *vt* emanzipieren; *slave* freilassen.
emancipation [ɪmænsɪ'peɪʃən] *n* Emanzipation *f*; Freilassung *f*.
embalm [ɪm'bɑ:m] *vt* einbalsamieren.
embankment [ɪm'bæŋkmənt] *n* (*of river*) Uferböschung *f*; (*of road*) Straßendamm *m*.
embargo [ɪm'bɑ:gəʊ] *n* Embargo *nt*.
embark [ɪm'bɑ:k] *vi* sich einschiffen; **~ on** *vt* unternehmen; **~ation** [embɑ:'keɪʃən] Einschiffung *f*.
embarrass [ɪm'bærəs] *vt* in Verlegenheit bringen; **~ed** *a* verlegen; **~ing** *a* peinlich; **~ment** Verlegenheit *f*.
embassy ['embəsɪ] *n* Botschaft *f*.
embed [ɪm'bed] *vt* einbetten.
embellish [ɪm'belɪʃ] *vt* verschönern.
embers ['embəz] *npl* Glut(asche) *f*.
embezzle [ɪm'bezl] *vt* unterschlagen; **~ment** Unterschlagung *f*.
embitter [ɪm'bɪtə*] *vt* verbittern.
emblem ['embləm] *n* Emblem *nt*, Abzeichen *nt*.
embodiment [ɪm'bɒdɪmənt] *n* Verkörperung *f*.
embody [ɪm'bɒdɪ] *vt ideas* verkörpern; *new features* (in sich) vereinigen.
emboss [ɪm'bɒs] *vt* prägen.
embrace [ɪm'breɪs] *vt* umarmen; (*include*) einschließen; *n* Umarmung *f*.
embroider [ɪm'brɔɪdə*] *vt* (be)sticken; *story* ausschmücken; **~y** Stickerei *f*.
embryo ['embrɪəʊ] *n* (*lit*) Embryo *m*; (*fig*) Keim *m*.
emerald ['emərəld] *n* Smaragd *m*; *a* smaragdgrün.
emerge [ɪ'mɜ:dʒ] *vi* auftauchen; (*truth*) herauskommen; **~nce** Erscheinen *nt*; **~ncy** *n* Notfall *m*; *a action* Not-; **~ncy exit** Notausgang *m*.
emery ['emərɪ] *n*: **~ paper** Schmirgelpapier *nt*.
emetic [ɪ'metɪk] *n* Brechmittel *nt*.
emigrant ['emɪgrənt] *n* Auswanderer *m*, Emigrant *m*; *a* Auswanderungs-.
emigrate ['emɪgreɪt] *vi* auswandern, emigrieren.
emigration [emɪ'greɪʃən] *n* Auswanderung *f*, Emigration *f*.
eminence ['emɪnəns] *n* hohe(r) Rang *m*; **E~** Eminenz *f*.
eminent ['emɪnənt] *a* bedeutend.
emission [ɪ'mɪʃən] *n* (*of gases*) Ausströmen *nt*.
emit [ɪ'mɪt] *vt* von sich (*dat*) geben.
emotion [ɪ'məʊʃən] *n* Emotion *f*, Gefühl *nt*; **~al** *a person* emotional; *scene* ergreifend; **~ally** *ad* gefühlsmäßig; *behave* emotional; *sing* ergreifend.
emotive [ɪ'məʊtɪv] *a* gefühlsbetont.
emperor ['empərə*] *n* Kaiser *m*.
emphasis ['emfəsɪs] *n* (*Ling*) Betonung *f*; (*fig*) Nachdruck *m*.
emphasize ['emfəsaɪz] *vt* betonen.
emphatic *a*, **~ally** *ad* [ɪm'fætɪk, -əlɪ] nachdrücklich; **to be ~ about sth** etw nachdrücklich betonen.
empire ['empaɪə*] *n* Reich *nt*.
empirical [em'pɪrɪkəl] *a* empirisch.
employ [ɪm'plɔɪ] *vt* (*hire*) anstellen; (*use*) verwenden; **~ee** [emplɔɪ'i:] Angestellte(r) *mf*; **~er** Arbeitgeber(in *f*) *m*; **~ment** Beschäftigung *f*; **in ~ment** beschäftigt.
empress ['emprɪs] *n* Kaiserin *f*.
emptiness ['emptɪnɪs] *n* Leere *f*.
empty ['emptɪ] *a* leer; *vt contents* leeren; *container* ausleeren; **~-handed** *a* mit leeren Händen.
emu ['i:mju:] *n* Emu *m*.
emulate ['emjʊleɪt] *vt* nacheifern (+*dat*).
enable [ɪ'neɪbl] *vt* ermöglichen; **it ~s us to . . .** das ermöglicht es uns, zu . . .
enamel [ɪ'næməl] *n* Email *nt*; (*of teeth*) (Zahn)schmelz *m*.
enamoured [ɪ'næməd] *a* verliebt sein (*of* in +*dat*).
encase [ɪn'keɪs] *vt* einschließen; (*Tech*) verschalen.
enchant [ɪn'tʃɑ:nt] *vt* bezaubern; **~ing** *a* entzückend.
encircle [ɪn'sɜ:kl] *vt* umringen.
enclose [ɪn'kləʊz] *vt* einschließen; (*in letter*) beilegen (*in, with dat*); **~d** (*in letter*) beiliegend, anbei.
enclosure [ɪn'kləʊʒə*] *n* Einfriedung *f*; (*in letter*) Anlage *f*.
encore ['ɒŋkɔ:*] *n* Zugabe *f*; **~!** da capo!
encounter [ɪn'kaʊntə*] *n* Begegnung *f*; (*Mil*) Zusammenstoß *m*; *vt* treffen; *resistance* stoßen auf (+*acc*).
encourage [ɪn'kʌrɪdʒ] *vt* ermutigen; **~ment** Ermutigung *f*, Förderung *f*.
encouraging [ɪn'kʌrɪdʒɪŋ] *a* ermutigend, vielversprechend.
encroach [ɪn'krəʊtʃ] *vi* eindringen ((*up*)*on* in +*acc*), überschreiten ((*up*)*on acc*).
encyclop(a)edia [ensaɪkləʊ'pi:dɪə] *n* Konversationslexikon *nt*.
end [end] *n* Ende *nt*, Schluß *m*; (*purpose*) Zweck *m*; *a* End-; *vt* beenden; *vi* zu Ende gehen; **~ up** *vi* landen.
endanger [ɪn'deɪndʒə*] *vt* gefährden.
endeavour [ɪn'devə*] *n* Bestrebung *f*; *vi* sich bemühen.
ending ['endɪŋ] *n* Ende *nt*.
endless ['endlɪs] *a* endlos; *plain* unendlich.
endorse [ɪn'dɔ:s] *vt* unterzeichnen; (*approve*) unterstützen; **~ment** Bestätigung *f*; (*of document*) Unterzeichnung *f*; (*on licence*) Eintrag *m*.

endow [ɪn'daʊ] *vt*: ~ **sb with sth** jdm etw verleihen; (*with money*) jdm etw stiften.
end product ['endprɒdʌkt] *n* Endprodukt *nt*.
endurable [ɪn'djʊərəbl] *a* erträglich.
endurance [ɪn'djʊərəns] *n* Ausdauer *f*; (*suffering*) Ertragen *nt*.
endure [ɪn'djʊə*] *vt* ertragen; *vi* (*last*) (fort)dauern.
enemy ['enɪmɪ] *n* Feind *m*; *a* feindlich.
energetic [enə'dʒetɪk] *a* tatkräftig.
energy ['enədʒɪ] *n* (*of person*) Energie *f*, Tatkraft *f*; (*Phys*) Energie *f*.
enervating ['enɜ:veɪtɪŋ] *a* nervenaufreibend.
enforce [ɪn'fɔ:s] *vt* durchsetzen; *obedience* erzwingen.
engage [ɪn'geɪdʒ] *vt* (*employ*) einstellen; (*in conversation*) verwickeln; (*Mil*) angreifen; (*Tech*) einrasten lassen, einschalten; ~**d** *a* verlobt; (*Tel, toilet*) besetzt; (*busy*) beschäftigt, unabkömmlich; **to get** ~**d** sich verloben; ~**ment** (*appointment*) Verabredung *f*; (*to marry*) Verlobung *f*; (*Mil*) Gefecht *nt*; ~**ment ring** Verlobungsring *m*.
engaging [ɪn'geɪdʒɪŋ] *a* gewinnend.
engender [ɪn'dʒendə*] *vt* hervorrufen.
engine ['endʒɪn] *n* (*Aut*) Motor *m*; (*Rail*) Lokomotive *f*; ~**er** [endʒɪnɪə*] Ingenieur *m*; (*US Rail*) Lokomotivführer *m*; ~**ering** [endʒɪ'nɪərɪŋ] Technik *f*; Maschinenbau *m*; ~ **failure,** ~ **trouble** Maschinenschaden *m*; (*Aut*) Motorschaden *m*.
engrave [ɪn'greɪv] *vt* (*carve*) einschneiden; (*fig*) tief einprägen; (*print*) gravieren.
engraving [ɪn'greɪvɪŋ] *n* Stich *m*.
engrossed [ɪn'grəʊst] *a* vertieft.
engulf [ɪn'gʌlf] *vt* verschlingen.
enhance [ɪn'hɑ:ns] *vt* steigern, heben.
enigma [ɪ'nɪgmə] *n* Rätsel *nt*; ~**tic** [enɪg'mætɪk] *a* rätselhaft.
enjoy [ɪn'dʒɔɪ] *vt* genießen; *privilege* besitzen; ~**able** *a* erfreulich; ~**ment** Genuß *m*, Freude *f*.
enlarge [ɪn'lɑ:dʒ] *vt* erweitern; (*Phot*) vergrößern; **to** ~ **on sth** etw weiter ausführen; ~**ment** Vergrößerung *f*.
enlighten [ɪn'laɪtn] *vt* aufklären; ~**ment** Aufklärung *f*.
enlist [ɪn'lɪst] *vt* gewinnen; *vi* (*Mil*) sich melden.
enmity ['enmɪtɪ] *n* Feindschaft *f*.
enormity [ɪ'nɔ:mɪtɪ] *n* Ungeheuerlichkeit *f*.
enormous *a*, ~**ly** *ad* [ɪ'nɔ:məs, -lɪ] ungeheuer.
enough [ɪ'nʌf] *a* genug; *ad* genug, genügend; ~**!** genug!; **that's** ~**!** das reicht!
enquire [ɪn'kwaɪə*] = **inquire**.
enrich [ɪn'rɪtʃ] *vt* bereichern.
enrol [ɪn'rəʊl] *vt* (*Mil*) anwerben; *vi* (*register*) sich anmelden; ~**ment** (*for course*) Anmeldung *f*; (*Univ*) Einschreibung *f*.
en route [ɑ̃:n'ru:t] *ad* unterwegs.
ensign ['ensaɪn] *n* (*Naut*) Flagge *f*; (*Mil*) Fähnrich *m*.
enslave [ɪn'sleɪv] *vt* versklaven.
ensue [ɪn'sju:] *vi* folgen, sich ergeben.
ensuing [ɪn'sju:ɪŋ] *a* (nach)folgend.
ensure [ɪn'ʃʊə*] *vt* garantieren.
entail [ɪn'teɪl] *vt* mit sich bringen.
enter ['entə*] *vt* eintreten in (+*dat*), betreten; *club* beitreten (+*dat*); (*in book*) eintragen; *vi* hereinkommen, hineingehen; ~ **for** *vt* sich beteiligen an (+*dat*); ~ **into** *vt agreement* eingehen; *argument* sich einlassen auf (+*acc*); ~ **upon** *vt* beginnen.
enterprise ['entəpraɪz] *n* (*in person*) Initiative *f*, Unternehmungsgeist *m*; (*Comm*) Unternehmen *nt*, Betrieb *m*.
enterprising ['entəpraɪzɪŋ] *a* unternehmungslustig.
entertain [entə'teɪn] *vt guest* bewirten; (*amuse*) unterhalten; ~**er** Unterhaltungskünstler(in *f*) *m*; ~**ing** *a* unterhaltend, amüsant; ~**ment** (*amusement*) Unterhaltung *f*; (*show*) Veranstaltung *f*.
enthralled [ɪn'θrɔ:ld] *a* gefesselt.
enthusiasm [ɪn'θu:zɪæzəm] *n* Begeisterung *f*.
enthusiast [ɪn'θu:zɪæst] *n* Enthusiast *m*, Schwärmer(in *f*) *m*; ~**ic** [ɪnθu:zɪ'æstɪk] *a* begeistert.
entice [ɪn'taɪs] *vt* verleiten, locken.
entire [ɪn'taɪə*] *a* ganz; ~**ly** *ad* ganz, völlig; ~**ty** [ɪn'taɪərətɪ]: **in its** ~**ty** in seiner Gesamtheit.
entitle [ɪn'taɪtl] *vt* (*allow*) berechtigen; (*name*) betiteln.
entity ['entɪtɪ] *n* Ding *nt*, Wesen *nt*.
entrance ['entrəns] *n* Eingang *m*; (*entering*) Eintritt *m*; [ɪn'trɑ:ns] *vt* hinreißen; ~ **examination** Aufnahmeprüfung *f*; ~ **fee** Eintrittsgeld *nt*.
entrancing [ɪn'trɑnsɪŋ] *a* bezaubernd.
entrant ['entrənt] *n* (*for exam*) Kandidat *m*; (*into job*) Anfänger *m*; (*Mil*) Rekrut *m*; (*in race*) Teilnehmer *m*.
entreat [ɪn'tri:t] *vt* anflehen, beschwören; ~**y** flehende Bitte *f*, Beschwörung *f*.
entrée ['ɒntreɪ] *n* Zwischengang *m*.
entrenched [ɪn'trentʃt] *a* (*fig*) verwurzelt.
entrust [ɪn'trʌst] *vt* anvertrauen (*sb with sth* jdm etw).
entry ['entrɪ] *n* Eingang *m*; (*Theat*) Auftritt *m*; (*in account*) Eintragung *f*; (*in dictionary*) Eintrag *m*; **'no** ~**'** 'Eintritt verboten'; (*for cars*) 'Einfahrt verboten'; ~ **form** Anmeldeformular *nt*.
enunciate [ɪ'nʌnsɪeɪt] *vt* (deutlich) aussprechen.
envelop [ɪn'veləp] *vt* einhüllen; ~**e** ['envələʊp] *n* Umschlag *m*.
enviable ['envɪəbl] *a* beneidenswert.
envious ['envɪəs] *a* neidisch.
environment [ɪn'vaɪərənmənt] *n* Umgebung *f*; (*ecology*) Umwelt *f*; ~**al** [ɪnvaɪərən'mentl] *a* Umwelt-.
envisage [ɪn'vɪzɪdʒ] *vt* sich (*dat*) vorstellen; (*plan*) ins Auge fassen.
envoy ['envɔɪ] *n* Gesandte(r) *mf*.
envy ['envɪ] *n* Neid *m*; (*object*) Gegenstand *m* des Neides; *vt* beneiden (*sb sth* jdn um etw).

enzyme ['enzaım] *n* Enzym *nt.*
ephemeral [ı'femərəl] *a* kurzlebig, vorübergehend.
epic ['epık] *n* Epos *nt*; (*film*) Großfilm *m*; *a* episch; (*fig*) heldenhaft.
epidemic [epı'demık] *n* Epidemie *f.*
epigram ['epıgræm] *n* Epigramm *nt.*
epilepsy ['epılepsı] *n* Epilepsie *f.*
epileptic [epı'leptık] *a* epileptisch; *n* Epileptiker(in *f*) *m.*
epilogue ['epılɒg] *n* (*of drama*) Epilog *m*; (*of book*) Nachwort *nt.*
episode ['epısəʊd] *n* (*incident*) Vorfall *m*; (*story*) Episode *f.*
epistle [ı'pısl] *n* Brief *m.*
epitaph ['epıtɑ:f] *n* Grab(in)schrift *f.*
epitome [ı'pıtəmı] *n* Inbegriff *m.*
epitomize [ı'pıtəmaız] *vt* verkörpern.
epoch ['i:pɒk] *n* Epoche *f.*
equable ['ekwəbl] *a* ausgeglichen.
equal ['i:kwl] *a* gleich; ~ **to the task** der Aufgabe gewachsen; *n* Gleichgestellte(r) *mf*; *vt* gleichkommen (+*dat*); **two times two ~s four** zwei mal zwei ist (gleich) vier; **without** ~ ohne seinesgleichen; **~ity** [ı'kwɒlıtı] Gleichheit *f*; (*equal rights*) Gleichberechtigung *f*; **~ize** *vt* gleichmachen; *vi* (*Sport*) ausgleichen; **~izer** (*Sport*) Ausgleich(streffer) *m*; **~ly** *ad* gleich; **~s sign** Gleichheitszeichen *nt.*
equanimity [ekwə'nımıtı] *n* Gleichmut *m.*
equate [ı'kweıt] *vt* gleichsetzen.
equation [ı'kweıʒən] *n* Gleichung *f.*
equator [ı'kweıtə*] *n* Äquator *m*; **~ial** [ekwə'tɔ:rıəl] *a* Äquator-.
equilibrium [i:kwı'lıbrıəm] *n* Gleichgewicht *nt.*
equinox ['i:kwınɒks] *n* Tag- und Nachtgleiche *f.*
equip [ı'kwıp] *vt* ausrüsten; **~ment** Ausrüstung *f*; (*Tech*) Gerät *nt.*
equitable ['ekwıtəbl] *a* gerecht, billig.
equity ['ekwıtı] *n* Billigkeit *f*, Gerechtigkeit *f.*
equivalent [ı'kwıvələnt] *a* gleichwertig (*to dat*), entsprechend (*to dat*); *n* (*amount*) gleiche Menge *f*; (*in money*) Gegenwert *m*; Äquivalent *nt.*
equivocal [ı'kwıvəkəl] *a* zweideutig; (*suspect*) fragwürdig.
era ['ıərə] *n* Epoche *f*, Ära *f.*
eradicate [ı'rædıkeıt] *vt* ausrotten.
erase [ı'reız] *vt* ausradieren; *tape* löschen; **~r** Radiergummi *m.*
erect [ı'rekt] *a* aufrecht; *vt* errichten; **~ion** Errichtung *f*; (*Physiol*) Erektion *f.*
ermine ['ɜ:mın] *n* Hermelin(pelz) *m.*
erode [ı'rəʊd] *vt* zerfressen; *land* auswaschen.
erosion [ı'rəʊʒən] *n* Auswaschen *nt*, Erosion *f.*
erotic [ı'rɒtık] *a* erotisch; **~ism** [ı'rɒtısızəm] Erotik *f.*
err [ɜ:*] *vi* sich irren.
errand ['erənd] *n* Besorgung *f*; ~ **boy** Laufbursche *m.*
erratic [ı'rætık] *a* sprunghaft; *driving* unausgeglichen.
erroneous [ı'rəʊnıəs] *a* irrig, irrtümlich.
error ['erə*] *n* Fehler *m.*
erudite ['erʊdaıt] *a* gelehrt.
erudition [erʊ'dıʃən] *n* Gelehrsamkeit *f.*
erupt [ı'rʌpt] *vi* ausbrechen; **~ion** Ausbruch *m.*
escalate ['eskəleıt] *vt* steigern; *vi* sich steigern.
escalator ['eskəleıtə*] *n* Rolltreppe *f.*
escapade ['eskəpeıd] *n* Eskapade *f*, Streich *m.*
escape [ıs'keıp] *n* Flucht *f*; (*of gas*) Entweichen *nt*; *vti* entkommen (+*dat*); (*prisoners*) fliehen; (*leak*) entweichen; **to ~ notice** unbemerkt bleiben; **the word ~s me** das Wort ist mir entfallen.
escapism [ıs'keıpızəm] *n* Flucht *f* (vor der Wirklichkeit).
escort ['eskɔ:t] *n* (*person accompanying*) Begleiter *m*; (*guard*) Eskorte *f*; [ıs'kɔ:t] *vt lady* begleiten; (*Mil*) eskortieren.
especially [ıs'peʃəlı] *ad* besonders.
espionage ['espıənɑ:ʒ] *n* Spionage *f.*
esplanade ['esplәneıd] *n* Esplanade *f*, Promenade *f.*
Esquire [ıs'kwaıə*] *n* (*in address*) **J. Brown, Esq** Herrn J. Brown.
essay ['eseı] *n* Aufsatz *m*; (*Liter*) Essay *m.*
essence ['esəns] *n* (*quality*) Wesen *nt*; (*extract*) Essenz *f*, Extrakt *m.*
essential [ı'senʃəl] *a* (*necessary*) unentbehrlich; (*basic*) wesentlich; *n* Hauptbestandteil *m*, Allernötigste(s) *nt*; **~ly** *ad* in der Hauptsache, eigentlich.
establish [ıs'tæblıʃ] *vt* (*set up*) gründen, einrichten; (*prove*) nachweisen; **~ment** (*setting up*) Einrichtung *f*; (*business*) Unternehmen *nt*; **the E~ment** das Establishment.
estate [ıs'teıt] *n* Gut *nt*; (*housing* —) Siedlung *f*; (*will*) Nachlaß *m*; ~ **agent** Grundstücksmakler *m*; ~ **car** (*Brit*) Kombiwagen *m.*
esteem [ıs'ti:m] *n* Wertschätzung *f.*
estimate ['estımət] *n* (*opinion*) Meinung *f*; (*of price*) (Kosten)voranschlag *m*; ['estımeıt] *vt* schätzen.
estimation [estı'meıʃən] *n* Einschätzung *f*; (*esteem*) Achtung *f.*
estuary ['estjʊərı] *n* Mündung *f.*
etching ['etʃıŋ] *n* Kupferstich *m.*
eternal *a*, **~ly** *ad* [ı'tɜ:nl, -nəlı] ewig.
eternity [ı'tɜ:nıtı] *n* Ewigkeit *f.*
ether ['i:θə*] *n* (*Med*) Äther *m.*
ethical ['eθıkəl] *a* ethisch.
ethics ['eθıks] *npl* Ethik *f.*
ethnic ['eθnık] *a* Volks-, ethnisch.
etiquette ['etıket] *n* Etikette *f.*
Eucharist ['ju:kərıst] *n* heilige(s) Abendmahl *nt.*
eulogy ['ju:lədʒı] *n* Lobrede *f.*
eunuch ['ju:nək] *n* Eunuch *m.*
euphemism ['ju:fımızəm] *n* Euphemismus *m.*
euphoria [ju:'fɔ:rıə] *n* Taumel *m*, Euphorie *f.*
euthanasia [ju:θə'neızıə] *n* Euthanasie *f.*
evacuate [ı'vækjʊeıt] *vt place* räumen; *people* evakuieren; (*Med*) entleeren.

evacuation [ɪvækjʊ'eɪʃən] *n* Evakuierung *f*; Räumung *f*; Entleerung *f*.
evade [ɪ'veɪd] *vt* (*escape*) entkommen (+*dat*); (*avoid*) meiden; *duty* sich entziehen (+*dat*).
evaluate [ɪ'væljʊeɪt] *vt* bewerten; *information* auswerten.
evangelical [i:væn'dʒelɪkəl] *a* evangelisch.
evangelist [ɪ'vændʒəlɪst] *n* Evangelist *m*.
evaporate [ɪ'væpəreɪt] *vi* verdampfen; *vt* verdampfen lassen; **~d milk** Kondensmilch *f*.
evaporation [ɪvæpə'reɪʃən] *n* Verdunstung *f*.
evasion [ɪ'veɪʒən] *n* Umgehung *f*; (*excuse*) Ausflucht *f*.
evasive [ɪ'veɪzɪv] *a* ausweichend.
even ['i:vən] *a* eben; gleichmäßig; *score etc* unentschieden; *number* gerade; *vt* (ein)ebnen, glätten; *ad* **~ you** selbst *or* sogar du; **he ~ said ...** er hat sogar gesagt ...; **~ as he spoke** (gerade) da er sprach; **~ if** sogar *or* selbst wenn, wenn auch; **~ so** dennoch; **~ out** *or* **up** *vi* sich ausgleichen; *vt* ausgleichen; **get ~** sich revanchieren.
evening ['i:vnɪŋ] *n* Abend *m*; **in the ~** abends, am Abend; **~ class** Abendschule *f*; **~ dress** (*man's*) Gesellschaftsanzug *m*; (*woman's*) Abendkleid *nt*.
evenly ['i:vənlɪ] *ad* gleichmäßig.
evensong ['i:vənsɒŋ] *n* (*Rel*) Abendandacht *f*.
event [ɪ'vent] *n* (*happening*) Ereignis *nt*; (*Sport*) Disziplin *f*; (*horses*) Rennen *nt*; **the next ~** der nächste Wettkampf; **in the ~ of** im Falle (+*gen*); **~ful** *a* ereignisreich.
eventual [ɪ'ventʃʊəl] *a* (*final*) schließlich; **~ity** [ɪventʃʊ'ælɪtɪ] Möglichkeit *f*; **~ly** *ad* (*at last*) am Ende; (*given time*) schließlich.
ever ['evə*] *ad* (*always*) immer; (*at any time*) je(mals); **~ so big** sehr groß; **~ so many** sehr viele; **~green** *a* immergrün; *n* Immergrün *nt*; **~-lasting** *a* immerwährend.
every ['evrɪ] *a* jeder/jede/jedes; **~ day** jeden Tag; **~ other day** jeden zweiten Tag; **~body** *pron* jeder, alle *pl*; **~day** *a* (*daily*) täglich; (*commonplace*) alltäglich, Alltags-; **~one = ~body**; **~ so often** hin und wieder; **~thing** *pron* alles; **~where** *ad* überall.
evict [ɪ'vɪkt] *vt* ausweisen; **~ion** Ausweisung *f*.
evidence ['evɪdəns] *n* (*sign*) Spur *f*; (*proof*) Beweis *m*; (*testimony*) Aussage *f*; **in ~** (*obvious*) zu sehen.
evident ['evɪdənt] *a* augenscheinlich; **~ly** *ad* offensichtlich.
evil ['i:vl] *a* böse, übel; *n* Übel *nt*; Unheil *nt*; (*sin*) Böse(s) *nt*.
evocative [ɪ'vɒkətɪv] *a* **to be ~ of sth** an etw (*acc*) erinnern.
evoke [ɪ'vəʊk] *vt* hervorrufen.
evolution [i:və'lu:ʃən] *n* Entwicklung *f*; (*of life*) Evolution *f*.
evolve [ɪ'vɒlv] *vt* entwickeln; *vi* sich entwickeln.
ewe [ju:] *n* Mutterschaf *nt*.
ex- [eks] *a* Ex-, Alt-, ehemalig.
exact *a*, **~ly** *ad* [ɪg'zækt, -lɪ] genau; *vt* (*demand*) verlangen; (*compel*) erzwingen; *money, fine* einziehen; *punishment* vollziehen; **~ing** *a* anspruchsvoll; **~itude** Genauigkeit *f*; **~ness** Genauigkeit *f*, Richtigkeit *f*.
exaggerate [ɪg'zædʒəreɪt] *vti* übertreiben; **~d** *a* übertrieben.
exaggeration [ɪgzædʒə'reɪʃən] *n* Übertreibung *f*.
exalt [ɪg'zɔ:lt] *vt* (*praise*) verherrlichen.
exam [ɪg'zæm] *n* Prüfung *f*.
examination [ɪgzæmɪ'neɪʃən] *n* Untersuchung *f*; (*Sch, Univ*) Prüfung *f*, Examen *nt*; (*customs*) Kontrolle *f*.
examine [ɪg'zæmɪn] *vt* untersuchen; (*Sch*) prüfen; (*consider*) erwägen; **~r** Prüfer *m*.
example [ɪg'zɑ:mpl] *n* Beispiel *nt*; **for ~** zum Beispiel.
exasperate [ɪg'zɑ:spəreɪt] *vt* zum Verzweifeln bringen.
exasperating [ɪg'zɑ:spəreɪtɪŋ] *a* ärgerlich, zum Verzweifeln bringend.
exasperation [ɪgzɑ:spə'reɪʃən] *n* Verzweiflung *f*.
excavate ['ekskəveɪt] *vt* (*hollow out*) aushöhlen; (*unearth*) ausgraben.
excavation [ekskə'veɪʃən] *n* Ausgrabung *f*.
excavator ['ekskəveɪtə*] *n* Bagger *m*.
exceed [ɪk'si:d] *vt* überschreiten; *hopes* übertreffen; **~ingly** *ad* in höchstem Maße.
excel [ɪk'sel] *vi* sich auszeichnen; *vt* übertreffen; **~lence** ['eksələns] Vortrefflichkeit *f*; **His E~lency** ['eksələnsɪ] Seine Exzellenz *f*; **~lent** ['eksələnt] *a* ausgezeichnet.
except [ɪk'sept] *prep* (*also* **~ for**) außer (+*dat*); *vt* ausnehmen; **~ing** *prep* = **except**; **~ion** [ɪk'sepʃən] Ausnahme *f*; **to take ~ion to** Anstoß nehmen an (+*dat*); **~ional** *a*, **~ionally** *ad* [ɪk'sepʃənl, -nəlɪ] außergewöhnlich.
excerpt ['eksɜ:pt] *n* Auszug *m*.
excess [ek'ses] *n* Übermaß *nt* (*of* an +*dat*); Exzeß *m*; *a money* Nach-; *baggage* Mehr-; **~es** *pl* Ausschweifungen *pl*, Exzesse *pl*; (*violent*) Ausschreitungen *pl*; **~ weight** (*of thing*) Mehrgewicht *nt*; (*of person*) Übergewicht *nt*; **~ive** *a*, **~ively** *ad* übermäßig.
exchange [ɪks'tʃeɪndʒ] *n* Austausch *m*; (*Fin*) Wechselstube *f*; (*Tel*) Vermittlung *f*, Zentrale *f*; (*Post Office*) (Fernsprech)amt *nt*; *vt goods* tauschen; *greetings* austauschen; *money, blows* wechseln; *see* **rate**.
exchequer [ɪks'tʃekə*] *n* Schatzamt *nt*.
excisable [ek'saɪzɪbl] *a* (verbrauchs)steuerpflichtig.
excise ['eksaɪz] *n* Verbrauchssteuer *f*; [ek'saɪz] *vt* (*Med*) herausschneiden.
excitable [ɪk'saɪtəbl] *a* erregbar, nervös.
excite [ɪk'saɪt] *vt* erregen; **~d** *a* aufgeregt; **to get ~d** sich aufregen; **~ment** Aufgeregtheit *f*; (*of interest*) Erregung *f*.
exciting [ɪk'saɪtɪŋ] *a* aufregend; *book, film* spannend.
exclaim [ɪks'kleɪm] *vi* ausrufen.
exclamation [eksklə'meɪʃən] *n* Ausruf *m*;

~ **mark** Ausrufezeichen *nt.*
exclude [ɪks'klu:d] *vt* ausschließen.
exclusion [ɪks'klu:ʒən] *n* Ausschluß *m.*
exclusive [ɪks'klu:sɪv] *a* (*select*) exklusiv; (*sole*) ausschließlich, Allein-; ~ **of** exklusive (+*gen*); ~**ly** *ad* nur, ausschließlich.
excommunicate [ekskə'mju:nɪkeɪt] *vt* exkommunizieren.
excrement ['ekskrɪmənt] *n* Kot *m.*
excruciating [ɪks'kru:ʃɪeɪtɪŋ] *a* qualvoll.
excursion [ɪks'kɜ:ʃən] *n* Ausflug *m.*
excusable [ɪks'kju:zəbl] *a* entschuldbar.
excuse [ɪks'kju:s] *n* Entschuldigung *f*; [ɪks'kju:z] *vt* entschuldigen; ~ **me!** entschuldigen Sie!
execute ['eksɪkju:t] *vt* (*carry out*) ausführen; (*kill*) hinrichten.
execution [eksɪ'kju:ʃən] *n* Ausführung *f*; (*killing*) Hinrichtung *f*; ~**er** Scharfrichter *m.*
executive [ɪg'zekjʊtɪv] *n* (*Comm*) leitende(r) Angestellte(r) *m,* Geschäftsführer *m*; (*Pol*) Exekutive *f*; *a* Exekutiv-, ausführend.
executor [ɪg'zekjʊtə*] *n* Testamentsvollstrecker *m.*
exemplary [ɪg'zemplərɪ] *a* musterhaft.
exemplify [ɪg'zemplɪfaɪ] *vt* veranschaulichen.
exempt [ɪg'zempt] *a* befreit; *vt* befreien; ~**ion** [ɪg'zempʃən] Befreiung *f.*
exercise ['eksəsaɪz] *n* Übung *f*; *vt power* ausüben; *muscle, patience* üben; *dog* ausführen; ~ **book** (Schul)heft *nt.*
exert [ɪg'zɜ:t] *vt influence* ausüben; ~ **o.s.** sich anstrengen; ~**ion** Anstrengung *f.*
exhaust [ɪg'zɔ:st] *n* (*fumes*) Abgase *pl*; (*pipe*) Auspuffrohr *nt*; *vt* (*weary*) ermüden; (*use up*) erschöpfen; ~**ed** *a* erschöpft; ~**ing** *a* anstrengend; ~**ion** Erschöpfung *f*; ~**ive** *a* erschöpfend.
exhibit [ɪg'zɪbɪt] *n* (*Art*) Ausstellungsstück *nt*; (*Jur*) Beweisstück *nt*; *vt* ausstellen; ~**ion** [eksɪ'bɪʃən] (*Art*) Ausstellung *f*; (*of temper etc*) Zurschaustellung *f*; ~**ionist** [eksɪ'bɪʃənɪst] Exhibitionist *m*; ~**or** Aussteller *m.*
exhilarating [ɪg'zɪləreɪtɪŋ] *a* erhebend.
exhilaration [ɪgzɪlə'reɪʃən] *n* erhebende(s) Gefühl *nt.*
exhort [ɪg'zɔ:t] *vt* ermahnen; beschwören.
exile ['eksaɪl] *n* Exil *nt*; (*person*) im Exil Lebende(r) *mf*; *vt* verbannen; **in** ~ im Exil.
exist [ɪg'zɪst] *vi* existieren; (*live*) leben; ~**ence** Existenz *f*; (*way of life*) Leben *nt,* Existenz *f*; ~**ing** *a* vorhanden, bestehend.
exit ['eksɪt] *n* Ausgang *m*; (*Theat*) Abgang *m.*
exonerate [ɪg'zɒnəreɪt] *vt* entlasten.
exorbitant [ɪg'zɔ:bɪtənt] *a* übermäßig; *price* Phantasie-.
exotic [ɪg'zɒtɪk] *a* exotisch.
expand [ɪks'pænd] *vt* (*spread*) ausspannen; *operations* ausdehnen; *vi* sich ausdehnen.
expanse [ɪks'pæns] *n* weite Fläche *f,* Weite *f.*
expansion [ɪks'pænʃən] *n* Erweiterung *f.*
expatriate [eks'pætrɪeɪt] *a* Exil-; *n* im Exil Lebende(r) *mf*; *vt* ausbürgern.
expect [ɪks'pekt] *vt* erwarten; (*suppose*) annehmen; *vi*: **to be** ~**ing** ein Kind erwarten; ~**ant** *a* (*hopeful*) erwartungsvoll; *mother* werdend; ~**ation** [ekspek'teɪʃən] (*hope*) Hoffnung *f*; ~**ations** *pl* Erwartungen *pl*; (*prospects*) Aussicht *f.*
expedience [ɪks'pi:dɪəns], **expediency** [ɪks'pi:dɪənsɪ] *n* Zweckdienlichkeit *f.*
expedient [ɪks'pi:dɪənt] *a* zweckdienlich; *n* (Hilfs)mittel *nt.*
expedite ['ekspɪdaɪt] *vt* beschleunigen.
expedition [ekspɪ'dɪʃən] *n* Expedition *f.*
expel [ɪks'pel] *vt* ausweisen; *student* (ver)weisen.
expend [ɪks'pend] *vt money* ausgeben; *effort* aufwenden; ~**able** *a* entbehrlich; ~**iture** Kosten *pl,* Ausgaben *pl.*
expense [ɪks'pens] *n* (*cost*) Auslage *f,* Ausgabe *f*; (*high cost*) Aufwand *m*; ~**s** *pl* Spesen *pl*; **at the** ~ **of** auf Kosten von; ~ **account** Spesenkonto *nt.*
expensive [ɪks'pensɪv] *a* teuer.
experience [ɪks'pɪərɪəns] *n* (*incident*) Erlebnis *nt*; (*practice*) Erfahrung *f*; *vt* erfahren, erleben; *hardship* durchmachen; ~**d** *a* erfahren.
experiment [ɪks'perɪmənt] *n* Versuch *m,* Experiment *nt*; [ɪks'perɪment] *vi* experimentieren; ~**al** [ɪksperɪ'mentl] *a* versuchsweise, experimentell.
expert ['ekspɜ:t] *n* Fachmann *m*; (*official*) Sachverständige(r) *m*; *a* erfahren; (*practised*) gewandt; ~**ise** [ekspə'ti:z] Sachkenntnis *f.*
expiration [ekspaɪə'reɪʃən] *n* (*breathing*) Ausatmen *nt*; (*fig*) Ablauf *m.*
expire [ɪks'paɪə*] *vi* (*end*) ablaufen; (*die*) sterben; (*ticket*) verfallen.
expiry [ɪks'paɪərɪ] *n* Ablauf *m.*
explain [ɪks'pleɪn] *vt* (*make clear*) erklären; (*account for*) begründen; ~ **away** *vt* wegerklären.
explanation [eksplə'neɪʃən] *n* Erklärung *f.*
explanatory [ɪks'plænətərɪ] *a* erklärend.
explicable [eks'plɪkəbl] *a* erklärlich.
explicit [ɪks'plɪsɪt] *a* (*clear*) ausdrücklich; (*outspoken*) deutlich; ~**ly** *ad* deutlich.
explode [ɪks'pləʊd] *vi* explodieren; *vt bomb* zur Explosion bringen; *theory* platzen lassen.
exploit ['eksplɔɪt] *n* (Helden)tat *f*; [ɪks'plɔɪt] *vt* ausbeuten; ~**ation** [eksplɔɪ'teɪʃən] Ausbeutung *f.*
exploration [eksplɔ:'reɪʃən] *n* Erforschung *f.*
exploratory [eks'plɒrətərɪ] *a* sondierend, Probe-.
explore [ɪks'plɔ:*] *vt* (*travel*) erforschen; (*search*) untersuchen; ~**r** Forschungsreisende(r) *mf,* Erforscher(in *f*) *m.*
explosion [ɪks'pləʊʒən] *n* (*lit*) Explosion *f*; (*fig*) Ausbruch *m.*
explosive [ɪks'pləʊzɪv] *a* explosiv, Spreng-; *n* Sprengstoff *m.*
exponent [eks'pəʊnənt] *n* Exponent *m.*
export [eks'pɔ:t] *vt* exportieren; ['ekspɔ:t] *n* Export *m*; *a trade* Export-; ~**ation**

[ekspɔ:'teɪʃən] Ausfuhr *f*; **~er** Exporteur *m*.
expose [ɪks'pəʊz] *vt* (*to danger etc*) aussetzen (*to dat*); *imposter* entlarven; *lie* aufdecken.
exposé [eks'pəʊzeɪ] *n* (*of scandal*) Enthüllung *f*.
exposed [ɪks'pəʊzd] *a position* exponiert.
exposure [ɪks'pəʊʒə*] *m* (*Med*) Unterkühlung *f*; (*Phot*) Belichtung *f*; **~ meter** Belichtungsmesser *m*.
expound [ɪks'paʊnd] *vt* entwickeln.
express [ɪks'pres] *a* ausdrücklich; (*speedy*) Expreß-, Eil-; *n* (*Rail*) Zug *m*; *vt* ausdrücken; **to ~ o.s.** sich ausdrücken; **~ion** [ɪks'preʃən] (*phrase*) Ausdruck *m*; (*look*) (Gesichts)ausdruck *m*; **~ive** *a* ausdrucksvoll; **~ly** *ad* ausdrücklich, extra.
expropriate [eks'prəʊprɪeɪt] *vt* enteignen.
expulsion [ɪks'pʌlʃən] *n* Ausweisung *f*.
exquisite [eks'kwɪzɪt] *a* erlesen; **~ly** *ad* ausgezeichnet.
extend [ɪks'tend] *vt visit etc* verlängern; *building* vergrößern, ausbauen; *hand* ausstrecken; *welcome* bieten.
extension [ɪks'tenʃən] *n* Erweiterung *f*; (*of building*) Anbau *m*; (*Tel*) Nebenanschluß *m*, Apparat *m*.
extensive [ɪks'tensɪv] *a knowledge* umfassend; *use* weitgehend.
extent [ɪks'tent] *n* Ausdehnung *f*; (*fig*) Ausmaß *nt*.
extenuating [eks'tenjʊeɪtɪŋ] *a* mildernd.
exterior [eks'tɪərɪə*] *a* äußere(r,s), Außen-; *n* Äußere(s) *nt*.
exterminate [eks'tɜ:mɪneɪt] *vt* ausrotten.
extermination [ekstɜ:mɪ'neɪʃən] *n* Ausrottung *f*.
external [eks'tɜ:nl] *a* äußere(r,s), Außen-; **~ly** *ad* äußerlich.
extinct [ɪks'tɪŋkt] *a* ausgestorben; **~ion** [ɪks'tɪŋkʃən] Aussterben *nt*.
extinguish [ɪks'tɪŋgwɪʃ] *vt* (aus)löschen; **~er** Löschgerät *nt*.
extort [ɪks'tɔ:t] *vt* erpressen (*sth from sb* jdn um etw); **~ion** [ɪks'tɔ:ʃən] Erpressung *f*; **~ionate** [ɪks'tɔ:ʃənɪt] *a* überhöht, erpresserisch.
extra ['ekstrə] *a* zusätzlich; *ad* besonders; *n* (*work*) Sonderarbeit *f*; (*benefit*) Sonderleistung *f*; (*charge*) Zuschlag *m*; (*Theat*) Statist *m*.
extract [ɪks'trækt] *vt* (heraus)ziehen; (*select*) auswählen; ['ekstrækt] *n* (*from book etc*) Auszug *m*; (*Cook*) Extrakt *m*; **~ion** (Heraus)ziehen *nt*; (*origin*) Abstammung *f*.
extradite ['ekstrədaɪt] *vt* ausliefern.
extradition [ekstrə'dɪʃən] *n* Auslieferung *f*.
extraneous [eks'treɪnɪəs] *a* unwesentlich; *influence* äußere(r,s).
extraordinary [ɪks'trɔ:dnrɪ] *a* außerordentlich; (*amazing*) erstaunlich.
extravagance [ɪks'trævəgəns] *n* Verschwendung *f*; (*lack of restraint*) Zügellosigkeit *f*; (*an* —) Extravaganz *f*.
extravagant [ɪks'trævəgənt] *a* extravagant.
extreme [ɪks'tri:m] *a edge* äußerste(r,s), hinterste(r,s); *cold* äußerste(r,s); *behaviour* außergewöhnlich, übertrieben; *n* Extrem *nt*, das Äußerste; **~s** *pl* (*excesses*) Ausschreitungen *pl*; (*opposites*) Extreme *pl*; **~ly** *ad* äußerst, höchst.
extremist [ɪks'tri:mɪst] *a* extremistisch; *n* Extremist(in *f*) *m*.
extremity [ɪks'tremɪtɪ] *n* (*end*) Spitze *f*, äußerste(s) Ende *nt*; (*hardship*) bitterste Not *f*; (*Anat*) Hand *f*; Fuß *m*.
extricate ['ekstrɪkeɪt] *vt* losmachen, befreien.
extrovert ['ekstrəʊvɜ:t] *n* Extravertierte(r) *mf*; *a* extravertiert.
exuberance [ɪg'zu:bərəns] *n* Überschwang *m*.
exuberant [ɪg'zu:bərənt] *a* ausgelassen.
exude [ɪg'zju:d] *vt* absondern; *vi* sich absondern.
exult [ɪg'zʌlt] *vi* frohlocken; **~ation** [egzʌl'teɪʃən] Jubel *m*.
eye [aɪ] *n* Auge *nt*; (*of needle*) Öhr *nt*; *vt* betrachten; (*up and down*) mustern; **to keep an ~ on** aufpassen auf (+*acc*); **in the ~s of** in den Augen (+*gen*); **up to the ~s in** bis zum Hals in; **~ball** Augapfel *m*; **~bath** Augenbad *nt*; **~brow** Augenbraue *f*; **~lash** Augenwimper *f*; **~lid** Augenlid *nt*; **that was an ~opener** das hat mir die Augen geöffnet; **~shadow** Lidschatten *m*; **~sight** Sehkraft *f*; **~sore** Schandfleck *m*; **~wash** (*lit*) Augenwasser *nt*; (*fig*) Schwindel *m*; Quatsch *m*; **~ witness** Augenzeuge *m*.

F

F,f [ef] *n* F *nt*, f *nt*.
fable ['feɪbl] *n* Fabel *f*.
fabric ['fæbrɪk] *n* Stoff *m*, Gewebe *nt*; (*fig*) Gefüge *nt*.
fabricate ['fæbrɪkeɪt] *vt* fabrizieren.
fabulous ['fæbjʊləs] *a* (*imaginary*) legendär, sagenhaft; (*unbelievable*) unglaublich; (*wonderful*) fabelhaft, unglaublich.
façade [fə'sɑ:d] *n* (*lit, fig*) Fassade *f*.
face [feɪs] *n* Gesicht *nt*; (*grimace*) Grimasse *f*; (*surface*) Oberfläche *f*; (*of clock*) Zifferblatt *nt*; *vt* (*point towards*) liegen nach; *situation* sich gegenübersehen (+*dat*); *difficulty* mutig entgegentreten (+*dat*); **in the ~ of** angesichts (+*gen*); **to ~ up to sth** einer Sache ins Auge sehen; **~ cream** Gesichtscreme *f*; **~ powder** (Gesichts)puder *m*.
facet ['fæsɪt] *n* Seite *f*, Aspekt *m*; (*of gem*) Kristallfläche *f*, Schliff *m*.
facetious [fə'si:ʃəs] *a* schalkhaft; (*humorous*) witzig; **~ly** *ad* spaßhaft, witzig.
face to face [feɪstə'feɪs] *ad* Auge in Auge, direkt.
face value ['feɪs 'vælju:] *n* Nennwert *m*; (*fig*) **to take sth at its ~** etw für bare Münze nehmen.
facial ['feɪʃəl] *a* Gesichts-.
facile ['fæsaɪl] *a* oberflächlich; (*US: easy*) leicht.
facilitate [fə'sɪlɪteɪt] *vt* erleichtern.
facility [fə'sɪlɪtɪ] *n* (*ease*) Leichtigkeit *f*;

(*skill*) Gewandtheit *f*; **facilities** *pl* Einrichtungen *pl*.

facing ['feɪsɪŋ] *a* zugekehrt; *prep* gegenüber.

facsimile [fæk'sɪmɪlɪ] *n* Faksimile *nt*.

fact [fækt] *n* Tatsache *f*; **in ~** in der Tat.

faction ['fækʃən] *n* Splittergruppe *f*.

factor ['fæktə*] *n* Faktor *m*.

factory ['fæktərɪ] *n* Fabrik *f*.

factual ['fæktjuəl] *a* Tatsachen-, sachlich.

faculty ['fækəltɪ] *n* Fähigkeit *f*; (*Univ*) Fakultät *f*; (*US: teaching staff*) Lehrpersonal *nt*.

fade [feɪd] *vi* (*lose colour*) verschießen, verblassen; (*grow dim*) nachlassen, schwinden; (*sound, memory*) schwächer werden; (*wither*) verwelken; *vt material* verblassen lassen; **~d** *a* verwelkt; *colour* verblichen; **to ~ in/out** (*Cine*) ein-/ausblenden.

fag [fæg] *n* Plackerei *f*; (*col: cigarette*) Kippe *f*; **~ged** *a* (*exhausted*) erschöpft.

Fahrenheit ['færənhaɪt] *n* Fahrenheit.

fail [feɪl] *vt exam* nicht bestehen; *student* durchfallen lassen; (*courage*) verlassen; (*memory*) im Stich lassen; *vi* (*supplies*) zu Ende gehen; (*student*) durchfallen; (*eyesight*) nachlassen; (*light*) schwächer werden; (*crop*) fehlschlagen; (*remedy*) nicht wirken; **~ to do sth** (*neglect*) es unterlassen, etw zu tun; (*be unable*) es nicht schaffen, etw zu tun; **without ~** ganz bestimmt, unbedingt; **~ing** *n* Fehler *m*, Schwäche *f*; *prep* in Ermangelung (+*gen*); **~ing this** falls nicht, sonst; **~ure** (*person*) Versager *m*; (*act*) Versagen *nt*; (*Tech*) Defekt *m*.

faint [feɪnt] *a* schwach, matt; *n* Ohnmacht *f*; *vi* ohnmächtig werden; **~hearted** *a* mutlos, kleinmütig; **~ly** *ad* schwach; **~ness** Schwäche *f*; (*Med*) Schwächegefühl *nt*.

fair [fɛə*] *a* schön; *hair* blond; *skin* hell; *weather* schön, trocken; (*just*) gerecht, fair; (*not very good*) leidlich, mittelmäßig; *conditions* günstig, gut; (*sizeable*) ansehnlich; *ad play* ehrlich, fair; *n* (*Comm*) Messe *f*; (*fun —*) Jahrmarkt *m*; **~ly** *ad* (*honestly*) gerecht, fair; (*rather*) ziemlich; **~ness** Schönheit *f*; (*of hair*) Blondheit *f*; (*of game*) Ehrlichkeit *f*, Fairneß *f*; **~way** (*Naut*) Fahrrinne *f*.

fairy ['fɛərɪ] *n* Fee *f*; **~land** Märchenland *nt*; **~ tale** Märchen *nt*.

faith [feɪθ] *n* Glaube *m*; (*trust*) Vertrauen *nt*; (*sect*) Bekenntnis *nt*, Religion *f*; **~ful** *a*, **~fully** *ad* treu; **yours ~fully** hochachtungsvoll.

fake [feɪk] *n* (*thing*) Fälschung *f*; (*person*) Schwindler *m*; *a* vorgetäuscht; *vt* fälschen.

falcon ['fɔːlkən] *n* Falke *m*.

fall [fɔːl] *n* Fall *m*, Sturz *m*; (*decrease*) Fallen *nt*; (*of snow*) (Schnee)fall *m*; (*US: autumn*) Herbst *m*; *vi irreg* (*lit, fig*) fallen; (*night*) hereinbrechen; **~s** *pl* (*waterfall*) Fälle *pl*; **~ back on** *vt* in Reserve haben; **~ down** *vi* (*person*) hinfallen; (*building*) einstürzen; **~ flat** *vi* (*lit*) platt hinfallen; (*joke*) nicht ankommen; **the plan fell flat** aus dem Plan wurde nichts; **~ for** *vt trick* hereinfallen auf (+*acc*); *person* sich verknallen in (+*acc*); **~ off** *vi* herunterfallen (von); (*diminish*) sich vermindern; **~ out** *vi* sich streiten; **~ through** *vi* (*plan*) ins Wasser fallen.

fallacy ['fæləsɪ] *n* Trugschluß *m*.

fallible ['fæləbl] *a* fehlbar.

fallout ['fɔːlaʊt] *n* radioaktive(r) Niederschlag *m*.

fallow ['fæləʊ] *a* brach(liegend).

false [fɔːls] *a* falsch; (*artificial*) gefälscht, künstlich; **under ~ pretences** unter Vorspiegelung falscher Tatsachen; **~ alarm** Fehlalarm *m*; **~ly** *ad* fälschlicherweise; **~ teeth** *pl* Gebiß *nt*.

falter ['fɔːltə*] *vi* schwanken; (*in speech*) stocken.

fame [feɪm] *n* Ruhm *m*.

familiar [fə'mɪlɪə*] *a* vertraut, bekannt; (*intimate*) familiär; **to be ~ with** vertraut sein mit, gut kennen; **~ity** [fəmɪlɪ'ærɪtɪ] Vertrautheit *f*; **~ize** *vt* vertraut machen.

family ['fæmɪlɪ] *n* Familie *f*; (*relations*) Verwandtschaft *f*; **~ allowance** Kindergeld *nt*; **~ business** Familienunternehmen *nt*; **~ doctor** Hausarzt *m*; **~ life** Familienleben *nt*; **~ planning** Geburtenkontrolle *f*.

famine ['fæmɪn] *n* Hungersnot *f*.

famished ['fæmɪʃt] *a* ausgehungert.

famous ['feɪməs] *a* berühmt.

fan [fæn] *n* (*folding*) Fächer *m*; (*Elec*) Ventilator *m*; (*admirer*) begeisterte(r) Anhänger *m*; Fan *m*; *vt* fächeln; **~ out** *vi* sich (fächerförmig) ausbreiten.

fanatic [fə'nætɪk] *n* Fanatiker(in *f*) *m*; **~al** *a* fanatisch.

fan belt ['fænbelt] *n* Keilriemen *m*.

fancied ['fænsɪd] *a* beliebt, populär.

fanciful ['fænsɪful] *a* (*odd*) seltsam; (*imaginative*) phantasievoll.

fancy ['fænsɪ] *n* (*liking*) Neigung *f*; (*imagination*) Phantasie *f*, Einbildung *f*; *a* schick, ausgefallen; *vt* (*like*) gern haben; wollen; (*imagine*) sich einbilden; **(just) ~ (that)!** stellen Sie sich (das nur) vor!; **~ dress** Verkleidung *f*, Maskenkostüm *nt*; **~-dress ball** Maskenball *m*.

fanfare ['fænfɛə*] *n* Fanfare *f*.

fang [fæŋ] *n* Fangzahn *m*; (*snake's*) Giftzahn *m*.

fanlight ['fænlaɪt] *n* Oberlicht *nt*.

fantastic [fæn'tæstɪk] *a* phantastisch.

fantasy ['fæntəzɪ] *n* Phantasie *f*.

far [fɑː*] *a* weit; *ad* weit entfernt; (*very much*) weitaus, (sehr) viel; **~ away, ~ off** weit weg; **by ~** bei weitem; **so ~** soweit; bis jetzt; **~away** *a* weit entfernt; **the F~ East** der Ferne Osten.

farce [fɑːs] *n* Schwank *m*, Posse *f*; (*fig*) Farce *f*.

farcical ['fɑːsɪkəl] *a* possenhaft; (*fig*) lächerlich.

fare [fɛə*] *n* Fahrpreis *m*; Fahrgeld *nt*; (*food*) Kost *f*; *vi*: **he is faring well** es ergeht ihm gut; **~well** Abschied(sgruß) *m*; *interj* lebe wohl!; *a* Abschieds-.

far-fetched ['fɑː'fetʃt] *a* weit hergeholt.

farm [fɑːm] *n* Bauernhof *m*, Farm *f*; *vt*

bewirtschaften; *vi* Landwirt *m* sein; **~er** Bauer *m*, Landwirt *m*; **~hand** Landarbeiter *m*; **~house** Bauernhaus *nt*; **~ing** Landwirtschaft *f*; **~land** Ackerland *nt*; **~yard** Hof *m*.

far-reaching ['fɑ:'ri:tʃɪŋ] *a* weitgehend.

far-sighted ['fɑ:'saɪtɪd] *a* weitblickend.

fart [fɑ:t] *n* (*col*) Furz *m*; *vi* (*col*) furzen.

farther ['fɑ:ðə*] *a, ad* weiter.

farthest ['fɑ:ðɪst] *a* weiteste(r,s), fernste(r,s); *ad* am weitesten.

fascinate ['fæsɪneɪt] *vt* faszinieren, bezaubern.

fascinating ['fæsɪneɪtɪŋ] *a* faszinierend, spannend.

fascination [fæsɪ'neɪʃən] *n* Faszination *f*, Zauber *m*.

fascism ['fæʃɪzəm] *n* Faschismus *m*.

fascist ['fæʃɪst] *n* Faschist *m*; *a* faschistisch.

fashion ['fæʃən] *n* (*of clothes*) Mode *f*; (*manner*) Art *f* (und Weise *f*); *vt* machen, gestalten; **in ~** in Mode; **out of ~** unmodisch; **~able** *a clothes* modern, modisch; *place* elegant; **~ show** Mode(n)-schau *f*.

fast [fɑ:st] *a* schnell; (*firm*) fest; *dye* waschecht; **to be ~** (*clock*) vorgehen; *ad* schnell; (*firmly*) fest; *n* Fasten *nt*; *vi* fasten.

fasten ['fɑ:sn] *vt* (*attach*) befestigen; *seat belt* festmachen; (*with rope*) zuschnüren; *vi* sich schließen lassen; **~er, ~ing** Verschluß *m*.

fastidious [fæs'tɪdɪəs] *a* wählerisch.

fat [fæt] *a* dick, fett; *n* (*on person*) Fett *nt*, Speck *m* (*col*); (*on meat*) Fett *nt*; (*for cooking*) (Braten)fett *nt*.

fatal ['feɪtl] *a* tödlich; (*disastrous*) verhängnisvoll; **~ism** Fatalismus *m*, Schicksalsglaube *m*; **~ity** [fə'tælɪtɪ] (*road death etc*) Todesopfer *nt*; **~ly** ad tödlich.

fate [feɪt] *n* Schicksal *nt*; **~ful** *a* (*prophetic*) schicksalsschwer; (*important*) schicksalhaft.

father ['fɑ:ðə*] *n* Vater *m*; (*Rel*) Pater *m*; **~-in-law** Schwiegervater *m*; **~ly** *a* väterlich.

fathom ['fæðəm] *n* Klafter *m*; *vt* ausloten; (*fig*) ergründen.

fatigue [fə'ti:g] *n* Ermüdung *f*; *vt* ermüden.

fatness ['fætnɪs] *n* Dicke *f*.

fatten ['fætn] *vt* dick machen; *animals* mästen; *vi* dick werden.

fatty ['fætɪ] *a food* fettig.

fatuous ['fætjuəs] *a* albern, affig.

faucet ['fɔ:sɪt] *n* (*US*) Wasserhahn *m*.

fault [fɔ:lt] *n* (*defect*) Defekt *m*; (*Elec*) Störung *f*; (*blame*) Fehler *m*, Schuld *f*; (*Geog*) Verwerfung *f*; **it's your ~** du bist daran schuld; **at ~** schuldig, im Unrecht; *vt*: **~ sth** etwas an etw (*dat*) auszusetzen haben; **~less** *a* fehlerfrei, tadellos; **~y** *a* fehlerhaft, defekt.

fauna ['fɔ:nə] *n* Fauna *f*.

favour, (*US*) **favor** ['feɪvə*] *n* (*approval*) Wohlwollen *nt*; (*kindness*) Gefallen *m*; *vt* (*prefer*) vorziehen; **in ~ of** für; zugunsten (+*gen*); **~able** *a*, **~ably** *ad* günstig; **~ite** ['feɪvərɪt] *a* Lieblings-; *n* Günstling *m*; (*child*) Liebling *m*; (*Sport*) Favorit *m*; **~itism** (*Sch*) Bevorzugung *f*; (*Pol*) Günstlingswirtschaft *f*.

fawn [fɔ:n] *a* rehbraun; *n* (*colour*) Rehbraun *nt*; (*animal*) (Reh)kitz *nt*.

fawning ['fɔ:nɪŋ] *a* kriecherisch.

fear [fɪə*] *n* Furcht *f*; *vt* fürchten; **no ~!** keine Angst!; **~ful** *a* (*timid*) furchtsam; (*terrible*) fürchterlich; **~less** *a*, **~lessly** *ad* furchtlos; **~lessness** Furchtlosigkeit *f*.

feasibility [fi:zə'bɪlɪtɪ] *n* Durchführbarkeit *f*.

feasible ['fi:zəbl] *a* durchführbar, machbar.

feast [fi:st] *n* Festmahl *nt*; (*Rel*) Kirchenfest *nt*; *vi* sich gütlich tun (*on* an +*dat*); **~ day** kirchliche(r) Feiertag *m*.

feat [fi:t] *n* Leistung *f*.

feather ['feðə*] *n* Feder *f*.

feature ['fi:tʃə*] *n* (Gesichts)zug *m*; (*important part*) Grundzug *m*; (*Cine, Press*) Feature *nt*; *vt* darstellen; (*advertising etc*) groß herausbringen; **featuring X** mit X; *vi* vorkommen; **~ film** Spielfilm *m*; **~less** *a* nichtssagend.

February ['februərɪ] *n* Februar *m*.

federal ['fedərəl] a Bundes-.

federation [fedə'reɪʃən] *n* (*society*) Verband *m*; (*of states*) Staatenbund *m*.

fed-up [fed'ʌp] *a*: **to be ~ with sth** etw satt haben; **I'm ~** ich habe die Nase voll.

fee [fi:] *n* Gebühr *f*.

feeble ['fi:bl] *a person* schwach; *excuse* lahm; **~-minded** a geistesschwach.

feed [fi:d] *n* (*for baby*) Essen *nt*; (*for animals*) Futter *nt*; *vt irreg* füttern; (*support*) ernähren; **to ~ on** leben von, fressen; **~back** (*Tech*) Rückkopplung *f*; (*information*) Feedback *nt*.

feel [fi:l] *n*: **it has a soft ~** es fühlt sich weich an; **to get the ~ of sth** sich an etw (*acc*) gewöhnen; *irreg vt* (*sense*) fühlen; (*touch*) anfassen; (*think*) meinen; *vi* (*person*) sich fühlen; (*thing*) sich anfühlen; **I ~ cold** mir ist kalt; **I ~ like a cup of tea** ich habe Lust auf eine Tasse Tee; **~er** Fühler *m*; **~ing** Gefühl *nt*; (*opinion*) Meinung *f*.

feet [fi:t] *npl of* **foot.**

feign [feɪn] *vt* vortäuschen; **~ed** *a* vorgetäuscht, Schein-.

feint [feɪnt] *n* Täuschungsmanöver *nt*.

feline ['fi:laɪn] *a* Katzen-, katzenartig.

fell [fel] *vt tree* fällen; *n* (*hill*) kahle(r) Berg *m*; *a*: **with one ~ swoop** mit einem Schlag; auf einen Streich.

fellow ['feləʊ] *n* (*companion*) Gefährte *m*, Kamerad *m*; (*man*) Kerl *m*; **~ citizen** Mitbürger(in *f*) *m*; **~ countryman** Landsmann *m*; **~ feeling** Mitgefühl *nt*; **~ men** *pl* Mitmenschen *pl*; **~ship** (*group*) Körperschaft *f*; (*friendliness*) Gemeinschaft *f*, Kameradschaft *f*; (*scholarship*) Forschungsstipendium *nt*; **~ worker** Mitarbeiter(in *f*) *m*.

felony ['felənɪ] *n* schwere(s) Verbrechen *nt*.

felt [felt] *n* Filz *m*.

female ['fi:meɪl] *n* (*of animals*) Weibchen *nt*; *a* weiblich.

feminine ['femɪnɪn] *a* (*Gram*) weiblich; *qualities* fraulich.
femininity [femɪ'nɪnɪtɪ] *n* Weiblichkeit *f*; (*quality*) Fraulichkeit *f*.
feminist ['femɪnɪst] *n* Feminist(in *f*) *m*.
fence [fens] *n* Zaun *m*; (*crook*) Hehler *m*; *vi* fechten; ~ **in** *vt* einzäunen; ~ **off** *vt* absperren.
fencing ['fensɪŋ] *n* Zaun *m*; (*Sport*) Fechten *nt*.
fend [fend] *vi*: ~ **for o.s.** sich (allein) durchschlagen.
fender ['fendə*] *n* Kaminvorsetzer *m*; (*US Aut*) Kotflügel *m*.
ferment [fə'ment] *vi* (*Chem*) gären; ['fɜ:ment] *n* (*excitement*) Unruhe *f*; ~**ation** [fɜ:men'teɪʃən] Gärung *f*.
fern [fɜ:n] *n* Farn *m*.
ferocious [fə'rəʊʃəs] *a* wild, grausam; ~**ly** *ad* wild.
ferocity [fə'rɒsɪtɪ] *n* Wildheit *f*, Grimmigkeit *f*.
ferry ['ferɪ] *n* Fähre *f*; *vt* übersetzen.
fertile ['fɜ:taɪl] *a* fruchtbar.
fertility [fə'tɪlɪtɪ] *n* Fruchtbarkeit *f*.
fertilization [fɜtɪlaɪ'zeɪʃən] *n* Befruchtung *f*.
fertilize ['fɜ:tɪlaɪz] *vt* (*Agr*) düngen; (*Biol*) befruchten; ~**r** (Kunst)dünger *m*.
fervent ['fɜ:vənt] *a admirer* glühend; *hope* innig.
festival ['festɪvəl] *n* (*Rel etc*) Fest *nt*; (*Art, Mus*) Festspiele *pl*; Festival *nt*.
festive ['festɪv] *a* festlich; **the ~ season** (*Christmas*) die Festzeit *f*.
festivity [fes'tɪvɪtɪ] *n* Festlichkeit *f*.
fetch [fetʃ] *vt* holen; (*in sale*) einbringen, erzielen.
fetching ['fetʃɪŋ] *a* einnehmend, reizend.
fête [feɪt] *n* Fest *nt*.
fetish ['fi:tɪʃ] *n* Fetisch *m*.
fetters ['fetəz] *npl* (*lit, fig*) Fesseln *pl*.
fetus ['fi:təs] *n* (*US*) = **foetus**.
feud [fju:d] *n* Fehde *f*; *vi* sich befehden; ~**al** *a* lehnsherrlich, Feudal-; ~**alism** Lehenswesen *nt*, Feudalismus *m*.
fever ['fi:və*] *n* Fieber *nt*; ~**ish** *a* (*Med*) fiebrig, Fieber-; (*fig*) fieberhaft; ~**ishly** *ad* (*fig*) fieberhaft.
few [fju:] *a* wenig; *pron* wenige; **a** ~ *a, pron* einige; ~**er** weniger; ~**est** wenigste(r,s); **a good** ~ ziemlich viele.
fiancé [fɪ'ɑ̃:nseɪ] *n* Verlobte(r) *m*; ~**e** Verlobte *f*.
fiasco [fɪ'æskəʊ] *n* Fiasko *nt*, Reinfall *m*.
fib [fɪb] *n* Flunkerei *f*; *vi* flunkern.
fibre, (*US*) **fiber** ['faɪbə*] *n* Faser *f*, Fiber *f*; (*material*) Faserstoff *m*; ~**glass** Glaswolle *f*.
fickle ['fɪkl] *a* unbeständig, wankelmütig; ~**ness** Unbeständigkeit *f*, Wankelmut *m*.
fiction ['fɪkʃən] *n* (*novels*) Romanliteratur *f*; (*story*) Erdichtung *f*; ~**al** *a* erfunden.
fictitious [fɪk'tɪʃəs] *a* erfunden, fingiert.
fiddle ['fɪdl] *n* Geige *f*, Fiedel *f*; (*trick*) Schwindelei *f*; *vt accounts* frisieren; ~ **with** *vi* herumfummeln an (+*dat*); ~**r** Geiger *m*.
fidelity [fɪ'delɪtɪ] *n* Treue *f*.
fidget ['fɪdʒɪt] *vi* zappeln; *n* Zappelphilipp *m*; ~**y** *a* nervös, zappelig.
field [fi:ld] *n* Feld *nt*; (*range*) Gebiet *nt*; ~ **day** (*gala*) Paradetag *m*; ~ **marshal** Feldmarschall *m*; ~**work** (*Mil*) Schanze *f*; (*Univ*) Feldforschung *f*.
fiend [fi:nd] *n* Teufel *m*; (*beast*) Unhold *m*; Fanatiker(in *f*) *m*; ~**ish** *a* teuflisch.
fierce *a*, ~**ly** *ad* [fɪəs, -lɪ] wild; ~**ness** Wildheit *f*.
fiery ['faɪərɪ] *a* glühend; (*blazing*) brennend; (*hot-tempered*) hitzig, heftig.
fifteen [fɪf'ti:n] *num* fünfzehn.
fifth [fɪfθ] *a* fünfte(r,s); *n* Fünftel *nt*.
fifty ['fɪftɪ] *num* fünfzig; ~-~ halbe halbe, fifty fifty (*col*).
fig [fɪg] *n* Feige *f*.
fight [faɪt] *n* Kampf *m*; (*brawl*) Schlägerei *f*; (*argument*) Streit *m*; *irreg vt* kämpfen gegen; sich schlagen mit; (*fig*) bekämpfen; *vi* kämpfen; sich schlagen; streiten; ~**er** Kämpfer(in *f*) *m*; (*plane*) Jagdflugzeug *nt*; ~**ing** Kämpfen *nt*; (*war*) Kampfhandlungen *pl*.
figment ['fɪgmənt] *n* ~ **of imagination** reine Einbildung *f*.
figurative ['fɪgərətɪv] *a* bildlich.
figure ['fɪgə*] *n* Form *f*; (*of person*) Figur *f*; (*person*) Gestalt *f*; (*illustration*) Zeichnung *f*; (*number*) Ziffer *f*; *vt* (*US: imagine*) glauben; *vi* (*appear*) eine Rolle spielen, erscheinen; (*US: make sense*) stimmen; ~ **out** *vt* verstehen, herausbekommen; ~**head** (*Naut, fig*) Galionsfigur *f*; ~ **skating** Eiskunstlauf *m*.
filament ['fɪləmənt] *n* Faden *m*; (*Elec*) Glühfaden *m*.
file [faɪl] *n* (*tool*) Feile *f*; (*dossier*) Akte *f*; (*folder*) Aktenordner *m*; (*row*) Reihe *f*; *vt metal, nails* feilen; *papers* abheften; *claim* einreichen; *vi*: ~ **in/out** hintereinander hereinkommen/hinausgehen; **in single** ~ einer hinter dem anderen.
filing ['faɪlɪŋ] *n* Feilen *nt*; ~**s** *pl* Feilspäne *pl*; ~ **cabinet** Aktenschrank *m*.
fill [fɪl] *vt* füllen; (*occupy*) ausfüllen; (*satisfy*) sättigen; *n*: **to eat one's** ~ sich richtig satt essen; **to have had one's** ~ genug haben; **to** ~ **the bill** (*fig*) allen Anforderungen genügen; ~ **in** *vt hole* (auf)füllen; *form* ausfüllen; ~ **up** *vt container* auffüllen; *form* ausfüllen.
fillet ['fɪlɪt] *n* Filet *nt*; *vt* als Filet herrichten.
filling ['fɪlɪŋ] *n* (*Cook*) Füllung *f*; (*for tooth*) (Zahn)plombe *f*; ~ **station** Tankstelle *f*.
fillip ['fɪlɪp] *n* Anstoß *m*, Auftrieb *m*.
film [fɪlm] *n* Film *m*; (*layer*) Häutchen *nt*, Film *m*; *vt scene* filmen; ~ **star** Filmstar *m*; ~**strip** Filmstreifen *m*.
filter ['fɪltə*] *n* Filter *m*; (*for traffic*) Verkehrsfilter *m*; *vt* filtern; *vi* durchsickern; ~ **tip** Filter *m*, Filtermundstück *nt*; ~**-tipped cigarette** Filterzigarette *f*.
filth [fɪlθ] *n* (*lit*) Dreck *m*; (*fig*) Unflat *m*; ~**y** *a* dreckig; (*behaviour*) gemein; *weather* scheußlich.
fin [fɪn] *n* Flosse *f*.
final ['faɪnl] a letzte(r,s); End-; (*conclusive*) endgültig; *n* (*Ftbl etc*) Endspiel *nt*; ~**s** *pl*

(*Univ*) Abschlußexamen *nt*; (*Sport*) Schlußrunde *f*; **~e** [fɪ'nɑ:lɪ] (*Theat*) Schlußszene *f*; (*Mus*) Finale *nt*; **~ist** (*Sport*) Schlußrundenteilnehmer *m*; **~ize** *vt* endgültige Form geben (+*dat*); abschließen; **~ly** *ad* (*lastly*) zuletzt; (*eventually*) endlich; (*irrevocably*) endgültig.

finance [faɪ'næns] *n* Finanzwesen *nt*; **~s** *pl* Finanzen *pl*; (*income*) Einkünfte *pl*; *vt* finanzieren.

financial [faɪ'nænʃəl] *a* Finanz-; finanziell; **~ly** *ad* finanziell.

financier [faɪ'nænsɪə*] *n* Finanzier *m*.

find [faɪnd] *irreg vt* finden; *vi* (*realize*) erkennen; *n* Fund *m*; **to ~ sb guilty** jdn für schuldig erklären; **to ~ out** herausfinden; **~ings** *pl* (*Jur*) Ermittlungsergebnis *nt*; (*of report*) Feststellung *f*, Befund *m*.

fine [faɪn] *a* fein; (*thin*) dünn, fein; (*good*) gut; *clothes* elegant; *weather* schön; *ad* (*well*) gut; (*small*) klein; *n* (*Jur*) Geldstrafe *f*; *vt* (*Jur*) mit einer Geldstrafe belegen; **to cut it ~** (*fig*) knapp rechnen; **~ arts** *pl* die schönen Künste *pl*; **~ness** *n* Feinheit *f*; **~ry** ['faɪnərɪ] Putz *m*; **~sse** [fɪ'nes] Finesse *f*.

finger ['fɪŋgə*] *n* Finger *m*; *vt* befühlen; **~nail** Fingernagel *m*; **~print** Fingerabdruck *m*; **~stall** Fingerling *m*; **~tip** Fingerspitze *f*; **to have sth at one's ~tips** etw parat haben.

finicky ['fɪnɪkɪ] *a* pingelig.

finish ['fɪnɪʃ] *n* Ende *nt*; (*Sport*) Ziel *nt*; (*of object*) Verarbeitung *f*; (*of paint*) Oberflächenwirkung *f*; *vt* beenden; *book* zu Ende lesen; **to be ~ed with sth** fertig sein mit etw; *vi* aufhören; (*Sport*) ans Ziel kommen; **~ing line** Ziellinie *f*; **~ing school** Mädchenpensionat *nt*.

finite ['faɪnaɪt] *a* endlich, begrenzt; (*Gram*) finit.

fiord [fjɔ:d] *n* Fjord *m*.

fir [fɜ:*] *n* Tanne *f*, Fichte *f*.

fire [faɪə*] *n* (*lit*, *fig*) Feuer *nt*; (*damaging*) Brand *m*, Feuer *nt*; **to set ~ to sth** etw in Brand stecken; **to be on ~** brennen; *vt* (*Aut*) zünden; *gun* abfeuern; (*fig*) *imagination* entzünden; (*dismiss*) hinauswerfen; *vi* (*Aut*) zünden; **to ~ at sb** auf jdn schießen; **~ away!** schieß los!; **~ alarm** Feueralarm *m*; **~arm** Schußwaffe *f*; **~ brigade** Feuerwehr *f*; **~ engine** Feuerwehrauto *nt*; **~ escape** Feuerleiter *f*; **~ extinguisher** Löschgerät *nt*; **~man** Feuerwehrmann *m*; **~place** offene(r) Kamin *m*; **~proof** *a* feuerfest; **~side** Kamin *m*; **~station** Feuerwehrwache *f*; **~wood** Brennholz *nt*; **~works** *pl* Feuerwerk *nt*.

firing ['faɪərɪŋ] *n* Schießen *nt*; **~ squad** Exekutionskommando *nt*.

firm *a*, **~ly** *ad* [fɜ:m,-lɪ] fest; (*determined*) entschlossen; *n* Firma *f*; **~ness** Festigkeit *f*; Entschlossenheit *f*.

first [fɜ:st] *a* erste(r,s); *ad* zuerst; *arrive* als erste(r); *happen* zum erstenmal; *n* (*person: in race*) Erste(r) *mf*; (*Univ*) Eins *f*; (*Aut*) erste(r) Gang *m*; **at ~** zuerst, anfangs; **~ of all** zu allererst; **~ aid** Erste Hilfe *f*; **~-aid kit** Verbandskasten *m*; **~-class** *a* erstklassig; (*travel*) erste(r) Klasse; **~-hand** *a* aus erster Hand; **~ lady** (*US*) First Lady *f*; **~ly** *ad* erstens; **~ name** Vorname *m*; **~ night** Premiere *f*; Erstaufführung *f*; **~-rate** *a* erstklassig.

fiscal ['fɪskəl] *a* fiskalisch, Finanz-.

fish [fɪʃ] *n* Fisch *m*; *vt river* angeln in (+*dat*); *sea* fischen in (+*dat*); *vi* fischen; angeln; **~ out** *vt* herausfischen; **to go ~ing** angeln gehen; (*in sea*) fischen gehen; **~erman** Fischer *m*; **~ery** Fischgrund *m*; **~ finger** Fischstäbchen *nt*; **~hook** Angelhaken *m*; **~ing boat** Fischerboot *nt*; **~ing line** Angelschnur *f*; **~ing rod** Angel(rute) *f*; **~ing tackle** Angelzeug *nt*; **~ market** Fischmarkt *m*; **~monger** Fischhändler *m*; **~ slice** Fischvorlegemesser *nt*; **~y** *a* (*col: suspicious*) faul.

fission ['fɪʃən] *n* Spaltung *f*.

fissure ['fɪʃə*] *n* Riß *m*.

fist [fɪst] *n* Faust *f*.

fit [fɪt] *a* (*Med*) gesund; (*Sport*) in Form, fit; (*suitable*) geeignet; *vt* passen (+*dat*); (*insert, attach*) einsetzen; *vi* (*correspond*) passen (zu); (*clothes*) passen; (*in space, gap*) hineinpassen; *n* (*of clothes*) Sitz *m*; (*Med, of anger*) Anfall *m*; (*of laughter*) Krampf *m*; **~ in** *vi* sich einfügen; *vt* einpassen; **~ out** *vt*, **~ up** *vt* ausstatten; **~fully, by ~s and starts** *move* ruckweise; *work* unregelmäßig; **~ment** Einrichtungsgegenstand *m*; **~ness** (*suitability*) Eignung *f*; (*Med*) Gesundheit *f*; (*Sport*) Fitneß *f*; **~ter** (*Tech*) Monteur *m*; **~ting** *a* passend; *n* (*of dress*) Anprobe *f*; (*piece of equipment*) (Ersatz)teil *nt*; **~tings** *pl* Zubehör *nt*.

five [faɪv] *num* fünf; **~r** (*Brit*) Fünf-Pfund-Note *f*.

fix [fɪks] *vt* befestigen; (*settle*) festsetzen; (*repair*) richten, reparieren; *drink* zurechtmachen; *n*: **in a ~** in der Klemme; **~ed** *a* repariert; *time* abgemacht; **it was ~ed** (*dishonest*) das war Schiebung; **~ture** ['fɪkstʃə*] Installationsteil *m*; (*Sport*) Spiel *nt*.

fizz [fɪz] *n* Sprudeln *nt*; *vi* sprudeln.

fizzle ['fɪzl] *vi* zischen; **~ out** *vi* verpuffen.

fizzy ['fɪzɪ] *a* Sprudel-, sprudelnd.

fjord [fjɔ:d] *n* = **fiord**.

flabbergasted ['flæbəgɑ:stɪd] *a* (*col*) platt.

flabby ['flæbɪ] *a* wabbelig.

flag [flæg] *n* Fahne *f*; *vi* (*strength*) nachlassen; (*spirit*) erlahmen; **~ down** *vt* stoppen, abwinken.

flagon ['flægən] *n* bauchige (Wein)flasche *f*; Krug *m*.

flagpole ['flægpəʊl] *n* Fahnenstange *f*.

flagrant ['fleɪgrənt] *a* offenkundig; *offence* schamlos; *violation* flagrant.

flagstone ['flægstəʊn] *n* Steinplatte *f*.

flair [flɛə*] *n* (*talent*) Talent *nt*; (*of style*) Schick *m*.

flake [fleɪk] *n* (of snow) Flocke *f*; (*of rust*) Schuppe *f*; *vi* (*also* **~ off**) abblättern.

flamboyant [flæm'bɔɪənt] *a* extravagant; *colours* brillant; *gesture* großartig.

flame [fleɪm] *n* Flamme *f*.
flaming ['fleɪmɪŋ] *a* (*col*) verdammt; *row* irre.
flamingo [flə'mɪŋgəʊ] *n* Flamingo *m*.
flan [flæn] *n* Obsttorte *f*.
flank [flæŋk] *n* Flanke *f*; *vt* flankieren.
flannel ['flænl] *n* Flanell *m*; (*face* —) Waschlappen *m*; (*col*) Geschwafel *nt*; **~s** *pl* Flanellhose *f*.
flap [flæp] *n* Klappe *f*; (*col: crisis*) (helle) Aufregung *f*; *vt wings* schlagen mit; *vi* lose herabhängen; flattern; (*col: panic*) sich aufregen.
flare [flɛə*] *n* (*signal*) Leuchtsignal *nt*; (*in skirt etc*) Weite *f*; **~ up** *vi* aufflammen; (*fig*) aufbrausen; (*revolt*) (plötzlich) ausbrechen.
flared [flɛəd] *a trousers* ausgestellt.
flash [flæʃ] *n* Blitz *m*; (*news* —) Kurzmeldung *f*; (*Phot*) Blitzlicht *nt*; *vt* aufleuchten lassen; *message* durchgeben; *vi* aufleuchten; **in a ~** im Nu; **to ~ by** *or* **past** vorbeirasen; **~back** Rückblende *f*; **~ bulb** Blitzlichtbirne *f*; **~er** (*Aut*) Blinker *m*.
flashy ['flæʃɪ] *a* (*pej*) knallig.
flask [flɑːsk] *n* Reiseflasche *f*; (*Chem*) Kolben *m*; (*vacuum* —) Thermosflasche *f*.
flat [flæt] *a* flach; (*dull*) matt; (*Mus*) erniedrigt; *beer* schal; *tyre* platt; **A ~** as; *ad* (*Mus*) zu tief; *n* (*rooms*) Wohnung *f*; (*Mus*) b *nt*; (*Aut*) Reifenpanne *f*, Platte(r) *m*; **~ broke** *a* (*col*) völlig pleite; **~footed** *a* plattfüßig; **~ly** *ad* glatt; **~ness** Flachheit *f*; **~ten** *vt* (*also* **~ten out**) platt machen, (ein)ebnen.
flatter ['flætə*] *vt* schmeicheln (+*dat*); **~er** Schmeichler(in *f*) *m*; **~ing** *a* schmeichelhaft; **~y** Schmeichelei *f*.
flatulence ['flætjʊləns] *n* Blähungen *pl*.
flaunt [flɔːnt] *vt* prunken mit.
flavour, (*US*) **flavor** ['fleɪvə*] *n* Geschmack *m*; *vt* würzen; **~ing** Würze *f*.
flaw [flɔː] *n* Fehler *m*; (*in argument*) schwache(r) Punkt *m*; **~less** *a* einwandfrei.
flax [flæks] *n* Flachs *m*; **~en** *a* flachsfarben.
flea [fliː] *n* Floh *m*.
flee [fliː] *irreg vi* fliehen; *vt* fliehen vor (+*dat*); *country* fliehen aus.
fleece [fliːs] *n* Schaffell *nt*, Vlies *nt*; *vt* (*col*) schröpfen.
fleet [fliːt] *n* Flotte *f*.
fleeting ['fliːtɪŋ] *a* flüchtig.
flesh [fleʃ] *n* Fleisch *nt*; (*of fruit*) Fruchtfleisch *nt*; **~ wound** Fleischwunde *f*.
flex [fleks] *n* (Leitungs)kabel *nt*; *vt* beugen, biegen; **~ibility** [fleksɪ'bɪlɪtɪ] Biegsamkeit *f*; (*fig*) Flexibilität *f*; **~ible** *a* biegsam; *plans* flexibel.
flick [flɪk] *n* Schnippen *nt*; (*blow*) leichte(r) Schlag *m*; *vt* leicht schlagen; **~ through** *vt* durchblättern; **to ~ sth off** etw wegschnippen.
flicker ['flɪkə*] *n* Flackern *nt*; (*of emotion*) Funken *m*; *vi* flackern.
flier ['flaɪə*] *n* Flieger *m*.
flight [flaɪt] *n* Fliegen *nt*; (*journey*) Flug *m*; (*fleeing*) Flucht *f*; **~ of stairs** Treppe *f*; **to take ~** die Flucht ergreifen; **to put to ~** in die Flucht schlagen; **~ deck** Flugdeck *nt*; **~y** *a* flatterhaft.
flimsy ['flɪmzɪ] *a* nicht stabil, windig; (*thin*) hauchdünn; *excuse* fadenscheinig.
flinch [flɪntʃ] *vi* zurückschrecken (*away from* vor +*dat*).
fling [flɪŋ] *vt irreg* schleudern.
flint [flɪnt] *n* (*in lighter*) Feuerstein *m*.
flip [flɪp] *vt* werfen; **he ~ped the lid off** er klappte den Deckel auf.
flippancy ['flɪpənsɪ] *n* Leichtfertigkeit *f*.
flippant ['flɪpənt] *a* schnippisch; **to be ~ about sth** etw nicht ernst nehmen.
flirt [flɜːt] *vi* flirten; *n* kokette(s) Mädchen *nt*; **he/she is a ~** er/sie flirtet gern; **~ation** [flɜː'teɪʃən] Flirt *m*.
flit [flɪt] *vi* flitzen.
float [fləʊt] *n* (*Fishing*) Schwimmer *m*; (*esp in procession*) Plattformwagen *m*; *vi* schwimmen; (*in air*) schweben; *vt* schwimmen lassen; (*Comm*) gründen; *currency* floaten; **~ing** *a* (*lit*) schwimmend; (*fig*) *votes* unentschieden.
flock [flɒk] *n* (*of sheep, Rel*) Herde *f*; (*of birds*) Schwarm *m*; (*of people*) Schar *f*.
flog [flɒg] *vt* prügeln; peitschen; (*col: sell*) verkaufen.
flood [flʌd] *n* Überschwemmung *f*; (*fig*) Flut *f*; **the F~** die Sintflut *f*; **to be in ~** Hochwasser haben; *vt* (*lit, fig*) überschwemmen; **~ing** Überschwemmung *f*; **~light** *n* Flutlicht *nt*; *vt* anstrahlen; **~lighting** Beleuchtung *f*.
floor [flɔː*] *n* (Fuß)boden *m*; (*storey*) Stock *m*; *vt person* zu Boden schlagen; **ground ~** (*Brit*), **first ~** (*US*) Erdgeschoß *nt*; **first ~** (*Brit*), **second ~** (*US*) erste(r) Stock *m*; **~board** Diele *f*; **~ show** Kabarettvorstellung *f*; **~walker** (*Comm*) Abteilungsaufseher *m*.
flop [flɒp] *n* Plumps *m*; (*failure*) Reinfall *m*; *vi* (*fail*) durchfallen; **the project ~ped** aus dem Plan wurde nichts.
floppy ['flɒpɪ] *a* hängend; **~ hat** Schlapphut *m*.
flora ['flɔːrə] *n* Flora *f*; **~l** *a* Blumen-.
florid ['flɒrɪd] *a style* blumig.
florist ['flɒrɪst] *n* Blumenhändler(in *f*) *m*; **~'s (shop)** Blumengeschäft *nt*.
flotsam ['flɒtsəm] *n* Strandgut *nt*.
flounce [flaʊns] *n* (*on dress*) Besatz *m*; *vi*: **~ in/out** hinein-/hinausstürmen.
flounder ['flaʊndə*] *vi* herumstrampeln; (*fig*) ins Schleudern kommen.
flour ['flaʊə*] *n* Mehl *nt*.
flourish ['flʌrɪʃ] *vi* blühen; gedeihen; *vt* (*wave*) schwingen; *n* (*waving*) Schwingen *nt*; (*of trumpets*) Tusch *m*, Fanfare *f*; **~ing** *a* blühend.
flout [flaʊt] *vt* mißachten, sich hinwegsetzen über (+*acc*).
flow [fləʊ] *n* Fließen *nt*; (*of sea*) Flut *f*; *vi* fließen.
flower ['flaʊə*] *n* Blume *f*; *vi* blühen; **~ bed** Blumenbeet *nt*; **~pot** Blumentopf *m*; **~y** *a style* blumenreich.
flowing ['fləʊɪŋ] *a* fließend; *hair* wallend; *style* flüssig.
flu [fluː] *n* Grippe *f*.

fluctuate ['flʌktjʊeɪt] *vi* schwanken.
fluctuation [flʌktjʊ'eɪʃən] *n* Schwankung *f*.
fluency ['flu:ənsɪ] *n* Flüssigkeit *f*; **his ~ in English** seine Fähigkeit, fließend Englisch zu sprechen.
fluent *a* **~ly** *ad* ['flu:ənt,-lɪ] *speech* flüssig; **to be ~ in German** fließend Deutsch sprechen.
fluff [flʌf] *n* Fussel *f*; **~y** *a* flaumig; *pastry* flockig.
fluid ['flu:ɪd] *n* Flüssigkeit *f*; *a* (*lit*) flüssig; (*fig*) *plans* veränderbar.
fluke [flu:k] *n* (*col*) Dusel *m*.
fluorescent [fluə'resnt] a fluoreszierend, Leucht-.
fluoride ['fluəraɪd] *n* Fluorid *nt*.
flurry ['flʌrɪ] *n* (*of activity*) Aufregung *f*; (*of snow*) Gestöber *nt*.
flush [flʌʃ] *n* Erröten *nt*; (*of excitement*) Glühen *nt*; (*Cards*) Sequenz *f*; *vt* (aus)-spülen; *vi* erröten; *a* glatt; **~ed** *a* rot.
fluster ['flʌstə*] *n* Verwirrung *f*; **~ed** *a* verwirrt.
flute [flu:t] *n* Querflöte *f*.
fluted ['flu:tɪd] *a* gerillt.
flutter ['flʌtə*] *n* (*of wings*) Flattern *nt*; (*of excitement*) Beben *nt*; *vi* flattern; (*person*) rotieren.
flux [flʌks] *n*: **in a state of ~** im Fluß.
fly [flaɪ] *n* (*insect*) Fliege *f*; (*on trousers, also* **flies**) (Hosen)schlitz *m*; *irreg vt* fliegen; *vi* fliegen; (*flee*) fliehen; (*flag*) wehen; **~ open** *vi* auffliegen; **let ~** *vti* (*shoot*) losschießen; (*verbally*) loswettern; *insults* loslassen; **~ing** *n* Fliegen *nt*; **with ~ing colours** mit fliegenden Fahnen; **~ing saucer** fliegende Untertasse *f*; **~ing start** gute(r) Start *m*; **~ing visit** Stippvisite *f*; **~over** (*Brit*) Überführung *f*; **~paper** Fliegenfänger *m*; **~past** Luftparade *f*; **~sheet** (*for tent*) Regendach *nt*; **~swatter** Fliegenwedel *m*; **~wheel** Schwungrad *nt*.
foal [fəʊl] *n* Fohlen *nt*.
foam [fəʊm] *n* Schaum *m*; (*plastic etc*) Schaumgummi *m*; *vi* schäumen.
fob [fɒb] : **~ off** *vt* andrehen (*sb with sth* jdm etw); (*with promise*) abspeisen.
focal ['fəʊkəl] *a* im Brennpunkt (stehend), Brennpunkt-.
focus ['fəʊkəs] *n* Brennpunkt *m*; (*fig*) Mittelpunkt *m*; *vt attention* konzentrieren; *camera* scharf einstellen; *vi* sich konzentrieren (*on* auf *+acc*); **in ~** scharf eingestellt; **out of ~** unscharf (eingestellt).
fodder ['fɒdə*] *n* Futter *nt*.
foe [fəʊ] *n* (*liter*) Feind *m*, Gegner *m*.
foetus ['fi:təs] *n* Fötus *m*.
fog [fɒg] *n* Nebel *m*; *vt issue* verunklären, verwirren; **~gy** *a* neblig, trüb.
foible ['fɔɪbl] *n* Schwäche *f*, Faible *nt*.
foil [fɔɪl] *vt* vereiteln; *n* (*metal, also fig*) Folie *f*; (*fencing*) Florett *nt*.
fold [fəʊld] *n* (*bend, crease*) Falte *f*; (*Agr*) Pferch *m*; (*for sheep*) Pferch *m*; *vt* falten; **~ up** *vt map etc* zusammenfalten; *vi* (*business*) eingehen; **~er** (*pamphlet*) Broschüre *f*; (*portfolio*) Schnellhefter *m*; **~ing** *a chair etc* zusammenklappbar, Klapp-.
foliage ['fəʊlɪɪdʒ] *n* Laubwerk *nt*.
folio ['fəʊlɪəʊ] *n* Foliant *m*.
folk [fəʊk] *n* Volk *nt*; *a* Volks-; **~s** *pl* Leute *pl*; **~lore** (*study*) Volkskunde *f*; (*tradition*) Folklore *f*; **~song** Volkslied *nt*; (*modern*) Folksong *m*.
follow ['fɒləʊ] *vt* folgen (*+dat*); (*obey*) befolgen; *fashion* mitmachen; *profession* nachgehen (*+dat*); (*understand*) folgen können (*+dat*); *vi* folgen; (*result*) sich ergeben; **as ~s** wie im folgenden; **~ up** *vt* (weiter) verfolgen; **~er** Anhänger(in *f*) *m*; **~ing** *a* folgend; *n* Folgende(s) *nt*; (*people*) Gefolgschaft *f*.
folly ['fɒlɪ] *n* Torheit *f*.
fond [fɒnd] *a*: **to be ~ of** gern haben; **~ly** *ad* (*with love*) liebevoll; (*foolishly*) törichterweise; **~ness** Vorliebe *f*; (*for people*) Liebe *f*.
font [fɒnt] *n* Taufbecken *nt*.
food [fu:d] *n* Essen *nt*, Nahrung *f*; (*for animals*) Futter *nt*; **~ mixer** Küchenmixer *m*; **~poisoning** Lebensmittelvergiftung *f*; **~stuffs** *pl* Lebensmittel *pl*.
fool [fu:l] *n* Narr *m*, Närrin *f*; (*jester*) (Hof)-narr *m*, Hanswurst *m*; (*food*) Mus *nt*; *vt* (*deceive*) hereinlegen; *vi* (*behave like a —*) (herum)albern; **~hardy** *a* tollkühn; **~ish** *a*, **~ishly** *ad* dumm; albern; **~ishness** Dummheit *f*; **~proof** *a* idiotensicher.
foot [fʊt] *n* Fuß *m*; (*of animal*) Pfote *f*; **to put one's ~ in it** ins Fettnäpfchen treten; **on ~** zu Fuß; *vt bill* bezahlen; **~ball** Fußball *m*; **~baller** Fußballer *m*; **~brake** Fußbremse *f*; **~bridge** Fußgängerbrücke *f*; **~hills** *pl* Ausläufer *pl*; **~hold** Halt *m*; Stütze *f*; **~ing** (*lit*) Halt *m*; (*fig*) Verhältnis *nt*; **to get a ~ing in society** in der Gesellschaft Fuß fassen; **to be on a good ~ing with sb** mit jdm auf gutem Fuß stehen; **~light** Rampenlicht *nt*; **~man** Bediente(r) *m*; **~-and-mouth (disease)** Maul- und Klauenseuche *f*; **~note** Fußnote *f*; **~path** Fußweg *m*; **~rest** Fußstütze *f*; **~sore** *a* fußkrank; **~step** Schritt *m*; **in his father's ~steps** in den Fußstapfen seines Vaters; **~wear** Schuhzeug *nt*.
fop [fɒp] *n* Geck *m*.
for [fɔ:*] *prep* für; *cj* denn; **what ~?** wozu?
forage ['fɒrɪdʒ] *n* (Vieh)futter *nt*; *vi* nach Nahrung suchen.
foray ['fɒreɪ] *n* Raubzug *m*.
forbearing [fə'bɛərɪŋ] *a* geduldig.
forbid [fə'bɪd] *vt irreg* verbieten; **~den** *a* verboten; **~ding** *a* einschüchternd, abschreckend.
force [fɔ:s] *n* Kraft *f*, Stärke *f*; (*compulsion*) Zwang *m*; (*Mil*) Truppen *pl*; *vt* zwingen; *lock* aufbrechen; *plant* hochzüchten; **in ~** *rule* gültig; *group* in großer Stärke; **the F~s** *pl* die Armee; **~d** *a smile* gezwungen; *landing* Not-; **~ful** *a speech* kraftvoll; *personality* resolut.
forceps ['fɔ:seps] *npl* Zange *f*.
forcible ['fɔ:səbl] *a* (*convincing*) wirksam, überzeugend; (*violent*) gewaltsam.
forcibly ['fɔ:səblɪ] *ad* unter Zwang, zwangsweise.
ford [fɔ:d] *n* Furt *f*; *vt* durchwaten.

fore [fɔ:*] *a* vorder, Vorder-; *n*: **to the ~** in den Vordergrund.
forearm ['fɔ:rɑ:m] *n* Unterarm *m*.
foreboding [fɔ:'bəʊdɪŋ] *n* Vorahnung *f*.
forecast ['fɔ:kɑ:st] *n* Vorhersage *f*; *vt irreg* voraussagen.
forecourt ['fɔ:kɔ:t] *n* (*of garage*) Vorplatz *m*.
forefathers ['fɔ:fɑ:ðəz] *npl* Vorfahren *pl*.
forefinger ['fɔ:fɪŋgə*] *n* Zeigefinger *m*.
forefront ['fɔ:frʌnt] *n* Spitze *f*.
forego [fɔ:'gəʊ] *vt irreg* verzichten auf (+*acc*); **~ing** *a* vorangehend; **~ne conclusion** ausgemachte Sache.
foreground ['fɔ:graʊnd] *n* Vordergrund *m*.
forehead ['fɒrɪd] *n* Stirn *f*.
foreign ['fɒrɪn] *a* Auslands-; *country, accent* ausländisch; *trade* Außen-; *body* Fremd-; **~er** Ausländer(in *f*) *m*; **~ exchange** Devisen *pl*; **~ minister** Außenminister *m*.
foreman ['fɔ:mən] *n* Vorarbeiter *m*.
foremost ['fɔ:məʊst] *a* erste(r,s).
forensic [fə'rensɪk] *a* gerichtsmedizinisch.
forerunner ['fɔ:rʌnə*] *n* Vorläufer *m*.
foresee [fɔ:'si:] *vt irreg* vorhersehen; **~able** *a* absehbar.
foreshore ['fɔ:ʃɔ:*] *n* Küste *f*, Küstenland *nt*.
foresight ['fɔ:saɪt] *n* Voraussicht *f*.
forest ['fɒrɪst] *n* Wald *m*.
forestall [fɔ:'stɔ:l] *vt* zuvorkommen (+*dat*).
forestry ['fɒrɪstrɪ] *n* Forstwirtschaft *f*.
foretaste ['fɔ:teɪst] *n* Vorgeschmack *m*.
foretell [fɔ:'tel] *vt irreg* vorhersagen.
forever [fə'revə*] *ad* für immer.
forewarn [fɔ:'wɔ:n] *vt* vorherwarnen.
foreword ['fɔ:wɜ:d] *n* Vorwort *nt*.
forfeit ['fɔ:fɪt] *n* Einbuße *f*; *vt* verwirken.
forge [fɔ:dʒ] *n* Schmiede *f*; *vt* fälschen; *iron* schmieden; **~ ahead** *vi* Fortschritte machen; **~r** Fälscher *m*; **~ry** Fälschung *f*.
forget [fə'get] *vti irreg* vergessen; **~ful** *a* vergeßlich; **~fulness** Vergeßlichkeit *f*.
forgive [fə'gɪv] *vt irreg* verzeihen (*sb for sth* jdm etw).
forgiveness [fə'gɪvnəs] *n* Verzeihung *f*.
forgo [fɔ:'gəʊ] *see* **forego.**
fork [fɔ:k] *n* Gabel *f*; (*in road*) Gabelung *f*; *vi* (*road*) sich gabeln; **~ out** *vti* (*col: pay*) blechen; **~ed** *a* gegabelt; *lightning* zickzackförmig.
forlorn [fə'lɔ:n] *a person* verlassen; *hope* vergeblich.
form [fɔ:m] *n* Form *f*; (*type*) Art *f*; (*figure*) Gestalt *f*; (*Sch*) Klasse *f*; (*bench*) (Schul)-bank *f*; (*document*) Formular *nt*; *vt* formen; (*be part of*) bilden.
formal ['fɔ:məl] *a* förmlich, formell; *occasion* offiziell; **~ity** [fɔ:'mælɪtɪ] Förmlichkeit *f*; (*of occasion*) offizielle(r) Charakter *m*; **~ities** *pl* Formalitäten *pl*; **~ly** *ad* (*ceremoniously*) formell; (*officially*) offiziell.
format ['fɔ:mæt] *n* Format *nt*.
formation [fɔ:'meɪʃən] *n* Bildung *f*; Gestaltung *f*; (*Aviat*) Formation *f*.
formative ['fɔ:mətɪv] *a years* formend.
former ['fɔ:mə*] *a* früher; (*opposite of latter*) erstere(r,s); **~ly** *ad* früher.
Formica ® [fɔ:'maɪkə] *n* Resopal ® *nt*.
formidable ['fɔ:mɪdəbl] *a* furchtbar; gewaltig.
formula ['fɔ:mjʊlə] *n* Formel *f*; **~te** ['fɔ:mjʊleɪt] *vt* formulieren.
forsake [fə'seɪk] *vt irreg* im Stich lassen, verlassen; *habit* aufgeben.
fort [fɔ:t] *n* Feste *f*, Fort *nt*.
forte ['fɔ:tɪ] *n* Stärke *f*, starke Seite *f*.
forth [fɔ:θ] *ad*: **and so ~** und so weiter; **~coming** *a* kommend; *character* entgegenkommend; **~right** *a* offen, gerade heraus.
fortification [fɔ:tɪfɪ'keɪʃən] *n* Befestigung *f*.
fortify ['fɔ:tɪfaɪ] *vt* (ver)stärken; (*protect*) befestigen.
fortitude ['fɔ:tɪtju:d] *n* Seelenstärke *f*, Mut *m*.
fortnight ['fɔ:tnaɪt] *n* zwei Wochen *pl*, vierzehn Tage *pl*; **~ly** *a* zweiwöchentlich; *ad* alle vierzehn Tage.
fortress ['fɔ:trɪs] *n* Festung *f*.
fortuitous [fɔ:'tju:ɪtəs] *a* zufällig.
fortunate ['fɔ:tʃənɪt] *a* glücklich; **~ly** *ad* glücklicherweise, zum Glück.
fortune ['fɔ:tʃən] *n* Glück *nt*; (*money*) Vermögen *nt*; **~teller** Wahrsager(in *f*) *m*.
forty ['fɔ:tɪ] *num* vierzig.
forum ['fɔ:rəm] *n* Forum *nt*.
forward ['fɔ:wəd] *a* vordere(r,s); *movement* vorwärts; *person* vorlaut; *planning* Voraus-; *ad* vorwärts; *n* (*Sport*) Stürmer *m*; *vt* (*send*) schicken; (*help*) fördern; **~s** *ad* vorwärts.
fossil ['fɒsl] *n* Fossil *nt*, Versteinerung *f*.
foster ['fɒstə*] *vt talent* fördern; **~ child** Pflegekind *nt*; **~ mother** Pflegemutter *f*.
foul [faʊl] *a* schmutzig; *language* gemein; *weather* schlecht; *n* (*Sport*) Foul *nt*; *vt mechanism* blockieren; (*Sport*) foulen.
found [faʊnd] *vt* (*establish*) gründen; **~ation** [faʊn'deɪʃən] (*act*) Gründung *f*; (*fig*) Fundament *nt*; **~ations** *pl* Fundament *nt*.
founder ['faʊndə*] *n* Gründer(in *f*) *m*; *vi* sinken.
foundry ['faʊndrɪ] *n* Gießerei *f*, Eisenhütte *f*.
fount [faʊnt] *n* (*liter*) Quell *m*; **~ain** (Spring)brunnen *m*; **~ain pen** Füllfederhalter *m*.
four [fɔ:*] *num* vier; **~on all ~s** auf allen vieren; **~some** Quartett *nt*; **~teen** *num* vierzehn; **~th** *a* vierte(r,s).
fowl [faʊl] *n* Huhn *nt*; (*food*) Geflügel *nt*.
fox [fɒks] *n* Fuchs *m*; **~ed** *a* verblüfft; **~hunting** Fuchsjagd *f*; **~trot** Foxtrott *m*.
foyer ['fɔɪeɪ] *n* Foyer *nt*, Vorhalle *f*.
fracas ['frækɑ:] *n* Radau *m*.
fraction ['frækʃən] *n* (*Math*) Bruch *m*; (*part*) Bruchteil *m*.
fracture ['fræktʃə*] *n* (*Med*) Bruch *m*; *vt* brechen.
fragile ['frædʒaɪl] *a* zerbrechlich.

fragment ['frægmənt] *n* Bruchstück *nt*, Fragment *nt*; (*small part*) Stück *nt*, Splitter *m*; **~ary** [fræg'mentərı] *a* bruchstückhaft, fragmentarisch.
fragrance ['freıgrəns] *n* Duft *m*.
fragrant ['freıgrənt] *a* duftend.
frail [freıl] *a* schwach, gebrechlich.
frame [freım] *n* Rahmen *m*; (*body*) Gestalt *f*; *vt* einrahmen; (*make*) gestalten, machen; (*col: incriminate*) **to ~ sb** jdm etw anhängen; **~ of mind** Verfassung *f*; **~work** Rahmen *m*; (*of society*) Gefüge *nt*.
franchise ['fræntʃaız] *n* (aktives) Wahlrecht *nt*.
frank [fræŋk] *a* offen; **~furter** Saitenwürstchen *nt*; **~ly** *ad* offen gesagt; **~ness** Offenheit *f*.
frankincense ['fræŋkınsens] *n* Weihrauch *m*.
frantic ['fræntık] *a effort* verzweifelt; **~ with worry** außer sich vor Sorge; **~ally** *ad* außer sich; verzweifelt.
fraternal [frə'tɜ:nl] *a* brüderlich.
fraternity [frə'tɜ:nıtı] *n* (*club*) Vereinigung *f*; (*spirit*) Brüderlichkeit *f*; (*US Sch*) Studentenverbindung *f*.
fraternization [frætənaı'zeıʃən] *n* Verbrüderung *f*.
fraternize ['frætənaız] *vi* fraternisieren.
fraud [frɔ:d] *n* (*trickery*) Betrug *m*; (*trick*) Schwindel *m*, Trick *m*; (*person*) Schwindler(in *f*) *m*.
fraudulent ['frɔ:djʊlənt] *a* betrügerisch.
fraught [frɔ:t] *a* voller (*with gen*).
fray [freı] *n* Rauferei *f*; *vti* ausfransen.
freak [fri:k] *n* Monstrosität *f*; (*crazy person*) Irre(r) *mf*; (*storm etc*) Ausnahmeerscheinung *f*; *a storm, conditions* anormal; *animal* monströs; **~ out** *vi* (*col*) durchdrehen.
freckle ['frekl] *n* Sommersprosse *f*; **~d** *a* sommersprossig.
free [fri:] *a* frei; (*loose*) lose; (*liberal*) freigebig; **to get sth ~** etw umsonst bekommen; **you're ~ to . . .** es steht dir frei zu . . .; *vt* (*set free*) befreien; (*unblock*) freimachen; **~dom** Freiheit *f*; **~-for-all** allgemeine(r) Wettbewerb *m*; (*fight*) allgemeine(s) Handgemenge *nt*; **~ kick** Freistoß *m*; **~lance** *a* frei; *artist* freischaffend; **~ly** *ad* frei; lose; (*generously*) reichlich; *admit* offen; **~mason** Freimaurer *m*; **~masonry** Freimaurerei *f*; **~ trade** Freihandel *m*; **~way** (*US*) Autobahn *f*; **~wheel** *vi* im Freilauf fahren.
freesia ['fri:ʒə] *n* Freesie *f*.
freeze [fri:z] *irreg vi* gefrieren; (*feel cold*) frieren; *vt* (*lit, fig*) einfrieren; *n* (*fig, Fin*) Stopp *m*; **~r** Tiefkühltruhe *f*; (*in fridge*) Gefrierfach *nt*.
freezing ['fri:zıŋ] *a* eisig; (— *cold*) eiskalt; **~ point** Gefrierpunkt *m*.
freight [freıt] *n* (*goods*) Fracht *f*; (*money charged*) Fracht(gebühr) *f*; **~ car** (*US*) Güterwagen *m*; **~er** (*Naut*) Frachtschiff *nt*.
French [frentʃ] *a*: **~ fried potatoes** *pl* Pommes frites *pl*; **~ window** Verandatür *f*; *see appendix*.
frenzy ['frenzı] *n* Raserei *f*, wilde Aufregung *f*.
frequency ['fri:kwənsı] *n* Häufigkeit *f*; (*Phys*) Frequenz *f*.
frequent *a*, **~ly** *ad* ['fri:kwənt,-lı] häufig; [fri:'kwent] *vt* (regelmäßig) besuchen.
fresco ['freskəʊ] *n* Fresko *nt*.
fresh [freʃ] *a* frisch; (*new*) neu; (*cheeky*) frech; **~en** (*also* **~en up**) *vi* (sich) auffrischen; (*person*) sich frisch machen; *vt* auffrischen; **~ly** *ad* gerade; **~ness** Frische *f*; **~water** *a fish* Süßwasser-.
fret [fret] *vi* sich (*dat*) Sorgen machen (*about* über+*acc*).
friar ['fraıə*] *n* Klosterbruder *m*.
friction ['frıkʃən] *n* (*lit, fig*) Reibung *f*.
Friday ['fraıdeı] *n* Freitag *m*; *see* **good**.
fridge [frıdʒ] *n* Kühlschrank *m*.
fried [fraıd] *a* gebraten.
friend [frend] *n* Bekannte(r) *mf*; (*more intimate*) Freund(in *f*) *m*; **~liness** Freundlichkeit *f*; **~ly** *a* freundlich; *relations* freundschaftlich; **~ship** Freundschaft *f*.
frieze [fri:z] *n* Fries *m*.
frigate ['frıgıt] *n* Fregatte *f*.
fright [fraıt] *n* Schrecken *m*; **you look a ~** (*col*) du siehst unmöglich aus!; **~en** *vt* erschrecken; **to be ~ened** Angst haben; **~ening** *a* schrecklich; ängstigend; **~ful** *a*, **~fully** *ad* (*col*) schrecklich, furchtbar.
frigid ['frıdʒıd] *a* kalt, eisig; *woman* frigide; **~ity** [frı'dʒıdıtı] Kälte *f*; Frigidität *f*.
frill [frıl] *n* Rüsche *f*.
fringe [frındʒ] *n* Besatz *m*; (*hair*) Pony *m*; (*fig*) äußere(r) Rand *m*, Peripherie *f*.
frisky ['frıskı] *a* lebendig, ausgelassen.
fritter ['frıtə*] : **~ away** *vt* vertun, verplempern.
frivolity [frı'vɒlıtı] *n* Leichtfertigkeit *f*, Frivolität *f*.
frivolous ['frıvələs] *a* frivol, leichtsinnig.
frizzy ['frızı] *a* kraus.
fro [frəʊ] *see* **to**.
frock [frɒk] *n* Kleid *nt*.
frog [frɒg] *n* Frosch *m*; **~man** Froschmann *m*.
frolic ['frɒlık] *n* lustige(r) Streich *m*; *vi* ausgelassen sein.
from [frɒm] *prep* von; (*place*) aus; (*judging by*) nach; (*because of*) wegen (+*gen*).
front [frʌnt] *n* Vorderseite *f*; (*of house*) Fassade *f*; (*promenade*) Strandpromenade *f*; (*Mil, Pol, Met*) Front *f*; (*fig: appearances*) Fassade *f*; *a* (*forward*) vordere(r,s), Vorder-; (*first*) vorderste(r,s); *page* erste(r,s); *door* Eingangs-, Haus-; **in ~** *ad* vorne; **in ~ of** *prep* vor; **~age** Vorderfront *f*; **~al** *a* frontal, Vorder-; **~ier** [frʌntıə*] Grenze *f*; **~ room** (*Brit*) Vorderzimmer *nt*, Wohnzimmer *nt*; **~-wheel drive** Vorderradantrieb *m*.
frost [frɒst] *n* Frost *m*; **~bite** Erfrierung *f*; **~ed** *a glass* Milch-; **~y** *a* frostig.
froth [frɒθ] *n* Schaum *m*; **~y** *a* schaumig.
frown [fraʊn] *n* Stirnrunzeln *nt*; *vi* die Stirn runzeln.
frozen [frəʊzn] *a food* gefroren; (*Fin*) *assets* festgelegt.
frugal ['fru:gəl] *a* sparsam, bescheiden.

fruit [fru:t] *n* (*particular*) Frucht *f*; **I like ~** ich esse gern Obst; **~erer** Obsthändler *m*; **~ful** *a* fruchtbar; **~ion** [fru:'ɪʃən] Verwirklichung *f*; **to come to ~ion** in Erfüllung gehen; **~ machine** Spielautomat *m*; **~ salad** Obstsalat *m*.
frustrate [frʌs'treit] *vt* vereiteln; **~d** *a* gehemmt; (*Psych*) frustriert.
frustration [frʌs'treɪʃən] *n* Behinderung *f*; Frustration *f*.
fry [fraɪ] *vt* braten; **small ~** *pl* kleine Leute *pl*; (*children*) Kleine(n) *pl*; **~ing pan** Bratpfanne *f*.
fuchsia ['fju:ʃə] *n* Fuchsie *f*.
fuddy-duddy ['fʌdɪdʌdɪ] *n* altmodische(r) Kauz *m*.
fudge [fʌdʒ] *n* Karamellen *pl*.
fuel [fjuəl] *n* Treibstoff *m*; (*for heating*) Brennstoff *m*; (*for cigarette lighter*) Benzin *nt*; **~ oil** (*diesel fuel*) Heizöl *nt*; **~ tank** Tank *m*.
fugitive ['fju:dʒɪtɪv] *n* Flüchtling *m*; (*from prison*) Flüchtige(r) *mf*.
fulfil [ful'fɪl] *vt duty* erfüllen; *promise* einhalten; **~ment** Erfüllung *f*; Einhaltung *f*.
full [ful] *a box, bottle, price* voll; *person* (*satisfied*) satt; *member, power, employment, moon* Voll-; (*complete*) vollständig, Voll-; *speed* höchste(r, s); *skirt* weit; **in ~** vollständig, ungekürzt; **~back** Verteidiger *m*; **~ness** Fülle *f*; **~ stop** Punkt *m*; **~-time** *a job* Ganztags-; *ad work* hauptberuflich; **~y** *ad* völlig; **~y-fledged** *a* (*lit, fig*) flügge; **a ~y-fledged teacher** ein vollausgebildeter Lehrer.
fumble ['fʌmbl] *vi* herumfummeln (*with, at* an+*dat*).
fume [fju:m] *vi* rauchen, qualmen; (*fig*) wütend sein, kochen (*col*); **~s** *pl* Abgase *pl*; Qualm *m*.
fumigate ['fju:mɪgeɪt] *vt* ausräuchern.
fun [fʌn] *n* Spaß *m*; **to make ~ of** sich lustig machen über (+*acc*).
function ['fʌŋkʃən] *n* Funktion *f*; (*occasion*) Veranstaltung *f*, Feier *f*; *vi* funktionieren; **~al** *a* funktionell, praktisch.
fund [fʌnd] *n* (*money*) Geldmittel *pl*, Fonds *m*; (*store*) Schatz *m*, Vorrat *m*.
fundamental [fʌndə'mentl] *a* fundamental, grundlegend; **~s** *pl* Grundbegriffe *pl*; **~ly** *ad* im Grunde.
funeral ['fju:nərəl] *n* Beerdigung *f*; *a* Beerdigungs-.
fungus ['fʌŋgəs] *n, pl* **fungi** *or* **funguses** Pilz *m*.
funicular [fju:'nɪkjulə*] *n* (Draht)seilbahn *f*.
funnel ['fʌnl] *n* Trichter *m*; (*Naut*) Schornstein *m*.
funnily ['fʌnɪlɪ] *ad* komisch; **~ enough** merkwürdigerweise.
funny ['fʌnɪ] *a* komisch; **~ bone** Musikantenknochen *m*.
fur [fɜ:*] *n* Pelz *m*; **~ coat** Pelzmantel *m*.
furious *a*, **~ly** *ad* ['fjuərɪəs, -lɪ] wütend; *attempt* heftig.
furlong ['fɜ:lɒŋ] *n* = 220 yards.
furlough ['fɜ:ləu] *n* (*US*) Urlaub *m*.
furnace ['fɜ:nɪs] *n* (Brenn)ofen *m*.
furnish ['fɜ:nɪʃ] *vt* einrichten, möblieren; (*supply*) versehen; **~ings** *pl* Einrichtung *f*.
furniture ['fɜ:nɪtʃə*] *n* Möbel *pl*.
furrow ['fʌrəu] *n* Furche *f*.
furry ['fɜ:rɪ] *a* pelzartig; *tongue* pelzig; *animal* Pelz-.
further ['fɜ:ðə*] *comp of* **far**; *a* weitere(r,s); *ad* weiter; *vt* fördern; **~ education** Weiterbildung *f*; Erwachsenenbildung *f*; **~more** *ad* ferner.
furthest ['fɜ:ðɪst] *superl of* **far**.
furtive *a*, **~ly** *ad* ['fɜ:tɪv, -lɪ] verstohlen.
fury ['fjuərɪ] *n* Wut *f*, Zorn *m*.
fuse [fju:z] *n* (*Elec*) Sicherung *f*; (*of bomb*) Zünder *m*; *vt* verschmelzen; *vi* (*Elec*) durchbrennen; **~ box** Sicherungskasten *m*.
fuselage ['fju:zəlɑ:ʒ] *n* Flugzeugrumpf *m*.
fusion ['fju:ʒən] *n* Verschmelzung *f*.
fuss [fʌs] *n* Theater *nt*; **~y** *a* (*difficult*) heikel; (*attentive to detail*) kleinlich.
futile ['fju:taɪl] *a* zwecklos, sinnlos.
futility [fju:'tɪlɪtɪ] *n* Zwecklosigkeit *f*.
future ['fju:tʃə*] *a* zukünftig; *n* Zukunft *f*; **in (the) ~** in Zukunft, zukünftig.
futuristic [fju:tʃə'rɪstɪk] *a* futuristisch.
fuze [fju:z] (*US*) = **fuse**.
fuzzy ['fʌzɪ] *a* (*indistinct*) verschwommen; *hair* kraus.

G

G, g [dʒi:] *n* G *nt*, g *nt*.
gabble ['gæbl] *vi* plappern.
gable ['geɪbl] *n* Giebel *m*.
gadget ['gædʒɪt] *n* Vorrichtung *f*; **~ry** Kinkerlitzchen *pl*.
gaffe [gæf] *n* Fauxpas *m*.
gag [gæg] *n* Knebel *m*; (*Theat*) Gag *m*; *vt* knebeln; (*Pol*) mundtot machen.
gaiety ['geɪɪtɪ] *n* Fröhlichkeit *f*.
gaily ['geɪlɪ] *ad* lustig, fröhlich.
gain [geɪn] *vt* (*obtain*) erhalten; (*win*) gewinnen; *vi* (*improve*) gewinnen (*in* an +*dat*); (*make progress*) Vorsprung gewinnen; (*clock*) vorgehen; *n* Gewinn *m*; **~ful employment** Erwerbstätigkeit *f*.
gala ['gɑ:lə] *n* Fest *nt*.
galaxy ['gæləksɪ] *n* Sternsystem *nt*.
gale [geɪl] *n* Sturm *m*.
gallant ['gælənt] *a* tapfer, ritterlich; (*polite*) galant; **~ry** Tapferkeit *f*, Ritterlichkeit *f*; Galanterie *f*.
gall-bladder ['gɔ:lblædə*] *n* Gallenblase *f*.
gallery ['gælərɪ] *n* Galerie *f*.
galley ['gælɪ] *n* (*ship's kitchen*) Kombüse *f*; (*ship*) Galeere *f*.
gallon ['gælən] *n* Gallone *f*.
gallop ['gæləp] *n* Galopp *m*; *vi* galoppieren.
gallows ['gæləuz] *npl* Galgen *m*.
gallstone ['gɔ:lstəun] *n* Gallenstein *m*.
gamble ['gæmbl] *vi* (um Geld) spielen; *vt* (*risk*) aufs Spiel setzen; *n* Risiko *nt*; **~r** Spieler(in *f*) *m*.
gambling ['gæmblɪŋ] *n* Glücksspiel *nt*.
game [geɪm] *n* Spiel *nt*; (*hunting*) Wild *nt*; *a* bereit (*for* zu); (*brave*) mutig; **~keeper** Wildhüter *m*.
gammon ['gæmən] *n* geräucherte(r) Schinken *m*.

gander ['gændə*] *n* Gänserich *m.*
gang [gæŋ] *n* (*of criminals, youths*) Bande *f*; (*of workmen*) Kolonne *f.*
gangrene ['gæŋgri:n] *n* Brand *m.*
gangster ['gæŋstə*] *n* Gangster *m.*
gangway ['gæŋweɪ] *n* (*Naut*) Laufplanke *f.*
gaol [dʒeɪl] *n* = **jail**.
gap [gæp] *n* (*hole*) Lücke *f*; (*space*) Zwischenraum *m.*
gape [geɪp] *vi* glotzen.
gaping ['geɪpɪŋ] *a wound* klaffend; *hole* gähnend.
garage ['gærɑ:ʒ] *n* Garage *f*; (*for repair*) (Auto)reparaturwerkstatt *f*; (*for petrol*) Tankstelle *f*; *vt* einstellen.
garbage ['gɑ:bɪdʒ] *n* Abfall *m*; ~ **can** (*US*) Mülltonne *f.*
garbled ['gɑ:bld] *a story* verdreht.
garden ['gɑ:dn] *n* Garten *m*; *vi* gärtnern; ~**er** Gärtner(in *f*) *m*; ~**ing** Gärtnern *nt*; ~ **party** Gartenfest *nt.*
gargle ['gɑ:gl] *vi* gurgeln; *n* Gurgelmittel *nt.*
gargoyle ['gɑ:gɔɪl] *n* Wasserspeier *m.*
garish ['gɛərɪʃ] *a* grell.
garland ['gɑ:lənd] *n* Girlande *f.*
garlic ['gɑ:lɪk] *n* Knoblauch *m.*
garment ['gɑ:mənt] *n* Kleidungsstück *nt.*
garnish ['gɑ:nɪʃ] *vt food* garnieren; *n* Garnierung *f.*
garret ['gærɪt] *n* Dachkammer *f*, Mansarde *f.*
garrison ['gærɪsən] *n* Garnison *f*; *vt* besetzen.
garrulous ['gærʊləs] *a* geschwätzig.
garter ['gɑ:tə*] *n* Strumpfband *nt.*
gas [gæs] *n* Gas *nt*; (*Med*) Betäubungsmittel *nt*; (*esp US: petrol*) Benzin *nt*; **to step on the** ~ Gas geben; *vt* vergasen; ~ **cooker** Gasherd *m*; ~ **cylinder** Gasflasche *f*; ~ **fire** Gasofen *m*, Gasheizung *f.*
gash [gæʃ] *n* klaffende Wunde *f*; *vt* tief verwunden.
gasket ['gæskɪt] *n* Dichtungsring *m.*
gasmask ['gæsmɑ:sk] *n* Gasmaske *f.*
gas meter ['gæsmi:tə*] *n* Gaszähler *m.*
gasoline ['gæsəli:n] *n* (*US*) Benzin *nt.*
gasp [gɑ:sp] *vi* keuchen; (*in astonishment*) tief Luft holen; *n* Keuchen *nt.*
gas ring ['gæsrɪŋ] *n* Gasring *m.*
gas station ['gæssteɪʃən] *n* (*US*) Tankstelle *f.*
gas stove ['gæs'stəʊv] *n* Gaskocher *m.*
gassy ['gæsɪ] *a drink* sprudelnd.
gastric ['gæstrɪk] *a* Magen-; ~ **ulcer** Magengeschwür *nt.*
gastronomy [gæs'trɒnəmɪ] *n* Kochkunst *f.*
gate [geɪt] *n* Tor *nt*; (*barrier*) Schranke *f*; ~**crash** *vt party* platzen in (+*acc*); ~**way** Toreingang *m.*
gather ['gæðə*] *vt people* versammeln; *things* sammeln; *vi* (*understand*) annehmen; (*deduce*) schließen (*from* aus); (*assemble*) sich versammeln; ~**ing** Versammlung *f.*
gauche [gəʊʃ] *a* linkisch.
gaudy ['gɔ:dɪ] *a* schreiend.
gauge [geɪdʒ] *n* Normalmaß *nt*; (*Rail*) Spurweite *f*; (*dial*) Anzeiger *m*; (*measure*) Maß *nt*; *vt* (*lit*) (ab)messen; (*fig*) abschätzen.
gaunt [gɔ:nt] *a* hager.
gauntlet ['gɔ:ntlɪt] *n* (*knight's*) Fehdehandschuh *m*; Handschuh *m.*
gauze [gɔ:z] *n* Mull *m*, Gaze *f.*
gawk [gɔ:k] *vi* dumm (an)glotzen (*at acc*).
gay [geɪ] *a* lustig; (*coloured*) bunt; (*col*) schwul.
gaze [geɪz] *n* Blick *m*; *vi* (an)blicken (*at acc*).
gazelle [gə'zel] *n* Gazelle *f.*
gazetteer [gæzɪ'tɪə*] *n* geographische(s) Lexikon *nt.*
gear [gɪə*] *n* Getriebe *nt*; (*equipment*) Ausrüstung *f*; (*Aut*) Gang *m*; **to be out of/in** ~ aus-/eingekuppelt sein; ~**box** Getriebe(gehäuse) *nt*; ~**-lever**, ~**shift** (*US*) Schalthebel *m.*
geese [gi:s] *pl of* **goose**.
gelatin(e) ['dʒeləti:n] *n* Gelatine *f.*
gem [dʒem] *n* Edelstein *m*; (*fig*) Juwel *nt.*
Gemini ['dʒemɪni:] *n* Zwillinge *pl.*
gen [dʒen] *n* (*col: information*) Infos *pl* (*on* über +*acc*).
gender ['dʒendə*] *n* (*Gram*) Geschlecht *nt.*
gene [dʒi:n] *n* Gen *nt.*
general ['dʒenərəl] *n* General *m*; *a* allgemein; ~ **election** allgemeine Wahlen *pl*; ~**ization** Verallgemeinerung *f*; ~**ize** *vi* verallgemeinern; ~**ly** *ad* allgemein, im allgemeinen.
generate ['dʒenəreɪt] *vt* erzeugen.
generation [dʒenə'reɪʃən] *n* Generation *f*; (*act*) Erzeugung *f.*
generator ['dʒenəreɪtə*] *n* Generator *m.*
generosity [dʒenə'rɒsɪtɪ] *n* Großzügigkeit *f.*
generous *a*, ~**ly** *ad* ['dʒenərəs, -lɪ] (*noble-minded*) hochherzig; (*giving freely*) großzügig.
genetics [dʒɪ'netɪks] *n* Genetik *f*, Vererbungslehre *f.*
genial ['dʒi:nɪəl] *a* freundlich, jovial.
genitals ['dʒenɪtlz] *npl* Geschlechtsteile *pl*, Genitalien *pl.*
genitive ['dʒenɪtɪv] *n* Genitiv *m*, Wesfall *m.*
genius ['dʒi:nɪəs] *n* Genie *nt.*
genocide ['dʒenəʊsaɪd] *n* Völkermord *m.*
genteel [dʒen'ti:l] *a* (*polite*) wohlanständig; (*affected*) affektiert.
gentile ['dʒentaɪl] *n* Nichtjude *m.*
gentle ['dʒentl] *a* sanft, zart; ~**man** Herr *m*; (*polite*) Gentleman *m*; ~**ness** Zartheit *f*, Milde *f.*
gently ['dʒentlɪ] *ad* zart, sanft.
gentry ['dʒentrɪ] *n* Landadel *m.*
gents [dʒents] *n*: **'G~'** (*lavatory*) 'Herren'.
genuine ['dʒenjʊɪn] *a* echt, wahr; ~**ly** *ad* wirklich, echt.
geographer [dʒɪ'ɒgrəfə*] *n* Geograph(in *f*) *m.*
geographical [dʒɪə'græfɪkəl] *a* geographisch.
geography [dʒɪ'ɒgrəfɪ] *n* Geographie *f*, Erdkunde *f.*
geological [dʒɪəʊ'lɒdʒɪkəl] *a* geologisch.
geologist [dʒɪ'ɒlədʒɪst] *n* Geologe *m*, Geologin *f.*

geology [dʒɪ'ɒlədʒɪ] *n* Geologie *f*.
geometric(al) [dʒɪə'metrɪk(əl)] *a* geometrisch.
geometry [dʒɪ'ɒmɪtrɪ] *n* Geometrie *f*.
geranium [dʒɪ'reɪnɪəm] *n* Geranie *f*.
germ [dʒɜ:m] *n* Keim *m*; (*Med*) Bazillus *m*.
germination [dʒɜ:mɪ'neɪʃən] *n* Keimen *nt*.
gesticulate [dʒes'tɪkjʊleɪt] *vi* gestikulieren.
gesticulation [dʒestɪkjʊ'leɪʃən] *n* Gesten *pl*, Gestikulieren *nt*.
gesture ['dʒestʃə*] *n* Geste *f*.
get [get] *vt irreg* (*receive*) bekommen, kriegen; (*become*) werden; (*go, travel*) kommen; (*arrive*) ankommen; **to ~ sb to do sth** jdn dazu bringen, etw zu tun, jdn etw machen lassen; **~ along** *vi* (*people*) (gut) zurechtkommen; (*depart*) sich (*acc*) auf den Weg machen; **~ at** *vt facts* herausbekommen; **to ~ at sb** (*nag*) an jdm herumnörgeln; **~ away** *vi* (*leave*) sich (*acc*) davonmachen; (*escape*) entkommen (*from dat*); **~ away with you!** laß den Quatsch!; **~ down** *vi* (her)untergehen; *vt* (*depress*) fertigmachen; **~ in** *vi* (*train*) ankommen; (*arrive home*) heimkommen; **~ off** *vi* (*from train etc*) aussteigen (aus); (*from horse*) absteigen (von); **~ on** *vi* (*progress*) vorankommen; (*be friends*) auskommen; (*age*) alt werden; *vt train etc* einsteigen (in +*acc*); *horse* aufsteigen (auf +*acc*); **~ out** *vi* (*of house*) herauskommen; (*of vehicle*) aussteigen; *vt* (*take out*) herausholen; **~ over** *vt illness* sich (*acc*) erholen von; *surprise* verkraften; *news* fassen; *loss* sich abfinden mit; **I couldn't ~ over her** ich konnte sie nicht vergessen; **~ up** *vi* aufstehen; **~away** Flucht *f*.
geyser ['gi:zə*] *n* Geiser *m*; (*heater*) Durchlauferhitzer *m*.
ghastly ['gɑ:stlɪ] *a* (*horrible*) gräßlich; (*pale*) totenbleich.
gherkin ['gɜ:kɪn] *n* Gewürzgurke *f*.
ghetto ['getəʊ] *n* G(h)etto *nt*.
ghost [gəʊst] *n* Gespenst *nt*, Geist *m*; **~ly** *a* gespenstisch; **~ story** Gespenstergeschichte *f*.
giant ['dʒaɪənt] *n* Riese *m*; *a* riesig, Riesen-.
gibberish ['dʒɪbərɪʃ] *n* dumme(s) Geschwätz *nt*.
gibe [dʒaɪb] *n* spöttische Bemerkung *f*.
giblets ['dʒɪblɪts] *npl* Geflügelinnereien *pl*.
giddiness ['gɪdɪnəs] *n* Schwindelgefühl *nt*.
giddy ['gɪdɪ] *a* schwindlig; (*frivolous*) leichtsinnig.
gift [gɪft] *n* Geschenk *nt*; (*ability*) Begabung *f*; **~ed** *a* begabt.
gigantic [dʒaɪ'gæntɪk] *a* riesenhaft, ungeheuer groß.
giggle ['gɪgl] *vi* kichern; *n* Gekicher *nt*.
gild [gɪld] *vt* vergolden.
gill[1] [dʒɪl] *n* (1/4 *pint*) Viertelpinte *f*.
gill[2] [gɪl] *n* (*of fish*) Kieme *f*.
gilt [gɪlt] *n* Vergoldung *f*; *a* vergoldet.
gimlet ['gɪmlɪt] *n* Handbohrer *m*.
gimmick ['gɪmɪk] *n* (*for sales, publicity*) Gag *m*; **it's so ~y** es ist alles nur ein Gag.
gin [dʒɪn] *n* Gin *m*.
ginger ['dʒɪndʒə*] *n* Ingwer *m*; **~ ale, ~ beer** Ingwerbier *nt*; **~bread** Pfefferkuchen *m*; **~-haired** *a* rothaarig.
gingerly ['dʒɪndʒəlɪ] *ad* behutsam.
gipsy ['dʒɪpsɪ] *n* Zigeuner(in *f*) *m*.
giraffe [dʒɪ'rɑ:f] *n* Giraffe *f*.
girder ['gɜ:də*] *n* (*steel*) Eisenträger *m*; (*wood*) Tragebalken *m*.
girdle ['gɜ:dl] *n* (*woman's*) Hüftgürtel *m*; *vt* umgürten.
girl [gɜ:l] *n* Mädchen *nt*; **~friend** Freundin *f*; **~ish** *a* mädchenhaft.
girth [gɜ:θ] *n* (*measure*) Umfang *m*; (*strap*) Sattelgurt *m*.
gist [dʒɪst] *n* Wesentliche(s) *nt*, Quintessenz *f*.
give [gɪv] *irreg vt* geben; *vi* (*break*) nachgeben; **~ away** *vt* (*give free*) verschenken; (*betray*) verraten; **~ back** *vt* zurückgeben; **~ in** *vi* (*yield*) aufgeben; (*agree*) nachgeben; *vt* (*hand in*) abgeben; **~ up** *vti* aufgeben; **~ way** *vi* (*traffic*) Vorfahrt lassen; (*to feelings*) nachgeben (+*dat*).
glacier ['glæsɪə*] *n* Gletscher *m*.
glad [glæd] *a* froh; **I was ~ to hear ...** ich habe mich gefreut, zu hören ...; **~den** *vt* erfreuen.
gladiator ['glædɪeɪtə*] *n* Gladiator *m*.
gladioli [glædɪ'əʊlaɪ] *npl* Gladiolen *pl*.
gladly ['glædlɪ] *ad* gern(e).
glamorous ['glæmərəs] *a* bezaubernd; *life* reizvoll.
glamour ['glæmə*] *n* Zauber *m*, Reiz *m*.
glance [glɑ:ns] *n* flüchtige(r) Blick *m*; *vi* schnell (hin)blicken (*at* auf +*acc*); **~ off** *vi* (*fly off*) abprallen von.
glancing ['glɑ:nsɪŋ] *a blow* abprallend, Streif-.
gland [glænd] *n* Drüse *f*; **~ular fever** Drüsenentzündung *f*.
glare [glɛə*] *n* (*light*) grelle(s) Licht *nt*; (*stare*) wilde(r) Blick *m*; *vi* grell scheinen; (*angrily*) böse ansehen (*at acc*).
glaring ['glɛərɪŋ] *a injustice* schreiend; *mistake* kraß.
glass [glɑ:s] *n* Glas *nt*; (*mirror*) Spiegel *m*; **~es** *pl* Brille *f*; **~house** Gewächshaus *nt*; **~ware** Glaswaren *pl*; **~y** *a* glasig.
glaze [gleɪz] *vt* verglasen; (*finish with a —*) glasieren; *n* Glasur *f*.
glazier ['gleɪzɪə*] *n* Glaser *m*.
gleam [gli:m] *n* Schimmer *m*; *vi* schimmern; **~ing** *a* schimmernd.
glee [gli:] *n* Frohsinn *m*; **~ful** *a* fröhlich.
glen [glen] *n* Bergtal *nt*.
glib [glɪb] *a* (rede)gewandt; (*superficial*) oberflächlich; **~ly** *ad* glatt.
glide [glaɪd] *vi* gleiten; *n* Gleiten *nt*; (*Aviat*) Segelflug *m*; **~r** (*Aviat*) Segelflugzeug *nt*.
gliding ['glaɪdɪŋ] *n* Segelfliegen *nt*.
glimmer ['glɪmə*] *n* Schimmer *m*; **~ of hope** Hoffnungsschimmer *m*.
glimpse [glɪmps] *n* flüchtige(r) Blick *m*; *vt* flüchtig erblicken.
glint [glɪnt] *n* Glitzern *nt*; *vi* glitzern.
glisten ['glɪsn] *vi* glänzen.

glitter ['glɪtə*] *vi* funkeln; *n* Funkeln *nt*; **~ing** *a* glitzernd.
gloat over ['gləutəuvə*] *vt* sich weiden an (+*dat*).
global ['gləubl] *a* global.
globe [gləub] *n* Erdball *m*; (*sphere*) Globus *m*; **~-trotter** Weltenbummler(in *f*) *m*, Globetrotter(in *f*) *m*.
gloom [glu:m] *n* (*also* **~iness**) (*darkness*) Dunkel *nt*, Dunkelheit *f*; (*depression*) düstere Stimmung *f*; **~ily** *ad*, **~y** *a* düster.
glorification [glɔ:rɪfɪ'keɪʃən] *n* Verherrlichung *f*.
glorify ['glɔ:rɪfaɪ] *vt* verherrlichen; **just a glorified cafe** nur ein besseres Café.
glorious ['glɔ:rɪəs] *a* glorreich; (*splendid*) prächtig.
glory ['glɔ:rɪ] *n* Herrlichkeit *f*; (*praise*) Ruhm *m*; **to ~ in** sich sonnen in (+*dat*).
gloss [glɒs] *n* (*shine*) Glanz *m*; **~ paint** Ölfarbe *f*; **~ over** *vt* übertünchen.
glossary ['glɒsərɪ] *n* Glossar *nt*.
glossy ['glɒsɪ] *a surface* glänzend.
glove [glʌv] *n* Handschuh *m*.
glow [gləu] *vi* glühen, leuchten; *n* (*heat*) Glühen *nt*; (*colour*) Röte *f*; (*feeling*) Wärme *f*.
glower ['glauə*] *vi*: **~ at** finster anblicken.
glucose ['glu:kəus] *n* Traubenzucker *m*.
glue [glu:] *n* Klebstoff *m*, Leim *m*; *vt* leimen, kleben.
glum [glʌm] *a* bedrückt.
glut [glʌt] *n* Überfluß *m*; *vt* überladen.
glutton ['glʌtn] *n* Vielfraß *m*; (*fig*) Unersättliche(r) *mf*; **~ous** *a* gierig; **~y** Völlerei *f*; Unersättlichkeit *f*.
glycerin(e) ['glɪsəri:n] *n* Glyzerin *nt*.
gnarled [nɑ:ld] *a* knorrig.
gnat [næt] *n* Stechmücke *f*.
gnaw [nɔ:] *vt* nagen an (+*dat*).
gnome [nəum] *n* Gnom *m*.
go [gəu] *vi irreg* gehen; (*travel*) reisen, fahren; (*depart: train*) (ab)fahren; (*money*) ausgehen; (*vision*) verschwinden; (*smell*) verfliegen; (*disappear*) (fort)gehen; (*be sold*) kosten; (*at auction*) weggehen; (*work*) gehen, funktionieren; (*fit, suit*) passen (*with* zu); (*become*) werden; (*break etc*) nachgeben; *n* (*energy*) Schwung *m*; (*attempt*) Versuch *m*; **can I have another ~?** darf ich noch mal?; **~ ahead** *vi* (*proceed*) weitergehen; **~ along with** *vt* (*agree to support*) zustimmen (+*dat*), unterstützen; **~ away** *vi* (*depart*) weggehen; **~ back** *vi* (*return*) zurückgehen; **~ back on** *vt promise* nicht halten; **~ by** *vi* (*years, time*) vergehen; **~ down** *vi* (*sun*) untergehen; **~ for** *vt* (*fetch*) holen (gehen); (*like*) mögen; (*attack*) sich stürzen auf (+*acc*); **~ in** *vi* hineingehen; **~ into** *vt* (*enter*) hineingehen in (+*acc*); (*study*) sich befassen mit; **~ off** *vi* (*depart*) weggehen; (*lights*) ausgehen; (*milk etc*) sauer werden; (*explode*) losgehen; *vt* (*dislike*) nicht mehr mögen; **~ on** *vi* (*continue*) weitergehen; (*col: complain*) meckern; (*lights*) angehen; **to ~ on with sth** mit etw weitermachen; **~ out** *vi* (*fire, light*) ausgehen; (*of house*) hinausgehen; **~ over** *vt* (*examine, check*) durchgehen; **~ up** *vi* (*price*) steigen; **~ without** *vt* sich behelfen ohne; *food* entbehren.
goad [gəud] *vt* anstacheln; *n* Treibstock *m*.
go-ahead ['gəuəhed] *a* zielstrebig; (*progressive*) fortschrittlich; *n* grünes Licht *nt*.
goal [gəul] *n* Ziel *nt*; (*Sport*) Tor *nt*; **~keeper** Torwart *m*; **~-post** Torpfosten *m*.
goat [gəut] *n* Ziege *f*.
gobble ['gɒbl] *vt* hinunterschlingen.
go-between ['gəubɪtwi:n] *n* Mittelsmann *m*.
goblet ['gɒblɪt] *n* Kelch(glas *nt*) *m*.
goblin ['gɒblɪn] *n* Kobold *m*.
god [gɒd] *n* Gott *m*; **~child** Patenkind *nt*; **~dess** Göttin *f*; **~father** Pate *m*; **~forsaken** *a* gottverlassen; **~mother** Patin *f*; **~send** Geschenk *nt* des Himmels.
goggle ['gɒgl] *vi* (*stare*) glotzen; **to ~ at** anglotzen; **~s** *pl* Schutzbrille *f*.
going ['gəuɪŋ] *n* (*condition of ground*) Straßenzustand *m*; (*horse-racing*) Bahn *f*; **it's hard ~** es ist schwierig; *a rate* gängig; *concern* gutgehend; **~s-on** *pl* Vorgänge *pl*.
gold [gəuld] *n* Gold *nt*; **~en** *a* golden, Gold-; **~fish** Goldfisch *m*; **~ mine** Goldgrube *f*.
golf [gɒlf] *n* Golf *nt*; **~ club** (*society*) Golfklub *m*; (*stick*) Golfschläger *m*; **~ course** Golfplatz *m*; **~er** Golfspieler(in *f*) *m*.
gondola ['gɒndələ] *n* Gondel *f*.
gong [gɒŋ] *n* Gong *m*.
good [gud] *n* (*benefit*) Wohl *nt*; (*moral excellence*) Güte *f*; *a* gut; (*suitable*) passend; **~s** *pl* Ware(n *pl*) *f*, Güter *pl*; **a ~ deal of** ziemlich viel; **a ~ many** ziemlich viele; **~bye!** auf Wiedersehen!; **G~ Friday** Karfreitag *m*; **~-looking** *a* gutaussehend; **~ morning!** guten Morgen!; **~ness** Güte *f*; (*virtue*) Tugend *f*; **~will** (*favour*) Wohlwollen *nt*; (*Comm*) Firmenansehen *nt*.
goose [gu:s] *n* Gans *f*; **~berry** [guzbərɪ] Stachelbeere *f*; **~flesh, ~ pimples** *pl* Gänsehaut *f*.
gore [gɔ:*] *vt* durchbohren; aufspießen; *n* Blut *nt*.
gorge [gɔ:dʒ] *n* Schlucht *f*; *vti* (sich voll)fressen.
gorgeous ['gɔ:dʒəs] *a* prächtig; *person* bildhübsch.
gorilla [gə'rɪlə] *n* Gorilla *m*.
gorse [gɔ:s] *n* Stechginster *m*.
gory ['gɔ:rɪ] *a* blutig.
go-slow ['gəu'sləu] *n* Bummelstreik *m*.
gospel ['gɒspəl] *n* Evangelium *nt*.
gossamer ['gɒsəmə*] *n* Spinnfäden *pl*.
gossip ['gɒsɪp] *n* Klatsch *m*; (*person*) Klatschbase *f*; *vi* klatschen.
goulash ['gu:læʃ] *n* Gulasch *nt or m*.
gout [gaut] *n* Gicht *f*.
govern ['gʌvən] *vt* regieren; verwalten; (*Gram*) bestimmen; **~ess** Gouvernante *f*; **~ing** *a* leitend; (*fig*) bestimmend; **~ment** Regierung *f*; *a* Regierungs-; **~or** Gouverneur *m*.

gown [gaʊn] *n* Gewand *nt*; (*Univ*) Robe *f*.
grab [græb] *vt* packen; an sich reißen; *n* plötzliche(r) Griff *m*; (*crane*) Greifer *m*.
grace [greɪs] *n* Anmut *f*; (*favour*) Güte *f*, Gefälligkeit *f*; (*blessing*) Gnade *f*; (*prayer*) Tischgebet *nt*; (*Comm*) Zahlungsfrist *f*; *vt* (*adorn*) zieren; (*honour*) auszeichnen; **5 days'** ~ 5 Tage Aufschub *m*; **~ful** *a* **~fully** *ad* anmutig, graziös.
gracious ['greɪʃəs] *a* gnädig; (*kind, courteous*) wohlwollend, freundlich.
gradation [grə'deɪʃən] *n* (Ab)stufung *f*.
grade [greɪd] *n* Grad *m*; (*slope*) Gefälle *nt*; **to make the** ~ es schaffen; *vt* (*classify*) einstufen; ~ **crossing** (*US*) Bahnübergang *m*.
gradient ['greɪdɪənt] *n* Steigung *f*; Gefälle *nt*.
gradual *a*, **~ly** *ad* ['grædjʊəl,-lɪ] allmählich.
graduate ['grædjʊɪt] *n*: **to be a** ~ das Staatsexamen haben; ['grædjʊeɪt] *vi* das Staatsexamen machen or bestehen.
graduation [grædjʊ'eɪʃən] *n* Erlangung *f* eines akademischen Grades.
graft [grɑ:ft] *n* (*on plant*) Pfropfreis *nt*; (*hard work*) Schufterei *f*; (*Med*) Verpflanzung *f*; (*unfair self-advancement*) Schiebung *f*; *vt* propfen; (*fig*) aufpfropfen; (*Med*) verpflanzen.
grain [greɪn] *n* Korn *nt*, Getreide *nt*; (*particle*) Körnchen *nt*, Korn *nt*; (*in wood*) Maserung *f*.
grammar ['græmə*] *n* Grammatik *f*.
grammatical [grə'mætɪkəl] *a* grammatisch.
gram(me) [græm] *n* Gramm *nt*.
gramophone ['græməfəʊn] *n* Grammophon *nt*.
granary ['grænərɪ] *n* Kornspeicher *m*.
grand [grænd] *a* großartig; **~daughter** Enkelin *f*; **~eur** ['grændjə*] Erhabenheit *f*; **~father** Großvater *m*; **~iose** *a* (*imposing*) großartig; (*pompous*) schwülstig; **~mother** Großmutter *f*; ~ **piano** Flügel *m*; **~son** Enkel *m*; **~stand** Haupttribüne *f*; ~ **total** Gesamtsumme *f*.
granite ['grænɪt] *n* Granit *m*.
granny ['grænɪ] *n* Oma *f*.
grant [grɑ:nt] *vt* gewähren; (*allow*) zugeben; *n* Unterstützung *f*; (*Univ*) Stipendium *nt*; **to take sb/sth for ~ed** jdn/etw als selbstverständlich (an)nehmen.
granulated ['grænjʊleɪtɪd] *a sugar* raffiniert.
granule ['grænju:l] *n* Körnchen *nt*.
grape [greɪp] *n* (Wein)traube *f*; **~fruit** Pampelmuse *f*, Grapefruit *f*; ~ **juice** Traubensaft *m*.
graph [grɑ:f] *n* Schaubild *nt*; **~ic** *a* (*descriptive*) anschaulich, lebendig; *drawing* graphisch.
grapple ['græpl] *vi* sich raufen; ~ **with** (*lit, fig*) kämpfen mit.
grasp [grɑ:sp] *vt* ergreifen; (*understand*) begreifen; *n* Griff *m*; (*possession*) Gewalt *f*; (*of subject*) Beherrschung *f*; **~ing** *a* habgierig.
grass [grɑ:s] *n* Gras *nt*; **~hopper** Heuschrecke *f*; **~land** Weideland *nt*; ~ **roots** *pl* (*fig*) Basis *f*; ~ **snake** Ringelnatter *f*; **~y** *a* grasig, Gras-.
grate [greɪt] *n* Feuerrost *m*, Kamin *m*; *vi* kratzen; (*sound*) knirschen; (*on nerves*) zerren (*on* an +*dat*); *vt cheese* reiben.
grateful *a*, **~ly** *ad* ['greɪtfʊl, -fəlɪ] dankbar.
grater ['greɪtə*] *n* (*in kitchen*) Reibe *f*.
gratification [grætɪfɪ'keɪʃən] *n* Befriedigung *f*.
gratify ['grætɪfaɪ] *vt* befriedigen.
gratifying ['grærɪfɪɪŋ] *a* erfreulich.
grating ['greɪtɪŋ] *n* (*iron bars*) Gitter *nt*; *a noise* knirschend.
gratitude ['grætɪtju:d] *n* Dankbarkeit *f*.
gratuitous [grə'tju:ɪtəs] *a* (*uncalled-for*) grundlos, überflüssig; (*given free*) unentgeltlich, gratis.
gratuity [grə'tju:ɪtɪ] *n* (Geld)geschenk *nt*; (*Comm*) Gratifikation *f*.
grave [greɪv] *n* Grab *nt*; *a* (*serious*) ernst, schwerwiegend; (*solemn*) ernst, feierlich; **~digger** Totengräber *m*.
gravel ['grævəl] *n* Kies *m*.
gravely ['greɪvlɪ] *ad* schwer, ernstlich.
gravestone ['greɪvstəʊn] *n* Grabstein *m*.
graveyard ['greɪvjɑ:d] *n* Friedhof *m*.
gravitate ['grævɪteɪt] *vi* streben; (*fig*) tendieren.
gravity ['grævɪtɪ] *n* Schwerkraft *f*; (*seriousness*) Schwere *f*, Ernst *m*.
gravy ['greɪvɪ] *n* (Braten)soße *f*.
gray [greɪ] *a* = **grey**.
graze [greɪz] *vi* grasen; *vt* (*touch*) streifen; (*Med*) abschürfen; *n* (*Med*) Abschürfung *f*.
grease [gri:s] *n* (*fat*) Fett *nt*; (*lubricant*) Schmiere *f*; *vt* (ab)schmieren; einfetten; ~ **gun** Schmierspritze *f*; **~proof** *a paper* Butterbrot-.
greasy ['gri:sɪ] *a* fettig.
great [greɪt] *a* groß; (*important*) groß, bedeutend; (*distinguished*) groß, hochstehend; (*col: good*) prima; **~-grandfather** Urgroßvater *m*; **~-grandmother** Urgroßmutter *f*; **~ly** *ad* sehr; **~ness** Größe *f*.
greed [gri:d] *n* (*also* **~iness**) Gier *f* (*for* nach); (*meanness*) Geiz *m*; **~ily** *ad* gierig; **~y** *a* gefräßig, gierig; **~y for money** geldgierig.
green [gri:n] *a* grün; *n* (*village* —) Dorfwiese *f*; **~grocer** Obst- und Gemüsehändler *m*; **~house** Gewächshaus *nt*; **~ish** *a* grünlich; ~ **light** (*lit, fig*) grüne(s) Licht *nt*.
greet [gri:t] *vt* grüßen; **~ing** Gruß *m*, Begrüßung *f*.
gregarious [grɪ'geərɪəs] *a* gesellig.
grenade [grɪ'neɪd] *n* Granate *f*.
grey [greɪ] *a* grau; **~-haired** *a* grauhaarig; **~hound** Windhund *m*; **~ish** *a* gräulich.
grid [grɪd] *n* Gitter *nt*; (*Elec*) Leitungsnetz *nt*; (*on map*) Gitternetz *nt*; **~iron** Bratrost *m*.
grief [gri:f] *n* Gram *m*, Kummer *m*.
grievance ['gri:vəns] *n* Beschwerde *f*.
grieve [gri:v] *vi* sich grämen; *vt* betrüben.
grill [grɪl] *n* (*on cooker*) Grill *m*; *vt* grillen;

(*question*) in die Mangel nehmen.
grille [grıl] *n* (*on car etc*) (Kühler)gitter *nt*.
grim [grım] *a* grimmig; *situation* düster.
grimace [grı'meıs] *n* Grimasse *f*; *vi* Grimassen schneiden.
grime [graım] *n* Schmutz *m*.
grimly ['grımlı] *ad* grimmig, finster.
grimy ['graımı] *a* schmutzig.
grin [grın] *n* Grinsen *nt*; *vi* grinsen.
grind [graınd] *vt irreg* mahlen; (*sharpen*) schleifen; *teeth* knirschen mit; *n* (*bore*) Plackerei *f*.
grip [grıp] *n* Griff *m*; (*mastery*) Griff *m*, Gewalt *f*; (*suitcase*) kleine(r) Handkoffer *m*; *vt* packen.
gripes [graıps] *npl* (*bowel pains*) Bauchschmerzen *pl*, Bauchweh *nt*.
gripping ['grıpıŋ] *a* (*exciting*) spannend.
grisly ['grızlı] *a* gräßlich.
gristle ['grısl] *n* Knorpel *m*.
grit [grıt] *n* Splitt *m*; (*courage*) Mut *m*, Mumm *m*; *vt teeth* knirschen mit; *road* (mit Splitt be)streuen.
groan [grəʊn] *n* Stöhnen *nt*; *vi* stöhnen.
grocer ['grəʊsə*] *n* Lebensmittelhändler *m*; **~ies** *pl* Lebensmittel *pl*.
grog [grɒg] *n* Grog *m*.
groggy ['grɒgı] *a* benommen; (*boxing*) angeschlagen.
groin [grɔın] *n* Leistengegend *f*.
groom [gru:m] *n* Bräutigam *m*; (*for horses*) Pferdeknecht *m*; **to ~ o.s.** (*of man*) sich zurechtmachen, sich pflegen; **(well) ~ed** gepflegt; **to ~ sb for a career** jdn auf eine Laufbahn vorbereiten.
groove [gru:v] *n* Rille *f*, Furche *f*.
grope [grəʊp] *vi* tasten.
gross [grəʊs] *a* (*coarse*) dick, plump; (*bad*) grob, schwer; (*Comm*) brutto; Gesamt-; *n* Gros *nt*; **~ly** *ad* höchst, ungeheuerlich.
grotesque [grəʊ'tesk] *a* grotesk.
grotto ['grɒtəʊ] *n* Grotte *f*.
ground [graʊnd] *n* Boden *m*, Erde *f*; (*land*) Grundbesitz *m*; (*reason*) Grund *m*; **~s** *pl* (*dregs*) Bodensatz *m*; (*around house*) (Garten)anlagen *pl*; *vt* (*run ashore*) auf Strand setzen; *aircraft* stillegen; (*instruct*) die Anfangsgründe beibringen (+*dat*); *vi* (*run ashore*) stranden, auflaufen; **~ floor** (*Brit*) Erdgeschoß *nt*, Parterre *nt*; **~ing** (*instruction*) Anfangsunterricht *m*; **~sheet** Zeltboden *m*; **~work** Grundlage *f*.
group [gru:p] *n* Gruppe *f*; *vti* (sich) gruppieren.
grouse [graʊs] *n* (*bird*) schottische(s) Moorhuhn *nt*; (*complaint*) Nörgelei *f*; *vi* (*complain*) meckern.
grove [grəʊv] *n* Gehölz *nt*, Hain *m*.
grovel ['grɒvl] *vi* auf dem Bauch kriechen; (*fig*) kriechen.
grow [grəʊ] *irreg vi* wachsen, größer werden; (*grass*) wachsen; (*become*) werden; **it ~s on you** man gewöhnt sich daran; *vt* (*raise*) anbauen, ziehen; **~ up** *vi* aufwachsen; (*mature*) erwachsen werden; **~er** Züchter *m*; **~ing** *a* wachsend; (*fig*) zunehmend.
growl [graʊl] *vi* knurren; *n* Knurren *nt*.
grown-up ['grəʊn'ʌp] *a* erwachsen; *n* Erwachsene(r) *mf*.
growth [grəʊθ] *n* Wachstum *nt*, Wachsen *nt*; (*increase*) Anwachsen *nt*, Zunahme *f*; (*of beard etc*) Wuchs *m*.
grub [grʌb] *n* Made *f*, Larve *f*; (*col: food*) Futter *nt*; **~by** *a* schmutzig, schmuddelig.
grudge [grʌdʒ] *n* Groll *m*; *vt* misgönnen (*sb sth* jdm etw); **to bear sb a ~** einen Groll gegen jdn hegen.
grudging ['grʌdʒıŋ] *a* neidisch; (*unwilling*) widerwillig.
gruelling ['grʊəlıŋ] *a climb, race* mörderisch.
gruesome ['gru:səm] *a* grauenhaft.
gruff [grʌf] *a* barsch.
grumble ['grʌmbl] *vi* murren, schimpfen; *n* Brummen *nt*, Murren *nt*.
grumpy ['grʌmpı] *a* verdrießlich.
grunt [grʌnt] *vi* grunzen; *n* Grunzen *nt*.
guarantee [gærən'ti:] *n* (*promise to pay*) Gewähr *f*; (*promise to replace*) Garantie f; *vt* gewährleisten; garantieren.
guarantor [gærən'tɔ:*] *n* Gewährsmann *m*, Bürge *m*.
guard [gɑ:d] *n* (*defence*) Bewachung *f*; (*sentry*) Wache *f*; (*Rail*) Zugbegleiter *m*; **to be on ~** Wache stehen; **to be on one's ~** aufpassen; *vt* bewachen, beschützen; **~ed** *a* vorsichtig, zurückhaltend; **~ian** Vormund *m*; (*keeper*) Hüter *m*; **~'s van** (*Brit Rail*) Dienstwagen *m*.
guerrilla [gə'rılə] *n* Guerilla(kämpfer) *m*; **~ warfare** Guerillakrieg *m*.
guess [ges] *vti* (er)raten, schätzen; *n* Vermutung *f*; **~work** Raterei *f*; **good ~** gut geraten.
guest [gest] *n* Gast *m*; **~-house** Pension *f*; **~ room** Gastzimmer *nt*.
guffaw [gʌ'fɔ:] *n* schallende(s) Gelächter *nt*; *vi* schallend lachen.
guidance ['gaıdəns] *n* (*control*) Leitung *f*; (*advice*) Rat *m*, Beratung *f*.
guide [gaıd] *n* Führer *m*; *vt* führen; **girl ~** Pfadfinderin *f*; **~book** Reiseführer *m*; **~d missile** Fernlenkgeschoß *nt*; **~ lines** *pl* Richtlinien *pl*.
guild [gıld] *n* (*Hist*) Gilde *f*; (*society*) Vereinigung *f*; **~hall** (*Brit*) Stadthalle *f*.
guile [gaıl] *n* Arglist *f*; **~less** *a* arglos.
guillotine [gılə'ti:n] *n* Guillotine *f*.
guilt [gılt] *n* Schuld *f*; **~y** *a* schuldig.
guise [gaız] *n* (*appearance*) Verkleidung *f*; **in the ~ of** (*things*) in der Form (+*gen*); (*people*) gekleidet als.
guitar [gı'tɑ:*] *n* Gitarre *f*; **~ist** Gitarrist-(in *f*) *m*.
gulf [gʌlf] *n* Golf *m*; (*fig*) Abgrund *m*.
gull [gʌl] *n* Möwe *f*.
gullet ['gʌlıt] *n* Schlund *m*.
gullible ['gʌlıbl] *a* leichtgläubig.
gully ['gʌlı] *n* (Wasser)rinne *f*; (*gorge*) Schlucht *f*.
gulp [gʌlp] *vi* hinunterschlucken; (*gasp*) schlucken; *n* große(r) Schluck *m*.
gum [gʌm] *n* (*around teeth*) Zahnfleisch *nt*; (*glue*) Klebstoff *m*; (*chewing* —) Kaugummi *m*; *vt* gummieren, kleben; **~boots** *pl* Gummistiefel *pl*.

gumption ['gʌmpʃən] *n* (*col*) Mumm *m*.
gum tree ['gʌmtri:] *n* Gummibaum *m*; **up a** ~ (*col*) in der Klemme.
gun [gʌn] *n* Schußwaffe *f*; ~**fire** Geschützfeuer *nt*; ~**man** bewaffnete(r) Verbrecher *m*; ~**ner** Kanonier *m*, Artillerist *m*; ~**powder** Schießpulver *nt*; ~**shot** Schuß *m*; ~ **down** *vt* niederknallen.
gurgle ['gɜ:gl] *n* Gluckern *nt*; *vi* gluckern.
gush [gʌʃ] *n* Strom *m*, Erguß *m*; *vi* (*rush out*) hervorströmen; (*fig*) schwärmen.
gusset ['gʌsɪt] *n* Keil *m*, Zwickel *m*.
gust [gʌst] *n* Windstoß *m*, Bö *f*.
gusto ['gʌstəʊ] *n* Genuß *m*, Lust *f*.
gut [gʌt] *n* (*Anat*) Gedärme *pl*; (*string*) Darm *m*; ~**s** *pl* (*fig*) Schneid *m*.
gutter ['gʌtə*] *n* Dachrinne *f*; (*in street*) Gosse *f*.
guttural ['gʌtərəl] *a* guttural, Kehl-.
guy [gaɪ] *n* (*rope*) Halteseil *nt*; (*man*) Typ *m*, Kerl *m*.
guzzle ['gʌzl] *vti* (*drink*) saufen; (*eat*) fressen.
gym(nasium) [dʒɪm'neɪzɪəm] *n* Turnhalle *f*.
gymnast ['dʒɪmnæst] *n* Turner(in *f*) *m*; ~**ics** [dʒɪm'næstɪks] Turnen *nt*, Gymnastik *f*.
gyn(a)ecologist [gaɪnɪ'kɒlədʒɪst] *n* Frauenarzt *m*/-ärztin *f*, Gynäkologe *m*, Gynäkologin *f*.
gyn(a)ecology [gaɪnɪ'kɒlədʒɪ] *n* Gynäkologie *f*, Frauenheilkunde *f*.
gypsy ['dʒɪpsɪ] *n* = **gipsy**.
gyrate [dʒaɪ'reɪt] *vi* kreisen.

H

H, h [eɪtʃ] *n* H *nt*, h *nt*.
haberdashery [hæbə'dæʃərɪ] *n* Kurzwaren *pl*.
habit ['hæbɪt] *n* (An)gewohnheit *f*; (*monk's*) Habit *nt or m*.
habitable ['hæbɪtəbl] *a* bewohnbar.
habitat ['hæbɪtæt] *n* Lebensraum *m*.
habitation [hæbɪ'teɪʃən] *n* Bewohnen *nt*; (*place*) Wohnung *f*.
habitual [hə'bɪtjʊəl] *a* üblich, gewohnheitsmäßig; ~**ly** *ad* gewöhnlich.
hack [hæk] *vt* hacken; *n* Hieb *m*; (*writer*) Schreiberling *m*.
hackney cab ['hæknɪ'kæb] *n* Taxi *nt*.
hackneyed ['hæknɪd] *a* abgedroschen.
haddock ['hædək] *n* Schellfisch *m*.
hadn't ['hædnt] = **had not**.
haemorrhage, (*US*) **hemo**~ ['hemərɪdʒ] *n* Blutung *f*.
haemorrhoids, (*US*) **hemo**~ ['hemərɔɪdz] Hämorrhoiden *pl*.
haggard ['hægəd] *a* abgekämpft.
haggle ['hægl] *vi* feilschen.
haggling ['hæglɪŋ] *n* Feilschen *nt*.
hail [heɪl] *n* Hagel *m*; *vt* umjubeln; **to** ~ **sb as emperor** jdn zum Kaiser ausrufen; *vi* hageln; ~**storm** Hagelschauer *m*.
hair [hεə*] *n* Haar *nt*, Haare *pl*; (*one* —) Haar *nt*; ~**brush** Haarbürste *f*; ~**cut** Haarschnitt *m*; **to get a** ~**cut** sich (*dat*) die Haare schneiden lassen; ~**do** Frisur *f*; ~**dresser** Friseur *m*, Friseuse *f*; ~**-drier** Trockenhaube *f*; (*hand*) Fön *m*; ~**net** Haarnetz *nt*; ~ **oil** Haaröl *nt*; ~**piece** (*lady's*) Haarteil *nt*; (*man's*) Toupet *nt*; ~**pin** (*lit*) Haarnadel *f*; (*bend*) Haarnadelkurve *f*; ~**-raising** *a* haarsträubend; ~**'s breadth** Haaresbreite *f*; ~ **style** Frisur *f*; ~**y** *a* haarig.
hake [heɪk] *n* Seehecht *m*.
half [hɑ:f] *n* Hälfte *f*; *a* halb; *ad* halb, zur Hälfte; ~**-back** Läufer *m*; ~**-breed**, ~**-caste** Mischling *m*; ~**-hearted** *a* lustlos, unlustig; ~**-hour** halbe Stunde *f*; ~**penny** ['heɪpnɪ] halbe(r) Penny *m*; ~ **price** halbe(r) Preis *m*; ~**-time** Halbzeit *f*; ~**way** *ad* halbwegs, auf halbem Wege.
halibut ['hælɪbət] *n* Heilbutt *m*.
hall [hɔ:l] *n* Saal *m*; (*entrance* —) Hausflur *m*; (*building*) Halle *f*.
hallmark ['hɔ:lmɑ:k] *n* (*lit, fig*) Stempel *m*.
hallo [hʌ'ləʊ] *see* **hello**.
hallucination [həlu:sɪ'neɪʃən] *n* Halluzination *f*.
halo ['heɪləʊ] *n* (*of saint*) Heiligenschein *m*; (*of moon*) Hof *m*.
halt [hɔ:lt] *n* Halt *m*; *vti* anhalten.
halve [hɑ:v] *vt* halbieren.
ham [hæm] *n* Schinken *m*; ~ **sandwich** Schinkenbrötchen *nt*; ~**burger** Frikadelle *f*.
hamlet ['hæmlɪt] *n* Weiler *m*.
hammer ['hæmə*] *n* Hammer *m*; *vt* hämmern.
hammock ['hæmək] *n* Hängematte *f*.
hamper ['hæmpə*] *vt* (be)hindern; *n* Picknickkorb *m*; Geschenkkorb *m*.
hand [hænd] *n* Hand *f*; (*of clock*) (Uhr)zeiger *m*; (*worker*) Arbeiter *m*; *vt* (*pass*) geben; **to give sb a** ~ jdm helfen; **at first** ~ aus erster Hand; **to** ~ zur Hand; **in** ~ (*under control*) in fester Hand, unter Kontrolle; (*being done*) im Gange; (*extra*) übrig; ~**bag** Handtasche *f*; ~**ball** Handball *m*; ~**book** Handbuch *nt*; ~**brake** Handbremse *f*; ~ **cream** Handcreme *f*; ~**cuffs** *pl* Handschellen *pl*; ~**ful** Handvoll *f*; (*col: person*) Plage *f*.
handicap ['hændɪkæp] *n* Handikap *nt*; *vt* benachteiligen.
handicraft ['hændɪkrɑ:ft] *n* Kunsthandwerk *nt*.
handkerchief ['hæŋkətʃɪf] *n* Taschentuch *nt*.
handle ['hændl] *n* (*of door etc*) Klinke *f*; (*of cup etc*) Henkel *m*; (*for winding*) Kurbel *f*; *vt* (*touch*) anfassen; (*deal with*) *things* sich befassen mit; *people* umgehen mit; ~**bars** *pl* Lenkstange *f*.
hand-luggage ['hændlʌgɪdʒ] Handgepäck *nt*.
handmade ['hændmeɪd] *a* handgefertigt.
handshake ['hændʃeɪk] *n* Händedruck *f*.
handsome ['hænsəm] *a* gutaussehend; (*generous*) großzügig.
handwriting ['hændraɪtɪŋ] *n* Handschrift *f*.
handy ['hændɪ] *a* praktisch; *shops* leicht erreichbar.
handyman ['hændɪmən] *n* Mädchen *nt* für

alles; (*do-it-yourself*) Bastler *m*; (*general* —) Gelegenheitsarbeiter *m*.

hang [hæŋ] *irreg vt* aufhängen; (*execute*) hängen; **to ~ sth on sth** etw an etw (*acc*) hängen; *vi* (*droop*) hängen; **~ about** *vi* sich herumtreiben.

hangar ['hæŋə*] *n* Hangar *m*, Flugzeughalle *f*.

hanger ['hæŋə*] *n* Kleiderbügel *m*.

hanger-on ['hæŋər'ɒn] *n* Anhänger(in *f*) *m*.

hangover ['hæŋəʊvə*] *n* Kater *m*.

hank [hæŋk] *n* Strang *m*.

hanker ['hæŋkə*] *vi* sich sehnen (*for, after* nach).

haphazard ['hæp'hæzəd] *a* wahllos, zufällig.

happen ['hæpən] *vi* sich ereignen, passieren; **~ing** *n* Ereignis *nt*; (*Art*) Happening *nt*.

happily ['hæpɪlɪ] *ad* glücklich; (*fortunately*) glücklicherweise.

happiness ['hæpɪnɪs] *n* Glück *nt*.

happy ['hæpɪ] *a* glücklich; **~-lucky** *a* sorglos.

harass ['hærəs] *vt* bedrängen, plagen.

harbour, (*US*) **harbor** ['hɑːbə*] *n* Hafen *m*.

hard [hɑːd] *a* (*firm*) hart, fest; (*difficult*) schwer, schwierig; (*physically*) schwer; (*harsh*) hart(herzig), gefühllos; *ad work* hart; *try* sehr; *push, hit* fest; **~ by** (*close*) dicht *or* nahe an(+*dat*); **he took it ~** er hat es schwer genommen; **~back** *n* kartonierte Ausgabe; **~-boiled** *a* hartgekocht; **~en** *vt* erhärten; (*fig*) verhärten; *vi* hart werden; (*fig*) sich verhärten; **~-hearted** *a* hartherzig; **~ly** *ad* kaum; **~ship** Not *f*; (*injustice*) Unrecht *nt*; **~-up** *a* knapp bei Kasse; **~ware** Eisenwaren *pl*.

hardy ['hɑːdɪ] *a* (*strong*) widerstandsfähig; (*brave*) verwegen.

hare [hɛə*] *n* Hase *m*.

harem [hɑː'riːm] *n* Harem *m*.

harm [hɑːm] *n* Schaden *m*; Leid *nt*; *vt* schaden (+*dat*); **it won't do any ~** es kann nicht schaden; **~ful** *a* schädlich; **~less** *a* harmlos, unschädlich.

harmonica [hɑː'mɒnɪkə] *n* Mundharmonika *f*.

harmonious [hɑː'məʊnɪəs] *a* harmonisch.

harmonize ['hɑːmənaɪz] *vt* abstimmen; *vi* harmonieren.

harmony ['hɑːmənɪ] *n* Harmonie *f*; (*fig also*) Einklang *m*.

harness ['hɑːnɪs] *n* Geschirr *nt*; *vt horse* anschirren; (*fig*) nutzbar machen.

harp [hɑːp] *n* Harfe *f*; **to ~ on about sth** auf etw (*dat*) herumreiten; **~ist** Harfenspieler(in *f*) *m*.

harpoon [hɑː'puːn] *n* Harpune *f*.

harrow ['hærəʊ] *n* Egge *f*; *vt* eggen.

harrowing ['hærəʊɪŋ] *a* nervenaufreibend.

harsh [hɑːʃ] *a* (*rough*) rauh, grob; (*severe*) schroff, streng; **~ly** *ad* rauh, barsch; **~ness** Härte *f*.

harvest ['hɑːvɪst] *n* Ernte *f*; (*time*) Erntezeit *f*; *vt* ernten.

harvester ['hɑːvɪstə*] *n* Mähbinder *m*.

hash [hæʃ] *vt* kleinhacken; *n* (*mess*) Kuddelmuddel *m*; (*meat cooked*) Haschee *nt*; (*raw*) Gehackte(s) *nt*.

hashish ['hæʃɪʃ] *n* Haschisch *nt*.

haste [heɪst] *n* (*speed*) Eile *f*; (*hurry*) Hast *f*; **~n** ['heɪsn] *vt* beschleunigen; *vi* eilen, sich beeilen.

hasty *a*, **hastily** *ad* [heɪstɪ, -lɪ] hastig; (*rash*) vorschnell.

hat [hæt] *n* Hut *m*.

hatbox ['hætbɒks] *n* Hutschachtel *f*.

hatch [hætʃ] *n* (*Naut*) Luke *f*; (*in house*) Durchreiche *f*; *vi* brüten; (*young*) ausschlüpfen; *vt brood* ausbrüten; *plot* aushecken.

hatchet ['hætʃɪt] *n* Beil *nt*.

hate [heɪt] *vt* hassen; **I ~ queuing** ich stehe nicht gern Schlange; *n* Haß *m*; **~ful** *a* verhaßt.

hatred ['heɪtrɪd] *n* Haß *m*; (*dislike*) Abneigung *f*.

hat trick ['hættrɪk] *n* Hattrick *m*.

haughty *a*, **haughtily** *ad* [hɔːtɪ, -lɪ] hochnäsig, überheblich.

haul [hɔːl] *vt* ziehen, schleppen; *n* (*pull*) Zug *m*; (*catch*) Fang *m*; **~age** Transport *m*; (*Comm*) Spedition *f*; **~ier** Transportunternehmer *m*, Spediteur *m*.

haunch [hɔːntʃ] *n* Lende *f*; **to sit on one's ~es** hocken.

haunt [hɔːnt] *vt* (*ghost*) spuken in (+*dat*), umgehen in (+*dat*); (*memory*) verfolgen; *pub* häufig besuchen; **the castle is ~ed** in dem Schloß spukt es; *n* Lieblingsplatz *m*.

have [hæv] *vt irreg* haben; (*at meal*) essen; trinken; (*col: trick*) hereinlegen; **to ~ sth done** etw machen lassen; **to ~ to do sth** etw tun müssen; **to ~ sb on** jdn auf den Arm nehmen.

haven ['heɪvn] *n* Hafen *m*; (*fig*) Zufluchtsort *m*.

haversack ['hævəsæk] *n* Rucksack *m*.

havoc ['hævək] *n* Verwüstung *f*.

hawk [hɔːk] *n* Habicht *m*.

hay [heɪ] *n* Heu *nt*; **~ fever** Heuschnupfen *m*; **~stack** Heuschober *m*.

haywire ['heɪwaɪə*] *a* (*col*) durcheinander.

hazard ['hæzəd] *n* (*chance*) Zufall *m*; (*danger*) Wagnis *nt*, Risiko *nt*; *vt* aufs Spiel setzen; **~ous** *a* gefährlich, riskant.

haze [heɪz] *n* Dunst *m*; (*fig*) Unklarheit *f*.

hazelnut ['heɪzlnʌt] *n* Haselnuß *f*.

hazy ['heɪzɪ] *a* (*misty*) dunstig, diesig; (*vague*) verschwommen.

he [hiː] *pron* er.

head [hed] *n* Kopf *m*; (*top*) Spitze *f*; (*leader*) Leiter *m*; *a* Kopf-; (*leading*) Ober-; *vt* (an)führen, leiten; **~ for** Richtung nehmen auf (+*acc*), zugehen auf (+*acc*); **~ache** Kopfschmerzen *pl*, Kopfweh *nt*; **~ing** Überschrift *f*; **~lamp** Scheinwerfer *m*; **~land** Landspitze *f*; **~light** = **~lamp**; **~line** Schlagzeile *f*; **~long** *ad* kopfüber; **~master** (*of primary school*) Rektor *m*; (*of secondary school*) Direktor *m*; **~mistress** Rektorin *f*; Direktorin *f*; **~-on** *a* Frontal-; **~quarters** *pl* Zentrale *f*; (*Mil*) Hauptquartier *nt*; **~rest**

Kopfstütze *f*; **~room** (*of bridges etc*) lichte Höhe *f*; Platz *m* für den Kopf; **~s** (*on coin*) Kopf *m*, Wappen *nt*; **~scarf** Kopftuch *nt*; **~strong** *a* eigenwillig; **~waiter** Oberkellner *m*; **~way** Fahrt *f* (voraus); (*fig*) Fortschritte *pl*; **~wind** Gegenwind *m*; **~y** *a* (*rash*) hitzig; (*intoxicating*) stark, berauschend.

heal [hi:l] *vt* heilen; *vi* verheilen.

health [helθ] *n* Gesundheit *f*; **your ~!** prost!; **~y** *a* gesund.

heap [hi:p] *n* Haufen *m*; *vt* häufen.

hear [hɪə*] *irreg vt* hören; (*listen to*) anhören; *vi* hören; **~ing** Gehör *nt*; (*Jur*) Verhandlung *f*; (*of witnesses*) Vernehmung *f*; **to give sb a ~ing** jdn anhören; **~ing aid** Hörapparat *m*; **~say** Hörensagen *nt*.

hearse [hɜ:s] *n* Leichenwagen *m*.

heart [hɑ:t] *n* Herz *nt*; (*centre also*) Zentrum *nt*; (*courage*) Mut *m*; **by ~** auswendig; **the ~ of the matter** der Kern des Problems; **~ attack** Herzanfall *m*; **~beat** Herzschlag *m*; **~breaking** *a* herzzerbrechend; **~broken** *a* (ganz)-gebrochen; **~burn** Sodbrennen *nt*; **~ failure** Herzschlag *m*; **~felt** *a* aufrichtig.

hearth [hɑ:θ] *n* Herd *m*.

heartily ['hɑ:tɪlɪ] *ad* herzlich; *eat* herzhaft.

heartless ['hɑ:tlɪs] *a* herzlos.

hearty ['hɑ:tɪ] *a* kräftig; (*friendly*) freundlich.

heat [hi:t] *n* Hitze *f*; (*of food, water etc*) Wärme *f*; (*Sport*) Ausscheidungsrunde *f*; (*excitement*) Feuer *nt*; **in the ~ of the moment** in der Hitze des Gefechts; *vt house* heizen; *substance* heiß machen, erhitzen; **~ up** *vi* warm werden; *vt* aufwärmen; **~ed** *a* erhitzt; (*fig*) hitzig; **~er** (Heiz)ofen *m*.

heath [hi:θ] *n* (*Brit*) Heide *f*.

heathen ['hi:ðən] *n* Heide *m*; *a* heidnisch, Heiden-.

heather ['heðə*] *n* Heidekraut *nt*, Erika *f*.

heating ['hi:tɪŋ] *n* Heizung *f*.

heatstroke ['hi:tstrəʊk] *n* Hitzschlag *m*.

heatwave ['hi:tweɪv] *n* Hitzewelle *f*.

heave [hi:v] *vt* hochheben; *sigh* ausstoßen; *vi* wogen; (*breast*) sich heben; *n* Heben *nt*.

heaven ['hevn] *n* Himmel *m*; (*bliss*) (der siebte) Himmel *m*; **~ly** *a* himmlisch; **~ly body** Himmelskörper *m*.

heavy *a*, **heavily** *ad* ['hevɪ, -lɪ] schwer.

heckle ['hekl] *vt* unterbrechen; *vi* dazwischenrufen, störende Fragen stellen.

hectic ['hektɪk] *a* hektisch.

he'd [hi:d] = **he had; he would**.

hedge [hedʒ] *n* Hecke *f*; *vt* einzäunen; **to ~ one's bets** sich absichern; *vi* (*fig*) ausweichen.

hedgehog ['hedʒhɒg] *n* Igel *m*.

heed [hi:d] *vt* beachten; *n* Beachtung *f*; **~ful** *a* achtsam; **~less** *a* achtlos.

heel [hi:l] *n* Ferse *f*; (*of shoe*) Absatz *m*; *vt shoes* mit Absätzen versehen.

hefty ['heftɪ] *a person* stämmig; *portion* reichlich; *bite* kräftig; *weight* schwer.

heifer ['hefə*] *n* Färse *f*.

height [haɪt] *n* (*of person*) Größe *f*; (*of object*) Höhe *f*; (*high place*) Gipfel *m*; **~en** *vt* erhöhen.

heir [ɛə*] *n* Erbe *m*; **~ess** ['ɛərɪs] Erbin *f*; **~loom** Erbstück *nt*.

helicopter ['helɪkɒptə*] *n* Hubschrauber *m*.

hell [hel] *n* Hölle *f*; *interj* verdammt!

he'll [hi:l] = **he will, he shall**.

hellish ['helɪʃ] *a* höllisch, verteufelt.

hello [hʌ'ləʊ] *interj* (*greeting*) Hallo; (*surprise*) hallo, he.

helm [helm] *n* Ruder *nt*, Steuer *nt*.

helmet ['helmɪt] *n* Helm *m*.

helmsman ['helmzmən] *n* Steuermann *m*.

help [help] *n* Hilfe *f*; *vt* helfen (+*dat*); **I can't ~ it** ich kann nichts dafür; **I couldn't ~ laughing** ich mußte einfach lachen; **~ yourself** bedienen Sie sich; **~er** Helfer *m*; **~ful** *a* hilfreich; **~ing** Portion *f*; **~less** *a* hilflos.

hem [hem] *n* Saum *m*; **~ in** *vt* einschließen; (*fig*) einengen.

hemisphere ['hemɪsfɪə*] *n* Halbkugel *f*; Hemisphäre *f*.

hemline ['hemlaɪn] *n* Rocklänge *f*.

hemp [hemp] *n* Hanf *m*.

hen [hen] *n* Henne *f*.

hence [hens] *ad* von jetzt an; (*therefore*) daher.

henchman ['hentʃmən] *n* Anhänger *m*, Gefolgsmann *m*.

henpecked ['henpekt] *a*: **to be ~** unter dem Pantoffel stehen; **~ husband** Pantoffelheld *m*.

her [hɜ:*] *pron* (*acc*) sie; (*dat*) ihr; *a* ihr.

herald ['herəld] *n* Herold *m*; (*fig*) (Vor)-bote *m*; *vt* verkünden, anzeigen.

heraldry ['herəldrɪ] *n* Wappenkunde *f*.

herb [hɜ:b] *n* Kraut *nt*.

herd [hɜ:d] *n* Herde *f*.

here [hɪə*] *ad* hier; (*to this place*) hierher; **~after** *ad* hernach, künftig; *n* Jenseits *nt*; **~by** *ad* hiermit.

hereditary [hɪ'redɪtərɪ] *a* erblich.

heredity [hɪ'redɪtɪ] *n* Vererbung *f*.

heresy ['herəsɪ] *n* Ketzerei *f*.

heretic ['herətɪk] *n* Ketzer *m*; **~al** [hɪ'retɪkəl] *a* ketzerisch.

herewith ['hɪə'wɪð] *ad* hiermit; (*Comm*) anbei.

heritage ['herɪtɪdʒ] *n* Erbe *nt*.

hermetically [hɜ:'metɪkəlɪ] *ad* luftdicht, hermetisch.

hermit ['hɜ:mɪt] *n* Einsiedler *m*.

hernia ['hɜ:nɪə] *n* Bruch *m*.

hero ['hɪərəʊ] *n* Held *m*; **~ic** [hɪ'rəʊɪk] *a* heroisch.

heroin ['herəʊɪn] *n* Heroin *nt*.

heroine ['herəʊɪn] *n* Heldin *f*.

heroism ['herəʊɪzəm] *n* Heldentum *nt*.

heron ['herən] *n* Reiher *m*.

herring ['herɪŋ] *n* Hering *m*.

hers [hɜ:z] *pron* ihre(r,s).

herself [hɜ:'self] *pron* sich (selbst); (*emphatic*) selbst; **she's not ~** mit ihr ist etwas los *or* nicht in Ordnung.

he's [hi:z] = **he is, he has**.

hesitant ['hezɪtənt] *a* zögernd; *speech* stockend.

hesitate ['hezɪteɪt] *vi* zögern; (*feel doubtful*) unschlüssig sein.

hesitation [hezɪ'teɪʃən] *n* Zögern *nt*, Schwanken *nt*.
het up [het'ʌp] *a* (*col*) aufgeregt.
hew [hju:] *vt irreg* hauen, hacken.
hexagon ['heksəgən] *n* Sechseck *nt*; **~al** [hek'sægənəl] *a* sechseckig.
heyday ['heɪdeɪ] *n* Blüte *f*, Höhepunkt *m*.
hi [haɪ] *interj* he, hallo.
hibernate ['haɪbəneɪt] *vi* Winterschlaf halten.
hibernation [haɪbə'neɪʃən] *n* Winterschlaf *m*.
hiccough, hiccup ['hɪkʌp] *vi* den Schluckauf haben; **~s** *pl* Schluckauf *m*.
hide [haɪd] *n* (*skin*) Haut *f*, Fell *nt*; *irreg vt* verstecken; (*keep secret*) verbergen; *vi* sich verstecken; **~-and-seek** Versteckspiel *nt*.
hideous ['hɪdɪəs] *a* abscheulich; **~ly** *ad* scheußlich.
hiding ['haɪdɪŋ] *n* (*beating*) Tracht *f* Prügel; **to be in ~** sich versteckt halten; **~ place** Versteck *nt*.
hierarchy ['haɪərɑ:kɪ] *n* Hierarchie *f*.
high [haɪ] *a* hoch; *importance* groß; *spirits* Hoch-; *wind* stark; *living* extravagant, üppig; *ad* hoch; **~brow** *n* Intellektuelle(r) *mf*; *a* (betont) intellektuell; (*pej*) hochgestochen; **~chair** Hochstuhl *m*, Sitzer *m*; **~-handed** *a* eigenmächtig; **~-heeled** *a* hochhackig; **~jack = hijack**; **~-level** *a meeting* wichtig, Spitzen-; **~light** (*fig*) Höhepunkt *m*; **~ly** *ad* in hohem Maße, höchst; *praise* in hohen Tönen; **~ly strung** *a* überempfindlich, reizbar; **H~ Mass** Hochamt *nt*; **~ness** Höhe *f*; **H~ness** Hoheit *f*; **~-pitched** *a voice* hoch, schrill, hell; **~ school** Oberschule *f*; **~-speed** *a* Schnell-; **~ tide** Flut *f*; **~way** Landstraße *f*.
hijack ['haɪjæk] *vt* hijacken, entführen.
hike [haɪk] *vi* wandern; *n* Wanderung *f*; **~r** Wanderer *m*.
hiking ['haɪkɪŋ] *n* Wandern *nt*.
hilarious [hɪ'lɛərɪəs] *a* lustig; zum Schreien komisch.
hilarity [hɪ'lærɪtɪ] *n* Lustigkeit *f*.
hill [hɪl] *n* Berg *m*; **~side** (Berg)hang *m*; **~top** Bergspitze *f*; **~y** *a* hügelig.
hilt [hɪlt] *n* Heft *nt*; **up to the ~** ganz und gar.
him [hɪm] *pron* (*acc*) ihn; (*dat*) ihm.
himself [hɪm'self] *pron* sich (selbst); (*emphatic*) selbst; **he's not ~** mit ihm ist etwas los *or* nicht in Ordnung.
hind [haɪnd] *a* hinter, Hinter-; *n* Hirschkuh *f*.
hinder ['hɪndə*] *vt* (*stop*) hindern; (*delay*) behindern.
hindrance ['hɪndrəns] *n* (*delay*) Behinderung *f*; (*obstacle*) Hindernis *nt*.
hinge [hɪndʒ] *n* Scharnier *nt*; (*on door*) Türangel *f*; *vt* mit Scharnieren versehen; *vi* (*fig*) abhängen (*on* von).
hint [hɪnt] *n* Tip *m*, Andeutung *f*; (*trace*) Anflug *m*; *vi* andeuten (*at acc*), anspielen (*at* auf +*acc*).
hip [hɪp] *n* Hüfte *f*.
hippopotamus [hɪpə'pɒtəməs] *n* Nilpferd *nt*.
hire ['haɪə*] *vt worker* anstellen; *car* mieten; *n* Miete *f*; **for ~** *taxi* frei; **to have for ~** verleihen; **~ purchase** Teilzahlungskauf *m*.
his [hɪz] *poss a* sein; *poss pron* seine(r,s).
hiss [hɪs] *vi* zischen; *n* Zischen *nt*.
historian [hɪs'tɔ:rɪən] *n* Geschichtsschreiber *m*; Historiker *m*.
historic [hɪs'torɪk] *a* historisch.
historical [hɪs'tɒrɪkəl] *a* historisch, geschichtlich.
history ['hɪstərɪ] *n* Geschichte *f*; (*personal*) Entwicklung *f*, Werdegang *m*.
hit [hɪt] *vt irreg* schlagen; (*injure*) treffen, verletzen; *n* (*blow*) Schlag *m*, Stoß *m*; (*success*) Erfolg *m*, Treffer *m*; (*Mus*) Hit *m*.
hitch [hɪtʃ] *vt* festbinden; (*pull up*) hochziehen; *n* (*loop*) Knoten *m*; (*difficulty*) Schwierigkeit *f*, Haken *m*.
hitch-hike ['hɪtʃhaɪk] *vi* trampen, per Anhalter fahren; **~r** Tramper *m*.
hitherto ['hɪðə'tu:] *ad* bislang.
hive [haɪv] *n* Bienenkorb *m*.
hoard [hɔ:d] *n* Schatz *m*; *vt* horten, hamstern.
hoarding ['hɔ:dɪŋ] *n* Bretterzaun *m*; (*for advertising*) Reklamewand *f*.
hoarfrost ['hɔ:'frɒst] *n* (Rauh)reif *m*.
hoarse [hɔ:s] *a* heiser, rauh.
hoax [həuks] *n* Streich *m*.
hobble ['hɒbl] *vi* humpeln.
hobby ['hɒbɪ] *n* Steckenpferd *nt*, Hobby *nt*.
hobo ['həubəu] *n* (*US*) Tippelbruder *m*.
hock [hɒk] *n* (*wine*) weiße(r) Rheinwein *m*.
hockey ['hɒkɪ] *n* Hockey *nt*.
hoe [həu] *n* Hacke *f*; *vt* hacken.
hog [hɒg] *n* Schlachtschwein *nt*; *vt* mit Beschlag belegen.
hoist [hɔɪst] *n* Winde *f*; *vt* hochziehen.
hold [həuld] *irreg vt* halten; (*keep*) behalten; (*contain*) enthalten; (*be able to contain*) fassen; (*keep back*) zurück(be)halten; *breath* anhalten; *meeting* abhalten; *vi* (*withstand pressure*) standhalten, aushalten; *n* (*grasp*) Halt *m*; (*claim*) Anspruch *m*; (*Naut*) Schiffsraum *m*; **~ back** *vt* zurückhalten; **~ down** *vt* niederhalten; *job* behalten; **~ out** *vt* hinhalten, bieten; *vi* aushalten; **~ up** *vt* (*delay*) aufhalten; (*rob*) überfallen; **~all** Reisetasche *f*; **~er** Behälter *m*; **~ing** (*share*) (Aktien)anteil *m*; **~up** (*in traffic*) Stockung *f*; (*robbery*) Überfall *m*.
hole [həul] *n* Loch *nt*; *vt* durchlöchern.
holiday ['hɒlədɪ] *n* (*day*) Feiertag *m*; freie(r) Tag *m*; (*vacation*) Urlaub *m*; (*Sch*) Ferien *pl*; **~-maker** Feriengast *m*, Urlauber(in *f*) *m*.
holiness ['həulɪnɪs] *n* Heiligkeit *f*.
hollow ['hɒləu] *a* hohl; (*fig*) leer; *n* Vertiefung *f*; (*in rock*) Höhle *f*; **~ out** *vt* aushöhlen.
holly ['hɒlɪ] *n* Stechpalme *f*.
holster ['həulstə*] *n* Pistolenhalfter *m*.
holy ['həulɪ] *a* heilig; (*religious*) fromm.
homage ['hɒmɪdʒ] *n* Huldigung *f*; **to pay ~ to** huldigen (+*dat*).
home [həum] *n* Heim *nt*, Zuhause *nt*; (*insti-*

tution) Heim *nt*, Anstalt *f*; *a* einheimisch; (*Pol*) inner; *ad* heim, nach Hause; **at ~** zu Hause; **~coming** Heimkehr *f*; **~less** *a* obdachlos; **~ly** *a* häuslich; (*US: ugly*) unscheinbar; **~-made** *a* selbstgemacht; **~sick** *a*: **to be ~sick** Heimweh haben; **~ward(s)** *a* heimwärts; **~work** Hausaufgaben *pl*.

homicide ['hɒmɪsaɪd] *n* (*US*) Totschlag *m*, Mord *m*.

homoeopathy [həʊmɪ'ɒpəθɪ] *n* Homöopathie *f*.

homogeneous [hɒmə'dʒi:nɪəs] *a* homogen, gleichartig.

homosexual ['hɒməʊ'seksjʊəl] *a* homosexuell; *n* Homosexuelle(r) *m*.

hone [həʊn] *n* Schleifstein *m*; *vt* feinschleifen.

honest ['ɒnɪst] *a* ehrlich; (*upright*) aufrichtig; **~ly** *ad* ehrlich; **~y** Ehrlichkeit *f*.

honey ['hʌnɪ] *n* Honig *m*; **~comb** Honigwabe *f*; **~moon** Flitterwochen *pl*, Hochzeitsreise *f*.

honk [hɒŋk] *n* (*Aut*) Hupensignal *nt*; *vi* hupen.

honorary ['ɒnərərɪ] *a* Ehren-.

honour, (*US*) **honor** ['ɒnə*] *vt* ehren; *cheque* einlösen; *debts* begleichen; *contract* einhalten; *n* (*respect*) Ehre *f*; (*reputation*) Ansehen *nt*, gute(r) Ruf *m*; (*sense of right*) Ehrgefühl *nt*; **~s** *pl* (*titles*) Auszeichnungen *pl*; **~able** *a* ehrenwert, rechtschaffen; *intention* ehrenhaft.

hood [hʊd] *n* Kapuze *f*; (*Aut*) Verdeck *nt*; (*US Aut*) Kühlerhaube *f*; **~wink** *vt* reinlegen.

hoof [hu:f] *n* Huf *m*.

hook [hʊk] *n* Haken *m*; *vt* einhaken; **~-up** Gemeinschaftssendung *f*.

hooligan ['hu:lɪgən] *n* Rowdy *m*.

hoop [hu:p] *n* Reifen *m*.

hoot [hu:t] *vi* (*Aut*) hupen; **to ~ with laughter** schallend lachen; *n* (*shout*) Johlen *nt*; (*Aut*) Hupen *nt*; **~er** (*Naut*) Dampfpfeife *f*; (*Aut*) (Auto)hupe *f*.

hop[1] [hɒp] *vi* hüpfen, hopsen; *n* (*jump*) Hopser *m*.

hop[2] [hɒp] *n* (*Bot*) Hopfen *m*.

hope [həʊp] *vi* hoffen; **I ~ that . . .** hoffentlich . . .; *n* Hoffnung *f*; **~ful** *a* hoffnungsvoll; (*promising*) vielversprechend; **~less** *a* hoffnungslos; (*useless*) unmöglich.

horde [hɔ:d] *n* Horde *f*.

horizon [hə'raɪzn] *n* Horizont *m*; **~tal** [hɒrɪ'zɒntl] *a* horizontal.

hormone ['hɔ:məʊn] *n* Hormon *nt*.

horn [hɔ:n] *n* Horn *nt*; (*Aut*) Hupe *f*; **~ed** *a* gehörnt, Horn-.

hornet ['hɔ:nɪt] *n* Hornisse *f*.

horny ['hɔ:nɪ] *a* schwielig; (*US*) scharf.

horoscope ['hɒrəskəʊp] *n* Horoskop *nt*.

horrible *a*, **horribly** *ad* ['hɒrɪbl, -blɪ] fürchterlich.

horrid *a*, **~ly** *ad* ['hɒrɪd, -lɪ] abscheulich, scheußlich.

horrify ['hɒrɪfaɪ] *vt* entsetzen.

horror ['hɒrə*] *n* Schrecken *m*; (*great dislike*) Abscheu *m* (*of* vor +*dat*).

hors d'oeuvre [ɔ:'dɜ:vr] *n* Vorspeise *f*.

horse [hɔ:s] *n* Pferd *nt*; **on ~back** beritten; **~ chestnut** Roßkastanie *f*; **~-drawn** *a* von Pferden gezogen, Pferde-; **~power** Pferdestärke *f*, PS *nt*; **~-racing** Pferderennen *nt*; **~shoe** Hufeisen *nt*.

horsy ['hɔ:sɪ] *a* pferdenärrisch.

horticulture ['hɔ:tɪkʌltʃə*] *n* Gartenbau *m*.

hose(pipe) ['həʊz(paɪp)] *n* Schlauch *m*.

hosiery ['həʊzɪərɪ] *n* Strumpfwaren *pl*.

hospitable [hɒs'pɪtəbl] *a* gastfreundlich.

hospital ['hɒspɪtl] *n* Krankenhaus *nt*.

hospitality [hɒspɪ'tælɪtɪ] *n* Gastlichkeit *f*, Gastfreundschaft *f*.

host [həʊst] *n* Gastgeber *m*; (*innkeeper*) (Gast)wirt *m*; (*large number*) Heerschar *f*; (*Eccl*) Hostie *f*.

hostage ['hɒstɪdʒ] *n* Geisel *f*.

hostel ['hɒstəl] *n* Herberge *f*.

hostess ['həʊstes] *n* Gastgeberin *f*.

hostile ['hɒstaɪl] *a* feindlich.

hostility [hɒs'tɪlɪtɪ] *n* Feindschaft *f*; **hostilities** *pl* Feindseligkeiten *pl*.

hot [hɒt] *a* heiß; *drink, food, water* warm; (*spiced*) scharf; (*angry*) hitzig; **~ air** (*col*) Gewäsch *nt*; **~bed** (*lit*) Mistbeet *nt*; (*fig*) Nährboden *m*; **~-blooded** *a* heißblütig; **~ dog** heiße(s) Würstchen *nt*.

hotel [həʊ'tel] *n* Hotel *nt*; **~ier** Hotelier *m*.

hotheaded ['hɒt'hedɪd] *a* hitzig, aufbrausend.

hothouse ['hɒthaʊs] *n* (*lit, fig*) Treibhaus *nt*.

hot line ['hɒtlaɪn] *n* (*Pol*) heiße(r) Draht *m*.

hotly ['hɒtlɪ] *ad argue* hitzig; *pursue* dicht.

hot news ['hɒt'nju:z] *n* das Neueste vom Neuen.

hotplate ['hɒtpleɪt] *n* Kochplatte *f*.

hot-water bottle [hɒt'wɔ:təbɒtl] *n* Wärmflasche *f*.

hound [haʊnd] *n* Jagdhund *m*; *vt* jagen, hetzen.

hour ['aʊə*] *n* Stunde *f*; (*time of day*) (Tages)zeit *f*; **~ly** *a* stündlich.

house [haʊs] *n* Haus *nt*; [haʊz] *vt* (*accommodate*) unterbringen; (*shelter*) aufnehmen; **~boat** Hausboot *nt*; **~breaking** Einbruch *m*; **~hold** Haushalt *m*; **~keeper** Haushälterin *f*; **~keeping** Haushaltung *f*; **~wife** Hausfrau *f*; **~work** Hausarbeit *f*.

housing ['haʊzɪŋ] *n* (*act*) Unterbringung *f*; (*houses*) Wohnungen *pl*; (*Pol*) Wohnungsbau *m*; (*covering*) Gehäuse *nt*; **~ estate** (Wohn)siedlung *f*.

hovel ['hɒvəl] *n* elende Hütte *f*; Loch *nt*.

hover ['hɒvə*] *vi* (*bird*) schweben; (*person*) wartend herumstehen; **~craft** Luftkissenfahrzeug *nt*.

how [haʊ] *ad* wie; **~ many** wie viele; **~ much** wieviel; **~ever** *ad* (*but*) (je)doch, aber; **~ever you phrase it** wie Sie es auch ausdrücken.

howl [haʊl] *n* Heulen *nt*; *vi* heulen.

howler ['haʊlə*] *n* grobe(r) Schnitzer *m*.

hub [hʌb] *n* Radnabe *f*; (*of the world*) Mittelpunkt *m*; (*of commerce*) Zentrum *nt*.

hubbub ['hʌbʌb] *n* Tumult *m*.

hub cap ['hʌbkæp] *n* Radkappe *f*.
huddle ['hʌdl] *vi* sich zusammendrängen; *n* Grüppchen *nt*.
hue [hju:] *n* Färbung *f*, Farbton *m*; ~ **and cry** Zetergeschrei *nt*.
huff [hʌf] *n* Eingeschnapptsein *nt*; **to go into a** ~ einschnappen.
hug [hʌg] *vt* umarmen; (*fig*) sich dicht halten an (+*acc*); *n* Umarmung *f*.
huge [hju:dʒ] *a* groß, riesig.
hulk [hʌlk] *n* (*ship*) abgetakelte(s) Schiff *nt*; (*person*) Koloß *m*; ~**ing** *a* ungeschlacht.
hull [hʌl] *n* Schiffsrumpf *m*.
hullo [hʌ'ləʊ] *see* **hello**.
hum [hʌm] *vi* summen; (*bumblebee*) brummen; *vt* summen; *n* Summen *nt*.
human ['hju:mən] *a* menschlich; *n* (*also* ~ **being**) Mensch *m*.
humane [hju:'meɪn] *a* human.
humanity [hju:'mænɪtɪ] *n* Menschheit *f*; (*kindliness*) Menschlichkeit *f*.
humble ['hʌmbl] *a* demütig; (*modest*) bescheiden; *vt* demütigen.
humbly ['hʌmblɪ] *ad* demütig.
humdrum ['hʌmdrʌm] *a* eintönig, langweilig.
humid ['hju:mɪd] *a* feucht; ~**ity** [hju:'mɪdɪtɪ] Feuchtigkeit *f*.
humiliate [hju:'mɪlɪeɪt] *vt* demütigen.
humiliation [hju:mɪlɪ'eɪʃən] *n* Demütigung *f*.
humility [hju:'mɪlɪtɪ] *n* Demut *f*.
humorist ['hju:mərɪst] *n* Humorist *m*.
humorous ['hju:mərəs] *a* humorvoll, komisch.
humour, (*US*) **humor** ['hju:mə*] *n* (*fun*) Humor *m*; (*mood*) Stimmung *f*; *vt* nachgeben (+*dat*); bei Stimmung halten.
hump [hʌmp] *n* Buckel *m*.
hunch [hʌntʃ] *n* (*presentiment*) (Vor)ahnung *f*; *vt shoulders* hochziehen; ~**back** Bucklige(r) *m*.
hundred ['hʌndrɪd] *num*, *a*, *n* hundert; ~**weight** Zentner *m*.
hunger ['hʌŋgə*] *n* Hunger *m*; (*fig*) Verlangen *nt* (*for* nach); *vi* hungern.
hungry *a*, **hungrily** *ad* ['hʌŋgrɪ, -lɪ] hungrig; **to be** ~ Hunger haben.
hunt [hʌnt] *vt* jagen; (*search*) suchen (*for acc*); *vi* jagen; *n* Jagd *f*; ~**er** Jäger *m*; ~**ing** Jagen *nt*, Jagd *f*.
hurdle ['hɜ:dl] *n* (*lit*, *fig*) Hürde *f*.
hurl [hɜ:l] *vt* schleudern.
hurrah [hʊ'rɑ:], **hurray** [hʊ'reɪ] *n* Hurra *nt*.
hurricane ['hʌrɪkən] *n* Orkan *m*.
hurried ['hʌrɪd] *a* eilig; (*hasty*) übereilt; ~**ly** *ad* übereilt, hastig.
hurry ['hʌrɪ] *n* Eile *f*; **to be in a** ~ es eilig haben; *vi* sich beeilen; ~**!** mach schnell!; *vt* (an)treiben; *job* übereilen.
hurt [hɜ:t] *irreg vt* weh tun (+*dat*); (*injure*, *fig*) verletzen; *vi* weh tun; ~**ful** *a* schädlich; *remark* verletzend.
hurtle ['hɜ:tl] *vt* schleudern; *vi* sausen.
husband ['hʌzbənd] *n* (Ehe)mann *m*, Gatte *m*.
hush [hʌʃ] *n* Stille *f*; *vt* zur Ruhe bringen; *vi* still sein; ~ *interj* pst, still.
husk [hʌsk] *n* Spelze *f*.
husky ['hʌskɪ] *a voice* rauh; *figure* stämmig; *n* Eskimohund *m*.
hustle ['hʌsl] *vt* (*push*) stoßen; (*hurry*) antreiben, drängen; *n* (Hoch)betrieb *m*; ~ **and bustle** Geschäftigkeit *f*.
hut [hʌt] *n* Hütte *f*.
hutch [hʌtʃ] *n* (Kaninchen)stall *m*.
hyacinth ['haɪəsɪnθ] *n* Hyazinthe *f*.
hybrid ['haɪbrɪd] *n* Kreuzung *f*; *a* Misch-.
hydrant ['haɪdrənt] *n* Hydrant *m*.
hydraulic [haɪ'drɒlɪk] *a* hydraulisch.
hydroelectric ['haɪdrəʊɪ'lektrɪk] *a* hydroelektrisch.
hydrofoil ['haɪdrəʊfɔɪl] *n* Tragflügel *m*; Tragflügelboot *nt*.
hydrogen ['haɪdrɪdʒən] *n* Wasserstoff *m*.
hyena [haɪ'i:nə] *n* Hyäne *f*.
hygiene ['haɪdʒi:n] *n* Hygiene *f*.
hygienic [haɪ'dʒi:nɪk] *a* hygienisch.
hymn [hɪm] *n* Kirchenlied *nt*.
hyphen ['haɪfən] *n* Bindestrich *m*; Trennungszeichen *nt*.
hypnosis [hɪp'nəʊsɪs] *n* Hypnose *f*.
hypnotism ['hɪpnətɪzəm] *n* Hypnotismus *m*.
hypnotist ['hɪpnətɪst] *n* Hypnotiseur *m*.
hypnotize ['hɪpnətaɪz] *vt* hypnotisieren.
hypochondriac [haɪpəʊ'kɒndrɪæk] *n* eingebildete(r) Kranke(r) *mf*.
hypocrisy [hɪ'pɒkrɪsɪ] *n* Heuchelei *f*, Scheinheiligkeit *f*.
hypocrite ['hɪpəkrɪt] *n* Heuchler *m*, Scheinheilige(r) *m*.
hypocritical [hɪpə'krɪtɪkəl] *a* scheinheilig, heuchlerisch.
hypothesis [haɪ'pɒθɪsɪs] *n* Hypothese *f*.
hypothetic(al) [haɪpəʊ'θetɪk(əl)] *a* hypothetisch.
hysteria [hɪs'tɪərɪə] *n* Hysterie *f*.
hysterical [hɪs'terɪkəl] *a* hysterisch.
hysterics [hɪs'terɪks] *npl* hysterische(r) Anfall *m*.

I

I, i [aɪ] *n* I *nt*, i *nt*; **I** *pron* ich.
ice [aɪs] *n* Eis *nt*; *vt* (*Cook*) mit Zuckerguß überziehen; *vi* (*also* ~ **up**) vereisen; ~**-axe** Eispickel *m*; ~**berg** Eisberg *m*; ~**box** (*US*) Kühlschrank *m*; ~**-cream** Eis *nt*; ~**-cold** *a* eiskalt; ~**-cube** Eiswürfel *m*; ~ **hockey** Eishockey *nt*; ~ **rink** (Kunst)eisbahn *f*.
icicle ['aɪsɪkl] *n* Eiszapfen *m*.
icing ['aɪsɪŋ] *n* (*on cake*) Zuckerguß *m*; (*on window*) Vereisung *f*.
icon ['aɪkɒn] *n* Ikone *f*.
icy ['aɪsɪ] *a* (*slippery*) vereist; (*cold*) eisig.
I'd [aɪd] = **I would**; **I had**.
idea [aɪ'dɪə] *n* Idee *f*; **no** ~ keine Ahnung; **my** ~ **of a holiday** wie ich mir einen Urlaub vorstelle.
ideal [aɪ'dɪəl] *n* Ideal *nt*; *a* ideal; ~**ism** Idealismus *m*; ~**ist** Idealist *m*; ~**ly** *ad* ideal(erweise).

identical [aɪ'dentɪkəl] *a* identisch; *twins* eineiig.
identification [aɪdentɪfɪ'keɪʃən] *n* Identifizierung *f*.
identify [aɪ'dentɪfaɪ] *vt* identifizieren; (*regard as the same*) gleichsetzen.
identity [aɪ'dentɪtɪ] *n* Identität *f*; ~ **card** Personalausweis *m*; ~ **papers** *pl* (Ausweis)papiere *pl*.
ideology [aɪdɪ'ɒlədʒɪ] *n* Ideologie *f*.
idiocy ['ɪdɪəsɪ] *n* Idiotie *f*.
idiom ['ɪdɪəm] *n* (*expression*) Redewendung *f*; (*dialect*) Idiom *nt*.
idiosyncrasy [ɪdɪə'sɪŋkrəsɪ] *n* Eigenart *f*.
idiot ['ɪdɪət] *n* Idiot(in *f*) *m*; ~**ic** [ɪdɪ'ɒtɪk] *a* idiotisch.
idle ['aɪdl] *a* (*doing nothing*) untätig, müßig; (*lazy*) faul; (*useless*) vergeblich, nutzlos; *machine* still(stehend); *threat, talk* leer; ~**ness** Müßiggang *m*; Faulheit *f*; ~**r** Faulenzer *m*.
idol ['aɪdl] *n* Idol *nt*; ~**ize** *vt* vergöttern.
idyllic [ɪ'dɪlɪk] *a* idyllisch.
if [ɪf] *cj* wenn, falls; (*whether*) ob; ~ **only . . .** wenn . . . doch nur; ~ **not** falls nicht.
igloo ['ɪglu:] *n* Iglu *m or nt*.
ignite [ɪg'naɪt] *vt* (an)zünden.
ignition [ɪg'nɪʃən] *n* Zündung *f*; ~ **key** (*Aut*) Zündschlüssel *m*.
ignoramus [ɪgnə'reɪməs] *n* Ignorant *m*.
ignorance ['ɪgnərəns] *n* Unwissenheit *f*, Ignoranz *f*.
ignorant ['ɪgnərənt] *a* unwissend.
ignore [ɪg'nɔ:*] *vt* ignorieren.
ikon ['aɪkɒn] *n* = **icon**.
I'll [aɪl] = **I will, I shall**.
ill [ɪl] *a* krank; (*evil*) schlecht, böse; *n* Übel *nt*; ~**-advised** *a* schlecht beraten, unklug; ~**-at-ease** *a* unbehaglich.
illegal *a*, ~**ly** *ad* [ɪ'li:gəl, -ɪ] illegal.
illegible [ɪ'ledʒəbl] *a* unleserlich.
illegitimate [ɪlɪ'dʒɪtɪmət] *a* unzulässig; *child* unehelich.
ill-fated ['ɪl'feɪtɪd] *a* unselig.
ill-feeling ['ɪl'fi:lɪŋ] *n* Verstimmung *f*.
illicit [ɪ'lɪsɪt] *a* verboten.
illiterate [ɪ'lɪtərət] *a* ungebildet.
ill-mannered ['ɪl'mænəd] *a* ungehobelt.
illness ['ɪlnəs] *n* Krankheit *f*.
illogical [ɪ'lɒdʒɪkəl] *a* unlogisch.
ill-treat ['ɪl'tri:t] *vt* mißhandeln.
illuminate [ɪ'lu:mɪneɪt] *vt* beleuchten.
illumination [ɪlu:mɪ'neɪʃən] *n* Beleuchtung *f*.
illusion [ɪ'lu:ʒən] *n* Illusion *f*.
illusive [ɪ'lu:sɪv], **illusory** [ɪ'lu:sərɪ] *a* illusorisch, trügerisch.
illustrate ['ɪləstreɪt] *vt book* illustrieren; (*explain*) veranschaulichen.
illustration [ɪləs'treɪʃən] *n* Illustration *f*; (*explanation*) Veranschaulichung *f*.
illustrious [ɪ'lʌstrɪəs] *a* berühmt.
ill will ['ɪl'wɪl] *n* Groll *m*.
I'm [aɪm] = **I am**.
image ['ɪmɪdʒ] *n* Bild *nt*; (*likeness*) Abbild *nt*; (*public* —) Image *nt*; ~**ry** Symbolik *f*.
imaginable [ɪ'mædʒɪnəbl] *a* vorstellbar.
imaginary [ɪ'mædʒɪnərɪ] *a* eingebildet; *world* Phantasie-.
imagination [ɪmædʒɪ'neɪʃən] *n* Einbildung *f*; (*creative*) Phantasie *f*.
imaginative [ɪ'mædʒɪnətɪv] *a* phantasiereich, einfallsreich.
imagine [ɪ'mædʒɪn] *vt* sich vorstellen; (*wrongly*) sich einbilden.
imbalance [ɪm'bæləns] *n* Unausgeglichenheit *f*.
imbecile ['ɪmbəsi:l] *n* Schwachsinnige(r) *mf*.
imbue [ɪm'bju:] *vt* durchdringen.
imitate ['ɪmɪteɪt] *vt* nachmachen, imitieren.
imitation [ɪmɪ'teɪʃən] *n* Nachahmung *f*, Imitation *f*.
imitator ['ɪmɪteɪtə*] *n* Nachahmer *m*.
immaculate [ɪ'mækjʊlɪt] *a* makellos; *dress* tadellos; (*Eccl*) unbefleckt.
immaterial [ɪmə'tɪərɪəl] *a* unwesentlich.
immature [ɪmə'tjʊə*] *a* unreif.
immaturity [ɪmə'tjʊərɪtɪ] *n* Unreife *f*.
immediate [ɪ'mi:dɪət] *a* (*instant*) sofortig; (*near*) unmittelbar; *relatives* nächste(r, s); *needs* dringlich; ~**ly** *ad* sofort; (*in position*) unmittelbar.
immense [ɪ'mens] *a* unermeßlich; ~**ly** *ad* ungeheuerlich; *grateful* unheimlich.
immerse [ɪ'mɜ:s] *vt* eintauchen.
immersion heater [ɪ'mɜ:ʃənhi:tə*] *n* Heißwassergerät *nt*.
immigrant ['ɪmɪgrənt] *n* Einwanderer *m*.
immigration [ɪmɪ'greɪʃən] *n* Einwanderung *f*.
imminent ['ɪmɪnənt] *a* bevorstehend; *danger* drohend.
immobilize [ɪ'məʊbɪlaɪz] *vt* lähmen.
immoderate [ɪ'mɒdərət] *a* maßlos, übertrieben.
immoral [ɪ'mɒrəl] *a* unmoralisch; (*sexually*) unsittlich; ~**ity** [ɪmə'rælɪtɪ] Verderbtheit *f*.
immortal [ɪ'mɔ:tl] *a* unsterblich; *n* Unsterbliche(r) *mf*; ~**ity** [ɪmɔ:'tælɪtɪ] Unsterblichkeit *f*; (*of book etc*) Unvergänglichkeit *f*; ~**ize** *vt* unsterblich machen.
immune [ɪ'mju:n] *a* (*secure*) geschützt (*from* gegen), sicher (*from* vor +*dat*); (*Med*) immun.
immunity [ɪ'mju:nɪtɪ] *n* (*Med, Jur*) Immunität *f*; (*fig*) Freiheit *f*.
immunization [ɪmjʊnaɪ'zeɪʃən] *n* Immunisierung *f*.
immunize ['ɪmjʊnaɪz] *vt* immunisieren.
impact ['ɪmpækt] *n* (*lit*) Aufprall *m*; (*force*) Wucht *f*; (*fig*) Wirkung *f*.
impair [ɪm'pɛə*] *vt* beeinträchtigen.
impale [ɪm'peɪl] *vt* aufspießen.
impartial [ɪm'pɑ:ʃəl] *a* unparteiisch; ~**ity** [ɪmpɑ:ʃɪ'ælɪtɪ] Unparteilichkeit *f*.
impassable [ɪm'pɑ:səbl] *a* unpassierbar.
impassioned [ɪm'pæʃnd] *a* leidenschaftlich.
impatience [ɪm'peɪʃəns] *n* Ungeduld *f*.
impatient *a*, ~**ly** *ad* [ɪm'peɪʃənt, -lɪ] ungeduldig; **to be ~ to do sth** es nicht erwarten können, etw zu tun.

impeccable [ɪm'pekəbl] *a* tadellos.

impede [ɪm'pi:d] *vt* (be)hindern.

impediment [ɪm'pedɪmənt] *n* Hindernis *nt*; (*in speech*) Sprachfehler *m*.

impending [ɪm'pendɪŋ] *a* bevorstehend.

impenetrable [ɪm'penɪtrəbl] *a* (*lit, fig*) undurchdringlich; *forest* unwegsam; *theory* undurchsichtig; *mystery* unerforschlich.

imperative [ɪm'perətɪv] *a* (*necessary*) unbedingt erforderlich; *n* (*Gram*) Imperativ *m*, Befehlsform *f*.

imperceptible [ɪmpə'septəbl] *a* nicht wahrnehmbar.

imperfect [ɪm'pɜ:fɪkt] *a* (*faulty*) fehlerhaft; (*incomplete*) unvollständig; **~ion** [ɪmpə'fekʃən] Unvollkommenheit *f*; (*fault*) Fehler *m*; (*faultiness*) Fehlerhaftigkeit *f*.

imperial [ɪm'pɪərɪəl] *a* kaiserlich; **~ism** Imperialismus *m*.

imperil [ɪm'perɪl] *vt* gefährden.

impersonal [ɪm'pɜ:snl] *a* unpersönlich.

impersonate [ɪm'pɜ:səneɪt] *vt* sich ausgeben als; (*for amusement*) imitieren.

impersonation [ɪmpɜ:sə'neɪʃən] *n* Verkörperung *f*; (*Theat*) Imitation *f*.

impertinence [ɪm'pɜ:tɪnəns] *n* Unverschämtheit *f*.

impertinent [ɪm'pɜ:tɪnənt] *a* unverschämt, frech.

imperturbable [ɪmpə'tɜ:bəbl] *a* unerschütterlich, gelassen.

impervious [ɪm'pɜ:vɪəs] *a* undurchlässig; (*fig*) unempfänglich (*to* für).

impetuous [ɪm'petjuəs] *a* heftig, ungestüm.

impetus ['ɪmpɪtəs] *n* Triebkraft *f*; (*fig*) Auftrieb *m*.

impinge [ɪm'pɪndʒ]: **~ on** *vt* beeinträchtigen; (*light*) fallen auf (+*acc*).

implausible [ɪm'plɔ:zəbl] *a* unglaubwürdig, nicht überzeugend.

implement ['ɪmplɪmənt] *n* Werkzeug *nt*, Gerät *nt*; ['ɪmplɪment] *vt* ausführen.

implicate ['ɪmplɪkeɪt] *vt* verwickeln, hineinziehen.

implication [ɪmplɪ'keɪʃən] *n* (*meaning*) Bedeutung *f*; (*effect*) Auswirkung *f*; (*hint*) Andeutung *f*; (*in crime*) Verwicklung *f*; **by ~** folglich.

implicit [ɪm'plɪsɪt] *a* (*suggested*) unausgesprochen; (*utter*) vorbehaltlos.

implore [ɪm'plɔ:*] *vt* anflehen.

imply [ɪm'plaɪ] *vt* (*hint*) andeuten; (*be evidence for*) schließen lassen auf (+*acc*); **what does that ~?** was bedeutet das?

impolite [ɪmpəl'aɪt] *a* unhöflich.

impolitic [ɪm'pɒlɪtɪk] *a* undiplomatisch.

imponderable [ɪm'pɒndərəbl] *a* unwägbar.

import [ɪm'pɔ:t] *vt* einführen, importieren; ['ɪmpɔ:t] *n* Einfuhr *f*, Import *m*; (*meaning*) Bedeutung *f*, Tragweite *f*.

importance [ɪm'pɔ:təns] *n* Bedeutung *f*; (*influence*) Einfluß *m*.

important [ɪm'pɔ:tənt] *a* wichtig; (*influential*) bedeutend, einflußreich.

import duty ['ɪmpɔ:tdju:tɪ] *n* Einfuhrzoll *m*.

imported [ɪm'pɔ:tɪd] *a* eingeführt, importiert.

importer [ɪm'pɔ:tə*] *n* Importeur *m*.

import licence ['ɪmpɔ:tlaɪsəns] *n* Einfuhrgenehmigung *f*.

impose [ɪm'pəʊz] *vti* auferlegen (*on dat*); *penalty, sanctions* verhängen (*on* gegen); **to ~ (o.s.) on sb** sich jdm aufdrängen; **to ~ on sb's kindness** jds Liebenswürdigkeit ausnützen.

imposing [ɪm'pəʊzɪŋ] *a* eindrucksvoll.

imposition [ɪmpə'zɪʃən] *n* (*of burden, fine*) Auferlegung *f*; (*Sch*) Strafarbeit *f*.

impossibility [ɪmpɒsə'bɪlɪtɪ] *n* Unmöglichkeit *f*.

impossible *a*, **impossibly** *ad* [ɪm'pɒsəbl, -blɪ] unmöglich.

impostor [ɪm'pɒstə*] *n* Betrüger *m*; Hochstapler *m*.

impotence ['ɪmpətəns] Impotenz *f*.

impotent ['ɪmpətənt] *a* machtlos; (*sexually*) impotent.

impound [ɪm'paʊnd] *vt* beschlagnahmen.

impoverished [ɪm'pɒvərɪʃt] *a* verarmt.

impracticable [ɪm'præktɪkəbl] *a* undurchführbar.

impractical [ɪm'præktɪkəl] *a* unpraktisch.

imprecise [ɪmprə'saɪs] *a* ungenau.

impregnable [ɪm'pregnəbl] *a castle* uneinnehmbar.

impregnate ['ɪmpregneɪt] *vt* (*saturate*) sättigen; (*fertilize*) befruchten; (*fig*) durchdringen.

impresario [ɪmpre'sɑ:rɪəʊ] *n* Impresario *m*.

impress [ɪm'pres] *vt* (*influence*) beeindrucken; (*imprint*) (auf)drücken; **to ~ sth on sb** jdm etw einschärfen; **~ion** Eindruck *m*; (*on wax, footprint*) Abdruck *m*; (*of stamp*) Aufdruck *m*; (*of book*) Auflage *f*; (*take-off*) Nachahmung *f*; **I was under the ~ion** ich hatte den Eindruck; **~ionable** *a* leicht zu beeindrucken(d); **~ionist** Impressionist *m*; **~ive** *a* eindrucksvoll.

imprison [ɪm'prɪzn] *vt* ins Gefängnis schicken; **~ment** Inhaftierung *f*; Gefangenschaft *f*; **3 years' ~ment** eine Gefängnisstrafe von 3 Jahren.

improbable [ɪm'prɒbəbl] *a* unwahrscheinlich.

impromptu [ɪm'prɒmptju:] *a, ad* aus dem Stegreif, improvisiert.

improper [ɪm'prɒpə*] *a* (*indecent*) unanständig; (*wrong*) unrichtig, falsch; (*unsuitable*) unpassend.

impropriety [ɪmprə'praɪətɪ] *n* Ungehörigkeit *f*.

improve [ɪm'pru:v] *vt* verbessern; *vi* besser werden; **~ment** (Ver)besserung *f*; (*of appearance*) Verschönerung *f*.

improvisation [ɪmprəvaɪ'zeɪʃən] *n* Improvisation *f*.

improvise ['ɪmprəvaɪz] *vti* improvisieren.

imprudence [ɪm'pru:dəns] *n* Unklugheit *f*.

imprudent [ɪm'pru:dənt] *a* unklug.

impudent ['ɪmpjʊdənt] *a* unverschämt.

impulse ['ɪmpʌls] *n* (*desire*) Drang *m*; (*driving force*) Antrieb *m*, Impuls *m*; **my first ~ was to . . .** ich wollte zuerst . . .

impulsive [ɪm'pʌlsɪv] *a* impulsiv.
impunity [ɪm'pju:nɪtɪ] *n* Straflosigkeit *f.*
impure [ɪm'pjʊə*] *a* (*dirty*) unrein; (*mixed*) gemischt; (*bad*) schmutzig, unanständig.
impurity [ɪm'pjʊərɪtɪ] *n* Unreinheit *f*; (*Tech*) Verunreinigung *f.*
in [ɪn] *prep* in; (*made of*) aus; ~ **Dickens/a child** bei Dickens/einem Kind; ~ **him you'll have . . .** an ihm hast du . . .; ~ **doing this he has . . .** dadurch, daß er das tat, hat er . . .; ~ **saying that I mean . . .** wenn ich das sage, meine ich . . .; **I haven't seen him** ~ **years** ich habe ihn seit Jahren nicht mehr gesehen; **15 pence** ~ **the £** 15 Pence per Pfund; **blind** ~ **the left eye** auf dem linken Auge *or* links blind; ~ **itself** an sich; ~ **that,** ~ **so** *or* **as far as** insofern als; *ad* hinein; **to be** ~ zuhause sein; (*train*) da sein; (*in fashion*) in (Mode) sein; **to have it** ~ **for sb** es auf jdn abgesehen haben; ~**s and outs** *pl* Einzelheiten *pl*; **to know the** ~**s and outs** sich auskennen.
inability [ɪnə'bɪlɪtɪ] *n* Unfähigkeit *f.*
inaccessible [ɪnæk'sesəbl] *a* unzugänglich.
inaccuracy [ɪn'ækjʊrəsɪ] *n* Ungenauigkeit *f.*
inaccurate [ɪn'ækjʊrɪt] *a* ungenau; (*wrong*) unrichtig.
inaction [ɪn'ækʃən] *n* Untätigkeit *f.*
inactive [ɪn'æktɪv] *a* untätig.
inactivity [ɪnæk'tɪvɪtɪ] *n* Untätigkeit *f.*
inadequacy [ɪn'ædɪkwəsɪ] *n* Unzulänglichkeit *f*; (*of punishment*) Unangemessenheit *f.*
inadequate [ɪn'ædɪkwət] *a* unzulänglich; *punishment* unangemessen.
inadvertently [ɪnəd'vɜ:təntlɪ] *ad* unabsichtlich.
inadvisable [ɪnəd'vaɪzəbl] *a* nicht ratsam.
inane [ɪ'neɪn] *a* dumm, albern.
inanimate [ɪn'ænɪmət] *a* leblos.
inapplicable [ɪnə'plɪkəbl] *a* unzutreffend.
inappropriate [ɪnə'prəʊprɪət] *a clothing* ungeeignet; *remark* unangebracht.
inapt [ɪn'æpt] *a* unpassend; (*clumsy*) ungeschickt; ~**itude** Untauglichkeit *f.*
inarticulate [ɪnɑ:'tɪkjʊlət] *a* unklar; **to be** ~ sich nicht ausdrücken können.
inartistic [ɪnɑ:'tɪstɪk] *a* unkünstlerisch.
inasmuch as [ɪnəz'mʌtʃəz] *ad* da, weil; (*in so far as*) soweit.
inattention [ɪnə'tenʃən] *n* Unaufmerksamkeit *f.*
inattentive [ɪnə'tentɪv] *a* unaufmerksam.
inaudible [ɪn'ɔ:dəbl] *a* unhörbar.
inaugural [ɪ'nɔ:gjʊrəl] *a* Eröffnungs-; (*Univ*) Antritts-.
inaugurate [ɪ'nɔ:gjʊreɪt] *vt* (*open*) einweihen; (*admit to office*) (feierlich) einführen.
inauguration [ɪnɔ:gjʊ'reɪʃən] *n* Eröffnung *f*; (feierliche) Amtseinführung *f.*
inborn ['ɪn'bɔ:n] *a* angeboren.
inbred ['ɪn'bred] *a quality* angeboren; **they are** ~ bei ihnen herrscht Inzucht.
inbreeding ['ɪn'bri:dɪŋ] *n* Inzucht *f.*
incalculable [ɪn'kælkjʊləbl] *a person* unberechenbar; *consequences* unabsehbar.
incapability [ɪnkeɪpə'bɪlɪtɪ] *n* Unfähigkeit *f.*
incapable [ɪn'keɪpəbl] *a* unfähig (*of doing sth* etw zu tun); (*not able*) nicht einsatzfähig.
incapacitate [ɪnkə'pæsɪteɪt] *vt* untauglich machen; ~**d** behindert; *machine* nicht gebrauchsfähig.
incapacity [ɪnkə'pæsɪtɪ] *n* Unfähigkeit *f.*
incarcerate [ɪn'kɑ:səreɪt] *vt* einkerkern.
incarnate [ɪn'kɑ:nɪt] *a* menschgeworden; (*fig*) leibhaftig.
incarnation [ɪnkɑ:'neɪʃən] *n* (*Eccl*) Menschwerdung *f*; (*fig*) Inbegriff *m.*
incendiary [ɪn'sendɪərɪ] *a* brandstifterisch, Brand-; (*fig*) aufrührerisch; *n* Brandstifter *m*; (*bomb*) Brandbombe *f.*
incense ['ɪnsens] *n* Weihrauch *m*; [ɪn'sens] *vt* erzürnen.
incentive [ɪn'sentɪv] *n* Anreiz *m.*
incessant *a*, ~**ly** *ad* [ɪn'sesnt, -lɪ] unaufhörlich.
incest ['ɪnsest] *n* Inzest *m.*
inch [ɪntʃ] *n* Zoll *m.*
incidence ['ɪnsɪdəns] *n* Auftreten *nt*; (*of crime*) Quote *f.*
incident ['ɪnsɪdənt] *n* Vorfall *m*; (*disturbance*) Zwischenfall *m*; ~**al** [ɪnsɪ'dentl] *a music* Begleit-; *expenses* Neben-; (*unplanned*) zufällig; (*unimportant*) nebensächlich; *remark* beiläufig; ~**al to sth** mit etw verbunden; ~**ally** [ɪnsɪ'dentəlɪ] *ad* (*by chance*) nebenbei; (*by the way*) nebenbei bemerkt, übrigens.
incinerator [ɪn'sɪnəreɪtə*] *n* Verbrennungsofen *m.*
incision [ɪn'sɪʒən] *n* Einschnitt *m.*
incisive [ɪn'saɪsɪv] *a style* treffend; *person* scharfsinnig.
incite [ɪn'saɪt] *vt* anstacheln.
inclement [ɪn'klemənt] *a weather* rauh.
inclination [ɪnklɪ'neɪʃən] *n* Neigung *f.*
incline ['ɪnklaɪn] *n* Abhang *m*; [ɪn'klaɪn] *vt* neigen; (*fig*) veranlassen; **to be** ~**d to do sth** Lust haben, etw zu tun; (*have tendency*) dazu neigen, etw zu tun; *vi* sich neigen.
include [ɪn'klu:d] *vt* einschließen; (*on list, in group*) aufnehmen.
including [ɪn'klu:dɪŋ] *prep*: ~ **X** X inbegriffen.
inclusion [ɪn'klu:ʒən] *n* Aufnahme *f*, Einbeziehung *f.*
inclusive [ɪn'klu:sɪv] *a* einschließlich; (*Comm*) inklusive.
incognito [ɪnkɒg'ni:təʊ] *ad* inkognito.
incoherent [ɪnkəʊ'hɪərənt] *a* zusammenhanglos.
income ['ɪnkʌm] *n* Einkommen *nt*; (*from business*) Einkünfte *pl*; ~ **tax** Lohnsteuer *f*; (*of self-employed*) Einkommenssteuer *f.*
incoming ['ɪnkʌmɪŋ] *a* ankommend; (*succeeding*) folgend; *mail* eingehend; *tide* steigend.
incomparable [ɪn'kɒmpərəbl] *a* unvergleichlich.
incompatible [ɪnkəm'pætəbl] *a* unvereinbar; *people* unverträglich.

incompetence [ɪn'kɒmpɪtəns] *n* Unfähigkeit *f.*

incompetent [ɪn'kɒmpɪtənt] *a* unfähig; (*not qualified*) nicht berechtigt.

incomplete [ɪnkəm'pli:t] *a* unvollständig.

incomprehensible [ɪnkɒmprɪ'hensəbl] *a* unverständlich.

inconceivable [ɪnkən'si:vəbl] *a* unvorstellbar.

inconclusive [ɪnkən'klu:sɪv] *a* nicht schlüssig.

incongruity [ɪnkɒŋ'gru:ɪtɪ] *n* Seltsamkeit *f*; (*of remark etc*) Unangebrachtsein *nt.*

incongruous [ɪn'kɒŋgruəs] *a* seltsam; *remark* unangebracht.

inconsequential [ɪnkɒnsɪ'kwenʃəl] *a* belanglos.

inconsiderable [ɪnkən'sɪdərəbl] *a* unerheblich.

inconsiderate [ɪnkən'ʃidərət] *a* rücksichtslos; (*hasty*) unüberlegt.

inconsistency [ɪnkən'sɪstənsɪ] *n* innere(r) Widerspruch *m*; (*state*) Unbeständigkeit *f.*

inconsistent [ɪnkən'sɪstənt] *a* unvereinbar; *behaviour* inkonsequent; *action, speech* widersprüchlich; *person, work* unbeständig.

inconspicuous [ɪnkən'spɪkjuəs] *a* unauffällig.

inconstancy [ɪn'kɒnstənsɪ] *n* Unbeständigkeit *f.*

inconstant [ɪn'kɒnstənt] *a* unbeständig.

incontinence [ɪn'kɒntɪnəns] *n* (*Med*) Unfähigkeit *f*, Stuhl und Harn zurückzuhalten; (*fig*) Zügellosigkeit *f.*

incontinent [ɪn'kɒntɪnənt] *a* (*Med*) nicht fähig, Stuhl und Harn zurückzuhalten; (*fig*) zügellos.

inconvenience [ɪnkən'vi:nɪəns] *n* Unbequemlichkeit *f*; (*trouble to others*) Unannehmlichkeiten *pl.*

inconvenient [ɪnkən'vi:nɪənt] *a* ungelegen; *journey* unbequem.

incorporate [ɪn'kɔ:rpəreɪt] *vt* (*include*) aufnehmen; (*unite*) vereinigen.

incorporated [ɪn'kɔ:rpəreɪtɪd] *a* eingetragen; (*US*) GmbH.

incorrect [ɪnkə'rekt] *a* unrichtig; *behaviour* inkorrekt.

incorrigible [ɪn'kɒrɪdʒəbl] *a* unverbesserlich.

incorruptible [ɪnkə'rʌptəbl] *a* unzerstörbar; *person* unbestechlich.

increase ['ɪnkri:s] *n* Zunahme *f*, Erhöhung *f*; (*pay* —) Gehaltserhöhung *f*; (*in size*) Vergrößerung *f*; [ɪn'kri:s] *vt* erhöhen; *wealth, rage* vermehren; *business* erweitern; *vi* zunehmen; (*prices*) steigen; (*in size*) größer werden; (*in number*) sich vermehren.

increasingly [ɪn'kri:sɪŋlɪ] *ad* zunehmend.

incredible *a*, **incredibly** *ad* [ɪn'kredəbl, -blɪ] unglaublich.

incredulity [ɪnkrɪ'dju:lɪtɪ] *n* Ungläubigkeit *f.*

incredulous [ɪn'kredjʊləs] *a* ungläubig.

increment ['ɪnkrɪmənt] *n* Zulage *f.*

incriminate [ɪn'krɪmɪneɪt] *vt* belasten.

incubation [ɪnkjʊ'beɪʃən] *n* Ausbrüten *nt*; ~ **period** Inkubationszeit *f.*

incubator ['ɪnkjʊbeɪtə*] *n* Brutkasten *m.*

incur [ɪn'kɜ:*] *vt* sich zuziehen; *debts* machen.

incurable [ɪn'kjʊərəbl] *a* unheilbar; (*fig*) unverbesserlich.

incursion [ɪn'kɜ:ʃən] *n* (feindlicher) Einfall *m.*

indebted [ɪn'detɪd] *a* (*obliged*) verpflichtet (*to sb* jdm); (*owing*) verschuldet.

indecency [ɪn'di:snsɪ] *n* Unanständigkeit *f.*

indecent [ɪn'di:snt] *a* unanständig.

indecision [ɪndɪ'sɪʒən] *n* Unschlüssigkeit *f.*

indecisive [ɪndɪ'saɪsɪv] *a battle* nicht entscheidend; *result* unentschieden; *person* unentschlossen.

indeed [ɪn'di:d] *ad* tatsächlich, in der Tat.

indefinable [ɪndɪ'faɪnəbl] *a* undefinierbar; (*vague*) unbestimmt.

indefinite [ɪn'defɪnɪt] *a* unbestimmt; **~ly** *ad* auf unbestimmte Zeit; *wait* unbegrenzt lange.

indelible [ɪn'deləbl] *a* unauslöschlich; ~ **pencil** Tintenstift *m.*

indemnify [ɪn'demnɪfaɪ] *vt* entschädigen; (*safeguard*) versichern.

indentation [ɪnden'teɪʃən] *n* Einbuchtung *f*; (*Print*) Einrückung *f.*

independence [ɪndɪ'pendəns] *n* Unabhängigkeit *f.*

independent [ɪndɪ'pendənt] *a* (*free*) unabhängig; (*unconnected*) unabhängig von.

indescribable [ɪndɪs'kraɪbəbl] *a* unbeschreiblich.

index ['ɪndeks] *n* Index *m* (*also Eccl*), Verzeichnis *nt*; ~ **finger** Zeigefinger *m.*

indicate ['ɪndɪkeɪt] *vt* anzeigen; (*hint*) andeuten.

indication [ɪndɪ'keɪʃən] *n* Anzeichen *nt*; (*information*) Angabe *f.*

indicative [ɪn'dɪkətɪv] *n* (*Gram*) Indikativ *m.*

indicator ['ɪndɪkeɪtə*] *n* (*sign*) (An)-zeichen *nt*; (*Aut*) Richtungsanzeiger *m.*

indict [ɪn'daɪt] *vt* anklagen; **~able** *a person* strafrechtlich verfolgbar; *offence* strafbar; **~ment** Anklage *f.*

indifference [ɪn'dɪfrəns] *n* (*lack of interest*) Gleichgültigkeit *f*; (*unimportance*) Unwichtigkeit *f.*

indifferent [ɪn'dɪfrənt] *a* (*not caring*) gleichgültig; (*unimportant*) unwichtig; (*mediocre*) mäßig.

indigenous [ɪn'dɪdʒɪnəs] *a* einheimisch; **a plant ~ to X** eine in X vorkommende Pflanze.

indigestible [ɪndɪ'dʒestəbl] *a* unverdaulich.

indigestion [ɪndɪ'dʒestʃən] *n* Verdauungsstörung *f*; verdorbene(r) Magen *m.*

indignant [ɪn'dɪgnənt] *a* ungehalten, entrüstet.

indignation [ɪndɪg'neɪʃən] *n* Entrüstung *f.*

indignity [ɪn'dɪgnɪtɪ] *n* Demütigung *f.*

indigo ['ɪndɪgəʊ] *n* Indigo *m or nt*; *a* indigoblau.

indirect *a*, **~ly** *ad* [ɪndɪ'rekt, -lɪ] indirekt; *answer* nicht direkt; **by ~ means** auf Umwegen.

indiscernible [ɪndɪ'sɜ:nəbl] *a* nicht wahrnehmbar.

indiscreet [ɪndɪs'kri:t] *a* (*insensitive*) unbedacht; (*improper*) taktlos; (*telling secrets*) indiskret.

indiscretion [ɪndɪs'kreʃən] *n* Taktlosigkeit *f*; Indiskretion *f*.

indiscriminate [ɪndɪs'krɪmɪnət] *a* wahllos; kritiklos.

indispensable [ɪndɪs'pensəbl] *a* unentbehrlich.

indisposed [ɪndɪs'pəʊzd] *a* unpäßlich.

indisposition [ɪndɪspə'zɪʃən] *n* Unpäßlichkeit *f*.

indisputable [ɪndɪs'pju:təbl] *a* unbestreitbar; *evidence* unanfechtbar.

indistinct [ɪndɪs'tɪŋkt] *a* undeutlich.

indistinguishable [ɪndɪs'tɪŋgwɪʃəbl] *a* nicht unterscheidbar; *difference* unmerklich.

individual [ɪndɪ'vɪdjʊəl] *n* Einzelne(r) *mf*, Individuum *nt*; *a* individuell; *case* Einzel-; (*of, for one person*) eigen, individuell; (*characteristic*) eigentümlich; **~ist** Individualist *m*; **~ity** [ɪndɪvɪdjʊ'ælɪtɪ] Individualität *f*; **~ly** *ad* einzeln, individuell.

indoctrinate [ɪn'dɒktrɪneɪt] *vt* indoktrinieren.

indoctrination [ɪndɒktrɪ'neɪʃən] *n* Indoktrination *f*.

indolence ['ɪndələns] *n* Trägheit *f*.

indolent ['ɪndələnt] *a* träge.

indoor ['ɪndɔ:*] *a* Haus-; Zimmer-; Innen-; (*Sport*) Hallen-; **~s** *ad* drinnen, im Haus; **to go ~s** hinein *or* ins Haus gehen.

indubitable [ɪn'dju:bɪtəbl] *a* unzweifelhaft.

indubitably [ɪn'dju:bɪtəblɪ] *ad* zweifellos.

induce [ɪn'dju:s] *vt* dazu bewegen, veranlassen; *reaction* herbeiführen; **~ment** Veranlassung *f*; (*incentive*) Anreiz *m*.

induct [ɪn'dʌkt] *vt* in sein Amt einführen.

indulge [ɪn'dʌldʒ] *vt* (*give way*) nachgeben (+*dat*); (*gratify*) frönen (+*dat*); **to ~ o.s. in sth** sich (*dat*) etw gönnen; *vi* frönen (*in dat*), sich gönnen (*in acc*); **~nce** Nachsicht *f*; (*enjoyment*) (übermäßiger) Genuß *m*; **~nt** *a* nachsichtig; (*pej*) nachgiebig.

industrial [ɪn'dʌstrɪəl] *a* Industrie-, industriell; *dispute, injury* Arbeits-; **~ist** Industrielle(r) *mf*; **~ize** *vt* industrialisieren.

industrious [ɪn'dʌstrɪəs] *a* fleißig.

industry [ɪndəstrɪ] *n* Industrie *f*; (*diligence*) Fleiß *m*; **hotel ~** Hotelgewerbe *nt*.

inebriated [ɪ'ni:brɪeɪtɪd] *a* betrunken, berauscht.

inedible [ɪn'edɪbl] *a* ungenießbar.

ineffective [ɪnɪ'fektɪv], **ineffectual** [ɪnɪ'fektjʊəl] *a* unwirksam, wirkungslos; *person* untauglich.

inefficiency [ɪnɪ'fɪʃənsɪ] *n* Ineffizienz *f*.

inefficient [ɪnɪ'fɪʃənt] *a* ineffizient; (*ineffective*) unwirksam.

inelegant [ɪn'elɪgənt] *a* unelegant.

ineligible [ɪn'elɪdʒəbl] *a* nicht berechtigt; *candidate* nicht wählbar.

ineluctable [ɪnɪ'lʌktəbl] *a* unausweichlich.

inept [ɪ'nept] *a remark* unpassend; *person* ungeeignet.

inequality [ɪnɪ'kwɒlɪtɪ] *n* Ungleichheit *f*.

ineradicable [ɪnɪ'rædɪkəbl] *a* unausrottbar; *mistake* unabänderlich; *guilt* tiefsitzend.

inert [ɪ'nɜ:t] *a* träge; (*Chem*) inaktiv; (*motionless*) unbeweglich.

inertia [ɪ'nɜ:ʃə] *n* Trägheit *f*.

inescapable [ɪnɪs'keɪpəbl] *a* unvermeidbar.

inessential [ɪnɪ'senʃəl] *a* unwesentlich.

inestimable [ɪn'estɪməbl] *a* unschätzbar.

inevitability [ɪnevɪtə'bɪlɪtɪ] *n* Unvermeidlichkeit *f*.

inevitable [ɪn'evɪtəbl] *a* unvermeidlich.

inexact [ɪnɪg'zækt] *a* ungenau.

inexcusable [ɪnɪks'kju:zəbl] *a* unverzeihlich.

inexhaustible [ɪnɪg'zɔ:stəbl] *a wealth* unerschöpflich; *talker* unermüdlich; *curiosity* unstillbar.

inexorable [ɪn'eksərəbl] *a* unerbittlich.

inexpensive [ɪnɪks'pensɪv] *a* preiswert.

inexperience [ɪnɪks'pɪərɪəns] *n* Unerfahrenheit *f*; **~d** *a* unerfahren.

inexplicable [ɪnɪks'plɪkəbl] *a* unerklärlich.

inexpressible [ɪnɪks'presəbl] *a pain, joy* unbeschreiblich; *thoughts* nicht ausdrückbar.

inextricable [ɪnɪks'trɪkəbl] *a* un(auf)lösbar.

infallibility [ɪnfælə'bɪlɪtɪ] *n* Unfehlbarkeit *f*.

infallible [ɪn'fæləbl] *a* unfehlbar.

infamous ['ɪnfəməs] *a place* verrufen; *deed* schändlich; *person* niederträchtig.

infamy ['ɪnfəmɪ] *n* Verrufenheit *f*; Niedertracht *f*; (*disgrace*) Schande *f*.

infancy ['ɪnfənsɪ] *n* frühe Kindheit *f*; (*fig*) Anfangsstadium *nt*.

infant ['ɪnfənt] *n* kleine(s) Kind *nt*, Säugling *m*; **~ile** *a* kindisch, infantil; **~ school** Vorschule *f*.

infantry ['ɪnfəntrɪ] *n* Infanterie *f*; **~man** Infanterist *m*.

infatuated [ɪn'fætjʊeɪtɪd] *a* vernarrt; **to become ~ with** sich vernarren in (+*acc*).

infatuation [ɪnfætjʊ'eɪʃən] *n* Vernarrtheit *f* (*with* in +*acc*).

infect [ɪn'fekt] *vt* anstecken (*also fig*), infizieren; **~ion** Ansteckung *f*, Infektion *f*; **~ious** [ɪn'fekʃəs] *a* ansteckend.

infer [ɪn'fɜ:*] *vt* schließen; **~ence** [ɪnfərəns] *a* Schlußfolgerung *f*.

inferior [ɪn'fɪərɪə*] *a rank* untergeordnet, niedriger; *quality* minderwertig; *n* Untergebene(r) *m*; **~ity** [ɪnfɪərɪ'ɒrɪtɪ] Minderwertigkeit *f*; (*in rank*) untergeordnete Stellung *f*; **~ity complex** Minderwertigkeitskomplex *m*.

infernal [ɪn'fɜ:nl] *a* höllisch.

inferno [ɪn'fɜ:nəʊ] *n* Hölle *f*, Inferno *nt*.

infertile [ɪn'fɜ:taɪl] *a* unfruchtbar.

infertility [ɪnfɜ:'tɪlɪtɪ] *n* Unfruchtbarkeit *f*.

infest [ɪn'fest] *vt* plagen, heimsuchen; **to be ~ed with** wimmeln von.

infidel ['ɪnfɪdəl] *n* Ungläubige(r) *mf.*
infidelity [ɪnfɪ'delɪtɪ] *n* Untreue *f.*
in-fighting ['ɪnfaɪtɪŋ] *n* Nahkampf *m.*
infiltrate ['ɪnfɪltreɪt] *vt* infiltrieren; *spies* einschleusen; (*liquid*) durchdringen; *vi* (*Mil, liquid*) einsickern; (*Pol*) unterwandern (*into acc*).
infinite ['ɪnfɪnɪt] *a* unendlich.
infinitive [ɪn'fɪnɪtɪv] *n* Infinitiv *m*, Nennform *f.*
infinity [ɪn'fɪnɪtɪ] *n* Unendlichkeit *f.*
infirm [ɪn'fɜ:m] *a* schwach, gebrechlich; (*irresolute*) willensschwach.
infirmary [ɪn'fɜ:mərɪ] *n* Krankenhaus *nt.*
infirmity [ɪn'fɜ:mɪtɪ] *n* Schwäche *f*, Gebrechlichkeit *f.*
inflame [ɪn'fleɪm] *vt* (*Med*) entzünden; *person* reizen; *anger* erregen.
inflammable [ɪn'flæməbl] *a* feuergefährlich.
inflammation [ɪnflə'meɪʃən] *n* Entzündung *f.*
inflate [ɪn'fleɪt] *vt* aufblasen; *tyre* aufpumpen; *prices* hochtreiben.
inflation [ɪn'fleɪʃən] *n* Inflation *f*; **~ary** *a increase* inflationistisch; *situation* inflationär.
inflexible [ɪn'fleksəbl] *a person* nicht flexibel; *opinion* starr; *thing* unbiegsam.
inflict [ɪn'flɪkt] *vt* zufügen (*sth on sb* jdm etw); *punishment* auferlegen (*on dat*); *wound* beibringen (*on dat*); **~ion** [ɪn'flɪkʃən] Zufügung *f*; Auferlegung *f*; (*suffering*) Heimsuchung *f.*
inflow ['ɪnfləʊ] *n* Einfließen *nt*, Zustrom *m.*
influence ['ɪnflʊəns] *n* Einfluß *m*; *vt* beeinflussen.
influential [ɪnflʊ'enʃəl] *a* einflußreich.
influenza [ɪnflʊ'enzə] *n* Grippe *f.*
influx ['ɪnflʌks] *n* (*of water*) Einfluß *m*; (*of people*) Zustrom *m*; (*of ideas*) Eindringen *nt.*
inform [ɪn'fɔ:m] *vt* informieren; **to keep sb ~ed** jdn auf dem laufenden halten.
informal [ɪn'fɔ:məl] *a* zwanglos; **~ity** [ɪnfɔ:'mælɪtɪ] Ungezwungenheit *f.*
information [ɪnfə'meɪʃən] *n* Auskunft *f*, Information *f.*
informative [ɪn'fɔ:mətɪv] *a* informativ; *person* mitteilsam.
informer [ɪn'fɔ:mə*] *n* Denunziant(in *f*) *m.*
infra-red ['ɪnfrə'red] *a* infrarot.
infrequent [ɪn'fri:kwənt] *a* selten.
infringe [ɪn'frɪndʒ] *vt law* verstoßen gegen; **~ upon** *vt* verletzen; **~ment** Verstoß *m*, Verletzung *f.*
infuriate [ɪn'fjʊərɪeɪt] *vt* wütend machen.
infuriating [ɪn'fjʊərɪeɪtɪŋ] *a* ärgerlich.
ingenious [ɪn'dʒi:nɪəs] *a* genial; *thing* raffiniert.
ingenuity [ɪndʒɪ'nju:ɪtɪ] *n* Findigkeit *f*, Genialität *f*; Raffiniertheit *f.*
ingot ['ɪŋgət] *n* Barren *m.*
ingratiate [ɪn'greɪʃɪeɪt] *vt* einschmeicheln (*o.s. with sb* sich bei jdm).
ingratitude [ɪn'grætɪtju:d] *n* Undankbarkeit *f.*
ingredient [ɪn'gri:dɪənt] *n* Bestandteil *m*; (*Cook*) Zutat *f.*
inhabit [ɪn'hæbɪt] *vt* bewohnen; **~ant** Bewohner(in *f*) *m*; (*of island, town*) Einwohner(in *f*) *m.*
inhale [ɪn'heɪl] *vt* einatmen; (*Med, cigarettes*) inhalieren.
inherent [ɪn'hɪərənt] *a* innewohnend (*in dat*).
inherit [ɪn'herɪt] *vt* erben; **~ance** Erbe *nt*, Erbschaft *f.*
inhibit [ɪn'hɪbɪt] *vt* hemmen; (*restrain*) hindern; **~ion** [ɪnhɪ'bɪʃən] Hemmung *f.*
inhospitable [ɪnhɒs'pɪtəbl] *a person* ungastlich; *country* unwirtlich.
inhuman [ɪn'hju:mən] *a* unmenschlich.
inimitable [ɪ'nɪmɪtəbl] *a* unnachahmlich.
iniquity [ɪ'nɪkwɪtɪ] *n* Ungerechtigkeit *f.*
initial [ɪ'nɪʃəl] *a* anfänglich, Anfangs-; *n* Anfangsbuchstabe *m*, Initiale *f*; *vt* abzeichnen; (*Pol*) paraphieren; **~ly** *ad* anfangs.
initiate [ɪ'nɪʃɪeɪt] *vt* einführen; *negotiations* einleiten; (*instruct*) einweihen.
initiation [ɪnɪʃɪ'eɪʃən] *n* Einführung *f*; Einleitung *f.*
initiative [ɪ'nɪʃətɪv] *n* Initiative *f.*
inject [ɪn'dʒekt] *vt* einspritzen; (*fig*) einflößen; **~ion** Spritze *f*, Injektion *f.*
injure ['ɪndʒə*] *vt* verletzen; (*fig*) schaden (*+dat*).
injury ['ɪndʒərɪ] *n* Verletzung *f.*
injustice [ɪn'dʒʌstɪs] *n* Ungerechtigkeit *f.*
ink [ɪŋk] *n* Tinte *f.*
inkling ['ɪŋklɪŋ] *n* (dunkle) Ahnung *f.*
inlaid ['ɪn'leɪd] *a* eingelegt, Einlege-.
inland ['ɪnlænd] *a* Binnen-; (*domestic*) Inlands-; *ad* landeinwärts; **~ revenue** (*Brit*) Fiskus *m.*
in-law ['ɪnlɔ:] *n* angeheiratete(r) Verwandte(r) *mf.*
inlet ['ɪnlet] *n* Öffnung *f*, Einlaß *m*; (*bay*) kleine Bucht *f.*
inmate ['ɪnmeɪt] *n* Insasse *m.*
inn [ɪn] *n* Gasthaus *nt*, Wirtshaus *nt.*
innate [ɪ'neɪt] *a* angeboren, eigen (*+dat*).
inner ['ɪnə*] *a* inner, Innen-; (*fig*) verborgen, innerste(r,s).
innocence ['ɪnəsns] *n* Unschuld *f*; (*ignorance*) Unkenntnis *f.*
innocent ['ɪnəsnt] *a* unschuldig.
innocuous [ɪ'nɒkjʊəs] *a* harmlos.
innovation [ɪnəʊ'veɪʃən] *n* Neuerung *f.*
innuendo [ɪnjʊ'endəʊ] *n* (versteckte) Anspielung *f.*
innumerable [ɪ'nju:mərəbl] *a* unzählig.
inoculation [ɪnɒkjʊ'leɪʃən] *n* Impfung *f.*
inopportune [ɪn'ɒpətju:n] *a remark* unangebracht; *visit* ungelegen.
inordinately [ɪ'nɔ:dɪnɪtlɪ] *ad* unmäßig.
inorganic [ɪnɔ:'gænɪk] *a* unorganisch; (*Chem*) anorganisch.
in-patient ['ɪnpeɪʃənt] *n* stationäre(r) Patient(in *f*) *m.*
input ['ɪnpʊt] *n* (*Elec*) (Auf)ladung *f*; (*Tech*) zugeführte Menge *f*; (*labour*) angewandte Arbeitsleistung *f*; (*money*) Investitionssumme *f.*
inquest ['ɪnkwest] *n* gerichtliche Untersuchung *f.*
inquire [ɪn'kwaɪə*] *vi* sich erkundigen; *vt*

price sich erkundigen nach; ~ **into** *vt* untersuchen.

inquiring [ɪn'kwaɪərɪŋ] *a mind* wissensdurstig.

inquiry [ɪn'kwaɪərɪ] *n* (*question*) Erkundigung *f*, Nachfrage *f*; (*investigation*) Untersuchung *f*; ~ **office** Auskunft(sbüro *nt*) *f*.

inquisitive [ɪn'kwɪzɪtɪv] *a* neugierig; *look* forschend.

inroad ['ɪnrəʊd] *n* (*Mil*) Einfall *m*; (*fig*) Eingriff *m*.

insane [ɪn'seɪn] *a* wahnsinnig; (*Med*) geisteskrank.

insanitary [ɪn'sænɪtərɪ] *a* unhygienisch, gesundheitsschädlich.

insanity [ɪn'sænɪtɪ] *n* Wahnsinn *m*.

insatiable [ɪn'seɪʃəbl] *a* unersättlich.

inscription [ɪn'skrɪpʃən] *n* (*on stone*) Inschrift *f*; (*in book*) Widmung *f*.

inscrutable [ɪn'skru:təbl] *a* unergründlich.

insect ['ɪnsekt] *n* Insekt *nt*; ~**icide** [ɪn'sektɪsaɪd] Insektenvertilgungsmittel *nt*.

insecure [ɪnsɪ'kjʊə*] *a person* unsicher; *thing* nicht fest *or* sicher.

insecurity [ɪnsɪ'kjʊərɪtɪ] *n* Unsicherheit *f*.

insensible [ɪn'sensɪbl] *a* gefühllos; (*unconscious*) bewußtlos; (*imperceptible*) unmerklich; ~ **of** *or* **to sth** unempfänglich für etw.

insensitive [ɪn'sensɪtɪv] *a* (*to pain*) unempfindlich; (*without feelings*) gefühllos.

inseparable [ɪn'sepərəbl] *a people* unzertrennlich; *word* untrennbar.

insert [ɪn'sɜ:t] *vt* einfügen; *coin* einwerfen; (*stick into*) hineinstecken; *advert* aufgeben; ['ɪnsɜ:t] *n* Beifügung *f*; (*in book*) Einlage *f*; (*in magazine*) Beilage *f*; ~**ion** Einfügung *f*; (*Press*) Inserat *nt*.

inshore ['ɪnʃɔ:*] *a* Küsten-; ['ɪn'ʃɔ:*] *ad* an der Küste.

inside ['ɪn'saɪd] *n* Innenseite *f*, Innere(s) *nt*; *a* innere(r,s), Innen-; *ad* (*place*) innen; (*direction*) nach innen, hinein; *prep* (*place*) in (+*dat*); (*direction*) in (+*acc*) . . . hinein; (*time*) innerhalb (+*gen*); ~ **forward** (*Sport*) Halbstürmer *m*; ~ **out** *ad* linksherum; *know* in- und auswendig; ~**r** Eingeweihte(r) *mf*; (*member*) Mitglied *nt*.

insidious [ɪn'sɪdɪəs] *a* heimtückisch.

insight ['ɪnsaɪt] *n* Einsicht *f*; Einblick *m* (*into* in +*acc*).

insignificant [ɪnsɪg'nɪfɪkənt] *a* unbedeutend.

insincere [ɪnsɪn'sɪə*] *a* unaufrichtig, falsch.

insincerity [ɪnsɪn'serɪtɪ] *n* Unaufrichtigkeit *f*.

insinuate [ɪn'sɪnjʊeɪt] *vt* (*hint*) andeuten; **to ~ o.s. into sth** sich in etw (*acc*) einschleichen.

insinuation [ɪnsɪnjʊ'eɪʃən] *n* Anspielung *f*.

insipid [ɪn'sɪpɪd] *a* fad(e).

insist [ɪn'sɪst] *vi* bestehen (*on* auf +*acc*); ~**ence** Bestehen *nt*; ~**ent** *a* hartnäckig; (*urgent*) dringend.

insolence ['ɪnsələns] *n* Frechheit *f*.

insolent ['ɪnsələnt] *a* frech.

insoluble [ɪn'sɒljʊbl] *a* unlösbar; (*Chem*) unlöslich.

insolvent [ɪn'sɒlvənt] *a* zahlungsunfähig.

insomnia [ɪn'sɒmnɪə] *n* Schlaflosigkeit *f*.

inspect [ɪn'spekt] *vt* besichtigen, prüfen; (*officially*) inspizieren; ~**ion** Besichtigung *f*, Inspektion *f*; ~**or** (*official*) Aufsichtsbeamte(r) *m*, Inspektor *m*; (*police*) Polizeikommissar *m*; (*Rail*) Kontrolleur *m*.

inspiration [ɪnspɪ'reɪʃən] *n* Inspiration *f*.

inspire [ɪn'spaɪə*] *vt respect* einflößen (*in dat*); *hope* wecken (*in* in +*dat*); *person* inspirieren; **to ~ sb to do sth** jdn dazu anregen, etw zu tun; ~**d** *a* begabt, einfallsreich.

inspiring [ɪn'spaɪərɪŋ] *a* begeisternd.

instability [ɪnstə'bɪlɪtɪ] *n* Unbeständigkeit *f*, Labilität *f*.

install [ɪn'stɔ:l] *vt* (*put in*) einbauen, installieren; *telephone* anschließen; (*establish*) einsetzen; ~**ation** [ɪnstə'leɪʃən] (*of person*) (Amts)einsetzung *f*; (*of machinery*) Einbau *m*, Installierung *f*; (*machines etc*) Anlage *f*.

instalment, (*US*) **installment** [ɪn'stɔ:lmənt] *n* Rate *f*; (*of story*) Fortsetzung *f*; **to pay in ~s** auf Raten zahlen.

instance ['ɪnstəns] *n* Fall *m*; (*example*) Beispiel *nt*; **for ~** zum Beispiel.

instant ['ɪnstənt] *n* Augenblick *m*; *a* augenblicklich, sofortig; ~ **coffee** Pulverkaffee *m*; ~**ly** *ad* sofort.

instead [ɪn'sted] *ad* stattdessen; ~ **of** *prep* anstatt (+*gen*).

instigation [ɪnstɪ'geɪʃən] *n* Veranlassung *f*; (*of crime etc*) Anstiftung *f*.

instil [ɪn'stɪl] *vt* (*fig*) beibringen (*in sb* jdm).

instinct ['ɪnstɪŋkt] *n* Instinkt *m*; ~**ive** *a*, ~**ively** *ad* [ɪn'stɪŋktɪv, -lɪ] instinktiv.

institute ['ɪnstɪtju:t] *n* Institut *nt*; (*society also*) Gesellschaft *f*; *vt* einführen; *search* einleiten.

institution [ɪnstɪ'tju:ʃən] *n* (*custom*) Einrichtung *f*, Brauch *m*; (*society*) Institution *f*; (*home*) Anstalt *f*; (*beginning*) Einführung *f*; Einleitung *f*.

instruct [ɪn'strʌkt] *vt* anweisen; (*officially*) instruieren; ~**ion** [ɪn'strʌkʃən] Unterricht *m*; ~**ions** *pl* Anweisungen *pl*; (*for use*) Gebrauchsanweisung *f*; ~**ive** *a* lehrreich; ~**or** Lehrer *m*; (*Mil*) Ausbilder *m*.

instrument ['ɪnstrʊmənt] *n* (*tool*) Instrument *nt*, Werkzeug *nt*; (*Mus*) (Musik)instrument *nt*; ~**al** [ɪnstrʊ'mentl] *a* (*Mus*) Instrumental-; (*helpful*) behilflich (*in* bei); ~**alist** [ɪnstrʊ'mentəlɪst] Instrumentalist *m*; ~ **panel** Armaturenbrett *nt*.

insubordinate [ɪnsə'bɔ:dənət] *a* aufsässig, widersetzlich.

insubordination ['ɪnsəbɔ:dɪ'neɪʃən] *n* Gehorsamsverweigerung *f*.

insufferable [ɪn'sʌfərəbl] *a* unerträglich.

insufficient *a*, ~**ly** *ad* [ɪnsə'fɪʃənt, -lɪ] ungenügend.

insular ['ɪnsjələ*] *a* (*fig*) engstirnig; ~**ity** [ɪnsʊ'lærɪtɪ] (*fig*) Engstirnigkeit *f*.

insulate ['ɪnsjʊleɪt] *vt* (*Elec*) isolieren; (*fig*) abschirmen (*from* vor +*dat*).

insulating tape [ˈɪnsjʊleɪtɪŋteɪp] *n* Isolierband *nt.*
insulation [ɪnsjʊˈleɪʃən] *n* Isolierung *f.*
insulator [ˈɪnsjʊleɪtə*] *n* Isolator *m.*
insulin [ˈɪnsjʊlɪn] *n* Insulin *nt.*
insult [ˈɪnsʌlt] *n* Beleidigung *f*; [ɪnˈsʌlt] *vt* beleidigen; **~ing** [ɪnˈsʌltɪŋ] *a* beleidigend.
insuperable [ɪnˈsu:pərəbl] *a* unüberwindlich.
insurance [ɪnˈʃʊərəns] *n* Versicherung *f*; **~ agent** Versicherungsvertreter *m*; **~ policy** Versicherungspolice *f.*
insure [ɪnˈʃʊə*] *vt* versichern.
insurmountable [ɪnsəˈmaʊntəbl] *a* unüberwindlich.
insurrection [ɪnsəˈrekʃən] *n* Aufstand *m.*
intact [ɪnˈtækt] *a* intakt, unangetastet, ganz.
intake [ˈɪnteɪk] *n* (*place*) Einlaßöffnung *f*; (*act*) Aufnahme *f*; (*amount*) aufgenommene Menge *f*; (*Sch*) Neuaufnahme *f.*
intangible [ɪnˈtændʒəbl] *a* unfaßbar; *thing* nicht greifbar.
integer [ˈɪntɪdʒə*] *n* ganze Zahl *f.*
integral [ˈɪntɪgrəl] *a* (*essential*) wesentlich; (*complete*) vollständig; (*Math*) Integral-.
integrate [ˈɪntɪgreɪt] *vt* vereinigen; *people* eingliedern, integrieren.
integration [ɪntɪˈgreɪʃən] *n* Eingliederung *f*, Integration *f.*
integrity [ɪnˈtegrɪtɪ] *n* (*honesty*) Redlichkeit *f*, Integrität *f.*
intellect [ˈɪntɪlekt] *n* Intellekt *m*; **~ual** [ɪntɪˈlektjʊəl] *a* geistig, intellektuell; *n* Intellektuelle(r) *mf.*
intelligence [ɪnˈtelɪdʒəns] *n* (*understanding*) Intelligenz *f*; (*news*) Information *f*; (*Mil*) Geheimdienst *m.*
intelligent [ɪnˈtelɪdʒənt] *a* intelligent; *beings* vernunftbegabt; **~ly** *ad* klug; *write, speak* verständlich.
intelligible [ɪnˈtelɪdʒəbl] *a* verständlich.
intemperate [ɪnˈtempərət] *a* unmäßig.
intend [ɪnˈtend] *vt* beabsichtigen; **that was ~ed for you** das war für dich gedacht.
intense [ɪnˈtens] *a* stark, intensiv; *person* ernsthaft; **~ly** *ad* äußerst; *study* intensiv.
intensify [ɪnˈtensɪfaɪ] *vt* verstärken, intensivieren.
intensity [ɪnˈtensɪtɪ] *n* Intensität *f*, Stärke *f.*
intensive *a*, **~ly** *ad* [ɪnˈtensɪv, -lɪ] intensiv.
intent [ɪnˈtent] *n* Absicht *f*; **to all ~s and purposes** praktisch; **~ly** *ad* aufmerksam; *look* forschend; **to be ~ on doing sth** fest entschlossen sein, etw zu tun.
intention [ɪnˈtenʃən] *n* Absicht *f*; **with good ~s** mit guten Vorsätzen; **~al** *a*, **~ally** *ad* absichtlich.
inter [ɪnˈtɜ:*] *vt* beerdigen.
inter- [ˈɪntə*] *pref* zwischen-, Zwischen-.
interact [ɪntərˈækt] *vi* aufeinander einwirken; **~ion** Wechselwirkung *f.*
intercede [ɪntəˈsi:d] *vi* sich verwenden; (*in argument*) vermitteln.
intercept [ɪntəˈsept] *vt* abfangen; **~ion** Abfangen *nt.*
interchange [ˈɪntəˈtʃeɪndʒ] *n* (*exchange*) Austausch *m*; (*on roads*) Verkehrskreuz *nt*; [ɪntəˈtʃeɪndʒ] *vt* austauschen; **~able** [ɪntəˈtʃeɪndʒəbl] *a* austauschbar.
intercom [ˈɪntəkɒm] *n* (Gegen)sprechanlage *f.*
interconnect [ɪntəkəˈnekt] *vt* miteinander verbinden; *vi* miteinander verbunden sein; (*roads*) zusammenführen.
intercontinental [ˈɪntəkɒntɪˈnentl] *a* interkontinental.
intercourse [ˈɪntəkɔ:s] *n* (*exchange*) Verkehr *m*, Beziehungen *pl*; (*sexual*) Geschlechtsverkehr *m.*
interdependence [ɪntədɪˈpendəns] *n* gegenseitige Abhängigkeit *f.*
interest [ˈɪntrest] *n* Interesse *nt*; (*Fin*) Zinsen *pl*; (*Comm: share*) Anteil *m*; (*group*) Interessengruppe *f*; **to be of ~** von Interesse sein; *vt* interessieren; **~ed** *a* (*having claims*) beteiligt; (*attentive*) interessiert; **to be ~ed in** sich interessieren für; **~ing** *a* interessant.
interfere [ɪntəˈfɪə*] *vi* (*meddle*) sich einmischen (*with* in + *acc*) stören (*with acc*); (*with an object*) sich zu schaffen machen (*with* an +*dat*); **~nce** Einmischung *f*; (*TV*) Störung *f.*
interim [ˈɪntərɪm] *a* vorläufig; *n*: **in the ~** inzwischen.
interior [ɪnˈtɪərɪə*] *n* Innere(s) *nt*; *a* innere(r,s), Innen-.
interjection [ɪntəˈdʒekʃən] *n* Ausruf *m*; (*Gram*) Interjektion *f.*
interlock [ɪntəˈlɒk] *vi* ineinandergreifen; *vt* zusammenschließen, verzahnen.
interloper [ˈɪntələʊpə*] *n* Eindringling *m.*
interlude [ˈɪntəlu:d] *n* Pause *f*; (*in entertainment*) Zwischenspiel *nt.*
intermarriage [ɪntəˈmærɪdʒ] *n* Mischehe *f.*
intermarry [ɪntəˈmærɪ] *vi* untereinander heiraten.
intermediary [ɪntəˈmi:dɪərɪ] *n* Vermittler *m.*
intermediate [ɪntəˈmi:dɪət] *a* Zwischen-, Mittel-.
interminable [ɪnˈtɜ:mɪnəbl] *a* endlos.
intermission [ɪntəˈmɪʃən] *n* Pause *f.*
intermittent [ɪntəˈmɪtənt] *a* periodisch, stoßweise; **~ly** *ad* mit Unterbrechungen.
intern [ɪnˈtɜ:n] *vt* internieren; [ˈɪntɜ:n] *n* (*US*) Assistenzarzt *m*/-ärztin *f.*
internal [ɪnˈtɜ:nl] *a* (*inside*) innere(r,s); (*domestic*) Inlands-; **~ly** *ad* innen; (*Med*) innerlich; intern; **~ revenue** (*US*) Sozialprodukt *nt.*
international [ɪntəˈnæʃnəl] *a* international; *n* (*Sport*) Nationalspieler *m*; (*match*) internationale(s) Spiel *nt.*
internment [ɪnˈtɜ:nmənt] *n* Internierung *f.*
interplanetary [ɪntəˈplænɪtərɪ] *a* interplanetar.
interplay [ˈɪntəpleɪ] *n* Wechselspiel *nt.*
Interpol [ˈɪntəpɒl] *n* Interpol *f.*
interpret [ɪnˈtɜ:prɪt] *vt* (*explain*) auslegen, interpretieren; (*translate*) verdolmetschen; (*represent*) darstellen; **~ation** Deutung *f*, Interpretation *f*; (*translation*)

Dolmetschen *nt*; **~er** Dolmetscher(in *f*) *m*.
interrelated [ɪntərɪ'leɪtɪd] *a* untereinander zusammenhängend.
interrogate [ɪn'terəgeɪt] *vt* befragen; (*Jur*) verhören.
interrogation [ɪntərə'geɪʃən] *n* Verhör *nt*.
interrogative [ɪntə'rɒgətɪv] *a* fragend, Frage-.
interrogator [ɪn'terəgeɪtə*] *n* Vernehmungsbeamte(r) *m*.
interrupt [ɪntə'rʌpt] *vt* unterbrechen; **~ion** Unterbrechung *f*.
intersect [ɪntə'sekt] *vt* (durch)schneiden; *vi* sich schneiden; **~ion** (*of roads*) Kreuzung *f*; (*of lines*) Schnittpunkt *m*.
intersperse [ɪntə'spɜ:s] *vt* (*scatter*) verstreuen; **to ~ sth with sth** etw mit etw durchsetzen.
intertwine [ɪntə'twaɪn] *vti* (sich) verflechten.
interval ['ɪntəvəl] *n* Abstand *m*; (*break*) Pause *f*; (*Mus*) Intervall *nt*; **at ~s** hier und da; (*time*) dann und wann.
intervene [ɪntə'vi:n] *vi* dazwischenliegen; (*act*) einschreiten (*in* gegen), eingreifen (*in* in +*acc*).
intervening [ɪntə'vi:nɪŋ] *a* dazwischenliegend.
intervention [ɪntə'venʃən] *n* Eingreifen *nt*, Intervention *f*.
interview ['ɪntəvju:] *n* (*Press etc*) Interview *nt*; (*for job*) Vorstellungsgespräch *nt*; *vt* interviewen; **~er** Interviewer *m*.
intestate [ɪn'testeɪt] *a* ohne Hinterlassung eines Testaments.
intestinal [ɪn'testɪnl] *a* Darm-.
intestine [ɪn'testɪn] *n* Darm *m*; **~s** *pl* Eingeweide *nt*.
intimacy ['ɪntɪməsɪ] *n* vertraute(r) Umgang *m*, Intimität *f*.
intimate ['ɪntɪmət] *a* (*inmost*) innerste(r,s); *knowledge* eingehend; (*familiar*) vertraut; *friends* eng; ['ɪntɪmeɪt] *vt* andeuten; **~ly** *ad* vertraut, eng.
intimidate [ɪn'tɪmɪdeɪt] *vt* einschüchtern.
intimidation [ɪntɪmɪ'deɪʃən] *n* Einschüchterung *f*.
into ['ɪntʊ] *prep* (*motion*) in (+*acc*) . . . hinein; **5 ~ 25** 25 durch 5.
intolerable [ɪn'tɒlərəbl] *a* unerträglich.
intolerance [ɪn'tɒlərəns] *n* Intoleranz *f*.
intolerant [ɪn'tɒlərənt] *a* intolerant.
intonation [ɪntə'neɪʃən] *n* Intonation *f*.
intoxicate [ɪn'tɒksɪkeɪt] *vt* betrunken machen; (*fig*) berauschen; **~d** *a* betrunken; (*fig*) trunken.
intoxication [ɪntɒksɪ'keɪʃən] *n* Rausch *m*.
intractable [ɪn'træktəbl] *a* schwer zu handhaben(d); *problem* schwer lösbar.
intransigent [ɪn'trænsɪdʒənt] *a* unnachgiebig.
intransitive [ɪn'trænsɪtɪv] *a* intransitiv.
intravenous [ɪntrə'vi:nəs] *a* intravenös.
intrepid [ɪn'trepɪd] *a* unerschrocken.
intricacy ['ɪntrɪkəsɪ] *a* Kompliziertheit *f*.
intricate ['ɪntrɪkət] *a* kompliziert.
intrigue [ɪn'tri:g] *n* Intrige *f*; *vt* faszinieren.
intriguing [ɪn'tri:gɪŋ] *a* faszinierend.
intrinsic [ɪn'trɪnsɪk] *a* innere(r,s); *difference* wesentlich.
introduce [ɪntrə'dju:s] *vt person* vorstellen (*to sb* jdm); *sth new* einführen; *subject* anschneiden; **to ~ sb to sth** jdn in etw (*acc*) einführen.
introduction [ɪntrə'dʌkʃən] *n* Einführung *f*; (*to book*) Einleitung *f*.
introductory [ɪntrə'dʌktərɪ] *a* Einführungs-, Vor-.
introspective [ɪntrəʊ'spektɪv] *a* nach innen gekehrt.
introvert ['ɪntrəʊvɜ:t] *n* Introvertierte(r) *mf*; *a* introvertiert.
intrude [ɪn'tru:d] *vi* stören (*on acc*); **~r** Eindringling *m*.
intrusion [ɪn'tru:ʒən] *n* Störung *f*; (*coming into*) Eindringen *nt*.
intrusive [ɪn'tru:sɪv] *a* aufdringlich.
intuition [ɪn'tju:ɪʃən] *n* Intuition *f*.
intuitive *a*, **~ly** *ad* [ɪn'tju:ɪtɪv, -lɪ] intuitiv.
inundate ['ɪnʌndeɪt] *vt* (*lit, fig*) überschwemmen.
invade [ɪn'veɪd] *vt* einfallen in (+*acc*); **~r** Eindringling *m*.
invalid ['ɪnvəlɪd] *n* (*disabled*) Kranke(r) *mf*; Invalide *m*; *a* (*ill*) krank; (*disabled*) invalide; [ɪn'vælɪd] (*not valid*) ungültig; **~ate** [ɪn'vælɪdeɪt] *vt passport* (für) ungültig erklären; (*fig*) entkräften.
invaluable [ɪn'væljʊəbl] *a* unschätzbar.
invariable [ɪn'veərɪəbl] *a* unveränderlich.
invariably [ɪn'veərɪəblɪ] *ad* ausnahmslos.
invasion [ɪn'veɪʒən] *n* Invasion *f*, Einfall *m*.
invective [ɪn'vektɪv] *n* Beschimpfung *f*.
invent [ɪn'vent] *vt* erfinden; **~ion** [ɪn'venʃən] Erfindung *f*; **~ive** *a* erfinderisch; **~iveness** Erfindungsgabe *f*; **~or** Erfinder *m*.
inventory ['ɪnvəntrɪ] *n* (Bestands)-verzeichnis *nt*, Inventar *nt*.
inverse ['ɪn'vɜ:s] *n* Umkehrung *f*; *a*, **~ly** [ɪn'vɜ:s, -lɪ] *ad* umgekehrt.
invert [ɪn'vɜ:t] *vt* umdrehen; **~ed commas** *pl* Anführungsstriche *pl*.
invertebrate [ɪn'vɜ:tɪbrət] *n* wirbellose(s) Tier *nt*.
invest [ɪn'vest] *vt* (*Fin*) anlegen, investieren; (*endue*) ausstatten.
investigate [ɪn'vestɪgeɪt] *vt* untersuchen.
investigation [ɪnvestɪ'geɪʃən] *n* Untersuchung *f*.
investigator [ɪn'vestɪgeɪtə*] *n* Untersuchungsbeamte(r) *m*.
investiture [ɪn'vestɪtʃə*] *n* Amtseinsetzung *f*.
investment [ɪn'vestmənt] *n* Investition *f*.
investor [ɪn'vestə*] *n* (Geld)anleger *m*.
inveterate [ɪn'vetərət] *a* unverbesserlich.
invigorating [ɪn'vɪgəreɪtɪŋ] *a* stärkend.
invincible [ɪn'vɪnsəbl] *a* unbesiegbar.
inviolate [ɪn'vaɪələt] *a* unverletzt.
invisible [ɪn'vɪzəbl] *a* unsichtbar; *ink* Geheim-.
invitation [ɪnvɪ'teɪʃən] *n* Einladung *f*.
invite [ɪn'vaɪt] *vt* einladen; *criticism, discussion* herausfordern.
inviting [ɪn'vaɪtɪŋ] *a* einladend.

invoice ['ɪnvɔɪs] *n* Rechnung *f*, Lieferschein *m*; *vt goods* in Rechnung stellen (*sth for sb* jdm etw *acc*).
invoke [ɪn'vəʊk] *vt* anrufen.
involuntary *a*, **involuntarily** *ad* [ɪn'vɒləntərɪ, -lɪ] (*unwilling*) unfreiwillig; (*unintentional*) unabsichtlich.
involve [ɪn'vɒlv] *vt* (*entangle*) verwickeln; (*entail*) mit sich bringen; **~d** *a* verwickelt; **the person ~d** die betreffende Person; **~ment** Verwicklung *f*.
invulnerable [ɪn'vʌlnərəbl] *a* unverwundbar; (*fig*) unangreifbar.
inward ['ɪnwəd] *a* innere(r,s); *curve* Innen-; **~(s)** *ad* nach innen; **~ly** *ad* im Innern.
iodine ['aɪədi:n] *n* Jod *nt*.
iota [aɪ'əʊtə] *n* (*fig*) bißchen *nt*.
irascible [ɪ'ræsɪbl] *a* reizbar.
irate [aɪ'reɪt] *a* zornig.
iris ['aɪərɪs] *n* Iris *f*.
irk [ɜ:k] *vt* verdrießen.
irksome ['ɜ:ksəm] *a* lästig.
iron ['aɪən] *n* Eisen *nt*; (*for ironing*) Bügeleisen *nt*; (*golf club*) Golfschläger *m*, Metallschläger *m*; *a* eisern; *vt* bügeln; **~s** *pl* (*chains*) Hand-/Fußschellen *pl*; **~ out** *vt* (*lit, fig*) ausbügeln; *differences* ausgleichen; **I~ Curtain** Eiserne(r) Vorhang *m*.
ironic(al) [aɪ'rɒnɪk(əl)] *a* ironisch; *coincidence etc* witzig; **~ally** *ad* ironisch; witzigerweise.
ironing ['aɪənɪŋ] *n* Bügeln *nt*; (*laundry*) Bügelwäsche *f*; **~ board** Bügelbrett *nt*.
ironmonger ['aɪənmʌŋgə*] *n* Eisenwarenhändler *m*; **~'s (shop)** Eisenwarenhandlung *f*.
iron ore ['aɪənɔ:*] *n* Eisenerz *nt*.
ironworks ['aɪənwɜ:ks] *n* Eisenhütte *f*.
irony ['aɪərənɪ] *n* Ironie *f*; **the ~ of it was ...** das Witzige daran war ...
irrational [ɪ'ræʃənl] *a* unvernünftig, irrational.
irreconcilable [ɪrekən'saɪləbl] *a* unvereinbar.
irredeemable [ɪrɪ'di:məbl] *a* (*Comm*) *money* nicht einlösbar; *loan* unkündbar; (*fig*) rettungslos.
irrefutable [ɪrɪ'fju:təbl] *a* unwiderlegbar.
irregular [ɪ'regjʊlə*] *a* unregelmäßig; *shape* ungleich(mäßig); (*fig*) unüblich; *behaviour* ungehörig; **~ity** [ɪregjʊ'lærɪtɪ] Unregelmäßigkeit *f*; Ungleichmäßigkeit *f*; (*fig*) Vergehen *nt*.
irrelevance [ɪ'reləvəns] *n* Belanglosigkeit *f*.
irrelevant [ɪ'reləvənt] *a* belanglos, irrelevant.
irreligious [ɪrɪ'lɪdʒəs] *a* ungläubig.
irreparable [ɪ'repərəbl] *a* nicht gutzumachen(d).
irreplaceable [ɪrɪ'pleɪsəbl] *a* unersetzlich.
irrepressible [ɪrɪ'presəbl] *a* nicht zu unterdrücken(d); *joy* unbändig.
irreproachable [ɪrɪ'prəʊtʃəbl] *a* untadelig.
irresistible [ɪrɪ'zɪstəbl] *a* unwiderstehlich.
irresolute [ɪ'rezəlu:t] *a* unentschlossen.
irrespective [ɪrɪ'spektɪv] : **~ of** *prep* ungeachtet (*+gen*).
irresponsibility ['ɪrɪspɒnsə'bɪlɪtɪ] *n* Verantwortungslosigkeit *f*.
irresponsible [ɪrɪs'pɒnsəbl] *a* verantwortungslos.
irretrievably [ɪrɪ'tri:vəblɪ] *ad* unwiederbringlich; *lost* unrettbar.
irreverence [ɪ'revərəns] *n* Mißachtung *f*.
irreverent [ɪ'revərənt] *a* respektlos.
irrevocable [ɪ'revəkəbl] *a* unwiderrufbar.
irrigate ['ɪrɪgeɪt] *vt* bewässern.
irrigation [ɪrɪ'geɪʃən] *n* Bewässerung *f*.
irritability [ɪrɪtə'bɪlɪtɪ] *n* Reizbarkeit *f*.
irritable ['ɪrɪtəbl] *a* reizbar.
irritant ['ɪrɪtənt] *n* Reizmittel *nt*.
irritate ['ɪrɪteɪt] *vt* irritieren, reizen (*also Med*).
irritating ['ɪrɪteɪtɪŋ] *a* irritierend, aufreizend.
irritation [ɪrɪ'teɪʃən] *n* (*anger*) Ärger *m*; (*Med*) Reizung *f*.
is [ɪz] *see* **be**.
Islam ['ɪzlɑ:m] *n* Islam *m*.
island ['aɪlənd] *n* Insel *f*; **~er** Inselbewohner(in *f*) *m*.
isle [aɪl] *n* (kleine) Insel *f*.
isn't ['ɪznt] = **is not**.
isobar ['aɪsəʊbɑ:*] *n* Isobare *f*.
isolate ['aɪsəʊleɪt] *vt* isolieren; **~d** *a* isoliert; *case* Einzel-.
isolation [aɪsəʊ'leɪʃən] *n* Isolierung *f*; **to treat sth in ~** etw vereinzelt *or* isoliert behandeln.
isolationism [aɪsəʊ'leɪʃənɪzəm] *n* Isolationismus *m*.
isotope ['aɪsətəʊp] *n* Isotop *nt*.
issue ['ɪʃu:] *n* (*matter*) Problem *nt*, Frage *f*; (*outcome*) Resultat *nt*, Ausgang *m*; (*of newspaper, shares*) Ausgabe *f*; (*offspring*) Nachkommenschaft *f*; (*of river*) Mündung *f*; **that's not at ~** das steht nicht zur Debatte; **to make an ~ out of sth** ein Theater machen wegen etw (*dat*); *vt* ausgeben; *warrant* erlassen; *documents* ausstellen; *orders* erteilen; *books* herausgeben; *verdict* aussprechen; **to ~ sb with sth** etw (*acc*) an jdn ausgeben.
isthmus ['ɪsməs] *n* Landenge *f*.
it [ɪt] *pron* (*nom, acc*) es; (*dat*) ihm.
italic [ɪ'tælɪk] *a* kursiv; **~s** *pl* Kursivschrift *f*; **in ~s** kursiv gedruckt.
itch [ɪtʃ] *n* Juckreiz *m*; (*fig*) brennende(s) Verlangen *nt*; *vi* jucken; **to be ~ing to do sth** darauf brennen, etw zu tun; **~ing** Jucken *nt*; **~y** *a* juckend.
it'd ['ɪtd] = **it would**; **it had**.
item ['aɪtəm] *n* Gegenstand *m*; (*on list*) Posten *m*; (*in programme*) Nummer *f*; (*in agenda*) (Programm)punkt *m*; (*in newspaper*) (Zeitungs)notiz *f*; **~ize** *vt* verzeichnen.
itinerant [ɪ'tɪnərənt] *a person* umherreisend.
itinerary [aɪ'tɪnərərɪ] *n* Reiseroute *f*; (*records*) Reisebericht *m*.
it'll ['ɪtl] = **it will, it shall**.
its [ɪts] *poss a* (*masculine, neuter*) sein; (*feminine*) ihr; *poss pron* seine(r,s); ihre(r,s).
it's [ɪts] = **it is**; **it has**.

itself [ɪt'self] *pron* sich (selbst); (*emphatic*) selbst.
I've [aɪv] = **I have.**
ivory ['aɪvərɪ] *n* Elfenbein *nt*; ~ **tower** (*fig*) Elfenbeinturm *m*.
ivy ['aɪvɪ] *n* Efeu *nt*.

J

J, j [dʒeɪ] *n* J *nt*, j *nt*.
jab [dʒæb] *vti* (hinein)stechen; *n* Stich *m*, Stoß *m*; (*col*) Spritze *f*.
jabber ['dʒæbə*] *vi* plappern.
jack [dʒæk] *n* (Wagen)heber *m*; (*Cards*) Bube *m*; ~ **up** *vt* aufbocken.
jackdaw ['dʒækdɔ:] *n* Dohle *f*.
jacket ['dʒækɪt] *n* Jacke *f*, Jackett *nt*; (*of book*) Schutzumschlag *m*; (*Tech*) Ummantelung *f*.
jack-knife ['dʒæknaɪf] *n* Klappmesser *nt*; *vi* (*truck*) sich zusammenschieben.
jackpot ['dʒækpɒt] *n* Haupttreffer *m*.
jade [dʒeɪd] *n* (*stone*) Jade *m*.
jaded ['dʒeɪdɪd] *a* ermattet.
jagged ['dʒægɪd] *a* zackig; *blade* schartig.
jail [dʒeɪl] *n* Gefängnis *nt*; *vt* einsperren; ~**break** Gefängnisausbruch *m*; ~**er** Gefängniswärter *m*.
jam [dʒæm] *n* Marmelade *f*; (*crowd*) Gedränge *nt*; (*col: trouble*) Klemme *f*; *see* **traffic**; *vt people* zusammendrängen; (*wedge*) einklemmen; (*cram*) hineinzwängen; (*obstruct*) blockieren; **to ~ on the brakes** auf die Bremse treten.
jamboree [dʒæmbə'ri:] *n* (Pfadfinder)-treffen *nt*.
jangle ['dʒæŋgl] *vti* klimpern; (*bells*) bimmeln.
janitor ['dʒænɪtə*] *n* Hausmeister *m*.
January ['dʒænjʊərɪ] *n* Januar *m*.
jar [dʒɑ:*] *n* Glas *nt*; *vi* kreischen; (*colours etc*) nicht harmonieren.
jargon ['dʒɑ:gən] *n* Fachsprache *f*, Jargon *m*.
jarring ['dʒɑ:rɪŋ] *a sound* kreischend; *colour* unharmonisch.
jasmin(e) ['dʒæzmɪn] *n* Jasmin *m*.
jaundice ['dʒɔ:ndɪs] *n* Gelbsucht *f*; ~**d** *a* (*fig*) mißgünstig.
jaunt [dʒɔ:nt] *n* Spritztour *f*; ~**y** *a* (*lively*) munter; (*brisk*) flott; *attitude* unbekümmert.
javelin ['dʒævlɪn] *n* Speer *m*.
jaw [dʒɔ:] *n* Kiefer *m*; ~**s** *pl* (*fig*) Rachen *m*.
jaywalker ['dʒeɪwɔ:kə*] *n* unvorsichtige(r) Fußgänger *m*, Verkehrssünder *m*.
jazz [dʒæz] *n* Jazz *m*; ~ **up** *vt* (*Mus*) verjazzen; (*enliven*) aufpolieren; ~ **band** Jazzkapelle *f*; ~**y** *a colour* schreiend, auffallend.
jealous ['dʒeləs] *a* (*envious*) mißgünstig; *husband* eifersüchtig; (*watchful*) bedacht (*of* auf +*acc*); ~**ly** *ad* mißgünstig; eifersüchtig; sorgsam; ~**y** Mißgunst *f*; Eifersucht *f*.
jeans [dʒi:nz] *npl* Jeans *pl*.
jeep [dʒi:p] *n* Jeep *m*.
jeer [dʒɪə*] *vi* höhnisch lachen (*at* über +*acc*), verspotten (*at sb* jdn); *n* Hohn *m*; (*remark*) höhnische Bemerkung *f*; ~**ing** *a* höhnisch.
jelly ['dʒelɪ] *n* Gelee *nt*; (*on meat*) Gallert *nt*; (*dessert*) Grütze *f*; ~**fish** Qualle *f*.
jemmy ['dʒemɪ] *n* Brecheisen *nt*.
jeopardize ['dʒepədaɪz] *vt* gefährden.
jeopardy ['dʒepədɪ] *n* Gefahr *f*.
jerk [dʒɜ:k] *n* Ruck *m*; (*col: idiot*) Trottel *m*; *vt* ruckartig bewegen; *vi* sich ruckartig bewegen; (*muscles*) zucken.
jerkin ['dʒɜ:kɪn] *n* Wams *nt*.
jerky ['dʒɜ:kɪ] *a movement* ruckartig; *writing* zitterig; *ride* rüttelnd.
jersey ['dʒɜ:zɪ] *n* Pullover *m*.
jest [dʒest] *n* Scherz *m*; **in** ~ im Spaß; *vi* spaßen.
jet [dʒet] *n* (*stream: of water etc*) Strahl *m*; (*spout*) Düse *f*; (*Aviat*) Düsenflugzeug *nt*; ~**-black** *a* rabenschwarz; ~ **engine** Düsenmotor *m*.
jetsam ['dʒetsəm] *n* Strandgut *nt*.
jettison ['dʒetɪsn] *vt* über Bord werfen.
jetty ['dʒetɪ] *n* Landesteg *m*, Mole *f*.
Jew [dʒu:] *n* Jude *m*.
jewel ['dʒu:əl] *n* (*lit, fig*) Juwel *nt*; (*stone*) Edelstein *m*; ~**(l)er** Juwelier *m*; ~**(l)er's (shop)** Schmuckwarengeschäft *nt*, Juwelier *m*; ~**(le)ry** Schmuck *m*, Juwelen *pl*.
Jewess ['dʒu:ɪs] *n* Jüdin *f*.
Jewish ['dʒu:ɪʃ] *a* jüdisch.
jib [dʒɪb] *n* (*Naut*) Klüver *m*; *vi* sich scheuen (*at* vor +*dat*).
jibe [dʒaɪb] *n* spöttische Bemerkung *f*.
jiffy ['dʒɪfɪ] *n* (*col*) **in a** ~ sofort.
jigsaw (puzzle) ['dʒɪgsɔ:(pʌzl)] *n* Puzzle-(spiel) *nt*.
jilt [dʒɪlt] *vt* den Laufpaß geben (+*dat*).
jingle ['dʒɪŋgl] *n* (*advertisement*) Werbesong *m*; (*verse*) Reim *m*; *vti* klimpern; (*bells*) bimmeln.
jinx [dʒɪŋks] *n* Fluch *m*; **to put a ~ on sth** etw verhexen.
jitters ['dʒɪtəz] *npl* (*col*) **to get the** ~ einen Bammel kriegen.
jittery ['dʒɪtərɪ] *a* (*col*) nervös.
jiujitsu [dʒu:'dʒɪtsu:] *n* Jiu-Jitsu *nt*.
job [dʒɒb] *n* (*piece of work*) Arbeit *f*; (*occupation*) Stellung *f*, Arbeit *f*; (*duty*) Aufgabe *f*; (*difficulty*) Mühe *f*; **what's your ~?** was machen Sie von Beruf?; **it's a good ~ he . . .** es ist ein Glück, daß er . . .; **just the** ~ genau das Richtige; ~**bing** *a* (*in factory*) Akkord-; (*freelance*) Gelegenheits-; ~**less** *a* arbeitslos.
jockey ['dʒɒkɪ] *n* Jockei *m*; *vi*: **to ~ for position** sich in einer gute Position drängeln.
jocular ['dʒɒkjʊlə*] *a* scherzhaft, witzig.
jodhpurs ['dʒɒdpɜ:z] *npl* Reithose *f*.
jog [dʒɒg] *vt* (an)stoßen; *vi* (*run*) einen Dauerlauf machen.
john [dʒɒn] *n* (*US col*) Klo *nt*.
join [dʒɔɪn] *vt* (*put together*) verbinden (*to* mit); *club* beitreten (+*dat*); *person* sich anschließen (+*dat*); *vi* (*unite*) sich vereinigen; (*bones*) zusammenwachsen; *n*

Verbindungsstelle *f*, Naht *f*; ~ **in** *vi* mitmachen; ~ **up** *vi* (*Mil*) zur Armee gehen; ~**er** Schreiner *m*; ~**ery** Schreinerei *f*; ~**t** *n* (*Tech*) Fuge *f*; (*of bones*) Gelenk *nt*; (*of meat*) Braten *m*; (*col: place*) Lokal *nt*; *a*, ~**tly** *ad* gemeinsam.

joist [dʒɔɪst] *n* Träger *m*.

joke [dʒəʊk] *n* Witz *m*; **it's no** ~ es ist nicht zum Lachen; *vi* spaßen, Witze machen; **you must be joking** das ist doch wohl nicht dein Ernst; ~**r** Witzbold *m*; (*Cards*) Joker *m*.

joking ['dʒəʊkɪŋ] *a* scherzhaft; ~**ly** *ad* zum Spaß; *talk* im Spaß, scherzhaft.

jollity ['dʒɒlɪtɪ] *n* Fröhlichkeit *f*.

jolly ['dʒɒlɪ] *a* lustig, vergnügt; *ad* (*col*) ganz schön; ~ **good!** prima!; **to** ~ **sb along** jdn ermuntern.

jolt [dʒəʊlt] *n* (*shock*) Schock *m*; (*jerk*) Stoß *m*, Rütteln *nt*; *vt* (*push*) stoßen; (*shake*) durchschütteln; (*fig*) aufrütteln; *vi* holpern.

jostle ['dʒɒsl] *vt* anrempeln.

jot [dʒɒt] *n*: **not one** ~ kein Jota *nt*; ~ **down** *vt* schnell aufschreiben, notieren; ~**ter** Notizbuch *nt*; (*Sch*) Schulheft *nt*.

journal ['dʒɜ:nl] *n* (*diary*) Tagebuch *nt*; (*magazine*) Zeitschrift *f*; ~**ese** ['dʒɜ:nə'li:z] Zeitungsstil *m*; ~**ism** Journalismus *m*; ~**ist** Journalist(in *f*) *m*.

journey ['dʒɜ:nɪ] *n* Reise *f*.

jovial ['dʒəʊvɪəl] *a* jovial.

joy [dʒɔɪ] *n* Freude *f*; ~**ful** *a* freudig; (*gladdening*) erfreulich; ~**fully** *ad* freudig; ~**ous** *a* freudig; ~ **ride** Schwarzfahrt *f*; ~**stick** Steuerknüppel *m*.

jubilant ['dʒu:bɪlənt] *a* triumphierend.

jubilation [dʒu:bɪ'leɪʃən] *n* Jubel *m*.

jubilee ['dʒu:bɪli:] *n* Jubiläum *nt*.

judge [dʒʌdʒ] *n* Richter *m*; (*fig*) Kenner *m*; *vt* (*Jur*) *person* die Verhandlung führen über (+*acc*); *case* verhandeln; (*assess*) beurteilen; (*criticize*) verurteilen; *vi* ein Urteil abgeben; **as far as I can** ~ soweit ich das beurteilen kann; **judging by sth** nach etw zu urteilen; ~**ment** (*Jur*) Urteil *nt*; (*Eccl*) Gericht *nt*; (*opinion*) Ansicht *f*; (*ability*) Urteilsvermögen *nt*.

judicial [dʒu:'dɪʃəl] *a* gerichtlich, Justiz-.

judicious [dʒu:'dɪʃəs] *a* weis(e).

judo ['dʒu:dəʊ] *n* Judo *nt*.

jug [dʒʌg] *n* Krug *m*.

juggernaut ['dʒʌgənɔ:t] *n* (*truck*) Fernlastwagen *m*.

juggle ['dʒʌgl] *vi* jonglieren; *vt* *facts* verdrehen; *figures* frisieren; ~**r** Jongleur *m*.

jugular ['dʒʌgjʊlə*] *a vein* Hals-.

juice [dʒu:s] *n* Saft *m*.

juiciness ['dʒu:sɪnɪs] *n* Saftigkeit *f*.

juicy ['dʒu:sɪ] *a* (*lit*, *fig*) saftig; *story* schlüpfrig.

jukebox ['dʒu:kbɒks] *n* Musikautomat *m*.

July [dʒu:'laɪ] *n* Juli *m*.

jumble ['dʒʌmbl] *n* Durcheinander *nt*; *vt* (*also* ~ **up**) durcheinanderwerfen; *facts* durcheinanderbringen; ~ **sale** (*Brit*) Basar *m*, Flohmarkt *m*.

jumbo (jet) ['dʒʌmbəʊ(dʒet)] *n* Jumbo(-Jet) *m*.

jump [dʒʌmp] *vi* springen; (*nervously*) zusammenzucken; **to** ~ **to conclusions** voreilige Schlüsse ziehen; *vt* überspringen; **to** ~ **the gun** (*fig*) voreilig handeln; **to** ~ **the queue** sich vordrängeln; *n* Sprung *m*; **to give sb a** ~ jdn erschrecken; ~**ed-up** *a* (*col*) eingebildet; ~**er** Pullover *m*; ~**y** *a* nervös.

junction ['dʒʌŋkʃən] *n* (*of roads*) (Straßen)kreuzung *f*; (*Rail*) Knotenpunkt *m*.

juncture ['dʒʌŋktʃə*] *n*: **at this** ~ in diesem Augenblick.

June [dʒu:n] *n* Juni *m*.

jungle ['dʒʌŋgl] *n* Dschungel *m*, Urwald *m*.

junior ['dʒu:nɪə*] *a* (*younger*) jünger; (*after name*) junior; (*Sport*) Junioren-; (*lower position*) untergeordnet; (*for young people*) Junioren-; *n* Jüngere(r) *m*.

junk [dʒʌŋk] *n* (*rubbish*) Plunder *m*; (*ship*) Dschunke *f*; ~**shop** Ramschladen *m*.

junta ['dʒʌntə] *n* Junta *f*.

jurisdiction [dʒʊərɪs'dɪkʃən] *n* Gerichtsbarkeit *f*; (*range of authority*) Zuständigkeit(sbereich *m*) *f*.

jurisprudence [dʒʊərɪs'pru:dəns] *n* Rechtswissenschaft *f*, Jura *no art*.

juror ['dʒʊərə*] *n* Geschworene(r) *mf*; Schöffe *m*, Schöffin *f*; (*in competition*) Preisrichter *m*.

jury ['dʒʊərɪ] *n* (*court*) Geschworene *pl*; (*in competition*) Jury *f*, Preisgericht *nt*; ~**man** = **juror**.

just [dʒʌst] *a* gerecht; *ad* (*recently, now*) gerade, eben; (*barely*) gerade noch; (*exactly*) genau, gerade; (*only*) nur, bloß; (*a small distance*) gleich; (*absolutely*) einfach; ~ **as I arrived** gerade als ich ankam; ~ **as nice** genauso nett; ~ **as well** um so besser; ~ **about** so etwa; ~ **now** soeben, gerade; **not** ~ **now** nicht im Moment; ~ **try** versuch es bloß *or* mal.

justice ['dʒʌstɪs] *n* (*fairness*) Gerechtigkeit *f*; (*magistrate*) Richter *m*; ~ **of the peace** Friedensrichter *m*.

justifiable ['dʒʌstɪfaɪəbl] *a* berechtigt.

justifiably ['dʒʌstɪfaɪəblɪ] *ad* berechtigterweise, zu Recht.

justification [dʒʌstɪfɪ'keɪʃən] *n* Rechtfertigung *f*.

justify ['dʒʌstɪfaɪ] *vt* rechtfertigen.

justly ['dʒʌstlɪ] *ad say* mit Recht; *condemn* gerecht.

justness ['dʒʌstnəs] *n* Gerechtigkeit *f*.

jut [dʒʌt] *vi* (*also* ~ **out**) herausragen, vorstehen.

juvenile ['dʒu:vənaɪl] *a* (*young*) jugendlich; (*for the young*) Jugend-; *n* Jugendliche(r) *mf*; ~ **delinquency** Jugendkriminalität *f*; ~ **delinquent** jugendliche(r) Straftäter(in *f*) *m*.

juxtapose ['dʒʌkstəpəʊz] *vt* nebeneinanderstellen.

juxtaposition [dʒʌkstəpə'zɪʃən] *n* Nebeneinanderstellung *f*.

K

K, k [keı] *n* K *nt*, k *nt*.
kaleidoscope [kə'laıdəskəʊp] *n* Kaleidoskop *nt*.
kangaroo [kæŋgə'ru:] *n* Känguruh *nt*.
kayak ['kaıæk] *n* Kajak *m or nt*.
keel [ki:l] *n* Kiel *m*; **on an even ~** (*fig*) im Lot.
keen [ki:n] *a* eifrig, begeistert; *intelligence, wind, blade* scharf; *sight, hearing* gut; *price* günstig; **~ly** *ad* leidenschaftlich; (*sharply*) scharf; **~ness** Schärfe *f*; (*eagerness*) Begeisterung *f*.
keep [ki:p] *irreg vt* (*retain*) behalten; (*have*) haben; *animals, one's word* halten; (*support*) versorgen; (*maintain in state*) halten; (*preserve*) aufbewahren; (*restrain*) abhalten; *vi* (*continue in direction*) sich halten; (*food*) sich halten; (*remain: quiet etc*) sein, bleiben; **it ~s happening** es passiert immer wieder; *n* Unterhalt *m*; (*tower*) Burgfried *m*; **~ back** *vt* fernhalten; *secret* verschweigen; **~ on** *vi*: **~ on doing sth** etw immer weiter tun; *vt* anbehalten; *hat* aufbehalten; **~ out** *vt* draußen lassen, nicht hereinlassen; **'~ out!'** 'Eintritt verboten!'; **~ up** *vi* Schritt halten; *vt* aufrechterhalten; (*continue*) weitermachen; **~ing** (*care*) Obhut *f*; **in ~ing (with)** in Übereinstimmung (mit).
keg [keg] *n* Faß *nt*.
kennel ['kenl] *n* Hundehütte *f*.
kerb(stone) ['kɜ:bstəʊn] *n* Bordstein *m*.
kernel ['kɜ:nl] *n* Kern *m*.
kerosene ['kerəsi:n] *n* Kerosin *nt*.
kestrel ['kestrəl] *n* Turmfalke *m*.
ketchup ['ketʃəp] *n* Ketchup *nt or m*.
kettle ['ketl] *n* Kessel *m*; **~drum** Pauke *f*.
key [ki:] *n* Schlüssel *m*; (*solution, answers*) Schlüssel *m*, Lösung *f*; (*of piano, typewriter*) Taste *f*; (*Mus*) Tonart *f*; (*explanatory note*) Zeichenerklärung *f*; *a position etc* Schlüssel-; **~board** (*of piano, typewriter*) Tastatur *f*; **~hole** Schlüsselloch *nt*; **~note** Grundton *m*; **~ ring** Schlüsselring *m*.
khaki ['kɑ:kı] *n* K(h)aki *nt*; *a* k(h)aki(farben).
kick [kık] *vt* einen Fußtritt geben (+*dat*), treten; *vi* treten; (*baby*) strampeln; (*horse*) ausschlagen; *n* (Fuß)tritt *m*; (*thrill*) Spaß *m*; **~ around** *vt person* herumstoßen; **~ off** *vi* (*Sport*) anstoßen; **~ up** *vt* (*col*) schlagen; **~-off** (*Sport*) Anstoß *m*.
kid [kıd] *n* (*child*) Kind *nt*; (*goat*) Zicklein *nt*; (*leather*) Glacéleder *nt*; *vt* auf den Arm nehmen; *vi* Witze machen.
kidnap ['kıdnæp] *vt* entführen, kidnappen; **~per** Kidnapper *m*, Entführer *m*; **~ping** Entführung *f*, Kidnapping *nt*.
kidney ['kıdnı] *n* Niere *f*.
kill [kıl] *vt* töten, umbringen; *chances* ruinieren; *vi* töten; *n* Tötung *f*; (*hunting*) (Jagd)beute *f*; **~er** Mörder *m*.
kiln [kıln] *n* Brennofen *m*.
kilo ['ki:ləʊ] *n* Kilo *nt*; **~gram(me)** Kilogramm *nt*; **~metre**, (*US*) **~meter** Kilometer *m*; **~watt** Kilowatt *nt*.
kilt [kılt] *n* Schottenrock *m*.
kimono [kı'məʊnəʊ] *n* Kimono *m*.
kin [kın] *n* Verwandtschaft *f*, Verwandte(n) *pl*.
kind [kaınd] *a* freundlich, gütig; *n* Art *f*; **a ~ of** eine Art von; **(two) of a ~** (zwei) von der gleichen Art; **in ~** auf dieselbe Art; (*in goods*) in Naturalien.
kindergarten ['kındəgɑ:tn] *n* Kindergarten *m*.
kind-hearted ['kaınd'hɑ:tıd] *a* gutherzig.
kindle ['kındl] *vt* (*set on fire*) anzünden; (*rouse*) reizen, (er)wecken.
kindliness ['kaındlınəs] *n* Freundlichkeit *f*, Güte *f*.
kindly ['kaındlı] *a* freundlich; *ad* liebenswürdig(erweise); **would you ~ ...?** wären Sie so freundlich und ...?
kindness ['kaındnəs] *n* Freundlichkeit *f*.
kindred ['kındrıd] *a* verwandt; **~ spirit** Gleichgesinnte(r) *mf*.
kinetic [kı'netık] *a* kinetisch.
king [kıŋ] *n* König *m*; **~dom** Königreich *nt*; **~fisher** Eisvogel *m*; **~pin** (*Tech*) Bolzen *m*; (*Aut*) Achsschenkelbolzen *m*; (*fig*) Stütze *f*; **~-size** *a cigarette* Kingsize.
kink [kıŋk] *n* Knick *m*; **~y** *a* (*fig*) exzentrisch.
kiosk ['ki:ɒsk] *n* (*Tel*) Telefonhäuschen *nt*.
kipper ['kıpə*] *n* Räucherhering *m*.
kiss [kıs] *n* Kuß *m*; *vt* küssen; *vi*: **they ~ed** sie küßten sich.
kit [kıt] *n* Ausrüstung *f*; (*tools*) Werkzeug *nt*; **~bag** Seesack *m*.
kitchen ['kıtʃın] *n* Küche *f*; **~ garden** Gemüsegarten *m*; **~ sink** Spülbecken *nt*; **~ware** Küchengeschirr *nt*.
kite [kaıt] *n* Drachen *m*.
kith [kıθ] *n*: **~ and kin** Blutsverwandte *pl*; **with ~ and kin** mit Kind und Kegel.
kitten ['kıtn] *n* Kätzchen *nt*.
kitty ['kıtı] *n* (*money*) (gemeinsame) Kasse *f*.
kleptomaniac [kleptəʊ'meınıæk] *n* Kleptomane *m*, Kleptomanin *f*.
knack [næk] *n* Dreh *m*, Trick *m*.
knapsack ['næpsæk] *n* Rucksack *m*; (*Mil*) Tornister *m*.
knave [neıv] *n* (*old*) Schurke *m*.
knead [ni:d] *vt* kneten.
knee [ni:] *n* Knie *nt*; **~cap** Kniescheibe *f*; **~-deep** *a* knietief.
kneel [ni:l] *vi irreg* knien.
knell [nel] *n* Grabgeläute *nt*.
knickers ['nıkəz] *npl* Schlüpfer *m*.
knife [naıf] *n* Messer *nt*; *vt* erstechen.
knight [naıt] *n* Ritter *m*; (*chess*) Springer *m*, Pferd *nt*; **~hood** Ritterwürde *f*.
knit [nıt] *vti* stricken; *vi* (*bones*) zusammenwachsen; (*people*) harmonieren; **~ting** (*occupation*) Stricken *nt*; (*work*) Strickzeug *nt*; **~ting machine** Strickmaschine *f*; **~ting needle** Stricknadel *f*; **~wear** Strickwaren *pl*.
knob [nɒb] *n* Knauf *m*; (*on instrument*) Knopf *m*; (*of butter etc*) kleine(s) Stück *nt*.
knock [nɒk] *vt* schlagen; (*criticize*) heruntermachen; *vi* klopfen; (*knees*) zittern; *n* Schlag *m*; (*on door*) Klopfen *nt*;

~ **off** *vt* (*do quickly*) hinhauen; (*col: steal*) klauen; *vi* (*finish*) Feierabend machen; ~ **out** *vt* ausschlagen; (*boxing*) k.o. schlagen; ~**er** (*on door*) Türklopfer *m*; ~**-kneed** *a* x-beinig; ~**out** (*lit*) K.o.-Schlag *m*; (*fig*) Sensation *f*.

knot [nɒt] *n* Knoten *m*; (*in wood*) Astloch *nt*; (*group*) Knäuel *nt or m*; *vt* (ver)knoten; ~**ted** *a* verknotet.

knotty ['nɒtɪ] *a* knorrig; *problem* kompliziert.

know [nəʊ] *vti irreg* wissen; (*be able to*) können; (*be acquainted with*) kennen; (*recognize*) erkennen; **to ~ how to do sth** wissen, wie man etw macht, etw tun können; **you ~** nicht (wahr); **to be well ~n** bekannt sein; ~**-all** Alleswisser *m*; ~**-how** Kenntnis *f*, Know-how *nt*; ~**ing** *a* schlau; *look, smile* wissend; ~**ingly** *ad* wissend; (*intentionally*) wissentlich.

knowledge ['nɒlɪdʒ] *n* Wissen *nt*, Kenntnis *f*; ~**able** *a* informiert.

knuckle ['nʌkl] *n* Fingerknöchel *m*.

kudos ['kju:dɒs] *n* Ehre *f*.

L

L, l [el] *n* L *nt*, l *nt*.

lab [læb] *n (col)* Labor *nt*.

label ['leɪbl] *n* Etikett *nt*, Schild *nt*; *vt* mit einer Aufschrift versehen, etikettieren.

laboratory [lə'bɒrətərɪ] *n* Laboratorium *nt*.

laborious *a*, ~**ly** *ad* [lə'bɔ:rɪəs, -lɪ] mühsam.

labour, *(US)* **labor** ['leɪbə*] *n* Arbeit *f*; *(workmen)* Arbeitskräfte *pl*; *(Med)* Wehen *pl*; *a (Pol)* Labour-; **hard ~** Zwangsarbeit *f*; ~**er** Arbeiter *m*; ~**-saving** *a* arbeitssparend.

laburnum [lə'bɜ:nəm] *n* Goldregen *m*.

labyrinth ['læbərɪnθ] *n* (*lit, fig*) Labyrinth *nt*.

lace [leɪs] *n (fabric)* Spitze *f*; *(of shoe)* Schnürsenkel *m*; *(braid)* Litze *f*; *vt (also* ~ **up***)* (zu)schnüren.

lacerate ['læsəreɪt] *vt* zerschneiden, tief verwunden.

lack [læk] *vt* nicht haben; **sb ~s sth** jdm fehlt etw *(nom)*; *vi*: **to be ~ing** fehlen; **sb is ~ing in sth** es fehlt jdm an etw *(dat)*; *n* Mangel *m*; **for ~ of** aus Mangel an *(+dat)*.

lackadaisical [lækə'deɪzɪkəl] *a* lasch.

lackey ['lækɪ] *n* Lakei *m*.

lacklustre, *(US)* **lackluster** ['læklʌstə*] *a* glanzlos, matt.

laconic [lə'kɒnɪk] *a* lakonisch.

lacquer ['lækə*] *n* Lack *m*.

lacrosse [lə'krɒs] *n* Lacrosse *nt*.

lacy ['leɪsɪ] *a* spitzenartig, Spitzen-.

lad [læd] *n (boy)* Junge *m*; *(young man)* Bursche *m*.

ladder ['lædə*] *n (lit)* Leiter *f*; *(fig)* Stufenleiter *f*; *(Brit: in stocking)* Laufmasche *f*; *vt* Laufmaschen bekommen in *(+dat)*.

laden ['leɪdn] *a* beladen, voll.

ladle ['leɪdl] *n* Schöpfkelle *f*.

lady ['leɪdɪ] *n* Dame *f*; *(title)* Lady *f*; **'Ladies'** *(lavatory)* 'Damen'; ~**bird,** *(US)* ~**bug** Marienkäfer *m*; ~**-in-waiting** Hofdame *f*; ~**like** *a* damenhaft, vornehm.

lag [læg] *n (delay)* Verzug *m*; *(time —)* Zeitabstand *m*; *vi (also* ~ **behind***)* zurückbleiben; *vt pipes* verkleiden.

lager ['lɑ:gə*] *n* Lagerbier *nt*, helles Bier *nt*.

lagging ['lægɪŋ] *n* Isolierung *f*.

lagoon [lə'gu:n] *n* Lagune *f*.

laid [leɪd]: **to be ~ up** ans Bett gefesselt sein.

lair [lɛə*] *n* Lager *nt*.

laissez-faire ['leɪsɪ'fɛə*] *n* Laisser-faire *nt*.

laity ['leɪɪtɪ] *n* Laien *pl*.

lake [leɪk] *n* See *m*.

lamb [læm] *n* Lamm *nt*; *(meat)* Lammfleisch *nt*; ~ **chop** Lammkotelett *nt*; ~**'s wool** Lammwolle *f*.

lame [leɪm] *a* lahm; *person also* gelähmt; *excuse* faul.

lament [lə'ment] *n* Klage *f*; *vt* beklagen; ~**able** ['læməntəbl] *a* bedauerlich; *(bad)* erbärmlich; ~**ation** [læmən'teɪʃən] Wehklage *f*.

laminated ['læmɪneɪtɪd] *a* beschichtet.

lamp [læmp] *n* Lampe *f*; *(in street)* Straßenlaterne *f*; ~**post** Laternenpfahl *m*; ~**shade** Lampenschirm *m*.

lance [lɑ:ns] *n* Lanze *f*; *vt (Med)* aufschneiden; ~ **corporal** Obergefreite(r) *m*.

lancet ['lɑ:nsɪt] *n* Lanzette *f*.

land [lænd] *n* Land *nt*; *vi (from ship)* an Land gehen; *(Aviat, end up)* landen; *vt (obtain)* gewinnen, kriegen; *passengers* absetzen; *goods* abladen; *troops, space probe* landen; ~**ed** *a* Land-; ~**ing** Landung *f*; *(on stairs)* (Treppen)absatz *m*; ~**ing craft** Landungsboot *nt*; ~**ing stage** Landesteg *m*; ~**ing strip** Landebahn *f*; ~**lady** (Haus)wirtin *f*; ~**locked** *a* landumschlossen, Binnen-; ~**lord** *(of house)* Hauswirt *m*, Besitzer *m*; *(of pub)* Gastwirt *m*; *(of land)* Grundbesitzer *m*; ~**lubber** Landratte *f*; ~**mark** Wahrzeichen *nt*; *(fig)* Meilenstein *m*; ~**owner** Grundbesitzer *m*; ~**scape** Landschaft *f*; ~**slide** *(Geog)* Erdrutsch *m*; *(Pol)* überwältigende(r) Sieg *m*.

lane [leɪn] *n (in town)* Gasse *f*; *(in country)* Weg *m*; Sträßchen *nt*; *(of motorway)* Fahrbahn *f*, Spur *f*; *(Sport)* Bahn *f*.

language ['læŋgwɪdʒ] *n* Sprache *f*; *(style)* Ausdrucksweise *f*.

languid ['læŋgwɪd] *a* schlaff, matt.

languish ['læŋgwɪʃ] *vi* schmachten; *(pine)* sich sehnen *(for* nach*)*.

languor ['læŋgə*] *n* Mattigkeit *f*.

languorous ['læŋgərəs] *a* schlaff, träge.

lank [læŋk] *a* dürr; ~**y** *a* schlacksig.

lantern ['læntən] *n* Laterne *f*.

lanyard ['lænjəd] *n (Naut)* Taljereep *nt*; *(Mil)* Kordel *f*.

lap [læp] *n* Schoß *m*; *(Sport)* Runde *f*; *vt* auflecken; *vi (water)* plätschern; ~**dog** Schoßhund *m*.

lapel [lə'pel] *n* Rockaufschlag *m*, Revers *nt or m*.

lapse [læps] *n (mistake)* Irrtum *m*; *(moral)* Fehltritt *m*; *(time)* Zeitspanne *f*.

larceny ['lɑ:sənɪ] *n* Diebstahl *m*.
lard [lɑ:d] *n* Schweineschmalz *nt*.
larder ['lɑ:də*] *n* Speisekammer *f*.
large [lɑ:dʒ] *a* groß; **at ~** auf freiem Fuß; **by and ~** im großen und ganzen; **~ly** *ad* zum größten Teil; **~-scale** *a* groß angelegt, Groß-; **~sse** [lɑ:'ʒes] Freigebigkeit *f*.
lark [lɑ:k] *n (bird)* Lerche *f*; *(joke)* Jux *m*; **~ about** *vi (col)* herumalbern.
larva ['lɑ:və] *n* Larve *f*.
laryngitis [lærɪn'dʒaɪtɪs] *n* Kehlkopfentzündung *f*.
larynx ['lærɪŋks] *n* Kehlkopf *m*.
lascivious *a*, **~ly** *ad* [lə'sɪvɪəs, -lɪ] wollüstig.
lash [læʃ] *n* Peitschenhieb *m*; *vt (beat against)* schlagen an *(+acc)*; *(rain)* schlagen gegen; *(whip)* peitschen; *(bind)* festbinden; **~ out** *vi (with fists)* um sich schlagen; *(spend money)* sich in Unkosten stürzen; *vt money etc* springen lassen; **~ing** *(beating)* Tracht *f* Prügel; *(tie)* Schleife *f*; **~ings of** *(col)* massenhaft.
lass [læs] *n* Mädchen *nt*.
lassitude ['læsɪtju:d] *n* Abgespanntheit *f*.
lasso [læ'su:] *n* Lasso *nt*; *vt* mit einem Lasso fangen.
last [lɑ:st] *a* letzte(r, s); *ad* zuletzt; *(last time)* das letztemal; *n (person)* Letzte(r) *mf*; *(thing)* Letzte(s) *nt*; *(for shoe)* (Schuh)leisten *m*; *vi (continue)* dauern; *(remain good)* sich halten; *(money)* ausreichen; **at ~** endlich; **~ night** gestern abend; **~ing** *a* dauerhaft, haltbar; *shame etc* andauernd; **~-minute** *a* in letzter Minute.
latch [lætʃ] *n* Riegel *m*; **~key** Hausschlüssel *m*.
late [leɪt] *a* spät; zu spät; *(recent)* jüngste(r, s); *(former)* frühere(r,s); *(dead)* verstorben; *ad* spät; *(after proper time)* zu spät; **to be ~** zu spät kommen; **of ~** in letzter Zeit; **~ in the day** *(lit)* spät; *(fig)* reichlich spät; **~comer** Nachzügler *m*; **~ly** *ad* in letzter Zeit.
lateness ['leɪtnəs] *n (of person)* Zuspätkommen *nt*; *(of train)* Verspätung *f*; **~ of the hour** die vorgerückte Stunde.
latent ['leɪtənt] *a* latent.
lateral ['lætərəl] *a* seitlich.
latest ['leɪtɪst] *n (news)* Neu(e)ste(s) *nt*; **at the ~** spätestens.
latex ['leɪteks] *n* Milchsaft *m*.
lath [læθ] *n* Latte *f*, Leiste *f*.
lathe [leɪð] *n* Drehbank *f*.
lather ['lɑ:ðə*] *n* (Seifen)schaum *m*; *vt* einschäumen; *vi* schäumen.
latitude ['lætɪtju:d] *n (Geog)* Breite *f*; *(freedom)* Spielraum *m*.
latrine [lə'tri:n] *n* Latrine *f*.
latter ['lætə*] *a (second of two)* letztere; *(coming at end)* letzte(r, s), später; **~ly** *ad* in letzter Zeit; **~-day** *a* modern.
lattice work ['lætɪswɜ:k] *n* Lattenwerk *nt*, Gitterwerk *nt*.
laudable ['lɔ:dəbl] *a* löblich.
laugh [lɑ:f] *n* Lachen *nt*; *vi* lachen; **~ at** *vt* lachen über *(+acc)*; **~ off** *vt* lachend abtun; **~able** *a* lachhaft; **~ing** *a* lachend; **~ing stock** Zielscheibe *f* des Spottes; **~ter** Lachen *nt*, Gelächter *nt*.
launch [lɔ:ntʃ] *n (of ship)* Stapellauf *m*; *(of rocket)* Raketenabschuß *m*; *(boat)* Barkasse *f*; *(pleasure boat)* Vergnügungsboot *nt*; *vt (set afloat)* vom Stapel laufen lassen; *rocket* (ab)schießen; *(set going)* in Gang setzen, starten; **~ing** Stapellauf *m*; **~(ing) pad** Abschußrampe *f*.
launder ['lɔ:ndə*] *vt* waschen und bügeln; **~ette** [lɔ:ndə'ret] Waschsalon *m*.
laundry ['lɔ:ndrɪ] *n (place)* Wäscherei *f*; *(clothes)* Wäsche *f*.
laureate ['lɔ:rɪət] *a see* **poet.**
laurel ['lɒrəl] *n* Lorbeer *m*.
lava ['lɑ:və] *n* Lava *f*.
lavatory ['lævətrɪ] *n* Toilette *f*.
lavender ['lævɪndə*] *n* Lavendel *m*.
lavish ['lævɪʃ] *n (extravagant)* verschwenderisch; *(generous)* großzügig; *vt money* verschwenden *(on* auf *+acc)*; *attentions, gifts* überschütten mit *(on sb* jdn*)*; **~ly** *ad* verschwenderisch.
law [lɔ:] *n* Gesetz *nt*; *(system)* Recht *nt*; *(of game etc)* Regel *f*; *(as studies)* Jura *no art*; **~-abiding** *a* gesetzestreu; **~breaker** Gesetzesübertreter *m*; **~ court** Gerichtshof *m*; **~ful** *a* gesetzlich, rechtmäßig; **~fully** *ad* rechtmäßig; **~less** *a* gesetzlos.
lawn [lɔ:n] *n* Rasen *m*; **~mower** Rasenmäher *m*; **~ tennis** Rasentennis *m*.
law school ['lɔ:sku:l] *n* Rechtsakademie *f*.
law student ['lɔ:stju:dənt] *n* Jurastudent *m*.
lawsuit ['lɔ:su:t] *n* Prozeß *m*.
lawyer ['lɔ:jə*] *n* Rechtsanwalt *m* Rechtsanwältin *f*.
lax [læks] *a* lax.
laxative ['læksətɪv] *n* Abführmittel *nt*.
laxity ['læksɪtɪ] *n* Laxheit *f*.
lay [leɪ] *a* Laien-; *vt irreg (place)* legen; *table* decken; *fire* anrichten; *egg* legen; *trap* stellen; *money* wetten; **~ aside** *vt* zurücklegen; **~ by** *vt (set aside)* beiseite legen; **~ down** *vt* hinlegen; *rules* vorschreiben; *arms* strecken; **~ off** *vt workers* (vorübergehend) entlassen; **~ on** *vt* auftragen; *concert etc* veranstalten; **~ out** *vt* (her)auslegen; *money* ausgeben; *corpse* aufbahren; **~ up** *vt (store)* aufspeichern; *supplies* anlegen; *(save)* zurücklegen; **~about** Faulenzer *m*; **~-by** Parkbucht *f*; *(bigger)* Rastplatz *m*; **~er** Schicht *f*; **~ette** [leɪ'et] Babyausstattung *f*; **~man** Laie *m*; **~out** Anlage *f*; *(Art)* Layout *nt*.
laze [leɪz] *vi* faulenzen.
lazily ['leɪzɪlɪ] *ad* träge, faul.
laziness ['leɪzɪnəs] *n* Faulheit *f*.
lazy ['leɪzɪ] *a* faul; *(slow-moving)* träge.
lead[1] [led] *n* Blei *nt*; *(of pencil)* (Bleistift)mine *f*; *a* bleiern, Blei-.
lead[2] [li:d] *n (front position)* Führung *f*; *(distance, time ahead)* Vorsprung *f*; *(example)* Vorbild *nt*; *(clue)* Tip *m*; *(of police)* Spur *f*; *(Theat)* Hauptrolle *f*; *(dog's)* Leine *f*; *irreg vt (guide)* führen; *group etc* leiten; *vi (be first)* führen; **~ astray** *vt* irreführen; **~ away** *vt* wegführen; *prisoner* abführen; **~ back** *vi* zurück-

führen; ~ **on** *vt* anführen; ~ **to** *vt (street)* (hin)führen nach; *(result in)* führen zu; ~ **up to** *vt (drive)* führen zu; *(speaker etc)* hinführen auf (+ *acc*); ~**er** Führer *m*, Leiter *m; (of party)* Vorsitzende(r) *m; (Press)* Leitartikel *m;* ~**ership** *(office)* Leitung *f; (quality)* Führerschaft *f;* ~**ing** *a* führend; ~**ing lady** *(Theat)* Hauptdarstellerin *f;* ~**ing light** *(person)* führende(r) Geist *m;* ~**ing man** *(Theat)* Hauptdarsteller *m*.

leaf [li:f] *n* Blatt *nt; (of table)* Ausziehplatte; ~**let** Blättchen *nt; (advertisement)* Prospekt *m; (pamphlet)* Flugblatt *nt; (for information)* Merkblatt *nt;* ~**y** *a* belaubt.

league [li:g] *n (union)* Bund *m*, Liga *f; (Sport)* Liga *f*, Tabelle *f; (measure)* 3 englische Meilen.

leak [li:k] *n* undichte Stelle *f; (in ship)* Leck *nt; vt liquid etc* durchlassen; *vi (pipe etc)* undicht sein; *(liquid etc)* auslaufen; ~ **out** *vi (liquid etc)* auslaufen; *(information)* durchsickern.

leaky ['li:kɪ] *a* undicht.

lean [li:n] *a* mager; *n* Magere(s) *nt; irreg vi* sich neigen; **to** ~ **against sth** an etw *(dat)* angelehnt sein; sich an etw *(acc)* anlehnen; *vt* (an)lehnen; ~ **back** *vi* sich zurücklehnen; ~ **forward** *vi* sich vorbeugen; ~ **on** *vi* sich stützen auf *(+acc);* ~ **over** *vi* sich hinüberbeugen; ~ **towards** *vt* neigen zu; ~**ing** Neigung *f;* ~**-to** Anbau *m*.

leap [li:p] *n* Sprung *m; vi irreg* springen; **by** ~**s and bounds** schnell; ~**frog** Bockspringen *nt;* ~ **year** Schaltjahr *nt*.

learn [lɜ:n] *vti irreg* lernen; *(find out)* erfahren, hören; ~**ed** ['lɜ:nɪd] *a* gelehrt; ~**er** Anfänger(in *f*) *m; (Aut)* Fahrschüler(in *f*) *m;* ~**ing** Gelehrsamkeit *f*.

lease [li:s] *n (of property)* Mietvertrag *m; (of land)* Pachtvertrag *m; vt* mieten; pachten.

leash [li:ʃ] *n* Leine *f*.

least [li:st] *a* kleinste(r, s); *(slightest)* geringste(r, s); *n* Mindeste(s) *nt;* **at** ~ zumindest; **not in the** ~**!** durchaus nicht!

leather ['leðə*] *n* Leder *nt; a* ledern, Leder-; ~**y** *a* zäh, ledern.

leave [li:v] *irreg vt* verlassen; *(— behind)* zurücklassen; *(forget)* vergessen; *(allow to remain)* lassen; *(after death)* hinterlassen; *(entrust)* überlassen *(to sb* jdm*)*; **to be left** *(remain)* übrigbleiben; *vi* weggehen, wegfahren; *(for journey)* abreisen; *(bus, train)* abfahren; *n* Erlaubnis *f; (Mil)* Urlaub *m;* **on** ~ auf Urlaub; **to take one's** ~ **of** Abschied nehmen von; ~ **off** *vi* aufhören; ~ **out** *vt* auslassen.

lecherous ['letʃərəs] *a* lüstern.

lectern ['lektɜ:n] *n* Lesepult *nt*.

lecture ['lektʃə*] *n* Vortrag *m; (Univ)* Vorlesung *f; vi* einen Vortrag halten; *(Univ)* lesen; ~**r** Vortragende(r) *mf; (Univ)* Dozent(in *f*) *m*.

ledge [ledʒ] *n* Leiste *f; (window —)* Sims *m or nt; (of mountain)* (Fels)vorsprung *m*.

ledger ['ledʒə*] *n* Hauptbuch *nt*.

lee [li:] *n* Windschatten *m; (Naut)* Lee *f*.

leech [li:tʃ] *n* Blutegel *m*.

leek [li:k] *n* Lauch *m*.

leer [lɪə*] *n* schiefe(r) Blick *m; vi* schielen *(at* nach*)*.

leeway ['li:weɪ] *n (fig)* Rückstand *m; (freedom)* Spielraum *m*.

left [left] *a* linke(r, s); *ad* links; nach links; *n (side)* linke Seite *f;* **the L**~ *(Pol)* die Linke *f;* ~**-hand drive** Linkssteuerung *f;* ~**-handed** *a* linkshändig; ~**-hand side** linke Seite *f;* ~**-luggage (office)** Gepäckaufbewahrung *f;* ~**-overs** *pl* Reste *pl*, Überbleibsel *pl;* ~ **wing** linke(r) Flügel *m;* ~**-wing** *a* linke(r, s).

leg [leg] *n* Bein *nt; (of meat)* Keule *f; (stage)* Etappe *f*.

legacy ['legəsɪ] *n* Erbe *nt*, Erbschaft *f*.

legal ['li:gəl] *a* gesetzlich, rechtlich; *(allowed)* legal, rechtsgültig; **to take** ~ **action** prozessieren; ~**ize** *vt* legalisieren; ~**ly** *ad* gesetzlich; legal; ~ **tender** gesetzliche(s) Zahlungsmittel *nt*.

legation [lɪ'geɪʃən] *n* Gesandtschaft *f*.

legend ['ledʒənd] *n* Legende *f;* ~**ary** *a* legendär.

-legged ['legɪd] *a* -beinig.

leggings ['legɪŋz] *npl* (hohe) Gamaschen *pl; (for baby)* Gamaschenhose *f*.

legibility [ledʒɪ'bɪlɪtɪ] *n* Leserlichkeit *f*.

legible *a*, **legibly** *ad* ['ledʒəbl, -blɪ] leserlich.

legion ['li:dʒən] *n* Legion *f*.

legislate ['ledʒɪsleɪt] *vi* Gesetze geben.

legislation [ledʒɪs'leɪʃən] *n* Gesetzgebung *f*.

legislative ['ledʒɪslətɪv] *a* gesetzgebend.

legislator ['ledʒɪsleɪtə*] *n* Gesetzgeber *m*.

legislature ['ledʒɪslətʃə*] *n* Legislative *f*.

legitimacy [lɪ'dʒɪtɪməsɪ] *n* Rechtmäßigkeit *f; (of birth)* Ehelichkeit *f*.

legitimate [lɪ'dʒɪtɪmət] *a* rechtmäßig, legitim; *child* ehelich.

legroom ['legrum] *n* Platz *m* für die Beine.

leisure ['leʒə*] *n* Freizeit *f; a* Freizeit-; **to be at** ~ Zeit haben; ~**ly** *a* gemächlich.

lemming ['lemɪŋ] *n* Lemming *m*.

lemon ['lemən] *n* Zitrone *f; (colour)* Zitronengelb *nt;* ~**ade** [lemə'neɪd] Limonade *f*.

lend [lend] *vt irreg* leihen; **to** ~ **sb sth** jdm etw leihen; **it** ~**s itself to** es eignet sich zu; ~**er** Verleiher *m;* ~**ing library** Leihbibliothek *f*.

length [leŋθ] *n* Länge *f; (section of road, pipe etc)* Strecke *f; (of material)* Stück *nt;* ~ **of time** Zeitdauer *f;* **at** ~ *(lengthily)* ausführlich; *(at last)* schließlich; ~**en** *vt* verlängern; *vi* länger werden; ~**ways** *ad* längs; ~**y** *a* sehr lang; langatmig.

leniency ['li:nɪənsɪ] *n* Nachsicht *f*.

lenient ['li:nɪənt] *a* nachsichtig; ~**ly** *ad* milde.

lens [lenz] *n* Linse *f; (Phot)* Objektiv *nt*.

Lent [lent] *n* Fastenzeit *f*.

lentil ['lentl] *n* Linse *f*.

Leo ['li:əʊ] *n* Löwe *m*.

leopard ['lepəd] *n* Leopard *m*.

leotard ['li:ətɑ:d] *n* Trikot *nt*, Gymnastikanzug *m*.

leper ['lepə*] *n* Leprakranke(r) *mf*.

leprosy ['leprəsɪ] *n* Lepra *f*.

lesbian ['lezbıən] *a* lesbisch; *n* Lesbierin *f.*
less [les] *a, ad, n* weniger.
lessen ['lesn] *vi* abnehmen; *vt* verringern, verkleinern.
lesser ['lesə*] *a* kleiner, geringer.
lesson ['lesn] *n (Sch)* Stunde *f; (unit of study)* Lektion *f; (fig)* Lehre *f; (Eccl)* Lesung *f;* **~s start at 9** der Unterricht beginnt um 9.
lest [lest] *cj* damit ... nicht.
let [let] *n:* **without ~ or hindrance** völlig unbehindert; *vt irreg* lassen; *(lease)* vermieten; **~'s go!** gehen wir!; **~ down** *vt* hinunterlassen; *(disappoint)* enttäuschen; **~ go** *vi* loslassen; *vt things* loslassen; *person* gehen lassen; **~ off** *vt gun* abfeuern; *steam* ablassen; *(forgive)* laufen lassen; **~ out** *vt* herauslassen; *scream* fahren lassen; **~ up** *vi* nachlassen; *(stop)* aufhören; **~-down** Enttäuschung *f.*
lethal ['li:θəl] *a* tödlich.
lethargic [le'θɑ:dʒık] *a* lethargisch, träge.
lethargy ['leθədʒı] *n* Lethargie *f,* Teilnahmslosigkeit *f.*
letter ['letə*] *n (of alphabet)* Buchstabe *m; (message)* Brief *m;* **~s** *pl (literature)* (schöne) Literatur *f;* **~box** Briefkasten *m;* **~ing** Beschriftung *f.*
lettuce ['letıs] *n* (Kopf)salat *m.*
let-up ['letʌp] *n (col)* Nachlassen *nt.*
leukaemia, (US) **leukemia** [lu:'ki:miə] *n* Leukämie *f.*
level ['levl] *a ground* eben; *(at same height)* auf gleicher Höhe; *(equal)* gleich gut; *head* kühl; **to do one's ~ best** sein möglichstes tun; *ad* auf gleicher Höhe; **to draw ~ with** gleichziehen mit; *n (instrument)* Wasserwaage *f; (altitude)* Höhe *f; (flat place)* ebene Fläche *f; (position on scale)* Niveau *nt; (amount, degree)* Grad *m;* **talks on a high ~** Gespräche auf hoher Ebene; **profits keep on the same ~** Gewinne halten sich auf dem gleichen Stand; **on the moral ~** aus moralischer Sicht; **on the ~** *(lit)* auf gleicher Höhe; *(fig: honest)* erhlich; *vt ground* einebnen; *building* abreißen; *town* dem Erdboden gleichmachen; *blow* versetzen *(at sb* jdm*); remark* richten *(at* gegen*);* **~ off** *or* **out** *vi* flach *or* eben werden; *(fig)* sich ausgleichen; *(plane)* horizontal fliegen; *vt ground* planieren; *differences* ausgleichen; **~ crossing** Bahnübergang *m;* **~-headed** *a* vernünftig.
lever ['li:və*], (*US*) ['levə*] *n* Hebel *m; (fig)* Druckmittel *nt; vt* (hoch)stemmen; **~age** Hebelkraft *f; (fig)* Einfluß *m.*
levity ['levıtı] *n* Leichtfertigkeit *f.*
levy ['levı] *n (of taxes)* Erhebung *f; (tax)* Abgaben *pl; (Mil)* Aushebung *f; vt* erheben; *(Mil)* ausheben.
lewd [lu:d] *a* unzüchtig, unanständig.
liability [laıə'bılıtı] *n (burden)* Belastung *f; (duty)* Pflicht *f; (debt)* Verpflichtung *f; (proneness)* Anfälligkeit *f; (responsibility)* Haftung *f.*
liable ['laıəbl] *a (responsible)* haftbar; *(prone)* anfällig; **to be ~ for** etw *(dat)* unterliegen; **it's ~ to happen** es kann leicht vorkommen.
liaison [li:'eızɒn] *n* Verbindung *f.*
liar ['laıə*] *n* Lügner *m.*
libel ['laıbəl] *n* Verleumdung *f; vt* verleumden; **~(l)ous** *a* verleumderisch.
liberal ['lıbərəl] *a (generous)* großzügig; *(open-minded)* aufgeschlossen; *(Pol)* liberal; *n* liberal denkende(r) Mensch *m;* **L~** *(Pol)* Liberale(r) *mf;* **~ly** *ad (abundantly)* reichlich.
liberate ['lıbəreıt] *vt* befreien.
liberation [lıbə'reıʃən] *n* Befreiung *f.*
liberty ['lıbətı] *n* Freiheit *f; (permission)* Erlaubnis *f;* **to be at ~ to do sth** etw tun dürfen; **to take liberties with** sich *(dat)* Freiheiten herausnehmen gegenüber
Libra ['li:brə] *n* Waage *f.*
librarian [laıbrɛərıən] *n* Bibliothekar(in *f*) *m.*
library ['laıbrərı] *n* Bibliothek *f;* (*lending —*) Bücherei *f.*
libretto [lı'bretəʊ] *n* Libretto *nt.*
lice [laıs] *npl of* **louse.**
licence, *(US)* **license** ['laısəns] *n (permit)* Erlaubnis *f,* amtliche Zulassung *f; (driving —)* Führerschein *m; (excess)* Zügellosigkeit *f;* **~ plate** *(US Aut)* Nummernschild *nt.*
license ['laısəns] *vt* genehmigen, konzessionieren; **~e** [laısən'si:] Konzessionsinhaber *m.*
licentious [laı'senʃəs] *a* ausschweifend.
lichen ['laıkən] *n* Flechte *f.*
lick [lık] *vt* lecken; *vi (flames)* züngeln; *n* Lecken *nt; (small amount)* Spur *f.*
licorice ['lıkərıs] *n* Lakritze *f.*
lid [lıd] *n* Deckel *m; (eye—)* Lid *nt.*
lido ['li:dəʊ] *n* Freibad *nt.*
lie [laı] *n* Lüge *f; vi* lügen; *irreg (rest, be situated)* liegen; *(put o.s. in position)* sich legen; **to ~ idle** stillstehen; **~ detector** Lügendetektor *m.*
lieu [lu:] *n:* **in ~ of** anstatt *(+gen).*
lieutenant [lef'tenənt], *(US)* [lu:'tenənt] *n* Leutnant *m.*
life [laıf] *n* Leben *nt; (story)* Lebensgeschichte *f; (energy)* Lebendigkeit *f;* **~ assurance** Lebensversicherung *f;* **~belt** Rettungsring *m;* **~boat** Rettungsboot *nt;* **~guard** Badewärter *m;* Rettungsschwimmer *m;* **~ jacket** Schwimmweste *f;* **~less** *a (dead)* leblos, tot; *(dull)* langweilig; **~like** *a* lebenswahr, naturgetreu; **~line** *(lit)* Rettungsleine *f; (fig)* Rettungsanker *m;* **~long** *a* lebenslang; **~ preserver** Totschläger *m;* **~ raft** Rettungsfloß *nt;* **~-sized** *a* in Lebensgröße; **~ span** Lebensspanne *f;* **~time** Lebenszeit *f.*
lift [lıft] *vt* hochheben; *vi* sich heben; *n (raising)* (Hoch)heben *nt; (elevator)* Aufzug *m,* Lift *m;* **to give sb a ~** jdn mitnehmen; **~-off** Abheben *nt* (vom Boden).
ligament ['lıgəmənt] *n* Sehne *f,* Band *nt.*
light [laıt] *n* Licht *nt; (lamp)* Lampe *f; (flame)* Feuer *nt;* **~s** *pl (Aut)* Beleuchtung *f;* **in the ~ of** angesichts *(+gen); vt irreg* beleuchten; *lamp* anmachen; *fire, cigarette* anzünden; *(brighten)* erleuchten, erhellen; *a (bright)* hell, licht; *(pale)* hell-; *(not heavy, easy)* leicht; *punishment* milde; *taxes* niedrig; *touch* leicht; **~ up** *vi (lamp)* angehen; *(face)* aufleuchten; *vt (illuminate)*

beleuchten; *lights* anmachen; ~ **bulb** Glühbirne *f*; ~**en** *vi (brighten)* hell werden; *(lightning)* blitzen; *vt (give light to)* erhellen; *hair* aufhellen; *gloom* aufheitern; *(make less heavy)* leichter machen; *(fig)* erleichtern; ~**er** *(cigarette —)* Feuerzeug *nt*; *(boat)* Leichter *m*; ~**-headed** *a (thoughtless)* leichtsinnig; *(giddy)* schwindlig; ~**-hearted** *a* leichtherzig, fröhlich; ~**-house** Leuchturm *m*; ~**ing** Beleuchtung *f*; ~**ing-up time** Zeit *f* des Einschaltens der Straßen-/Autobeleuchtung; ~**ly** *ad* leicht; *(irresponsibly)* leichtfertig; ~ **meter** *(Phot)* Belichtungsmesser *m*; ~**ness** *(of weight)* Leichtigkeit *f*; *(of colour)* Helle *f*; *(light)* Helligkeit *f*; ~**ning** Blitz *m*; ~**ning conductor** Blitzableiter *m*; ~**weight** *a suit* leicht; ~**weight boxer** Leichtgewicht *nt*; ~**year** Lichtjahr *nt*.

lignite ['lɪgnaɪt] *n* Lignit *m*.

like [laɪk] *vt* mögen, gernhaben; **would you ~ ...?** hatten Sie gern ...?; **would you ~ to ...?** möchten Sie gern...?; *prep* wie; **what's it/he ~?** wie ist es/er?; **that's just ~ him** das sieht ihm ähnlich; ~ **that/this** so; *a (similar)* ähnlich; *(equal)* gleich; *n* Gleiche(s) *nt*; ~**able** *a* sympathisch; ~**lihood** Wahrscheinlichkeit *f*; ~**ly** *a (probable)* wahrscheinlich; *(suitable)* geeignet; *ad* wahrscheinlich; ~**-minded** *a* gleichgesinnt; ~**n** *vt* vergleichen *(to* mit*)*; ~**wise** *ad* ebenfalls.

liking ['laɪkɪŋ] *n* Zuneigung *f*; *(taste for)* Vorliebe *f*.

lilac ['laɪlək] *n* Flieder *m*.

lilting [lɪltɪŋ] *a accent* singend; *tune* munter.

lily ['lɪlɪ] *n* Lilie *f*; ~ **of the valley** Maiglöckchen *nt*.

limb [lɪm] *n* Glied *nt*.

limber ['lɪmbə*]: ~ **up** *vi* sich auflockern; *(fig)* sich vorbereiten.

limbo ['lɪmbəʊ] *n*: **to be in ~** *(fig)* in der Schwebe sein.

lime [laɪm] *n (tree)* Linde *f*; *(fruit)* Limone *f*; *(substance)* Kalk *m*; ~ **juice** Limonensaft *m*; ~**light** *(fig)* Rampenlicht *nt*.

limerick ['lɪmərɪk] *n* Limerick *m*.

limestone ['laɪmstəʊn] *n* Kalkstein *m*.

limit ['lɪmɪt] *n* Grenze *f*; *(col)* Höhe *f*; *vt* begrenzen, einschränken; ~**ation** Grenzen *pl*, Einschränkung *f*; ~**ed** *a* beschränkt; ~**ed company** Gesellschaft *f* mit beschränkter Haftung, GmbH *f*.

limousine ['lɪməzi:n] *n* Limousine *f*.

limp [lɪmp] *n* Hinken *nt*; *vi* hinken; *a* (*without firmness*) schlaff.

limpet ['lɪmpɪt] *n (lit)* Napfschnecke *f*; *(fig)* Klette *f*.

limpid ['lɪmpɪd] *a* klar.

limply ['lɪmplɪ] *ad* schlaff.

line [laɪn] *n* Linie *f*; *(rope)* Leine *f*, Schnur *f*; *(on face)* Falte *f*; *(row)* Reihe *f*; *(of hills)* Kette *f*; *(US: queue)* Schlange *f*; *(company)* Linie *f*, Gesellschaft *f*; *(Rail)* Strecke *f*; *(pl)* Geleise *pl*; *(Tel)* Leitung *f*; *(written)* Zeile *f*; *(direction)* Richtung *f*; *(fig: business)* Branche *f*; Beruf *m*; *(range of items)* Kollektion *f*; **it's a bad ~** *(Tel)* die Verbindung ist schlecht; **hold the ~** bleiben Sie am Apparat; **in ~ with** in Übereinstimmung mit; *vt coat* füttern; *(border)* säumen; ~ **up** *vi* sich aufstellen; *vt* aufstellen; *(prepare)* sorgen für; *support* mobilisieren; *surprise* planen.

linear ['lɪnɪə*] *a* gerade; *(measure)* Längen-.

linen ['lɪnɪn] *n* Leinen *nt*; *(sheets etc)* Wäsche *f*.

liner ['laɪnə*] *n* Überseedampfer *m*.

linesman ['laɪnzmən] *n (Sport)* Linienrichter *m*.

line-up ['laɪnʌp] *n* Aufstellung *f*.

linger ['lɪŋgə*] *vi (remain long)* verweilen; *(taste)* (zurück)bleiben; *(delay)* zögern, verharren.

lingerie ['lænʒəri:] *n* Damenunterwäsche *f*.

lingering ['lɪŋgərɪŋ] *a* lang; *doubt* zurückbleibend; *disease* langwierig; *taste* nachhaltend; *look* lang.

lingo ['lɪŋgəʊ] *n (col)* Sprache *f*.

linguist ['lɪŋgwɪst] *n* Sprachkundige(r) *mf*; *(Univ)* Sprachwissenschaftler(in *f*) *m*.

linguistic [lɪŋ'gwɪstɪc] *a* sprachlich; sprachwissenschaftlich; ~**s** Sprachwissenschaft *f*, Linguistik *f*.

liniment ['lɪnɪmənt] *n* Einreibemittel *nt*.

lining ['laɪnɪŋ] *n (of clothes)* Futter *nt*.

link [lɪŋk] *n* Glied *nt*; *(connection)* Verbindung *f*; *vt* verbinden; ~**s** *pl* Golfplatz *m*; ~**-up** *(Tel)* Verbindung *f*; *(of spaceships)* Kopplung *f*.

lino ['laɪnəʊ] *n*, **linoleum** [lɪ'nəʊlɪəm] *n* Linoleum *nt*.

linseed oil ['lɪnsi:d'ɔɪl] *n* Leinöl *nt*.

lint [lɪnt] *n* Verbandstoff *m*.

lintel ['lɪntl] *n (Archit)* Sturz *m*.

lion ['laɪən] *n* Löwe *m*; ~**ess** Löwin *f*.

lip [lɪp] *n* Lippe *f*; *(of jug)* Tülle *f*, Schnabel *m*; ~**read** *vi irreg* von den Lippen ablesen; **to pay ~ service (to)** ein Lippenbekenntnis ablegen (zu); ~**stick** Lippenstift *m*.

liquefy ['lɪkwɪfaɪ] *vt* verflüssigen.

liqueur [lɪ'kjʊə*] *n* Likör *m*.

liquid ['lɪkwɪd] *n* Flüßigkeit *f*; *a* flüssig; ~**ate** *vt* liquidieren; ~**ation** Liquidation *f*.

liquor ['lɪkə*] *n* Alkohol *m*, Spirituosen *pl*.

lisp [lɪsp] *n* Lispeln *nt*; *vti* lispeln.

list [lɪst] *n* Liste *f*, Verzeichnis *nt*; *(of ship)* Schlagseite *f*; *vt (write down)* eine Liste machen von; *(verbally)* aufzählen; *vi (ship)* Schlagseite haben.

listen ['lɪsn] *vi* hören, horchen; ~ **to** *vt* zuhören (+ *dat*); ~**er** (Zu)hörer(in *f*) *m*.

listless *a*, ~**ly** *ad* ['lɪstləs, -lɪ] lustlos, teilnahmslos; ~**ness** Lustlosigkeit *f*, Teilnahmslosigkeit *f*.

litany ['lɪtənɪ] *n* Litanei *f*.

literacy ['lɪtərəsɪ] *n* Fähigkeit *f* zu lesen und zu schreiben.

literal ['lɪtərəl] *a* eigentlich, buchstäblich; *translation* wortwörtlich; ~**ly** *ad* wörtlich; buchstäblich.

literary ['lɪtərərɪ] *a* literarisch, Literatur-.

literate ['lɪtərət] *a* des Lesens und Schreibens kundig.

literature ['lɪtrətʃə*] *n* Literatur *f.*

lithograph ['lɪθəʊgrɑːf] *n* Lithographie *f.*

litigate ['lɪtɪgeɪt] *vi* prozessieren.

litmus ['lɪtməs] *n:* ~ **paper** Lackmuspapier *nt.*

litre, *(US)* **liter** ['liːtə*] *n* Liter *m.*

litter ['lɪtə*] *n (rubbish)* Abfall *m; (of animals)* Wurf *m; vt* in Unordnung bringen; **to be ~ed with** übersät sein mit.

little ['lɪtl] *a* klein; *(unimportant)* unbedeutend; *ad, n* wenig; **a** ~ ein bißchen; **the** ~ das wenige.

liturgy ['lɪtədʒɪ] *n* Liturgie *f.*

live[1] [lɪv] *vi* leben; *(last)* fortleben; *(dwell)* wohnen; *vt life* führen; ~ **down** *vt* Gras wachsen lassen über *(+acc);* **I'll never ~ it down** das wird man mir nie vergessen; ~ **on** *vi* weiterleben; ~ **on sth** von etw leben; ~ **up to** *vt standards* gerecht werden *(+dat); principles* anstreben; *hopes* entsprechen *(+dat).*

live[2] [laɪv] *a* lebendig; *(burning)* glühend; *(Mil)* scharf; *(Elec)* geladen; *broadcast* live.

livelihood ['laɪvlɪhʊd] *n* Lebensunterhalt *m.*

liveliness ['laɪvlɪnəs] *n* Lebendigkeit *f.*

lively ['laɪvlɪ] *a* lebhaft, lebendig.

liver ['lɪvə*] *n (Anat)* Leber *f;* **~ish** *a (bad-tempered)* gallig.

livery ['lɪvərɪ] *n* Livree *f.*

livestock ['laɪvstɒk] *n* Vieh *nt,* Viehbestand *m.*

livid ['lɪvɪd] *a (lit)* bläulich; *(furious)* fuchsteufelswild.

living ['lɪvɪŋ] *n* (Lebens)unterhalt *m; a* lebendig; *language etc* lebend; *wage* ausreichend; ~ **room** Wohnzimmer *nt.*

lizard ['lɪzəd] *n* Eidechse *f.*

llama ['lɑːmə] *n* Lama *nt.*

load [ləʊd] *n (burden)* Last *f; (amount)* Ladung *f,* Fuhre *f;* **~s of** *(col)* massenhaft; *vt* (be)laden; *(fig)* überhäufen; *camera* Film einlegen in *(+acc); gun* laden.

loaf [ləʊf] *n* Brot *nt,* Laib *m; vi* herumlungern, faulenzen.

loam [ləʊm] *n* Lehmboden *m.*

loan [ləʊn] *n* Leihgabe *f; (Fin)* Darlehen *nt; vt* leihen; **on** ~ geliehen.

loathe [ləʊð] *vt* verabscheuen.

loathing ['ləʊðɪŋ] *n* Abscheu *f.*

lobby ['lɒbɪ] *n* Vorhalle *f; (Pol)* Lobby *f; vt* politisch beeinflussen (wollen).

lobe [ləʊb] *n* Ohrläppchen *nt.*

lobster ['lɒbstə*] *n* Hummer *m.*

local ['ləʊkəl] *a* ortsansässig, hiesig, Orts-; *anaesthetic* örtlich; *n (pub)* Stammwirtschaft *f;* **the ~s** *pl* die Ortsansässigen *pl;* ~ **colour** Lokalkolorit *nt;* **~ity** [ləʊ'kælɪtɪ] Ort *m;* **~ly** *ad* örtlich, am Ort.

locate [ləʊ'keɪt] *vt* ausfindig machen; *(establish)* errichten.

location [ləʊ'keɪʃən] *n* Platz *m,* Lage *f;* **on** ~ *(Cine)* auf Außenaufnahme.

loch [lɒx] *n (Scot)* See *m.*

lock [lɒk] *n* Schloß *nt; (Naut)* Schleuse *f; (of hair)* Locke *f; vt (fasten)* (ver)schließen; *vi (door etc)* sich schließen (lassen); *(wheels)* blockieren.

locker ['lɒkə*] *n* Spind *m.*

locket ['lɒkɪt] *n* Medaillon *nt.*

locomotive [ləʊkə'məʊtɪv] *n* Lokomotive *f.*

locust ['ləʊkəst] *n* Heuschrecke *f.*

lodge [lɒdʒ] *n (gatehouse)* Pförtnerhaus *nt; (freemasons')* Loge *f; vi* (in Untermiete) wohnen *(with* bei*); (get stuck)* stecken(bleiben); *vt protest* einreichen; **~r** (Unter)mieter *m.*

lodgings ['lɒdʒɪŋz] *n* (Miet)wohnung *f;* Zimmer *nt.*

loft [lɒft] *n* (Dach)boden *m.*

lofty ['lɒftɪ] *a* hoch(ragend); *(proud)* hochmütig.

log [lɒg] *n* Klotz *m; (Naut)* Log *nt.*

logarithm ['lɒgərɪθəm] *n* Logarithmus *m.*

logbook ['lɒgbʊk] *n* Bordbuch *nt,* Logbuch *nt; (for lorry)* Fahrtenschreiber *m; (Aut)* Kraft-fahrzeugbrief *m.*

loggerheads ['lɒgəhedz] *n:* **to be at** ~ sich in den Haaren liegen.

logic ['lɒdʒɪk] *n* Logik *f;* **~al** *a* logisch; **~ally** *ad* logisch(erweise).

logistics [lɒ'dʒɪstɪks] *npl* Logistik *f.*

loin [lɔɪn] *n* Lende *f.*

loiter ['lɔɪtə*] *vi* herumstehen, sich herumtreiben.

loll [lɒl] *vi* sich rekeln.

lollipop ['lɒlɪpɒp] *n* (Dauer)lutscher *m.*

lone [ləʊn] *a* einsam.

loneliness ['ləʊnlɪnəs] *n* Einsamkeit *f.*

lonely ['ləʊnlɪ] *a* einsam.

long [lɒŋ] *a* lang; *distance* weit; *ad* lange; **two-day-~** zwei Tage lang; *vi* sich sehnen *(for* nach*);* ~ **ago** vor langer Zeit; **before** ~ bald; **as** ~ **as** solange; **in the** ~ **run** auf die Dauer; **~-distance** *a* Fern-; **~-haired** *a* langhaarig; **~hand** Langschrift *f;* **~ing** Verlangen *nt,* Sehnsucht *f; a* sehnsüchtig; **~ish** *a* ziemlich lang; **~itude** Längengrad *m;* ~ **jump** Weitsprung *m;* **~-lost** *a* längst verloren geglaubt; **~-playing record** Langspielplatte *f;* **~-range** *a* Langstrecken-, Fern-; **~-sighted** *a* weitsichtig; **~-standing** *a* alt, seit langer Zeit bestehend; **~-suffering** *a* schwer geprüft; **~-term** *a* langfristig; ~ **wave** Langwelle *f;* **~-winded** *a* langatmig.

loo [luː] *n (col)* Klo *nt.*

loofah ['luːfə*] *n (plant)* Luffa *f; (sponge)* Luffa(schwamm) *m.*

look [lʊk] *vi* schauen, blicken; *(seem)* aussehen; *(face)* liegen nach, gerichtet sein nach; *n* Blick *m;* **~s** *pl* Aussehen *nt;* ~ **after** *vt (care for)* sorgen für; *(watch)* aufpassen auf *(+acc);* ~ **down on** *vt (fig)* herabsehen auf *(+acc);* ~ **for** *vt (seek)* suchen (nach); *(expect)* erwarten; ~ **forward to** *vt* sich freuen auf *(+acc);* ~ **out for** *vt* Ausschau halten nach; *(be careful)* achtgeben auf *(+acc);* ~ **to** *vt (take care of)* achtgeben auf *(+acc); (rely on)* sich verlassen auf *(+acc);* ~ **up** *vi* aufblicken; *(improve)* sich bessern; *vt word* nachschlagen; *person* besuchen; ~ **up to** *vt* aufsehen zu; **~-out** *(watch)* Ausschau *f;*

(person) Wachposten *m; (place)* Ausguck *m; (prospect)* Aussichten *pl.*
loom [lu:m] *n* Webstuhl *m; vi* sich abzeichnen.
loop [lu:p] *n* Schlaufe *f,* Schleife *f; vt* schlingen; **~hole** *(fig)* Hintertürchen *nt.*
loose [lu:s] *a* lose, locker; *(free)* frei; *(inexact)* unpräzise; *vt* lösen, losbinden; **to be at a ~ end** nicht wissen, was man tun soll; **~ly** *ad* locker, lose; **~ly speaking** grob gesagt; **~n** *vt* lockern, losmachen; **~ness** Lockerheit *f.*
loot [lu:t] *n* Beute *f; vt* plündern; **~ing** Plünderung *f.*
lop [lɒp]: **~ off** *vt* abhacken.
lop-sided ['lɒp'saɪdɪd] *a* schief.
lord [lɔ:d] *n (ruler)* Herr *m,* Gebieter *m; (Brit, title)* Lord *m;* **the L~** (Gott) der Herr *m;* **~ly** *a* vornehm; *(proud)* stolz.
lore [lɔ:*] *n* Überlieferung *f.*
lorry ['lɒrɪ] *n* Lastwagen *m.*
lose [lu:z] *irreg vt* verlieren; *chance* verpassen; **~ out on** zu kurz kommen bei; *vi* verlieren; **~r** Verlierer *m.*
losing ['lu:zɪŋ] *a* Verlierer-; *(Comm)* verlustbringend.
loss [lɒs] *n* Verlust *m;* **at a ~** *(Comm)* mit Verlust; *(unable)* außerstande; **I am at a ~ for words** mir fehlen die Worte.
lost [lɒst] *a* verloren; **~ cause** aussichtslose Sache *f;* **~ property** Fundsachen *pl.*
lot [lɒt] *n (quantity)* Menge *f; (fate, at auction)* Los *nt; (col: people, things)* Haufen *m;* **the ~** alles; *(people)* alle; **a ~ of** viel; *pl* viele; **~s of** massenhaft, viel(e).
lotion ['ləʊʃən] *n* Lotion *f.*
lottery ['lɒtərɪ] *n* Lotterie *f.*
loud [laʊd] *a* laut; *(showy)* schreiend; *ad* laut; **~ly** *ad* laut; **~ness** Lautheit *f;* **~speaker** Lautsprecher *m.*
lounge [laʊndʒ] *n (in hotel)* Gesellschaftsraum *m; (in house)* Wohnzimmer *nt; (on ship)* Salon *m; vi* sich herumlümmeln; **~ suit** Straßenanzug *m.*
louse [laʊs] *n* Laus *f.*
lousy ['laʊzɪ] *a (lit)* verlaust; *(fig)* lausig, miserabel.
lout [laʊt] *n* Lümmel *m.*
lovable ['lʌvəbl] *a* liebenswert.
love [lʌv] *n* Liebe *f; (person)* Liebling *m,* Schatz *m; (Sport)* null; *vt person* lieben; *activity* gerne mögen; **to ~ to do sth** etw (sehr) gerne tun; **to make ~** sich lieben; **to make ~ to/with sb** jdn lieben; **~ affair** (Liebes)verhältnis *nt;* **~ letter** Liebesbrief *m;* **~ life** Liebesleben *nt;* **~ly** *a* schön; *person, object also* entzückend, reizend; **~-making** Liebe *f;* **~r** Liebhaber *m;* Geliebte *f; (of books etc)* Liebhaber *m;* **the ~rs** die Liebenden, das Liebespaar; **~song** Liebeslied *nt.*
loving ['lʌvɪŋ] *a* liebend, liebevoll; **~ly** *ad* liebevoll.
low [ləʊ] *a* niedrig; *rank* niedere(r, s); *level, note, neckline* tief; *intelligence, density* gering; *(vulgar)* ordinär; *(not loud)* leise; *(depressed)* gedrückt; *ad (not high)* niedrig; *(not loudly)* leise; *n (low point)* Tiefstand *m; (Met)* Tief *nt;* **~-cut** *a dress* tiefausgeschnitten.
lower ['ləʊə*] *vt* herunterlassen; *eyes, gun* senken; *(reduce)* herabsetzen, senken.
lowly ['ləʊlɪ] *a* bescheiden.
loyal ['lɔɪəl] *a (true)* treu; *(to king)* loyal, treu; **~ly** *ad* treu; loyal; **~ty** Treue *f;* Loyalität *f.*
lozenge ['lɒzɪndʒ] *n* Pastille *f.*
lubricant ['lu:brɪkənt] *n* Schmiermittel *nt.*
lubricate ['lu:brɪkeɪt] *vt* (ab)schmieren, ölen.
lubrication [lu:brɪ'keɪʃən] *n* (Ein- *or* Ab)schmierung *f.*
lucid ['lu:sɪd] *a* klar; *(sane)* bei klarem Verstand; *moment* licht; **~ity** [lu:'sɪdɪtɪ] Klarheit *f;* **~ly** *ad* klar.
luck [lʌk] *n* Glück *nt;* **bad ~** Pech *nt;* **~ily** *ad* glücklicherweise, zum Glück; **~y** *a* glücklich, Glücks-; **to be ~** Glück haben.
lucrative ['lu:krətɪv] *a* einträglich.
ludicrous ['lu:dɪkrəs] *a* grotesk.
ludo ['lu:dəʊ] *n* Mensch ärgere dich nicht *nt.*
lug [lʌg] *vt* schleppen.
luggage ['lʌgɪdʒ] *n* Gepäck *nt;* **~ rack** Gepäcknetz *nt.*
lugubrious [lu:'gu:brɪəs] *a* traurig.
lukewarm ['lu:kwɔ:m] *a* lauwarm; *(indifferent)* lau.
lull [lʌl] *n* Flaute *f; vt* einlullen; *(calm)* beruhigen; **~aby** ['lʌləbaɪ] Schlaflied *nt.*
lumbago [lʌm'beɪgəʊ] *n* Hexenschuß *m.*
lumber ['lʌmbə*] *n* Plunder *m; (wood)* Holz *nt;* **~jack** Holzfäller *m.*
luminous ['lu:mɪnəs] *a* leuchtend, Leucht-.
lump [lʌmp] *n* Klumpen *m; (Med)* Schwellung *f; (in breast)* Knoten *m; (of sugar)* Stück *nt; vt* zusammentun; *(judge together)* in einen Topf werfen; **~ sum** Pauschalsumme *f;* **~y** klumpig; **to go ~y** klumpen.
lunacy ['lu:nəsɪ] *n* Irrsinn *m.*
lunar ['lu:nə*] *a* Mond-.
lunatic ['lu:nətɪk] *n* Wahnsinnige(r) *mf; a* wahnsinnig, irr.
lunch [lʌntʃ] *n (also* **~eon** [-ən]) Mittagessen *nt;* **~ hour** Mittagspause *f;* **~time** Mittagszeit *f;* **~eon meat** Frühstücksfleisch *nt.*
lung [lʌŋ] *n* Lunge *f;* **~ cancer** Lungenkrebs *m.*
lunge [lʌndʒ] *vi* (los)stürzen.
lupin ['lu:pɪn] *n* Lupine *f.*
lurch [lɜ:tʃ] *vi* taumeln; *(Naut)* schlingern; *n* Taumeln *nt; (Naut)* plötzliche(s) Schlingern *nt.*
lure [ljʊə*] *n* Köder *m; (fig)* Lockung *f; vt* (ver)locken.
lurid ['ljʊərɪd] *a (shocking)* grausig, widerlich; *colour* grell.
lurk [lɜ:k] *vi* lauern.
luscious ['lʌʃəs] *a* köstlich; *colour* satt.
lush [lʌʃ] *a* satt; *vegetation* üppig.
lust [lʌst] *n* sinnliche Begierde *f (for* nach*); (sensation)* Wollust *f; (greed)* Gier *f; vi* gieren *(after* nach*);* **~ful** *a* wollüstig, lüstern.
lustre, *(US)* luster ['lʌstə*] *n* Glanz *m.*

lusty ['lʌstı] *a* gesund und munter; *old person* rüstig.
lute [lu:t] *n* Laute *f*.
luxuriant [lʌg'zjuəriənt] *a* üppig.
luxurious [lʌg'zjuəriəs] *a* luxuriös, Luxus-.
luxury ['lʌkʃəri] *n* Luxus *m*; **the little luxuries** die kleinen Genüsse.
lying ['laiiŋ] *n* Lügen *nt*; *a* verlogen.
lynch [lıntʃ] *vt* lynchen.
lynx [lıŋks] *n* Luchs *m*.
lyre ['laiə*] *n* Leier *f*.
lyric ['lırık] *n* Lyrik *f*; *(pl: words for song)* (Lied)text *m*; *a* lyrisch; **~al** *a* lyrisch, gefühlvoll.

M

M, m [em] *n* M *nt*, m *nt*.
mac [mæk] *n (Brit col)* Regenmantel *m*.
macabre [mə'kɑ:br] *a* makaber.
macaroni [mækə'rəuni] *n* Makkaroni *pl*.
mace [meıs] *n* Amtsstab *m*; *(spice)* Muskat *m*.
machine [mə'ʃi:n] *n* Maschine *f*; *vt dress etc* mit der Maschine nähen; maschinell herstellen/bearbeiten; **~gun** Maschinengewehr *nt*; **~ry** [mə'ʃi:nəri] Maschinerie *f*, Maschinen *pl*; **~ tool** Werkzeugmaschine *f*.
machinist [mə'ʃi:nıst] *n* Machinist *m*.
mackerel ['mækrəl] *n* Makrele *f*.
mackintosh ['mækıntɒʃ] *n* Regenmantel *m*.
macro- ['mækrəu] *pref* Makro-, makro-.
mad [mæd] *a* verrückt; *dog* tollwütig; *(angry)* wütend; **~ about** *(fond of)* verrückt nach, versessen auf *(+acc)*.
madam ['mædəm] *n* gnädige Frau *f*.
madden ['mædn] *vt* verrückt machen; *(make angry)* ärgern; **~ing** *a* ärgerlich.
made-to-measure ['meıdtə'meʒə*] *a* Maß-.
made-up ['meıd'ʌp] *a story* erfunden.
madly ['mædlı] *ad* wahnsinnig.
madman ['mædmən] *n* Verrückte(r) *m*, Irre(r) *m*.
madness ['mædnəs] *n* Wahnsinn *m*.
Madonna [mə'dɒnə] *n* Madonna *f*.
madrigal ['mædrıgəl] *n* Madrigal *nt*.
magazine ['mægəzi:n] *n* Zeitschrift *f*; *(in gun)* Magazin *nt*.
maggot ['mægət] *n* Made *f*.
magic ['mædʒık] *n* Zauberei *f*, Magie *f*; *(fig)* Zauber *m*; *a* magisch, Zauber-; **~al** *a* magisch; **~ian** [mə'dʒıʃən] Zauberer *m*.
magistrate ['mædʒıstreıt] *n* (Friedens)richter *m*.
magnanimity [mægnə'nımıtı] *n* Großmut *f*.
magnanimous [mæg'nænıməs] *a* großmütig.
magnate ['mægneıt] *n* Magnat *m*.
magnet ['mægnıt] *n* Magnet *m*; **~ic** [mæg'netık] *a* magnetisch; *(fig)* anziehend, unwiderstehlich; **~ism** Magnetismus *m*; *(fig)* Ausstrahlungskraft *f*.
magnification [mægnıfı'keıʃən] *n* Vergrößerung *f*.
magnificence [mæg'nıfısəns] *n* Großartigkeit *f*.
magnificent *a*, **~ly** *ad* [mæg'nıfısənt, -lı] großartig.
magnify ['mægnıfaı] *vt* vergrößern; **~ing glass** Vergrößerungsglas *nt*, Lupe *f*.
magnitude ['mægnıtju:d] *n (size)* Größe *f*; *(importance)* Ausmaß *nt*.
magnolia [mæg'nəulıə] *n* Magnolie *f*.
magpie ['mægpaı] *n* Elster *f*.
maharajah [mɑ:hə'rɑ:dʒə] *n* Maharadscha *m*.
mahogany [mə'hɒgənı] *n* Mahagoni *nt*; *a* Mahagoni-.
maid [meıd] *n* Dienstmädchen *nt*; **old ~** alte Jungfer *f*; **~en** *(liter)* Maid *f*; *a flight, speech* Jungfern-; **~en name** Mädchenname *m*.
mail [meıl] *n* Post *f*; *vt* aufgeben; **~ box** *(US)* Briefkasten *m*; **~ing list** Anschreibeliste *f*; **~ order** Bestellung *f* durch die Post; **~ order firm** Versandhaus *nt*.
maim [meım] *vt* verstümmeln.
main [meın] *a* hauptsächlich, Haupt-; *n (pipe)* Hauptleitung *f*; **in the ~** im großen und ganzen; **~land** Festland *nt*; **~ road** Hauptstraße *f*; **~stay** *(fig)* Hauptstütze *f*.
maintain [meın'teın] *vt machine, roads* instand halten; *(support)* unterhalten; *(keep up)* aufrechterhalten; *(claim)* behaupten; *innocence* beteuern.
maintenance ['meıntənəns] *n (Tech)* Wartung *f*; *(of family)* Unterhalt *m*.
maisonette [meızə'net] *n* kleine(s) Eigenheim *nt*; Wohnung *f*.
maize [meız] *n* Mais *m*.
majestic [mə'dʒestık] *a* majestätisch.
majesty ['mædʒıstı] *n* Majestät *f*.
major ['meıdʒə*] *n* Major *m*; *a (Mus)* Dur; *(more important)* Haupt-; *(bigger)* größer.
majority [mə'dʒɒrıtı] *n* Mehrheit *f*; *(Jur)* Volljährigkeit *f*.
make [meık] *vt irreg* machen; *(appoint)* ernennen (zu); *(cause to do sth)* veranlassen; *(reach)* erreichen; *(in time)* schaffen; *(earn)* verdienen; **to ~ sth happen** etw geschehen lassen; *n* Marke *f*, Fabrikat *nt*; **~ for** *vi* gehen/fahren nach; **~ out** *vi* zurechtkommen; *vt (write out)* ausstellen; *(understand)* verstehen; *(pretend)* (so) tun (als ob); **~ up** *vt (make)* machen, herstellen; *face* schminken; *quarrel* beilegen; *story etc* erfinden; *vi* sich versöhnen; **~ up for** *vt* wiedergutmachen; *(Comm)* vergüten; **~-believe** *n* **it's ~-believe** es ist nicht wirklich; *a* Phantasie-, ersonnen; **~r** *(Comm)* Hersteller *m*; **~shift** *a* behelfsmäßig, Not-; **~-up** Schminke *f*, Make-up *nt*.
making ['meıkıŋ] *n*: **in the ~** im Entstehen; **to have the ~s of** das Zeug haben zu.
maladjusted ['mælə'dʒʌstıd] *a* fehlangepaßt, umweltgestört.
malaise [mæ'leız] *n* Unbehagen *nt*.
malaria [mə'leərıə] *n* Malaria *f*.
male [meıl] *n* Mann *m*; *(animal)* Männchen *nt*; *a* männlich.
malevolence [mə'levələns] *n* Böswilligkeit *f*.

malevolent [mə'levələnt] *a* übelwollend.
malfunction [mæl'fʌnkʃən] *vi* versagen, nicht funktionieren.
malice ['mælɪs] *n* Bosheit *f.*
malicious *a,* **~ly** *ad* [mə'lɪʃəs, -lɪ] böswillig, gehässig.
malign [mə'laɪn] *vt* verleumden.
malignant [mə'lɪgnənt] *a* bösartig.
malinger [mə'lɪŋgə*] *vi* simulieren; **~er** Drückeberger *m,* Simulant *m.*
malleable ['mælɪəbl] *a* formbar.
mallet ['mælɪt] *n* Holzhammer *m.*
malnutrition ['mælnju'trɪʃən] *n* Unterernährung *f.*
malpractice ['mæl'præktɪs] *n* Amtsvergehen *nt.*
malt [mɔ:lt] *n* Malz *nt.*
maltreat [mæl'tri:t] *vt* mißhandeln.
mammal ['mæməl] *n* Säugetier *nt.*
mammoth ['mæməθ] *a* Mammut-, Riesen-.
man [mæn] *n, pl* **men** Mann *m; (human race)* der Mensch, die Menschen *pl; vt* bemannen.
manage ['mænɪdʒ] *vi* zurechtkommen; *vt (control)* führen, leiten; *(cope with)* fertigwerden mit; **to ~ to do sth** etw schaffen; **~able** *a person, animal* lenksam, fügsam; *object* handlich; **~ment** *(control)* Führung *f,* Leitung *f; (directors)* Management *nt;* **~r** Geschäftsführer *m,* (Betriebs)leiter *m;* **~ress** ['mænɪdʒə'res] Geschäftsführerin *f;* **~rial** [mænə'dʒɪərɪəl] *a* leitend; *problem etc* Management-.
managing ['mænɪdʒɪŋ] *a:* **~ director** Betriebsleiter *m.*
mandarin ['mændərɪn] *n (fruit)* Mandarine *f; (Chinese official)* Mandarin *m.*
mandate ['mændeɪt] *n* Mandat *nt.*
mandatory ['mændətərɪ] *a* obligatorisch.
mandolin(e) ['mændəlɪn] *n* Mandoline *f.*
mane [meɪn] *n* Mähne *f.*
maneuver [mə'nu:və*] *(US)* =**manoeuvre.**
manful *a,* **~ly** *ad* ['mænfʊl, -fəlɪ] beherzt; mannhaft.
mangle ['mæŋgl] *vt* verstümmeln.
mango ['mæŋgəʊ] *n* Mango(pflaume) *f.*
mangrove ['mæŋgrəʊv] *n* Mangrove *f.*
mangy ['meɪndʒɪ] *a dog* räudig.
manhandle ['mænhændl] *vt* grob behandeln.
manhole ['mænhəʊl] *n* (Straßen)schacht *m.*
manhood ['mænhʊd] *n* Mannesalter *nt; (manliness)* Männlichkeit *f.*
man-hour ['mæn'aʊə*] *n* Arbeitsstunde *f.*
manhunt ['mænhʌnt] *n* Fahndung *f.*
mania ['meɪnɪə] *n (craze)* Sucht *f,* Manie *f; (madness)* Wahn(sinn) *m;* **~c** ['meɪnɪæk] Wahnsinnige(r) *mf,* Verrückte(r) *mf.*
manicure ['mænɪkjʊə*] *n* Maniküre *f; vt* maniküren; **~ set** Necessaire *nt.*
manifest ['mænɪfest] *vt* offenbaren; *a* offenkundig; **~ation** *(showing)* Ausdruck *m,* Bekundung *f; (sign)* Anzeichen *nt;* **~ly** *ad* offenkundig; **~o** [mænɪ'festəʊ] Manifest *nt.*
manipulate [mə'nɪpjʊleɪt] *vt* handhaben; *(fig)* manipulieren.
manipulation [mənɪpjʊ'leɪʃən] *n* Manipulation *f.*
mankind [mæn'kaɪnd] *n* Menschheit *f.*
manliness ['mænlɪnəs] *n* Männlichkeit *f.*
manly ['mænlɪ] *a* männlich; mannhaft.
man-made ['mæn'meɪd] *a fibre* künstlich.
manner ['mænə*] *n* Art *f,* Weise *f; (style)* Stil *m;* **in such a ~** so; **in a ~ of speaking** sozusagen; **~s** *pl* Manieren *pl;* **~ism** *(of person)* Angewohnheit *f; (of style)* Manieriertheit *f.*
manoeuvrable [mə'nu:vrəbl] *a* manövrierfähig.
manoeuvre [mə'nu:və*] *vti* manövrieren; *n (Mil)* Feldzug *m; (general)* Manöver *nt,* Schachzug *m;* **~s** *pl* Truppenübungen *pl,* Manöver *nt.*
manor ['mænə*] *n* Landgut *nt;* **~ house** Herrenhaus *nt.*
manpower ['mænpaʊə*] *n* Arbeitskräfte *pl.*
manservant ['mænsɜ:vənt] *n* Diener *m.*
mansion ['mænʃən] *n* Herrenhaus *nt,* Landhaus *nt.*
manslaughter ['mænslɔ:tə*] *n* Totschlag *m.*
mantelpiece ['mæntlpi:s] *n* Kaminsims *m.*
mantle ['mæntl] *n (cloak)* lange(r) Umhang *m.*
manual ['mænjʊəl] *a* manuell, Hand-; *n* Handbuch *nt.*
manufacture [mænjʊ'fæktʃə*] *vt* herstellen; *n* Herstellung *f;* **~r** Hersteller *m.*
manure [mə'njʊə*] *n* Dünger *m.*
manuscript ['mænjʊskrɪpt] *n* Manuskript *nt.*
many ['menɪ] *a* viele; **as ~ as 20** sage und schreibe 20; **~ a good soldier** so mancher gute Soldat; **~'s the time** oft.
map [mæp] *n* (Land)karte *f; (of town)* Stadtplan *m; vt* eine Karte machen von; **~ out** *vt (fig)* ausarbeiten.
maple ['meɪpl] *n* Ahorn *m.*
mar [mɑ:*] *vt* verderben, beeinträchtigen.
marathon ['mærəθən] *n (Sport)* Marathonlauf *m; (fig)* Marathon *m.*
marauder [mə'rɔ:də*] *n* Plünderer *m.*
marble ['mɑ:bl] *n* Marmor *m; (for game)* Murmel *f.*
March [mɑ:tʃ] *n* März *m.*
march [mɑ:tʃ] *vi* marschieren; *n* Marsch *m;* **~-past** Vorbeimarsch *m.*
mare [meə*] *n* Stute *f;* **~'s nest** Windei *nt.*
margarine [mɑ:dʒə'ri:n] *n* Margarine *f.*
margin ['mɑ:dʒɪn] *n* Rand *m; (extra amount)* Spielraum *m; (Comm)* Spanne *f;* **~al** *a note* Rand-; *difference etc* geringfügig; **~ally** *ad* nur wenig.
marigold ['mærɪgəʊld] *n* Ringelblume *f.*
marijuana [mærɪ'hwɑ:nə] *n* Marihuana *nt.*
marina [mə'ri:nə] *n* Yachthafen *m.*
marine [mə'ri:n] *a* Meeres-, See-; *n (Mil)* Marineinfanterist *m; (fleet)* Marine *f;* **~r** ['mærɪnə*] Seemann *m.*
marionette [mærɪə'net] *n* Marionette *f.*
marital ['mærɪtl] *a* ehelich, Ehe-.
maritime ['mærɪtaɪm] *a* See-.
marjoram ['mɑ:dʒərəm] *n* Majoran *m.*

mark [mɑ:k] *n (coin)* Mark *f; (spot)* Fleck *m; (scar)* Kratzer *m; (sign)* Zeichen *nt; (target)* Ziel *nt; (Sch)* Note *f;* **quick off the ~** blitzschnell; **on your ~s** auf die Plätze; *vt (make mark)* Flecken/Kratzer machen auf *(+acc); (indicate)* markieren, bezeichnen; *(note)* sich *(dat)* merken; *exam* korrigieren; **to ~ time** *(lit, fig)* auf der Stelle treten; **~ out** *vt* bestimmen; *area* abstecken; **~ed** *a* deutlich; **~edly** ['mɑ:kɪdlɪ] *ad* merklich; **~er** *(in book)* (Lese)zeichen *nt; (on road)* Schild *nt.*

market ['mɑ:kɪt] *n* Markt *m; (stock —)* Börse *f; vt (Comm: new product)* auf dem Markt bringen; *(sell)* vertreiben; **~ day** Markttag *m;* **~ garden** *(Brit)* Handelsgärtnerei *f;* **~ing** Marketing *nt;* **~ place** Marktplatz *m.*

marksman ['mɑ:ksmən] *n* Scharfschütze *m;* **~ship** Treffsicherheit *f.*

marmalade ['mɑ:məleɪd] *n* Orangenmarmelade *f.*

maroon [mə'ru:n] *vt* aussetzen; *a (colour)* kastanienbraun.

marquee [mɑ:'ki:] *n* große(s) Zelt *nt.*

marquess, marquis ['mɑ:kwɪs] *n* Marquis *m.*

marriage ['mærɪdʒ] *n* Ehe *f; (wedding)* Heirat f; (fig) Verbindung *f.*

married ['mærɪd] *a person* verheiratet; *couple, life* Ehe-.

marrow ['mærəʊ] *n* (Knochen)mark *nt;* *(vegetable)* Kürbis *m.*

marry ['mærɪ] *vt (join)* trauen; *(take as husband, wife)* heiraten; *vi (also* **get married***)* heiraten.

marsh [mɑ:ʃ] *n* Marsch *f,* Sumpfland *nt.*

marshal ['mɑ:ʃəl] *n (US)* Bezirkspolizeichef *m; vt* (an)ordnen, arrangieren.

marshy ['mɑ:ʃɪ] *a* sumpfig.

martial ['mɑ:ʃəl] *a* kriegerisch; **~ law** Kriegsrecht *nt.*

martyr ['mɑ:tə*] *n (lit, fig)* Märtyrer(in *f*) *m; vt* zum Märtyrer machen; **~dom** Martyrium *nt.*

marvel ['mɑ:vəl] *n* Wunder *nt; vi* sich wundern *(at* über *+acc);* **~lous,** *(US)* **~ous** *a,* **~lously,** *(US)* **~ously** *ad* wunderbar.

Marxism ['mɑ:ksɪzəm] *n* Marxismus *m.*

Marxist ['mɑ:ksɪst] *n* Marxist(in *f*) *m.*

marzipan [mɑ:zɪ'pæn] *n* Marzipan *nt.*

mascara [mæs'kɑ:rə] *n* Wimperntusche *f.*

mascot ['mæskət] *n* Maskottchen *nt.*

masculine ['mæskjʊlɪn] *a* männlich; *n* Maskulinum *nt.*

masculinity [mæskjʊ'lɪnɪtɪ] *n* Männlichkeit *f.*

mashed [mæʃt] *a:* **~ potatoes** *pl* Kartoffelbrei *m or* -püree *nt.*

mask [mɑ:sk] *n (lit, fig)* Maske *f; vt* maskieren, verdecken.

masochist ['mæzəʊkɪst] *n* Masochist(in *f*) *m.*

mason ['meɪsn] *n (stone—)* Steinmetz *m; (free—)* Freimaurer *m;* **~ic** [mə'sɒnɪk] *a* Freimaurer-; **~ry** Mauerwerk *nt.*

masquerade [mæskə'reɪd] *n* Maskerade *f; vi* sich maskieren, sich verkleiden; **to ~ as** sich ausgeben als.

mass [mæs] *n* Masse *f; (greater part)* Mehrheit *f; (Rel)* Messe *f;* **~es of** massenhaft; *vt* sammeln, anhäufen; *vi* sich sammeln.

massacre ['mæsəkə*] *n* Blutbad *nt; vt* niedermetzeln, massakrieren.

massage ['mæsɑ:ʒ] *n* Massage *f; vt* massieren.

masseur [mæ'sɜ:*] *n* Masseur *m.*

masseuse mæ'sɜ:z] *n* Masseuse *f.*

massive ['mæsɪv] *a* gewaltig, massiv.

mass media ['mæs'mi:dɪə] *npl* Massenmedien *pl.*

mass-produce ['mæsprə'dju:s] *vt* serienmäßig herstellen.

mass production ['mæsprə'dʌkʃən] *n* Serienproduktion *f,* Massenproduktion *f.*

mast [mɑ:st] *n* Mast *m.*

master ['mɑ:stə*] *n* Herr *m; (Naut)* Kapitän *m; (teacher)* Lehrer *m; (artist)* Meister *m; vt* meistern; *language etc* beherrschen; **~ly** *a* meisterhaft; **~mind** *n* Kapazität *f; vt* geschickt lenken; **M~ of Arts** Magister Artium *m;* **~piece** Meisterstück *nt; (Art)* Meisterwerk *nt;* **~ stroke** Glanzstück *nt;* **~y** Können *nt;* **to gain ~y over sb** die Oberhand gewinnen über jdn.

masturbate ['mæstəbeɪt] *vi* masturbieren, onanieren.

masturbation [mæstə'beɪʃən] *n* Masturbation *f,* Onanie *f.*

mat [mæt] *n* Matte *f; (for table)* Untersetzer *m; vi* sich verfilzen; *vt* verfilzen.

match [mætʃ] *n* Streichholz *nt; (sth corresponding)* Pendant *nt; (Sport)* Wettkampf *m; (ball games)* Spiel *nt;* **it's a good ~** es paßt gut *(for* zu*);* **to be a ~ for sb** sich mit jdm messen können; jdm gewachsen sein; **he's a good ~** er ist eine gute Partie; *vt (be alike, suit)* passen zu; *(equal)* gleichkommen *(+dat); (Sport)* antreten lassen; *vi* zusammenpassen; **~box** Streichholzschachtel *f;* **~ing** *a* passend; **~less** *a* unvergleichlich; **~maker** Kuppler(in *f*) *m.*

mate [meɪt] *n (companion)* Kamerad *m; (spouse)* Lebensgefährte *m; (of animal)* Weibchen *nt*/Männchen *nt; (Naut)* Schiffsoffizier *m; vi (chess)* (schach)matt sein; *(animals)* sich paaren; *vt (chess)* matt setzen.

material [mə'tɪərɪəl] *n* Material *nt; (for book, cloth)* Material *nt,* Stoff *m; a (important)* wesentlich; *damage* Sach-; *comforts etc* materiell; **~s** *pl* Materialien *pl;* **~istic** *a* materialistisch; **~ize** *vi* sich verwirklichen, zustande kommen; **~ly** *ad* grundlegend.

maternal [mə'tɜ:nl] *a* mütterlich, Mutter-; **~ grandmother** Großmutter mütterlicherseits.

maternity [mə'tɜ:nɪtɪ] *a* Schwangeren-; *dress* Umstands-; *benefit* Wochen-.

matey ['meɪtɪ] *a* (*Brit col*) kameradschaftlich.

mathematical *a,* **~ly** *ad* [mæθə'mætikəl, -ɪ] mathematisch.

mathematician [mæθəmə'tɪʃən] *n* Mathematiker *m.*

mathematics [mæθə'mætɪks] *n* Mathematik *f.*

maths [mæθs] *n* Mathe *f.*
matinée ['mætıneı] *n* Matinee *f.*
mating ['meıtıŋ] *n* Paarung *f;* ~ **call** Lockruf *m.*
matins ['mætınz] *n* (Früh)mette *f.*
matriarchal [meıtrı'ɑ:kl] *a* matriarchalisch.
matrimonial [mætrı'məunıəl] *a* ehelich, Ehe-.
matrimony ['mætrımənı] *n* Ehestand *m.*
matron ['meıtrən] *n (Med)* Oberin *f; (Sch)* Hausmutter *f;* ~**ly** *a* matronenhaft.
matt [mæt] *a paint* matt.
matter ['mætə*] *n (substance)* Materie *f; (affair)* Sache *f,* Angelegenheit *f; (content)* Inhalt *m; (Med)* Eiter *m; vi* darauf ankommen; **it doesn't** ~ es macht nichts; **no** ~ **how/what** egal wie/was; **what is the** ~**?** was ist los?; **as a** ~ **of fact** eigentlich; ~**-of-fact** *a* sachlich, nüchtern.
mattress ['mætrəs] *n* Matratze *f.*
mature [mə'tjuə*] *a* reif; *vi* reif werden.
maturity [mə'tjuərıtı] *n* Reife *f.*
maudlin ['mɔ:dlın] *a* weinerlich; gefühlsduselig.
maul [mɔ:l] *vt* übel zurichten.
mausoleum [mɔ:sə'li:əm] *n* Mausoleum *nt.*
mauve [məuv] *a* mauve.
mawkish ['mɔ:kıʃ] *a* kitschig; *taste* süßlich.
maxi ['mæksı] *pref* Maxi-.
maxim ['mæksım] *n* Maxime *f.*
maximize ['mæksımaız] *vt* maximieren.
maximum ['mæksıməm] *a* höchste(r, s), Höchst-, Maximal-; *n* Höchstgrenze *f,* Maximum *nt.*
May [meı] *n* Mai *m.*
may [meı] *v aux (be possible)* können; *(have permission)* dürfen; **I** ~ **come** ich komme vielleicht, es kann sein, daß ich komme; **we** ~ **as well go** wir können ruhig gehen; ~ **you be very happy** ich hoffe, ihr seid glücklich; ~**be** *ad* vielleicht.
Mayday ['meıdeı] *n (message)* SOS *nt.*
mayonnaise [meıə'neız] *n* Mayonnaise *f.*
mayor [mεə*] *n* Bürgermeister *m;* ~**ess** *(wife)* (die) Frau *f* Bügermeister; *(lady —)* Bürgermeisterin *f.*
maypole ['meıpəul] *n* Maibaum *m.*
maze [meız] *n (lit)* Irrgarten *m; (fig)* Wirrwarr *nt;* **to be in a** ~ *(fig)* durcheinander sein.
me [mi:] *pron (acc)* mich; *(dat)* mir; **it's** ~ ich bin's.
meadow ['medəu] *n* Wiese *f.*
meagre, *(US)* **meager** ['mi:gə*] *a* dürftig, spärlich.
meal [mi:l] *n* Essen *nt,* Mahlzeit *f; (grain)* Schrotmehl *nt;* **to have a** ~ essen (gehen); ~**time** Essenszeit *f;* ~**y-mouthed** *a:* **to be** ~**y-mouthed** d(a)rum herumreden.
mean [mi:n] *a (stingy)* geizig; *(spiteful)* gemein; *(shabby)* armselig, schäbig; *(average)* durchschnittlich, Durchschnitts-; *irreg vt (signify)* bedeuten; *vi (intend)* vorhaben, beabsichtigen; *(be resolved)* entschlossen sein; **he** ~**s well** er meint es gut; **I** ~ **it!** ich meine das ernst!; **do you** ~ **me?** meinen Sie mich?; **it** ~**s nothing to me** es sagt mir nichts; *n (average)* Durchschnitt *m;* ~**s** *pl* Mittel *pl; (wealth)* Vermögen *nt;* **by** ~**s of** durch; **by all** ~**s** selbstverständlich; **by no** ~**s** keineswegs.
meander [mı'ændə*] *vi* sich schlängeln.
meaning ['mi:nıŋ] *n* Bedeutung *f; (of life)* Sinn *m;* ~**ful** *a* bedeutungsvoll; *life* sinnvoll; ~**less** *a* sinnlos.
meanness ['mi:nnəs] *n (stinginess)* Geiz *m; (spitefulness)* Gemeinheit *f; (shabbiness)* Schäbigkeit *f.*
meantime ['mi:n'taım] *ad,* **meanwhile** ['mi:n'waıl] *ad* inzwischen, mittlerweile; **for the** ~ vorerst.
measles ['mi:zlz] *n* Masern *pl;* **German** ~ Röteln *pl.*
measly ['mi:zlı] *a (col)* poplig.
measurable ['meʒərəbl] *a* meßbar.
measure ['meʒə*] *vti* messen; *n* Maß *nt; (step)* Maßnahme *f;* **to be a** ~ **of sth** etw erkennen lassen; ~**d** *a (slow)* gemessen; ~**ment** *(way of measuring)* Messung *f; (amount measured)* Maß *nt.*
meat [mi:t] *n* Fleisch *nt;* ~**y** *a (lit)* fleischig; *(fig)* gehaltvoll.
mechanic [mı'kænık] *n* Mechaniker *m;* ~**s** Mechanik *f;* ~**al** *a* mechanisch.
mechanism ['mekənızəm] *n* Mechanismus *m.*
mechanization [mekənaı'zeıʃən] *n* Mechanisierung *f.*
mechanize ['mekənaız] *vt* mechanisieren.
medal ['medl] *n* Medaille *f; (decoration)* Orden *m;* ~**lion** [mı'dælıən] Medaillon *nt;* ~**list,** *(US)* ~**ist** Medaillengewinner(in *f*) *m.*
meddle ['medl] *vi* sich einmischen *(in* in *+acc); (tamper)* hantieren *(with* an *+dat);* ~ **with sb** sich mit jdm einlassen.
media ['mi:dıə] *npl* Medien *pl.*
mediate ['mi:dıeıt] *vi* vermitteln.
mediation [mi:dı'eıʃən] *n* Vermittlung *f.*
mediator ['mi:dıeıtə*] *n* Vermittler *m.*
medical ['medıkəl] *a* medizinisch; Medizin-; ärztlich; *n* (ärztliche) Untersuchung *f.*
medicated ['medıkeıtıd] *a* medizinisch.
medicinal [me'dısınl] *a* medizinisch, Heil-.
medicine ['medsın] *n* Medizin *f; (drugs)* Arznei *f;* ~ **chest** Hausapotheke *f.*
medieval [medı'i:vəl] *a* mittelalterlich.
mediocre [mi:dı'əukə*] *a* mittelmäßig.
mediocrity [mi:dı'ɒkrıtı] *n* Mittelmäßigkeit *f; (person also)* kleine(r) Geist *m.*
meditate ['medıteıt] *vi* nachdenken *(on* über *+acc);* meditieren *(on* über *+acc).*
meditation [medı'teıʃən] *n* Nachsinnen *nt;* Meditation *f.*
medium ['mi:dıəm] *a* mittlere(r, s), Mittel-, mittel-; *n* Mitte *f; (means)* Mittel *nt; (person)* Medium *nt.*
medley ['medlı] *n* Gemisch *nt.*
meek *a,* ~**ly** *ad* [mi:k, -lı] sanft(mütig); *(pej)* duckmäuserisch.
meet [mi:t] *irreg vt (encounter)* treffen, begegnen *(+dat); (by arrangement)* sich treffen mit; *difficulties* stoßen auf *(+acc);*

(become acquainted with) kennenlernen; *(fetch)* abholen; *(join)* zusammentreffen mit; *(river)* fließen in *(+acc); (satisfy)* entsprechen *(+dat); debt* bezahlen; **pleased to ~ you!** angenehm!; *vi* sich treffen; *(become acquainted)* sich kennenlernen; *(join)* sich treffen; *(rivers)* ineinanderfließen; *(roads)* zusammenlaufen; **~ with** *vt problems* stoßen auf *(+acc); (US: people)* zusammentreffen mit; **~ing** Treffen *nt;* *(business —)* Besprechung *f,* Konferenz *f;* *(discussion)* Sitzung *f; (assembly)* Versammlung *f;* **~ing place** Treffpunkt *m.*

megaphone ['megəfəʊn] *n* Megaphon *nt.*

melancholy ['melənkəlı] *n* Melancholie *f;* *a person* melancholisch, schwermütig; *sight, event* traurig.

mellow ['meləʊ] *a* mild, weich; *fruit* reif, weich; *(fig)* gesetzt; *vi* reif werden.

melodious [mı'ləʊdıəs] *a* wohlklingend.

melodrama ['meləʊdrɑ:mə] *n* Melodrama *nt;* **~tic** [meləʊdrə'mætık] *a* melodramatisch.

melody ['melədı] *n* Melodie *f.*

melon ['melən] *n* Melone *f.*

melt [melt] *vi* schmelzen; *(anger)* verfliegen; *vt* schmelzen; **~ away** *vi* dahinschmelzen; **~ down** *vt* einschmelzen; **~ing point** Schmelzpunkt *m;* **~ing pot** *(fig)* Schmelztiegel *m;* **to be in the ~ing pot** in der Schwebe sein.

member ['membə*] *n* Mitglied *nt; (of tribe, species)* Angehörige(r) *m; (Anat)* Glied *nt;* **~ship** Mitgliedschaft *f.*

membrane ['membreın] *n* Membrane *f.*

memento [mə'mentəʊ] *n* Andenken *nt.*

memo ['meməʊ] *n* Notiz *f;* Mitteilung *f.*

memoirs ['memwɑ:*z] *npl* Memoiren *pl.*

memorable ['memərəbl] *a* denkwürdig.

memorandum [memə'rændəm] *n* Notiz *f;* Mitteilung *f; (Pol)* Memorandum *nt.*

memorial [mı'mɔ:rıəl] *n* Denkmal *nt; a* Gedenk-.

memorize ['meməraız] *vt* sich einprägen.

memory ['memərı] *n* Gedächtnis *nt; (of computer)* Speicher *m; (sth recalled)* Erinnerung *f;* **in ~ of** zur Erinnerung an *(+acc);* **from ~** aus dem Kopf.

men [men] *npl of* **man.**

menace ['menıs] *n* Drohung *f;* Gefahr *f; vt* bedrohen.

menacing *a,* **~ly** *ad* ['menısıŋ, -lı] drohend.

ménage [me'nɑ:ʒ] *n* Haushalt *m.*

menagerie [mı'nædʒərı] *n* Tierschau *f.*

mend [mend] *vt* reparieren, flicken; *n* ausgebesserte Stelle *f;* **on the ~** auf dem Wege der Besserung.

menial ['mi:nıəl] *a* niedrig, untergeordnet.

meningitis [menın'dʒaıtıs] *n* Hirnhautentzündung *f,* Meningitis *f.*

menopause ['menəʊpɔ:z] *n* Wechseljahre *pl,* Menopause *f.*

menstrual ['menstrʊəl] *a* Monats-, Menstruations-.

menstruate ['menstrʊeıt] *vi* menstruieren.

menstruation [menstrʊ'eıʃən] *n* Menstruation *f.*

mental ['mentl] *a* geistig, Geistes-; *arithmetic* Kopf-; *hospital* Nerven-; *cruelty* seelisch; *(col: abnormal)* verrückt; **~ity** [men'tælıtı] Mentalität *f;* **~ly** *ad* geistig; **~ly ill** geisteskrank.

mentholated ['menθəleıtıd] *a* Menthol-.

mention ['menʃən] *n* Erwähnung *f; vt* erwähnen; *names* nennen; **don't ~ it!** bitte (sehr), gern geschehen.

menu ['menju:] *n* Speisekarte *f; (food)* Speisen *pl.*

mercantile ['mɜ:kəntaıl] *a* Handels-.

mercenary ['mɜ:sınərı] *a person* geldgierig; *(Mil)* Söldner-; *n* Söldner *m.*

merchandise ['mɜ:tʃəndaız] *n* (Handels)ware *f.*

merchant ['mɜ:tʃənt] *n* Kaufmann *m; a* Handels-; **~ navy** Handelsmarine *f.*

merciful ['mɜ:sıful] *a* gnädig, barmherzig; **~ly** ['mɜ:sıfəlı] *ad* gnädig; *(fortunately)* glücklicherweise.

merciless *a,* **~ly** *ad* ['mɜ:sıləs, -lı] erbarmunglos.

mercurial [mɜ:'kjʊərıəl] *a* quecksilbrig, Quecksilber-.

mercury ['mɜ:kjʊrı] *n* Quecksilber *nt.*

mercy ['mɜ:sı] *n* Erbarmen *nt;* Gnade *f;* *(blessing)* Segen *m;* **at the ~ of** ausgeliefert *(+dat).*

mere *a,* **~ly** *ad* [mıə*, 'mıəlı] bloß.

merge [mɜ:dʒ] *vt* verbinden; *(Comm)* fusionieren; *vi* verschmelzen; *(roads)* zusammenlaufen; *(Comm)* fusionieren; **to ~ into** übergehen in *(+acc);* **~r** *(Comm)* Fusion *f.*

meridian [mə'rıdıən] *n* Meridian *m.*

meringue [mə'ræŋ] *n* Baiser *nt,* Schaumgebäck *nt.*

merit ['merıt] *n* Verdienst *nt; (advantage)* Vorzug *m;* **to judge on ~** nach Leistung beurteilen; *vt* verdienen.

mermaid ['mɜ:meıd] *n* Wassernixe *f,* Meerjungfrau *f.*

merrily ['merılı] *ad* lustig.

merriment ['merımənt] *n* Fröhlichkeit *f;* *(laughter)* Gelächter *nt.*

merry ['merı] *a* fröhlich; *(col)* angeheitert; **~-go-round** Karussell *nt.*

mesh [meʃ] *n* Masche *f; vi (gears)* ineinandergreifen.

mesmerize ['mezməraız] *vt* hypnotisieren; *(fig)* faszinieren.

mess [mes] *n* Unordnung *f; (dirt)* Schmutz *m; (trouble)* Schwierigkeiten *pl; (Mil)* Messe *f;* **to look a ~** fürchterlich aussehen; **to make a ~ of sth** etw verpfuschen; **~ about** *vi (tinker with)* herummurksen *(with* an *+dat); (play fool)* herumalbern; *(do nothing in particular)* herumgammeln; **~ up** *vt* verpfuschen; *(make untidy)* in Unordnung bringen.

message ['mesıdʒ] *n* Mitteilung *f,* Nachricht *f;* **to get the ~** kapieren.

messenger ['mesındʒə*] *n* Bote *m.*

messy ['mesı] *a* schmutzig; *(untidy)* unordentlich.

metabolism [me'tæbəlızəm] *n* Stoffwechsel *m.*

metal ['metl] *n* Metall *nt;* **~lic** [mı'tælık] *a*

metallisch; **~lurgy** [me'tæləd͡ʒɪ] Metallurgie *f.*

metamorphosis [metə'mɔ:fəsɪs] *n* Metamorphose *f.*

metaphor ['metəfɔ:*] *n* Metapher *f;* **~ical** [metə'fɒrɪkəl] *a* bildlich, metaphorisch.

metaphysics [metə'fɪzɪks] *n* Metaphysik *f.*

meteor ['mi:tɪə*] *n* Meteor *m;* **~ic** [mi:tɪ'ɒrɪk] *a* meteorisch, Meteor-; **~ite** Meteorit *m;* **~ological** [mi:tɪərə'lɒd͡ʒɪkəl] *a* meteorologisch; **~ology** [mi:tɪə'rɒləd͡ʒɪ] Meteorologie *f.*

meter ['mi:tə*] *n* Zähler *m;* (*US*) = **metre.**

method ['meθəd] *n* Methode *f;* **~ical** [mɪ'θɒdɪkəl] *a* methodisch; **~ology** [meθə'dɒləd͡ʒɪ] Methodik *f.*

methylated spirit ['meθɪleɪtɪd' spɪrɪt] *n* (*also* **meths**) (Brenn)spiritus *m.*

meticulous [mɪ'tɪkjʊləs] *a* (über)genau.

metre ['mi:tə*] *n* Meter *m or nt;* (*verse*) Metrum *nt.*

metric ['metrɪk] *a* (*also* **~al**) metrisch; **~ation** Umstellung *f* auf das Dezimalsystem; **~ system** Dezimalsystem *nt.*

metronome ['metrənəʊm] *n* Metronom *nt.*

metropolis [me'trɒpəlɪs] *n* Metropole *f.*

mettle ['metl] *n* Mut *m.*

mezzanine ['mezəni:n] *n* Hochparterre *nt.*

miaow [mi:'aʊ] *vi* miauen.

mice [maɪs] *npl of* **mouse.**

mickey ['mɪkɪ] *n:* **to take the ~ out of sb** (*col*) jdn auf den Arm nehmen.

microbe ['maɪkrəʊb] *n* Mikrobe *f.*

microfilm ['maɪkrəʊfɪlm] *n* Mikrofilm *m; vt* auf Mikrofilm aufnehmen.

microphone ['maɪkrəfəʊn] *n* Mikrophon *nt.*

microscope ['maɪkrəskəʊp] *n* Mikroskop *nt.*

microscopic [maɪkrə'skɒpɪk] *a* mikroskopisch.

mid [mɪd] *a* mitten in (*+dat*); **in the ~ eighties** Mitte der achtziger Jahre; **in ~ course** mittendrin.

midday ['mɪd'deɪ] *n* Mittag *m.*

middle ['mɪdl] *n* Mitte *f;* (*waist*) Taille *f;* **in the ~ of** mitten in (*+dat*); *a* mittlere(r, s), Mittel-; **~-aged** *a* mittleren Alters; **the M~ Ages** *pl* das Mittelalter; **~-class** Mittelstand *m or* -klasse *f; a* Mittelstands-, Mittelklassen-; **the M~ East** der Nahe Osten; **~man** (*Comm*) Zwischenhändler *m;* **~ name** zweiter Vorname *m;* **~-of-the-road** *a* gemäßigt.

middling ['mɪdlɪŋ] *a* mittelmäßig.

midge [mɪd͡ʒ] *n* Mücke *f.*

midget ['mɪd͡ʒɪt] *n* Liliputaner(in *f*) *m; a* Kleinst-.

midnight ['mɪdnaɪt] *n* Mitternacht *f.*

midriff ['mɪdrɪf] *n* Taille *f.*

midst [mɪdst] *n* **in the ~ of** *persons* mitten unter (*+dat*); *things* mitten in (*+dat*); **in our ~** unter uns.

midsummer ['mɪd'sʌmə*] *n* Hochsommer *m;* **M~'s Day** Sommersonnenwende *f.*

midway ['mɪd'weɪ] *ad* auf halbem Wege; *a* Mittel-.

midweek ['mɪd'wi:k] *a, ad* in der Mitte der Woche.

midwife ['mɪdwaɪf] *n* Hebamme *f;* **~ry** ['mɪdwɪfərɪ] Geburtshilfe *f.*

midwinter ['mɪd'wɪntə*] *n* tiefste(r) Winter *m.*

might [maɪt] *n* Macht *f,* Kraft *f; pt of* **may; I ~ come** ich komme vielleicht; **~ily** *ad* mächtig; **~n't** = **might not; ~y** *a, ad* mächtig.

migraine ['mi:greɪn] *n* Migräne *f.*

migrant ['maɪgrənt] *n* (*bird*) Zugvogel *m;* (*worker*) Saison- *or* Wanderarbeiter *m; a* Wander-; *bird* Zug-.

migrate [maɪ'greɪt] *vi* (ab)wandern; (*birds*) (fort)ziehen.

migration [maɪ'greɪʃən] *n* Wanderung *f,* Zug *m.*

mike [maɪk] *n* = **microphone.**

mild [maɪld] *a* mild; *medicine, interest* leicht; *person* sanft.

mildew ['mɪldju:] *n* (*on plants*) Mehltau *m;* (*on food*) Schimmel *m.*

mildly ['maɪldlɪ] *ad* leicht; **to put it ~** gelinde gesagt.

mildness ['maɪldnəs] *n* Milde *f.*

mile [maɪl] *n* Meile *f;* **~age** Meilenzahl *f;* **~stone** (*lit, fig*) Meilenstein *m.*

milieu ['mi:ljɜ:] *n* Milieu *nt.*

militant ['mɪlɪtənt] *n* Militante(r) *mf; a* militant.

militarism ['mɪlɪtərɪzəm] *n* Militarismus *m.*

military ['mɪlɪtərɪ] *a* militärisch, Militär-, Wehr-; *n* Militär *nt.*

militate ['mɪlɪteɪt] *vi* sprechen; entgegenwirken (*against dat*).

militia [mɪ'lɪʃə] *n* Miliz *f,* Bürgerwehr *f.*

milk [mɪlk] *n* Milch *f; vt* (*lit, fig*) melken; **~ chocolate** Milchschokolade *f;* **~ing** Melken *nt;* **~man** Milchmann *m;* **~ shake** Milchmixgetränk *nt;* **M~y Way** Milchstraße *f.*

mill [mɪl] *n* Mühle *f;* (*factory*) Fabrik *f; vt* mahlen; *vi* (*move around*) umherlaufen; **~ed** *a* gemahlen.

millennium [mɪ'lenɪəm] *n* Jahrtausend *nt.*

miller ['mɪlə*] *n* Müller *m.*

millet ['mɪlɪt] *n* Hirse *f.*

milligram(me) ['mɪlɪgræm] *n* Milligramm *nt.*

millilitre, (*US*) **~liter** ['mɪlɪli:tə*] *n* Milliliter *m.*

millimetre, (*US*) **~meter** ['mɪlɪmi:tə*] *n* Millimeter *m.*

milliner ['mɪlɪnə*] *n* Hutmacher(in *f*) *m;* **~y** (*hats*) Hüte *pl,* Modewaren *pl;* (*business*) Hutgeschäft *nt.*

million ['mɪljən] *n* Million *f;* **~aire** [mɪljə'nɛə*] Millionär(in *f*) *m.*

millwheel ['mɪlwi:l] *n* Mühlrad *nt.*

milometer [maɪ'lɒmɪtə*] *n* Kilometerzähler *m.*

mime [maɪm] *n* Pantomime *f;* (*actor*) Mime *m,* Mimin *f; vti* mimen.

mimic ['mɪmɪk] *n* Mimiker *m; vti* nachahmen; **~ry** ['mɪmɪkrɪ] Nachahmung *f;* (*Biol*) Mimikry *f.*

mince [mɪns] *vt* (zer)hacken; *vi* (*walk*)

trippeln; *n (meat)* Hackfleisch *nt;* **~meat** süße Pastetenfüllung *f;* **~ pie** gefüllte (süße) Pastete *f.*

mincing ['mɪnsɪŋ] *a manner* affektiert.

mind [maɪnd] *n* Verstand *m,* Geist *m; (opinion)* Meinung *f;* **on my ~** auf dem Herzen; **to my ~** meiner Meinung nach; **to be out of one's ~** wahnsinnig sein; **to bear** *or* **keep in ~** bedenken, nicht vergessen; **to change one's ~** es sich *(dat)* anders überlegen; **to make up one's ~** sich entschließen; **to have sth in ~** an etw *(acc)* denken; etw beabsichtigen; **to have a good ~ to do sth** große Lust haben, etw zu tun; *vt* aufpassen auf *(+acc); (object to)* etwas haben gegen; *vi* etwas dagegen haben; **I don't ~ the rain** der Regen macht mir nichts aus; **do you ~ if I ...** macht es Ihnen etwas aus, wenn ich ...; **do you ~!** na hören Sie mal!; **never ~!** macht nichts!; **'~ the step'** 'Vorsicht Stufe'; **~ your own business** kümmern Sie sich um Ihre eigenen Angelegenheiten; **~ful** *a* achtsam *(of* auf *+acc);* **~less** *a* achtlos, dumm.

mine [maɪn] *poss pron* meine(r, s); *n (coal—)* Bergwerk *nt; (Mil)* Mine *f; (source)* Fundgrube *f; vt* abbauen; *(Mil)* verminen; *vi* Bergbau betreiben; **to ~ for sth** etw gewinnen; **~ detector** Minensuchgerät *nt;* **~field** Minenfeld *nt;* **~er** Bergarbeiter *m.*

mineral ['mɪnərəl] *a* mineralisch, Mineral-; *n* Mineral *nt;* **~ water** Mineralwasser *nt.*

minesweeper ['maɪnswi:pə*] *n* Minensuchboot *nt.*

mingle ['mɪŋgl] *vt* vermischen; *vi* sich mischen *(with* unter *+acc).*

mingy ['mɪndʒɪ] *a (col)* knickerig.

mini ['mɪnɪ] *pref* Mini-, Klein-.

miniature ['mɪnɪtʃə*] *a* Miniatur-, Klein-; *n* Miniatur *f;* **in ~** en miniature.

minibus ['mɪnɪbʌs] *n* Kleinbus *m,* Minibus *m.*

minicab ['mɪnɪkæb] *n* Kleintaxi *nt.*

minim ['mɪnɪm] *n* halbe Note *f.*

minimal ['mɪnɪml] *a* kleinste(r, s), minimal, Mindest-.

minimize ['mɪnɪmaɪz] *vt* auf das Mindestmaß beschränken; *(belittle)* herabsetzen.

minimum ['mɪnɪməm] *n* Minimum *nt; a* Mindest-.

mining ['maɪnɪŋ] *n* Bergbau *m; a* Bergbau-, Berg-.

minion ['mɪnjən] *n (pej)* Trabant *m.*

miniskirt ['mɪnɪskɜ:t] *n* Minirock *m.*

minister ['mɪnɪstə*] *n (Pol)* Minister *m; (Eccl)* Geistliche(r) *m,* Pfarrer *m;* **~ial** [mɪnɪs'tɪərɪəl] *a* ministeriell, Minister-.

ministry ['mɪnɪstrɪ] *n (government body)* Ministerium *nt; (Eccl) (office)* geistliche(s) Amt *nt; (all ministers)* Geistlichkeit *f.*

mink [mɪŋk] *n* Nerz *m.*

minnow ['mɪnəʊ] *n* Elritze *f.*

minor ['maɪnə*] *a* kleiner; *operation* leicht; *problem, poet* unbedeutend; *(Mus)* Moll; **Smith ~** Smith der Jüngere; *n (Brit: under 18)* Minderjährige(r) *mf;* **~ity** [maɪ'nɒrɪtɪ] Minderheit *f.*

minster ['mɪnstə*] *n* Münster *nt,* Kathedrale *f.*

minstrel ['mɪnstrəl] *n (Hist)* Spielmann *m,* Minnesänger *m.*

mint [mɪnt] *n* Minze *f; (sweet)* Pfefferminzbonbon *nt; (place)* Münzstätte *f; a condition* (wie) neu; *stamp* ungestempelt; **~ sauce** Minzsoße *f.*

minuet [mɪnjʊ'et] *n* Menuett *nt.*

minus ['maɪnəs] *n* Minuszeichen *nt; (amount)* Minusbetrag *m; prep* minus, weniger.

minute [maɪ'nju:t] *a* winzig, sehr klein; *(detailed)* minuziös; ['mɪnɪt] *n* Minute *f; (moment)* Augenblick *m;* **~s** *pl* Protokoll *nt;* **~ly** [maɪ'nju:tlɪ] *ad (in detail)* genau.

miracle ['mɪrəkl] *n* Wunder *nt;* **~ play** geistliche(s) Drama *nt.*

miraculous [mɪ'rækjʊləs] *a* wunderbar; **~ly** *ad* auf wunderbare Weise.

mirage ['mɪrɑ:ʒ] *n* Luftspiegelung *f,* Fata Morgana *f.*

mirror ['mɪrə*] *n* Spiegel *m; vt* (wider)spiegeln.

mirth [mɜ:θ] *n* Freude *f;* Heiterheit *f.*

misadventure [mɪsəd'ventʃə*] *n* Mißgeschick *nt,* Unfall *m.*

misanthropist [mɪ'zænθrəpɪst] *n* Menschenfeind *m.*

misapprehension ['mɪsæprɪ'henʃən] *n* Mißverständnis *nt;* **to be under the ~ that . . .** irrtümlicherweise annehmen, daß. . .

misappropriate ['mɪsə'prəuprɪeɪt] *vt funds* veruntreuen.

misappropriation ['mɪsəprəuprɪ'eɪʃən] *n* Veruntreuung *f.*

misbehave ['mɪsbɪ'heɪv] *vi* sich schlecht benehmen.

miscalculate ['mɪs'kælkjʊleɪt] *vt* falsch berechnen.

miscalculation ['mɪskælkjʊ'leɪʃən] *n* Rechenfehler *m.*

miscarriage ['mɪskærɪdʒ] *n (Med)* Fehlgeburt *f;* **~ of justice** Fehlurteil *nt.*

miscellaneous [mɪsɪ'leɪnɪəs] *a* verschieden.

miscellany [mɪ'selənɪ] *n* (bunte) Sammlung *f.*

mischance [mɪs'tʃɑ:ns] *n* Mißgeschick *nt.*

mischief ['mɪstʃɪf] *n* Unfug *m; (harm)* Schaden *m.*

mischievous *a,* **~ly** *ad* ['mɪstʃɪvəs, -lɪ] *person* durchtrieben; *glance* verschmitzt; *rumour* bösartig.

misconception ['mɪskən'sepʃən] *n* fälschliche Annahme *f.*

misconduct [mɪs'kɒndʌkt] *n* Vergehen *nt.*

misconstrue ['mɪskən'stru:] *vt* mißverstehen.

miscount ['mɪs'kaʊnt] *vt* falsch (be)rechnen.

misdemeanour, *(US)* **misdemeanor** [mɪsdɪ'mi:nə*] *n* Vergehen *nt.*

misdirect ['mɪsdɪ'rekt] *vt person* irreleiten; *letter* fehlleiten.

miser ['maɪzə*] *n* Geizhals *m.*

miserable ['mɪzərəbl] *a (unhappy)* unglücklich; *headache, weather* fürchterlich; *(poor)* elend; *(contemptible)* erbärmlich.

miserably ['mɪzərəblɪ] *ad* unglücklich; *fail* kläglich.

miserly ['maɪzəlɪ] *a* geizig.

misery ['mɪzərɪ] *n* Elend *nt*, Qual *f*.

misfire ['mɪs'faɪə*] *vi (gun)* versagen; *(engine)* fehlzünden; *(plan)* fehlgehen.

misfit ['mɪsfɪt] *n* Außenseiter *m*.

misfortune [mɪs'fɔːtʃən] *n* Unglück *nt*.

misgiving [mɪs'gɪvɪŋ] *n (often pl)* Befürchtung *f*, Bedenken *pl*.

misguided ['mɪs'gaɪdɪd] *a* fehlgeleitet; *opinions* irrig.

mishandle ['mɪs'hændl] *vt* falsch handhaben.

mishap ['mɪshæp] *n* Unglück *nt; (slight)* Panne *f*.

mishear ['mɪs'hɪə*] *vt irreg* mißverstehen.

misinform ['mɪsɪn'fɔːm] *vt* falsch unterrichten.

misinterpret ['mɪsɪn'tɜːprɪt] *vt* falsch auffassen; **~ation** ['mɪsɪntɜːprɪ'teɪʃən] falsche Auslegung *f*.

misjudge ['mɪs'dʒʌdʒ] *vt* falsch beurteilen.

mislay [mɪs'leɪ] *vt irreg* verlegen.

mislead [mɪs'liːd] *vt irreg (deceive)* irreführen; **~ing** *a* irreführend.

mismanage ['mɪs'mænɪdʒ] *vt* schlecht verwalten; **~ment** Mißwirtschaft *f*.

misnomer ['mɪs'nəʊmə*] *n* falsche Bezeichnung *f*.

misogynist [mɪ'sɒdʒɪnɪst] *n* Weiberfeind *m*.

misplace ['mɪs'pleɪs] *vt* verlegen.

misprint ['mɪsprɪnt] *n* Druckfehler *m*.

mispronounce ['mɪsprə'naʊns] *vt* falsch aussprechen.

misread ['mɪs'riːd] *vt irreg* falsch lesen.

misrepresent ['mɪsreprɪ'zent] *vt* falsch darstellen.

miss [mɪs] *vt (fail to hit, catch)* verfehlen; *(not notice)* verpassen; *(be too late)* versäumen, verpassen; *(omit)* auslassen; *(regret the absence of)* vermissen; **I ~ you** du fehlst mir; *vi* fehlen; *n (shot)* Fehlschuß *m; (failure)* Fehlschlag *m; (title)* Fräulein *nt*.

missal ['mɪsəl] *n* Meßbuch *nt*.

misshapen ['mɪs'ʃeɪpən] *a* mißgestaltet.

missile ['mɪsaɪl] *n* Geschoß *nt*, Rakete *f*.

missing ['mɪsɪŋ] *a person* vermißt; *thing* fehlend; **to be ~** fehlen.

mission ['mɪʃən] *n (work)* Auftrag *n*, Mission *f; (people)* Delegation *f; (Rel)* Mission *f;* **~ary** Missionar(in *f*) *m*.

misspent ['mɪs'spent] *a youth* vergeudet.

mist [mɪst] *n* Dunst *m*, Nebel *m; vi (also* **~ over, ~ up**) sich beschlagen.

mistake [mɪs'teɪk] *n* Fehler *m; vt irreg (misunderstand)* mißverstehen; *(mix up)* verwechseln *(for* mit*)*; **~n** *a idea* falsch; **~n identity** Verwechslung *f*; **to be ~n** sich irren.

mister ['mɪstə*] *n (abbr* **Mr**) Herr *m*.

mistletoe ['mɪsltəʊ] *n* Mistel *f*.

mistranslation ['mɪstræns'leɪʃən] *n* falsche Übersetzung *f*.

mistreat [mɪs'triːt] *vt* schlecht behandeln.

mistress ['mɪstrɪs] *n (teacher)* Lehrerin *f; (in house)* Herrin *f; (lover)* Geliebte *f; (abbr* **Mrs**) Frau *f*.

mistrust ['mɪs'trʌst] *vt* mißtrauen *(+dat)*.

misty ['mɪstɪ] *a* neblig.

misunderstand ['mɪsʌndə'stænd] *vti irreg* mißverstehen, falsch verstehen; **~ing** Mißverständnis *nt; (disagreement)* Meinungsverschiedenheit *f*.

misunderstood ['mɪsʌndə'stʊd] *a person* unverstanden.

misuse ['mɪs'juːs] *n* falsche(r) Gebrauch *m;* ['mɪs'juːz] *vt* falsch gebrauchen.

mite [maɪt] *n* Milbe *f; (fig)* bißchen *nt*.

mitigate ['mɪtɪgeɪt] *vt pain* lindern; *punishment* mildern.

mitre, *(US)* **miter** ['maɪtə*] *n (Eccl)* Mitra *f*.

mitt(en) ['mɪt(n)] *n* Fausthandschuh *m*.

mix [mɪks] *vt (blend)* (ver)mischen; *vi (liquids)* sich (ver)mischen lassen; *(people) (get on)* sich vertragen; *(associate)* Kontakt haben; **he ~es well** er ist kontaktfreudig; *n (mixture)* Mischung *f;* **~ed** *a* gemischt; **~er** *(for food)* Mixer *m;* **~ture** *(assortment)* Mischung *f; (Med)* Saft *m;* **~-up** Durcheinander *nt*, Verwechslung *f;* **~ up** *vt (mix)* zusammenmischen; *(confuse)* verwechseln; **to be ~ed up in sth** in etw *(dat)* verwickelt sein; **~-ed-up** *a papers, person* durcheinander.

moan [məʊn] *n* Stöhnen *nt; (complaint)* Klage *f; vi* stöhnen: *(complain)* maulen; **~ing** Stöhnen *nt;* Gemaule *nt*.

moat [məʊt] *n* (Burg)graben *m*.

mob [mɒb] *n* Mob *m; (the masses)* Pöbel *m; vt star* herfallen über *(+acc)*.

mobile ['məʊbaɪl] *a* beweglich; *library etc* fahrbar; *n (decoration)* Mobile *nt;* **~ home** Wohnwagen *m*.

mobility [məʊ'bɪlɪtɪ] *n* Beweglichkeit *f*.

moccasin ['mɒkəsɪn] *n* Mokassin *m*.

mock [mɒk] *vt* verspotten; *(defy)* trotzen *(+dat); a* Schein-; **~ery** Spott *m; (person)* Gespött *nt;* **~ing** *a tone* spöttisch; **~ing bird** Spottdrossel *f;* **~-up** Modell *nt*.

mode [məʊd] *n* (Art *f* und) Weise *f*.

model ['mɒdl] *n* Modell *nt; (example)* Vorbild *nt; (in fashion)* Mannequin *nt; vt (make)* formen, modellieren, bilden; *(clothes)* vorführen; *a railway* Modell-; *(perfect)* Muster-; vorbildlich; **~ling**, *(US)* **~ing** ['mɒdlɪŋ] *(— making)* Basteln *nt*.

moderate ['mɒdərət] *a* gemäßigt; *(fairly good)* mittelmäßig; *n (Pol)* Gemäßigte(r) *mf;* ['mɒdəreɪt] *vi* sich mäßigen; *vt* mäßigen; **~ly** ['mɒdərətlɪ] *ad* mäßig.

moderation [mɒdə'reɪʃən] *n* Mäßigung *f;* **in ~** mit Maßen.

modern ['mɒdən] *a* modern; *history, languages* neuere(r, s); *Greek etc* Neu-; **~ity** [mɒ'dɜːnɪtɪ] Modernität *f;* **~ization** [mɒdənaɪ'zeɪʃən] Modernisierung *f;* **~ize** *vt* modernisieren.

modest *a,* **~ly** *ad* ['mɒdɪst, -lɪ] *attitude* bescheiden; *meal, home* einfach; *(chaste)*

schamhaft; **~y** Bescheidenheit *f; (chastity)* Schamgefühl *nt.*
modicum ['mɒdɪkəm] *n* bißchen *nt.*
modification [mɒdɪfɪ'keɪʃən] *n* (Ab)änderung *f.*
modify ['mɒdɪfaɪ] *vt* abändern; *(Gram)* modifizieren.
modulation [mɒdjʊ'leɪʃən] *n* Modulation *f.*
module ['mɒdjul] *n* (Raum)kapsel *f.*
mohair ['məʊhɛə*] *n* Mohair *m; a* Mohair-.
moist [mɔɪst] *a* feucht; **~en** ['mɔɪsn] *vt* befeuchten; **~ure** Feuchtigkeit *f;* **~urizer** Feuchtigkeitscreme *f.*
molar ['məʊlə*] *n* Backenzahn *m.*
molasses [mə'læsɪz] *npl* Melasse *f.*
mold [məʊld] *(US)* = **mould.**
mole [məʊl] *n (spot)* Leberfleck *m; (animal)* Maulwurf *m; (pier)* Mole *f.*
molecular [mə'lekjʊlə*] *a* molekular, Molekular-.
molecule ['mɒlɪkju:l] *n* Molekül *nt.*
molest [məʊ'lest] *vt* belästigen.
mollusc ['mɒləsk] *n* Molluske *f,* Weichtier *nt.*
mollycoddle ['mɒlɪkɒdl] *vt* verhätscheln.
molt [məʊlt] *(US)* = **moult.**
molten ['məʊltən] *a* geschmolzen.
moment ['məʊmənt] *n* Moment *m,* Augenblick *m; (importance)* Tragweite *f;* **~ of truth** Stunde *f* der Wahrheit; **any ~** jeden Augenblick; **~arily** [məʊmən'tærəlɪ] *ad* momentan; **~ary** *a* kurz; **~ous** [məʊ'mentəs] *a* folgenschwer; **~um** [məʊ'mentəm] Schwung *m.*
monarch ['mɒnək] *n* Herrscher(in *f*) *m;* **~ist** Monarchist(in *f*) *m;* **~y** Monarchie *f.*
monastery ['mɒnəstrɪ] *n* Kloster *nt.*
monastic [mə'næstɪk] *a* klösterlich, Kloster-.
Monday ['mʌndeɪ] *n* Montag *m.*
monetary ['mʌnɪtərɪ] *a* geldlich, Geld-; *(of currency)* Währungs-, monetär.
money ['mʌnɪ] *n* Geld *nt;* **~ed** *a* vermögend; **~lender** Geldverleiher *m;* **~making** *a* einträglich, lukrativ; *n* Gelderwerb *m;* **~ order** Postanweisung *f.*
mongol ['mɒŋgəl] *n (Med)* mongoloide(s) Kind *nt; a* mongolisch: *(Med)* mongoloid.
mongoose ['mɒŋgu:s] *n* Mungo *m.*
mongrel ['mʌŋgrəl] *n* Promenadenmischung *f; a* Misch-.
monitor ['mɒnɪtə*] *n (Sch)* Klassenordner *m; (television —)* Monitor *m; vt broadcasts* abhören; *(control)* überwachen.
monk [mʌŋk] *n* Mönch *m.*
monkey ['mʌŋkɪ] *n* Affe *m;* **~ nut** Erdnuß *f;* **~ wrench** *(Tech)* Engländer *m,* Franzose *m.*
mono- ['mɒnəʊ] *pref* Mono-.
monochrome ['mɒnəkrəʊm] *a* schwarzweiß.
monocle ['mɒnəkl] *n* Monokel *nt.*
monogram ['mɒnəgræm] *n* Monogramm *nt.*
monolithic [mɒnəʊ'lɪθɪk] *a* monolithisch.
monologue ['mɒnəlɒg] *n* Monolog *m.*
monopolize [mə'nɒpəlaɪz] *vt* beherrschen.
monopoly [mə'nɒpəlɪ] *n* Monopol *nt.*
monorail ['mɒnəʊreɪl] *n* Einschienenbahn *f.*
monosyllabic ['mɒnəʊsɪ'læbɪk] *a* einsilbig.
monotone ['mɒnətəʊn] *n* gleichbleibende(r) Ton(fall) *m.*
monotonous [mə'nɒtənəs] *a* eintönig, monoton.
monotony [mə'nɒtənɪ] *n* Eintönigkeit *f,* Monotonie *f.*
monseigneur [mɒnsen'jɜ:*], **monsignor** [mɒn'si:njə*] *n* Monsignore *m.*
monsoon [mɒn'su:n] *n* Monsun *m.*
monster ['mɒnstə*] *n* Ungeheuer *nt; (person)* Scheusal *nt; a (col)* Riesen-.
monstrosity [mɒns'trɒsɪtɪ] *n* Ungeheuerlichkeit *f; (thing)* Monstrosität *f.*
monstrous ['mɒnstrəs] *a (shocking)* gräßlich, ungeheuerlich; *(huge)* riesig.
montage [mɒn'tɑ:ʒ] *n* Montage *f.*
month [mʌnθ] *n* Monat *m;* **~ly** *a* monatlich, Monats-; *ad* einmal im Monat; *n (magazine)* Monatsschrift *f.*
monument ['mɒnjʊmənt] *n* Denkmal *nt;* **~al** [mɒnjʊ'mentl] *a (huge)* gewaltig; *ignorance* ungeheuer.
moo [mu:] *vi* muhen.
mood [mu:d] *n* Stimmung *f,* Laune *f;* **to be in the ~ for** aufgelegt sein zu; **I am not in the ~ for laughing** mir ist nicht zum Lachen zumute; **~ily** *ad* launisch; **~iness** Launenhaftigkeit *f;* **~y** *a* launisch.
moon [mu:n] *n* Mond *m;* **~beam** Mondstrahl *m;* **~less** *a* mondlos; **~light** Mondlicht *nt;* **~lit** *a* mondhell; **~shot** Mondflug *m.*
moor [mʊə*] *n* Heide *f,* Hochmoor *nt; vt ship* festmachen, verankern; *vi* anlegen; **~ings** *pl* Liegeplatz *m;* **~land** Heidemoor *nt.*
moose [mu:s] *n* Elch *m.*
moot [mu:t] *vt* aufwerfen; *a:* **~ point** strittige(r) Punkt *m.*
mop [mɒp] *n* Mop *m; vt* (auf)wischen; **~ of hair** Mähne *f.*
mope [məʊp] *vi* Trübsal blasen.
moped ['məʊped] *n (Brit)* Moped *nt.*
moping ['məʊpɪŋ] *a* trübselig.
moquette [mə'ket] *n* Plüschgewebe *nt.*
moral ['mɒrəl] *a* moralisch; *values* sittlich; *(virtuous)* tugendhaft; *n* Moral *f;* **~s** *pl* Moral *f;* **~e** [mɒ'rɑ:l] Moral *f,* Stimmung *f;* **~ity** [mə'rælɪtɪ] Sittlichkeit *f;* **~ly** *ad* moralisch.
morass [mə'ræs] *n* Sumpf *m.*
morbid ['mɔ:bɪd] *a* morbid, krankhaft; *jokes* makaber.
more [mɔ:*] *a, n, pron, ad* mehr; **~ or less** mehr oder weniger; **~ than ever** mehr denn je; **a few ~** noch ein paar; **~ beautiful** schöner; **~over** *ad* überdies.
morgue [mɔ:g] *n* Leichenschauhaus *nt.*
moribund ['mɒrɪbʌnd] *a* aussterbend.
morning ['mɔ:nɪŋ] *n* Morgen *m; a* morgendlich, Morgen-, Früh-; **in the ~** am Morgen; **~ sickness** (Schwangerschafts)erbrechen *nt.*
moron ['mɔ:rɒn] *n* Schwachsinnige(r) *m;* **~ic** [mə'rɒnɪk] *a* schwachsinnig.

morose [mə'rəʊs] *a* mürrisch.
morphine ['mɔ:fi:n] *n* Morphium *nt.*
Morse [mɔ:s] *n (also* ~ **code***)* Morsealphabet *nt.*
morsel ['mɔ:sl] *n* Stückchen *nt,* bißchen *nt.*
mortal ['mɔ:tl] *a* sterblich; *(deadly)* tödlich; *(very great)* Todes-; *n (human being)* Sterbliche(r) *mf;* ~**ity** [mɔ:'tælɪtɪ] Sterblichkeit *f; (death rate)* Sterblichkeitsziffer *f;* ~**ly** *ad* tödlich.
mortar ['mɔ:tə*] *n (for building)* Mörtel *m; (bowl)* Mörser *m; (Mil)* Granatwerfer *m.*
mortgage ['mɔ:gɪdʒ] *n* Hypothek *f; vt* eine Hypothek aufnehmen *(+acc).*
mortification [mɔ:tɪfɪ'keɪʃən] *n* Beschämung *f.*
mortified ['mɔ:tɪfaɪd] *a:* **I was** ~ es war mir schrecklich peinlich.
mortuary ['mɔ:tjʊərɪ] *n* Leichenhalle *f.*
mosaic [məʊ'zeɪɪk] *n* Mosaik *nt.*
mosque [mɒsk] *n* Moschee *f.*
mosquito [mɒs'ki:təʊ] *n* Moskito *m.*
moss [mɒs] *n* Moos *nt;* ~**y** *a* bemoost.
most [məʊst] *a* meiste(r, s); ~ **men** die meisten Männer; *ad* am meisten; *(very)* höchst; *n* das meiste, der größte Teil; *(people)* die meisten; ~ **of the time** meistens, die meiste Zeit; ~ **of the winter** fast den ganzen Winter über; **the** ~ **beautiful** der/die/das Schönste; **at the (very)** ~ allerhöchstens; **to make the** ~ **of** das Beste machen aus; ~**ly** *ad* größtenteils.
motel [məʊ'tel] *n* Motel *nt.*
moth [mɒθ] *n* Nachtfalter *m; (wool-eating)* Motte *f;* ~**ball** Mottenkugel *f;* ~**-eaten** *a* mottenzerfressen.
mother ['mʌðə*] *n* Mutter *f; vt* bemuttern; *a tongue* Mutter-; *country* Heimat-; ~**hood** Mutterschaft *f;* ~**-in-law** Schwiegermutter *f;* ~**ly** *a* mütterlich; ~**-to-be** werdende Mutter *f.*
mothproof ['mɒθpru:f] *a* mottenfest.
motif [məʊ'ti:f] *n* Motiv *nt.*
motion ['məʊʃən] *n* Bewegung *f; (in meeting)* Antrag *m; vti* winken *(+dat),* zu verstehen geben *(+dat);* ~**less** *a* regungslos; ~ **picture** Film *m.*
motivated ['məʊtɪveɪtɪd] *a* motiviert.
motivation [məʊtɪ'veɪʃən] *n* Motivierung *f.*
motive ['məʊtɪv] *n* Motiv *nt,* Beweggrund *m; a* treibend.
motley ['mɒtlɪ] *a* bunt.
motor ['məʊtə*] *n* Motor *m; (car)* Auto *nt; vi* (im Auto) fahren; *a* Motor-; ~**bike** Motorrad *nt;* ~**boat** Motorboot *nt;* ~**car** Auto *nt;* ~**cycle** Motorrad *nt;* ~**cyclist** Motorradfahrer(in *f*) *m;* ~**ing** *n* Autofahren *nt; a* Auto-; ~**ist** ['məʊtərɪst] Autofahrer(in *f*) *m;* ~ **oil** Motorenöl *nt;* ~ **racing** Autorennen *nt;* ~ **scooter** Motorroller *m;* ~ **vehicle** Kraftfahrzeug *nt;* ~**way** *(Brit)* Autobahn *f.*
mottled ['mɒtld] *a* gesprenkelt.
motto ['mɒtəʊ] *n* Motto *nt,* Wahlspruch *m.*
mould [məʊld] *n* Form *f; (mildew)* Schimmel *m; vt (lit, fig)* formen; ~**er** *vi (decay)* vermodern; ~**ing** Formen *nt;* ~**y** *a* schimmelig.
moult [məʊlt] *vi* sich mausern.
mound [maʊnd] *n* (Erd)hügel *m.*
mount [maʊnt] *n (liter: hill)* Berg *m; (horse)* Pferd *nt; (for jewel etc)* Fassung *f; vt horse* steigen auf *(+acc); (put in setting)* fassen; *exhibition* veranstalten; *attack* unternehmen; *vi (also* ~ **up***)* sich häufen; *(on horse)* aufsitzen; ~**ain** ['maʊntɪn] Berg *m;* ~**aineer** [maʊntɪ'nɪə*] Bergsteiger(in *f*) *m;* ~**aineering** Bergsteigen *nt;* **to go** ~**aineering** klettern gehen; ~**ainous** *a* bergig; ~**ainside** Berg(ab)hang *m.*
mourn [mɔ:n] *vt* betrauen, beklagen; *vi* trauern *(for* um*);* ~**er** Trauernde(r) *mf;* ~**ful** *a* traurig; ~**ing** *(grief)* Trauer *f;* **in** ~**ing** *(period etc)* in Trauer; *(dress)* in Trauerkleidung *f.*
mouse [maʊs] *n, pl* **mice** Maus *f;* ~**trap** Mausefalle *f.*
moustache [məs'tɑ:ʃ] *n* Schnurrbart *m.*
mousy ['maʊsɪ] *a colour* mausgrau; *person* schüchtern.
mouth [maʊθ] *n* Mund *m; (general)* Öffnung *f; (of river)* Mündung *f; (of harbour)* Einfahrt *f;* [maʊð] *vt words* affektiert sprechen; **down in the** ~ niedergeschlagen; ~**ful** Mundvoll *m;* ~ **organ** Mundharmonika *f;* ~**piece** *(lit)* Mundstück *nt; (fig)* Sprachrohr *nt;* ~**wash** Mundwasser *nt;* ~**watering** *a* lecker, appetitlich.
movable ['mu:vəbl] *a* beweglich.
move [mu:v] *n (movement)* Bewegung *f; (in game)* Zug *m; (step)* Schritt *m; (of house)* Umzug *m; vt* bewegen; *object* rücken; *people* transportieren; *(in job)* versetzen; *(emotionally)* bewegen, ergreifen; **to** ~ **sb to do sth** jdn veranlassen, etw zu tun; *vi* sich bewegen; *(change place)* gehen; *(vehicle, ship)* fahren; *(take action)* etwas unternehmen; *(go to another house)* umziehen; **to get a** ~ **on** sich beeilen; **on the** ~ in Bewegung; **to** ~ **house** umziehen; **to** ~ **closer to** *or* **towards sth** sich etw *(dat)* nähern; ~ **about** *vi* sich hin- und herbewegen; *(travel)* unterwegs sein; ~ **away** *vi* weggehen; ~ **back** *vi* zurückgehen; *(to the rear)* zurückweichen; ~ **forward** *vi* vorwärtsgehen, sich vorwärtsbewegen; *vt* vorschieben; *time* vorverlegen; ~ **in** *vi (to house)* einziehen; *(troops)* einrücken; ~ **on** *vi* weitergehen; *vt* weitergehen lassen; ~ **out** *vi (of house)* ausziehen; *(troops)* abziehen; ~ **up** *vi* aufsteigen; *(in job)* befördert werden; *vt* nach oben bewegen; *(in job)* befördern; *(Sch)* versetzen; ~**ment** Bewegung *f; (Mus)* Satz *m; (of clock)* Uhrwerk *nt.*
movie ['mu:vɪ] *n* Film *m;* **the** ~**s** *(the cinema)* das Kino; ~ **camera** Filmkamera *f.*
moving ['mu:vɪŋ] *a* beweglich; *force* treibend; *(touching)* ergreifend.
mow [məʊ] *vt irreg* mähen; ~ **down** *vt (fig)* niedermähen; ~**er** *(machine)* Mähmaschine *f; (lawn—)* Rasenmäher *m.*
Mr [mɪstə*] Herr *m.*
Mrs ['mɪsɪz] Frau *f.*
Ms [mɪz] *n* Frau *f.*
much [mʌtʃ] *a* viel; *ad* sehr; viel; *n* viel, eine Menge *f;* ~ **better** viel besser; ~

the same size so ziemlich gleich groß; **how ~?** wieviel?; **too ~** zuviel; **~ to my surprise** zu meiner großen Überraschung; **~ as I should like to** so gern ich möchte.
muck [mʌk] *n (lit)* Mist *m; (fig)* Schmutz *m;* **~ about** *(col) vi* herumlungern; *(meddle)* herumalbern *(with* an *+dat); vt* **~ sb about** mit jdm treiben, was man will; **~ up** *vt (col: ruin)* vermasseln; *(dirty)* dreckig machen; **~y** *a (dirty)* dreckig.
mucus ['mju:kəs] *n* Schleim *m.*
mud [mʌd] *n* Schlamm *m; (fig)* Schmutz *m.*
muddle ['mʌdl] *n* Durcheinander *nt; vt (also* **~ up***)* durcheinanderbringen; **~ through** *vi* sich durchwursteln.
muddy ['mʌdɪ] *a* schlammig.
mudguard ['mʌdgɑ:d] *n* Schutzblech *nt.*
mudpack ['mʌdpæk] *n* Moorpackung *f.*
mud-slinging ['mʌdslɪŋɪŋ] *n (col)* Verleumdung *f.*
muff [mʌf] *n* Muff *m.*
muffin ['mʌfɪn] *n* süße(s) Teilchen *nt.*
muffle ['mʌfl] *vt sound* dämpfen; *(wrap up)* einhüllen.
mufti ['mʌftɪ] *n:* **in ~** in Zivil.
mug [mʌg] *n (cup)* Becher *m; (col: face)* Visage *f; (col: fool)* Trottel *m; vt* überfallen und ausrauben; **~ging** Überfall *m.*
muggy ['mʌgɪ] *a weather* schwül.
mulatto [mju:'lætəʊ] *n* Mulatte *m,* Mulattin *f.*
mule [mju:l] *n* Maulesel *m.*
mull [mʌl]: **~ over** *vt* nachdenken über *(+acc).*
mulled [mʌld] *a wine* Glüh-.
multi- ['mʌltɪ] *pref* Multi-, multi-.
multicoloured, *(US)* **multicolored** ['mʌltɪ'kʌləd] *a* mehrfarbig.
multifarious [mʌltɪ'fɛərɪəs] *a* mannigfaltig.
multilateral ['mʌltɪ'lætərəl] *a* multilateral.
multiple ['mʌltɪpl] *n* Vielfache(s) *nt; a* mehrfach; *(many)* mehrere; **~ sclerosis** multiple Sklerose *f;* **~ store** Kaufhauskette *f.*
multiplication [mʌltɪplɪ'keɪʃən] *n* Multiplikation *f.*
multiply ['mʌltɪplaɪ] *vt* multiplizieren *(by* mit*); vi (Biol)* sich vermehren.
multiracial ['mʌltɪ'reɪʃəl] *a* gemischtrassig; **~ policy** Rassenintegration *f.*
multitude ['mʌltɪtju:d] *n* Menge *f.*
mum[1] [mʌm] *a:* **to keep ~** den Mund halten *(about* über *+acc).*
mum[2] [mʌm] *n (col)* Mutti *f.*
mumble ['mʌmbl] *vti* murmeln; *n* Gemurmel *nt.*
mummy ['mʌmɪ] *n (dead body)* Mumie *f; (col)* Mami *f.*
mumps [mʌmps] *n* Mumps *m.*
munch [mʌntʃ] *vti* mampfen.
mundane ['mʌn'deɪn] *a* weltlich; *(fig)* profan.
municipal [mju:'nɪsɪpəl] *a* städtisch, Stadt-; **~ity** [mju:nɪsɪ'pælɪtɪ] Stadt *f* mit Selbstverwaltung.
munificence [mju:'nɪfɪsns] *n* Freigebigkeit *f.*
munitions [mju:'nɪʃənz] *npl* Munition *f.*
mural ['mjʊərəl] *n* Wandgemälde *nt.*
murder ['mɜ:də*] *n* Mord *m;* **it was ~** *(fig)* es war möderisch; **to get away with ~** *(fig)* sich alles erlauben können; *vt* ermorden; **~er** Mörder *m;* **~ess** Mörderin *f;* **~ous** *a* Mord-; *(fig)* mörderisch.
murk [mɜ:k] *n* Dunkelheit *f* **~y** *a* finster.
murmur ['mɜ:mə*] *n* Murmeln *nt; (of water, wind)* Rauschen *nt;* **without a ~** ohne zu murren; *vti* murmeln.
muscle ['mʌsl] *n* Muskel *m.*
muscular ['mʌskjʊlə*] *a* Muskel-; *(strong)* muskulös.
muse [mju:z] *vi* (nach)sinnen; **M~** Muse *f.*
museum [mju:'zɪəm] *n* Museum *nt.*
mushroom ['mʌʃru:m] *n* Champignon *m;* Pilz *m; vi (fig)* emporschießen.
mushy [mʌʃɪ] *a* breiig; *(sentimental)* gefühlsduselig.
music ['mju:zɪk] *n* Musik *f; (printed)* Noten *pl;* **~al** *a sound* melodisch; *person* musikalisch; *n (show)* Musical *nt;* **~al box** Spieldose *f;* **~al instrument** Musikinstrument *nt;* **~ally** *ad* musikalisch; *sing* melodisch; **~ hall** *(Brit)* Varieté *nt;* **~ian** [mju:'zɪʃən] Musiker(in *f*) *m.*
muslin ['mʌzlɪn] *n* Musselin *m.*
mussel ['mʌsl] *n* Miesmuschel *f.*
must [mʌst] *v aux* müssen; *(in negation)* dürfen; *n* Muß *nt;* **the film is a ~** den Film muß man einfach gesehen haben.
mustache ['mʌstæʃ] *(US)* = **moustache.**
mustard ['mʌstəd] *n* Senf *m.*
muster ['mʌstə*] *vt (Mil)* antreten lassen; *courage* zusammennehmen.
mustiness ['mʌstɪnəs] *n* Muffigkeit *f.*
mustn't ['mʌsnt] = **must not.**
musty ['mʌstɪ] a muffig.
mute [mju:t] *a* stumm; *n (person)* Stumme(r) *mf; (Mus)* Dämpfer *m.*
mutilate ['mju:tɪleɪt] *vt* verstümmeln.
mutilation [mjʊtɪ'leɪʃən] *n* Verstümmelung *f.*
mutinous ['mju:tɪnəs] *a* meuterisch.
mutiny ['mju:tɪnɪ] *n* Meuterei *f; vi* meutern.
mutter ['mʌtə*] *vti* murmeln.
mutton ['mʌtn] *n* Hammelfleisch *nt.*
mutual ['mju:tjʊəl] *a* gegenseitig; beiderseitig; **~ly** *ad* gegenseitig; auf beiden Seiten; für beide Seiten.
muzzle ['mʌzl] *n (of animal)* Schnauze *f; (for animal)* Maulkorb *m; (of gun)* Mündung *f; vt* einen Maulkorb anlegen *(+dat).*
my [maɪ] *poss a* mein.
myopic [maɪ'ɒpɪk] *a* kurzsichtig.
myrrh [mɜ:*] *n* Myrrhe *f.*
myself [maɪ'self] *pron* mich *(acc);* mir *(dat); (emphatic)* selbst; **I'm not ~** mit mir ist etwas nicht in Ordnung.
mysterious [mɪs'tɪərɪəs] *a* geheimnisvoll, mysteriös; **~ly** *ad* auf unerklärliche Weise.
mystery ['mɪstərɪ] *n (secret)* Geheimnis *nt;*

(sth difficult) Rätsel *nt;* ~ **play** Mysterienspiel *nt.*
mystic ['mıstık] *n* Mystiker *m; a* mystisch; ~**al** *a* mystisch; ~**ism** ['mıstısızəm] Mystizismus *m.*
mystification [mıstıfı'keıʃən] *n* Verblüffung *f.*
mystify ['mıstıfaı] *vt* ein Rätsel sein *(+dat);* verblüffen.
mystique [mıs'ti:k] *n* geheimnisvolle Natur *f.*
myth [mıθ] *n* Mythos *m; (fig)* Erfindung *f;* ~**ical** *a* mythisch, Sagen-; ~**ological** [mıθə'lɒdʒıkəl] *a* mythologisch; ~**ology** [mı'θɒlədʒı] Mythologie *f.*

N

N, n [en] *n* N *nt,* n *nt.*
nab [næb] *vt (col)* schnappen.
nadir ['neıdıə*] *n* Tiefpunkt *m.*
nag [næg] *n (horse)* Gaul *m; (person)* Nörgler(in *f*) *m; vti* herumnörgeln *(sb* an jdm*);* ~**ging** *a doubt* nagend; *n* Nörgelei *f.*
nail [neıl] *n* Nagel *m; vt* nageln; ~ **down** *vt (lit, fig)* festnageln; ~**brush** Nagelbürste *f;* ~**file** Nagelfeile *f;* ~ **polish** Nagellack *m;* ~ **scissors** *pl* Nagelschere *f.*
naive *a,* ~**ly** *ad* [naı'i:v, -lı] naiv.
naked ['neıkıd] *a* nackt; ~**ness** Nacktheit *f.*
name [neım] n Name *m; (reputation)* Ruf *m; vt* nennen; *sth new* benennen; *(appoint)* ernennen; **what's your** ~? wie heißen Sie?; **in the** ~ **of** im Namen *(+gen); (for the sake of)* um *(+gen)* willen; ~ **dropping: he's always** ~ **dropping** er wirft immer mit großen Namen um sich; ~**less** *a* namenlos; ~**ly** *ad* nämlich; ~**sake** Namensvetter *m.*
nanny ['nænı] *n* Kindermädchen *nt.*
nap [næp] *n (sleep)* Nickerchen *nt; (on cloth)* Strich *m;* **to have a** ~ ein Nickerchen machen.
napalm ['neıpɑ:m] *n* Napalm *nt.*
nape [neıp] *n* Nacken *m.*
napkin ['næpkın] *n (at table)* Serviette *f; (Brit: for baby)* Windel *f.*
nappy ['næpı] *n (Brit: for baby)* Windel *f.*
narcissism [nɑ:'sısızəm] *n* Narzißmus *m.*
narcotic [nɑ:'kɒtık] *n* Betäubungsmittel *nt.*
narrate [nə'reıt] *vt* erzählen.
narration [nə'reıʃən] *n* Erzählung *f.*
narrative ['nærətıv] *n* Erzählung *f; a* erzählend.
narrator [nə'reıtə*] *n* Erzähler(in *f*) *m.*
narrow ['nærəʊ] *a* eng, schmal; *(limited)* beschränkt; *vi* sich verengen; **to** ~ **sth down to sth** etw auf etw *(acc)* einschränken; ~**ly** *ad miss* knapp; *escape* mit knapper Not; ~**-minded** *a* engstirnig; ~**-mindedness** Engstirnigkeit *f.*
nasal ['neızəl] *a* Nasal-.
nastily ['nɑ:stılı] *ad* böse, schlimm.
nastiness ['nɑ:stınəs] *n* Ekligkeit *f.*
nasty ['nɑ:stı] *a* ekelhaft, fies; *business, wound* schlimm; **to turn** ~ gemein werden.
nation ['neıʃən] *n* Nation *f,* Volk *nt;* ~**al** ['næʃənl] *a* national, National-, Landes-; *n* Staatsangehörige(r) *mf;* ~**al anthem** Nationalhymne *f;* ~**alism** ['næʃnəlızəm] Nationalismus *m;* ~**alist** ['næʃnəlıst] *n* Nationalist(in *f*) *m; a* nationalistisch; ~**ality** [næʃə'nælıtı] Staatsangehörigkeit *f,* Nationalität *f;* ~**alization** [næʃnəlaı'zeıʃən] Verstaatlichung *f;* ~**alize** ['næʃnəlaız] *vt* verstaatlichen; ~**ally** ['næʃnəlı] *ad* national, auf Staatsebene; ~**-wide** *a, ad* allgemein, landesweit.
native ['neıtıv] *n (born in)* Einheimische(r) *mf; (original inhabitant)* Eingeborene(r) *mf; a (coming from a certain place)* einheimisch; *(of the original inhabitants)* Eingeborenen-; *(belonging by birth)* heimatlich, Heimat-; *(inborn)* angeboren, natürlich; **a** ~ **of Germany** ein gebürtiger Deutscher; ~ **language** Muttersprache *f.*
natter ['nætə*] *vi (col: chat)* quatschen; *n* Gequatsche *nt.*
natural ['nætʃrəl] *a* natürlich; Natur-; *(inborn)* (an)geboren; ~**ist** Naturkundler(in *f*) *m;* ~**ize** *vt foreigner* einbürgern, naturalisieren; *plant etc* einführen; ~**ly** *ad* natürlich; ~**ness** Natürlichkeit *f.*
nature ['neıtʃə*] *n* Natur *f;* **by** ~ von Natur (aus).
naught [nɔ:t] *n* Null *f.*
naughtily ['nɔ:tılı] *ad* unartig.
naughtiness ['nɔ:tınəs] *n* Unartigkeit *f.*
naughty ['nɔ:tı] *a child* unartig, ungezogen; *action* ungehörig.
nausea ['nɔ:sıə] *n (sickness)* Übelkeit *f; (disgust)* Ekel *m;* ~**te** ['nɔ:sıeıt] *vt* anekeln.
nauseating ['nɔ:sıeıtıŋ] *a* ekelerregend; *job* widerlich.
nautical ['nɔ:tıkəl] *a* nautisch; See-; *expression* seemännisch.
naval ['neıvəl] *a* Marine-, Flotten-.
nave [neıv] *n* Kirchen(haupt)schiff *nt.*
navel ['neıvəl] *n* Nabel *m.*
navigable ['nævıgəbl] *a* schiffbar.
navigate ['nævıgeıt] *vt ship etc* steuern; *vi (sail)* (zu Schiff) fahren.
navigation [nævı'geıʃən] *n* Navigation *f.*
navigator ['nævıgeıtə*] *n* Steuermann *m; (explorer)* Seefahrer *m; (Aviat)* Navigator *m; (Aut)* Beifahrer(in *f*) *m.*
navvy ['nævı] *n* Straßenarbeiter *m; (on railway)* Streckenarbeiter *m.*
navy ['neıvı] *n* Marine *f,* Flotte *f; (warships etc)* (Kriegs)flotte *f;* ~**-blue** Marineblau *nt; a* marineblau.
nay [neı] *ad (old) (no)* nein; *(even)* ja sogar.
neap [ni:p] *a:* ~ **tide** Nippflut *f.*
near [nıə*] *a* nah; **the holidays are** ~ es sind bald Ferien; *ad* in der Nähe; **to come** ~**er** näher kommen; *(time)* näher rücken; *prep (also* ~ **to**) *(space)* in der Nähe *(+gen); (time)* um *(+acc)* ... herum; *vt* sich nähern *(+dat);* ~ **at hand** nicht weit weg; ~**by** *a* nahe (gelegen); *ad* in der Nähe; ~**ly** *ad* fast; **a** ~ **miss** knapp daneben; ~**ness** Nähe *f;* ~**side** *(Aut)* Beifahrerseite *f; a* auf der Beifahrerseite; **a** ~ **thing** knapp.
neat *a,* ~**ly** *ad* ['ni:t, -lı] *(tidy)* ordentlich; *(clever)* treffend; *solution* sauber; *(pure)*

unverdünnt, rein; **~ness** Ordentlichkeit *f*, Sauberkeit *f*.
nebulous ['nebjʊləs] *a* nebelhaft, verschwommen.
necessarily ['nesɪsərɪlɪ] *ad* unbedingt; notwendigerweise.
necessary ['nesɪsərɪ] *a* notwendig, nötig.
necessitate [nɪ'sesɪteɪt] *vt* erforderlich machen.
necessity [nɪ'sesɪtɪ] *n (need)* Not *f; (compulsion)* Notwendigkeit *f;* **in case of ~** im Notfall; **necessities of life** Bedürfnisse *pl* des Lebens.
neck [nek] *n* Hals *m;* **~ and ~** Kopf an Kopf; **~lace** ['neklɪs] Halskette *f;* **~line** Ausschnitt *m;* **~tie** *(US)* Krawatte *f*.
nectar ['nektə*] *n* Nektar *m*.
née [neɪ] *a* geborene.
need [ni:d] *n* Bedarf *m no pl (for* an *+dat);* Bedürfnis *nt (for* für*); (want)* Mangel *m; (necessity)* Notwendigkeit *f; (poverty)* Not *f; vt* brauchen; **to ~ to do** tun müssen; **if ~ be** wenn nötig; **to be in ~ of** brauchen; **there is no ~ for you to come** du brauchst nicht zu kommen; **there's no ~** es ist nicht nötig.
needle ['ni:dl] *n* Nadel *f*.
needless *a*, **~ly** *ad* ['ni:dlɪs, -lɪ] unnötig.
needlework ['ni:dlwɜ:k] *n* Handarbeit *f*.
needy ['ni:dɪ] *a* bedürftig.
negation [nɪ'geɪʃən] *n* Verneinung *f*.
negative ['negətɪv] *n (Phot)* Negativ *nt; a* negativ; *answer* abschlägig.
neglect [nɪ'glekt] *vt (leave undone)* versäumen; *(take no care of)* vernachlässigen; *n* Vernachlässigung *f*.
negligée ['neglɪʒeɪ] *n* Negligé *nt*.
negligence ['neglɪdʒəns] *n* Nachlässigkeit *f*.
negligent *a*, **~ly** *ad* ['neglɪdʒənt, -lɪ] nachlässig, unachtsam.
negligible ['neglɪdʒəbl] *a* unbedeutend, geringfügig.
negotiable [nɪ'gəʊʃɪəbl] *a cheque* übertragbar, einlösbar.
negotiate [nɪ'gəʊʃɪeɪt] *vi* verhandeln; *vt treaty* abschließen, aushandeln; *difficulty* überwinden; *corner* nehmen.
negotiation [nɪgəʊʃɪ'eɪʃən] *n* Verhandlung *f*.
negotiator [nɪ'gəʊʃɪeɪtə*] *n* Unterhändler *m*.
Negress ['ni:gres] *n* Negerin *f*.
Negro ['ni:grəʊ] *n* Neger *m; a* Neger-.
neighbour, *(US)* **neighbor** ['neɪbə*] *n* Nachbar(in *f*) *m;* **~hood** Nachbarschaft *f;* Umgebung *f;* **~ing** *a* benachbart, angrenzend; **~ly** *a* freundlich.
neither ['naɪðə*] *a, pron* keine(r, s) (von beiden); *cj* weder; **he can't do it, and ~ can I** er kann es nicht und ich auch nicht.
neo- ['ni:əʊ] *pref* neo-.
neon ['ni:ɒn] *n* Neon *nt;* **~ light** Neonlicht *nt*.
nephew ['nefju:] *n* Neffe *m*.
nerve [nɜ:v] *n* Nerv *m; (courage)* Mut *m; (impudence)* Frechheit *f;* **~-racking** *a* nervenaufreibend.
nervous ['nɜ:vəs] *a (of the nerves)* Nerven-; *(timid)* nervös, ängstlich; **~ breakdown** Nervenzusammenbruch *m;* **~ly** *ad* nervös; **~ness** Nervosität *f*.
nest [nest] *n* Nest *nt*.
nestle ['nesl] *vi* sich kuscheln; *(village)* sich schmiegen.
net [net] *n* Netz *nt; a:* **~(t)** netto, Netto-, Rein-; **~ball** Netzball *m*.
netting ['netɪŋ] *n* Netz(werk) *nt*, Drahtgeflecht *nt*.
network ['netwɜ:k] *n* Netz *nt*.
neurosis [njʊə'rəʊsɪs] *n* Neurose *f*.
neurotic [njʊə'rɒtɪk] *a* neurotisch; *n* Neurotiker(in *f*) *m*.
neuter ['nju:tə*] *a (Biol)* geschlechtslos; *(Gram)* sächlich; *n (Biol)* kastrierte(s) Tier *nt; (Gram)* Neutrum *nt*.
neutral ['nju:trəl] *a* neutral; **~ity** [nju:'trælɪtɪ] Neutralität *f*.
never ['nevə*] *ad* nie(mals); **well I ~** na so was!; **~-ending** *a* endlos; **~theless** [nevəðə'les] *ad* trotzdem, dennoch.
new [nju:] *a* neu; **they are still ~ to the work** die Arbeit ist ihnen noch neu; **~ from** frisch aus *or* von; **~born** *a* neugeboren; **~comer** Neuankömmling *m;* **~ly** *ad* frisch, neu; **~ moon** Neumond *m;* **~ness** Neuheit *f*.
news [nju:z] *n* Nachricht *f; (Rad, TV)* Nachrichten *pl;* **~agent** Zeitungshändler *m;* **~ flash** Kurzmeldung *f;* **~letter** Rundschreiben *nt;* **~paper** Zeitung *f;* **~reel** Wochenschau *f*.
New Year ['nju:'jɪə*] *n* Neujahr *nt;* **~'s Day** Neujahrstag *m;* **~'s Eve** Silvester(abend *m*) *nt*.
next [nekst] *a* nächste(r, s); *ad (after)* dann, darauf; *(next time)* das nächstemal; *prep:* **~ to** (gleich) neben *(+dat);* **~ to nothing** so gut wie nichts; **to do sth ~** etw als nächstes tun; **what ~!** was denn noch (alles)?; **the ~ day** am nächsten *or* folgenden Tag; **~ door** *ad* nebenan; **~ year** nächstes Jahr; **~ of kin** Familienangehörige(r) *mf*.
nib [nɪb] *n* Spitze *f*.
nibble ['nɪbl] *vt* knabbern an *(+dat)*.
nice [naɪs] *a* hübsch, nett, schön; *(subtle)* fein; **~-looking** *a* hübsch, gutaussehend; **~ly** *ad* gut, fein, nett.
nick [nɪk] *n* Einkerbung *f;* **in the ~ of time** gerade rechtzeitig.
nickel ['nɪkl] *n* Nickel *nt; (US)* Nickel *m (5 cents)*.
nickname ['nɪkneɪm] *n* Spitzname *m*.
nicotine ['nɪkəti:n] *n* Nikotin *nt*.
niece [ni:s] *n* Nichte *f*.
niggardly ['nɪgədlɪ] *a* schäbig; *person* geizig.
niggling ['nɪglɪŋ] *a* pedantisch; *doubt, worry* quälend; *detail* kleinlich.
night [naɪt] *n* Nacht *f; (evening)* Abend *m;* **good ~!** gute Nacht!; **at** *or* **by ~** nachts; abends; **~cap** *(drink)* Schlummertrunk *m;* **~club** Nachtlokal *nt;* **~dress** Nachthemd *nt;* **~fall** Einbruch *m* der Nacht; **~ie** *(col)* Nachthemd *nt;* **~ingale** Nachtigall *f;* **~ life** Nachtleben *nt;* **~ly** *a, ad* jeden Abend; jede Nacht; **~mare** Alptraum *m;* **~ school** Abendschule *f;*

~time Nacht *f;* **at ~ time** nachts; **~ watchman** Nachtwächter *m.*
nil [nɪl] *n* Nichts *nt,* Null *f (also Sport).*
nimble ['nɪmbl] *a* behend(e), flink; *mind* beweglich.
nimbly ['nɪmblɪ] *ad* flink.
nine [naɪn] *n* Neun *f; a* neun; **~teen** *n* Neunzehn *f; a* neunzehn; **~ty** *n* Neunzig *f; a* neunzig.
ninth [naɪnθ] *a* neunte(r, s); *n* Neuntel *nt.*
nip [nɪp] *vt* kneifen; *n* Kneifen *nt.*
nipple ['nɪpl] *n* Brustwarze *f.*
nippy ['nɪpɪ] *a (col) person* flink; *car* flott; *(cold)* frisch.
nit [nɪt] *n* Nisse *f.*
nitrogen ['naɪtrədʒən] *n* Stickstoff *m.*
no [nəʊ] *a* kein; *ad* nein; *n* Nein *nt;* **~ further** nicht weiter; **~ more time** keine Zeit mehr; **in ~ time** schnell.
nobility [nəʊ'bɪlɪtɪ] *n* Adel *m;* **the ~ of this deed** diese edle Tat.
noble ['nəʊbl] *a rank* adlig; *(splendid)* nobel, edel; *n* Adlige(r) *mf;* **~man** Edelmann *m,* Adlige(r) *m.*
nobly ['nəʊblɪ] *ad* edel, großmütig.
nobody ['nəʊbədɪ] *pron* niemand, keiner; *n* Niemand *m.*
nod [nɒd] *vi* nicken; **~ off** einnicken; *n* Nicken *nt.*
noise [nɔɪz] *n (sound)* Geräusch *nt; (unpleasant, loud)* Lärm *m.*
noisily ['nɔɪzɪlɪ] *ad* lärmend, laut.
noisy ['nɔɪzɪ] *a* laut; *crowd* lärmend.
nomad ['nəʊmæd] *n* Nomade *m;* **~ic** [nəʊ'mædɪk] *a* nomadisch.
no-man's land ['nəʊmænzlænd] *n (lit, fig)* Niemandsland *nt.*
nominal ['nɒmɪnl] a nominell; *(Gram)* Nominal-.
nominate ['nɒmɪneɪt] *vt (suggest)* vorschlagen; *(in election)* aufstellen; *(appoint)* ernennen.
nomination [nɒmɪ'neɪʃən] *n (election)* Nominierung *f; (appointment)* Ernennung *f.*
nominee [nɒmɪ'ni:] *n* Kandidat(in *f*) *m.*
non- [nɒn] *pref* Nicht-, un-; **~-alcoholic** *a* alkoholfrei.
nonchalant ['nɒnʃələnt] *a* lässig.
nondescript ['nɒndɪskrɪpt] *a* mittelmäßig.
none [nʌn] *a, pron* kein(e, r, s); *ad:* **~ the wiser** keineswegs klüger; **~ of your cheek!** sei nicht so frech!
nonentity [nɒ'nentɪtɪ] *n* Null *f (col).*
nonetheless ['nʌnðə'les] *ad* nichtsdestoweniger.
non-fiction ['nɒn'fɪkʃən] *n* Sachbücher *pl.*
nonplussed ['nɒn'plʌst] *a* verdutzt.
nonsense ['nɒnsəns] *n* Unsinn *m.*
non-stop ['nɒn'stɒp] *a* pausenlos, Nonstop-.
noodles ['nu:dlz] *npl* Nudeln *pl.*
nook [nʊk] *n* Winkel *m,* Eckchen *nt.*
noon [nu:n] *n* (12 Uhr) Mittag *m.*
no one ['nəʊwʌn] *pron* = **nobody.**
noose [nu:s] *n* Schlinge *f.*
norm [nɔ:m] *n* Norm *f,* Regel *f.*
normal ['nɔ:məl] *a* normal; **~ly** *ad* normal; *(usually)* normalerweise.
north [nɔ:θ] *n* Norden *m; a* nördlich, Nord-; *ad* nördlich, nach *or* im Norden; **~-east** Nordosten *m;* **~ern** ['nɔ:ðən] *a* nördlich, Nord-; **~ward(s)** *ad* nach Norden; **~-west** Nordwesten *m.*
nose [nəʊz] *n* Nase *f;* **~bleed** Nasenbluten *nt;* **~-dive** Sturzflug *m;* **~y** *a* neugierig.
nostalgia [nɒs'tældʒɪə] *n* Sehnsucht *f,* Nostalgie *f.*
nostalgic [nɒs'tældʒɪk] *a* wehmütig, nostalgisch.
nostril ['nɒstrɪl] *n* Nasenloch *nt; (of animal)* Nüster *f.*
not [nɒt] *ad* nicht; **he is ~ an expert** er ist kein Experte; **~ at all** keineswegs; *(don't mention it)* gern geschehen.
notable ['nəʊtəbl] *a* bemerkenswert.
notably ['nəʊtəblɪ] *ad (especially)* besonders; *(noticeably)* bemerkenswert.
notch [nɒtʃ] *n* Kerbe *f,* Einschnitt *m.*
note [nəʊt] *n (Mus)* Note *f,* Ton *m; (short letter)* Nachricht *f; (Pol)* Note *f; (comment, attention)* Notiz *f; (of lecture etc)* Aufzeichnung *f; (bank—)* Schein *m; (fame)* Ruf *m,* Ansehen *nt; vt (observe)* bemerken; *(write down)* notieren; **to take ~s of** sich Notizen machen über *(+acc);* **~book** Notizbuch *nt;* **~-case** Brieftasche *f;* **~d** *a* bekannt; **~paper** Briefpapier *nt.*
nothing ['nʌθɪŋ] *n* nichts; **for ~** umsonst; **it is ~ to me** es bedeutet mir nichts.
notice ['nəʊtɪs] *n (announcement)* Anzeige *f,* Bekanntmachung *f; (attention)* Beachtung *f; (warning)* Ankündigung *f; (dismissal)* Kündigung *f; vt* bemerken; **to take ~ of** beachten; **to bring sth to sb's ~** jdn auf etw *(acc)* aufmerksam machen; **take no ~!** kümmere dich nicht darum!; **~able** *a* merklich; **~ board** Anschlagtafel *f.*
notification [nəʊtɪfɪ'keɪʃən] *n* Benachrichtigung *f.*
notify ['nəʊtɪfaɪ] *vt* benachrichtigen.
notion ['nəʊʃən] *n (idea)* Vorstellung *f,* Idee *f; (fancy)* Lust *f.*
notorious [nəʊ'tɔ:rɪəs] *a* berüchtigt.
notwithstanding [nɒtwɪð'stændɪŋ] *ad* trotzdem; *prep* trotz.
nougat ['nu:gɑ:] *n* weiße(r) Nougat *m.*
nought [nɔ:t] *n* Null *f.*
noun [naʊn] *n* Hauptwort *nt,* Substantiv *nt.*
nourish ['nʌrɪʃ] *vt* nähren; **~ing** *a* nahrhaft; **~ment** Nahrung *f.*
novel ['nɒvəl] *n* Roman *m; a* neu(artig); **~ist** Schriftsteller(in *f*) *m;* **~ty** Neuheit *f.*
November [nəʊ'vembə*] *n* November *m.*
novice ['nɒvɪs] *n* Neuling *m; (Eccl)* Novize *m.*
now [naʊ] *ad* jetzt; **right ~** jetzt, gerade; **do it right ~** tun Sie es sofort; **~ and then, ~ and again** ab und zu, manchmal; **~, ~** na, na; **~ ... ~** *or* **then** bald ... bald, mal ... mal; **~adays** *ad* heutzutage.
nowhere ['nəʊwɛə*] *ad* nirgends.
nozzle ['nɒzl] *n* Düse *f.*
nuance ['nju:ɑ̃:ns] *n* Nuance *f.*
nuclear ['nju:klɪə*] *a energy etc* Atom-, Kern-.
nucleus ['nju:klɪəs] *n* Kern *m.*
nude [nju:d] *a* nackt; *n (person)* Nackte(r) *mf; (Art)* Akt *m;* **in the ~** nackt.
nudge [nʌdʒ] *vt* leicht anstoßen.

nudist ['nju:dɪst] *n* Nudist(in *f*) *m*.
nudity ['nju:dɪtɪ] *n* Nacktheit *f*.
nuisance ['nju:sns] *n* Ärgernis *nt*; **that's a ~** das ist ärgerlich; **he's a ~** er geht einem auf die Nerven.
null [nʌl] *a*: **~ and void** null und nichtig; **~ify** *vt* für null und nichtig erklären.
numb [nʌm] *a* taub, gefühllos; *vt* betäuben.
number ['nʌmbə*] *n* Nummer *f*; *(numeral also)* Zahl *f*; *(quantity)* (An)zahl *f*; *(Gram)* Numerus *m*; *(of magazine also)* Ausgabe *f*; *vt (give a number to)* numerieren; *(amount to)* sein; **his days are ~ed** seine Tage sind gezählt; **~ plate** *(Brit Aut)* Nummernschild *nt*.
numbness ['nʌmnəs] *n* Gefühllosigkeit *f*.
numbskull ['nʌmskʌl] *n* Idiot *m*.
numeral ['nju:mərəl] *n* Ziffer *f*.
numerical [nju:'merɪkəl] *a order* zahlenmäßig.
numerous ['nju:mərəs] *a* zahlreich.
nun [nʌn] *n* Nonne *f*.
nurse [nɜ:s] *n* Krankenschwester *f*; *(for children)* Kindermädchen *nt*; *vt patient* pflegen; *doubt etc* hegen; **~ry** *(for children)* Kinderzimmer *nt*; *(for plants)* Gärtnerei *f*; *(for trees)* Baumschule *f*; **~ry rhyme** Kinderreim *m*; **~ry school** Kindergarten *m*.
nursing ['nɜ:sɪŋ] *n (profession)* Krankenpflege *f*; **~ home** Privatklinik *f*.
nut [nʌt] *n* Nuß *f*; *(screw)* Schraubenmutter *f*; *(col)* Verrückte(r) *mf*; **~s** *a (col: crazy)* verrückt.
nutcase ['nʌtkeɪs] *n (col)* Verrückte(r) *mf*.
nutcrackers ['nʌtkrækəz] *npl* Nußknacker *m*.
nutmeg ['nʌtmeg] *n* Muskat(nuß *f*) *m*.
nutrient ['nju:trɪənt] *n* Nährstoff *m*.
nutrition [nju:'trɪʃən] *n* Nahrung *f*.
nutritious [nju:'trɪʃəs] *a* nahrhaft.
nutshell ['nʌtʃel] *n*: **in a ~** in aller Kürze.
nylon ['naɪlɒn] *n* Nylon *nt*; *a* Nylon-.

O

O, o [əʊ] *n* O *nt*, o *nt*; *(Tel)* Null *f*; *see* **oh.**
oaf [əʊf] *n* Trottel *m*.
oak [əʊk] *n* Eiche *f*; *a* Eichen(holz)-.
oar [ɔ:*] *n* Ruder *nt*.
oasis [əʊ'eɪsɪs] *n* Oase *f*.
oath [əʊθ] *n (statement)* Eid *m*, Schwur *m*; *(swearword)* Fluch *m*.
oatmeal ['əʊtmi:l] *n* Haferschrot *m*.
oats [əʊts] *n pl* Hafer *m*; *(Cook)* Haferflocken *pl*.
obedience [ə'bi:dɪəns] *n* Gehorsam *m*.
obedient [ə'bi:dɪənt] *a* gehorsam, folgsam.
obelisk ['ɒbɪlɪsk] *n* Obelisk *m*.
obesity [əʊ'bi:sɪtɪ] *n* Korpulenz *f*, Fettleibigkeit *f*.
obey [ə'beɪ] *vti* gehorchen *(+dat)*, folgen *(+dat)*.
obituary [ə'bɪtjʊərɪ] *n* Nachruf *m*.
object ['ɒbdʒɪkt] *n (thing)* Gegenstand *m*, Objekt *nt*; *(of feeling etc)* Gegenstand *m*; *(purpose)* Ziel *nt*; *(Gram)* Objekt *nt*; [əb'dʒekt] *vi* dagegen sein, Einwände haben *(to* gegen*)*; *(morally)* Anstoß nehmen *(to* an *+acc)*; **~ion** [əb'dʒekʃən] *(reason against)* Einwand *m*, Einspruch *m*; *(dislike)* Abneigung *f*; **~ionable** [əb'dʒekʃnəbl] *a* nicht einwandfrei; *language* anstößig; **~ive** [əb'dʒektɪv] *n* Ziel *nt*; *a* objektiv; **~ively** [əb'dʒektɪvlɪ] *ad* objektiv; **~ivity** [ɒbdʒɪk'tɪvɪtɪ] Objektivität *f*; **~or** [əb'dʒektə*] Gegner(in *f*) *m*.
obligation [ɒblɪ'geɪʃən] *n (duty)* Pflicht *f*; *(promise)* Verpflichtung *f*; **no ~** unverbindlich; **be under an ~** verpflichtet sein.
obligatory [ɒ'blɪgətərɪ] *a* bindend, obligatorisch; **it is ~ to . . .** es ist Pflicht, zu . . .
oblige [ə'blaɪdʒ] *vt (compel)* zwingen; *(do a favour)* einen Gefallen tun *(+dat)*; **you are not ~d to do it** Sie sind nicht verpflichtet, es zu tun; **much ~d** herzlichen Dank.
obliging [ə'blaɪdʒɪŋ] *a* entgegenkommend.
oblique [ə'bli:k] *a* schräg, schief; *n* Schrägstrich *m*.
obliterate [ə'blɪtəreɪt] *vt* auslöschen.
oblivion [ə'blɪvɪən] *n* Vergessenheit *f*.
oblivious [ə'blɪvɪəs] *a* nicht bewußt *(of gen)*; **he was ~ of it** er hatte es nicht bemerkt.
oblong ['ɒblɒŋ] *n* Rechteck *nt*; *a* länglich.
obnoxious [əb'nɒkʃəs] *a* abscheulich, widerlich.
oboe ['əʊbəʊ] *n* Oboe *f*.
obscene [əb'si:n] *a* obszön, unanständig.
obscenity [əb'senɪtɪ] *n* Obszönität *f*; **obscenities** Zoten *pl*.
obscure [əb'skjʊə*] *a* unklar; *(indistinct)* undeutlich; *(unknown)* unbekannt, obskur; *(dark)* düster; *vt* verdunkeln; *view* verbergen; *(confuse)* verwirren.
obscurity [əb'skjʊərɪtɪ] *n* Unklarheit *f*; *(being unknown)* Verborgenheit *f*; *(darkness)* Dunkelheit *f*.
obsequious [əb'si:kwɪəs] *a* servil.
observable [əb'zɜ:vəbl] *a* wahrnehmbar, sichtlich.
observance [əb'zɜ:vəns] *n* Befolgung *f*.
observant [əb'zɜ:vənt] *a* aufmerksam.
observation [ɒbzə'veɪʃən] *n (noticing)* Beobachtung *f*; *(surveillance)* Überwachung *f*; *(remark)* Bemerkung *f*.
observatory [əb'zɜ:vətrɪ] *n* Sternwarte *f*, Observatorium *nt*.
observe [əb'zɜ:v] *vt (notice)* bemerken; *(watch)* beobachten; *customs* einhalten; **~er** Beobachter(in *f*) *m*.
obsess [əb'ses] *vt* verfolgen, quälen; **to be ~ed with an idea** von einem Gedanken besessen sein; **~ion** [əb'seʃən] Besessenheit *f*, Wahn *m*; **~ive** *a* krankhaft.
obsolescence [ɒbsə'lesns] *n* Veralten *nt*.
obsolescent [ɒbsə'lesnt] *a* veraltend.
obsolete ['ɒbsəli:t] *a* überholt, veraltet.
obstacle ['ɒbstəkl] *n* Hindernis *nt*; **~ race** Hindernisrennen *nt*.
obstetrics [ɒb'stetrɪks] *n* Geburtshilfe *f*.
obstinacy ['ɒbstɪnəsɪ] *n* Hartnäckigheit *f*, Sturheit *f*.
obstinate *a*, **~ly** *ad* ['ɒbstɪnət, -lɪ] hartnäckig, stur.

obstreperous [əb'strepərəs] *a* aufmüpfig.
obstruct [əb'strʌkt] *vt* versperren; *pipe* verstopfen; *(hinder)* hemmen; **~ion** [əb'strʌkʃən] Versperrung *f;* Verstopfung *f;* *(obstacle)* Hindernis *nt;* **~ive** *a* hemmend.
obtain [əb'teɪn] *vt* erhalten, bekommen; *result* erzielen; **~able** *a* erhältlich.
obtrusive [əb'tru:sɪv] *a* aufdringlich.
obtuse [əb'tju:s] *a* begriffsstutzig; *angle* stumpf.
obviate ['ɒbvɪeɪt] *vt* beseitigen; *danger* abwenden.
obvious ['ɒbvɪəs] *a* offenbar, offensichtlich; **~ly** *ad* offensichtlich.
occasion [ə'keɪʒən] *n* Gelegenheit *f;* *(special event)* große(s) Ereignis *nt;* *(reason)* Grund *m,* Anlaß *m;* **on ~** gelegentlich; *vt* veranlassen; **~al** *a,* **~ally** *ad* gelegentlich; **very ~ally** sehr selten.
occult [ɒ'kʌlt] *n* **the ~** der Okkultismus; *a* okkult.
occupant ['ɒkjʊpənt] *n* Inhaber(in *f*) *m;* *(of house etc)* Bewohner(in *f*) *m.*
occupation [ɒkjʊ'peɪʃən] *n* *(employment)* Tätigkeit *f,* Beruf *m;* *(pastime)* Beschäftigung *f;* *(of country)* Besetzung *f,* Okkupation *f;* **~al** *a* *hazard* Berufs-; *therapy* Beschäftigungs-.
occupier ['ɒkjʊpaɪə*] *n* Bewohner(in *f*) *m.*
occupy ['ɒkjʊpaɪ] *vt* *(take possession of)* besetzen; *seat* belegen; *(live in)* bewohnen; *position, office* bekleiden; *position in sb's life* einnehmen; *time* beanspruchen; *mind* beschäftigen.
occur [ə'kɜ:*] *vi* *(happen)* vorkommen, geschehen; *(appear)* vorkommen; *(come to mind)* einfallen *(to dat);* **~rence** *(event)* Ereignis *nt;* *(appearing)* Auftreten *nt.*
ocean ['əʊʃən] *n* Ozean *m,* Meer *nt;* **~-going** *a* Hochsee-.
ochre ['əʊkə*] *n* Ocker *m or nt.*
o'clock [ə'klɒk] *ad:* **it is 5 ~** es ist 5 Uhr.
octagonal [ɒk'tægənl] *a* achteckig.
octane ['ɒkteɪn] *n* Oktan *nt.*
octave ['ɒktɪv] *n* Oktave *f.*
October [ɒk'təʊbə*] *n* Oktober *m.*
octopus ['ɒktəpəs] *n* Krake *f;* *(small)* Tintenfisch *m.*
oculist ['ɒkjʊlɪst] *n* Augenarzt *m* /-ärztin *f.*
odd [ɒd] *a* *(strange)* sonderbar; *(not even)* ungerade; *(the other part missing)* einzeln; *(about)* ungefähr; *(surplus)* übrig; *(casual)* Gelegenheits-, zeitweilig; **~ity** *(strangeness)* Merkwürdigkeit *f;* *(queer person)* seltsame(r) Kauz *m;* *(thing)* Kuriosität *f;* **~ly** *ad* seltsam; **~ly enough** merkwürdigerweise; **~ment** Rest *m,* Einzelstück *nt;* **~s** *pl* Chancen *pl;* (*betting*) Gewinnchancen *pl;* **it makes no ~s** es spielt keine Rolle; **at ~s** uneinig; **~s and ends** *pl* Reste *pl;* Krimskrams *m.*
ode [əʊd] *n* Ode *f.*
odious ['əʊdɪəs] *a* verhaßt; *action* abscheulich.
odour, *(US)* **odor** ['əʊdə*] *n* Geruch *m;* **~less** *a* geruchlos.
of [ɒv, əv] *prep* von; *(indicating material)* aus; **the first ~ May** der erste Mai; **within a month ~ his death** einen Monat nach seinem Tod; **a girl ~ ten** ein zehnjähriges Mädchen; **fear ~ God** Gottesfurcht *f;* **love ~ money** Liebe *f* zum Geld; **the six ~ us** wir sechs.
off [ɒf] *ad* *(absent)* weg, fort; *(switch)* aus(geschaltet), ab(geschaltet); *(milk)* sauer; **I'm ~** ich gehe jetzt; **the button's ~** der Knopf ist ab; **to be well-/badly ~** reich/arm sein; *prep* von; *(distant from)* ab(gelegen) von; **3% ~** 3% Nachlaß *or* Abzug; **just ~ Piccadilly** gleich bei Piccadilly; **I'm ~ smoking** ich rauche nicht mehr.
offal ['ɒfəl] *n* Innereien *pl.*
off-colour ['ɒf'kʌlə*] *a* nicht wohl.
offence, *(US)* **offense** [ə'fens] *n* *(crime)* Vergehen *nt,* Straftat *f;* *(insult)* Beleidigung *f.*
offend [ə'fend] *vt* beleidigen; **~er** Gesetzesübertreter *m;* **~ing** *a* verletzend.
offensive [ə'fensɪv] *a* *(unpleasant)* übel, abstoßend; *weapon* Kampf-; *remark* verletzend; *n* Angriff *m,* Offensive *f.*
offer ['ɒfə*] *n* Angebot *f;* **on ~** zum Verkauf angeboten; *vt* anbieten; *reward* aussetzen; *opinion* äußern; *resistance* leisten; **~ing** Gabe *f;* *(collection)* Kollekte *f.*
offhand ['ɒf'hænd] *a* lässig; *ad* ohne weiteres.
office ['ɒfɪs] *n* Büro *nt;* *(position)* Amt *nt;* *(duty)* Aufgabe *f;* *(Eccl)* Gottesdienst *m;* **~ block** Büro(hoch)haus *nt;* **~ boy** Laufjunge *m;* **~r** *(Mil)* Offizier *m;* *(public —)* Beamte(r) *m* im öffentlichen Dienst; **~ work** Büroarbeit *f;* **~ worker** Büroangestellte(r) *mf.*
official [ə'fɪʃəl] *a* offiziell, amtlich; *n* Beamte(r) *m;* *(Pol)* amtliche(r) Sprecher *m;* *(of club etc)* Funktionär *m,* Offizielle(r) *m;* **~ly** *ad* offiziell.
officious [ə'fɪʃəs] *a* aufdringlich.
offing ['ɒfɪŋ] *n:* **in the ~** in (Aus)sicht.
off-licence ['ɒflaɪsəns] *n* Wein- und Spirituosenhandlung *f.*
off-peak ['ɒfpi:k] *a* *heating* Speicher-; *charges* verbilligt.
off-season ['ɒfsi:zn] *a* außer Saison.
offset ['ɒfset] *vt irreg* ausgleichen.
offshore ['ɒf'ʃɔ:*] *ad* in einiger Entfernung von der Küste; *a* küstennah, Küsten-.
offside ['ɒf'saɪd] *a* *(Sport)* im Abseits (stehend); *ad* abseits; *n (Aut)* Fahrerseite *f.*
offspring ['ɒfsprɪŋ] *n* Nachkommenschaft *f;* *(one)* Sprößling *m.*
offstage ['ɒf'steɪdʒ] *ad* hinter den Kulissen.
off-the-cuff ['ɒfðəkʌf] *a* unvorbereitet, aus dem Stegreif.
often ['ɒfən] *ad* oft.
ogle ['əʊgl] *vt* liebäugeln mit.
oh [əʊ] *interj* oh, ach.
oil [ɔɪl] *n* Öl *nt;* *vt* ölen; **~can** Ölkännchen *nt;* **~field** Ölfeld *nt;* **~-fired** *a* Öl-; **~ level** Ölstand *m;* **~ painting** Ölgemälde *nt;* **~ refinery** Ölraffinerie *f;* **~-rig** Ölplattform *f;* **~skins** *pl* Ölzeug *nt;* **~ tanker** (Öl)tanker *m;* **~ well** Ölquelle *f;* **~y** *a* ölig; *(dirty)* ölbeschmiert; *manners* schleimig.
ointment ['ɔɪntmənt] *n* Salbe *f.*
O.K., okay ['əʊ'keɪ] *interj* in Ordnung, O.K.;

a in Ordnung; **that's ~ with** *or* **by me** ich bin damit einverstanden; *n* Zustimmung *f; vt* genehmigen.
old [əʊld] *a* alt; *(former also)* ehemalig; **in the ~ days** früher; **any ~ thing** irgend etwas; **~ age** Alter *nt;* **~en** *a (liter)* alt, vergangen; **~-fashioned** *a* altmodisch; **~ maid** alte Jungfer *f.*
olive ['ɒlɪv] *n (fruit)* Olive *f; (colour)* Olive *nt; a* Oliven-; *(coloured)* olivenfarbig; **~ branch** Ölzweig *m;* **~ oil** Olivenöl *nt.*
Olympic [əʊ'lɪmpɪk] *a* olympisch; **~ Games, ~s** *pl* Olympische Spiele *pl.*
omelet(te) ['ɒmlət] *n* Omelett *nt.*
omen ['əʊmən] *n* Zeichen *nt,* Omen *nt.*
ominous ['ɒmɪnəs] *a* bedrohlich.
omission [əʊ'mɪʃən] *n* Auslassung *f; (neglect)* Versäumnis *nt.*
omit [əʊ'mɪt] *vt* auslassen; *(fail to do)* versäumen.
on [ɒn] *prep* auf; **~ TV** im Fernsehen; **I have it ~ me** ich habe es bei mir; **a ring ~ his finger** ein Ring am Finger; **~ the main road/the bank of the river** an der Hauptstraße/dem Flußufer; **~ foot** zu Fuß; **a lecture ~ Dante** eine Vorlesung über Dante; **~ the left** links; **~ the right** rechts; **~ Sunday** am Sonntag; **~ Sundays** sonntags; **~ hearing this, he left** als er das hörte, ging er; *ad* (dar)auf; **she had nothing ~** sie hatte nichts an; *(no plans)* sie hatte nichts vor; **what's ~ at the cinema?** was läuft im Kino?; **move ~** weitergehen; **go ~** mach weiter; **the light is ~** das Licht ist an; **you're ~** *(col)* akzeptiert; **it's not ~** *(col)* das ist nicht drin; **~ and off** hin und wieder.
once [wʌns] *ad* einmal; *cj* wenn ... einmal; **~ you've seen him** wenn du ihn erst einmal gesehen hast; **~ she had seen him** sobald sie ihn gesehen hatte; **at ~** sofort; *(at the same time)* gleichzeitig; **all at ~** plötzlich; **~ more** noch einmal; **more than ~** mehr als einmal; **~ in a while** ab und zu; **~ and for all** ein für allemal; **~ upon a time** es war einmal.
oncoming ['ɒnkʌmɪŋ] *a traffic* Gegen-, entgegenkommend.
one [wʌn] *a* ein; *(only)* einzig; *n* Eins *f; pron* eine(r, s); *(people, you)* man; **this ~, that ~** das; dieser/diese/dieses; **~ day** eines Tages; **the blue ~** der/die/das blaue; **which ~** welche(r, s); **he is ~ of us** er ist einer von uns; **~ by ~** einzeln; **~ another** einander; **~-man** *a* Einmann-; **~self** *pron* sich (selber); **~-way** *a street* Einbahn-.
ongoing ['ɒngəʊɪŋ] *a* stattfindend, momentan; *(progressing)* sich entwickelnd.
onion ['ʌnjən] *n* Zwiebel *f.*
onlooker ['ɒnlʊkə*] *n* Zuschauer(in *f*) *m.*
only ['əʊnlɪ] *ad* nur, bloß; *a* einzige(r, s); **~ yesterday** erst gestern; **~ just arrived** gerade erst angekommen.
onset ['ɒnset] *n (beginning)* Beginn *m.*
onshore ['ɒnʃɔ:*] *ad* an Land; *a* Küsten-.
onslaught ['ɒnslɔ:t] *n* Angriff *m.*
onto ['ɒntʊ] *prep* = **on to.**
onus ['əʊnəs] *n* Last *f,* Pflicht *f.*
onwards ['ɒnwədz] *ad (place)* voran, vorwärts; **from that day ~** von dem Tag an; **from today ~** ab heute.
onyx ['ɒnɪks] *n* Onyx *m.*
ooze [u:z] *vi* sickern.
opacity [əʊ'pæsɪtɪ] *n* Undurchsichtigkeit *f.*
opal ['əʊpəl] *n* Opal *m.*
opaque [əʊ'peɪk] *a* undurchsichtig.
open ['əʊpən] *a* offen; *(public)* öffentlich; *mind* aufgeschlossen; *sandwich* belegt; **in the ~ (air)** im Freien; **to keep a day ~** einen Tag freihalten; *vt* öffnen, aufmachen; *trial, motorway, account* eröffnen; *vi (begin)* anfangen; *(shop)* aufmachen; *(door, flower)* aufgehen; *(play)* Premiere haben; **~ out** *vt* ausbreiten; *hole, business* erweitern; *vi (person)* aus sich herausgehen; **~ up** *vt route* erschließen; *shop, prospects* eröffnen; **~-air** *a* Frei(luft)-; **~er** Öffner *m;* **~ing** *(hole)* Öffnung *f,* Loch *nt; (beginning)* Eröffnung *f,* Anfang *m; (good chance)* Gelegenheit *f;* **~ly** *ad* offen; *(publicly)* öffentlich; **~-minded** *a* aufgeschlossen; **~-necked** *a* offen.
opera ['ɒpərə] *n* Oper *f;* **~ glasses** *pl* Opernglas *nt;* **~ house** Opernhaus *nt.*
operate ['ɒpəreɪt] *vt machine* bedienen; *brakes, light* betätigen; *vi (machine)* laufen, in Betrieb sein; *(person)* arbeiten; *(Med)* **to ~ on** operieren.
operatic [ɒpə'rætɪk] *a* Opern-.
operation [ɒpə'reɪʃən] *n (working)* Betrieb *m,* Tätigkeit *f; (Med)* Operation *f; (undertaking)* Unternehmen *nt; (Mil)* Einsatz *m;* **in full ~** in vollem Gang; **to be in ~** *(Jur)* in Kraft sein; *(machine)* in Betrieb sein; **~al** *a* einsatzbereit.
operative ['ɒpərətɪv] *a* wirksam; *law* rechtsgültig; *(Med)* operativ; *n* Mechaniker *m;* Agent *m.*
operator ['ɒpəreɪtə*] *n (of machine)* Arbeiter *m; (Tel)* Telefonist(in *f*) *m;* **phone the ~** rufen Sie die Vermittlung *or* das Fernamt an.
operetta [ɒpə'retə] *n* Operette *f.*
opinion [ə'pɪnjən] *n* Meinung *f;* **in my ~** meiner Meinung nach; **a matter of ~** Ansichtssache; **~ated** *a* starrsinnig.
opium ['əʊpɪəm] *n* Opium *nt.*
opponent [ə'pəʊnənt] *n* Gegner *m.*
opportune ['ɒpətju:n] *a* günstig; *remark* passend.
opportunist [ɒpə'tju:nɪst] *n* Opportunist *m.*
opportunity [ɒpə'tju:nɪtɪ] *n* Gelegenheit *f,* Möglichkeit *f.*
oppose [ə'pəʊz] *vt* entgegentreten *(+dat); argument, idea* ablehnen; *plan* bekämpfen; **~d** *a:* **to be ~d to sth** gegen etw sein; **as ~d to** im Gegensatz zu.
opposing [ə'pəʊzɪŋ] *a* gegnerisch; *points of view* entgegengesetzt.
opposite ['ɒpəzɪt] *a house* gegenüberliegend; *direction* entgegengesetzt; *ad* gegenüber; *prep* gegenüber; **~ me** mir gegenüber; *n* Gegenteil *nt;* **~ number** *(person)* Pendant *nt; (Sport)* Gegenspieler *m.*
opposition [ɒpə'zɪʃən] *n (resistance)* Widerstand *m; (Pol)* Opposition *f; (contrast)* Gegensatz *m.*

oppress [ə'pres] *vt* unterdrücken; *(heat etc)* bedrücken; **~ion** [ə'preʃən] Unterdrückung *f;* **~ive** *a authority, law* ungerecht; *burden, thought* bedrückend; *heat* drückend.

opt [ɒpt] *vi:* **~ for sth** sich entscheiden für etw; **to ~ to do sth** sich entscheiden, etw zu tun; **~ out of** *vi* sich drücken vor *(+dat); (of society)* ausflippen aus *(+dat).*

optical ['ɒptɪkəl] *a* optisch.

optician [ɒp'tɪʃən] *n* Optiker *m.*

optimism ['ɒptɪmɪzəm] *n* Optimismus *m.*

optimist ['ɒptɪmɪst] *n* Optimist *m;* **~ic** ['ɒptɪ'mɪstɪk] *a* optimistisch.

optimum ['ɒptɪməm] *a* optimal.

option ['ɒpʃən] *n* Wahl *f; (Comm)* Vorkaufsrecht *m,* Option *f;* **~al** *a* freiwillig; *subject* wahlfrei; **~al extras** Extras auf Wunsch.

opulence ['ɒpjʊləns] *n* Reichtum *m.*

opulent ['ɒpjʊlənt] *a* sehr reich.

opus ['əʊpəs] *n* Werk *nt,* Opus *nt.*

or [ɔ:*] *cj* oder; **he could not read ~ write** er konnte weder lesen noch schreiben.

oracle ['ɒrəkl] *n* Orakel *nt.*

oral ['ɔ:rəl] *a* mündlich; *n (exam)* mündliche Prüfung *f,* Mündliche(s) *nt.*

orange ['ɒrindʒ] *n (fruit)* Apfelsine *f,* Orange *f; (colour)* Orange *nt; a* orange.

orang-outang, orang-utan [ɔ:'ræŋu:'tæn] *n* Orang-Utan *m.*

oration [ɔ:'reɪʃən] *n* feierliche Rede *f.*

orator ['ɒrətə*] *n* Redner(in *f*) *m.*

oratorio [ɒrə'tɔ:rɪəʊ] *n* Oratorium *nt.*

orbit ['ɔ:bɪt] *n* Umlaufbahn *f;* **2 ~s** 2 Umkreisungen; **to be in ~** (die Erde/den Mond *etc*) umkreisen; *vt* umkreisen.

orchard ['ɔ:tʃəd] *n* Obstgarten *m.*

orchestra ['ɔ:kɪstrə] *n* Orchester *nt;* **~l** [ɔ:'kestrəl] *a* Orchester-, orchestral; **~te** ['ɔ:kɪstreɪt] *vt* orchestrieren.

orchid ['ɔ:kɪd] *n* Orchidee *f.*

ordain [ɔ:'deɪn] *vt (Eccl)* weihen; *(decide)* verfügen.

ordeal [ɔ:'di:l] *n* schwere Prüfung *f,* Qual *f.*

order ['ɔ:də*] *n (sequence)* Reihenfolge *f; (good arrangement)* Ordnung *f; (command)* Befehl *m; (Jur)* Anordnung *f; (peace)* Ordnung *f,* Ruhe *f; (condition)* Zustand *m; (rank)* Klasse *f; (Comm)* Bestellung *f; (Eccl, honour)* Orden *m;* **out of ~** außer Betrieb; **in ~ to do sth** um etw zu tun; **in ~ that** damit; **holy ~s** Priesterweihe *f; vt (arrange)* ordnen; *(command)* befehlen *(sth* etw *acc, sb* jdm*); (Comm)* bestellen; **~ form** Bestellschein *m;* **~ly** *n (Mil)* Offiziersbursche *m; (Mil Med)* Sanitäter *m; (Med)* Pfleger *m; a (tidy)* ordentlich; *(well-behaved)* ruhig; **~ly officer** diensthabender Offizier.

ordinal ['ɔ:dɪnl] *a* Ordnungs-, Ordinal-.

ordinarily ['ɔ:dnrɪlɪ] *ad* gewöhnlich.

ordinary ['ɔ:ndrɪ] *a (usual)* gewöhnlich, normal; *(commonplace)* gewöhnlich, alltäglich.

ordination [ɔ:dɪ'neɪʃən] *n* Priesterweihe *f; (Protestant)* Ordination *f.*

ordnance ['ɔ:dnəns] *n* Artillerie *f;* Munition *f;* **~ factory** Munitionsfabrik *f.*

ore [ɔ:*] *n* Erz *nt.*

organ ['ɔ:gən] *n (Mus)* Orgel *f: (Biol, fig)* Organ *nt;* **~ic** [ɔ:'gænɪk] *a* organisch; **~ism** ['ɔ:gənɪzm] Organismus *m;* **~ist** Organist(in *f*) *m.*

organization [ɔ:gənaɪ'zeɪʃən] *n* Organisation *f; (make-up)* Struktur *f.*

organize ['ɔ:gənaɪz] *vt* organisieren; **~r** Organisator *m,* Veranstalter *m.*

orgasm ['ɔ:gæzəm] *n* Orgasmus *m.*

orgy ['ɔ:dʒɪ] *n* Orgie *f.*

Orient ['ɔ:rɪənt] *n* Orient *m.*

oriental [ɔ:rɪ'entəl] *a* orientalisch; *n* Orientale *m,* Orientalin *f.*

orientate ['ɔ:rienteɪt] *vt* orientieren.

orifice ['ɒrɪfɪs] *n* Öffnung *f.*

origin ['ɒrɪdʒɪn] *n* Ursprung *m; (of the world)* Anfang *m,* Entstehung *f.*

original [ə'rɪdʒɪnl] *a (first)* ursprünglich; *painting* original; *idea* originell; *n* Original *nt;* **~ity** [ərɪdʒɪ'nælɪtɪ] Originalität *f;* **~ly** *ad* ursprünglich; originell.

originate [ə'rɪdʒɪneɪt] *vi* entstehen; **to ~ from** stammen aus; *vt* ins Leben rufen.

originator [ə'rɪdʒɪneɪtə*] *n (of movement)* Begründer *m; (of invention)* Erfinder *m.*

ornament ['ɔ:nəmənt] *n* Schmuck *m; (on mantelpiece)* Nippesfigur *f; (fig)* Zierde *f;* **~al** [ɔ:nə'mentl] *a* schmückend, Zier-; **~ation** Verzierung *f.*

ornate [ɔ:'neɪt] *a* reich verziert; *style* überladen.

ornithologist [ɔ:nɪ'θɒlədʒɪst] *n* Ornithologe *m,* Ornithologin *f.*

ornithology [ɔ:nɪ'θɒlədʒɪ] *n* Vogelkunde *f,* Ornithologie *f.*

orphan ['ɔ:fən] *n* Waise *f,* Waisenkind *nt; vt* zur Waise machen; **~age** Waisenhaus *nt.*

orthodox ['ɔ:θədɒks] *a* orthodox.

orthopaedic, *(US)* **orthopedic** [ɔ:θəʊ'pi:dɪk] *a* orthopädisch.

oscillation [ɒsɪ'leɪʃən] *n* Schwingung *f,* Oszillation *f.*

ostensible *a,* **ostensibly** *ad* [ɒs'tensəbl, -blɪ] vorgeblich, angeblich.

ostentation [ɒsten'teɪʃən] *n* Zurschaustellen *nt.*

ostentatious [ɒsten'teɪʃəs] *a* großtuerisch, protzig.

ostracize ['ɒstrəsaɪz] *vt* ausstoßen.

ostrich ['ɒstrɪtʃ] *n* Strauß *m.*

other ['ʌðə*] *a* andere(r, s); **the ~ day** neulich; **every ~ day** jeden zweiten Tag; **any person ~ than him** alle außer ihm; **there are 6 ~s** da sind noch 6; *pron* andere(r, s); *ad:* **~ than** anders als; **~wise** *ad (in a different way)* anders; *(in other ways)* sonst, im übrigen; *(or else)* sonst.

otter ['ɒtə*] *n* Otter *m.*

ought [ɔ:t] *v aux* sollen; **he behaves as he ~** er benimmt sich, wie es sich gehört; **you ~ to do that** Sie sollten das tun; **he ~ to win** er müßte gewinnen; **that ~ to do** das müßte *or* dürfte reichen.

ounce [aʊns] *n* Unze *f.*

our [aʊə*] *poss a* unser; **~s** *poss pron* unsere(r, s); **~selves** *pron* uns (selbst); *(emphatic)* (wir) selbst.

oust [aʊst] *vt* verdrängen.
out [aʊt] *ad* hinaus/heraus; *(not indoors)* draußen; *(not alight)* aus; *(unconscious)* bewußtlos; *(results)* bekanntgegeben; **to eat/go ~** auswärts essen/ausgehen; **that fashion's ~** das ist nicht mehr Mode; **the ball was ~** der Ball war aus; **the flowers are ~** die Blumen blühen; **he was ~ in his calculations** seine Berechnungen waren nicht richtig; **to be ~ for sth** auf etw *(acc)* aus sein; **~ loud** *ad* laut; **~ of** *prep* aus; *(away from)* außerhalb *(+gen)*; **to be ~ of milk** *etc* keine Milch *etc* mehr haben; **made ~ of wood** aus Holz gemacht; **~ of danger** außer Gefahr; **~ of place** fehl am Platz; **~ of curiosity** aus Neugier; **nine ~ of ten** neun von zehn; **~ and ~** durch und durch; **~-of-bounds** *a* verboten; **~-of-date** *a* veraltet; **~-of-doors** *ad* im Freien; **~-of-the-way** *a (off the general route)* abgelegen; *(unusual)* ungewöhnlich.
outback ['aʊtbæk] *n* Hinterland *nt.*
outboard (motor) ['aʊtbɔ:d ('məʊtə*)] *n* Außenbordmotor *m.*
outbreak ['aʊtbreɪk] *n* Ausbruch *m.*
outbuilding ['aʊtbɪldɪŋ] *n* Nebengebäude *nt.*
outburst ['aʊtbɜ:st] *n* Ausbruch *m.*
outcast ['aʊtkɑ:st] *n* Ausgestoßene(r) *mf.*
outclass [aʊt'klɑ:s] *vt* übertreffen.
outcome ['aʊtkʌm] *n* Ergebnis *nt.*
outcry ['aʊtkraɪ] *n* Protest *m.*
outdated ['aʊt'deɪtɪd] *a* veraltet, überholt.
outdo [aʊt'du:] *vt irreg* übertrumpfen.
outdoor ['aʊtdɔ:*] *a* Außen-; *(Sport)* im Freien.
outdoors ['aʊt'dɔ:z] *ad* draußen, im Freien; **to go ~** ins Freie *or* nach draußen gehen.
outer ['aʊtə*] *a* äußere(r, s); **~ space** Weltraum *m.*
outfit ['aʊtfɪt] *n* Ausrüstung *f; (set of clothes)* Kleidung *f;* **~ters** *(for men's clothes)* Herrenausstatter *m.*
outgoings ['aʊtgəʊɪŋz] *npl* Ausgaben *pl.*
outgrow [aʊt'grəʊ] *vt irreg clothes* herauswachsen aus; *habit* ablegen.
outing ['aʊtɪŋ] *n* Ausflug *m.*
outlandish [aʊt'lændɪʃ] *a* eigenartig.
outlaw ['aʊtlɔ:] *n* Geächtete(r) *m; vt* ächten; *(thing)* verbieten.
outlay ['aʊtleɪ] *n* Auslage *f.*
outlet ['aʊtlet] *n* Auslaß *m,* Abfluß *m; (Comm)* Absatzmarkt *m; (for emotions)* Ventil *nt.*
outline ['aʊtlaɪn] *n* Umriß *m.*
outlive [aʊt'lɪv] *vt* überleben.
outlook ['aʊtlʊk] *n (lit, fig)* Aussicht *f; (attitude)* Einstellung *f.*
outlying ['aʊtlaɪɪŋ] *a* entlegen; *district* Außen-.
outmoded [aʊt'mædɪd] *a* veraltet.
outnumber [aʊt'nʌmbə*] *vt* zahlenmäßig überlegen sein *(+dat).*
outpatient ['aʊtpeɪʃənt] *n* ambulante(r) Patient(in *f*) *m.*
outpost ['aʊtpəʊst] *n (Mil, fig)* Vorposten *m.*
output ['aʊtpʊt] *n* Leistung *f,* Produktion *f.*
outrage ['aʊtreɪdʒ] *n (cruel deed)* Ausschreitung *f,* Verbrechen *nt; (indecency)* Skandal *m; vt morals* verstoßen gegen; *person* empören; **~ous** [aʊt'reɪdʒəs] *a* unerhört, empörend.
outright ['aʊtraɪt] *ad (at once)* sofort; *(openly)* ohne Umschweife; **to refuse ~** rundweg ablehnen; *a denial* völlig; *sale* Total-; *winner* unbestritten.
outset ['aʊtset] *n* Beginn *m.*
outside ['aʊt'saɪd] *n* Außenseite *f;* **on the ~** außen; **at the very ~** höchstens; *a* äußere(r, s), Außen-; *price* Höchst-; *chance* gering; *ad* außen; **to go ~** nach draußen *or* hinaus gehen; *prep* außerhalb *(+gen);* **~r** Außenseiter(in *f*) *m.*
outsize ['aʊtsaɪz] *a* übergroß.
outskirts ['aʊtskɜ:ts] *npl* Stadtrand *m.*
outspoken [aʊt'spəʊkən] *a* offen, freimütig.
outstanding [aʊt'stændɪŋ] *a* hervorragend; *debts etc* ausstehend.
outstay [aʊt'steɪ] *vt:* **~ one's welcome** länger bleiben als erwünscht.
outstretched ['aʊtstretʃt] *a* ausgestreckt.
outward ['aʊtwəd] *a* äußere(r, s); *journey* Hin-; *freight* ausgehend; *ad* nach außen; **~ly** *ad* äußerlich.
outweigh [aʊt'weɪ] *vt (fig)* überwiegen.
outwit [aʊt'wɪt] *vt* überlisten.
outworn [aʊt'wɔ:n] *a expression* abgedroschen.
oval ['əʊvəl] *a* oval; *n* Oval *nt.*
ovary ['əʊvərɪ] *n* Eierstock *m.*
ovation]əʊ'veɪʃən] *n* Beifallssturm *m.*
oven ['ʌvn] *n* Backofen *m.*
over ['əʊvə*] *ad (across)* hinüber/herüber; *(finished)* vorbei; *(left)* übrig; *(again)* wieder, noch einmal; *prep* über; *(in every part of)* in; *pref (excessively)* übermäßig; **famous the world ~** in der ganzen Welt berühmt; **five times ~** fünfmal; **~ the weekend** übers Wochenende; **~ coffee** bei einer Tasse Kaffee; **~ the phone** am Telephon; **all ~** *(everywhere)* überall; *(finished)* vorbei; **~ and ~** immer wieder; **~ and above** darüber hinaus.
over- ['əʊvə*] *pref* über-.
overact ['əʊvər'ækt] *vi* übertreiben.
overall ['əʊvərɔ:l] *n (Brit) (for woman)* Kittelschürze *f; a situation* allgemein; *length* Gesamt-; *ad* insgesamt; **~s** *pl (for man)* Overall *m.*
overawe [əʊvər'ɔ:] *vt (frighten)* einschüchtern; *(make impression)* überwältigen.
overbalance [əʊvə'bæləns] *vi* Übergewicht bekommen.
overbearing [əʊvə'beərɪŋ] *a* aufdringlich.
overboard ['əʊvəbɔ:d] *ad* über Bord.
overcast ['əʊvəkɑ:st] *a* bedeckt.
overcharge ['əʊvə'tʃɑ:dʒ] *vt* zuviel verlangen von.
overcoat ['əʊvəkəʊt] *n* Mantel *m.*
overcome [əʊvə'kʌm] *vt irreg* überwinden; *(sleep, emotion)* übermannen; **~ by the song** vom Lied gerührt.
overcrowded [əʊvə'kraʊdɪd] *a* überfüllt.
overcrowding [əʊvə'kraʊdɪŋ] *n* Überfüllung *f.*

overdo [əʊvə'du:] *vt irreg (cook too much)* verkochen; *(exaggerate)* übertreiben.
overdose ['əʊvədəʊs] *n* Überdosis *f.*
overdraft ['əʊvədrɑ:ft] *n* (Konto)überziehung *f;* **to have an ~** sein Konto überzogen haben.
overdrawn ['əʊvə'drɔ:n] *a account* überzogen.
overdrive ['əʊvədraɪv] *n (Aut)* Schnellgang *m.*
overdue ['əʊvə'dju:] *a* überfällig.
overenthusiastic ['əʊvərɪnθju:zɪ'æstɪk] *a* zu begeistert.
overestimate ['əʊvər'estɪmeɪt] *vt* überschätzen.
overexcited ['əʊvərɪk'saɪtɪd] *a* überreizt; *children* aufgeregt.
overexertion ['əʊvərɪg'zɜ:ʃən] *n* Überanstrengung *f.*
overexpose ['əʊvərɪks'pəʊz] *vt (Phot)* überbelichten.
overflow [əʊvə'fləʊ] *vi* überfließen; ['əʊvəfləʊ] *n (excess)* Überschuß *m; (outlet)* Überlauf *m.*
overgrown ['əʊvə'grəʊn] *a garden* verwildert.
overhaul [əʊvə'hɔ:l] *vt car* überholen; *plans* überprüfen; ['əʊvəhɔ:l] *n* Überholung *f.*
overhead ['əʊvəhed] *a* Hoch-; *wire* oberirdisch; *lighting* Decken-; ['əʊvə'hed] *ad* oben; **~s** *pl* allgemeine Unkosten *pl.*
overhear [əʊvə'hɪə*] *vt irreg* (mit an)hören.
overjoyed [əʊvə'dʒɔɪd] *a* überglücklich.
overland ['əʊvəlænd] *a* Überland-; [əʊvə'lænd] *ad travel* über Land.
overlap [əʊvə'læp] *vi* sich überschneiden; *(objects)* sich teilweise decken; ['əʊvəlæp] *n* Überschneidung *f.*
overload ['əʊvə'ləʊd] *vt* überladen.
overlook [əʊvə'lʊk] *vt (view from above)* überblicken; *(not to notice)* übersehen; *(pardon)* hinwegsehen über *(+acc).*
overlord ['əʊvəlɔ:d] *n* Lehnsherr *m.*
overnight ['əʊvə'naɪt] *a journey* Nacht-; *ad* über Nacht; **~ bag** Reisetasche *f;* **~ stay** Übernachtung *f.*
overpass ['əʊvəpɑ:s] *n* Überführung *f.*
overpower [əʊvə'paʊə*] *vt* überwältigen; **~ing** *a* überwältigend.
overrate ['əʊvə'reɪt] *vt* überschätzen.
override [əʊvə'raɪd] *vt irreg order, decision* aufheben; *objection* übergehen.
overriding [əʊvə'raɪdɪŋ] *a* Haupt-, vorherrschend.
overrule [əʊvə'ru:l] *vt* verwerfen; **we were ~d** unser Vorschlag wurde verworfen.
overseas ['əʊvə'si:z] *ad* nach/in Übersee; *a* überseeisch, Übersee-.
overseer ['əʊvəsɪə*] *n* Aufseher *m.*
overshadow [əʊvə'ʃædəʊ] *vt* überschatten.
overshoot ['əʊvə'ʃu:t] *vt irreg runway* hinausschießen über *(+acc).*
oversight ['əʊvəsaɪt] *n (mistake)* Versehen *nt.*
oversimplify ['əʊvə'sɪmplɪfaɪ] *vt* zu sehr vereinfachen.
oversleep ['əʊvə'sli:p] *vi irreg* verschlafen.
overspill ['əʊvəspɪl] *n* (Bevölkerungs)überschuß *m.*
overstate ['əʊvə'steɪt] *vt* übertreiben; **~ment** Übertreibung *f.*
overt [əʊ'vɜ:t] *a* offen(kundig).
overtake [əʊvə'teɪk] *vti irreg* überholen.
overthrow [əʊvə'θrəʊ] *vt irreg (Pol)* stürzen.
overtime ['əʊvətaɪm] *n* Überstunden *pl.*
overtone ['əʊvətəʊn] *n (fig)* Note *f.*
overture ['əʊvətjʊə*] *n* Ouvertüre *f;* **~s** *pl (fig)* Angebot *nt.*
overturn [əʊvə'tɜ:n] *vti* umkippen.
overweight ['əʊvə'weɪt] *a* zu dick, zu schwer.
overwhelm [əʊvə'welm] *vt* überwältigen; **~ing** *a* überwältigend.
overwork ['əʊvə'wɜ:k] *n* Überarbeitung *f; vt* überlasten; *vi* sich überarbeiten.
overwrought ['əʊvə'rɔ:t] *a* überreizt.
owe [əʊ] *vt* schulden; **to ~ sth to sb** *money* jdm etw schulden; *favour etc* jdm etw verdanken.
owing to ['əʊɪŋ'tu:] *prep* wegen *(+gen).*
owl [aʊl] *n* Eule *f.*
own [əʊn] *vt* besitzen; *(admit)* zugeben; **who ~s that?** wem gehört das?; *a* eigen; **I have money of my ~** ich habe selbst Geld; *n* Eigentum *nt;* **all my ~** mein Eigentum; **on one's ~** allein; **~ up** *vi* zugeben *(to sth* etw *acc);* **~er** Besitzer(in *f*) *m,* Eigentümer(in *f*) *m;* **~ership** Besitz *m.*
ox [ɒks] *n* Ochse *m.*
oxide ['ɒksaɪd] *n* Oxyd *nt.*
oxtail ['ɒksteɪl] *n:* **~ soup** Ochsenschwanzsuppe *f.*
oxyacetylene ['ɒksɪə'setɪli:n] *a* Azetylensauerstoff-.
oxygen ['ɒksɪdʒən] *n* Sauerstoff *m;* **~ mask** Sauerstoffmaske *f;* **~ tent** Sauerstoffzelt *nt.*
oyster ['ɔɪstə*] *n* Auster *f.*
ozone ['əʊzəʊn] *n* Ozon *nt.*

P

P, p [pi:] *n* P *nt,* p *nt.*
pa [pɑ:] *n (col)* Papa *m.*
pace [peɪs] *n* Schritt *m; (speed)* Geschwindigkeit *f,* Tempo *nt; vi* schreiten; **to keep ~ with** Schritt halten mit; **~-maker** Schrittmacher *m.*
pacification [pæsɪfɪ'keɪʃən] *n* Befriedung *f.*
pacifism ['pæsɪfɪzəm] *n* Pazifismus *m.*
pacifist ['pæsɪfɪst] *n* Pazifist *m.*
pacify ['pæsɪfaɪ] *vt* befrieden; *(calm)* beruhigen.
pack [pæk] *n* Packen *m; (of wolves)* Rudel *nt; (of hounds)* Meute *f; (of cards)* Spiel *nt; (gang)* Bande *f; vti case* packen; *clothes* einpacken; **~age** Paket *nt;* **~age tour** Pauschalreise; *f;* **~et** Päckchen *nt;* **~horse** Packpferd *nt;* **~ ice** Packeis *nt;* **~ing** *(action)* Packen *nt; (material)* Verpackung *f;* **~ing case** (Pack)kiste *f.*
pact [pækt] *n* Pakt *m,* Vertrag *m.*
pad [pæd] *n (of paper)* (Schreib)block *m;*

(for inking) Stempelkissen *nt;* *(padding)* Polster *nt; vt* polstern.
paddle ['pædl] *n* Paddel *nt; vt boat* paddeln; *vi (in sea)* plantschen.
paddling pool ['pædlıŋ pu:l] *n* Plantschbecken *nt.*
paddock ['pædək] *n* Koppel *f.*
paddy ['pædı] *n* ~ **field** Reisfeld *nt.*
padlock ['pædlɒk] *n* Vorhängeschloß *nt.*
padre ['pa:drı] *n* Militärgeistliche(r) *m.*
paediatrics [pi:dı'ætrıks] *n* Kinderheilkunde *f.*
pagan ['peıgən] *a* heidnisch.
page [peıdʒ] *n* Seite *f; (person)* Page *m; vt (in hotel etc)* ausrufen lassen.
pageant ['pædʒənt] *n* Festzug *m;* ~**ry** Gepränge *nt.*
pagoda [pə'gəʊdə] *n* Pagode *f.*
pail [peıl] *n* Eimer *m.*
pain [peın] *n* Schmerz *m,* Schmerzen *pl;* ~**s** *pl (efforts)* große Mühe *f,* große Anstrengungen *pl;* **to be at** ~**s to do sth** sich *(dat)* Mühe geben, etw zu tun; ~**ed** *a expression* gequält; ~**ful** *a (physically)* schmerzhaft; *(embarrassing)* peinlich; *(difficult)* mühsam; ~**-killing drug** schmerzstillende(s) Mittel *nt;* ~**less** *a* schmerzlos; ~**staking** *a* gewissenhaft.
paint [peınt] *n* Farbe *f; vt* anstreichen; *picture* malen; ~**brush** Pinsel *m;* ~**er** Maler *m; (decorator)* Maler *m,* Anstreicher *m;* ~**ing** *(act)* Malen *nt; (Art)* Malerei *f; (picture)* Bild *nt,* Gemälde *nt.*
pair [pɛə*] *n* Paar *nt;* ~ **of scissors** Schere *f;* ~ **of trousers** Hose *f.*
pajamas *(US)* [pə'dʒɑ:məz] *npl* Schlafanzug *m.*
pal [pæl] *n (col)* Kumpel *m; (woman)* (gute) Freundin *f.*
palace ['pæləs] *n* Palast *m,* Schloß *nt.*
palatable ['pælətəbl] *a* schmackhaft.
palate ['pælıt] *n* Gaumen *m; (taste)* Geschmack *m.*
palaver [pə'lɑ:və*] *n (col)* Theater *nt.*
pale [peıl] *a face* blaß, bleich; *colour* hell, blaß; ~**ness** Blässe *f.*
palette ['pælıt] *n* Palette *f.*
palisade [pælı'seıd] *n* Palisade *f.*
pall [pɔ:l] *n* Bahr- *or* Leichentuch *nt; (of smoke)* (Rauch)wolke *f; vi* jeden Reiz verlieren, verblassen; ~**bearer** Sargträger *m.*
pallid ['pælıd] *a* blaß, bleich.
pally ['pælı] *a (col)* befreundet.
palm [pɑ:m] *n (of hand)* Handfläche *f; (also* ~ **tree***)* Palme *f;* ~**ist** Handleserin *f;* **P**~ **Sunday** Palmsonntag *m.*
palpable ['pælpəbl] *a (lit, fig)* greifbar.
palpably ['pælpəblı] *ad* offensichtlich.
palpitation [pælpı'teıʃən] *n* Herzklopfen *nt.*
paltry ['pɔ:ltrı] *a* armselig.
pamper ['pæmpə*] *vt* verhätscheln.
pamphlet ['pæmflət] *n* Broschüre *f.*
pan [pæn] *n* Pfanne *f; vi (Cine)* schwenken.
pan- [pæn] *pref* Pan-, All-.
panacea [pænə'sıə] *n (fig)* Allheilmittel *nt.*
panache [pə'næʃ] *n* Schwung *m.*
pancake ['pænkeık] *n* Pfannkuchen *m.*
panda ['pændə] *n* Panda *m.*
pandemonium [pændı'məʊnıəm] *n* Hölle *f; (noise)* Höllenlärm *m.*
pander ['pændə*] *vi* sich richten *(to* nach*).*
pane [peın] *n* (Fenster)scheibe *f.*
panel ['pænl] *n (of wood)* Tafel *f; (TV)* Diskussionsteilnehmer *pl;* ~**ing** *(US),* ~**ling** Täfelung *f.*
pang [pæŋ] *n* Stich *m,* Qual *f;* ~**s of conscience** Gewissensbisse *pl.*
panic ['pænık] *n* Panik *f; a* panisch; *vi* von panischem Schrecken erfaßt werden, durchdrehen; **don't** ~ (nur) keine Panik; ~**ky** *a person* überängstlich.
pannier ['pænıə*] *n* (Trage)korb *m; (on bike)* Satteltasche *f.*
panorama [pænə'rɑ:mə] *n* Rundblick *m,* Panorama *nt.*
panoramic [pænə'ræmık] *a* Panorama-.
pansy ['pænzı] *n (flower)* Stiefmütterchen *nt; (col)* Schwule(r) *m.*
pant [pænt] *vi* keuchen; *(dog)* hecheln.
pantechnicon [pæn'teknıkən] *n* Möbelwagen *m.*
panther ['pænθə*] *n* Panther *m.*
panties ['pæntız] *npl* (Damen)slip *m.*
pantomime ['pæntəmaım] *n* Märchenkomödie *f* um Weihnachten.
pantry ['pæntrı] *n* Vorratskammer *f.*
pants [pænts] *npl* Unterhose *f; (trousers)* Hose *f.*
papal ['peıpəl] *a* päpstlich.
paper ['peıpə*] *n* Papier *nt; (newspaper)* Zeitung *f; (essay)* Vortrag *m,* Referat *nt; a* Papier-, aus Papier; *vt wall* tapezieren; ~**s** *pl (identity)* Ausweis(papiere *pl*) *m;* ~**back** Taschenbuch *nt;* ~ **bag** Tüte *f;* ~ **clip** Büroklammer *f;* ~**weight** Briefbeschwerer *m;* ~**work** Schreibarbeit *f.*
papier-mâché ['pæpıeı'mæʃeı] *n* Papiermaché *nt.*
paprika ['pæprıkə] *n* Paprika *m.*
papyrus [pə'paıərəs] *n* Papyrus *m.*
par [pɑ:*] *n (Comm)* Nennwert *m; (Golf)* Par *nt;* **on a** ~ **with** ebenbürtig *(+dat);* **to be on a** ~ **with sb** sich mit jdm messen können; **below** ~ unter (jds) Niveau.
parable ['pærəbl] *n* Parabel *f; (Rel)* Gleichnis *nt.*
parachute ['pærəʃu:t] *n* Fallschirm *m; vi* (mit dem Fallschirm) abspringen.
parachutist ['pærəʃu:tıst] *n* Fallschirmspringer *m.*
parade [pə'reıd] *n* Parade *f; vt* aufmarschieren lassen; *vi* paradieren, vorbeimarschieren.
paradise ['pærədaıs] *n* Paradies *nt.*
paradox ['pærədɒks] *n* Paradox *nt;* ~**ical** [pærə'dɒksıkəl] *a* paradox, widersinnig; ~**ically** [pærə'dɒksıkəlı] *ad* paradoxerweise.
paraffin ['pærəfın] *n* Paraffin *nt.*
paragraph ['pærəgrɑ:f] *n* Absatz *m,* Paragraph *m.*
parallel ['pærəlel] *a* parallel; *n* Parallele *f.*
paralysis [pə'ræləsıs] *n* Lähmung *f.*
paralyze ['pærəlaız] *vt* lähmen.
paramount ['pærəmaʊnt] *a* höchste(r, s), oberste(r, s).

paranoia [pærə'nɔɪə] *n* Paranoia *f*.

parapet ['pærəpɪt] *n* Brüstung *f*.

paraphernalia ['pærəfə'neɪlɪə] *n* Zubehör *nt*, Utensilien *pl*.

paraphrase ['pærəfreɪz] *vt* umschreiben.

paraplegic [pærə'pli:dʒɪk] *n* Querschnittsgelähmte(r) *mf*.

parasite ['pærəsaɪt] *n (lit, fig)* Schmarotzer *m*, Parasit *m*.

parasol ['pærəsɒl] *n* Sonnenschirm *m*.

paratrooper ['pærətru:pə*] *n* Fallschirmjäger *m*.

parcel ['pɑ:sl] *n* Paket *nt*; *vt (also* **~ up***)* einpacken.

parch [pɑ:tʃ] *vt* (aus)dörren; **I'm ~ed** ich bin am Verdursten.

parchment ['pɑ:tʃmənt] *n* Pergament *nt*.

pardon ['pɑ:dn] *n* Verzeihung *f*; *vt (Jur)* begnadigen; **~ me!, I beg your ~!** verzeihen Sie bitte!; *(objection)* aber ich bitte Sie!; **~ me?** *(US)*, **(I beg your) ~?** wie bitte?

parent ['pɛərənt] *n* Elternteil *m*; **~al** [pə'rentl] *a* elterlich, Eltern-; **~hood** Elternschaft *f*; **~s** *pl* Eltern *pl*; **~ ship** Mutterschiff *nt*.

parenthesis [pə'renθɪsɪs] *n* Klammer *f*; *(sentence)* Parenthese *f*.

parish ['pærɪʃ] *n* Gemeinde *f*; **~ioner** [pə'rɪʃənə*] Gemeindemitglied *nt*.

parity ['pærɪtɪ] *n (Fin)* Umrechnungskurs *m*, Parität *f*.

park [pɑ:k] *n* Park *m*; *vti* parken; **~ing** Parken *nt*; **'no ~ing'** Parken verboten; **~ing lot** *(US)* Parkplatz *m*; **~ing meter** Parkuhr *f*; **~ing place** Parkplatz *m*.

parliament ['pɑ:ləmənt] *n* Parlament *nt*; **~ary** [pɑ:lə'mentərɪ] *a* parlamentarisch, Parlaments-.

parlour, *(US)* **parlor** ['pɑ:lə*] *n* Salon *m*, Wohnzimmer *nt*.

parlous ['pɑ:ləs] *a state* schlimm.

parochial [pə'rəʊkɪəl] *a* Gemeinde-, gemeindlich; *(narrow-minded)* eng(stirnig), Provinz-.

parody ['pærədɪ] *n* Parodie *f*; *vt* parodieren.

parole [pə'rəʊl] *n*: **on ~** *(prisoner)* auf Bewährung.

parquet ['pɑ:keɪ] *n* Parkett(fußboden *m*) *nt*.

parrot ['pærət] *n* Papagei *m*; **~ fashion** *ad* wie ein Papagei.

parry ['pærɪ] *vt* parieren, abwehren.

parsimonious *a*, **~ly** *ad* [pɑ:sɪ'məʊnɪəs, -lɪ] knauserig.

parsley ['pɑ:slɪ] *n* Petersilie *m*.

parsnip ['pɑ:snɪp] *n* Pastinake *f*, Petersilienwurzel *f*.

parson ['pɑ:sn] *n* Pfarrer *m*.

part [pɑ:t] *n (piece)* Teil *m*, Stück *nt*; *(Theat)* Rolle *f*; *(of machine)* Teil *nt*; *a* Teil-; *ad* = **partly**; *vt* trennen; *hair* scheiteln; *vi (people)* sich trennen, Abschied nehmen; **for my ~** ich für meinen Teil; **for the most ~** meistens, größtenteils; **~ with** *vt* hergeben; *(renounce)* aufgeben; **in ~ exchange** in Zahlung; **~ial** ['pɑ:ʃəl] *a (incomplete)* teilweise, Teil-; *(biased)* eingenommen, parteiisch; *eclipse* partiell; **to be ~ial to** eine (besondere) Vorliebe haben für; **~ially** ['pɑ:ʃəlɪ] *ad* teilweise, zum Teil.

participate [pɑ:'tɪsɪpeɪt] *vi* teilnehmen *(in* an *+dat)*.

participation [pɑ:tɪsɪ'peɪʃən] *n* Teilnahme *f*; *(sharing)* Beteiligung *f*.

participle ['pɑ:tɪsɪpl] *n* Partizip *nt*, Mittelwort *nt*.

particular [pə'tɪkjʊlə*] *a* bestimmt, speziell; *(exact)* genau; *(fussy)* eigen; *n* Einzelheit *f*; **~s** *pl (details)* Einzelheiten *pl*; Personalien *pl*; **~ly** *ad* besonders.

parting ['pɑ:tɪŋ] *n (separation)* Abschied *m*, Trennung *f*; *(of hair)* Scheitel *m*; *a* Abschieds-.

partisan [pɑ:tɪ'zæn] *n* Parteigänger *m*; *(guerrilla)* Partisan *m*; *a* Partei-; Partisanen-.

partition [p :'tɪʃən] *n (wall)* Trennwand *f*; *(division)* Teilung *f*.

partly ['pɑ:tlɪ] *ad* zum Teil, teilweise.

partner ['pɑ:tnə*] *n* Partner *m*; *(Comm also)* Gesellschafter *m*, Teilhaber *m*; *vt* der Partner sein von; **~ship** Partnerschaft *f*, Gemeinschaft *f*; *(Comm)* Teilhaberschaft *f*.

partridge ['pɑ:trɪdʒ] *n* Rebhuhn *nt*.

part-time ['pɑ:t'taɪm] *a (half-day only)* halbtägig, Halbtags-; *(part of the week only)* nebenberuflich; *ad* halbtags; nebenberuflich.

party ['pɑ:tɪ] *n (Pol, Jur)* Partei *f*; *(group)* Gesellschaft *f*; *(celebration)* Party *f*; *a dress* Gesellschafts-, Party-; *politics* Partei-.

pass [pɑ:s] *vt* vorbeikommen an *(+dat)*; *(on foot)* vorbeigehen an *(+dat)*; vorbeifahren an *(+dat)*; *(surpass)* übersteigen; *(hand on)* weitergeben; *(approve)* gelten lassen, genehmigen; *time* verbringen; *exam* bestehen; *vi (go by)* vorbeigehen; vorbeifahren; *(years)* vergehen; *(be successful)* bestehen; *n (in mountains)* Paß *m*; *(permission)* Durchgangs- *or* Passierschein *m*; *(Sport)* Paß *m*, Abgabe *f*; *(in exam)* Bestehen *nt*; **to get a ~** bestehen; **~ away** *vi (euph)* verscheiden; **~ by** *vi* vorbeigehen; vorbeifahren; *(years)* vergehen; **~ for** *vi* gehalten werden für; **~ out** *vi (faint)* ohnmächtig werden; **~able** *a road* passierbar, befahrbar; *(fairly good)* passabel, leidlich; **~ably** *ad* leidlich, ziemlich; **~age** ['pæsɪdʒ] *(corridor)* Gang *m*, Korridor *m*; *(in book)* (Text)stelle *f*; *(voyage)* Überfahrt *f*; **~ageway** Passage *f*, Durchgang *m*.

passenger ['pæsɪndʒə*] *n* Passagier *m*; *(on bus)* Fahrgast *m*; *(in aeroplane also)* Fluggast *m*.

passer-by ['pɑ:sə'baɪ] *n* Passant(in *f*) *m*.

passing ['pɑ:sɪŋ] *n (death)* Ableben *nt*; *a car* vorbeifahrend; *thought, affair* momentan; **in ~** en passant.

passion ['pæʃən] *n* Leidenschaft *f*; **~ate** *a*, **~ately** *ad* leidenschaftlich.

passive ['pæsɪv] *n* Passiv *nt*; *a* Passiv-, passiv.

Passover ['pɑ:səʊvə*] *n* Passahfest *nt*.

passport ['pɑ:spɔ:t] *n* (Reise)paß *m*.

password ['pɑ:swɜ:d] *n* Parole *f*, Kennwort *nt*, Losung *f*.
past [pɑ:st] *n* Vergangenheit *f*; *ad* vorbei; *prep* **to go ~ sth** an etw *(dat)* vorbeigehen; **to be ~ 10** *(with age)* über 10 sein; *(with time)* nach 10 sein; *a years* vergangen; *president etc* ehemalig.
paste [peɪst] *n (for pastry)* Teig *m*; *(fish — etc)* Paste *f*; *(glue)* Kleister *m*; *vt* kleben; *(put — on)* mit Kleister bestreichen.
pastel ['pæstəl] *a colour* Pastell-.
pasteurized ['pæstəraɪzd] *a* pasteurisiert.
pastille ['pæstɪl] *n* Pastille *f*.
pastime ['pɑ:staɪm] *n* Hobby *nt*, Zeitvertreib *m*.
pastor ['pɑ:stə*] *n* Pastor *m*, Pfarrer *m*.
pastoral ['pɑ:stərəl] *a literature* Schäfer-, Pastoral-.
pastry ['peɪstrɪ] *n* Blätterteig *m*; *(tarts etc)* Stückchen *pl*; Tortengebäck *nt*.
pasture ['pɑ:stʃə*] *n* Weide *f*.
pasty ['pæstɪ] *n* (Fleisch)pastete *f*; ['peɪstɪ] *a* bläßlich, käsig.
pat [pæt] *n* leichte(r) Schlag *m*, Klaps *m*; *vt* tätscheln.
patch [pætʃ] *n* Fleck *m*; *vt* flicken; **~ of fog** Nebelfeld *nt*; **a bad ~** eine Pechsträhne; **~work** Patchwork *nt*; **~y** *a (irregular)* ungleichmäßig.
pate [peɪt] *n* Schädel *m*.
patent ['peɪtənt] *n* Patent *nt*; *vt* patentieren lassen; *(by authorities)* patentieren; *a* offenkundig; **~ leather** Lackleder *nt*; **~ly** *ad* offensichtlich; **~ medicine** pharmazeutische(s) Präparat *nt*.
paternal [pə'tɜ:nl] *a* väterlich; **his ~ grandmother** seine Großmutter väterlicherseits; **~istic** [pətɜ:nə'lɪstɪk] *a* väterlich, onkelhaft.
paternity [pə'tɜ:nɪtɪ] *n* Vaterschaft *f*.
path [pɑ:θ] *n* Pfad *m*; Weg *m*; *(of the sun)* Bahn *f*.
pathetic *a*, **~ally** *ad* [pə'θetɪk, -lɪ] *(very bad)* kläglich; **it's ~** es ist zum Weinen.
pathological [pæθə'lɒdʒɪkəl] *a* krankhaft, pathologisch.
pathologist [pə'θɒlədʒɪst] *n* Pathologe *m*.
pathology [pə'θɒlədʒɪ] *n* Pathologie *f*.
pathos ['peɪθɒs] *n* Rührseligkeit *f*.
pathway ['pɑ:θweɪ] *n* Pfad *m*, Weg *m*.
patience ['peɪʃəns] *n* Geduld *f*; *(Cards)* Patience *f*.
patient ['peɪʃənt] *n* Patient(in *f*) *m*, Kranke(r) *mf*; *a*, **~ly** *ad* geduldig.
patio ['pætɪəʊ] *n* Innenhof *m*; *(outside)* Terrasse *f*.
patriotic [pætrɪ'ɒtɪk] *a* patriotisch.
patriotism ['pætrɪətɪzəm] *n* Patriotismus *m*.
patrol [pə'trəʊl] *n* Patrouille *f*; *(police)* Streife *f*; *vt* patrouillieren in *(+dat)*; *vi (police)* die Runde machen; *(Mil)* patrouillieren; **on ~** *(police)* auf Streife; **~ car** Streifenwagen *m*; **~man** *(US)* (Streifen)polizist *m*.
patron ['peɪtrən] *n (in shop)* (Stamm)kunde *m*; *(in hotel)* (Stamm)gast *m*; *(supporter)* Förderer *m*; **~age** ['pætrənɪdʒ] Förderung *f*; Schirmherrschaft *f*; *(Comm)* Kundschaft *f*; **~ize** *also* ['pætrənaɪz] *vt (support)* unterstützen; *shop* besuchen; ['pætrənaɪz] *(treat condescendingly)* von oben herab behandeln; **~izing** *a attitude* herablassend; **~ saint** Schutzheilige(r) *mf*, Schutzpatron(in *f*) *m*.
patter ['pætə*] *n (sound) (of feet)* Trappeln *nt*; *(of rain)* Prasseln *nt*; *(sales talk)* Art *f* zu reden, Gerede *nt*; *vi (feet)* trappeln; *(rain)* prasseln.
pattern ['pætən] *n* Muster *nt*; *(sewing)* Schnittmuster *nt*; *(knitting)* Strickanleitung *f*; *vt* **~ sth on sth** etw nach etw bilden.
paunch [pɔ:ntʃ] *n* dicke(r) Bauch *m*, Wanst *m*.
pauper ['pɔ:pə*] *n* Arme(r) *mf*.
pause [pɔ:z] *n* Pause *f*; *vi* innehalten.
pave [peɪv] *vt* pflastern; **to ~ the way for** den Weg bahnen für; **~ment** *(Brit)* Bürgersteig *m*.
pavilion [pə'vɪlɪən] *n* Pavillon *m*; *(Sport)* Klubhaus *nt*.
paving ['peɪvɪŋ] *n* Straßenpflaster *nt*.
paw [pɔ:] *n* Pfote *f*; *(of big cats)* Tatze *f*, Pranke *f*; *vt (scrape)* scharren; *(handle)* betatschen.
pawn [pɔ:n] *n* Pfand *nt*; *(chess)* Bauer *m*; *vt* versetzen, verpfänden; **~broker** Pfandleiher *m*; **~shop** Pfandhaus *nt*.
pay [peɪ] *n* Bezahlung *f*, Lohn *m*; **to be in sb's ~** von jdm bezahlt werden; *irreg vt* bezahlen; **it would ~ you to ...** es würde sich für dich lohnen, zu ...; **to ~ attention** achtgeben *(to* auf *+acc)*; *vi* zahlen; *(be profitable)* sich bezahlt machen; **it doesn't ~** es lohnt sich nicht; **~ for** *vt* bezahlen für; **~ up** *vi* bezahlen, seine Schulden begleichen; **~able** *a* zahlbar, fällig; **~day** Zahltag *m*; **~ee** [peɪ'i:] Zahlungsempfänger *m*; **~ing** *a* einträglich, rentabel; **~load** Nutzlast *f*; **~ment** Bezahlung *f*; **~ packet** Lohntüte *f*; **~roll** Lohnliste *f*.
pea [pi:] *n* Erbse *f*; **~ souper** *(col)* Suppe *f*, Waschküche *f*.
peace [pi:s] *n* Friede(n) *m*; **~able** *a*, **~ably** *ad* friedlich; **~ful** *a* friedlich, ruhig; **~-keeping** *a* Friedens-; **~-keeping role** Vermittlerrolle *f*; **~ offering** Friedensangebot *nt*; **~time** Friede(n) *m*.
peach [pi:tʃ] *n* Pfirsich *m*.
peacock ['pi:kɒk] *n* Pfau *m*.
peak [pi:k] *n* Spitze *f*; *(of mountain)* Gipfel *m*; *(fig)* Höhepunkt *m*; *(of cap)* (Mützen)schirm *m*; **~ period** Stoßzeit *f*, Hauptzeit *f*.
peal [pi:l] *n* (Glocken)läuten *nt*.
peanut ['pi:nʌt] *n* Erdnuß *f*; **~ butter** Erdnußbutter *f*.
pear [pεə*] *n* Birne *f*.
pearl [pɜ:l] *n* Perle *f*.
peasant ['pezənt] *n* Bauer *m*.
peat [pi:t] *n* Torf *m*.
pebble ['pebl] *n* Kiesel *m*.
peck [pek] *vti* picken; *n (with beak)* Schnabelhieb *m*; *(kiss)* flüchtige(r) Kuß *m*; **~ish** *a (col)* ein bißchen hungrig.
peculiar [pɪ'kju:lɪə*] *a (odd)* seltsam; **~ to** charakteristisch für; **~ity** [pɪkju:lɪ'ærɪtɪ] *(singular quality)* Besonderheit *f*; *(strange-*

ness) Eigenartigkeit *f;* **~ly** *ad* seltsam; *(especially)* besonders.
pecuniary [pɪ'kju:nɪərɪ] *a* Geld-, finanziell, pekuniär.
pedal ['pedl] *n* Pedal *nt; vti (cycle)* fahren, radfahren.
pedant ['pedənt] *n* Pedant *m.*
pedantic [pɪ'dæntɪk] *a* pedantisch.
pedantry ['pedəntrɪ] *n* Pedanterie *f.*
peddle ['pedl] *vt* hausieren gehen mit.
pedestal ['pedɪstl] *n* Sockel *m.*
pedestrian [pɪ'destrɪən] *n* Fußgänger *m; a* Fußgänger-; *(humdrum)* langweilig; **~ crossing** Fußgängerüberweg *m;* **~ precinct** Fußgängerzone *f.*
pediatrics [pi:dɪ'ætrɪks] *n (US)* = **paediatrics.**
pedigree ['pedɪgri:] *n* Stammbaum *m; a animal* reinrassig, Zucht-.
pee [pi:] *vi (col)* pissen, pinkeln.
peek [pi:k] *n* flüchtige(r) Blick *m: vi* gucken.
peel [pi:l] *n* Schale *f; vt* schälen; *vi (paint etc)* abblättern; *(skin)* sich schälen; **~ings** *pl* Schalen *pl.*
peep [pi:p] *n (look)* neugierige(r) Blick *m; (sound)* Piepsen *nt; vi (look)* neugierig gucken; **~hole** Guckloch *nt.*
peer [pɪə*] *vi* spähen; angestrengt schauen *(at* auf *+acc); (peep)* gucken; *n (nobleman)* Peer *m; (equal)* Ebenbürtige(r) *m;* **his ~s** seinesgleichen; **~age** Peerswürde *f;* **~less** *a* unvergleichlich.
peeve [pi:v] *vt (col)* verärgern; **~d** *a* ärgerlich; *person* sauer.
peevish ['pi:vɪʃ] *a* verdrießlich, brummig; **~ness** Verdrießlichkeit *f.*
peg [peg] *n* Stift *m; (hook)* Haken *m; (stake)* Pflock *m;* **clothes ~** Wäscheklammer *f;* **off the ~** von der Stange.
pejorative [pɪ'dʒɒrɪtɪv] *a* pejorativ, herabsetzend.
pekinese [pi:kɪ'ni:z] *n* Pekinese *m.*
pelican ['pelɪkən] *n* Pelikan *m.*
pellet ['pelɪt] *n* Kügelchen *nt.*
pelmet ['pelmɪt] *n* Blende *f,* Schabracke *f.*
pelt [pelt] *vt* bewerfen; *n* Pelz *m,* Fell *nt;* **~ down** *vi* niederprasseln.
pelvis ['pelvɪs] *n* Becken *nt.*
pen [pen] *n (fountain —)* Federhalter *m; (ball-point)* Kuli *m; (for sheep)* Pferch *m;* **have you got a ~?** haben Sie etwas zum Schreiben?
penal ['pi:nl] *a* Straf-; **~ize** *vt (make punishable)* unter Strafe stellen; *(punish)* bestrafen; *(disadvantage)* benachteiligen; **~ty** ['penəltɪ] Strafe *f; (Ftbl)* Elfmeter *m;* **~ty area** Strafraum *m;* **~ty kick** Elfmeter *m.*
penance ['penəns] *n* Buße *f.*
pence [pens] *npl (pl of penny)* Pence *pl.*
penchant [pɑ̃:ŋʃɑ̃:ŋ] *n* Vorliebe *f,* Schwäche *f.*
pencil ['pensl] *n* Bleistift *m;* **~ sharpener** Bleistiftspitzer *m.*
pendant ['pendənt] *n* Anhänger *m.*
pending ['pendɪŋ] *prep* bis (zu); *a* unentschieden, noch offen.
pendulum ['pendjuləm] *n* Pendel *nt.*
penetrate ['penɪtreɪt] *vt* durchdringen; *(enter into)* eindringen in *(+acc).*
penetrating ['penɪtreɪtɪŋ] *a* durchdringend; *analysis* scharfsinnig.
penetration [penɪ'treɪʃən] *n* Durchdringen *nt;* Eindringen *nt.*
penfriend ['penfrend] *n* Brieffreund(in *f*) *m.*
penguin ['peŋgwɪn] *n* Pinguin *m.*
penicillin [penɪ'sɪlɪn] *n* Penizillin *nt.*
peninsula [pɪ'nɪnsjulə] *n* Halbinsel *f.*
penis ['pi:nɪs] *n* Penis *m,* männliche(s) Glied *nt.*
penitence ['penɪtəns] *n* Reue *f.*
penitent ['penɪtənt] *a* reuig; **~iary** [penɪ'tenʃərɪ] *(US)* Zuchthaus *nt.*
penknife ['pennaɪf] *n* Federmesser *nt.*
pen name ['pen'neɪm] *n* Pseudonym *nt.*
pennant ['penənt] *n* Wimpel *m; (official —)* Stander *m.*
penniless ['penɪləs] *a* mittellos, ohne einen Pfennig.
penny ['penɪ] *n* Penny *m.*
pension ['penʃən] *n* Rente *f; (for civil servants, executives etc)* Ruhegehalt *nt,* Pension *f;* **~able** *a person* pensionsberechtigt; *job* mit Renten- *or* Pensionsanspruch; **~er** Rentner(in *f*) *m; (civil servant, executive)* Pensionär *m;* **~ fund** Rentenfonds *m.*
pensive ['pensɪv] *a* nachdenklich.
pentagon ['pentəgən] *n* Fünfeck *nt.*
Pentecost ['pentɪkɒst] *n* Pfingsten *pl or nt.*
penthouse ['penthaus] *n* Dachterrassenwohnung *f.*
pent-up ['pentʌp] *a feelings* angestaut.
penultimate [pɪ'nʌltɪmət] *a* vorletzte(r, s).
people ['pi:pl] *n (nation)* Volk *nt; (inhabitants)* Bevölkerung *f; (persons)* Leute *pl;* **~ think** man glaubt; *vt* besiedeln.
pep [pep] *n (col)* Schwung *m,* Schmiß *m;* **~ up** *vt* aufmöbeln.
pepper ['pepə*] *n* Pfeffer *m; (vegetable)* Paprika *m; vt (pelt)* bombardieren; **~mint** *(plant)* Pfefferminze *f; (sweet)* Pfefferminz *nt.*
peptalk ['peptɔ:k] *n (col)* Anstachelung *f.*
per [pɜ:*] *prep* pro; **~ annum** pro Jahr; **~ cent** Prozent *nt.*
perceive [pə'si:v] *vt (realize)* wahrnehmen, spüren; *(understand)* verstehen.
percentage [pə'sentɪdʒ] *n* Prozentsatz *m.*
perceptible [pə'septəbl] *a* merklich, wahrnehmbar.
perception [pə'sepʃən] *n* Wahrnehmung *f; (insight)* Einsicht *f.*
perceptive [pə'septɪv] *a person* aufmerksam; *analysis* tiefgehend.
perch [pɜ:tʃ] *n* Stange *f; (fish)* Flußbarsch *m; vi* sitzen, hocken.
percolator ['pɜ:kəleɪtə*] *n* Kaffeemaschine *f.*
percussion [pɜ:'kʌʃən] *n (Mus)* Schlagzeug *nt.*
peremptory [pə'remptərɪ] *a* schroff.
perennial [pə'renɪəl] *a* wiederkehrend; *(everlasting)* unvergänglich; *n* perennierende Pflanze *f.*
perfect ['pɜ:fɪkt] *a* vollkommen; *crime,*

solution perfekt; *(Gram)* vollendet; *n* *(Gram)* Perfekt *nt;* [pə'fekt] *vt* vervollkommnen; **~ion** [pə'fekʃən] Vollkommenheit *f,* Perfektion *f;* **~ionist** [pə'fekʃənist] Perfektionist *m;* **~ly** *ad* vollkommen, perfekt; *(quite)* ganz, einfach.

perforate ['pɜ:fəreɪt] *vt* durchlöchern; **~d** *a* durchlöchert, perforiert.

perforation [pɜ:fə'reɪʃən] *n* Perforation *f.*

perform [pə'fɔ:m] *vt (carry out)* durch- *or* ausführen; *task* verrichten; *(Theat)* spielen, geben; *vi (Theat)* auftreten; **~ance** Durchführung *f; (efficiency)* Leistung *f; (show)* Vorstellung *f;* **~er** Künstler(in *f*) *m;* **~ing** *a animal* dressiert.

perfume ['pɜ:fju:m] *n* Duft *m; (lady's)* Parfüm *nt.*

perfunctory [pə'fʌŋktərɪ] *a* oberflächlich, mechanisch.

perhaps [pə'hæps] *ad* vielleicht.

peril ['perɪl] *n* Gefahr *f;* **~ous** *a,* **~ously** *ad* gefährlich.

perimeter ['pə'rɪmɪtə*] *n* Peripherie *f; (of circle etc)* Umfang *m.*

period ['pɪərɪəd] *n* Periode *f,* Zeit *f; (Gram)* Punkt *m; (Med)* Periode *f; a costume* historisch; **~ic(al)** [pɪərɪ'ɒdɪk(əl)] *a* periodisch; **~ical** *n* Zeitschrift *f;* **~ically** [pɪərɪ'ɒdɪkəlɪ] *ad* periodisch.

peripheral [pə'rɪfərəl] *a* Rand-, peripher.

periphery [pə'rɪfərɪ] *n* Peripherie *f,* Rand *m.*

periscope ['perɪskəʊp] *n* Periskop *nt,* Sehrohr *nt.*

perish ['perɪʃ] *vi* umkommen; *(material)* unbrauchbar werden; *(fruit)* verderben; **~ the thought!** daran wollen wir nicht denken; **~able** *a fruit* leicht verderblich; **~ing** *a (col: cold)* eisig.

perjure ['pɜ:dʒə*] *vr:* **~ o.s.** einen Meineid leisten.

perjury ['pɜ:dʒərɪ] *n* Meineid *m.*

perk [pɜ:k] *n (col: fringe benefit)* Vorteil *m,* Vergünstigung *f;* **~ up** *vi* munter werden; *vt ears* spitzen; **~y** *a (cheerful)* keck.

perm [pɜ:m] *n* Dauerwelle *f.*

permanence ['pɜ:mənəns] *n* Dauer(haftigkeit) *f,* Beständigkeit *f.*

permanent *a,* **~ly** *ad* ['pɜ:mənənt, —lɪ] dauernd, ständig.

permissible [pə'mɪsəbl] *a* zulässig.

permission [pə'mɪʃən] *n* Erlaubnis *f,* Genehmigung *f.*

permissive [pə'mɪsɪv] *a* nachgiebig; *society etc* permissiv.

permit ['pɜ:mɪt] *n* Zulassung *f,* Erlaubnis(schein *m*) *f;* [pə'mɪt] *vt* erlauben, zulassen.

permutation [pɜ:mjʊ'teɪʃən] *n* Veränderung *f; (Math)* Permutation *f.*

pernicious [pɜ:'nɪʃəs] *a* schädlich.

perpendicular [pɜ:pən'dɪkjʊlə*] *a* senkrecht.

perpetrate ['pɜ:pɪtreɪt] *vt* begehen, verüben.

perpetual *a,* **~ly** *ad* [pə'petjʊəl, -ɪ] dauernd, ständig.

perpetuate [pə'petjʊeɪt] *vt* verewigen, bewahren.

perpetuity [pɜ:pɪ'tju:ɪtɪ] *n* Ewigkeit *f.*

perplex [pə'pleks] *vt* verblüffen; **~ed** *a* verblüfft, perplex; **~ing** *a* verblüffend; **~ity** Verblüffung *f.*

persecute ['pɜ:sɪkju:t] *vt* verfolgen.

persecution [pɜ:sɪ'kju:ʃən] *n* Verfolgung *f.*

perseverance [pɜ:sɪ'vɪərəns] *n* Ausdauer *f.*

persevere [pɜ:sɪ'vɪə*] *vi* beharren, durchhalten.

persist [pə'sɪst] *vi (in belief etc)* bleiben *(in* bei*); (rain, smell)* andauern; *(continue)* nicht aufhören; **~ence** Beharrlichkeit *f;* **~ent** *a,* **~ently** *ad* beharrlich; *(unending)* ständig.

person ['pɜ:sn] *n* Person *f,* Mensch *m; (Gram)* Person *f;* **on one's ~** bei sich; **in ~** persönlich; **~able** *a* gut aussehend; **~al** *a* persönlich; *(private)* privat; *(of body)* körperlich, Körper-; **~ality** [pɜ:sə'nælɪtɪ] Persönlichkeit *f;* **~ally** *ad* persönlich; **~ification** [pɜ:sɒnɪfɪ'keɪʃən] Verkörperung *f;* **~ify** [pɜ:'sɒnɪfaɪ] *vt* verkörpern, personifizieren.

personnel [pɜ:sə'nel] *n* Personal *nt; (in factory)* Belegschaft *f;* **~ manager** Personalchef *m.*

perspective [pə'spektɪv] *n* Perspektive *f.*

Perspex ® ['pɜ:speks] *n* Plexiglas ® *nt.*

perspicacity [pɜ:spɪ'kæsɪtɪ] *n* Scharfsinn *m.*

perspiration [pɜ:spə'reɪʃən] *n* Transpiration *f.*

perspire [pəs'paɪə*] *vi* transpirieren.

persuade [pə'sweɪd] *vt* überreden; *(convince)* überzeugen.

persuasion [pə'sweɪʒən] *n* Überredung *f;* Überzeugung *f.*

persuasive *a,* **~ly** *ad* [pə'sweɪsɪv, -lɪ] überzeugend.

pert [pɜ:t] *a* keck.

pertain [pɜ:'teɪn] *vt* gehören *(to* zu*).*

pertaining [pɜ:'teɪnɪŋ]: **~ to** betreffend *(+acc).*

pertinent ['pɜ:tɪnənt] *a* relevant.

perturb [pə'tɜ:b] *vt* beunruhigen.

perusal [pə'ru:zəl] *n* Durchsicht *f.*

peruse [pə'ru:z] *vt* lesen.

pervade [pɜ:'veɪd] *vt* erfüllen, durchziehen.

pervasive [pɜ:'veɪsɪv] *a* durchdringend; *influence etc* allgegenwärtig.

perverse *a,* **~ly** *ad* [pə'vɜ:s, -lɪ] pervers; *(obstinate)* eigensinnig; **~ness** Perversität *f;* Eigensinn *m.*

perversion [pə'vɜ:ʃən] *n* Perversion *f; (of justice)* Verdrehung *f.*

perversity [pə'vɜ:sɪtɪ] *n* Perversität *f.*

pervert ['pɜ:vɜ:t] *n* perverse(r) Mensch *m;* [pə'vɜ:t] *vt* verdrehen; *(morally) verderben.*

pessimism ['pesɪmɪzəm] *n* Pessimismus *m.*

pessimist ['pesɪmɪst] *n* Pessimist *m;* **~ic** [pesɪ'mɪstɪk] *a* pessimistisch.

pest [pest] *n* Plage *f; (insect)* Schädling *m; (fig) (person)* Nervensäge *f; (thing)* Plage *f.*

pester ['pestə*] *vt* plagen.

pesticide ['pestɪsaɪd] *n* Insektenvertilgungsmittel *nt.*

pestle ['pesl] *n* Stößel *m.*

pet [pet] *n (animal)* Haustier *nt; (person)* Liebling *m; vt* liebkosen, streicheln.
petal ['petl] *n* Blütenblatt *nt.*
peter out ['pi:tə aʊt] *vi* allmählich zu Ende gehen.
petite [pə'ti:t] *a* zierlich.
petition [pə'tɪʃən] *n* Bittschrift *f.*
petrel ['petrəl] *n* Sturmvogel *m.*
petrified ['petrɪfaɪd] *a* versteinert; *person* starr (vor Schreck).
petrify ['petrɪfaɪ] *vt* versteinern; *person* erstarren lassen.
petrol ['petrəl] *n (Brit)* Benzin *nt,* Kraftstoff *m;* **~engine** Benzinmotor *m;* **~eum** [pɪ'trəʊlɪəm] Petroleum *nt;* **~ pump** *(in car)* Benzinpumpe *f; (at garage)* Zapfsäule *f,* Tanksäule *f;* **~ station** Tankstelle *f;* **~ tank** Benzintank *m.*
petticoat ['petɪkəʊt] *n* Petticoat *m.*
pettifogging ['petɪfɒgɪŋ] *a* kleinlich.
pettiness ['petɪnəs] *n* Geringfügigkeit *f; (meanness)* Kleinlichkeit *f.*
petty ['petɪ] *a (unimportant)* geringfügig, unbedeutend; *(mean)* kleinlich; **~ cash** Portokasse *f;* **~ officer** Maat *m.*
petulant ['petjʊlənt] *a* leicht reizbar.
pew [pju:] *n* Kirchenbank *f.*
pewter ['pju:tə*] *n* Zinn *nt.*
phallic ['fælɪk] *a* phallisch, Phallus-.
phantom ['fæntəm] *n* Phantom *nt,* Geist *m.*
pharmacist ['fɑ:məsɪst] *n* Pharmazeut *m; (druggist)* Apotheker *m.*
pharmacy ['fɑ:məsɪ] *n* Pharmazie *f; (shop)* Apotheke *f.*
phase [feɪz] *n* Phase *f;* **~ out** *vt* langsam abbauen; *model* auslaufen lassen; *person* absetzen.
pheasant ['feznt] *n* Fasan *m.*
phenomenal *a,* **~ly** *ad* [fɪ'nɒmɪnl, -nəlɪ] phänomenal.
phenomenon [fɪ'nɒmɪnən] *n* Phänomen *nt;* **common ~** häufige Erscheinung *f.*
phial ['faɪəl] *n* Fläschchen *nt,* Ampulle *f.*
philanderer [fɪ'lændərə*] *n* Schwerenöter *m.*
philanthropic [fɪlən'θrɒpɪk] *a* philanthropisch.
philanthropist [fɪ'lænθrəpɪst] *n* Philanthrop *m,* Menschenfreund *m.*
philatelist [fɪ'lætəlɪst] *n* Briefmarkensammler *m,* Philatelist *m.*
philately [fɪ'lætəlɪ] *n* Briefmarkensammeln *nt,* Philatelie *f.*
philosopher [fɪ'lɒsəfə*] *n* Philosoph *m.*
philosophical [fɪlə'sɒfɪkəl] *a* philosophisch.
philosophize [fɪlɒsəfaɪz] *vi* philosophieren.
philosophy [fɪ'lɒsəfɪ] *n* Philosophie *f;* Weltanschauung *f.*
phlegm [flem] *n (Med)* Schleim *m; (calmness)* Gelassenheit *f;* **~atic** [fleg'mætɪk] *a* gelassen.
phobia ['fəʊbɪə] *n* krankhafte Furcht *f,* Phobie *f.*
phoenix ['fi:nɪks] *n* Phönix *m.*
phone [fəʊn] *(abbr of* **telephone***) n* Telefon *nt; vti* telefonieren, anrufen.
phonetics [fəʊ'netɪks] *n* Phonetik *f,* Laut(bildungs)lehre *f; pl* Lautschrift *f.*
phon(e)y ['fəʊnɪ] *a (col)* unecht; *excuse* faul; *money* gefälscht; *n (person)* Schwindler *m; (thing)* Fälschung; *(pound note)* Blüte *f.*
phonograph ['fəʊnəgrɑ:f] *n (US)* Grammophon *nt.*
phonology [fəʊ'nɒlədʒɪ] *n* Phonologie *f,* Lautlehre *f.*
phosphate ['fɒsfeɪt] *n* Phosphat *nt.*
phosphorus ['fɒsfərəs] *n* Phosphor *m.*
photo ['fəʊtəʊ] *n (abbr of* **photograph***)* Foto *nt.*
photocopier ['fəʊtəʊ'kɒpɪə*] *n* Kopiergerät *nt.*
photocopy ['fəʊtəʊkɒpɪ] *n* Fotokopie *f; vt* fotokopieren.
photoelectric ['fəʊtəʊɪ'lektrɪk] *a* fotoelektrisch.
photo finish ['fəʊtəʊ'fɪnɪʃ] *n* Zielfotografie *f.*
photogenic [fəʊtəʊ'dʒenɪk] *a* fotogen.
photograph ['fəʊtəgrɑ:f] *n* Fotografie *f,* Aufnahme *f; vt* fotografieren, aufnehmen; **~er** [fə'tɒgrəfə] Fotograf *m;* **~ic** ['fəʊtə'græfɪk] *a* fotografisch; **~y** [fə'tɒgrəfɪ] Fotografie *f,* Fotografieren *nt; (of film, book)* Aufnahmen *pl.*
photostat ['fəʊtəʊstæt] *n* Fotokopie *f.*
phrase [freɪz] *n* (kurzer) Satz *m; (Gram)* Phrase *f; (expression)* Redewendung *f,* Ausdruck *m; vt* ausdrücken, formulieren; **~ book** Sprachführer *m.*
physical *a,* **~ly** *ad* ['fɪzɪkəl, -ɪ] physikalisch; *(bodily)* körperlich, physisch; **~ training** Turnen *nt.*
physician [fɪ'zɪʃən] *n* Arzt *m.*
physicist ['fɪzɪsɪst] *n* Physiker(in *f*) *m.*
physics ['fɪzɪks] *n* Physik *f.*
physiology [fɪzɪ'ɒlədʒɪ] *n* Physiologie *f.*
physiotherapist [fɪzɪə'θerəpɪst] *n* Heilgymnast(in *f*) *m.*
physiotherapy [fɪzɪə'θerəpɪ] *n* Heilgymnastik *f,* Physiotherapie *f.*
physique [fɪ'zi:k] *n* Körperbau *m; (in health)* Konstitution *f.*
pianist ['pɪənɪst] *n* Pianist(in *f*) *m.*
piano ['pjɑ:nəʊ] *n* Klavier *nt,* Piano *nt;* **~-accordion** Akkordeon *nt.*
piccolo ['pɪkələʊ] *n* Pikkoloflöte *f.*
pick [pɪk] *n (tool)* Pickel *m; (choice)* Auswahl *f;* **the ~ of** das Beste von; *vt (gather)* (auf)lesen, sammeln; *fruit* pflücken; *(choose)* aussuchen; *(Mus)* zupfen; **to ~ one's nose** in der Nase bohren; **to ~ sb's pocket** jdm bestehlen; **to ~ at one's food** im Essen herumstochern; **~ on** *vt person* herumhacken auf *(+dat);* **why ~ on me?** warum ich?; **~ out** *vt* auswählen; **~ up** *vi (improve)* sich erholen; *vt (lift up)* aufheben; *(learn)* (schnell) mitbekommen; *word* aufschnappen; *(collect)* abholen; *girl* (sich *dat*) anlachen; *speed* gewinnen an *(+dat);* **~axe** Pickel *m.*
picket ['pɪkɪt] *n (stake)* Pfahl *m,* Pflock *m; (guard)* Posten *m; (striker)* Streikposten *m; vt factory* (Streik)posten aufstellen vor *(+dat); vi* (Streik)posten stehen; **~ing** Streikwache *f;* **~ line** Streikpostenlinie *f.*

pickle ['pɪkl] *n (salty mixture)* Pökel *m; (col)* Klemme *f; vt* (in Essig) einlegen; einpökeln.
pick-me-up ['pɪkmi:ʌp] *a* Schnäpschen *nt.*
pickpocket ['pɪkpɒkɪt] *n* Taschendieb *m.*
pickup ['pɪkʌp] *n (on record player)* Tonabnehmer *m; (small truck)* Lieferwagen *m.*
picnic ['pɪknɪk] *n* Picknick *nt; vi* picknicken.
pictorial [pɪk'tɔ:rɪəl] *a* in Bildern; *n* Illustrierte *f.*
picture ['pɪktʃə*] *n* Bild *nt; (likeness also)* Abbild *nt; (in words also)* Darstellung *f;* **in the ~** *(fig)* im Bild; *vt* darstellen; *(fig: paint)* malen; *(visualize)* sich *(dat)* vorstellen; **the ~s** *(Brit)* Kino *nt;* **~ book** Bilderbuch *nt;* **~sque** [pɪktʃə'resk] *a* malerisch.
piddling ['pɪdlɪŋ] *a (col)* lumpig; *task* pingelig.
pidgin ['pɪdʒɪn] *a:* **~ English** Pidgin-Englisch *nt.*
pie [paɪ] *n (meat)* Pastete *f; (fruit)* Torte *f.*
piebald ['paɪbɔ:ld] *a* gescheckt.
piece [pi:s] *n* Stück *nt;* **to go to ~s** *(work, standard)* wertlos werden; **he's gone to ~s** er ist vollkommen fertig; **in ~s** entzwei, kaputt; *(taken apart)* auseinandergenommen; **a ~ of cake** *(col)* ein Kinderspiel *nt;* **~meal** *ad* stückweise, Stück für Stück; **~work** Akkordarbeit *f;* **~ together** *vt* zusammensetzen.
pier [pɪə*] *n* Pier *m,* Mole *f.*
pierce [pɪəs] *vt* durchstechen, durchbohren *(also look);* durchdringen *(also fig).*
piercing ['pɪəsɪŋ] *a* durchdringend; *cry also* gellend; *look also* durchbohrend.
piety ['paɪətɪ] *n* Frömmigkeit *f.*
pig [pɪg] *n* Schwein *nt.*
pigeon ['pɪdʒən] *n* Taube *f;* **~hole** *(compartment)* Ablegefach *nt; vt* ablegen; *idea* zu den Akten legen.
piggy bank ['pɪgɪbæŋk] *n* Sparschwein *nt.*
pigheaded ['pɪg'hedɪd] *a* dickköpfig.
piglet ['pɪglət] *n* Ferkel *nt,* Schweinchen *nt.*
pigment ['pɪgmənt] *n* Farbstoff *m,* Pigment *nt (also Biol);* **~ation** [pɪgmən'teɪʃən] Färbung *f,* Pigmentation *f.*
pigmy ['pɪgmɪ] *n* = **pygmy.**
pigskin ['pɪgskɪn] *n* Schweinsleder *nt; a* schweinsledern.
pigsty ['pɪgstaɪ] *n (lit, fig)* Schweinestall *m.*
pigtail ['pɪgteɪl] *n* Zopf *m.*
pike [paɪk] *n* Pike *f; (fish)* Hecht *m.*
pilchard ['pɪltʃəd] *n* Sardine *f.*
pile [paɪl] *n* Haufen *m; (of books, wood)* Stapel *m,* Stoß *m; (in ground)* Pfahl *m; (of bridge)* Pfeiler *m; (on carpet)* Flausch *m; vti (also* **~ up***)* sich anhäufen.
piles [paɪlz] *n* Hämorrhoiden *pl.*
pile-up ['paɪlʌp] *n (Aut)* Massenzusammenstoß *m.*
pilfer ['pɪlfə*] *vt* stehlen, klauen; **~ing** Diebstahl *m.*
pilgrim ['pɪlgrɪm] *n* Wallfahrer(in *f*) *m,* Pilger(in *f*) *m;* **~age** Wallfahrt *f,* Pilgerfahrt *f.*
pill [pɪl] *n* Tablette *f,* Pille *f;* **the P~** die (Antibaby)pille.
pillage ['pɪlɪdʒ] *vt* plündern.
pillar ['pɪlə*] *n* Pfeiler *m,* Säule *f (also fig);* **~ box** *(Brit)* Briefkasten *m.*
pillion ['pɪljən] *n* Soziussitz *m;* **~ passenger** Soziusfahrer *m.*
pillory ['pɪlərɪ] *n* Pranger *m; vt* an den Pranger stellen; *(fig)* anprangern.
pillow ['pɪləʊ] *n* Kissen *nt;* **~case** Kissenbezug *m.*
pilot ['paɪlət] *n* Pilot *m; (Naut)* Lotse *m; a scheme etc* Versuchs-; *vt* führen; *ship* lotsen; **~ light** Zündflamme *f.*
pimp [pɪmp] *n* Zuhälter *m.*
pimple ['pɪmpl] *n* Pickel *m.*
pimply ['pɪmplɪ] *a* pick(e)lig.
pin [pɪn] *n* Nadel *f; (sewing)* Stecknadel *f; (Tech)* Stift *m,* Bolzen *m; vt* stecken, heften *(to* an *+acc); (keep in one position)* pressen, drücken; **~s and needles** Kribbeln *nt;* **I have ~s and needles in my leg** mein Bein ist (mir) eingeschlafen; **~ down** *vt (fig) person* festnageln *(to* auf *+acc).*
pinafore ['pɪnəfɔ:*] *n* Schürze *f;* **~ dress** Kleiderrock *m.*
pincers ['pɪnsəz] *npl* Kneif- *or* Beißzange *f; (Med)* Pinzette *f.*
pinch [pɪntʃ] *n* Zwicken, Kneifen *nt; (of salt)* Prise *f; vti* zwicken, kneifen; *(shoe)* drücken; *vt (col) (steal)* klauen; *(arrest)* schnappen; **at a ~** notfalls, zur Not; **to feel the ~** die Not *or* es zu spüren bekommen.
pincushion ['pɪnkʊʃən] *n* Nadelkissen *nt.*
pine [paɪn] *n (also* **~ tree***)* Kiefer *f,* Föhre *f,* Pinie *f; vi:* **~ for** sich sehnen *or* verzehren nach; **to ~ away** sich zu Tode sehnen.
pineapple ['paɪnæpl] *n* Ananas *f.*
ping [pɪŋ] *n* Peng *nt;* Kling *nt;* **~-pong** Pingpong *nt.*
pink [pɪŋk] *n (plant)* Nelke *f; (colour)* Rosa *nt; a* rosa *inv.*
pinnacle ['pɪnəkl] *n* Spitze *f.*
pinpoint ['pɪnpɔɪnt] *vt* festlegen.
pinstripe ['pɪnstraɪp] *n* Nadelstreifen *m.*
pint [paɪnt] *n* Pint *nt.*
pinup ['pɪnʌp] *n* Pin-up-girl *nt.*
pioneer [paɪə'nɪə*] *n* Pionier *m; (fig also)* Bahnbrecher *m.*
pious ['paɪəs] *a* fromm; *literature* geistlich.
pip [pɪp] *n* Kern *m; (sound)* Piepen *nt; (on uniform)* Stern *m;* **to give sb the ~** *(col)* jdn verrückt machen.
pipe [paɪp] *n (smoking)* Pfeife *f; (Mus)* Flöte *f; (tube)* Rohr *nt; (in house)* (Rohr)leitung *f; vti* (durch Rohre) leiten; *(Mus)* blasen; **~ down** *vi (be quiet)* die Luft anhalten; **~-dream** Luftschloß *nt;* **~line** *(for oil)* Pipeline *f;* **~r** Pfeifer *m; (bagpipes)* Dudelsackbläser *m;* **~ tobacco** Pfeifentabak *m.*
piping ['paɪpɪŋ] *n* Leitungsnetz *nt; (on cake)* Dekoration *f; (on uniform)* Tresse *f; ad:* **~ hot** siedend heiß.
piquant ['pi:kənt] *a* pikant.
pique [pi:k] *n* gekränkte(r) Stolz *m;* **~d** *a* pikiert.
piracy ['paɪərəsɪ] *n* Piraterie *f,* See-

räuberei *f; (plagiarism)* Plagiat *nt.*
pirate ['paɪərɪt] *n* Pirat *m,* Seeräuber *m; (plagiarist)* Plagiator *m;* ~ **radio** Schwarzsender *m; (exterritorial)* Piratensender *m.*
pirouette [pɪrʊ'et] *n* Pirouette *f; vi* pirouettieren, eine Pirouette drehen.
Pisces ['paɪsi:z] *n* Fische *pl.*
pissed [pɪst] *a (col)* blau, besoffen.
pistol ['pɪstl] *n* Pistole *f.*
piston ['pɪstən] *n* Kolben *m.*
pit [pɪt] *n* Grube *f; (Theat)* Parterre *nt; (orchestra —)* Orchestergraben *m; vt (mark with scars)* zerfressen; *(compare) o.s.* messen *(against* mit*); sb/sth* messen *(against* an *+dat);* **the** ~**s** *pl (motor racing)* die Boxen.
pitch [pɪtʃ] *n* Wurf *m; (of trader)* Stand *m; (Sport)* (Spiel)feld *nt; (slope)* Neigung *f; (degree)* Stufe *f; (Mus)* Tonlage *f; (substance)* Pech *nt;* **perfect** ~ absolute(s) Gehör *nt;* **to queer sb's** ~ *(col)* jdm alles verderben; *vt* werfen, schleudern; *(set up)* aufschlagen; *song* anstimmen; ~**ed too high** zu hoch; *vi (fall)* (längelang) hinschlagen; *(Naut)* rollen; ~**-black** *a* pechschwarz; ~**ed battle** offene Schlacht *f.*
pitcher ['pɪtʃə*] *n* Krug *m.*
pitchfork ['pɪtʃfɔ:k] *n* Heugabel *f.*
piteous ['pɪtɪəs] *a* kläglich, erbärmlich.
pitfall ['pɪtfɔ:l] *n (fig)* Falle *f.*
pith [pɪθ] *n* Mark *nt; (of speech)* Kern *m.*
pithead ['pithed] *n* Schachtkopf *m.*
pithy ['pɪθɪ] *a* prägnant.
pitiable ['pɪtɪəbl] *a* bedauernswert; *(contemptible)* jämmerlich.
pitiful *a,* ~**ly** *ad* ['pɪtɪfʊl, -fəlɪ] mitleidig; *(deserving pity)* bedauernswert; *(contemptible)* jämmerlich.
pitiless *a,* ~**ly** *ad* ['pɪtɪləs, -lɪ] erbarmungslos.
pittance ['pɪtəns] *n* Hungerlohn *m.*
pity ['pɪtɪ] *n (sympathy)* Mitleid *nt; (shame)* Jammer *m;* **to have** *or* **take** ~ **on sb** Mitleid mit jdm haben; **for** ~**'s sake** um Himmels willen; **what a** ~**!** wie schade!; **it's a** ~ es ist schade; *vt* Mitleid haben mit; **I** ~ **you** du tust mir leid; ~**ing** *a* mitleidig.
pivot ['pɪvət] *n* Drehpunkt *m; (pin)* (Dreh)zapfen *m; (fig)* Angelpunkt *m; vi* sich drehen *(on* um*).*
pixie ['pɪksɪ] *n* Elf(e *f*) *m.*
placard ['plækɑ:d] *n* Plakat *nt,* Anschlag *m; vt* anschlagen.
placate [plə'keɪt] *vt* beschwichtigen, besänftigen.
place [pleɪs] *n* Platz *m; (spot)* Stelle *f; (town etc)* Ort *m; vt* setzen, stellen, legen; *order* aufgeben; *(Sport)* plazieren; *(identify)* unterbringen; **in** ~ am rechten Platz; **out of** ~ nicht am rechten Platz; *(fig) remark* unangebracht; **in** ~ **of** anstelle von; **in the first/second** *etc* ~ erstens/zweitens *etc;* **to give** ~ **to** Platz machen *(+dat);* **to invite sb to one's** ~ jdn zu sich (nach Hause) einladen; **to keep sb in his** ~ jdn in seinen Schranken halten; **to put sb in his** ~ jdn in seine Schranken (ver)weisen; ~ **of worship** Stätte *f* des Gebets; ~ **mat** Platzdeckchen *nt.*

placid ['plæsɪd] *a* gelassen, ruhig; ~**ity** [plə'sɪdɪtɪ] Gelassenheit *f,* Ruhe *f.*
plagiarism ['pleɪdʒɪərɪzəm] *n* Plagiat *nt.*
plagiarist ['pleɪdʒɪərɪst] *n* Plagiator *m.*
plagiarize ['pleɪdʒɪəraɪz] *vt* abschreiben, plagiieren.
plague [pleɪg] *n* Pest *f; (fig)* Plage *f; vt* plagen.
plaice [pleɪs] *n* Scholle *f.*
plaid [plæd] *n* Plaid *nt.*
plain *a,* ~**ly** *ad* [pleɪn, —lɪ] *(clear)* klar, deutlich; *(simple)* einfach, schlicht; *(not beautiful)* einfach, nicht attraktiv; *(honest)* offen; *n* Ebene *f;* **in** ~ **clothes** *(police)* in Zivil(kleidung); **it is** ~ **sailing** das ist ganz einfach; ~**ness** Einfachkeit *f.*
plaintiff ['pleɪntɪf] *n* Kläger *m.*
plait [plæt] *n* Zopf *m; vt* flechten.
plan [plæn] *n* Plan *m; vti* planen; *(intend also)* vorhaben; ~ **out** *vt* vorbereiten; **according to** ~ planmäßig.
plane [pleɪn] *n* Ebene *f; (Aviat)* Flugzeug *nt; (tool)* Hobel *m; (tree)* Platane *f; a* eben, flach; *vt* hobeln.
planet ['plænɪt] *n* Planet *m.*
planetarium [plænɪ'tɛərɪəm] *n* Planetarium *nt.*
planetary ['plænɪtərɪ] *a* planetarisch.
plank [plæŋk] *n* Planke *f,* Brett *nt; (Pol)* Programmpunkt *m.*
plankton ['plæŋktən] *n* Plankton *nt.*
planner ['plænə*] *n* Planer *m.*
planning ['plænɪŋ] *n* Planen *nt,* Planung *f.*
plant [plɑ:nt] *n* Pflanze *f; (Tech)* (Maschinen)anlage *f; (factory)* Fabrik *f,* Werk *nt; vt* pflanzen; *(set firmly)* stellen.
plantain ['plæntɪn] *n* (Mehl)banane *f.*
plantation [plæn'teɪʃən] *n* Pflanzung *f,* Plantage *f.*
planter ['plɑ:ntə*] *n* Pflanzer *nt.*
plaque [plæk] *n* Gedenktafel *f.*
plasma ['plæzmə] *n* Plasma *nt.*
plaster ['plɑ:stə*] *n* Gips *m; (whole surface)* Verputz *m; (Med)* Pflaster *nt; (for fracture: also* ~ **of Paris***)* Gipsverband *m;* **in** ~ *(leg etc)* in Gips; *vt* gipsen; *hole* zugipsen; *ceiling* verputzen; *(fig: with pictures etc)* be- *or* verkleben; ~**ed** *a (col)* besoffen; ~**er** Gipser *m.*
plastic ['plæstɪk] *n* Kunststoff *m; a (made of plastic)* Kunststoff-, Plastik-; *(soft)* formbar, plastisch; *(Art)* plastisch, bildend; **p**~**ine** ['plæstɪsi:n] Plastilin *nt;* ~ **surgery** plastische Chirurgie *f;* Schönheitsoperation *f.*
plate [pleɪt] *n* Teller *m; (gold/silver)* vergoldete(s)/versilberte(s) Tafelgeschirr *nt; (flat sheet)* Platte *f; (in book)* (Bild)tafel *f; vt* überziehen, plattieren; **to silver-/gold-**~ versilbern/vergolden.
plateau ['plætəʊ] *n, pl* ~**x** Hochebene *f,* Plateau *nt.*
plateful ['pleɪtfʊl] *n* Teller(voll) *m.*
plate glass ['pleɪt'glɑ:s] *n* Tafelglas *nt.*
platform ['plætfɔ:m] *n (at meeting)* Plattform *f,* Podium *nt; (stage)* Bühne *f; (Rail)* Bahnsteig *m; (Pol)* Partieprogramm *nt;* ~ **ticket** Bahnsteigkarte *f.*
platinum ['plætɪnəm] *n* Platin *nt.*

platitude ['plætɪtju:d] *n* Gemeinplatz *m*, Platitüde *f*.
platoon [plə'tu:n] *n (Mil)* Zug *m*.
platter ['plætə*] *n* Platte *f*.
plausibility [plɔ:zə'bɪlɪtɪ] *n* Plausibilität *f*.
plausible *a*, **plausibly** *ad* ['plɔ:zəbl, -blɪ] plausibel, einleuchtend; *liar* überzeugend.
play [pleɪ] *n* Spiel *nt (also Tech)*; *(Theat)* (Theater)stück *nt*, Schauspiel *nt*; *vti* spielen; *another team* spielen gegen; *(put sb in a team)* einsetzen, spielen lassen; **to ~ a joke on sb** jdm einen Streich spielen; **to ~ sb off against sb else** jdn gegen jdn anders ausspielen; **to ~ a part in** *(fig)* eine Rolle spielen bei; **~ down** *vt* bagatellisieren, herunterspielen; **~ up** *vi (cause trouble)* frech werden; *(bad leg etc)* weh tun; *vt person* plagen; **to ~ up to sb** jdm flattieren; **~acting** Schauspielerei *f*; **~boy** Playboy *m*; **~er** Spieler(in *f*) *m*; **~ful** *a* spielerisch, verspielt; **~goer** Theaterfreund *m*; **~ground** Spielplatz *m*; **~group** Kindergarten *m*; **~ing card** Spielkarte *f*; **~ing field** Sportplatz *m*; **~mate** Spielkamerad *m*; **~-off** *(Sport)* Entscheidungsspiel *nt*; **~pen** Laufstall *m*; **~thing** Spielzeug *nt*; **~wright** Theaterschriftsteller *m*.
plea [pli:] *n* (dringende) Bitte *f*, Gesuch *nt*; *(Jur)* Antwort *f* des Angeklagten; *(excuse)* Ausrede *f*, Vorwand *m*; *(objection)* Einrede *f*; **~ of guilty** Geständnis *nt*.
plead [pli:d] *vt poverty* zur Entschuldigung anführen; *(Jur) sb's case* vertreten; *vi (beg)* dringend bitten *(with sb* jdn*)*; *(Jur)* plädieren; **to ~ guilty** schuldig plädieren.
pleasant *a*, **~ly** *ad* ['pleznt, -lɪ] angenehm; freundlich; **~ness** Angenehme(s) *nt*; *(of person)* angenehme(s) Wesen *nt*, Freundlichkeit *f*; **~ry** Scherz *m*.
please [pli:z] *vt (be agreeable to)* gefallen *(+dat)*; **~!** bitte!; **~ yourself!** wie du willst!; **do what you ~** mach' was du willst; **~d** *a* zufrieden; *(glad)* erfreut *(with* über *+acc)*.
pleasing ['pli:zɪŋ] *a* erfreulich.
pleasurable *a*, **pleasurably** *ad* ['pleʒərəbl, -blɪ] angenehm, erfreulich.
pleasure ['pleʒə*] *n* Vergnügen *nt*, Freude *f*; *(old: will)* Wünsche *pl*; **it's a ~** gern geschehen; **they take (no/great) ~ in doing ...** es macht ihnen (keinen/ großen) Spaß zu...; **~ ground** Vergnügungspark *m*; **~-seeking** *a* vergnüngshungrig; **~ steamer** Vergnügungsdampfer *m*.
pleat [pli:t] *n* Falte *f*.
plebeian [plɪ'bi:ən] *n* Plebejer(in *f*) *m*; *a* plebejisch.
plebiscite ['plebɪsɪt] *n* Volksentscheid *m*, Plebiszit *nt*.
plebs [plebz] *npl* Plebs *m*, Pöbel *m*.
plectrum ['plektrəm] *n* Plektron *nt*.
pledge [pledʒ] *n* Pfand *nt*; *(promise)* Versprechen *nt*; *vt* verpfänden; *(promise)* geloben, versprechen; **to take the ~** dem Alkohol abschwören.
plenipotentiary [plenɪpə'tenʃərɪ] *m* Bevollmächtiger *m*; *a* bevollmächtigt; **~ power** Vollmacht *f*.
plentiful ['plentɪful] *a* reichlich.
plenty ['plentɪ] *n* Fülle *f*, Überfluß *m*; *ad (col)* ganz schön; **~ of** eine Menge, viel; **in ~** reichlich, massenhaft; **to be ~** genug sein, reichen.
plethora ['pleθərə] *n* Überfülle *f*.
pleurisy ['pluərɪsɪ] *n* Rippenfellentzündung *f*.
pliability [plaɪə'bɪlɪtɪ] *n* Biegsamkeit *f*; *(of person)* Beeinflußbarkeit *f*.
pliable ['plaɪəbl] *a* biegsam; *person* beeinflußbar.
pliers ['plaɪəz] *npl* (Kneif)zange *f*.
plight [plaɪt] *n* (Not)lage *f*; (schrecklicher) Zustand *m*.
plimsolls ['plɪmsəlz] *npl* Turnschuhe *pl*.
plinth [plɪnθ] *n* Säulenplatte *f*, Plinthe *f*.
plod [plɒd] *vi (work)* sich abplagen; *(walk)* trotten; **~der** Arbeitstier *nt*; **~ding** *a* schwerfällig.
plonk [plɒŋk] *n (col: wine)* billige(r) Wein *m*; *vt*: **~ sth down** etw hinknallen.
plot [plɒt] *n* Komplott *nt*, Verschwörung *f*; *(story)* Handlung *f*; *(of land)* Stück *nt* Land, Grundstück *nt*; *vt* markieren; *curve* zeichnen; *movements* nachzeichnen; *vi (plan secretly)* sich verschwören, ein Komplott schmieden; **~ter** Verschwörer *m*; **~ting** Intrigen *pl*.
plough, *(US)* **plow** [plaʊ] *n* Pflug *m*; *vt* pflügen; *(col) exam candidate* durchfallen lassen; **~ back** *vt (Comm)* wieder in das Geschäft stecken; **~ through** *vt water* durchpflügen; *book* sich kämpfen durch; **~ing** Pflügen *nt*.
ploy [plɔɪ] *n* Masche *f*.
pluck [plʌk] *vt fruit* pflücken; *guitar* zupfen; *goose* rupfen; *n* Mut *m*; **to ~ up courage** all seinen Mut zusammennehmen; **~y** *a* beherzt.
plug [plʌg] *n* Stöpsel *m*; *(Elec)* Stecker *m*; *(of tobacco)* Pfriem *m*; *(col: publicity)* Schleichwerbung *f*; *(Aut)* Zündkerze *f*; *vt* (zu)stopfen; *(col: advertise)* Reklame machen für; **to ~ in a lamp** den Stecker einer Lampe einstecken.
plum [plʌm] *n* Pflaume *f*, Zwetschge *f*; *a job etc* Bomben-.
plumage ['plu:mɪdʒ] *n* Gefieder *nt*.
plumb [plʌm] *n* Lot *nt*; **out of ~** nicht im Lot; *a* senkrecht; *ad (exactly)* genau; *vt* ausloten; *(fig)* sondieren; *mystery* ergründen.
plumber ['plʌmə*] *n* Klempner *m*, Installateur *m*.
plumbing ['plʌmɪŋ] *n (craft)* Installieren *nt*; *(fittings)* Leitungen *pl*, Installationen *pl*.
plumbline ['plʌmlaɪn] *n* Senkblei *nt*.
plume [plu:m] *n* Feder *f*; *(of smoke etc)* Fahne *f*; *vt (bird)* putzen.
plummet ['plʌmɪt] *n* Senkblei *nt*; *vi* (ab)stürzen.
plump [plʌmp] *a* rundlich, füllig; *vi* plumpsen, sich fallen lassen; *vt* plumpsen lassen; **to ~ for** *(col: choose)* wählen, sich entscheiden für; **~ness** Rundlichkeit *f*.
plunder ['plʌndə*] *n* Plünderung *f*; *(loot)* Beute *f*; *vt* plündern; *things* rauben.

plunge [plʌndʒ] *n* Sprung *m*, Stürzen *nt*; *vt* stoßen; *vi* (sich) stürzen; *(ship)* rollen; **a room ~d into darkness** ein in Dunkelheit getauchtes Zimmer.

plunging ['plʌndʒɪŋ] *a neckline* offenherzig.

pluperfect ['plu:'pɜ:fɪkt] *n* Plusquamperfekt *nt*, Vorvergangenheit *f*.

plural ['plʊərəl] *a* Plural-, Mehrzahl-; *n* Plural *m*, Mehrzahl *f*; **~istic** [plʊərə'lɪstɪk] *a* pluralistisch.

plus [plʌs] *prep* plus, und; *a* Plus-.

plush [plʌʃ] *a (also* **~y:** *col: luxurious)* feudal; *n* Plüsch *m*.

ply [plaɪ] *n as in:* **three-~** *wood* dreischichtig; *wool* Dreifach-; *vt trade* (be)treiben; *(with questions)* zusetzen *(+dat); (ship, taxi)* befahren; *vi (ship, taxi)* verkehren; **~wood** Sperrholz *nt*.

pneumatic [nju:'mætɪk] *a* pneumatisch; *(Tech)* Luft-; **~ drill** Preßlufthammer *m*; **~ tyre** Luftreifen *m*.

pneumonia [nju:'məʊnɪə] *n* Lungenentzündung *f*.

poach [pəʊtʃ] *vt (Cook)* pochieren; *game* stehlen; *vi (steal)* wildern *(for* nach*)*; **~ed** *a egg* pochiert, verloren; **~er** Wilddieb *m*; **~ing** Wildern *nt*.

pocket ['pɒkɪt] *n* Tasche *f*; *(of ore)* Ader *f*; *(of resistance)* (Widerstands)nest *nt*; **air ~** Luftloch *nt*; *vt* einstecken, in die Tasche stecken; **to be out of ~** kein Geld haben; **~book** Taschenbuch *nt*; **~ful** Tasche(voll) *f*; **~ knife** Taschenmesser *nt*; **~ money** Taschengeld *nt*.

pockmarked ['pɒkmɑ:kt] *a face* pockennarbig.

pod [pɒd] Hülse *f*; *(of peas also)* Schote *f*.

podgy ['pɒdʒɪ] *a* pummelig.

poem ['pəʊəm] *n* Gedicht *nt*.

poet ['pəʊɪt] *n* Dichter *m*, Poet *m*; **~ic** [pəʊ'etɪk] *a* poetisch, dichterisch; *beauty* malerisch, stimmungsvoll; **~ laureate** Hofdichter *m*; **~ry** Poesie *f*; *(poems)* Gedichte *pl*.

poignant *a*, **~ly** *ad* ['pɔɪnjənt, -lɪ] scharf, stechend; *(touching)* ergreifend, quälend.

point [pɔɪnt] *n* Punkt *m (also in discussion, scoring); (spot also)* Stelle *f*; *(sharpened tip)* Spitze *f*; *(moment)* (Zeit)punkt *m*, Moment *m*; *(purpose)* Zweck *m*; *(idea)* Argument *nt*; *(decimal)* Dezimalstelle *f*; *(personal characteristic)* Seite *f*; *vt* zeigen mit; *gun* richten; *vi* zeigen; **~s** *pl (Rail)* Weichen *pl*; **~ of view** Stand- *or* Gesichtspunkt *m*; **what's the ~?** was soll das?; **you have a ~ there** da hast du recht; **three ~ two** drei Komma zwei; **~ out** *vt* hinweisen auf *(+acc)*; **~ to** *vt* zeigen auf *(+acc)*; **~-blank** *ad (at close range)* aus nächster Entfernung; *(bluntly)* unverblümt; **~ duty** Verkehrsregelungsdienst *m*; **~ed** *a*, **~edly** *ad* spitz, scharf; *(fig)* gezielt; **~er** Zeigestock *m*; *(on dial)* Zeiger *m*; **~less** *a*, **~lessly** *ad* zwecklos, sinnlos; **~lessness** Zwecklosigkeit *f*, Sinnlosigkeit *f*.

poise [pɔɪz] *n* Haltung *f*; *(fig also)* Gelassenheit *f*; *vti* balancieren; *knife, pen* bereithalten; *o.s.* sich bereitmachen; **~d** *a* beherrscht.

poison ['pɔɪzn] *n (lit, fig)* Gift *nt*; *vt* vergiften; **~ing** Vergiftung *f*; **~ous** *a* giftig, Gift-.

poke [pəʊk] *vt* stoßen; *(put)* stecken; *fire* schüren; *hole* bohren; *n* Stoß *m*; **to ~ one's nose into** seine Nase stecken in *(+acc)*; **to ~ fun at sb** sich über jdn lustig machen; **~ about** *vi* herumstochern; herumwühlen; **~r** Schürhaken *m*; *(Cards)* Poker *nt*; **~r-faced** *a* undurchdringlich.

poky ['pəʊkɪ] *a* eng.

polar ['pəʊlə*] *a* Polar-, polar; **~ bear** Eisbär *m*; **~ization** [pəʊləraɪ'zeɪʃən] *n* Polarisation *f*; **~ize** *vt* polarisieren; *vi* sich polarisieren.

pole [pəʊl] *n* Stange *f*, Pfosten *m*; *(flag—, telegraph — also)* Mast *m*; *(Elec, Geog)* Pol *m*; *(Sport) (vaulting —)* Stab *m*; *(ski —)* Stock *m*; **~s apart** durch Welten getrennt; **~cat** *(US)* Skunk *m*; **~ star** Polarstern *m*; **~ vault** Stabhochsprung *m*.

polemic [pɒ'lemɪk] *n* Polemik *f*.

police [pə'li:s] *n* Polizei *f*; *vt* polizeilich überwachen; kontrollieren; **~ car** Polizeiwagen *m*; **~man** Polizist *m*; **~ state** Polizeistaat *m*; **~ station** (Polizei)revier *nt*, Wache *f*; **~woman** Polizistin *f*.

policy ['pɒlɪsɪ] *n* Politik *f*; *(of business also)* Usus *m*; *(insurance)* (Versicherungs)police *f*; *(prudence)* Klugheit *f*; *(principle)* Grundsatz *m*; **~ decision/statement** Grundsatzentscheidung *f*/-erklärung *f*.

polio ['pəʊlɪəʊ] *n* (spinale) Kinderlähmung *f*, Polio *f*.

polish ['pɒlɪʃ] *n* Politur *f*; *(for floor)* Wachs *nt*; *(for shoes)* Creme *f*; *(nail —)* Lack *m*; *(shine)* Glanz *m*; *(of furniture)* Politur *f*; *(fig)* Schliff *m*; *vt* polieren; *shoes* putzen; *(fig)* den letzten Schliff geben *(+dat)*, aufpolieren; **~ off** *vt (col: work)* erledigen; *food* wegputzen; *drink* hinunterschütten; **~ up** *vt essay* aufpolieren; *knowledge* auffrischen; **~ed** *a* glänzend *(also fig)*; *manners* verfeinert.

polite *a*, **~ly** *ad* [pə'laɪt, -lɪ] höflich; *society* fein; **~ness** Höflichkeit *f*; Feinheit *f*.

politic ['pɒlɪtɪk] *a (prudent)* diplomatisch; **~al** *a*, **~ally** *ad* [pə'lɪtɪkəl, -ɪ] politisch; **~al science** Politologie *f*; **~ian** [pɒlɪ'tɪʃən] Politiker *m*, Staatsmann *m*; **~s** *pl* Politik *f*.

polka ['pɒlkə] *n* Polka *f*; **~ dot** Tupfen *m*.

poll [pəʊl] *n* Abstimmung *f*; *(in election)* Wahl *f*; *(votes cast)* Wahlbeteiligung *f*; *(opinion —)* Umfrage *f*; *vt votes* erhalten, auf sich vereinigen.

pollen ['pɒlən] *n* Blütenstaub *m*, Pollen *m*; **~ count** Pollenkonzentration *f*.

pollination [pɒlɪ'neɪʃən] *n* Befruchtung *f*.

polling booth ['pəʊlɪŋbu:ð] *n* Wahlkabine *f*.

polling day ['pəʊlɪŋ deɪ] *n* Wahltag *m*.

polling station ['pəʊlɪŋ steɪʃən] *n* Wahllokal *nt*.

pollute [pə'lu:t] *vt* verschmutzen, verunreinigen.

pollution [pə'lu:ʃən] *n* Verschmutzung *f*.

polo ['pəʊləʊ] *n* Polo *nt*.

poly- [pɒlɪ] *pref* Poly-.

polygamy [pɒ'lɪgəmɪ] *n* Polygamie *f*.
polytechnic [pɒlɪ'teknɪk] *n* technische Hochschule *f*.
polythene ['pɒlɪθi:n] *n* Plastik *nt*; ~ **bag** Plastiktüte *f*.
pomegranate ['pɒməgrænɪt] *n* Granatapfel *m*.
pommel ['pʌml] *vt* mit den Fäusten bearbeiten; *n* Sattelknopf *m*.
pomp [pɒmp] *n* Pomp *m*, Prunk *m*.
pompous *a*, ~**ly** *ad* ['pɒmpəs, -lɪ] aufgeblasen; *language* geschwollen.
ponce [pɒns] *n (col) (pimp)* Louis *m*; *(queer)* Schwule *m*.
pond [pɒnd] *n* Teich *m*, Weiher *m*.
ponder ['pɒndə*] *vt* nachdenken *or* nachgrübeln über *(+acc)*; ~**ous** *a* schwerfällig.
pontiff ['pɒntɪf] *n* Pontifex *m*.
pontificate [pɒn'tɪfɪkeɪt] *vi* *(fig)* geschwollen reden.
pontoon [pɒn'tu:n] *n* Ponton *m*; *(Cards)* 17-und-4 *nt*.
pony ['pəʊnɪ] *n* Pony *nt*; ~**tail** Pferdeschwanz *m*.
poodle ['pu:dl] *n* Pudel *m*.
pooh-pooh [pu:'pu] *vt* die Nase rümpfen über *(+acc)*.
pool [pu:l] *n (swimming —)* Schwimmbad *nt*; *(private)* Swimming-pool *m*; *(of spilt liquid, blood)* Lache *f*; *(fund)* (gemeinsame) Kasse *f*; *(billiards)* Poolspiel *nt*; *vt money etc* zusammenlegen.
poor [pʊə*] *a* arm; *(not good)* schlecht, schwach; **the** ~ *pl* die Armen *pl*; ~**ly** *ad* schlecht, schwach; *dressed* ärmlich; *a* schlecht, elend.
pop [pɒp] *n* Knall *m*; *(music)* Popmusik *f*; *(drink)* Limo(nade) *f*; *(US col)* Pa *m*; *vt (put)* stecken; *balloon* platzen lassen; *vi* knallen; ~ **in/out** *(person)* vorbeikommen/hinausgehen; hinein-/hinausspringen; ~ **concert** Popkonzert *nt*; ~**corn** Puffmais *m*.
Pope [pəʊp] *n* Papst *m*.
poplar ['pɒplə*] *n* Pappel *f*.
poplin ['pɒplɪn] *n* Popelin *m*.
poppy ['pɒpɪ] *n* Mohn *m*; ~**cock** *(col)* Quatsch *m*.
populace ['pɒpjʊlɪs] *n* Volk *nt*.
popular ['pɒpjʊlə*] *a* beliebt, populär; *(of the people)* volkstümlich, Populär-; *(widespread)* allgemein; ~**ity** [pɒpjʊ'lærɪtɪ] Beliebtheit *f*, Popularität *f*; ~**ize** *vt* popularisieren; ~**ly** *ad* allgemein, überall.
populate ['pɒpjʊleɪt] *vt* bevölkern; *town* bewohnen.
population [pɒpjʊ'leɪʃən] *n* Bevölkerung *f*; *(of town)* Einwohner *pl*.
populous ['pɒpjʊləs] *a* dicht besiedelt.
porcelain ['pɔ:slɪn] *n* Porzellan *nt*.
porch [pɔ:tʃ] *n* Vorbau *m*, Veranda *f*; *(in church)* Vorhalle *f*.
porcupine ['pɔ:kjʊpaɪn] *n* Stachelschwein *nt*.
pore [pɔ:*] *n* Pore *f*; ~ **over** *vt* brüten *or* hocken über *(+dat)*.
pork [pɔ:k] *n* Schweinefleisch *nt*.
pornographic *a*, ~**ally** *ad* [pɔ:nə'græfɪk, -əlɪ] pornographisch.
pornography [pɔ:'nɒgrəfɪ] *n* Pornographie *f*.
porous ['pɔ:rəs] *a* porös; *skin* porig.
porpoise ['pɔ:pəs] *n* Tümmler *m*.
porridge ['pɒrɪdʒ] *n* Porridge *m*, Haferbrei *m*.
port [pɔ:t] *n* Hafen *m*; *(town)* Hafenstadt *f*; *(Naut: left side)* Backbord *nt*; *(opening for loads)* Luke *f*; *(wine)* Portwein *m*.
portable ['pɔ:təbl] *a* tragbar; *radio* Koffer-; *typewriter* Reise-.
portal ['pɔ:tl] *n* Portal *nt*.
portcullis [pɔ:t'kʌlɪs] *n* Fallgitter *nt*.
portend [pɔ:'tend] *vt* anzeigen, hindeuten auf *(+acc)*.
portent ['pɔ:tent] *n* schlimme(s) Vorzeichen *nt*; ~**ous** [pɔ:'tentəs] *a* schlimm, ominös; *(amazing)* ungeheuer.
porter ['pɔ:tə*] *n* Pförtner(in *f*) *m*; *(for luggage)* (Gepäck)träger *m*.
porthole ['pɔ:thəʊl] *n* Bullauge *nt*.
portico ['pɔ:tikəʊ] *n* Säulengang *m*.
portion ['pɔ:ʃən] *n* Teil *m*, Stück *nt*; *(of food)* Portion *f*.
portly ['pɔ:tlɪ] *a* korpulent, beleibt.
portrait ['pɔ:trɪt] *n* Porträt *nt*, Bild(nis) *nt*.
portray [pɔ:'treɪ] *vt* darstellen; *(describe)* schildern; ~**al** Darstellung *f*; Schilderung *f*.
pose [pəʊz] *n* Stellung *f*, Pose *f (also affectation)*; *vi* posieren, sich in Positur setzen; *vt* stellen; **to** ~ **as** sich ausgeben als; ~**r** knifflige Frage *f*.
posh [pɒʃ] *a (col)* (piek)fein.
position [pə'zɪʃən] *n* Stellung *f*; *(place)* Position *f*, Lage *f*; *(job)* Stelle *f*; *(attitude)* Standpunkt *m*, Haltung *f*; **to be in a** ~ **to do sth** in der Lage sein, etw zu tun; *vt* aufstellen.
positive *a*, ~**ly** *ad* ['pɒzɪtɪv, -lɪ] positiv; *(convinced)* sicher; *(definite)* eindeutig.
posse ['pɒsɪ] *n (US)* Aufgebot *nt*.
possess [pə'zes] *vt* besitzen; **what** ~**ed you to . . .?** was ist in dich gefahren, daß...?; ~**ed** *a* besessen; ~**ion** [pə'zeʃən] Besitz *m*; ~**ive** *a* besitzergreifend, eigensüchtig; *(Gram)* Possessiv-, besitzanzeigend; ~**ively** *ad* besitzergreifend, eigensüchtig; ~**or** Besitzer *m*.
possibility [pɒsə'bɪlɪtɪ] *n* Möglichkeit *f*.
possible ['pɒsəbl] *a* möglich; **if** ~ wenn möglich, möglichst; **as big as** ~ so groß wie möglich, möglichst groß.
possibly ['pɒsəblɪ] *ad* möglicherweise, vielleicht; **as soon as I** ~ **can** sobald ich irgendwie kann.
post [pəʊst] *n* Post *f*; *(pole)* Pfosten *m*, Pfahl *m*; *(place of duty)* Posten *m*; *(job)* Stelle *f*; *vt notice* anschlagen; *letters* aufgeben; *soldiers* aufstellen; ~**age** Postgebühr *f*, Porto *nt*; ~**al** *a* Post-; ~**al order** Postanweisung *f*; ~**card** Postkarte *f*; ~**date** *vt cheque* nachdatieren; ~**er** Plakat *nt*, Poster *m*; ~**e restante** Aufbewahrungsstelle *f* für postlagernde Sendungen; **to send sth** ~**e restante** etw postlagernd schicken.
posterior [pɒs'tɪərɪə*] *n (col)* Hintern *m*.
posterity [pɒs'terɪtɪ] *n* Nachwelt *f*; *(descendants)* Nachkommenschaft *f*.

postgraduate ['pəʊst'grædjuɪt] *n* Weiterstudierender(in *f*) *m*.
posthumous *a*, **~ly** *ad* ['pɒstjʊməs, -lɪ] post(h)um.
postman ['pəʊstmən] *n* Briefträger *m*, Postbote *m*.
postmark ['pəʊstmɑ:k] *n* Poststempel *m*.
postmaster ['pəʊstmɑ:stə*] *n* Postmeister *m*; **P~ General** Postminister *m*.
post-mortem ['pəʊst'mɔ:təm] *n* Autopsie *f*.
post office ['pəʊstɒfɪs] *n* Postamt *nt*, Post *f* *(also organization)*.
postpone [pə'spəʊn] *vt* verschieben, aufschieben; **~ment** Verschiebung *f*, Aufschub *m*.
postscript ['pəʊsskrɪpt] *n* Nachschrift *f*, Postskript *nt*; *(in book)* Nachwort *nt*.
postulate ['pɒstjʊleɪt] *vt* voraussetzen; *(maintain)* behaupten.
postulation [pɒstjʊ'leɪʃən] *n* Voraussetzung *f*; Behauptung *f*.
posture ['pɒstʃə*] *n* Haltung *f*; *vi* posieren.
postwar ['pəʊst'wɔ:*] *a* Nachkriegs-.
posy ['pəʊzɪ] *n* Blumenstrauß *m*.
pot [pɒt] *n* Topf *m*; *(tea—)* Kanne *f*; *(col: marijuana)* Hasch *m*; *vt plant* eintopfen.
potash ['pɒtæʃ] *n* Pottasche *f*.
potato [pə'teɪtəʊ] *n*, *pl* **-es** Kartoffel *f*.
potency ['pəʊtənsɪ] *n* Stärke *f*, Potenz *f*.
potent ['pəʊtənt] *a* stark; *argument* zwingend.
potentate ['pəʊtənteɪt] *n* Machthaber *m*.
potential ['pəʊ'tenʃəl] *a* potentiell; **he is a ~ virtuoso** er hat das Zeug zum Virtuosen; *n* Potential *nt*; **~ly** *ad* potentiell.
pothole ['pɒthəʊl] *n* Höhle *f*; *(in road)* Schlagloch *nt*; **~r** Höhlenforscher *m*.
potholing ['pɒthəʊlɪŋ] *n*: **to go ~** Höhlen erforschen.
potion ['pəʊʃən] *n* Trank *m*.
potluck ['pɒt'lʌk] *n*: **to take ~ with sth** etw auf gut Glück nehmen.
potpourri [pəʊ'pʊrɪ] *n* Potpourri *nt*.
potshot ['pɒtʃɒt] *n*: **to take a ~ at sth** auf etw *(acc)* ballern.
potted ['pɒtɪd] *a food* eingelegt, eingemacht; *plant* Topf-; *(fig: book, version)* konzentriert.
potter ['pɒtə*] *n* Töpfer *m*; *vi* herumhantieren, herumwursteln; **~y** Töpferwaren *pl*, Steingut *nt*; *(place)* Töpferei *f*.
potty ['pɒtɪ] *a (col)* verrückt; *n* Töpfchen *nt*.
pouch [pəʊtʃ] *n* Beutel *m*; *(under eyes)* Tränensack *m*; *(for tobacco)* Tabaksbeutel *m*.
pouffe [pu:f] *n* Sitzkissen *nt*.
poultice ['pəʊltɪs] *n* Packung *f*.
poultry ['pəʊltrɪ] *n* Geflügel *nt*; **~ farm** Geflügelfarm *f*.
pounce [paʊns] *vi* sich stürzen *(on* auf *+acc)*; *n* Sprung *m*, Satz *m*.
pound [paʊnd] *n (Fin, weight)* Pfund *nt*; *(for cars, animals)* Auslösestelle *f*; *(for stray animals)* (Tier)asyl *nt*; *vi* klopfen, hämmern; *vt* (zer)stampfen; **~ing** starke(s) Klopfen *nt*, Hämmern *nt*; (Zer)stampfen *nt*.
pour [pɔ:*] *vt* gießen, schütten; *vi* gießen; *(crowds etc)* strömen; **~ away** *vt*, **~ off** *vt* abgießen; **~ing rain** strömende(r) Regen *m*.
pout [paʊt] *n* Schnute *f*, Schmollmund *m*; *vi* eine Schnute ziehen, schmollen.
poverty ['pɒvətɪ] *n* Armut *f*; **~-stricken** *a* verarmt, sehr arm.
powder ['paʊdə*] *n* Pulver *nt*; *(cosmetic)* Puder *m*; *vt* pulverisieren; *(sprinkle)* bestreuen; **to ~ one's nose** *sich (dat)* die Nase pudern; **~ room** Damentoilette *f*; **~y** *a* pulverig, Pulver-.
power [paʊə*] *n* Macht *f (also Pol)*; *(ability)* Fähigkeit *f*; *(strength)* Stärke *f*; *(authority)* Macht *f*, Befugnis *f*; *(Math)* Potenz *f*; *(Elec)* Strom *m*; *vt* betreiben, antreiben; **~ cut** Stromausfall *m*; **~ful** *a person* mächtig; *engine, government* stark; **~less** *a* machtlos; **~ line** (Haupt)stromleitung *f*; **~ point** elektrische(r) Anschluß *m*; **~ station** Elektrizitätswerk *nt*.
powwow ['paʊwaʊ] *n* Besprechung *f*; *vi* eine Besprechung abhalten.
practicability [præktɪkə'bɪlɪtɪ] *n* Durchführbarkeit *f*.
practicable ['præktɪkəbl] *a* durchführbar.
practical *a*, **~ly** *ad* ['præktɪkəl, -ɪ] praktisch; **~ joke** Streich *m*.
practice ['præktɪs] *n* Übung *f*; *(reality)* Praxis *f*; *(custom)* Brauch *m*; *(in business)* Usus *m*; *(doctor's, lawyer's)* Praxis *f*; **in ~** *(in reality)* in der Praxis; **out of ~** außer Übung.
practise, *(US)* **practice** ['præktɪs] *vt* üben; *profession* ausüben; **to ~ law/medicine** als Rechtsanwalt/Arzt arbeiten; *vi* (sich) üben; *(doctor, lawyer)* praktizieren; **~d** *a* erfahren.
practising, *(US)* **practicing** ['præktɪsɪŋ] *a* praktizierend; *Christian etc* aktiv.
practitioner [præk'tɪʃənə*] *n* praktische(r) Arzt *m*.
pragmatic [præg'mætɪk] *a* pragmatisch.
pragmatism ['prægmətɪzəm] *n* Pragmatismus *m*.
pragmatist ['prægmətɪst] *n* Pragmatiker *m*.
prairie ['prɛərɪ] *n* Prärie *f*, Steppe *f*.
praise [preɪz] *n* Lob *nt*, Preis *m*; *vt* loben; *(worship)* (lob)preisen, loben; **~worthy** *a* lobenswert.
pram [præm] *n* Kinderwagen *m*.
prance [prɑ:ns] *vi (horse)* tänzeln; *(person)* stolzieren; *(gaily)* herumhüpfen.
prank [præŋk] *n* Streich *m*.
prattle ['prætl] *vi* schwatzen, plappern.
prawn [prɔ:n] *n* Garnele *f*; Krabbe *f*.
pray [preɪ] *vi* beten; **~er** [prɛə*] Gebet *nt*; **~er book** Gebetbuch *nt*.
pre- [pri:] *pref* prä-, vor(her)-.
preach [pri:tʃ] *vi* predigen; **~er** Prediger *m*.
preamble [pri:'æmbl] *n* Einleitung *f*.
prearrange ['pri:ə'reɪndʒ] *vt* vereinbaren, absprechen; **~d** *a* vereinbart; **~ment** Vereinbarung *f*, vorherige Absprache *f*.
precarious *a*, **~ly** *ad* [prɪ'kɛərɪəs, -lɪ] prekär, unsicher.
precaution [prɪ'kɔ:ʃən] *n* (Vorsichts)maßnahme *f*, Vorbeugung *f*; **~ary**

a measure vorbeugend, Vorsichts-.

precede [prɪ'si:d] *vti* vorausgehen *(+dat); (be more important)* an Bedeutung übertreffen; **~nce** ['presɪdəns] Priorität *f*, Vorrang *m*; **to take ~nce over** den Vorrang haben vor (*+dat*); **~nt** ['presɪdənt] Präzedenzfall *m*.

preceding [prɪ'si:dɪŋ] *a* vorhergehend.

precept ['pri:sept] *n* Gebot *nt*, Regel *f*.

precinct ['pri:sɪŋkt] *n* Gelände *f*; (*district*) Bezirk *m*; *(shopping —)* Einkaufszone *f*.

precious ['preʃəs] *a* kostbar, wertvoll; *(affected)* preziös, geziert.

precipice ['presɪpɪs] *n* Abgrund *m*.

precipitate *a*, **~ly** *ad* [prɪ'sɪpɪtɪt, -lɪ] überstürzt, übereilt; [prɪ'sɪpɪteɪt] *vt* hinunterstürzen; *events* heraufbeschwören.

precipitation [prɪsɪpɪ'teɪʃən] *n* Niederschlag *m*.

precipitous *a*, **~ly** *ad* [prɪ'sɪpɪtəs, -lɪ] abschüssig; *action* überstürzt.

précis ['preɪsi:] *n* (kurze) Übersicht *f*, Zusammenfassung *f*; *(Sch)* Inhaltsangabe *f*.

precise *a*, **~ly** *ad* [prɪ'saɪs, -lɪ] genau, präzis.

preclude [prɪ'klu:d] *vt* ausschließen; *person* abhalten.

precocious [prɪ'kəʊʃəs] *a* frühreif.

preconceived ['pri:kən'si:vd] *a idea* vorgefaßt.

precondition ['pri:kən'dɪʃən] *n* Vorbedingung *f*, Voraussetzung *f*.

precursor [pri:'kɜ:sə*] *n* Vorläufer *m*.

predator ['predətə*] *n* Raubtier *nt*; **~y** *a* Raub-; räuberisch.

predecessor ['pri:dɪsesə*] *n* Vorgänger *m*.

predestination [pri:destɪ'neɪʃən] *n* Vorherbestimmung *f*, Prädestination *f*.

predestine [pri:'destɪn] *vt* vorherbestimmen.

predetermine ['pri:dɪ'tɜ:mɪn] *vt* vorherentscheiden, vorherbestimmen.

predicament [prɪ'dɪkəmənt] *n* mißliche Lage *f*; **to be in a ~** in der Klemme sitzen.

predicate ['predɪkət] *n* Prädikat *nt*, Satzaussage *f*.

predict [prɪ'dɪkt] *vt* voraussagen; **~ion** [prɪ'dɪkʃən] Voraussage *f*.

predominance [prɪ'dɒmɪnəns] *n (in power)* Vorherrschaft *f*; *(fig)* Vorherrschen *nt*, Überwiegen *nt*.

predominant [prɪ'dɒmɪnənt] *a* vorherrschend; *(fig also)* überwiegend; **~ly** *ad* überwiegend, hauptsächlich.

predominate [prɪ'dɒmɪneɪt] *vi* vorherrschen; *(fig also)* überwiegen.

pre-eminent [pri:'emɪnənt] *a* hervorragend, herausragend.

pre-empt [pri:'empt] *vt action, decision* vorwegnehmen.

preen [pri:n] *vt* putzen; **to ~ o.s. on sth** sich *(dat)* etwas auf etw *(acc)* einbilden.

prefab ['pri:fæb] *n* Fertighaus *nt*.

prefabricated ['pri:fæbrɪkeɪtɪd] *a* vorgefertigt, Fertig-.

preface ['prefɪs] *n* Vorwort *nt*, Einleitung *f*.

prefect ['pri:fekt] *n* Präfekt *m*; *(Sch)* Aufsichtsschüler(in *f*) *m*.

prefer [prɪ'fɜ:*] *vt* vorziehen, lieber mögen; **to ~ to do sth** etw lieber tun; **~able** ['prefərəbl] *a* vorzuziehen(d) *(to dat)*; **~ably** ['prefərəblɪ] *ad* vorzugsweise, am liebsten; **~ence** ['prefərəns] Präferenz *f*, Vorzug *m*; **~ential** [prefə'renʃəl] *a* bevorzugt, Vorzugs-.

prefix ['pri:fɪks] *n* Vorsilbe *f*, Präfix *nt*.

pregnancy ['pregnənsɪ] *n* Schwangerschaft *f*.

pregnant ['pregnənt] *a* schwanger; **~ with meaning** *(fig)* bedeutungsschwer *or* -voll.

prehistoric ['pri:hɪs'tɒrɪk] *a* prähistorisch, vorgeschichtlich.

prehistory ['pri:'hɪstərɪ] *n* Urgeschichte *f*.

prejudge ['pri:dʒʌdʒ] *vt* vorschnell beurteilen.

prejudice ['predʒʊdɪs] *n* Vorurteil *nt*; Voreingenommenheit *f*; *(harm)* Schaden *m*; *vt* beeinträchtigen; **~d** *a person* voreingenommen.

prelate ['prelət] *n* Prälat *m*.

preliminary [prɪ'lɪmɪnərɪ] *a* einleitend, Vor-; **the preliminaries** *pl* die vorbereitenden Maßnahmen *pl*.

prelude ['prelju:d] *n* Vorspiel *nt*; *(Mus)* Präludium *nt*; *(fig also)* Auftakt *m*.

premarital ['pri:'mærɪtl] *a* vorehelich.

premature ['premətʃʊə*] *a* vorzeitig, verfrüht; *birth* Früh-; *decision* voreilig; **~ly** *ad* vorzeitig; verfrüht; voreilig.

premeditate [pri:'medɪteɪt] *vt* im voraus planen; **~d** *a* geplant; *murder* vorsätzlich.

premeditation [pri:medɪ'teɪʃən] *n* Planung *f*.

premier ['premɪə*] *a* erste(r, s), obserste(r, s), höchste(r, s); *n* Premier *m*.

premiere [premɪ'ɛə*] *n* Premiere *f*; Uraufführung *f*.

premise ['premɪs] *n* Voraussetzung *f*, Prämisse *f*; **~s** *pl* Räumlichkeiten *pl*; *(grounds)* Grundstück *nt*.

premium ['pri:mɪəm] *n* Prämie *f*; **to sell at a ~** mit Gewinn verkaufen.

premonition [premə'nɪʃən] *n* Vorahnung *f*.

preoccupation [pri:ɒkjʊ'peɪʃən] *n* Sorge *f*.

preoccupied [pri:'ɒkjʊpaɪd] *a look* geistesabwesend; **to be ~ with sth** mit dem Gedanken an etw *(acc)* beschäftigt sein.

prep [prep] *n (Sch: study)* Hausaufgabe *f*.

prepaid ['pri:'peɪd] *a* vorausbezahlt; *letter* frankiert.

preparation ['prepə'reɪʃən] *n* Vorbereitung *f*.

preparatory [prɪ'pærətərɪ] *a* Vor(bereitungs)-.

prepare [prɪ'pɛə*] *vt* vorbereiten *(for* auf *+acc)*; *vi* sich vorbereiten; **to be ~d to ...** bereit sein zu . . .

preponderance [prɪ'pɒndərəns] *n* Übergewicht *nt*.

preposition [prepə'zɪʃən] *n* Präposition *f*, Verhältniswort *nt*.

preposterous [prɪ'pɒstərəs] *a* absurd, widersinnig.

prerequisite ['pri:'rekwɪzɪt] *n* (unerläßliche) Voraussetzung *f.*

prerogative [prɪ'rɒgətɪv] *n* Vorrecht *nt,* Privileg *nt.*

presbytery ['prezbɪtərɪ] *n* *(house)* Presbyterium *nt; (Catholic)* Pfarrhaus *nt.*

prescribe [prɪs'kraɪb] *vt* vorschreiben, anordnen; *(Med)* verschreiben.

prescription [prɪs'krɪpʃən] *n* Vorschrift *f; (Med)* Rezept *nt.*

prescriptive [prɪs'krɪptɪv] *a* normativ.

presence ['prezns] *n* Gegenwart *f,* Anwesenheit *f;* ~ **of mind** Geistesgegenwart *f.*

present ['preznt] *a* anwesend; *(existing)* gegenwärtig, augenblicklich; *n* Gegenwart *f;* **at** ~ im Augenblick; Präsens *nt (Gram); (gift)* Geschenk *nt;* [prɪ'zent] *vt* vorlegen; *(introduce)* vorstellen; *(show)* zeigen; *(give)* überreichen; **to** ~ **sb with sth** jdm etw überreichen; ~**able** [prɪ'zentəbl] *a* präsentabel; ~**ation** Überreichung *f;* ~**-day** *a* heutig, gegenwärtig, modern; ~**ly** *ad* bald; *(at present)* im Augenblick; ~ **participle** Partizip *nt* des Präsens, Mittelwort *nt* der Gegenwart; ~ **tense** Präsens *nt,* Gegenwart *f.*

preservation [prezə'veɪʃən] *n* Erhaltung *f.*

preservative [prɪ'zɜ:vətɪv] *n* Konservierungsmittel *nt.*

preserve [prɪ'zɜ:v] *vt* erhalten, schützen; *food* einmachen, konservieren; *n (jam)* Eingemachte(s) *nt; (hunting)* Schutzgebiet *nt.*

preside [prɪ'zaɪd] *vi* den Vorsitz haben.

presidency ['prezɪdənsɪ] *n (Pol)* Präsidentschaft *f.*

president ['prezɪdənt] *n* Präsident *m;* ~**ial** [prezɪ'denʃəl] *a* Präsidenten-; *election* Präsidentschafts-; *system* Präsidial-.

press [pres] *n* Presse *f; (printing house)* Druckerei *f;* **to give the clothes a** ~ die Kleider bügeln; *vt* drücken, pressen; *(iron)* bügeln; *(urge)* (be)drängen; *vi (push)* drücken, pressen; **to be** ~**ed for time** unter Zeitdruck stehen; **to be** ~**ed for money/space** wenig Geld/Platz haben; **to** ~ **for sth** drängen auf etw *(acc);* ~ **on** *vi* vorwärtsdrängen; ~ **agency** Presseagentur *f;* ~ **conference** Pressekonferenz *f;* ~ **cutting** Zeitungsausschnitt *m;* ~**ing** *a* dringend; ~**-stud** Druckknopf *m.*

pressure [preʃə*] *n* Druck *m;* ~ **cooker** Schnellkochtopf *m;* ~ **gauge** Druckmesser *m;* ~ **group** Interessenverband *m,* Pressure Group *f.*

pressurized ['preʃəraɪzd] *a* Druck-.

prestige [pres'ti:ʒ] *n* Ansehen *nt,* Prestige *nt.*

prestigious [pres'tɪdʒəs] *a* Prestige-.

presumably [prɪ'zju:məblɪ] *ad* vermutlich.

presume [prɪ'zju:m] *vti* annehmen; *(dare)* sich erlauben.

presumption [prɪ'zʌmpʃən] *n* Annahme *f; (impudent behaviour)* Anmaßung *f.*

presumptuous [prɪ'zʌmptjuəs] *a* anmaßend.

presuppose [pri:sə'pəuz] *vt* voraussetzen.

presupposition [pri:sʌpə'zɪʃən] *n* Voraussetzung *f.*

pretence [prɪ'tens] *n* Vorgabe *f,* Vortäuschung *f; (false claim)* Vorwand *m.*

pretend [prɪ'tend] *vt* vorgeben, so tun als ob ...; *vi* so tun; **to** ~ **to sth** Anspruch erheben auf etw *(acc).*

pretense [prɪ'tens] *n (US)* = **pretence.**

pretension [prɪ'tenʃən] *n* Anspruch *m; (impudent claim)* Anmaßung *f.*

pretentious [prɪ'tenʃəs] *a* angeberisch.

pretext ['pri:tekst] *n* Vorwand *m.*

prettily ['prɪtɪlɪ] *ad* hübsch, nett.

pretty ['prɪtɪ] *a* hübsch, nett; *ad (col)* ganz schön.

prevail [prɪ'veɪl] *vi* siegen *(against, over* über *+acc); (custom)* vorherrschen; **to** ~ **upon sb to do sth** jdn dazu bewegen, etw zu tun; ~**ing** *a* vorherrschend.

prevalent ['prevələnt] *a* vorherrschend.

prevarication [prɪværɪ'keɪʃən] *n* Ausflucht *f.*

prevent [prɪ'vent] *vt (stop)* verhindern, verhüten; **to** ~ **sb from doing sth** jdn (daran) hindern, etw zu tun; ~**able** *a* verhütbar; ~**ative** Vorbeugungsmittel *nt;* ~**ion** [prɪ'venʃən] Verhütung *f,* Schutz *m (of* gegen*);* ~**ive** *a* vorbeugend, Schutz-.

preview ['pri:vju:] *n* private Voraufführung *f; (trailer)* Vorschau *f; vt film* privat vorführen.

previous ['pri:vɪəs] *a* früher, vorherig; ~**ly** *ad* früher.

prewar ['pri:'wɔ:*] *a* Vorkriegs-.

prey [preɪ] *n* Beute *f;* ~ **on** *vt* Jagd machen auf *(+acc); mind* nagen an *(+dat);* **bird/beast of** ~ Raubvogel *m*/Raubtier *nt.*

price [praɪs] *n* Preis *m; (value)* Wert *m; vt* schätzen; *(label)* auszeichnen; ~**less** *a (lit, fig)* unbezahlbar; ~ **list** Preisliste *f;* ~**y** *a (col)* teuer.

prick [prɪk] *n* Stich *m; vti* stechen; **to** ~ **up one's ears** die Ohren spitzen.

prickle ['prɪkl] *n* Stachel *m,* Dorn *m; vi* brennen.

prickly ['prɪklɪ] *a* stachelig; *(fig) person* reizbar; ~ **heat** Hitzebläschen *pl;* ~ **pear** Feigenkaktus *m; (fruit)* Kaktusfeige *f.*

pride [praɪd] *n* Stolz *m; (arrogance)* Hochmut *m;* **to** ~ **o.s. on sth** auf etw *(acc)* stolz sein.

priest [pri:st] *n* Priester *m;* ~**ess** Priesterin *f;* ~**hood** Priesteramt *nt.*

prig [prɪg] *n* Selbstgefällige(r) *mf.*

prim *a,* ~**ly** *ad* [prɪm, -lɪ] prüde.

prima donna ['pri:mə 'dɒnə] *n* Primadonna *f.*

primarily ['praɪmərɪlɪ] *ad* vorwiegend, hauptsächlich.

primary ['praɪmərɪ] *a* Haupt-, Grund-, primär; ~ **colour** Grundfarbe *f;* ~ **education** Grundschul(aus)bildung *f;* ~ **election** Vorwahl *f;* ~ **school** Grundschule *f,* Volksschule *f.*

primate ['praɪmɪt] *n (Eccl)* Primas *m; (Biol)* Primat *m.*

prime [praɪm] *a* oberste(r, s), erste(r, s), wichtigste(r, s); *(excellent)* erstklassig, prima *inv; vt* vorbereiten; *gun* laden; *n (of*

life) beste(s) Alter *nt;* ~ **minister** Premierminister *m,* Ministerpräsident *m;* ~**r** Elementarlehrbuch *nt,* Fibel *f.*
primeval [praɪ'mi:vəl] *a* vorzeitlich; *forests* Ur-.
primitive ['prɪmɪtɪv] *a* primitiv.
primrose ['prɪmrəʊz] *n* (gelbe) Primel *f.*
primula ['prɪmjʊlə] *n* Primel *f.*
primus (stove) ® ['praɪməs (stəʊv)] *n* Primuskocher *m.*
prince [prɪns] *n* Prinz *m; (ruler)* Fürst *m;* ~**ss** [prɪn'ses] Prinzessin *f;* Fürstin *f.*
principal ['prɪnsɪpəl] *a* Haupt-; wichtigste(r, s); *n (Sch)* (Schul)direktor *m,* Rektor *m; (money)* (Grund)kapital *nt;* ~**ity** [prɪnsɪ'pælɪtɪ] Fürstentum *nt;* ~**ly** *ad* hauptsächlich.
principle ['prɪnsəpl] *n* Grundsatz *m,* Prinzip *nt;* **in/on** ~ im/aus Prinzip, prinzipiell.
print [prɪnt] *n* Druck *m; (made by feet, fingers)* Abdruck *m; (Phot)* Abzug *m; (cotton)* Kattun *m; vt* drucken; *name* in Druckbuchstaben schreiben; *Photo* abziehen; ~**ed matter** Drucksache *f;* ~**er** Drucker *m;* ~**ing** Drucken *nt; (of photos)* Abziehen *nt;* ~**ing press** Druckerpresse *f;* **is the book still in** ~**?** wird das Buch noch gedruckt?; **out of** ~ vergriffen.
prior ['praɪə*] *a* früher; ~ **to sth** vor etw *(dat);* ~ **to going abroad, she had ...** bevor sie ins Ausland ging, hatte sie ...; *n* Prior *m;* ~**ess** Priorin *f;* ~**ity** [praɪ'ɒrɪtɪ] Vorrang *m;* Priorität *f;* ~**y** Kloster *nt.*
prise [praɪz] *vt:* ~ **open** aufbrechen.
prism ['prɪzəm] *n* Prisma *nt.*
prison ['prɪzn] *n* Gefängnis *nt;* ~**er** Gefangene(r) *mf;* ~**er of war** Kriegsgefangene(r) *m;* **to be taken** ~**er** in Gefangenschaft geraten.
prissy ['prɪsɪ] *a (col)* etepetete.
pristine ['prɪsti:n] *a* makellos.
privacy ['prɪvəsɪ] *n* Ungestörtheit *f,* Ruhe *f;* Privatleben *nt.*
private ['praɪvɪt] *a* privat, Privat-; *(secret)* vertraulich, geheim; *soldier* einfach; *n* einfache(r) Soldat *m;* **in** ~ privat, unter vier Augen; ~ **eye** Privatdetektiv *m;* ~**ly** *ad* privat; vertraulich, geheim.
privet ['prɪvɪt] *n* Liguster *m.*
privilege ['prɪvɪlɪdʒ] *n* Vorrecht *nt,* Vergünstigung *f,* Privileg *nt;* ~**d** *a* bevorzugt, privilegiert.
privy ['prɪvɪ] *a* geheim, privat; ~ **council** Geheime(r) Staatsrat *m.*
prize [praɪz] *n* Preis *m; a example* erstklassig; *idiot* Voll-; *vt* (hoch)schätzen; ~ **fighting** Preisboxen *nt;* ~ **giving** Preisverteilung *f;* ~ **money** Geldpreis *m;* ~**winner** Preisträger(in *f*) *m; (of money)* Gewinner(in *f*) *m.*
pro- [prəʊ] *pref* pro-; *n:* **the** ~**s and cons** *pl* das Für und Wider.
pro [prəʊ] *n (professional)* Profi *m.*
probability [prɒbə'bɪlɪtɪ] *n* Wahrscheinlichkeit *f;* **in all** ~ aller Wahrscheinlichkeit nach.
probable *a,* **probably** *ad* ['prɒbəbl, -blɪ] wahrscheinlich.
probation [prə'beɪʃən] *n* Probe(zeit) *f; (Jur)* Bewährung *f;* **on** ~ auf Probe; auf Bewährung; ~ **officer** Bewährungshelfer *m;* ~**ary** *a* Probe-; ~**er** *(nurse)* Lernschwester *f;* Pfleger *m* in der Ausbildung; *(Jur)* auf Bewährung freigelassene(r) Gefangene(r) *m.*
probe [prəʊb] *n* Sonde *f; (enquiry)* Untersuchung *f; vti* untersuchen, erforschen, sondieren.
probity ['prəʊbɪtɪ] *n* Rechtschaffenheit *f.*
problem ['prɒbləm] *n* Problem *nt;* ~**atic** [prɒblɪ'mætɪk] *a* problematisch.
procedural [prə'si:djʊrəl] *a* verfahrensmäßig, Verfahrens-.
procedure [prə'si:dʒə*] *n* Verfahren *nt,* Vorgehen *nt.*
proceed [prə'si:d] *vi (advance)* vorrücken; *(start)* anfangen; *(carry on)* fortfahren; *(set about)* vorgehen; *(come from)* entstehen *(from* aus*); (Jur)* gerichtlich vorgehen; ~**ings** *pl* Verfahren *nt; (record of things)* Sitzungsbericht *m;* ~**s** ['prəʊsi:ds] *pl* Erlös *m,* Gewinn *m.*
process ['prəʊses] *n* Vorgang *m,* Prozeß *m; (method also)* Verfahren *nt; vt* bearbeiten; *food* verarbeiten; *film* entwickeln; ~**ing** *(Phot)* Entwickeln *nt.*
procession [prə'seʃən] *n* Prozession *f,* Umzug *m.*
proclaim [prə'kleɪm] *vt* verkünden, proklamieren; **to** ~ **sb king** jdn zum König ausrufen.
proclamation [prɒklə'meɪʃən] *n* Verkündung *f,* Proklamation *f;* Ausrufung *f.*
procrastination [prəʊkræstɪ'neɪʃən] *n* Hinausschieben *nt.*
procreation [prəʊkrɪ'eɪʃən] *n* (Er)zeugung *f.*
procure [prə'kjʊə*] *vt* beschaffen.
prod [prɒd] *vt* stoßen; **to** ~ **sb** *(fig)* bohren; *n* Stoß *m.*
prodigal ['prɒdɪgəl] *a* verschwenderisch *(of* mit*);* **the** ~ **son** der verlorene Sohn.
prodigious [prə'dɪdʒəs] *a* gewaltig, erstaunlich; *(wonderful)* wunderbar.
prodigy ['prɒdɪdʒɪ] *n* Wunder *nt;* **a child** ~ ein Wunderkind.
produce ['prɒdju:s] *n (Agr)* (Boden)produkte *pl,* (Natur)erzeugnis *nt;* [prə'dju:s] *vt* herstellen, produzieren; *(cause)* hervorrufen; *(farmer)* erzeugen; *(yield)* liefern, bringen; *play* inszenieren; ~**r** Erzeuger *m,* Hersteller *m,* Produzent *m (also Cine).*
product ['prɒdʌkt] *n* Produkt *nt,* Erzeugnis *nt;* ~**ion** [prə'dʌkʃən] Produktion *f,* Herstellung *f; (thing)* Erzeugnis *nt,* Produkt *nt; (Theat)* Inszenierung *f;* ~**ion line** Fließband *nt;* ~**ive** *a* produktiv; *(fertile)* ertragreich, fruchtbar; **to be** ~**ive of** führen zu, erzeugen.
productivity [prɒdʌk'tɪvɪtɪ] *n* Produktivität *f; (Comm)* Leistungsfähigkeit *f; (fig)* Fruchtbarkeit *f.*
prof [prɒf] *n (col)* Professor *m.*
profane [prə'feɪn] *a* weltlich, profan, Profan-.
profess [prə'fes] *vt* bekennen; *(show)*

zeigen; *(claim to be)* vorgeben; **~ion** [prə'feʃən] Beruf *m; (declaration)* Bekenntnis *nt;* **~ional** [prə'feʃənl] Fachmann *m; (Sport)* Berufsspieler(in *f*) *m; a* Berufs-; *(expert)* fachlich; *player* professionell; **~ionalism** [prə'feʃnəlɪzəm] (fachliches) Können *nt;* Berufssportlertum *nt;* **~or** Professor *m.*

proficiency [prə'fɪʃənsɪ] *n* Fertigkeit *f,* Können *nt.*

proficient [prə'fɪʃənt] *a* fähig.

profile ['prəʊfaɪl] *n* Profil *nt; (fig: report)* Kurzbiographie *f.*

profit ['prɒfɪt] *n* Gewinn *m,* Profit *m; vi* profitieren *(by, from* von*),* Nutzen *or* Gewinn ziehen *(by, from* aus*);* **~ability** [prɒfɪtə'bɪlɪtɪ] Rentabilität *f;* **~able** *a* einträglich, rentabel; **~ably** *ad* nützlich; **~eering** [prɒfɪ'tɪərɪŋ] Profitmacherei *f.*

profound [prə'faʊnd] *a* tief; *knowledge* profund; *book, thinker* tiefschürfend; **~ly** *ad* zutiefst.

profuse [prə'fju:s] *a* überreich; **to be ~ in** überschwenglich sein bei; **~ly** *ad* überschwenglich; *sweat* reichlich.

profusion [prə'fju:ʒən] *n* Überfülle *f,* Überfluß *m (of* an *+dat).*

progeny ['prɒdʒɪnɪ] *n* Nachkommenschaft *f.*

programme, *(US)* **program** ['prəʊgræm] *n* Programm *nt; vt* planen; *computer* programmieren.

programming, *(US)* **programing** ['prəʊgræmɪŋ] *n* Programmieren *nt,* Programmierung *f.*

progress ['prəʊgres] *n* Fortschritt *m;* **to be in ~** im Gang sein; **to make ~** Fortschritte machen; [prə'gres] *vi* fortschreiten, weitergehen; **~ion** [prə'greʃən] Fortschritt *m,* Progression *f; (walking etc)* Fortbewegung *f;* **~ive** [prə'gresɪv] *a* fortschrittlich, progressiv; **~ively** [prə'gresɪvlɪ] *ad* zunehmend.

prohibit [prə'hɪbɪt] *vt* verbieten; **~ion** [prəʊɪ'bɪʃən] Verbot *nt; (US)* Alkoholverbot *nt,* Prohibition *f;* **~ive** *a price etc* unerschwinglich.

project ['prɒdʒekt] *n* Projekt *nt;* [prə'dʒekt] *vt* vorausplanen; *(Psych)* hineinprojizieren; *film etc* projizieren; *personality, voice* zum Tragen bringen; *vi (stick out)* hervorragen, (her)vorstehen; **~ile** [prə'dʒektaɪl] Geschoß *nt,* Projektil *nt;* **~ion** [prə'dʒekʃən] Projektion *f; (sth prominent)* Vorsprung *m;* **~or** [prə'dʒektə*] Projektor *m,* Vorführgerät *nt.*

proletarian [prəʊlə'tɛərɪən] *a* proletarisch, Proletarier-; *n* Proletarier(in *f*) *m.*

proletariat [prəʊlə'tɛərɪət] *n* Proletariat *nt.*

proliferate [prə'lɪfəreɪt] *vi* sich vermehren.

proliferation [prəlɪfə'reɪʃən] *n* Vermehrung *f.*

prolific [prə'lɪfɪk] *a* fruchtbar; *author etc* produktiv.

prologue ['prəʊlɒg] *n* Prolog *m; (event)* Vorspiel *nt.*

prolong [prə'lɒŋ] *vt* verlängern; **~ed** *a* lang.

prom [prɒm] *n abbr of* **promenade** *and* **promenade concert;** *(US: college ball)* Studentenball *m.*

promenade [prɒmɪ'nɑ:d] *n* Promenade *f;* **~ concert** Promenadenkonzert *nt,* Stehkonzert *nt;* **~ deck** Promenadendeck *nt.*

prominence ['prɒmɪnəns] *n* (große) Bedeutung *f,* Wichtigkeit *f; (sth standing out)* vorspringende(r) Teil *m.*

prominent ['prɒmɪnənt] *a* bedeutend; *politician* prominent; *(easily seen)* herausragend, auffallend.

promiscuity [prɒmɪs'kju:ɪtɪ] *n* Promiskuität *f.*

promiscuous [prə'mɪskjʊəs] *a* lose; *(mixed up)* wild.

promise ['prɒmɪs] *n* Versprechen *nt; (hope)* Aussicht *f (of* auf + *acc*); **to show ~** vielversprechend sein; **a writer of ~** ein vielversprechender Schriftsteller; *vti* versprechen; **the ~d land** das Gelobte Land.

promising ['prɒmɪsɪŋ] *a* vielversprechend.

promontory ['prɒməntrɪ] *n* Vorsprung *m.*

promote [prə'məʊt] *vt* befördern; *(help on)* fördern, unterstützen; **~r** *(in sport, entertainment)* Veranstalter *m; (for charity etc)* Organisator *m.*

promotion [prə'məʊʃən] *n (in rank)* Beförderung *f; (furtherance)* Förderung *f; (Comm)* Werbung *f (of* für*).*

prompt [prɒmpt] *a* prompt, schnell; **to be ~ to do sth** etw sofort tun; *ad (punctually)* genau; **at two o'clock ~** punkt zwei Uhr; *vt* veranlassen; *(Theat)* einsagen *(+dat),* soufflieren *(+dat);* **~er** *(Theat)* Souffleur *m,* Souffleuse *f;* **~ly** *ad* sofort; **~ness** Schnelligkeit *f,* Promptheit *f.*

promulgate ['prɒməlgeɪt] *vt* (öffentlich) bekanntmachen, verkünden; *beliefs* verbreiten.

prone [prəʊn] *a* hingestreckt; **to be ~ to sth** zu etw neigen.

prong [prɒŋ] *n* Zinke *f.*

pronoun ['prəʊnaʊn] *n* Pronomen *nt,* Fürwort *nt.*

pronounce [prə'naʊns] *vt* aussprechen; *(Jur)* verkünden; *vi (give an opinion)* sich äußern *(on* zu*);* **~d** *a* ausgesprochen; **~ment** Erklärung *f.*

pronto ['prɒntəʊ] *ad (col)* fix, pronto.

pronunciation [prənʌnsɪ'eɪʃən] *n* Aussprache *f.*

proof [pru:f] *n* Beweis *m; (Print)* Korrekturfahne *f; (of alcohol)* Alkoholgehalt *m;* **to put to the ~** unter Beweis stellen; *a* sicher; *alcohol* prozentig; **rain~** regendicht.

prop [prɒp] *n* Stütze *f (also fig); (Min)* Stempel *m; (Theat)* Requisit *nt; vt (also* **~ up***)* (ab)stützen.

propaganda [prɒpə'gændə] *n* Propaganda *f.*

propagate ['prɒpəgeɪt] *vt* fortpflanzen; *news* propagieren, verbreiten.

propagation [prɒpə'geɪʃən] *n* Fortpflanzung *f; (of knowledge also)* Verbreitung *f.*

propel [prə'pel] *vt* (an)treiben; **~ler** Propeller *m;* **~ling pencil** Drehbleistift *m.*

propensity [prə'pensɪtɪ] *n* Tendenz *f.*

proper ['prɒpə*] *a* richtig; *(seemly)* schicklich; **~ly** *ad* richtig; **~ly speaking** genau genommen; **it is not ~ to . . .** es schickt sich nicht, zu . . .; **~ noun** Eigenname *m.*

property ['prɒpətɪ] *n* Eigentum *nt,* Besitz *m,* Gut *nt; (quality)* Eigenschaft *f;* *(land)* Grundbesitz *m;* *(Theat)* **properties** *pl* Requisiten *pl;* **~ owner** Grundbesitzer *m.*

prophecy ['prɒfɪsɪ] *n* Prophezeiung *f.*

prophesy ['prɒfɪsaɪ] *vt* prophezeien, vorhersagen.

prophet ['prɒfɪt] *n* Prophet *m;* **~ic** [prə'fetɪk] a prophetisch.

proportion [prə'pɔːʃən] *n* Verhältnis *nt,* Proportion *f; (share)* Teil *m; vt* abstimmen *(to* auf *+acc);* **~al** *a,* **~ally** *ad* proportional, verhältnismäßig; **to be ~al to** entsprechen *(+dat);* **~ate** *a,* **~ately** *ad* verhältnismäßig; **~ed** *a* proportioniert.

proposal [prə'pəʊzl] *n* Vorschlag *m,* Antrag *m; (of marriage)* Heiratsantrag *m.*

propose [prə'pəʊz] *vt* vorschlagen; *toast* ausbringen; *vi (offer marriage)* einen Heiratsantrag machen; **~r** Antragsteller *m.*

proposition [prɒpə'zɪʃən] *n* Angebot *nt; (Math)* Lehrsatz *m;* *(statement)* Satz *m.*

propound [prə'paʊnd] *vt theory* vorlegen.

proprietary [prə'praɪətərɪ] *a* Eigentums-; *medicine* gesetzlich geschützt.

proprietor [prə'praɪətə*] *n* Besitzer *m,* Eigentümer *m.*

props [prɒps] *npl* Requisiten *pl.*

propulsion [prə'pʌlʃən] *n* Antrieb *m.*

pro-rata [prəʊ'rɑːtə] *ad* anteilmäßig.

prosaic [prə'zeɪɪk] *a* prosaisch, alltäglich.

prose [prəʊz] *n* Prosa *f.*

prosecute ['prɒsɪkjuːt] *vt* (strafrechtlich) verfolgen.

prosecution [prɒsɪ'kjuːʃən] *n* Durchführung *f; (Jur)* strafrechtliche Verfolgung *f; (party)* Anklage *f;* Staatsanwaltschaft *f.*

prosecutor ['prɒsɪkjuːtə*] *n* Vertreter *m* der Anklage; **Public P~** Staatsanwalt *m.*

prospect ['prɒspekt] *n* Aussicht *f;* [prəs'pekt] *vi* suchen *(for* nach*);* **~ing** [prəs'pektɪŋ] *(for minerals)* Suche *f;* **~ive** [prəs'pektɪv] *a* möglich; **~or** [prəs'pektə*] (Gold)sucher *m;* **~us** [prəs'pektəs] (Werbe)prospekt *m.*

prosper ['prɒspə*] *vi* blühen, gedeihen; *(person)* erfolgreich sein; **~ity** [prɒs'perɪtɪ] Wohlstand *m;* **~ous** *a* wohlhabend, reich; *business* gutgehend, blühend.

prostitute [prɒstɪtjuːt] *n* Prostituierte *f.*

prostrate ['prɒstreɪt] *a* ausgestreckt (liegend); **~ with grief/exhaustion** von Schmerz/Erschöpfung übermannt.

protagonist [prəʊ'tægənɪst] *n* Hauptperson *f,* Held *m.*

protect [prə'tekt] *vt* (be)schützen; **~ion** [prə'tekʃən] Schutz *m;* **~ive** *a* Schutz-, (be)schützend; **~or** (Be)schützer *m.*

protégé ['prɒteʒeɪ] *n* Schützling *m.*

protein ['prəʊtiːn] *n* Protein *nt,* Eiweiß *nt.*

protest ['prəʊtest] *n* Protest *m;* [prə'test] *vi* protestieren *(against* gegen*);* **to ~ that ...** beteuern . . .; **P~ant** *a* protestantisch; *n* Protestant(in *f*) *m.*

protocol ['prəʊtəkɒl] *n* Protokoll *nt.*

prototype ['prəʊtəʊtaɪp] *n* Prototyp *m.*

protracted [prə'træktɪd] *a* sich hinziehend.

protractor [prə'træktə*] *n* Winkelmesser *m.*

protrude [prə'truːd] *vi* (her)vorstehen.

protuberance [prə'tjuːbərəns] *n* Auswuchs *m.*

protuberant [prə'tjuːbərənt] *a* (her)vorstehend.

proud *a,* **~ly** *ad* [praʊd, -lɪ] stolz *(of* auf *+acc).*

prove [pruːv] *vt* beweisen; *vi* sich herausstellen, sich zeigen.

proverb ['prɒvɜːb] *n* Sprichwort *nt;* **~ial** *a,* **~ially** *ad* [prə'vɜːbɪəl, -ɪ] sprichwörtlich.

provide [prə'vaɪd] *vt* versehen; *(supply)* besorgen; *person* versorgen; **~ for** *vt* sorgen für, sich kümmern um; *emergency* Vorkehrungen treffen für; **blankets will be ~d** Decken werden gestellt; **~d (that)** *cj* vorausgesetzt (daß); **P~nce** ['prɒvɪdəns] die Vorsehung.

providing [prə'vaɪdɪŋ] *cj* = **provided (that).**

province ['prɒvɪns] *n* Provinz *f; (division of work)* Bereich *m;* **the ~s** die Provinz.

provincial [prə'vɪnʃəl] *a* provinziell, Provinz-; *n* Provinzler(in *f*) *m.*

provision [prə'vɪʒən] *n* Vorkehrung *f,* Maßnahme *f; (condition)* Bestimmung *f;* **~s** *pl (food)* Vorräte *pl,* Proviant *m;* **~al** *a,* **~ally** *ad* vorläufig, provisorisch.

proviso [prə'vaɪzəʊ] *n* Vorbehalt *m,* Bedingung *f.*

provocation [prɒvə'keɪʃən] *n* Provokation *f,* Herausforderung *f.*

provocative [prə'vɒkətɪv] *a* provokativ, herausfordernd.

provoke [prə'vəʊk] *vt* provozieren; *(cause)* hervorrufen.

prow [praʊ] *n* Bug *m;* **~ess** überragende(s) Können *nt; (valour)* Tapferkeit *f.*

prowl [praʊl] *vt streets* durchstreifen; *vi* herumstreichen; *(animal)* schleichen; *n:* **on the ~** umherstreifend; *(police)* auf der Streife; **~er** Eindringling *m.*

proximity [prɒk'sɪmɪtɪ] *n* Nähe *f.*

proxy ['prɒksɪ] *n* (Stell)vertreter *m,* Bevollmächtigte(r) *m; (document)* Vollmacht *f;* **to vote by ~** Briefwahl machen.

prudence ['pruːdəns] *n* Klugheit *f,* Umsicht *f.*

prudent *a,* **~ly** *ad* ['pruːdənt, -lɪ] klug, umsichtig.

prudish ['pruːdɪʃ] *a* prüde; **~ness** Prüderie *f.*

prune [pruːn] *n* Backpflaume *f; vt* ausputzen; *(fig)* zurechtstutzen.

pry [praɪ] *vi* seine Nase stecken *(into* in *+acc).*

psalm [sɑ:m] *n* Psalm *m.*

pseudo ['sju:dəʊ] *a* Pseudo-; *(false)* falsch, unecht; **~nym** ['sju:dənɪm] Pseudonym *nt,* Deckname *m.*

psyche ['saɪkɪ] *n* Psyche *f.*

psychiatric [saɪkɪ'ætrɪk] *a* psychiatrisch.

psychiatrist [saɪ'kaɪətrɪst] *n* Psychiater *m.*

psychiatry [saɪ'kaɪətrɪ] *n* Psychiatrie *f.*

psychic(al) ['saɪkɪk(əl)] *a* übersinnlich; *person* paranormal begabt; **you must be ~** du kannst wohl hellsehen.

psychoanalyse, *(US)* **psychoanalyze** [saɪkəʊ'ænəlaɪz] *vt* psychoanalytisch behandeln.

psychoanalysis [saɪkəʊə'nælɪsɪs] *n* Psychoanalyse *f.*

psychoanalyst [saɪkəʊ'ænəlɪst] *n* Psychoanalytiker(in *f*) *m.*

psychological *a,* **~ly** *ad* [saɪkə'lɒdʒɪkəl, -ɪ] psychologisch.

psychologist [saɪ'kɒlədʒɪst] *n* Psychologe *m,* Psychologin *f.*

psychology [saɪ'kɒlədʒɪ] *n* Psychologie *f.*

psychopath ['saɪkəʊpæθ] *n* Psychopath(in *f*) *m.*

psychosomatic ['saɪkəʊsəʊ'mætɪk] *a* psychosomatisch.

psychotherapy ['saɪkəʊ'θerəpɪ] *n* Psychotherapie *f.*

psychotic [saɪ'kɒtɪk] *a* psychotisch; *n* Psychotiker(in *f*) *m.*

pub [pʌb] *n* Wirtschaft *f,* Kneipe *f.*

puberty ['pju:bətɪ] *n* Pubertät *f.*

pubic ['pju:bɪk] *a* Scham-.

public *a,* **~ly** *ad* ['pʌblɪk, -lɪ] öffentlich; *n (also* **general ~**) Öffentlichkeit *f;* **~an** Wirt *m;* **~ation** [pʌblɪ'keɪʃən] Publikation *f,* Veröffentlichung *f;* **~ company** Aktiengesellschaft *f;* **~ convenience** öffentliche Toiletten *pl;* **~ house** Lokal *nt,* Kneipe *f;* **~ity** [pʌb'lɪsɪtɪ] Publicity *f,* Werbung *f;* **~ opinion** öffentliche Meinung *f;* **~ relations** *pl* Public Relations *pl;* **~ school** *(Brit)* Privatschule *f,* Internatsschule *f;* **~-spirited** *a* mit Gemeinschaftssinn; **to be ~-spirited** Gemeinschaftssinn haben.

publish ['pʌblɪʃ] *vt* veröffentlichen, publizieren; *event* bekanntgeben; **~er** Verleger *m;* **~ing** Herausgabe *f,* Verlegen *nt; (business)* Verlagswesen *nt.*

puce [pju:s] *a* violettbraun.

puck [pʌk] *n* Puck *m,* Scheibe *f.*

pucker ['pʌkə*] *vt face* verziehen; *lips* kräuseln.

pudding ['pʊdɪŋ] *n (course)* Nachtisch *m;* Pudding *m.*

puddle ['pʌdl] *n* Pfütze *f.*

puerile ['pjʊəraɪl] *a* kindisch.

puff [pʌf] *n (of wind etc)* Stoß *m; (cosmetic)* Puderquaste *f; vt* blasen, pusten; *pipe* paffen; *vi* keuchen, schnaufen; *(smoke)* paffen; **~ed** *a (col: out of breath)* außer Puste.

puffin ['pʌfɪn] *n* Papageitaucher *m.*

puff pastry, *(US)* **puff paste** ['pʌf'peɪstrɪ, 'pʌf'peɪst] *n* Blätterteig *m.*

puffy ['pʌfɪ] *a* aufgedunsen.

pull [pʊl] *n* Ruck *m;* Zug *m; (influence)* Beziehung *f; vt* ziehen; *trigger* abdrücken; *vi* ziehen; **to ~ a face** ein Gesicht schneiden; **to ~ sb's leg** jdn auf den Arm nehmen; **to ~ to pieces** *(lit)* in Stücke reißen; *(fig)* verreißen; **to ~ one's weight** sich in die Riemen legen; **to ~ o.s. together** sich zusammenreißen; **~ apart** *vt (break)* zerreißen; *(dismantle)* auseinandernehmen; *fighters* trennen; **~ down** *vt house* abreißen; **~ in** *vi* hineinfahren; *(stop)* anhalten; *(Rail)* einfahren; **~ off** *vt deal etc* abschließen; **~ out** *vi (car)* herausfahren; *(fig: partner)* aussteigen; *vt* herausziehen; **~ round, ~ through** *vi* durchkommen; **~ up** *vi* anhalten.

pulley ['pʊlɪ] *n* Rolle *f,* Flaschenzug *m.*

pullover ['pʊləʊvə*] *n* Pullover *m.*

pulp [pʌlp] *n* Brei *m; (of fruit)* Fruchtfleisch *nt.*

pulpit ['pʊlpɪt] *n* Kanzel *f.*

pulsate [pʌl'seɪt] *vi* pulsieren.

pulse [pʌls] *n* Puls *m.*

pulverize ['pʌlvəraɪz] *vt* pulverisieren, in kleine Stücke zerlegen *(also fig).*

puma ['pju:mə] *n* Puma *m.*

pummel ['pʌml] *vt* mit den Fäusten bearbeiten.

pump [pʌmp] *n* Pumpe *f; (shoe)* leichter (Tanz)schuh *m; vt* pumpen; **~ up** *vt tyre* aufpumpen.

pumpkin ['pʌmpkɪn] *n* Kürbis *m.*

pun [pʌn] *n* Wortspiel *nt.*

punch [pʌntʃ] *n (tool)* Stanze *f;* Locher *m; (blow)* (Faust)schlag *m; (drink)* Punsch *m,* Bowle *f; vt* stanzen; lochen; *(strike)* schlagen, boxen; **~-drunk** *a* benommen; **~-up** *(col)* Keilerei *f.*

punctual ['pʌŋktjʊəl] *a* pünktlich; **~ity** [pʌŋktjʊ'ælɪtɪ] Pünktlichkeit *f.*

punctuate ['pʌŋktjʊeɪt] *vt* mit Satzzeichen versehen, interpunktieren; *(fig)* unterbrechen.

punctuation [pʌŋktjʊ'eɪʃən] *n* Zeichensetzung *f,* Interpunktion *f.*

puncture ['pʌŋktʃə*] *n* Loch *nt; (Aut)* Reifenpanne *f; vt* durchbohren.

pundit ['pʌndɪt] *n* Gelehrte(r) *m.*

pungent ['pʌndʒənt] *a* scharf.

punish ['pʌnɪʃ] *vt* bestrafen; *(in boxing etc)* übel zurichten; **~able** *a* strafbar; **~ment** Strafe *f; (action)* Bestrafung *f.*

punitive ['pju:nɪtɪv] *a* strafend.

punt [pʌnt] *n* Stechkahn *m.*

punter ['pʌntə*] *n (better)* Wetter *m.*

puny ['pju:nɪ] *a* kümmerlich.

pup [pʌp] *n* = **puppy.**

pupil ['pju:pl] *n* Schüler(in *f*) *m; (in eye)* Pupille *f.*

puppet ['pʌpɪt] *n* Puppe *f;* Marionette *f.*

puppy ['pʌpɪ] *n* junge(r) Hund *m.*

purchase ['pɜ:tʃɪs] *n* Kauf *m,* Anschaffung *f; (grip)* Halt *m; vt* kaufen, erwerben; **~r** Käufer(in *f*) *m.*

pure [pjʊə*] *a* pur; rein *(also fig);* **~ly** ['pju:əlɪ] *ad* rein; *(only)* nur; *(with a also)* rein.

purée ['pjʊəreɪ] *n* Püree *nt.*
purgatory ['pɜ:gətərɪ] *n* Fegefeuer *nt.*
purge [pɜ:dʒ] *n* Säuberung *f (also Pol); (medicine)* Abführmittel *nt; vt* reinigen; *body* entschlacken.
purification [pjʊərɪfɪ'keɪʃən] *n* Reinigung *f.*
purify ['pjʊərɪfaɪ] *vt* reinigen.
purist ['pjʊərɪst] *n* Purist *m.*
puritan ['pjʊərɪtən] *n* Puritaner *m;* **~ical** [pjʊərɪ'tænɪkəl] *a* puritanisch.
purity ['pjʊərɪtɪ] *n* Reinheit *f.*
purl [pɜ:l] *n* linke Masche *f; vt* links stricken.
purple ['pɜ:pl] *a* violett; *face* dunkelrot; *n* Violett *nt.*
purpose ['pɜ:pəs] *n* Zweck *m,* Ziel *nt; (of person)* Absicht *f;* **on ~** absichtlich; **~ful** *a* zielbewußt, entschlossen; **~ly** *ad* absichtlich.
purr [pɜ:*] *n* Schnurren *nt; vi* schnurren.
purse [pɜ:s] *n* Portemonnaie *nt,* Geldbeutel *m; vt lips* zusammenpressen, schürzen.
purser ['pɜ:sə*] *n* Zahlmeister *m.*
pursue [pə'sju:] *vt* verfolgen, nachjagen *(+dat); study* nachgehen *(+dat);* **~r** Verfolger *m.*
pursuit [pə'sju:t] *n* Jagd *f (of* nach), Verfolgung *f; (occupation)* Beschäftigung *f.*
purveyor [pɜ:'veɪə*] *n* Lieferant *m.*
pus [pʌs] *n* Eiter *m.*
push [pʊʃ] *n* Stoß *m,* Schub *m; (energy)* Schwung *m; (Mil)* Vorstoß *m; vt* stoßen, schieben; *button* drücken; *idea* durchsetzen; *vi* stoßen, schieben; **at a ~** zur Not; **~ aside** *vt* beiseiteschieben; **~ off** *vi (col)* abschieben; **~ on** *vi* weitermachen; **~ through** *vt* durchdrücken; *policy* durchsetzen; **~ up** *vt total* erhöhen; *prices* hochtreiben; **~chair** (Kinder)-sportwagen *m;* **~ing** *a* aufdringlich; **~over** *(col)* Kinderspiel *nt;* **~y** *a (col)* aufdringlich.
puss [pʊs] *n* Mieze(katze) *f.*
put [pʊt] *vt irreg* setzen, stellen, legen; *(express)* ausdrücken, sagen; *(write)* schreiben; **~ about** *vi (turn back)* wenden; *vt (spread)* verbreiten; **~ across** *vt (explain)* erklären; **~ away** *vt* weglegen; *(store)* beiseitelegen; **~ back** *vt* zurückstellen *or* -legen; **~ by** *vt* zurücklegen, sparen; **~ down** *vt* hinstellen *or* -legen; *(stop)* niederschlagen; *animal* einschläfern; *(in writing)* niederschreiben; **~ forward** *vt idea* vorbringen; *clock* vorstellen; **~ off** *vt* verlegen, verschieben; *(discourage)* abbringen von; **it ~ me off smoking** das hat mir die Lust am Rauchen verdorben; **~ on** *vt clothes etc* anziehen; *light etc* anschalten, anmachen; *play etc* aufführen; *brake* anziehen; **~ out** *vt hand etc* (her)ausstrecken; *news, rumour* verbreiten; *light etc* ausschalten, ausmachen; **~ up** *vt tent* aufstellen; *building* errichten; *price* erhöhen; *person* unterbringen; **to ~ up with** sich abfinden mit; **I won't ~ up with it** das laß ich mir nicht gefallen.
putrid ['pju:trɪd] *a* faul.
putsch [pʊtʃ] *n* Putsch *m.*
putt [pʌt] *vt (golf)* putten, einlochen; *n (golf)* Putten *nt,* leichte(r) Schlag *m;* **~er** Putter *m.*
putty ['pʌtɪ] *n* Kitt *m; (fig)* Wachs *nt.*
put-up ['pʊtʌp] *a:* **~ job** abgekartete(s) Spiel *nt.*
puzzle ['pʌzl] *n* Rätsel *nt; (toy)* Geduldspiel *nt; vt* verwirren; *vi* sich den Kopf zerbrechen.
puzzling ['pʌzlɪŋ] *a* rätselhaft, verwirrend.
pygmy ['pɪgmɪ] *n* Pygmäe *m; (fig)* Zwerg *m.*
pyjamas [pɪ'dʒɑ:məz] *npl* Schlafanzug *m,* Pyjama *m.*
pylon ['paɪlən] *n* Mast *m.*
pyramid ['pɪrəmɪd] *n* Pyramide *f.*
python ['paɪθən] *n* Pythonschlange *f.*

Q

Q, q [kju:] *n* Q *nt,* q *nt.*
quack [kwæk] *n* Quacken *nt; (doctor)* Quacksalber *m.*
quad [kwɒd] *abbr of* **quadrangle, quadruple, quadruplet.**
quadrangle ['kwɒdræŋgl] *n (court)* Hof *m; (Math)* Viereck *nt.*
quadruped ['kwɒdrʊped] *n* Vierfüßler *m.*
quadruple ['kwɒ'dru:pl] *a* vierfach; *vi* sich vervierfachen; *vt* vervierfachen.
quadruplet [kwɒ'dru:plət] *n* Vierling *m.*
quagmire ['kwægmaɪə*] *n* Morast *m.*
quaint [kweɪnt] *a* kurios; malerisch; **~ly** *ad* kurios; **~ness** malerischer Anblick *m;* Kuriosität *f.*
quake [kweɪk] *vi* beben, zittern; **Q~r** Quäker *m.*
qualification [kwɒlɪfɪ'keɪʃən] *n* Qualifikation *f; (sth which limits)* Einschränkung *f.*
qualified ['kwɒlɪfaɪd] *a (competent)* qualifiziert; *(limited)* bedingt.
qualify ['kwɒlɪfaɪ] *vt (prepare)* befähigen; *(limit)* einschränken; *vi* sich qualifizieren.
qualitative ['kwɒlɪtətɪv] *a* qualitativ.
quality ['kwɒlɪtɪ] *n* Qualität *f; (characteristic)* Eigenschaft *f; a* Qualitäts-.
qualm [kwɑ:m] *n* Bedenken *nt,* Zweifel *m.*
quandary ['kwɒndərɪ] *n* Verlegenheit *f;* **to be in a ~** in Verlegenheit sein.
quantitative ['kwɒntɪtətɪv] *a* quantitativ.
quantity ['kwɒntɪtɪ] *n* Menge *f,* Quantität *f.*
quarantine ['kwɒrənti:n] *n* Quarantäne *f.*
quarrel ['kwɒrəl] *n* Streit *m; vi* sich streiten; **~some** *a* streitsüchtig.
quarry ['kwɒrɪ] *n* Steinbruch *m; (animal)* Wild *nt; (fig)* Opfer *nt.*
quart [kwɔ:t] *n* Quart *nt.*
quarter ['kwɔ:tə*] *n* Viertel *nt; (of year)* Quartal *nt,* Vierteljahr *nt; vt (divide)* vierteln, in Viertel teilen; *(Mil)* einquartieren; **~s** *pl (esp Mil)* Quartier *nt;* **~ of an hour** Viertelstunde *f;* **~ past three** viertel nach drei; **~ to three** dreiviertel drei, viertel vor drei; **~-deck** Achterdeck *nt;* **~ final** Viertelfinale *nt;* **~ly** *a* vierteljährlich; **~master** Quartiermeister *m.*
quartet(te) [kwɔ:'tet] *n* Quartett *nt.*
quartz [kwɔ:ts] *n* Quarz *m.*
quash [kwɒʃ] *vt verdict* aufheben.

quasi [kwɑ:zɪ] *ad* quasi.
quaver ['kweɪvə*] *n (Mus)* Achtelnote *f; vi (tremble)* zittern.
quay [ki:] *n* Kai *m.*
queasiness ['kwi:zɪnəs] *n* Übelkeit *f.*
queasy ['kwi:zɪ] *a* übel; **he feels ~** ihm ist übel.
queen [kwi:n] *n* Königin *f;* **~ mother** Königinmutter *f.*
queer [kwɪə*] *a* seltsam, sonderbar, kurios; **~ fellow** komische(r) Kauz *m; n (col: homosexual)* Schwule(r) *m.*
quell [kwel] *vt* unterdrücken.
quench [kwentʃ] *vt thirst* löschen, stillen; *(extinguish)* löschen.
query ['kwɪərɪ] *n (question)* (An)frage *f; (question mark)* Fragezeichen *nt; vt* in Zweifel ziehen, in Frage stellen.
quest [kwest] *n* Suche *f.*
question ['kwestʃən] *n* Frage *f; vt (ask)* (be)fragen; *suspect* verhören; *(doubt)* in Frage stellen, bezweifeln; **beyond ~** ohne Frage; **out of the ~** ausgeschlossen; **~able** *a* zweifelhaft; **~er** Fragesteller *m;* **~ing** *a* fragend; **~ mark** Fragezeichen *nt;* **~naire** Fragebogen *m; (enquiry)* Umfrage *f.*
queue [kju:] *n* Schlange *f; vi (also* **~ up***)* Schlange stehen.
quibble ['kwɪbl] *n* Spitzfindigkeit *f; vi* kleinlich sein.
quick *a,* **~ly** *ad* [kwɪk, -lɪ] *a* schnell; *n (of nail)* Nagelhaut *f; (old: the living)* die Lebenden; **to the ~** *(fig)* bis ins Innerste; **~en** *vt (hasten)* beschleunigen; *(stir)* anregen; *vi* sich beschleunigen; **~-fire** *a questions etc* Schnellfeuer-; **~ness** Schnelligkeit *f; (mental)* Scharfsinn *m;* **~sand** Treibsand *m;* **~step** Quickstep *m;* **~-witted** *a* schlagfertig, hell.
quid [kwɪd] *n (Brit col: £1)* Pfund *nt.*
quiet ['kwaɪət] *a (without noise)* leise; *(peaceful, calm)* still, ruhig; *n* Stille *f,* Ruhe *f;* **~en** *(also* **~en down***) vi* ruhig werden; *vt* beruhigen; **~ly** *ad* leise, ruhig; **~ness** Ruhe *f,* Stille *f.*
quill [kwɪl] *n (of porcupine)* Stachel *m; (pen)* Feder *f.*
quilt [kwɪlt] *n* Steppdecke *f;* **~ing** Füllung *f,* Wattierung *f.*
quin [kwɪn] *abbr of* **quintuplet.**
quince [kwɪns] *n* Quitte *f.*
quinine [kwɪ'ni:n] *n* Chinin *nt.*
quinsy ['kwɪnzɪ] *n* Mandelentzündung *f.*
quintet(te) [kwɪn'tet] *n* Quintett *nt.*
quintuplet [kwɪn'tju:plət] *n* Fünfling *m.*
quip [kwɪp] *n* witzige Bemerkung *f; vi* witzeln.
quirk [kwɜ:k] *n (oddity)* Eigenart *f.*
quit [kwɪt] *irreg vt* verlassen; *vi* aufhören.
quite [kwaɪt] *ad (completely)* ganz, völlig; *(fairly)* ziemlich; **~ (so)!** richtig!
quits [kwɪts] *a* quitt.
quiver ['kwɪvə*] *vi* zittern; *n (for arrows)* Köcher *m.*
quiz [kwɪz] *n (competition)* Quiz *nt; (series of questions)* Befragung *f; vt* prüfen; **~zical** *a* fragend, verdutzt.
quoit [kwɔɪt] *n* Wurfring *m.*
quorum ['kwɔ:rəm] *n* beschlußfähige Anzahl *f.*
quota ['kwəʊtə] *n* Anteil *m; (Comm)* Quote *f.*
quotation [kwəʊ'teɪʃən] *n* Zitat *nt; (price)* Kostenvoranschlag *m;* **~ marks** *pl* Anführungszeichen *pl.*
quote [kwəʊt] *n see* **quotation**; *vi (from book)* zitieren; *vt (from book)* zitieren; *price* angeben.
quotient ['kwəʊʃənt] *n* Quotient *m.*

R

R, r [ɑ:*] *n* R *nt,* r *nt.*
rabbi ['ræbaɪ] *n* Rabbiner *m; (title)* Rabbi *m.*
rabbit ['ræbɪt] *n* Kaninchen *nt;* **~ hutch** Kaninchenstall *m.*
rabble ['ræbl] *n* Pöbel *m.*
rabies ['reɪbi:z] *n* Tollwut *f.*
raccoon [rə'ku:n] *n* Waschbär *m.*
race [reɪs] *n (species)* Rasse *f; (competition)* Rennen *nt; (on foot also)* Wettlauf *m; (rush)* Hetze *f; vt* um die Wette laufen mit; *horses* laufen lassen; *vi (run)* rennen; *(in contest)* am Rennen teilnehmen; **~course** *(for horses)* Rennbahn *f;* **~horse** Rennpferd *nt;* **~ meeting** *(for horses)* (Pferde)rennen *nt;* **~ relations** *pl* Beziehungen *pl* zwischen den Rassen; **~track** *(for cars etc)* Rennstrecke *f.*
racial ['reɪʃəl] *a* Rassen-; **~ discrimination** Rassendiskriminierung *f;* **~ism** Rassismus *m;* **~ist** *a* rassistisch; *n* Rassist *m.*.
racing ['reɪsɪŋ] *n* Rennen *nt;* **~ car** Rennwagen *m;* **~ driver** Rennfahrer *m.*
racism ['reɪsɪzəm] *n* Rassismus *m.*
racist ['reɪsɪst] *n* Rassist *m; a* rassistisch.
rack [ræk] *n* Ständer *m,* Gestell *nt; vt* (zer)martern; **to go to ~ and ruin** verfallen.
racket ['rækɪt] *n (din)* Krach *m; (scheme)* (Schwindel)geschäft *nt; (tennis)* (Tennis)schläger *m.*
racquet ['rækɪt] *n* = **racket** *(tennis).*
racy ['reɪsɪ] *a* gewagt; *style* spritzig.
radar ['reɪdɑ:*] *n* Radar *nt or m.*
radiance ['reɪdɪəns] *n* strahlende(r) Glanz *m.*
radiant ['reɪdɪənt] *a (bright)* strahlend; *(giving out rays)* Strahlungs-.
radiate ['reɪdɪeɪt] *vti* ausstrahlen; *(roads, lines)* strahlenförmig wegführen.
radiation [reɪdɪ'eɪʃən] *n* (Aus)strahlung *f.*
radiator ['reɪdɪeɪtə*] *n (for heating)* Heizkörper *m; (Aut)* Kühler *m;* **~ cap** Kühlerdeckel *m.*
radical *a,* **~ly** *ad* ['rædɪkəl, -ɪ] radikal.
radio ['reɪdɪəʊ] *n* Rundfunk *m,* Radio *nt; (set)* Radio *nt,* Radioapparat *m;* **~active** *a* radioaktiv; **~activity** Radioaktivität *f;* **~grapher** [reɪdɪ'ɒgrəfə*] Röntgenassistent(in *f*) *m;* **~graphy** [reɪdɪ'ɒgrəfɪ] Radiographie *f,* Röntgenphotographie *f;* **~logy** [reɪdɪ'ɒlədʒɪ] Strahlenkunde *f;* **~ station** Rundfunkstation *f;* **~ telephone** Funksprechanlage *f;* **~ telescope** Radio-

teleskop *nt;* ~**therapist** Radiologieassistent(in *f*) *m.*
radish ['rædɪʃ] *n (big)* Rettich *m; (small)* Radieschen *nt.*
radium ['reɪdɪəm] *n* Radium *nt.*
radius ['reɪdɪəs] *n* Radius *m,* Halbkreis *m; (area)* Umkreis *m.*
raffia ['ræfɪə] *n* (Raffia)bast *m.*
raffish ['ræfɪʃ] *a* liederlich; *clothes* gewagt.
raffle ['ræfl] *n* Verlosung *f,* Tombola *f.*
raft [rɑːft] *n* Floß *nt.*
rafter ['rɑːftə*] *n* Dachsparren *m.*
rag [ræg] *n (cloth)* Lumpen *m,* Lappen *m; (col: newspaper)* Käseblatt *nt; (Univ: for charity)* studentische Sammelaktion *f; vt* auf den Arm nehmen; ~**bag** *(fig)* Sammelsurium *nt.*
rage [reɪdʒ] *n* Wut *f; (desire)* Sucht *f; (fashion)* große Mode *f;* **to be in a** ~ wütend sein; *vi* wüten, toben.
ragged ['rægɪd] *a edge* gezackt; *clothes* zerlumpt.
raging ['reɪdʒɪŋ] *a* tobend; *thirst* Heiden-.
raid [reɪd] *n* Überfall *m; (Mil)* Angriff *m: (by police)* Razzia *f; vt* überfallen; ~**er** *(person)* (Bank)räuber *m; (Naut)* Kaperschiff *nt.*
rail [reɪl] *n* Schiene *f,* Querstange *f; (on stair)* Geländer *nt; (of ship)* Reling *f; (Rail)* Schiene *f;* **by** ~ per Bahn; ~**ing(s)** Geländer *nt;* ~**road** *(US),* ~**way** *(Brit)* Eisenbahn *f;* ~**road** *or* ~**way station** Bahnhof *m.*
rain [reɪn] *n* Regen *m; vti* regnen; **the** ~**s** *pl* die Regenzeit; ~**bow** Regenbogen *m;* ~**coat** Regenmantel *m;* ~**drop** Regentropfen *m;* ~**fall** Niederschlag *m;* ~**storm** heftige(r) Regenguß *m;* ~**y** *a region, season* Regen-; *day* regnerisch, verregnet.
raise [reɪz] *n (esp US: increase)* (Lohn- *or* Gehalts- *or* Preis)erhöhung *f; vt (lift)* (hoch)heben; *(increase)* erhöhen; *question* aufwerfen; *doubts* äußern; *funds* beschaffen; *family* großziehen; *livestock* züchten; *(build)* errichten.
raisin ['reɪzən] *n* Rosine *f.*
rajah ['rɑːdʒə] *n* Radscha *m.*
rake [reɪk] *n* Rechen *m,* Harke *f; (person)* Wüstling *m; vt* rechen, harken; *(with gun)* (mit Feuer) bestreichen; *(search)* (durch)suchen; **to** ~ **in** *or* **together** zusammenscharren.
rakish ['reɪkɪʃ] *a* verwegen.
rally ['rælɪ] *n (Pol etc)* Kundgebung *f; (Aut)* Sternfahrt *f,* Rallye *f; (improvement)* Erholung *f; vt (Mil)* sammeln; *vi* Kräfte sammeln; ~ **round** *vti* (sich) scharen um; *(help)* zu Hilfe kommen *(+dat).*
ram [ræm] *n* Widder *m; (instrument)* Ramme *f; vt (strike)* rammen; *(stuff)* (hinein)stopfen.
ramble ['ræmbl] *n* Wanderung *f,* Ausflug *m; vi (wander)* umherstreifen; *(talk)* schwafeln; ~**r** Wanderer *m; (plant)* Kletterrose *f.*
rambling ['ræmblɪŋ] *a plant* Kletter-; *speech* weitschweifig; *town* ausgedehnt.
ramification [ræmɪfɪ'keɪʃən] *n* Verästelung *f;* ~**s** *pl* Tragweite *f.*
ramp [ræmp] *n* Rampe *f.*
rampage [ræm'peɪdʒ] *n:* **to be on the** ~ *(also* ~ *vi)* randalieren.
rampant ['ræmpənt] *a (heraldry)* aufgerichtet; **to be** ~ überhandnehmen.
rampart ['ræmpɑːt] *n* (Schutz)wall *m.*
ramshackle ['ræmʃækl] *a* baufällig.
ranch [rɑːntʃ] *n* Ranch *f;* ~**er** Rancher *m.*
rancid ['rænsɪd] *a* ranzig.
rancour, *(US)* **rancor** ['ræŋkə*] *n* Verbitterung *f,* Groll *m.*
random ['rændəm] *a* ziellos, wahllos; *n:* **at** ~ aufs Geratewohl.
randy ['rændɪ] *a (Brit)* geil, scharf.
range [reɪndʒ] *n* Reihe *f; (of mountains)* Kette *f; (Comm)* Sortiment *nt; (selection)* (große) Auswahl *f (of* an *+dat); (reach)* (Reich)weite *f; (of gun)* Schußweite *f; (for shooting practice)* Schießplatz *m; (stove)* (großer) Herd *m; vt (set in row)* anordnen, aufstellen; *(roam)* durchstreifen; *vi (extend)* sich erstrecken; **prices ranging from £5 to £10** Preise, die sich zwischen 5£ und 10£ bewegen; ~**r** Förster *m.*
rank [ræŋk] *n (row)* Reihe *f; (for taxis)* Stand *m; (Mil)* Dienstgrad *m,* Rang *m; (social position)* Stand *m; vt* einschätzen; *vi (have —)* gehören *(among* zu*); a (strong-smelling)* stinkend; *(extreme)* krass; **the** ~**s** *pl (Mil)* die Mannschaften *pl;* **the** ~ **and file** *(fig)* die breite Masse.
rankle ['ræŋkl] *vi* nagen.
ransack ['rænsæk] *vt (plunder)* plündern; *(search)* durchwühlen.
ransom ['rænsəm] *n* Lösegeld *nt;* **to hold sb to** ~ jdn gegen Lösegeld festhalten.
rant [rænt] *vi* hochtrabend reden; ~**ing** Wortschwall *m.*
rap [ræp] *n* Schlag *m; vt* klopfen.
rape [reɪp] *n* Vergewaltigung *f; vt* vergewaltigen.
rapid ['ræpɪd] *a* rasch, schnell; ~**s** *pl* Stromschnellen *pl;* ~**ity** [rə'pɪdɪtɪ] Schnelligkeit *f;* ~**ly** *ad* schnell.
rapier ['reɪpɪə*] *n* Florett *nt.*
rapist ['reɪpɪst] *n* Vergewaltiger *m.*
rapport [ræ'pɔː*] *n* gute(s) Verhältnis *nt.*
rapprochement [ræ'prɒʃmɑ̃ːŋ] *n* (Wieder)annäherung *f.*
rapt [ræpt] *a* hingerissen.
rapture ['ræptʃə*] *n* Entzücken *nt.*
rapturous ['ræptʃərəs] *a applause* stürmisch; *expression* verzückt.
rare [rɛə*] *a* selten, rar; *(especially good)* vortrefflich; *(underdone)* nicht durchgebraten; ~**fied** ['rɛərɪfaɪd] *a air, atmosphere* dünn; ~**ly** *ad* selten.
rarity ['rɛərɪtɪ] *n* Seltenheit *f.*
rascal ['rɑːskəl] *n* Schuft *m; (child)* Strick *m.*
rash [ræʃ] *a* übereilt; *(reckless)* unbesonnen; *n* (Haut)ausschlag *m.*
rasher ['ræʃə*] *n* Speckscheibe *f.*
rashly ['ræʃlɪ] *ad* vorschnell, unbesonnen.
rashness ['ræʃnəs] *n* Voreiligkeit *f; (recklessness)* Unbesonnenheit *f.*
rasp [rɑːsp] *n* Raspel *f.*
raspberry ['rɑːzbərɪ] *n* Himbeere *f.*
rasping ['rɑːspɪŋ] *a noise* kratzend.

rat [ræt] *n (animal)* Ratte *f; (person)* Halunke *m.*
ratable ['reɪtəbl] *a:* ~ **value** Grundsteuer *f.*
ratchet ['rætʃɪt] *n* Sperrad *nt.*
rate [reɪt] *n (proportion)* Ziffer *f,* Rate *f; (price)* Tarif *m,* Gebühr *f; (speed)* Geschwindigkeit *f; vt* (ein)schätzen; ~**s** *pl (Brit)* Grundsteuer *f,* Gemeindeabgaben *pl;* **at any** ~ jedenfalls; *(at least)* wenigstens; **at this** ~ wenn es so weitergeht; ~ **of exchange** (Wechsel)kurs *m;* ~**payer** Steuerzahler(in *f*) *m; see* **first.**
rather ['rɑːðə*] *ad (in preference)* lieber, eher; *(to some extent)* ziemlich; ~**!** und ob!
ratification [rætɪfɪ'keɪʃən] *n* Ratifikation *f.*
ratify ['rætɪfaɪ] *vt* bestätigen; *(Pol)* ratifizieren.
rating ['reɪtɪŋ] *n* Klasse *f; (sailor)* Matrose *m.*
ratio ['reɪʃɪəʊ] *n* Verhältnis *nt.*
ration ['ræʃən] *n (usually pl)* Ration *f; vt* rationieren.
rational *a,* ~**ly** *ad* ['ræʃənl, -nəlɪ] rational, vernünftig; ~**e** [ræʃə'nɑːl] Grundprinzip *nt;* ~**ization** [ræʃnəlaɪ'zeɪʃən] Rationalisierung *f;* ~**ize** ['ræʃnəlaɪz] *vt* rationalisieren.
rationing ['ræʃnɪŋ] *n* Rationierung *f.*
rat race ['rætreɪs] *n* Konkurrenzkampf *m.*
rattle ['rætl] *n (sound)* Rattern *nt,* Rasseln *nt; (toy)* Rassel *f; vi* ratteln, klappern; ~**snake** Klapperschlange *f.*
raucous *a,* ~**ly** *ad* ['rɔːkəs, -lɪ] heiser, rauh.
ravage ['rævɪdʒ] *vt* verheeren; ~**s** *pl* verheerende Wirkungen *pl;* **the** ~**s of time** der Zahn der Zeit.
rave [reɪv] *vi (talk wildly)* phantasieren; *(rage)* toben.
raven ['reɪvn] *n* Rabe *m.*
ravenous ['rævənəs] *a* heißhungrig; *appetite* unersättlich.
ravine [rə'viːn] *n* Schlucht *f,* Klamm *f.*
raving ['reɪvɪŋ] *a* tobend; ~ **mad** total verrückt.
ravioli [rævɪ'əʊlɪ] *n* Ravioli *pl.*
ravish ['rævɪʃ] *vt (delight)* entzücken; *(Jur) woman* vergewaltigen; ~**ing** *a* hinreißend.
raw [rɔː] *a* roh; *(tender)* wund(gerieben); *wound* offen; *(inexperienced)* unerfahren; ~ **material** Rohmaterial *nt.*
ray [reɪ] *n (of light)* (Licht)strahl *m; (gleam)* Schimmer *m.*
rayon ['reɪɒn] *n* Kunstseide *f,* Reyon *nt or m.*
raze [reɪz] *vt* dem Erdboden gleichmachen.
razor ['reɪzə*] *n* Rasierapparat *m;* ~ **blade** Rasierklinge *f.*
re- [riː] *pref* wieder-.
re [riː] *prep (Comm)* betreffs (+ *gen*).
reach [riːtʃ] *n* Reichweite *f; (of river)* Flußstrecke *f;* **within** ~ *(shops etc)* in erreichbarer Weite *or* Entfernung; *vt* erreichen; *(pass on)* reichen, geben; *vi (try to get)* langen *(for* nach*); (stretch)* sich erstrecken; ~ **out** *vi* die Hand ausstrecken.
react [riː'ækt] *vi* reagieren; ~**ion** [riː'ækʃən] Reaktion *f;* ~**ionary** [riː'ækʃənrɪ] *a* reaktionär; ~**or** Reaktor *m.*
read [riːd] *vti irreg* lesen; *(aloud)* vorlesen; **it** ~**s as follows** es lautet folgendermaßen; ~**able** *a* leserlich; *(worth* —*ing)* lesenswert; ~**er** *(person)* Leser(in *f*) *m; (book)* Lesebuch *nt;* ~**ership** Leserschaft *f.*
readily ['redɪlɪ] *ad (willingly)* bereitwillig; *(easily)* prompt.
readiness ['redɪnəs] *n (willingness)* Bereitwilligkeit *f; (being ready)* Bereitschaft *f.*
reading ['riːdɪŋ] *n* Lesen *nt; (interpretation)* Deutung *f,* Auffassung *f;* ~ **lamp** Leselampe *f;* ~ **matter** Lesestoff *m,* Lektüre *f;* ~ **room** Lesezimmer *nt,* Lesesaal *m.*
readjust ['riːə'dʒʌst] *vt* wieder in Ordnung bringen; neu einstellen; **to** ~ **(o.s.) to sth** sich wieder anpassen an etw *(acc);* ~**ment** Wiederanpassung *f.*
ready ['redɪ] *a (prepared)* bereit, fertig; *(willing)* bereit, willens; *(in condition to)* reif; *(quick)* schlagfertig; *money* verfügbar, bar; *ad* bereit; *n:* **at the** ~ bereit; ~**-made** *a* gebrauchsfertig, Fertig-; *clothes* Konfektions-; ~ **reckoner** Rechentabelle *f.*
real [rɪəl] *a* wirklich; *(actual)* eigentlich; *(true)* wahr; *(not fake)* echt; ~ **estate** Grundbesitz *m;* ~**ism** Realismus *m;* ~**ist** Realist *m;* ~**istic** *a,* ~**istically** *ad* realistisch; ~**ity** [riː'ælɪtɪ] *(real existence)* Wirklichkeit *f,* Realität *f; (facts)* Tatsachen *pl;* ~**ization** *(understanding)* Erkenntnis *f; (fulfilment)* Verwirklichung *f;* ~**ize** *vt (understand)* begreifen; *(make real)* verwirklichen; *money* einbringen; **I didn't** ~**ize . . .** ich wußte nicht, . . .; ~**ly** *ad* wirklich.
realm [relm] *n* Reich *nt.*
ream [riːm] *n* Ries *nt.*
reap [riːp] *vt* ernten; ~**er** Mähmaschine *f.*
reappear ['riːə'pɪə*] *vi* wieder erscheinen; ~**ance** Wiedererscheinen *nt.*
reapply ['rɪə'plaɪ] *vi* wiederholt beantragen *(for acc); (for job)* sich erneut bewerben *(for* um*).*
reappoint ['riːə'pɔɪnt] *vt* wieder anstellen; wiederernennen.
reappraisal ['riːə'preɪzəl] *n* Neubeurteilung *f.*
rear [rɪə*] *a* hintere(r, s), Rück-; *n* Rückseite *f; (last part)* Schluß *m; vt (bring up)* aufziehen; *vi (horse)* sich aufbäumen; ~**-engined** *a* mit Heckmotor; ~**guard** Nachhut *f.*
rearm ['riː'ɑːm] *vt* wiederbewaffnen; *vi* wiederaufrüsten; ~**ament** Wiederaufrüstung *f.*
rearrange ['riːə'reɪndʒ] *vt* umordnen; *plans* ändern.
rear-view ['rɪevjuː] *a:* ~ **mirror** Rückspiegel *m.*
reason ['riːzn] *n (cause)* Grund *m; (ability to think)* Verstand *m; (sensible thoughts)* Vernunft *f; vi (think)* denken; *(use arguments)* argumentieren; **to** ~ **with sb** mit jdm diskutieren; ~**able** *a* vernünftig; ~**ably** *ad* vernünftig; *(fairly)* ziemlich;

one could **~ably suppose** man könnte doch (mit gutem Grund) annehmen; **~ed** *a argument* durchdacht; **~ing** Urteilen *nt; (argumentation)* Beweisführung *f.*
reassemble ['ri:ə'sembl] *vt* wieder versammeln; *(Tech)* wieder zusammensetzen, wieder zusammenbauen; *vi* sich wieder versammeln.
reassert ['ri:ə'sɜ:t] *vt* wieder geltend machen.
reassurance ['ri:ə'ʃʊərəns] *n* Beruhigung *f; (confirmation)* nochmalige Versicherung *f.*
reassure ['ri:ə'ʃʊə*] *vt* beruhigen; *(confirm)* versichern *(sb* jdm*).*
reassuring ['ri:ə'ʃʊərɪŋ] *a* beruhigend.
reawakening ['ri:ə'weɪknɪŋ] *n* Wiedererwachen *nt.*
rebate ['ri:beɪt] *n* Rabatt *m; (money back)* Rückzahlung *f.*
rebel ['rebl] *n* Rebell *m; a* Rebellen-; **~lion** [rɪ'belɪən] rebellion *f,* Aufstand *m;* **~lious** [rɪ'belɪəs] *a* rebellisch; *(fig)* widerspenstig.
rebirth ['ri:'bɜ:θ] *n* Wiedergeburt *f.*
rebound [rɪ'baʊnd] *vi* zurückprallen; ['ri:baʊnd] *n* Rückprall *m;* **on the ~** *(fig)* als Reaktion.
rebuff [rɪ'bʌf] *n* Abfuhr *f; vt* abblitzen lassen.
rebuild ['ri:'bɪld] *vt irreg* wiederaufbauen; *(fig)* wiederherstellen; **~ing** Wiederaufbau *m.*
rebuke [rɪ'bju:k] *n* Tadel *m; vt* tadeln, rügen.
rebut [rɪ'bʌt] *vt* widerlegen.
recalcitrant [rɪ'kælsɪtrənt] *a* widerspenstig.
recall [rɪ'kɔ:l] *vt (call back)* zurückrufen; *(remember)* sich erinnern an *(+acc).*
recant [rɪ'kænt] *vi* (öffentlich) widerrufen.
recap ['ri:kæp] *n* kurze Zusammenfassung *f; vti information* wiederholen.
recapture ['ri:'kæptʃə*] *vt* wieder (ein)fangen.
recede [rɪ'si:d] *vi* zurückweichen.
receding [rɪ:'si:dɪŋ] *a:* **~ hair** Stirnglatze *f.*
receipt [rɪ'si:t] *n (document)* Quittung *f; (receiving)* Empfang *m;* **~s** *pl* Einnahmen *pl.*
receive [rɪ'si:v] *vt* erhalten; *visitors etc* empfangen; **~r** *(Tel)* Hörer *m.*
recent ['ri:snt] *a* vor kurzem (geschehen), neuerlich; *(modern)* neu; **~ly** *ad* kürzlich, neulich.
receptacle [rɪ'septəkl] *n* Behälter *m.*
reception [rɪ'sepʃən] *n* Empfang *m; (welcome)* Aufnahme *f; (in hotel)* Rezeption *f;* **~ist** *(in hotel)* Empfangschef *m*/-dame *f; (Med)* Sprechstundenhilfe *f.*
receptive [rɪ'septɪv] *a* aufnahmebereit.
recess [rɪ:'ses] *n (break)* Ferien *pl; (hollow)* Nische *f;* **~es** *pl* Winkel *m;* **~ion** [rɪ'seʃən] Rezession *f.*
recharge ['ri:'tʃɑ:dʒ] *vt battery* aufladen.
recipe ['resɪpɪ] *n* Rezept *nt.*
recipient [rɪ'sɪpɪənt] *n* Empfänger *m.*
reciprocal [rɪ'sɪprəkəl] *a* gegenseitig; *(mutual)* wechselseitig.
reciprocate [rɪ'sɪprəkeɪt] *vt* erwidern.
recital [rɪ'saɪtl] *n (Mus)* Konzert *nt,* Vortrag *m.*
recitation [resɪ'teɪʃən] *n* Rezitation *f.*
recite [rɪ'saɪt] *vt* vortragen, aufsagen; *(give list of also)* aufzählen.
reckless *a,* **~ly** *ad* ['rekləs, -lɪ] leichtsinnig; *driving* fahrlässig; **~ness** Rücksichtslosigkeit *f.*
reckon ['rekən] *vt (count)* (be- *or* er)rechnen; *(consider)* halten für; *vi (suppose)* annehmen; **~ on** *vt* rechnen mit; **~ing** *(calculation)* Rechnen *nt.*
reclaim [rɪ'kleɪm] *vt land* abgewinnen *(from dat); expenses* zurückverlangen.
reclamation [reklə'meɪʃən] *n (of land)* Gewinnung *f.*
recline [rɪ'klaɪn] *vi* sich zurücklehnen.
reclining [rɪ'klaɪnɪŋ] *a* verstellbar, Liege-.
recluse [rɪ'klu:s] *n* Einsiedler *m.*
recognition [rekəg'nɪʃən] *n (recognizing)* Erkennen *nt; (acknowledgement)* Anerkennung *f.*
recognizable ['rekəgnaɪzəbl] *a* erkennbar.
recognize ['rekəgnaɪz] *vt* erkennen; *(Pol, approve)* anerkennen.
recoil [rɪ'kɔɪl] *n* Rückstoß *m; vi (in horror)* zurückschrecken; *(rebound)* zurückprallen.
recollect [rekə'lekt] *vt* sich erinnern an *(+acc);* **~ion** Erinnerung *f.*
recommend [rekə'mend] *vt* empfehlen; **~ation** Empfehlung *f.*
recompense ['rekəmpens] *n (compensation)* Entschädigung *f; (reward)* Belohnung *f; vt* entschädigen; belohnen.
reconcilable ['rekənsaɪləbl] *a* vereinbar.
reconcile ['rekənsaɪl] *vt facts* vereinbaren, in Einklang bringen; *people* versöhnen.
reconciliation [rekənsɪlɪ'eɪʃən] *n* Versöhnung *f.*
reconditioned ['ri:kən'dɪʃənd] *a* überholt, erneuert.
reconnaissance [rɪ'kɒnɪsəns] *n* Aufklärung *f.*
reconnoitre, *(US)* **reconnoiter** [rekə'nɔɪtə*] *vt* erkunden; *vi* aufklären.
reconsider ['ri:kən'sɪdə*] *vti* von neuem erwägen, (es) überdenken.
reconstitute ['ri:'kɒnstɪtju:t] *vt* neu bilden.
reconstruct ['ri:kən'strʌkt] *vt* wiederaufbauen; *crime* rekonstruieren; **~ion** ['ri:kən'strʌkʃən] Rekonstruktion *f.*
record ['rekɔ:d] *n* Aufzeichnung *f; (Mus)* Schallplatte *f; (best performance)* Rekord *m; a time* Rekord-; [rɪ'kɔ:d] *vt* aufzeichnen; *(Mus etc)* aufnehmen; **~ card** *(in file)* Karteikarte *f;* **~ed music** Musikaufnahmen *pl;* **~er** [rɪ'kɔ:də*] *(officer)* Protokollführer *m; (Mus)* Blockflöte *f;* **~ holder** *(Sport)* Rekordinhaber *m;* **~ing** [rɪ'kɔ:dɪŋ] *(Mus)* Aufnahme *f;* **~ library** Schallplattenarchiv *nt;* **~ player** Plattenspieler *m.*
recount ['ri:kaʊnt] *n* Nachzählung *f; vt (count again)* nachzählen; [rɪ'kaʊnt] *(tell)* berichten.
recoup [rɪ'ku:p] *vt* wettmachen.
recourse [rɪ'kɔ:s] *n* Zuflucht *f.*

recover [rɪ'kʌvə*] *vt (get back)* zurückerhalten; ['ri:'kʌvə*] *quilt etc* neu überziehen; *vi* sich erholen; **~y** Wiedererlangung *f; (of health)* Genesung *f.*

recreate ['ri:krɪ'eɪt] *vt* wiederherstellen.

recreation [rekrɪ'eɪʃən] *n* Erholung *f;* Freizeitbeschäftigung *f;* **~al** *a* Erholungs-.

recrimination [rɪkrɪmɪ'neɪʃən] *n* Gegenbeschuldigung *f.*

recruit [rɪ'kru:t] *n* Rekrut *m; vt* rekrutieren; **~ing office** Wehrmeldeamt *nt;* **~ment** Rekrutierung *f.*

rectangle ['rektæŋgl] *n* Rechteck *nt.*

rectangular [rek'tæŋgjʊlə*] *a* rechteckig, rechtwinklig.

rectify ['rektɪfaɪ] *vt* berichtigen.

rectory ['rektərɪ] *n* Pfarrhaus *nt.*

recuperate [rɪ'ku:pəreɪt] *vi* sich erholen.

recur [rɪ'kɜ:*] *vi* sich wiederholen; **~rence** Wiederholung *f;* **~rent** *a* wiederkehrend.

red [red] *n* Rot *nt; (Pol)* Rote(r) *m; a* rot; **in the ~** in den roten Zahlen; **R~ Cross** Rote(s) Kreuz *nt;* **~den** *vti* (sich) röten; *(blush)* erröten; **~dish** *a* rötlich.

redecorate ['ri:dekəreɪt] *vt* renovieren.

redecoration [ri:dekə'reɪʃən] *n* Renovierung *f.*

redeem [rɪ'di:m] *vt (Comm)* einlösen; *(set free)* freikaufen; *(compensate)* retten; **to ~ sb from sin** jdn von seinen Sünden erlösen.

redeeming [rɪ'di:mɪŋ] *a virtue, feature* rettend.

redeploy ['ri:dɪ'plɔɪ] *vt resources* umverteilen.

red-haired ['red'hɛəd] *a* rothaarig.

red-handed ['red'hændɪd] *ad* auf frischer Tat.

redhead ['redhed] *n* Rothaarige(r) *mf.*

red herring ['red'herɪŋ] *n* Ablenkungsmanöver *nt.*

red-hot ['red'hɒt] *a* rotglühend; *(excited)* hitzig; *tip* heiß.

redirect ['ri:daɪ'rekt] *vt* umleiten.

rediscovery ['ri:dɪs'kʌvərɪ] *n* Wiederentdeckung *f.*

redistribute ['ri:dɪs'trɪbju:t] *vt* neu verteilen.

red-letter day ['red'letədeɪ] *n (lit, fig)* Festtag *m.*

redness ['rednəs] *n* Röte *f.*

redo ['ri:'du:] *vt irreg* nochmals tun *or* machen.

redolent ['redəʊlənt] *a:* **~ of** riechend nach; *(fig)* erinnernd an *(+acc).*

redouble [ri:'dʌbl] *vt* verdoppeln.

red tape ['red'teɪp] *n* Bürokratismus *m.*

reduce [rɪ'dju:s] *vt price* herabsetzen *(to* auf *+acc); speed, temperature* vermindern; *photo* verkleinern; **to ~ sb to tears/silence** jdn zum Weinen/Schweigen bringen.

reduction [rɪ'dʌkʃən] *n* Herabsetzung *f;* Verminderung *f;* Verkleinerung *f; (amount of money)* Nachlaß *m.*

redundancy [rɪ'dʌndənsɪ] *n* Überflüssigkeit *f; (of workers)* Entlassung *f.*

redundant [rɪ'dʌndənt] *a* überflüssig; *workers* ohne Arbeitsplatz; **to be made ~** arbeitslos werden.

reed [ri:d] *n* Schilf *nt; (Mus)* Rohrblatt *nt.*

reef [ri:f] *n* Riff *nt.*

reek [ri:k] *vi* stinken *(of* nach*).*

reel [ri:l] *n* Spule *f,* Rolle *f; vt (wind)* wickeln, spulen; *(stagger)* taumeln.

re-election ['ri:ɪ'lekʃən] *n* Wiederwahl *f.*

re-engage ['ri:ɪn'geɪdʒ] *vt* wieder einstellen.

re-enter ['ri:'entə*] *vti* wieder eintreten (in *+acc*).

re-entry ['ri:'entrɪ] *n* Wiedereintritt *m.*

re-examine ['ri:ɪg'zæmɪn] *vt* neu überprüfen.

ref [ref] *n (col)* Schiri *m.*

refectory [rɪ'fektərɪ] *n (Univ)* Mensa *f; (Sch)* Speisesaal *m; (Eccl)* Refektorium *nt.*

refer [rɪ'fɜ:*] *vt:* **~ sb to sb/sth** jdn an jdn/etw verweisen; *vi:* **~ to** hinweisen auf *(+acc); (to book)* nachschlagen in *(+dat); (mention)* sich beziehen auf *(+acc).*

referee [refə'ri:] *n* Schiedsrichter *m; (for job)* Referenz *f; vt* schiedsrichtern.

reference ['refrəns] *n (mentioning)* Hinweis *m; (allusion)* Anspielung *f; (for job)* Referenz *f; (in book)* Verweis *m; (number, code)* Aktenzeichen *nt;* Katalognummer *f;* **with ~ to** in bezug auf *(+acc);* **~ book** Nachschlagewerk *nt.*

referendum [refə'rendəm] *n* Volksabstimmung *f.*

refill ['ri:'fɪl] *vt* nachfüllen; ['ri:fɪl] *n* Nachfüllung *f; (for pen)* Ersatzpatrone *f;* Ersatzmine *f.*

refine [rɪ'faɪn] *vt (purify)* raffinieren, läutern; *(fig)* bilden, kultivieren; **~d** *a* gebildet, kultiviert; **~ment** Bildung *f,* Kultiviertheit *f;* **~ry** Raffinerie *f.*

reflect [rɪ'flekt] *vt light* reflektieren; *(fig)* (wider)spiegeln, zeigen; *vi (meditate)* nachdenken *(on* über *+acc);* **~ion** Reflexion *f; (image)* Spiegelbild *nt; (thought)* Überlegung *f,* Gedanke *m;* **~or** Reflektor *m.*

reflex ['ri:fleks] *n* Reflex *m;* **~ive** [rɪ'fleksɪv] *a (Gram)* Reflexiv-, rückbezüglich, reflexiv.

reform [rɪ'fɔ:m] *n* Reform *f; vt person* bessern; **the R~ation** [refə'meɪʃən] die Reformation; **~er** Reformer *m; (Eccl)* Reformator *m.*

refrain [rɪ'freɪn] *vi* unterlassen *(from acc).*

refresh [rɪ'freʃ] *vt* erfrischen; **~er course** Wiederholungskurs *m;* **~ing** *a* erfrischend; **~ments** *pl* Erfrischungen *pl.*

refrigeration [rɪfrɪdʒə'reɪʃən] *n* Kühlung *f.*

refrigerator [rɪ'frɪdʒəreɪtə*] *n* Kühlschrank *m.*

refuel ['ri:'fjʊəl] *vti* auftanken; **~ling** Auftanken *nt.*

refuge ['refju:dʒ] *n* Zuflucht *f;* **~e** [refjʊ'dʒi:] Flüchtling *m.*

refund ['ri:fʌnd] *n* Rückvergütung *f;* [rɪ'fʌnd] *vt* zurückerstatten, rückvergüten.

refurbish ['ri:'fɜ:bɪʃ] *vt* aufpolieren.

refurnish ['ri:'fɜ:nɪʃ] *vt* neu möblieren.

refusal [rɪ'fju:zəl] *n* (Ver)weigerung *f; (official)* abschlägige Antwort *f.*

refuse ['refju:s] *n* Abfall *m*, Müll *m;* [rɪ'fju:z] *vt* abschlagen; *vi* sich weigern.
refute [rɪ'fju:t] *vt* widerlegen.
regain [rɪ'geɪn] *vt* wiedergewinnen; *consciousness* wiedererlangen.
regal ['ri:gəl] *a* königlich; **~ia** [rɪ'geɪlɪə] *pl* Insignien *pl*; *(of mayor etc)* Amtsornat *m*.
regard [rɪ'gɑ:d] *n* Achtung *f*; *vt* ansehen; **~s** *pl* Grüße *pl*; **~ing, as ~s, with ~ to** bezüglich *(+gen)*, in bezug auf *(+acc)*; **~less** *a* ohne Rücksicht *(of* auf *+acc)*; *ad* unbekümmert, ohne Rücksicht auf die Folgen.
regatta [rɪ'gætə] *n* Regatta *f*.
regency ['ri:dʒənsɪ] *n* Regentschaft *f*.
regent ['ri:dʒənt] *n* Regent *m*.
régime [reɪ'ʒi:m] *n* Regime *nt*.
regiment ['redʒɪmənt] *n* Regiment *nt*; **~al** [redʒɪ'mentl] *a* Regiments-; **~ation** Reglementierung *f*.
region ['ri:dʒən] *n* Gegend *f*, Bereich *m*; **~al** *a* örtlich, regional.
register ['redʒɪstə*] *n* Register *nt*, Verzeichnis *nt*, Liste *f*; *vt (list)* registrieren, eintragen; *emotion* zeigen; *(write down)* eintragen; *vi (at hotel)* sich eintragen; *(with police)* sich melden *(with* bei*)*; *(make impression)* wirken, ankommen; **~ed** *a design* eingetragen; *letter* Einschreibe-, eingeschrieben.
registrar [redʒɪs'trɑ:*] *n* Standesbeamte(r) *m*.
registration [redʒɪs'treɪʃən] *n (act)* Erfassung *f*, Registrierung *f*; *(number)* Autonummer *f*, polizeiliche(s) Kennzeichen *nt*.
registry office ['redʒɪstrɪɒfɪs] *n* Standesamt *nt*.
regret [rɪ'gret] *n* Bedauern *nt*; **to have no ~s** nichts bedauern; *vt* bedauern; **~ful** *a* traurig; **to be ~ful about sth** etw bedauern; **~fully** *ad* mit Bedauern, ungern; **~table** *a* bedauerlich.
regroup ['ri:gru:p] *vt* umgruppieren; *vi* sich umgruppieren.
regular ['regjʊlə*] *a* regelmäßig; *(usual)* üblich; *(fixed by rule)* geregelt; *(col)* regelrecht; *n (client etc)* Stammkunde *m*; *(Mil)* Berufssoldat *m*; **~ity** [regjʊ'lærɪtɪ] Regelmäßigkeit *f*; **~ly** *ad* regelmäßig.
regulate ['regjʊleɪt] *vt* regeln, regulieren.
regulation [regjʊ'leɪʃən] *n (rule)* Vorschrift *f*; *(control)* Regulierung *f*; *(order)* Anordnung *f*, Regelung *f*.
rehabilitation ['ri:həbɪlɪ'teɪʃən] *n (of criminal)* Resozialisierung *f*.
rehash ['ri:'hæʃ] *vt (col)* aufwärmen.
rehearsal [rɪ'hɜ:səl] *n* Probe *f*.
rehearse [rɪ'hɜ:s] *vt* proben.
reign [reɪn] *n* Herrschaft *f*; *vi* herrschen; **~ing** *a monarch* herrschend; *champion* gegenwärtig.
reimburse [ri:ɪm'bɜ:s] *vt* entschädigen, zurückzahlen *(sb for sth* jdm etw*)*.
rein [reɪn] *n* Zügel *m*.
reincarnation ['ri:ɪnkɑ:'neɪʃən] *n* Wiedergeburt *f*.
reindeer ['reɪndɪə*] *n* Ren *nt*.
reinforce [ri:ɪn'fɔ:s] *vt* verstärken; **~d** *a* verstärkt; *concrete* Eisen-; **~ment** Verstärkung *f*; **~ments** *pl (Mil)* Verstärkungstruppen *pl*.
reinstate ['ri:ɪn'steɪt] *vt* wiedereinsetzen.
reissue ['ri:'ɪʃu:] *vt* neu herausgeben.
reiterate [ri:'ɪtəreɪt] *vt* wiederholen.
reject ['ri:dʒekt] *n (Comm)* Ausschuß(artikel) *m*; [rɪ'dʒekt] *vt* ablehnen; *(throw away)* ausrangieren; **~ion** [rɪ'dʒekʃən] Zurückweisung *f*.
rejoice [rɪ'dʒɔɪs] *vi* sich freuen.
rejuvenate [rɪ'dʒu:vɪneɪt] *vt* verjüngen.
rekindle ['ri:'kɪndl] *vt* wieder anfachen.
relapse [rɪ'læps] *n* Rückfall *m*.
relate [rɪ'leɪt] *vt (tell)* berichten, erzählen; *(connect)* verbinden; **~d** *a* verwandt *(to* mit*)*.
relating [rɪ'leɪtɪŋ] *prep:* **~ to** bezüglich *(+gen)*.
relation [rɪ'leɪʃən] *n* Verwandte(r) *mf*; *(connection)* Beziehung *f*; **~ship** Verhältnis *nt*, Beziehung *f*.
relative ['relətɪv] *n* Verwandte(r) *mf*; *a* relativ, bedingt; **~ly** *ad* verhältnismäßig; **~ pronoun** Verhältniswort *nt*, Relativpronomen *nt*.
relax [rɪ'læks] *vi (slacken)* sich lockern; *(muscles, person)* sich entspannen; *(be less strict)* freundlicher werden; *vt (ease)* lockern, entspannen; **~!** reg' dich nicht auf!; **~ation** [ri:læk'seɪʃən] Entspannung *f*; **~ed** *a* entspannt, locker; **~ing** *a* entspannend.
relay ['ri:leɪ] *n (Sport)* Staffel *f*; *vt message* weiterleiten; *(Rad, TV)* übertragen.
release [rɪ'li:s] *n (freedom)* Entlassung *f*; *(Tech)* Auslöser *m*; *vt* befreien; *prisoner* entlassen; *report, news* verlautbaren, bekanntgeben.
relent [rɪ'lent] *vi* nachgeben; **~less** *a*, **~lessly** *ad* unnachgiebig.
relevance ['reləvəns] *n* Bedeutung *f*, Relevanz *f*.
relevant ['reləvənt] *a* wichtig, relevant.
reliability [rɪlaɪə'bɪlɪtɪ] *n* Zuverlässigkeit *f*.
reliable *a*, **reliably** *ad* [rɪ'laɪəbl, -blɪ] zuverlässig.
reliance [rɪ'laɪəns] *n* Abhängigkeit *f (on* von*)*.
relic ['relɪk] *n (from past)* Überbleibsel *nt*; *(Rel)* Reliquie *f*.
relief [rɪ'li:f] *n* Erleichterung *f*; *(help)* Hilfe *f*, Unterstützung *f*; *(person)* Ablösung *f*; *(Art)* Relief *nt*; *(distinctness)* Hervorhebung *f*.
relieve [rɪ'li:v] *vt (ease)* erleichtern; *(bring help)* entlasten; *person* ablösen; **to ~ sb of sth** jdm etw abnehmen.
religion [rɪ'lɪdʒən] *n* Religion *f*.
religious [rɪ'lɪdʒəs] *a* religiös; **~ly** *ad* religiös; *(conscientiously)* gewissenhaft.
reline ['ri:'laɪn] *vt brakes* neu beschuhen.
relinquish [rɪ'lɪŋkwɪʃ] *vt* aufgeben.
relish ['relɪʃ] *n* Würze *f*, pikante Beigabe *f*; *vt* genießen.
relive ['ri:'lɪv] *vt* noch einmal durchleben.
reluctance [rɪ'lʌktəns] *n* Widerstreben *nt*, Abneigung *f*.

reluctant [rɪ'lʌktənt] *a* widerwillig; **~ly** *ad* ungern.
rely [rɪ'laɪ]: **~ on** *vt* sich verlassen auf *(+acc).*
remain [rɪ'meɪn] *vi (be left)* übrigbleiben; *(stay)* bleiben; **~der** Rest *m;* **~ing** *a* übrig(geblieben); **~s** *pl* Überreste *pl; (dead body)* sterbliche Überreste *pl.*
remand [rɪ'mɑːnd] *n:* **on ~** in Untersuchungshaft; *vt:* **~ in custody** in Untersuchungshaft schicken.
remark [rɪ'mɑːk] *n* Bemerkung *f; vt* bemerken; **~able** *a,* **~ably** *ad* bemerkenswert.
remarry ['riː'mærɪ] *vi* sich wieder verheiraten.
remedial [rɪ'miːdɪəl] *a* Heil-; *teaching* Hilfsschul-.
remedy ['remədɪ] *n* Mittel *nt; vt pain* abhelfen *(+dat); trouble* in Ordnung bringen.
remember [rɪ'membə*] *vt* sich erinnern an *(+acc);* **~ me to them** grüße sie von mir.
remembrance [rɪ'membrəns] *n* Erinnerung *f; (official)* Gedenken *nt.*
remind [rɪ'maɪnd] *vt* erinnern; **~er** Mahnung *f.*
reminisce [remɪ'nɪs] *vi* in Erinnerungen schwelgen; **~nces** [remɪ'nɪsənsɪz] *pl* Erinnerungen *pl;* **~nt** *a* erinnernd *(of* an *+acc),* Erinnerungen nachrufend *(of* an *+acc).*
remit [rɪ'mɪt] *vt money* überweisen *(to* an *+acc);* **~tance** Geldanweisung *f.*
remnant ['remnənt] *n* Rest *m.*
remorse [rɪ'mɔːs] *n* Gewissensbisse *pl;* **~ful** *a* reumütig; **~less** *a,* **~lessly** *ad* unbarmherzig.
remote [rɪ'məʊt] *a* abgelegen, entfernt; *(slight)* gering; **~ control** Fernsteuerung *f;* **~ly** *ad* entfernt; **~ness** Entlegenheit *f.*
removable [rɪ'muːvəbl] *a* entfernbar.
removal [rɪ'muːvəl] *n* Beseitigung *f; (of furniture)* Umzug *m; (from office)* Entlassung *f;* **~ van** Möbelwagen *m.*
remove [rɪ'muːv] *vt* beseitigen, entfernen; *(dismiss)* entlassen; **~r** *(for paint etc)* Fleckenentferner *m;* **~rs** *pl* Möbelspedition *f.*
remuneration [rɪmjuːnə'reɪʃən] *n* Vergütung *f,* Honorar *nt.*
Renaissance [rə'neɪsɑ̃ːns]: **the ~** die Renaissance.
rename ['riː'neɪm] *vt* umbenennen.
rend [rend] *vt irreg* zerreißen.
render ['rendə*] *vt* machen; *(translate)* übersetzen; **~ing** *(Mus)* Wiedergabe *f.*
rendezvous ['rɒndɪvuː] *n* Verabredung *f,* Rendezvous *nt.*
renegade ['renɪgeɪd] *n* Überläufer *m.*
renew [rɪ'njuː] *vt* erneuern; *contract, licence* verlängern; *(replace)* ersetzen; **~al** Erneuerung *f;* Verlängerung *f.*
renounce [rɪ'naʊns] *vt (give up)* verzichten auf *(+acc); (disown)* verstoßen.
renovate [renəveɪt] *vt* renovieren; *building* restaurieren.
renovation [renəʊ'veɪʃən] *n* Renovierung *f;* Restauration *f.*
renown [rɪ'naʊn] *n* Ruf *m;* **~ed** *a* namhaft.
rent [rent] *n* Miete *f; (for land)* Pacht *f; vt (hold as tenant)* mieten; pachten; *(let)* vermieten; verpachten; *car etc* mieten; *(firm)* vermieten; **~al** Miete *f;* Pacht *f,* Pachtgeld *nt.*
renunciation [rɪnʌnsɪ'eɪʃən] *n* Verzicht *m (of* auf *+acc).*
reopen ['riː'əʊpən] *vt* wiedereröffnen.
reorder ['riː'ɔːdə*] *vt* wieder bestellen.
reorganization ['riːɔːgənaɪ'zeɪʃən] *n* Neugestaltung *f; (Comm etc)* Umbildung *f.*
reorganize ['riː'ɔːgənaɪz] *vt* umgestalten, reorganisieren.
rep [rep] *n (Comm)* Vertreter *m; (Theat)* Repertoire *nt.*
repair [rɪ'pɛə*] *n* Reparatur *f;* **in good ~** in gutem Zustand; *vt* reparieren; *damage* wiedergutmachen; **~ kit** Werkzeugkasten *m;* **~ man** Mechaniker *m;* **~ shop** Reparaturwerkstatt *f.*
repartee [repɑː'tiː] *n* Witzeleien *pl.*
repay [riː'peɪ] *vt irreg* zurückzahlen; *(reward)* vergelten; **~ment** Rückzahlung *f; (fig)* Vergelten *nt.*
repeal [rɪ'piːl] *n* Aufhebung *f; vt* aufheben.
repeat [rɪ'piːt] *n (Rad, TV)* Wiederholung(ssendung) *f; vt* wiederholen; **~edly** *ad* wiederholt.
repel [rɪ'pel] *vt (drive back)* zurückschlagen; *(disgust)* abstoßen; **~lent** *a* abstoßend; *n:* **insect ~lent** Insektenmittel *nt.*
repent [rɪ'pent] *vti* bereuen; **~ance** Reue *f.*
repercussion [riːpə'kʌʃən] *n* Auswirkung *f; (of rifle)* Rückstoß *m.*
repertoire ['repətwɑː*] *n* Repertoire *nt.*
repertory ['repətərɪ] *n* Repertoire *nt.*
repetition [repə'tɪʃən] *n* Wiederholung *f.*
repetitive [rɪ'petɪtɪv] *a* sich wiederholend.
rephrase [riː'freɪz] *vt* anders formulieren.
replace [rɪ'pleɪs] *vt* ersetzen; *(put back)* zurückstellen; **~ment** Ersatz *m.*
replenish [rɪ'plenɪʃ] *vt* (wieder) auffüllen.
replete [rɪ'pliːt] *a* (zum Platzen) voll.
replica ['replɪkə] *n* Kopie *f.*
reply [rɪ'plaɪ] *n* Antwort *f,* Erwiderung *f; vi* antworten, erwidern.
report [rɪ'pɔːt] *n* Bericht *m; (Sch)* Zeugnis *nt; (of gun)* Knall *m; vt (tell)* berichten; *(give information against)* melden; *(to police)* anzeigen; *vi (make report)* Bericht erstatten; *(present o.s.)* sich melden; **~er** Reporter *m.*
reprehensible [reprɪ'hensɪbl] *a* tadelnswert.
represent [reprɪ'zent] *vt* darstellen, zeigen; *(act)* darstellen; *(speak for)* vertreten; **~ation** Darstellung *f; (being represented)* Vertretung *f;* **~ative** *n (person)* Vertreter *m;* a räpresentativ.
repress [rɪ'pres] *vt* unterdrücken; **~ion** [rɪ'preʃən] Unterdrückung *f;* **~ive** *a* Unterdrückungs-; *(Psych)* Hemmungs-.
reprieve [rɪ'priːv] *n* Aufschub *m; (cancellation)* Begnadigung *f; (fig)* Atempause *f; vt* Gnadenfrist gewähren *(+dat);* begnadigen.
reprimand ['reprɪmɑːnd] *n* Verweis *m; vt*

einen Verweis erteilen *(+dat).*
reprint ['ri:prɪnt] *n* Neudruck *m;* ['ri:'prɪnt] *vt* wieder abdrucken.
reprisal [rɪ'praɪzəl] *n* Vergeltung *f.*
reproach [rɪ'prəʊtʃ] *n (blame)* Vorwurf *m,* Tadel *m; (disgrace)* Schande *f;* **beyond ~** über jeden Vorwurf erhaben; *vt* Vorwürfe machen *(+dat),* tadeln; **~ful** *a* vorwurfsvoll.
reproduce [ri:prə'dju:s] *vt* reproduzieren; *vi (have offspring)* sich vermehren.
reproduction [ri:prə'dʌkʃən] *n* Wiedergabe *f; (Art, Phot)* Reproduktion *f; (breeding)* Fortpflanzung *f.*
reproductive [ri:prə'dʌktɪv] *a* reproduktiv; *(breeding)* Fortpflanzungs-.
reprove [rɪ'pru:v] *vt* tadeln.
reptile ['reptaɪl] *n* Reptil *nt.*
republic [rɪ'pʌblɪk] *n* Republik *f;* **~an** *a* republikanisch; *n* Republikaner *m.*
repudiate [rɪ'pju:dɪeɪt] *vt* zurückweisen, nicht anerkennen.
repugnance [rɪ'pʌgnəns] *n* Widerwille *m.*
repugnant [rɪ'pʌgnənt] *a* widerlich.
repulse [rɪ'pʌls] *vt (drive back)* zurückschlagen; *(reject)* abweisen.
repulsion [rɪ'pʌlʃən] *n* Abscheu *m.*
repulsive [rɪ'pʌlsɪv] *a* abstoßend.
repurchase ['ri:'pɜ:tʃəs] *vt* zurückkaufen.
reputable ['repjʊtəbl] *a* angesehen.
reputation [repjʊ'teɪʃən] *n* Ruf *m.*
repute [rɪ'pju:t] *n* hohe(s) Ansehen *nt;* **~d** *a,* **~dly** *ad* angeblich.
request [rɪ'kwest] *n (asking)* Ansuchen *nt; (demand)* Wunsch *m;* **at sb's ~** auf jds Wunsch; *vt thing* erbitten; *person* ersuchen.
requiem ['rekwɪem] *n* Requiem *nt.*
require [rɪ'kwaɪə*] *vt (need)* brauchen; *(wish)* wünschen; **to be ~d to do sth** etw tun müssen; **~ment** *(condition)* Anforderung *f; (need)* Bedarf *m.*
requisite ['rekwɪzɪt] *n* Erfordernis *nt; a* erforderlich.
requisition [rekwɪ'zɪʃən] *n* Anforderung *f; vt* beschlagnahmen; *(order)* anfordern.
reroute ['ri:'ru:t] *vt* umleiten.
rescind [rɪ'sɪnd] *vt* aufheben.
rescue ['reskju:] *n* Rettung *f; vt* retten; **~ party** Rettungsmannschaft *f;* **~r** Retter *m.*
research [rɪ'sɜ:tʃ] *n* Forschung *f; vi* Forschungen anstellen *(into* über *+acc); vt* erforschen; **~er** Forscher *m;* **~ work** Forschungsarbeit *f;* **~ worker** wissenschaftliche(r) Mitarbeiter(in *f*) *m.*
resemblance [rɪ'zembləns] *n* Ähnlichkeit *f.*
resemble [rɪ'zembl] *vt* ähneln *(+dat).*
resent [rɪ'zent] *vt* übelnehmen; **~ful** *a* nachtragend, empfindlich; **~ment** Verstimmung *f,* Unwille *m.*
reservation [rezə'veɪʃən] *n (of seat)* Reservierung *f; (Theat)* Vorbestellung *f; (doubt)* Vorbehalt *m; (land)* Reservat *nt.*
reserve [rɪ'zɜ:v] *n (store)* Vorrat *m,* Reserve *f; (manner)* Zurückhaltung *f; (game —)* Naturschutzgebiet *nt; (native —)* Reservat *nt; (Sport)* Ersatzspieler(in *f*) *m; vt* reservieren; *judgement* sich *(dat)* vorbehalten; **~s** *pl (Mil)* Reserve *f;* **in ~** in Reserve; **~d** *a* reserviert; **all rights ~d** alle Rechte vorbehalten.
reservist [rɪ'zɜ:vɪst] *n* Reservist *m.*
reservoir ['rezəvwɑ:*] *n* Reservoir *nt.*
reshape ['ri:'ʃeɪp] *vt* umformen.
reshuffle ['ri:'ʃʌfl] *vt (Pol)* umbilden.
reside [rɪ'zaɪd] *vi* wohnen, ansässig sein; **~nce** ['rezɪdəns] *(house)* Wohnung *f,* Wohnsitz *m; (living)* Wohnen *nt,* Aufenthalt *m;* **~nt** ['rezɪdənt] *(in house)* Bewohner *m; (in area)* Einwohner *m; a* wohnhaft, ansässig; **~ntial** [rezɪ'denʃəl] *a* Wohn-.
residue ['rezɪdju:] *n* Rest *m; (Chem)* Rückstand *m; (fig)* Bodensatz *m.*
resign [rɪ'zaɪn] *vt office* aufgeben, zurücktreten von; **to be ~ed to sth, to ~ o.s. to sth** sich mit etw abfinden; *vi (from office)* zurücktreten; **~ation** [rezɪg'neɪʃən] *(resigning)* Aufgabe *f; (Pol)* Rücktritt *m; (submission)* Resignation *f;* **~ed** *a* resigniert.
resilience [rɪ'zɪlɪəns] *n* Spannkraft *f,* Elastizität *f; (of person)* Unverwüstlichkeit *f.*
resilient [rɪ'zɪlɪənt] *a* unverwüstlich.
resin ['rezɪn] *n* Harz *nt.*
resist [rɪ'zɪst] *vt* widerstehen *(+dat);* **~ance** Widerstand *m;* **~ant** *a* widerstandsfähig *(to* gegen*); (to stains etc)* abstoßend.
resolute *a,* **~ly** *ad* ['rezəlu:t, -lɪ] entschlossen, resolut.
resolution [rezə'lu:ʃən] *n (firmness)* Entschlossenheit *f; (intention)* Vorsatz *m; (decision)* Beschluß *m; (personal)* Entschluß *m.*
resolve [rɪ'zɒlv] *n* Vorsatz *m,* Entschluß *m; vt (decide)* beschließen; **it ~d itself** es löste sich; **~d** *a* (fest) entschlossen.
resonant ['rezənənt] *a* widerhallend; *voice* volltönend.
resort [rɪ'zɔ:t] *n (holiday place)* Erholungsort *m; (help)* Zuflucht *f; vi* Zuflucht nehmen *(to* zu*);* **as a last ~** als letzter Ausweg.
resound [rɪ'zaʊnd] *vi* widerhallen; **~ing** *a* nachhallend; *success* groß.
resource [rɪ'sɔ:s] *n* Findigkeit *f;* **~s** *pl (of energy)* Energiequellen *pl; (of money)* Quellen *pl; (of a country etc)* Bodenschätze *pl;* **~ful** *a* findig; **~fulness** Findigkeit *f.*
respect [rɪs'pekt] *n* Respekt *m; (esteem)* (Hoch)achtung *f; vt* achten, respektieren; **~s** *pl* Grüße *pl;* **with ~ to** in bezug auf *(+acc),* hinsichtlich *(+gen);* **in ~ of** in bezug auf *(+acc);* **in this ~** in dieser Hinsicht; **~ability** [rɪspektə'bɪlɪtɪ] Anständigkeit *f,* Achtbarkeit *f;* **~able** *a (decent)* angesehen, achtbar; *(fairly good)* leidlich; **~ed** *a* angesehen; **~ful** *a* höflich; **~fully** *ad* ehrerbietig; *(in letter)* mit vorzüglicher Hochachtung; **~ing** *prep* betreffend; **~ive** *a* jeweilig; **~ively** *ad* beziehungsweise.
respiration [respɪ'reɪʃən] *n* Atmung *f,* Atmen *nt.*
respiratory [rɪs'pɪrətərɪ] *a* Atmungs-.
respite ['respaɪt] *n* Ruhepause *f;* **without ~** ohne Unterlaß.

resplendent [rɪs'plendənt] *a* strahlend.

respond [rɪs'pɒnd] *vi* antworten; *(react)* reagieren *(to* auf *+acc).*

response [rɪs'pɒns] *n* Antwort *f;* Reaktion *f; (to advert etc)* Resonanz *f.*

responsibility [rɪspɒnsə'bɪlɪtɪ] *n* Verantwortung *f.*

responsible [rɪs'pɒnsəbl] *a* verantwortlich; *(reliable)* verantwortungsvoll.

responsibly [rɪs'pɒnsəblɪ] *ad* verantwortungsvoll.

responsive [rɪs'pɒnsɪv] *a* empfänglich.

rest [rest] *n* Ruhe *f; (break)* Pause *f; (remainder)* Rest *m;* **the ~ of them** die übrigen; *vi* sich ausruhen; *(be supported)* (auf)liegen; *(remain)* liegen *(with* bei*).*

restaurant ['restərɔ̃:ŋ] *n* Restaurant *nt,* Gaststätte *f;* **~ car** Speisewagen *m.*

rest cure ['restkjʊə*] *n* Erholung *f.*

restful ['restfʊl] *a* erholsam, ruhig.

rest home ['resthəʊm] *n* Erholungsheim *nt.*

restitution [restɪ'tju:ʃən] *n* Rückgabe *f,* Entschädigung *f.*

restive ['restɪv] *a* unruhig; *(disobedient)* störrisch.

restless ['restləs] *a* unruhig; **~ly** *ad* ruhelos; **~ness** Ruhelosigkeit *f.*

restock ['ri:'stɒk] *vt* auffüllen.

restoration [restə'reɪʃən] *n* Wiederherstellung *f;* Neueinführung *f;* Wiedereinsetzung *f;* Rückgabe *f;* Restauration *f;* **the R~** die Restauration.

restore [rɪs'tɔ:*] *vt order* wiederherstellen; *customs* wieder einführen; *person to position* wiedereinsetzen; *(give back)* zurückgeben; *paintings* restaurieren.

restrain [rɪs'treɪn] *vt* zurückhalten; *curiosity etc* beherrschen; **~ed** *a style etc* gedämpft, verhalten; **~t** *(restraining)* Einschränkung *f; (being restrained)* Beschränkung *f; (self-control)* Zurückhaltung *f.*

restrict [rɪs'trɪkt] *vt* einschränken; **~ed** *a* beschränkt; **~ion** [rɪs'trɪkʃən] Einschränkung *f;* **~ive** *a* einschränkend.

rest room ['restrʊm] *n (US)* Toilette *f.*

result [rɪ'zʌlt] *n* Resultat *nt,* Folge *f; (of exam, game)* Ergebnis *nt; vi* zur Folge haben *(in acc);* **~ant** *a* (daraus) entstehend *or* resultierend.

resume [rɪ'zju:m] *vt* fortsetzen; *(occupy again)* wieder einnehmen.

résumé ['reɪzju:meɪ] *n* Zusammenfassung *f.*

resumption [rɪ'zʌmpʃən] *n* Wiederaufnahme *f.*

resurgence [rɪ'sɜ:dʒəns] *n* Wiedererwachen *nt.*

resurrection [rezə'rekʃən] *n* Auferstehung *f.*

resuscitate [rɪ'sʌsɪteɪt] *vt* wiederbeleben.

resuscitation [rɪsʌsɪ'teɪʃən] *n* Wiederbelebung *f.*

retail ['ri:teɪl] *n* Einzelhandel *m; a* Einzelhandels-, Laden-; ['ri:'teɪl] *vt* im kleinen verkaufen; *vi* im Einzelhandel kosten; **~er** ['ri:'teɪlə*] Einzelhändler *m,* Kleinhändler *m;* **~ price** Ladenpreis *m.*

retain [rɪ'teɪn] *vt (keep)* (zurück)behalten; *(pay)* unterhalten; **~er** *(servant)* Gefolgsmann *m; (fee)* (Honorar)vorschuß *m.*

retaliate [rɪ'tælɪeɪt] *vi* zum Vergeltungsschlag ausholen.

retaliation [rɪtælɪ'eɪʃən] *n* Vergeltung *f.*

retarded [rɪ'tɑ:dɪd] *a* zurückgeblieben.

retention [rɪ'tenʃən] *n* Behalten *nt.*

retentive [rɪ'tentɪv] *a memory* gut.

rethink ['ri:'θɪŋk] *vt irreg* nochmals durchdenken.

reticence ['retɪsəns] *n* Schweigsamkeit *f.*

reticent ['retɪsənt] *a* schweigsam.

retina ['retɪnə] *n* Netzhaut *f.*

retinue ['retɪnju:] *n* Gefolge *nt.*

retire [rɪ'taɪə*] *vi (from work)* in den Ruhestand treten; *(withdraw)* sich zurückziehen; *(go to bed)* schlafen gehen; **~d** *a person* pensioniert, im Ruhestand; **~ment** Ruhestand *m.*

retiring [rɪ'taɪərɪŋ] *a* zurückhaltend, schüchtern.

retort [rɪ'tɔ:t] *n (reply)* Erwiderung *f; (Sci)* Retorte *f; vi* (scharf) erwidern.

retrace [rɪ'treɪs] *vt* zurückverfolgen.

retract [rɪ'trækt] *vt statement* zurücknehmen; *claws* einziehen; **~able** *a aerial* ausziehbar.

retrain ['ri:'treɪn] *vt* umschulen; **~ing** Umschulung *f.*

retreat [rɪ'tri:t] *n* Rückzug *m; (place)* Zufluchtsort *m; vi* sich zurückziehen.

retrial ['ri:'traɪəl] *n* Wiederaufnahmeverfahren *nt.*

retribution [retrɪ'bju:ʃən] *n* Strafe *f.*

retrieval [rɪ'tri:vəl] *n* Wiedergewinnung *f.*

retrieve [rɪ'tri:v] *vt* wiederbekommen; *(rescue)* retten; **~r** Apportierhund *m.*

retroactive [retrəʊ'æktɪv] *a* rückwirkend.

retrograde ['retrəʊgreɪd] *a step* Rück-; *policy* rückschrittlich.

retrospect ['retrəʊspekt] *n:* **in ~** im Rückblick, rückblickend; **~ive** [retrəʊ'spektɪv] *a* rückwirkend; rückblickend.

return [rɪ'tɜ:n] *n* Rückkehr *f; (profits)* Ertrag *m,* Gewinn *m; (report)* amtliche(r) Bericht *m; (rail ticket etc)* Rückfahrkarte *f; (plane)* Rückflugkarte *f; (bus)* Rückfahrschein *m; a* **by ~ of post** postwendend; *journey, match* Rück-; *vi* zurückkehren *or* -kommen; *vt* zurückgeben, zurücksenden; *(pay back)* zurückzahlen; *(elect)* wählen; *verdict* aussprechen; **~able** *a bottle etc* mit Pfand.

reunion [ri:'ju:njən] *n* Wiedervereinigung *f; (Sch etc)* Treffen *nt.*

reunite ['ri:ju:'naɪt] *vt* wiedervereinigen.

rev [rev] *n* Drehzahl *f; vti (also* **~ up***)* (den Motor) auf Touren bringen.

revamp ['ri:'væmp] *vt* aufpolieren.

reveal [rɪ'vi:l] *vt* enthüllen; **~ing** *a* aufschlußreich.

reveille [rɪ'vælɪ] *n* Wecken *nt.*

revel ['revl] *vi* genießen *(in acc).*

revelation [revə'leɪʃən] *n* Offenbarung *f.*

reveller ['revələ*] *n* Schwelger *m.*

revelry ['revlrɪ] *n* Rummel *m.*

revenge [rɪ'vendʒ] *n* Rache *f; vt* rächen; **~ful** *a* rachsüchtig.
revenue ['revənju:] *n* Einnahmen *pl,* Staatseinkünfte *pl.*
reverberate [rɪ'vɜ:bəreɪt] *vi* widerhallen.
reverberation [rɪvɜ:bə'reɪʃən] *n* Widerhall *m.*
revere [rɪ'vɪə*] *vt* (ver)ehren; **~nce** ['revərəns] Ehrfurcht *f;* ['revərənd] **R~nd . . .** Hochwürden . . .; **~nt** ['revərənt] *a* ehrfurchtsvoll.
reverie ['revərɪ] *n* Träumerei *f.*
reversal [rɪ'vɜ:səl] *n* Umkehrung *f.*
reverse [rɪ'vɜ:s] *n* Rückseite *f; (Aut: gear)* Rückwärtsgang *m; a order, direction* entgegengesetzt; *vt* umkehren; *vi (Aut)* rückwärts fahren.
reversion [rɪ'vɜ:ʃən] *n* Umkehrung *f.*
revert [rɪ'vɜ:t] *vi* zurückkehren.
review [rɪ'vju:] *n (Mil)* Truppenschau *f; (of book)* Besprechung *f,* Rezension *f; (magazine)* Zeitschrift *f;* **to be under ~** untersucht werden; *vt* Rückschau halten auf *(+acc); (Mil)* mustern; *book* besprechen, rezensieren; *(reexamine)* von neuem untersuchen; **~er** *(critic)* Rezensent *m.*
revise [rɪ'vaɪz] *vt* durchsehen, verbessern; *book* überarbeiten; *(reconsider)* ändern, revidieren.
revision [rɪvɪʒən] *n* Durchsicht *f,* Prüfung *f;* (Comm) Revision *f; (of book)* verbesserte Ausgabe *f;* (*Sch*) Wiederholung *f.*
revisit ['ri:'vɪzɪt] *vt* wieder besuchen.
revitalize ['ri:'vaɪtəlaɪz] *vt* neu beleben.
revival [rɪ'vaɪvəl] *n* Wiederbelebung *f; (Rel)* Erweckung *f; (Theat)* Wiederaufnahme *f.*
revive [rɪ'vaɪv] *vt* wiederbeleben; *(fig)* wieder auffrischen; *vi* wiedererwachen; *(fig)* wieder aufleben.
revoke [rɪ'vəʊk] *vt* aufheben.
revolt [rɪ'vəʊlt] *n* Aufstand *m,* Revolte *f; vi* sich auflehnen; *vt* entsetzen; **~ing** *a* widerlich.
revolution [revə'lu:ʃən] *n (turn)* Umdrehung *f; (change)* Umwälzung *f; (Pol)* Revolution *f;* **~ary** *a* revolutionär; *n* Revolutionär *m;* **~ize** *vt* revolutionieren.
revolve [rɪ'vɒlv] *vi* kreisen; *(on own axis)* sich drehen; **~r** Revolver *m.*
revue [rɪ'vju:] *n* Revue *f.*
revulsion [rɪ'vʌlʃən] *n (disgust)* Ekel *m.*
reward [rɪ'wɔ:d] *n* Belohnung *f; vt* belohnen; **~ing** *a* lohnend.
reword ['ri:'wɜ:d] *vt* anders formulieren.
rewrite ['ri:'raɪt] *vt irreg* umarbeiten, neu schreiben.
rhapsody ['ræpsədɪ] *n* Rhapsodie *f; (fig)* Schwärmerei *f.*
rhetoric ['retərɪk] *n* Rhetorik *f,* Redekunst *f;* **~al** [rɪ'tɒrɪkəl] *a* rhetorisch.
rheumatic [ru:'mætɪk] *a* rheumatisch.
rheumatism ['ru:mətɪzəm] *n* Rheumatismus *m,* Rheuma *nt.*
rhinoceros [raɪ'nɒsərəs] *n* Nashorn *nt,* Rhinozeros *nt.*
rhododendron [rəʊdə'dendrən] *n* Rhododendron *m.*
rhubarb ['ru:bɑ:b] *n* Rhabarber *m.*
rhyme [raɪm] *n* Reim *m.*
rhythm ['rɪðəm] *n* Rhythmus *m;* **~ic(al)** *a,* **~ically** *ad* ['rɪðmɪk(l), -ɪ] rhythmisch.
rib [rɪb] *n* Rippe *f; vt (mock)* hänseln, aufziehen.
ribald ['rɪbəld] *a* saftig.
ribbon ['rɪbən] *n* Band *nt.*
rice [raɪs] *n* Reis *m;* **~ pudding** Milchreis *m.*
rich [rɪtʃ] *a* reich, wohlhabend; *(fertile)* fruchtbar; *(splendid)* kostbar; *food* reichhaltig; **~es** *pl* Reichtum *m,* Reichtümer *pl;* **~ly** *ad* reich; *deserve* völlig; **~ness** Reichtum *m; (of food)* Reichhaltigkeit *f; (of colours)* Sattheit *f.*
rick [rɪk] *n* Schober *m.*
rickets ['rɪkɪts] *n* Rachitis *f.*
rickety ['rɪkɪtɪ] *a* wack(e)lig.
rickshaw ['rɪkʃɔ:] *n* Rikscha *f.*
ricochet ['rɪkəʃeɪ] *n* Abprallen *nt; (shot)* Querschläger *m; vi* abprallen.
rid [rɪd] *vt irreg* befreien *(of* von*);* **to get ~ of** loswerden; **good ~dance!** den/die/das wären wir los!
riddle ['rɪdl] *n* Rätsel *nt; vt (esp passive)* durchlöchern.
ride [raɪd] *n (in vehicle)* Fahrt *f; (on horse)* Ritt *m; irreg vt horse* reiten; *bicycle* fahren; *vi* fahren; reiten; *(ship)* vor Anker liegen; **~r** Reiter *m; (addition)* Zusatz *m.*
ridge [rɪdʒ] *n (of hills)* Bergkette *f; (top)* Grat *m,* Kamm *m; (of roof)* Dachfirst *m.*
ridicule ['rɪdɪkju:l] *n* Spott *m; vt* lächerlich machen.
ridiculous *a,* **~ly** *ad* [rɪ'dɪkjʊləs, -lɪ] lächerlich.
riding ['raɪdɪŋ] *n* Reiten *nt;* **to go ~** reiten gehen; **~ habit** Reitkleid *nt;* **~ school** Reitschule *f.*
rife [raɪf] *a* weit verbreitet.
riffraff ['rɪfræf] *n* Gesindel *nt,* Pöbel *m.*
rifle ['raɪfl] *n* Gewehr *nt; vt* berauben; **~ range** Schießstand *m.*
rift [rɪft] *n* Ritze *f,* Spalte *f; (fig)* Bruch *m.*
rig [rɪg] *n (outfit)* Takelung *f; (fig)* Aufmachung *f; (oil —)* Bohrinsel *f; vt election etc* manipulieren; **~ging** Takelage *f;* **~ out** *vt* ausstatten; **~ up** *vt* zusammenbasteln, konstruieren.
right [raɪt] *a (correct, just)* richtig, recht; *(right side)* rechte(r, s); *n* Recht *nt; (not left, Pol)* Rechte *f; ad (on the right)* rechts; *(to the right)* nach rechts; *look, work* richtig, recht; *(directly)* gerade; *(exactly)* genau; *vt* in Ordnung bringen, korrigieren; *interj* gut; **~ away** sofort; **to be ~** recht haben; **all ~!** gut!, in Ordnung!, schön!; **~ now** in diesem Augenblick, eben; **by ~s** von Rechts wegen; **~ to the end** bis ans Ende; **on the ~** rechts; **~ angle** Rechteck *nt;* **~eous** ['raɪtʃəs] *a* rechtschaffen; **~eousness** Rechtschaffenheit *f;* **~ful** *a* rechtmäßig; **~fully** *ad* rechtmäßig; *(justifiably)* zu Recht; **~-hand drive: to have ~-hand drive** das Steuer rechts haben; **~-handed** *a* rechtshändig; **~-hand man** rechte Hand *f;* **~-hand side** rechte Seite *f;* **~ly** *ad* mit Recht; **~-minded** *a* rechtschaffen; **~ of way** Vorfahrt *f;* **~-wing** rechte(r) Flügel *m.*

rigid ['rɪdʒɪd] *a (stiff)* starr, steif; *(strict)* streng; **~ity** [rɪ'dʒɪdɪtɪ] Starrheit *f*, Steifheit *f*; Strenge *f*; **~ly** starr, steif; *(fig)* hart, unbeugsam.
rigmarole ['rɪgmərəʊl] *n* Gewäsch *nt*.
rigor mortis ['rɪgə'mɔːtɪs] *n* Totenstarre *f*.
rigorous *a*, **~ly** *ad* ['rɪgərəs, -lɪ] streng.
rigour, *(US)* **rigor** ['rɪgə*] *n* Strenge *f*, Härte *f*.
rig-out ['rɪgaʊt] *n (col)* Aufzug *m*.
rile [raɪl] *vt* ärgern.
rim [rɪm] *n (edge)* Rand *m*; *(of wheel)* Felge *f*; **~less** *a* randlos; **~med** *a* gerändert.
rind [raɪnd] *n* Rinde *f*.
ring [rɪŋ] *n* Ring *m*; *(of people)* Kreis *m*; *(arena)* Ring *m*, Manege *f*; *(of telephone)* Klingeln *nt*, Läuten *nt*; **to give sb a ~** jdn anrufen; **it has a familiar ~** es klingt bekannt; *vti irreg bell* läuten; *(also* **~ up**) anrufen; **~ off** *vi* aufhängen; **~ binder** Ringbuch *nt*; **~leader** Anführer *m*, Rädelsführer *m*; **~lets** *pl* Ringellocken *pl*; **~ road** Umgehungsstraße *f*.
rink [rɪŋk] *n (ice —)* Eisbahn *f*.
rinse [rɪns] *n* Spülen *nt*; *vt* spülen.
riot ['raɪət] *n* Aufruhr *m*; *vi* randalieren; **~er** Aufrührer *m*; **~ous** *a*, **~ously** *ad* aufrührerisch; *(noisy)* lärmend.
rip [rɪp] *n* Schlitz *m*, Riß *m*; *vti* (zer)reißen.
ripcord ['rɪpkɔːd] *n* Reißleine *f*.
ripe [raɪp] *a fruit* reif; *cheese* ausgereift; **~n** *vti* reifen, reif werden (lassen); **~ness** Reife *f*.
riposte [rɪ'pɒst] *n* Nachstoß *m*; *(fig)* schlagfertige Antwort *f*.
ripple ['rɪpl] *n* kleine Welle *f*; *vt* kräuseln; *vi* sich kräuseln.
rise [raɪz] *n (slope)* Steigung *f*; *(esp in wages)* Erhöhung *f*; *(growth)* Aufstieg *m*; *vi irreg* aufstehen; *(sun)* aufgehen; *(smoke)* aufsteigen; *(mountain)* sich erheben; *(ground)* ansteigen; *(prices)* steigen; *(in revolt)* sich erheben; **to give ~ to** Anlaß geben zu; **to ~ to the occasion** sich der Lage gewachsen zeigen.
risk [rɪsk] *n* Gefahr *f*, Risiko *nt*; *vt (venture)* wagen; *(chance loss of)* riskieren, aufs Spiel setzen; **~y** *a* gewagt, gefährlich, riskant.
risqué ['riːskeɪ] *a* gewagt.
rissole ['rɪsəʊl] *n* Fleischklößchen *nt*.
rite [raɪt] *n* Ritus *m*; **last ~s** *pl* Letzte Ölung *f*.
ritual ['rɪtjʊəl] *n* Ritual *nt*; *a* ritual, Ritual-; *(fig)* rituell.
rival ['raɪvəl] *n* Rivale *m*, Konkurrent *m*; *a* rivalisierend; *vt* rivalisieren mit; *(Comm)* konkurrieren mit; **~ry** Rivalität *f*, Konkurrenz *f*.
river ['rɪvə*] *n* Fluß *m*, Strom *m*; **~bank** Flußufer *nt*; **~bed** Flußbett *nt*; **~side** *n* Flußufer *nt*; *a* am Ufer gelegen, Ufer-.
rivet ['rɪvɪt] *n* Niete *f*; *vt (fasten)* (ver)nieten.
road [rəʊd] *n* Straße *f*; **~block** Straßensperre *f*; **~hog** Verkehrsrowdy *m*; **~map** Straßenkarte *f*; **~ side** *n* Straßenrand *m*; *a* an der Landstraße (gelegen); **~ sign** Straßenschild *nt*; **~ user** Verkehrsteilnehmer *m*; **~way** Fahrbahn *f*; **~worthy** *a* verkehrssicher.
roam [rəʊm] *vi* (umher)streifen; *vt* durchstreifen.
roar [rɔː*] *n* Brüllen *nt*, Gebrüll *nt*; *vi* brüllen; **~ing** *a fire* Bomben-, prasselnd; *trade* schwunghaft, Bomben-.
roast [rəʊst] *n* Braten *m*; *vt* braten, rösten, schmoren.
rob [rɒb] *vt* bestehlen, berauben; *bank* ausrauben; **~ber** Räuber *m*; **~bery** Raub *m*.
robe [rəʊb] *n (dress)* Gewand *nt*; *(US)* Hauskleid *nt*; *(judge's)* Robe *f*; *vt* feierlich ankleiden.
robin ['rɒbɪn] *n* Rotkehlchen *nt*.
robot ['rəʊbɒt] *n* Roboter *m*.
robust [rəʊ'bʌst] *a* stark, robust.
rock [rɒk] *n* Felsen *m*; *(piece)* Stein *m*; *(bigger)* Fels(brocken) *m*; *(sweet)* Zuckerstange *f*; *vti* wiegen, schaukeln; **on the ~s** *drink* mit Eis(würfeln); *marriage* gescheitert; *ship* aufgelaufen; **~-bottom** *(fig)* Tiefpunkt *m*; **~ climber** (Steil)kletterer *m*; **to go ~ climbing** (steil)klettern gehen; **~ery** Steingarten *m*.
rocket ['rɒkɪt] *n* Rakete *f*.
rock face ['rɒkfeɪs] *n* Felswand *f*.
rocking chair [rɒkɪŋtʃɛə*] *n* Schaukelstuhl *m*.
rocking horse ['rɒkɪŋhɔːs] *n* Schaukelpferd *nt*.
rocky ['rɒkɪ] *a* felsig.
rococo [rəʊ'kəʊkəʊ] *a* Rokoko-; *n* Rokoko *nt*.
rod [rɒd] *n (bar)* Stange *f*; *(stick)* Rute *f*.
rodent ['rəʊdənt] *n* Nagetier *nt*.
rodeo ['rəʊdɪəʊ] *n* Rodeo *m or nt*.
roe [rəʊ] *n (deer)* Reh *nt*; *(of fish)* Rogen *m*.
rogue [rəʊg] *n* Schurke *m*; *(hum)* Spitzbube *m*.
roguish ['rəʊgɪʃ] *a* schurkisch; *hum* schelmisch.
role [rəʊl] *n* Rolle *f*.
roll [rəʊl] *n* Rolle *f*; *(bread)* Brötchen *nt*, Semmel *f*; *(list)* (Namens)liste *f*, Verzeichnis *nt*; *(of drum)* Wirbel *m*; *vt (turn)* rollen, (herum)wälzen; *grass etc* walzen; *vi (swing)* schlingern; *(sound)* (g)rollen; **~ by** *vi (time)* verfließen; **~ in** *vi (mail)* hereinkommen; **~ over** *vi* sich (herum)drehen; **~ up** *vi (arrive)* kommen, auftauchen; *vt carpet* aufrollen; **~ call** Namensaufruf *m*; **~ed** *a umbrella* zusammengerollt; **~er** Rolle *f*, Walze *f*; *(road —er)* Straßenwalze *f*; **~er skates** *pl* Rollschuhe *pl*.
rollicking ['rɒlɪkɪŋ] *a* ausgelassen.
rolling ['rəʊlɪŋ] *a landscape* wellig; **~ pin** Nudel- *or* Wellholz *nt*; **~ stock** Wagenmaterial *nt*.
Roman [rəʊmən] *a* römisch; *n* Römer(in *f*) *m*; **~ Catholic** *a* römisch-katholisch; *n* Katholik(in *f*) *m*.
romance [rəʊ'mæns] *n* Romanze *f*; *(story)* (Liebes)roman *m*; *vi* aufschneiden, erfinden; **~r** *(storyteller)* Aufschneider *m*.
romantic [rəʊ'mæntɪk] *a* romantisch; **R~ism** [rəʊ'mæntɪsɪzəm] Romantik *f*.
romp [rɒmp] *n* Tollen *nt*; *vi (also* **~ about**) herumtollen; **~ers** *pl* Spielanzug *m*.
rondo ['rɒndəʊ] *n (Mus)* Rondo *nt*.

roof [ru:f] *n* Dach *nt; (of mouth)* Gaumen *nt; vt* überdachen, überdecken; **~ing** Deckmaterial *nt.*
rook [rʊk] *n (bird)* Saatkrähe *f; (chess)* Turm *m; vt (cheat)* betrügen.
room [rʊm] *n* Zimmer *nt,* Raum *m; (space)* Platz *m; (fig)* Spielraum *m;* **~s** *pl* Wohnung *f;* **~iness** Geräumigkeit *f;* **~-mate** Mitbewohner(in *f*) *m;* **~ service** Zimmerbedienung *f;* **~y** *a* geräumig.
roost [ru:st] *n* Hühnerstange *f; vi* auf der Stange hocken.
root [ru:t] *n (lit, fig)* Wurzel *f; vt* einwurzeln; **~ed** *a (fig)* verwurzelt; **~ about** *vi (fig)* herumwühlen; **~ for** *vt* Stimmung machen für; **~ out** *vt* ausjäten; *(fig)* ausrotten.
rope [rəʊp] *n* Seil *nt,* Strick *m; vt (tie)* festschnüren; **to ~ sb in** jdn gewinnen; **~ off** *vt* absperren; **to know the ~s** sich auskennen; **~ ladder** Strickleiter *f.*
rosary ['reuzərɪ] *n* Rosenkranz *m.*
rose [rəʊz] *n* Rose *f; a* Rosen-, rosenrot.
rosé ['rəʊzeɪ] *n* Rosé *m.*
rosebed ['rəʊzbed] *n* Rosenbeet *nt.*
rosebud ['rəʊzbʌd] *n* Rosenknospe *f.*
rosebush ['rəʊzbʊʃ] *n* Rosenstock *m,* Rosenstrauch *m.*
rosemary ['rəʊzmərɪ] *n* Rosmarin *m.*
rosette [rəʊ'zet] *n* Rosette *f.*
roster ['rɒstə*] *n* Dienstplan *m.*
rostrum ['rɒstrəm] *n* Rednerbühne *f.*
rosy ['rəʊzɪ] *a* rosig.
rot [rɒt] *n* Fäulnis *f; (nonsense)* Quatsch *m,* Blödsinn *m; vti* verfaulen (lassen).
rota ['rəʊtə] *n* Dienstliste *f.*
rotary ['rəʊtərɪ] *a* rotierend, sich drehend.
rotate [rəʊ'teɪt] *vt* rotieren lassen; *(two or more things in order)* turnusmäßig wechseln; *vi* rotieren.
rotating [rəʊ'teɪtɪŋ] *a* rotierend.
rotation [rəʊ'teɪʃən] *n* Umdrehung *f,* Rotation *f;* **in ~** der Reihe nach, abwechselnd.
rotor ['rəʊtə*] *n* Rotor *m.*
rotten ['rɒtn] *a* faul, verfault; *(fig)* schlecht, gemein.
rotund [rəʊ'tʌnd] *a* rund; *person* rundlich.
rouge [ru:ʒ] *n* Rouge *nt.*
rough [rʌf] *a (not smooth)* rauh; *path* uneben; *(violent)* roh, grob; *crossing* stürmisch; *wind* rauh; *(without comforts)* hart, unbequem; *(unfinished, makeshift)* grob; *(approximate)* ungefähr; *n (grass)* unebene(r) Boden *m; (person)* Rowdy *m,* Rohling *m;* **to ~ it** primitiv leben; **to play ~** *(Sport)* hart spielen; **to sleep ~** im Freien schlafen; **~ out** *vt* entwerfen, flüchtig skizzieren; **~en** *vt* aufrauhen; **~ly** *ad* grob; *(about)* ungefähr; **~ness** Rauheit *f; (of manner)* Ungeschliffenheit *f.*
roulette [ru:'let] *n* Roulette *nt.*
round [raʊnd] *a* rund; *figures* abgerundet, aufgerundet; *ad (in a circle)* rundherum; *prep* um . . . herum; *n* Runde *f; (of ammunition)* Magazin *nt; (song)* Kanon *m;* **theatre in the ~** Rundtheater *nt; vt corner* biegen um; **~ off** *vt* abrunden; **~ up** *vt (end)* abschließen; *figures* aufrunden; **~ of applause** Beifall *m;* **~about** *n (traffic)* Kreisverkehr *m; (merry-go-round)* Karussell *nt; a* auf Umwegen; **~ed** *a* gerundet; **~ly** *ad (fig)* gründlich; **~-shouldered** *a* mit abfallenden Schultern; **~sman** *(general)* Austräger *m; (milk —)* Milchmann *m;* **~up** Zusammentreiben *nt,* Sammeln *nt.*
rouse [raʊz] *vt (waken)* (auf)wecken; *(stir up)* erregen.
rousing ['raʊzɪŋ] *a welcome* stürmisch; *speech* zündend.
rout [raʊt] *n* wilde Flucht *f;* Überwältigung *f; vt* in die Flucht schlagen.
route [ru:t] *n* Weg *m,* Route *f.*
routine [ru:'ti:n] *n* Routine *f; a* Routine-.
rover ['rəʊvə*] *n* Wanderer *m.*
roving ['rəʊvɪŋ] *a reporter* im Außendienst.
row [rəʊ] *n (line)* Reihe *f; vti boat* rudern.
row [raʊ] *n (noise)* Lärm *m,* Krach *m,* Radau *m; (dispute)* Streit *m; (scolding)* Krach *m; vi* sich streiten.
rowboat ['rəʊbəʊt] *n (US)* Ruderboot *nt.*
rowdy ['raʊdɪ] *a* rüpelhaft; *n (person)* Rowdy *m.*
rowing ['rəʊɪŋ] *n* Rudern *nt; (Sport)* Rudersport *m;* **~ boat** Ruderboot *nt.*
rowlock ['rɒlək] *n* Rudergabel *f.*
royal ['rɔɪəl] *a* königlich, Königs-; **~ist** *n* Royalist *m; a* königstreu; **~ty** *(family)* königliche Familie *f; (for invention)* Patentgebühr *f; (for book)* Tantieme *f.*
rub [rʌb] *n (problem)* Haken *m;* **to give sth a ~** etw (ab)reiben; *vt* reiben; **~ off** *vi (lit, fig)* abfärben *(on* auf *+acc);* **to ~ it in** darauf herumreiten.
rubber ['rʌbə*] *n* Gummi *m; (Brit)* Radiergummi *m;* **~ band** Gummiband *nt;* **~ plant** Gummibaum *m;* **~y** *a* gummiartig, wie Gummi.
rubbish ['rʌbɪʃ] *n (waste)* Abfall *m; (nonsense)* Blödsinn *m,* Quatsch *m;* **~ dump** Müllabladeplatz *m.*
rubble ['rʌbl] *n* (Stein)schutt *m.*
ruby ['ru:bɪ] *n* Rubin *m; a* rubinrot.
rucksack ['rʌksæk] *n* Rucksack *m.*
rudder ['rʌdə*] *n* Steuerruder *nt.*
ruddy ['rʌdɪ] *a (colour)* rötlich; *(col: bloody)* verdammt.
rude, ~ly *a, ad* [ru:d, -lɪ] unhöflich, unverschämt; *shock* hart; *awakening* unsanft; *(unrefined, rough)* grob; **~ness** Unhöflichkeit *f,* Unverschämtheit *f;* Grobheit *f.*
rudiment ['ru:dɪmənt] *n* Grundlage *f;* **~ary** [ru:dɪ'mentərɪ] *a* rudimentär.
ruff [rʌf] *n* Halskrause *f.*
ruffian ['rʌfɪən] *n* Rohling *m.*
ruffle ['rʌfl] *vt* kräuseln; durcheinanderbringen.
rug [rʌg] *n* Brücke *f; (in bedroom)* Bettvorleger *m; (for knees)* (Reise)decke *f.*
rugged ['rʌgɪd] *a coastline* zerklüftet; *features* markig.
ruin ['ru:ɪn] *n* Ruine *f; (downfall)* Ruin *m; vt* ruinieren; **~s** *pl* Trümmer *pl;* **~ation** Zerstörung *f,* Ruinierung *f;* **~ous** *a* ruinierend.
rule [ru:l] *n* Regel *f; (government)* Herr-

schaft *f*, Regierung *f*; *(for measuring)* Lineal *nt*; *vti (govern)* herrschen über *(+acc)*, regieren; *(decide)* anordnen, entscheiden; *(make lines)* linieren; **as a ~** in der Regel; **~d** *a paper* liniert; **~r** Lineal *nt*; Herrscher *m*.

ruling ['ru:lɪŋ] *a party* Regierungs-; *class* herrschend.

rum [rʌm] *n* Rum *m*; *a (col)* komisch.

rumble ['rʌmbl] *n* Rumpeln *nt*; *(of thunder)* Rollen *nt*; *vi* rumpeln; grollen.

ruminate ['ru:mɪneɪt] *vi* grübeln; *(cows)* wiederkäuen.

rummage ['rʌmɪdʒ] *n* Durchsuchung *f*; *vi* durchstöbern.

rumour, (US) rumor ['ru:mə*] *n* Gerücht *nt*; *vt*: **it is ~ed that** man sagt *or* man munkelt, daß.

rump [rʌmp] *n* Hinterteil *nt*; *(of fowl)* Bürzel *m*; **~ steak** Rumpsteak *nt*.

rumpus [rʌmpəs] *n* Spektakel *m*, Krach *m*.

run [rʌn] *n* Lauf *m*; *(in car)* (Spazier)fahrt *f*; *(series)* Serie *f*, Reihe *f*; *(of play)* Spielzeit *f*; *(sudden demand)* Ansturm *m*, starke Nachfrage *f*; *(for animals)* Auslauf *m*; *(ski —)* (Ski)abfahrt *f*; *(in stocking)* Laufmasche *f*; *irreg vt (cause to run)* laufen lassen; *car, train, bus* fahren; *(pay for)* unterhalten; *race, distance* laufen, rennen; *(manage)* leiten, verwalten, führen; *knife* stoßen; *(pass) hand, eye* gleiten lassen; *vi* laufen; *(move quickly also)* rennen; *(bus, train)* fahren; *(flow)* fließen, laufen; *(colours)* (ab)färben; **on the ~** auf der Flucht; **in the long ~** auf die Dauer; **to ~ riot** Amok laufen; **to ~ a risk** ein Risiko eingehen; **~ about** *vi (children)* umherspringen; **~ across** *vt (find)* stoßen auf *(+acc)*; **~ away** *vi* weglaufen; **~ down** *vi (clock)* ablaufen; *vt (with car)* überfahren; *(talk against)* heruntermachen; **to be ~ down** erschöpft *or* abgespannt sein; **to ~ for president** für die Präsidentschaft kandidieren; **~ off** *vi* fortlaufen; **~ out** *vi (person)* hinausrennen; *(liquid)* auslaufen; *(lease)* ablaufen; *(money)* ausgehen; **he ran out of money/petrol** ihm ging das Geld/Benzin aus; **~ over** *vt (in accident)* überfahren; *(read quickly)* überfliegen; **~ through** *vt instructions* durchgehen; **~ up** *vt debt, bill* machen; **~ up against** *vt difficulties* stoßen auf *(+acc)*; **~about** *(small car)* kleine(r) Flitzer *m*; **~away** *a horse* ausgebrochen; *person* flüchtig.

rung [rʌŋ] *n* Sprosse *f*.

runner ['rʌnə*] *n* Läufer(in *f*) *m*; *(messenger)* Bote *m*; *(for sleigh)* Kufe *f*; **~-up** Zweite(r) *mf*.

running ['rʌnɪŋ] *n (of business)* Leitung *f*; *(of machine)* Laufen *nt*, Betrieb *m*; *a water* fließend; *commentary* laufend; **3 days ~** 3 Tage lang *or* hintereinander.

run-of-the-mill ['rʌnəvðə'mɪl] *a* gewöhnlich, alltäglich.

runny ['rʌnɪ] *a* dünn.

runway ['rʌnweɪ] *n* Startbahn *f*, Landebahn *f*, Rollbahn *f*.

rupture ['rʌptʃə*] *n (Med)* Bruch *m*; *vt*: **~ o.s.** sich (*dat*) einen Bruch zuziehen.

rural ['rʊərəl] *a* ländlich, Land-.

ruse [ru:z] *n* Kniff *m*, List *f*.

rush [rʌʃ] *n* Eile *f*, Hetze *f*; *(Fin)* starke Nachfrage *f*; *vt (carry along)* auf dem schnellsten Wege schaffen *or* transportieren; *(attack)* losstürmen auf *(+acc)*; **don't ~ me** dräng mich nicht; *vi (hurry)* eilen, stürzen; **to ~ into sth** etw überstürzen; **~es** *pl (Bot)* Schilf(rohr) *nt*; **~ hour** Hauptverkehrszeit *f*.

rusk [rʌsk] *n* Zwieback *m*.

rust [rʌst] *n* Rost *m*; *vi* rosten.

rustic ['rʌstɪk] *a* bäuerlich, ländlich, Bauern-.

rustle ['rʌsl] *n* Rauschen *nt*, Rascheln *nt*; *vi* rauschen, rascheln; *vt* rascheln lassen; *cattle* stehlen.

rustproof ['rʌstpru:f] *a* nichtrostend, rostfrei.

rusty ['rʌstɪ] *a* rostig.

rut [rʌt] *n (in track)* Radspur *f*; *(of deer)* Brunst *f*; *(fig)* Trott *m*.

ruthless *a*, **~ly** *ad* ['ru:θləs, -lɪ] erbarmungslos; rücksichtslos; **~ness** Unbarmherzigheit *f*; Rücksichtslosigkeit *f*.

rye [raɪ] *n* Roggen *m*; **~ bread** Roggenbrot *nt*.

S

S, s [es] *n* S *nt*, s *nt*.

sabbath ['sæbəθ] *n* Sabbat *m*.

sabbatical [sə'bætɪkəl] *a*: **~ year** Beurlaubungs- *or* Forschungsjahr *nt*.

sabotage ['sæbətɑ:ʒ] *n* Sabotage *f*; *vt* sabotieren.

sabre, (US) saber ['seɪbə*] *n* Säbel *m*.

saccharin(e) ['sækərɪn] *n* Saccharin *nt*.

sachet ['sæʃeɪ] *n (of shampoo)* Briefchen *nt*, Kissen *nt*.

sack [sæk] *n* Sack *m*; **to give sb the ~** (*col*) jdn hinauswerfen; *vt* (*col*) hinauswerfen; (*pillage*) plündern; **~ful** Sack(voll) *m*; **~ing** (*material*) Sackleinen *nt*; (*col*) Rausschmiß *m*.

sacrament ['sækrəmənt] *n* Sakrament *nt*.

sacred ['seɪkrɪd] *a building, music etc* geistlich, Kirchen-; *altar, oath* heilig.

sacrifice ['sækrɪfaɪs] *n* Opfer *nt*; *vt* (*lit, fig*) opfern.

sacrilege ['sækrɪlɪdʒ] *n* Schändung *f*.

sacrosanct ['sækrəʊsæŋkt] *a* sakrosankt.

sad [sæd] *a* traurig; **~den** *vt* traurig machen, betrüben.

saddle ['sædl] *n* Sattel *m*; *vt* (*burden*) aufhalsen (*sb with sth* jdm etw); **~bag** Satteltasche *f*.

sadism ['seɪdɪzəm] *n* Sadismus *m*.

sadist ['seɪdɪst] *n* Sadist *m*; **~ic** [sə'dɪstɪk] *a* sadistisch.

sadly ['sædlɪ] *ad* betrübt, beklagenswert; (*very*) arg.

sadness ['sædnəs] *n* Traurigkeit *f*.

safari [sə'fɑ:rɪ] *n* Safari *f*.

safe [seɪf] *a* (*free from danger*) sicher; (*careful*) vorsichtig; **it's ~ to say** man kann ruhig behaupten; *n* Safe *m*, Tresor *m*, Geldschrank *m*; **~guard** *n* Sicherung *f*; *vt* sichern, schützen; **~keeping** sichere Verwahrung *f*; **~ly** *ad* sicher; *arrive*

wohlbehalten; **~ness** Zuverlässigkeit *f*; **~ty** Sicherheit *f*; **~ty belt** Sicherheitsgurt *m*; **~ty curtain** eiserne(r) Vorhang *m*; **~ty first** (*slogan*) Sicherheit geht vor; **~ty pin** Sicherheitsnadel *f*.
sag [sæg] *vi* (durch)sacken, sich senken.
saga ['sɑ:gə] *n* Sage *f*.
sage [seɪdʒ] *n* (*herb*) Salbei *m*; (*man*) Weise(r) *m*.
Sagittarius [sadʒɪ'tɛərɪəs] *n* Schütze *m*.
sago ['seɪgəʊ] *n* Sago *m*.
said [sed] *a* besagt.
sail [seɪl] *n* Segel *nt*; (*trip*) Fahrt *f*; *vt* segeln; *vi* segeln; mit dem Schiff fahren; (*begin voyage*) (*person*) abfahren; (*ship*) auslaufen; (*fig: cloud etc*) dahinsegeln; **~boat** (*US*) Segelboot *nt*; **~ing** Segeln *nt*; **to go ~ing** segeln gehen; **~ing ship** Segelschiff *nt*; **~or** Matrose *m*, Seemann *m*.
saint [seɪnt] *n* Heilige(r) *mf*; **~liness** Heiligkeit *f*; **~ly** *a* heilig, fromm.
sake [seɪk] *n*: **for the ~ of** um (+*gen*) willen; **for your ~** um deinetwillen, deinetwegen, wegen dir.
salad ['sæləd] *n* Salat *m*; **~ cream** gewürzte Mayonnaise *f*; **~ dressing** Salatsoße *f*; **~ oil** Speiseöl *nt*, Salatöl *nt*.
salami [sə'lɑ:mɪ] *n* Salami *f*.
salaried ['sælərɪd] *a*: **~ staff** Gehaltsempfänger *pl*.
salary ['sælərɪ] *n* Gehalt *nt*.
sale [seɪl] *n* Verkauf *m*; (*reduced prices*) Schlußverkauf *m*; **~room** Verkaufsraum *m*; **~sman** Verkäufer *m*; (*representative*) Vertreter *m*; **~smanship** Geschäftstüchtigkeit *f*; **~swoman** Verkäuferin *f*.
salient ['seɪlɪənt] *a* hervorspringend, bemerkenswert.
saliva [sə'laɪvə] *n* Speichel *m*.
sallow ['sæləʊ] *a* fahl; *face* bleich.
salmon ['sæmən] *n* Lachs *m*.
salon ['sælɔ̃:ŋ] *n* Salon *m*.
saloon [sə'lu:n] *n* (*Aut*) Limousine *f*; (*ship's lounge*) Salon *m*.
salt [sɔ:lt] *n* Salz *nt*; *vt* (*cure*) einsalzen; (*flavour*) salzen; **~cellar** Salzfaß *nt*; **~ mine** Salzbergwerk *nt*; **~y** *a* salzig.
salubrious [sə'lu:brɪəs] *a* gesund; *district etc* ersprießlich.
salutary ['sæljʊtərɪ] *a* gesund, heilsam.
salute [sə'lu:t] *n* (*Mil*) Gruß *m*, Salut *m*; (*with guns*) Salutschüsse *pl*; *vt* (*Mil*) salutieren.
salvage ['sælvɪdʒ] *n* (*from ship*) Bergung *f*; (*property*) Rettung *f*; *vt* bergen; retten.
salvation [sæl'veɪʃən] *n* Rettung *f*; **S~ Army** Heilsarmee *f*.
salver ['sælvə*] *n* Tablett *nt*.
salvo ['sælvəʊ] *n* Salve *f*.
same [seɪm] *a* (*similar*) gleiche(r,s); (*identical*) derselbe/dieselbe/ dasselbe; **all** *or* **just the ~** trotzdem; **it's all the ~ to me** das ist mir egal; **they all look the ~ to me** für mich sehen sie alle gleich aus; **the ~ to you** gleichfalls; **at the ~ time** zur gleichen Zeit, gleichzeitig; (*however*) zugleich, andererseits.
sampan ['sæmpæn] *n* Sampan *m*.
sample ['sɑ:mpl] *n* (*specimen*) Probe *f*; (*example of sth*) Muster *nt*, Probe *f*; *vt* probieren.
sanatorium [sænə'tɔ:rɪəm] *n* Sanatorium *nt*.
sanctify ['sæŋktɪfaɪ] *vt* weihen.
sanctimonious [sæŋktɪ'məʊnɪəs] *a* scheinheilig.
sanction ['sæŋkʃən] *n* Sanktion *f*.
sanctity ['sæŋktɪtɪ] *n* Heiligkeit *f*; (*fig*) Unverletzlichkeit *f*.
sanctuary ['sæŋktjʊərɪ] *n* Heiligtum *nt*; (*for fugitive*) Asyl *nt*; (*refuge*) Zufluchtsort *m*; (*for animals*) Naturpark *m*, Schutzgebiet *nt*.
sand [sænd] *n* Sand *m*; *vt* mit Sand bestreuen; *furniture* schmirgeln; **~s** *pl* Sand *m*.
sandal ['sændl] *n* Sandale *f*.
sandbag ['sændbæg] *n* Sandsack *m*.
sand dune ['sænddju:n] *n* (Sand)düne *f*.
sandpaper ['sændpeɪpə*] *n* Sandpapier *nt*.
sandpit ['sændpɪt] *n* Sandkasten *m*.
sandstone ['sændstəʊn] *n* Sandstein *m*.
sandwich ['sænwɪdʒ] *n* Sandwich *m or nt*; *vt* einklemmen.
sandy ['sændɪ] *a* sandig, Sand-; (*colour*) sandfarben; *hair* rotblond.
sane [seɪn] *a* geistig gesund *or* normal; (*sensible*) vernünftig, gescheit.
sanguine ['sæŋgwɪn] *a* (*hopeful*) zuversichtlich.
sanitarium [sænɪ'tɛərɪəm] *n* (*US*) = **sanatorium**.
sanitary ['sænɪtərɪ] *a* hygienisch (einwandfrei); (*against dirt*) hygienisch, Gesundheits-; **~ napkin** (*US*), **~ towel** (Monats)binde *f*.
sanitation [sænɪ'teɪʃən] *n* sanitäre Einrichtungen *pl*; Gesundheitswesen *nt*.
sanity ['sænɪtɪ] *n* geistige Gesundheit *f*; (*good sense*) gesunde(r) Verstand *m*, Vernunft *f*.
Santa Claus [sæntə'klɔ:z] *n* Nikolaus *m*, Weihnachtsmann *m*.
sap [sæp] *n* (*of plants*) Saft *m*; *vt strength* schwächen; *health* untergraben.
sapling ['sæplɪŋ] *n* junge(r) Baum *m*.
sapphire ['sæfaɪə*] *n* Saphir *m*.
sarcasm ['sɑ:kæzəm] *n* Sarkasmus *m*.
sarcastic [sɑ:'kæstɪk] *a* sarkastisch.
sarcophagus [sɑ:'kɒfəgəs] *n* Sarkophag *m*.
sardine [sɑ:'di:n] *n* Sardine *f*.
sardonic [sɑ:'dɒnɪk] *a* zynisch.
sari ['sɑ:rɪ] *n* Sari *m*.
sash [sæʃ] *n* Schärpe *f*.
Satan ['seɪtn] *n* Satan *m*, Teufel *m*; **s~ic** [sə'tænɪk] *a* satanisch, teuflisch.
satchel ['sætʃəl] *n* (*Sch*) Schulranzen *m*, Schulmappe *f*.
satellite ['sætəlaɪt] *n* Satellit *m*; (*fig*) Trabant *m*; *a* Satelliten-.
satin ['sætɪn] *n* Satin *m*; *a* Satin-.
satire ['sætaɪə*] *n* Satire *f*.
satirical [sə'tɪrɪkəl] *a* satirisch.
satirize ['sætəraɪz] *vt* (durch Satire) verspotten.
satisfaction [sætɪs'fækʃən] *n* Befriedigung *f*, Genugtuung *f*.

satisfactorily [sætɪs'fæktərɪlɪ] *ad* zufriedenstellend.
satisfactory [sætɪs'fæktərɪ] *a* zufriedenstellend, befriedigend.
satisfy ['sætɪsfaɪ] *vt* befriedigen, zufriedenstellen; (*convince*) überzeugen; *conditions* erfüllen; **~ing** *a* befriedigend; *meal* sättigend.
saturate ['sætʃəreɪt] *vt* (durch)tränken.
saturation [sætʃə'reɪʃən] *n* Durchtränkung *f*; (*Chem, fig*) Sättigung *f*.
Saturday ['sætədeɪ] *n* Samstag *m*, Sonnabend *m*.
sauce [sɔ:s] *n* Soße *f*, Sauce *f*; **~pan** Kasserolle *f*; **~r** Untertasse *f*.
saucily ['sɔ:sɪlɪ] *ad* frech.
sauciness ['sɔsɪnəs] *n* Frechheit *f*.
saucy ['sɔ:sɪ] *a* frech, keck.
sauna ['sɔ:nə] *n* Sauna *f*.
saunter ['sɔ:ntə*] *vi* schlendern; *n* Schlendern *nt*.
sausage ['sɒsɪdʒ] *n* Wurst *f*; **~ roll** Wurst *f* im Schlafrock, Wurstpastete *f*.
savage ['sævɪdʒ] *a* (*fierce*) wild, brutal, grausam; (*uncivilized*) wild, primitiv; *n* Wilde(r) *mf*; *vt* (*animals*) zerfleischen; **~ly** *ad* grausam; **~ry** Roheit *f*, Grausamkeit *f*.
save [seɪv] *vt* retten; *money, electricity etc* sparen; *strength etc* aufsparen; **to ~ you the trouble** um dir Mühe zu ersparen; *n* (*Sport*) (Ball)abwehr *f*; *prep, cj* außer, ausgenommen.
saving ['seɪvɪŋ] *a* rettend; *n* Sparen *nt*, Ersparnis *f*; **~s** *pl* Ersparnisse *pl*; **~s bank** Sparkasse *f*.
saviour ['seɪvjə*] *n* Retter *m*; (*Eccl*) Heiland *m*, Erlöser *m*.
savoir-faire ['sævwɑ:'fɛə*] *n* Gewandtheit *f*.
savour, (*US*) **savor** ['seɪvə*] *n* Wohlgeschmack *m*; *vt* (*taste*) schmecken; (*fig*) genießen; *vi* schmecken (*of* nach), riechen (*of* nach); **~y** *a* schmackhaft; *food* pikant, würzig.
savvy ['sævɪ] *n* (*col*) Grips *m*.
saw [sɔ:] *n* (*tool*) Säge *f*; *vti irreg* sägen; **~dust** Sägemehl *nt*; **~mill** Sägewerk *nt*.
saxophone ['sæksəfəʊn] *n* Saxophon *nt*.
say [seɪ] *n* Meinung *f*; (*right*) Mitspracherecht *nt*; **to have no/a ~ in sth** (kein) Mitspracherecht bei etw haben; **let him have his ~** laß ihn doch reden; *vti irreg* sagen; **I couldn't ~** schwer zu sagen; **how old would you ~ he is?** wie alt schätzt du ihn?; **you don't ~!** was du nicht sagst!; **don't ~ you forgot** sag bloß nicht, daß du es vergessen hast; **there are, ~, 50** es sind, sagen wir mal, 50. . .; **that is to ~** das heißt; (*more precisely*) beziehungsweise, mit anderen Worten; **to ~ nothing of . . .** ganz zu schweigen von. . .; **~ing** Sprichwort *nt*; **~-so** (*col*) Ja *nt*, Zustimmung *f*.
scab [skæb] *n* Schorf *m*; (*of sheep*) Räude *f*; (*pej*) Streikbrecher *m*.
scabby ['skæbɪ] *a sheep* räudig; *skin* schorfig.
scaffold ['skæfəʊld] *n* (*for execution*) Schafott *nt*; **~ing** (Bau)gerüst *nt*.
scald [skɔ:ld] *n* Verbrühung *f*; *vt* (*burn*) verbrühen; (*clean*) (ab)brühen; **~ing** *a* brühheiß.
scale [skeɪl] *n* (*of fish*) Schuppe *f*; (*Mus*) Tonleiter *f*; (*dish for measuring*) Waagschale *f*; (*on map, size*) Maßstab *m*; (*gradation*) Skala *f*; *vt* (*climb*) erklimmen; **~s** *pl* (*balance*) Waage *f*; **on a large ~** (*fig*) im großen, in großem Umfang; **~ drawing** maßstabgerechte Zeichnung *f*.
scallop ['skɒləp] *n* Kammuschel *f*.
scalp [skælp] *n* Kopfhaut *f*; *vt* skalpieren.
scalpel ['skælpəl] *n* Skalpell *nt*.
scamp [skæmp] *vt* schlud(e)rig machen, hinschlampen.
scamper ['skæmpə*] *vi* huschen.
scan [skæn] *vt* (*examine*) genau prüfen; (*quickly*) überfliegen; *horizon* absuchen; *poetry* skandieren.
scandal ['skændl] *n* (*disgrace*) Skandal *m*; (*gossip*) böswillige(r) Klatsch *m*; **~ize** *vt* schockieren; **~ous** *a* skandalös, schockierend.
scant [skænt] *a* knapp; **~ily** *ad* knapp, dürftig; **~iness** Knappheit *f*; **~y** knapp, unzureichend.
scapegoat ['skeɪpgəʊt] *n* Sündenbock *m*.
scar [skɑ:*] *n* Narbe *f*; *vt* durch Narben entstellen.
scarce ['skɛəs] *a* selten, rar; *goods* knapp; **~ly** *ad* kaum; **~ness** Seltenheit *f*.
scarcity ['skɛəsɪtɪ] *n* Mangel *m*, Knappheit *f*.
scare ['skɛə*] *n* Schrecken *m*, Panik *f*; *vt* erschrecken; ängstigen; **to be ~d** Angst haben; **~crow** Vogelscheuche *f*; **~monger** Bangemacher *m*.
scarf [skɑ:f] *n* Schal *m*; (*on head*) Kopftuch *nt*.
scarlet ['skɑ:lət] *a* scharlachrot; *n* Scharlachrot *nt*; **~ fever** Scharlach *m*.
scarred ['skɑ:d] *a* narbig.
scary ['skɛərɪ] *a* (*col*) schaurig.
scathing ['skeɪðɪŋ] *a* scharf, vernichtend.
scatter ['skætə*] *n* Streuung *f*; *vt* (*sprinkle*) (ver)streuen; (*disperse*) zerstreuen; *vi* sich zerstreuen; **~brained** *a* flatterhaft, schusselig; **~ing (of)** ein paar.
scavenger ['skævɪndʒə*] *n* (*animal*) Aasfresser *m*.
scene [si:n] *n* (*of happening*) Ort *m*; (*of play, incident*) Szene *f*; (*canvas etc*) Bühnenbild *nt*; (*view*) Anblick *m*; (*argument*) Szene *f*, Auftritt *m*; **on the ~** am Ort, dabei; **behind the ~s** hinter den Kulissen; **~ry** ['si:nərɪ] (*Theat*) Bühnenbild *nt*; (*landscape*) Landschaft *f*.
scenic ['si:nɪk] *a* landschaftlich, Landschafts-.
scent [sent] *n* Parfüm *nt*; (*smell*) Duft *m*; (*sense*) Geruchsinn *m*; *vt* parfümieren.
sceptic ['skeptɪk] *n* Skeptiker *m*; **~al** *a* skeptisch; **~ism** ['skeptɪsɪzəm] Skepsis *f*.
sceptre, (*US*) **scepter** ['septə*] *n* Szepter *nt*.
schedule ['ʃedju:l] *n* (*list*) Liste *f*, Tabelle *f*; (*plan*) Programm *nt*; *vt*: **it is ~d for 2** es soll um 2 abfahren/stattfinden *etc*; **on ~** pünktlich, fahrplanmäßig; **behind ~** mit Verspätung.

scheme [ski:m] *n* Schema *nt*; (*dishonest*) Intrige *f*; (*plan of action*) Plan *m*, Programm *nt*; *vi* sich verschwören, intrigieren; *vt* planen.
scheming ['ski:mɪŋ] *a* intrigierend, ränkevoll.
schism ['skɪzəm] *n* Spaltung *f*; (*Eccl*) Schisma *nt*, Kirchenspaltung *f*.
schizophrenic [skɪtsəʊ'frenɪk] *a* schizophren.
scholar ['skɒlə*] *n* Gelehrte(r) *m*; (*holding scholarship*) Stipendiat *m*; **~ly** *a* gelehrt; **~ship** Gelehrsamkeit *f*, Belesenheit *f*; (*grant*) Stipendium *nt*.
school [sku:l] *n* Schule *f*; (*Univ*) Fakultät *f*; *vt* schulen; *dog* trainieren; **~book** Schulbuch *nt*; **~boy** Schüler *m*, Schuljunge *m*; **~days** *pl* (alte) Schulzeit *f*; **~girl** Schülerin *f*, Schulmädchen *nt*; **~ing** Schulung *f*, Ausbildung *f*; **~master** Lehrer *m*; **~mistress** Lehrerin *f*; **~room** Klassenzimmer *nt*; **~teacher** Lehrer(in *f*) *m*.
schooner ['sku:nə*] *n* Schoner *m*; (*glass*) große(s) Sherryglas *nt*.
sciatica [saɪ'ætɪkə] *n* Ischias *m or nt*.
science ['saɪəns] *n* Wissenschaft *f*; (*natural* —) Naturwissenschaft *f*; **~ fiction** Science-fiction *f*.
scientific [saɪən'tɪfɪk] *a* wissenschaftlich; (*natural sciences*) naturwissenschaftlich.
scientist ['saɪəntɪst] *n* Wissenschaftler(in *f*) *m*.
scintillating ['sɪntɪleɪtɪŋ] *a* sprühend.
scissors ['sɪzəz] *npl* Schere *f*; **a pair of ~** eine Schere.
scoff [skɒf] *vt* (*eat*) fressen; *vi* (*mock*) spotten (*at* über +*acc*).
scold [skəʊld] *vt* schimpfen.
scone [skɒn] *n* weiche(s) Teegebäck *nt*.
scoop [sku:p] *n* Schaufel *f*; (*news*) sensationelle Erstmeldung *f*; *vt* (*also* **~ out** *or* **up**) schaufeln.
scooter ['sku:tə*] *n* Motorroller *m*; (*child's*) Roller *m*.
scope [skəʊp] *n* Ausmaß *nt*; (*opportunity*) (Spiel)raum *m*, Bewegungsfreiheit *f*.
scorch [skɔ:tʃ] *n* Brandstelle *f*; *vt* versengen, verbrennen; **~er** (*col*) heiße(r) Tag *m*; **~ing** *a* brennend, glühend.
score [skɔ:*] *n* (*in game*) Punktzahl *f*; (Spiel)ergebnis *nt*; (*Mus*) Partitur *f*; (*line*) Kratzer *m*; (*twenty*) 20, 20 Stück; **on that ~** in dieser Hinsicht; **what's the ~?** wie steht's?; *vt goal* schießen; *points* machen; (*mark*) einkerben; zerkratzen, einritzen; *vi* (*keep record*) Punkte zählen; **~board** Anschreibetafel *f*; **~card** (*Sport*) Punktliste *f*; **~r** Torschütze *m*; (*recorder*) (Auf)schreiber *m*.
scorn ['skɔ:n] *n* Verachtung *f*; *vt* verhöhnen; **~ful** *a*, **~fully** *ad* höhnisch, verächtlich.
Scorpio ['skɔ:pɪəʊ] *n* Skorpion *m*.
scorpion ['skɔ:pɪən] *n* Skorpion *m*.
scotch [skɒtʃ] *vt* (*end*) unterbinden.
scoundrel ['skaʊndrəl] *n* Schurke *m*, Schuft *m*.
scour ['skaʊə*] *vt* (*search*) absuchen; (*clean*) schrubben; **~er** Topfkratzer *m*.
scourge [skɜ:dʒ] *n* (*whip*) Geißel *f*; (*plague*) Qual *f*.
scout [skaʊt] *n* (*Mil*) Späher *m*, Aufklärer *m*; *vi* (*reconnoitre*) auskundschaften; *see* **boy**.
scowl [skaʊl] *n* finstere(r) Blick *m*; *vi* finster blicken.
scraggy ['skrægɪ] *a* dürr, hager.
scram [skræm] *vi* (*col*) verschwinden, abhauen.
scramble ['skræmbl] *n* (*climb*) Kletterei *f*; (*struggle*) Kampf *m*; *vi* klettern; (*fight*) sich schlagen; **~d eggs** *pl* Rührei *nt*.
scrap [skræp] *n* (*bit*) Stückchen *nt*; (*fight*) Keilerei *f*; *a* Abfall-; *vt* verwerfen; *vi* (*fight*) streiten, sich prügeln; **~book** Einklebealbum *nt*; **~s** *pl* (*waste*) Abfall *m*.
scrape [skreɪp] *n* Kratzen *nt*; (*trouble*) Klemme *f*; *vt* kratzen; *car* zerkratzen; (*clean*) abkratzen; *vi* (*make harsh noise*) kratzen; **~r** Kratzer *m*.
scrap heap ['skræphi:p] *n* Abfallhaufen *m*; (*for metal*) Schrotthaufen *m*.
scrap iron ['skræp'aɪən] *n* Schrott *m*.
scrappy ['skræpɪ] *a* zusammengestoppelt.
scratch ['skrætʃ] *n* (*wound*) Kratzer *m*, Schramme *f*; **to start from ~** ganz von vorne anfangen; *a* (*improvised*) zusammengewürfelt; *vt* kratzen; *car* zerkratzen; *vi* (sich) kratzen.
scrawl [skrɔ:l] *n* Gekritzel *nt*; *vti* kritzeln.
scream [skri:m] *n* Schrei *m*; *vi* schreien.
scree ['skri:] *n* Geröll(halde *f*) *nt*.
screech [skri:tʃ] *n* Schrei *m*; *vi* kreischen.
screen [skri:n] *n* (*protective*) Schutzschirm *m*; (*film*) Leinwand *f*; (*TV*) Bildschirm *m*; (*against insects*) Fliegengitter *nt*; (*Eccl*) Lettner *m*; *vt* (*shelter*) (be)schirmen; *film* zeigen, vorführen.
screw [skru:] *n* Schraube *f*; (*Naut*) Schiffsschraube *f*; *vt* (*fasten*) schrauben; (*vulgar*) bumsen; **to ~ money out of sb** (*col*) jdm das Geld aus der Tasche ziehen; **~driver** Schraubenzieher *m*; **~y** *a* (*col*) verrückt.
scribble ['skrɪbl] *n* Gekritzel *nt*; *vt* kritzeln.
scribe [skraɪb] *n* Schreiber *m*; (*Jewish*) Schriftgelehrte(r) *m*.
script [skrɪpt] *n* (*handwriting*) Handschrift *f*; (*for film*) Drehbuch *nt*; (*Theat*) Manuskript *nt*, Text *m*.
Scripture ['skrɪptʃə*] *n* Heilige Schrift *f*.
scriptwriter ['skrɪptraɪtə*] *n* Textverfasser *m*.
scroll [skrəʊl] *n* Schriftrolle *f*.
scrounge [skraʊndʒ] *vt* schnorren; *n*: **on the ~** beim Schnorren.
scrub [skrʌb] *n* (*clean*) Schrubben *nt*; (*in countryside*) Gestrüpp *nt*; *vt* (*clean*) schrubben; (*reject*) fallenlassen.
scruff [skrʌf] *n* Genick *nt*, Kragen *m*; **~y** *a* unordentlich, vergammelt.
scrum(mage) ['skrʌm(ɪdʒ)] *n* Getümmel *nt*.
scruple ['skru:pl] *n* Skrupel *m*, Bedenken *nt*.
scrupulous *a*, **~ly** *ad* ['skru:pjʊləs, -lɪ] peinlich genau, gewissenhaft.

scrutinize ['skru:tɪnaɪz] *vt* genau prüfen *or* untersuchen.
scrutiny ['skru:tɪnɪ] *n* genaue Untersuchung *f.*
scuff [skʌf] *vt shoes* abstoßen.
scuffle ['skʌfl] *n* Handgemenge *nt.*
scullery ['skʌlərɪ] *n* Spülküche *f;* Abstellraum *m.*
sculptor ['skʌlptə*] *n* Bildhauer *m.*
sculpture ['skʌlptʃə*] *n* (*art*) Bildhauerei *f;* (*statue*) Skulptur *f.*
scum [skʌm] *n* (*lit, fig*) Abschaum *m.*
scurrilous ['skʌrɪləs] *a* unflätig.
scurry ['skʌrɪ] *vi* huschen.
scurvy ['skɜ:vɪ] *n* Skorbut *m.*
scuttle ['skʌtl] *n* Kohleneimer *m*; *vt ship* versenken; *vi* (*scamper*) (+ *away, off*) sich davonmachen.
scythe [saɪð] *n* Sense *f.*
sea [si:] Meer *nt* (*also fig*), See *f*; *a* Meeres-, See-; ~ **bird** Meervogel *m*; ~**board** Küste *f*; ~ **breeze** Seewind *m*; ~**dog** Seebär *m*; ~**farer** Seefahrer *m*; ~**faring** *a* seefahrend; ~**food** Meeresfrüchte *pl*; ~ **front** Strandpromenade *f*; ~**going** *a* seetüchtig, Hochsee-; ~**gull** Möwe *f.*
seal [si:l] *n* (*animal*) Robbe *f,* Seehund *m*; (*stamp, impression*) Siegel *nt*; *vt* versiegeln.
sea level ['si:levl] *n* Meeresspiegel *m.*
sealing wax ['si:lɪŋwæks] *n* Siegellack *m.*
sea lion ['si:laɪən] *n* Seelöwe *m.*
seam [si:m] *n* Saum *m*; (*edges joining*) Naht *f*; (*layer*) Schicht *f*; (*of coal*) Flöz *nt.*
seaman ['si:mən] *n* Seemann *m.*
seamless ['si:mlɪs] *a* nahtlos.
seamy ['si:mɪ] *a people, café* zwielichtig; *life* anrüchig; ~ **side of life** dunkle Seite *f* des Lebens.
seaport ['si:pɔ:t] *n* Seehafen *m,* Hafenstadt *f.*
search [sɜ:tʃ] *n* Suche *f* (*for* nach); *vi* suchen; *vt* (*examine*) durchsuchen; ~**ing** *a look* forschend, durchdringend; ~**light** Scheinwerfer *m*; ~ **party** Suchmannschaft *f.*
seashore ['si:ʃɔ:*] *n* Meeresküste *f.*
seasick ['si:sɪk] *a* seekrank; ~**ness** Seekrankheit *f.*
seaside ['si:saɪd] *n* Küste *f*; **at the** ~ an der See; **to go to the** ~ an die See fahren.
season ['si:zn] *n* Jahreszeit *f*; (*eg Christmas*) Zeit *f,* Saison *f*; *vt* (*flavour*) würzen; ~**al** *a* Saison-; ~**ing** Gewürz *nt,* Würze *f*; ~ **ticket** (*Rail*) Zeitkarte *f*; (*Theat*) Abonnement *nt.*
seat [si:t] *n* Sitz *m,* Platz *m*; (*in Parliament*) Sitz *m*; (*part of body*) Gesäß *nt*; (*part of garment*) Sitzfläche *f,* Hosenboden *m*; *vt* (*place*) setzen; (*have space for*) Sitzplätze bieten für; ~ **belt** Sicherheitsgurt *m*; ~**ing** Anweisen *nt* von Sitzplätzen.
sea water ['si:wɔ:tə*] *n* Meerwasser *nt,* Seewasser *nt.*
seaweed ['si:wi:d] *n* (See)tang *m,* Alge *f.*
seaworthy ['si:wɜ:ðɪ] *a* seetüchtig.
secede [sɪ'si:d] *vi* sich lossagen.
secluded [sɪ'klu:dɪd] *a* abgelegen, ruhig.
seclusion [sɪ'klu:ʒən] *n* Zurückgezogenheit *f.*
second ['sekənd] *a* zweite(r,s); *ad* (*in — position*) an zweiter Stelle; (*Rail*) zweite(r) Klasse; *n* Sekunde *f*; (*person*) Zweite(r) *m*; (*Comm: imperfect*) zweite Wahl *f*; (*Sport*) Sekundant *m*; *vt* (*support*) unterstützen; ~**ary** *a* zweitrangig; ~**ary education** Sekundarstufe *f*; ~**ary school** höhere Schule *f,* Mittelschule *f*; ~**er** Unterstützer *m*; ~**hand** *a* aus zweiter Hand; *car etc* gebraucht; ~**ly** *ad* zweitens; **it is** ~ **nature to him** es ist ihm zur zweiten Natur geworden; ~**-rate** *a* mittelmäßig; **to have** ~ **thoughts** es sich (*dat*) anders überlegen.
secrecy ['si:krəsɪ] *n* Geheimhaltung *f.*
secret ['si:krət] *n* Geheimnis *nt*; *a* geheim, heimlich, Geheim-; **in** ~ geheim, heimlich.
secretarial [sekrə'tɛərɪəl] *a* Sekretärs-.
secretariat [sekrə'tɛərɪət] *n* Sekretariat *nt.*
secretary ['sekrətrɪ] *n* Sekretär(in *f*) *m*; (*government*) Staatssekretär(in *f*) *m*; Minister *m.*
secretive ['si:krətɪv] *a* geheimtuerisch.
secretly ['si:krətlɪ] *ad* heimlich.
sect [sekt] *n* Sekte *f*; ~**arian** [sek'tɛərɪən] *a* (*belonging to a sect*) Sekten-.
section ['sekʃən] *n* Teil *m,* Ausschnitt *m*; (*department*) Abteilung *f*; (*of document*) Abschnitt *m,* Paragraph *m*; ~**al** *a* (*regional*) partikularistisch.
sector ['sektə*] *n* Sektor *m.*
secular ['sekjʊlə*] *a* weltlich, profan.
secure [sɪ'kjʊə*] *a* (*safe*) sicher; (*firmly fixed*) fest; *vt* (*make firm*) befestigen, sichern; (*obtain*) sichern; ~**ly** *ad* sicher, fest.
security [sɪ'kjʊərɪtɪ] *n* Sicherheit *f*; (*pledge*) Pfand *nt*; (*document*) Sicherheiten *pl*; (*national —*) Staatssicherheit *f*; ~ **guard** Sicherheitsbeamte(r) *m*; *see* **social.**
sedate [sɪ'deɪt] *a* (*calm*) gelassen; (*serious*) gesetzt; *vt* (*Med*) ein Beruhigungsmittel geben (+*dat*).
sedation [sɪ'deɪʃən] *n* (*Med*) Einfluß *m* von Beruhigungsmitteln.
sedative ['sedətɪv] *n* Beruhigungsmittel *nt*; *a* beruhigend, einschläfernd.
sedentary ['sedntrɪ] *a job* sitzend.
sediment ['sedɪmənt] *n* (Boden)satz *m*; ~**ary** [sedɪ'mentərɪ] *a* (*Geol*) Sediment-.
seduce [sɪ'dju:s] *vt* verführen.
seduction [sɪ'dʌkʃən] *n* Verführung *f.*
seductive [sɪ'dʌktɪv] *a* verführerisch.
see [si:] *irreg vt* sehen; (*understand*) (ein)sehen, erkennen; (*find out*) sehen, herausfinden; (*make sure*) dafür sorgen (daß); (*accompany*) begleiten, bringen; (*visit*) besuchen; **to** ~ **a doctor** zum Arzt gehen; *vi* (*be aware*) sehen; (*find out*) nachsehen; **I** ~ ach so, ich verstehe; **let me** ~ warte mal; **we'll** ~ werden (mal) sehen; *n* (*Eccl*) (*R.C.*) Bistum *nt*; (*Protestant*) Kirchenkreis *m*; **to** ~ **sth through** etw durchfechten; **to** ~ **through sb/sth** jdn/etw durchschauen; **to** ~ **to it** dafür sorgen; **to** ~ **sb off** jdn zum Zug *etc* begleiten.

seed [si:d] *n* Samen *m*, (Samen)korn *nt*; *vt* (*Tennis*) plazieren; **~ling** Setzling *m*; **~y** *a* (*ill*) flau, angeschlagen; *clothes* schäbig; *person* zweifelhaft.
seeing ['si:ɪŋ] *cj* da.
seek [si:k] *vt irreg* suchen.
seem [si:m] *vi* scheinen; **~ingly** *ad* anscheinend; **~ly** *a* geziemend.
seep [si:p] *vi* sickern.
seer [sɪə*] *n* Seher *m*.
seesaw ['si:sɔ:] *n* Wippe *f*.
seethe [si:ð] *vi* kochen; (*with crowds*) wimmeln von.
see-through ['si:θru:] *a dress* durchsichtig.
segment ['segmənt] *n* Teil *m*; (*of circle*) Ausschnitt *m*.
segregate ['segrɪgeɪt] *vt* trennen, absondern.
segregation [segrɪ'geɪʃən] *n* Rassentrennung *f*.
seismic ['saɪzmɪk] *a* seismisch, Erdbeben-.
seize [si:z] *vt* (*grasp*) (er)greifen, packen; *power* ergreifen; (*take legally*) beschlagnahmen; *point* erfassen, begreifen; **~ up** *vi* (*Tech*) sich festfressen.
seizure ['si:ʒə*] *n* (*illness*) Anfall *m*.
seldom ['seldəm] *ad* selten.
select [sɪ'lekt] *a* ausgewählt; *vt* auswählen; **~ion** [sɪ'lekʃən] Auswahl *f*; **~ive** *a person* wählerisch.
self [self] *n* Selbst *nt*, Ich *nt*; **~-adhesive** *a* selbstklebend; **~-appointed** *a* selbsternannt; **~-assurance** Selbstsicherheit *f*; **~-assured** *a* selbstbewußt; **~-coloured**, (*US*) **~-colored** *a* einfarbig; **~-confidence** Selbstvertrauen *nt*, Selbstbewußtsein *nt*; **~-confident** *a* selbstsicher; **~-conscious** *a* gehemmt, befangen; **~-contained** *a* (*complete*) (in sich) geschlossen; *person* verschlossen; **~-defeating** *a*: **to be ~-defeating** ein Widerspruch in sich sein; **~-defence** Selbstverteidigung *f*; (*Jur*) Notwehr *f*; **~-employed** *a* frei(schaffend); **~-evident** *a* offensichtlich; **~-explanatory** *a* für sich (selbst) sprechend; **~-indulgent** *a* zügellos; **~-interest** Eigennutz *m*; **~ish** *a*, **~ishly** *ad* egoistisch, selbstsüchtig; **~ishness** Egoismus *m*, Selbstsucht *f*; **~lessly** *ad* selbstlos; **~-made** *a* selbstgemacht; **~-pity** Selbstmitleid *nt*; **~-portrait** Selbstbildnis *nt*; **~-propelled** *a* mit Eigenantrieb; **~-reliant** *a* unabhängig; **~-respect** Selbstachtung *f*; **~-respecting** *a* mit Selbstachtung; **~-righteous** *a* selbstgerecht; **~-satisfied** *a* selbstzufrieden; **~-service** *a* Selbstbedienungs-; **~-sufficient** *a* selbstgenügsam; **~-supporting** *a* (*Fin*) Eigenfinanzierungs-; *person* eigenständig.
sell [sel] *irreg vt* verkaufen; *vi* verkaufen; (*goods*) sich verkaufen (lassen); **~er** Verkäufer *m*; **~ing price** Verkaufspreis *m*.
semantic [sɪ'mæntɪk] *a* semantisch; **~s** Semantik *f*.
semaphore ['seməfɔ:*] *n* Winkzeichen *pl*.
semi ['semɪ] *n* = **~detached house**; **~circle** Halbkreis *m*; **~colon** Semikolon *nt*; **~conscious** *a* halbbewußt; **~detached house** Zweifamilienhaus *nt*, Doppelhaus *nt*; **~final** Halbfinale *nt*.
seminar ['semɪnɑ:*] *n* Seminar *nt*.
semiquaver ['semɪkweɪvə*] *n* Sechzehntel *nt*.
semiskilled ['semɪ'skɪld] *a* angelernt.
semitone ['semɪtəʊn] *n* Halbton *m*.
semolina [semə'li:nə] *n* Grieß *m*.
senate ['senət] *n* Senat *m*.
senator ['senətə*] *n* Senator *m*.
send [send] *vt irreg* senden, schicken; (*col: inspire*) hinreißen; **~ away** *vt* wegschicken; **~ away for** *vt* holen lassen; **~ back** *vt* zurückschicken; **~ for** *vt* holen lassen; **~ off** *vt goods* abschicken; *player* vom Feld schicken; **~ out** *vt invitation* aussenden; **~ up** *vt* hinaufsenden; (*col*) verulken; **~er** Absender *m*; **~-off** Verabschiedung *f*; **~-up** (*col*) Verulkung *f*.
senile ['si:naɪl] *a* senil, Alters-.
senility [sɪ'nɪlɪtɪ] *n* Altersschwachheit *f*.
senior ['si:nɪə*] *a* (*older*) älter; (*higher rank*) Ober-; *n* (*older person*) Ältere(r) *m*; (*higher ranking*) Rangälteste(r) *m*; **~ity** [si:nɪ'ɒrɪtɪ] (*of age*) höhere(s) Alter *nt*; (*in rank*) höhere(r) Dienstgrad *m*.
sensation [sen'seɪʃən] *n* Empfindung *f*, Gefühl *nt*; (*excitement*) Sensation *f*, Aufsehen *nt*; **~al** *a* sensationell, Sensations-.
sense [sens] *n* Sinn *m*; (*understanding*) Verstand *m*, Vernunft *f*; (*meaning*) Sinn *m*, Bedeutung *f*; (*feeling*) Gefühl *nt*; **to make ~** Sinn ergeben; *vt* fühlen, spüren; **~less** *a* sinnlos; (*unconscious*) besinnungslos; **~lessly** *ad* (*stupidly*) sinnlos.
sensibility [sensɪ'bɪlɪtɪ] *n* Empfindsamkeit *f*; (*feeling hurt*) Empfindlichkeit *f*.
sensible *a*, **sensibly** *ad* ['sensəbl, -blɪ] vernünftig.
sensitive ['sensɪtɪv] *a* empfindlich (*to* gegen); (*easily hurt*) sensibel, feinfühlig; *film* lichtempfindlich.
sensitivity [sensɪ'tɪvɪtɪ] *n* Empfindlichkeit *f*; (*artistic*) Feingefühl *nt*; (*tact*) Feinfühligkeit *f*.
sensual ['sensjʊəl] *a* sinnlich.
sensuous ['sensjʊəs] *a* sinnlich, sinnenfreudig.
sentence ['sentəns] *n* Satz *m*; (*Jur*) Strafe *f*; Urteil *nt*; *vt* verurteilen.
sentiment ['sentɪmənt] *n* Gefühl *nt*; (*thought*) Gedanke *m*, Gesinnung *f*; **~al** [sentɪ'mentl] *a* sentimental; (*of feelings rather than reason*) gefühlsmäßig; **~ality** [sentɪmen'tælɪtɪ] Sentimentalität *f*.
sentinel ['sentɪnl] *n* Wachtposten *m*.
sentry ['sentrɪ] *n* (Schild)wache *f*.
separable ['sepərəbl] *a* (ab)trennbar.
separate ['seprət] *a* getrennt, separat; ['sepəreɪt] *vt* trennen; *vi* sich trennen; **~ly** *ad* getrennt.
separation [sepə'reɪʃən] *n* Trennung *f*.
sepia ['si:pɪə] *a* Sepia-.
September [sep'tembə*] *n* September *m*.
septic ['septɪk] *a* vereitert, septisch.
sequel ['si:kwəl] *n* Folge *f*.

sequence ['si:kwəns] *n* (Reihen)folge *f*.
sequin ['si:kwɪn] *n* Paillette *f*.
serenade [serə'neɪd] *n* Ständchen *nt*, Serenade *f*; *vt* ein Ständchen bringen (+*dat*).
serene *a*, **~ly** *ad* [sə'ri:n, -lɪ] heiter, gelassen, ruhig.
serenity [sɪ'renɪtɪ] *n* Heiterkeit *f*, Gelassenheit *f*, Ruhe *f*.
serf [sɜ:f] *n* Leibeigene(r) *mf*.
serge [sɜ:dʒ] *n* Serge *f*.
sergeant ['sɑ:dʒənt] *n* Feldwebel *m*; (*police*) (Polizei)wachtmeister *m*.
serial ['sɪərɪəl] *n* Fortsetzungsroman *m*; (*TV*) Fernsehserie *f*; *a number* (fort)-laufend; **~ize** *vt* in Fortsetzungen veröffentlichen/ senden.
series ['sɪərɪz] *n* Serie *f*, Reihe *f*.
serious ['sɪərɪəs] *a* ernst; *injury* schwer; *development* ernstzunehmend; **I'm ~** das meine ich ernst; **~ly** *ad* ernst(haft); *hurt* schwer; **~ness** Ernst *m*, Ernsthaftigkeit *f*.
sermon ['sɜ:mən] *n* Predigt *f*.
serpent ['sɜ:pənt] *n* Schlange *f*.
serrated [se'reɪtɪd] *a* gezackt; **~ knife** Sägemesser *nt*.
serum ['sɪərəm] *n* Serum *nt*.
servant ['sɜ:vənt] *n* Bedienstete(r) *mf*, Diener(in *f*) *m*; *see* **civil**.
serve [sɜ:v] *vt* dienen (+*dat*); *guest, customer* bedienen; *food* servieren; *writ* zustellen (*on sb* jdm); *vi* dienen, nützen; (*at table*) servieren; (*tennis*) geben, aufschlagen; **it ~s him right** das geschieht ihm recht; **that'll ~ the purpose** das reicht; **that'll ~ as a table** das geht als Tisch; **~ out** *or* **up** *vt food* auftragen, servieren.
service ['sɜ:vɪs] *n* (*help*) Dienst *m*; (*trains etc*) Verkehrsverbindungen *pl*; (*hotel*) Service *m*, Bedienung *f*; (*set of dishes*) Service *nt*; (*Rel*) Gottesdienst *m*; (*Mil*) Waffengattung *f*; (*car*) Inspektion *f*; (*for TVs etc*) Kundendienst *m*; (*tennis*) Aufschlag *m*; **to be of ~ to sb** jdm einen großen Dienst erweisen; **can I be of ~?** kann ich Ihnen behilflich sein?; *vt* (*Aut, Tech*) warten, überholen; **the S~s** *pl* (*armed forces*) Streitkräfte *pl*; **~able** *a* brauchbar; **~ area** (*on motorway*) Raststätte *f*; **~ charge** Bedienung *f*; **~man** (*soldier etc*) Soldat *m*; **~ station** (Groß)-tankstelle *f*.
servicing ['sɜ:vɪsɪŋ] *n* Wartung *f*.
serviette [sɜ:vɪ'et] *n* Serviette *f*.
servile ['sɜ:vaɪl] *a* sklavisch, unterwürfig.
session ['seʃən] *n* Sitzung *f*; (*Pol*) Sitzungsperiode *f*.
set [set] *n* (*collection of things*) Satz *m*, Set *nt*; (*Rad, TV*) Apparat *m*; (*tennis*) Satz *m*; (*group of people*) Kreis *m*; (*Cine*) Szene *f*; (*Theat*) Bühnenbild *nt*; *a* festgelegt; (*ready*) bereit; **~ phrase** feststehende(r) Ausdruck *m*; **~ square** Zeichendreieck *nt*; *irreg vt* (*place*) setzen, stellen, legen; (*arrange*) (an)ordnen; *table* decken; *time, price* festsetzen; *alarm, watch* stellen; *jewels* (ein)fassen; *task* stellen; *exam* ausarbeiten; **to ~ one's hair** die Haare eindrehen; *vi* (*sun*) untergehen; (*become hard*) fest werden; (*bone*) zusammenwachsen; **to ~ on fire** anstecken; **to ~ free** freilassen; **to ~ sth going** etw in Gang bringen; **to ~ sail** losfahren; **~ about** *vt task* anpacken; **~ aside** *vt* beseitelegen; **~ back** *vt* zurückwerfen; **~ down** *vt* absetzen; **~ off** *vi* ausbrechen; *vt* (*explode*) zur Explosion bringen; *alarm* losgehen lassen; (*show up well*) hervorheben; **~ out** *vi* aufbrechen; *vt* (*arrange*) anlegen, arrangieren; (*state*) darlegen; **~ up** *vt organization* aufziehen; *record* aufstellen; *monument* erstellen; **~back** Rückschlag *m*.
settee [se'ti:] *n* Sofa *nt*.
setting ['setɪŋ] *n* (*Mus*) Vertonung *f*; (*scenery*) Hintergrund *m*.
settle ['setl] *vt* beruhigen; (*pay*) begleichen, bezahlen; (*agree*) regeln; *vi* (*also* **~ down**) sich einleben; (*come to rest*) sich niederlassen; (*sink*) sich setzen; (*calm down*) sich beruhigen; **~ment** Regelung *f*; (*payment*) Begleichung *f*; (*colony*) Siedlung *f*, Niederlassung *f*; **~r** Siedler *m*.
setup ['setʌp] *n* (*arrangement*) Aufbau *m*, Gliederung *f*; (*situation*) Situation *f*, Lage *f*.
seven ['sevn] *num* sieben; **~teen** *num* siebzehn; **~th** *a* siebte(r,s); *n* Siebtel *nt*; **~ty** *num* siebzig.
sever ['sevə*] *vt* abtrennen.
several ['sevrəl] *a* mehrere, verschiedene; *pron* mehrere.
severance ['sevərəns] *n* Abtrennung *f*; (*fig*) Abbruch *m*.
severe [sɪ'vɪə*] *a* (*strict*) streng; (*serious*) schwer; *climate* rauh; (*plain*) streng, schmucklos; **~ly** *ad* (*strictly*) streng, strikt; (*seriously*) schwer, ernstlich.
severity [sɪ'verɪtɪ] *n* Strenge *f*; Schwere *f*; Ernst *m*.
sew [səʊ] *vti irreg* nähen; **~ up** *vt* zunähen.
sewage ['sju:ɪdʒ] *n* Abwässer *pl*.
sewer ['sjʊə*] *n* (Abwasser)kanal *m*.
sewing ['səʊɪŋ] *n* Näharbeit *f*; **~ machine** Nähmaschine *f*.
sex [seks] *n* Sex *m*; (*gender*) Geschlecht *nt*; **~ act** Geschlechtsakt *m*.
sextant ['sekstənt] *n* Sextant *m*.
sextet [seks'tet] *n* Sextett *nt*.
sexual ['seksjʊəl] *a* sexuell, geschlechtlich, Geschlechts-; **~ly** *ad* geschlechtlich, sexuell.
sexy ['seksɪ] *a* sexy.
shabbily ['ʃæbɪlɪ] *ad* schäbig.
shabbiness ['ʃæbɪnəs] *n* Schäbigkeit *f*.
shabby ['ʃæbɪ] *a* (*lit, fig*) schäbig.
shack [ʃæk] *n* Hütte *f*.
shackle ['ʃækl] *vt* fesseln; **~s** *pl* (*lit, fig*) Fesseln *pl*, Ketten *pl*.
shade [ʃeɪd] *n* Schatten *m*; (*for lamp*) Lampenschirm *m*; (*colour*) Farbton *m*; (*small quantity*) Spur *f*, Idee *f*; *vt* abschirmen.
shadow ['ʃædəʊ] *n* Schatten *m*; *vt* (*follow*) beschatten; *a*: **~ cabinet** (*Pol*) Schattenkabinett *nt*; **~y** *a* schattig.
shady ['ʃeɪdɪ] *a* schattig; (*fig*) zwielichtig.
shaft [ʃɑ:ft] *n* (*of spear etc*) Schaft *m*; (*in*

mine) Schacht *m*; (*Tech*) Welle *f*; (*of light*) Strahl *m*.
shaggy ['ʃægɪ] *a* struppig.
shake [ʃeɪk] *irreg vt* schütteln, rütteln; (*shock*) erschüttern; **to ~ hands** die Hand geben (*with dat*); **they shook hands** sie gaben sich die Hand; **to ~ one's head** den Kopf schütteln; *vi* (*move*) schwanken; (*tremble*) zittern, beben; *n* (*jerk*) Schütteln *nt*, Rütteln *nt*; **~ off** *vt* abschütteln; **~ up** *vt* (*lit*) aufschütteln; (*fig*) aufrütteln; **~-up** Aufrüttelung *f*; (*Pol*) Umgruppierung *f*.
shakily ['ʃeɪkɪlɪ] *ad* zitternd, unsicher.
shakiness ['ʃeɪkɪnəs] *n* Wackeligkeit *f*.
shaky ['ʃeɪkɪ] *a* zittrig; (*weak*) unsicher.
shale [ʃeɪl] *n* Schiefer(ton) *m*.
shall [ʃæl] *v aux irreg* werden; (*must*) sollen.
shallow ['ʃæləʊ] *a* flach, seicht (*also fig*); **~s** *pl* flache Stellen *pl*.
sham [ʃæm] *n* Täuschung *f*, Trug *m*, Schein *m*; *a* unecht, falsch.
shambles ['ʃæmblz] *n sing* Durcheinander *nt*.
shame [ʃeɪm] *n* Scham *f*; (*disgrace, pity*) Schande *f*; *vt* beschämen; **what a ~!** wie schade!; **~ on you!** schäm dich!; **~faced** *a* beschämt; **~ful** *a*, **~fully** *ad* schändlich; **~less** *a* schamlos; (*immodest*) unverschämt.
shampoo [ʃæm'pu:] *n* Schampoon *nt*; *vt* schampunieren; **~ and set** Waschen *nt* und Legen.
shamrock ['ʃæmrɒk] *n* Kleeblatt *nt*.
shandy ['ʃændɪ] *n* Radlermaß *nt*.
shan't [ʃɑ:nt] = **shall not**.
shanty ['ʃæntɪ] *n* (*cabin*) Hütte *f*, Baracke *f*; **~ town** Elendsviertel *nt*.
shape [ʃeɪp] *n* Form *f*, Gestalt *f*; *vt* formen, gestalten; **to take ~** Gestalt annehmen; **~less** *a* formlos; **~ly** *a* wohlgeformt, wohlproportioniert.
share [ʃɛə*] *n* (An)teil *m*; (*Fin*) Aktie *f*; *vt* teilen; **~holder** Aktionär *m*.
shark [ʃɑ:k] *n* Hai(fisch) *m*; (*swindler*) Gauner *m*.
sharp [ʃɑ:p] *a* scharf; *pin* spitz; *person* clever; *child* aufgeweckt; (*unscrupulous*) gerissen, raffiniert; (*Mus*) erhöht; **~ practices** *pl* Machenschaften *pl*; *n* (*Mus*) Kreuz *nt*; *ad* (*Mus*) zu hoch; **nine o'clock ~** Punkt neun; **look ~!** mach schnell!; **~en** *vt* schärfen; *pencil* spitzen; **~ener** Spitzer *m*; **~-eyed** *a* scharfsichtig; **~ness** Schärfe *f*; **~-witted** *a* scharfsinnig, aufgeweckt.
shatter ['ʃætə*] *vt* zerschmettern; (*fig*) zerstören; *vi* zerspringen; **~ed** *a* (*lit, fig*) kaputt; **~ing** *a experience* furchtbar.
shave [ʃeɪv] *n* Rasur *f*, Rasieren *nt*; **to have a ~** sich rasieren (lassen); *vt* rasieren; *vi* sich rasieren; **~n** *a head* geschoren; **~r** (*Elec*) Rasierapparat *m*, Rasierer *m*.
shaving ['ʃeɪvɪŋ] *n* (*action*) Rasieren *nt*; **~s** *pl* (*of wood etc*) Späne *pl*; **~ brush** Rasierpinsel *m*; **~ cream** Rasierkrem *f*; **~ point** Rasiersteckdose *f*; **~ soap** Rasierseife *f*.
shawl [ʃɔ:l] *n* Schal *m*, Umhang *m*.
she [ʃi:] *pron* sie; *a* weiblich; **~-bear** Bärenweibchen *nt*.
sheaf [ʃi:f] *n* Garbe *f*.
shear [ʃɪe*] *vt irreg* scheren; **~ off** *vt* abscheren; **~s** *pl* Heckenschere *f*.
sheath [ʃi:θ] *n* Scheide *f*; **~e** [ʃi:ð] *vt* einstecken; (*Tech*) verkleiden.
shed [ʃed] *n* Schuppen *m*; (*for animals*) Stall *m*; *vt irreg leaves etc* abwerfen, verlieren; *tears* vergießen.
she'd [ʃi:d] = **she had**; **she would**.
sheep [ʃi:p] *n* Schaf *nt*; **~dog** Schäferhund *m*; **~ish** *a* verschämt, betreten; **~skin** Schaffell *nt*.
sheer [ʃɪə*] *a* bloß, rein; (*steep*) steil, jäh; (*transparent*) (hauch)dünn, durchsichtig; *ad* (*directly*) direkt.
sheet [ʃi:t] *n* Bettuch *nt*, Bettlaken *nt*; (*of paper*) Blatt *nt*; (*of metal etc*) Platte *f*; (*of ice*) Fläche *f*; **~ lightning** Wetterleuchten *nt*.
sheik(h) [ʃeɪk] *n* Scheich *m*.
shelf [ʃelf] *n* Bord *nt*, Regal *nt*.
she'll [ʃi:l] = **she will**; **she shall**.
shell [ʃel] *n* Schale *f*; (*sea—*) Muschel *f*; (*explosive*) Granate *f*; (*of building*) Mauern *pl*; *vt peas* schälen; (*fire on*) beschießen; **~fish** Schalentier *nt*; (*as food*) Meeresfrüchte *pl*.
shelter ['ʃeltə*] *n* Schutz *m*; Bunker *m*; *vt* schützen, bedecken; *refugees* aufnehmen; *vi* sich unterstellen; **~ed** *a life* behütet; *spot* geschützt.
shelve [ʃelv] *vt* aufschieben; *vi* abfallen.
shelving ['ʃelvɪŋ] *n* Regale *pl*.
shepherd ['ʃepəd] *n* Schäfer *m*; *vt* treiben, führen; **~ess** Schäferin *f*.
sheriff ['ʃerɪf] *n* Sheriff *m*.
sherry ['ʃerɪ] *n* Sherry *m*.
she's [ʃi:z] = **she is**; **she has**.
shield [ʃi:ld] *n* Schild *m*; (*fig*) Schirm *m*, Schutz *m*; *vt* (be)schirmen; (*Tech*) abschirmen.
shift [ʃɪft] *n* Veränderung *f*, Verschiebung *f*; (*work*) Schicht *f*; *vt* (ver)rücken, verschieben; *office* verlegen; *arm* wegnehmen; *vi* sich verschieben; (*col*) schnell fahren; **~ work** Schichtarbeit *f*; **~y** *a* verschlagen.
shilling ['ʃɪlɪŋ] *n* (*old*) Shilling *m*.
shilly-shally ['ʃɪlɪʃælɪ] *vi* zögern.
shimmer ['ʃɪmə*] *n* Schimmer *m*; *vi* schimmern.
shin [ʃɪn] *n* Schienbein *nt*.
shine [ʃaɪn] *n* Glanz *m*, Schein *m*; *irreg vt* polieren; **to ~ a torch on sb** jdn (mit einer Lampe) anleuchten; *vi* scheinen; (*fig*) glänzen.
shingle ['ʃɪŋgl] *n* Schindel *f*; (*on beach*) Strandkies *m*; **~s** *pl* (*Med*) Gürtelrose *f*.
shining ['ʃaɪnɪŋ] *a light* strahlend.
shiny ['ʃaɪnɪ] *a* glänzend.
ship [ʃɪp] *n* Schiff *nt*; *vt* an Bord bringen, verladen; (*transport as cargo*) verschiffen; **~-building** Schiffbau *m*; **~ canal** Seekanal *m*; **~ment** Verladung *f*; (*goods shipped*) Schiffsladung *f*; **~per** Verschiffer *m*; **~ping** (*act*) Verschiffung *f*; (*ships*) Schiffahrt *f*; **~shape** *a* in Ordnung;

~**wreck** Schiffbruch *m*; (*destroyed ship*) Wrack *nt*; ~**yard** Werft *f*.

shirk [ʃɜ:k] *vt* ausweichen (+*dat*).

shirt [ʃɜ:t] *n* (Ober)hemd *nt*; **in** ~**-sleeves** in Hemdsärmeln; ~**y** *a* (*col*) mürrisch.

shiver ['ʃɪvə*] *n* Schauer *m*; *vi* frösteln, zittern.

shoal [ʃəʊl] *n* (Fisch)schwarm *m*.

shock [ʃɒk] *n* Stoß *m*, Erschütterung *f*; (*mental*) Schock *m*; (*Elec*) Schlag *m*; *vt* erschüttern; (*offend*) schockieren; ~ **absorber** Stoßdämpfer *m*; ~**ing** *a* unerhört, schockierend; ~**proof** *a watch* stoßsicher.

shoddiness ['ʃɒdɪnəs] *n* Schäbigkeit *f*.

shoddy ['ʃɒdɪ] *a* schäbig.

shoe [ʃu:] *n* Schuh *m*; (*of horse*) Hufeisen *nt*; *vt irreg horse* beschlagen; ~**brush** Schuhbürste *f*; ~**horn** Schuhlöffel *m*; ~**lace** Schnürsenkel *m*.

shoot [ʃu:t] *n* (*branch*) Schößling *m*; *irreg vt gun* abfeuern; *goal, arrow* schießen; (*kill*) erschießen; *film* drehen, filmen; **shot in the leg** ins Bein getroffen; *vi* (*gun, move quickly*) schießen; **don't** ~! nicht schießen!; ~ **down** *vt* abschießen; ~**ing** Schießerei *f*; ~**ing star** Sternschnuppe *f*.

shop [ʃɒp] *n* Geschäft *nt*, Laden *m*; (*workshop*) Werkstatt *f*; *vi* (*also* **go** ~**ping**) einkaufen gehen; ~ **assistant** Verkäufer(in *f*) *m*; ~**keeper** Geschäftsinhaber *m*; ~**lifter** Ladendieb *m*; ~**lifting** Ladendiebstahl *m*; ~**per** Käufer(in *f*) *m*; ~**ping** Einkaufen *nt*, Einkauf *m*; ~**ping bag** Einkaufstasche *f*; ~**ping centre,** (*US*) ~**ping center** Einkaufszentrum *nt*; ~**-soiled** *a* angeschmutzt; ~ **steward** Betriebsrat *m*; ~ **window** Schaufenster *nt*; *see* **talk**.

shore [ʃɔ:*] *n* Ufer *nt*; (*of sea*) Strand *m*, Küste *f*; *vt*: ~ **up** abstützen.

short [ʃɔ:t] *a* kurz; *person* klein; (*curt*) kurz angebunden; (*measure*) zu knapp; **to be** ~ **of** zu wenig . . . haben; **two** ~ zwei zu wenig; *n* (*Elec*: —*circuit*) Kurzschluß *m*; *ad* (*suddenly*) plötzlich; *vi* (*Elec*) einen Kurzschluß haben; **to cut** ~ abkürzen; **to fall** ~ nicht erreichen; **for** ~ kurz; ~**age** Knappheit *f*, Mangel *m*; ~**bread** Mürbegebäck *nt*, Heidesand *m*; ~**-circuit** Kurzschluß *m*; *vi* einen Kurzschluß haben; ~**coming** Fehler *m*, Mangel *m*; ~ **cut** Abkürzung *f*; ~**en** *vt* (ab)kürzen; *clothes* kürzer machen; ~**hand** Stenographie *f*, Kurzschrift *f*; ~**hand typist** Stenotypistin *f*; ~**list** engere Wahl *f*; ~**-lived** *a* kurzlebig; ~**ly** *ad* bald; ~**ness** Kürze *f*; ~**s** *pl* Shorts *pl*; ~**-sighted** *a* (*lit, fig*) kurzsichtig; ~**-sightedness** Kurzsichtigkeit *f*; ~ **story** Kurzgeschichte *f*; ~**-tempered** *a* leicht aufbrausend; ~**-term** *a effect* kurzfristig; ~ **wave** (*Rad*) Kurzwelle *f*.

shot [ʃɒt] *n* (*from gun*) Schuß *m*; (*person*) Schütze *m*; (*try*) Versuch *m*; (*injection*) Spritze *f*; (*Phot*) Aufnahme *f*, Schnappschuß *m*; **like a** ~ wie der Blitz; ~**gun** Schrotflinte *f*.

should [ʃʊd] *v aux*: **I** ~ **go now** ich sollte jetzt gehen; **I** ~ **say** ich würde sagen; **I** ~ **like to** ich möchte gerne, ich würde gerne.

shoulder ['ʃəʊldə*] *n* Schulter *f*; *vt rifle* schultern; (*fig*) auf sich nehmen; ~ **blade** Schulterblatt *nt*.

shouldn't ['ʃʊdnt] = **should not**.

shout [ʃaʊt] *n* Schrei *m*; (*call*) Ruf *m*; *vt* rufen; *vi* schreien, laut rufen; **to** ~ **at** anbrüllen; ~**ing** Geschrei *nt*.

shove [ʃʌv] *n* Schubs *m*, Stoß *m*; *vt* schieben, stoßen, schubsen; ~ **off** *vi* (*Naut*) abstoßen; (*fig col*) abhauen.

shovel ['ʃʌvl] *n* Schaufel *f*; *vt* schaufeln.

show [ʃəʊ] *n* (*display*) Schau *f*; (*exhibition*) Ausstellung *f*; (*Cine, Theat*) Vorstellung *f*, Show *f*; *irreg vt* zeigen; *kindness* erweisen; *vi* zu sehen sein; **to** ~ **sb in** jdn hereinführen; **to** ~ **sb out** jdn hinausbegleiten; ~ **off** *vi* (*pej*) angeben, protzen; *vt* (*display*) ausstellen; ~ **up** *vi* (*stand out*) sich abheben; (*arrive*) erscheinen; *vt* aufzeigen; (*unmask*) bloßstellen; ~ **business** Showbusineß *nt*; ~**down** Kraftprobe *f*, endgültige Auseinandersetzung *f*.

shower ['ʃaʊə*] *n* Schauer *m*; (*of stones*) (Stein)hagel *m*; (*of sparks*) (Funken)regen *m*; (— *bath*) Dusche *f*; **to have a** ~ duschen; *vt* (*fig*) überschütten; ~**proof** *a* wasserabstoßend; ~**y** *a weather* regnerisch.

showground ['ʃəʊgraʊnd] *n* Ausstellungsgelände *nt*.

showing ['ʃəʊɪŋ] *n* (*of film*) Vorführung *f*.

show jumping ['ʃəʊdʒʌmpɪŋ] *n* Turnierreiten *nt*.

showmanship ['ʃəʊmənʃɪp] *n* Talent *nt* als Showman.

show-off ['ʃəʊɒf] *n* Angeber *m*.

showpiece ['ʃəʊpi:s] *n* Paradestück *nt*.

showroom ['ʃəʊrʊm] *n* Ausstellungsraum *m*.

shrapnel ['ʃræpnl] *n* Schrapnell *nt*.

shred [ʃred] *n* Fetzen *m*; *vt* zerfetzen; (*Cook*) raspeln; **in** ~**s** in Fetzen.

shrewd *a*, ~**ly** *ad* [ʃru:d, -lɪ] scharfsinnig, clever; ~**ness** Scharfsinn *m*.

shriek [ʃri:k] *n* Schrei *m*; *vti* kreischen, schreien.

shrill [ʃrɪl] *a* schrill, gellend.

shrimp [ʃrɪmp] *n* Krabbe *f*, Garnele *f*.

shrine [ʃraɪn] *n* Schrein *m*.

shrink [ʃrɪŋk] *irreg vi* schrumpfen, eingehen; *vt* einschrumpfen lassen; ~**age** Schrumpfung *f*; ~ **away** *vi* zurückschrecken (*from* vor +*dat*).

shrivel ['ʃrɪvl] *vti* (*also* ~ **up**) schrumpfen, schrumpeln.

shroud [ʃraʊd] *n* Leichentuch *nt*; *vt* umhüllen, (ein)hüllen.

Shrove Tuesday ['ʃrəʊv'tju:zdeɪ] *n* Fastnachtsdienstag *m*.

shrub [ʃrʌb] *n* Busch *m*, Strauch *m*; ~**bery** Gebüsch *nt*.

shrug [ʃrʌg] *n* Achselzucken *nt*; *vi* die Achseln zucken; ~ **off** *vt* auf die leichte Schulter nehmen.

shrunken ['ʃrʌnkən] *a* eingelaufen.

shudder ['ʃʌdə*] *n* Schauder *m*; *vi* schaudern.

shuffle ['ʃʌfl] *n* (*Cards*) (Karten)mischen

nt; *vt cards* mischen; *vi* (*walk*) schlurfen.
shun [ʃʌn] *vt* scheuen, (ver)meiden.
shunt [ʃʌnt] *vt* rangieren.
shut [ʃʌt] *irreg vt* schließen, zumachen; *vi* sich schließen (lassen); ~ **down** *vti* schließen; ~ **off** *vt supply* abdrehen; ~ **up** *vi* (*keep quiet*) den Mund halten; *vt* (*close*) zuschließen; (*silence*) zum Schweigen bringen; ~ **up!** halt den Mund!; ~**ter** Fensterladen *m*, Rolladen *m*; (*Phot*) Verschluß *m*.
shuttlecock ['ʃʌtlkɒk] *n* Federball *m*; Federballspiel *nt*.
shuttle service ['ʃʌtlsɜ:vɪs] *n* Pendelverkehr *m*.
shy *a*, ~**ly** *ad* [ʃaɪ, -lɪ] schüchtern, scheu; ~**ness** Schüchternheit *f*, Zurückhaltung *f*.
Siamese [saɪə'mi:z] *a*: ~ **cat** Siamkatze *f*; ~ **twins** *pl* siamesische Zwillinge *pl*.
sick [sɪk] *a* krank; *humour* schwarz; *joke* makaber; **I feel** ~ mir ist schlecht; **I was** ~ ich habe gebrochen; **to be** ~ **of sb/sth** jdn/etw satt haben; ~ **bay** (Schiffs)lazarett *nt*; ~**bed** Krankenbett *nt*; ~**en** *vt* (*disgust*) krankmachen; *vi* krank werden; ~**ening** *a sight* widerlich; (*annoying*) zum Weinen.
sickle ['sɪkl] *n* Sichel *f*.
sick leave ['sɪkli:v] *n*: **to be on** ~ krank geschrieben sein.
sick list ['sɪklɪst] *n* Krankenliste *f*.
sickly ['sɪklɪ] *a* kränklich, blaß; (*causing nausea*) widerlich.
sickness ['sɪknəs] *n* Krankheit *f*; (*vomiting*) Übelkeit *f*, Erbrechen *nt*.
sick pay ['sɪkpeɪ] *n* Krankengeld *nt*.
side [saɪd] *n* Seite *f*; *a door, entrance* Seiten-, Neben-; **by the** ~ **of** neben; **on all** ~**s** von allen Seiten; **to take** ~**s (with)** Partei nehmen (für); *vi*: ~ **with sb** es halten mit jdm; ~**board** Anrichte *f*, Sideboard *nt*; ~**boards**, ~**burns** *pl* Koteletten *pl*; ~ **effect** Nebenwirkung *f*; ~**light** (*Aut*) Parkleuchte *f*, Standlicht *nt*; ~**line** (*Sport*) Seitenlinie *f*; (*fig: hobby*) Nebenbeschäftigung *f*; ~ **road** Nebenstraße *f*; ~ **show** Nebenausstellung *f*; ~**track** *vt* (*fig*) ablenken; ~**walk** (*US*) Bürgersteig *m*; ~**ways** *ad* seitwärts.
siding ['saɪdɪŋ] *n* Nebengleis *nt*.
sidle ['saɪdl] *vi*: ~ **up** sich heranmachen (*to* an +*acc*).
siege [si:dʒ] *n* Belagerung *f*.
siesta [sɪ'estə] *n* Siesta *f*.
sieve [sɪv] *n* Sieb *nt*; *vt* sieben.
sift [sɪft] *vt* sieben; (*fig*) sichten.
sigh [saɪ] *n* Seufzer *m*; *vi* seufzen.
sight [saɪt] *n* (*power of seeing*) Sehvermögen *nt*, Augenlicht *nt*; (*view*) (An)blick *m*; (*scene*) Aussicht *f*, Blick *m*; (*of gun*) Zielvorrichtung *f*, Korn *nt*; ~**s** *pl* (*of city etc*) Sehenswürdigkeiten *pl*; **in** ~ in Sicht; **out of** ~ außer Sicht; *vt* sichten; ~**seeing** Besuch *m* von Sehenswürdigkeiten; **to go** ~**seeing** Sehenswürdigkeiten besichtigen; ~**seer** Tourist *m*.
sign [saɪn] *n* Zeichen *nt*; (*notice, road — etc*) Schild *nt*; *vt* unterschreiben; ~ **out** *vi* sich austragen; ~ **up** *vi* (*Mil*) sich verpflichten; *vt* verpflichten.
signal ['sɪgnl] *n* Signal *nt*; *vt* ein Zeichen geben (+*dat*).
signatory ['sɪgnətrɪ] *n* Signatar *m*.
signature ['sɪgnətʃə*] *n* Unterschrift *f*; ~ **tune** Erkennungsmelodie *f*.
signet ring ['sɪgnətrɪŋ] *n* Siegelring *m*.
significance [sɪg'nɪfɪkəns] *n* Bedeutung *f*.
significant [sɪg'nɪfɪkənt] *a* (*meaning sth*) bedeutsam; (*important*) bedeutend, wichtig; ~**ly** *ad* bezeichnenderweise.
signify ['sɪgnɪfaɪ] *vt* bedeuten; (*show*) andeuten, zu verstehen geben.
sign language ['saɪnlæŋgwidʒ] *n* Zeichensprache *f*, Fingersprache *f*.
signpost ['saɪnpəʊst] *n* Wegweiser *m*, Schild *nt*.
silence ['saɪləns] *n* Stille *f*, Ruhe *f*; (*of person*) Schweigen *nt*; *vt* zum Schweigen bringen; ~**r** (*on gun*) Schalldämpfer *m*; (*Aut*) Auspufftopf *m*.
silent ['saɪlənt] *a* still; *person* schweigsam; ~**ly** *ad* schweigend, still.
silhouette [sɪlu:'et] *n* Silhouette *f*, Umriß *m*; (*picture*) Schattenbild *nt*; *vt*: **to be** ~**d against sth** sich als Silhouette abheben gegen etw.
silk [sɪlk] *n* Seide *f*; *a* seiden, Seiden-; ~**y** *a* seidig.
silliness ['sɪlɪnəs] *n* Albernheit *f*, Dummheit *f*.
silly ['sɪlɪ] *a* dumm, albern.
silo ['saɪləʊ] *n* Silo *m*.
silt [sɪlt] *n* Schlamm *m*, Schlick *m*.
silver ['sɪlvə*] *n* Silber *nt*; *a* silbern, Silber-; ~ **paper** Silberpapier *nt*; ~**-plate** Silber(geschirr) *nt*; ~**-plated** *a* versilbert; ~**smith** Silberschmied *m*; ~**ware** Silber *nt*; ~**y** *a* silbern.
similar ['sɪmɪlə*] *a* ähnlich (*to dat*); ~**ity** [sɪmɪ'lærɪtɪ] Ähnlichkeit *f*; ~**ly** *ad* in ähnlicher Weise.
simile ['sɪmɪlɪ] *n* Vergleich *m*.
simmer ['sɪmə*] *vti* sieden (lassen).
simple ['sɪmpl] *a* einfach; *dress also* schlicht; ~**(-minded)** *a* naiv, einfältig.
simplicity [sɪm'plɪsɪtɪ] *n* Einfachheit *f*; (*of person*) Einfältigkeit *f*.
simplification [sɪmplɪfɪ'keɪʃən] *n* Vereinfachung *f*.
simplify ['sɪmplɪfaɪ] *vt* vereinfachen.
simply ['sɪmplɪ] *ad* einfach; (*only*) bloß, nur.
simulate ['sɪmjʊleɪt] *vt* simulieren.
simulation [sɪmjʊ'leɪʃən] *n* Simulieren *nt*.
simultaneous *a*, ~**ly** *ad* [sɪməl'teɪnɪəs, -lɪ] gleichzeitig.
sin [sɪn] *n* Sünde *f*; *vi* sündigen.
since [sɪns] *ad* seither; *prep* seit, seitdem; *cj* (*time*) seit; (*because*) da, weil.
sincere [sɪn'sɪə*] *a* aufrichtig, ehrlich, offen; ~**ly** aufrichtig; **yours** ~**ly** mit freundlichen Grüßen.
sincerity [sɪn'serɪtɪ] *n* Aufrichtigkeit *f*.
sinecure ['saɪnɪkjʊə*] *n* einträgliche(r) Ruheposten *m*.
sinew ['sɪnju:] *n* Sehne *f*; (*of animal*) Flechse *f*.
sinful ['sɪnfʊl] *a* sündig, sündhaft.
sing [sɪŋ] *vti irreg* singen.

singe [sɪndʒ] *vt* versengen.
singer ['sɪŋə*] *n* Sänger(in *f*) *m*.
singing ['sɪŋɪŋ] *n* Singen *nt*, Gesang *m*.
single ['sɪŋgl] *a* (*one only*) einzig; *bed, room* Einzel-, einzeln; (*unmarried*) ledig; *ticket* einfach; (*having one part only*) einzeln; *n* (*ticket*) einfache Fahrkarte *f*; **~s** (*tennis*) Einzel *nt*; **~ out** *vt* aussuchen, auswählen; **~-breasted** *a* einreihig; **in ~ file** hintereinander; **~-handed** *a* allein; **~-minded** *a* zielstrebig.
singlet ['sɪŋglət] *n* Unterhemd *nt*.
single ['sɪŋglɪ] *ad* einzeln, allein.
singular ['sɪŋgjʊlə*] *a* (*Gram*) Singular-; (*odd*) merkwürdig, seltsam; *n* (*Gram*) Einzahl *f*, Singular *m*; **~ly** *ad* besonders, höchst.
sinister ['sɪnɪstə*] *a* (*evil*) böse; (*ghostly*) unheimlich.
sink [sɪŋk] *n* Spülbecken *nt*, Ausguß *m*; *irreg vt ship* versenken; (*dig*) einsenken; *vi* sinken; **~ in** *vi* (*news etc*) eingehen (*+dat*); **~ing** *a feeling* flau.
sinner ['sɪnə*] *n* Sünder(in *f*) *m*.
sinuous ['sɪnjʊəs] *a* gewunden, sich schlängelnd.
sinus ['saɪnəs] *n* (*Anat*) Nasenhöhle *f*, Sinus *m*.
sip [sɪp] *n* Schlückchen *nt*; *vt* nippen an (*+dat*).
siphon ['saɪfən] *n* Siphon(flasche *f*) *m*; **~ off** *vt* absaugen; (*fig*) abschöpfen.
sir [sɜː*] *n* (*respect*) Herr *m*; (*knight*) Sir *m*; **yes S~** ja(wohl, mein Herr).
siren ['saɪərən] *n* Sirene *f*.
sirloin ['sɜːlɔɪn] *n* Lendenstück *nt*.
sirocco [sɪ'rɒkəʊ] *n* Schirokko *m*.
sissy ['sɪsɪ] *n* = **cissy**.
sister ['sɪstə*] *n* Schwester *f*; (*nurse*) Oberschwester *f*; (*nun*) Ordensschwester *f*; **~-in-law** Schwägerin *f*.
sit [sɪt] *irreg vi* sitzen; (*hold session*) tagen, Sitzung halten; *vt exam* machen; **to ~ tight** abwarten; **~ down** *vi* sich hinsetzen; **~ up** *vi* (*after lying*) sich aufsetzen; (*straight*) sich gerade setzen; (*at night*) aufbleiben.
site [saɪt] *n* Platz *m*; *vt* plazieren, legen.
sit-in ['sɪtɪn] *n* Sit-in *nt*.
siting ['saɪtɪŋ] *n* (*location*) Platz *m*, Lage *f*.
sitting ['sɪtɪŋ] *n* (*meeting*) Sitzung *f*, Tagung *f*; **~ room** Wohnzimmer *nt*.
situated ['sɪtjʊeɪtɪd] *a*: **to be ~** liegen.
situation [sɪtjʊ'eɪʃən] *n* Situation *f*, Lage *f*; (*place*) Lage *f*; (*employment*) Stelle *f*.
six [sɪks] *num* sechs; **~teen** *num* sechzehn; **~th** *a* sechste(r,s); *n* Sechstel *nt*; **~ty** *num* sechzig.
size [saɪz] *n* Größe *f*; (*of project*) Umfang *m*; (*glue*) Kleister *m*; **~ up** *vt* (*assess*) abschätzen, einschätzen; **~able** *a* ziemlich groß, ansehnlich.
sizzle ['sɪzl] *n* Zischen *nt*; *vi* zischen; (*Cook*) brutzeln.
skate [skeɪt] *n* Schlittschuh *m*; *vi* Schlittschuh laufen; **~r** Schlittschuhläufer(in *f*) *m*.
skating ['skeɪtɪŋ] *n* Eislauf *m*; **to go ~** Eislaufen gehen; **~ rink** Eisbahn *f*.
skeleton ['skelɪtn] *n* Skelett *nt*; (*fig*) Gerüst *nt*; **~ key** Dietrich *m*.
skeptic ['skeptɪk] *n* (*US*) = **sceptic.**
sketch [sketʃ] *n* Skizze *f*; (*Theat*) Sketch *m*; *vt* skizzieren, eine Skizze machen von; **~book** Skizzenbuch *nt*; **~ing** Skizzieren *nt*; **~ pad** Skizzenblock *m*; **~y** *a* skizzenhaft.
skewer ['skjʊə*] *n* Fleischspieß *m*.
ski [skiː] *n* Ski *m*, Schi *m*; *vi* Ski *or* Schi laufen; **~ boot** Skistiefel *m*.
skid [skɪd] *n* (*Aut*) Schleudern *nt*; *vi* rutschen; (*Aut*) schleudern.
skidmark ['skɪdmɑːk] *n* Rutschspur *f*.
skier ['skiːə*] *n* Skiläufer(in *f*) *m*.
skiing ['skiːɪŋ] *n*: **to go ~** Skilaufen gehen.
ski-jump ['skiːdʒʌmp] *n* Sprungschanze *f*; *vi* Ski springen.
ski-lift ['skiːlɪft] *n* Skilift *m*.
skilful *a*, **~ly** *ad* ['skɪlfʊl, -fəlɪ] geschickt.
skill [skɪl] *n* Können *nt*, Geschicklichkeit *f*; **~ed** *a* geschickt; *worker* Fach-, gelernt.
skim [skɪm] *vt liquid* abschöpfen; *milk* entrahmen; (*read*) überfliegen; (*glide over*) gleiten über (*+acc*).
skimp [skɪmp] *vt* (*do carelessly*) oberflächlich tun; **~y** *a work* schlecht gemacht; *dress* knapp.
skin [skɪn] *n* Haut *f*; (*peel*) Schale *f*; *vt* abhäuten; schälen; **~-deep** *a* oberflächlich; **~ diving** Schwimmtauchen *nt*; **~ny** *a* dünn; **~tight** *a dress etc* hauteng.
skip [skɪp] *n* Sprung *m*, Hopser *m*; *vi* hüpfen, springen; (*with rope*) Seil springen; *vt* (*pass over*) übergehen.
ski pants ['skiː'pænts] *npl* Skihosen *pl*.
skipper ['skɪpə*] *n* (*Naut*) Schiffer *m*, Kapitän *m*; (*Sport*) Mannschaftskapitän *m*; *vt* führen.
skipping rope ['skɪpɪŋrəʊp] *n* Hüpfseil *nt*.
skirmish ['skɜːmɪʃ] *n* Scharmützel *nt*.
skirt [skɜːt] *n* Rock *m*; *vt* herumgehen um; (*fig*) umgehen.
ski run ['skiːrʌn] *n* Skiabfahrt *f*.
skit [skɪt] *n* Parodie *f*.
ski tow ['skiː'təʊ] *n* Schlepplift *m*.
skittle ['skɪtl] *n* Kegel *m*; **~s** (*game*) Kegeln *nt*.
skive [skaɪv] *vi* (*Brit col*) schwänzen.
skulk [skʌlk] *vi* sich herumdrücken.
skull [skʌl] *n* Schädel *m*; **~ and crossbones** Totenkopf *m*.
skunk [skʌŋk] *n* Stinktier *nt*.
sky [skaɪ] *n* Himmel *m* **~-blue** *a* himmelblau; *n* Himmelblau *nt*; **~light** Dachfenster *nt*, Oberlicht *nt*; **~scraper** Wolkenkratzer *m*.
slab [slæb] *n* (*of stone*) Platte *f*; (*of chocolate*) Tafel *f*.
slack [slæk] *a* (*loose*) lose, schlaff, locker; *business* flau; (*careless*) nachlässig, lasch; *vi* nachlässig sein; *n* (*in rope etc*) durchhängende(s) Teil *nt*; **to take up the ~** straffziehen; **~s** *pl* Hose(n *pl*) *f*; **~en** (*also* **~en off**) *vi* schlaff/locker werden; (*become slower*) nachlassen, stocken; *vt* (*loosen*) lockern; **~ness** Schlaffheit *f*.
slag [slæg] *n* Schlacke *f*; **~ heap** Halde *f*.
slalom ['slɑːləm] *n* Slalom *m*.

slam [slæm] *n* Knall *m*; *vt door* zuschlagen, zuknallen; (*throw down*) knallen; *vi* zuschlagen.
slander ['slɑ:ndə*] *n* Verleumdung *f*; *vt* verleumden; **~ous** *a* verleumderisch.
slang [slæŋ] *n* Slang *m*; Jargon *m*.
slant [slɑ:nt] *n* (*lit*) Schräge *f*; (*fig*) Tendenz *f*, Einstellung *f*; *vt* schräg legen; *vi* schräg liegen; **~ing** *a* schräg.
slap [slæp] *n* Schlag *m*, Klaps *m*; *vt* schlagen, einen Klaps geben (+*dat*); *ad* (*directly*) geradewegs; **~dash** *a* salopp; **~stick** (*comedy*) Klamauk *m*; **~-up** *a meal* erstklassig, prima.
slash [slæʃ] *n* Hieb *m*, Schnittwunde *f*; *vt* (auf)schlitzen; *expenditure* radikal kürzen.
slate [sleɪt] *n* (*stone*) Schiefer *m*; (*roofing*) Dachziegel *m*; *vt* (*criticize*) verreißen.
slaughter ['slɔ:tə*] *n* (*of animals*) Schlachten *nt*; (*of people*) Gemetzel *nt*; *vt* schlachten; *people* niedermetzeln.
slave [sleɪv] *n* Sklave *m* Sklavin *f*; *vi* schuften, sich schinden; **~ry** Sklaverei *f*; (*work*) Schinderei *f*.
slavish *a*, **~ly** *ad* ['sleɪvɪʃ, -lɪ] sklavisch.
slay [sleɪ] *vt irreg* ermorden.
sleazy ['sli:zɪ] *a place* schmierig.
sledge ['sledʒ] *n* Schlitten *m*; **~hammer** Schmiedehammer *m*.
sleek [sli:k] *a* glatt, glänzend; *shape* rassig.
sleep [sli:p] *n* Schlaf *m*; *vi irreg* schlafen; **to go to ~** einschlafen; **~ in** *vi* ausschlafen; (*oversleep*) verschlafen; **~er** (*person*) Schläfer *m*; (*Rail*) Schlafwagen *m*; (*beam*) Schwelle *f*; **~ily** *ad* schläfrig; **~iness** Schläfrigkeit *f*; **~ing bag** Schlafsack *m*; **~ing car** Schlafwagen *m*; **~ing pill** Schlaftablette *f*; **~less** *a night* schlaflos; **~lessness** Schlaflosigkeit *f*; **~walker** Schlafwandler *m*; **~y** schläfrig.
sleet [sli:t] *n* Schneeregen *m*.
sleeve [sli:v] *n* Ärmel *m*; (*of record*) Umschlag *m*; **~less** *a garment* ärmellos.
sleigh [sleɪ] *n* Pferdeschlitten *m*.
sleight [slaɪt] *n*: **~ of hand** Fingerfertigkeit *f*.
slender ['slendə*] *a* schlank; (*fig*) gering.
slice [slaɪs] *n* Scheibe *f*; *vt* in Scheiben schneiden.
slick [slɪk] *a* (*clever*) raffiniert, aalglatt; *n* Ölteppich *m*.
slide [slaɪd] *n* Rutschbahn *f*; (*Phot*) Dia(positiv) *nt*; (*for hair*) (Haar)-spange *f*; (*fall in prices*) (Preis)rutsch *m*; *irreg vt* schieben; *vi* (*slip*) gleiten, rutschen; **to let things ~** die Dinge schleifen lassen; **~ rule** Rechenschieber *m*.
sliding ['slaɪdɪŋ] *a door* Schiebe-.
slight [slaɪt] *a* zierlich; (*trivial*) geringfügig; (*small*) leicht, gering; *n* Kränkung *f*; *vt* (*offend*) kränken; **~ly** *ad* etwas, ein bißchen.
slim [slɪm] *a* schlank; *book* dünn; *chance* gering; *vi* eine Schlankheitskur machen.
slime [slaɪm] *n* Schlamm *m*; Schleim *m*.
slimming ['slɪmɪŋ] *n* Schlankheitskur *f*.
slimness ['slɪmnəs] *n* Schlankheit *f*.
slimy ['slaɪmɪ] *a* glitschig; (*dirty*) schlammig; *person* schmierig.
sling [slɪŋ] *n* Schlinge *f*; (*weapon*) Schleuder *f*; *vt irreg* werfen; (*hurl*) schleudern.
slip [slɪp] *n* (*slipping*) Ausgleiten *nt*, Rutschen *nt*; (*mistake*) Flüchtigkeitsfehler *m*; (*petticoat*) Unterrock *m*; (*of paper*) Zettel *m*; **to give sb the ~** jdn entwischen; **~ of the tongue** Versprecher *m*; *vt* (*put*) stecken, schieben; **it ~ped my mind** das ist mir entfallen, ich habe es vergessen; *vi* (*lose balance*) ausrutschen; (*move*) gleiten, rutschen; (*make mistake*) einen Fehler machen; (*decline*) nachlassen; **to let things ~** die Dinge schleifen lassen; **~ away** *vi* sich wegstehlen; **~ by** *vi* (*time*) verstreichen; **~ in** *vt* hineingleiten lassen; *vi* (*errors*) sich einschleichen; **~ out** *vi* hinausschlüpfen; **~per** Hausschuh *m*; **~pery** *a* glatt; (*tricky*) aalglatt, gerissen; **~-road** Auffahrt *f*/Ausfahrt *f*; **~shod** *a* schlampig; **~stream** Windschatten *m*; **~-up** Panne *f*; **~way** Auslaufbahn *f*.
slit [slɪt] *n* Schlitz *m*; *vt irreg* aufschlitzen.
slither ['slɪðə*] *vi* schlittern; (*snake*) sich schlängeln.
slob [slɒb] *n* (*col*) Klotz *m*.
slog [slɒg] *n* (*great effort*) Plackerei *f*; *vi* (*work hard*) schuften.
slogan ['sləʊgən] *n* Schlagwort *nt*; (*Comm*) Werbespruch *m*.
slop [slɒp] *vi* überschwappen; *vt* verschütten.
slope [sləʊp] *n* Neigung *f*, Schräge *f*; (*of mountains*) (Ab)hang *m*; *vi*: **~ down** sich senken; **~ up** ansteigen.
sloping ['sləʊpɪŋ] *a* schräg; *shoulders* abfallend; *ground* abschüssig.
sloppily ['slɒpɪlɪ] *ad* schlampig.
sloppiness ['slɒpɪnəs] *n* Matschigkeit *f*; (*of work*) Nachlässigkeit *f*.
sloppy ['slɒpɪ] *a* (*wet*) matschig; (*careless*) schlampig; (*silly*) rührselig.
slot [slɒt] *n* Schlitz *m*; *vt*: **~ sth in** etw einlegen; **~ machine** Automat *m*.
slouch [slaʊtʃ] *vi* krumm dasitzen *or* dastehen.
slovenly ['slʌvnlɪ] *a* schlampig; *speech* salopp.
slow [sləʊ] *a* langsam; **to be ~** (*clock*) nachgehen; (*stupid*) begriffsstutzig sein; **~ down** *vi* langsamer werden; **~ down!** mach langsam!; *vt* aufhalten, langsamer machen, verlangsamen; **~ up** *vi* sich verlangsamen, sich verzögern; *vt* aufhalten, langsamer machen; **~ly** *ad* langsam; allmählich; **in ~ motion** in Zeitlupe.
sludge [slʌdʒ] *n* Schlamm *m*, Matsch *m*.
slug [slʌg] *n* Nacktschnecke *f*; (*col: bullet*) Kugel *f*; **~gish** *a* träge; (*Comm*) schleppend; **~gishly** *ad* träge; **~gishness** Langsamkeit *f*, Trägheit *f*.
sluice [slu:s] *n* Schleuse *f*.
slum [slʌm] *n* Elendsviertel *nt*, Slum *m*.
slumber ['slʌmbə*] *n* Schlummer *m*.
slump [slʌmp] *n* Rückgang *m*; *vi* fallen, stürzen.
slur [slɜ:*] *n* Undeutlichkeit *f*; (*insult*) Verleumdung *f*; *vt* (*also* **~ over**) hin-

weggehen über (+*acc*); **~red** [slɜ:d] *a pronunciation* undeutlich.
slush [slʌʃ] *n* (*snow*) Schneematsch *m*; (*mud*) Schlamm *m*; **~y** *a* (*lit*) matschig; (*fig: sentimental*) schmalzig.
slut [slʌt] *n* Schlampe *f*.
sly *a*, **~ly** [slaɪ, -lɪ] *ad* schlau, verschlagen; **~ness** Schlauheit *f*.
smack [smæk] *n* Klaps *m*; *vt* einen Klaps geben (+*dat*); **to ~ one's lips** schmatzen, sich (*dat*) die Lippen lecken; *vi* **~ of** riechen nach.
small [smɔ:l] *a* klein; **~ change** Kleingeld *nt*; **~holding** Kleinlandbesitz *m*; **~ hours** *pl* frühe Morgenstunden *pl*; **~ish** *a* ziemlich klein; **~ness** Kleinheit *f*; **~pox** Pocken *pl*; **~-scale** *a* klein, in kleinem Maßstab; **~ talk** Konversation *f*, Geplauder *nt*.
smarmy ['smɑ:mɪ] *a* (*col*) schmierig.
smart *a*, **~ly** *ad* [smɑ:t, -lɪ] (*fashionable*) elegant, schick; (*neat*) adrett; (*clever*) clever; (*quick*) scharf; *vi* brennen, schmerzen; **~en up** *vi* sich in Schale werfen; *vt* herausputzen; **~ness** Gescheitheit *f*; Eleganz *f*.
smash [smæʃ] *n* Zusammenstoß *m*; (*tennis*) Schmetterball *m*; *vt* (*break*) zerschmettern; (*destroy*) vernichten; *vi* (*break*) zersplittern, zerspringen; **~ing** *a* (*col*) toll, großartig.
smattering ['smætərɪŋ] *n* oberflächliche Kenntnis *f*.
smear [smɪə*] *n* Fleck *m*; *vt* beschmieren.
smell [smel] *n* Geruch *m*; (*sense*) Geruchssinn *m*; *vti irreg* riechen (*of* nach); **~y** *a* übelriechend.
smile [smaɪl] *n* Lächeln *nt*; *vi* lächeln.
smirk [smɜ:k] *n* blöde(s) Grinsen *nt*; *vi* blöde grinsen.
smith [smɪθ] *n* Schmied *m*; **~y** ['smɪðɪ] Schmiede *f*.
smock [smɒk] *n* Kittel *m*.
smog [smɒg] *n* Smog *m*.
smoke [sməʊk] *n* Rauch *m*; *vt* rauchen; *food* räuchern; *vi* rauchen; **~r** Raucher *m*; (*Rail*) Raucherabteil *nt*; **~ screen** Rauchwand *f*.
smoking ['sməʊkɪŋ] *n* Rauchen *nt*; **'no ~'** 'Rauchen verboten'.
smoky ['sməʊkɪ] *a* rauchig; *room* verraucht; *taste* geräuchert.
smolder ['sməʊldə*] *vi US*) = **smoulder**.
smooth [smu:ð] *a* glatt; *movement* geschmeidig; *person* glatt, gewandt; *vt* (*also* **~ out**) glätten, glattstreichen; **~ly** *ad* glatt, eben; (*fig*) reibungslos; **~ness** Glätte *f*.
smother ['smʌðə*] *vt* ersticken.
smoulder ['sməʊldə*] *vi* glimmen, schwelen.
smudge [smʌdʒ] *n* Schmutzfleck *m*; *vt* beschmieren.
smug [smʌg] *a* selbstgefällig.
smuggle ['smʌgl] *vt* schmuggeln; **~r** Schmuggler *m*.
smuggling ['smʌglɪŋ] *n* Schmuggel *m*.
smugly ['smʌglɪ] *ad* selbstgefällig.
smugness ['smʌgnəs] *n* Selbstgefälligkeit *f*.
smutty ['smʌtɪ] *a* (*fig: obscene*) obszön, schmutzig.
snack [snæk] *n* Imbiß *m*; **~ bar** Imbißstube *f*.
snag [snæg] *n* Haken *m*; (*in stocking*) gezogene(r) Faden *m*.
snail [sneɪl] *n* Schnecke *f*.
snake [sneɪk] *n* Schlange *f*.
snap [snæp] *n* Schnappen *nt*; (*photograph*) Schnappschuß *m*; *a decision* schnell; *vt* (*break*) zerbrechen; (*Phot*) knipsen; **to ~ one's fingers** mit den Fingern schnipsen; *vi* (*break*) brechen; (*bite*) schnappen; (*speak*) anfauchen; **~ out of it!** raff dich auf!; **~ off** *vt* (*break*) abbrechen; **~ up** *vt* aufschnappen; **~py** *a* flott; **~shot** Schnappschuß *m*.
snare [snɛə*] *n* Schlinge *f*; *vt* mit einer Schlinge fangen.
snarl [snɑ:l] *n* Zähnefletschen *nt*; *vi* (*dog*) knurren; (*engine*) brummen, dröhnen.
snatch [snætʃ] *n* (*grab*) Schnappen *nt*; (*small amount*) Bruchteil *m*; *vt* schnappen, packen.
sneak [sni:k] *vi* schleichen.
sneakers ['sni:kəz] *npl* (*US*) Freizeitschuhe *pl*.
sneer [snɪə*] *n* Hohnlächeln *nt*; *vi* höhnisch grinsen; spötteln.
sneeze [sni:z] *n* Niesen *nt*; *vi* niesen.
snide [snaɪd] *a* (*col: sarcastic*) schneidend.
sniff [snɪf] *n* Schnüffeln *nt*; *vi* schnieben; (*smell*) schnüffeln; *vt* schnuppern.
snigger ['snɪgə*] *n* Kichern *nt*; *vi* hämisch kichern.
snip [snɪp] *n* Schnippel *m*, Schnipsel *m*; *vt* schnippeln.
sniper ['snaɪpə*] *n* Heckenschütze *m*.
snippet ['snɪpɪt] *n* Schnipsel *m*; (*of conversation*) Fetzen *m*.
snivelling ['snɪvlɪŋ] *a* weinerlich.
snob [snɒb] *n* Snob *m*; **~bery** Snobismus *m*; **~ish** *a* versnobt; **~bishness** Versnobtheit *f*, Snobismus *m*.
snooker ['snu:kə*] *n* Snooker *nt*.
snoop [snu:p] *vi*: **~ about** herumschnüffeln.
snooty ['snu:tɪ] *a* (*col*) hochnäsig; *restaurant* stinkfein.
snooze [snu:z] *n* Nickerchen *nt*; *vi* ein Nickerchen machen, dösen.
snore [snɔ:*] *vi* schnarchen.
snoring ['snɔ:rɪŋ] *n* Schnarchen *nt*.
snorkel ['snɔ:kl] *n* Schnorchel *m*.
snort [snɔ:t] *n* Schnauben *nt*; *vi* schnauben.
snotty ['snɒtɪ] *a* (*col*) rotzig.
snout [snaʊt] *n* Schnauze *f*; (*of pig*) Rüssel *m*.
snow [snəʊ] *n* Schnee *m*; *vi* schneien; **~ball** Schneeball *m*; **~-blind** *a* schneeblind; **~bound** *a* eingeschneit; **~drift** Schneewehe *f*; **~drop** Schneeglöckchen *nt*; **~fall** Schneefall *m*; **~flake** Schneeflocke *f*; **~line** Schneegrenze *f*; **~man** Schneemann *m*; **~plough,** (*US*) **~plow** Schneepflug *m*; **~storm** Schneesturm *m*.
snub [snʌb] *vt* schroff abfertigen; *n* Verweis *m*, schroffe Abfertigung *f*; *a* **~-nosed** stupsnasig.

snuff [snʌf] *n* Schnupftabak *m*; **~box** Schnupftabakdose *f*.
snug [snʌg] *a* gemütlich, behaglich.
so [səʊ] *ad* so; *cj* daher, folglich, also; **~ as to** um zu; **or ~** so etwa; **~ long!** (*goodbye*) tschüß!; **~ many** so viele; **~ much** soviel; **~ that** damit.
soak [səʊk] *vt* durchnässen; (*leave in liquid*) einweichen; **~ in** *vi* einsickern in (+*acc*); **~ing** Einweichen *nt*; **~ing wet** *a* klatschnaß.
soap [səʊp] *n* Seife *f*; **~flakes** *pl* Seifenflocken *pl*; **~ powder** Waschpulver *nt*; **~y** *a* seifig, Seifen-.
soar [sɔː*] *vi* aufsteigen; (*prices*) in die Höhe schnellen.
sob [sɒb] *n* Schluchzen *nt*; *vi* schluchzen.
sober ['səʊbə*] *a* (*lit, fig*) nüchtern; **~ up** *vi* nüchtern werden; **~ly** *ad* nüchtern.
so-called ['səʊ'kɔːld] *a* sogenannt.
soccer ['sɒkə*] *n* Fußball *m*.
sociability [səʊʃə'bɪlɪtɪ] *n* Umgänglichkeit *f*.
sociable ['səʊʃəbl] *a* umgänglich, gesellig.
social ['səʊʃəl] *a* sozial; (*friendly, living with others*) gesellig; **~ism** Sozialismus *m*; **~ist** Sozialist(in *f*) *m*; *a* sozialistisch; **~ly** *ad* gesellschaftlich, privat; **~ science** Sozialwissenschaft *f*; **~ security** Sozialversicherung *f*; **~ welfare** Fürsorge *f*; **~ work** Sozialarbeit *f*; **~ worker** Sozialarbeiter(in *f*) *m*.
society [sə'saɪətɪ] *n* Gesellschaft *f*; (*fashionable world*) die große Welt.
sociological [səʊsɪə'lɒdʒɪkəl] *a* soziologisch.
sociologist [səʊsɪ'ɒlədʒɪst] *n* Soziologe *m*, Soziologin *f*.
sociology [səʊsɪ'ɒlədʒɪ] *n* Soziologie *f*.
sock [sɒk] *n* Socke *f*; *vt* (*col*) schlagen.
socket ['sɒkɪt] *n* (*Elec*) Steckdose *f*; (*of eye*) Augenhöhle *f*; (*Tech*) Rohransatz *m*.
sod [sɒd] *n* Rasenstück *nt*; (*col*) Saukerl *m*.
soda ['səʊdə] *n* Soda *f*; **~ water** Mineralwasser *nt*, Soda(wasser) *nt*.
sodden ['sɒdn] *a* durchweicht.
sofa ['səʊfə] *n* Sofa *nt*.
soft [sɒft] *a* weich; (*not loud*) leise, gedämpft; (*kind*) weichherzig, gutmütig; (*weak*) weich, nachgiebig; **~ drink** alkoholfreie(s) Getränk *nt*; **~en** ['sɒfn] *vt* weich machen; *blow* abschwächen, mildern; *vi* weich werden; **~-hearted** *a* weichherzig; **~ly** *ad* sanft; leise; **~ness** Weichheit *f*; (*fig*) Sanftheit *f*.
soggy ['sɒgɪ] *a ground* sumpfig; *bread* aufgeweicht.
soil [sɔɪl] *n* Erde *f*, Boden *m*; *vt* beschmutzen; **~ed** *a* beschmutzt, schmutzig.
solace ['sɒləs] *n* Trost *m*.
solar ['səʊlə*] *a* Sonnen-; **~ system** Sonnensystem *nt*.
solder ['səʊldə*] *vt* löten; *n* Lötmetall *nt*.
soldier ['səʊldʒə*] *n* Soldat *m*.
sole [səʊl] *n* Sohle *f*; (*fish*) Seezunge *f*; *vt* besohlen; *a* alleinig, Allein-; **~ly** *ad* ausschließlich, nur.
solemn ['sɒləm] *a* feierlich; (*serious*) feierlich, ernst.
solicitor [sə'lɪsɪtə*] *n* Rechtsanwalt *m*.
solid ['sɒlɪd] *a* (*hard*) fest; (*of same material*) rein, massiv; (*not hollow*) massiv, stabil; (*without break*) voll, ganz; (*reliable*) solide, zuverlässig; (*sensible*) solide, gut; (*united*) eins, einig; *meal* kräftig; *n* Feste(s) *nt*; **~arity** [sɒlɪ'dærɪtɪ] Solidarität *f*, Zusammenhalt *m*; **~ figure** (*Math*) Körper *m*; **~ify** [sə'lɪdɪfaɪ] *vi* fest werden, sich verdichten, erstarren; *vt* fest machen, verdichten; **~ity** [sə'lɪdɪtɪ] Festigkeit *f*; **~ly** *ad* (*fig*) *behind* einmütig; *work* ununterbrochen.
soliloquy [sə'lɪləkwɪ] *n* Monolog *m*.
solitaire [sɒlɪ'tɛə*] *n* (*Cards*) Patience *f*; (*gem*) Solitär *m*.
solitary ['sɒlɪtərɪ] *a* einsam, einzeln.
solitude ['sɒlɪtjuːd] *n* Einsamkeit *f*.
solo ['səʊləʊ] *n* Solo *nt*; **~ist** Soloist(in *f*) *m*.
solstice ['sɒlstɪs] *n* Sonnenwende *f*.
soluble ['sɒljʊbl] *a substance* löslich; *problem* (auf)lösbar.
solution [sə'luːʃən] *n* (*lit, fig*) Lösung *f*; (*of mystery*) Erklärung *f*.
solve [sɒlv] *vt* (auf)lösen.
solvent ['sɒlvənt] *a* (*Fin*) zahlungsfähig.
sombre, (US) somber *a*, **~ly** *ad* ['sɒmbə*, -əlɪ] düster.
some [sʌm] *a people etc* einige; *water etc* etwas; (*unspecified*) (irgend)ein; (*remarkable*) toll, enorm; **that's ~ house** das ist vielleicht ein Haus; *pron* (*amount*) etwas; (*number*) einige; **~body** *pron* (irgend) jemand; **he is ~body** er ist jemand *or* wer; **~day** *ad* irgendwann; **~how** *ad* (*in a certain way*) irgendwie; (*for a certain reason*) aus irgendeinem Grunde; **~one** *pron* = **somebody**; **~place** *ad* (*US*) = **somewhere**.
somersault ['sʌməsɔːlt] *n* Purzelbaum *m*; Salto *m*; *vi* Purzelbäume schlagen; einen Salto machen.
something ['sʌmθɪŋ] *pron* (irgend) etwas.
sometime ['sʌmtaɪm] *ad* (irgend) einmal; **~s** *ad* manchmal, gelegentlich.
somewhat ['sʌmwɒt] *ad* etwas, ein wenig, ein bißchen.
somewhere ['sʌmwɛə*] *ad* irgendwo; (*to a place*) irgendwohin.
son [sʌn] *n* Sohn *m*.
sonata [sə'nɑːtə] *n* Sonate *f*.
song [sɒŋ] *n* Lied *nt*; **~writer** Texter *m*.
sonic ['sɒnɪk] *a* Schall-; **~ boom** Überschallknall *m*.
son-in-law ['sʌnɪnlɔː] *n* Schwiegersohn *m*.
sonnet ['sɒnɪt] *n* Sonett *nt*.
sonny ['sʌnɪ] *n* (*col*) Kleine(r) *m*.
soon [suːn] *ad* bald; **too ~** zu früh; **as ~ as possible** so bald wie möglich; **~er** *ad* (*time*) eher, früher; (*for preference*) lieber; **no ~er** kaum.
soot [sʊt] *n* Ruß *m*.
soothe [suːð] *vt person* beruhigen; *pain* lindern.
soothing ['suːðɪŋ] *a* (*for person*) beruhigend; (*for pain*) lindernd.
sop [sɒp] *n* (*bribe*) Schmiergeld *nt*.

sophisticated [sə'fɪstɪkeɪtɪd] *a person* kultiviert, weltgewandt; *machinery* differenziert, hochentwickelt; *plan* ausgeklügelt.

sophistication [səfɪstɪ'keɪʃən] *n* Weltgewandtheit *f*, Kultiviertheit *f*; (*Tech*) technische Verfeinerung *f*.

sophomore ['sɒfəmɔ:*] *n* (*US*) College-Student *m* im 2. Jahr.

soporific [sɒpə'rɪfɪk] *a* einschläfernd, Schlaf-.

sopping ['sɒpɪŋ] *a* (*very wet*) patschnaß, triefend.

soppy ['sɒpɪ] *a* (*col*) schmalzig.

soprano [sə'prɑ:nəʊ] *n* Sopran *m*.

sordid ['sɔ:dɪd] *a* (*dirty*) schmutzig; (*mean*) niederträchtig.

sore [sɔ:*] *a* schmerzend; *point* wund; **to be ~** weh tun; (*angry*) böse sein; *n* Wunde *f*; **~ly** *ad tempted* stark, sehr; **~ness** Schmerzhaftigkeit *f*, Empfindlichkeit *f*.

sorrow ['sɒrəʊ] *n* Kummer *m*, Leid *nt*; **~ful** *a* sorgenvoll; **~fully** *ad* traurig, betrübt, kummervoll.

sorry ['sɒrɪ] *a* traurig, erbärmlich; **(I'm) ~** es tut mir leid; **I feel ~ for him** er tut mir leid.

sort [sɔ:t] *n* Art *f*, Sorte *f*; *vt* (*also* **~ out**) *papers* sortieren, sichten; *problems* in Ordnung bringen.

so-so ['səʊ'səʊ] *ad* so(-so) la-la, mäßig.

soufflé ['su:fleɪ] *n* Auflauf *m*, Soufflé *nt*.

soul [səʊl] *n* Seele *f*; (*music*) Soul *m*; **~-destroying** *a* trostlos; **~ful** *a* seelenvoll; **~less** *a* seelenlos, gefühllos.

sound [saʊnd] *a* (*healthy*) gesund; (*safe*) sicher, solide; (*sensible*) vernünftig; *theory* stichhaltig; (*thorough*) tüchtig, gehörig; *n* (*noise*) Geräusch *nt*, Laut *m*; (*Geog*) Meerenge *f*, Sund *m*; *vt* erschallen lassen; *alarm* (Alarm) schlagen; (*Med*) abhorchen; **to ~ one's horn** hupen; *vi* (*make a sound*) schallen, tönen; (*seem*) klingen; **~ out** *vt opinion* erforschen; *person* auf den Zahn fühlen (+*dat*); **~ barrier** Schallmauer *f*; **~ing** (*Naut etc*) Lotung *f*; **~ly** *ad sleep* fest, tief; *beat* tüchtig; **~proof** *a room* schalldicht; *vt* schalldicht machen; **~-track** Tonstreifen *m*; Filmmusik *f*.

soup [su:p] *n* Suppe *f*; **in the ~** (*col*) in der Tinte; **~spoon** Suppenlöffel *m*.

sour ['saʊə*] *a* (*lit, fig*) sauer.

source [sɔ:s] *n* (*lit, fig*) Quelle *f*.

sourness ['saʊənəs] *n* Säure *f*; (*fig*) Bitterkeit *f*.

south [saʊθ] *n* Süden *m*; *a* Süd-, südlich; *ad* nach Süden, südwärts; **~-east** Südosten *m*; **~erly** ['sʌðəlɪ] *a* südlich; **~ern** ['sʌðən] *a* südlich, Süd-; **~ward(s)** *ad* südwärts, nach Süden; **~-west** Südwesten *m*.

souvenir [su:və'nɪə*] *n* Andenken *nt*, Souvenir *nt*.

sovereign ['sɒvrɪn] *n* (*ruler*) Herrscher *m*; *a* (*independent*) souverän; **~ty** Oberhoheit *f*, Souveränität *f*.

sow [saʊ] *n* Sau *f*; [səʊ] *vt irreg* (*lit, fig*) säen.

soya bean ['sɔɪə'bi:n] *n* Sojabohne *f*.

spa [spɑ:] *n* (*spring*) Mineralquelle *f*; (*place*) Kurort *m*, Bad *nt*.

space [speɪs] *n* Platz *m*, Raum *m*; (*universe*) Weltraum *m*, All *nt*; (*length of time*) Abstand *m*; **~ out** *vt* Platz lassen zwischen; (*typing*) gesperrt schreiben; **~craft** Raumschiff *nt*; **~man** Raumfahrer *m*.

spacious ['speɪʃəs] *a* geräumig, weit.

spade [speɪd] *n* Spaten *m*; **~s** (*Cards*) Pik *nt*, Schippe *f*; **~work** (*fig*) Vorarbeit *f*.

spaghetti [spə'getɪ] *n* Spaghetti *pl*.

span [spæn] *n* Spanne *f*; Spannweite *f*; *vt* überspannen.

spaniel ['spænjəl] *n* Spaniel *m*.

spank [spæŋk] *vt* verhauen, versohlen.

spanner ['spænə*] *n* Schraubenschlüssel *m*.

spar [spɑ:*] *n* (*Naut*) Sparren *m*; *vi* (*boxing*) einen Sparring machen.

spare [speə*] *a* Ersatz-; *n* = **~ part**; *vt lives, feelings* verschonen; *trouble* ersparen; **4 to ~** 4 übrig; **~ part** Ersatzteil *nt*; **~ time** Freizeit *f*.

spark [spɑ:k] *n* Funken *m*; **~(ing) plug** Zündkerze *f*.

sparkle ['spɑ:kl] *n* Funkeln *nt*, Glitzern *nt*; (*gaiety*) Lebhaftigkeit *f*, Schwung *m*; *vi* funklen, glitzern.

sparkling ['spɑ:klɪŋ] *a* funkelnd, sprühend; *wine* Schaum-; *conversation* spritzig, geistreich.

sparrow ['spærəʊ] Spatz *m*.

sparse *a*, **~ly** *ad* [spɑ:s, -lɪ] spärlich, dünn.

spasm ['spæzəm] *n* (*Med*) Krampf *m*; (*fig*) Anfall *m*; **~odic** [spæz'mɒdɪk] *a* krampfartig, spasmodisch; (*fig*) sprunghaft.

spastic ['spæstɪk] *a* spastisch.

spate [speɪt] *n* (*fig*) Flut *f*, Schwall *m*; **in ~** *river* angeschwollen.

spatter ['spætə*] *n* Spritzer *m*; *vt* bespritzen, verspritzen; *vi* spritzen.

spatula ['spætjʊlə] *n* Spatel *m*; (*for building*) Spachtel *f*.

spawn [spɔ:n] *vt* laichen.

speak [spi:k] *irreg vt* sprechen, reden; *truth* sagen; *language* sprechen; *vi* sprechen (*to* mit *or* zu); **~ for** *vt* sprechen *or* eintreten für; **~ up** *vi* lauter sprechen; **~er** Sprecher *m*, Redner *m*; **loud~** Lautsprecher *m*; **not to be on ~ing terms** nicht miteinander sprechen.

spear [spɪə*] *n* Speer *m*, Lanze *f*, Spieß *m*; *vt* aufspießen, durchbohren.

spec [spek] *n* (*col*) **on ~** auf gut Glück.

special ['speʃəl] *a* besondere(r,s); speziell; *n* (*Rail*) Sonderzug *m*; **~ist** Spezialist *m*; (*Tech*) Fachmann *m*; (*Med*) Facharzt *m*; **~ity** [speʃɪ'ælɪtɪ] Spezialität *f*; (*study*) Spezialgebiet *nt*; **~ize** *vi* sich spezialisieren (*in* auf +*acc*); **~ly** *ad* besonders; (*explicitly*) extra, ausdrücklich.

species ['spi:ʃi:z] *n* Art *f*.

specific [spə'sɪfɪk] *a* spezifisch, eigentümlich, besondere(r,s); **~ally** *ad* genau, spezifisch; **~ations** *pl* [spesɪfɪ'keɪʃənz] genaue Angaben *pl*; (*Tech*) technische Daten *pl*.

specify ['spesɪfaɪ] *vt* genau angeben.

specimen ['spesımın] *n* Probe *f*, Muster *nt*.
speck [spek] *n* Fleckchen *nt*; **~led** *a* gesprenkelt.
specs [speks] *npl* (*col*) Brille *f*.
spectacle ['spektəkl] *n* Schauspiel *nt*; **~s** *pl* Brille *f*.
spectacular [spek'tækjʊlə*] *a* aufsehenerregend, spektakulär.
spectator [spek'teıtə*] *n* Zuschauer *m*.
spectre, (*US*) **specter** ['spektə*] *n* Geist *m*, Gespenst *nt*.
spectrum ['spektrəm] *n* Spektrum *nt*.
speculate ['spekjʊleıt] *vi* vermuten, spekulieren (*also Fin*).
speculation [spekjʊ'leıʃən] *n* Vermutung *f*, Spekulation *f* (*also Fin*).
speculative ['spekjʊlətıv] *a* spekulativ.
speech [spi:tʃ] *n* Sprache *f*; (*address*) Rede *f*, Ansprache *f*; (*manner of speaking*) Sprechweise *f*; **~ day** (*Sch*) (Jahres)-schlußfeier *f*; **~less** *a* sprachlos; **~ therapy** Sprachheilpflege *f*.
speed [spi:d] *n* Geschwindigkeit *f*; (*gear*) Gang *m*; *vi irreg* rasen; (*Jur*) (zu) schnell fahren; **~ up** *vt* beschleunigen; *vi* schneller werden/ fahren; **~boat** Schnellboot *nt*; **~ily** *ad* schnell, schleunigst; **~ing** zu schnelles Fahren; **~ limit** Geschwindigkeitsbegrenzung *f*; **~ometer** [spı'dɒmıtə*] Tachometer *m*; **~way** (*bike racing*) Motorradrennstrecke *f*; **~y** *a* schnell, zügig.
spell [spel] *n* (*magic*) Bann *m*, Zauber *m*; (*period of time*) Zeit *f*, Zeitlang *f*, Weile *f*; **sunny ~s** *pl* Aufheiterungen *pl*; **rainy ~s** *pl* vereinzelte Schauer *pl*; *vt irreg* buchstabieren; (*imply*) bedeuten; **how do you ~ . . .?** wie schreibt man . . .?; **~bound** *a* (wie) gebannt; **~ing** Buchstabieren *nt*; **English ~ing** die englische Rechtschreibung.
spend [spend] *vt irreg money* ausgeben; *time* verbringen; **~ing money** Taschengeld *nt*.
spent [spent] *a patience* erschöpft.
sperm [spɜ:m] *n* (*Biol*) Samenflüssigkeit *f*.
spew [spju:] *vt* (er)brechen.
sphere [sfıə*] *n* (*globe*) Kugel *f*; (*fig*) Sphäre *f*, Gebiet *nt*.
spherical ['sferıkəl] *a* kugelförmig.
sphinx [sfıŋks] *n* Sphinx *f*.
spice [spaıs] *n* Gewürz *nt*; *vt* würzen.
spiciness ['spaısınəs] *n* Würze *f*.
spick-and-span ['spıkən'spæn] *a* blitzblank.
spicy ['spaısı] *a* würzig, pikant (*also fig*).
spider ['spaıdə*] *n* Spinne *f*; **~y** *a writing* krakelig.
spike [spaık] *n* Dorn *m*, Spitze *f*; **~s** *pl* Spikes *pl*.
spill [spıl] *irreg vt* verschütten; *vi* sich ergießen.
spin [spın] *n* Umdrehung *f*; (*trip in car*) Spazierfahrt *f*; (*Aviat*) (Ab)trudeln *nt*; (*on ball*) Drall *m*; *irreg vt thread* spinnen; (*like top*) schnell drehen, (herum)wirbeln; *vi* sich drehen; **~ out** *vt* in die Länge ziehen; *story* ausmalen.
spinach ['spınıtʃ] *n* Spinat *m*.
spinal ['spaınl] *a* spinal, Rückgrat-, Rückenmark-; **~ cord** Rückenmark *nt*.
spindly ['spındlı] *a* spindeldürr.
spin-drier ['spın'draıə*] *n* Wäscheschleuder *f*.
spin-dry [spın'draı] *vt* schleudern.
spine [spaın] *n* Rückgrat *nt*; (*thorn*) Stachel *m*; **~less** *a* (*lit, fig*) rückgratlos.
spinet [spı'net] *n* Spinett *nt*.
spinner ['spınə*] *n* (*of thread*) Spinner *m*.
spinning ['spınıŋ] *n* (*of thread*) (Faden)-spinnen *nt*; **~ wheel** Spinnrad *nt*.
spinster ['spınstə*] *n* unverheiratete Frau *f*; (*pej*) alte Jungfer *f*.
spiral ['spaıərəl] *n* Spirale *f*; *a* gewunden, spiralförmig, Spiral-; *vi* sich ringeln; **~ staircase** Wendeltreppe *f*.
spire ['spaıə*] *n* Turm *m*.
spirit ['spırıt] *n* Geist *m*; (*humour, mood*) Stimmung *f*; (*courage*) Mut *m*; (*verve*) Elan *m*; (*alcohol*) Alkohol *m*; **~s** *pl* Spirituosen *pl*; **in good ~s** gut aufgelegt; **~ed** *a* beherzt; **~ level** Wasserwaage *f*; **~ual** *a* geistig, seelisch; (*Rel*) geistlich; *n* Spiritual *nt*; **~ualism** Spiritismus *m*.
spit [spıt] *n* (*for roasting*) (Brat)spieß *m*; (*saliva*) Spucke *f*; *vi irreg* spucken; (*rain*) sprühen; (*make a sound*) zischen; (*cat*) fauchen.
spite [spaıt] *n* Gehässigkeit *f*; *vt* ärgern, kränken; **in ~ of** trotz (*+gen or dat*); **~ful** *a* gehässig.
splash [splæʃ] *n* Spritzer *m*; (*of colour*) (Farb)fleck *m*; *vt* bespritzen; *vi* spritzen; **~down** Wasserlandung *f*.
spleen [spli:n] *n* (*Anat*) Milz *f*.
splendid *a*, **~ly** *ad* ['splendıd, -lı] glänzend, großartig.
splendour, (*US*) **splendor** ['splendə*] *n* Pracht *f*.
splice [splaıs] *vt* spleißen.
splint [splınt] *n* Schiene *f*.
splinter ['splıntə*] *n* Splitter *m*; *vi* (zer)-splittern.
split [splıt] *n* Spalte *f*; (*fig*) Spaltung *f*; (*division*) Trennung *f*; *irreg vt* spalten; *vi* (*divide*) reißen; sich spalten; (*col: depart*) abhauen; **~ up** *vi* sich trennen; *vt* aufteilen, teilen; **~ting** *a headache* rasend, wahnsinnig.
splutter ['splʌtə*] *vi* spritzen; (*person, engine*) stottern.
spoil [spɔıl] *irreg vt* (*ruin*) verderben; *child* verwöhnen, verziehen; *vi* (*food*) verderben; **~s** *pl* Beute *f*; **~sport** Spielverderber *m*.
spoke [spəʊk] *n* Speiche *f*; **~sman** Sprecher *m*, Vertreter *m*.
sponge [spʌndʒ] *n* Schwamm *m*; *vt* mit dem Schwamm abwaschen; *vi* auf Kosten leben (*on gen*); **~ bag** Kulturbeutel *m*; **~ cake** Rührkuchen *m*; **~r** (*col*) Schmarotzer *m*.
spongy ['spʌndʒı] *a* schwammig.
sponsor ['spɒnsə*] *n* Bürge *m*; (*in advertising*) Sponsor *m*; *vt* bürgen für; födern; **~ship** Bürgschaft *f*; (*public*) Schirmherrschaft *f*.
spontaneity [spɒntə'neııtı] *n* Spontanität *f*.

spontaneous *a*, **~ly** *ad* [spɒn'teɪnɪəs, -lɪ] spontan.
spooky ['spu:kɪ] *a* (*col*) gespenstisch.
spool [spu:l] *n* Spule *f*, Rolle *f*.
spoon [spu:n] *n* Löffel *m*; **~-feed** *vt irreg* (*lit*) mit dem Löffel füttern; (*fig*) hochpäppeln; **~ful** Löffel(voll) *m*.
sporadic [spə'rædɪk] *a* vereinzelt, sporadisch.
sport [spɔ:t] *n* Sport *m*; (*fun*) Spaß *m*; (*person*) feine(r) Kerl *m*; **~ing** *a* (*fair*) sportlich, fair; **~s car** Sportwagen *m*; **~(s) coat, ~(s) jacket** Sportjackett *nt*; **~sman** Sportler *m*; (*fig*) anständige(r) Kerl *m*; **~smanship** Sportlichkeit *f*; (*fig*) Anständigkeit *f*; **~s page** Sportseite *f*; **~swear** Sportkleidung *f*; **~swoman** Sportlerin *f*; **~y** *a* sportlich.
spot [spɒt] *n* Punkt *m*; (*dirty*) Fleck(en) *m*; (*place*) Stelle *f*, Platz *m*; (*Med*) Pickel *m*, Pustel *f*; (*small amount*) Schluck *m*, Tropfen *m*; *vt* erspähen; *mistake* bemerken; **~ check** Stichprobe *f*; **~less** *a*, **~ly** *ad* fleckenlos; **~light** Scheinwerferlicht *nt*; (*lamp*) Scheinwerfer *m*; **~ted** *a* gefleckt; *dress* gepunktet; **~ty** *a face* pickelig.
spouse [spaʊz] *n* Gatte *m* /Gattin *f*.
spout [spaʊt] *n* (*of pot*) Tülle *f*; (*jet*) Wasserstrahl *m*; *vi* speien, spritzen.
sprain [spreɪn] *n* Verrenkung *f*; *vt* verrenken.
sprawl [sprɔ:l] *n* (*of city*) Ausbreitung *f*; *vi* sich strecken.
spray [spreɪ] *n* Spray *nt*; (*off sea*) Gischt *f*; (*instrument*) Zerstäuber *m*; Spraydose *f*; (*of flowers*) Zweig *m*; *vt* besprühen, sprayen.
spread [spred] *n* (*extent*) Verbreitung *f*; (*of wings*) Spannweite *f*; (*col: meal*) Schmaus *m*; (*for bread*) Aufstrich *m*; *vt irreg* ausbreiten; (*scatter*) verbreiten; *butter* streichen.
spree [spri:] *n* lustige(r) Abend *m*; (*shopping*) Einkaufsbummel *m*; **to go out on a ~** einen draufmachen.
sprig [sprɪg] *n* kleine(r) Zweig *m*.
sprightly ['spraɪtlɪ] *a* munter, lebhaft.
spring [sprɪŋ] *n* (*leap*) Sprung *m*; (*metal*) Feder *f*; (*season*) Frühling *m*; (*water*) Quelle *f*; *vi irreg* (*leap*) springen; **~ up** *vi* (*problem*) entstehen, auftauchen; **~board** Sprungbrett *nt*; **~clean** *vt* Frühjahrsputz machen in (+*dat*); **~-cleaning** Frühjahrsputz *m*; **~iness** Elastizität *f*; **~time** Frühling *m*; **~y** *a* federnd, elastisch.
sprinkle ['sprɪŋkl] *n* Prise *f*; *vt salt* streuen; *liquid* sprenkeln.
sprinkling ['sprɪŋklɪŋ] *n* Spur *f*, ein bißchen.
sprint [sprɪnt] *n* Kurzstreckenlauf *m*; Sprint *m*; *vi* sprinten; **~er** Sprinter *m*, Kurzstreckenläufer *m*.
sprite [spraɪt] *n* Elfe *f*; Kobold *m*.
sprout [spraʊt] *vi* sprießen; *n see* **Brussels ~**.
spruce [spru:s] *n* Fichte *f*; *a* schmuck, adrett.
spry [spraɪ] *a* flink, rege.
spud [spʌd] *n* (*col*) Kartoffel *f*.
spur [spɜ:*] *n* Sporn *m*; (*fig*) Ansporn *m*; *vt* (*also* **~ on**) (*fig*) anspornen; **on the ~ of the moment** spontan.
spurious ['spjʊərɪəs] *a* falsch, unecht, Pseudo-.
spurn [spɜ:n] *vt* verschmähen.
spurt [spɜ:t] *n* (*jet*) Strahl *m*; (*acceleration*) Spurt *m*; *vt* spritzen; *vi* (*jet*) steigen; (*liquid*) schießen; (*run*) spurten.
spy [spaɪ] *n* Spion *m*; *vi* spionieren; *vt* erspähen; **to ~ on sb** jdm nachspionieren; **~ing** Spionage *f*.
squabble ['skwɒbl] *n* Zank *m*; *vi* sich zanken.
squabbling ['skwɒblɪŋ] *n* Zankerei *f*.
squad [skwɒd] *n* (*Mil*) Abteilung *f*; (*police*) Kommando *nt*.
squadron ['skwɒdrən] *n* (*cavalry*) Schwadron *f*; (*Naut*) Geschwader *nt*; (*air force*) Staffel *f*.
squalid ['skwɒlɪd] *a* schmutzig, verkommen.
squall [skwɔ:l] *n* Bö *f*, Windstoß *m*; **~y** *a weather* stürmisch; *wind* böig.
squalor ['skwɒlə*] *n* Verwahrlosung *f*, Schmutz *m*.
squander ['skwɒndə*] *vt* verschwenden.
square [skwɛə*] *n* (*Math*) Quadrat *nt*; (*open space*) Platz *m*; (*instrument*) Winkel *m*; (*col: person*) Spießer *m*; *a* viereckig, quadratisch; (*fair*) ehrlich, reell; (*meal*) reichlich; (*col*) *ideas, tastes* spießig; *ad* (*exactly*) direkt, gerade; *vt* (*arrange*) ausmachen, aushandeln; (*Math*) ins Quadrat erheben; (*bribe*) schmieren; *vi* (*agree*) übereinstimmen; **all ~** quitt; **2 metres ~** 2 Meter im Quadrat; **2 ~ metres** 2 Quadratmeter; **~ly** *ad* fest, gerade.
squash [skwɒʃ] *n* (*drink*) Saft *m*; *vt* zerquetschen.
squat [skwɒt] *a* untersetzt, gedrungen; *vi* hocken; **~ter** Squatter *m*, Siedler *m* ohne Rechtstitel; Hausbesetzer *m*.
squaw [skwɔ:] *n* Squaw *f*.
squawk [skwɔ:k] *n* Kreischen *nt*; *vi* kreischen.
squeak [skwi:k] *n* Gequiek(s)e *nt*; *vi* quiek(s)en; (*spring, door etc*) quietschen; **~y** *a* quiek(s)end; quietschend.
squeal [skwi:l] *n* schrille(r) Schrei *m*; (*of brakes etc*) Quietschen *nt*; *vi* schrill schreien.
squeamish ['skwi:mɪʃ] *a* empfindlich; **that made me ~** davon wurde mir übel; **~ness** Überempfindlichkeit *f*.
squeeze [skwi:z] *n* (*lit*) Pressen *nt*; (*Pol*) Geldknappheit *f*, wirtschaftliche(r) Engpaß *m*; *vt* pressen, drücken; *orange* auspressen; **~ out** *vt* ausquetschen.
squid [skwɪd] *n* Tintenfisch *m*.
squint [skwɪnt] *n* Schielen *nt*; *vi* schielen.
squire ['skwaɪə*] *n* Gutsherr *m*.
squirm [skwɜ:m] *vi* sich winden.
squirrel ['skwɪrəl] *n* Eichhörnchen *nt*.
squirt [skwɜ:t] *n* Spritzer *m*, Strahl *m*; *vti* spritzen.
stab [stæb] *n* (*blow*) Stoß *m*, Stich *m*; (*col: try*) Versuch *m*; *vt* erstechen; **~bing** Messerstecherei *f*.

stability [stə'bɪlɪtɪ] *n* Festigkeit *f*, Stabilität *f*.
stabilization [steɪbəlaɪ'zeɪʃən] *n* Festigung *f*, Stabilisierung *f*.
stabilize ['steɪbəlaɪz] *vt* festigen, stabilisieren; **~r** Stabilisator *m*.
stable ['steɪbl] *n* Stall *m*; *vt* im Stall unterbringen; *a* fest, stabil; *person* gefestigt.
staccato [stə'kɑːtəʊ] *a* stakkato.
stack [stæk] *n* Stoß *m*, Stapel *m*; *vt* (auf)-stapeln.
stadium ['steɪdɪəm] *n* Stadion *nt*.
staff [stɑːf] *n* (*stick, Mil*) Stab *m*; (*personnel*) Personal *nt*; (*Sch*) Lehrkräfte *pl*; *vt* (*with people*) besetzen.
stag [stæg] *n* Hirsch *m*.
stage [steɪdʒ] *n* Bühne *f*; (*of journey*) Etappe *f*; (*degree*) Stufe *f*; (*point*) Stadium *nt*; *vt* (*put on*) aufführen; *play* inszenieren; *demonstration* veranstalten; **in ~s** etappenweise; **~coach** Postkutsche *f*; **~ door** Bühneneingang *m*; **~ manager** Spielleiter *m*, Intendant *m*.
stagger ['stægə*] *vi* wanken, taumeln; *vt* (*amaze*) verblüffen; *hours* staffeln; **~ing** *a* unglaublich.
stagnant ['stægnənt] *a* stagnierend; *water* stehend.
stagnate [stæg'neɪt] *vi* stagnieren.
stagnation [stæg'neɪʃən] *n* Stillstand *m*, Stagnation *f*.
staid [steɪd] *a* gesetzt.
stain [steɪn] *n* Fleck *m*; (*colouring for wood*) Beize *f*; *vt* beflecken, Flecken machen auf (+*acc*); beizen; **~ed glass window** buntes Glasfenster *nt*; **~less** *a steel* rostfrei, nichtrostend; **~ remover** Fleckentferner *m*.
stair [stɛə*] *n* (Treppen)stufe *f*; **~case** Treppenhaus *nt*, Treppe *f*; **~s** *pl* Treppe *f*; **~way** Treppenaufgang *m*.
stake [steɪk] *n* (*post*) Pfahl *m*, Pfosten *m*; (*money*) Einsatz *m*; *vt* (*bet money*) setzen; **to be at ~** auf dem Spiel stehen.
stalactite ['stæləktaɪt] *n* Stalaktit *m*.
stalagmite ['stæləgmaɪt] *n* Stalagmit *m*.
stale [steɪl] *a* alt; *beer* schal; *bread* altbacken; **~mate** (*chess*) Patt *nt*; (*fig*) Stillstand *m*.
stalk [stɔːk] *n* Stengel *m*, Stiel *m*; *vt game* sich anpirschen an (+*acc*), jagen; *vi* (*walk*) stolzieren.
stall [stɔːl] *n* (*in stable*) Stand *m*, Box *f*; (*in market*) (Verkaufs)stand *m*; *vt* (*Aut*) (den Motor) abwürgen; *vi* (*Aut*) stehenbleiben; (*avoid*) Ausflüchte machen, ausweichen; **~s** *pl* (*Theat*) Parkett *nt*.
stallion ['stælɪən] *n* Zuchthengst *m*.
stalwart ['stɔːlwət] *a* standhaft; *n* treue(r) Anhänger *m*.
stamina ['stæmɪnə] *n* Durchhaltevermögen *nt*, Zähigkeit *f*.
stammer ['stæmə*] *n* Stottern *nt*; *vti* stottern, stammeln.
stamp [stæmp] *n* Briefmarke *f*; (*with foot*) Stampfen *nt*; (*for document*) Stempel *m*; *vi* stampfen; *vt* (*mark*) stempeln; *mail* frankieren; *foot* stampfen mit; **~ album** Briefmarkenalbum *nt*; **~ collecting** Briefmarkensammeln *nt*.
stampede [stæm'piːd] *n* panische Flucht *f*.
stance [stæns] *n* (*posture*) Haltung *f*, Stellung *f*; (*opinion*) Einstellung *f*.
stand [stænd] *n* Standort *m*, Platz *m*; (*for objects*) Gestell *nt*; (*seats*) Tribüne *f*; **to make a ~** Widerstand leisten; *irreg vi* stehen; (*rise*) aufstehen; (*decision*) feststehen; **to ~ still** still stehen; *vt* setzen, stellen; (*endure*) aushalten; *person* ausstehen, leiden können; *nonsense* dulden; **it ~s to reason** es ist einleuchtend; **~ by** *vi* (*be ready*) bereitstehen; *vt opinion* treu bleiben (+*dat*); **~ for** *vt* (*signify*) stehen für; (*permit, tolerate*) hinnehmen; **~ in for** *vt* einspringen für; **~ out** *vi* (*be prominent*) hervorstechen; **~ up** *vi* (*rise*) aufstehen; **~ up for** *vt* sich einsetzen für.
standard ['stændəd] *n* (*measure*) Standard *m*, Norm *f*; (*flag*) Standarte *f*, Fahne *f*; *a size etc* Normal-, Durchschnitts-; **~ization** Vereinheitlichung *f*; **~ize** *vt* vereinheitlichen, normen; **~ lamp** Stehlampe *f*; **~ of living** Lebensstandard *m*; **~ time** Ortszeit *f*.
stand-by ['stændbaɪ] *n* Reserve *f*; **~ flight** Standby-Flug *m*.
stand-in ['stændɪn] *n* Ersatz(mann) *m*, Hilfskraft *f*.
standing ['stændɪŋ] *a* (*erect*) stehend; (*permanent*) ständig, dauernd; *invitation* offen; *n* (*duration*) Dauer *f*; (*reputation*) Ansehen *nt*; **~ jump** Sprung *m* aus dem Stand; **~ order** (*at bank*) Dauerauftrag *m*; **~ orders** *pl* (*Mil*) Vorschrift; **~ room only** nur Stehplatz.
stand-offish ['stænd'ɒfɪʃ] *a* zurückhaltend, sehr reserviert.
standpoint ['stændpɔɪnt] *n* Standpunkt *m*.
standstill ['stændstɪl] *n*: **to be at a ~** stillstehen; **to come to a ~** zum Stillstand kommen.
stanza ['stænzə] *n* (*verse*) Strophe *f*; (*poem*) Stanze *f*.
staple ['steɪpl] *n* (*clip*) Krampe *f*; (*in paper*) Heftklamme *f*; (*article*) Haupterzeugnis *nt*; *a* Grund-; Haupt-; *vt* (fest)-klammern; **~r** Heftmaschine *f*.
star [stɑː*] *n* Stern *m*; (*person*) Star *m*; *vi* die Hauptrolle spielen; *vt actor* in der Hauptrolle zeigen.
starboard ['stɑːbəd] *n* Steuerbord *nt*; *a* Steuerbord-.
starch [stɑːtʃ] *n* Stärke *f*; *vt* stärken; **~y** *a* stärkehaltig; (*formal*) steif.
stardom ['stɑːdəm] *n* Berühmtheit *f*.
stare [stɛə*] *n* starre(r) Blick *m*; *vi* starren (*at* auf +*acc*); **~ at** *vt* anstarren.
starfish ['stɑːfɪʃ] *n* Seestern *m*.
staring ['stɛərɪŋ] *a eyes* starrend.
stark [stɑːk] *a* öde; *ad*: **~ naked** splitternackt.
starless ['stɑːləs] *a* sternlos.
starlight ['stɑːlaɪt] *n* Sternenlicht *nt*.
starling ['stɑːlɪŋ] *n* Star *m*.
starlit ['stɑːlɪt] *a* sternklar.
starring ['stɑːrɪŋ] *a* mit . . . in der Hauptrolle.
star-studded ['stɑːstʌdɪd] *a* mit Spitzenstars.

starry ['stɑːrɪ] *a* Sternen-; **~-eyed** *a* (*innocent*) blauäugig.

start [stɑːt] *n* Beginn *m*, Anfang *m*, Start *m*; (*Sport*) Start *m*; (*lead*) Vorsprung *m*; **to give a ~** zusammenfahren; **to give sb a ~** jdn zusammenfahren lassen; *vt* in Gang setzen, anfangen; *car* anlassen; *vi* anfangen; (*car*) anspringen; (*on journey*) aufbrechen; (*Sport*) starten; **~ over** *vi* (*US*) wieder anfangen; **~ up** *vi* anfangen; (*startled*) auffahren; *vt* beginnen; *car* anlassen; *engine* starten; **~er** (*Aut*) Anlasser *m*; (*for race*) Starter *m*; **~ing handle** Anlaßkurbel *f*; **~ing point** Ausgangspunkt *m*.

startle ['stɑːtl] *vt* erschrecken.

startling ['stɑːtlɪŋ] *a* erschreckend.

starvation [stɑː'veɪʃən] *n* Verhungern *nt*; **to die of ~** verhungern.

starve [stɑːv] *vi* verhungern; *vt* verhungern lassen; **to be ~d of affection** unter Mangel an Liebe leiden; **~ out** *vt* aushungern.

starving ['stɑːvɪŋ] *a* (ver)hungernd.

state [steɪt] *n* (*condition*) Zustand *m*; (*Pol*) Staat *m*; (*col: anxiety*) (schreckliche) Verfassung *f*; *vt* erklären; *facts* angeben; **~ control** staatliche Kontrolle *f*; **~d** *a* festgesetzt; **~liness** Pracht *f*, Würde *f*; **~ly** *a* würdevoll, erhaben; **~ment** Aussage *f*; (*Pol*) Erklärung *f*; **~ secret** Staatsgeheimnis *nt*; **~sman** Staatsmann *m*.

static ['stætɪk] *n* Statik *f*; *a* statisch.

station ['steɪʃən] *n* (*Rail etc*) Bahnhof *m*; (*police etc*) Station *f*, Wache *f*; (*in society*) gesellschaftliche Stellung *f*; *vt* aufstellen; **to be ~ed** stationiert sein.

stationary ['steɪʃənərɪ] *a* stillstehend; *car* parkend.

stationer ['steɪʃənə*] *n* Schreibwarenhändler *m*; **~'s (shop)** Schreibwarengeschäft *nt*; **~y** Schreibwaren *pl*.

station master ['steɪʃənmɑːstə*] *n* Bahnhofsvorsteher *m*.

station wagon ['steɪʃənwægən] *n* Kombiwagen *m*.

statistic [stə'tɪstɪk] *n* Statistik *f*; **~al** *a* statistisch; **~s** *pl* Statistik *f*.

statue ['stætjuː] *n* Statue *f*.

statuesque [stætjʊ'esk] *a* statuenhaft.

stature ['stætʃə*] *n* Wuchs *m*, Statur *f*; (*fig*) Größe *f*.

status ['steɪtəs] *n* Stellung *f*, Status *m*; **the ~ quo** der Status quo; **~ symbol** Statussymbol *nt*.

statute ['stætjuːt] *n* Gesetz *nt*.

statutory ['stætjʊtərɪ] *a* gesetzlich.

staunch *a*, **~ly** *ad* [stɔːntʃ, -lɪ] treu, zuverlässig; *Catholic* standhaft, erz-.

stave [steɪv]: **~ off** *vt attack* abwehren; *threat* abwenden.

stay [steɪ] *n* Aufenthalt *m*; (*support*) Stütze *f*; (*for tent*) Schnur *f*; *vi* bleiben; (*reside*) wohnen; **to ~ put** an Ort und Stelle bleiben; **to ~ with friends** bei Freunden untergebracht sein; **to ~ the night** übernachten; **~ behind** *vi* zurückbleiben; **~ in** *vi* (*at home*) zu Hause bleiben; **~ on** *vi* (*continue*) länger bleiben; **~ up** *vi* (*at night*) aufbleiben.

steadfast ['stedfəst] *a* standhaft, treu.

steadily ['stedɪlɪ] *ad* stetig, regelmäßig.

steadiness ['stedɪnəs] *n* Festigkeit *f*; (*fig*) Beständigkeit *f*.

steady ['stedɪ] *a* (*firm*) fest, stabil; (*regular*) gleichmäßig; (*reliable*) zuverlässig, beständig; *hand* ruhig; *job, boyfriend* fest; *vt* festigen; **to ~ o.s.** sich stützen.

steak [steɪk] *n* Steak *nt*; (*fish*) Filet *nt*.

steal [stiːl] *irreg vti* stehlen; *vi* sich stehlen; **~th** ['stelθ] Heimlichkeit *f*; **~thy** ['stelθɪ] *a* verstohlen, heimlich.

steam [stiːm] *n* Dampf *m*; *vt* (*Cook*) im Dampfbad erhitzen; *vi* dampfen; (*ship*) dampfen, fahren; **~ engine** Dampfmaschine *f*; **~er** Dampfer *m*; **~roller** Dampfwalze *f*; **~y** *a* dampfig.

steel [stiːl] *n* Stahl *m*; *a* Stahl-; (*fig*) stählern; **~works** Stahlwerke *pl*.

steep [stiːp] *a* steil; *price* gepfeffert; *vt* einweichen.

steeple ['stiːpl] *n* Kirchturm *m*; **~chase** Hindernisrennen *nt*; **~jack** Turmarbeiter *m*.

steeply ['stiːplɪ] *ad* steil.

steepness ['stiːpnəs] *n* Steilheit *f*.

steer [stɪə*] *n* Mastochse *m*; *vti* steuern; *car etc* lenken; **~ing** (*Aut*) Steuerung *f*; **~ing column** Lenksäule *f*; **~ing wheel** Steuer- *or* Lenkrad *nt*.

stellar ['stelə*] *a* Stern(en)-.

stem [stem] *n* (*Biol*) Stengel *m*, Stiel *m*; (*of glass*) Stiel *m*; *vt* aufhalten; **~ from** *vi* abstammen von.

stench [stentʃ] *n* Gestank *m*.

stencil ['stensl] *n* Schablone *f*; (*paper*) Matrize *f*; *vt* (auf)drucken.

stenographer [ste'nɒgrəfə*] *n* Stenograph(in *f*) *m*.

step [step] *n* Schritt *m*; (*stair*) Stufe *f*; **to take ~s** Schritte unternehmen; *vi* treten, schreiten; **~s = ~ladder**; **~ down** *vi* (*fig*) abtreten; **~ up** *vt* steigern; **~-brother** Stiefbruder *m*; **~child** Stiefkind *nt*; **~father** Stiefvater *m*; **~ladder** Trittleiter *f*; **~mother** Stiefmutter *f*.

steppe [step] *n* Steppe *f*.

stepping stone ['stepɪŋstəʊn] Stein *m*; (*fig*) Sprungbrett *nt*.

stereo ['sterɪəʊ] *n* Stereoanlage *f*; **~phonic** *a* stereophonisch; **~type** *n* Prototyp *m*; *vt* stereotypieren; (*fig*) stereotyp machen.

sterile ['steraɪl] *a* steril, keimfrei; *person* unfruchtbar; (*after operation*) steril.

sterility [ste'rɪlɪtɪ] *n* Unfruchtbarkeit *f*, Sterilität *f*.

sterilization [sterɪlaɪ'zeɪʃən] *n* Sterilisation *f*.

sterilize ['sterɪlaɪz] *vt* (*make unproductive*) unfruchtbar machen; (*make germfree*) sterilisieren, keimfrei machen.

sterling ['stɜːlɪŋ] *a* (*Fin*) Sterling-; *silver* von Standardwert; *character* bewährt, gediegen; **£ ~** Pfund Sterling; **~ area** Sterlingblock *m*.

stern *a*, **~ly** *ad* [stɜːn, -lɪ] streng; *n* Heck *nt*, Achterschiff *nt*; **~ness** Strenge *f*.

stethoscope ['steθəskəʊp] *n* Stethoskop *nt*, Hörrohr *nt*.
stevedore ['sti:vədɔ:*] *n* Schauermann *m*.
stew [stju:] *n* Eintopf *m*; *vti* schmoren.
steward ['stju:əd] *n* Steward *m*; (*in club*) Kellner *m*; (*organizer*) Verwalter *m*; **~ess** Stewardess *f*.
stick [stɪk] *n* Stock *m*, Stecken *m*; (*of chalk etc*) Stück *nt*; *irreg vt* (*stab*) stechen; (*fix*) stecken; (*put*) stellen; (*gum*) (an)kleben; (*col: tolerate*) vertragen; *vi* (*stop*) steckenbleiben; (*get stuck*) klemmen; (*hold fast*) kleben, haften; **~ out** *vi* (*project*) hervorstehen aus; **~ up** *vi* (*project*) in die Höhe stehen; **~ up for** *vt* (*defend*) eintreten für; **~er** Klebezettel *m*, Aufkleber *m*.
stickleback ['stɪklbæk] *n* Stichling *m*.
stickler ['stɪklə*] *n* Pedant *m* (*for* in +*acc*).
stick-up ['stɪkʌp] *n* (*col*) (Raub)überfall *m*.
sticky ['stɪkɪ] *a* klebrig; *atmosphere* stickig.
stiff [stɪf] *a* steif; (*difficult*) schwierig, hart; *paste* dick, zäh; *drink* stark; **~en** *vt* versteifen, (ver)stärken; *vi* sich versteifen; **~ness** Steifheit *f*.
stifle ['staɪfl] *vt yawn etc* unterdrücken.
stifling ['staɪflɪŋ] *a atmosphere* drückend.
stigma ['stɪgmə] *n* (*disgrace*) Stigma *nt*.
stile [staɪl] *n* Steige *f*.
still [stɪl] *a* still; *ad* (immer) noch; (*anyhow*) immerhin; **~born** *a* totgeboren; **~ life** Stilleben *nt*; **~ness** Stille *f*.
stilt [stɪlt] *n* Stelze *f*.
stilted ['stɪltɪd] *a* gestelzt.
stimulant ['stɪmjʊlənt] *n* Anregungsmittel *nt*, Stimulans *nt*.
stimulate ['stɪmjʊleɪt] *vt* anregen, stimulieren.
stimulating ['stɪmjʊleɪtɪŋ] *a* anregend, stimulierend.
stimulation [stɪmjʊ'leɪʃən] *n* Anregung *f*, Stimulation *f*.
stimulus ['stɪmjʊləs] *n* Anregung *f*, Reiz *m*.
sting [stɪŋ] *n* Stich *m*; (*organ*) Stachel *m*; *vti irreg* stechen; (*on skin*) brennen.
stingily ['stɪndʒɪlɪ] *ad* knickerig, geizig.
stinginess ['stɪndʒɪnəs] *n* Geiz *m*.
stinging nettle ['stɪŋɪŋnetl] *n* Brennessel *f*.
stingy ['stɪndʒɪ] *a* geizig, knauserig.
stink [stɪŋk] *n* Gestank *m*; *vi irreg* stinken; **~er** (*col*) (*person*) gemeine(r) Hund *m*; (*problem*) böse Sache *f*; **~ing** *a* (*fig*) widerlich; **~ing rich** steinreich.
stint [stɪnt] *n* Pensum *nt*; (*period*) Betätigung *f*; *vt* einschränken, knapphalten.
stipend ['staɪpend] *n* Gehalt *nt*.
stipulate ['stɪpjʊleɪt] *vt* festsetzen.
stipulation [stɪpjʊ'leɪʃən] *n* Bedingung *f*.
stir [stɜ:*] *n* Bewegung *f*; (*Cook*) Rühren *nt*; (*sensation*) Aufsehen *nt*; *vt* (um)rühren; *vi* sich rühren; **~ up** *vt mob* aufhetzen; *fire* entfachen; *mixture* umrühren; *dust* aufwirbeln; **to ~ things up** Ärger machen; **~ring** *a* ergreifend.
stirrup ['stɪrəp] *n* Steigbügel *m*.
stitch [stɪtʃ] *n* (*with needle*) Stich *m*; (*Med*) Faden *m*; (*of knitting*) Masche *f*; (*pain*) Stich *m*, Stechen *nt*; *vt* nähen.
stoat [stəʊt] *n* Wiesel *nt*.
stock [stɒk] *n* Vorrat *m*; (*Comm*) (Waren)lager *nt*; (*live—*) Vieh *nt*; (*Cook*) Brühe *f*; (*Fin*) Grundkapital *nt*; *a* stets vorrätig; (*standard*) Normal-; *vt* versehen, versorgen; (*in shop*) führen; **in ~** auf Vorrat; **to take ~** Inventur machen; (*fig*) Bilanz ziehen; **to ~ up with** Reserven anlegen von; **~ade** [stɒ'keɪd] Palisade *f*; **~broker** Börsenmakler *m*; **~ exchange** Börse *f*.
stocking ['stɒkɪŋ] *n* Strumpf *m*.
stockist ['stɒkɪst] *n* Händler *m*.
stock market ['stɒkmɑ:kɪt] *n* Börse *f*, Effektenmarkt *m*.
stockpile ['stɒkpaɪl] *n* Vorrat *m*; **nuclear ~** Kernwaffenvorräte *pl*; *vt* aufstapeln.
stocktaking ['stɒkteɪkɪŋ] *n* Inventur *f*, Bestandsaufnahme *f*.
stocky ['stɒkɪ] *n* untersetzt.
stodgy ['stɒdʒɪ] *a* füllend, stopfend; (*fig*) langweilig, trocken.
stoic ['stəʊɪk] *n* Stoiker *m*; **~al** *a* stoisch; **~ism** ['stəʊɪsɪzəm] Stoizismus *m*; (*fig*) Gelassenheit *f*.
stoke [stəʊk] *vt* schüren; **~r** Heizer *m*.
stole [stəʊl] *n* Stola *f*; **~n** *a* gestohlen.
stolid ['stɒlɪd] *a* schwerfällig; *silence* stur.
stomach ['stʌmək] *n* Bauch *m*, Magen *m*; **I have no ~ for it** das ist nichts für mich; *vt* vertragen; **~-ache** Magen- *or* Bauchschmerzen *pl*.
stone [stəʊn] *n* Stein *m*; (*seed*) Stein *m*, Kern *m*; (*weight*) *Gewichtseinheit f = 6.35 kg*; *a* steinern, Stein-; *vt* entkernen; (*kill*) steinigen; **~-cold** *a* eiskalt; **~-deaf** *a* stocktaub; **~mason** Steinmetz *m*; **~work** Mauerwerk *nt*.
stony ['stəʊnɪ] *a* steinig.
stool [stu:l] *n* Hocker *m*.
stoop [stu:p] *vi* sich bücken.
stop [stɒp] *n* Halt *m*; (*bus—*) Haltestelle *f*; (*punctuation*) Punkt *m*; *vt* stoppen, anhalten; (*bring to end*) aufhören (mit), sein lassen; *vi* aufhören; (*clock*) stehenbleiben; (*remain*) bleiben; **to ~ doing sth** aufhören, etw zu tun; **~ it!** hör auf (damit)!; **~ dead** *vi* plötzlich aufhören, innehalten; **~ in** *vi* (*at home*) zu Hause bleiben; **~ off** *vi* kurz haltmachen; **~ out** *vi* (*of house*) ausbleiben; **~ over** *vi* übernachten, über Nacht bleiben; **~ up** *vi* (*at night*) aufbleiben; *vt hole* zustopfen, verstopfen; **~-lights** *pl* (*Aut*) Bremslichter *pl*; **~over** (*on journey*) Zwischenaufenthalt *m*; **~page** ['stɒpɪdʒ] (An)halten *nt*; (*traffic*) Verkehrsstockung *f*; (*strike*) Arbeitseinstellung *f*; **~per** Propfen *m*, Stöpsel *m*; **~-press** letzte Meldung *f*; **~watch** Stoppuhr *f*.
storage ['stɔ:rɪdʒ] *n* Lagerung *f*.
store [stɔ:*] *n* Vorrat *m*; (*place*) Lager *nt*, Warenhaus *nt*; (*large shop*) Kaufhaus *nt*; *vt* lagern; **~ up** *vt* sich eindecken mit; **~room** Lagerraum *m*, Vorratsraum *m*.
storey ['stɔ:rɪ] *n* (*Brit*) Stock *m*, Stockwerk *nt*.
stork [stɔ:k] *n* Storch *m*.
storm [stɔ:m] *n* (*lit*, *fig*) Sturm *m*; *vti* stürmen; **to take by ~** im Sturm

nehmen; **~-cloud** Gewitterwolke *f*; **~y** *a* stürmisch.

story ['stɔ:rɪ] *n* Geschichte *f*, Erzählung *f*; (*lie*) Märchen *nt*: (*US: storey*) Stock *m*, Stockwerk *nt*; **~book** Geschichtenbuch *nt*; **~teller** Geschichtenerzähler *m*.

stout [staʊt] *a* (*bold*) mannhaft, tapfer; (*too fat*) beleibt, korpulent; **~ness** Festigkeit *f*; (*of body*) Korpulenz *f*.

stove [stəʊv] *n* (Koch)herd *m*; (*for heating*) Ofen *m*.

stow [stəʊ] *vt* verstauen; **~away** blinde(r) Passagier *m*.

straddle ['strædl] *vt horse, fence* rittlings sitzen auf (+*dat*); (*fig*) überbrücken.

strafe [strɑ:f] *vt* beschießen, bombardieren.

straggle ['strægl] *vi* (*branches etc*) wuchern; (*people*) nachhinken; **~r** Nachzügler *m*.

straight [streɪt] *a* gerade; (*honest*) offen, ehrlich; (*in order*) in Ordnung; *drink* pur, unverdünnt; *ad* (*direct*) direkt, geradewegs; *n* (*Sport*) Gerade *f*; **~away** *ad* sofort, unverzüglich; **~ off** *ad* sofort; direkt nacheinander; **~ on** *ad* geradeaus; **~en** *vt* (*also* **~en out**) (*lit*) gerade machen; (*fig*) in Ordnung bringen, klarstellen; **~forward** *a* einfach, unkompliziert.

strain [streɪn] *n* Belastung *f*; (*streak, trace*) Zug *m*; (*of music*) Fetzen *m*; *vt* überanstrengen; (*stretch*) anspannen; *muscle* zerren; (*filter*) (durch)seihen; **don't ~ yourself** überanstrenge dich nicht; *vi* (*make effort*) sich anstrengen; **~ed** *a laugh* gezwungen; *relations* gespannt; **~er** Sieb *nt*.

strait [streɪt] *n* Straße *f*, Meerenge *f*; **~ened** *a circumstances* beschränkt; **~-jacket** Zwangsjacke *f*; **~-laced** *a* engherzig, streng.

strand [strænd] *n* (*lit, fig*) Faden *m*: (*of hair*) Strähne *f*; **to be ~ed** (*lit, fig*) gestrandet sein.

strange [streɪndʒ] *a* fremd; (*unusual*) merkwürdig, seltsam; **~ly** *ad* merkwürdig; fremd; **~ly enough** merkwürdigerweise; **~ness** Fremdheit *f*; **~r** Fremde(r) *mf*; **I'm a ~r here** ich bin hier fremd.

strangle ['stræŋgl] *vt* erdrosseln, erwürgen; **~hold** (*fig*) Unklammerung *f*.

strangulation [stræŋgjʊ'leɪʃən] *n* Erdrosseln *nt*.

strap [stræp] *n* Riemen *m*; (*on clothes*) Träger *m*; *vt* (*fasten*) festschnallen; **~less** *a dress* trägerlos; **~ping** *a* stramm.

stratagem ['strætədʒəm] *n* (Kriegs)list *f*.

strategic *a*, **~ally** *ad* [strə'ti:dʒɪk, -əlɪ] strategisch.

strategist ['srætədʒɪst] *n* Stratege *m*.

strategy ['strætədʒɪ] *n* Kriegskunst *f*; (*fig*) Strategie *f*.

stratosphere ['strætəʊsfɪə*] *n* Stratosphäre *f*.

stratum ['strɑ:təm] *n* Schicht *f*.

straw [strɔ:] *n* Stroh *nt*; (*single stalk, drinking* —) Strohhalm *m*; *a* Stroh-; **~berry** Erdbeere *f*.

stray [streɪ] *n* verirrte(s) Tier *nt*; *vi* herumstreunen; *a animal* verirrt; *thought* zufällig.

streak ['stri:k] *n* Streifen *m*; (*in character*) Einschlag *m*; (*in hair*) Strähne *f*; **~ of bad luck** Pechsträhne *f*; *vt* streifen; **~y** *a* gestreift; *bacon* durchwachsen.

stream [stri:m] *n* (*brook*) Bach *m*; (*fig*) Strom *m*; (*flow of liquid*) Strom *m*, Flut *f*; *vi* strömen, fluten; **~er** (*pennon*) Wimpel *m*; (*of paper*) Luftschlange *f*; **~lined** *a* stromlinienförmig; (*effective*) rationell.

street [stri:t] *n* Straße *f*; **~car** (*US*) Straßenbahn *f*; **~ lamp** Straßenlaterne *f*.

strength [streŋθ] *n* Stärke *f* (*also fig*); Kraft *f*; **~en** *vt* (ver)stärken.

strenuous ['strenjʊəs] *a* anstrengend; **~ly** *ad* angestrengt.

stress [stres] *n* Druck *m*; (*mental*) Streß *m*; (*Gram*) Betonung *f*; *vt* betonen.

stretch [stretʃ] *n* Stück *nt*, Strecke *f*; *vt* ausdehnen, strecken; *vi* sich erstrecken; (*person*) sich strecken; **at a ~** (*continuously*) ununterbrochen; **~ out** *vi* sich ausstrecken; *vt* ausstrecken; **~er** Tragbahre *f*.

stricken ['strɪkən] *a person* befallen, ergriffen; *city, country* heimgesucht.

strict [strɪkt] *a* (*exact*) genau; (*severe*) streng; **~ly** *ad* streng, genau; **~ly speaking** streng *or* genau genommen; **~ness** Strenge *f*.

stride [straɪd] *n* lange(r) Schritt *m*; *vi irreg* schreiten.

strident ['straɪdənt] *a* schneidend, durchdringend.

strife [straɪf] *n* Streit *m*.

strike [straɪk] *n* Streik *m*, Ausstand *m*; (*discovery*) Fund *m*; (*attack*) Schlag *m*; *irreg vt* (*hit*) schlagen; treffen; (*collide*) stoßen gegen; (*come to mind*) einfallen (+*dat*); (*stand out*) auffallen; (*find*) stoßen auf (+*acc*), finden; *vi* (*stop work*) streiken; (*attack*) zuschlagen; (*clock*) schlagen; **~ down** *vt* (*lay low*) niederschlagen; **~ out** *vt* (*cross out*) ausstreichen; **~ up** *vt music* anstimmen; *friendship* schließen; **~ pay** Streikgeld *nt*; **~r** Streikende(r) *mf*.

striking *a*, **~ly** *ad* ['straɪkɪŋ, -lɪ] auffallend, bemerkenswert.

string [strɪŋ] *n* Schnur *f*, Kordel *f*, Bindfaden *m*; (*row*) Reihe *f*; (*Mus*) Saite *f*; **~ bean** grüne Bohne *f*.

stringency ['strɪndʒənsɪ] *n* Schärfe *f*.

stringent ['strɪndʒənt] *a* streng, scharf.

strip [strɪp] *n* Streifen *m*; *vt* (*uncover*) abstreifen, abziehen; *clothes* ausziehen; (*Tech*) auseinandernehmen; *vi* (*undress*) sich ausziehen; **~ cartoon** Bildserie *f*.

stripe [straɪp] *n* Streifen *m*; **~d** *a* gestreift.

strip light ['strɪplaɪt] *n* Leuchtröhre *f*.

stripper ['strɪpə*] *n* Stripteasetänzerin *f*.

striptease ['strɪpti:z] *n* Striptease *nt*.

strive [straɪv] *vi irreg* streben (*for* nach).

stroke [strəʊk] *n* Schlag *m*, Hieb *m*; (*swim, row*) Stoß *m*; (*Tech*) Hub *m*; (*Med*) Schlaganfall *m*; (*caress*) Streicheln *nt*; *vt* streicheln; **at a ~** mit einem Schlag; **on the ~ of 5** Schlag 5.

stroll [strəʊl] *n* Spaziergang *m*; *vi*

spazierengehen, schlendern.
strong [strɒŋ] *a* stark; (*firm*) fest; **they are 50 ~** sie sind 50 Mann stark; **~hold** Hochburg *f*; **~ly** *ad* stark; **~room** Tresor *m*.
structural ['strʌktʃərəl] *a* strukturell.
structure ['strʌktʃə*] *n* Struktur *f*, Aufbau *m*; (*building*) Gebäude *nt*, Bau *m*.
struggle ['strʌgl] *n* Kampf *m*, Anstrengung *f*; *vi* (*fight*) kämpfen; **to ~ to do sth** sich (ab)mühen etw zu tun.
strum [strʌm] *vt guitar* klimpern auf (+*dat*).
strung [strʌŋ] *see* **highly**.
strut [strʌt] *n* Strebe *f*, Stütze *f*; *vi* stolzieren.
strychnine ['strɪkni:n] *n* Strychnin *nt*.
stub [stʌb] *n* Stummel *m*; (*of cigarette*) Kippe *f*.
stubble ['stʌbl] *n* Stoppel *f*.
stubbly ['stʌblɪ] *a* stoppelig, Stoppel-.
stubborn *a*, **~ly** *ad* ['stʌbən, -lɪ] stur, hartnäckig; **~ness** Sturheit *f*, Hartnäckigkeit *f*.
stubby ['stʌbɪ] *a* untersetzt.
stucco ['stʌkəʊ] *n* Stuck *m*.
stuck-up ['stʌk'ʌp] *a* hochnäsig.
stud [stʌd] *n* (*nail*) Beschlagnagel *m*; (*button*) Kragenknopf *m*; (*number of horses*) Stall *m*; (*place*) Gestüt *nt*; **~ded with** übersät mit.
student ['stju:dənt] *n* Student(in *f*) *m*; (*US also*) Schüler(in *f*) *m*; **fellow ~** Kommilitone *m*; Kommilitonin *f*.
studied ['stʌdɪd] *a* absichtlich.
studio ['stju:dɪəʊ] *n* Studio *nt*; (*for artist*) Atelier *nt*.
studious *a*, **~ly** *ad* ['stju:dɪəs, -lɪ] lernbegierig.
study ['stʌdɪ] *n* Studium *nt*; (*investigation also*) Untersuchung *f*; (*room*) Arbeitszimmer *nt*; (*essay etc*) Studie *f*; *vt* studieren; *face* erforschen; *evidence* prüfen; *vi* studieren; **~ group** Arbeitsgruppe *f*.
stuff [stʌf] *n* Stoff *m*; (*col*) Zeug *nt*; **that's hot ~!** das ist Klasse!; *vt* stopfen, füllen; *animal* ausstopfen; **to ~ o.s.** sich vollstopfen; **~ed full** vollgepfropft; **~iness** Schwüle *f*; Spießigkeit *f*; **~ing** Füllung *f*; **~y** *a room* schwül; *person* spießig.
stumble ['stʌmbl] *vi* stolpern; **to ~ on** zufällig stoßen auf (+*acc*).
stumbling block ['stʌmblɪŋblɒk] *n* Hindernis *nt*, Stein *m* des Anstoßes.
stump [stʌmp] *n* Stumpf *m*; *vt* umwerfen.
stun [stʌn] *vt* betäuben; (*shock*) niederschmettern.
stunning ['stʌnɪŋ] *a* betäubend; *news* überwältigend, umwerfend; **~ly beautiful** traumhaft schön.
stunt [stʌnt] *n* Kunststück *nt*, Trick *m*; *vt* verkümmern lassen; **~ed** *a* verkümmert.
stupefy ['stju:pɪfaɪ] *vt* betäuben; (*by news*) bestürzen; **~ing** *a* betäubend; bestürzend.
stupendous [stjʊ'pendəs] *a* erstaunlich, enorm.
stupid *a*, **~ly** *ad* ['stju:pɪd, -lɪ] dumm; **~ity** [stju:'pɪdɪtɪ] Dummheit *f*.
stupor ['stju:pə*] *n* Betäubung *f*.
sturdily ['stɜ:dɪlɪ] *ad* kräftig, stabil.
sturdiness [ʃtɜ:dɪnəs] *n* Robustheit *f*.
sturdy ['stɜ:dɪ] *a* kräftig, robust.
stutter ['stʌtə*] *n* Stottern *nt*; *vi* stottern.
sty [staɪ] *n* Schweinestall *m*.
stye [staɪ] *n* Gerstenkorn *nt*.
style [staɪl] *n* Stil *m*; (*fashion*) Mode *f*; **hair ~** Frisur *f*; **in ~** mit Stil; *vt hair* frisieren.
styling ['staɪlɪŋ] *n* (*of car etc*) Formgebung *f*.
stylish *a*, **~ly** *ad* ['staɪlɪʃ, -lɪ] modisch, schick, flott.
stylized ['staɪlaɪzd] *a* stilisiert.
stylus ['staɪləs] *n* (Grammophon)nadel *f*.
styptic ['stɪptɪk] *a*: **~ pencil** blutstillende(r) Stift *m*.
suave [swɑ:v] *a* zuvorkommend.
sub- [sʌb] *pref* Unter-.
subconscious ['sʌb'kɒnʃəs] *a* unterbewußt; *n*: **the ~** das Unterbewußte.
subdivide ['sʌbdɪ'vaɪd] *vt* unterteilen.
subdivision ['sʌbdɪvɪʒən] *n* Unterteilung *f*; (*department*) Unterabteilung *f*.
subdue [səb'dju:] *vt* unterwerfen; **~d** *a lighting* gedämpft; *person* still.
subject ['sʌbdʒɪkt] *n* (*of kingdom*) Untertan *m*; (*citizen*) Staatsangehörige(r) *mf*; (*topic*) Thema *nt*; (*Sch*) Fach *nt*; (*Gram*) Subjekt *nt*, Satzgegenstand *m*; [səb'dʒekt] *vt* (*subdue*) unterwerfen, abhängig machen; (*expose*) aussetzen; **to be ~ to** unterworfen sein (+*dat*); (*exposed*) ausgesetzt sein (+*dat*); **~ion** [səb'dʒekʃən] (*conquering*) Unterwerfung *f*; (*being controlled*) Abhängigkeit *f*; **~ive** *a*, **~ively** *ad* [səb'dʒektɪv, -lɪ] subjektiv; **~ matter** Thema *nt*.
sub judice [sʌb'dju:dɪsɪ] *a* in gerichtliche(r) Untersuchung.
subjunctive [səb'dʒʌŋktɪv] *n* Konjunktiv *m*, Möglichkeitsform *f*; *a* Konjunktiv-, konjunktivisch.
sublet ['sʌb'let] *vt irreg* untervermieten.
sublime [sə'blaɪm] *a* erhaben.
submarine [sʌbmə'ri:n] *n* Unterseeboot *nt*, U-Boot *nt*.
submerge [səb'mɜ:dʒ] *vt* untertauchen; (*flood*) überschwemmen; *vi* untertauchen.
submission [səb'mɪʃən] *n* (*obedience*) Ergebenheit *f*, Gehorsam *m*; (*claim*) Behauptung *f*; (*of plan*) Unterbreitung *f*.
submit [səb'mɪt] *vt* behaupten; *plan* unterbreiten; *vi* (*give in*) sich ergeben.
subnormal ['sʌb'nɔ:məl] *a* minderbegabt.
subordinate [sə'bɔ:dɪnət] *a* untergeordnet; *n* Untergebene(r) *mf*.
subpoena [sə'pi:nə] *n* Vorladung *f*; *vt* vorladen.
subscribe [səb'skraɪb] *vi* spenden, Geld geben; (*to view etc*) unterstützen, beipflichten (+*dat*); (*to newspaper*) abonnieren (*to acc*); **~r** (*to periodical*) Abonnent *m*; (*Tel*) Telefonteilnehmer *m*.
subscription [səb'skrɪpʃən] *n* Abonnement *nt*; (Mitglieds)beitrag *m*.
subsequent ['sʌbsɪkwənt] *a* folgend, später; **~ly** *ad* später.

subside [səb'saɪd] *vi* sich senken; **~nce** [sʌb'saɪdəns] Senkung *f*.

subsidiary [səb'sɪdɪərɪ] *n* Neben-; *n* (*company*) Zweig *m*, Tochtergesellschaft *f*.

subsidize ['sʌbsɪdaɪz] *vt* subventionieren.

subsidy ['sʌbsɪdɪ] *n* Subvention *f*.

subsistence [səb'sɪstəns] *n* Unterhalt *m*; **~ level** Existenzminimum *nt*.

substance ['sʌbstəns] *n* Substanz *f*, Stoff *m*; (*most important part*) Hauptbestandteil *m*.

substandard ['sʌb'stændəd] *a* unterdurchschnittlich.

substantial [səb'stænʃəl] *a* (*strong*) fest, kräftig; (*important*) wesentlich; **~ly** *ad* erheblich.

substantiate [səb'stænʃɪeɪt] *vt* begründen, belegen.

substation ['sʌbsteɪʃən] *n* (*Elec*) Nebenwerk *nt*.

substitute ['sʌbstɪtju:t] *n* Ersatz *m*; *vt* ersetzen.

substitution [sʌbstɪ'tju:ʃən] *n* Ersetzung *f*.

subterfuge ['sʌbtəfju:dʒ] *n* Vorwand *m*; Tricks *pl*.

subterranean [sʌbtə'reɪnɪən] *a* unterirdisch.

subtitle ['sʌbtaɪtl] *n* Untertitel *m*.

subtle ['sʌtl] *a* fein; (*sly*) raffiniert; **~ty** subtile Art *f*, Raffinesse *f*.

subtly ['sʌtlɪ] *ad* fein, raffiniert.

subtract [səb'trækt] *vt* abziehen, subtrahieren; **~ion** [səb'trækʃən] Abziehen *nt*, Subtraktion *f*.

subtropical ['sʌb'trɒpɪkəl] *a* subtropisch.

suburb ['sʌbɜ:b] *n* Vorort *m*; **~an** [sə'bɜ:bən] *a* Vorort(s)-, Stadtrand-; **~ia** [sə'bɜ:bɪə] Vorstadt *f*.

subvention [səb'venʃən] *n* (*US*) Unterstützung *f*, Subvention *f*.

subversive [səb'vɜ:ʃɪv] *a* subversiv.

subway ['sʌbweɪ] *n* (*US*) U-Bahn *f*, Untergrundbahn *f*; (*Brit*) Unterführung *f*.

sub-zero ['sʌb'zɪərəʊ] *a* unter Null, unter dem Gefrierpunkt.

succeed [sək'si:d] *vi* gelingen (+*dat*), Erfolg haben; **he ~ed** es gelang ihm; *vt* (nach)folgen (+*dat*); **~ing** *a* (nach)folgend.

success [sək'ses] *n* Erfolg *m*; **~ful** *a*, **~fully** *ad* erfolgreich; **~ion** [sək'seʃən] (Aufeinander)folge *f*; (*to throne*) Nachfolge *f*; **~ive** *a* [sək'sesɪv] aufeinanderfolgend; **~or** Nachfolger(in *f*) *m*.

succinct [sək'sɪŋkt] *a* kurz und bündig, knapp.

succulent ['sʌkjʊlənt] *a* saftig.

succumb [sə'kʌm] *vi* zusammenbrechen (*to* unter +*dat*); (*yield*) nachgeben; (*die*) erliegen.

such [sʌtʃ] *a* solche(r, s); **~ a** so ein; **~ a lot** so viel; **~ is life** so ist das Leben; **~ is my wish** das ist mein Wunsch; **~ as** wie; *pron* solch; **~ as I have** die, die ich habe; **~like** *a* derartig; *pron* dergleichen.

suck [sʌk] *vt* saugen; *ice cream etc* lecken; *toffee etc* lutschen; *vi* saugen; **~er** (*col*) Idiot *m*, Dummkopf *m*.

suckle ['sʌkl] *vt* säugen; *child* stillen; *vi* saugen.

suction ['sʌkʃən] *n* Saugen *nt*, Saugkraft *f*.

sudden *a*, **~ly** *ad* ['sʌdn, -lɪ] plötzlich; **all of a ~** ganz plötzlich, auf einmal; **~ness** Plötzlichkeit *f*.

sue [su:] *vt* verklagen.

suède [sweɪd] *n* Wildleder *nt*; *a* Wildleder-.

suet [sʊɪt] *n* Nierenfett *nt*.

suffer ['sʌfə*] *vt* (er)leiden; (*old: allow*) zulassen, dulden; *vi* leiden; **~er** Leidende(r) *mf*; **~ering** Leiden *nt*.

suffice [sə'faɪs] *vi* genügen.

sufficient *a*, **~ly** *ad* [sə'fɪʃənt, -lɪ] ausreichend.

suffix ['sʌfɪks] *n* Nachsilbe *f*.

suffocate ['sʌfəkeɪt] *vti* ersticken.

suffocation [sʌfə'keɪʃən] *n* Ersticken *nt*.

suffragette [sʌfrə'dʒet] *n* Suffragette *f*.

sugar ['ʃʊgə*] *n* Zucker *m*; *vt* zuckern; **~ beet** Zuckerrübe *f*; **~ cane** Zuckerrohr *nt*; **~y** *a* süß.

suggest [sə'dʒest] *vt* vorschlagen; (*show*) schließen lassen auf (+*acc*); **what does this painting ~ to you?** was drückt das Bild für dich aus?; **~ion** [sə'dʒestʃən] Vorschlag *m*; **~ive** *a* anregend; (*indecent*) zweideutig; **to be ~ive of sth** an etw (*acc*) erinnern.

suicidal [sʊɪ'saɪdl] *a* selbstmörderisch; **that's ~** das ist Selbstmord.

suicide ['sʊɪsaɪd] *n* Selbstmord *m*; **to commit ~** Selbstmord begehen.

suit [su:t] *n* Anzug *m*; (*Cards*) Farbe *f*; *vt* passen (+*dat*); *clothes* stehen (+*dat*); (*adapt*) anpassen; **~ yourself** mach doch, was du willst; **~ability** [su:tə'bɪlɪtɪ] Eignung *f*; **~able** *a* geeignet, passend; **~ably** *ad* passend, angemessen; **~case** (Hand)koffer *m*.

suite [swi:t] *n* (*of rooms*) Zimmerflucht *f*; (*of furniture*) Einrichtung *f*; (*Mus*) Suite *f*; **three-piece ~** Couchgarnitur *f*.

sulfur ['sʌlfə*] *n* (*US*) = **sulphur**.

sulk [sʌlk] *vi* schmollen; **~y** *a* schmollend.

sullen ['sʌlən] *a* (*gloomy*) düster; (*bad-tempered*) mürrisch, verdrossen.

sulphur ['sʌlfə*] *n* Schwefel *m*.

sulphuric [sʌl'fjʊərɪk] *a*: **~ acid** Schwefelsäure *f*.

sultan ['sʌltən] *n* Sultan *m*; **~a** [sʌl'tɑ:nɑ] (*woman*) Sultanin *f*; (*raisin*) Sultanine *f*.

sultry ['sʌltrɪ] *a* schwül.

sum [sʌm] *n* Summe *f*; (*money also*) Betrag *m*; (*arithmetic*) Rechenaufgabe *f*; **~s** *pl* Rechnen *nt*; **~ up** *vti* zusammenfassen; **~marize** *vt* kurz zusammenfassen; **~mary** Zusammenfassung *f*; (*of book etc*) Inhaltsangabe *f*.

summer ['sʌmə*] *n* Sommer *m*; *a* Sommer-; **~house** (*in garden*) Gartenhaus *nt*; **~time** Sommerzeit *f*.

summing-up ['sʌmɪŋ'ʌp] *n* Zusammenfassung *f*.

summit ['sʌmɪt] *n* Gipfel *m*; **~ conference** Gipfelkonferenz *f*.

summon ['sʌmən] *vt* bestellen, kommen lassen; (*Jur*) vorladen; (*gather up*) aufbieten, aufbringen; **~s** (*Jur*) Vorladung *f*.

sump [sʌmp] *n* Ölwanne *f*.

sumptuous ['sʌmptjʊəs] *a* prächtig; **~ness** Pracht *f.*
sun [sʌn] *n* Sonne *f*; **~bathe** *vi* sich sonnen; **~bathing** Sonnenbaden *nt*; **~burn** Sonnenbrand *m*; **to be ~burnt** einen Sonnenbrand haben.
Sunday ['sʌndeɪ] *n* Sonntag *m.*
sundial ['sʌndaɪəl] *n* Sonnenuhr *f.*
sundown ['sʌndaʊn] *n* Sonnenuntergang *m.*
sundry ['sʌndrɪ] *a* verschieden; *n*: **sundries** *pl* Verschiedene(s) *nt*; **all and ~** alle.
sunflower ['sʌnflaʊə*] *n* Sonnenblume *f.*
sunglasses ['sʌnglɑːsɪz] *npl* Sonnenbrille *f.*
sunken ['sʌŋkən] *a* versunken; *eyes* eingesunken.
sunlight ['sʌnlaɪt] *n* Sonnenlicht *nt.*
sunlit ['sʌnlɪt] *a* sonnenbeschienen.
sunny ['sʌnɪ] *a* sonnig.
sunrise ['sʌnraɪz] *n* Sonnenaufgang *m.*
sunset ['sʌnset] *n* Sonnenuntergang *m.*
sunshade ['sʌnʃeɪd] *n* Sonnenschirm *m.*
sunshine ['sʌnʃaɪn] *n* Sonnenschein *m.*
sunspot ['sʌnspɒt] *n* Sonnenfleck *m.*
sunstroke ['sʌnstrəʊk] *n* Hitzschlag *m.*
sun tan ['sʌntæn] *n* (Sonnen)bräune *f*; **to get a ~** braun werden.
suntrap ['sʌŋtræp] *n* sonnige(r) Platz *m.*
sunup ['sʌnʌp] *n* (*col*) Sonnenaufgang *m.*
super ['suːpə*] *a* (*col*) prima, klasse; Super-, Über-.
superannuation [suːpərænjʊeɪʃən] *n* Pension *f.*
superb *a*, **~ly** *ad* [suː'pɜːb, -lɪ] ausgezeichnet, hervorragend.
supercilious [suːpə'sɪlɪəs] *a* herablassend.
superficial *a*, **~ly** *ad* [suːpə'fɪʃəl, -ɪ] oberflächlich.
superfluous [sʊ'pɜːflʊəs] *a* überflüssig.
superhuman [suːpə'hjuːmən] *a effort* übermenschlich.
superimpose ['suːpərɪm'pəʊz] *vt* übereinanderlegen.
superintendent [suːpərɪn'tendənt] *n* Polizeichef *m.*
superior [sʊ'pɪərɪə*] *a* (*higher*) höher(stehend); (*better*) besser; (*proud*) überlegen; *n* Vorgesetzte(r) *mf*; **~ity** [sʊpɪərɪ'ɒrɪtɪ] Überlegenheit *f.*
superlative [sʊ'pɜːlətɪv] *a* höchste(r,s); *n* (*Gram*) Superlativ *m.*
superman ['suːpəmæn] *n* Übermensch *m.*
supermarket ['suːpəmɑːkɪt] *n* Supermarkt *m.*
supernatural [suːpə'nætʃərəl] *a* übernatürlich.
superpower ['suːpəpaʊə*] *n* Weltmacht *f.*
supersede [suːpə'siːd] *vt* ersetzen.
supersonic ['suːpə'sɒnɪk] *n* Überschall-.
superstition [suːpə'stɪʃən] *n* Aberglaube *m.*
superstitious [suːpə'stɪʃəs] *a* abergläubisch.
supervise ['suːpəvaɪz] *vt* beaufsichtigen, kontrollieren.
supervision [suːpə'vɪʒən] *n* Aufsicht *f.*
supervisor ['suːpəvaɪzə*] *n* Aufsichtsperson *f*; **~y** *a* Aufsichts-.
supper ['sʌpə*] *n* Abendessen *nt.*
supple ['sʌpl] *a* gelenkig, geschmeidig; *wire* biegsam.
supplement ['sʌplɪmənt] *n* Ergänzung *f*; (*in book*) Nachtrag *m*; [sʌplɪ'ment] *vt* ergänzen; **~ary** [sʌplɪ'mentərɪ] *a* ergänzend, Ergänzungs-, Zusatz-.
supplier [sə'plaɪə*] *n* Lieferant *m.*
supply [sə'plaɪ] *vt* liefern; *n* Vorrat *m*; (*supplying*) Lieferung *f*; **supplies** *pl* (*food*) Vorräte *pl*; (*Mil*) Nachschub *m*; **~ and demand** Angebot *nt* und Nachfrage.
support [sə'pɔːt] *n* Unterstützung *f*; (*Tech*) Stütze *f*; *vt* (*hold up*) stützen, tragen; (*provide for*) ernähren; (*speak in favour of*) befürworten, unterstützen; **~er** Anhänger *m*; **~ing** *a programme* Bei-; *role* Neben-.
suppose [sə'pəʊz] *vti* annehmen, denken, glauben; **I ~ so** ich glaube schon; **~ he comes . . .** angenommen, er kommt . . .; **~dly** [sə'pəʊzɪdlɪ] *ad* angeblich.
supposing [sə'pəʊzɪŋ] *cj* angenommen.
supposition [sʌpə'zɪʃən] *n* Voraussetzung *f.*
suppress [sə'pres] *vt* unterdrücken; **~ion** [sə'preʃən] Unterdrückung *f*; **~or** (*Elec*) Entstörungselement *nt.*
supra- ['suːprə] *pref* Über-.
supremacy [su'preməsɪ] *n* Vorherrschaft *f*, Oberhoheit *f.*
supreme *a*, **~ly** *ad* [su'priːm, -lɪ] oberste(r,s), höchste(r,s).
surcharge ['sɜːtʃɑːdʒ] *n* Zuschlag *m.*
sure [ʃʊə*] *a* sicher, gewiß; **to be ~** sicher sein; **to be ~ about sth** sich (*dat*) einer Sache sicher sein; **we are ~ to win** wir werden ganz sicher gewinnen; *ad* sicher; **~!** (*of course*) ganz bestimmt!, natürlich!, klar!; **to make ~ of** sich vergewissern (+*gen*); **~-footed** *a* sicher (auf den Füßen); **~ly** *ad* (*certainly*) sicherlich, gewiß; **~ly it's wrong** das ist doch wohl falsch; **~ly not!** das ist doch wohl nicht wahr!; **~ty** Sicherheit *f*; (*person*) Bürge *m.*
surf [sɜːf] *n* Brandung *f.*
surface ['sɜːfɪs] *n* Oberfläche *f*; *vt roadway* teeren; *vi* auftauchen; **~ mail** gewöhnliche Post *f*, Post per Bahn *f.*
surfboard ['sɜːfbɔːd] *n* Wellenreiterbrett *nt.*
surfeit ['sɜːfɪt] *n* Übermaß *nt.*
surfing ['sɜːfɪŋ] *n* Wellenreiten *nt*, Surfing *nt.*
surge [sɜːdʒ] *n* Woge *f*; *vi* wogen.
surgeon ['sɜːdʒən] *n* Chirurg(in *f*) *m.*
surgery ['sɜːdʒərɪ] *n* Praxis *f*; (*room*) Sprechzimmer *nt*; (*time*) Sprechstunde *f*; (*treatment*) operative(r) Eingriff *m*, Operation *f*; **he needs ~** er muß operiert werden.
surgical ['sɜːdʒɪkəl] *a* chirurgisch.
surly ['sɜːlɪ] *a* verdrießlich, grob.
surmise [sɜː'maɪz] *vt* vermuten.
surmount [sɜː'maʊnt] *vt* überwinden.
surname ['sɜːneɪm] *n* Zuname *m.*
surpass [sɜː'pɑːs] *vt* übertreffen.
surplus ['sɜːpləs] *n* Überschuß *m*; *a* überschüssig, Über(schuß)-.

surprise [sə'praɪz] *n* Überraschung *f*; *vt* überraschen.
surprising [sə'praɪzɪŋ] *a* überraschend; **~ly** *ad* überraschend(erweise).
surrealism [sə'rɪəlɪzəm] *n* Surrealismus *m*.
surrealist [sə'rɪəlɪst] *a* surrealistisch; *n* Surrealist *m*.
surrender [sə'rendə*] *n* Übergabe *f*; Kapitulation *f*; *vi* sich ergeben, kapitulieren; *vt* übergeben.
surreptitious *a*, **~ly** *ad* [sʌrəp'tɪʃəs, -lɪ] verstohlen.
surround [sə'raʊnd] *vt* umgeben; (*come all round*) umringen; **~ed by** umgeben von; **~ing** *a countryside* umliegend; *n*: **~ings** *pl* Umgebung *f*; (*environment*) Umwelt *f*.
surveillance [sɜː'veɪləns] *n* Überwachung *f*.
survey ['sɜːveɪ] *n* Übersicht *f*; [sɜː'veɪ] *vt* überblicken; *land* vermessen; **~ing** [sə'veɪɪŋ] (*of land*) (Land)vermessung *f*; **~or** [sə'veɪə*] Land(ver)messer *m*.
survival [sə'vaɪvəl] *n* Überleben *nt*; (*sth from earlier times*) Überbleibsel *nt*.
survive [sə'vaɪv] *vti* überleben.
survivor [sə'vaɪvə*] *n* Überlebende(r) *mf*.
susceptible [sə'septəbl] *a* empfindlich (*to* gegen); empfänglich (*to* für).
suspect ['sʌspekt] *n* Verdächtige(r) *mf*; *a* verdächtig; [səs'pekt] *vt* verdächtigen; (*think*) vermuten.
suspend [səs'pend] *vt* verschieben; (*from work*) suspendieren; (*hang up*) aufhängen; (*Sport*) sperren; *n*: **~ers** *pl* Strumpfhalter *m*; (*men's*) Sockenhalter *m*; (*US*) Hosenträger *m*.
suspense [səs'pens] *n* Spannung *f*.
suspension [səs'penʃən] *n* (*hanging*) (Auf)hängen *nt*, Aufhängung *f*; (*postponing*) Aufschub *m*; (*from work*) Suspendierung *f*; (*Sport*) Sperrung *f*; (*Aut*) Federung *f*: **~ bridge** Hängebrücke *f*.
suspicion [səs'pɪʃən] *n* Mißtrauen *nt*; Verdacht *m*.
suspicious *a*, **~ly** *ad* [səs'pɪʃəs, -lɪ] mißtrauisch; (*causing suspicion*) verdächtig; **~ness** Mißtrauen *nt*.
sustain [səs'teɪn] *vt* (*hold up*) stützen, tragen; (*maintain*) aufrechterhalten; (*confirm*) bestätigen; (*Jur*) anerkennen; *injury* davontragen; **~ed** *a effort* anhaltend.
sustenance ['sʌstɪnəns] *n* Nahrung *f*.
swab [swɒb] *n* (*Med*) Tupfer *m*; *vt decks* schrubben; *wound* abtupfen.
swagger ['swægə*] *vi* stolzieren; (*behave*) prahlen, angeben.
swallow ['swɒləʊ] *n* (*bird*) Schwalbe *f*; (*of food etc*) Schluck *m*; *vt* (ver)schlucken; **~ up** *vt* verschlingen.
swamp [swɒmp] *n* Sumpf *m*; *vt* überschwemmen; **~y** *a* sumpfig.
swan [swɒn] *n* Schwan *m*; **~ song** Schwanengesang *m*.
swap [swɒp] *n* Tausch *m*; *vt* (ein)tauschen (*for* gegen); *vi* tauschen.
swarm [swɔːm] *n* Schwarm *m*; *vi* wimmeln (*with* von).
swarthy ['swɔːðɪ] *a* dunkel, braun.
swastika ['swɒstɪkə] *n* Hakenkreuz *nt*.
swat [swɒt] *vt* totschlagen.
sway [sweɪ] *vi* schwanken; (*branches*) schaukeln, sich wiegen; *vt* schwenken; (*influence*) beeinflussen, umstimmen.
swear [swɛə*] *vi irreg* (*promise*) schwören; (*curse*) fluchen; **to ~ to sth** schwören auf etw (*acc*); **~word** Fluch *m*.
sweat [swet] *n* Schweiß *m*; *vi* schwitzen; **~er** Pullover *m*; **~y** *a* verschwitzt.
swede [swiːd] *n* Steckrübe *f*.
sweep [swiːp] *n* (*cleaning*) Kehren *nt*; (*wide curve*) Bogen *m*; (*with arm*) schwungvolle Bewegung *f*; (*chimney* —) Schornsteinfeger *m*; *irreg vt* fegen, kehren; *vi* (*road*) sich dahinziehen; (*go quickly*) rauschen; **~ away** *vt* wegfegen; (*river*) wegspülen; **~ past** *vi* vorbeisausen; **~ up** *vt* zusammenkehren; **~ing** *a gesture* schwungvoll; *statement* verallgemeinernd; **~stake** Toto *nt*.
sweet [swiːt] *n* (*course*) Nachtisch *m*; (*candy*) Bonbon *nt*; *a*, **~ly** *ad* süß; **~corn** Zuckermais *m*; **~en** *vt* süßen; (*fig*) versüßen; **~heart** Liebste(r) *mf*; **~ness** Süße *f*; **~ pea** Gartenwicke *f*; **to have a ~ tooth** ein Leckermaul sein.
swell [swel] *n* Seegang *m*; *a* (*col*) todschick; *irreg vt numbers* vermehren; *vi* (*also* **~ up**) (an)schwellen; **~ing** Schwellung *f*.
sweltering ['sweltərɪŋ] *a* drückend.
swerve [swɜːv] *n* Ausschwenken *nt*; *vti* ausscheren, zur Seite schwenken.
swift [swɪft] *n* Mauersegler *m*; *a*, **~ly** *ad* geschwind, schnell, rasch; **~ness** Schnelligkeit *f*.
swig [swɪg] *n* Zug *m*.
swill [swɪl] *n* (*for pigs*) Schweinefutter *nt*; *vt* spülen.
swim [swɪm] *n*: **to go for a ~** schwimmen gehen; *irreg vi* schwimmen; **my head is ~ming** mir dreht sich der Kopf; *vt* (*cross*) (durch)schwimmen; **~mer** Schwimmer(in *f*) *m*; **~ming** Schwimmen *nt*; **to go ~ming** schwimmen gehen; **~ming baths** *pl* Schwimmbad *nt*; **~ming cap** Badehaube *f*, Badekappe *f*; **~ming costume** Badeanzug *m*; **~ming pool** Schwimmbecken *nt*; (*private*) Swimming-Pool *m*; **~suit** Badeanzug *m*.
swindle ['swɪndl] *n* Schwindel *m*, Betrug *m*; *vt* betrügen; **~r** Schwindler *m*.
swine [swaɪn] *n* (*lit, fig*) Schwein *nt*.
swing [swɪŋ] *n* (*child's*) Schaukel *f*; (*swinging*) Schwingen *nt*, Schwung *m*; (*Mus*) Swing *m*; *irreg vt* schwingen, (herum)schwenken; *vi* schwingen, pendeln, schaukeln; (*turn quickly*) schwenken; **in full ~** in vollem Gange; **~ bridge** Drehbrücke *f*; **~ door** Schwingtür *f*.
swipe [swaɪp] *n* Hieb *m*; *vt* (*col*) (*hit*) hart schlagen; (*steal*) klauen.
swirl [swɜːl] *n* Wirbel *m*; *vi* wirbeln.
switch [swɪtʃ] *n* (*Elec*) Schalter *m*; (*change*) Wechsel *m*; *vti* (*Elec*) schalten; (*change*) wechseln; **~ off** *vt* ab- *or* ausschalten; **~ on** *vt* an- *or* einschalten; **~back** Achterbahn *f*; **~board**

Vermittlung *f*, Zentrale *f*; (*board*) Schaltbrett *nt*.
swivel ['swɪvl] *vti* (*also* ~ **round**) (sich) drehen.
swollen ['swəʊlən] *a* geschwollen.
swoon [swu:n] *vi* (*old*) in Ohnmacht fallen.
swoop [swu:p] *n* Sturzflug *m*; (*esp by police*) Razzia *f*; *vi* (*also* ~ **down**) stürzen.
swop [swɒp] = **swap**.
sword [sɔ:d] *n* Schwert *nt*; ~**fish** Schwertfisch *m*; ~**sman** Fechter *m*.
sworn [swɔ:n] *a*: ~ **enemies** *pl* Todfeinde *pl*.
sycamore ['sɪkəmɔ:*] *n* (*US*) Platane *f*; (*Brit*) Bergahorn *m*.
sycophantic [sɪkə'fæntɪk] *a* schmeichlerisch, kriecherisch.
syllable ['sɪləbl] *n* Silbe *f*.
syllabus ['sɪləbəs] *n* Lehrplan *m*.
symbol ['sɪmbəl] *n* Symbol *nt*; ~**ic(al)** [sɪm'bɒlɪk(əl)] *a* symbolisch; ~**ism** symbolische Bedeutung *f*; (*Art*) Symbolismus *m*; ~**ize** *vt* versinnbildlichen, symbolisieren.
symmetrical *a*, ~**ly** *ad* [sɪ'metrɪkəl, -ɪ] symmetrisch, gleichmäßig.
symmetry ['sɪmɪtrɪ] *n* Symmetrie *f*.
sympathetic *a*, ~**ally** *ad* [sɪmpə'θetɪk, -əlɪ] mitfühlend.
sympathize ['sɪmpəθaɪz] *vi* sympathisieren; mitfühlen; ~**r** Mitfühlende(r) *mf*; (*Pol*) Sympathisant *m*.
sympathy ['sɪmpəθɪ] *n* Mitleid *nt*, Mitgefühl *nt*; (*condolence*) Beileid *nt*.
symphonic [sɪm'fɒnɪk] *a* sinfonisch.
symphony ['sɪmfənɪ] *n* Sinfonie *f*; ~ **orchestra** Sinfonieorchester *nt*.
symposium [sɪm'pəʊzɪəm] *n* Tagung *f*.
symptom ['sɪmptəm] *n* Symptom *nt*, Anzeichen *nt*; ~**atic** [sɪmptə'mætɪk] *a* (*fig*) bezeichnend (*of* für).
synagogue ['sɪnəgɒg] *n* Synagoge *f*.
synchromesh ['sɪŋkrəʊ'meʃ] *n* Synchronschaltung *f*.
synchronize ['sɪŋkrənaɪz] *vt* synchronisieren; *vi* gleichzeitig sein *or* ablaufen.
syndicate ['sɪndɪkət] *n* Konsortium *nt*, Verband *m*, Ring *m*.
syndrome ['sɪndrəʊm] *n* Syndrom *nt*.
synonym ['sɪnənɪm] *n* Synonym *nt*; ~**ous** [sɪ'nɒnɪməs] *a* gleichbedeutend.
synopsis [sɪ'nɒpsɪs] *n* Abriß *m*, Zusammenfassung *f*.
syntactic [sɪn'tæktɪk] *a* syntaktisch.
syntax ['sɪntæks] *n* Syntax *f*.
synthesis ['sɪnθəsɪs] *n* Synthese *f*.
synthetic *a*, ~**ally** *ad* [sɪn'θetɪk, -əlɪ] synthetisch, künstlich.
syphilis ['sɪfɪlɪs] *n* Syphilis *f*.
syphon ['saɪfən] = **siphon**.
syringe [sɪ'rɪndʒ] *n* Spritze *f*.
syrup ['sɪrəp] *n* Sirup *m*; (*of sugar*) Melasse *f*.
system ['sɪstəm] *n* System *nt*; ~**atic** *a*, ~**atically** *ad* [sɪstə'mætɪk, -əlɪ] systematisch, planmäßig.

T

T, t [ti:] *n* T *nt*, t *nt*; **to a** ~ genau.
ta [tɑ:] *interj* (*Brit col*) danke.
tab [tæb] *n* Schlaufe *f*, Aufhänger *m*; (*name* —) Schild *nt*.
tabby ['tæbɪ] *n* (*female cat*) (weibliche) Katze *f*; *a* (*black-striped*) getigert.
tabernacle ['tæbənækl] *n* Tabernakel *nt or m*.
table ['teɪbl] *n* Tisch *m*; (*list*) Tabelle *f*, Tafel *f*; **to lay sth on the** ~ (*fig*) etw zur Diskussion stellen; *vt* (*Parl: propose*) vorlegen, einbringen.
tableau ['tæbləʊ] *n* lebende(s) Bild *nt*.
tablecloth ['teɪblklɒθ] *n* Tischtuch *nt*, Tischdecke *f*.
table d'hôte ['tɑ:bl'dəʊt] *n* Tagesmenu *nt*.
tablemat ['teɪblmæt] *n* Untersatz *m*.
tablespoon ['teɪblspu:n] *n* Eßlöffel *m*; ~**ful** Eßlöffel(voll) *m*.
tablet ['tæblət] *n* (*Med*) Tablette *f*; (*for writing*) Täfelchen *nt*; (*of paper*) Schreibblock *m*; (*of soap*) Riegel *m*.
table talk ['teɪbltɔ:k] *n* Tischgespräch *nt*.
table tennis ['teɪbltenɪs] *n* Tischtennis *nt*.
table wine ['teɪblwaɪn] *n* Tafelwein *m*.
taboo [tə'bu:] *n* Tabu *nt*; *a* tabu.
tabulate ['tæbjʊleɪt] *vt* tabellarisch ordnen.
tacit *a*, ~**ly** *ad* ['tæsɪt, -lɪ] stillschweigend; ~**urn** *a* schweigsam, wortkarg.
tack [tæk] *n* (*small nail*) Stift *m*; (*US: thumb*—) Reißzwecke *f*; (*stitch*) Heftstich *m*; (*Naut*) Lavieren *nt*; (*course*) Kurs *m*.
tackle ['tækl] *n* (*for lifting*) Flaschenzug *m*; (*Naut*) Takelage *f*; (*Sport*) Tackling *nt*; *vt* (*deal with*) anpacken, in Angriff nehmen; *person* festhalten; *player* angehen; **he couldn't** ~ **it** er hat es nicht bewältigt.
tacky ['tækɪ] *a* klebrig.
tact [tækt] *n* Takt *m*; ~**ful** *a*, ~**fully** *ad* taktvoll.
tactical ['tæktɪkəl] *a* taktisch.
tactics ['tæktɪks] *npl* Taktik *f*.
tactless *a*, ~**ly** *ad* ['tæktləs, -lɪ] taktlos.
tadpole ['tædpəʊl] *n* Kaulquappe *f*.
taffeta ['tæfɪtə] *n* Taft *m*.
taffy ['tæfɪ] *n* (*US*) Sahnebonbon *nt*.
tag [tæg] *n* (*label*) Schild *nt*, Anhänger *m*; (*maker's name*) Etikett *nt*; (*phrase*) Floskel *f*, Spruch *m*; ~ **along** *vi* mitkommen; ~ **question** Bestätigungsfrage *f*.
tail [teɪl] *n* Schwanz *m*; (*of list*) Schluß *m*; (*of comet*) Schweif m; ~**s** (*of coin*) Zahl(seite) *f*; *vt* folgen (+*dat*); ~ **off** *vi* abfallen, schwinden; ~ **end** Schluß *m*, Ende *nt*.
tailor ['teɪlə*] *n* Schneider *m*; ~**ing** Schneidern *nt*, Schneiderarbeit *f*; ~**-made** *a* (*lit*) maßgeschneidert; (*fig*) wie auf den Leib geschnitten (*for sb* jdm).
tailwind ['teɪlwɪnd] *n* Rückenwind *m*.
tainted ['teɪntɪd] *a* verdorben.
take [teɪk] *vt irreg* nehmen; *prize* entgegennehmen; *trip, exam* machen; (*capture*) *person* fassen; *town* einnehmen; *disease* bekommen; (*carry to a place*)

bringen; (*Math: subtract*) abziehen (*from* von); (*extract*) *quotation* entnehmen (*from dat*); (*get for o.s.*) sich (*dat*) nehmen; (*gain, obtain*) bekommen; (*Fin, Comm*) einnehmen; (*record*) aufnehmen; (*consume*) zu sich nehmen; (*Phot*) aufnehmen, machen; (*put up with*) hinnehmen; (*respond to*) aufnehmen; (*understand, interpret*) auffassen; (*assume*) annehmen; (*contain*) fassen, Platz haben für; (*Gram*) stehen mit; **it ~s 4 hours** man braucht 4 Stunden; **it ~s him 4 hours** er braucht 4 Stunden; **to ~ sth from sb** jdm etw wegnehmen; **to ~ part in** teilnehmen an (+*dat*); **to ~ place** stattfinden; **~ after** *vt* ähnlich sein (+*dat*); **~ back** *vt* (*return*) zurückbringen; (*retract*) zurücknehmen; (*remind*) zurückversetzen (*to* in +*acc*); **~ down** *vt* (*pull down*) abreißen; (*write down*) aufschreiben; **~ in** *vt* (*deceive*) hereinlegen; (*understand*) begreifen; (*include*) einschließen; **~ off** *vi* (*plane*) starten; *vt* (*remove*) wegnehmen, abmachen; *clothing* ausziehen; (*imitate*) nachmachen; **~ on** *vt* (*undertake*) übernehmen; (*engage*) einstellen; (*opponent*) antreten gegen; **~ out** *vt girl, dog* ausführen; (*extract*) herausnehmen; *insurance* abschließen; *licence* sich (*dat*) geben lassen; *book* ausleihen; (*remove*) entfernen; **to ~ sth out on sb** etw an jdm auslassen; **~ over** *vt* übernehmen; *vi* ablösen (*from acc*); **~ to** *vt* (*like*) mögen; (*adopt as practice*) sich (*dat*) angewöhnen; **~ up** *vt* (*raise*) aufnehmen; *hem* kürzer machen; (*occupy*) in Anspruch nehmen; (*absorb*) aufsaugen; (*engage in*) sich befassen mit; **to ~ sb up on sth** jdn beim Wort nehmen; **to be ~n with** begeistert sein von; **~off** (*Aviat*) Abflug *m*, Start *m*; (*imitation*) Nachahmung *f*; **~over** (*Comm*) Übernahme *f*; **~over bid** Übernahmeangebot *nt*.

takings ['teɪkɪŋz] *npl* (*Comm*) Einnahmen *pl*.

talc [tælk] *n* (*also* **~um powder**) Talkumpuder *m*.

tale [teɪl] *n* Geschichte *f*, Erzählung *f*.

talent ['tælənt] *n* Talent *nt*, Begabung *f*; **~ed** *a* talentiert, begabt.

talk [tɔ:k] *n* (*conversation*) Gespräch *nt*; (*rumour*) Gerede *nt*; (*speech*) Vortrag *m*; *vi* sprechen, reden; (*gossip*) klatschen, reden; **~ing of** . . . da wir gerade von . . . sprechen; **~ about impertinence!** so eine Frechheit!; **to ~ sb into doing sth** jdn überreden, etw zu tun; **to ~ shop** fachsimpeln; **~ over** *vt* besprechen; **~ative** *a* redselig, gesprächig; **~er** Schwätzer *m*.

tall [tɔ:l] *a* groß; *building* hoch; **~boy** Kommode *f*; **~ness** Größe *f*; Höhe *f*; **~ story** übertriebene Geschichte *f*.

tally ['tælɪ] *n* Abrechnung *f*; *vi* übereinstimmen.

talon ['tælən] *n* Kralle *f*.

tambourine [tæmbə'ri:n] *n* Tamburin *nt*.

tame [teɪm] *a* zahm; (*fig*) fade, langweilig; *vt* zähmen; **~ness** Zahmheit *f*; (*fig*) Langweiligkeit *f*.

tamper ['tæmpə*]: **~ with** *vt* herumpfuschen an (+*dat*); *documents* fälschen.

tampon ['tæmpən] *n* Tampon *m*.

tan [tæn] *n* (*on skin*) (Sonnen)bräune *f*; (*colour*) Gelbbraun *nt*; *a* (*colour*) (gelb)braun.

tandem ['tændəm] *n* Tandem *nt*.

tang [tæŋ] *n* Schärfe *f*, scharfe(r) Geschmack *m or* Geruch *m*.

tangent [tændʒənt] *n* Tangente *f*.

tangerine [tændʒə'ri:n] *n* Mandarine *f*.

tangible ['tændʒəbl] *a* (*lit*) greifbar; (*real*) handgreiflich.

tangle ['tæŋgl] *n* Durcheinander *nt*; (*trouble*) Schwierigkeiten *pl*; *vt* verwirren.

tango ['tæŋgəʊ] *n* Tango *m*.

tank [tæŋk] *n* (*container*) Tank *m*, Behälter *m*; (*Mil*) Panzer *m*.

tankard ['tæŋkəd] *n* Seidel *nt*, Deckelkrug *m*.

tanker ['tæŋkə*] *n* (*ship*) Tanker *m*; (*vehicle*) Tankwagen *m*.

tankful ['tæŋkful] *n* volle(r) Tank *m*.

tanned [tænd] *a skin* gebräunt, sonnenverbrannt.

tantalizing ['tæntəlaɪzɪŋ] *a* verlockend; (*annoying*) quälend.

tantamount ['tæntəmaʊnt] *a* gleichbedeutend (*to* mit).

tantrum ['tæntrəm] *n* Wutanfall *m*.

tap [tæp] *n* Hahn *m*; (*gentle blow*) leichte(r) Schlag *m*, Klopfen *nt*; *vt* (*strike*) klopfen; *supply* anzapfen.

tap-dance ['tæpdɑ:ns] *vi* steppen.

tape [teɪp] *n* Band *nt*; (*magnetic*) (Ton)band *nt*; (*adhesive*) Klebstreifen *m*; *vt* (*record*) (auf Band) aufnehmen; **~ measure** Maßband *nt*.

taper ['teɪpə*] *n* (dünne) Wachskerze *f*; *vi* spitz zulaufen.

tape recorder ['teɪprɪkɔ:də*] *n* Tonbandgerät *nt*.

tapered ['teɪpəd], **tapering** ['teɪpərɪŋ] *a* spitz zulaufend.

tapestry ['tæpɪstrɪ] *n* Wandteppich *m*, Gobelin *m*.

tapioca [tæpɪ'əʊkə] *n* Tapioka *f*.

tappet ['tæpɪt] *n* (Aut) Nocke *f*.

tar [tɑ:*] *n* Teer *m*.

tarantula [tə'ræntjʊlə] *n* Tarantel *f*.

tardy ['tɑ:dɪ] *a* langsam, spät.

target ['tɑ:gɪt] *n* Ziel *nt*; (*board*) Zielscheibe *f*.

tariff ['tærɪf] *n* (*duty paid*) Zoll *m*; (*list*) Tarif *m*.

tarmac ['tɑ:mæk] *n* (*Aviat*) Rollfeld *nt*.

tarn [tɑ:n] *n* Gebirgsee *m*.

tarnish ['tɑ:nɪʃ] *vt* (*lit*) matt machen; (*fig*) beflecken.

tarpaulin [tɑ:'pɔ:lɪn] *n* Plane *f*, Persenning *f*.

tarry ['tærɪ] *vi* (*liter*) bleiben; (*delay*) säumen.

tart [tɑ:t] *n* (Obst)torte *f*; (*col*) Nutte *f*; *a* scharf, sauer; *remark* scharf, spitz.

tartan ['tɑ:tən] *n* schottisch-karierte(r) Stoff *m*; Schottenkaro *nt*.

tartar ['tɑ:tə*] *n* Zahnstein *m*; **~(e) sauce** Remouladensoße *f*.
tartly ['tɑ:tlı] *ad* spitz.
task [tɑ:sk] *n* Aufgabe *f*; (*duty*) Pflicht *f*; **~ force** Sondertrupp *m*.
tassel ['tæsəl] *n* Quaste *f*.
taste [teıst] *n* Geschmack *m*; (*sense*) Geschmackssinn *m*; (*small quantity*) Kostprobe *f*; (*liking*) Vorliebe *f*; *vt* schmecken; (*try*) versuchen; *vi* schmecken (*of* nach); **~ful** *a*, **~fully** *ad* geschmackvoll; **~less** *a* (*insipid*) ohne Geschmack, fade; (*in bad taste*) geschmacklos; **~lessly** *ad* geschmacklos.
tastily ['teıstılı] *ad* schmackhaft.
tastiness ['teıstınəs] *n* Schmackhaftigkeit *f*.
tasty ['teıstı] *a* schmackhaft.
tata ['tæ'tɑ:] *interj* (*Brit col*) tschüß.
tattered ['tætəd] *a* zerrissen, zerlumpt.
tatters ['tætəz] *npl*: **in ~** in Fetzen.
tattoo [tə'tu:] *n* (*Mil*) Zapfenstreich *m*; (*on skin*) Tätowierung *f*; *vt* tätowieren.
tatty ['tætı] *a* (*col*) schäbig.
taunt [tɔ:nt] *n* höhnische Bemerkung *f*; *vt* verhöhnen.
Taurus ['tɔ:rəs] *n* Stier *m*.
taut [tɔ:t] *a* straff.
tavern ['tævən] *n* Taverne *f*.
tawdry ['tɔ:drı] *a* (bunt und) billig.
tawny ['tɔ:nı] *a* gelbbraun.
tax [tæks] *n* Steuer *f*; *vt* besteuern; (*strain*) strapazieren; *strength* angreifen; **~ation** [tæk'seıʃən] Besteuerung *f*; **~ collector** Steuereinnehmer *m*; **~-free** *a* steuerfrei.
taxi ['tæksı] *n* Taxi *nt*; *vi* (*plane*) rollen.
taxidermist ['tæksıdɜ:mıst] *n* Tierausstopfer *m*.
taxi driver ['tæksı draıvə*] *n* Taxifahrer *m*.
taxi rank ['tæksıræŋk] *n* Taxistand *m*.
taxpayer ['tækspeıə*] *n* Steuerzahler *m*.
tax return ['tæksrı'tɜ:n] *n* Steuererklärung *f*.
tea [ti:] *n* Tee *m*; (*meal*) (frühes) Abendessen *nt*; **~ bag** Tee(aufguß)beutel *m*; **~ break** Teepause *f*; **~ cake** Rosinenbrötchen *nt*.
teach [ti:tʃ] *vti irreg* lehren; (*Sch also*) unterrichten; (*show*) zeigen, beibringen (*sb sth* jdm etw); **that'll ~ him!** das hat er nun davon!; **~er** Lehrer(in *f*) *m*; **~-in** Teach-in *nt*; **~ing** (*teacher's work*) Unterricht *m*, Lehren *nt*; (*doctrine*) Lehre *f*.
tea cosy ['ti:kəʊzı] *n* Teewärmer *m*.
teacup ['ti:kʌp] *n* Teetasse *f*.
teak [ti:k] *n* Teakbaum *m*; *a* Teak(holz)-.
tea leaves ['ti:li:vz] *npl* Teeblätter *pl*.
team [ti:m] *n* (*workers*) Team *nt*; (*Sport*) Mannschaft *f*; (*animals*) Gespann *nt*; **~ spirit** Gemeinschaftsgeist *m*; (*Sport*) Mannschaftsgeist *m*; **~work** Zusammenarbeit *f*, Teamwork *nt*.
tea party ['ti:pɑ:tı] *n* Kaffeeklatsch *m*.
teapot ['ti:pɒt] *n* Teekanne *f*.
tear [tεə*] *n* Riß *m*; *irreg vt* zerreißen; *muscle* zerren; **I am torn between ...** ich schwanke zwischen . . .; *vi* (zer)reißen; (*rush*) rasen, sausen.
tear [tıə*] *n* Träne *f*; **in ~s** in Tränen (aufgelöst); **~ful** *a* weinend; *voice* weinerlich; **~ gas** Tränengas *nt*.
tearing ['tεərıŋ] *a*: **to be in a ~ hurry** es schrecklich eilig haben.
tearoom ['ti:rʊm] *n* Teestube *f*.
tease [ti:z] *n* Hänsler *m*; *vt* necken, aufziehen; *animal* quälen; **I was only teasing** ich habe nur Spaß gemacht.
tea set ['ti:set] *n* Teeservice *nt*.
teashop ['ti:ʃɒp] *n* Café *nt*.
teaspoon ['ti:spu:n] *n* Teelöffel *m*; **~ful** Teelöffel(voll) *m*.
tea strainer ['ti:streınə*] *n* Teesieb *nt*.
teat [ti:t] *n* (*of woman*) Brustwarze *f*; (*of animal*) Zitze *f*; (*of bottle*) Sauger *m*.
tea towel ['ti:taʊəl] *n* Küchenhandtuch *nt*.
tea urn ['ti:ɜ:n] *n* Teemaschine *f*.
technical ['teknıkəl] *a* technisch; *knowledge, terms* Fach-; **~ity** [teknı'kælıtı] technische Einzelheit *f*; (*Jur*) Formsache *f*; **~ly** *ad* technisch; *speak* spezialisiert; (*fig*) genau genommen.
technician [tek'nıʃən] *n* Techniker *m*.
technique [tek'ni:k] *n* Technik *f*.
technological [teknə'lɒdʒıkəl] *a* technologisch.
technologist [tek'nɒlədʒıst] *n* Technologe *m*.
technology [tek'nɒlədʒı] *n* Technologie *f*.
teddy (bear) ['tedı(bεə*)] *n* Teddybär *m*.
tedious *a*, **~ly** *ad* ['ti:dıəs, -lı] langweilig, ermüdend.
tedium ['ti:dıəm] *n* Langweiligkeit *f*.
tee [ti:] *n* (*golf*) Abschlagstelle *f*; (*object*) Tee *nt*.
teem [ti:m] *vi* (*swarm*) wimmeln (*with* von); (*pour*) gießen.
teenage ['ti:neıdʒ] *a fashions etc* Teenager-, jugendlich; **~r** Teenager *m*, Jugendliche(r) *mf*.
teens [ti:nz] *npl* Jugendjahre *pl*.
teeter ['ti:tə*] *vi* schwanken.
teeth [ti:θ] *npl of* **tooth**.
teethe [ti:ð] *vi* zahnen.
teething ring ['ti:ðıŋrıŋ] *n* Beißring *m*.
teetotal ['ti:'təʊtl] *a* abstinent; **~ler,** (*US*) **~er** Antialkoholiker *m*, Abstinenzler *m*.
telecommunications ['telıkəmju:nı'keıʃənz] *npl* Fernmeldewesen *nt*.
telegram ['telıgræm] *n* Telegramm *nt*.
telegraph ['telıgrɑ:f] *n* Telegraph *m*; **~ic** [telı'græfık] *a address* Telegramm-; **~ pole** Telegraphenmast *m*.
telepathic [telı'pæθık] *a* telepathisch.
telepathy [tə'lepəθı] *n* Telepathie *f*, Gedankenübertragung *f*.
telephone ['telıfəʊn] *n* Telefon *nt*, Fernsprecher *m*; *vi* telefonieren; *vt* anrufen; *message* telefonisch mitteilen; **~ booth, ~ box** Telefonhäuschen *nt*, Fernsprechzelle *f*; **~ call** Telefongespräch *nt*, Anruf *m*; **~ directory** Telefonbuch *nt*; **~ exchange** Telefonvermittlung *f*, Telefonzentrale *f*; **~ number** Telefonnummer *f*.
telephonist [tə'lefənıst] *n* Telefonist(in *f*) *m*.

telephoto lens ['telı'fəutəu'lenz] *n* Teleobjektiv *nt.*
teleprinter ['telıprıntə*] *n* Fernschreiber *m.*
telescope ['telıskəup] *n* Teleskop *nt*, Fernrohr *nt*; *vt* ineinanderschieben.
telescopic [telıs'kɒpık] *a* teleskopisch; *aerial etc* ausziehbar.
televiewer ['telıvju:ə*] *n* Fernsehteilnehmer(in *f*) *m.*
televise ['telıvaız] *vt* durch das Fernsehen übertragen.
television ['telıvıʒən] *n* Fernsehen *nt*; **to watch ~** fernsehen; **~ (set)** Fernsehapparat *m*, Fernseher *m*; **on ~** im Fernsehen.
telex ['teleks] *n* Telex *nt.*
tell [tel] *irreg vt story* erzählen; *secret* ausplaudern; (*say, make known*) sagen (*sth to sb* jdm etw); (*distinguish*) erkennen (*sb by sth* jdn an etw *dat*); (*be sure*) wissen; (*order*) sagen, befehlen (*sb* jdm); **to ~ a lie** lügen; **to ~ sb about sth** jdm von etw erzählen; *vi* (*be sure*) wissen; (*divulge*) es verraten; (*have effect*) sich auswirken; **~ off** *vt* schimpfen; **~ on** *vt* verraten, verpetzen; **~er** Kassenbeamte(r) *mf*; **~ing** verräterisch; *blow* hart; *moment* der Wahrheit; **~tale** *a* verräterisch.
telly ['telı] *n* (*col*) Fernseher *m.*
temerity [tı'merıtı] *n* (Toll)kühnheit *f.*
temper ['tempə*] *n* (*disposition*) Temperament *nt*, Gemütsart *f*; (*anger*) Gereiztheit *f*, Zorn *m*; **to be in a (bad) ~** wütend *or* gereizt sein; *vt* (*tone down*) mildern; *metal* härten; **quick ~ed** jähzornig, aufbrausend; **~ament** Temperament *nt*, Veranlagung *f*; **~amental** [tempərə'mentl] *a* (*moody*) launisch.
temperance ['tempərəns] *n* Mäßigung *f*; (*abstinence*) Enthaltsamkeit *f*; **~ hotel** alkoholfreie(s) Hotel *nt.*
temperate ['tempərət] *a* gemäßigt.
temperature ['temprıtʃə*] *n* Temperatur *f*; (*Med: high —*) Fieber *nt.*
tempered ['tempəd] *a steel* gehärtet.
tempest ['tempıst] *n* (wilder) Sturm *m*; **~uous** [tem'pestjuəs] *a* stürmisch; (*fig*) ungestüm.
template ['templət] *n* Schablone *f.*
temple ['templ] *n* Tempel *m*; (*Anat*) Schläfe *f.*
tempo ['tempəu] *n* Tempo *nt.*
temporal ['tempərəl] *a* (*of time*) zeitlich; (*worldly*) irdisch, weltlich.
temporarily ['tempərərılı] *ad* zeitweilig, vorübergehend.
temporary ['tempərərı] *a* vorläufig; *road, building* provisorisch.
tempt [tempt] *vt* (*persuade*) verleiten, in Versuchung führen; (*attract*) reizen, (ver)locken; **~ation** [temp'teıʃən] Versuchung *f*; **~ing** *a person* verführerisch; *object, situation* verlockend.
ten [ten] *num* zehn.
tenable ['tenəbl] *a* haltbar; **to be ~** (*post*) vergeben werden.
tenacious *a*, **~ly** *ad* [tə'neıʃəs, -lı] zäh, hartnäckig.
tenacity [tə'næsıtı] *n* Zähigkeit *f*, Hartnäckigkeit *f.*
tenancy ['tenənsı] *n* Mietverhältnis *nt*; Pachtverhältnis *nt.*
tenant ['tenənt] *n* Mieter *m*; (*of larger property*) Pächter *m.*
tend [tend] *vt* (*look after*) sich kümmern um; *vi* neigen, tendieren (*to* zu); **to ~ to do sth** (*things*) etw gewöhnlich tun; **~ency** Tendenz *f*; (*of person also*) Neigung *f.*
tender ['tendə*] *a* (*soft*) weich, zart; (*delicate*) zart; (*loving*) liebevoll, zärtlich; *n* (*Comm: offer*) Kostenanschlag *m*; **~ize** *vt* weich machen; **~ly** *ad* liebevoll; *touch also* zart; **~ness** Zartheit *f*; (*being loving*) Zärtlichkeit *f.*
tendon ['tendən] *n* Sehne *f.*
tenement ['tenəmənt] *n* Mietshaus *nt.*
tenet ['tenət] *n* Lehre *f.*
tennis ['tenıs] *n* Tennis *nt*; **~ ball** Tennisball *m*; **~ court** Tennisplatz *m*; **~ racket** Tennisschläger *m.*
tenor ['tenə*] *n* (*voice*) Tenor(stimme *f*) *m*; (*singer*) Tenor *m*; (*meaning*) Sinn *m*, wesentliche(r) Inhalt *m.*
tense [tens] *a* angespannt; (*stretched tight*) gespannt, straff; *n* Zeitform *f*; **~ly** *ad* (an)gespannt; **~ness** Spannung *f*; (*strain*) Angespanntheit *f.*
tension ['tenʃən] *n* Spannung *f*; (*strain*) (An)gespanntheit *f.*
tent [tent] *n* Zelt *nt.*
tentacle ['tentəkl] *n* Fühler *m*; (*of sea animals*) Fangarm *m.*
tentative ['tentətıv] *a movement* unsicher; *offer* Probe-; *arrangement* vorläufig; *suggestion* unverbindlich; **~ly** *ad* versuchsweise; *try, move* vorsichtig.
tenterhooks ['tentəhuks] *npl*: **to be on ~** auf die Folter gespannt sein.
tenth [tenθ] *a* zehnte(r,s); *n* Zehntel *nt.*
tent peg ['tentpeg] *n* Hering *m.*
tent pole ['tentpəul] *n* Zeltstange *f.*
tenuous ['tenjuəs] *a* fein; *air* dünn; *connection, argument* schwach.
tenure ['tenjuə*] *n* (*of land*) Besitz *m*; (*of office*) Amtszeit *f.*
tepid ['tepıd] *a* lauwarm.
term [tɜ:m] *n* (*period of time*) Zeit(raum *m*) *f*; (*limit*) Frist *f*; (*Sch*) Quartal *nt*; (*Univ*) Trimester *nt*; (*expression*) Ausdruck *m*; *vt* (be)nennen; **~s** *pl* (*conditions*) Bedingungen *pl*; (*relationship*) Beziehungen *pl*; **to be on good ~s with sb** mit jdm gut auskommen; **~inal** (*Rail, bus —inal*; *also* **~inus**) Endstation *f*; (*Aviat*) Terminal *m*; *a* Schluß-; (*Med*) unheilbar; **~inal cancer** Krebs *m* im Endstadium; **~inate** *vt* beenden; *vi* enden, aufhören (*in* auf *+dat*); **~ination** [tɜ:mı'neıʃən] Ende *nt*; (*act*) Beendigung *f*; **~inology** [tɜ:mı'nɒlədʒı] Terminologie *f.*
termite ['tɜ:maıt] *n* Termite *f.*
terrace ['terəs] *n* (*of houses*) Häuserreihe *f*; (*in garden etc*) Terrasse *f*; **~d** *a garden* terrassenförmig angelegt; *house* Reihen-.
terracotta ['terə'kɒtə] *n* Terrakotta *f.*
terrain [te'reın] *n* Gelände *nt*, Terrain *nt.*

terrible ['terəbl] *a* schrecklich, entsetzlich, fürchterlich.
terribly ['terəblı] *ad* fürchterlich.
terrier ['terıə*] *n* Terrier *m*.
terrific *a*, **~ally** *ad* [tə'rıfık, -lı] unwahrscheinlich; **~!** klasse!
terrify ['terıfaı] *vt* erschrecken; **~ing** *a* erschreckend, grauenvoll.
territorial [terı'tɔ:rıəl] *a* Gebiets-, territorial; **~ waters** *pl* Hoheitsgewässer *pl*.
territory ['terıtərı] *n* Gebiet *nt*.
terror ['terə*] *n* Schrecken *m*; (*Pol*) Terror *m*; **~ism** Terrorismus *m*; **~ist** Terrorist(in *f*) *m*; **~ize** *vt* terrorisieren.
terse [tɜ:s] *a* knapp, kurz, bündig.
Terylene ® ['terəli:n] *n* Terylen(e) *nt*.
test [test] *n* Probe *f*; (*examination*) Prüfung *f*; (*Psych, Tech*) Test *m*; *vt* prüfen; (*Psych*) testen.
testament ['testəmənt] *n* Testament *nt*.
test card ['testkɑ:d] *n* (*TV*) Testbild *nt*.
test case ['testkeıs] *n* (Jur) Präzedenzfall *m*; (*fig*) Musterbeispiel *nt*.
test flight ['testflaıt] *n* Probeflug *m*.
testicle ['testıkl] *n* Hoden *m*.
testify ['testıfaı] *vi* aussagen; bezeugen (*to acc*).
testimonial [testı'məʊnıəl] *n* (*of character*) Referenz *f*.
testimony ['testımənı] *n* (*Jur*) Zeugenaussage *f*; (*fig*) Zeugnis *nt*.
test match ['testmætʃ] *n* (*Sport*) Länderkampf *m*.
test paper ['testpeıpə*] *n* schriftliche (Klassen)arbeit *f*.
test pilot ['testpaılət] *n* Testpilot *m*.
test tube ['testtju:b] *n* Reagenzglas *nt*.
testy ['testı] *a* gereizt; reizbar.
tetanus ['tetənəs] *n* Wundstarrkrampf *m*, Tetanus *m*.
tether ['teðə*] *vt* anbinden; **to be at the end of one's ~** völlig am Ende sein.
text [tekst] *n* Text *m*; (*of document*) Wortlaut *m*; **~book** Lehrbuch *nt*.
textile ['tekstaıl] *n* Gewebe *nt*; **~s** *pl* Textilien *pl*.
texture ['tekstʃə*] *n* Beschaffenheit *f*, Struktur *f*.
than [ðæn] *prep, cj* als.
thank [θæŋk] *vt* danken (+*dat*); **you've him to ~ for your success** Sie haben Ihren Erfolg ihm zu verdanken; **~ful** *a* dankbar; **~fully** *ad* (*luckily*) zum Glück; **~less** *a* undankbar; **~s** *pl* Dank *m*; **~s to** dank (+*gen*); **~ you, ~s** *interj* danke, dankeschön; **T~sgiving** (*US*) (Ernte)dankfest *nt*.
that [ðæt] *a* der/die/das, jene(r,s); *pron* das; *cj* daß; **and ~'s ~** und damit Schluß; **~ is** das heißt; **after ~** danach; **at ~** dazu noch; **~ big** so groß.
thatched [θætʃt] *a* strohgedeckt.
thaw [θɔ:] *n* Tauwetter *nt*; *vi* tauen; (*frozen foods, fig: people*) auftauen; *vt* (auf)tauen lassen.
the [ði:, ðə] *def art* der/die/das; **to play ~ piano** Klavier spielen; **~ sooner ~ better** je eher desto besser.
theatre, (*US*) **theater** ['θıətə*] *n* Theater *nt*; (*for lectures etc*) Saal *m*; (*Med*) Operationssaal *m*; **~goer** Theaterbesucher(in *f*) *m*.
theatrical [θı'ætrıkəl] *a* Theater-; *career* Schauspieler-; (*showy*) theatralisch.
theft [θeft] *n* Diebstahl *m*.
their [ðɛə*] *poss a* ihr; **~s** *poss pron* ihre(r,s).
them [ðem, ðəm] *pron* (*acc*) sie; (*dat*) ihnen.
theme [θi:m] *n* Thema *nt*; (*Mus*) Motiv *nt*; **~ song** Titelmusik *f*.
themselves [ðəm'selvz] *pl pron* (*reflexive*) sich (selbst); (*emphatic*) selbst.
then [ðen] *ad* (*at that time*) damals; (*next*) dann; *cj* also, folglich; (*furthermore*) ferner; *a* damalig; **from ~ on** von da an; **before ~** davor; **by ~** bis dahin; **not till ~** erst dann.
theologian [θıə'ləʊdʒən] *n* Theologe *m*, Theologin *f*.
theological [θıə'lɒdʒıkəl] *a* theologisch.
theology [θı'ɒlədʒı] *n* Theologie *f*.
theorem ['θıərəm] *n* Grundsatz *m*, Theorem *nt*.
theoretical *a*, **~ly** *ad* [θıə'retıkəl, -ı] theoretisch.
theorize ['θıəraız] *vi* theoretisieren.
theory ['θıərı] *n* Theorie *f*.
therapeutic(al) [θerə'pju:tık(əl)] *a* (*Med*) therapeutisch; erholsam.
therapist ['θerəpıst] *a* Therapeut(in *f*) *m*.
therapy ['θerəpı] *n* Therapie *f*, Behandlung *f*.
there [ðɛə*] *ad* dort; (*to a place*) dorthin; *interj* (*see*) na also; (*to child*) (sei) ruhig, na na; **~ is** es gibt; **~ are** es sind, es gibt; **~abouts** *ad* so ungefähr; **~after** [ðɛər'ɑ:ftə*] *ad* danach, später; **~by** *ad* dadurch; **~fore** *ad* daher, deshalb; **~'s = there is.**
thermal ['θɜ:məl] *a springs* Thermal-; (*Phys*) thermisch.
thermodynamics ['θɜ:məʊdaı'næmıks] *n* Thermodynamik *f*.
thermometer [θə'mɒmıtə*] *n* Thermometer *nt*.
thermonuclear ['θɜ:məʊ'nju:klıə*] *a* thermonuklear.
Thermos ® ['θɜ:məs] *n* Thermosflasche *f*.
thermostat ['θɜ:məstæt] *n* Thermostat *m*.
thesaurus [θı'sɔ:rəs] *n* Synonymwörterbuch *nt*.
these [ði:z] *pl pron, a* diese.
thesis ['θi:sıs] *n* (*for discussion*) These *f*; (*Univ*) Dissertation *f*, Doktorarbeit *f*.
they [ðeı] *pl pron* sie; (*people in general*) man; **~'d = they had; they would; ~'ll = they shall, they will; ~'re = they are; ~'ve = they have.**
thick [θık] *a* dick; *forest* dicht; *liquid* dickflüssig; (*slow, stupid*) dumm, schwer von Begriff; *n*: **in the ~ of** mitten in (+*dat*); **~en** *vi* (*fog*) dichter werden; *vt sauce etc* verdicken; **~ness** (*of object*) Dicke *f*; Dichte *f*; Dickflüssigkeit *f*; (*of person*) Dummheit *f*; **~set** *a* untersetzt; **~skinned** *a* dickhäutig.
thief [θi:f] *n* Dieb(in *f*) *m*.

thieving ['θi:vɪŋ] *n* Stehlen *nt*; *a* diebisch.
thigh [θaɪ] *n* Oberschenkel *m*; **~bone** Oberschenkelknochen *m*.
thimble ['θɪmbl] *n* Fingerhut *m*.
thin [θɪn] *a* dünn; *person also* mager; (*not abundant*) spärlich; *fog, rain* leicht; *excuse* schwach.
thing [θɪŋ] *n* Ding *nt*; (*affair*) Sache *f*; **my ~s** *pl* meine Sachen *pl*.
think [θɪŋk] *vti irreg* denken; (*believe*) meinen, denken; **to ~ of doing sth** vorhaben *or* beabsichtigen, etw zu tun; **~ over** *vt* überdenken; **~ up** *vt* sich (*dat*) ausdenken; **~ing** *a* denkend.
thinly ['θɪnlɪ] *ad* dünn; *disguised* kaum.
thinness ['θɪnnəs] *n* Dünnheit *f*; Magerkeit *f*; Spärlichkeit *f*.
third [θɜ:d] *a* dritte(r,s); *n* (*person*) Dritte(r) *mf*; (*part*) Drittel *nt*; **~ly** *ad* drittens; **~ party insurance** Haftpflichtversicherung *f*; **~-rate** *a* minderwertig.
thirst [θɜ:st] *n* (*lit, fig*) Durst *m*; (*fig*) Verlangen *nt*; **~y** *a person* durstig; *work* durstig machend; **to be ~y** Durst haben.
thirteen ['θɜ:'ti:n] *num* dreizehn.
thirty ['θɜ:tɪ] *num* dreißig.
this [ðɪs] *a* diese(r,s); *pron* dies/das; **it was ~ long** es war so lang.
thistle ['θɪsl] *n* Distel *f*.
thong [θɒŋ] *n* (Leder)riemen *m*.
thorn [θɔ:n] *n* Dorn *m*, Stachel *m*; (*plant*) Dornbusch *m*; **~y** *a* dornig; *problem* schwierig.
thorough ['θʌrə] *a* gründlich; *contempt* tief; **~bred** Vollblut *nt*; *a* reinrassig, Vollblut-; **~fare** Straße *f*; **~ly** *ad* gründlich; (*extremely*) vollkommen, äußerst; **~ness** Gründlichkeit *f*.
those [ðəʊz] *pl pron* die (da), jene; *a* die, jene; **~ who** diejenigen, die.
though [ðəʊ] *cj* obwohl; *ad* trotzdem; **as ~** als ob.
thought [θɔ:t] *n* (*idea*) Gedanke *m*; (*opinion*) Auffassung *f*; (*thinking*) Denken *nt*, Denkvermögen *nt*; **~ful** *a* (*thinking*) gedankenvoll, nachdenklich; (*kind*) rücksichtsvoll, aufmerksam; **~less** *a* gedankenlos, unbesonnen; (*unkind*) rücksichtslos.
thousand ['θaʊzənd] *num* tausend.
thrash [θræʃ] *vt* (*lit*) verdreschen; (*fig*) (vernichtend) schlagen.
thread [θred] *n* Faden *m*, Garn *nt*; (*on screw*) Gewinde *nt*; (*in story*) Faden *m*, Zusammenhang *m*; *vt needle* einfädeln; *vi*: **~ one's way** sich hindurchschlängeln; **~bare** *a* (*lit, fig*) fadenscheinig.
threat [θret] *n* Drohung *f*; (*danger*) Bedrohung *f*, Gefahr *f*; **~en** *vt* bedrohen; *vi* drohen; **to ~en sb with sth** jdm etw androhen; **~ening** *a* drohend; *letter* Droh-.
three [θri:] *num* drei; **~-dimensional** *a* dreidimensional; **~fold** *a* dreifach; **~-piece suit** dreiteilige(r) Anzug *m*; **~-piece suite** dreiteilige Polstergarnitur *f*; **~-ply** *a wool* dreifach; *wood* dreischichtig; **~-quarter** [θri:'kwɔ:tə*] *a* dreiviertel; **~-wheeler** Dreiradwagen *m*.
thresh [θreʃ] *vti* dreschen; **~ing machine** Dreschmaschine *f*.
threshold ['θreʃhəʊld] *n* Schwelle *f*.
thrift [θrɪft] *n* Sparsamkeit *f*; **~y** *a* sparsam.
thrill [θrɪl] *n* Reiz *m*, Erregung *f*; **it gave me quite a ~ to . . .** es war ein Erlebnis für mich, zu . . .; *vt* begeistern, packen; *vi* beben, zittern; **~er** Krimi *m*; **~ing** *a* spannend, packend; *news* aufregend.
thrive [θraɪv] *vi* gedeihen (*on* bei).
thriving ['θraɪvɪŋ] *a* blühend, gut gedeihend.
throat [θrəʊt] *n* Hals *m*, Kehle *f*.
throb [θrɒb] *n* Pochen *nt*, Schlagen *nt*; (Puls)schlag *m*; *vi* klopfen, pochen.
throes [θrəʊz] *npl*: **in the ~ of** mitten in (+*dat*).
thrombosis [θrɒm'bəʊsɪs] *n* Thrombose *f*.
throne [θrəʊn] *n* Thron *m*; (*Eccl*) Stuhl *m*.
throttle ['θrɒtl] *n* Gashebel *m*; **to open the ~** Gas geben; *vt* erdrosseln.
through [θru:] *prep* durch; (*time*) während (+*gen*); (*because of*) aus, durch; *ad* durch; **to put sb ~** (*Tel*) jdn verbinden (*to* mit); *a ticket, train* durchgehend; (*finished*) fertig; **~out** [θrʊ'aʊt] *prep* (*place*) überall in (+*dat*); (*time*) während (+*gen*); *ad* überall; die ganze Zeit; **we're ~** es ist aus zwischen uns.
throw [θrəʊ] *n* Wurf *m*; *vt irreg* werfen; **~ out** *vt* hinauswerfen; *rubbish* wegwerfen; *plan* verwerfen; **~ up** *vti* (*vomit*) speien; **~away** *a* a (*disposable*) Wegwerf-; *bottle* Einweg-; **~-in** Einwurf *m*.
thru [θru:] (*US*) = **through**.
thrush [θrʌʃ] *n* Drossel *f*.
thrust [θrʌst] *n* (*Tech*) Schubkraft *f*; *vti irreg* (*push*) stoßen; (*fig*) sich drängen; **to ~ oneself on sb** sich jdm aufdrängen; **~ing** *a person* aufdringlich, unverfroren.
thud [θʌd] *n* dumpfe(r) (Auf)schlag *m*.
thug [θʌg] *n* Schlägertyp *m*.
thumb [θʌm] *n* Daumen *m*; *vt book* durchblättern; **a well-~ed book** ein abgegriffenes Buch; **to ~ a lift** per Anhalter fahren (wollen); **~ index** Daumenregister *nt*; **~nail** Daumennagel *m*; **~tack** (*US*) Reißzwecke *f*.
thump [θʌmp] *n* (*blow*) Schlag *m*; (*noise*) Bums *m*; *vi* hämmern, pochen; *vt* schlagen auf (+*acc*).
thunder ['θʌndə*] *n* Donner *m*; *vi* donnern; *vt* brüllen; **~ous** *a* stürmisch; **~storm** Gewitter *nt*, Unwetter *nt*; **~struck** *a* wie vom Donner gerührt; **~y** *a* gewitterschwül.
Thursday ['θɜ:zdeɪ] *n* Donnerstag *m*.
thus [ðʌs] *ad* (*in this way*) so; (*therefore*) somit, also, folglich.
thwart [θwɔ:t] *vt* vereiteln, durchkreuzen; *person* hindern.
thyme [taɪm] *n* Thymian *m*.
thyroid ['θaɪrɔɪd] *n* Schilddrüse *f*.
tiara [tɪ'ɑ:rə] *n* Diadem *nt*; (*pope's*) Tiara *f*.
tic [tɪk] *n* Tick *m*.
tick [tɪk] *n* (*sound*) Ticken *nt*; (*mark*) Häkchen *nt*; **in a ~** (*col*) sofort; *vi* ticken; *vt* abhaken.

ticket ['tɪkɪt] *n* (*for travel*) Fahrkarte *f*; (*for entrance*) (Eintritts)karte *f*; (*price —*) Preisschild *nt*; (*luggage —*) (Gepäck)-schein *m*; (*raffle —*) Los *nt*; (*parking —*) Strafzettel *m*; (*permission*) Parkschein *m*; **~ collector** Fahrkartenkontrolleur *m*; **~ holder** Karteninhaber *m*; **~ office** (*Rail etc*) Fahrkartenschalter *m*; (*Theat etc*) Kasse *f*.

ticking-off ['tɪkɪŋ'ɒf] *n* (*col*) Anschnauzer *m*.

tickle ['tɪkl] *n* Kitzeln *nt*; *vt* kitzeln; (*amuse*) amüsieren; **that ~d her fancy** das gefiel ihr.

ticklish ['tɪklɪʃ] *a* (*lit, fig*) kitzlig.

tidal ['taɪdl] *a* Flut-, Tide-.

tidbit ['tɪdbɪt] *n* (*US*) Leckerbissen *m*.

tiddlywinks ['tɪdlɪwɪŋks] *n* Floh-(hüpf)spiel *nt*.

tide [taɪd] *n* Gezeiten *pl*, Ebbe *f* und Flut; **the ~ is in/out** es ist Flut/Ebbe.

tidily ['taɪdɪlɪ] *ad* sauber, ordentlich.

tidiness ['taɪdɪnəs] *n* Ordnung *f*.

tidy ['taɪdɪ] *a* ordentlich; *vt* aufräumen, in Ordnung bringen.

tie [taɪ] *n* (*necktie*) Kravatte *f*, Schlips *m*; (*sth connecting*) Band *nt*; (*Sport*) Unentschieden *nt*; *vt* (*fasten, restrict*) binden; *knot* schnüren, festbinden; *vi* (*Sport*) unentschieden spielen; (*in competition*) punktgleich sein; **~ down** *vt* (*lit*) festbinden; (*fig*) binden; **~ up** *vt dog* anbinden; *parcel* verschnüren; *boat* festmachen; *person* fesseln; **I am ~d up right now** ich bin im Moment beschäftigt.

tier [tɪə*] *n* Reihe *f*, Rang *m*; (*of cake*) Etage *f*.

tiff [tɪf] *n* kleine Meinungsverschiedenheit *f*.

tiger ['taɪgə*] *n* Tiger *m*.

tight [taɪt] *a* (*close*) eng, knapp; *schedule* gedrängt; (*firm*) fest, dicht; *screw* festsitzend; *control* streng; (*stretched*) stramm, (an)gespannt; (*col*) blau, stramm; **~s** *pl* Strumpfhose *f*; **~en** *vt* anziehen, anspannen; *restrictions* verschärfen; *vi* sich spannen; **~-fisted** *a* knauserig; **~ly** *ad* eng; fest, dicht; *stretched* straff; **~ness** Enge *f*; Festigkeit *f*; Straffheit *f*; (*of money*) Knappheit *f*; **~-rope** Seil *nt*.

tile [taɪl] *n* (*in roof*) Dachziegel *m*; (*on wall or floor*) Fliese *f*; **~d** *a roof* gedeckt, Ziegel-; *floor, wall* mit Fliesen belegt.

till [tɪl] *n* Kasse *f*; *vt* bestellen; *prep,cj* bis; **not ~** (*in future*) nicht vor; (*in past*) erst.

tiller ['tɪlə*] *n* Ruderpinne *f*.

tilt [tɪlt] *vt* kippen, neigen; *vi* sich neigen.

timber ['tɪmbə*] *n* Holz *nt*; (*trees*) Baumbestand *m*.

time [taɪm] *n* Zeit *f*; (*occasion*) Mal *nt*; (*rhythm*) Takt *m*; *vt* zur rechten Zeit tun, zeitlich einrichten; (*Sport*) stoppen; **I have no ~ for people like him** für Leute wie ihn habe ich nichts übrig; **in 2 weeks' ~** in 2 Wochen; **for the ~ being** vorläufig; **at all ~s** immer; **at one ~** früher; **at no ~** nie; **at ~s** manchmal; **by the ~** bis; **this ~** diesmal, dieses Mal; **to have a good ~** viel Spaß haben, sich amüsieren; **in ~** (*soon enough*) rechtzeitig; (*after some time*) mit der Zeit; (*Mus*) im Takt; **on ~** pünktlich, rechtzeitig; **five ~s** fünfmal; **local ~** Ortszeit *f*; **what ~ is it?** wieviel Uhr ist es?, wie spät ist es?; **~keeper** Zeitnehmer *m*; **~-lag** (*in travel*) Verzögerung *f*; (*difference*) Zeitunterschied *m*; **~less** *a beauty* zeitlos; **~ limit** Frist *f*; **~ly** *a* rechtzeitig; günstig; **~-saving** *a* zeitsparend; **~ switch** Zeitschalter *m*; **~table** Fahrplan *m*; (*Sch*) Stundenplan *m*; **~ zone** Zeitzone *f*.

timid ['tɪmɪd] *a* ängstlich, schüchtern; **~ity** [tɪ'mɪdɪtɪ] Ängstlichkeit *f*; **~ly** *ad* ängstlich.

timing ['taɪmɪŋ] *n* Wahl *f* des richtigen Zeitpunkts, Timing *nt*; (*Aut*) Einstellung *f*.

timpani ['tɪmpənɪ] *npl* Kesselpauken *pl*.

tin [tɪn] *n* (*metal*) Blech *nt*; (*container*) Büchse *f*, Dose *f*; **~foil** Staniolpapier *nt*.

tinge [tɪndʒ] *n* (*colour*) Färbung *f*; (*fig*) Anflug *m*; *vt* färben, einen Anstrich geben (+*dat*).

tingle ['tɪŋgl] *n* Prickeln *nt*; *vi* prickeln.

tinker ['tɪŋkə*] *n* Kesselflicker *m*; **~ with** *vt* herumpfuschen an (+*dat*).

tinkle ['tɪŋkl] *n* Klingeln *nt*; *vi* klingeln.

tinned [tɪnd] *a food* Dosen-, Büchsen-.

tinny ['tɪnɪ] *a* Blech-, blechern.

tin opener ['tɪnəʊpnə*] *n* Dosen- *or* Büchsenöffner *m*.

tinsel ['tɪnsəl] *n* Rauschgold *nt*; Lametta *nt*.

tint [tɪnt] *n* Farbton *m*; (*slight colour*) Anflug *m*; (*hair*) Tönung *f*.

tiny ['taɪnɪ] *a* winzig.

tip [tɪp] *n* (*pointed end*) Spitze *f*; (*money*) Trinkgeld *nt*; (*hint*) Wink *m*, Tip *m*; **it's on the ~ of my tongue** es liegt mir auf der Zunge; *vt* (*slant*) kippen; *hat* antippen; (*— over*) umkippen; *waiter* ein Trinkgeld geben (+*dat*); **~-off** Hinweis *m*, Tip *m*; **~ped** *a cigarette* Filter-.

tipple ['tɪpl] *n* (*drink*) Schnäpschen *nt*.

tipsy ['tɪpsɪ] *a* beschwipst.

tiptoe ['tɪptəʊ] *n*: **on ~** auf Zehenspitzen.

tiptop ['tɪp'tɒp] *a*: **in ~ condition** tipptopp, erstklassig.

tire ['taɪə*] *n* (*US*) = **tyre**; *vti* ermüden, müde machen/werden; **~d** *a* müde; **to be ~d of sth** etw satt haben; **~dness** Müdigkeit *f*; **~less** *a*, **~lessly** *ad* unermüdlich; **~some** *a* lästig.

tiring ['taɪərɪŋ] *a* ermüdend.

tissue ['tɪʃu:] *n* Gewebe *nt*; (*paper handkerchief*) Papiertaschentuch *nt*; **~ paper** Seidenpapier *nt*.

tit [tɪt] *n* (*bird*) Meise *f*; (*col: breast*) Titte *f*; **~ for tat** wie du mir, so ich dir.

titbit ['tɪtbɪt] *n* Leckerbissen *m*.

titillate ['tɪtɪleɪt] *vt* kitzeln.

titillation [tɪtɪ'leɪʃən] *n* Kitzeln *nt*.

titivate ['tɪtɪveɪt] *vt* schniegeln.

title ['taɪtl] *n* Titel *m*; (*in law*) Rechtstitel *m*, Eigentumsrecht *nt*; **~ deed** Eigentumsurkunde *f*; **~ role** Hauptrolle *f*.

tittle-tattle ['tɪtltætl] *n* Klatsch *m*.

titter ['tɪtə*] *vi* kichern.

titular ['tɪtjʊlə*] *a* Titular-, nominell; *possessions* Titel-.

to [tu:, tə] *prep* (*towards*) zu; (*with countries,*

towns) nach; (*indir obj*) *dat*; (*as far as*) bis; (*next to, attached to*) an (+*dat*); (*per*) pro; *cj* (*in order to*) um... zu; *ad* ~ **and fro** hin und her; **to go ~ school/the theatre/bed** in die Schule/ins Theater/ins Bett gehen; **I have never been ~ Germany** ich war noch nie in Deutschland; **to give sth ~ sb** jdm etw geben; ~ **this day** bis auf den heutigen Tag; **20 (minutes) ~ 4** 20 (Minuten) vor 4; **superior ~ sth** besser als etw; **they tied him ~ a tree** sie banden ihn an einen Baum.

toad [təʊd] *n* Kröte *f*; **~stool** Giftpilz *m*; **~y** Speichellecker *m*, Kriecher *m*; *vi* kriechen (*to* vor +*dat*).

toast [təʊst] *n* (*bread*) Toast *m*; (*drinking*) Trinkspruch *m*; *vt* trinken auf (+*acc*); *bread* toasten; (*warm*) wärmen; **~er** Toaster *m*; **~master** Zeremonienmeister *m*; **~rack** Toastständer *m*.

tobacco [tə'bækəʊ] *n* Tabak *m*; **~nist** [tə'bækənɪst] Tabakhändler *m*; **~nist's (shop)** Tabakladen *m*.

toboggan [tə'bɒgən] *n* (Rodel)schlitten *m*.

today [tə'deɪ] *ad* heute; (*at the present time*) heutzutage; *n* (*day*) heutige(r) Tag *m*; (*time*) Heute *nt*, heutige Zeit *f*.

toddle ['tɒdl] *vi* watscheln.

toddler ['tɒdlə*] *n* Kleinkind *nt*.

toddy ['tɒdɪ] *n* (Whisky)grog *m*.

to-do [tə'du:] *n* Aufheben *nt*, Theater *nt*.

toe [təʊ] *n* Zehe *f*; (*of sock, shoe*) Spitze *f*; *vt*: ~ **the line** (*fig*) sich einfügen; ~ **hold** Halt *m* für die Fußspitzen; **~nail** Zehennagel *m*.

toffee ['tɒfɪ] *n* Sahnebonbon *nt*; ~ **apple** kandierte(r) Apfel *m*.

toga ['təʊgə] *n* Toga *f*.

together [tə'geðə*] *ad* zusammen; (*at the same time*) gleichzeitig; **~ness** (*company*) Beisammensein *nt*; (*feeling*) Zusammengehörigkeitsgefühl *nt*.

toil [tɔɪl] *n* harte Arbeit *f*, Plackerei *f*; *vi* sich abmühen, sich plagen.

toilet ['tɔɪlət] *n* Toilette *f*; *a* Toiletten-; ~ **bag** Waschbeutel *m*; ~ **paper** Toilettenpapier *nt*; **~ries** ['tɔɪlətrɪz] *pl* Toilettenartikel *pl*; ~ **roll** Rolle *f* Toilettenpapier; ~ **soap** Toilettenseife *f*; ~ **water** Toilettenwasser *nt*.

token ['təʊkən] *n* Zeichen *nt*; (*gift* —) Gutschein *m*.

tolerable ['tɒlərəbl] *a* (*bearable*) erträglich; (*fairly good*) leidlich.

tolerably ['tɒlərəblɪ] *ad* ziemlich, leidlich.

tolerance ['tɒlərəns] *n* Toleranz *f*.

tolerant *a*, **~ly** *ad* ['tɒlərənt, -lɪ] tolerant; (*patient*) geduldig.

tolerate ['tɒləreɪt] *vt* dulden; *noise* ertragen.

toleration [tɒlə'reɪʃən] *n* Toleranz *f*.

toll [təʊl] *n* Gebühr *f*; **it took a heavy ~ of human life** es forderte *or* kostete viele Menschenleben; *vi* (*bell*) läuten; **~bridge** gebührenpflichtige Brücke *f*; ~ **road** gebührenpflichtige Autostraße *f*.

tomato [tə'mɑ:təʊ] *n*, *pl* **-es** Tomate *f*.

tomb [tu:m] *n* Grab(mal) *nt*.

tombola [tɒm'bəʊlə] *n* Tombola *f*.

tomboy ['tɒmbɔɪ] *n* Wildfang *m*; **she's a ~** sie ist sehr burschikos.

tombstone ['tu:mstəʊn] *n* Grabstein *m*.

tomcat ['tɒmkæt] *n* Kater *m*.

tome [təʊm] *n* (*volume*) Band *m*; (*big book*) Wälzer *m*.

tomorrow [tə'mɒrəʊ] *n* Morgen *nt*; *ad* morgen.

ton [tʌn] *n* Tonne *f*; **~s of** (*col*) eine Unmenge von.

tonal ['təʊnl] *a* tonal; Klang-.

tone [təʊn] *n* Ton *m*; *vi* (*harmonize*) passen (zu), harmonisieren (mit); *vt* eine Färbung geben (+*dat*); ~ **down** *vt criticism, demands* mäßigen; *colours* abtonen; **~-deaf** *a* ohne musikalisches Gehör.

tongs [tɒŋz] *npl* Zange *f*; (*curling* —) Lockenstab *m*.

tongue [tʌŋ] *n* Zunge *f*; (*language*) Sprache *f*; **with ~ in cheek** ironisch, scherzhaft; **~-tied** *a* stumm, sprachlos; **~-twister** Zungenbrecher *m*.

tonic ['tɒnɪk] *n* (*Med*) Stärkungsmittel *nt*; (*Mus*) Grundton *m*, Tonika *f*; ~ **water** Tonic(water) *m*.

tonight [tə'naɪt] *n* heutige(r) Abend *m*; diese Nacht *f*; *ad* heute abend; heute nacht.

tonnage ['tʌnɪdʒ] *n* Tonnage *f*.

tonsil ['tɒnsl] *n* Mandel *f*; **~itis** [tɒnsɪ'laɪtɪs] Mandelentzündung *f*.

too [tu:] *ad* zu; (*also*) auch.

tool [tu:l] *n* (*lit, fig*) Werkzeug *nt*; **~box** Werkzeugkasten *m*; **~kit** Werkzeug *nt*.

toot [tu:t] *n* Hupen *nt*; *vi* tuten; (*Aut*) hupen.

tooth [tu:θ] *n*, *pl* **teeth** Zahn *m*; **~ache** Zahnschmerzen *pl*, Zahnweh *nt*; **~brush** Zahnbürste *f*; **~paste** Zahnpasta *f*; **~pick** Zahnstocher *m*; ~ **powder** Zahnpulver *nt*.

top [tɒp] *n* Spitze *f*; (*of mountain*) Gipfel *m*; (*of tree*) Wipfel *m*; (*toy*) Kreisel *m*; (— *gear*) vierte(r) Gang *m*; *a* oberste(r,s); *vt list* an erster Stelle stehen auf (+*dat*); **to ~ it all, he said . . .** und er setzte dem noch die Krone auf, indem er sagte . . .; **from ~ to toe** von Kopf bis Fuß; **~coat** Mantel *m*; **~flight** *a* erstklassig, prima; ~ **hat** Zylinder *m*; **~-heavy** *a* oben schwerer als unten, kopflastig.

topic ['tɒpɪk] *n* Thema *nt*, Gesprächsgegenstand *m*; **~al** *a* aktuell.

topless ['tɒpləs] *a dress* oben ohne.

top-level ['tɒp'levl] *a* auf höchster Ebene.

topmost ['tɒpməʊst] *a* oberste(r,s), höchste(r,s).

topple ['tɒpl] *vti* stürzen, kippen.

top-secret ['tɒp'si:krət] *a* streng geheim.

topsy-turvy ['tɒpsɪ'tɜ:vɪ] *ad* durcheinander; *a* auf den Kopf gestellt.

torch [tɔ:tʃ] *n* (*Elec*) Taschenlampe *f*; (*with flame*) Fackel *f*.

torment ['tɔ:ment] *n* Qual *f*; [tɔ:'ment] *vt* (*annoy*) plagen; (*distress*) quälen.

torn [tɔ:n] *a* hin- und hergerissen.

tornado [tɔ:'neɪdəʊ] *n* Tornado *m*, Wirbelsturm *m*.

torpedo [tɔ:'pi:dəʊ] *n* Torpedo *m*.

torpor ['tɔ:pə*] *n* Erstarrung *f*.

torrent ['tɒrənt] *n* Sturzbach *m*; **~ial** [tə'renʃəl] *a* wolkenbruchartig.

torso ['tɔːsəʊ] *n* Torso *m*.

tortoise ['tɔːtəs] *n* Schildkröte *f*.

tortuous ['tɔːtjʊəs] *a* (*winding*) gewunden; (*deceitful*) krumm, unehrlich.

torture ['tɔːtʃə*] *n* Folter *f*; *vt* foltern.

Tory ['tɔːrɪ] *n* Tory *m*; *a* Tory-, konservativ.

toss [tɒs] *vt* werfen, schleudern; *n* (*of coin*) Hochwerfen *nt*; **to ~ a coin, to ~ up for sth** etw mit einer Münze entscheiden.

tot [tɒt] *n* (*small quantity*) bißchen *nt*; (*small child*) Knirps *m*.

total ['təʊtl] *n* Gesamtheit *f*, Ganze(s) *nt*; *a* ganz, gesamt, total; *vt* (*add up*) zusammenzählen; (*amount to*) sich belaufen auf; **~itarian** [təʊtælɪ'tɛərɪən] *a* totalitär; **~ity** [təʊ'tælɪtɪ] Gesamtheit *f*; **~ly** *ad* gänzlich, total.

totem pole ['təʊtəmpəʊl] *n* Totempfahl *m*.

totter [tɒtə*] *vi* wanken, schwanken, wackeln.

touch [tʌtʃ] *n* Berührung *f*; (*sense of feeling*) Tastsinn *m*; (*small amount*) Spur *f*; (*style*) Stil *m*; *vt* (*feel*) berühren; (*come against*) leicht anstoßen; (*emotionally*) bewegen, rühren; **in ~ with** in Verbindung mit; **~ on** *vt topic* berühren, erwähnen; **~ up** *vt paint* auffrischen; **~-and-go** *a* riskant, knapp; **~down** Landen *nt*, Niedergehen *nt*; **~iness** Empfindlichkeit *f*; **~ing** *a* rührend, ergreifend; **~line** Seitenlinie *f*; **~y** *a* empfindlich, reizbar.

tough [tʌf] *a* (*strong*) zäh, widerstandsfähig; (*difficult*) schwierig, hart; *meat* zäh; **~ luck** Pech *nt*; *n* Schläger(typ) *m*; **~en** *vt* zäh machen; (*make strong*) abhärten; *vi* zäh werden; **~ness** Zähigkeit *f*; Härte *f*.

toupée ['tuːpeɪ] *n* Toupet *nt*.

tour ['tʊə*] *n* Reise *f*, Tour *f*, Fahrt *f*; *vi* umherreisen; (*Theat*) auf Tour sein/gehen; **~ing** Umherreisen *nt*; (*Theat*) Tournee *f*; **~ism** Fremdenverkehr *m*, Tourismus *m*; **~ist** Tourist(in *f*); *a* (*class*) Touristen-; *ad* Touristenklasse; **~ist office** Verkehrsamt *nt*.

tournament ['tʊənəmənt] *n* Tournier *nt*.

tousled ['taʊzld] *a* zerzaust.

tow [təʊ] *n* Schleppen *nt*; *vt* (ab)schleppen.

toward(s) [tə'wɔːd(z)] *prep* (*with time*) gegen; (*in direction of*) nach; **he walked ~ me/the town** er kam auf mich zu/er ging auf die Stadt zu; **my feelings ~ him** meine Gefühle ihm gegenüber.

towel ['taʊəl] *n* Handtuch *nt*.

tower ['taʊə*] *n* Turm *m*; **~ over** *vi* (*lit, fig*) überragen; **~ing** *a* hochragend; *rage* rasend.

town [taʊn] *n* Stadt *f*; **~ clerk** Stadtdirektor *m*; **~ hall** Rathaus *nt*; **~ planner** Stadtplaner *m*.

towpath ['təʊpɑːθ] *n* Leinpfad *m*.

towrope ['təʊrəʊp] *n* Abschlepptau *nt*.

toxic ['tɒksɪk] *a* giftig, Gift-.

toy [tɔɪ] *n* Spielzeug *nt*; **~ with** *vt* spielen mit; **~shop** Spielwarengeschäft *nt*.

trace [treɪs] *n* Spur *f*; *vt* (*follow a course*) nachspüren (+*dat*); (*find out*) aufspüren; (*copy*) zeichnen, durchpausen.

track [træk] *n* (*mark*) Spur *f*; (*path*) Weg *m*, Pfad *m*; (*race—*) Rennbahn *f*; (*Rail*) Gleis *nt*; *vt* verfolgen; **to keep ~ of sb** jdn im Auge behalten; **to keep ~ of an argument** einer Argumentation folgen können; **to keep ~ of the situation** die Lage verfolgen; **to make ~s (for)** gehen (nach); **~ down** *vt* aufspüren; **~er dog** Spürhund *m*; **~less** *a* pfadlos.

tract [trækt] *n* (*of land*) Gebiet *nt*; (*booklet*) Abhandlung *f*, Traktat *nt*.

tractor ['træktə*] *n* Traktor *m*.

trade [treɪd] *n* (*commerce*) Handel *m*; (*business*) Geschäft *nt*, Gewerbe *nt*; (*people*) Geschäftsleute *pl*; (*skilled manual work*) Handwerk *nt*; *vi* handeln (*in* mit); *vt* tauschen; **~ in** *vt* in Zahlung geben; **~mark** Warenzeichen *nt*; **~ name** Handelsbezeichnung *f*; **~r** Händler *m*; **~sman** (*shopkeeper*) Geschäftsmann *m*; (*workman*) Handwerker *m*; (*delivery man*) Lieferant *m*; **~ union** Gewerkschaft *f*; **~ unionist** Gewerkschaftler(in *f*) *m*.

trading ['treɪdɪŋ] *n* Handel *m*; **~ estate** Industriegelände *nt*; **~ stamp** Rabattmarke *f*.

tradition [trə'dɪʃən] *n* Tradition *f*; **~al** *a* traditionell, herkömmlich; **~ally** *ad* üblicherweise, schon immer.

traffic ['træfɪk] *n* Verkehr *m*; (*esp in drugs*) Handel *m* (*in* mit); *vt esp drugs* handeln; **~ circle** (*US*) Kreisverkehr *m*; **~ jam** Verkehrsstauung *f*; **~ lights** *pl* Verkehrsampeln *pl*.

tragedy ['trædʒədɪ] *n* (*lit, fig*) Tragödie *f*.

tragic ['trædʒɪk] *a* tragisch; **~ally** *ad* tragisch, auf tragische Weise.

trail [treɪl] *n* (*track*) Spur *f*, Fährte *f*; (*of meteor*) Schweif *m*; (*of smoke*) Rauchfahne *f*; (*of dust*) Staubwolke *f*; (*road*) Pfad *m*, Weg *m*; *vt animal* verfolgen; *person* folgen (+*dat*); (*drag*) schleppen; *vi* (*hang loosely*) schleifen; (*plants*) sich ranken; (*be behind*) hinterherhinken; (*Sport*) weit zurückliegen; (*walk*) zuckeln; **on the ~** auf der Spur; **~ behind** *vi* zurückbleiben; **~er** Anhänger *m*; (*US: caravan*) Wohnwagen *m*; (*for film*) Vorschau *f*.

train [treɪn] *n* Zug *m*; (*of dress*) Schleppe *f*; (*series*) Folge *f*, Kette *f*; *vt* (*teach*) *person* ausbilden; *animal* abrichten; *mind* schulen; (*Sport*) trainieren; (*aim*) richten (*on* auf +*acc*); *plant* wachsen lassen, ziehen; *vi* (*exercise*) trainieren; (*study*) ausgebildet werden; **~ed** *a eye* geschult; *person, voice* ausgebildet; **~ee** Anlernling *m*; Lehrling *m*; Praktikant(in *f*) *m*; **~er** (*Sport*) Trainer *m*; Ausbilder *m*; **~ing** (*for occupation*) Ausbildung *f*; (*Sport*) Training *nt*; **in ~ing** im Training; **~ing college** Pädagogische Hochschule *f*, Lehrerseminar *nt*; (*for priests*) Priesterseminar *nt*.

traipse [treɪps] *vi* latschen.

trait [treɪ(t)] *n* Zug *m*, Merkmal *nt*.

traitor ['treɪtə*] *n* Verräter *m*.

trajectory [trə'dʒektərɪ] *n* Flugbahn *f*.

tram(car) ['træm(kɑː*)] *n* Straßenbahn *f*; **~line** Straßenbahnschiene *f*; (*route*) Straßenbahnlinie *f*.

tramp [træmp] *n* Landstreicher *m*; *vi*

(*walk heavily*) stampfen, stapfen; (*travel on foot*) wandern; **~le** ['træmpl] *vt* (nieder)-trampeln; *vi* (herum)trampeln; **~oline** Trampolin *nt*.
trance [trɑ:ns] *n* Trance *f*.
tranquil ['træŋkwɪl] *a* ruhig, friedlich; **~ity** [træŋ'kwɪlɪtɪ] Ruhe *f*; **~izer** Beruhigungsmittel *nt*.
trans- [trænz] *pref* Trans-.
transact [træn'zækt] *vt* (durch)führen, abwickeln; **~ion** Durchführung *f*, Abwicklung *f*; (*piece of business*) Geschäft *nt*, Transaktion *f*.
transatlantic ['trænzət'læntɪk] *a* transatlantisch.
transcend [træn'send] *vt* übersteigen.
transcendent [træn'sendənt] *a* transzendent.
transcript ['trænskrɪpt] *n* Abschrift *f*, Kopie *f*; (*Jur*) Protokoll *nt*; **~ion** [træn'skrɪpʃən] Transkription *f*; (*product*) Abschrift *f*.
transept ['trænsept] *n* Querschiff *nt*.
transfer ['trænsfə*] *n* (*transferring*) Übertragung *f*; (*of business*) Umzug *m*; (*being transferred*) Versetzung *f*; (*design*) Abziehbild *nt*; (*Sport*) Transfer *m*; (*player*) Transferspieler *m*; [træns'fɜ:*] *vt business* verlegen; *person* versetzen; *prisoner* überführen; *drawing* übertragen; *money* überweisen; **~able** [træns'fɜ:rəbl] *a* übertragbar.
transform [træns'fɔ:m] *vt* umwandeln, verändern; **~ation** [trænsfə'meɪʃən] Umwandlung *f*, Veränderung *f*, Verwandlung *f*; **~er** (*Elec*) Transformator *m*.
transfusion [træns'fju:ʒən] *n* Blutübertragung *f*, Transfusion *f*.
transient ['trænzɪənt] *a* kurz(lebig).
transistor [træn'zɪstə*] *n* (*Elec*) Transistor *m*; (*radio*) Transistorradio *nt*.
transit ['trænzɪt] *n*: **in ~** unterwegs, auf dem Transport.
transition [træn'zɪʃən] *n* Übergang *m*; **~al** *a* Übergangs-.
transitive *a*, **~ly** *ad* ['trænzɪtɪv, -lɪ] transitiv.
transitory ['trænzɪtərɪ] *a* vorübergehend.
translate [trænz'leɪt] *vti* übersetzen.
translation [trænz'leɪʃən] *n* Übersetzung *f*.
translator [trænz'leɪtə*] *n* Übersetzer(in *f*) *m*.
transmission [trænz'mɪʃən] *n* (*of information*) Übermittlung *f*; (*Elec, Med, TV*) Übertragung *f*; (*Aut*) Getriebe *nt*; (*process*) Übersetzung *f*.
transmit [trænz'mɪt] *vt message* übermitteln; (*Elec, Med, TV*) übertragen; **~ter** Sender *m*.
transparency [træns'peərənsɪ] *n* Durchsichtigkeit *f*, Transparenz *f*; (*Phot also* [-'pærənsɪ] Dia(positiv) *nt*.
transparent [træns'pærənt] *a* (*lit*) durchsichtig; (*fig*) offenkundig.
transplant [træns'plɑ:nt] *vt* umpflanzen; (*Med*) verpflanzen; (*fig*) *person* verpflanzen; ['trænsplɑ:nt] *n* (*Med*) Transplantation *f*; (*organ*) Transplantat *nt*.
transport ['trænspɔ:t] *n* Transport *m*, Beförderung *f*; (*vehicle*) fahrbare(r) Untersatz *m*; **means of ~** Transportmittel *nt*; [træns'pɔ:t] *vt* befördern; transportieren; **~able** [træns'pɔ:təbl] *a* transportabel; **~ation** [trænspɔ:'teɪʃən] Transport *m*, Beförderung *f*; (*means*) Beförderungsmittel *nt*; (*cost*) Transportkosten *pl*.
transverse ['trænzvɜ:s] *a* Quer-; *position* horizontal; *engine* querliegend.
transvestite [trænz'vestaɪt] *n* Transvestit *m*.
trap [træp] *n* Falle *f*; (*carriage*) zweirädrige(r) Einspänner *m*; (*col: mouth*) Klappe *f*; *vt* fangen; *person* in eine Falle locken; **the miners were ~ed** die Bergleute waren eingeschlossen; **~door** Falltür *f*.
trapeze [trə'pi:z] *n* Trapez *nt*.
trapper ['træpə*] *n* Fallensteller *m*, Trapper *m*.
trappings ['træpɪŋz] *npl* Aufmachung *f*.
trash [træʃ] *n* (*rubbish*) wertlose(s) Zeug *nt*, Plunder *m*; (*nonsense*) Mist *m*, Blech *nt*; **~ can** (*US*) Mülleimer *m*; **~y** *a* wertlos; *novel etc* Schund-.
trauma ['trɔ:mə] *n* Trauma *nt*; **~tic** [trɔ:'mætɪk] *a* traumatisch.
travel ['trævl] *n* Reisen *nt*; *vi* reisen, eine Reise machen; *vt distance* zurücklegen; *country* bereisen; **~ler,** (*US*) **~er** Reisende(r) *mf*; (*salesman*) Handlungsreisende(r) *m*; **~ler's cheque,** (*US*) **~er's check** Reisescheck *m*; **~ling,** (*US*) **~ing** Reisen *nt*; **~ling bag** Reisetasche *f*; **~ sickness** Reisekrankheit *f*.
traverse [træ'vɜ:s] *vt* (*cross*) durchqueren; (*lie across*) überspannen.
travesty ['trævəstɪ] *n* Zerrbild *nt*, Travestie *f*; **a ~ of justice** ein Hohn *m* auf die Gerechtigkeit.
trawler ['trɔ:lə*] *n* Fischdampfer *m*, Trawler *m*.
tray [treɪ] *n* (*tea —*) Tablett *nt*; (*receptacle*) Schale *f*; (*for mail*) Ablage *f*.
treacherous ['tretʃərəs] *a* verräterisch; *memory* unzuverlässig; *road* tückisch.
treachery ['tretʃərɪ] *n* Verrat *m*; (*of road*) tückische(r) Zustand *m*.
treacle ['tri:kl] *n* Sirup *m*, Melasse *f*.
tread [tred] *n* Schritt *m*, Tritt *m*; (*of stair*) Stufe *f*; (*on tyre*) Profil *nt*; *vi irreg* treten; (*walk*) gehen; **~ on** *vt* treten auf (+*acc*).
treason ['tri:zn] *n* Verrat *m* (*to* an +*dat*).
treasure ['treʒə*] *n* Schatz *m*; *vt* schätzen; **~ hunt** Schatzsuche *f*; **~r** Kassenverwalter *m*, Schatzmeister *m*.
treasury ['treʒərɪ] *n* (*Pol*) Finanzministerium *nt*.
treat [tri:t] *n* besondere Freude *f*; (*school — etc*) Fest *nt*; (*outing*) Ausflug *m*; *vt* (*deal with*) behandeln; (*entertain*) bewirten; **to ~ sb to sth** jdn zu etw einladen, jdm etw spendieren.
treatise ['tri:tɪz] *n* Abhandlung *f*.
treatment ['tri:tmənt] *n* Behandlung *f*.
treaty ['tri:tɪ] *n* Vertrag *m*.
treble ['trebl] *a* dreifach; *vt* verdreifachen; *n* (*voice*) Sopran *m*; (*music*) Diskant *m*; **~ clef** Violinschlüssel *m*.

tree [tri:] *n* Baum *m*; **~-lined** *a* baumbestanden; **~ trunk** Baumstamm *m*.
trek [trek] *n* Treck *m*, Zug *m*; *vi* trecken.
trellis ['trelıs] *n* Gitter *nt*; (*for gardening*) Spalier *nt*.
tremble ['trembl] *vi* zittern; (*ground*) beben.
trembling ['tremblıŋ] *n* Zittern *nt*; *a* zitternd.
tremendous [trə'mendəs] *a* gewaltig, kolossal; (*col: very good*) prima; **~ly** *ad* ungeheuer, enorm; (*col*) unheimlich.
tremor ['tremə*] *n* Zittern *nt*; (*of earth*) Beben *nt*.
trench [trentʃ] *n* Graben *m*; (*Mil*) Schützengraben *m*.
trend [trend] *n* Richtung *f*, Tendenz *f*; *vi* sich neigen, tendieren; **~y** *a* (*col*) modisch.
trepidation [trepı'deıʃən] *n* Beklommenheit *f*.
trespass ['trespəs] *vi* widerrechtlich betreten (*on acc*); **'~ers will be prosecuted'** 'Betreten verboten.'
tress [tres] *n* Locke *f*.
trestle ['tresl] *n* Bock *m*; **~ table** Klapptisch *m*.
tri- [traı] *pref* Drei-, drei-.
trial ['traıəl] *n* (*Jur*) Prozeß *m*, Verfahren *nt*; (*test*) Versuch *m*, Probe *f*; (*hardship*) Prüfung *f*; **by ~ and error** durch Ausprobieren.
triangle ['traıæŋgl] *n* Dreieck *nt*; (*Mus*) Triangel *f*.
triangular [traı'æŋgjulə*] *a* dreieckig.
tribal ['traıbəl] *a* Stammes-.
tribe [traıb] *n* Stamm *m*; **~sman** Stammesangehörige(r) *m*.
tribulation [trıbjʊ'leıʃən] *n* Not *f*, Mühsal *f*.
tribunal [traı'bju:nl] *n* Gericht *nt*; (*inquiry*) Untersuchungsausschuß *m*.
tributary ['trıbjʊtərı] *n* Nebenfluß *m*.
tribute ['trıbju:t] *n* (*admiration*) Zeichen *nt der* Hochachtung.
trice [traıs] *n*: **in a ~** im Nu.
trick [trık] *n* Trick *m*; (*mischief*) Streich *m*; (*habit*) Angewohnheit *f*; (*Cards*) Stich *m*; *vt* überlisten, beschwindeln; **~ery** Betrügerei *f*, Tricks *pl*.
trickle ['trıkl] *n* Tröpfeln *nt*; (*small river*) Rinnsal *nt*; *vi* tröpfeln; (*seep*) sickern.
tricky ['trıkı] *a problem* schwierig; *situation* kitzlig.
tricycle ['traısıkl] *n* Dreirad *nt*.
tried [traıd] *a* erprobt, bewährt.
trier ['traıə*] *n*: **to be a ~** sich (*dat*) ernsthaft Mühe geben.
trifle ['traıfl] *n* Kleinigkeit *f*; (*Cook*) Trifle *m*; *ad*: **a ~** ein bißchen.
trifling ['traıflıŋ] *a* geringfügig.
trigger ['trıgə*] *n* Drücker *m*; **~ off** *vt* auslösen.
trigonometry [trıgə'nɒmətrı] *n* Trigonometrie *f*.
trilby ['trılbı] *n* weiche(r) Filzhut *m*.
trill [trıl] *n* (*Mus*) Triller *m*.
trilogy ['trılədʒı] *n* Trilogie *f*.
trim [trım] *a* ordentlich, gepflegt; *figure* schlank; *n* (gute) Verfassung *f*; (*embellishment, on car*) Verzierung *f*; **to give sb's hair a ~** jdm die Haare etwas schneiden; *vt* (*clip*) schneiden; *trees* stutzen; (*decorate*) besetzen; *sails* trimmen; **~mings** *pl* (*decorations*) Verzierung(en *pl*) *f*; (*extras*) Zubehör *nt*.
Trinity ['trınıtı] *n*: **the ~** die Dreieinigkeit.
trinket ['trıŋkıt] *n* kleine(s) Schmuckstück *nt*.
trio ['trıəʊ] *n* Trio *nt*.
trip [trıp] *n* (kurze) Reise *f*; (*outing*) Ausflug *m*; (*stumble*) Stolpern *nt*; *vi* (*walk quickly*) trippeln; (*stumble*) stolpern; **~ over** *vt* stolpern über (+*acc*); **~ up** *vi* stolpern; (*fig also*) einen Fehler machen; *vt* zu Fall bringen; (*fig*) hereinlegen.
tripe [traıp] *n* (*food*) Kutteln *pl*; (*rubbish*) Mist *m*.
triple ['trıpl] *a* dreifach; **~ts** ['trıpləts] *pl* Drillinge *pl*.
triplicate ['trıplıkət] *n*: **in ~** in dreifacher Ausfertigung.
tripod ['traıpɒd] *n* Dreifuß *m*; (*Phot*) Stativ *nt*.
tripper ['trıpə*] *n* Ausflügler(in *f*) *m*.
trite [traıt] *a* banal.
triumph ['traıʌmf] *n* Triumph *m*; *vi* triumphieren; **~al** [traıʌmfəl] *a* triumphal, Sieges-; **~ant** [traı'ʌmfənt] *a* triumphierend; (*victorious*) siegreich; **~antly** *ad* triumphierend; siegreich.
trivial ['trıvıəl] *a* gering(fügig), trivial; **~lity** [trıvı'ælıtı] *n* Trivialität *f*, Nebensächlichkeit *f*.
trolley ['trɒlı] *n* Handwagen *m*; (*in shop*) Einkaufswagen; (*for luggage*) Kofferkuli *m*; (*table*) Teewagen *m*; **~ bus** O(berleitungs)bus *m*.
trollop ['trɒləp] *n* Hure *f*; (*slut*) Schlampe *f*.
trombone [trɒm'bəʊn] *n* Posaune *f*.
troop [tru:p] *n* Schar *f*; (*Mil*) Trupp *m*; **~s** *pl* Truppen *pl*; **~ in/out** *vi* hinein-/hinausströmen; **~er** Kavallerist *m*; **~ship** Truppentransporter *m*.
trophy ['trəʊfı] *n* Trophäe *f*.
tropic ['trɒpık] *n* Wendekreis *m*; **the ~s** *pl* die Tropen *pl*; **~al** *a* tropisch.
trot [trɒt] *n* Trott *m*; *vi* trotten.
trouble ['trʌbl] *n* (*worry*) Sorge *f*, Kummer *m*; (*in country, industry*) Unruhen *pl*; (*effort*) Umstand *m*, Mühe *f*; *vt* (*disturb*) beunruhigen, stören, belästigen; **to ~ to do sth** sich bemühen, etw zu tun; **to make ~** Schwierigkeiten *or* Unannehmlichkeiten machen; **to have ~ with** Ärger haben mit; **to be in ~** Probleme *or* Ärger haben; **~d** *a person* beunruhigt; *country* geplagt; **~-free** *a* sorglos; **~maker** Unruhestifter *m*; **~shooter** Vermittler *m*; **~some** *a* lästig, unangenehm; *child* schwierig.
trough [trɒf] *n* (*vessel*) Trog *m*; (*channel*) Rinne *f*, Kanal *m*; (*Met*) Tief *nt*.
trounce [traʊns] *vt* (*esp Sport*) vernichtend schlagen.
troupe [tru:p] *n* Truppe *f*.
trousers ['traʊzəz] *npl* (lange) Hose *f*, Hosen *pl*.

trousseau ['tru:səʊ] *n* Aussteuer *f*.
trout [traʊt] *n* Forelle *f*.
trowel ['traʌəl] *n* Kelle *f*.
truant ['truənt] *n*: **to play** ~ (die Schule) schwänzen.
truce [tru:s] *n* Waffenstillstand *m*.
truck [trʌk] *n* Lastwagen *m*, Lastauto *nt*; (*Rail*) offene(r) Güterwagen *m*; (*barrow*) Gepäckkarren *m*; **to have no ~ with sb** nichts zu tun haben wollen mit jdm; ~ **driver** Lastwagenfahrer *m*; ~ **farm** (*US*) Gemüsegärtnerei *f*.
truculent ['trʌkjʊlənt] *a* trotzig.
trudge [trʌdʒ] *vi* sich (mühselig) dahinschleppen.
true [tru:] *a* (*exact*) wahr; (*genuine*) echt; *friend* treu.
truffle ['trʌfl] *n* Trüffel *f*.
truly ['tru:lɪ] *ad* (*really*) wirklich; (*exactly*) genau; (*faithfully*) treu; **yours** ~ Ihr sehr ergebener.
trump [trʌmp] *n* (*Cards*) Trumpf *m*; ~**ed-up** *a* erfunden.
trumpet ['trʌmpɪt] *n* Trompete *f*; *vt* ausposaunen; *vi* trompeten.
truncated [trʌŋ'keɪtɪd] *a* verstümmelt.
truncheon ['trʌntʃən] *n* Gummiknüppel *m*.
trundle ['trʌndl] *vt* schieben; *vi*: ~ **along** (*person*) dahinschlendern; (*vehicle*) entlangrollen.
trunk [trʌŋk] *n* (*of tree*) (Baum)stamm *m*; (*Anat*) Rumpf *m*; (*box*) Truhe *f*, Überseekoffer *m*; (*of elephant*) Rüssel *m*; ~**s** *pl* Badehose *f*; ~ **call** Ferngespräch *nt*.
truss [trʌs] *n* (*Med*) Bruchband *nt*.
trust [trʌst] *n* (*confidence*) Vertrauen *nt*; (*for property etc*) Treuhandvermögen *nt*; *vt* (*rely on*) vertrauen (+*dat*), sich verlassen auf (+*acc*); (*hope*) hoffen; ~ **him to break it!** er muß es natürlich kaputt machen, typisch!; **to ~ sth to sb** jdm etw anvertrauen; ~**ed** *a* treu; ~**ee** [trʌs'ti:] Vermögensverwalter *m*; ~**ful** *a*, ~**ing** *a* vertrauensvoll; ~**worthy** *a* vertrauenswürdig; *account* glaubwürdig; ~**y** *a* treu, zuverlässig.
truth [tru:θ] *n* Wahrheit *f*; ~**ful** *a* ehrlich; ~**fully** *ad* wahrheitsgemäß; ~**fulness** Ehrlichkeit *f*; (*of statement*) Wahrheit *f*.
try [traɪ] *n* Versuch *m*; **to have a** ~ es versuchen; *vt* (*attempt*) versuchen; (*test*) (aus)probieren; (*Jur*) *person* unter Anklage stellen; *case* verhandeln; (*strain*) anstrengen; *courage, patience* auf die Probe stellen; *vi* (*make effort*) versuchen, sich bemühen; ~ **on** *vt dress* anprobieren; *hat* aufprobieren; ~ **out** *vt* ausprobieren; ~**ing** *a* schwierig; ~**ing for** anstrengend für.
tsar [zɑ:*] *n* Zar *m*.
T-shirt ['ti:ʃɜ:t] *n* T-shirt *nt*.
T-square ['ti:skweə*] *n* Reißschiene *f*.
tub [tʌb] *n* Wanne *f*, Kübel *m*; (*for margarine etc*) Becher *m*.
tuba ['tju:bə] *n* Tuba *f*.
tubby ['tʌbɪ] *a* rundlich, klein und dick.
tube [tju:b] *n* (*pipe*) Röhre *f*, Rohr *nt*; (*for toothpaste etc*) Tube *f*; (*in London*) U-Bahn *f*; (*Aut: for tyre*) Schlauch *m*; ~**less** *a* (*Aut*) schlauchlos.
tuber ['tju:bə*] *n* Knolle *f*.
tuberculosis [tjʊbɜ:kjʊ'ləʊsɪs] *n* Tuberkulose *f*.
tube station ['tju:bsteɪʃən] *n* U-Bahnstation *f*.
tubular ['tju:bjʊlə*] *a* röhrenförmig.
tuck [tʌk] *n* (*fold*) Falte *f*, Einschlag *m*; *vt* (*put*) stecken; (*gather*) fälteln, einschlagen; ~ **away** *vt* wegstecken; ~ **in** *vt* hineinstecken; *blanket etc* feststecken; *person* zudecken; *vi* (*eat*) hineinhauen, zulangen; ~ **up** *vt child* warm zudecken; ~ **shop** Süßwarenladen *m*.
Tuesday ['tju:zdeɪ] *n* Dienstag *m*.
tuft [tʌft] *n* Büschel *m*.
tug [tʌg] *n* (*jerk*) Zerren *nt*, Ruck *m*; (*Naut*) Schleppdampfer *m*; *vti* zerren, ziehen; *boat* schleppen; ~**-of-war** Tauziehen *nt*.
tuition [tju'ɪʃən] *n* Unterricht *m*.
tulip ['tju:lɪp] *n* Tulpe *f*.
tumble ['tʌmbl] *n* (*fall*) Sturz *m*; *vi* (*fall*) fallen, stürzen; ~ **to** *vt* kapieren; ~**down** *a* baufällig; ~**r** (*glass*) Trinkglas *nt*, Wasserglas *nt*; (*for drying*) Trockenautomat *m*.
tummy ['tʌmɪ] *n* (*col*) Bauch *m*.
tumour ['tju:mə*] *n* Tumor *m*, Geschwulst *f*.
tumult ['tju:mʌlt] *n* Tumult *m*; ~**uous** [tju:'multjʊəs] *a* lärmend, turbulent.
tumulus ['tju:mjʊləs] *n* Grabhügel *m*.
tuna ['tju:nə] *n* Thunfisch *m*.
tundra ['tʌndrə] *n* Tundra *f*.
tune [tju:n] *n* Melodie *f*; *vt* (*put in tune*) stimmen; (*Aut*) richtig einstellen; **to sing in ~/out of ~** richtig/falsch singen; **to be out of ~ with** nicht harmonieren mit; ~ **in** *vi* einstellen (*to acc*); ~ **up** *vi* (*Mus*) stimmen; ~**er** (*person*) (Instrumenten)stimmer *m*; (*radio set*) Empfangsgerät *nt*, Steuergerät *nt*; (*part*) Tuner *m*, Kanalwähler *m*; ~**ful** *a* melodisch.
tungsten ['tʌŋstən] *n* Wolfram *nt*.
tunic ['tju:nɪk] *n* Waffenrock *m*; (*loose garment*) lange Bluse *f*.
tuning ['tju:nɪŋ] *n* (*Rad, Aut*) Einstellen *nt*; (*Mus*) Stimmen *nt*.
tunnel ['tʌnl] *n* Tunnel *m*, Unterführung *f*; *vi* einen Tunnel anlegen.
tunny ['tʌnɪ] *n* Thunfisch *m*.
turban ['tɜ:bən] *n* Turban *m*.
turbid ['tɜ:bɪd] *a* trübe; (*fig*) verworren.
turbine ['tɜ:baɪn] *n* Turbine *f*.
turbot ['tɜ:bət] *n* Steinbutt *m*.
turbulence ['tɜ:bjʊləns] *n* (*Aviat*) Turbulenz *f*.
turbulent ['tɜ:bjʊlənt] *a* stürmisch.
tureen [tjʊri:n] *n* Terrine *f*.
turf [tɜ:f] *n* Rasen *m*; (*piece*) Sode *f*.
turgid ['tɜ:dʒɪd] *a* geschwollen.
turkey ['tɜ:kɪ] *n* Puter *m*, Truthahn *m*.
turmoil ['tɜ:mɔɪl] *n* Aufruhr *m*, Tumult *m*.
turn [tɜ:n] *n* (*rotation*) (Um)drehung *f*; (*performance*) (Programm)nummer *f*; (*Med*) Schock *m*; *vt* (*rotate*) drehen; (*change position of*) umdrehen, wenden; *page* umblättern; (*transform*) verwandeln;

(*direct*) zuwenden; *vi* (*rotate*) sich drehen; (*change direction*) (*in car*) abbiegen; (*wind*) drehen; (— *round*) umdrehen, wenden; (*become*) werden; (*leaves*) sich verfärben; (*milk*) sauer werden; (*weather*) umschlagen; (*become*) werden; **to make a ~ to the left** nach links abbiegen; **the ~ of the tide** der Gezeitenwechsel; **the ~ of the century** die Jahrhundertwende; **to take a ~ for the worse** sich zum Schlechten wenden; **it's your ~** du bist dran *or* an der Reihe; **in ~, by ~s** abwechselnd; **to take ~s** sich abwechseln; **to do sb a good/bad ~** jdm einen guten/schlechten Dienst erweisen; **it gave me quite a ~** das hat mich schön erschreckt; **to ~ sb loose** jdn los- *or* freilassen; **~ back** *vt* umdrehen; *person* zurückschicken; *clock* zurückstellen; *vi* umkehren; **~ down** *vt* (*refuse*) ablehnen; (*fold down*) umschlagen; **~ in** *vi* (*go to bed*) ins Bett gehen; *vt* (*fold inwards*) einwärts biegen; **~ into** *vi* sich verwandeln in (*+acc*); **~ off** *vi* abbiegen; *vt* ausschalten; *tap* zudrehen; *machine, electricity* abstellen; **~ on** *vt* (*light*) anschalten, einschalten; *tap* aufdrehen; *machine* anstellen; **~ out** *vi* (*prove to be*) sich herausstellen, sich erweisen; (*people*) sich entwickeln; **how did the cake ~ out?** wie ist der Kuchen geworden?; *vt light* ausschalten; *gas* abstellen; (*produce*) produzieren; **~ to** *vt* sich zuwenden (*+dat*); **~ up** *vi* auftauchen; (*happen*) passieren, sich ereignen; *vt collar* hochklappen, hochstellen; *nose* rümpfen; (*increase*) *radio* lauter stellen; *heat* höher drehen; **~about** Kehrtwendung *f*; **~ed-up** *a nose* Stups-; **~ing** (*in road*) Abzweigung *f*; **~ing point** Wendepunkt *m*.

turnip ['tɜ:nɪp] *n* Steckrübe *f*.

turnout ['tɜ:naʊt] *n* (Besucher)zahl *f*; (*Comm*) Produktion *f*.

turnover ['tɜ:nəʊvə*] *n* Umsatz *m*; (*of staff*) Wechsel *m*; (*Cook*) Tasche *f*.

turnpike ['tɜ:npaɪk] *n* (*US*) gebührenpflichtige Straße *f*.

turnstile ['tɜ:nstaɪl] *n* Drehkreuz *nt*.

turntable ['tɜ:nteɪbl] *n* (*of record-player*) Plattenteller *m*; (*Rail*) Drehscheibe *f*.

turn-up ['tɜ:nʌp] *n* (*on trousers*) Aufschlag *m*.

turpentine ['tɜ:pəntaɪn] *n* Terpentin *nt*.

turquoise ['tɜ:kwɔɪz] *n* (*gem*) Türkis *m*; (*colour*) Türkis *nt*; *a* türkisfarben.

turret ['tʌrɪt] *n* Turm *m*.

turtle ['tɜ:tl] *n* Schildkröte *f*.

tusk [tʌsk] *n* Stoßzahn *m*.

tussle ['tʌsl] *n* Balgerei *f*.

tutor ['tju:tə*] *n* (*teacher*) Privatlehrer *m*; (*college instructor*) Tutor *m*; **~ial** [tju:'tɔ:rɪəl] (*Univ*) Kolloquium *nt*, Seminarübung *f*.

tuxedo [tʌk'si:dəʊ] *n* (*US*) Smoking *m*.

TV ['ti:'vi:] *n* Fernseher *m*; *a* Fernseh-.

twaddle ['twɒdl] *n* (*col*) Gewäsch *nt*.

twang [twæŋ] *n* scharfe(r) Ton *m*; (*of voice*) Näseln *nt*; *vt* zupfen; *vi* klingen; (*talk*) näseln.

tweed [twi:d] *n* Tweed *m*.

tweezers ['twi:zəz] *npl* Pinzette *f*.

twelfth [twelfθ] *a* zwölfte(r,s); **T~ Night** Dreikönigsabend *m*.

twelve [twelv] *num a* zwölf.

twenty ['twentɪ] *num a* zwanzig.

twerp [twɜ:p] *n* (*col*) Knülch *m*.

twice [twaɪs] *ad* zweimal; **~ as much** doppelt soviel; **~ my age** doppelt so alt wie ich.

twig [twɪg] *n* dünne(r) Zweig *m*; *vt* (*col*) kapieren, merken.

twilight ['twaɪlaɪt] *n* Dämmerung *f*, Zwielicht *nt*.

twill [twɪl] *n* Köper *m*.

twin [twɪn] *n* Zwilling *m*; *a* Zwillings-; (*very similar*) Doppel-.

twine [twaɪn] *n* Bindfaden *m*; *vi* binden.

twinge [twɪndʒ] *n* stechende(r) Schmerz *m*, Stechen *nt*.

twinkle ['twɪŋkl] *n* Funkeln *nt*, Blitzen *nt*; *vi* funkeln.

twin town ['twɪntaʊn] *n* Partnerstadt *f*.

twirl [twɜ:l] *n* Wirbel *m*; *vti* (herum)wirbeln.

twist [twɪst] *n* (*twisting*) Biegen *nt*, Drehung *f*; (*bend*) Kurve *f*; *vt* (*turn*) drehen; (*make crooked*) verbiegen; (*distort*) verdrehen; *vi* (*wind*) sich drehen; (*curve*) sich winden.

twit [twɪt] *n* (*col*) Idiot *m*.

twitch [twɪtʃ] *n* Zucken *nt*; *vi* zucken.

two [tu:] *num a* zwei; **to break in ~** in zwei Teile brechen; **~ by ~** zu zweit; **to be in ~ minds** nicht genau wissen; **to put ~ and ~ together** seine Schlüsse ziehen; **~-door** *a* zweitürig; **~-faced** *a* falsch; **~fold** *a, ad* zweifach, doppelt; **~-piece** *a* zweiteilig; **~-seater** (*plane, car*) Zweisitzer *m*; **~some** Paar *nt*; **~-way** *a traffic* Gegen-.

tycoon [taɪ'ku:n] *n* (Industrie)magnat *m*.

type [taɪp] *n* Typ *m*, Art *f*; (*Print*) Type *f*; *vti* maschineschreiben, tippen; **~-cast** *a* (*Theat, TV*) auf eine Rolle festgelegt; **~script** maschinegeschriebene(r) Text *m*; **~writer** Schreibmaschine *f*; **~written** *a* maschinegeschrieben.

typhoid ['taɪfɔɪd] *n* Typhus *m*.

typhoon [taɪ'fu:n] *n* Taifun *m*.

typhus ['taɪfəs] *n* Flecktyphus *m*.

typical *a*, **~ly** *ad* ['tɪpɪkəl, -klɪ] typisch (*of* für).

typify ['tɪpɪfaɪ] *vt* typisch sein für.

typing ['taɪpɪŋ] *n* Maschineschreiben *nt*.

typist ['taɪpɪst] *n* Maschinenschreiber(in *f*) *m*, Tippse *f* (*col*).

tyranny ['tɪrənɪ] *n* Tyrannei *f*, Gewaltherrschaft *f*.

tyrant ['taɪrənt] *n* Tyrann *m*.

tyre [taɪə*] *n* Reifen *m*.

U

U, u [ju:] *n* U *nt*, u *nt*.

ubiquitous [ju:'bɪkwɪtəs] *adj* überall zu finden(d); allgegenwärtig.

udder ['ʌdə*] *n* Euter *nt*.

ugh [ɜ:h] *interj* hu.

ugliness ['ʌglɪnəs] *n* Häßlichkeit *f*.

ugly ['ʌglı] *a* häßlich; (*bad*) böse, schlimm.
ukulele [ju:kə'leılı] *n* Ukulele *f.*
ulcer ['ʌlsə*] *n* Geschwür *nt.*
ulterior [ʌl'tıərıə*] *a*: ~ **motive** Hintergedanke *m.*
ultimate ['ʌltımət] *a* äußerste(r,s), allerletzte(r,s); ~**ly** *ad* schließlich, letzten Endes.
ultimatum [ʌltı'meıtəm] *n* Ultimatum *nt.*
ultra- ['ʌltrə] *pref* ultra-.
ultraviolet ['ʌltrə'vaıələt] *a* ultraviolett.
umbilical cord [ʌm'bıklıkl kɔ:d] *n* Nabelschnur *f.*
umbrage ['ʌmbrıdʒ] *n*: **to take** ~ Anstoß nehmen (*at* an +*dat*).
umbrella [ʌm'brelə] *n* Schirm *m.*
umpire ['ʌmpaıə*] *n* Schiedsrichter *m*; *vti* schiedsrichtern.
umpteen ['ʌmpti:n] *num* (*col*) zig.
un- [ʌn] *pref* un-.
unabashed ['ʌnə'bæʃt] *a* unerschrocken.
unabated ['ʌnə'beıtıd] *a* unvermindert.
unable ['ʌn'eıbl] *a* außerstande; **to be** ~ **to do sth** etw nicht tun können.
unaccompanied ['ʌnə'kʌmpanıd] *a* ohne Begleitung.
unaccountably ['ʌnə'kauntəblı] *ad* unerklärlich.
unaccustomed ['ʌnə'kʌstəmd] *a* nicht gewöhnt (*to* an +*acc*); (*unusual*) ungewohnt.
unadulterated ['ʌnə'dʌltəreıtəd] *a* rein, unverfälscht.
unaided ['ʌn'eıdıd] *a* selbständig, ohne Hilfe.
unanimity [ju:nə'nımıtı] *n* Einstimmigkeit *f.*
unanimous *a*, ~**ly** *ad* [ju:'nænıməs, -lı] einmütig; *vote* einstimmig.
unattached ['ʌnə'tætʃt] *a* ungebunden.
unattended ['ʌnə'tendıd] *a person* unbeaufsichtigt; *thing* unbewacht.
unattractive ['ʌnə'træktıv] *a* unattraktiv.
unauthorized ['ʌn'ɔ:θəraızd] *a* unbefugt.
unavoidable *a*, **unavoidably** *ad* [ʌnə'vɔıdəbl, -blı] unvermeidlich.
unaware ['ʌnə'wɛə*] *a*: **to be** ~ **of sth** sich (*dat*) einer Sache nicht bewußt sein; ~**s** *ad* unversehens.
unbalanced ['ʌn'bælənst] *a* unausgeglichen; (*mentally*) gestört.
unbearable [ʌn'bɛərəbl] *a* unerträglich.
unbeatable ['ʌn'bi:təbl] *a* unschlagbar.
unbeaten ['ʌn'bi:tn] *a* ungeschlagen.
unbecoming ['ʌnbı'kʌmıŋ] *a dress* unkleidsam; *behaviour* unpassend, unschicklich.
unbeknown ['ʌnbı'nəʊn] *ad* ohne jedes Wissen (*to gen*).
unbelief ['ʌnbı'li:f] *n* Unglaube *m.*
unbelievable [ʌnbı'li:vəbl] *a* unglaublich.
unbend ['ʌn'bend] *irreg vt* geradebiegen, geradeмachen; *vi* aus sich herausgehen.
unbounded [ʌn'baʊndıd] *a* unbegrenzt.
unbreakable ['ʌn'breıkəbl] *a* unzerbrechlich.
unbridled [ʌn'braıdld] *a* ungezügelt.
unbroken ['ʌn'brəʊkən] *a period* ununterbrochen; *spirit* ungebrochen; *record* unübertroffen.
unburden [ʌn'bɜ:dn] *vt*: ~ **o.s.** (jdm) sein Herz ausschütten.
unbutton ['ʌn'bʌtn] *vt* aufknöpfen.
uncalled-for [ʌn'kɔ:ldfɔ:*] *a* unnötig.
uncanny [ʌn'kænı] *a* unheimlich.
unceasing [ʌn'si:sıŋ] *a* unaufhörlich.
uncertain [ʌn'sɜ:tn] *a* unsicher; (*doubtful*) ungewiß; (*unreliable*) unbeständig; (*vague*) undeutlich, vage; ~**ty** Ungewißheit *f.*
unchanged ['ʌn'tʃeındʒd] *a* unverändert.
uncharitable [ʌn'tʃærıtəbl] *a* hartherzig; *remark* unfreundlich.
uncharted ['ʌn'tʃɑ:tıd] *a* nicht verzeichnet.
unchecked ['ʌn'tʃekt] *a* ungeprüft; (*not stopped*) *advance* ungehindert.
uncivil ['ʌn'sıvıl] *a* unhöflich, grob.
uncle ['ʌŋkl] *n* Onkel *m.*
uncomfortable [ʌn'kʌmfətəbl] *a* unbequem, ungemütlich.
uncompromising [ʌn'kɒmprəmaızıŋ] kompromißlos, unnachgiebig.
unconditional ['ʌnkən'dıʃənl] *a* bedingungslos.
uncongenial ['ʌnkən'dʒi:nıəl] *a* unangenehm.
unconscious [ʌn'kɒnʃəs] *a* (*Med*) bewußtlos; (*not aware*) nicht bewußt; (*not meant*) unbeabsichtigt; **the** ~ das Unbewußte; ~**ly** *ad* unwissentlich, unbewußt; ~**ness** Bewußtlosigkeit *f.*
uncontrollable ['ʌnkən'trəʊləbl] *a* unkontrollierbar, unbändig.
uncork ['ʌn'kɔ:k] *vt* entkorken.
uncouth [ʌn'ku:θ] *a* grob, ungehobelt.
uncover [ʌn'kʌvə*] *vt* aufdecken.
unctuous ['ʌŋktjʊəs] *a* salbungsvoll.
undaunted ['ʌn'dɔ:ntıd] *a* unerschrocken.
undecided ['ʌndı'saıdıd] *a* unschlüssig.
undeniable [ʌndı'naıəbl] *a* unleugbar.
undeniably [ʌndı'naıəblı] *ad* unbestreitbar.
under ['ʌndə*] *prep* unter; *ad* darunter; ~ **repair** in Reparatur; ~**-age** *a* minderjährig.
undercarriage ['ʌndəkærıdʒ] *n* Fahrgestell *nt.*
underclothes ['ʌndəkləʊðz] *npl* Unterwäsche *f.*
undercoat ['ʌndəkəʊt] *n* (*paint*) Grundierung *f.*
undercover ['ʌndəkʌvə*] *a* Geheim-.
undercurrent ['ʌndəkʌrənt] *n* Unterströmung *f.*
undercut ['ʌndəkʌt] *vt irreg* unterbieten.
underdeveloped ['ʌndədı'veləpt] *a* Entwicklungs-, unterentwickelt.
underdog ['ʌndədɒg] *n* Unterlegene(r) *mf.*
underdone ['ʌndə'dʌn] *a* (*Cook*) nicht gar, nicht durchgebraten.
underestimate ['ʌndər'estımeıt] *vt* unterschätzen.
underexposed ['ʌndərıks'pəʊzd] *a* unterbelichtet.
underfed ['ʌndə'fed] *a* unterernährt.
underfoot ['ʌndə'fʊt] *ad* unter den Füßen.
undergo ['ʌndə'gəʊ] *vt irreg experience*

durchmachen; *operation, test* sich unterziehen (+*dat*).
undergraduate ['ʌndə'grædjʊət] *n* Student(in *f*) *m*.
underground ['ʌndəgraʊnd] *n* Untergrundbahn *f*, U-Bahn *f*; *a press etc* Untergrund-.
undergrowth ['ʌndəgrəʊθ] *n* Gestrüpp *nt*, Unterholz *nt*.
underhand ['ʌndəhænd] *a* hinterhältig.
underlie [ʌndə'laɪ] *vt irreg* (*form the basis of*) zugrundeliegen (+*dat*).
underline [ʌndə'laɪn] *vt* unterstreichen; (*emphasize*) betonen.
underling ['ʌndəlɪŋ] *n* Handlanger *m*.
undermine [ʌndə'maɪn] *vt* unterhöhlen; (*fig*) unterminieren, untergraben.
underneath ['ʌndə'ni:θ] *ad* darunter; *prep* unter.
underpaid ['ʌndə'peɪd] *a* unterbezahlt.
underpants ['ʌndəpænts] *npl* Unterhose *f*.
underpass ['ʌndəpɑ:s] *n* Unterführung *f*.
underplay ['ʌndə'pleɪ] *vt* herunterspielen.
underprice ['ʌndə'praɪs] *vt* zu niedrig ansetzen.
underprivileged ['ʌndə'prɪvɪlɪdʒd] *a* benachteiligt, unterpriviligiert.
underrate [ʌndə'reɪt] *vt* unterschätzen.
undershirt ['ʌndəʃɜ:t] *n* (*US*) Unterhemd *nt*.
undershorts ['ʌndəʃɔ:ts] *npl* (*US*) Unterhose *f*.
underside ['ʌndəsaɪd] *n* Unterseite *f*.
underskirt ['ʌndəskɜ:t] *n* Unterrock *m*.
understand [ʌndə'stænd] *vt irreg* verstehen; **I ~ that . . .** ich habe gehört, daß . . .; **am I to ~ that . . .?** soll das (etwa) heißen, daß . . .?; **what do you ~ by that?** was verstehen Sie darunter?; **it is understood that . . .** es wurde vereinbart, daß . . .; **to make o.s. understood** sich verständlich machen; **is that understood?** is das klar?; **~able** *a* verständlich; **~ing** Verständnis *nt*; *a* verständnisvoll.
understatement ['ʌndəsteɪtmənt] *n* Untertreibung *f*, Understatement *nt*.
understudy ['ʌndəstʌdɪ] *n* Ersatz(schau)spieler(in *f*) *m*.
undertake [ʌndə'teɪk] *irreg vt* unternehmen; *vi* (*promise*) sich verpflichten; **~r** Leichenbestatter *m*; **~r's** Beerdigungsinstitut *nt*.
undertaking [ʌndə'teɪkɪŋ] *n* (*enterprise*) Unternehmen *nt*; (*promise*) Verpflichtung *f*.
underwater ['ʌndə'wɔ:tə*] *ad* unter Wasser; *a* Unterwasser-.
underwear ['ʌndəwɛə*] *n* Unterwäsche *f*.
underweight [ʌndə'weɪt] *a*: **to be ~** Untergewicht haben.
underworld ['ʌndəwɜ:ld] *n* (*of crime*) Unterwelt *f*.
underwriter ['ʌndəraɪtə*] *n* Assekurant *m*.
undesirable [ʌndɪ'zaɪərəbl] *a* unerwünscht.
undies ['ʌndɪz] *npl* (*col*) (Damen)unterwäsche *f*.
undiscovered ['ʌndɪs'kʌvəd] *a* unentdeckt.
undisputed ['ʌndɪs'pju:tɪd] *a* unbestritten.
undistinguished ['ʌndɪs'tɪŋgwɪʃt] *a* unbekannt, nicht ausgezeichnet.
undo ['ʌn'du:] *vt irreg* (*unfasten*) öffnen, aufmachen; *work* zunichte machen; **~ing** Verderben *nt*.
undoubted [ʌn'daʊtɪd] *a* unbezweifelt; **~ly** *ad* zweifellos, ohne Zweifel.
undress ['ʌn'dres] *vti* (sich) ausziehen.
undue ['ʌndju:] *a* übermäßig.
undulating ['ʌndjʊleɪtɪŋ] *a* wellenförmig; *country* wellig.
unduly ['ʌn'dju:lɪ] *ad* übermäßig.
unearth ['ʌn'ɜ:θ] *vt* (*dig up*) ausgraben; (*discover*) ans Licht bringen; **~ly** *a* schauerlich.
unease [ʌn'i:z] *n* Unbehagen *nt*; (*public*) Unruhe *f*.
uneasy [ʌn'i:zɪ] *a* (*worried*) unruhig; *feeling* ungut; (*embarrassed*) unbequem; **I feel ~ about it** mir ist nicht wohl dabei.
uneconomic(al) ['ʌni:kə'nɒmɪk(əl)] *a* unwirtschaftlich.
uneducated ['ʌn'edjʊkeɪtɪd] *a* ungebildet.
unemployed ['ʌnɪm'plɔɪd] *a* arbeitslos; **the ~** die Arbeitslosen *pl*.
unemployment ['ʌnɪm'plɔɪmənt] *n* Arbeitslosigkeit *f*.
unending [ʌn'endɪŋ] *a* endlos.
unenviable ['ʌn'envɪəbl] *a* wenig beneidenswert.
unerring ['ʌn'ɜ:rɪŋ] *a* unfehlbar.
uneven ['ʌn'i:vən] *a surface* uneben; *quality* ungleichmäßig.
unexploded ['ʌnɪks'pləʊdɪd] *a* nicht explodiert.
unfailing [ʌn'feɪlɪŋ] *a* nie versagend.
unfair *a*, **~ly** *ad* ['ʌn'fɛə*, -əlɪ] ungerecht, unfair.
unfaithful ['ʌn'feɪθfʊl] *a* untreu.
unfasten ['ʌn'fɑ:sn] *vt* öffnen, aufmachen.
unfavourable, (*US*) **unfavorable** ['ʌn'feɪvərəbl] *a* ungünstig.
unfeeling [ʌn'fi:lɪŋ] *a* gefühllos, kalt.
unfinished ['ʌn'fɪnɪʃt] *a* unvollendet.
unfit ['ʌn'fɪt] *a* ungeeignet (*for* zu, für); (*in bad health*) nicht fit.
unflagging [ʌn'flægɪŋ] *a* unermüdlich.
unflappable ['ʌn'flæpəbl] *a* unerschütterlich.
unflinching ['ʌn'flɪntʃɪŋ] *a* unerschrocken.
unfold [ʌn'fəʊld] *vt* entfalten; *paper* auseinanderfalten; *vi* (*develop*) sich entfalten.
unforeseen ['ʌnfɔ:'si:n] *a* unvorhergesehen.
unforgivable ['ʌnfə'gɪvəbl] *a* unverzeihlich.
unfortunate [ʌn'fɔ:tʃnət] *a* unglücklich, bedauerlich; **~ly** *ad* leider.
unfounded ['ʌn'faʊndɪd] *a* unbegründet.
unfriendly ['ʌn'frendlɪ] *a* unfreundlich.
unfurnished ['ʌn'fɜ:nɪʃt] *a* unmöbliert.
ungainly [ʌn'geɪnlɪ] *a* linkisch.
ungodly [ʌn'gɒdlɪ] *a hour* nachtschlafend; *row* heillos.

unguarded ['ʌn'gɑ:dɪd] *a moment* unbewacht.
unhappiness [ʌn'hæpɪnəs] *n* Unglück *nt*, Unglückseligkeit *f*.
unhappy [ʌn'hæpɪ] *a* unglücklich.
unharmed ['ʌn'hɑ:md] *a* wohlbehalten, unversehrt.
unhealthy [ʌn'helθɪ] *a* ungesund.
unheard-of [ʌn'hɜ:dɒv] *a* unerhört.
unhurt ['ʌn'hɜ:t] *a* unverletzt.
unicorn ['ju:nɪkɔ:n] *n* Einhorn *nt*.
unidentified ['ʌnaɪ'dentɪfaɪd] *a* unbekannt, nicht identifiziert.
unification [ju:nɪfɪ'keɪʃən] *n* Vereinigung *f*.
uniform ['ju:nɪfɔ:m] *n* Uniform *f*; *a* einheitlich; **~ity** [ju:nɪ'fɔ:mɪtɪ] Einheitlichkeit *f*.
unify ['ju:nɪfaɪ] *vt* vereinigen.
unilateral ['ju:nɪ'lætərəl] *a* einseitig.
unimaginable [ʌnɪ'mædʒɪnəbl] *a* unvorstellbar.
uninjured ['ʌn'ɪndʒəd] *a* unverletzt.
unintentional ['ʌnɪn'tenʃənl] *a* unabsichtlich.
union ['ju:njən] *n* (*uniting*) Vereinigung *f*; (*alliance*) Bund *m*, Union *f*; (*trade* —) Gewerkschaft *f*; **U~ Jack** Union Jack *m*.
unique [ju:'ni:k] *a* einzig(artig).
unison ['ju:nɪzn] *n* Einstimmigkeit *f*; **in ~** einstimmig.
unit ['ju:nɪt] *n* Einheit *f*.
unite [ju:'naɪt] *vt* vereinigen; *vi* sich vereinigen; **~d** *a* vereinigt; (*together*) vereint; **U~d Nations** Vereinte Nationen *pl*.
unit trust ['ju:nɪt'trʌst] *n* (*Brit*) Treuhandgesellschaft *f*.
unity ['ju:nɪtɪ] *n* Einheit *f*; (*agreement*) Einigkeit *f*.
universal *a*, **~ly** *ad* [ju:nɪ'vɜ:səl, -ɪ] allgemein.
universe ['ju:nɪvɜ:s] *n* (Welt)all *nt*, Universum *nt*.
university [ju:nɪ'vɜ:sɪtɪ] *n* Universität *f*.
unjust ['ʌn'dʒʌst] *a* ungerecht.
unjustifiable [ʌn'dʒʌstɪfaɪəbl] *a* ungerechtfertigt.
unkempt ['ʌn'kempt] *a* ungepflegt, verwahrlost.
unkind [ʌn'kaɪnd] *a* unfreundlich.
unknown ['ʌn'nəʊn] *a* unbekannt (*to dat*).
unladen ['ʌn'leɪdn] *a weight* Leer-, unbeladen.
unleash ['ʌn'li:ʃ] *vt* entfesseln.
unleavened ['ʌn'levnd] *a* ungesäuert.
unless [ən'les] *cj* wenn nicht, es sei denn . . .
unlicensed ['ʌn'laɪsənst] *a* (*to sell alcohol*) unkonzessioniert.
unlike ['ʌn'laɪk] *a* unähnlich; *prep* im Gegensatz zu.
unlimited [ʌn'lɪmɪtɪd] *a* unbegrenzt.
unload ['ʌn'ləʊd] *vt* entladen.
unlock ['ʌn'lɒk] *vt* aufschließen.
unmannerly [ʌn'mænəlɪ] *a* unmanierlich.
unmarried ['ʌn'mærɪd] *a* unverheiratet, ledig.
unmask ['ʌn'mɑ:sk] *vt* demaskieren; (*fig*) entlarven.
unmistakable ['ʌnmɪs'teɪkəbl] *a* unverkennbar.
unmistakably ['ʌnmɪs'teɪkəblɪ] *ad* unverwechselbar, unverkennbar.
unmitigated [ʌn'mɪtɪgeɪtɪd] *a* ungemildert, ganz.
unnecessary ['ʌn'nesəsərɪ] *a* unnötig.
unobtainable ['ʌnəb'teɪnəbl] *a*: **this number is ~** kein Anschluß unter dieser Nummer.
unoccupied ['ʌn'ɒkjʊpaɪd] *a seat* frei.
unopened ['ʌn'əʊpənd] *a* ungeöffnet.
unorthodox ['ʌn'ɔ:θədɒks] *a* unorthodox.
unpack ['ʌn'pæk] *vti* auspacken.
unpalatable [ʌn'pælətəbl] *a truth* bitter.
unparalleled [ʌn'pærəleld] *a* beispiellos.
unpleasant [ʌn'pleznt] *a* unangenehm.
unplug ['ʌn'plʊg] *vt* den Stecker herausziehen von.
unpopular ['ʌn'pɒpjʊlə*] *a* unbeliebt, unpopulär.
unprecedented [ʌn'presɪdəntɪd] *a* noch nie dagewesen; beispiellos.
unqualified ['ʌn'kwɒlɪfaɪd] *a success* uneingeschränkt, voll; *person* unqualifiziert.
unravel [ʌn'rævəl] *vt* (*disentangle*) auffasern, entwirren; (*solve*) lösen.
unreal ['ʌn'rɪəl] *a* unwirklich.
unreasonable [ʌn'ri:znəbl] *a* unvernünftig; *demand* übertrieben; **that's ~** das ist zuviel verlangt.
unrelenting ['ʌnrɪ'lentɪŋ] *a* unerbittlich.
unrelieved ['ʌnrɪ'li:vd] *a monotony* ungemildert.
unrepeatable ['ʌnrɪ'pi:təbl] *a* nicht zu wiederholen(d).
unrest [ʌn'rest] *n* (*discontent*) Unruhe *f*; (*fighting*) Unruhen *pl*.
unroll ['ʌn'rəʊl] *vt* aufrollen.
unruly [ʌn'ru:lɪ] *a child* undiszipliniert; schwer lenkbar.
unsafe ['ʌn'seɪf] *a* nicht sicher.
unsaid ['ʌn'sed] *a*: **to leave sth ~** etw ungesagt sein lassen.
unsatisfactory ['ʌnsætɪs'fæktərɪ] *a* unbefriedigend; unzulänglich.
unsavoury, (*US*) **unsavory** ['ʌn'seɪvərɪ] *a* (*fig*) widerwärtig.
unscrew ['ʌn'skru:] *vt* aufschrauben.
unscrupulous [ʌn'skru:pjʊləs] *a* skrupellos.
unselfish ['ʌn'selfɪ] *a* selbstlos, uneigennützig.
unsettled ['ʌn'setld] *a* unstet; *person* rastlos; *weather* wechselhaft; *dispute* nicht beigelegt.
unshaven ['ʌn'ʃeɪvn] *a* unrasiert.
unsightly [ʌn'saɪtlɪ] *a* unansehnlich.
unskilled ['ʌn'skɪld] *a* ungelernt.
unsophisticated ['ʌnsə'fɪstɪkeɪtɪd] *a* einfach, natürlich.
unsound ['ʌn'saʊnd] *a ideas* anfechtbar.
unspeakable [ʌn'spi:kəbl] *a joy* unsagbar; *crime* scheußlich.
unstuck ['ʌn'stʌk] *a*: **to come ~** (*lit*) sich lösen; (*fig*) ins Wasser fallen.

unsuccessful ['ʌnsək'sesful] *a* erfolglos.
unsuitable ['ʌn'su:təbl] *a* unpassend.
unsuspecting ['ʌnsəs'pektɪŋ] *a* nichtsahnend.
unswerving [ʌn'swɜ:vɪŋ] *a loyalty* unerschütterlich.
untangle ['ʌn'tæŋgl] *vt* entwirren.
untapped ['ʌn'tæpt] *a resources* ungenützt.
unthinkable [ʌn'θɪŋkəbl] *a* unvorstellbar.
untidy [ʌn'taɪdɪ] *a* unordentlich.
untie ['ʌn'taɪ] *vt* aufmachen, aufschnüren.
until [ən'tɪl] *prep, cj* bis.
untimely [ʌn'taɪmlɪ] *a death* vorzeitig.
untold ['ʌn'təʊld] *a* unermeßlich.
untoward [ʌntə'wɔ:d] *a* widrig, ungünstig.
untranslatable ['ʌntræns'leɪtəbl] *a* unübersetzbar.
untried ['ʌn'traɪd] *a plan* noch nicht ausprobiert.
unused ['ʌn'ju:zd] *a* unbenutzt.
unusual *a*, **~ly** *ad* [ʌn'ju:ʒʊəl, -ɪ] ungewöhnlich.
unveil [ʌn'veɪl] *vt* enthüllen.
unwary [ʌn'wɛərɪ] *a* unbedacht(sam).
unwavering [ʌn'weɪvərɪŋ] *a* standhaft, unerschütterlich.
unwell ['ʌn'wel] *a* unpäßlich.
unwieldy [ʌn'wi:ldɪ] *a* unhandlich, sperrig.
unwilling ['ʌn'wɪlɪŋ] *a* unwillig.
unwind ['ʌn'waɪnd] *irreg vt* (*lit*) abwickeln; *vi* (*relax*) sich entspannen.
unwitting [ʌn'wɪtɪŋ] *a* unwissentlich.
unwrap ['ʌn'ræp] *vt* aufwickeln, auspacken.
unwritten ['ʌn'rɪtn] *a* ungeschrieben.
up [ʌp] *prep* auf; *ad* nach oben, hinauf; (*out of bed*) auf; **it is ~ to you** es liegt bei Ihnen; **what is he ~ to?** was hat er vor?; **he is not ~ to it** er kann es nicht (tun); **what's ~?** was ist los?; **~ to** (*temporally*) bis; **~-and-coming** *a* im Aufstieg; **the ~s and downs** das Auf und Ab.
upbringing ['ʌpbrɪŋɪŋ] *n* Erziehung *f.*
update [ʌp'deɪt] *vt* auf den neuesten Stand bringen.
upend [ʌp'end] *vt* auf Kante stellen.
upgrade [ʌp'greɪd] *vt* höher einstufen.
upheaval [ʌp'hi:vəl] *n* Umbruch *m.*
uphill ['ʌp'hɪl] *a* ansteigend; (*fig*) mühsam; *ad* bergauf.
uphold [ʌp'həʊld] *vt irreg* unterstützen.
upholstery [ʌp'həʊlstərɪ] *n* Polster *nt*; Polsterung *f.*
upkeep ['ʌpki:p] *n* Instandhaltung *f.*
upon [ə'pɒn] *prep* auf.
upper ['ʌpə*] *n* (*on shoe*) Oberleder *nt*; *a* obere(r,s), höhere(r,s); **the ~ class** die Oberschicht; **~-class** *a* vornehm; **~most** *a* oberste(r,s), höchste(r,s).
upright ['ʌpraɪt] *a* (*erect*) aufrecht; (*honest*) aufrecht, rechtschaffen; *n* Pfosten *m.*
uprising [ʌp'raɪzɪŋ] *n* Aufstand *m.*
uproar ['ʌprɔ:*] *n* Aufruhr *m.*
uproot [ʌp'ru:t] *vt* ausreißen; *tree* entwurzeln.
upset ['ʌpset] *n* Aufregung *f*; [ʌp'set] *vt irreg* (*overturn*) umwerfen; (*disturb*) aufregen, bestürzen; *plans* durcheinanderbringen; **~ting** *a* bestürzend.
upshot ['ʌpʃɒt] *n* (End)ergebnis *nt*, Ausgang *m.*
upside-down ['ʌpsaɪd'daʊn] *ad* verkehrt herum; (*fig*) drunter und drüber.
upstairs ['ʌp'stɛəz] *ad* oben, im oberen Stockwerk; *go* nach oben; *a room* obere(r,s), Ober-; *n* obere(s) Stockwerk *nt.*
upstart ['ʌpstɑ:t] *n* Emporkömmling *m.*
upstream ['ʌp'stri:m] *ad* stromaufwärts.
uptake ['ʌpteɪk] *n*: **to be quick on the ~** schnell begreifen; **to be slow on the ~** schwer von Begriff sein.
uptight ['ʌp'taɪt] *a* (*col*) (*nervous*) nervös; (*inhibited*) verklemmt.
up-to-date ['ʌptə'deɪt] *a clothes* modisch, modern; *information* neueste(r,s); **to bring sth up to date** etw auf den neuesten Stand bringen.
upturn ['ʌptɜ:n] *n* (*in luck*) Aufschwung *m.*
upward ['ʌpwəd] *a* nach oben gerichtet; **~(s)** *ad* aufwärts.
uranium [jʊə'reɪnɪəm] *n* Uran *nt.*
urban ['ɜ:bən] *a* städtisch, Stadt-.
urbane [ɜ:'beɪn] *a* höflich, weltgewandt.
urchin ['ɜ:tʃɪn] *n* (*boy*) Schlingel *m*; (*sea* —) Seeigel *m.*
urge [ɜ:dʒ] *n* Drang *m*; *vt* drängen, dringen in (+*acc*); **~ on** *vt* antreiben.
urgency ['ɜ:dʒənsɪ] *n* Dringlichkeit *f.*
urgent *a*, **~ly** *ad* ['ɜ:dʒənt, -lɪ] dringend.
urinal ['jʊərɪnl] *n* (*Med*) Urinflasche *f*; (*public*) Pissoir *nt.*
urinate ['jʊərɪneɪt] *vi* urinieren, Wasser lassen.
urine ['jʊərɪn] *n* Urin *m*, Harn *m.*
urn [ɜ:ʌ] *n* Urne *f*; (*tea* —) Teemaschine *f.*
us [ʌs] *pron* uns.
usage ['ju:zɪdʒ] *n* Gebrauch *m*; (*esp Ling*) Sprachgebrauch *m.*
use [ju:s] *n* Verwendung *f*; (*custom*) Brauch *m*, Gewohnheit *f*; (*employment*) Gebrauch *m*; (*point*) Zweck *m*; **in ~** in Gebrauch; **out of ~** außer Gebrauch; **it's no ~** es hat keinen Zweck; **what's the ~?** was soll's?; [ju:z] *vt* gebrauchen; **~d to** [ju:st] gewöhnt an (+*acc*); **she ~d to live here** sie hat früher mal hier gewohnt; **~ up** [ju:z] *vt* aufbrauchen, verbrauchen; **~d** [ju:zd] *a car* Gebraucht-; **~ful** *a* nützlich; **~fulness** Nützlichkeit *f*; **~less** *a* nutzlos, unnütz; **~lessly** *ad* nutzlos; **~lessness** Nutzlosigkeit *f*; **~r** ['ju:zə*] Benutzer *m.*
usher ['ʌʃə*] *n* Platzanweiser *m*; **~ette** [ʌʃə'ret] Platzanweiserin *f.*
usual ['ju:ʒʊəl] *a* gewöhnlich, üblich; **~ly** *ad* gewöhnlich.
usurp [ju:'zɜ:p] *vt* an sich reißen; **~er** Usurpator *m.*
usury ['ju:ʒʊrɪ] *n* Wucher *m.*
utensil [ju:'tensl] *n* Gerät *nt*, Utensil *nt.*
uterus ['ju:tərəs] *n* Gebärmutter *f*, Uterus *m.*
utilitarian [ju:tɪlɪ'tɛərɪən] *a* Nützlichkeits-.
utility [ju:'tɪlɪtɪ] *n* (*usefulness*) Nützlichkeit *f*; (*also public* —) öffentliche(r) Versorgungsbetrieb *m.*
utilization [ju:tɪlaɪ'zeɪʃən] *n* Nutzbarmachung *f*, Benutzung *f.*

utilize ['ju:tılaız] *vt* nutzbar machen; benützen.
utmost ['ʌtməʊst] *a* äußerste(r,s); *n*: **to do one's ~** sein möglichstes tun.
utter ['ʌtə*] *a* äußerste(r,s) höchste(r,s), völlig; *vt* äußern, aussprechen; **~ance** Äußerung *f*; **~ly** *ad* äußerst, absolut, völlig.
U-turn ['ju:'tɜ:n] *n* (*Aut*) Kehrtwendung *f*.

V

V, v [vi:] *n* V *nt*, v *nt*.
vacancy ['veıkənsı] *n* (*job*) offene Stelle *f*; (*room*) freies Zimmer *nt*.
vacant ['veıkənt] *a* leer; (*unoccupied*) frei; *house* leerstehend, unbewohnt; (*stupid*) (gedanken)leer; '**~**' (*on door*) 'frei'.
vacate [və'keıt] *vt seat* frei machen; *room* räumen.
vacation [və'keıʃən] *n* Ferien *pl*, Urlaub *m*; **~ist** (*US*) Ferienreisende(r) *mf*.
vaccinate ['væksıneıt] *vt* impfen.
vaccination [væksı'neıʃən] *n* Impfung *f*.
vaccine ['væksi:n] *n* Impfstoff *m*.
vacuum ['vækjʊm] *n* luftleere(r) Raum *m*, Vakuum *nt*; **~ bottle** (*US*), **~ flask** (*Brit*) Thermosflasche *f*; **~ cleaner** Staubsauger *m*.
vagary ['veıgərı] *n* Laune *f*.
vagina [və'dʒaınə] *n* Scheide *f*, Vagina *f*.
vagrant ['veıgrənt] *n* Landstreicher *m*.
vague [veıg] *a* unbestimmt, vage; *outline* verschwommen; (*absent-minded*) geistesabwesend; **~ly** *ad* unbestimmt, vage; *understand, correct* ungefähr; **~ness** Unbestimmtheit *f*; Verschwommenheit *f*.
vain [veın] *a* (*worthless*) eitel, nichtig; *attempt* vergeblich; (*conceited*) eitel, eingebildet; **in ~** vergebens, umsonst; **~ly** *ad* vergebens, vergeblich; eitel, eingebildet.
valentine ['væləntaın] *n* Valentinsgruß *m*.
valiant *a*, **~ly** *ad* ['vælıənt, -lı] tapfer.
valid ['vælıd] *a* gültig; *argument* stichhaltig; *objection* berechtigt; **~ity** [və'lıdıtı] Gültigkeit *f*; Stichhaltigkeit *f*.
valise [və'li:z] *n* Reisetasche *f*.
valley ['vælı] *n* Tal *nt*.
valuable ['væljʊəbl] *a* wertvoll; *time* kostbar; **~s** *pl* Wertsachen *pl*.
valuation [væljʊ'eıʃən] *n* (*Fin*) Schätzung *f*; Beurteilung *f*.
value ['vælju:] *n* Wert *m*; (*usefulness*) Nutzen *m*; *vt* (*prize*) (hoch)schätzen, werthalten; (*estimate*) schätzen; **~d** *a* (hoch)geschätzt; **~less** *a* wertlos; **~r** Schätzer *m*.
valve [vælv] *n* Ventil *nt*; (*Biol*) Klappe *f*; (*Rad*) Röhre *f*.
vampire ['væmpaıə*] *n* Vampir *m*.
van [væn] *n* Lieferwagen *m*; Kombiwagen *m*.
vandal ['vændəl] *n* Vandale *m*; **~ism** mutwillige Beschädigung *f*, Vandalismus *m*.
vanilla [və'nılə] *n* Vanille *f*.
vanish ['vænıʃ] *vi* verschwinden.
vanity ['vænıtı] *n* Eitelkeit *f*, Einbildung *f*; **~ case** Schminkkoffer *m*.
vantage ['vɑ:ntıdʒ] *n*: **~ point** gute(r) Aussichtspunkt *m*.
vapour, (*US*) **vapor** ['veıpə*] *n* (*mist*) Dunst *m*; (*gas*) Dampf *m*.
variable ['vɛərıəbl] *a* wechselhaft, veränderlich; *speed, height* regulierbar.
variance ['vɛərıəns] *n*: **to be at ~** uneinig sein.
variant ['vɛərıənt] *n* Variante *f*.
variation [vɛərı'eıʃən] *n* Variation *f*, Veränderung *f*; (*of temperature, prices*) Schwankung *f*.
varicose ['værıkəʊs] *a*: **~ veins** Krampfadern *pl*.
varied ['vɛərıd] *a* verschieden, unterschiedlich; *life* abwechslungsreich.
variety [və'raıətı] *n* (*difference*) Abwechslung *f*; (*varied collection*) Vielfalt *f*; (*Comm*) Auswahl *f*; (*sorte*) Sorte *f*, Art *f*; **~ show** Varieté *nt*.
various ['vɛərıəs] *a* verschieden; (*several*) mehrere.
varnish ['vɑ:nıʃ] *n* Lack *m*; (*on pottery*) Glasur *f*; *vt* lackieren; *truth* beschönigen.
vary ['vɛərı] *vt* (*alter*) verändern; (*give variety to*) abwechslungsreicher gestalten; *vi* sich (ver)ändern; (*prices*) schwanken; (*weather*) unterschiedlich sein; **to ~ from sth** sich von etw unterscheiden; **~ing** *a* unterschiedlich; veränderlich.
vase [vɑ:z] *n* Vase *f*.
vast [vɑ:st] *a* weit, groß, riesig; **~ly** *ad* wesentlich; *grateful, amused* äußerst; **~ness** Unermeßlichkeit *f*, Weite *f*.
vat [væt] *n* große(s) Faß *nt*.
Vatican ['vætıkən] *n*: **the ~** der Vatikan.
vaudeville ['vəʊdəvıl] *n* (*US*) Varieté *nt*.
vault [vɔ:lt] *n* (*of roof*) Gewölbe *nt*; (*tomb*) Gruft *f*; (*in bank*) Tresorraum *m*; (*leap*) Sprung *m*; *vt* überspringen.
vaunted ['vɔ:ntıd] *a* gerühmt, gepriesen.
veal [vi:l] *n* Kalbfleisch *nt*.
veer [vıə*] *vi* sich drehen; (*of car*) ausscheren.
vegetable ['vedʒətəbl] *n* Gemüse *nt*; (*plant*) Pflanze *f*.
vegetarian [vedʒı'tɛərıən] *n* Vegetarier(in *f*) *m*; *a* vegetarisch.
vegetate ['vedʒıteıt] *vi* (dahin)-vegetieren.
vegetation [vedʒı'teıʃən] *n* Vegetation *f*.
vehemence ['vi:ıməns] *n* Heftigkeit *f*.
vehement ['vi:ımənt] *a* heftig; *feelings* leidenschaftlich.
vehicle ['vi:ıkl] *n* Fahrzeug *nt*; (*fig*) Mittel *nt*.
vehicular [vı'hıkjʊlə*] *a* Fahrzeug-; *traffic* Kraft-.
veil [veıl] *n* (*lit, fig*) Schleier *m*; *vt* verschleiern.
vein [veın] *n* Ader *f*; (*Anat*) Vene *f*; (*mood*) Stimmung *f*.
velocity [vı'lɒsıtı] *n* Geschwindigkeit *f*.
velvet ['velvıt] *n* Samt *m*.
vendetta [ven'detə] *n* Fehde *f*; (*in family*) Blutrache *f*.
vending machine ['vendıŋməʃi:n] *n* Automat *m*.

vendor ['vendɔ:*] *n* Verkäufer *m*.
veneer [və'nıə*] *n* (*lit*) Furnier(holz) *nt*; (*fig*) äußere(r) Anstrich *m*.
venerable ['venərəbl] *a* ehrwürdig.
venereal [vı'nıərıəl] *a disease* Geschlechts-.
venetian [vı'ni:ʃən] *a*: ~ **blind** Jalousie *f*.
vengeance ['vendʒəns] *n* Rache *f*; **with a ~** gewaltig.
venison ['venısn] *n* Reh(fleisch) *nt*.
venom ['venəm] *n* Gift *nt*; **~ous** *a*, **~ously** *ad* giftig, gehässig.
vent [vent] *n* Öffnung *f*; (*in coat*) Schlitz *m*; (*fig*) Ventil *nt*; *vt emotion* abreagieren.
ventilate ['ventıleıt] *vt* belüften; *question* erörtern.
ventilation [ventı'leıʃən] *n* (Be)lüftung *f*, Ventilation *f*.
ventilator ['ventıleıtə*] *n* Ventilator *m*.
ventriloquist [ven'trıləkwıst] *n* Bauchredner *m*.
venture ['ventʃə*] *n* Unternehmung *f*, Projekt *nt*; *vt* wagen; *life* aufs Spiel setzen; *vi* sich wagen.
venue ['venju:] *n* Schauplatz *m*; Treffpunkt *m*.
veranda(h) [və'rændə] *a* Veranda *f*.
verb [vɜ:b] *n* Zeitwort *nt*, Verb *nt*; **~al** *a* (*spoken*) mündlich; *translation* wörtlich; (*of a verb*) verbal, Verbal-; **~ally** *ad* mündlich; (*as a verb*) verbal; **~atim** [vɜ:'beıtım] *ad* Wort für Wort; *a* wortwörtlich.
verbose [vɜ:'bəʊs] *a* wortreich.
verdict ['vɜ:dıkt] *n* Urteil *nt*.
verge [vɜ:dʒ] *n* Rand *m*; **on the ~ of doing sth** im Begriff, etw zu tun; *vi*: **~ on** grenzen an (+*acc*).
verger ['vɜ:dʒə*] *n* Kirchendiener *m*, Küster *m*.
verification [verıfı'keıʃən] *n* Bestätigung *f*; (*checking*) Überprüfung *f*; (*proof*) Beleg *m*.
verify ['verıfaı] *vt* (über)prüfen; (*confirm*) bestätigen; *theory* beweisen.
vermin ['vɜ:mın] *npl* Ungeziefer *nt*.
vermouth ['vɜ:məθ] *n* Wermut *m*.
vernacular [və'nækjʊlə*] *n* Landessprache *f*; (*dialect*) Dialekt *m*, Mundart *f*; (*jargon*) Fachsprache *f*.
versatile ['vɜ:sətaıl] *a* vielseitig.
versatility [vɜ:sə'tılıtı] *n* Vielseitigkeit *f*.
verse [vɜ:s] *n* (*poetry*) Poesie *f*; (*stanza*) Strophe *f*; (*of Bible*) Vers *m*; **in ~** in Versform; **~d** *a*: **~d in** bewandert in (+*dat*), beschlagen in (+*dat*).
version ['vɜ:ʃən] *n* Version *f*; (*of car*) Modell *nt*.
versus ['vɜ:səs] *prep* gegen.
vertebra ['vɜ:tıbrə] *n* (Rücken)wirbel *m*.
vertebrate ['vɜ:tıbrət] *a animal* Wirbel-.
vertical ['vɜ:tıkəl] *a* senkrecht, vertikal; **~ly** *ad* senkrecht, vertikal.
vertigo ['vɜ:tıgəʊ] *n* Schwindel *m*, Schwindelgefühl *nt*.
verve [vɜ:v] *n* Schwung *m*.
very ['verı] *ad* sehr; *a* (*extreme*) äußerste(r,s); **the ~ book** genau das Buch; **at that ~ moment** gerade *or* genau in dem Augenblick; **at the ~ latest** allerspätestens; **the ~ same day** noch am selben Tag; **the ~ thought** der Gedanke allein, der bloße Gedanke.
vespers ['vespəz] *npl* Vesper *f*.
vessel ['vesl] *n* (*ship*) Schiff *nt*; (*container*) Gefäß *nt*.
vest [vest] *n* Unterhemd *nt*; (*US: waistcoat*) Weste *f*; *vt*: **~ sb with sth** *or* **sth in sb** jdm etw verleihen; **~ed** *a*: **~ed interests** *pl* finanzielle Beteiligung *f*; (*people*) finanziell Beteiligte *pl*; (*fig*) persönliche(s) Interesse *nt*.
vestibule ['vestıbju:l] *n* Vorhalle *f*.
vestige ['vestıdʒ] *n* Spur *f*.
vestry ['vestrı] *n* Sakristei *f*.
vet [vet] *n* Tierarzt *m*/-ärztin *f*; *vt* genau prüfen.
veteran ['vetərən] *n* Veteran *m*; *a* altgedient.
veterinary ['vetınərı] *a* Veterinär-; **~ surgeon** Tierarzt *m*/-ärztin *f*.
veto ['vi:təʊ] *n* Veto *nt*; **power of ~** Vetorecht *nt*; *vt* sein Veto einlegen gegen.
vex [veks] *vt* ärgern; **~ed** *a* verärgert; **~ed question** umstrittene Frage *f*; **~ing** *a* ärgerlich.
via ['vaıə] *prep* über (+*acc*).
viability [vaıə'bılıtı] *n* (*of plan, scheme*) Durchführbarkeit *f*; (*of company*) Rentabilität *f*; (*of life forms*) Lebensfähigkeit *f*.
viable ['vaıəbl] *a plan* durchführbar; *company* rentabel; *plant, economy* lebensfähig.
viaduct ['vaıədʌkt] *n* Viadukt *m*.
vibrate [vaı'breıt] *vi* zittern, beben; (*machine, string*) vibrieren; (*notes*) schwingen.
vibration [vaı'breıʃən] *n* Schwingung *f*; (*of machine*) Vibrieren *nt*; (*of voice, ground*) Beben *nt*.
vicar ['vıkə*] *n* Pfarrer *m*; **~age** Pfarrhaus *nt*.
vice [vaıs] *n* (*evil*) Laster *nt*; (*Tech*) Schraubstock *m*; *pref*: **~-chairman** stellvertretende(r) Vorsitzende(r) *m*; **~-president** Vizepräsident *m*; **~ versa** *ad* umgekehrt.
vicinity [vı'sınıtı] *n* Umgebung *f*; (*closeness*) Nähe *f*.
vicious ['vıʃəs] *a* gemein, böse; **~ circle** Teufelskreis *m*; **~ness** Bösartigkeit *f*, Gemeinheit *f*.
vicissitudes [vı'sısıtju:dz] *npl* Wechselfälle *pl*.
victim ['vıktım] *n* Opfer *nt*; **~ization** [vıktımaı'zeıʃən] Benachteiligung *f*; **~ize** *vt* benachteiligen.
victor ['vıktə*] *n* Sieger *m*.
Victorian [vık'tɔ:rıən] *a* viktorianisch; (*fig*) (sitten)streng.
victorious [vık'tɔ:rıəs] *a* siegreich.
victory ['vıktərı] *n* Sieg *m*.
video ['vıdıəʊ] *a* Fernseh-, Bild-.
vie [vaı] *vi* wetteifern.
view [vju:] *n* (*sight*) Sicht *f*, Blick *m*; (*scene*) Aussicht *f*; (*opinion*) Ansicht *f*, Meinung *f*; (*intention*) Absicht *f*; **to have sth in ~** etw beabsichtigen; **in ~ of**

wegen (*+gen*), angesichts (*+gen*); *vt situation* betrachten; *house* besichtigen; **~er** (*viewfinder*) Sucher *m*; (*Phot: small projector*) Gucki *m*; (*TV*) Fernsehteilnehmer(in *f*) *m*; **~finder** Sucher *m*; **~point** Standpunkt *m*.

vigil ['vɪdʒɪl] *n* (Nacht)wache *f*; **~ance** Wachsamkeit *f*; **~ant** *a* wachsam; **~antly** *ad* aufmerksam.

vigorous *a*, **~ly** *ad* ['vɪgərəs, -lɪ] kräftig; *protest* energisch, heftig.

vigour, (*US*) **vigor** ['vɪgə*] *n* Kraft *f*, Vitalität *f*; (*of protest*) Heftigkeit *f*.

vile [vaɪl] *a* (*mean*) gemein; (*foul*) abscheulich.

vilify ['vɪlɪfaɪ] *vt* verleumden.

villa ['vɪlə] *n* Villa *f*.

village ['vɪlɪdʒ] *n* Dorf *nt*; **~r** Dorfbewohner(in *f*) *m*.

villain ['vɪlən] *n* Schurke *m*, Bösewicht *m*.

vindicate ['vɪndɪkeɪt] *vt* rechtfertigen; (*clear*) rehabilitieren.

vindication [vɪndɪ'keɪʃən] *n* Rechtfertigung *f*; Rehabilitation *f*.

vindictive [vɪn'dɪktɪv] *a* nachtragend, rachsüchtig.

vine [vaɪn] *n* Rebstock *m*, Rebe *f*.

vinegar ['vɪnɪgə*] *n* Essig *m*.

vineyard ['vɪnjəd] *n* Weinberg *m*.

vintage ['vɪntɪdʒ] *n* (*of wine*) Jahrgang *m*; **~ car** Vorkriegsmodell *nt*; **~ wine** edle(r) Wein *m*; **~ year** besondere(s) Jahr *nt*.

viola [vɪ'əʊlə] *n* Bratsche *f*.

violate ['vaɪəleɪt] *vt promise* brechen; *law* übertreten; *rights, rule, neutrality* verletzen; *sanctity, woman* schänden.

violation [vaɪə'leɪʃən] *n* Verletzung *f*; Übertretung *f*.

violence ['vaɪələns] *n* (*force*) Heftigkeit *f*; (*brutality*) Gewalttätigkeit *f*.

violent *a*, **~ly** *ad* ['vaɪələnt, -lɪ] (*strong*) heftig; (*brutal*) gewalttätig, brutal; *contrast* kraß; *death* gewaltsam.

violet ['vaɪələt] *n* Veilchen *nt*; *a* veilchenblau, violett.

violin [vaɪə'lɪn] *n* Geige *f*, Violine *f*.

viper ['vaɪpə*] *n* Viper *f*; (*fig*) Schlange *f*.

virgin ['vɜːdʒɪn] *n* Jungfrau *f*; *a* jungfräulich, unberührt; **~ity** [vɜː'dʒɪnɪtɪ] Unschuld *f*.

Virgo ['vɜːgəʊ] *n* Jungfrau *f*.

virile ['vɪraɪl] *a* männlich; (*fig*) kraftvoll.

virility [vɪ'rɪlɪtɪ] *n* Männlichkeit *f*.

virtual ['vɜːtjʊəl] *a* eigentlich; **it was a ~ disaster** es war geradezu eine Katastrophe; **~ly** *ad* praktisch, fast.

virtue ['vɜːtjuː] *n* (*moral goodness*) Tugend *f*; (*good quality*) Vorteil *m*, Vorzug *m*; **by ~ of** aufgrund (*+gen*).

virtuoso [vɜːtjʊ'əʊzəʊ] *n* Virtuose *m*.

virtuous ['vɜːtjʊəs] *a* tugendhaft.

virulence ['vɪrjʊləns] *n* Bösartigkeit *f*.

virulent ['vɪrjʊlənt] *a* (*poisonous*) bösartig; (*bitter*) scharf, geharnischt.

virus ['vaɪərəs] *n* Virus *m*.

visa ['viːzə] *n* Visum *nt*, Sichtvermerk *m*.

vis-à-vis ['viːzəviː] *prep* gegenüber.

visibility [vɪzɪ'bɪlɪtɪ] *n* Sichtbarkeit *f*; (*Met*) Sicht(weite) *f*.

visible ['vɪzəbl] *a* sichtbar.

visibly ['vɪzəblɪ] *ad* sichtlich.

vision ['vɪʒən] *n* (*ability*) Sehvermögen *nt*; (*foresight*) Weitblick *m*; (*in dream, image*) Vision *f*; **~ary** Hellseher *m*; (*dreamer*) Phantast *m*; *a* phantastisch.

visit ['vɪzɪt] *n* Besuch *m*; *vt* besuchen; *town, country* fahren nach; **~ing** *a professor* Gast-; **~ing card** Visitenkarte *f*; **~or** (*in house*) Besucher(in *f*) *m*; (*in hotel*) Gast *m*; **~or's book** Gästebuch *nt*.

visor ['vaɪzə*] *n* Visier *nt*; (*on cap*) Schirm *m*; (*Aut*) Blende *f*.

vista ['vɪstə] *n* Aussicht *f*.

visual ['vɪzjʊəl] *a* Seh-, visuell; **~ aid** Anschauungsmaterial *nt*; **~ize** *vt* (*imagine*) sich (*dat*) vorstellen; (*expect*) erwarten; **~ly** *ad* visuell.

vital ['vaɪtl] *a* (*important*) unerläßlich; (*necessary for life*) Lebens-, lebenswichtig; (*lively*) vital; **~ity** [vaɪ'tælɪtɪ] Vitalität *f*, Lebendigkeit *f*; **~ly** *ad* äußerst, ungeheuer.

vitamin ['vɪtəmɪn] *n* Vitamin *nt*.

vitiate ['vɪʃɪeɪt] *vt* verunreinigen; *theory etc* ungültig machen.

vivacious [vɪ'veɪʃəs] *a* lebhaft.

vivacity [vɪ'væsɪtɪ] *n* Lebhaftigkeit *f*, Lebendigkeit *f*.

vivid *a*, **~ly** *ad* ['vɪvɪd, -lɪ] (*graphic*) lebendig, deutlich; *memory* lebhaft; (*bright*) leuchtend.

vivisection [vɪvɪ'sekʃən] *n* Vivisektion *f*.

vocabulary [vəʊ'kæbjʊlərɪ] *n* Wortschatz *m*, Vokabular *nt*.

vocal ['vəʊkəl] *a* Vokal-, Gesang-; (*fig*) lautstark; **~ cord** Stimmband *nt*; **~ist** Sänger(in *f*) *m*.

vocation [vəʊ'keɪʃən] *n* (*calling*) Berufung *f*; **~al** *a* Berufs-.

vociferous *a*, **~ly** *ad* [vəʊ'sɪfərəs, -lɪ] lautstark.

vodka ['vɒdkə] *n* Wodka *m*.

vogue [vəʊg] *n* Mode *f*.

voice [vɔɪs] *n* (*lit*) Stimme *f*; (*fig*) Mitspracherecht *nt*; (*Gram*) Aktionsart *f*; **active/passive ~** Aktiv *nt*/Passiv *nt*; **with one ~** einstimmig; *vt* äußern; **~d consonant** stimmhafte(r) Konsonant *m*.

void [vɔɪd] *n* Leere *f*; *a* (*empty*) leer; (*lacking*) ohne (*of acc*), bar (*of gen*); (*Jur*) ungültig; *see* **null**.

volatile ['vɒlətaɪl] *a gas* flüchtig; *person* impulsiv; *situation* brisant.

volcanic [vɒl'kænɪk] *a* vulkanisch, Vulkan-.

volcano [vɒl'keɪnəʊ] *n* Vulkan *m*.

volition [və'lɪʃən] *n* Wille *m*; **of one's own ~** aus freiem Willen.

volley ['vɒlɪ] *n* (*of guns*) Salve *f*; (*of stones*) Hagel *m*; (*of words*) Schwall *m*; (*tennis*) Flugball *m*; **~ball** Volleyball *m*.

volt [vəʊlt] *n* Volt *nt*; **~age** (Volt)spannung *f*.

volte-face ['vɒlt'fɑːs] *n* (Kehrt)wendung *f*.

voluble ['vɒljʊbl] *a* redselig.

volume ['vɒljuːm] *n* (*book*) Band *m*; (*size*)

Umfang *m*; (*space*) Rauminhalt *m*, Volumen *nt*; (*of sound*) Lautstärke *f*.
voluntary *a*, **voluntarily** *ad* ['vɒləntərɪ, -lɪ] freiwillig.
volunteer [vɒlən'tɪə*] *n* Freiwillige(r) *mf*; *vi* sich freiwillig melden; *vt* anbieten.
voluptuous [və'lʌptjuəs] *a* sinnlich, wollüstig.
vomit ['vɒmɪt] *n* Erbrochene(s) *nt*; (*act*) Erbrechen *nt*; *vt* speien; *vi* sich übergeben.
vote [vəʊt] *n* Stimme *f*; (*ballot*) Wahl *f*, Abstimmung *f*; (*result*) Wahl- *or* Abstimmungsergebnis *nt*; (*right to vote*) Wahlrecht *nt*; *vti* wählen; **~r** Wähler(in *f*) *m*.
voting ['vəʊtɪŋ] *n* Wahl *f*; **low ~** geringe Wahlbeteiligung *f*.
vouch [vaʊtʃ]: **~ for** *vt* bürgen für.
voucher ['vaʊtʃə*] *n* Gutschein *m*.
vow [vaʊ] *n* Versprechen *nt*; (*Rel*) Gelübde *nt*; *vt* geloben; *vengeance* schwören.
vowel ['vaʊəl] *n* Vokal *m*, Selbstlaut *m*.
voyage ['vɔɪɪdʒ] *n* Reise *f*.
vulgar ['vʌlgə*] *a* (*rude*) vulgär; (*of common people*) allgemein, Volks-; **~ity** [vʌl'gærɪtɪ] Gewöhnlichkeit *f*, Vulgarität *f*.
vulnerability [vʌlnərə'bɪlɪtɪ] *n* Verletzlichkeit *f*.
vulnerable ['vʌlnərəbl] *a* (*easily injured*) verwundbar; (*sensitive*) verletzlich.
vulture ['vʌltʃə*] *n* Geier *m*.

W

W, w ['dʌblju:] *n* W *nt*, w *nt*.
wad [wɒd] *n* (*bundle*) Bündel *nt*; (*of paper*) Stoß *m*; (*of money*) Packen *m*.
wade [weɪd] *vi* waten.
wafer ['weɪfə*] *n* Waffel *f*; (*Eccl*) Hostie *f*.
waffle ['wɒfl] *n* Waffel *f*; (*col: empty talk*) Geschwafel *nt*; *vi* (*col*) schwafeln.
waft [wɑ:ft] *vti* wehen.
wag [wæg] *vt tail* wedeln mit; *vi* (*tail*) wedeln; **her tongue never stops ~ging** ihr Mund steht nie still.
wage [weɪdʒ] *n* (Arbeits)lohn *m*; *vt* führen; **~s** *pl* Lohn *m*; **~ claim** Lohnforderung *f*; **~ earner** Lohnempfänger(in *f*) *m*; **~ freeze** Lohnstopp *m*.
wager ['weɪdʒə*] *n* Wette *f*; *vti* wetten.
waggle ['wægl] *vt tail* wedeln mit; *vi* wedeln.
wag(g)on ['wægən] *n* (*horse-drawn*) Fuhrwerk *nt*; (*US Aut*) Wagen *m*; (*Brit Rail*) Waggon *m*.
wail [weɪl] *n* Wehgeschrei *nt*; *vi* wehklagen, jammern.
waist [weɪst] *n* Taille *f*; **~coat** Weste *f*; **~line** Taille *f*.
wait [weɪt] *n* Wartezeit *f*; *vi* warten (*for* auf +*acc*); **to ~ for sb to do sth** darauf warten, daß jd etw tut; **~ and see!** abwarten!; **to ~ at table** servieren; **~er** Kellner *m*; (*as address*) Herr Ober *m*; **~ing list** Warteliste *f*; **~ing room** (*Med*) Wartezimmer *nt*; (*Rail*) Wartesaal *m*; **~ress** Kellnerin *f*; (*as address*) Fräulein *nt*.
waive [weɪv] *vt* verzichten auf (+*acc*).
wake [weɪk] *irreg vt* wecken; *vi* aufwachen; **to ~ up to** (*fig*) sich bewußt werden (+*gen*); *n* (*Naut*) Kielwasser *nt*; (*for dead*) Totenwache *f*; **in the ~ of** unmittelbar nach; **~n** *vt* aufwecken.
walk [wɔ:k] *n* Spaziergang *m*; (*way of walking*) Gang *m*; (*route*) Weg *m*; **~s of life** *pl* Sphären *pl*; **to take sb for a ~** mit jdm einen Spaziergang machen; **a 10-minute ~** 10 Minuten zu Fuß; *vi* gehen; (*stroll*) spazierengehen; (*longer*) wandern; **~er** Spaziergänger *m*; (*hiker*) Wanderer *m*; **~ie-talkie** tragbare(s) Sprechfunkgerät *nt*; **~ing** *n* Gehen *nt*; Spazieren(gehen) *nt*; Wandern *nt*; *a* Wander-; **~ing stick** Spazierstock *m*; **~out** Streik *m*; **~over** (*col*) leichter Sieg *m*.
wall [wɔ:l] *n* (*inside*) Wand *f*; (*outside*) Mauer *f*; **~ed** *a* von Mauern umgeben.
wallet ['wɒlɪt] *n* Brieftasche *f*.
wallow ['wɒləʊ] *vi* sich wälzen *or* suhlen.
wallpaper ['wɔ:lpeɪpə*] *n* Tapete *f*.
walnut ['wɔ:lnʌt] *n* Walnuß *f*; (*tree*) Walnußbaum *m*; (*wood*) Nußbaumholz *nt*.
walrus ['wɔ:lrəs] *n* Walroß *nt*.
waltz [wɔ:lts] *n* Walzer *m*; *vi* Walzer tanzen.
wan [wɒn] *a* bleich.
wand [wɒnd] *n* Stab *m*.
wander ['wɒndə*] *vi* (*roam*) (herum)-wandern; (*fig*) abschweifen; **~er** Wanderer *m*; **~ing** *a* umherziehend; *thoughts* abschweifend.
weifend.
wane [weɪn] *vi* abnehmen; (*fig*) schwinden.
want [wɒnt] *n* (*lack*) Mangel *m* (*of* an +*dat*); (*need*) Bedürfnis *nt*; **for ~ of** aus Mangel an (+*dat*); mangels (+*gen*); *vt* (*need*) brauchen; (*desire*) wollen; (*lack*) nicht haben; **I ~ to go** ich will gehen; **he ~s confidence** ihm fehlt das Selbstvertrauen.
wanton ['wɒntən] *a* mutwillig, zügellos.
war [wɔ:*] *n* Krieg *m*.
ward [wɔ:d] *n* (*in hospital*) Station *f*; (*child*) Mündel *nt*; (*of city*) Bezirk *m*; **to ~ off** abwenden, abwehren.
warden ['wɔ:dən] *n* (*guard*) Wächter *m*, Aufseher *m*; (*in youth hostel*) Herbergsvater *m*; (*Univ*) Heimleiter *m*.
warder ['wɔ:də*] *n* Gefängnis-wärter *m*.
wardrobe ['wɔ:drəʊb] *n* Kleiderschrank *m*; (*clothes*) Garderobe *f*.
ware [wɛə*] *n* Ware *f*; **~house** Lagerhaus *nt*.
warfare ['wɔ:fɛə*] *n* Krieg *m*; Kriegsführung *f*.
warhead ['wɔ:hed] *n* Sprengkopf *m*.
warily ['wɛərɪlɪ] *ad* vorsichtig.
warlike ['wɔ:laɪk] *a* kriegerisch.
warm [wɔ:m] *a* warm; *welcome* herzlich; *vti* wärmen; **~ up** *vt* aufwärmen; *vi* warm werden; **~-hearted** *a* warmherzig; **~ly** *ad* warm; herzlich; **~th** Wärme *f*; Herzlichkeit *f*.
warn [wɔ:n] *vt* warnen (*of, against* vor +*dat*); **~ing** Warnung *f*; **without ~ing** unerwartet; **~ing light** Warnlicht *nt*.
warp [wɔ:p] *vt* verziehen; **~ed** *a* (*lit*) wellig; (*fig*) pervers.

warrant ['wɒrənt] *n* Haftbefehl *m*.
warranty ['wɒrəntɪ] *n* Garantie *f*.
warrior ['wɒrɪə*] *n* Krieger *m*.
warship ['wɔːʃɪp] *n* Kriegsschiff *nt*.
wart [wɔːt] *n* Warze *f*.
wartime ['wɔːtaɪm] *n* Kriegszeit *f*, Krieg *m*.
wary ['wɛərɪ] *a* vorsichtig; mißtrauisch.
was [wɒz, wəz] *pt of* **be**.
wash [wɒʃ] *n* Wäsche *f*; **to give sth a ~** etw waschen; **to have a ~** sich waschen; *vt* waschen; *dishes* abwaschen; *vi* sich waschen; (*do washing*) waschen; **~ away** *vt* abwaschen, wegspülen; **~able** *a* waschbar; **~basin** Waschbecken *nt*; **~er** (*Tech*) Dichtungsring *m*; (*machine*) Wasch- *or* Spülmaschine *f*; **~ing** Wäsche *f*; **~ing machine** Waschmaschine *f*; **~ing powder** Waschpulver *nt*; **~ing-up** Abwasch *m*; **~ leather** Waschleder *nt*; **~-out** (*col*) (*event*) Reinfall *m*; (*person*) Niete *f*; **~room** Waschraum *m*.
wasn't ['wɒznt] = **was not**.
wasp [wɒsp] *n* Wespe *f*.
wastage ['weɪstɪdʒ] *n* Verlust *m*; **natural ~** Verschleiß *m*.
waste [weɪst] *n* (*wasting*) Verschwendung *f*; (*what is wasted*) Abfall *m*; **~s** *pl* Einöde *f*; *a* (*useless*) überschüssig, Abfall-; *vt object* verschwenden; *time, life* vergeuden; *vi*: **~ away** verfallen; **~ful** *a*, **~fully** *ad* verschwenderisch; *process* aufwendig; **~land** Ödland *nt*; **~paper basket** Papierkorb *m*.
watch [wɒtʃ] *n* Wache *f*; (*for time*) Uhr *f*; **to be on the ~ (for sth)** (auf etw *acc*) aufpassen; *vt* ansehen; (*observe*) beobachten; (*be careful of*) aufpassen auf (+*acc*); (*guard*) bewachen; **to ~ TV** fernsehen; **to ~ sb doing sth** jdm bei etw zuschauen; **~ it!** paß bloß auf!; *vi* zusehen; (*guard*) Wache halten; **to ~ for sb/sth** nach jdm/etw Ausschau halten; **~ out!** paß auf!; **~dog** (*lit*) Wachthund *m*; (*fig*) Wächter *m*; **~ful** *a* wachsam; **~maker** Uhrmacher *m*; **~man** (Nacht)-wächter *m*; **~ strap** Uhrarmband *nt*.
water ['wɔːtə*] *n* Wasser *nt*; **~s** *pl* Gewässer *nt*; *vt* (be)gießen; (*river*) bewässern; *horses* tränken; *vi* (*eye*) tränen; **my mouth is ~ing** mir läuft das Wasser im Mund zusammen; **~ down** *vt* verwässern; **~ closet** (Wasser)klosett *nt*; **~colour,** (*US*) **~color** (*painting*) Aquarell *nt*; (*paint*) Wasserfarbe *f*; **~cress** (Brunnen)kresse *f*; **~fall** Wasserfall *m*; **~ hole** Wasserloch *nt*; **~ing can** Gießkanne *f*; **~ level** Wasserstand *m*; **~lily** Seerose *f*; **~line** Wasserlinie *f*; **~logged** *a ground* voll Wasser; *wood* mit Wasser vollgesogen; **~melon** Wassermelone *f*; **~ polo** Wasserball-(spiel) *nt*; **~proof** *a* wasserdicht; **~shed** Wasserscheide *f*; **~-skiing** Wasserschilaufen *nt*; **to go ~-skiing** wasserschilaufen gehen; **~tight** *a* wasserdicht; **~works** *pl* Wasserwerk *nt*; **~y** *a* wäss(e)rig.
watt [wɒt] *n* Watt *nt*.
wave [weɪv] *n* Welle *f*; (*with hand*) Winken *nt*; *vt* (*move to and fro*) schwenken; *hand, flag* winken mit; *hair* wellen; *vi* (*person*) winken; (*flag*) wehen; (*hair*) sich wellen; **to ~ to sb** jdm zuwinken; **to ~ sb goodbye** jdm zum Abschied winken; **~length** (*lit, fig*) Wellenlänge *f*.
waver ['weɪvə*] *vi* (*hesitate*) schwanken; (*flicker*) flackern.
wavy ['weɪvɪ] *a* wellig.
wax [wæks] *n* Wachs *nt*; (*sealing —*) Siegellack *m*; (*in ear*) Ohrenschmalz *nt*; *vt floor* (ein)wachsen; *vi* (*moon*) zunehmen; **~works** *pl* Wachsfigurenkabinett *nt*.
way [weɪ] *n* Weg *m*; (*road also*) Straße *f*; (*method*) Art und Weise *f*, Methode *f*; (*direction*) Richtung *f*; (*habit*) Eigenart *f*, Gewohnheit *f*; (*distance*) Entfernung *f*; (*condition*) Zustand *m*; **a long ~ away** *or* **off** weit weg; **to lose one's ~** sich verirren; **to make ~ for sb/sth** jdm/etw Platz machen; **to be in a bad ~** schlecht dransein; **do it this ~** machen Sie es so; **give ~** (*Aut*) Vorfahrt achten!; **~ of thinking** Meinung *f*; **to get one's own ~** seinen Willen bekommen; **one ~ or another** irgendwie; **under ~** im Gange; **in a ~** in gewisser Weise; **in the ~** im Wege; **by the ~** übrigens; **by ~ of** (*via*) über (+*acc*); (*in order to*) um . . . zu; (*instead of*) als; **'~ in'** 'Eingang'; **'~ out'** 'Ausgang'; **~lay** *vt irreg* auflauern (+*dat*); **~ward** *a* eigensinnig.
we [wiː] *pl pron* wir.
weak *a*, **~ly** *ad* [wiːk, -lɪ] schwach; **~en** *vt* schwächen, entkräften; *vi* schwächer werden; nachlassen; **~ling** Schwächling *m*; **~ness** Schwäche *f*.
wealth [welθ] *n* Reichtum *m*; (*abundance*) Fülle *f*; **~y** *a* reich.
wean [wiːn] *vt* entwöhnen.
weapon ['wepən] *n* Waffe *f*.
wear [wɛə*] *n* (*clothing*) Kleidung *f*; (*use*) Verschleiß *m*; *irreg vt* (*have on*) tragen; *smile etc haben*; (*use*) abnutzen; *vi* (*last*) halten; (*become old*) (sich) verschleißen; (*clothes*) sich abtragen; **~ and tear** Abnutzung *f*, Verschleiß *m*; **~ away** *vt* verbrauchen; *vi* schwinden; **~ down** *vt people* zermürben; **~ off** *vi* sich verlieren; **~ out** *vt* verschleißen; *person* erschöpfen; **~er** Träger(in *f*) *m*.
wearily ['wɪərɪlɪ] *ad* müde.
weariness ['wɪərɪnəs] *n* Müdigkeit *f*.
weary ['wɪərɪ] *a* (*tired*) müde; (*tiring*) ermüdend; *vt* ermüden; *vi* überdrüssig werden (*of gen*).
weasel ['wiːzl] *n* Wiesel *nt*.
weather ['weðə*] *n* Wetter *nt*; *vt* verwittern lassen; (*resist*) überstehen; **~-beaten** *a* verwittert; *skin* wettergegerbt; **~cock** Wetterhahn *m*; **~ forecast** Wettervorhersage *f*.
weave [wiːv] *vt irreg* weben; **to ~ one's way through sth** sich durch etw durchschlängeln; **~r** Weber(in *f*) *m*.
weaving ['wiːvɪŋ] *n* Weben *nt*, Weberei *f*.
web [web] *n* Netz *nt*; (*membrane*) Schwimmhaut *f*; **~bed** *a* Schwimm-, schwimmhäutig; **~bing** Gewebe *nt*.
wed [wed] *vt irreg* (*old*) heiraten.

we'd [wi:d] = **we had; we would.**
wedding ['wedɪŋ] *n* Hochzeit *f*; ~ **day** Hochzeitstag *m*; ~ **present** Hochzeitsgeschenk *nt*; ~ **ring** Trau- *or* Ehering *m*.
wedge [wedʒ] *n* Keil *m*; (*of cheese etc*) Stück *nt*; *vt* (*fasten*) festklemmen; (*pack tightly*) einkeilen.
Wednesday ['wenzdeɪ] *n* Mittwoch *m*.
wee [wi:] *a* (*esp Scot*) klein, winzig.
weed [wi:d] *n* Unkraut *nt*; *vt* jäten; ~**-killer** Unkrautvertilgungsmittel *nt*.
week [wi:k] *n* Woche *f*; **a** ~ **today** heute in einer Woche; ~**day** Wochentag *m*; ~**end** Wochenende *nt*; ~**ly** *a, ad* wöchentlich; *wages, magazine* Wochen-.
weep [wi:p] *vi irreg* weinen.
weigh [weɪ] *vti* wiegen; ~ **down** *vt* niederdrücken; ~ **up** *vt* prüfen, abschätzen; ~**bridge** Brückenwaage *f*.
weight [weɪt] *n* Gewicht *nt*; **to lose/put on** ~ abnehmen/ zunehmen; ~**lessness** Schwerelosigkeit *f*; ~**-lifter** Gewichtheber *m*; ~**y** *a* (*heavy*) gewichtig; (*important*) schwerwiegend.
weir [wɪə*] *n* (Stau)wehr *nt*.
weird [wɪəd] *a* seltsam.
welcome ['welkəm] *n* Willkommen *nt*, Empfang *m*; *vt* begrüßen.
welcoming ['welkəmɪŋ] *a* Begrüßungs-; freundlich.
weld [weld] *n* Schweißnaht *f*; *vt* schweißen; ~**er** Schweißer *m*; ~**ing** Schweißen *nt*.
welfare ['welfɛə*] *n* Wohl *nt*; (*social*) Fürsorge *f*; ~ **state** Wohlfahrtsstaat *m*.
well [wel] *n* Brunnen *m*; (*oil* —) Quelle *f*; *a* (*in good health*) gesund; **are you** ~**?** geht es Ihnen gut?; *interj* nun, na schön; (*starting conversation*) nun, tja; ~**,** ~**!** na, na!; *ad* gut; ~ **over 40** weit über 40; **it may** ~ **be** es kann wohl sein; **it would be (as)** ~ **to . . .** es wäre wohl gut, zu . . .; **you did** ~ **(not) to . . .** Sie haben gut daran getan, (nicht) zu . . .; **very** ~ (*O.K.*) nun gut.
we'll [wi:l] = **we will, we shall.**
well-behaved ['welbɪ'heɪvd] *a* wohlerzogen.
well-being ['welbi:ɪŋ] *n* Wohl *nt*, Wohlergehen *nt*.
well-built ['wel'bɪlt] *a* kräftig gebaut.
well-developed ['weldɪ'veləpt] *a girl* gut entwickelt; *economy* hochentwickelt.
well-earned ['wel'ɜ:nd] *a rest* wohlverdient.
well-heeled ['wel'hi:ld] *a* (*col: wealthy*) gut gepolstert.
wellingtons ['welɪŋtənz] *npl* Gummistiefel *pl*.
well-known ['wel'nəʊn] *a person* weithin bekannt.
well-meaning ['wel'mi:nɪŋ] *a person* wohlmeinend; *action* gutgemeint.
well-off ['wel'ɒf] *a* gut situiert.
well-read ['wel'red] *a* (sehr) belesen.
well-to-do ['weltə'du:] *a* wohlhabend.
well-wisher ['welwɪʃə*] *n* wohlwollende(r) Freund *m*, Gönner *m*.
wench [wentʃ] *n* (*old*) Maid *f*, Dirne *f*.
went [went] *pt of* **go.**
were [wɜ:*] *pt pl of* **be.**
we're [wɪə*] = **we are.**
weren't [wɜ:nt] = **were not.**
west [west] *n* Westen *m*; *a* West-, westlich; *ad* westwärts, nach Westen; ~**erly** *a* westlich; ~**ern** *a* westlich, West-; *n* (*Cine*) Western *m*; ~**ward(s)** *ad* westwärts.
wet [wet] *a* naß; ~ **blanket** (*fig*) Triefel *m*; ~**ness** Nässe *f*, Feuchtigkeit *f*; '~ **paint'** 'frisch gestrichen'.
we've [wi:v] = **we have.**
whack [wæk] *n* Schlag *m*; *vt* schlagen.
whale [weɪl] *n* Wal *m*.
wharf [wɔ:f] *n* Kai *m*.
what [wɒt] *pron, interj* was; *a* welche(r,s); ~ **a hat!** was für ein Hut!; ~ **money I had** das Geld, das ich hatte; ~ **about . . .?** (*suggestion*) wie wär's mit . . .?; ~ **about it?, so** ~**?** na und?; **well,** ~ **about him?** was ist mit ihm?; **and** ~ **about me?** und ich?; ~ **for?** wozu?; ~**ever** *a*: ~**ever he says** egal, was er sagt; **no reason** ~**ever** überhaupt kein Grund.
wheat [wi:t] *n* Weizen *m*.
wheel [wi:l] *n* Rad *nt*; (*steering* —) Lenkrad *nt*; (*disc*) Scheibe *f*; *vt* schieben; *vi* (*revolve*) sich drehen; ~**barrow** Schubkarren *m*; ~**chair** Rollstuhl *m*.
wheeze [wi:z] *n* Keuchen *nt*; *vi* keuchen.
when [wen] *ad interrog* wann; *ad,cj* (*with present tense*) wenn; (*with past tense*) als; (*with indir question*) wann; ~**ever** *ad* wann immer; immer wenn.
where [wɛə*] *ad* (*place*) wo; (*direction*) wohin; ~ **from** woher; ~**abouts** ['wɛərə'baʊts] *ad* wo; *n* Aufenthalt *m*, Verbleib *m*; ~**as** [wɛər'æz] *cj* während, wo . . . doch; ~**ever** [wɛər'evə*] *ad* wo (immer).
whet [wet] *vt appetite* anregen.
whether ['weðə*] *cj* ob.
which [wɪtʃ] *a* (*from selection*) welche(r,s); *rel pron* der/die/das; (*rel: which fact*) was; (*interrog*) welche(r,s); ~**ever (book) he takes** welches (Buch) er auch nimmt.
whiff [wɪf] *n* Hauch *m*.
while [waɪl] *n* Weile *f*; *cj* während; **for a** ~ eine Zeitlang.
whim [wɪm] *n* Laune *f*.
whimper ['wɪmpə*] *n* Wimmern *nt*; *vi* wimmern.
whimsical ['wɪmzɪkəl] *a* launisch.
whine [waɪn] *n* Gewinsel *nt*, Gejammer *nt*; *vi* heulen, winseln.
whip [wɪp] *n* Peitsche *f*; (*Parl*) Einpeitscher *m*; *vt* (*beat*) peitschen; (*snatch*) reißen; ~**-round** (*col*) Geldsammlung *f*.
whirl [wɜ:l] *n* Wirbel *m*; *vti* (herum)wirbeln; ~**pool** Wirbel *m*; ~**wind** Wirbelwind *m*.
whirr [wɜ:*] *vi* schwirren, surren.
whisk [wɪsk] *n* Schneebesen *m*; *vt cream etc* schlagen.
whisker ['wɪskə*] *n* (*of animal*) Barthaare *pl*; ~**s** *pl* (*of man*) Backenbart *m*.
whisk(e)y ['wɪskɪ] *n* Whisky *m*.
whisper ['wɪspə*] *n* Flüstern *nt*; *vi* flüstern; (*leaves*) rascheln; *vt* flüstern, munkeln.

whist [wɪst] *n* Whist *nt*.
whistle ['wɪsl] *n* Pfiff *m*; (*instrument*) Pfeife *f*; *vti* pfeifen.
white [waɪt] *n* Weiß *nt*; (*of egg*) Eiweiß *nt*; (*of eye*) Weiße(s) *nt*; *a* weiß; (*with fear*) blaß; **~-collar worker** Angestellte(r) *m*; **~ lie** Notlüge *f*; **~ness** Weiß *nt*; **~wash** *n* (*paint*) Tünche *f*; (*fig*) Ehrenrettung *f*; *vt* weißen, tünchen; (*fig*) reinwaschen.
whiting ['waɪtɪŋ] *n* Weißfisch *m*.
Whitsun ['wɪtsn] *n* Pfingsten *nt*.
whittle ['wɪtl] *vt*: **~ away** *or* **down** stutzen, verringern.
whizz [wɪz] *vi* sausen, zischen, schwirren; **~ kid** (*col*) Kanone *f*.
who [hu:] *pron* (*interrog*) wer; (*rel*) der/die/das; **~ever** [hu:'evə*] *pron* wer immer; jeder, der/jede, die/jedes, das.
whole [həʊl] *a* ganz; (*uninjured*) heil; *n* Ganze(s) *nt*; **the ~ of the year** das ganze Jahr; **on the ~** im großen und ganzen; **~hearted** *a* rückhaltlos; **~heartedly** *ad* von ganzem Herzen; **~sale** Großhandel *m*; *a trade* Großhandels-; *destruction* vollkommen, Massen; **~saler** Großhändler *m*; **~some** *a* bekömmlich, gesund.
wholly ['həʊlɪ] *ad* ganz, völlig.
whom [hu:m] *pron* (*interrog*) wen; (*rel*) den/die/das/die *pl*.
whooping cough ['hu:pɪŋkɒf] *n* Keuchhusten *m*.
whopper ['wɒpə*] *n* (*col*) Mordsding *nt*; faustdicke Lüge *f*.
whopping ['wɒpɪŋ] *a* (*col*) kolossal, Riesen-.
whore ['hɔ:*] *n* Hure *f*.
whose [hu:z] *pron* (*interrog*) wessen; (*rel*) dessen/deren/ dessen/deren *pl*.
why [waɪ] *ad* warum; *interj* nanu; **that's ~** deshalb.
wick [wɪk] *n* Docht *m*.
wicked ['wɪkɪd] *a* böse; **~ness** Bosheit *f*, Schlechtigkeit *f*.
wicker ['wɪkə*] *n* Weidengeflecht *nt*, Korbgeflecht *nt*.
wicket ['wɪkɪt] *n* Tor *nt*, Dreistab *m*; (*playing pitch*) Spielfeld *nt*.
wide [waɪd] *a* breit; *plain* weit; (*in firing*) daneben; **~ of** weitab von; *ad* weit; daneben; **~-angle** *a lens* Weitwinkel-; **~-awake** *a* hellwach; **~ly** *ad* weit; *known* allgemein; **~n** *vt* erweitern; **~ness** Breite *f*, Ausdehnung *f*; **~-open** *a* weit geöffnet; **~spread** *a* weitverbreitet.
widow ['wɪdəʊ] *n* Witwe *f*; **~ed** *a* verwitwet; **~er** Witwer *m*.
width [wɪdθ] *n* Breite *f*, Weite *f*.
wield [wi:ld] *vt* schwingen, handhaben.
wife [waɪf] *n* (Ehe)frau *f*, Gattin *f*.
wig [wɪg] *n* Perücke *f*.
wiggle ['wɪgl] *n* Wackeln *nt*; *vt* wackeln mit; *vi* wackeln.
wigwam ['wɪgwæm] *n* Wigwam *m*, Indianerzelt *nt*.
wild [waɪld] *a* wild; (*violent*) heftig; *plan, idea* verrückt; **the ~s** *pl* die Wildnis; **~erness** ['wɪldənəs] Wildnis *f*, Wüste *f*; **~-goose chase** fruchtlose(s) Unternehmen *nt*; **~life** Tierwelt *f*; **~ly** *ad* wild, ungestüm; *exaggerated* irrsinnig.
wilful ['wɪlfʊl] *a* (*intended*) vorsätzlich; (*obstinate*) eigensinnig.
will [wɪl] *v aux*: **he ~ come** er wird kommen; **I ~ do it!** ich werde es tun; *n* (*power to choose*) Wille *m*; (*wish*) Wunsch *m*, Bestreben *nt*; (*Jur*) Testament *nt*; *vt* wollen; **~ing** *a* gewillt, bereit; **~ingly** *ad* bereitwillig, gern; **~ingness** (Bereit)-willigkeit *f*.
willow ['wɪləʊ] *n* Weide *f*.
will power ['wɪl'paʊə*] *n* Willenskraft *f*.
wilt [wɪlt] *vi* (ver)welken.
wily ['waɪlɪ] *a* gerissen.
win [wɪn] *n* Sieg *m*; *irreg vt* gewinnen; *vi* (*be successful*) siegen; **to ~ sb over** jdn gewinnen, jdn dazu bringen.
wince [wɪns] *n* Zusammenzucken *nt*; *vi* zusammenzucken, zurückfahren.
winch [wɪntʃ] *n* Winde *f*.
wind [waɪnd] *irreg vt rope* winden; *bandage* wickeln; **to ~ one's way** sich schlängeln; *vi* (*turn*) sich winden; (*change direction*) wenden; **~ up** *vt clock* aufziehen; *debate* (ab)schließen.
wind [wɪnd] *n* Wind *m*; (*Med*) Blähungen *pl*; **~break** Windschutz *m*; **~fall** unverhoffte(r) Glücksfall *m*.
winding ['waɪndɪŋ] *a road* gewunden, sich schlängelnd.
wind instrument ['wɪndɪnstrumənt] *n* Blasinstrument *nt*.
windmill ['wɪndmɪl] *n* Windmühle *f*.
window ['wɪndəʊ] *n* Fenster *nt*; **~ box** Blumenkasten *m*; **~ cleaner** Fensterputzer *m*; **~ ledge** Fenstersims *m*; **~ pane** Fensterscheibe *f*; **~-shopping** Schaufensterbummel *m*; **~sill** Fensterbank *f*.
windpipe ['wɪndpaɪp] *n* Luftröhre *f*.
windscreen ['wɪndskri:n], (*US*) **windshield** ['wɪndʃi:ld] *n* Windschutzscheibe *f*; **~ wiper** Scheibenwischer *m*.
windswept ['wɪndswept] *a* vom Wind gepeitscht; *person* zersaust.
windy ['wɪndɪ] *a* windig.
wine [waɪn] *n* Wein *m*; **~glass** Weinglas *nt*; **~ list** Weinkarte *f*; **~ merchant** Weinhändler *m*; **~ tasting** Weinprobe *f*; **~ waiter** Weinkellner *m*.
wing [wɪŋ] *n* Flügel *m*; (*Mil*) Gruppe *f*; **~s** *pl* (*Theat*) Seitenkulisse *f*; **~er** (*Sport*) Flügelstürmer *m*.
wink [wɪŋk] *n* Zwinkern *nt*; *vi* zwinkern, blinzeln; **to ~ at sb** jdm zublinzeln; **forty ~s** Nickerchen *nt*.
winner ['wɪnə*] *n* Gewinner *m*; (*Sport*) Sieger *m*.
winning ['wɪnɪŋ] *a team* siegreich, Sieger-; *goal* entscheidend; *n*: **~s** *pl* Gewinn *m*; **~ post** Ziel *nt*.
winter ['wɪntə*] *n* Winter *m*; *a clothes* Winter-; *vi* überwintern; **~ sports** *pl* Wintersport *m*.
wintry ['wɪntrɪ] *a* Winter-, winterlich.
wipe [waɪp] *n* Wischen *nt*; *vt* wischen, abwischen; **~ out** *vt debt* löschen; (*destroy*) auslöschen.
wire ['waɪə*] *n* Draht *m*; (*telegram*) Telegramm *nt*; *vt* telegrafieren (*sb* jdm, *sth* etw); **~less** Radio(apparat *m*) *nt*.

wiry ['waɪərɪ] *a* drahtig.
wisdom ['wɪzdəm] *n* Weisheit *f*; (*of decision*) Klugheit *f*; ~ **tooth** Weisheitszahn *m*.
wise [waɪz] *a* klug, weise; ~**crack** Witzelei *f*; ~**ly** *ad* klug, weise.
wish [wɪʃ] *n* Wunsch *m*; *vt* wünschen; **he ~es us to do it** er möchte, daß wir es tun; **with best ~es** herzliche Grüße; **to ~ sb goodbye** jdn verabschieden; **to ~ to do sth** etw tun wollen; ~**ful thinking** Wunschdenken *nt*.
wisp [wɪsp] *n* (Haar)strähne *f*; (*of smoke*) Wölkchen *nt*.
wistful ['wɪstful] *a* sehnsüchtig.
wit [wɪt] *n* (*also* ~**s**) Verstand *m no pl*; (*amusing ideas*) Witz *m*; (*person*) Witzbold *m*; **at one's ~s' end** mit seinem Latein am Ende; **to have one's ~s about one** auf dem Posten sein.
witch [wɪtʃ] *n* Hexe *f*; ~**craft** Hexerei *f*.
with [wɪð, wɪθ] *prep* mit; (*in spite of*) trotz (+*gen or dat*); ~ **him it's . . .** bei ihm ist es . . .; **to stay ~ sb** bei jdm wohnen; **I have no money ~ me** ich habe kein Geld bei mir; **shaking ~ fright** vor Angst zitternd.
withdraw [wɪθ'drɔ:] *irreg vt* zurückziehen; *money* abheben; *remark* zurücknehmen; *vi* sich zurückziehen; ~**al** Zurückziehung *f*; Abheben *nt*; Zurücknahme *f*; ~**al symptoms** *pl* Entzugserscheinungen *pl*.
wither ['wɪðə*] *vi* (ver)welken; ~**ed** *a* verwelkt, welk.
withhold [wɪθ'həuld] *vt irreg* vorenthalten (*from sb* jdm).
within [wɪð'ɪn] *prep* innerhalb (+*gen*).
without [wɪð'aut] *prep* ohne; **it goes ~ saying** es ist selbsverständlich.
withstand [wɪθ'stænd] *vt irreg* widerstehen (+*dat*).
witness ['wɪtnəs] *n* Zeuge *m*; Zeugin *f*; *vt* (*see*) sehen, miterleben; (*sign document*) beglaubigen; *vi* aussagen; ~ **box**, (*US*) ~ **stand** Zeugenstand *m*.
witticism ['wɪtɪsɪzəm] *n* witzige Bemerkung *f*.
witty *a*, **wittily** *ad* ['wɪtɪ, -lɪ] witzig, geistreich.
wizard ['wɪzəd] *n* Zauberer *m*.
wobble ['wɒbl] *vi* wackeln.
woe [wəu] *n* Weh *nt*, Leid *nt*, Kummer *m*.
wolf [wulf] *n* Wolf *m*.
woman ['wumən] *n*, *pl* **women** Frau *f*; *a* —in *f*.
womb [wu:m] *n* Gebärmutter *f*.
women ['wɪmɪn] *npl of* **woman**.
wonder ['wʌndə*] *n* (*marvel*) Wunder *nt*; (*surprise*) Staunen *nt*, Verwunderung *f*; *vi* sich wundern; **I ~ whether . . .** ich frage mich, ob . . .; ~**ful** *a* wunderbar, herrlich; ~**fully** *ad* wunderbar.
won't [wəunt] = **will not**.
wood [wud] *n* Holz *nt*; (*forest*) Wald *m*; ~ **carving** Holzschnitzerei *f*; ~**ed** *a* bewaldet, waldig, Wald-; ~**en** *a* (*lit*, *fig*) hölzern; ~**pecker** Specht *m*; ~**wind** Blasinstrumente *pl*; ~**work** Holzwerk *nt*; (*craft*) Holzarbeiten *pl*; ~**worm** Holzwurm *m*.
wool [wul] *n* Wolle *f*; ~**len**, (*US*) ~**en** *a* Woll-; ~**ly**, (*US*) ~**y** *a* wollig; (*fig*) schwammig.
word [wɜ:d] *n* Wort *nt*; (*news*) Bescheid *m*; **to have a ~ with sb** mit jdm reden; **to have ~s with sb** Worte wechseln mit jdm; **by ~ of mouth** mündlich; *vt* formulieren; ~**ing** Wortlaut *m*, Formulierung *f*.
work [wɜ:k] *n* Arbeit *f*; (*Art*, *Liter*) Werk *nt*; *vi* arbeiten; *machine* funktionieren; (*medicine*) wirken; (*succeed*) klappen; ~**s** (*factory*) Fabrik *f*, Werk *nt*; (*of watch*) Werk *nt*; ~ **off** *vt debt* abarbeiten; *anger* abreagieren; ~ **on** *vi* weiterarbeiten; *vt* (*be engaged in*) arbeiten an (+*dat*); (*influence*) bearbeiten; ~ **out** *vi* (*sum*) aufgehen; (*plan*) klappen; *vt problem* lösen; *plan* ausarbeiten; ~ **up to** *vt* hinarbeiten auf (+*acc*); **to get ~ed up** sich aufregen; ~**able** *a soil* bearbeitbar; *plan* ausführbar; ~**er** Arbeiter(in *f*) *m*; ~**ing class** Arbeiterklasse *f*; ~**ing-class** *a* Arbeiter-; ~**ing man** Werktätige(r) *m*; ~**man** Arbeiter *m*; ~**manship** Arbeit *f*, Ausführung *f*; ~**shop** Werkstatt *f*.
world [wɜ:ld] *n* Welt *f*; (*animal — etc*) Reich *nt*; **out of this ~** himmlisch; **to come into the ~** auf die Welt kommen; **to do sb/sth the ~ of good** jdm/etw sehr gut tun; **to be the ~ to sb** jds ein und alles sein; **to think the ~ of sb** große Stücke auf jdn halten; ~**-famous** *a* weltberühmt; ~**ly** *a* weltlich, irdisch; ~**-wide** *a* weltweit.
worm [wɜ:m] *n* Wurm *m*.
worn [wɔ:n] *a clothes* abgetragen; ~**-out** *a object* abgenutzt; *person* völlig erschöpft.
worried ['wʌrɪd] *a* besorgt, beunruhigt.
worrier ['wʌrɪə*] *n*: **he is a ~** er macht sich (*dat*) ewig Sorgen.
worry ['wʌrɪ] *n* Sorge *f*, Kummer *m*; *vt* quälen, beunruhigen; *vi* (*feel uneasy*) sich sorgen, sich (*dat*) Gedanken machen; ~**ing** *a* beunruhigend.
worse [wɜ:s] *a comp of* **bad** schlechter, schlimmer; *ad comp of* **badly** schlimmer, ärger; *n* Schlimmere(s) *nt*, Schlechtere(s) *nt*; ~**n** *vt* verschlimmern; *vi* sich verschlechtern.
worship ['wɜ:ʃɪp] *n* Anbetung *f*, Verehrung *f*; (*religious service*) Gottesdienst *m*; (*title*) Hochwürden *m*; *vt* anbeten; ~**per** Gottesdienstbesucher(in *f*) *m*.
worst [wɜ:st] *a superl of* **bad** schlimmste(r,s), schlechteste(r,s); *ad superl of* **badly** am schlimmsten, am ärgsten; *n* Schlimmste(s) *nt*, Ärgste(s) *nt*.
worsted ['wu:stɪd] *n* Kammgarn *nt*.
worth [wɜ:θ] *n* Wert *m*; **£10 ~ of food** Essen für 10 £; *a* wert; ~ **seeing** sehenswert; **it's ~ £10** es ist 10 £ wert; ~**less** *a* wertlos; *person* nichtsnutzig; ~**while** *a* lohnend, der Mühe wert; *ad*: **it's not ~while going** es lohnt sich nicht, dahin zu gehen; ~**y** [wɜ:ðɪ] *a* (*having worth*) wertvoll; wert (*of gen*), würdig (*of gen*).
would [wud] *v aux*: **she ~ come** sie würde kommen; **if you asked he ~**

come wenn Sie ihn fragten, würde er kommen; ~ **you like a drink?** möchten Sie etwas trinken?; **~-be** *a* angeblich; **~n't** = ~ **not**.

wound [wu:nd] *n* (*lit, fig*) Wunde *f*; *vt* verwunden, verletzen (*also fig*).

wrangle ['ræŋgl] *n* Streit *m*; *vi* sich zanken.

wrap [ræp] *n* (*stole*) Umhang *m*, Schal *m*; *vt* (*also* ~ **up**) einwickeln; *deal* abschließen; **~per** Umschlag *m*, Schutzhülle *f*; **~ping paper** Einwickelpapier *nt*.

wreath [ri:θ] *n* Kranz *m*.

wreck [rek] *n* Schiffbruch *m*; (*ship*) Wrack *nt*; (*sth ruined*) Ruine *f*, Trümmerhaufen *m*; **a nervous** ~ ein Nervenbündel *nt*; *vt* zerstören; **~age** Wrack *nt*, Trümmer *pl*.

wren [ren] *n* Zaunkönig *m*.

wrench [rentʃ] *n* (*spanner*) Schraubenschlüssel *m*; (*twist*) Ruck *m*, heftige Drehung *f*; *vt* reißen, zerren.

wrestle ['resl] *vi* ringen.

wrestling ['reslɪŋ] *n* Ringen *nt*; ~ **match** Ringkampf *m*.

wretched ['retʃɪd] *a hovel* elend; (*col*) verflixt; **I feel** ~ mir ist elend.

wriggle ['rɪgl] *n* Schlängeln *nt*; *vi* sich winden.

wring [rɪŋ] *vt irreg* wringen.

wrinkle ['rɪŋkl] *n* Falte *f*, Runzel *f*; *vt* runzeln; *vi* sich runzeln; (*material*) knittern.

wrist [rɪst] *n* Handgelenk *nt*; **~watch** Armbanduhr *f*.

writ [rɪt] *n* gerichtliche(r) Befehl *m*.

write [raɪt] *vti irreg* schreiben; ~ **down** *vt* niederschreiben, aufschreiben; ~ **off** *vt* (*dismiss*) abschreiben; ~ **out** *vt essay* abschreiben; *cheque* ausstellen; ~ **up** *vt* schreiben; **~-off: it is a off** das kann man abschreiben; **~r** Verfasser *m*; (*author*) Schriftsteller *m*; **~-up** Besprechung *f*.

writing ['raɪtɪŋ] *n* (*act*) Schreiben *nt*; (*hand*—) (Hand)schrift *f*; **~s** *pl* Schriften *pl*, Werke *pl*; ~ **paper** Schreibpapier.

wrong [rɒŋ] *a* (*incorrect*) falsch; (*morally*) unrecht; (*out of order*) nicht in Ordnung; **he was ~ in doing that** es war nicht recht von ihm, das zu tun; **what's ~ with your leg?** was ist mit deinem Bein los?; **to go** ~ (*plan*) schiefgehen; (*person*) einen Fehler machen; *n* Unrecht *nt*; *vt* Unrecht tun (+*dat*); **~ful** *a* unrechtmäßig; **~ly** *ad* falsch; *accuse* zu Unrecht.

wrought [rɔ:t] *a*: ~ **iron** Schmiedeeisen *nt*.

wry [raɪ] *a* schief, krumm; (*ironical*) trocken; **to make a ~ face** das Gesicht verziehen.

X

X, x [eks] *n* X *nt*, x *nt*.

Xmas ['eksməs] *n* (*col*) Weihnachten *nt*.

X-ray ['eks'reɪ] *n* Röntgenaufnahme *f*; *vt* röntgen.

xylophone ['zaɪləfəʊn] *n* Xylophon *nt*.

Y

Y, y [waɪ] *n* Y *nt*, y *nt*.

yacht [jɒt] *n* Jacht *f*; **~ing** (Sport)segeln *nt*; **~sman** Sportsegler *m*.

Yank [jænk] *n* (*col*) Ami *m*.

yap [jæp] *vi* (*dog*) kläffen; (*people*) quasseln.

yard [jɑ:d] *n* Hof *m*; (*measure*) (englische) Elle *f*, Yard *nt*, *0,91 m*; **~stick** (*fig*) Maßstab *m*.

yarn [jɑ:n] *n* (*thread*) Garn *nt*; (*story*) (Seemanns)garn *nt*.

yawn [jɔ:n] *n* Gähnen *nt*; *vi* gähnen.

year ['jɪə*] *n* Jahr *nt*; **~ly** *a, ad* jährlich.

yearn [jɜ:n] *vi* sich sehnen (*for* nach); **~ing** Verlangen *nt*, Sehnsucht *f*.

yeast [ji:st] *n* Hefe *f*.

yell [jel] *n* gellende(r) Schrei *m*; *vi* laut schreien.

yellow ['jeləʊ] *a* gelb; *n* Gelb *nt*; ~ **fever** Gelbfieber *nt*.

yelp [jelp] *n* Gekläff *nt*; *vi* kläffen.

yeoman ['jəʊmən] *n*: **Y~ of the Guard** Leibgardist *m*.

yes [jes] *ad* ja; *n* Ja *nt*, Jawort *nt*; **~man** Jasager *m*.

yesterday ['jestədeɪ] *ad* gestern; *n* Gestern *nt*; **the day before** ~ vorgestern.

yet [jet] *ad* noch; (*in question*) schon; (*up to now*) bis jetzt; **and ~ again** und wieder *or* noch einmal; **as** ~ bis jetzt; (*in past*) bis dahin; *cj* doch, dennoch.

yew [ju:] *n* Eibe *f*.

Yiddish ['jɪdɪʃ] *n* Jiddisch *nt*.

yield [ji:ld] *n* Ertrag *m*; *vt result, crop* hervorbringen; *interest, profit* abwerfen; (*concede*) abtreten; *vi* nachgeben; (*Mil*) sich ergeben.

yodel ['jəʊdl] *vi* jodeln.

yoga ['jəʊgə] *n* Joga *m*.

yoghurt [jɒgət] *n* Joghurt *m*.

yoke [jəʊk] *n* (*lit, fig*) Joch *nt*.

yolk [jəʊk] *n* Eidotter *m*, Eigelb *nt*.

yonder ['jɒndə*] *ad* dort drüben, da drüben; *a* jene(r, s) dort.

you [ju:] *pron* (*familiar*) (*sing*) (*nom*) du; (*acc*) dich; (*dat*) dir; (*pl*) (*nom*) ihr; (*acc, dat*) euch; (*polite*) (*nom, acc*) Sie; (*dat*) Ihnen; (*indef*) (*nom*) man; (*acc*) einen; (*dat*) einem.

you'd [ju:d] = **you had**; **you would**.

you'll [ju:l] = **you will, you shall**.

young [jʌŋ] *a* jung; *npl* die Jungen; **~ish** *a* ziemlich jung; **~ster** Junge *m*, junge(r) Bursche *m*/junge(s) Mädchen *nt*.

your ['jɔ:*] *poss a* (*familiar*) (*sing*) dein; (*pl*) euer, eure *pl*; (*polite*) Ihr.

you're ['jʊə*] = **you are**.

yours ['jɔ:z] *poss pron* (*familiar*) (*sing*) deine(r, s); (*pl*) eure(r, s); (*polite*) Ihre(r, s).

yourself [jɔ:'self] *pron* (*emphatic*) selbst; (*familiar*) (*sing*) (*acc*) dich (selbst); (*dat*) dir (selbst); (*pl*) euch (selbst); (*polite*) sich (selbst); **you're not** ~ mit dir/Ihnen ist etwas nicht in Ordnung.

youth [ju:θ] *n* Jugend *f*; (*young man*)

junge(r) Mann *m*; (*young people*) Jugend *f*; **~ful** *a* jugendlich; **~ hostel** Jugendherberge *f*.

you've [ju:v] = **you have**.

Z

Z, z [zɛd] *n* Z *nt*, z *nt*.

zany ['zeɪnɪ] *a* komisch.

zeal [zi:l] *n* Eifer *m*; **~ous** ['zeləs] *a* eifrig.

zebra ['zi:brə] *n* Zebra *nt*; **~ crossing** ['zi:brə'krɒsɪŋ] Zebrastreifen *m*.

zenith ['zenɪθ] *n* Zenit *m*.

zero ['zɪərəʊ] *n* Null *f*; (*on scale*) Nullpunkt *m*; **~ hour** die Stunde X.

zest [zest] *n* Begeisterung *f*.

zigzag ['zɪgzæg] *n* Zickzack *m*; *vi* im Zickzack laufen/fahren.

zinc [zɪŋk] *n* Zink *nt*.

Zionism ['zaɪənɪzəm] *n* Zionismus *m*.

zip [zɪp] *n* (*also* **~ fastener, ~per**) Reißverschluß *m*; *vt* (*also* **~ up**) den Reißverschluß zumachen (+*gen*).

zither ['zɪðə*] *n* Zither *f*.

zodiac ['zəʊdɪæk] *n* Tierkreis *m*.

zombie ['zɒmbɪ] *n* Trantüte *f*.

zone [zəʊn] *n* Zone *f*; (*area*) Gebiet *nt*.

zoo [zu:] *n* Zoo *m*; **~logical** [zəʊə'lɒdʒɪkəl] *a* zoologisch; **~logist** [zu:ɒlədʒɪst] Zoologe *m*; **~logy** [zu:ɒlədʒɪ] Zoologie *f*.

zoom [zu:m] *vi* (*engine*) surren; (*plane*) aufsteigen; (*move fast*) brausen; (*prices*) hochschnellen; **~ lens** Zoomobjektiv *nt*.

Länder, Völker und Sprachen

ich bin Deutscher/Engländer/Albanier I am German/English/Albanian

ein Deutscher/Engländer/Albanier a German/an Englishman/an Albanian; **eine Deutsche/Engländerin/Albanierin** a German (woman/girl)/an English woman/girl/an Albanian (woman/girl)

sprechen Sie Deutsch/Englisch/Albanisch? do you speak German/English/Albanian?

Adria (die), Adriatische(s) Meer the Adriatic.
Afrika Africa; **Afrikaner(in** *f*) *m* African; **afrikanisch** *a* African.
Ägäis (die), Ägäische(s) Meer the Aegean.
Ägypten Egypt; **Ägypter(in** *f*) *m* Egyptian; **ägyptisch** *a* Egyptian.
Albanien Albania; **Albanier(in** *f*) *m* Albanian; **albanisch** *a* Albanian.
Algerien Algeria; **Algerier(in** *f*) *m* Algerian; **algerisch** *a* Algerian.
Alpen *pl* **(die)** the Alps *pl*.
Amazonas (der) the Amazon.
Amerika America; **Amerikaner(in** *f*) *m* American; **amerikanisch** *a* American.
Anden *pl* **(die)** the Andes *pl*.
Antarktis (die) the Antarctic.
Antillen *pl* **(die)** the Antilles *pl*.
Antwerpen Antwerp.
Arabien Arabia; **Araber** *m* Arab, Arabian; **arabisch** *a* Arab, Arabic, Arabian.
Argentinien Argentina, the Argentine; **Argentinier(in** *f*) *m* Argentinian; **argentinisch** *a* Argentinian.
Ärmelkanal (der) the English Channel.
Armenien Armenia; **Armenier(in** *f*) *m* Armenian; **armenisch** *a* Armenian.
Asien Asia; **Asiat(in** *f*) *m* Asian; **asiatisch** *a* Asian, Asiatic.
Athen Athens; **Athener(in** *f*) *m* Athenian; **athenisch** *a* Athenian.
Äthiopien Ethiopia; **Äthiopier(in** *f*) *m* Ethiopian; **äthiopisch** *a* Ethiopian.
Atlantik (der), Atlantische(r) Ozean the Atlantic (Ocean).
Ätna (der) Mount Etna.
Australien Australia; **Australier(in** *f*) *m* Australian; **australisch** *a* Australian.
Azoren *pl* **(die)** the Azores *pl*.
Balkan (der) the Balkans *pl*.
Basel Basle.
Bayern Bavaria; **Bayer(in** *f*) *m* Bavarian; **bayerisch** *a* Bavarian.
Belgien Belgium; **Belgier(in** *f*) *m* Belgian; **belgisch** *a* Belgian.
Belgrad Belgrade.
Birma Burma; **Birmane** *m*, **Birmanin** *f* Burmese; **Birmanisch** *a* Burmese.
Biskaya (die) the Bay of Biscay.
Bodensee (der) Lake Constance.
Böhmen Bohemia; **Böhme** *m*, **Böhmin** *f* Bohemian; **böhmisch** *a* Bohemian.
Bolivien Bolivia; **Bolivianer(in** *f*) *m* Bolivian; **bolivianisch, bolvisch** *a* Bolivian.
Brasilien Brazil; **Brasilianer(in** *f*) *m* Brazilian; **brasilianisch** *a* Brazilian.
Braunschweig Brunswick.
Brite *m*, **Britin** *f* Briton; **britisch** *a* British.
Brüssel Brussels.
Bulgarien Bulgaria; **Bulgare** *m*, **Bulgarin** *f* Bulgarian, Bulgar; **bulgarisch** *a* Bulgarian.
Burgund Burgundy; **burgundisch, Burgunder** *a* Burgundian.
Calais: Straße von Calais (die) the Straits of Dover *pl*.
Chile Chile; **Chilene** *m*, **Chilenin** *f* Chilean; **chilenisch** *a* Chilean.
China China; **Chinese** *m*, **Chinesin** *f* Chinese; **chinesisch** *a* Chinese.
Dänemark Denmark; **Däne** *m*, **Dänin** *f* Dane; **dänisch** *a* Danish.
Deutsche Demokratische Republik (die) German Democratic Republic, East Germany.
Deutschland Germany; **Deutsche(r)** *mf* German; **deutsch** *a* German.
Dolomiten *pl* **(die)** the Dolomites *pl*.
Donau (die) the Danube.
Dünkirchen Dunkirk.

Eismeer (das) the Arctic.
Elfenbeinküste (die) the Ivory Coast.
Elsaß (das) Alsace; **Elsässer(in** *f***)** *m* Alsatian; **elsässisch** *a* Alsatian.
Engadin (das) the Engadine.
England England; **Engländer(in** *f***)** *m* Englishman/-woman; **englisch** *a* English.
Estland Estonia; **Este** *m*, **Estin** *f* Estonian; **estnisch** *a* Estonian.
Etsch (die) the Adige.
Euphrat (der) the Euphrates.
Eurasien Eurasia.
Europa Europe; **Europäer(in** *f***)** *m* European; **europäisch** *a* European.
Ferne(r) Osten (der) the Far East.
Finnland Finland; **Finne** *m*, **Finnin** *f* Finn; **finnisch** *a* Finnish.
Flandern Flanders; **Flame** *m*, **Flämin** *or* **Flamin** *f* Fleming; **flämisch** *a* Flemish.
Florenz Florence; **Florentiner(in** *f***)** *m* Florentine; **florentinisch** *a* Florentine.
Frankreich France; **Franzose** *m*, **Französin** *f* Frenchman/-woman; **französisch** *a* French.
Friesland Frisia; **Friese** *m*, **Friesin** *f* Frisian; **friesisch** *a* Frisian.
Genf Geneva.
Genfer See Lake Geneva.
Genua Genoa; **Genuese** *m*, **Genuesin** *f* Genoan; **genuesisch** *a* Genoan.
Griechenland Greece; **Grieche** *m*, **Griechin** *f* Greek; **griechisch** *a* Greek.
Großbritannien Great Britain; **Brite** *m*, **Britin** *f* Briton; **britisch, großbritannisch** *a* British.
Guinea Guinea.
Haag (der), Den Haag the Hague.
Hannover Hanover; **Hannoveraner(in** *f***)** *m* Hanoverian; **Hannoveraner, hannoversch** *a* Hanoverian.
Hebriden *pl* **(die)** the Hebrides *pl*.
Helgoland Heligoland.
Hessen Hesse; **Hesse** *m*, **Hessin** *f* Hessian; **hessisch** *a* Hessian.
Holland Holland; **Holländer(in** *f***)** *m* Dutchman/-woman; **holländisch** *a* Dutch.
Iberische Halbinsel (die) the Iberian Peninsula.
Indien India; **Inder(in** *f***)** *m*, **Indianer(in** *f***)** *m* Indian; **indisch, indianisch** *a* Indian.
Indonesien Indonesia; **Indonesier(in** *f***)** *m* Indonesian; **indonesisch** *a* Indonesian.
Irak (*auch* **der)** Iraq; **Iraker(in** *f***)** *m* Iraqi; **irakisch** *a* Iraqi.
Iran (*auch* **der)** Iran; **Iraner(in** *f***)** *m* Iranian; **iranisch** *a* Iranian.
Irland Ireland; **Ire** *m*, **Irin** *f* Irishman/-woman; **irisch** *a* Irish.
Island Iceland; **Isländer(in** *f***)** *m* Icelander; **isländisch** *a* Icelandic.
Israel Israel; **Israeli** *mf* Israeli; **israelisch** *a* Israeli.
Italien Italy; **Italiener(in** *f***)** *m* Italian; **italienisch** *a* Italian.
Japan Japan; **Japaner(in** *f***)** *m* Japanese; **japanisch** *a* Japanese.
Jemen (*auch* **der)** the Yemen; **Jemenit(in** *f***)** *m* Yemeni; **jemenitisch** *a* Yemeni.
Jordanien Jordan; **Jordanier(in** *f***)** *m* Jordanian; **jordanisch** *a* Jordanian.
Jugoslawien Yugoslavia; **Jugoslawe** *m*, **Jugoslawin** *f* Yugoslavian; **jugoslawisch** *a* Yugoslavian.
Kanada Canada; **Kanadier(in** *f***)** *m* Canadian; **kanadisch** *a* Canadian.
Kanalinseln *pl* **(die)** the Channel Islands *pl*.
Kanarische Inseln *pl* **(die)** the Canary Islands *pl*, the Canaries *pl*.
Kap der Guten Hoffnung (das) the Cape of Good Hope.
Kapstadt Cape Town.
Karibische Inseln *pl* **(die)** the Caribbean Islands *pl*.
Karpaten *pl* **(die)** the Carpathians *pl*.
Kaspische(s) Meer the Caspian Sea.
Kleinasien Asia Minor.
Köln Cologne.
Konstanz Constance.
Kreml (der) the Kremlin.
Kreta Crete; **Kreter(in** *f***)** *m* Cretan; **kretisch** *a* Cretan.
Krim (die) the Crimea.
Kroatien Croatia; **Kroate** *m*, **Kroatin** *f* Croatian; **kroatisch** *a* Croatian.
Lappland Lapland; **Lappe** *m*, **Lappin** *f* Laplander; **lappisch** *a* Lapp.
Lateinamerika Latin America.
Lettland Latvia; **Lette** *m*, **Lettin** *f* Latvian; **lettisch** *a* Latvian.
Libanon the Lebanon; **Libanese** *m*, **Libanesin** *f* Lebanese; **libanesisch** *a* Lebanese.
Libyen Libya; **Libyer(in** *f***)** *m* Libyan; **libyisch** *a* Libyan.
Lissabon Lisbon.
Litauen Lithuania; **Litauer(in** *f***)** *m* Lithuanian; **litauisch** *a* Lithuanian.
Livland Livonia; **Livländer(in** *f***)** *m* Livonian; **livländisch** *a* Livonian.
London London; **Londoner(in** *f***)** *m* Londoner; **Londoner** *a* London.

Lothringen Lorraine.
Lüneburger Heide (die) the Lüneburg Heath.
Luxemburg Luxembourg.
Maas (die) the Meuse.
Mähren Moravia.
Mailand Milan; **Mailänder(in** *f***)** *m* Milanese; **mailändisch** *a* Milanese.
Mallorca Majorca.
Mandschurei (die) Manchuria; **Mandschure** *m*, **Mandschurin** *f* Manchurian; **mandschurisch** *a* Manchurian.
Marokko Morocco; **Marokkaner(in** *f***)** *m* Moroccan; **marokkanisch** *a* Moroccan.
Mazedonien Macedonia; **Mazedonier(in** *f***)** *m* Macedonian; **mazedonisch** *a* Macedonian.
Mittelamerika Central America.
Mitteleuropa Central Europe.
Mittelmeer (das) the Mediterranean.
Moldau (die) Moldavia.
Mongolei (die) Mongolia; **Mongole** *m*, **Mongolin** *f* Mongol(ian); **mongolisch** *a* Mongol(ian).
Moskau Moscow; **Moskauer(in** *f***)** *m* Muscovite; **moskauisch** *a* Muscovite.
München Munich.
Nahe(r) Osten (der) the Near East.
Neapel Naples; **Neapolitaner(in** *f***)** *m* Neapolitan; **neapolitanisch** *a* Neapolitan.
Neufundland Newfoundland; **Neufundländer(in** *f***)** *m* Newfoundlander; **neufundländisch** *a* Newfoundland.
Neuguinea New Guinea.
Neuseeland New Zealand; **Neuseeländer(in** *f***)** *m* New Zealander; **neuseeländisch** *a* New Zealand.
Niederlande *pl* **(die)** the Netherlands; **Niederländer(in** *f***)** *m* Dutchman/-woman; **niederländisch** *a* Dutch.
Niedersachsen Lower Saxony.
Niederrhein Lower Rhine.
Nil (der) the Nile.
Nordirland Northern Ireland.
Nordsee (die) the North Sea.
Norwegen Norway; **Norweger(in** *f***)** *m* Norwegian; **norwegisch** *a* Norwegian.
Nord-Ostsee-Kanal (der) the Kiel Canal.
Nordrhein-Westfalen North Rhine-Westphalia.
Nürnberg Nuremberg.
Oberbayern Upper Bavaria.
Ostasien Eastern Asia.
Ostende Ostend.
Ostsee (die) the Baltic.
Österreich Austria; **Österreicher(in** *f***)** *m* Austrian; **österreichisch** *a* Austrian.
Palästina Palestine; **Palästinenser(in** *f***)** *m* Palestinian; **palästinensisch** *a* Palestinian.
Paris Paris; **Pariser(in** *f***)** *m* Parisian; **Pariser** *a* Parisian.
Pazifik (der), Pazifische(r) Ozean the Pacific.
Peloponnes (der *or* **die)** the Peloponnese.
Persien Persia; **Perser(in** *f***)** *m* Persian; **persisch** *a* Persian.
Philippinen *pl* **(die)** the Philippines *pl*.
Polen Poland; **Pole** *m*, **Polin** *f* Pole; **polnisch** *a* Polish.
Pommern Pomerania; **Pommer(in** *f***)** *m* Pomeranian; **pommerisch** *a* Pomeranian.
Portugal Portugal; **Portugiese** *m*, **Portugiesin** *f* Portuguese; **portugiesisch** *a* Portuguese.
Prag Prague.
Preußen Prussia; **Preuße** *m*, **Preußin** *f* Prussian; **preußisch** *a* Prussian.
Pyrenäen *pl* **(die)** the Pyrenees *pl*.
Rhein (der) the Rhine; **rheinisch** *a* Rhenish.
Rhodesien Rhodesia; **Rhodesier(in** *f***)** *m* Rhodesian; **rhodesisch** *a* Rhodesian.
Rhodos Rhodes.
Rom Rome; **Römer(in** *f***)** *m* Roman; **römisch** *a* Roman.
Rote(s) Meer the Red Sea.
Rumänien Ro(u)mania; **Rumäne** *m*, **Rumänin** *f* Ro(u)manian; **rumänisch** *a* Ro(u)manian.
Rußland Russia; **Russe** *m*, **Russin** *f* Russian; **russisch** *a* Russian.
Saarland the Saar.
Sachsen Saxony; **Sachse** *m*, **Sächsin** *f* Saxon; **sächsisch** *a* Saxon.
Sardinien Sardinia; **Sardinier(in** *f***)** *m*, **Sarde** *m*, **Sardin** *f* Sardinian; **sardinisch, sardisch** *a* Sardinian.
Schlesien Silesia; **Schlesier(in** *f***)** *m* Silesian; **schlesisch** *a* Silesian.

Schottland Scotland; **Schotte** *m,* **Schottin** *f* Scot, Scotsman/-woman; **schottisch** *a* Scottish, Scots, Scotch.
Schwaben Swabia; **Schwabe** *m,* **Schwäbin** *f* Swabian; **schwäbisch** *a* Swabian.
Schwarzwald (der) the Black Forest.
Schweden Sweden; **Schwede** *m,* **Schwedin** *f* Swede; **schwedisch** *a* Swedish.
Schweiz (die) Switzerland; **Schweizer(in** *f***)** *m* Swiss; **schweizerisch** *a* Swiss.
Serbien Serbia; **Serbe** *m,* **Serbin** *f* Serbian; **serbisch** *a* Serbian.
Sibirien Siberia; **sibirisch** *a* Siberian.
Sizilien Sicily; **Sizilianer(in** *f***)** *m,* **Sizilier(in** *f***)** *m* Sicilian; **sizilisch, sizilianisch** *a* Sicilian.
Skandinavien Scandinavia; **Skandinavier(in** *f***)** *m* Scandinavian; **skandinavisch** *a* Scandinavian.
Slowakei (die) Slovakia; **Slowake** *m,* **Slowakin** *f* Slovak; **slowakisch** *a* Slovak.
Sowjetunion (die) the Soviet Union; **Sowjetbürger(in** *f***)** *m* Soviet; **sowjetisch** *a* Soviet.
Spanien Spain; **Spanier(in** *f***)** *m* Spaniard; **spanisch** *a* Spanish.
Steiermark Styria; **Steiermärker(in** *f***)** *m,* **Steirer** *m,* **Steierin** *f* Styrian; **steiermärkisch, steirisch** *a* Styrian.
Stille(r) Ozean the Pacific.
Syrien Syria; **Syrer(in** *f***)** *m* Syrian; **syrisch** *a* Syrian.
Teneriffa Tenerife.
Themse (die) the Thames.
Thüringen Thuringia; **Thüringer(in** *f***)** *m* Thuringian; **thüringisch** *a* Thuringian.
Tirol the Tyrol; **Tiroler(in** *f***)** *m* Tyrolean; **tirolisch** *a* Tyrolean.
Tschechoslowakei (die) Czechoslovakia; **Tscheche** *m,* **Tschechin** *f,* **Tschechoslowake** *m,* **Tschechoslowakin** *f* Czech, Czechoslovak(ian); **tschechisch, tschechoslowakisch** *a* Czech, Czechoslovak(ian).
Toscana (die) Tuscany.
Trient Trent.
Tunesien Tunisia; **Tunesier(in** *f***)** *m* Tunisian; **tunesisch** *a* Tunisian.
Türkei (die) Turkey; **Türke** *m,* **Türkin** *f* Turk; **türkisch** *a* Turkish.
Ungarn Hungary; **Ungar(in** *f***)** *m* Hungarian; **ungarisch** *a* Hungarian.
Venedig Venice; **Venetianer(in** *f***)** *m* Venetian; **venetianisch** *a* Venetian.
Vereinigte Staaten *pl* **(die)** the United States *pl.*
Vesuv (der) Vesuvius.
Vierwaldstättersee (der) Lake Lucerne.
Vogesen *pl* **(die)** the Vosges *pl.*
Volksrepublik China (die) the People's Republic of China.
Vorderasien the Near East.
Warschau Warsaw.
Weichsel (die) the Vistula.
Westfalen Westphalia; **Westfale** *m,* **Westfälin** *f* Westphalian; **westfälisch** *a* Westphalian.
Westindien the West Indies; **westindisch** *a* West Indian.
Wien Vienna; **Wiener(in** *f***)** *m* Viennese; **Wiener** *a* Viennese.
Zypern Cyprus; **Zyprer(in** *f***)** *m,* **Zyprier(in** *f***)** *m,* **Zypriot(in** *f***)** *m* Cypriot; **zyprisch, zypriotisch** *a* Cypriot.

Countries, nationalities and languages

I am German/English/Albanian ich bin Deutscher/Engländer/Albanier

a German/an Englishman/an Albanian ein Deutscher/Engländer/Albanier; **a German (woman/girl)/an English woman/girl/an Albanian (woman/girl)** eine Deutsche/Engländerin/Albanierin

do you speak German/English/Albanian? sprechen Sie Deutsch/Englisch/Albanisch?

the Adriatic die Adria.
the Aegean die Ägäis.
Afghanistan Afghanistan *nt*; **Afghan** *n* Afghane *m,* Afghanin *f*; *a* afghanisch.
Africa Afrika *nt*; **African** *n* Afrikaner(in *f*) *m*; *a* afrikanisch.
Albania Albanien *nt*; **Albanian** *n* Albanier(in *f*) *m*; *a* albanisch.

Algeria Algerien *nt*; **Algerian** *n* Algerier(in *f*) *m*; *a* algerisch.
the Alps *pl* die Alpen *pl*.
America Amerika *nt*; **American** *n* Amerikaner(in *f*) *m*; *a* amerikanisch.
the Andes *pl* die Anden *pl*.
Angola Angola *nt*; **Angolan** *n* Angolaner(in *f*) *m*; *a* angolanisch.
the Antarctic die Antarktis; **Antarctic** *a* antarktisch.
Arabia Arabien *nt*; **Arab, Arabian** *n* Araber(in *f*) *m*; *a* arabisch.
the Arctic die Arktis; **Arctic** *a* arktisch.
Argentina, the Argentine Argentinien *nt*; **Argentinian** *n* Argentinier(in *f*) *m*; *a* argentinisch.
Asia Asien *nt*; **Asian** *n* Asiat(in *f*) *m*; *a* asiatisch.
Asia Minor Kleinasien *nt*.
Athens Athen *nt*.
the Atlantic (Ocean) der Atlantik, der Atlantische Ozean.
Australia Australien *nt*; **Australian** *n* Australier(in *f*) *m*; *a* australisch.
Austria Österreich *nt*; **Austrian** *n* Österreicher(in *f*) *m*; *a* österreichisch.
the Baltic die Ostsee.
Bavaria Bayern *nt*; **Bavarian** *n* Bayer(in *f*) *m*; *a* bay(e)risch.
the Bay of Biscay (der Golf von) Biskaya *f*.
Belgium Belgien *nt*; **Belgian** *n* Belgier(in *f*) *m*; *a* belgisch.
the Black Forest der Schwarzwald.
Bolivia Bolivien *nt*; **Bolivian** *n* Bolivianer(in *f*) *m*, Bolivier(in *f*) *m*; *a* boliv(ian)isch.
Brazil Brasilien *nt*; **Brazilian** *n* Brasilianer(in *f*) *m*; *a* brasilianisch.
Britain Großbritannien *nt*; **Briton** *n* Brite *m*, Britin *f*; **British** *a* britisch.
Brittany die Bretagne; **Breton** *n* Bretone *m*, Bretonin *f*; *a* bretonisch.
Brussels Brüssel *nt*.
Bulgaria Bulgarien *nt*; **Bulgarian, Bulgar** *n* Bulgare *m*, Bulgarin *f*; **Bulgarian** *a* bulgarisch.
Burma Birma *nt*; **Burmese** *n* Birmane *m*, Birmanin *f*; *a* birmanisch.
California Kalifornien *nt*; **Californian** *n* Kalifornier(in *f*) *m*; *a* kalifornisch.
Cambodia Kambodscha *nt*; **Cambodian** *n* Kambodschaner(in *f*) *m*; *a* kambodschanisch.
Canada Kanada *nt*; **Canadian** *n* Kanadier(in *f*) *m*; *a* kanadisch.
the Canary Islands *pl* die Kanarischen Inseln *pl*.
the Caribbean die Karibik; **Caribbean** *a* karibisch.
Central America Zentralamerika *nt*.
the Channel Islands *pl* die Kanalinseln *pl*, die Normannischen Inseln *pl*.
Chile Chile *nt*; **Chilean** *n* Chilene *m*, Chilenin *f*; *a* chilenisch.
China China *nt*; **Chinese** *n* Chinese *m*, Chinesin *f*; *a* chinesisch.
Cologne Köln *nt*.
Colombia Kolumbien *nt*; **Colombian** *n* Kolumbianer(in *f*) *m*, Kolumbier(in *f*) *m*; *a* kolumb(ian)isch.
Lake Constance der Bodensee.
Cornish *a* von/aus Cornwall.
Corsica Korsika *nt*; **Corsican** *n* Korse *m*, Korsin *f*; *a* korsisch.
Crete Kreta *nt*; **Cretan** *n* Kreter(in *f*) *m*; *a* kretisch.
Cuba Kuba *nt*; **Cuban** *n* Kubaner(in *f*) *m*; *a* kubanisch.
Cyprus Zypern *nt*; **Cypriot** *n* Zypriot(in *f*) *m*; *a* zypriotisch.
Czechoslovakia die Tschechoslowakei; **Czech, Czechoslovak(ian)** *n* Tscheche *m*, Tschechin *f*; *a* tschechisch.
Denmark Dänemark *nt*; **Dane** *n* Däne *m*, Dänin *f*; **Danish** *a* dänisch.
Dutch *a see* **Holland.**
East Germany Deutsche Demokratische Republik *f*; **East German** *n* Staatsbürger(in *f*) *m* der Deutschen Demokratischen Republik; **he is an East German** er ist aus der DDR; *a* der DDR; **East German towns** Städte (in) der DDR.
Ecuador Ecuador *nt*; **Ecuadorian** *n* Ecuadorianer(in *f*) *m*; *a* ecuadorianisch.
Egypt Ägypten *nt*; **Egyptian** *n* Ägypter(in *f*) *m*; *a* ägyptisch.
Eire ['eərə] (Republik *f*) Irland *nt*.
England England *nt*; **Englishman/-woman** *n* Engländer(in *f*) *m*; **English** *a* englisch.
the English Channel der Ärmelkanal.
Ethiopia Äthiopien *nt*; **Ethiopian** *n* Äthiopier(in *f*) *m*; *a* äthiopisch.
Europe Europa *nt*; **European** *n* Europäer(in *f*) *m*; *a* europäisch.
Fiji (Islands *pl***)** die Fidschiinseln *pl*; **Fijian** *n* Fidschianer(in *f*) *m*; *a* fidschianisch.
Filipino *n see* **the Philippines.**
Finland Finnland *nt*; **Finn** *n* Finne *m*, Finnin *f*; **Finnish** *a* finnisch.
Flanders Flandern *nt*; **Fleming** *n* Flame *m*, Flämin *f*; **Flemish** *a* flämisch.
Florence Florenz *nt*; **Florentine** *n* Florentiner(in *f*) *m*; *a* florentinisch.

France Frankreich *nt*; **Frenchman/-woman** *n* Franzose *m*, Französin *f*; **French** *a* französisch.
Geneva Genf *nt*; **Lake Geneva** der Genfer See.
Germany Deutschland *nt*; **German** *n* Deutsche(r) *m*, Deutsche *f*; *a* deutsch.
Ghana Ghana *nt*; **Ghanaian** *n* Ghanaer(in *f*) *m*; *a* ghanaisch.
Great Britain Großbritannien *nt*.
Greece Griechenland *nt*; **Greek** *n* Grieche *m*, Griechin *f*; *a* griechisch.
the Hague Den Haag.
Haiti Haiti *nt*; **Haitian** *n* Haitianer(in *f*) *m*, Haitier(in *f*) *m*; *a* haitianisch, haitisch.
Hawaii Hawaii *nt*; **Hawaiian** *n* Hawaiier(in *f*) *m*; *a* hawaiisch.
the Hebrides *pl* die Hebriden *pl*.
the Himalayas *pl* der Himalaja.
Holland Holland *nt*; **Dutchman/-woman** *n* Holländer(in *f*) *m*; **Dutch** *a* holländisch, niederländisch.
Hungary Ungarn *nt*; **Hungarian** *n* Ungar(in *f*) *m*; *a* ungarisch.
Iceland Island *nt*; **Icelander** *n* Isländer(in *f*) *m*; **Icelandic** *a* isländisch.
India Indien *nt*; **Indian** *n* Inder(in *f*) *m*; *a* indisch.
Indonesia Indonesien *nt*; **Indonesian** *n* Indonesier(in *f*) *m*; *a* indonesisch.
Iran (der) Iran; **Iranian** *n* Iraner(in *f*) *m*; *a* iranisch.
Iraq (der) Irak; **Iraqi** *n* Iraker(in *f*) *m*; *a* irakisch.
Ireland Irland *nt*; **Irishman/-woman** *n* Ire *m*, Irin *f*; **Irish** *a* irisch.
Israel Israel *nt*; **Israeli** *n* Israeli *mf*; *a* israelisch.
Italy Italien *nt*; **Italian** *n* Italiener(in *f*) *m*; *a* italienisch.
Jamaica Jamaika *nt*; **Jamaican** *n* Jamaikaner(in *f*) *m*, Jamaiker(in *f*) *m*; *a* jamaikanisch, jamaikisch.
Japan Japan *nt*; **Japanese** *n* Japaner(in *f*) *m*; *a* japanisch.
Jordan Jordanien *nt*; **Jordanian** *n* Jordanier(in *f*) *m*; *a* jordanisch.
Kenya Kenia *nt*; **Kenyan** *n* Kenianer(in *f*) *m*; *a* kenianisch.
the Kiel Canal der Nord-Ostsee-Kanal.
Korea Korea *nt*; **Korean** *n* Koreaner(in *f*) *m*; *a* koreanisch.
Laos Laos *nt*; **Laotian** *n* Laote *m*, Laotin *f*; *a* laotisch.
Lapland Lappland *nt*; **Lapp** *n* Lappe *m*, Lappin *f*; *a* lappisch.
Latin America Lateinamerika *nt*.
Lebanon (der) Libanon; **Lebanese** *n* Libanese *m*, Libanesin *f*; *a* libanesisch.
Liberia Liberia *nt*; **Liberian** *n* Liberianer(in *f*) *m*; *a* liberianisch.
Libya Libyen *nt*; **Libyan** *n* Libyer(in *f*) *m*; *a* libysch.
Lisbon Lissabon *nt*.
London London *nt*; **Londoner** *n* Londoner(in *f*) *m*; **London** *a* Londoner *inv*.
Luxembourg Luxemburg *nt*; **Luxembourger** *n* Luxemburger(in *f*) *m*.
Majorca Mallorca *nt*; **Majorcan** *n* Bewohner(in *f*) *m* Mallorcas; *a* mallorkinisch.
Malaysia Malaysia *nt*; **Malaysian** *n* Malaysier(in *f*) *m*; *a* malaysisch.
Malta Malta *nt*; **Maltese** *n* Malteser(in *f*) *m*; *a* maltesisch.
the Mediterranean (Sea) das Mittelmeer.
Mexico Mexiko *nt*; **Mexican** *n* Mexikaner(in *f*) *m*; *a* mexikanisch.
Milan Mailand *nt*; **Milanese** *n* Mailänder(in *f*) *m*; *a* mailändisch.
Mongolia die Mongolei; **Mongolian** *n* Mongole *m*, mongolin *f*; *a* mongolisch.
Morocco Marokko *nt*; **Moroccan** *n* Marokkaner(in *f*) *m*; *a* marrokkanisch.
Moscow Moskau *nt*; **Muscovite** *n* Moskauer(in *f*) *m*; *a* moskauisch.
Munich München *nt*.
Naples Neapel *nt*; **Neapolitan** *n* Neapolitaner(in *f*) *m*; *a* neapolitanisch.
the Netherlands *pl* die Niederlande *pl*.
New Zealand Neuseeland *nt*; **New Zealander** *n* Neuseeländer(in *f*) *m*; **New Zealand** *a* neuseeländisch.
Nigeria Nigeria *nt*; **Nigerian** *n* Nigerianer(in *f*) *m*; *a* nigerianisch.
Normandy die Normandie; **Norman** *n* Normanne *m*, Normannin *f*; *a* normannisch.
Northern Ireland Nordirland *nt*.
the North Sea die Nordsee.
Norway Norwegen *nt*; **Norwegian** *n* Norweger(in *f*) *m*; *a* norwegisch.
the Pacific (Ocean) der Pazifik, der Pazifische *or* Stille Ozean.
Pakistan Pakistan *nt*; **Pakistani** *n* Pakistaner(in *f*) *m*; *a* pakistanisch.
Palestine Palästina *nt*; **Palestinian** *n* Palästinenser(in *f*) *m*; *a* palästinensisch.
Paraguay Paraguay *nt*; **Paraguayan** *n* Paraguayer(in *f*) *m*; *a* paraguayisch.
Paris Paris *nt*; **Parisian** *n* Pariser(in *f*) *m*; *a* Pariser *inv*.
the People's Republic of China die Volksrepublik China.
Persia Persien *nt*; **Persian** *n* Perser(in *f*) *m*; *a* persisch.
Peru Peru *nt*; **Peruvian** *n* Peruaner(in *f*) *m*; *a* peruanisch.
the Philippines *pl* die Philippinen *pl*; **Filipino** *n* Philippiner(in *f*) *m*; *a*, **Philippine** *a* philippinisch.
Poland Polen *nt*; **Pole** *n* Pole *m*, Polin *f*; **Polish** *a* polnisch.

Portugal Portugal *nt*; **Portuguese** *n* Portugiese *m*, Portugiesin *f*; *a* portugiesisch.
Puerto Rico Puerto Rico *nt*; **Puerto-Rican** *n* Puertoricaner(in *f*) *m*; *a* puertoricanisch.
the Pyrenees *pl* die Pyrenäen *pl*; **Pyrenean** *a* pyrenäisch.
the Red Sea das Rote Meer.
Rhodes Rhodos *nt*.
Rhodesia Rhodesien *nt*; **Rhodesian** *n* Rhodesier(in *f*) *m*; *a* rhodesisch.
Rome Rom *nt*; **Roman** *n* Römer(in *f*) *m*; *a* römisch.
Ro(u)mania Rumänien *nt*; **Ro(u)manian** *n* Rumäne *m*, Rumänin *f*; *a* rumänisch.
Russia Rußland *nt*; **Russian** *n* Russe *m*, Russin *f*; *a* russisch.
the Sahara die Sahara.
Sardinia Sardinien *nt*; **Sardinian** *n* Sarde *m*, Sardin *f*; *a* sardisch.
Saudi Arabia Saudi-Arabien *nt*; **Saudi (Arabian)** *n* Saudiaraber(in *f*) *m*; *a* saudiarabisch.
Scandinavia Skandinavien *nt*; **Scandinavian** *n* Skandinave *m* Skandinavin *f*; *a* skandinavisch.
Scotland Schottland *nt*; **Scot, Scotsman/-woman** *n* Schotte *m*, Schottin *f*; **Scottish, Scots, Scotch** *a* schottisch.
Siberia Sibirien *nt*; **Siberian** *n* Sibirier(in *f*) *m*; *a* sibirisch.
Sicily Sizilien *nt*; **Sicilian** *n* Sizilianer(in *f*) *m*, Sizilier(in *f*) *m*; *a* sizilianisch, sizilisch.
South Africa Südafrika *nt*; **South African** *n* Südafrikaner(in *f*) *m*; *a* südafrikanisch.
the Soviet Union die Sowjetunion.
Spain Spanien *nt*; **Spaniard** *n* Spanier(in *f*) *m*; **Spanish** *a* spanisch.
Sri Lanka Sri Lanka *nt*; **Sri Lankan** *n* Ceylonese *m*, Ceylonesin *f*; *a* ceylonesisch.
the Sudan der Sudan; **Sudanese** *n* Sudanese *m*, Sudanesin *f*, Sudaner(in *f*) *m*; *a* sudanesisch.
the Suez Canal der Suez-Kanal.
Sweden Schweden *nt*; **Swede** *n* Schwede *m*, Schwedin *f*; **Swedish** *a* schwedisch.
Switzerland die Schweiz; **Swiss** *n* Schweizer(in *f*) *m*; *a* Schweizer *inv*, schweizerisch.
Syria Syrien *nt*; **Syrian** *n* Syrer(in *f*) *m*, Syrier(in *f*) *m*; *a* syrisch.
Tahiti Tahiti *nt*; **Tahitian** *n* Tahitianer(in *f*) *m*; *a* tahitianisch.
Taiwan Taiwan *nt*; **Taiwanese** *n* Taiwanese(r) *m*, Taiwanesin *f*; *a* taiwanesisch.
Tanzania Tansania *nt*; **Tanzanian** *n* Tansanier(in *f*) *m*; *a* tansanisch.
Tenerife Teneriffa *nt*.
Thailand Thailand *nt*; **Thai** *n* Thailänder(in *f*) *m*; *a* thailändisch.
the Thames die Themse.
the Tyrol Tirol *nt*; **Tyrolean** *n* Tiroler(in *f*) *m*; *a* Tiroler *inv*.
Tunisia Tunesien *nt*; **Tunisian** *n* Tunesier(in *f*) *m*; *a* tunesisch.
Turkey die Türkei; **Turk** *n* Türke *m*, Türkin *f*; **Turkish** *a* türkisch.
Uganda Uganda *nt*; **Ugandan** *n* Ugander(in *f*) *m*; *a* ugandisch.
the United Kingdom das Vereinigte Königreich.
the United States *pl* **(of America)** die Vereinigten Staaten *pl* (von Amerika).
Uruguay Uruguay *nt*; **Uruguayan** *n* Uruguayer(in *f*) *m*; *a* uruguayisch.
Venezuela Venezuela *nt*; **Venezuelan** *n* Venezolaner(in *f*) *m*; *a* venezolanisch.
Venice Venedig *nt*; **Venetian** *n* Venezianer(in *f*) *m*; *a* venezianisch.
Vienna Wien *nt*; **Viennese** *n* Wiener(in *f*) *m*; *a* wienerisch, Wiener *inv*.
Vietnam Vietnam *nt*; **Vietnamese** *n* Vietnamese *m*, Vietnamesin *f*; *a* vietnamesisch.
Wales Wales *nt*; **Welshman/-woman** *n* Waliser(in *f*) *m*; **Welsh** *a* walisisch.
Warsaw Warschau *nt*.
West Germany die Bundesrepublik (Deutschland); **West German** *n* Bundesdeutsche(r) *m*, Bundesdeutsche *f*; *a* Bundes-, der Bundesrepublik.
the West Indies *pl* Westindien *nt*; **West Indian** *n* Westinder(in *f*) *m*; *a* westindisch.
the Yemen (der) Jemen; **Yemeni, Yemenite** *n* Jemenit(in *f*) *m*; *a* jemenitisch.
Yugoslavia Jugoslawien *nt*; **Yugoslav(ian)** *n* Jugoslawe *m*, Jugoslawin *f*; *a* jugoslawisch.
Zaire Zaire *nt*.
Zambia Sambia *nt*; **Zambian** *n* Sambier(in *f*) *m*; *a* sambisch.

Deutsche Abkürzungen

Abf. Abfahrt *departure, dep*
Abk. Abkürzung *abbreviation, abbr*
Abs. Absatz *paragraph;* Absender *sender*
Abt. Abteilung *department, dept*
AG Aktiengesellschaft *(Brit) (public) limited company, Ltd, (US) corporation, inc*
Ank. Ankunft *arrival, arr*
Anm. Anmerkung *note*
b.a.w. bis auf weiteres *until further notice*
Best. Nr. Bestellnummer *order number*
Betr. Betreff, betrifft *re*
Bhf. Bahnhof *station*
BRD Bundesrepublik Deutschland *Federal Republic of Germany*
b.w. bitte wenden *please turn over, pto*
bzgl. bezüglich *with reference to, re*
bzw. beziehungsweise *(see text)*
ca. circa, ungefähr *approximately, approx*
Cie., Co. Kompanie *company, co*
DDR Deutsche Demokratische Republik *German Democratic Republic, GDR*
d.h. das heißt *that is, i.e.*
d.J. dieses Jahres *of this year*
d.M. dieses Monats *instant, inst*
DM Deutsche Mark *German Mark, Deutschmark*
EDV elektronische Datenverarbeitung *electronic data processing, EDP*
einschl. einschließlich *inclusive, including, incl*
Einw. Einwohner *inhabitant*
empf. empfohlen(er Preis) *recommended (price)*
ev. evangelisch *Protestant*
evtl. eventuell *perhaps, possibly*
EWG Europäische Wirtschaftsgemeinschaft *European Economic Community, EEC*
e. Wz. eingetragenes Warenzeichen *registered trademark*
Expl. Exemplar *sample, copy*
Fa. Firma *firm;* in Briefen: *Messrs*
ff. folgende Seiten *pages, pp*
Ffm. Frankfurt am Main
fl. W. fließendes Wasser *running water*
Forts. Fortsetzung *continued, cont'd*
geb. geboren *born;* geborene *née;* gebunden *bound.*
Gebr. Gebrüder *Brothers, Bros*
ges. gesch. gesetzlich geschützt *registered*
GmbH Gesellschaft mit beschränkter Haftung *(Brit) (private) limited company, Ltd, (US) corporation, inc*
Hbf. Hauptbahnhof *central station*
hl. heilig *holy*
Hrsg. Herausgeber *editor, ed*
i.A. im Auftrag *for;* in Briefen auch: *pp*
Ing. Ingenieur *engineer*
Inh. Inhaber *proprietor, prop;* Inhalt *contents*
i.V. in Vertretung *by proxy, on behalf of;* im Vorjahre *in the last or previous year;* in Vorbereitung *in preparation*
Jh. Jahrhundert *century, cent*
jr., jun. junior, der Jüngere *junior, jun, jr*
kath. katholisch *Catholic, Cath*
kfm. kaufmännisch *commercial*
Kfz. *(see text)*
KG Kommanditgesellschaft *limited partnership*
led. ledig *single*
Lkw. *(see text)*

lt.	laut *according to*
m. E.	meines Erachtens *in my opinion*
Mehrw. St.	Mehrwertsteuer *value-added tax, VAT*
Mrd.	Milliarde *thousand millions, (US) billion*
n. Chr.	nach Christus *AD*
Nr.	Numero, Nummer *number, no*
NS	Nachschrift *postscript, PS;* nationalsozialistisch *National Socialist*
OHG	Offene Handelsgesellschaft *general partnership*
PKW, Pkw.	*(see text)*
Pl.	Platz *square*
Postf.	Postfach *post-office box, PO box*
PS	Pferdestärken *horsepower, HP;* Nachschrift *postscript, PS*
S.	Seite *page, p*
s.	siehe *see*
sen.	senior, der Ältere *senior, sen, sr*
s.o.	siehe oben *see above*
St.	Stück *piece;* Sankt *Saint, St*
Std., Stde.	Stunde *hour, hr*
stdl.	stündlich *every hour*
Str.	Straße *street, St*
s.u.	siehe unten *see below*
tägl.	täglich *daily, per day*
Tsd.	Tausend *thousand*
u.	und *and*
u.a.	und andere(s) *and others;* unter anderem/anderen *among other things, inter alia/among others*
U.A.w.g.	Um Antwort wird gebeten *an answer is requested;* auf Einladung: *RSVP*
UdSSR	Union der Sozialistischen Sowjetrepubliken *Union of Soviet Socialist Republics, USSR*
u.E.	unseres Erachtens *in our opinion*
USA	Vereinigte Staaten (von Amerika) *United States (of America), USA.*
usf.	und so fort *and so forth, etc*
usw.	und so weiter *etcetera, etc*
u.U.	unter Umständen *possibly*
v. Chr.	vor Christus *BC*
Verf., Vf.	Verfasser *author*
verh.	verheiratet *married*
Verl.	Verlag *publishing firm;* Verleger *publisher*
vgl.	vergleiche *compare, cf, cp*
v.H.	vom Hundert *per cent*
Wz.	Warenzeichnen *registered trademark*
z.B.	zum Beispiel *for example or instance, eg*
z.H(d)	zu Händen *for the attention of*
z.T.	zum Teil *partly*
zw.	zwischen *between; among*
z.Z(t).	zur Zeit *at the time, at present, for the time being*

English abbreviations

AD	after (the birth of) Christ *Anno Domini, nach Christi, A.D., n. Chr.*
AGM	annual general meeting *Jahresvollversammlung*
am	before midday (ante meridiem) *vormittags, vorm.;* 1.00am. *1.00 Uhr*
arr	arrival, arrives *Ankunft, Ank.*
asst	assistant *Assistent, Mitarbeiter*
Ave	avenue *Straße, Str.*
BA	Bachelor of Arts *Bakkalaureus der Philosophischen Fakultät*
B and B	bed and breakfast *Zimmer mit Frühstück*, in catalogue: *Zi. m Fr.*, as sign: *Fremdenzimmer*
BAOR	British Army of the Rhine *(britische) Rheinarmee*
BC	before (the birth of) Christ *vor Christi Geburt, v. Chr.*
BO	body odour *Körpergeruch*
Bros	[brɔs] brothers *Gebrüder, Gebr.*
BSc	Bachelor of Science *Bakkalaureus der Naturwissenschaftlichen Fakultät*

Cantab	['kæntæb] Cambridge University (Cantabrigiensis) *Cambridge*
CBI	Confederation of British Industry *Bundesverband der britischen Industrie*
cc	cubic centimetres *Kubikzentimeter, ccm.*
CD	Diplomatic Corps (French: Corps Diplomatique) *Diplomatisches Corps, CD*
CIA	Central Intelligence Agency *CIA*
CID	Criminal Investigation Department *Kriminalpolizei*
cif	cost insurance and freight *Kosten, Versicherung und Fracht einbegriffen*
C-in-C	Commander-in-Chief *Oberkommandierender*
cm	centimetre(s) *Zentimeter, cm*
c/o	care of *bei, c/o*
COD	cash on delivery *gegen Nachnahme*
C of E	Church of England *anglikanische Kirche*
cwt	hundredweight ≈ *Zentner, ztr.*
DA	(*US*) District Attorney *Bezirksstaatsanwalt*
dep	depart(s) *Abfahrt, Abf.*
dept	department *Abteilung, Abt.*
DJ	dinner jacket *Smoking*; disc jockey *Diskjockey*
ed	edited by *herausgegeben, hrsg.*; editor *Herausgeber, Hrsg.*
EEC	European Economic Community *Europäische Wirtschaftsgemeinschaft, EWG*
eg	for example (exempli gratia) *zum Beispiel, z.B.*
ESP	extrasensory perception *übersinnliche Wahrnehmung*
ETA	estimated time of arrival *voraussichtliche Ankunft*
etc	etcetera, and so on *und so weiter, usw., etc.*
FBI	Federal Bureau of Investigation *FBI*
fig	figure, illustration *Abbildung, Abb.*
fob	free on board *frei Schiff*
gbh	grievous bodily harm *schwere Körperverletzung*
GI	(government issue) private in the American Army *amerikanischer Soldat, GI*
govt	government *Regierung*
GP	General Practitioner *praktischer Arzt*
GPO	General Post Office *Britische Post; Hauptpostamt*
HM	His/Her Majesty *Seine/Ihre Majestät*
HMS	His/Her Majesty's Ship *Schiff der Königlichen Marine*
hp	(*Brit*) hire purchase *Abzahlungskauf*; horsepower *Pferdestärke, PS*
HQ	headquarters *Hauptquartier*
hr(s)	hour(s) *Stunde(n), Std.*
HRH	His/Her Royal Highness *Seine/Ihre Hoheit*
ID	identification *Ausweis*
i.e.	that is (id est) *das heißt, d.h.*
IOU	I owe you *Schuldschein*
JP	Justice of the Peace *Friedensrichter*
km	kilometre(s) *Kilometer, km*
kph	kilometres per hour *Stundenkilometer, km/h*
LA	Los Angeles
lb	pound (weight) *Pfund, Pfd.*
LP	long-playing (record), long-player *Langspielplatte, LP*
Ltd	limited (in names of businesses) *Gesellschaft mit beschränkter Haftung, GmbH*
MA	Master of Arts *Magister Artium, M.A.*
max	maximum *maximal, max*
MI5	department of British Intelligence Service (originally Military Intelligence) *Britischer Geheimdienst*
min	minimum *minimal*
MIT	Massachusetts Institute of Technology
mm	millimetre(s) *Millimeter, mm*
mod cons	[mɔd'kɔnz] modern conveniences (cooker, lights, *etc*) *mit allem Komfort*
MOT	Ministry of Transport (used for the roadworthiness test of motor vehicles) *Technischer Überwachungsverein, TÜV*
MP	Member of Parliament *Abgeordneter*; military policeman *Militärpolizist, MP*
mpg	miles per gallon *Meilen pro Gallone, Benzinverbrauch*
mph	miles per hour *Meilen pro Stunde*
Mr	['mɪstə] Mister *Herr*
Mrs	['mɪsɪz] Mistress *Frau*
Ms	[məz] *Frau*

NAAFI	['næfɪ] (*Brit*) Navy, Army and Air Force Institutes (canteen services) *Kantine*
NATO	['neɪtəʊ] North Atlantic Treaty Organization *Nordatlantikpakt, NATO*
NB	note well (nota bene) *notabene, NB*
NCO	non-commissioned officer *Unteroffizier, Uffz.*
no(s)	number(s) *Nummer(n), Nr.*
o.n.o.	or nearest offer *oder höchstes Angebot*
Oxon	['ɔksən] Oxford University (Oxonia) *Oxford*
oz	ounce(s) (onza) *Unze*
p	page *Seite, S.*; (new) pence *Pence, p*
PA	public address (system) *Lautsprecheranlage*
pa	per year (per annum) *pro Jahr, jährlich, jhrl.*
PC	police constable *Polizeibeamter*; Privy Councillor *Mitglied des Geheimen Staatsrats*
PhD	Doctor of Philosophy *Doktor der Philosophie, Dr. phil.*
PM	Prime Minister *Premierminister*
pm	afternoon (post meridiem) *nachmittags, nachm.*; 10.00pm *22.00 Uhr*
pop	population *Einwohner, Einw.*
POW	prisoner of war *Kriegsgefangener*
pp	pages *Seiten, ff.*; pro persona, for *im Auftrag, i.A.*
PRO	public relations officer *PR-Chef*
PS	postscript *Nachschrift, PS*
pto	please turn over *bitte wenden, b.w.*
QC	Queen's Counsel *Anwalt der königlichen Anwaltskammer*
RADA	Royal Academy of Dramatic Art
RAF	Royal Air Force *britische Luftwaffe*
Rd	road *Straße, Str.*
Rev	Reverend *Herr Pfarrer*
RIP	rest in peace (requiescat in pace) *ruhe in Frieden, R.I.P.*
RSVP	please reply (written on invitations, French: répondez s'il vous plaît) *um Antwort wird gebeten, u.A.w.g.*
Rt Hon	Right Honourable *Anrede für Grafen etc, Abgeordnete und Minister*
s.a.e.	stamped addressed envelope *vorfrankierter Umschlag*
SOS	(save our souls) *SOS*
Sq	square (in town) *Platz, Pl.*
ss	steamship *Dampfer*
St	saint *Sankt, St.*; street *Straße, Str.*
st	stone (weight) *6,35 kg*
STD	subscriber trunk dialling *Selbstwählfernverkehr*
TB	tuberculosis *Tuberkulose, TB*
Tel	telephone *Telefon, Tel.*
TUC	Trades Union Congress *Gewerkschaftsbund*
UFO	['ju:fəʊ] unidentified flying object *unbekanntes Flugobjekt, Ufo*
UK	United Kingdom *Vereinigtes Königreich*
UN	United Nations *Vereinte Nationen*
USA	United States of America *Vereinigte Staaten von Amerika, USA*; United States Army *Amerikanische Armee*
USAF	United States Air Force *Amerikanische Luftwaffe*
USN	United States Navy *Amerikanische Marine*
USSR	Union of Soviet Socialist Republics *Sowjetunion, UdSSR*
VAT	[*also* væt] value added tax *Mehrwertsteuer, Mehrw.St.*
VD	venereal disease *Geschlechtskrankheit*
VHF	very high frequency *Ultrakurzwelle, UKW*
VIP	very important person *wichtige Persönlichkeit, VIP*
viz	[vɪz] namely (videlicet) *nämlich*
VSO	voluntary service overseas *Entwicklungshilfe*
WASP	(*US*) White Anglo-Saxon Protestant
WC	water closet *Toilette, WC*
ZIP	[zɪp] (*US*) Zone Improvement Plan (postal code) *Postleitzahl, PLZ*

German irregular verbs

* with 'sein'

infinitive	present indicative (2nd, 3rd sing.)	preterite	past participle
aufschrecken*	schrickst auf, schrickt auf	schrak *or* schreckte auf	aufgeschreckt
ausbedingen	bedingst aus, bedingt aus	bedang *or* bedingte aus	ausbedungen
backen	bäckst, bäckt	backte *or* buk	gebacken
befehlen	befiehlst, befiehlt	befahl	befohlen
beginnen	beginnst, beginnt	begann	begonnen
beißen	beißt, beißt	biß	gebissen
bergen	birgst, birgt	barg	geborgen
bersten*	birst, birst	barst	geborsten
bescheißen*	bescheißt, bescheißt	beschiß	beschissen
bewegen	bewegst, bewegt	bewog	bewogen
biegen	biegst, biegt	bog	gebogen
bieten	bietest, bietet	bot	geboten
binden	bindest, bindet	band	gebunden
bitten	bittest, bittet	bat	gebeten
blasen	bläst, bläst	blies	geblasen
bleiben*	bleibst, bleibt	blieb	geblieben
braten	brätst, brät	briet	gebraten
brechen*	brichst, bricht	brach	gebrochen
brennen	brennst, brennt	brannte	gebrannt
bringen	bringst, bringt	brachte	gebracht
denken	denkst, denkt	dachte	gedacht
dreschen	drisch(e)st, drischt	drasch	gedroschen
dringen*	dringst, dringt	drang	gedrungen
dürfen	darfst, darf	durfte	gedurft
empfehlen	empfiehlst, empfiehlt	empfahl	empfohlen
erbleichen*	erbleichst, erbleicht	erbleichte	erblichen
erlöschen*	erlischst, erlischt	erlosch	erloschen
erschrecken*	erschrickst, erschrickt	erschrak	erschrocken
essen	ißt, ißt	aß	gegessen
fahren*	fährst, fährt	fuhr	gefahren
fallen*	fällst, fällt	fiel	gefallen
fangen	fängst, fängt	fing	gefangen
fechten	fichtst, ficht	focht	gefochten
finden	findest, findet	fand	gefunden
flechten	flichst, flicht	flocht	geflochten
fliegen*	fliegst, fliegt	flog	geflogen
fliehen*	fliehst, flieht	floh	geflohen
fließen*	fließt, fließt	floß	geflossen
fressen	frißt, frißt	fraß	gefressen
frieren	frierst, friert	fror	gefroren
gären*	gärst, gärt	gor	gegoren
gebären	gebierst, gebiert	gebar	geboren
geben	gibst, gibt	gab	gegeben
gedeihen*	gedeihst, gedeiht	gedieh	gediehen
gehen*	gehst, geht	ging	gegangen
gelingen*	——, gelingt	gelang	gelungen
gelten	giltst, gilt	galt	gegolten
genesen*	gene(se)st, genest	genas	genesen
genießen	genießt, genießt	genoß	genossen
geraten*	gerätst, gerät	geriet	geraten
geschehen*	——, geschieht	geschah	geschehen
gewinnen	gewinnst, gewinnt	gewann	gewonnen
gießen	gießt, gießt	goß	gegossen
gleichen	gleichst, gleicht	glich	geglichen

infinitive	present indicative (2nd, 3rd sing.)	preterite	past participle
gleiten*	gleitest, gleitet	glitt	geglitten
glimmen	glimmst, glimmt	glomm	geglommen
graben	gräbst, gräbt	grub	gegraben
greifen	greifst, greift	griff	gegriffen
haben	hast, hat	hatte	gehabt
halten	hältst, hält	hielt	gehalten
hängen	hängst, hängt	hing	gehangen
hauen	haust, haut	hieb	gehauen
heben	hebst, hebt	hob	gehoben
heißen	heißt, heißt	hieß	geheißen
helfen	hilfst, hilft	half	geholfen
kennen	kennst, kennt	kannte	gekannt
klimmen	klimmst, klimmt	klomm	geklommen
klingen	klingst, klingt	klang	geklungen
kneifen	kneifst, kneift	kniff	gekniffen
kommen*	kommst, kommt	kam	gekommen
können	kannst, kann	konnte	gekonnt
kriechen*	kriechst, kriecht	kroch	gekrochen
laden	lädst, lädt	lud	geladen
lassen	läßt, läßt	ließ	gelassen
laufen*	läufst, läuft	lief	gelaufen
leiden	leidest, leidet	litt	gelitten
leihen	leihst, leiht	lieh	geliehen
lesen	liest, liest	las	gelesen
liegen*	liegst, liegt	lag	gelegen
lügen	lügst, lügt	log	gelogen
mahlen	mahlst, mahlt	mahlte	gemahlen
meiden	meidest, meidet	mied	gemieden
melken	milkst, milkt	molk	gemolken
messen	mißt, mißt	maß	gemessen
mißlingen*	——, mißlingt	mißlang	mißlungen
mögen	magst, mag	mochte	gemocht
müssen	mußt, muß	mußte	gemußt
nehmen	nimmst, nimmt	nahm	genommen
nennen	nennst, nennt	nannte	genannt
pfeifen	pfeifst, pfeift	pfiff	gepfiffen
preisen	preist, preist	pries	gepriesen
quellen*	quillst, quillt	quoll	gequollen
raten	rätst, rät	riet	geraten
reiben	reibst, reibt	rieb	gerieben
reißen*	reißt, reißt	riß	gerissen
reiten*	reitest, reitet	ritt	geritten
rennen*	rennst, rennt	rannte	gerannt
riechen	riechst, riecht	roch	gerochen
ringen	ringst, ringt	rang	gerungen
rinnen*	rinnst, rinnt	rann	geronnen
rufen	rufst, ruft	rief	gerufen
salzen	salzt, salzt	salzte	gesalzen
saufen	säufst, säuft	soff	gesoffen
saugen	saugst, saugt	sog	gesogen
schaffen	schaffst, schafft	schuf	geschaffen
schallen	schallst, schallt	scholl	geschollen
scheiden*	scheidest, scheidet	schied	geschieden
scheinen	scheinst, scheint	schien	geschienen
schelten	schiltst, schilt	schalt	gescholten
scheren	scherst, schert	schor	geschoren
schieben	schiebst, schiebt	schob	geschoben
schießen	schießt, schießt	schoß	geschossen
schinden	schindest, schindet	schund	geschunden
schlafen	schläfst, schläft	schlief	geschlafen
schlagen	schlägst, schlägt	schlug	geschlagen
schleichen*	schleichst, schleicht	schlich	geschlichen
schleifen	schleifst, schleift	schliff	geschliffen
schließen	schließt, schließt	schloß	geschlossen
schlingen	schlingst, schlingt	schlang	geschlungen
schmeißen	schmeißt, schmeißt	schmiß	geschmissen
schmelzen*	schmilzt, schmilzt	schmolz	geschmolzen
schneiden	schneidest, schneidet	schnitt	geschnitten
schreiben	schreibst, schreibt	schrieb	geschrieben

infinitive	present indicative (2nd, 3rd sing.)	preterite	past participle
schreien	schreist, schreit	schrie	geschrie(e)n
schreiten	schreitest, schreitet	schritt	geschritten
schweigen	schweigst, schweigt	schwieg	geschwiegen
schwellen*	schwillst, schwillt	schwoll	geschwollen
schwimmen*	schwimmst, schwimmt	schwamm	geschwommen
schwinden*	schwindest, schwindet	schwand	geschwunden
schwingen	schwingst, schwingt	schwang	geschwungen
schwören	schwörst, schwört	schwur	geschworen
sehen	siehst, sieht	sah	gesehen
sein*	bist, ist	war	gewesen
senden	sendest, sendet	sandte	gesandt
singen	singst, singt	sang	gesungen
sinken*	sinkst, sinkt	sank	gesunken
sinnen	sinnst, sinnt	sann	gesonnen
sitzen*	sitzt, sitzt	saß	gesessen
sollen	sollst, soll	sollte	gesollt
speien	speist, speit	spie	gespie(e)n
spinnen	spinnst, spinnt	spann	gesponnen
sprechen	sprichst, spricht	sprach	gesprochen
sprießen*	sprießt, sprießt	sproß	gesprossen
springen*	springst, springt	sprang	gesprungen
stechen	stichst, sticht	stach	gestochen
stecken	steckst, steckt	steckte *or* stak	gesteckt
stehen	stehst, steht	stand	gestanden
stehlen	stiehlst, stiehlt	stahl	gestohlen
steigen*	steigst, steigt	stieg	gestiegen
sterben*	stirbst, stirbt	starb	gestorben
stinken	stinkst, stinkt	stank	gestunken
stoßen	stößt, stößt	stieß	gestoßen
streichen	streichst, streicht	strich	gestrichen
streiten*	streitest, streitet	stritt	gestritten
tragen	trägst, trägt	trug	getragen
treffen	triffst, trifft	traf	getroffen
treiben*	treibst, treibt	trieb	getrieben
treten*	trittst, tritt	trat	getreten
trinken	trinkst, trinkt	trank	getrunken
trügen	trügst, trügt	trog	getrogen
tun	tust, tut	tat	getan
verderben	verdirbst, verdirbt	verdarb	verdorben
verdrießen	verdrießt, verdrießt	verdroß	verdrossen
vergessen	vergißt, vergißt	vergaß	vergessen
verlieren	verlierst, verliert	verlor	verloren
verschleißen	verschleißt, verschleißt	verschliß	verschlissen
wachsen*	wächst, wächst	wuchs	gewachsen
wägen	wägst, wägt	wog	gewogen
waschen	wäschst, wäscht	wusch	gewaschen
weben	webst, webt	wob	gewoben
weichen*	weichst, weicht	wich	gewichen
weisen	weist, weist	wies	gewiesen
wenden	wendest, wendet	wandte	gewandt
werben	wirbst, wirbt	warb	geworben
werden*	wirst, wird	wurde	geworden
werfen	wirfst, wirft	warf	geworfen
wiegen	wiegst, wiegt	wog	gewogen
winden	windest, windet	wand	gewunden
wissen	weißt, weiß	wußte	gewußt
wollen	willst, will	wollte	gewollt
wringen	wringst, wringt	wrang	gewrungen
zeihen	zeihst, zeiht	zieh	geziehen
ziehen*	ziehst, zieht	zog	gezogen
zwingen	zwingst, zwingt	zwang	gezwungen

English irregular verbs

present	pt	ptp
arise (arising)	arose	arisen
awake (awaking)	awoke	awaked
be (am, is, are; being)	was, were	been
bear	bore	born(e)
beat	beat	beaten
become (becoming)	became	become
befall	befell	befallen
begin (beginning)	began	begun
behold	beheld	beheld
bend	bent	bent
beseech	besought	besought
beset (besetting)	beset	beset
bet (betting)	bet (also betted)	bet (also betted)
bid (bidding)	bid	bid
bind	bound	bound
bite (biting)	bit	bitten
bleed	bled	bled
blow	blew	blown
break	broke	broken
breed	bred	bred
bring	brought	brought
build	built	built
burn	burnt *or* burned	burnt (also burned)
burst	burst	burst
buy	bought	bought
can	could	(been able)
cast	cast	cast
catch	caught	caught
choose (choosing)	chose	chosen
cling	clung	clung
come (coming)	came	come
cost	cost	cost
creep	crept	crept
cut (cutting)	cut	cut
deal	dealt	dealt
dig (digging)	dug	dug
do (3rd person; he/she/it/does)	did	done
draw	drew	drawn
dream	dreamed (dreamt)	dreamed (dreamt)
drink	drank	drunk
drive (driving)	drove	driven
dwell	dwelt	dwelt
eat	ate	eaten

present	pt	ptp
fall	fell	fallen
feed	fed	fed
feel	felt	felt
fight	fought	fought
find	found	found
flee	fled	fled
fling	flung	flung
fly (flies)	flew	flown
forbid (forbidding)	forbade	forbidden
forecast	forecast	forecast
forego	forewent	foregone
foresee	foresaw	foreseen
foretell	foretold	foretold
forget (forgetting)	forgot	forgotten
forgive (forgiving)	forgave	forgiven
forsake (forsaking)	forsook	forsaken
freeze (freezing)	froze	frozen
get (getting)	got	got, *(US)* gotten
give (giving)	gave	given
go (goes)	went	gone
grind	ground	ground
grow	grew	grown
hang	hung (also hanged)	hung (also hanged)
have (has; having)	had	had
hear	heard	heard
hide (hiding)	hid	hidden
hit (hitting)	hit	hit
hold	held	held
hurt	hurt	hurt
keep	kept	kept
kneel	knelt (also kneeled)	knelt (also kneeled)
know	knew	known
lay	laid	laid
lead	led	led
lean	leant (also leaned)	leant (also leaned)
leap	leapt (also leaped)	leapt (also leaped)
learn	learnt (also learned)	learnt (also learned)
leave (leaving)	left	left
lend	lent	lent
let (letting)	let	let
lie (lying)	lay	lain
light	lit (also lighted)	lit (also lighted)
lose (losing)	lost	lost

present	pt	ptp
make (making)	made	made
may	might	——
mean	meant	meant
meet	met	met
mistake (mistaking)	mistook	mistaken
mow	mowed	mown (also mowed)
must	(had to)	(had to)
pay	paid	paid
put (putting)	put	put
quit (quitting)	quit (also quitted)	quit (also quitted)
read	read	read
rend	rent	rent
rid (ridding)	rid	rid
ride (riding)	rode	ridden
ring	rang	rung
rise (rising)	rose	risen
run (running)	ran	run
saw	sawed	sawn
say	said	said
see	saw	seen
seek	sought	sought
sell	sold	sold
send	sent	sent
set (setting)	set	set
shake (shaking)	shook	shaken
shall	should	——
shear	sheared	shorn (also sheared)
shed (shedding)	shed	shed
shine (shining)	shone	shone
shoot	shot	shot
show	showed	shown
shrink	shrank	shrunk
shut (shutting)	shut	shut
sing	sang	sung
sink	sank	sunk
sit (sitting)	sat	sat
slay	slew	slain
sleep	slept	slept
slide (sliding)	slid	slid
sling	slung	slung
slit (slitting)	slit	slit
smell	smelt (also smelled)	smelt (also smelled)
sow	sowed	sown (also sowed)
speak	spoke	spoken
speed	sped (also speeded)	sped (also speeded)

present	pt	ptp
spell	spelt (also spelled)	spelt (also spelled)
spend	spent	spent
spill	spilt (also spilled)	spilt (also spilled)
spin (spinning)	spun	spun
spit (spitting)	spat	spat
split (splitting)	split	split
spoil	spoiled (also spoilt)	spoiled (also spoilt)
spread	spread	spread
spring	sprang	sprung
stand	stood	stood
steal	stole	stolen
stick	stuck	stuck
sting	stung	stung
stink	stank	stunk
stride (striding)	strode	stridden
strike (striking)	struck	struck (also stricken)
strive (striving)	strove	striven
swear	swore	sworn
sweep	swept	swept
swell	swelled	swollen (also swelled)
swim (swimming)	swam	swum
swing	swung	swung
take (taking)	took	taken
teach	taught	taught
tear	tore	torn
tell	told	told
think	thought	thought
throw	threw	thrown
thrust	thrust	thrust
tread	trod	trodden
wake (waking)	woke (also waked)	woken (also waked)
waylay	waylaid	waylaid
wear	wore	worn
weave (weaving)	wove (also weaved)	woven (also weaved)
wed (wedding)	wedded (also wed)	wedded (also wed)
weep	wept	wept
win (winning)	won	won
wind	wound	wound
withdraw	withdrew	withdrawn
withhold	withheld	withheld
withstand	withstood	withstood
wring	wrung	wrung
write (writing)	wrote	written

NOTES TO THE USER OF THIS DICTIONARY

I. Using the dictionary

In using this book, you will either want to check the meaning of a German word you don't know, or find the German for an English word. These two operations are quite different, and so are the problems you may face when using one side of the dictionary or the other. In order to help you, we have tried to explain below the main features of this book.

The 'wordlist' is the alphabetical list of all the items in large bold type, i.e. all the 'headwords'. Each 'entry', or article, is introduced by a headword, and may contain additional 'references' in smaller bold type, such as phrases, derivatives, and compound words. Section 1. below deals with the way references are listed.

The typography distinguishes between three broad categories of text within the dictionary. All items in bold type, large or smaller, are 'source language' references, for which an equivalence in the other language is provided. All items in standard type are translations. Items in italics are information about the words being translated, i.e. either labels, or explanations, or 'signposts' pinpointing the appropriate translation.

1. *Where to look for a word*

1.1 Derivatives

In order to save space, a number of derivatives have been listed within entries, provided this does not break alphabetical order. Thus, **Pensionär, pensionieren** and **Pensionsgast** are listed under the entry for **Pension,** or **caller** and **calling** under **call.** You must remember this when looking for a word you don't find listed as a headword. These derivatives are always listed last within an entry (see also I.2 on entry layout).

1.2 Homographs

There are very few homographs in German (i.e. words spelt exactly the same way, like **Mutter** (mother) and **Mutter** (nut)). As a rule, in order to save space, such words have been treated as one headword only.

When two words differ by an initial capital (i.e. **abkommen** (to get away) and **Abkommen** (agreement)), they are listed under one form only, and the other form is shown within the entry with its intial letter (i.e. **abkommen...; A--...).**

1.3 Umlaut, ß and ck/kk

So-called Umlaut-letters are treated like ordinary a's, o's or u's; thus **Schäfchen** and **Schäfer** come between **Schaf** and **Schaffen.** If two words differ only by the presence of Umlaut dots, the word without the Umlaut comes first; thus **schon** comes before **schön.**

The symbol ß is treated as double *s* (Eszett [ɛs'tsɛt]), and you will find **Baß** between **basisch** and **Bassin.**

There is no double k in German, except at line breaks, when a word containing the letter 'ck' is split as 'k-k': for instance **Dackel** (dachshund) would be split **Dak-kel.**

1.4 Phrases

Because of the constraints of space, there can be only a limited number of idiomatic phrases in a pocket dictionary like this one. Phrases are sometimes used to illustrate usage (see **agree, level,** and German **versetzen, Spaß**). Other German phrases and idioms are generally given under the noun, or under the first 'key' element (e.g. 'sich köstlich amüsieren' under **köstlich**). English phrases and idioms are listed under the first 'key' element, and verbal phrases with the ten or so basic verbs like **go, set** or **get** are listed under the noun or first other 'key' element.

1.5 Compounds

1.5.1 German compounds

German compounds are often very long, but they are always one-word compounds and are thus easy to find in the wordlist (e.g. **Hausschuh** appears in strict alphabetical order).

In order to save space, consecutive compounds have been listed together under the relevant headword. However, such groups may be interrupted by an extraneous element, such as **hausen** between **Hauseigentümer** and **Hausfrau.**

1.5.2 English compounds

Here there is a problem of where to find a compound because of less predictable spelling than is the case with German: is it **airgun, air-gun** or **air gun**? This is why we choose to list them according to strict alphabetical order. Thus **coal field** and **coalmine** are separated by **coalition.** The entries between **tax** and **technical** will provide a good illustration of the system of listing. It has drawbacks, for instance in that **tax-free** and **taxpayer** are separated by **taxi, taxidermist** and two 'taxi' compounds. However, in a short dictionary used by beginners, it has the merit of simplicity and consistency.

1.5.3 English 'phrasal verbs'

'Phrasal verbs' are verbs like **go off, blow up, cut down** etc. Here you have the advantage of knowing that these words belong together, whereas it will take the foreign user some time before he can identify these verbs immediately. They have been listed under the entry for the basic verb (eg. **go, blow, cut**), grouped alphabetically before any other derivative or compounds - e.g. **pull up** comes before **pulley.** For instance, look up **to back out, to look up** (a word), **to look out.**

1.6 Irregular forms

When looking up a German word, you may not immediately find the form you are looking for, although the word in question has been duly entered in the dictionary. This is possibly because you are looking up an irregular noun or verb form, and these are not always given as entries in their own right.

We have assumed that you know the basics regarding German verb forms, noun plurals and case endings, and you are expected to look up the basic form, i.e. the singular nominative form for a noun, or the infinitive for a verb.

If you come across a German word which you think is a verb and cannot find it in the wordlist, you should refer to the section on verb forms (p. 425) and to the irregular verb tables (p. 406). For instance if you come across **saht**, the section on the verb forms will tell you that it is either a 3rd person singular or a 2nd person plural. However you won't find the verb 'sahen' and you should then scan the irregular verbs list where you will eventually find that 'saht' is a form of **sehen** (ihr saht,'you *pl* saw').

Note that a form which contains the letters 'ge-' in initial position or after a prefix is usually a past participle. Quite often in German past participles become adjectives in their own right, for instance **abgegriffen** (well-thumbed) or **abgemacht** (fixed). These are usually listed alphabetically as separate entries. If you cannot find a form like this, check under the infinitive (for instance **abgebrüht** is under **abbrühen**).

2. *Entry layout*

All entries, however long or complex, are arranged in a very systematic manner. But it may be a little difficult at first to find one's way through an entry like **back, round** or **run** because homographs are grouped under the same entry (see 1.2) and the text is run on without any breakdown into paragraphs, in order to save space. Ease of reference comes with practice, but the guidelines below will make it easier for you.

2.1 'Signposting'

If you look up a German word and find a string of quite different English translations, you are unlikely to have much trouble finding out which is the relevant one for your context, because you know what the English words mean, and the context will almost automatically rule out unsuitable translations. It is quite a different matter when you want to find the German for, say, **lock,** in the context 'we got to the lock around lunchtime', and are faced with an entry that reads 'lock: Schloß *nt*; Schleuse *f*; Locke *f*.' You can of course go to the other side and check what each translation means. But this is time-consuming, and it does not always work. This is why we have provided the user with 'signposts' which pinpoint the relevant translation. For instance with **lock,** the entry reads: Schloß *nt*; (*Naut*) Schleuse *f*; (*of hair*) Locke *f*. For the context suggested above, it is now clear that 'Schleuse' is the right word.

2.2 Grammatical categories and meaning categories

Complex entries are first broken down into grammatical categories, e.g.: **lock** *n; vt; vi*. Be prepared to go through entries like **run** or **back** carefully, and you will find how useful all these 'signposts' are. Each grammatical category is then split where appropriate into the various meanings, e.g.:

> **lock** *n* Schloß *nt*;(*Naut*) Schleuse *f*; (*of hair*) Locke *f*; *vt* (*fasten*) (ver)schließen; *vi* (*door etc*) sich schließen (lassen); (*wheels*) blockieren.

3. *Using the translations*

3.1 Gender

The gender is given after each noun translation. The feminine version is given for words like **teacher, research worker** etc.: **teacher** *n* Lehrer(in *f*) *m*. Remember that the German equivalents of **his, her** or **its** do not behave like their English counterparts: see the chapter on pronouns for more information.

3.2 Plurals and genitive forms

On the English-German side, no plural forms are given for translations. Plural endings can be found in the table (p. vi) or on the German-English side where plural and genitive forms are shown throughout. The plural form is not given for compounds. For instance, you will have to look up **Brief** in order to find the plural and genitive forms of **Mahnbrief.**

3.3 Colloquial language

You should as a rule proceed with great caution when handling foreign language which has a degree of informality. When an English word or phrase has been labelled (*col*), i.e. colloquial, you must assume that the translation belongs to a similar level of informality.

3.4 'Grammatical words'

In a short dictionary such as this one, it is exceedingly difficult to give adequate treatment for words like **for, away, whose, which, out, off** etc. We have tried to go some way towards providing as much relevant information as possible regarding the most frequent uses of these words. However, for further information use a good monolingual dictionary of German, especially one for foreign learners, and a good modern German grammar.

3.5 Alternative translations

As a rule, translations separated by commas can be regarded as broadly interchangeable for the meaning indicated. Translations separated by a semi-colon are not interchangeable and when in doubt you should consult either a larger bilingual dictionary such as the Collins German dictionary, or a good monolingual German dictionary. You will find, however, that there are very few cases of translations separated by a semi-colon without an intervening 'signpost'.

II Notes on German Grammar

When you are first confronted with German at school, or if you happen to be at a business meeting where you are the only one to speak little or no German, it may seem to you that German is very different from English. On the other hand, when you take a closer look, just comparing the vocabulary for example, German and English actually show quite a lot of similarities.

We have tried here to show some of the main differences especially with the beginner and the dictionary user in mind, without dwelling on subtleties, or on aspects of German that are broadly similar to English. Among the greatest obstacles for the beginner are genders, the cases, verb forms, adjective endings, and, of course, the sounds of German.

1. Nouns

The first thing you will notice about a German noun is the fact that - even when not at the beginning of a sentence - it always starts with a capital letter.

1.1 Genders

Another basic difference is the fact that there are three genders in German, so that instead of 'the fork, the knife, the spoon' and 'a fork, a knife, a spoon' you find 'die Gabel, das Messer, der Löffel' and 'eine Gabel, ein Messer, ein Löffel'. These genders are largely unpredictable, and you just have to learn them as a feature to be remembered with each word. Note also that whenever you refer back to any noun, the pronoun has to have the same gender. This results in the fact that some objects seem to be treated like people, while 'das Mädchen' (the girl) and 'das Kind' (the child) are referred to as if they were things.

Der Löffel ist schön. Er ist sehr alt.	The spoon is nice. It is very old.
Die Tasse ist blau. Sie gehört Ute.	The cup is blue. It belongs to Ute.
Das Mädchen ist nett. Es heißt Anne.	The girl is nice. She is called Anne.

1.2 Cases

One of the problems when learning German is that a noun actually looks different depending on what function it has in the sentence. The form given in dictionaries is the form it takes when it is the subject of the sentence. The noun is then said to be in the 'nominative' case.

With 'der, die, das':

der Mann/die Mutter/das Kind singt	the man/the mother/the child sings
die Männer/die Mütter/die Kinder singen	the men/the mothers/the children sing

With 'ein, eine':

ein Mann/eine Mutter/ein Kind singt	a man/a mother/a child sings
Männer/Mütter/Kinder singen	men/mothers/children sing

If the noun moves to another place, for example that of object of the verb, it sometimes changes its ending and article. Perhaps this is a little easier to understand if you think of English pronoun forms like 'me, him, her': it is '*he* sees', but 'I see *him*'. The latter (the object case) is also called the 'accusative' case; here are the accusative forms of the previous German examples:

With 'der, die, das':

ich sehe den Mann/die Mutter/das Kind	I see the man/the mother/the child
ich sehe die Männer/die Mütter/die Kinder	I see the men/the mothers/the children

With 'ein, eine':

ich sehe einen Mann/eine Mutter/ein Kind	I see a man/a mother/a child
ich sehe Männer/Mütter/Kinder	I see men/mothers/children

In German there is another 'case' where a noun is linked directly to the verb without the means of a preposition. This is the 'dative' case and usually corresponds to the English 'to' + *noun*, e.g.:

With 'der, die, das':

ich sage dem Mann/der Mutter/dem Kind	I say to the man/mother/child
ich sage den Männern/den Müttern/den Kindern	I say to the men/mothers/children

With 'ein, eine':

ich sage einem Mann/einer Mutter/einem Kind	I say to a man/mother/child
ich sage Männern/Müttern/Kindern	I say to men/mothers/children

The fourth function a noun could have in a sentence is to indicate ownership (the child's mother, a friend's car). It is then said to be in the 'genitive' case:

das Haus des Mannes/der Mutter/des Kindes	the house of the man/mother/child
das Haus der Männer/der Mütter/der Kinder	the house of the men/mothers/children

One exception to this rule are proper names. Here the genitive case is generally quite simply formed with an 's' as in English, but without the apostrophe:

Peters Haus	Peter's house
Italiens Städte	the towns of Italy

1.3 Irregular forms of plurals and genitives

Masculine and neuter nouns take the ending 's' or 'es' in the genitive singular (Mann-Mannes, Kind-Kindes, Mädchen, Mädchens). Nearly all nouns have a slightly different form in the plural, no matter what case they are in (Mann, Männer/Männern; Frau, Frauen; Kind, Kinder/Kindern). It is a good idea to learn these forms together with the word and its gender. There are, however, a few noun endings that always change in the same way. They are listed in the table 'Regular German noun endings' on page vi at the front of the book.

The irregular genitives and plurals are all given on the German/English side of the dictionary. Note: ¨ indicates that an Umlaut is placed over the last vowel sound of the word and the pronunciation is altered slightly. e.g.: 'Mutter, -, ¨' means: nominative singular: die Mutter; genitive singular: der Mutter; plural: die Mütter.

1.4 Prepositions

The form of nouns in German is also affected by prepositions. Some prepositions always require the dative case; others are followed by the noun in the accusative; a few take the genitive.

1. Prepositions with the accusative:
   bis, durch, für, gegen, ohne, um
   entlang (always after the noun: 'die Straße/den Bach entlang')

2. Prepositions with the dative:
   aus, bei, mit, nach, seit, von, zu
   gegenüber (always after the noun: 'dem Haus/der Kirche gegenüber')
   entgegen (always after the noun: 'der Sonne/dem Vater entgegen')

3. Prepositions which take the genitive
   wegen, trotz, während

   You might find that these prepositions - in modern usage - sometimes also take the dative.

There is a fourth group, including some of the most common prepositions, which, depending on meaning, can take either accusative or dative:

4. **an, auf, hinter, in, neben, über, unter, vor, zwischen.** The rule here is that if the preposition indicates *direction* or *movement*, it is followed by the accusative; if it is used to describe a *position* or *state*, it is followed by the dative, thus:

ich gehe in die Stadt	I go into town
ich bin in der Stadt	I am in town

Note: if the prepositions *in, an, zwischen, vor* are used to indicate time, they always take the dative case.

Remember that some prepositions can be combined with the following definite article: bei dem ⇒ beim; an dem ⇒ am; von dem ⇒ vom; zu dem ⇒ zum; in dem ⇒ im; zu der ⇒ zur.

1.5 Articles and related words

Articles change along with the noun. This applies to definite articles *der, die, das* as well as to the indefinite articles *ein, eine.*

There are a few related words that change according to the same patterns. Words that follow the 'der, die, das' pattern are *jeder, dieser, jener, mancher, welcher.*

Words that follow the 'ein, eine' pattern are *kein, mein, dein, sein, ihr, unser, euer, Ihr.*

'der, die, das' Pattern

	masculine	feminine	neuter	plural
Nominative	der	die	das	die
Accusative	den	die	das	die
Genitive	des	der	des	der
Dative	dem	der	dem	den

'ein, eine' Pattern

	masculine	feminine	neuter	plural
Nominative	sein	seine	sein	seine
Accusative	seinen	seine	sein	seine
Genitive	seines	seiner	seines	seiner
Dative	seinem	seiner	seinem	seinen

The use of the article in German is basically similar to its use in English. There are, however, two exceptions:

First, the articles 'a, an' in expressions like 'she is a teacher, he is a postman' are not translated: 'sie ist Lehrerin, er ist Briefträger'.

This only applies to names of professions and crafts, though. Hence: 'his brother is an idiot' = 'sein Bruder ist ein Idiot'.

Secondly, the definite article is often used in German with parts of the body, where English uses the possessive:

I broke my leg	ich habe mir das Bein gebrochen
he trod on my foot	er ist mir auf den Fuß getreten

2. Adjectives

2.1 Adjective endings

Adjectives can be used in two ways: as the predicate (*this house is old*) or before a noun (*the old house*).
In the first instance, German works just like English. You just take the adjective straight out of the dictionary and put it in your sentence:

the house is old	das Haus ist alt

In the second case, the form of the adjective depends on the preceding article, i.e. whether it is

a 'der, die, das' word (see 1.5)	das alte Haus	the old house
an 'ein, eine' word (see 1.5)	ein neuer Hut	a new hat
or whether there is no article	frische Luft	fresh air

2.1.1 Following 'der, die, das' words

If the adjective follows the definite article or one of the other 'der' words (see 1.5) it takes one of the following endings, depending on gender and case:

	m	*f*	*nt*	*pl*
Nominative	-e	-e	-e	-en
Accusative	-en	-e	-e	-en
Genitive	-en	-en	-en	-en
Dative	-en	-en	-en	-en

Some examples of the use of adjectives following this pattern:

der jung*e* Mann singt (the young man sings), ich sehe *den* jung*en* Mann (I see the young man), ich helfe *dem* jung*en* Mann (I help the young man), das Gesicht *des* jung*en* Mann*es* (the young man's face), ich sage *den* jung*en* Männer*n* (I say to the young men) etc.

2.1.2 Following 'ein, eine' words

If the indefinite article 'ein, eine' (or any of the related words like 'mein', 'dein', 'sein', 'kein') comes before the adjective, the endings are as listed below.

	m	*f*	*nt*	*pl*
Nominative	-er	-e	-es	-en
Accusative	-en	-e	-es	-en
Genitive	-en	-en	-en	-en
Dative	-en	-en	-en	-en

Here is an illustration of the use of these endings, with the phrase 'mein kleiner Sohn' (my little son):

mein klein*er* Sohn lacht (my little son laughs)
ich höre mein*en* klein*en* Sohn (I hear my little son)
das Gesicht mein*es* klein*en* Sohn*es* (my little son's face)
ich helfe mein*em* klein*en* Sohn (I help my little son)
mein*e* klein*en* Söhne lachen (my little sons laugh) etc.

2.1.3 Adjective alone

If the adjective stands on its own, it behaves almost like an article.
In the singular, the forms are:

Nominative:
alt*er* Wein/frisch*e* Luft/hell*es* Licht ist gut
old wine/fresh air/bright light is good

Accusative:
ich mag alt*en* Wein/frisch*e* Luft/hell*es* Licht
I like old wine/fresh air/bright light

Genitive:
die Vorzüge alt*en* Weines/frisch*er* Luft/hell*en* Lichtes
the advantages of old wine/fresh air/bright light

Dative:
ich gebe den Vorzug alt*em* Wein/frisch*er* Luft/hell*em* Licht
I prefer old wine/fresh air/bright light

In the plural, the forms are:

Nominative
jung*e* Männer/Frauen/Kinder singen
young men/women/children sing

Accusative
ich höre jung*e* Männer/Frauen/Kinder
I hear young men/women/children

Genitive
die Gesichter jung*er* Männer/Frauen/Kinder
the faces of young men/women/children

Dative
ich sage jung*en* Männern/Frauen/Kindern
I say to young men/women/children

2.1.4

One group of adjectives that never change wherever they are found are the adjectives that are derived from town names:

der Kölner Dom, das Frankfurter Würstchen, eine Schwarzwälder Kirschtorte etc.

2.2 Nominalized adjectives

Some adjectives may become nouns in their own right. For instance: der neue Schüler/Lehrer/Doktor etc. can become der Neue (the newcomer). These adjectives acquire an initial capital letter but retain their adjectival endings (as on pp. 422 to 424). These 'nouns' are shown in the dictionary as follows:

Blinde(r) *mf*, Neue(r) *mf*,

i.e.: der Blinde, ein Blinder/die Blinde, eine Blinde
der Neue, ein Neuer/die Neue, eine Neue

2.3 Comparison of adjectives

The comparison of adjectives is actually one of the few parts of German grammar that is less complicated than its English counterpart. It is always formed in a similar way to the comparison of the word *nice* (*nicer*, *nicest*).

The comparative is formed by adding -er to the adjective; the superlative by adding -st or -est, depending on the ending of the adjective:

billig (cheap)	billiger (cheaper)	billigst (cheapest)
weit (far)	weiter (further)	weitest (furthest)

There are a few exceptions to this rule:

a) adjectives ending in -el and -er lose the -e- in the comparative:

dunkel	dunkler	dunkelst	(dark)
teuer	teurer	teuerst	(expensive)

b) One-syllable adjectives add an Umlaut in the comparative and superlative, where the vowel is 'o', 'a', or 'u' e.g.:

groß	größer	größt	(big)
hoch	höher	höchst	(high)
nah	näher	nächst	(near)

Note: the comparative and superlative forms also take adjectival endings. Hence: der längere Fluß (the longer river), ich sage den besten Schülern (I say to the best pupils).

3. Verbs

3.1 Active Mood Tenses

First of all, don't be disheartened by what looks like a great number of tenses, endings and rules. You will not by any means have to become familiar with all of them at once. At the beginning, you will find that you really need only the present, perfect and imperfect tenses. The following paragraphs will give you patterns for the formation of most tenses for regular verbs. You will see that there are two main 'building principles'. One is a different ending for each person (a different form for "ich, du, wir", etc). The second is the variation in that ending according to tense.

3.1.1 Present tense

The present tense forms are listed below. The basic endings are shown for the verb "spielen". If a *d* or *t* precedes the ending, an *e* is then added in some persons for the sake of pronunciation (see "reden" below).

spielen		reden	
spiel-en	to play	red-en	to speak
ich spiel-e	I play	ich red-e	I speak
du spiel-st	you play	du red-est	you speak
er spiel-t	he plays	er red-et	he speaks
sie spiel-t	she plays	sie red-et	she speaks
es spiel-t	he/she/it plays	es red-et	he/she/it speaks
wir spiel-en	we play	wir red-en	we speak
ihr spiel-t	you play	ihr red-et	you speak
sie spiel-en	they play	sie red-en	they speak
Sie spiel-en	you play	Sie red-en	you speak

Du (singular) and *ihr* (plural) are used to friends, members of the family and children, *Sie* (singular and plural) to people with whom you are not on Christian name terms, e.g.:

'Peter, du sagst....'	'Peter, you say....'
'Herr Maier, Sie sagen....'	'Herr Maier, you say....'
'Maria und Michael, ihr sagt....'	'Maria and Michael, you say....'
'Meine Damen und Herren, Sie sagen....'	'Ladies and Gentlemen, you say....'

The present tense is not only used to describe events that take place in the present, but also largely replaces the future tense. If there is any other indication in a sentence that the action is in the future - a word like 'bald' (soon) or 'morgen' (tomorrow) would be enough - the present tense is used instead of the future.

There is no equivalent of the English progressive '-ing' form. The simple present tense is the only form there is in German.

Verbs that are irregular in the present tense are shown in the table of irregular German verbs (p. 406) The most irregular verb is **sein**, which we give here in full:

ich bin	wir sind
du bist (Sie sind)	ihr seid
er/sie/es ist	sie sind

3.1.2 Imperfect Tense

The forms of the imperfect tense for regular ('weak') verbs are:

spiel-en		red-en	
ich spiel-te	I played	ich red-ete	I spoke
du spiel-test	you played	du red-etest	you spoke
er spiel-te	he played	er red-ete	he spoke
sie spiel-te	she played	sie red-ete	she spoke
es spiel-te	he/she played	es red-ete	he/she spoke
wir spiel-ten	we played	wir red-eten	we spoke
ihr spiel-tet	you played	ihr red-etet	you spoke
sie spiel-ten	they played	sie red-eten	they spoke
Sie spiel-ten	you played	Sie red-eten	you spoke

Both imperfect and perfect tenses (see 3.1.4 below) are used to describe actions and events that take place in the past. There is no basic difference in meaning between the two tenses as there is in English. In German both can often be used to express either the English imperfect or perfect tense. The imperfect tense in German is, however, predominantly used in the written language.

3.1.3 Future and conditional

The future and conditional tenses are formed in a way very similar to English: a form of an auxiliary verb ('werden') + the infinitive.

Future tense

ich werde		I shall	
du wirst		you will	
er wird		he will	
sie wird		she will	
es wird	spielen/reden	he/she will	play/speak
wir werden		we shall	
ihr werdet		you will	
sie werden		they will	
Sie werden		you will (formal)	

Conditional tense

ich würde		I should	
du würdest		you would	
er würde		he would	
sie würde		she would	
es würde	spielen/reden	he/she would	play/speak
wir würden		we should	
ihr würdet		you would	
sie würden		they would	
Sie würden		you would (formal)	

The future tense is only used if there is no other way of telling that the action is in the future. (See above 3.1.1). The conditional is used very much as in English.

3.1.4 Perfect and pluperfect tenses

These are formed very much as in English, i.e. auxiliary verb + past participle.

The difference is that the auxiliary verb which in English is always 'to have' can be either 'haben' or 'sein' in German. Generally, if the verb is describing a movement, like 'laufen' (to run), 'springen' (to jump), 'fahren' (to drive) etc, the auxiliary verb is 'sein'. In all other cases the verb 'haben' is used:

	ich *habe* gespielt/geredet	I played/spoke
BUT:	ich *bin* gesprungen/gekommen	I jumped/came

These examples also show the different ways of forming the past participle in German. Regular (or so-called "weak") verbs form their past participles by adding *-t* to the root (or *-et* if it already ends in *-t* or *-d*): *spielen - gespielt*; *reden - geredet*.

"Strong" (or irregular) verbs add *-en* (often with a change of vowel): *singen - gesungen*; *springen - gesprungen*; *kommen - gekommen*.
There is no way of predicting the vowel change in strong verbs; they simply have to be learnt along with the verb. A list of such verbs is on page 406.

You will have noticed that the verbs illustrated above take the prefix *ge-* in the past participle. Nearly all verbs do this. The exceptions are those verbs which already have a prefix like *ge-*, *be-*, *ent-* etc. and the so-called "separable" verbs, where the *ge-* is inserted between prefix and main verb (see below 3.3).

3.2 Passive mood

The passive is formed as in English, i.e. the past participle is used with an auxiliary verb - "werden" in German, "to be" in English.

e.g.	ich werde gesehen	I am seen
	du wirst gesehen	you are seen
	ich wurde gesehen	I was seen
	du wurdest gesehen	you were seen

It looks slightly more complicated in the future, perfect and pluperfect tenses, but you will normally be able to get along without using them.

e.g.	ich werde gesehen werden	I shall be seen
	du wirst gesehen werden	you will be seen
	ich bin gesehen worden	I have been seen
	ich war gesehen worden	I had been seen
	etc.	etc.

Note: the passive construction with "it" as in "it is easily seen" should be translated using an impersonal form:

it is believed	man glaubt
it is easily seen	man sieht leicht

3.3 "Separable" and "inseparable" verbs

In German, some verbs (separable verbs) are composed of a verb and a prefix which can exist as a word in its own right, e.g. auf-tauchen, nach-schlagen. the two elements of such verbs split apart in the present and imperfect tenses and are often found at opposite ends of the sentence:

e.g.: infinitive: weggehen

ich gehe morgen früh weg (I am leaving tomorrow morning)
er ging am Samstag mittag mit Peter weg (he left with Peter on Saturday morning)

The future tense is straightforward in that the verb is re-united with its prefix and the whole infinitive is treated as any other verb in German.

e.g. ich werde mit dir weggehen (I shall leave with you)

In the formation of the past participle, the prefix *ge-* is inserted *between* the two elements of the separable verb:

gehen	ge-gangen
weggehen	weg-ge-gangen

There is another category of verbs, the so-called *in*-separable verbs, which are composed of a prefix and a verb. Here the prefix is not a word that could exist on its own. The prefixes of this group are:

be-	(beantworten	to answer)
emp-	(empfangen	to receive)
ent-	(entscheiden	to decide)
er-	(erleben	to experience)

ge-	(gestehen	to confess)
miß-	(mißbilligen	to disapprove)
ver-	(vergessen	to forget)
zer-	(zerstören	to destroy)

These verbs behave as any other verb in the present and imperfect tense. The past participle, however, is slightly unusual in that it takes no additional prefix *ge-*.

e.g.: antworten	geantwortet
BUT: beantworten	beantwortet.

3.4 Irregular or "strong" verbs

If you look at the tables of irregular verbs on p. 406, you will find that there are five forms given.

infinitive	2nd singular present tense	3rd singular present tense	3rd singular past tense	past participle
sprechen	sprichst	spricht	sprach	gesprochen

The reasons for giving these forms are the following:

(1) The 2nd and 3rd person (*du* and *er*) are the only irregularities in the present tense, and all other persons follow the standard patterns given above (section 3.1.1), e.g.:

ich spreche
du sprichst
er/sie/es spricht
wir sprechen
ihr sprecht
sie sprechen
Sie sprechen

(2) The 3rd person singular in the imperfect tense is the root for the whole imperfect tense, endings being added as shown for the verb "sprechen" below:

ich sprach
du sprachst
er/sie/es sprach
wir sprachen
ihr spracht
sie sprachen
Sie sprachen

(3) The past participle is used unchanged, as with regular verbs, to form the compound tenses and the passive.

3.5 Modal verbs

The modal verbs "dürfen", "können", "wollen", "müssen", "sollen", "mögen" all have irregular forms which are listed in the verb tables. They behave like any other verb in present, imperfect and future tenses. When put into the perfect or pluperfect tense, however, they show an irregularity:

when they are used in connection with a verb, instead of the past participle, they are used in the infinitive:

ich habe gehen wollen	I wanted to go
ich habe reisen müssen	I had to travel
du hast gehen dürfen	you were allowed to go

4. Pronouns

It has already been shown that nouns take different endings and articles depending on their function in the sentence. The same applies to pronouns.

4.1 Personal pronouns

The following table shows the form of the personal pronouns in the nominative, accusative and dative cases:

Nominative		Accusative		Dative	
ich	I	mich	me	mir	to me
du	you	dich	you	dir	to you
er	he	ihn	him	ihm	to him
sie	she	sie	her	ihr	to her
es	it/he/she	es	it/him/her	ihm	to it/him/her
wir	we	uns	us	uns	to us
ihr	you	euch	you	euch	to you
sie	they	sie	them	ihnen	to them
Sie	you	Sie	you	Ihnen	to you

e.g.: ich (*nom*) gab es (*acc*) ihm (*dat*)
I gave it to him
wir (*nom*) sagten es (*acc*) ihr (*dat*)
we said it to her

4.2 Reflexive pronouns

Note that both the accusative and dative forms of the personal pronouns are used for reflexive verbs, which are given in the dictionary as "sich + verb".
e.g. sich waschen
ich wasche *mich* (I wash myself)
sich (*dat*) die Hände waschen
ich wasche *mir* die Hände (I wash my hands)

The reflexive pronouns are as follows:

	accusative	dative
ich	mich	mir
du	dich	dir
er/sie/es	sich	sich
wir	uns	uns
ihr	euch	euch
sie	sich	sich
Sie	sich	sich

4.3 Possessive pronouns

Pronouns that indicate ownership are:

mein	my	unser	our
dein	your	euer	your
sein	his	ihr	their
ihr	her	Ihr	your
sein	its		

Like articles, they take endings depending on the gender, number and case of the following noun. Hence: seine Tante (his aunt), ihr Onkel (her uncle)

As shown above in section 1.5, these endings are the same in the singular as for the article *ein*.

	M	F	N
nominative	-	-e	-
accusative	-en	-e	-
genitive	-es	-er	-es
dative	-em	-er	-em

Hence: mein Lehrer (*nom*) ist hier	my teacher is here
ich sehe meinen Lehrer (*acc*)	I see my teacher
das Buch meines Lehrers (*gen*)	my teacher's book
ich sagte meinem Lehrer (*dat*)	I said to my teacher

In the plural, all genders take the same endings:

nominative	-e
accusative	-e
genitive	-er
dative	-en

Hence: meine Lehrer (*nom*) sind hier	my teachers are here
ich sehe meine Lehrer (*acc*)	I see my teachers
die Bücher meiner Lehrer (*gen*)	my teachers' books
ich sagte meinen Lehrern (*dat*)	I said to my teachers

5. Sentences

5.1 Inversion

Any sentence which starts with its grammatical subject has the same word order as in English:

Mr. Brown lives in Glasgow
Mr. Brown wohnt in Glasgow

If the sentence, however, starts with any other word, or if a subordinate clause precedes the main clause, the subject and the verb are inverted:

Yesterday we saw the children
Gestern sahen wir die Kinder

When I heard this I came back
Als ich das hörte, kam ich zurück

In the future, perfect and pluperfect tenses, only the conjugated part of the verb changes place with the subject:

Ich werde gewinnen	Bald werde ich gewinnen
I shall win	I shall win soon
Ich habe gelesen	Gestern habe ich gelesen
I read	I read yesterday

5.2 Order of objects

If there is an accusative as well as a dative object in the sentence, the order is: verb + dative object + accusative object.

e.g. ich gebe dem Mann das Buch
I give the book to the man

However, if one of the objects is a pronoun it *precedes* the noun object, e.g. 'ich gebe es dem Mann'. Where both objects are pronouns the order is usually accusative object + dative object, e.g. 'ich gebe es ihm'.

5.3 Questions

Questions are formed by inversion:

du hast ein Haus in London	you have a house in London
hast du ein Haus in London?	do you have a house in London?

The rules as in 5.1 regarding the position of verbs apply:

er hat ein Buch gekauft	he bought a book
hat er ein Buch gekauft?	did he buy a book?
er wird das Buch kaufen	he will buy the book
wird er das Buch kaufen?	will he buy the book?

The forms of the interrogative pronouns (wer 'who' and was 'what') are listed below:

	person	*object*
nominative	wer	was
accusative	wen	was
genitive	wessen	wessen
dative	wem	wem

The endings of the interrogative adjective or pronoun *welcher, welche, welches* ('which' in English) follow the pattern of the definite article as shown in paragraph 1.5. Here are some examples to illustrate the use of the interrogative pronoun:

ich gebe der jungen Frau morgen das neue Buch
'tomorrow I shall give the new book to the young woman'

wer (nom) gibt der jungen Frau morgen das neue Buch? - *Ich.*

wem (dat) gebe ich morgen das neue Buch? - *Der jungen Frau.*

was (acc) gebe ich der jungen Frau morgen? - *Das neue Buch.*

wann gebe ich der jungen Frau das neue Buch? - *Morgen.*

welcher Frau gebe ich morgen das neue Buch? - Der *jungen* Frau.

welches Buch gebe ich der jungen Frau morgen? - Das *neue* Buch.

5.4 Negation

The negative of a statement is most often formed with the word *nicht* placed after the verb or - in the case of compound tenses - after the conjugated part of the verb:

ich singe — ich singe nicht
I sing — I do not sing

ich habe gesungen — ich habe nicht gesungen
I sang — I did not sing

ich werde singen — ich werde nicht singen
I shall sing — I shall not sing

The combination *nicht* + *ein* is never used in German. It is a replaced by the word *kein*, which, as we have shown above (p. 422), is conjugated like *ein*. E.g.:

ich sehe einen Fehler — ich sehe keinen Fehler
I see a mistake — I see no mistake/I don't see a mistake

In the plural:
ich habe Kinder — ich habe keine Kinder
I have children — I have no children

III The sounds of German

Learning to pronounce German well is, as with any foreign language, a matter of adopting different 'speech habits' from those used in speaking English.

A 'foreign accent' results from using the sounds of one's own language to approximate the sounds of the foreign language. This is particularly tempting when the same letter or group of letters represent similar sounds.

German pronunciation is largely regular, so that once you are familiar with the basic rules, you don't have to memorise the pronunciation for each new word you learn.

One of the first things an English speaker will notice about German is that words are hardly ever run into each other. There is a little break - a glottal stop - before each word that starts with a vowel. This means that a German would actually pronounce the two words "it is" separately, rather than like "itis", as an English speaker does.

This minute break occurs, not only between separate words ("ich/antworte", "die/Arbeit" etc.), but also between two words that are linked to form a compound. This is certainly one of the reasons why German sounds so harsh to some ears.

As the table of phonetic symbols on page vi indicates, many letters are pronounced as in English.
The following paragraphs deal with the main differences.

A. *Vowels*

From the table of phonetic symbols on page vi you can see that most vowels have approximate equivalents in English. The two exceptions are the sounds for ö (ø) and ü (y).

ü (y) Round your lips to say *u* as in "looks" and then try to say *i* as in "bit" instead! There is no j-sound before this vowel, as there is in English "pure".

ö (ø) To pronounce this vowel, try to say *e* as in "best" with strongly rounded lips.

B. *Consonants*

The main thing to remember is that a soft consonant (b, d, g) "hardens" when it stands at the end of a word or even syllable:

tagen ('ta:gən) but Tag (ta:k)
Stäbe ('ʃtɛbə) but Stab (ʃta:p)

radeln ('ra:dəln) but Rad (ra:t)
End-spiel ('entʃpi:l)
Ab-kommen ('apkɔmən)
Tag-traum ('ta:ktraʊm)

This is so, even when the next syllable starts with a vowel.

Lied-anfang (li:t'anfang)
ab-artig ('apa:rtiç)
schlag-artig ('ʃla:ka:rtiç)

Many consonants are pronounced as in English, and the main differences are listed below:

b	like English b, but like p at the end of words and syllables
c	usually pronounced like German z in front of e, i and like German k in front of a, o, u
d	like English d, but like t at the end of words and syllables
g	always like English g in "garden". Exceptions are words from French, where it is pronounced like the "s" in "leisure"
h	usually like English h in "have". After vowels, its function is simply to lengthen the vowel and it is not pronounced (e.g.: sah)
ch	like the final sound of Scottish loch after a, u, o, au; almost like the "sh" in "should", after ä, ö, ü, eu, ei, e, i, äu
j	usually pronounced like the y in "you"; exceptions are words from English, where it is most often pronounced the English way (e.g. jockey). However, English words that have become truly integrated into German are sometimes pronounced with the y-sound, e.g. "Jazz"
k	like English k in "look"
l	like English l in "London"
qu	always pronounced kv as in "bank vault"
r	this is one of the sounds that is entirely different from English. There are two ways of producing the r-sound in German. The standard one is produced in the throat, almost as if gargling. But there is also a "tongue-tip"-r similar to a rolled English r
s	unlike English, s in front of a vowel is always soft, even at the beginning of a word: e.g. the two s-sounds in Susanne both sound like the s in rose. Note: s at the end of a word or syllable is always hard so the second s in Schiffsanker is hard, though it precedes a vowel
ss	always the s-sound of English "sausage". This also shortens the vowel it follows

ß	pronounced like ss at the end of a word, it does not, however, necessarily shorten the preceding vowel (e.g.: ich muß - short, der Fuß - long). Inside a word it is pronounced like ss and it lengthens the preceding vowel (e.g.: Füße, büßen)
st/sp	at the beginning of a word, always (except for foreign words) pronounced like a combination of "sh" (as in "should") and "t" (as in "teach") or "sh" and "p" (as in "put"). In all other cases like English "st" in "post", or "sp" in "grasp"
sch	always like "sh" in "dash". One exception: if the "s" and the"ch" belong to different syllables: e.g.: Haus, Häus-chen, then they are of course pronounced separately
th	like English t in "tea"
v	usually, this is pronounced like f in "father". The exceptions are mostly words of Latin orgin (Vase, Veranda etc) in which case it is pronounced like English v
w	this sound is always pronounced like English v in "love"
x	always pronounced like English x in "tax"
z	always pronounced like "ts" in "cats"

IV The time, dates and numbers

The time

what time is it?	wie spät ist es?, wieviel Uhr ist es?
it is ...	es ist ...
at what time?	um wieviel Uhr?
at ...	um ...
00.00	Mitternacht, null Uhr
00.10	zehn nach zwölf, null Uhr zehn
00.15	viertel nach zwölf, null Uhr fünfzehn
00.30	halb eins, null Uhr dreißig
00.45	viertel vor eins, null Uhr fünfundvierzig
01.00	ein Uhr (morgens *or* früh)
01.05	fünf nach eins, ein Uhr fünf
01.10	zehn nach eins (morgens *or* nachts), ein Uhr zehn
01.15	viertel nach eins, ein Uhr fünfzehn
01.25	fünf vor halb zwei, ein Uhr fünfundzwanzig
01.30	halb zwei, ein Uhr dreißig
01.35	fünf nach halb zwei, ein Uhr fünfunddreißig
01.40	zwanzig vor zwei, zehn nach halb zwei, ein Uhr vierzig
01.45	viertel vor zwei, ein Uhr fünfundvierzig
01.50	zehn vor zwei, ein Uhr fünfzig
01.59	eine Minute vor zwei, ein Uhr neunundfünfzig
12.00	zwölf Uhr (mittags), Mittag
12.30	halb eins (mittags *or* nachmittags), zwölf Uhr dreißig
13.00	ein Uhr (nachmittags), dreizehn Uhr
13.30	halb zwei (nachmittags), dreizehn Uhr dreißig
19.00	sieben Uhr (abends), neunzehn Uhr
19.30	halb acht (abends), neunzehn Uhr dreißig
23.00	elf Uhr (nachts), dreiundzwanzig Uhr
23.45	viertel vor zwölf (nachts), dreiundzwanzig Uhr fünfundvierzig
in 20 minutes	in zwanzig Minuten
20 minutes ago	vor zwanzig Minuten
wake me up at 7	wecken Sie mich bitte um sieben Uhr
1 hour, 20', 45"	ein Uhr, zwanzig Minuten und fünfundvierzig Sekunden

Dates and numbers

1. The date

what's the date today? welches Datum ist heute?

it's the ... heute ist der ...

1st of February erste Februar
2nd of February zweite Februar
28th of February achtundzwanzigste Februar

he's coming on the 7th (of May) er kommt am siebten (Mai)

I was born in 1945
ich bin neunzehnhundertfünfundvierzig geboren
I was born on the 15th of July 1945
ich bin am fünfzehnten Juli neunzehnhundertfünfundvierzig geboren

during the sixties in den sechziger Jahren
in the twentieth century im zwanzigsten Jahrhundert
in May im Mai
on Monday (the 15th) Montag(, den fünfzehnten)
on Mondays montags
next/last Monday nächsten/letzten Montag
in 10 days' time in zehn Tagen

2. Telephone numbers

I would like Bonn 334 22 15
ich hätte gerne Bonn drei drei vier zwo zwo eins fünf *or* dreihundertvierunddreißig zweiundzwanzig fünfzehn
give me Bonn 30 02 02
geben Sie mir bitte Bonn drei null null zwo null zwo *or* dreißig null zwo null zwo
could you get me Köln 22 00 79, extension 2233
könnte ich bitte Köln zwo zwo null null sieben neun, Apparat zwo zwo drei drei haben?
the Bonn prefix is 0228
die Vorwahl von Bonn ist null zwo zwo acht

3. Using numbers

he lives at number 10 er wohnt (in) Nummer zehn
it's in chapter 7, on page 7 es steht in Kapitel sieben, auf Seite sieben
he lives on the 7th floor er wohnt im siebten Stock *or* in der siebten Etage
he came in 7th er wurde siebter
a share of one seventh ein Anteil von einem Siebtel
scale 1:25,000 im Maßstab eins zu fünfundzwanzigtausend

Numbers

1	ein(s)	1st	erste(r,s), 1.
2	zwei	2nd	zweite(r,s), 2.
3	drei	3rd	dritte(r,s), 3.
4	vier	4th	vierte(r,s), 4.
5	fünf	5th	fünfte(r,s), 5.
6	sechs	6th	sechste(r,s), 6.
7	sieben	7th	siebte(r,s), 7.
8	acht	8th	achte(r,s), 8.
9	neun	9th	neunte(r,s), 9.
10	zehn	10th	zehnte(r,s), 10.
11	elf	11th	elfte(r,s)
12	zwölf	12th	zwölfte(r,s)
13	dreizehn	13th	dreizehnte(r,s)
14	vierzehn	14th	vierzehnte(r,s)
15	fünfzehn	15th	fünfzehnte(r,s)
16	sechzehn	16th	sechzehnte(r,s)
17	siebzehn	17th	siebzehnte(r,s)
18	achtzehn	18th	achtzehnte(r,s)
19	neunzehn	19th	neunzehnte(r,s)
20	zwanzig	20th	zwanzigste(r,s)
21	einundzwanzig	21st	einundzwanzigste(r,s)
22	zweiundzwanzig	22nd	zweiundzwanzigste(r,s)
30	dreißig	30th	dreißigste(r,s)
40	vierzig	100th	hundertste(r,s)
50	fünfzig	101st	hunderterste(r,s)
60	sechzig	1,000th	tausendste(r,s)
70	siebzig		
80	achtzig	1/2	ein Halb
90	neunzig	1/3	ein Drittel
		1/4	ein Viertel
100	hundert	1/5	ein Fünftel
101	hunderteins	0.5	null Komma fünf, 0,5
300	dreihundert	10%	zehn Prozent
301	dreihunderteins	100%	hundert Prozent
1,000	tausend, 1.000	2+2	zwei plus zwei
1,001	tausend(und)eins, 1.001	2÷2	zwei dividiert durch zwei
5,000	fünftausend, 5.000	2 x 2	zwei mal zwei
1,000,000	eine Million	2 - 2=	zwei minus zwei gleich ...

6^2	sechs zum Quadrat, sechs hoch zwei
6^3	sechs hoch drei
$20m^2$	zwanzig Quadratmeter
$20m^3$	zwanzig Kubikmeter